"十四五"国家重点出版物出版规划项目

智慧农业发展战略研究

智慧农业发展战略研究项目组　编著

中国农业出版社

北　京

图书在版编目（CIP）数据

智慧农业发展战略研究 / 智慧农业发展战略研究项
目组编著. —北京：中国农业出版社，2023.10
"十四五"国家重点出版物出版规划项目
ISBN 978 - 7 - 109 - 31181 - 7

Ⅰ.①智… Ⅱ.①智… Ⅲ.①智能技术－应用－农业
发展战略－研究－中国 Ⅳ.①F323

中国国家版本馆 CIP 数据核字（2023）第 189263 号

中国农业出版社出版
地址：北京市朝阳区麦子店街 18 号楼
邮编：100125
责任编辑：郭银巧 魏兆猛 王黎黎 史佳丽
文字编辑：刘金华 张 利 杨金妹
版式设计：王 晨 责任校对：吴丽婷
印刷：北京通州皇家印刷厂
版次：2024 年 1 月第 1 版
印次：2024 年 1 月北京第 1 次印刷
发行：新华书店北京发行所
开本：787mm×1092mm 1/16
印张：39.75
字数：1018 千字
定价：368.00 元

前 言
FOREWORD

当前，以5G、大数据、云计算、物联网、人工智能为代表的新一代信息技术日新月异，推动各行各业迈入数字化、智能化新时代，也加速了信息科技与传统农业的深度融合，正引发着以"智慧农业"为标志的"农业数字革命"。

党的十八大以来，党中央、国务院高度重视智慧农业建设，将其作为推动农业高质量发展的关键抓手。2017年中央1号文件首次提及"智慧农业"，明确"加强智慧农业科技创新，实施智慧农业工程，推进农业物联网试验示范和农业装备智能化"。《中华人民共和国乡村振兴促进法》《中华人民共和国国民经济和社会发展第十四个五年规划纲要和2035年远景目标》以及《"十四五"国家信息化规划》《"十四五"推进农业农村现代化规划》《乡村建设行动实施方案》等政策文件，都把发展智慧农业摆在突出重要的位置做出部署安排。

为贯彻落实党中央、国务院关于智慧农业的决策部署，努力抢占国际农业科技制高点，探索形成适宜中国"三农"特点的智慧农业发展模式，2019年中国工程院启动"智慧农业发展战略研究"重大咨询研究项目。该项目由北京市农林科学院信息技术研究中心、中国工程院战略咨询研究中心、中国科学院、中国农业科学院、中国农业大学、北京工商大学、华中农业大学、南京农业大学、华南农业大学、浙江大学等科研院所和高等院校共同承担，分为7个专项，下辖19个课题。邓秀新院士和赵春江院士担任项目组长，孙九林院士、印遇龙院士、孙宝国院士、唐华俊院士、罗锡文院士等5位院士负责专项研究。

自2019年3月项目正式启动以来，项目团队对全国29个省份的14 000余户经营主体和120余家现代农业产业园，开展了实地调研与问卷调研，回收了2万余份有效问卷，组织了两轮技术预见专家调查，征集到60余位农业领域院士专家的意见。项目从国家粮食安全与农业高质量发展的战略需求出发，突出智慧农业工程科技中长期发展的重大战略和政策部署，注重应用工程科学与社会科学相结合的研究方法，聚焦农业大数据智能与信息服务、智慧种植业、智慧养殖业、农产品智慧供应链、农业资源环境监测、智慧农业相关技术产业等关键领域，对智慧农业中长期发展战略问题进行了全面、系统、深入的研究，率先回答了"何为智慧农业""为什么发展智慧农业"以及"怎样发展智慧农业"等核心问题，并展望了 2050 年我国智慧农业的发展蓝图。

本书是"智慧农业发展战略研究"各专项研究成果的综合集成，在撰写过程中，得到了中国工程院沈国舫院士、刘旭院士、康绍忠院士等多位院士的悉心指导。本书由项目组和各课题组 50 余位同行共同执笔完成，凝聚了项目组全体院士、专家和研究人员的心血，在此不能一一列举，各部分执笔人详见文后署名。同时，本项目的研究工作，还得到了农业领域各界专家和政府部门的大力支持，在此一并表示衷心感谢。

"智慧农业发展战略研究"项目组

2023 年 5 月 30 日

目 录
CONTENTS

前言

综 合 篇

专 题 篇

综合篇

第一章

中国智慧农业发展面临的形势与需求

　　科技创新是推动经济社会发展的根本动力。当前，全球科技创新进入空前密集活跃期，以信息技术为代表的新一轮科技革命和产业变革正在重构全球科技创新版图，推动着各国由传统工业社会进入以数字化、网络化、智能化为核心特征的信息社会。智慧农业作为信息技术与农业深度融合的新兴产物，已成为全球农业发展的必然趋势。在未来，面对经济下行压力加大、国际环境复杂多变以及人口资源环境的多重约束，如何稳住农业基本盘、推动农业高质高效发展是我国现代农业发展关注的重点。因此，亟须将科技创新摆在国家农业发展全局的核心位置，加快部署以智慧农业为代表的现代农业工程科技战略，实现信息化引领农业现代化发展。

第一节　世界科技发展与农业创新

　　大数据、云计算、人工智能、物联网、区块链等新一代信息技术推动着世界进入科技发展创新集中爆发期，对经济、社会和人类生产生活方式产生深刻影响，重塑着未来产业生态，也为推动农业数字化转型提供了重要支撑。

一、全球新一代信息技术革命正在兴起

　　第二次世界大战以后，人类对基础科学的研究有了一系列新的突破，并陆续产生了一大批主要来源于科学的新技术。进入20世纪80年代，尤其是21世纪以来，生物技术、信息技术、材料技术等多种高新技术相继出现，形成了一次新的世界性技术革命的浪潮。世界各国紧抓新一轮科技革命历史机遇，不断提升本土创新能力和培育创新主体，形成独立的产品平台、研发体系和实验体系，世界科技创新前沿、创新范式和治理体系等均呈现出新特点与新态势。美国、日本、德国等国纷纷在机器人、脑科学等人工智能应用及交叉领域积极开展战略部署，旨在通过科技创新引领经济高质量发展。如2013年欧盟提出了《欧盟人脑计划》，2015年日本发布了《日本机器人新战略：愿景、战略、行动计划》，2016年美国先后发布《国家人工智能研发战略规划》《国家机器人技术路线图》，2018年德国公布《联邦政府人工智能战略》等。数据显示，2018年全球电气和机械工程相关专利占全部发明专利的56%，美国专利近40%分布在信息通信技术领域。另据联合国发布的《2019年数字经济报告》，美国和中国目前占有全球超过75%的区块链技术相关专利，50%的物联网支出，75%以上的云计算市场，抢占了发展先机。与此同时，人工智能、5G等技术的迭代正深刻影响着人类的生产生活方式。根据半导体市场研究机构（IC Insight）预测，到2025年5G市场规模将占全球移动通信技术市场规模的15%，5G用户订购数将达26.1亿，5G移动网络连

接数将增至 11 亿。综上，量子通信、人工智能、脑机接口、软体机器人、下一代通信技术、区块链等前沿技术的相继涌现，以及创新集群区域的蓬勃发展、多学科交叉融合与新兴学科的形成，推动着生产方式向柔性化、智能化、精细化转变，市场活力和社会创造力空前迸发，全球创新生态不断演化，世界正逐步进入万物互联新时代。

二、世界范围内信息科技的经济属性愈发凸显

在新一代信息技术的影响下，数字技术与实体经济深度融合，产业数字化应用潜能迸发释放，推动着全球产业形态发生根本性变化，数据逐渐成为实体经济发展的重要生产要素，以数字经济为代表的新业态为经济转型升级提供了新路径。20 世纪 90 年代以来，美国抓住了数字革命的机遇，创造了 10 多年的经济繁荣，成为世界第一数字经济大国。中国信息通信研究院 2020 年 10 月发布的《全球数字经济新图景（2020 年）》对 47 个经济体的数字经济进行测算发现，截至 2019 年 47 个经济体的数字经济占 GDP 比例超过 41.5%，其中德国、英国、美国数字经济占本国 GDP 比例已超过 60%。在全球经济深度衰退以及疫情防控常态化背景下，数字经济将在全球产业价值链重构中发挥更加重要的作用。加快传统产业数字化转型步伐，成为各国实现经济复苏和转型发展的重要抓手，人类历史全面进入数字经济时代。农业作为最基础的传统行业之一，信息科技与农业产业的交叉融合蕴含着巨大的数字经济市场潜力。

三、全球农业科技进入数字化、智能化时代

在新一轮技术革命与产业革命驱动下，各国进一步加强农业科技创新的战略谋划，纷纷将农业科技创新作为建设农业强国的源动力，相继启动多项重大科技计划，大力推进以数字技术为支撑的现代农业科技创新。农业大数据、农业机器人、农业精准作业与智能装备、智能传感器等新基建、新技术、新产品、新装备突破性创新空前活跃，世界农业开始进入生物技术引领、信息技术推进、智能化发展的新阶段。根据埃森哲和前沿经济研究公司（Frontier Economic）联合发布的《人工智能如何提高行业利润和创新》（*How AI Boosts Industry Profits and Innovation*），到 2035 年人工智能（AI）将使 16 个行业的经济增长率平均提高 1.7%，推动社会劳动生产率提高 40% 以上。其中，AI 对于农业部门的经济增长影响最为显著，AI 的应用将驱动全球农业部门经济增加值（gross value added，GVA）的增长率由当前的 1.3% 提高到 3.4%。同时，信息技术、生物技术、智能制造等与农业领域的交叉重组、渗透融合深刻影响着农业科技的发展趋势，孕育出生物育种、数字农业、智慧农业、农机智能制造等一批方兴未艾的战略性新兴产业。农业科技创新活动不断突破地域、行业、组织的界限，演化为创新体系的竞争，新一轮世界农业科技革命步伐加快，进入了高新尖技术引领加速成长期。

第二节　中国农业发展现状与趋势判断

农业兴则国家兴，农业强则国家强，解决好"三农"问题、促进农业高质高效、乡村宜居宜业、农民富裕富足已成为全党工作重中之重。党的十八大以来中国农业取得了辉煌成就，但同时也面临着更加严峻的人口、资源、环境与市场等多重约束。面向未来 20～30 年，亟须认清现阶段农业发展现状与特征，为更好地理解和把握未来一段时期农业发展的新趋

势、新机遇和新挑战，以及布局农业中长期发展战略提供依据。

一、农业人口红利不复存在，"谁来种地"问题将更加突出

改革开放以来，为推进经济社会的发展，我国加速城镇化建设。总体上看，从1978—2018年，我国实现了6.6亿人口的城镇化，每年新增城镇人口1647万人，城镇化率年均提高1.04个百分点，常住人口城镇化率由17.92%提升到60.60%。户籍人口城镇化率由2012年的35.33%提高到2018年的44.38%，农村人口由1949年的48402万人增至2018年的55162万人，增长幅度明显下降（图1-1）。快速城镇化带来的农村人口老龄化、村庄空心化、"三留守"问题日益严重。从农业劳动力转移看，2018年我国农民工数量为28836万人，比2009年增长25.49%（图1-2），农民工平均年龄为40.2岁，50岁以下占77.6%，1980年及以后出生的新生代农民工占全国农民工总量的51.5%。从人口老龄化程度看，2001—2018年，全国乡村人口中60岁以上人口占比由10.33%增加到20.46%，65岁以上人口占比达13.84%，已成为国际上农村老龄化人口严重国家。

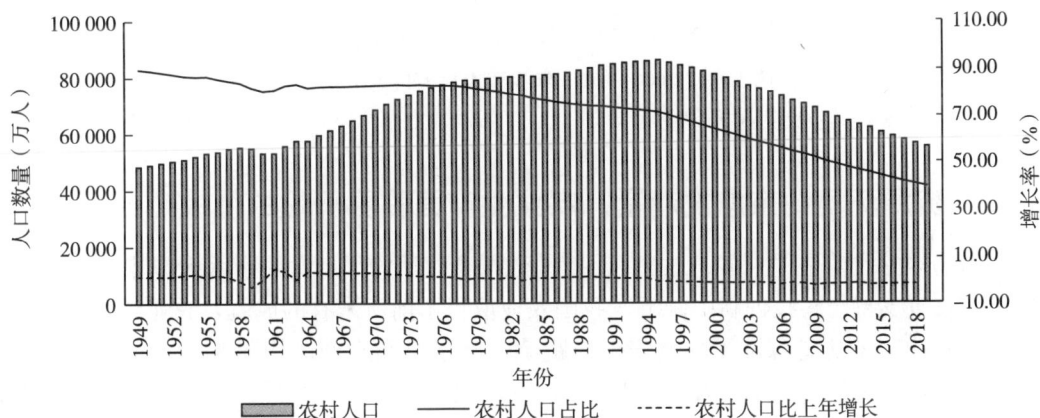

图1-1 1949—2018年我国农村人口变动态势
数据来源：国家统计局。

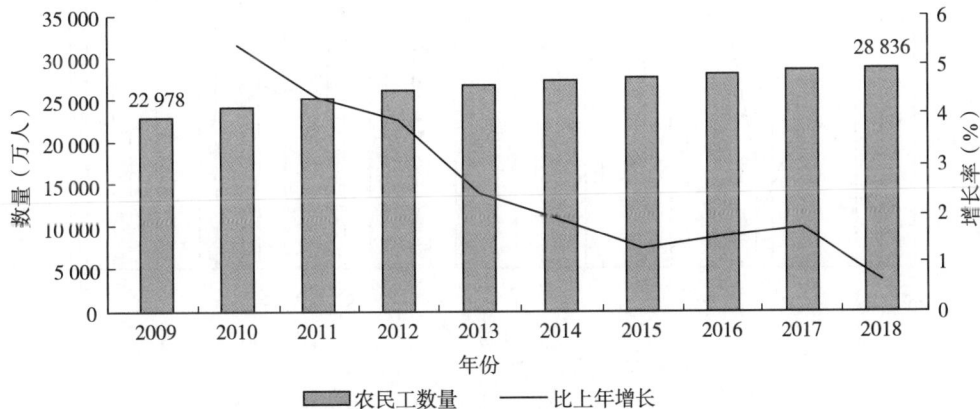

图1-2 2009—2018年我国农民工数量及增长情况
数据来源：国家统计局。

根据智慧农业发展战略研究项目组（以下简称项目组）预测，到2035年，农村人口规

模将降至 4 亿人以下，农村地区 60 岁以上人口占比将达到 35.13％，65 岁以上人口占比将达到 23.69％，农业就业人员占全社会就业人员比例将降至 10％～15％（图 1 - 3）。青壮年劳动力的外出转移、农村人口的老龄化等问题，将使得"谁来种地"问题更加突出。

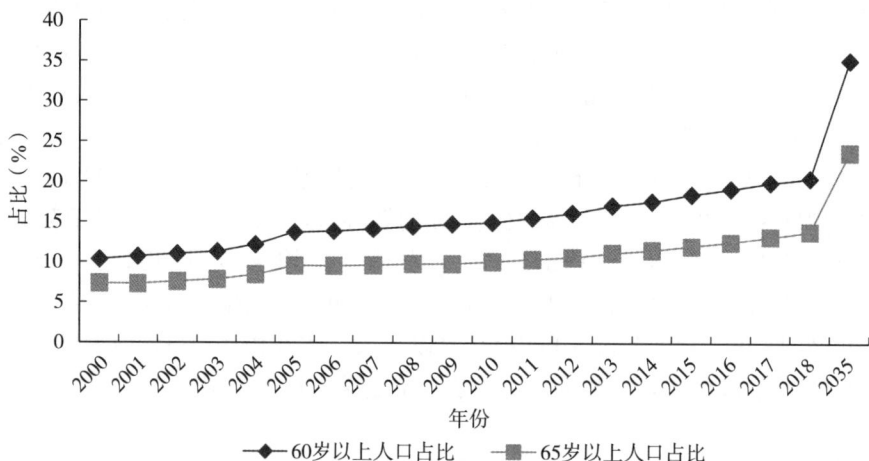

图 1 - 3　2000—2035 年我国农村人口老龄化态势

数据来源：2000—2018 年数据来自《中国人口与就业统计年鉴》，2035 年为项目组预测数据。

二、资源环境约束愈发趋紧，农业生产面临更严峻的挑战

我国基本的农情是"人多、地少、各地资源禀赋不均衡"。党的十六大以来，在一系列强农惠农政策支持与科技创新引领下，我国农业取得了前所未有的成就，农业科技进步贡献率提高至 60％，有力地保障了粮食安全与蔬菜、肉蛋奶和水产品周年生产、长期供应。目前，我国粮食产量稳定在 1.3 万亿斤①以上，人均粮食占有量 940 斤以上，我国牢牢地端稳了"饭碗"，水稻、小麦、玉米、棉花、油料等主要作物的土地产出率已达到发达国家水平（图 1 - 4 至图 1 - 6）。

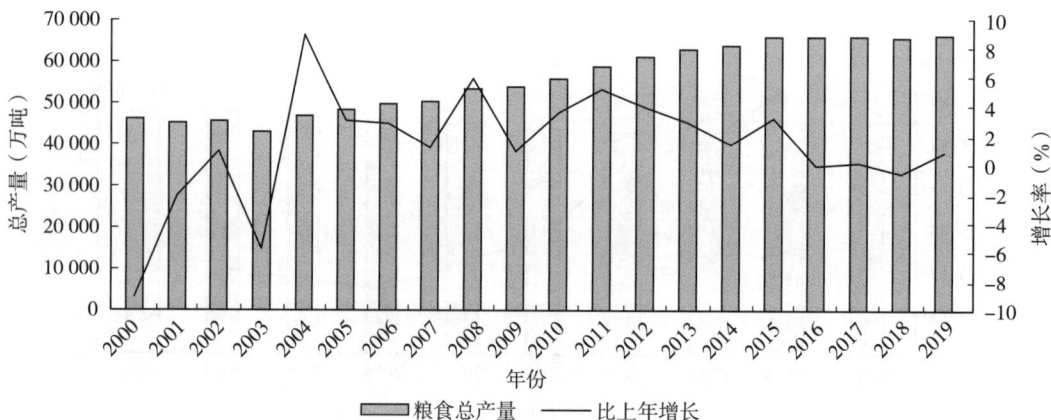

图 1 - 4　2000—2019 年我国粮食总产量及其增长情况

数据来源：国家统计局。

---

① 斤为非法定计量单位，1 斤＝0.5 千克。下同。——编者注

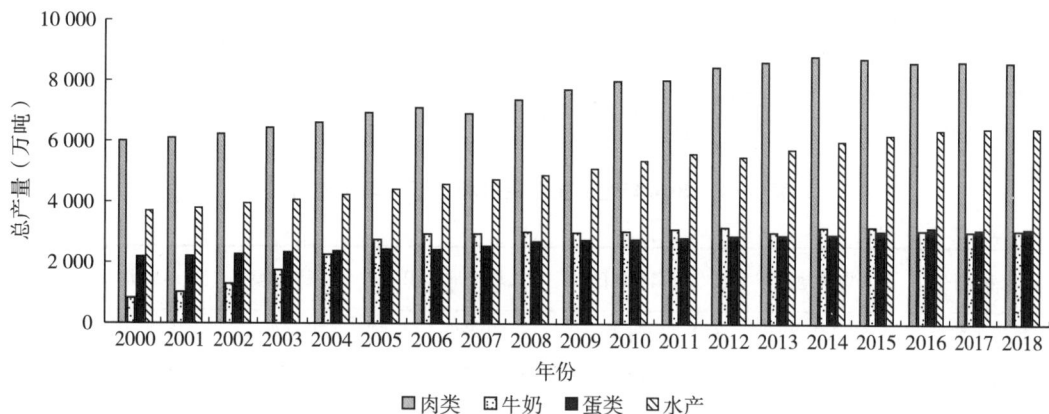

图 1-5 2000—2018 年我国肉、蛋、奶及水产品总产量

数据来源：国家统计局。

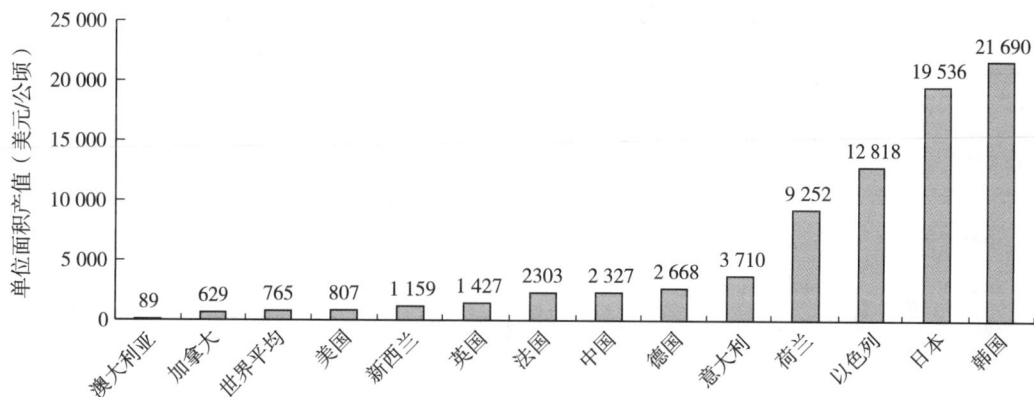

图 1-6 2016 年世界主要国家农用地单位面积产值

数据来源：FAOSTAT。计算公式：农业产值/农用地面积。

但总体看，耕地减少、土壤退化、农业生态屏障薄弱、极端气候灾害频发等资源环境硬约束不容乐观，面源污染、疫病防控等压力不断增强。从人均耕地面积看，根据世界银行统计数据，我国人均耕地面积由 1990 年的 0.109 公顷降到 2016 年的 0.086 公顷，目前人均耕地面积仅相当于世界人均耕地面积的 44.90%、欧盟的 41.81%、美国的 18.26%（表 1-1）。水资源人均占有量仅为世界人均水平的 1/4，且地区不均衡，松辽河、黄河、淮河、海河流域等远低于国际公认的严重缺水警戒线。从《2019 年中国土壤环境质量报告》中关于耕地质量等级调查评价结果来看，1～3 等的优质耕地仅占 27% 左右，基础地力贡献率为 50% 左右，比发达国家低 20～30 个百分点。从农业气象灾害看，政府间气候变化专门委员会（Intergovern-mental Panel on Climate Change，IPCC）曾在第二次评估报告里指出气候变化将对中国农业产生重大影响，如果不采取任何措施，到 2030 年中国种植业生产能力总体会下降 5%～10%。与此同时，农业环境质量问题不容乐观。根据世界银行与联合国粮农组织（Food and Agriculture Organization of the United Nations，FAO）统计数据，2016 年我国每公顷化肥、农药投入量分别为 503.32 千克、13.06 千克，分别比世界平均水平高出 2.58 倍、4.08 倍（表 1-2）。自 2015 年以来农业农村部（原农业部）组织开展化肥农药使用量零增长行动，化肥农药使用量不断减少（图 1 - 7、图 1 - 8）。根据农业农村部统计，2020 年我国水稻、小麦、玉米三大粮食作物化肥利用率为 40.2%，比 2015 年提高 5 个百分点，农药利用率为 40.6%，比 2015 年提高 4 个百分点，但与发达国家水平相比，化肥、农药仍有 20 个百分点的差距。此外，畜禽粪污综合利用率与发达国家也相差 20 个百分点以上。

表 1 - 1 2016 年世界主要国家和地区人均耕地面积

单位：公顷

国家和地区	人均耕地面积	国家和地区	人均耕地面积	国家和地区	人均耕地面积
世界平均	0.192	欧盟平均	0.206	以色列	0.035
英国	0.092	德国	0.143	日本	0.033
法国	0.275	美国	0.471	韩国	0.028
荷兰	0.060	加拿大	1.212	中国	0.086

数据来源：世界银行世界发展指标（WDI）数据库。

表 1 - 2 2016 年中国与世界主要国家（地区）化肥、农药投入量比较

单位：千克/公顷

国家（地区）	化肥投入量	农药投入量	国家（地区）	化肥投入量	农药投入量
澳大利亚	68.10	1.10	俄罗斯	18.46	0.21
加拿大	87.63	1.56	日本	242.18	11.41
中国	503.32	13.06	英国	252.90	3.17
法国	163.14	3.72	荷兰	288.92	9.38
德国	197.23	3.92	韩国	380.28	12.04
以色列	280.68	15.45	美国	138.59	2.63
欧盟平均	158.38	3.14	世界平均	140.55	2.57

数据来源：FAO、世界银行。

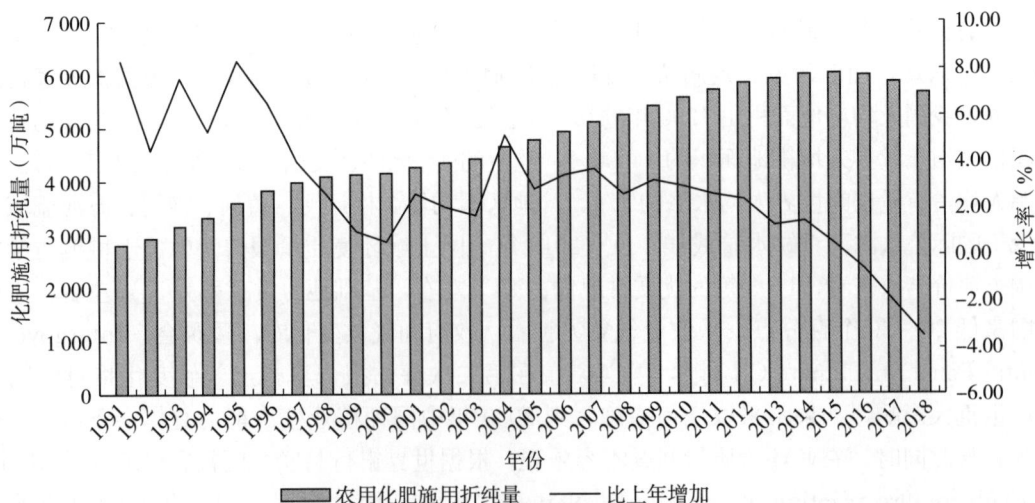

图 1 - 7 1991—2018 年我国化肥施用量变化情况

数据来源：国家统计局。

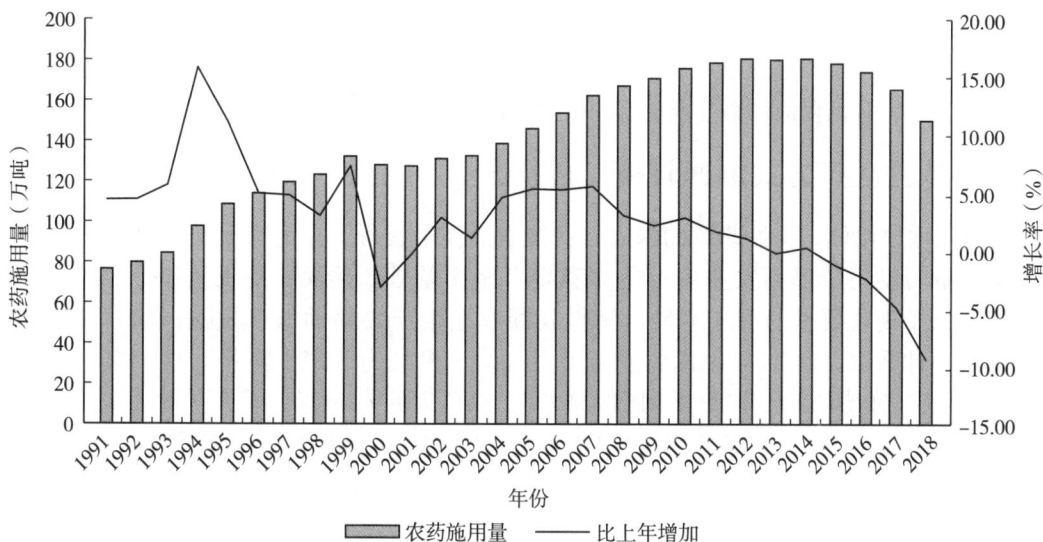

图 1-8 1991—2018 年我国农药施用量变化情况
数据来源：国家统计局。

展望 2035 年、2050 年，我国农业资源环境仍然面临硬约束，其中水资源约束情况将比耕地资源更为严峻。根据黄季焜等、唐华俊等预测，到 2050 年全国可用水总量约在 7 300 亿米³，按照 50％的农业用水量占比，2050 年我国农业可用水量将在 3 650 亿米³ 左右，难以满足持续增长的种养需求。耕地资源则将在未来一定时期内保持总量上的稳定，国务院印发的《全国国土空间规划纲要（2021—2035 年）》明确了 2035 年前我国耕地数量 18.65 亿亩[①]和永久基本农田为 15.46 亿亩的保护目标。在有限的耕地资源条件下，满足不断增长的人口食物需求必须要转变当前的发展方式，通过"藏粮于地、藏粮于技"实现土地产出效率的提升。

三、人口增加与消费结构升级，对农产品数量与质量提出更高要求

在人口、资源与环境问题日益严峻的当下，为确保"中国人的饭碗任何时候都要牢牢端在自己手上"，为满足人民日益增长的美好生活的需求，我国农业发展面临着重大挑战。与此同时，随着人口的增长以及城乡居民食物消费结构的变化，饲料用粮、工业用粮的增加势必带来粮食，尤其是玉米、大豆消费需求的增长，以及蔬菜、肉、蛋、奶等重要农产品消费需求的增加。在人口持续增加与资源总量有限的背景下，预计至 2035 年，粮食的国内总消费需求量将持续大于国内总生产量，同时，人民生活水平的提高也将推动肉、蛋、奶等农产品需求的增加，进一步加大对粮食生产的压力。如何缓解人口总量增加带来粮食生产压力以及农产品供需的结构性不平衡问题，是未来农业发展亟待破解的难题。

根据黄季焜、王亚华预测，未来 15～30 年我国粮食作物需求增长最快的是玉米，畜产品中猪肉、牛奶需求增长最快。其中，2035 年，水稻、小麦、玉米、大豆的需求量将提升至1.2 亿吨、1.1 亿吨、3 亿吨、1.2 亿吨左右；猪肉、牛奶的消费量将分别提升至 0.65 亿吨、0.83 亿吨。2050 年，水稻、小麦、玉米、大豆的需求量将分别达到 1 亿吨、0.95 亿吨、3.7 亿吨、1.2 亿吨左右；猪肉、牛奶的消费量将提升至 0.72 亿吨、1 亿吨左右。从供需结构看，未来玉米进口将显著增长，饲料、油、糖、肉、奶进口也将呈现增长趋势。总体看，未

① 亩为非法定计量单位，1 亩＝1/15 公顷。下同。——编者注

来我国口粮基本满足自给；玉米、大豆的需求量远大于供给量，进口趋势明显；水果、蔬菜、畜产品消费与生产呈现双双上涨趋势，尤其伴随人民日益增长的美好生活的需要，未来居民对于绿色、有机食品的需求将达到一个新的高度。

四、农业生产方式加速转换，科技进步影响更加深远

随着农业供给侧结构性改革的深入，我国农业技术装备支撑能力明显增强（图1-9），为解放农业劳动力、提高农业生产效率奠定了坚实基础。然而，与发达国家相比，小农经济模式以及现代要素的投入不足，使得我国农业生产效率远低于发达国家水平。根据世界银行统计数据，2018年中国农业劳动力人均产出额为3 818美元（2010年不变价美元），仅相当于欧盟的8.89%、美国的4.83%、以色列的4.04%、新西兰的3.79%、日本的15.94%（图1-10）。以设施园艺生产为例，我国每亩年均用时3 600小时以上，按人均

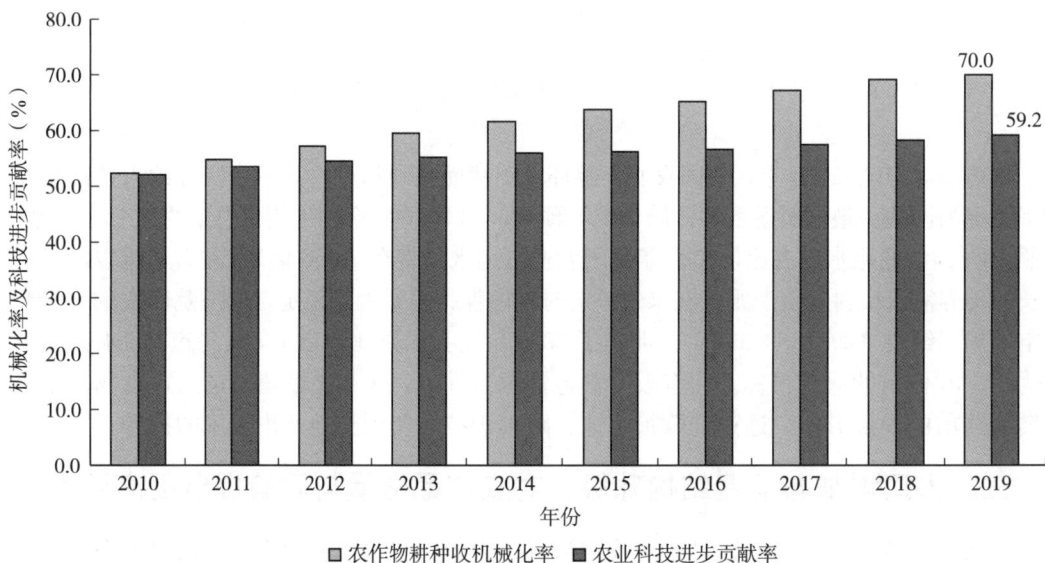

图1-9 2010—2019年我国农业科技进步贡献率与机械化水平

数据来源：农业农村部公开数据。

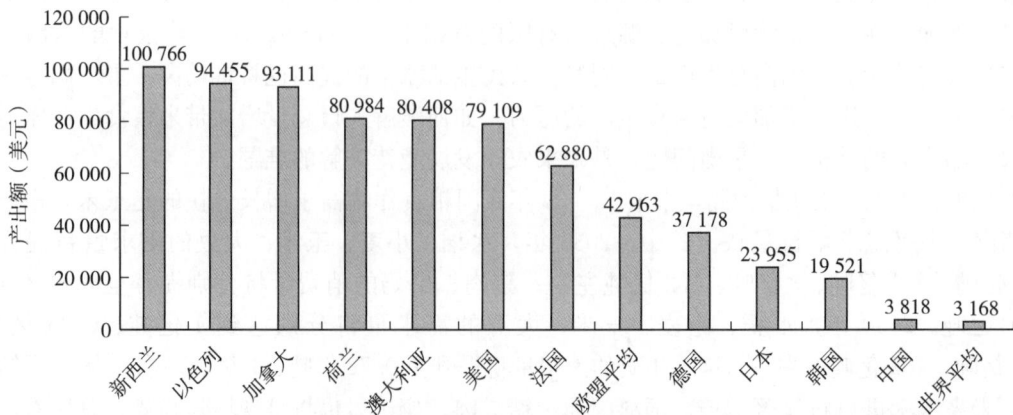

图1-10 2018年中国农业劳动力人均产出额与世界主要国家或地区的比较（2010年不变价美元）

数据来源：世界银行。

管理面积计算仅相当于日本的 1/5、西欧的 1/50 和美国的 1/300，而产量和水肥利用效率仅为荷兰的 1/3～1/4 和 1/2～1/3。

发达国家农业劳动效率高的关键原因在于现代科技与农机装备的大量投入。面向 2035 年、2050 年，依靠传统要素投入提高农业产出的难度不断加大，中国农业生产方式必须依靠信息技术、生物技术、新材料等现代科学技术以及先进的农机装备加速转换。以农机装备为例，根据罗锡文、王亚华预测，未来 20～30 年农业机械化在农业生产中的利用水平将逐年提高，促使我国农业向规模化、标准化、专业化、组织化和社会化生产转变。2035 年我国高效、精准、节能型农业机械装备研发将取得重大进展，届时农作物耕种收综合机械化率预计将超过 70%，同时，农业机械化在向全程全面发展的基础上，向自动化、信息化和智能化的方向发展，基本实现农业现代化。到 2050 年，在智能化的基础上，农机装备将向智慧化的方向发展，全面实现农业现代化。

五、小农经济仍将长期存在，新型农业经营主体成为现代农业发展主力军

从过去 10 年我国农户的经营规模来看，尽管土地流转率呈现快速增长趋势（年均增速约为 3%）（图 1-11），但农业经营仍主要以小农经济为主，在未来 20～30 年，即便实现农业现代化，按照前述人口增长判断，仍有 3 亿人生活在农村地区，其中农户大约有 1 亿户，户均耕地规模仍不足 50 亩，经营的耕地面积约为 50%。由此，小农经营在相当长一段时期内仍将存在，这也将激发土地托管等农业生产性服务需求，为农业社会化服务推动小农现代化发展提供机遇。随着国家对现代农业经营体系建设的重视，新型农业经营主体将成为推动我国农业产业发展的中坚力量。根据农业农村部统计，截至 2018 年底，全国家庭农场近 60 万家，其中县级以上示范家庭农场达 8.3 万家。全国依法登记的农民合作社达 217.3 万家，是 2012 年的 3 倍多，其中县级以上示范社达 18 万余家。全国从事农业生产托管的社会化服务组织数量达到 37 万个（其中，农机作业服务组织达到 19.2 万个，农机合作社达 7.3 万个）。各类新型农业经营主体和服务主体快速发展，总量超过 300 万家，成为推动现代农业

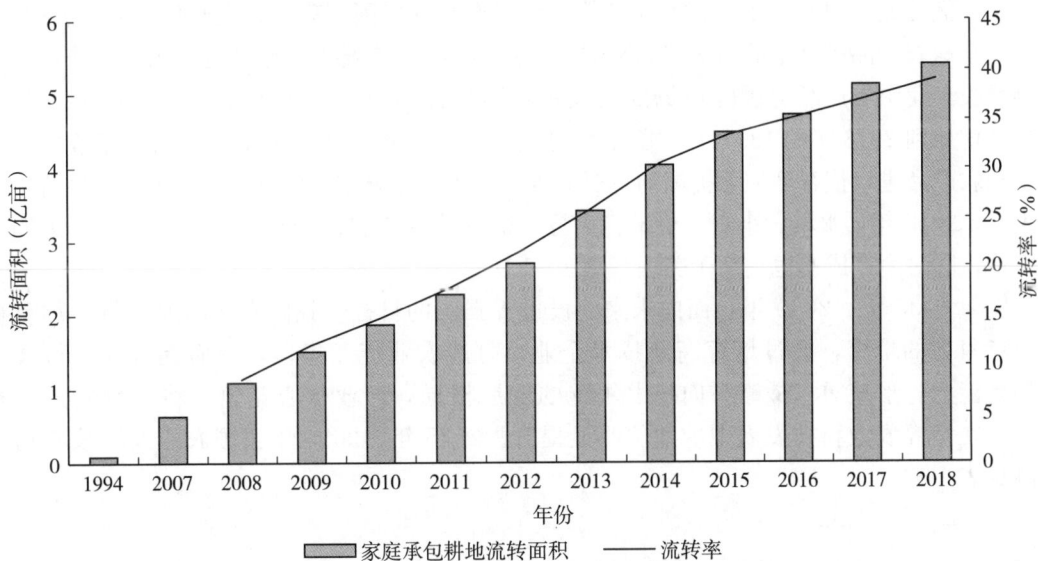

图 1-11　1994—2018 年我国耕地流转情况

数据来源：农业农村部公开数据。

发展的重要力量①。未来 20～30 年，伴随土地流转与土地制度改革进程的加快，以及新生代农民素质的提升，将涌现越来越多能联结农户组织生产、开拓农产品市场的新型农业经营主体，进一步推动农业向标准化、规模化发展，提升农产品的竞争力。

六、现代农业产业体系建设将更加突出绿色农业与数字农业的融合

党的十八大以来，我国高度重视农业的绿色化发展，对秸秆处理、农膜回收、减少化肥农药使用、畜禽粪污资源化利用等展开针对性部署，先后实施了长江经济带农业面源污染治理、畜禽粪污资源化利用、农村人居环境整治、农村厕所革命等项目，推动了农业可持续发展与美丽宜居乡村建设。截至 2020 年 6 月底，对标质量兴农、绿色兴农、品牌强农的要求，农业农村部制定农业国家和行业标准 9 000 多项，基本覆盖主要农产品产前、产中、产后全过程及农业绿色发展重要领域。在农副产品标准化生产方面，先后创建畜禽养殖标准化示范场4 000 多个、水产健康养殖示范场 6 000 个，在推动农副产品标准化生产中发挥了示范带动作用。在农产品认证方面，已认证绿色食品 38 545 个、有机农产品 4 548 个、地理标志农产品3 090 个和无公害农产品 71 185 个②。未来 20～30 年，现代农业产业体系建设必须在坚持"绿水青山就是金山银山"的生态理念基础上，以产业融合为主线，加快绿色技术与数字技术、生物技术、高端装备、新材料技术有机融合，通过打造新型"科技＋产业＋绿色＋生活"社区，以及"绿色＋数字＋农业＋品牌"新业态，创制新型绿色投入品、绿色农机装备，探索出一条具有中国特色的绿色农业发展道路，推进我国农业产业链向全球价值链的高端跃升。

七、农业国际竞争更加激烈，农业产业核心竞争力将得到明显提升

在全球化背景下，提升农业国际竞争力已成为我国农业高质量发展的重要举措。自2002 年我国加入世界贸易组织（WTO）以来，我国农业与世界市场的关联度日益增强，农产品贸易依存度由 2001 年的 14.58％提高到 2011 年的 22.34％，随后缓慢下降，至 2018 年为 21.21％，净进口额自 2004 年以来首次出现逆差并一直持续，到 2018 年农产品净进口额达 578.3 亿美元（图 1-12），成为全球第一大农产品进口国，第二大农产品贸易国。但是，我国在全球农产品贸易中的话语权和影响力依然不够。随着棉花、油菜籽、大豆等产品进口大幅增长，我国农产品对国际市场的依赖程度明显提高，农产品进口依存度从 2001 年的6.19％增加到 2018 年的 13.44％。除了满足国内不断增长的产品需求外，国际竞争力不足是我国农产品进口依存度显著提高的重要原因。从中美主要粮食作物生产成本与出售价格对比来看，2018 年，水稻、小麦、玉米、大豆、棉花等主要农作物平均售价大幅高于美国平均售价，同时生产成本也远高于美国（图 1-13）。

展望 2035 年、2050 年，面向未来建设世界强国的目标，我国农业的发展将更加重视产业竞争力的培育，通过培育高新技术企业，打造农业产业集群，全面提升农业科技自主创新能力，形成重点战略方向技术领跑的发展格局，产业核心竞争力将达到发达国家水平，在世界农业科技发展中的地位明显提升。2035 年、2050 年我国农业发展核心指标预测见表 1-3。

① 农业农村部. 新型农业经营主体和服务主体高质量发展规划（2020—2022 年）［EB/OL］.（2020-04-23）［2020-06-20］. http://www.moa.gov.cn/nybgb/2020/202003/202004/t20200423_6342187.html.

② 数据来源：http://www.moa.gov.cn/govpublic/ncpzlaq/202012/t20201224_6358788.html.

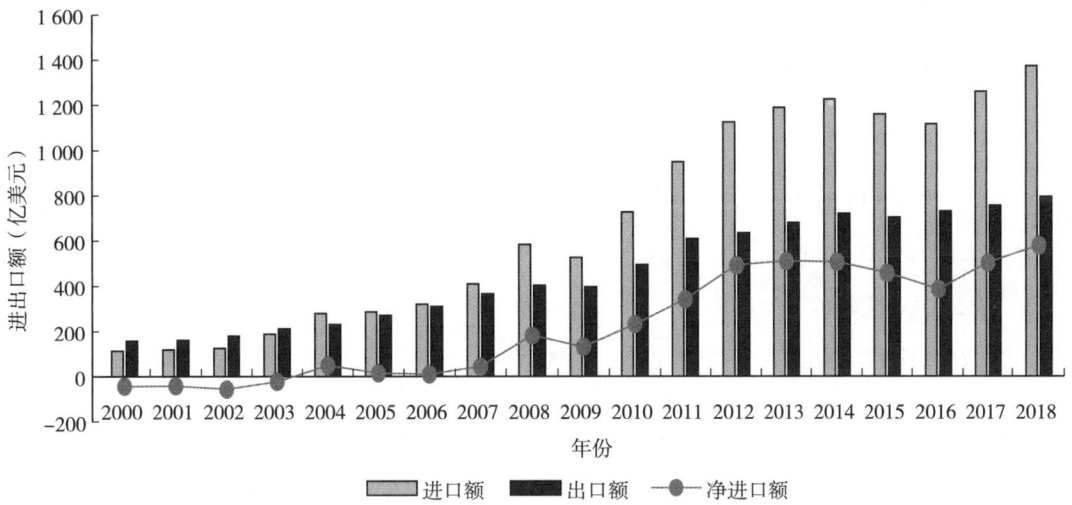

图 1-12 2000—2018 年中国农产品进出口情况

数据来源：商务部历年《中国进出口月度统计报告》。

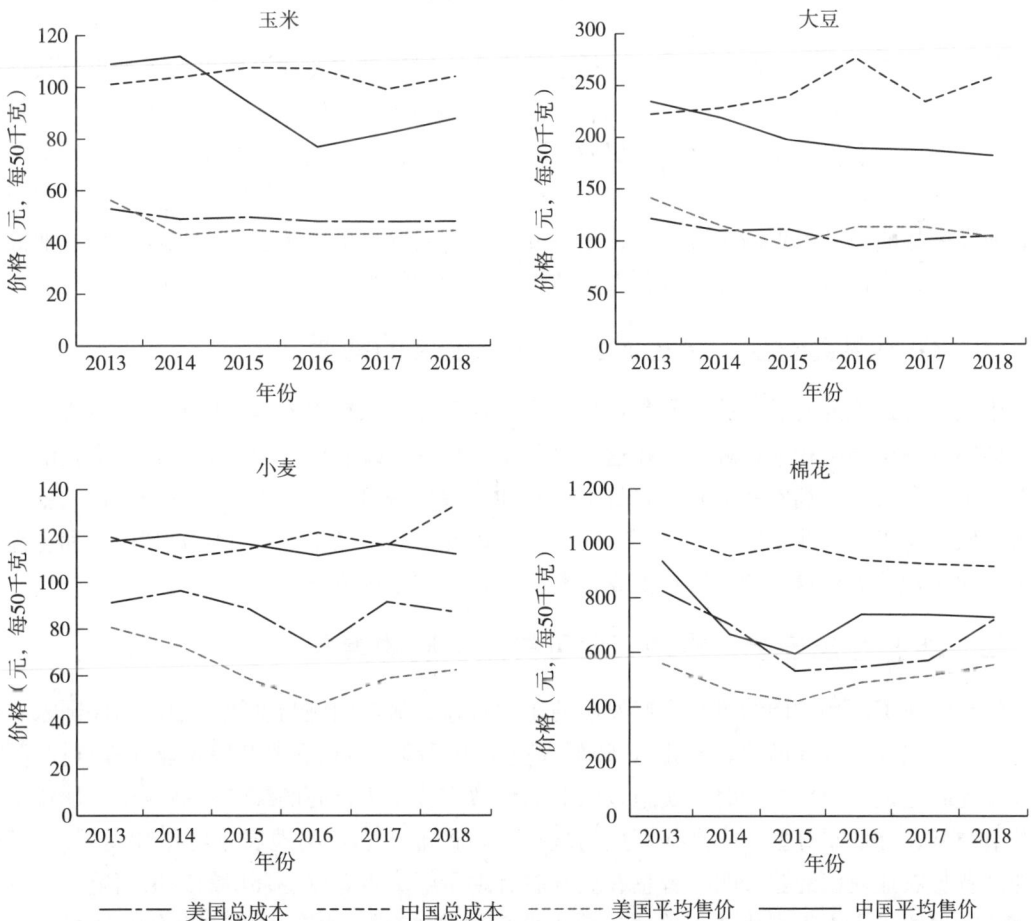

图 1-13 2013—2018 年中美主要农产品生产成本与出售价格对比

数据来源：《全国农产品成本收益资料汇编 2018》。

表 1-3　2035 年、2050 年我国农业发展核心指标预测

主要指标	2035 年	2050 年
农村人口	4 亿人	2.7 亿~3.0 亿人
城镇化率	70%	80%
农业 GDP 占 GDP 比值	5%	2% 左右
农业就业人员占比	10%	5%
农业科技进步贡献率	75%	90% 以上
主要农作物耕种收机械化率	85% 以上	全程全面机械化
户均经营规模	50 亩左右	

数据来源：项目组预测。

第三节　中国发展智慧农业的战略需求

党的十八大以来，以习近平同志为核心的党中央对智慧农业建设做出一系列重要战略部署。未来 20~30 年，在全面构建国内国际双循环新格局下，推动农业高质高效发展，既要保供给，更要注重保总量、保多样、保质量。实现这一目标，亟须顺应全球信息科技创新趋势，把握现代农业发展规律，坚持"四个面向"，以农业科技自立自强为基点，加快实施智慧农业发展战略，满足保障粮食安全、生态安全、食品安全的多重需求，支撑引领农业高质量发展和乡村全面振兴，为全球现代农业建设贡献中国智慧。

一、保障粮食安全，推进农业高质量发展的需要

中国作为最大的发展中国家和负责任大国，在确保国家粮食安全的同时，也将为继续维护世界粮食安全做出积极贡献。而在这一进程中，单靠传统农业已无法满足日益增长的食物消费需求，在人口红利不断下降的趋势下，必须加快推进机器替代人力、电脑替代人脑，推动智慧农业技术在农业全要素、各环节的应用，以此提高劳动生产率、资源利用率和土地产出率，为保障国家粮食安全、维护世界粮食安全提供"中国方案"。

二、维护生态安全，推动农业可持续发展的需要

针对农业资源环境硬约束与生产发展的矛盾日益凸显等问题与挑战，如何确保国家农业生态安全，突破资源环境"紧箍咒"，降低农业灾害风险，迫切需要开展农业工程科技部署，在稳步提高土地产出率的同时，实施以农业绿色数字技术为核心的绿色发展战略，加快形成资源节约型、环境友好型、生态保育型的现代农业产业形态，实现农业可持续发展。各国、各地区智慧农业建设经验表明，智慧农业发展有助于解决生态资源环境的约束问题。如京东数字科技集团采用人工智能技术养牛，节水效率提高 60%，山东民和牧业有限公司采用工厂化立体智能养鸡技术，氨气排放减少 80%。加快发展智慧农业，将是推进农业绿色发展的重大技术与产业选择。

三、确保食品安全，构筑安全可控供应链的需要

随着居民生活方式和消费观念的转变，食物消费也相应地发生了重大变化，城乡居民对食物消费需求从"数量型"转向"质量型"，由"吃得饱"向"吃得好""吃得安全""吃得健康"转变，优质、绿色、安全、健康农产品的需求进一步加大。然而，由于食品生产涉及生产、加工、流通、销售等多个环节、多个主体，受到投入品、环境、技术、经营主体机会主义行为等多种因素的制约，生产者、消费者和政府之间的信息不对称，导致农产品质量监管难度大，食品安全事件屡禁不止，民众对农产品缺乏信心。如何确保国家食品安全，更好地满足城乡居民多层次、个性化的食物需求，迫切需要智慧农业工程科技发挥保障食品安全的作用，加强农业全产业链的源头控制，通过构筑安全可控的供应链，实现农产品生产加工过程质量管理与流通过程的品质维持，确保"舌尖上"的安全。

四、构筑服务体系，让农民增收更有底气的需要

未来20～30年，小农经济仍长期存在。中国农业现代化的实现，取决于2亿承包耕地的小农户能不能融入现代化；中国的乡村振兴，重点在于2亿小农户能不能振兴。当前，农业生产方式粗放、农户素质偏低、现代要素投入滞后、社会化服务体系不健全等因素带来的农业比较效益低下问题，已成为农民持续稳定增收的关键制约因素。培育新的产业形态、构筑健全的服务体系已成为新时期"三农"工作的重点。迫切需要构筑面向小农户的服务体系，发挥电商平台的市场信息服务力量，让亿万小农户与瞬息万变的大市场有效对接，以此实现巩固拓展脱贫攻坚成果同乡村振兴有效衔接，让农民增收更有底气。

五、突破关键技术，抢占农业科技制高点的需要

近年来，我国顺应数字化时代趋势，实施了一批智慧农业重大科技项目和工程，推动北斗卫星导航农机自动驾驶系统、植物工厂、无人机农业应用等技术方向达到国际先进水平或处于并行地位，200马力①及以上拖拉机、水稻精量直播机、60行大型播种施肥机、精量植保机械、10千克/秒喂入量智能稻麦联合收获机、6行智能采棉机、高含水率玉米收获机等重大装备实现自主化，为现代农业发展提供了重要支撑。然而，核心技术受制于人是我们最大的隐患。与发达国家相比，我国智慧农业多项关键核心技术被"卡脖子"，农业动植物本体传感器基本处于空白，高端农业环境传感器和生命信息感知设备被美国、日本、德国等垄断，大马力高端智能装备90%依赖进口，动植物生长模型与核心数据主要来自美国、以色列、荷兰、日本，这些技术应用于我国的时间与发达国家相比相差至少10年。要实现世界农业科技强国的目标，亟须大力加强智慧农业核心技术攻关，进一步加强国际科技合作，积极参与国际标准制定与重大问题研究，围绕解决"卡脖子技术"与"短板技术"进行集中攻关与重点示范，激发产学研主体科技创新活力，持续提升智慧农业科技创新水平，加快实现核心技术安全自主可控。

---

① 马力为非法定计量单位，1马力≈735瓦特。下同。——编者注

第四节　本章小结

本章结合世界农业科技发展态势与我国农业发展现状、问题与挑战，对我国发展智慧农业面临的形势与需求进行了判断，得出相关结论。

（1）全球农业科技进入数字化、智能化时代。世界农业发展经历了以矮秆品种为代表的第一次绿色革命、以动植物转基因为核心的第二次绿色革命，当前正经历着现代信息技术与农业深度融合发展的农业第三次革命——"农业数字革命"。信息技术、生物技术、智能制造等先进技术与农业发展的交叉重组、渗透融合深刻影响着农业科技，孕育出智慧农业等一批方兴未艾的战略性新兴产业，全球农业科技进入数字化、智能化新时代。

（2）中国农业发展取得辉煌成就，但同时面临人口、资源与环境等多重约束。改革开放以来，我国农业发展取得了辉煌成就，农业科技迈上新台阶，但同时面临着"种地"的人越来越少、农业生产效率低下、资源利用率不高、农业国际竞争力弱、资源环境约束趋紧等问题，农业现代化水平与发达国家有一定的差距。解决以上重大问题亟须通过技术创新转型农业生产方式，助推农业跨越式发展。

（3）中国发展智慧农业面临重大需求。2050年，中国将全面建成智慧的中国、开放的中国、美丽和谐的中国和世界科技强国。在这些远景目标下，中国发展智慧农业面临着保障粮食安全、维护生态安全、确保食品安全、农民持续增收以及突破"卡脖子技术"等多重需求。发展智慧农业将成为今后较长一段时期我国农业转型升级的重要战略选择，为加快实现乡村振兴提供支撑。

参考文献

陈志钢，毕洁颖，聂凤英，等，2019. 营养导向型的中国食物安全新愿景及政策建议 [J]. 中国农业科学，52（18）：3097－3107.

程郁，周琳，程广燕，2016. 中国粮食总量需求 2030 年将达到峰值 [N]. 中国经济时报，12－01 (5).

郭铁成，2020. 对当前全球科技创新形势的研判——基于美国《科学与工程指标》的分析 [J]. 北京交通大学学报：社会科学版，19（3）：1－5.

胡晗，王锐，杜敬文，2019. 供给侧改革下我国粮食贸易调控机制研究 [J]. 粮食问题研究（1）：18－28，54.

黄季焜，2004. 中国的食物安全问题 [J]. 中国农村经济（10）：4－10.

黄季焜，王济民，解伟，等，2019. 现代农业转型发展与食物安全供求趋势研究 [J]. 中国工程科学，21（5）：1－9.

刘合光，陈珏颖，2016. 人口结构变化对我国粮食需求的影响与对策 [J]. 黑龙江粮食（8）：33－34.

刘洋，罗其友，周振亚，等，2018. 我国主要农产品供需分析与预测 [J]. 中国工程科学，20（5）：120－127.

芦千文，2019. 中国农业生产性服务业：70 年发展回顾、演变逻辑与未来展望 [J]. 经济学家（11）：5－13.

罗其友，米健，高明杰，2014. 中国粮食中长期消费需求预测研究 [J]. 中国农业资源与区划，35（5）：1－7.

罗锡文，2019. 对我国农业机械化科技创新的思考 [J]. 农机科技推广，196（2）：4－7.

石玉林，唐华俊，王浩，等，2018. 中国农业资源环境若干战略问题研究 [J]. 中国工程科学，20（5）：1－8.

孙德林，王晓玲，2004. 数字经济的本质与后发优势 [J]. 当代财经（12）：22-23.

孙康泰，王小龙，蒋大伟，等，2020. 美国农业和食品领域 2 030 科技突破计划及启示 [J]. 全球科技经济
    瞭望，35（11）：25-32.

王亚华，臧良震，苏毅清，2020. 2035 年中国农业现代化前景展望 [J]. 农业现代化研究，41（1）：
    16-23.

魏后凯，韩磊，2016. 中国农业发展的中长期展望 [J]. China Economist，11（4）：46-67.

向晶，钟甫宁，2013. 人口结构变动对未来粮食需求的影响：2010—2050 [J]. 中国人口·资源与环境，
    23（6）：117-121.

谢伏瞻，2019. 论新工业革命加速拓展与全球治理变革方向 [J]. 经济研究，54（7）：4-13.

谢伏瞻，2020. 迈上新征程的中国经济社会发展 [M]. 北京：中国社会科学出版社.

詹明月，王国杰，陆姣，等，2020. 基于 CMIP6 多模式的长江流域蒸散发预估及影响因素 [J]. 大气科学
    学报，43（6）：1115-1126.

张树杰，赵瑞芳，2010. 新形势下的"后工业社会理论"解读 [J]. 山东省农业管理干部学院学报，26
    （1）：97-98.

张义博，2020. 新时期中国粮食安全形势与政策建议 [J]. 宏观经济研究（3）：57-66，81.

第二章

智慧农业概念与内涵

在过去的大半个世纪，世界农业发展经历了以矮秆品种为代表的第一次绿色革命、以动植物转基因为核心的第二次绿色革命。随着现代信息技术的快速发展及其与农业的深度融合，农业正经历第三次革命——"农业数字革命"。智慧农业作为农业数字革命的重要产物，在当前以及未来农业发展中扮演着重要的角色。

第一节　智慧农业概念界定

"智慧"出自《墨子·尚贤中》，根据《辞海》的定义，是指人类"对事物能认识、辨析、判断处理和发明创造的能力"。自 2009 年 IBM 提出"智慧地球"以来，学者与机构将"智慧"与"物联网""大数据""信息化""云计算"等信息技术应用范畴相联系，至今基本形成一个共识，即"智慧是人类基于信息、技术、知识对物理世界的反映、解答、调节、应对、操作与实践的创造思维能力"。

一、智慧农业

根据已有研究，结合现代农业发展趋势，本研究认为智慧农业是将现代信息技术与农业全要素、全过程、全生命周期融合，形成以农业信息感知、定量决策、智能控制、精准投入、个性化服务为技术特征的现代农业产业形态或工程科技，是农业信息化发展从数字化到智能化的高级形态。其本质在于利用数据信息、知识管理与智能装备，换取对资源最大化的节约利用，从而实现农业可持续发展。

智慧农业有狭义与广义之分，狭义的智慧农业主要指智慧农业生产，即人类通过利用大数据、云计算、移动互联网、区块链、人工智能等新一代信息技术推进农业种养方式变革，实现种养业生产全过程的数字化、网络化、智能化的生产方式。广义的智慧农业则是涵盖了从产前资源环境监测、产中农业生产、产后农业服务与产业培育等农业全生命周期的智慧种植业、智慧养殖业、智慧渔业、智慧农产品供应链、农业大数据智能与信息服务等新型农业产业形态、服务模式与工程科技，是推进农业资源节约、要素优化配置、供需有效对接、管理精准高效的现代农业产业形态。本报告的研究范畴特指广义的智慧农业（表 2-1）。

二、相关概念辨析

从农业信息化的实践历程看，智慧农业的发展离不开数字农业、精准农业、智能农业，四者之间既有区别，又有联系。

表 2-1 智慧农业概念相关研究

研究维度	主要论断
智能农业与计算机农业	智能农业起源于 20 世纪 80 年代计算机在农业中的应用，主要指以农业专家系统为核心内容的智能农业应用技术集 King、Sigrimis：人工智能在农业生产以及智能控制技术在农业温室环境控制中的应用 陈一飞：智能农业属于一个闭环大系统，包括农业信息处理，农业专家智能决策系统以及实现系统反馈控制，自主控制的相关算法、设备、网络等 李道亮：智能化技术在农业全领域、全产业、全链条的应用，体现的是无人化智能应用的"广"
智慧生产模式	随着信息技术在农业的创新应用，学者提出依靠信息技术实现"智慧农业生产"的新型模式 Kapoor 等：智慧利用物联网等技术实现农业生产要素与过程的感知、决策、控制的生产模式 王天擎、胡艳超：依托农业生产各种传感节点和通信网络，为农业生产提供精准化种植、可视化管理、智能化决策的生产方式 李薇薇、曹丽英：依托物联网、云计算、大数据等新兴的计算机应用技术对农业生产中环境进行监测的生产方式
智慧农业技术集成应用平台	汪懋华：信息经济时代基于新一代 ICT 与农业现代化深度融合发展的集成体系 刘丽伟、高中理：由物联网感知层—物联网传输层—物联网应用层三个基本模块构成的农业物联网体系 王海宏等：智慧农业是物联网技术、"5S"技术、云计算技术和大数据等现代信息科学技术在农业领域融合渗透的应用与实践 Prem：智慧农业是一种基于物联网技术的智慧生产物联网集成平台
现代农业发展的高级形态	智慧农业作为农业现代化建设进程中的重要产物，是农业经历了机械化、自动化、数字化之后形成的高级形态 王佳方：智慧农业是依靠物理网络，并通过现代互联网技术实现农业从生产到管理再到销售的智能化、一体化运营过程 吴文斌：以信息知识为核心，以数字化、自动化、精准化和智能化为基本特征的现代农业发展形态
智慧农业产业经济	智慧农业作为一种产业形态，是人类利用信息技术创造、转化、实现农业产业价值的经济活动总称 葛晶：智慧农业，又称为农业中的智慧经济，包括智慧生产、智慧流通、智慧销售、智慧社区、智慧组织以及智慧管理等环节 胡亚兰、张荣：充分利用现代信息技术，使农业系统的运行更加具有效率、更加智慧的产业，是一个完整的智慧农业产业链条
气候智慧型农业	2010 年联合国粮食及农业组织（FAO）提出应对粮食安全和气候变化，实现经济、社会和环境可持续发展的农业新理念 管大海：气候智慧型农业考虑了应对粮食安全和气候变化挑战的经济、社会、环境等复杂性，是通过发展技术、改善政策和投资环境，实现在应对气候变化条件下的粮食安全和农业持续高效发展的新型农业发展方式

1. 数字农业 数字农业（digital agriculture）起源于数字地球的提出，是以数据为核心，运用数字地球技术与信息感知技术（包括传感器、摄像头、智能穿戴设备等），将农业生物、环境、技术、经济、社会等全要素、全系统、全过程进行数字化表达、可视化呈现、信息化管理，进而实现农业信息化决策管理的现代农业发展方式。

2. 精准农业 精准农业（precision agriculture）又称精细农业、精确农业，其概念起源于 20 世纪 90 年代，它是指综合运用现代信息技术和智能装备技术，基于动植物和环境等信息变化而对农业生产进行定量决策、变量投入、定位实施的现代农业操作技术系统。它是现代工业技术成果装备农业后形成的一种新的高度集约化现代农业生产方式，其关键特征在于定位、定量、定时，关键技术支撑在于"5S"技术（遥感技术，remote sensing，简称 RS；地理信息系统，geographical information system，简称 GIS；全球导航卫星系统，global navigation satellite system，简称 GNSS；数字摄影测量系统，digital photogrammetry system，简称 DPS；专家系统，expert system，简称 ES）、自动化技术、智能农机装备与信息知识管理，关键目标在于提高农业生产力、资源利用率、质量效益和可持续性。

3. 智能农业 智能农业（intelligent agriculture）起源于 20 世纪 80 年代的电脑农业，发展至今，其概念已由当初的农业专家系统演化为现代化农业生产方式，指在相对可控的环境条件下，采用工业化生产，充分应用人工智能技术成果与专家智慧、知识，实现农业可视化远程诊断、远程控制、灾害预警等智能管理的农业生产方式。一般而言，智能农业强调智能化机器装备对农业主要环节的管控能力，多指农业机械智能化，通过农机物联网以及智能机器人实现农业生产装备智能控制。

三、智慧农业与数字农业、精准农业、智能农业的关系

从上述概念看出，数字农业是农业数字化转型中所出现的重要产业形态，是智慧农业的基础；精准农业、智能农业则是智慧农业的主要场景表现；智慧农业是实现乡村振兴的内生动力，是各类先进要素应用于农业全产业链的客观反映，是绿色农业发展的高级阶段。数字农业、精准农业、智能农业与智慧农业均是依据不同历史时期所面临的形势与需求做出的客观选择，代表了现代农业不同时期的工程科技应用特征，四者相辅相成、相互促进，整体带动和提升农业质量效益与竞争力。

第二节 智慧农业主要特征

智慧农业的概念内涵体现在以下四个方面：一是物联网、大数据、云计算、人工智能、区块链等现代信息技术与农业深度融合的新业态；二是智慧农业的基础是以先进的智能化装备与数据为核心生产要素；三是智慧农业的产出表现"四高"，即农产品质量高、农业生产效率高、农业管理效能高以及农业竞争力高；四是智慧农业的服务表现为方便快捷与个性化。从智慧农业技术应用特点看，智慧农业呈现以下"五化"特征：

（1）农业信息感知数字化。智慧农业基础在于农业全要素、全过程、全生命周期的信息智能感知与数字化。智慧农业通过识别技术、定位技术、传感技术、物联网技术和数据挖掘技术等信息感知技术将农业资源环境、动植物生长环境与生长发育、农机作业、农产品品质等农业全要素、全过程信息进行自动感知与精准识别，并加以数字化表达，可为农业生产经营决策者建立农业模型、开展数据分析挖掘提供基础。

（2）农业管理决策科学化。决策者借助大数据、人工智能等技术，通过"机器学习＋经验模型"建立高度拟合的农业管理决策模型，对农业生产过程进行气象灾害预警、病虫害监测、疫病防控等科学决策，从而实现农业生产过程智慧化管理。

（3）农业装备控制智能化。智慧农业最突出的特点在于用工业化理念武装农业，用工业4.0 标杆农业 4.0，实现农机、农艺与信息的全面深度融合。通过人工智能＋物联网技术，推动农业传感器、通信系统、控制系统形成一个智慧网络系统，实现农机装备作业的自动化、智能化操作，推进全方位的无人作业。

（4）农业要素投入精准化。依托农业定量决策模型，农业管理者能够按照农业生产全过程、农业全产业链各环节，精细准确地调整各项管理决策措施，优化每一环节的资源配置，实现农业要素投入的定量化、精准化，达到减少投入、节约资源、改善环境的目的，从而实现农业可持续发展。

（5）农业信息服务个性化。智慧农业是以大数据和人工智能为基础和主要驱动力的新兴农业生产模式。面向农业生产经营者精准化、个性化服务的重大需求，通过数据挖掘和机器学习发现规则和知识构建农业知识图谱，智慧农业能够有针对性地、及时地向农户推送符合其需求的多样化信息服务，实现农业信息服务高效便捷、双向互动、精准对接。如基于大数据的全国农业科教云平台通过构建全息知识图谱库，面向农业生产、农民生活、农村生态、农村商务和基层政务等应用领域全过程、全环节提供信息服务，实现了农业专家、农技人员和农民三类人群互动，大大提高了农业信息服务的精准性、高效性。

第三节　智慧农业发展历程

回顾智慧农业的发展历程，结合文献的梳理，本研究将世界智慧农业的发展划分为探索萌芽阶段、早期创新阶段、集成应用阶段、数据驱动阶段等四个阶段。

一、探索萌芽阶段（20 世纪 70 年代末至 90 年代中期）

20 世纪 70 年代末 80 年代初，以美国为代表的欧美国家率先开展了以农业专家系统为代表的计算机农业，旨在通过智能推理、人机交互、计算机模拟，为农业生产管理提供专家诊断服务。如美国伊利诺斯大学开发大豆病害诊断专家系统 LPANT/ds、美国基于模型的农业专家系统 COMAX/GOSSYM、美国实时控制专家系统 MISTING、美国基于专家数据库建立的 DHLES 奶牛群营养分析专家系统、英国 ESPRIT 支持下的水果保鲜系统、德国的草地管理专家系统、日本西红柿栽培管理专家咨询系统等。1981 年中国建立了第一个计算机应用研究机构，1986 年农业部将计算机农业应用列入"七五"计划任务，1987 年成立信息中心，中国涌现了砂姜黑土小麦施肥专家咨询系统、黄土旱塬小麦生产管理系统等应用软件。在此阶段，智慧农业的发展侧重于人工智能技术的初步应用，开展了各类专用程序软件包的研发与试点应用。

二、早期创新阶段（20 世纪 90 年代中后期至 2008 年）

20 世纪 90 年代中后期，3S 技术、计算机应用得到了较快发展，其中美国最先将全球卫星定位系统安装在联合收割机上，开启了农业机械装备作业智能化、精准化的先河，如明尼苏达州农场采用 GPS 指导施肥的作物产量比传统平衡施肥作物产量提高 30% 左右。国际上以数字农业、精准农业为主要技术应用创新的智慧农业开始发展。1997 年"数字农业"概念正式提出，欧美、日韩等国家加速精准农业技术的推广应用，到 2001 年，约翰迪尔将卫星定位传感器与拖拉机配合使用，标志着国际上精准农业进入市场化运行阶段，而后美国初步推出并示范应用相关技术产品，如 Intel 公司采用定位追踪方法实现缅因州大鸭岛生态环境信息采集、佐治亚州农场采用基于无线互联网配套的全球定位系统和远距离视频系统实现蔬菜精准灌溉与包装等。与此同时，发达国家开始探索机器视觉技术在动植物生长情况监测、农业机械自动化作业、农产品分级分类等领域的应用，涌现了日本 Kubota 公司的橘子采摘机器人、机械手等小型智能装备，推动了农业机器人产业的发展。从中国实践看，自1999年国家发展改革委员会支持北京和新疆、2001年农业部支持黑龙江农垦总局开展以技术引进为主的精准农业应用示范工程后，科技部逐渐重视智慧农业关键技术研发创新，并于2003年启动实施国家863计划"数字农业技术研究与示范"重大专项，并成立了"智能化农业信息技术示范工程"等工作组。同年"中国863电脑农业"在日内瓦举办的世界信息首脑峰会上获峰会大奖，标志着我国农业信息技术创新应用得到世界的承认。2006年《国家中长期科学和技术发展规划纲要（2006—2020年）》、2008年党的十七届三中全会相继提出发展精准作业，通过系列政策与工程的实施，我国农业信息技术应用不断成熟，部分规模化农场、规模化养殖场开展了以精准农业技术为主的智慧农业应用实践。总体看，该阶段的智慧农业发展主要以数字农业与精准农业技术创新为主，表现为农业机械装备的智能化控制与农业生产的可视化展示，农田资源环境与气候大数据的初步应用。

三、集成应用阶段（2009—2014年）

2009年，IBM首次提出智慧地球，即"把新一代信息技术充分运用到各行各业，通过超级计算机与云计算将传感器装备与人类生活各种物体以互联网的形式连接起来，形成人-机-物协同的'物联网'，实现网上数字地球与人类社会和物理系统的整合"，日本农业部在2009年设立了AI农业研究委员会，对AI农业概念进行界定，即"使用了人工智能的数据挖掘等新一代信息科学等技术，可在短时间内提升生产技能，支援新农业"。2010年FAO正式提出气候智慧型农业，自此全球智慧农业进入以农业物联网为主的发展新阶段，加上大数据技术的不断成熟，以信息感知、精准决策、智能控制、个性化服务为核心的智慧农业集成应用技术体系基本形成。截至2014年，全日本已有一半以上农户选择使用农业物联网技术，美国七成的农场连接上物联网设备。从中国实践看，2010年，国家发展改革委将精细农牧业列入物联网产业化规划；2011年，国家发展改革委、财政部、农业部将黑龙江农垦开展大田种植物联网应用示范、北京市开展设施农业物联网应用示范、江苏省无锡市开展养殖业物联网应用示范列入国家物联网应用示范工程；2013年，农业部开始组织实施农业物联网的区域试验工程；2014年，中央1号文件提出"建设以农业物联网和精准装备为重点的农业全程信息化和机械化技术体系"。至此，以农业物联网为基本理论的智慧农业理论体系基本形成。在此阶段，智慧农业应用的理论、方法和共性关键技术得到突破，初步形成了一批农业智能感知、智能控制、自主作业、智能服务等智慧农业重大技术产品。

四、数据驱动阶段（2015年至今）

2015年以来，随着物联网技术在农业中应用产生的海量数据，全球智慧农业进入以数据为核心要素的新发展阶段。为抢占国际农业科技制高点，主要发达国家和地区围绕智慧农业开展了系列战略行动，如2016年欧盟出台食品与农业互联网［The Internet of Food & Farm 2020（IoF）］，2017年欧洲农机协会（CEMA）召开的峰会提出"农业数字技术革命正在到来"，并明确未来欧洲农业发展方向为以现代信息技术与智能农机装备为核心的农业4.0（Farming4.0），2019年澳大利亚出台农业4.0等，推动了智慧农业由研发应用向实质性工程建设转变。美国爱科的"全球精准农业战略"（fuse technologies）、美国约翰迪尔的"绿色之星"（green star）精准农业系统布局，表明智慧农业已成为市场关注的焦点。从中国实践来看，2016年"智慧农业"分别被列为国民经济"十三五"规划中八项农业现代化重大工程之一，农业现代化"十三五"规划五大创新强农重大工程之一，2017年农业部连续三年每年投资1个亿建设数字农业试点项目，同时开展单品种农产品全产业链大数据等工程，这一系列行动标志着我国智慧农业进入实质性建设阶段。从实际应用看，2018年首个完全自主研发的北斗导航农机自动驾驶系统"慧农"已在新疆、内蒙古、河北等10余个省份推广应用，农机深松耕地作业信息化监测面积累计超过1.5亿亩。在商业化运作上，2018年阿里云、网易、京东等互联网企业，以及新希望集团、大北农集团等农业龙头企业纷纷涉足智慧养殖领域，通过试点AI养猪，构筑了智慧养殖产业生态圈，助力农业走向产业互联网时代。由此，在大数据、人工智能、移动互联网等技术叠加下，智慧农业进入以数据驱动为特征的创新发展阶段。在此阶段，智慧农业已成为各国战略部署以及跨国企业市场布局的制高点，智慧农业技术已在规模化农场得到商业化应用，农业软硬件、系统集成、农产品追溯和智能信息服务等支撑产业呈现规模效应与集群效应。

第四节 智慧农业发展趋势

结合信息技术发展趋势及农业发展目标，智慧农业将呈现以下发展趋势：

一、"云、物、大、移、智"与北斗卫星将成为智慧农业核心基础设施

面向未来，智慧农业将在人工智能的推动下，形成"农场主＋智能网联＋会学习的机器人组"新型产业形态，推动农业智能感知、智能认知和智能行动融为一体，而"共建共享"与"互联互通"将成为智慧农业基础设施的重要特征，"云、物、大、移、智"（云计算、物联网、大数据、移动互联网、人工智能）以及北斗卫星导航将成为智慧农业核心基础设施，大数据技术将渗透农业全产业链。以5G技术发展为例，根据IC Insight预测，到2025年，5G市场规模将占全球移动通信技术市场规模的15％，5G用户订购数将达26.1亿。可以预见，未来五年5G技术的加速发展与商业应用，不仅为移动互联网提供基础支撑，成为新技术应用的关键基础设施和新技术发展的催化剂，同时通过深化5G与人工智能、物联网等技术的融合，将推动AI＋IoT（物联网）发展为AIoT（人工智能物联网），为农业物联网、农机物联网提供重要基础支撑。在服务端方面，适应"三农"特点的信息终端、技术产品、移动互联网应用（App）软件，以及多民族语音、视频等融媒体将成为提升农业服务精准化的重要基础设备。农业网络基础设施的建设不再局限于基础通信网络的建设，而是将重点转向智慧田间、智慧圈舍、智慧鱼塘、智慧车间等新业态体系架构，天空地一体化遥感监测网络将成为智慧农业数据源获取的重大基础设施。

二、智慧农业应用场景将覆盖全产业链，无人化、少人化迅速发展

5G技术、人工智能、大数据、物联网技术的发展加速人、机、物的三元融合，农业无人化、少人化作业场景将得到迅速发展，大大提高了农业生产效率、优化农业分工、改善农业各环节链接效能。美国、加拿大、日本及欧洲一些国家积极推动农业产业数字化转型，果蔬嫁接、移栽、施药、采摘，畜禽饲喂、清粪、奶牛挤奶，农产品在线分级、标识、包装，农产品仓储物流等农产品生产流通服务等主要环节均在向"机器换人"的方向发展。面向未来，新一代信息技术可以凭借其强大的流程再造能力对农业生产、经营、管理、服务全产业链进行"生态融合"和"基因重组"，以此提升传统农业产业链的内涵和外延，促进传统农

业生产向农业产业价值链中高端跃进，届时智能化装备将得到广泛应用，催生一批无人化、少人化智慧农业场景。

三、农业数字经济将成为发展中国家农业经济新的增长点

在新一轮科技革命与产业革命背景下，产业融合和业态创新成为经济发展的新动力。通过智慧化的农业管理技术与方法组织农业生产经营，对解决发展中国家农户市场信息不对称、带动农民增收致富具有重要意义。特别是 2020 年以来，新冠疫情不仅对全球经济造成了重大冲击，同时因疫情致贫、返贫人口也将急剧上升，全球贫富差距进一步拉大。在全球疫情防控常态化趋势下，应对经济衰退与人口贫困，亟须创新根植数字经济发展农业的新业态、新模式。农业数字经济作为数字经济与农业经济融合的新产业、新业态，将在加快减贫步伐、推动公共服务普惠共享、实现农业可持续发展中发挥着重要作用。以农村电商为例，2019 年淘宝村和淘宝镇带动就业机会 680 万余个，带动 25 万农民就业。截至2020年5月14日，拼多多在疫情防控期间助农专区实现农产品交易总量超过 8.5 亿斤，帮扶超过 35 万农户。在数字技术的深刻影响下，农业数字经济有望成为发展中国家新的经济增长点，成为发展中国家减贫脱贫、农民创新创业以及经济社会生态持续发展的重要业态。

四、区块链技术将在农业安全供应链管理中发挥重要作用

伴随信息技术在各行业领域的融合应用，信息安全问题逐渐成为世界各国普遍关注的国家安全问题。区块链（blockchain）技术具有去中心化、不易篡改、开放透明、机器自治、匿名等特征，近年来在金融、供应链管理、公共服务、跨境支付、数字版权等多个领域的信任机制建设应用中取得较好效果。可以预见，伴随区块链产业的发展，区块链强大的信息存储和共享机制，以及其与密码学的融合，将为信息安全带来更加坚固的保障。针对当前食品安全溯源、农产品供应链管理、农林生态环境监测、农业投入品监管等需求，未来农业大数据分布、点对点传输、共识机制、加密算法等农业区块链核心技术将成为打通供应端和消费端流通渠道，构建包括生产商、供应商、分销商、零售商、物流公司、终端消费者在内的联盟链协作网络的关键技术支撑，真正实现农产品田间到家庭餐桌全过程的可追溯，捍卫"舌尖"安全。

第五节　本章小结

本章结合国内外智慧农业研究进展，科学界定了智慧农业的概念内涵与主要特征，对 20 世纪 70 年代以来智慧农业发展历程进行了阶段划分与特征分析，最后揭示了智慧农业未来的发展趋势。研究结论表明：

（1）智慧农业是农业数字革命的高级表现形态。智慧农业是将现代信息技术与农业全要素、全过程、全生命周期融合，继而形成以农业信息感知、定量决策、智能控制、精准投入、个性化服务为技术特征的现代农业产业形态或工程科技，是农业信息化发展从数字化到智能化的高级形态。其本质内涵在于利用数据信息、知识管理与智能装备，换取对自然资源最大化节约利用，从而实现农业可持续发展。

（2）智慧农业呈现"三要素""四高""五化"特征。智慧农业是物联网、大数据、云计算、人工智能、区块链等现代信息技术与农业深度融合的新业态，由数据、知识与智能装备

三类核心生产要素组成。智慧农业的产出表现为"四高",即农产品质量高、农业生产效率高、农业管理效能高、农业竞争力高。智慧农业的运行呈现"五化",即农业信息感知数字化、农业管理决策科学化、农业装备控制智能化、农业要素投入精准化、农业信息服务个性化。

(3)自 20 世纪 70 年代以来,智慧农业发展经历了 4 个阶段。自 20 世纪 70 年代计算机科学发展以来,世界智慧农业经历了探索萌芽阶段(20 世纪 70 年代末至 90 年代中期)、早期创新阶段(20 世纪 90 年代中后期至 2008 年)、集成应用阶段(2009—2014 年)、数据驱动阶段(2015 年至今)等 4 个阶段。

(4)智慧农业未来发展将呈现 4 个明显的趋势。一是"云、物、大、移、智"与北斗卫星将成为智慧农业的核心基础设施。二是智慧农业应用场景将覆盖农业全过程、全行业与全产业链。三是农业数字经济将成为发展中国家农业经济新的增长点。四是区块链技术将在农业安全供应链管理中发挥重要作用。

参考文献

陈一飞,2010. 智能农业:"十二五"期间我国农业科技进步前瞻 [J]. 中国农业科技导报,12 (6):1-4.

葛晶,2017. 我国智慧农业的管理模式、问题及战略对策 [J]. 生态经济,33 (11):117-121,133.

管大海,张俊,郑成岩,等,2017. 国外气候智慧型农业发展概况与借鉴 [J]. 世界农业 (4):23-28.

胡亚兰,张荣,2017. 我国智慧农业的运营模式、问题与战略对策 [J]. 经济体制改革 (4):70-76.

李道亮,2018. 农业 4.0——即将到来的智能农业时代 [J]. 农学学报,8 (1):207-214.

李德仁,龚健雅,邵振峰,2010. 从数字地球到智慧地球 [J]. 武汉大学学报:信息科学版,35 (2):127-132,253-254.

李微微,曹丽英,2016. 基于物联网云的智慧农业生产模式的构建 [J]. 中国农机化学报,37 (2):263-266.

刘丽伟,高中理,2016. 美国发展"智慧农业"促进农业产业链变革的做法及启示 [J]. 经济纵横 (12):120-124.

上官周平,1994. 农业专家系统及其应用 [J]. 农业现代化研究 (5):298-301.

申格,吴文斌,史云,等,2018. 我国智慧农业研究和应用最新进展分析 [J]. 中国农业信息,30 (2):1-14.

孙志国,2017. 区块链、物联网与智慧农业 [J]. 农业展望,13 (12):72-74.

汪懋华,2019. 助力乡村振兴 推进"智慧农业"创新发展 [J]. 智慧农业,1 (1):3.

王海宏,周卫红,李建龙,等,2016. 我国智慧农业研究的现状、问题与发展趋势 [J]. 安徽农业科学,44 (17):279-282.

王佳方,2020. 智慧农业时代大数据的发展态势研究 [J]. 技术经济与管理研究 (2):124-128.

王天擎,胡艳超,2020. 基于中小型农企视角的智慧农业转型行为研究 [J]. 当代经济 (1):88-91.

杨志和,王要武,2018. 基于类词映射的我国新兴"智慧"概念国际适用性研究——针对 Smart、Intelligent 与 Wisdom 的择用困境 [J]. 信息资源管理学报,8 (1):65-77.

张之沧,闾国年,2015. "智慧地球"概念解析 [J]. 自然辩证法研究,31 (11):117-122.

赵春江,2010. 对我国未来精准农业发展的思考 [J]. 农业网络信息 (4):5-8.

周国民,2004. 数字农业综述 [J]. 农业图书情报学刊 (3):5-6,17.

Giles D K,Slaughter D C,1997. Precision band spraying with machine—vision guidance and adjust able yaw nozzles [J]. Trans of the ASAE,40 (1):29-36.

Kapoor A,Bhat S I,Shidnal S,et al.,2016. Implementation of IoT (internet of things) and image processing in smart agriculture [C] // International Conference on Computation System & Information Technology for Sustainable Solutions. IEEE.

King R E, Sigrimis N, 2001. Computational intelligence in crop production [J]. Computers & Electronics in Agriculture, 31 (1): 1-3.

Prem J, Ali Y, Dimitrios G, et al., 2016. Internet of things platform for smart farming: experiences and lessons learnt [J]. Sensors, 16 (11): 1884.

Yonekaw A S, Sakai N, Kitani O, 1996. Identification of idealized leaf types using simple dimension less shape factors by image analysis [J]. Trans of the ASAE, 39 (4): 1525-1533.

第三章

国内外智慧农业发展战略与政策

以新一代信息技术为代表的革新性、颠覆性技术深刻影响着各国农业产业发展格局，农业传感器、农业人工智能、农业大数据、农业遥感、高端智能农机装备制造等技术成为各国农业科技竞争的关键核心领域，世界主要发达国家与中国纷纷部署智慧农业科技战略，通过政策支持、科技研发、创新应用等一系列政策与行动，推动了世界智慧农业的发展。

第一节　国外智慧农业相关战略与政策部署

进入 21 世纪以来，以机器人、大数据、移动互联网、超级计算等为代表的新一代信息技术加快了现代农业科技国际竞争，信息知识与智能化装备成为现代农业发展新的生产力。为抢占现代农业科技制高点，世界主要发达国家和地区相继推出了智慧农业发展计划，推动了世界农业进入数字化时代。

一、美国

美国作为信息化与农业现代化最为领先的国家，十分重视现代信息技术在农业领域的应用。早在 20 世纪 80 年代，美国提出"精确农业"的发展构想，随后在多年的实践过程中逐渐成为精确农业发展最好的国家。1982 年，美国开始研发自动驾驶拖拉机，自此开启了研发高科技、高性能、智能化农业机器人的先河。近年来美国围绕精准农业、农业人工智能、传感器、农业大数据等领域开展了国家层面的战略部署。2016 年，美国科技部出台的《国家人工智能研发战略计划》中，将农业领域列入 15 个人工智能应用领域之一，明确了农业人工智能科技中的长期研发计划；2018 年，美国发布《美国先进制造业领导战略》，提出要加快传感器、机器人以及数字技术在粮食方面的应用；2019 年，美国国家科学院发布了《至 2030 年推动食品和农业研究的科学突破》，提出"加强农业传感器的研发、集成与应用，实现数字农业高端化发展"。目前，全美 20% 的耕地、80% 的大农场实现了大田生产全程数字化，平均每个农场拥有约 50 台连接物联网的设备。其中著名的农场管理软件企业 Farm-logs 的软件产品已在全美 15% 的农场得到应用。根据美国普渡大学（2017）一项调查显示，2016 年，美国农场 GPS 导航农机自动驾驶系统采纳率高达 83%，基于 GPS 的喷药控制技术采纳率达 74%。总体看，美国在智慧农业工程科技领域部署了一系列科技战略，对农业传感器、农业大数据、农业人工智能等方面的关注度较高（表 3-1）。

表 3-1 美国关注的智慧农业领域和技术方向

年份	重大计划及智库	关注的领域和技术方向
2009	国家宽带计划宽带倡议计划	资助偏远贫困地区和其他网络服务落后社区的宽带建设，补贴金和贷款优先考虑为宽带服务普及程度最低的农村地区提供宽带服务
2012	连接美国基金	每年支取普遍服务基金用于宽带补贴，以降低农村地区建设网络成本，为尚未被宽带覆盖的美国农村居民提供高速上网服务
2012	"构建 21 世纪数字政府"战略规划	推出 Data.gov，开放包括农业在内的 50 个门类原始数据和地理数据
2016	美国陆军部《2016—2045 年新兴科技趋势报告》	人工智能（机器人与自动化系统）、物联网、智能手机与云端计算、智能城市、量子计算、混合现实、数据分析、人类增强、对抗全球气候变化等 20 项技术
2018	美国农业转型战略规划	开发平台技术，改善跨生态系统微生物组数据的访问和共享
2018	美国农业提升法案	利用数据驱动分析强化农业资源管理，改善农村宽带基础设施建设与互联互通，采用信息和科学工具加强土地养护
2018	美国先进制造业领导战略	加强工程、加工、包装、卫生、机器人、传感器、高速自动化、数学建模、数字成像等技术在粮食和食品制造业中的应用
2019	国家人工智能研发战略计划（2019 年更新）	优先考虑支持机器学习和人工智能等技术在农业领域的基础研究投资
2019	美国国家科学院《至 2030 年推动食品与农业研究的科学突破》	整体思维和系统认知分析技术、新一代传感器技术、数据科学和信息技术、突破性的基因组学和精准育种技术、微生物组技术等 5 项技术
2019	区块链促进法	明确要求美国商务部为"区块链"建立标准定义，以及建立新的法律框架
2020	美国农业部科学蓝图 2020—2025 年科研方向	包括可持续农业集约化、适应气候变化、食品和营养转换、增值创新、农业科学等 5 个领域，重点研发作物病虫害监测、早期发现和快速反应类传感器
2020	美国国务院《关键与新兴技术国家战略》	高级计算、先进制造、高级传感、农业技术、人工智能、自主系统、通信和网络技术、数据科学与存储、量子信息科学等 20 项技术

资料来源：项目组整理所得。

二、欧盟

近年来，为应对气候变化和食品安全问题，欧盟十分重视智慧农业技术在推动农业可持续发展方面的应用，针对农业大数据、精准农业、农业人工智能等领域出台了相应的战略计划。2014 年荷兰、丹麦、法国等 6 国合作开展智慧农业典型代表项目——"SmartAgri-Food"，旨在通过在欧盟 FIWARE 开源平台设计和研发规模化智能农业应用软件（Smart Apps）。2015 年法国出台《农业创新 2025》，提出优先支持农业数据门户创建与农业数字技术研究两项数字农业领域项目，并建立专门的项目基金鼓励农业机器人技术研究和产业发展。2016 年，欧盟"地平线 2020"计划资助的 APOLLO 项目利用对地观测数据，为小农户搭建精准农业服务平台，服务内容包括监测农作物的生长状况和病虫害情况、土壤湿度、地表温度和植物的光合作用情况，并计算出灌溉、耕种时间、产量等数据。2017 年，作为"地平线 2020"欧盟科研创新框架计划的一部分，欧盟出资 3 000 万欧元实施食品和农业互联网项目"The Internet of Food & Farm 2020（IoF）"，旨在促进欧洲食品和农业部门广泛采用物联网技术。同年，欧洲农机协会提出以现代信息技术与先进农机装备应用为特征的农业 4.0（Farming 4.0）发展方向。2019 年 6 月，欧盟针对农业机器人推出了"agROBO-food"项目[①]，欧盟多项举措表明，智慧农业已成为该地区可持续农业发展的重要产业，加快推进欧盟智慧农业发展将是欧盟农业未来的主攻方向（表 3 - 2）。

表 3 - 2 欧盟关注的智慧农业领域和技术方向

年份	重大计划	关注的领域和技术方向
2012	欧盟《信息技术与农业战略研究路线图》	在种植业、养殖业领域发展精准农业
2013	欧盟地平线 2020	积极发展精准农业
2013	法国《数字化路线图》	推进数字化建设，打造欧洲大数据农业典范
2014	德国《数字议程（2014—2017）》	建设农村地区的数字入口，推出"网络扩建特别资助"融资项目以弥补农村地区网络建设资金缺口
2016	法国《农业创新 2025》	优先支持农业数据门户创建与农业数字技术研究
2016	德国《数字化战略 2025》	到 2025 年德国将建成千兆光纤网络，更多投资用于未来农村地区光纤建设投资基金；为农村地区数字化市场活动提供支持
2017	欧洲农机协会《未来欧洲农业发展方向》	未来欧洲农业发展方向是以现代信息技术与先进农机装备应用为特征的农业 4.0
2017	德国《有机农业展望战略》	在农业生产过程中先进的数字化技术和小型、自主农业设备的使用将为优化库存管理提供新的机会
2018	德国《数字农业》	通过大数据和云计算的应用，使农机装备实现精细作业，这些智能农机装备由 GNSS 控制，作业误差在几厘米以内
2018	荷兰国家数字战略	数字化技术在开放式耕种、精准农业、温室园艺、畜牧养殖、食品质量安全以及生产链各环节中的应用
2019	欧盟人工智能白皮书	针对农产品等领域新建数字创新中枢及相关设施
2019	欧盟 agROBOfood 项目	计划耗资 1 600 万欧元为欧洲农业食品领域有效采用机器人技术建立欧洲生态系统，提高农民对机器人技术在农业中的利益的认识
2020	欧盟共同农业政策 2021—2027	重点支持动物福利标签、全欧盟范围内的营养标签和农村数字化
2020	《塑造欧洲数字未来》	建设一个以强大数字化解决方案为动力的欧洲社会
2020	荷兰《2020 食品和农场互联网计划（IoF2020）及智能农业枢纽计划（SmartAgriHubs）》	融合物联网、大数据、人工智能、自动化、无人机和卫星等技术，为市场提供 80 个新数字化解决方案（覆盖农业耕作、牲畜、蔬菜、水果和水产养殖）
2020	《欧洲数据战略》	推动构建包括农业领域在内的 9 种欧盟共同数据空间

资料来源：项目组整理所得。

---

① agROBOfood：Towards a European network and effective adoption of robotics technologies，CEMA partners in this new EU project advancing robotics technology for the agri - food sector［J］. Journal of Magnetism & Magnetic Materials，2019.

三、英国

英国是最早完成工业化的国家之一，得益于其发达的工业化水平，英国在农业发展上充分体现了其工业化、信息化的理念。为抢占农业信息科技前沿，2013 年英国发布《农业技术战略》，提出一系列关于大数据、机器人和人工智能在农业领域发展中的管理改革措施，并建立了农业信息技术与可持续发展指标中心、农业精准工程创新中心等管理和研发机构，成为较早一批对智慧农业建设进行战略部署的国家之一。2017 年《农业与粮食安全战略框架》提出支持农业中的应用智慧技术和精准方案，同年《产业战略白皮书》明确了精准技术改变粮食生产的政策取向，2018 年英国出台的《英国农村发展计划》提出通过提供补助金的方式鼓励使用机器人设备、LED 波长控制照明灯辅助农业生产。一系列政策措施加快推动了英国智慧农业的普及与应用，目前，全英 1/5 以上的农场全面实现精准农业生产，其余农场也不同程度地应用了精准农业技术，超过 90% 的奶牛养殖场应用了自动挤奶设备和挤奶机器人，年人均可挤鲜奶 1 000 吨以上，"门卫"专家系统在英国 4 000 余家农场得到应用。根据 Marketsand Markets 估算，2018 年英国精准农业市场规模约为 50.9 亿美元，预计 2023 年末将达到 95.3 亿美元（表 3 - 3）。

表 3 - 3　英国智慧农业相关战略与政策

时间	重大计划	关注的领域和技术方向
2013	英国农业技术战略	利用大数据（big data）、信息技术（informatics）、农业机械化提升农业生产效率
2016	《农业技术产业战略：评估范围研究和基线》	工程和精准农业（其中很大一部分是与农业机械、设备和用品有关的活动），每一个部门的附加值都略高于 10 亿英镑，提供了近 2.1 万个就业机会
2016	分布式账本技术：超越区块链	加速英国区块链在农产品供应链的应用
2017	产业战略白皮书	使用精准技术改变粮食生产
2017	农业与粮食安全战略框架	支持农业中的智慧技术和精准方法
2018	英国农村发展计划	通过使用机器人设备、LED 波长控制照明灯辅助农业生产
2018	健康与和谐：关于未来食品和农业的立法建议	着力以大数据、数字化、精准农业等科技创新手段助推提高农业竞争力与可持续发展能力
2018	绿色脱欧的未来食品、农业和环境	通过更智慧的监管和执法实现环境、动物健康与福利目标；与数字、文化、媒体和运动部门密切合作，改善农村宽带和 4G
2019	农村千兆位全光纤宽带连接计划	建立以小学为中心，连接农村地区的中心网络模型。除学校外，其他的公共建筑，如健康场所和社区会堂也是计划服务对象
2020	新农业法案	提高"从农场到餐盘"的供应链透明性和公平性，投资新技术，鼓励新研究
2020	"后脱欧"粮食安全计划	重点研发农业智能装备传感器及土壤等资源环境传感器

资料来源：项目组整理所得。

四、日本

为应对人口老龄化、农户兼业化问题，日本早于 2013 年 6 月公布了新 IT 战略"创建最尖端 IT 国家宣言"，明确推进信息技术在农业领域的应用，以提高农业产业竞争力、农业产业化以及农业市场化水平。2014 年实施的"战略创新/创造计划"（cross-ministerial strategic innovation promotion program，SIP）以及 2018 年"第 2 期战略性创新推进计划（SIP）"中均将智慧农业列入农业科学技术基本计划，提出实现农业作业精密自动化管理的智慧农业研究开发战略。2015 年，日本发布"机器人新战略"，启动了"基于智能机械＋智能 IT 的下一代农林水产业创造技术"项目。2016 年，日本经济团体联合会提出"社会 5.0"，明确社会 5.0 时代的农业与食品产业主要方向，即融合 IoT、AI、无人机等尖端技术推进超省力、高产出的智能农业。2018 年，日本提出构建智慧食物供应链系统，力争 2025 年前将数字农业技术推广到农民手中。2019 年，日本进行了第 11 次科技预见调查，得出了包含"利用空间技术对全球环境和资源进行监测、评估和预测"在内的 8 个跨学科、强交叉的特定科技领域，在农林水产·食品·生物技术领域，明确了通过混合基因组获得的大数据和人工智能育种科技主题。同年 6 月出台的《农业新技术推广计划》提出，积极推广无人机、机器人、环境监测与控制、牲畜管理、生产经营管理等农业新技术，在全国进行小型无人机和无人驾驶农机的智能农业试点，并出台了《农业领域普及小型无人机计划》，提出到 2022 年通过无人机喷洒农药的面积从 2 万公顷扩至约 100 万公顷，且一半以上水稻、小麦和大豆种植区域引入无人机，以节省劳动力和提高生产力。根据 Nomura Research Institute 数据显示，2018 年日本农业无人机市场规模达 169 亿日元，未来日本将大力发展以农业机器人为核心的无人农场。2020 年 2 月，日本农林水产省最新五年规划明确，"大力发展智慧农业，扩大无人农机的应用范围、加强农业生产自动化系统的开发及运用"（表 3-4）。从近年日本重大战略与计划看，日本智慧农业建设重点关注以实现农业可持续增长的农业智能机器人、农业资源环境智能监测、无人化/少人化作业等新技术、新产业、新装备。

表 3-4　日本智慧农业相关战略与行动

年份	重大计划	关注的领域和技术方向
2001	21 世纪农林水产领域信息化战略	大力建设农村信息通信基础设施
2004	U-Japan 计划	将农业物联网列入日本政府计划
2010	信息通信技术新战略	重视农村信息化的市场规则及发展政策的制定
2014	战略性创新/创造计划	实现农业作业精密自动化管理的智慧农业研究开发
2015	机器人新战略	启动基于"智能机械＋现代信息"技术的"下一代农林水产业创造技术"
2015	食品、农业与农村基本规划	在农业领域加强机器人、信息通信等现代化技术的应用
2016	科学技术基本计划	强调"地球环境信息数据库"可应用于预测、对抗自然灾害，提高农业生产效率
2016	社会 5.0	融合 IoT、AI、无人机等尖端技术，推进超省力、高产出的智能农业
2018	综合创新战略	构建智慧食物供给链系统，包括自动传感、农业机械自动化、AI 农产品供需对接系统等；将准天顶卫星系统应用于智慧农业
2019	农业领域普及小型无人机计划	到 2022 年通过无人机喷洒农药的面积从 2 万公顷扩至约 100 万公顷，且一半以上水稻、小麦和大豆种植引入无人机

（续）

年份	重大计划	关注的领域和技术方向
2019	农业新技术推广计划	积极推广无人机、机器人、环境监测与控制等农业新技术，重点研发热生物传感器、半导体生物传感器等
2019	日本第 11 次科技预见（至 2050 年）	通过混合基因组获得大数据和人工智能育种，使用信息技术（物联网、人工智能、大数据）实时监控资源环境，利用空间技术对全球环境和资源进行监测、评估和预测
2019	农业技术基本准则	利用机器人技术和信息与通信技术实现超级省力、高质量生产的新型农业
2020	食品、农业、农村发展五年计划纲要	大力发展智慧农业，扩大无人农机（自动行走拖拉机等）的应用范围、加强农业生产自动化系统的开发及运用
2020	数字新政	农林水产省为智慧农业技术开发与示范项目提供共计 72 亿日元的资金支持

资料来源：项目组整理所得。

五、其他国家

2013 年，加拿大联邦政府提出的《MetaScan3：新兴技术与相关信息图》将土壤与作物感应器（传感器）、家畜生物识别技术、变速收割控制、农业机器人、机械化农场网络、封闭式生态系统、垂直（工厂化）农业等技术列入未来 5～10 年智慧农业重点发展领域。2016年，在《20 国农业部行动计划 2017》中，各国部长再次承诺推动信息与通信技术创新以提升农业效率和可持续性。2019 年，澳大利亚发布《澳大利亚农业 4.0》并开发了农业 4.0 数字平台，旨在通过数字技术提升农业生产效率，实现农业 4.0 远景目标。韩国发布《面向未来农业的科学技术战略》，提出智慧农业、农业生命技术、革新生态系统 3 个革新方案，其中，智慧农业方案的核心是在农业领域使用物联网、人工智能等尖端技术，同时韩国政府还计划利用区块链技术管理农产品记录，并使用高科技物理技术为基础的智能粮食储藏系统。从各国（地区、组织）关于智慧农业科技战略的密集部署与政策关注看，推动云计算、大数据、物联网等新兴信息技术在农业生产、经营、加工、销售等环节的深度融合与应用已成为各国农业创新发展的主要趋势，各国对于智慧农业的关注点也从推动农机、物联网、精准农业等技术发展逐渐延伸至农业大数据、机器学习、智慧育种、农业机器人等领域，智慧农业科技已成为各国农业科技战略部署的重点。

第二节　我国智慧农业相关战略与政策部署

2012 年中央 1 号文件提出了全面推进农业农村信息化和推动精准农业技术发展的要求，随后"信息化""数字化""智能农业""农业物联网""智慧农业"等关键词频频出现在每年的中央 1 号文件中。尤其 2017 年"智慧农业工程"首次被写入中央 1 号文件，明确实施以农业物联网试验示范和农业装备智能化为主的智慧农业工程，这意味着智慧农业建设将进一步提速。2020 年党的十九届五中全会、2021 年中央 1 号文件进一步明确了"建设智慧农业"作为"十四五"时期以及面向 2035 年提高农业质量效益与竞争力重要内容的政策举措

（表3-5）。这表明未来一段时间内，智慧农业将成为推动我国农业高质高效发展的重点支持领域。此外，《乡村振兴战略规划（2018—2022年）》《国家质量兴农战略规划（2018—2022年）》《数字乡村发展战略纲要》《数字农业农村发展规划（2019—2025年）》等战略性纲领性文件相继提出发展"智慧农业"、实施"智慧农业引领工程"，农业物联网区域试验工程、信息进村入户工程、数字农业试点项目、"互联网＋"农产品出村进城工程、数字乡村试点工程等大批工程的落地均揭示着我国智慧农业建设迎来政策机遇期。

从近年来相关战略、规划与政策等文件看，国家关于智慧农业的政策演变始终与信息技术变迁相适应，即政策支持领域由"强基础"转向"重应用"，落地应用支持范围由"区域试验"向"省、市、县试点""企业试点""试验区建设"等方向转变，技术支持范畴由"宽带支持"向"物联网、大数据、区块链、人工智能、第五代移动通信网络"等前沿领域转变，战略与行动的逻辑既符合世界发展趋势，也符合国家经济社会发展重大需求，不仅体现了党和政府对智慧农业的认识程度不断加深，同时也表现出强烈的政策连续性和技术适应性，对加快智慧农业应用推广具有重大意义。

表3-5　2016—2022年中国智慧农业相关战略规划

时间	发布部门	政策名称	相关内容
2016年1月	国务院	《全国农业现代化规划（2016—2020年）》	实施智慧农业引领工程
2016年1月	国务院	《国务院办公厅关于推进农村一二三产业融合发展的指导意见》	搭建农村综合性信息化服务平台，提供电子商务、乡村旅游、农业物联网、价格信息、公共营销等服务
2016年1月	国务院	《落实发展新理念加快农业现代化实现全面小康目标的若干意见》	大力推进"互联网＋"现代农业，应用物联网、云计算、大数据、移动互联等现代信息技术，推动农业全产业链改造升级
2016年3月	国务院	《中华人民共和国国民经济和社会发展第十三个五年规划纲要》	推进农业信息化建设，加强农业与信息技术融合，发展智慧农业
2016年4月	农业部等8部门	《"互联网＋"现代农业三年行动实施方案》	着力推动现代信息技术在农业生产、经营、管理、服务各环节和农村经济社会各领域的深度融合，大力发展智慧农业
2016年7月	国务院	《国家信息化发展战略纲要》	培育互联网农业，建立健全智能化、网络化农业生产经营体系，提高农业生产全过程信息管理服务能力
2016年8月	国务院	《"十三五"国家科技创新规划》	研发农林动植物生命信息获取与解析、表型特征识别与可视化表达、主要作业过程精准实施等关键技术和产品，构建大田和果园精准生产、设施农业智能化生产及规模化畜禽水产养殖信息化作业等现代化生产技术系统，建立面向农业生产、农民生活、农村管理以及乡村新兴产业发展的信息服务体系
2016年9月	农业部	《"十三五"全国农业农村信息化发展规划》	以建设智慧农业为目标，加快推进农业生产智能化、经营网络化、管理数据化、服务在线化，全面提高农业农村信息化水平

（续）

时间	发布部门	政策名称	相关内容
2016 年 12 月	国务院	《关于深入推进农业供给侧结构性改革加快培育农业农村发展新动能的若干意见》	实施智慧农业工程，推进农业物联网试验示范和农业装备智能化
2017 年 1 月	农业部办公厅	《关于做好 2017 年数字农业建设试点项目前期工作的通知》	重点开展大田种植、设施园艺、畜禽养殖、水产养殖 4 类数字农业建设试点项目
2017 年 6 月	国务院	《"十三五"农业农村科技创新专项规划》	加快构建智慧农业科技支撑体系，形成信息化主导、生物技术引领、智能化生产、可持续发展的现代农业技术体系
2017 年 7 月	国务院	《新一代人工智能发展规划》	研制农业智能传感与控制系统、智能化农业装备、农机田间作业自主系统等，建立完善天空地一体化的智能农业信息遥感监测网络，建立典型农业大数据智能决策分析系统，开展智能农场、智能化植物工厂、智能牧场、智能渔场、智能果园、农产品加工智能车间、农产品绿色智能供应链等集成应用示范
2017 年 9 月	国务院办公厅	《关于加快推进农业供给侧结构性改革 大力发展粮食产业经济的意见》	引入智能机器人和物联网技术，开展粮食智能工厂、智能仓储、智能烘干等应用示范；加快粮食物流与信息化融合发展
2017 年 10 月	国务院办公厅	《关于积极推进供应链创新与应用的指导意见》	推动建设农业供应链信息平台，集成农业生产经营各环节的大数据。建立基于供应链的重要产品质量安全追溯机制，构建来源可查、去向可追、责任可究的全链条可追溯体系
2018 年 1 月	国务院	《国务院办公厅关于推进农业高新技术产业示范区建设发展的指导意见》	促进信息技术与农业农村全面深度融合，发展智慧农业，建立健全智能化、网络化农业生产经营体系
2018 年 2 月	国务院	《关于实施乡村振兴战略的意见》	大力发展数字农业，实施智慧农业工程，推进物联网试验示范和遥感技术应用
2018 年 6 月	国务院	《国务院办公厅关于推进奶业振兴保障乳品质量安全的意见》	推广应用奶牛场物联网和智能化设施设备，提升奶牛养殖机械化、信息化、智能化水平；发展智慧物流配送
2018 年 7 月	农业农村部	《农业绿色发展技术导则（2018—2030 年）》	对数字农业智能管理技术、智慧农业生产技术及模式、智慧设施农业技术等进行推广应用
2018 年 9 月	农业农村部	《乡村振兴科技支撑行动实施方案》	着力在智慧农业、农业物联网等领域突破一批重大基础理论问题，提升我国农业科技原始创新能力
2018 年 12 月	国务院	《国务院关于加快推进农业机械化和农机装备产业转型升级的指导意见》	推动智慧农业示范应用，促进物联网、大数据、移动互联网、智能控制、卫星定位等信息技术在农机装备和农机作业上的应用

（续）

时间	发布部门	政策名称	相关内容
2019 年 1 月	农业农村部等 7 部门	《国家质量兴农战略规划（2018—2022 年）》	发展数字田园、智慧养殖、智慧农机，着力促进数字技术与现代农业的深度结合
2019 年 2 月	国务院	《关于坚持农业农村优先发展做好"三农"工作的若干意见》	推动智慧农业自主创新
2019 年 2 月	国务院	《关于促进小农户和现代农业发展有机衔接的意见》	支持小农户运用优良品种、先进技术、物质装备等发展智慧农业
2019 年 5 月	国务院	《数字乡村发展战略纲要》	推进智慧水利、智慧交通、智能电网、智慧农业、智慧物流建设
2019 年 5 月	国务院办公厅	《职业技能提升行动方案（2019—2021 年）》	围绕经济社会发展开展智慧农业建设等新产业培训
2020 年 2 月	农业农村部、国家互联网信息办公室	《数字农业农村发展规划（2019—2025 年）》	推进种植业管理信息化、畜牧业智能化、渔业智慧化、种业数字化、质量安全管控全程化，建立健全 5G 引领的智慧农业技术体系
2020 年 5 月	工业和信息化部	《关于深入推进移动物联网全面发展的通知》	面向现代农业示范区应用场景实现 NB-IoT 深度覆盖；深化移动物联网在智慧农业领域中的应用
2020 年 5 月	农业农村部	"互联网＋"农产品出村进城工程试点	建立完善适应农产品网络销售的供应链体系、运营服务体系和支撑保障体系
2020 年 6 月	农业农村部等 9 部委	《关于深入实施农村创新创业带头人培育行动的意见》	利用 5G 技术、云平台和大数据等创新创业
2020 年 7 月	中央农村工作领导小组办公室等 7 部门	《关于扩大农业农村有效投资加快补上"三农"领域突出短板的意见》	将智慧农业和数字乡村建设工程列为 11 个重大工程之一，提出加快农业农村大数据工程建设，开展新型基础设施建设和现代信息技术应用，全面提升农业农村数字化、智能化水平
2020 年 7 月	农业农村部	《全国乡村产业发展规划（2020—2025 年）》	发展数字农业、智慧农业等
2020 年 7 月	国家互联网信息办公室等 7 部门	《关于开展国家数字乡村试点工作的通知》	探索乡村数字经济新业态，积极打造科技农业、精准农业、智慧农业
2020 年 9 月	国务院办公厅	《关于促进畜牧业高质量发展的意见》	加强大数据、人工智能、云计算、物联网、移动互联网等技术在畜牧业的应用，提高圈舍环境调控、精准饲喂、动物疫病监测、畜禽产品追溯等智能化水平
2020 年 11 月	中央政治局	《中共中央关于制定国民经济和社会发展第十四个五年规划和二〇三五年远景目标的建议》	加快数字化发展，建设智慧农业
2021 年 1 月	国务院	中共中央 国务院关于全面推进乡村振兴加快农业农村现代化的意见	发展智慧农业，建立农业农村大数据体系，推动新一代信息技术与农业生产经营深度融合

（续）

时间	发布部门	政策名称	相关内容
2021 年 2 月	国务院办公厅	关于加快推进乡村人才振兴的意见	用生物技术、信息技术等现代科学技术改造提升现有涉农专业，建设一批新兴涉农专业
2021 年 4 月	全国人大中华人民共和国主席令第七十七号	中华人民共和国乡村振兴促进法	推进生物种业、智慧农业、设施农业、农产品加工、绿色农业投入品等领域创新
2021 年 5 月	财政部办公厅	关于进一步做好农村综合性改革试点试验工作的通知	推动大数据、人工智能技术等新一代信息技术与种、养、加、销等农业生产经营活动深度融合，加快智慧农业发展
2021 年 7 月	工业和信息化部等 10 部门	5G 应用"扬帆"行动计划（2021—2023 年）	5G＋智慧农业
2021 年 12 月	中央网信办	"十四五"国家信息化规划	农业数字化加快发展，精准作业、数字化管理等大面积推广
2022 年 1 月	中央网信办等 10 部门	数字乡村发展行动计划（2022—2025 年）	智慧农业创新发展行动。加快推进农业农村大数据建设应用，建设天空地一体化农业观测网络，加快农业生产数字化改造，加快智慧农业技术创新，加强农业科技信息服务
2022 年 1 月	农业农村部	"十四五"全国农业农村科技发展规划	智慧农业技术创新工程
2022 年 1 月	国务院	"十四五"数字经济发展规划	大力提升农业数字化水平，推进"三农"综合信息服务，创新发展智慧农业，提升农业生产、加工、销售、物流等各环节数字化水平
2022 年 2 月	中共中央 国务院	中共中央 国务院关于做好 2022 年全面推进乡村振兴重点工作的意见	推进智慧农业发展，促进信息技术与农机农艺融合应用
2022 年 2 月	国务院	"十四五"推进农业农村现代化规划	发展智慧农业。建立和推广应用农业农村大数据体系，推动物联网、大数据、人工智能、区块链等新一代信息技术与农业生产经营深度融合。建设数字田园、数字灌区和智慧农（牧、渔）场
2022 年 3 月	农业农村部	"十四五"全国农业农村信息化发展规划	从智慧种业、智慧农田、智慧种植、智慧畜牧、智慧渔业、智能农机和智慧农垦七个方面发展智慧农业，提升农业生产保障能力
2022 年 5 月	中共中央办公厅、国务院办公厅	乡村建设行动实施方案	发展智慧农业，深入实施"互联网＋"农产品出村进城工程和"数商兴农"行动，构建智慧农业气象平台
2022 年 12 月	国家发改委	"十四五"扩大内需战略实施方案	加快发展智慧农业，推进农业生产经营和管理服务数字化改造

资料来源：项目组整理所得。

第三节 国内外智慧农业政策比较分析

从国内外智慧农业政策支持与相关战略行动看，发达国家（地区）将信息技术与农业融合作为推动农业科技创新的重要驱动力，通过顶层设计、研发支持、应用示范等政策工具与手段，推动了智慧农业快速发展。

一、主要发达国家政策着力点

从国外战略行动看，主要的政策着力点聚焦于农业机器人、农业物联网、精准农业、农业大数据等智慧农业前沿关键技术领域。具体做法为：

（一）重视农村网络基础设施建设

主要发达国家均针对农村互联网基础设施建设进行了相应的专项基金支持，如美国联邦通信委员会在2009年启动政府投资总额达72亿美元的国家宽带计划，其中有25亿美元用于资助偏远贫困地区和其他网络服务落后社区的宽带建设。2012年美国推出"连接美国基金"（CAF）并明确将每年支取普遍服务基金中的传统电话补贴转给专注于宽带建设的"连接美国基金"，用于宽带补贴，以降低在农村等地区建设网络的高昂成本。2019年英国政府斥资2亿英镑推出农村千兆位全光纤宽带连接计划。德国提出建设农村地区的数字入口，推出"网络扩建特别资助"融资项目以弥补农村地区网络建设资金缺口。以上诸多关于农村网络基础设施的政策支持，无不表明发达国家（地区）政府对于推动农村信息化基础设施建设的决心。

（二）加大人工智能、大数据、移动互联网等前沿技术在农业领域的研发应用创新投入

美国、英国、澳大利亚、日本等发达国家相继把精准农业与智能技术、数字技术、大数据分析、5G技术等纳入保障国家粮食安全的重要战略之中，通过自主创新、联合攻关超前部署智慧农业前沿技术，重点支持农业机器人、农业传感器、农业大数据等前沿关键技术的研发应用。如美国《农业部科学蓝图2020—2025年科学发展路线图》提出要重点研发作物病虫害监测、早期发现和快速反应类传感器，《农业与粮食研究计划》资助了一项关于杀虫剂检测的精密传感器的研究，经费资助共计57.3万美元；英国投资9 000万英镑于农业创新中心，引进开发包括农业大数据、精准农业等技术在内的新技术和工艺；日本"数字新政"注重数字技术研发和产业化，为基础研究、初创企业等创新链上的市场失灵环节提供资金支持，其中农林水产省为智慧农业技术开发与示范项目提供共计72亿日元的资金支持，文部科学省为人工智能、量子计算等发展提供资金支持，经济产业省为"后5G"开发设置专项资金。为推动数字农业项目落地，日本政府用于农业数字化工程建设的费用占支农支出比例高达40%；欧盟在2018年的预算修订案中提出百万欧元资助区块链项目，通过建立"欧盟区块链观测站及论坛"加快对国际区块链标准的研制，为区块链项目提供高达亿元的资金支持。

（三）将智慧农业作为推动农业绿色发展的重要技术手段与产业形态

可持续发展是世界各国21世纪科技发展的重大战略问题。根据联合国经济和社会事务部预测，到2050年，全球人口预计将从2018年的76亿人增长到超过96亿人，全球气候变化、生态环境和资源条件恶化将为农业可持续发展带来更大压力。针对日益严峻的农业资源环境问题，世界各国将"绿色"与"发展"相协调作为农业绿色发展的总体目标，通过依靠

现代技术重构农作物—动物生产和粮食生产—消费系统，实现农业可持续发展。在此过程中，智慧农业成为主要发达国家推动绿色发展的重要选择。如德国将数字化技术与小型智能装备应用作为有机农业发展的主推技术；日本《生物经济战略 2019》提出通过发展可持续产业和循环经济实现"超智能社会"；欧盟"地平线 2020"资助的安塔尔项目将农业智能传感器与大数据技术作为维持精准农业与可持续农业发展之间的平衡，利用先进农业传感器技术监测植物健康，增强抵御气候变化和价格波动等风险。

二、我国政策着力点

从我国政策演变与相关战略行动看，国内关于智慧农业的支持主要体现在三个方面：

（一）重视科技研发资金的投入，支持一批与智慧农业相关的重点项目

早在 20 世纪 90 年代初，科技部就将农业专家系统等农业信息技术列为国家高技术研究发展计划即"863 计划"的重点课题，1996—2003 年，科技部累计投入资金近亿元、各级地方政府和农业企业投入资金近 8 亿元在全国 20 余个省份开展以农业专家系统为核心的智能化农业信息技术应用示范工程（农民俗称电脑农业）建设，共开发了 5 个 863 品牌农业专家系统开发平台，建立了包括大田作物管理、设施园艺栽培、畜禽养殖、水产养殖等方面的200 多个本地化、农民可直接使用的农业专家系统。"十一五"时期以来，国家"863 计划"相继设立了"数字农业技术专题""精准农业技术与装备"重大项目、"农村与农业信息化科技发展"重点专项、"农业精准作业技术与装备"主题项目、"现代农机智能装备与技术研究"重点项目、"智能化农机技术与装备项目"重大项目等一批与智慧农业关键技术相关的重大项目，部署了农业物联网、数字农业、精准农业、农机智能装备等系列现代农业信息化关键技术集成与示范工程，促进了我国智慧农业技术的研发应用与推广。其中由农业装备产业技术创新战略联盟牵头实施的"智能化农机技术与装备项目"投入共计 2.758 亿元，其中国拨经费 1.138 亿元。此外，国家重点研发计划、国家科技支撑计划也在农村农业信息资源整合关键技术集成与应用、智能农机装备、工厂化农业关键技术等领域提供了专项支持。

（二）部署一系列工程项目开展应用示范，加大智慧农业技术推广应用力度

我国在推进智慧农业建设方面十分重视重大工程牵引。全国层面看，我国先后实施了北斗系统精准农业重大应用示范工程项目、农业物联网区域试验工程、信息进村入户试点工程、农业农村大数据应用试点、电子商务进农村示范工程、农业电子商务试点、"互联网＋"农产品出村进城工程试点等工程，旨在通过试点示范实现"以点带面"，推动区域智慧农业发展。其中，农业农村部自 2017 起实施的数字农业试点项目，截至 2019 年底中央累计投资11.5 亿元，重点建设了数字农业创新中心、单品种全产业链大数据和数字农业试点县等 3类项目共计 92 个项目，通过这些工程项目的示范带动，现代信息技术在我国种养业得到了初步应用，尤其在农情监测、农机精准作业与监管、动植物疫病远程诊断、无人机植保、精准饲喂等方面取得了积极成效。从地区层面看，涌现了北京智慧农园、长沙智慧农业示范区、济南智慧农业试验区、广东省 5G＋智慧农业试验区、福建省现代农业智慧园建设项目等区域智慧农业建设工程，为其他地方推动智慧农业落地提供借鉴。如 2018 年福建省财政安排的数字农业专项资金 2 600 万元中，有 1 000 万元用于建设现代农业智慧园，且规定"对符合条件的茶叶、蔬果、食用菌、畜禽等现代农业智慧园，按相关投入的 50％给予以奖代补，每个智慧园补助最高 100 万元"。

（三）开展智慧农业相关技术产品补贴，提高受众群体参与积极性

农业新技术由于高成本、高风险、作用效果不明等特点很难得到广泛推广，需要国家出台相应的补贴政策。智慧农业作为新技术、新模式，具有投入成本大、投资回报周期长、使用的技术门槛高等特点，需要政府进行一定程度的调控以促进类技术的推广应用，其中技术补贴就是一个有效的调控工具。针对成本收益问题带来的智慧农业技术推广应用难的问题，我国正逐步探索智慧农业相关技术产品补贴机制。如 2017 年我国开始试点推行的植保无人机购置补贴中，从事植保作业的农业生产经营组织可获得每架植保无人机购置补贴金额 1 万~3 万元，在国家购机补贴与地方补贴基础上，大部分地区植保无人机只需原价的 1/3。同年农业用北斗终端纳入多个省级农机购置财政资金补贴范围，如甘肃对四种农业用北斗终端进行补贴，补贴额度在 300 元到 27 000 元不等。从地区层面看，江苏省宜兴市将水产物联网列入农机补贴名录，明确对新装水产智能物联网设备的农户给予 2 600 元/套（市场价 3 000 元/套）购置补贴，大大激活了水产养殖户建设水产物联网的积极性。总之，农业部门通过有效发挥财政出资的杠杆和引导作用，积极带动了社会资本参与智慧农业相关技术的推广应用，促进了智慧农业的可持续发展。

三、国内外政策比较

国内外在支持智慧农业建设方面各有侧重，但终究围绕基础设施、资源整合、技术研发、技术应用示范等领域展开（表 3-6）。

表 3-6 发达国家与中国智慧农业政策着力点比较

主要领域	发达国家	中国
信息化基础设施	以推动城乡网络设施协同为目标，通过专项基金支持完善农村网络基础设施，以此缩小数字鸿沟，满足不同群体对于高速宽带网络设施的需求	积极推进电信普遍服务，以"村村通"作为长期系统工程，同时通过实施网络扶贫、信息进村入户、宽带中国等基础设施建设，缩小城乡数字鸿沟；此外，在农村地区开始试点部署 5G 等新基建
资源整合与信息服务	开展资源整合顶层设计（如法国农业大数据），支持大数据统一平台建设，重视数据共享与利用过程中涉及的隐私安全和伦理道德问题	从涉农资源管理平台整合（金农工程）开始，重点支持涉农网站、信息服务队伍建设与农业专业数据库建设等
智慧农业技术研发	强化开源社区在技术研发中的应用；重视农业领域人工智能、大数据、移动互联网等前沿技术研发创新支持，如日本针对农业无人机、农业机器人出台了专项研发计划；鼓励企业开展研发	以科技部重大研发计划项目为支撑开展相应的技术攻关、联合攻关以及国际交流与合作；依托农业农村部设立的研发项目开展相应的行业技术标准研究（如农业物联网标准等）。研发支持的重点：现代农业智能装备、农业物联网、农业遥感、作物表型信息获取、育种信息化等
智慧农业技术应用	重视技术应用的前沿性，将智慧农业与绿色发展、可持续发展相关联，突出对智慧农场、智能农机等典型应用场景的支持，以及智慧农业生态的建设	重视重大工程牵引（如物联网区试工程），将智慧农业技术与保障粮食安全、食品安全与生态安全相关联，突出对智慧农业技术解决"节本增效"（如征集了 100 多个农业物联网方案）与小农市场化（电商扶持）方面的支持；重视技术应用的连贯性，将智慧农业与数字乡村、乡村振兴相衔接，如数字乡村战略，重视乡村数字经济支持

第四节 本章小结

本章采用归纳总结、文献计量分析等方法对国内外智慧农业战略行动、技术发展态势进行了全局性分析，研究结论表明：

（1）主要发达国家已将智慧农业发展上升至国家战略。智慧农业已成为当今世界现代农业发展的趋势所在。为抢占智慧农业科技制高点，美国、英国、日本、欧盟等国家和地区纷纷对智慧农业科技进行战略布局，重点围绕农业机器人、农业物联网、农业人工智能、农业大数据等领域相继推出发展计划，推动了全球智慧农业跨越式发展。

（2）中国发布了系列政策文件支持智慧农业发展。党的十八大以来，以习近平同志为核心的党中央对智慧农业建设做出一系列重要战略部署。《中共中央 国务院关于实施乡村振兴战略的意见》《新一代人工智能发展规划》《乡村振兴战略规划（2018—2022年）》《国家质量兴农战略规划（2018—2022年)》《数字乡村发展战略纲要》《中共中央关于制定国民经济和社会发展第十四个五年规划和二〇三五年远景目标的建议》等国家战略与行动均明确发展智慧农业，政策演变逐渐由"强基础"向"重应用"转变。

（3）国内外对智慧农业的支持有异曲同工之处。尽管国内外在支持智慧农业建设方面各有侧重，但始终围绕基础设施、资源整合、技术研发、技术应用示范等领域展开。尤其在技术研发应用领域，国内外均将农业人工智能、农业大数据、农业物联网等技术列入本国重点支持的研发计划当中。从政策的差异性看，国外更加注重智慧农业与解决劳动力短缺以及实现绿色发展相结合，重视市场主体的培育。而国内则重视通过重大工程牵引与试点示范，推动智慧农业与乡村振兴战略相结合，同时突出智慧农业在提升农业质量效益与竞争力中的作用，旨在通过试点示范推动智慧农业成果落地。

参考文献

郭永田，2013. 英国农业、农村的信息化建设［J］. 世界农业（2）：105-109.
国务院办公厅，2017. 国务院关于印发新一代人工智能发展规划的通知［J］. 中华人民共和国国务院公报（22）：7-21.
国务院办公厅，2017. 国务院办公厅关于加快推进农业供给侧结构性改革大力发展粮食产业经济的意见［J］. 中华人民共和国国务院公报（26）：30-35.
国务院办公厅，2018. 国务院办公厅关于推进奶业振兴保障乳品质量安全的意见［J］. 中华人民共和国国务院公报（18）：14-18.
洪京一，2016. 世界信息化发展报告（2015—2016）［M］. 北京：社会科学文献出版社.
黄红星，刘晓珂，林伟君，等，2021. 基于专利分析的智慧农业技术发展现状及趋势研究［J］. 安徽农业科学，49（3）：238-242.
蓝庆新，彭一然，2020. 日本"数字新政"战略动机与发展特征［J］. 人民论坛（25）：128-131.
李文龙，2021. 加强农业信息化建设 更好发挥对粮食生产促进作用［J］. 中国农业综合开发（1）：25-27.
林巧，聂迎利，杨小薇，等，2018. 英国现代农业发展特征及现行政策规划综述［J］. 世界农业，476（12）：13-17.
刘长安，王辉，2014. 未来5年"连接美国基金"将获拨款90亿美元［N］. 人民邮电，05-14.
刘建波，李红艳，孙世勋，等，2018. 国外智慧农业的发展经验及其对中国的启示［J］. 世界农业（11）：

13-16.

鲁飞，2021. 智慧农业开启农业新时代 [J]. 农经 (Z1)：30-34.

王小兵，2020. 用信息技术突破农业农村现代化瓶颈 [J]. 中国合作经济 (3)：12-13.

徐勇，2006. 基于短信技术的农业专家服务平台建设 [J]. 农业网络信息 (5)：39-41.

许伟，2020. 习近平的贫困问题空间治理新理念 [J]. 云南行政学院学报，22 (6)：70-76.

张卫，2016. 国家科技创新规划发布 提出发展现代农业目标 [J]. 中国食品 (17)：78-79.

赵春江，杨信廷，李斌，等，2018. 中国农业信息技术发展回顾及展望 [J]. 中国农业文摘—农业工程，30 (4)：3-7.

中共中央 国务院，2021. 中共中央 国务院关于全面推进乡村振兴加快农业农村现代化的意见 [J]. 中华人民共和国国务院公报 (7)：14-21.

中华人民共和国农业部，2016. 农业部关于印发《"十三五"全国农业农村信息化发展规划》的通知 [J]. 中华人民共和国农业部公报 (9)：42-52.

第四章

基于文献计量的智慧农业技术态势扫描

为了解全球智慧农业的研究进展，把握智慧农业技术清单及未来发展态势，项目综合组选取 Science Citation Index Expanded（SCIE）数据库以及德温特专利分析和评估数据库 Thomson Innovation（TI）为数据源开展智慧农业技术态势扫描，依托中国工程院战略咨询中心开发的战略咨询智能支持系统（iSS 系统）进行数据清洗与可视化分析，旨在为关注智慧农业技术发展态势的学者提供参考。

第一节　基于期刊文献的分析

基于 SCIE 数据库文献，检索时间截至 2019 年 7 月 22 日，对智慧农业相关研究分析的结论如下：

一、全球智慧农业发文量变化趋势

总体来看，关于智慧农业相关研究的发文量由平稳缓慢增长向快速增长转变，智慧农业已成为国内外关注的前沿热点问题。智慧农业研究基本可分为 3 个阶段：一是自 1992 年至 2001 年，每年发文量增长不多较稳定，表明该学科处于缓慢发展阶段；二是自 2002 年至 2007 年，发文量从 518 篇稳定增至 998 篇，表明该学科受到越来越多的关注，处于发展上升阶段；三是 2008 年以来，发文量呈指数增长态势，表明该学科处于高速发展阶段，创新研究极度活跃（图 4-1）。

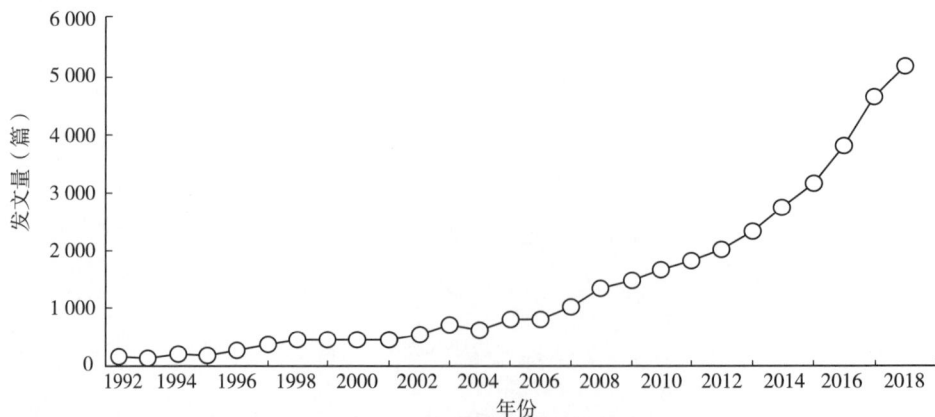

图 4-1　全球智慧农业发文分析

二、主要国家智慧农业发文量

根据各国发文数量分析来看，美国、中国、印度、德国和西班牙 5 个国家发布的文献数量最多，发文数量分别为：9 264 件、6 759 件、3 167 件、2 295 件、1 977 件。由此可见，有关智慧农业的创新研究现以美国为主导地位，总体处于世界领先，中国处于第二位，总体创新研发能力在不断增强（图 4 - 2）。

三、发文期刊具有明显的跨学科特征

从图 4 - 3 可以看出，"*COMPUTERS AND ELECTRONICS IN AGRICULTURE*"（《农业计算机与电子》）、"*REMOTE SENS-ING*"（《遥感》）、"*SENSORS*"（《传感器》）、"*PRECISION AGRICULTURE*"（《精准农业》）、"*INTERNATIONAL JOURNAL OF REMOTE SENSING*"（《国际遥感杂志》）这 5 个期刊发布的文献数量最多。这些期刊研究方向主要集中在计算机和电子技术、控制系统、遥感技术等系统技术在农业中的应用。根据学科分布来看，智慧农业研究涉及的学科主要包括电气和电子工程、农业交叉学科、遥感、环境科学、农学、计算机跨学科应用、农业工程学科等，学科交叉融合程度较高（图 4 - 4）。

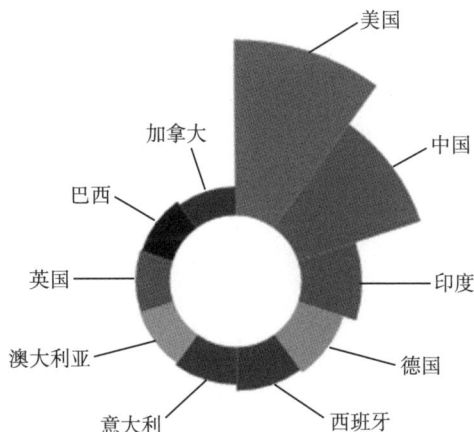

图 4 - 2 各国智慧农业发文数量分布

四、发文期刊文献词云分析

从智慧农业应用视角和技术视角的词云分析（图 4 - 5、图 4 - 6）可以看出，精准农业是智慧农业技术集成应用中的重点领域，主要涉及无线传感网络、3S 等信息采集感知技术应用和图像处理、机器学习、神经网络以及专家系统等智能决策方面的应用。从技术角度看，智慧农业领域前 10 位的研究热词分别是感知技术如遥感（remote sensing）、物联网（internet of things，IoT）、无线传感（wireless sensor networks，WSN）、高光谱（hyperspectral），精准作业技术如精准农业（precision agriculture）、地理信息系统（GIS），图像识别技术如图像处理（image processing）、机器学习（machine learning）、人工智能（artificial intelligence），数据采集、处理与应用技术如云计算（cloud computing）、大数据（big data）、神经网络（neural network）和预测监测（monitoring）等，此外还有气候变化农业（climate change）等。

第二节 基于专利的分析

一、专利数量总体呈上涨趋势

根据全球专利公开数量的态势分析来看，早在 1965 年就已经出现有关智慧农业研究相关专利，此后专利数量逐渐增多，1977 年突破 100 件，1995 年突破 500 件，2011 年已经突破 1 000 件，总数达到 1 437 件，专利数量明显增加。2015—2017 年，年专利数量分别达到 5 079 件、7 570 件和 8 435 件，智慧农业研究空前活跃，产业创新能力显著增强，应用市场不断成熟（图 4 - 7）。

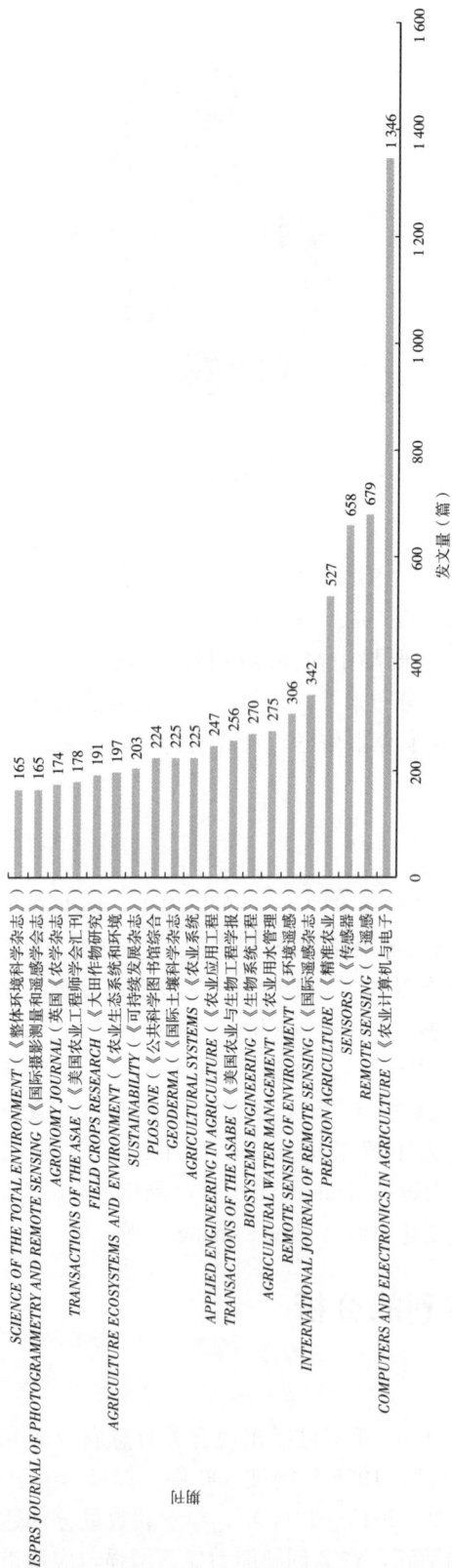

图 4-3 全球期刊智慧农业发文量分布

SCIENCE OF THE TOTAL ENVIRONMENT（《整体环境科学杂志》）165
ISPRS JOURNAL OF PHOTOGRAMMETRY AND REMOTE SENSING（《国际摄影测量和遥感学会杂志》）165
AGRONOMY JOURNAL（英国《农学杂志》）174
TRANSACTIONS OF THE ASAE（《美国农业工程师学会汇刊》）178
FIELD CROPS RESEARCH（《大田作物研究》）191
AGRICULTURE ECOSYSTEMS AND ENVIRONMENT（《农业生态系统和环境》）197
SUSTAINABILITY（《可持续发展杂志》）203
PLOS ONE（《公共科学图书馆综合》）224
GEODERMA（《国际土壤科学杂志》）225
AGRICULTURAL SYSTEMS（《农业系统》）225
APPLIED ENGINEERING IN AGRICULTURE（《农业应用工程》）247
TRANSACTIONS OF THE ASABE（《美国农业与生物工程学报》）256
BIOSYSTEMS ENGINEERING（《生物系统工程》）270
AGRICULTURAL WATER MANAGEMENT（《农业用水管理》）275
REMOTE SENSING OF ENVIRONMENT（《环境遥感》）306
INTERNATIONAL JOURNAL OF REMOTE SENSING（《国际遥感杂志》）342
PRECISION AGRICULTURE（《精准农业》）527
SENSORS（《传感器》）658
REMOTE SENSING（《遥感》）679
COMPUTERS AND ELECTRONICS IN AGRICULTURE（《农业计算机与电子》）1346

期刊　　发文量（篇）

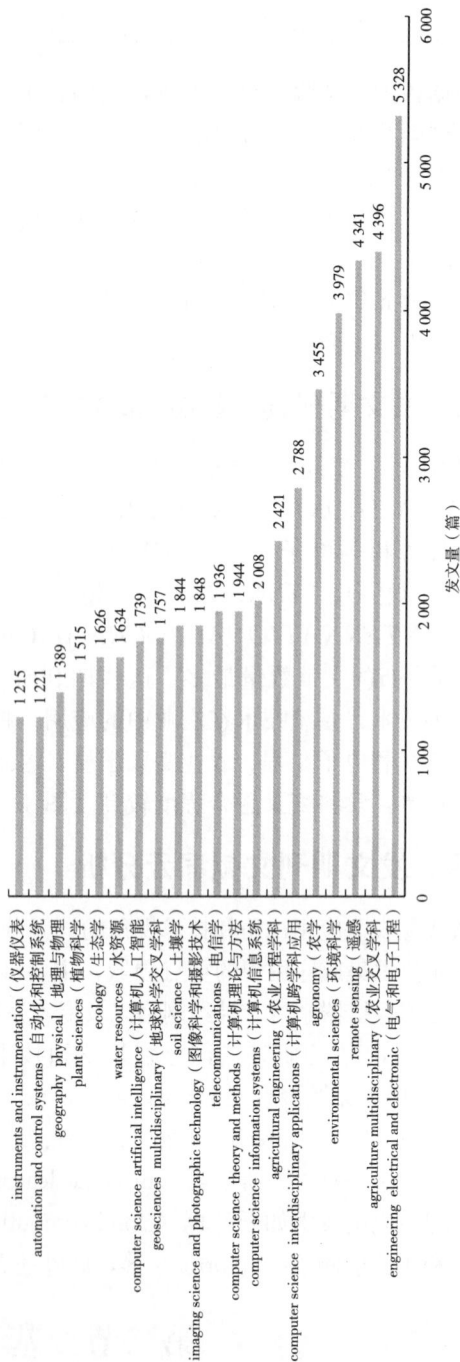

图 4-4 智慧农业学科发文量分布

instruments and instrumentation（仪器仪表）1 215
automation and control systems（自动化和控制系统）1 221
geography physical（地理与物理）1 389
plant sciences（植物科学）1 515
ecology（生态学）1 626
water resources（水资源）1 634
computer science artificial intelligence（计算机人工智能）1 739
geosciences multidisciplinary（地球科学交叉学科）1 757
soil science（土壤学）1 844
imaging science and photographic technology（图像科学和摄影技术）1 848
telecommunications（电信学）1 936
computer science theory and methods（计算机理论与方法）1 944
computer science information systems（计算机信息系统）2 008
agricultural engineering（农业工程学科）2 421
computer science interdisciplinary applications（计算机跨学科应用）2 788
agronomy（农学）3 455
environmental sciences（环境科学）3 979
remote sensing（遥感）4 341
agriculture multidisciplinary（农业交叉学科）4 396
engineering electrical and electronic（电气和电子工程）5 328

学科方向　　发文量（篇）

图4-5 智慧农业应用视角词云分析

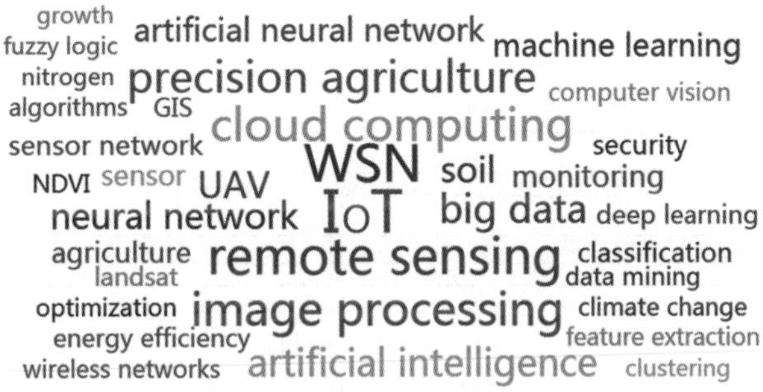

图4-6 智慧农业技术视角词云分析

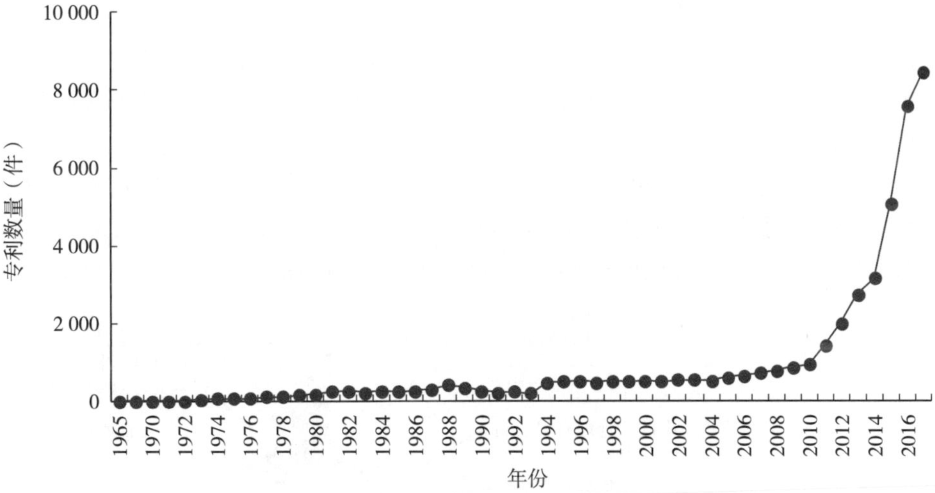

图4-7 智慧农业专利全球分析

二、专利申请方向聚焦于设施温室和植物工厂领域

根据智慧农业相关专利主要涉及的IPC（国际专利分类法）小类及其申请数量、所属技术领域得出：全球智慧农业专利申请量排名前3的是A01G（主要为园艺，即蔬菜、花卉、果树的栽培）、A01K（主要为养殖业，即禽类、鱼类、昆虫的养殖、管理，捕鱼，养殖其他类动物，动物的新品种）和A01M（主要为动物的捕捉、诱捕或驱赶，消灭有害动物或有害植物用的装置），分别为17 777件、7 025件和4 454件。其中无土栽培、灌溉、喷洒设备相关专利申请量最多。综上所述，智慧农业研究方面的专利主要集中在设施温室和植物工厂

领域，重点围绕温室环境监控、节水灌溉控制系统和设备，以及无土栽培管理等技术方向开展相关研究（图 4-8）。

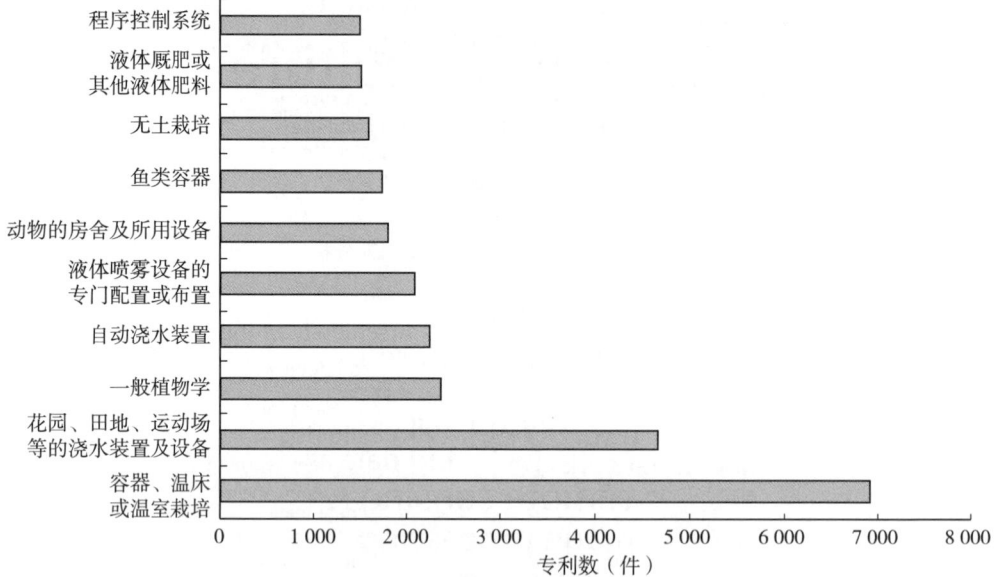

图 4-8 智慧农业专利申请技术方向

三、主要专利权人分析

从分析结果来看，日本井关农机株式会社（ISEKI AGRIC MACH MFG CO LTD）、日本久保田株式会社（KUBOTA CORP）、日本洋马农机株式会社（YANMAR AGRIC E-QUIP CO LTD）、美国约翰迪尔（DEERE & CO）和日本三菱株式会社（MITSUBISHI NOKI KK）拥有专利权的数量最多，由此说明日本和美国在农业机械研发制造和机械化领域中水平较高。此外，我国江苏大学、西北农林科技大学、四川农业大学、浙江大学、中国农业大学专利数量较多，在温室环境控制、灌溉和无土栽培方面创新水平较高（图 4-9）。

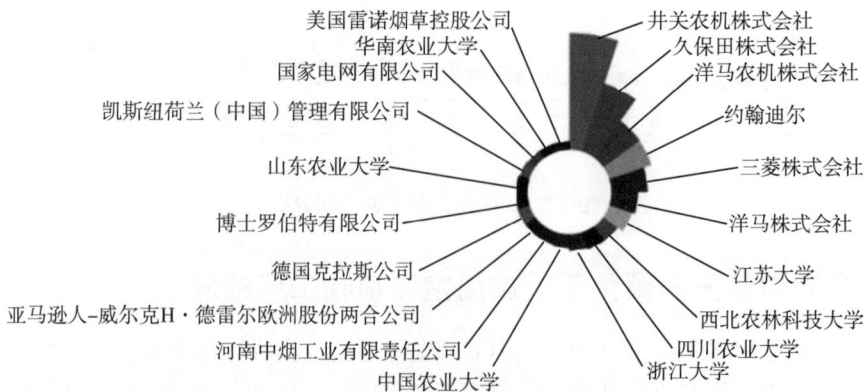

图 4-9 智慧农业领域重点专利权人

四、专利词云分析

从专利摘要关键词词云分析（图 4-10）可以看出，智慧农业相关的专利研究热点主要集中在温度传感器（temperature sensor）、超敏感知器（hyper sensor）、水泵（water pump）、水箱（water tank）、电磁阀（solenoid valve）、控制系统（control system）、压力传感器（press sensor）、控制装置（control device）、无人机（aerial vehicle）、水位传感器（water level sensor）等温室技术和无土栽培技术方面。

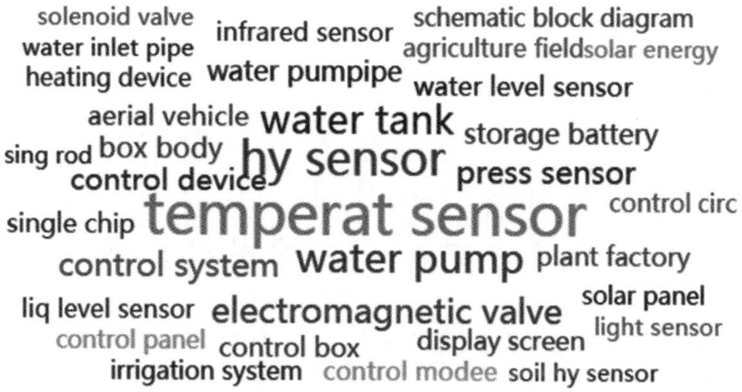

图 4-10　智慧农业专利摘要关键词词云分析

第三节　主要技术发展态势

为进一步了解智慧农业主要技术的研发态势，把握领域最新发展动态，本章在总体分析智慧农业技术态势的基础上，分别对精准农业、农业传感器、农业大数据、农业人工智能、农业机器人 5 个重点研究内容开展了进一步的文献计量分析，从而剖析各领域的研究热点和研究前沿。文献分析以 Web of Science 核心合集数据库为数据源，文献时间跨度为 2002—2020 年。最后，综合利用 iSS 系统和 VOSviewer 软件对领域内文献进行数据清洗和可视化分析。

一、精准农业

（一）全球近 20 年发文情况

近 20 年来，全球精准农业领域的发文数量整体呈增加趋势，以 2015 年为界，在这之前增速较为缓慢，在这之后增速加快。自 2002—2015 年，年发文数量共增加 251 篇，年均增加数量不足 20 篇，2015—2020 年发文数量增长 936 篇，年均增加数量超过 187 篇；根据数据，2019 年、2020 年的发文数量均超过 1 000 篇，分别是 1 032 篇、1 318 篇，2019 年至2020 年的发文量增加数量超过 2002—2015 年 13 年的全部增加数量（图 4-11）。综上所述，近年来，精准农业领域的创新活跃度很高，技术进步能力也随之不断提升。

（二）Top10 国家发文情况

在全球精准农业领域的研究上，美国、中国、巴西三个国家的发文数量最多。其中，美国是全球精准农业领域外文发文最多的国家，发文数量为 1 965 篇，其次是中国和巴西，发文数量分别是 1 211 篇、665 篇（图 4-12）。从发文数量和平均被引次数两个维度分析Top10 国家在精准农业领域研究的竞争力显示：美国在精准农业研究领域竞争力较强，发文数量、发文质量都远高于其他国家，处于绝对领先地位，是其他国家效仿和学习的对象；中国、巴西属于学术活跃国家，但在文献质量方面相比于其他国家处于劣势地位；英国、加拿

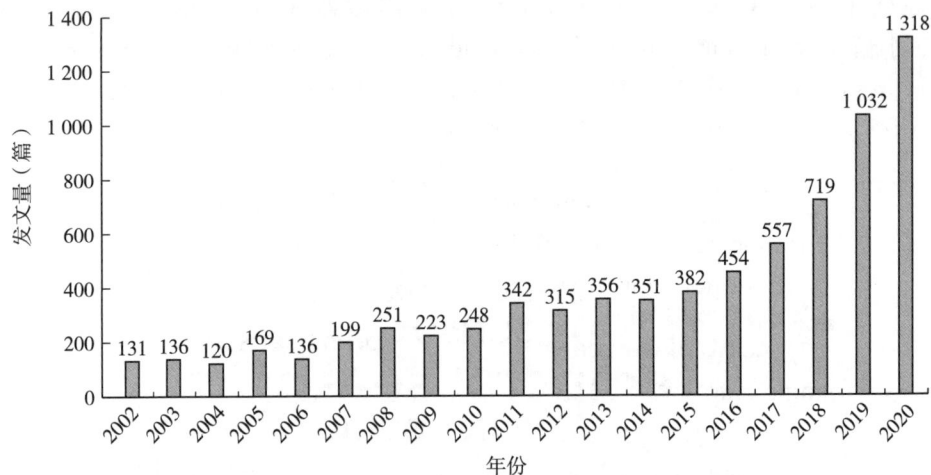

图 4-11 全球精准农业领域外文文献 2002—2020 年发文量

大、澳大利亚属于最具潜力国家，虽然发文数量在 Top10 国家中位列第 9 名、第 8 名和第 7 名，但是文章被引频次均较高；印度在 Top10 国家中，发文数量、发文质量方面皆处于末位，相对缺少发展潜力（图 4-13）。

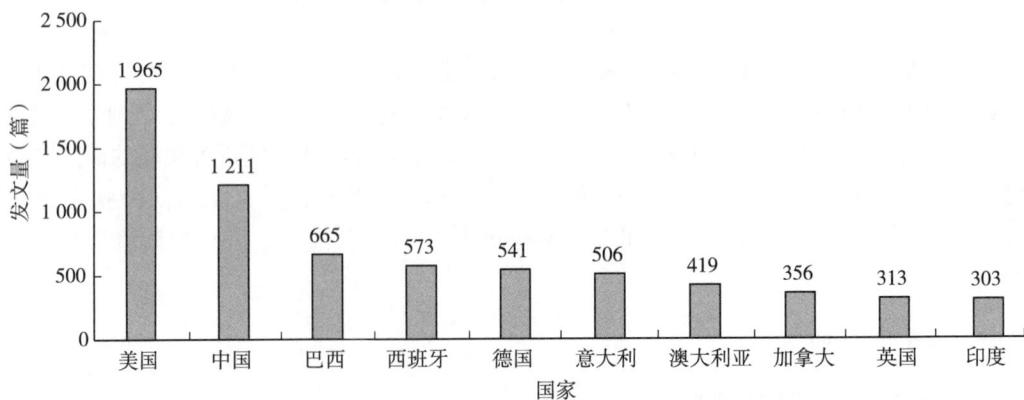

图 4-12 精准农业领域外文文献发文 Top 10 国家

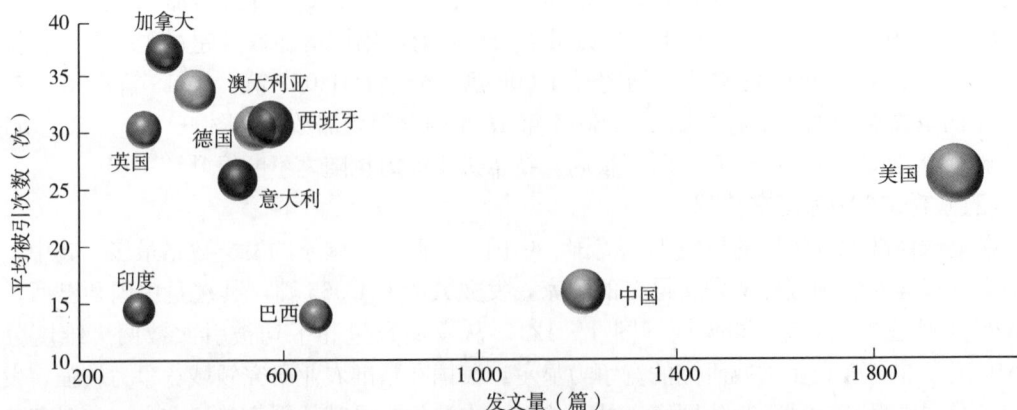

图 4-13 精准农业研究领域各国竞争力表现

（三）期刊发文情况和文献学科分析

全球精准农业领域的文献主要发表在以农业为主题的期刊上，具有较强的聚集性。*COMPUTERS AND ELECTRONICS IN AGRICULTURE*（《农业计算机与电子》）、*PRECISION AGRICULTURE*（《精准农业》）、*SENSORS*（《传感器》）、*REMOTE SENSING*（《遥感》）这四种期刊发布的文献数量最多，数量分别为：561 篇、282 篇和 261 篇（表 4-1）。这三类期刊与该技术或方向具有很大的相关性，且比较擅长或注重该技术方向的创新；从学科来看，农业交叉学科、遥感、农学、环境科学四个学科在文献中的数量最多，分别为：1 462 篇、1 325 篇、917 篇、893 篇（图 4-14）。

表 4-1　全球精准农业领域 Top20 发文期刊情况

期刊名称	数量（篇）
COMPUTERS AND ELECTRONICS IN AGRICULTURE（《农业计算机与电子》）	561
PRECISION AGRICULTURE（《精准农业》）	282
SENSORS（《传感器》）	261
REMOTE SENSING（《遥感》）	261
BIOSYSTEMS ENGINEERING（《生物系统工程》）	148
TRANSACTIONS OF THE ASABE（《美国农业与生物工程学报》）	120
APPLIED ENGINEERING IN AGRICULTURE（《农业应用工程》）	99
AGRONOMY-BASEL（《巴塞尔农学期刊》）	96
JOURNAL OF DAIRY SCIENCE（《美国乳品科学杂志》）	90
GEODERMA（《国际土壤科学杂志》）	86
AGRONOMY JOURNAL（英国《农学杂志》）	78
IEEE ACCESS（《电气与电子工程师协会期刊》）	77
SPECTROSCOPY AND SPECTRAL ANALYSIS（《光谱学与光谱学分析》）	74
ENGENHARIA AGRICOLA（《巴西农业工程》）	70
FIELD CROPS RESEARCH（《大田作物研究》）	62
SUSTAINABILITY（《可持续发展杂志》）	60
JOURNAL OF SOIL AND WATER CONSERVATION（《水土保持学报》）	59
REMOTE SENSING OF ENVIRONMENT（《环境遥感》）	58
INTERNATIONAL JOURNAL OF AGRICULTURAL AND BIOLOGICAL ENGINEERING（《国际农业和生物工程杂志》）	56
AGRICULTURAL WATER MANAGEMENT（《农业用水管理》）	56

（四）精准农业研究前沿与研究热点分析

2002—2020 年，全球精准农业领域形成了 5 个聚类：聚类 1 主要聚焦于畜牧业相关的研究，重要的热点词有性能（performance）、精准畜牧业（precision livestock farming）、牛（cattle）、技术（technology）等；聚类 2 主要聚焦于种植业相关技术的研究，重要的热点词有遥感（remote sensing）、植被指数（vegetation indexes）、反射率（reflectance）、粮食产

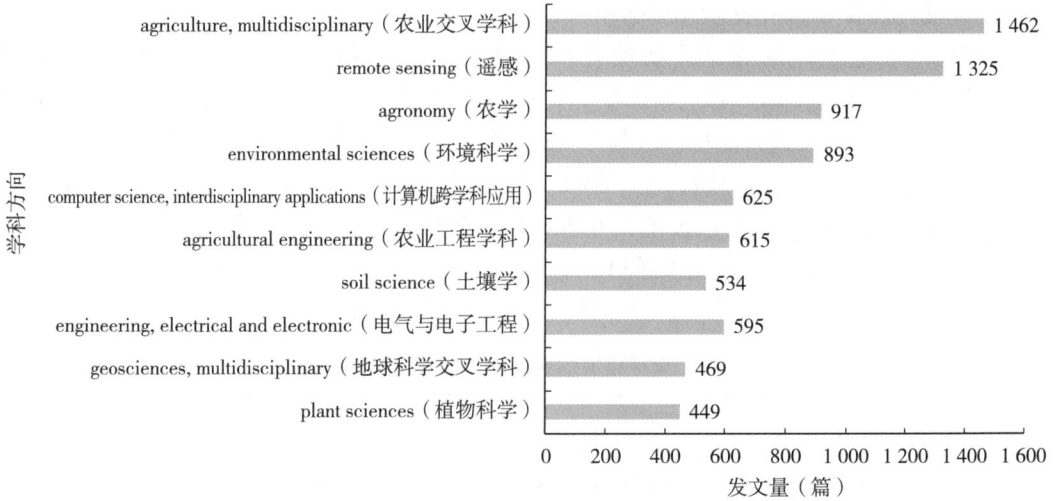

图 4-14　全球精准农业领域学科分析

量（grain yield）、无人机系统（unmanned aerial systems）、激光雷达（lidar）、无人机（unmanned aerial vehicle）等；聚类 3 主要聚焦于智能管护方面的研究，重要的热点词有管理（management）、模型（modle）、模拟（simulation）、水（water）、动力学（dynamics）、精准养护（precision conservation）等；聚类 4 主要聚焦于智能技术方面的研究，重要的热点词有计算机视觉（computer vision）、设计（design）、系统（system）、分类（classification）、算法（algorithm）、深度学习（deep learning）等；聚类 5 主要聚焦于空间地理方面的研究，重要的热点词有变异性（variability）、地理统计（geostatistics）、磷（phosphorus）、管理区（management zones）、空间变异性（spatial variability）等（图 4-15）。图中气泡大小代表关键词的出现频率，气泡越大该关键词出现频次越高，即热点词。

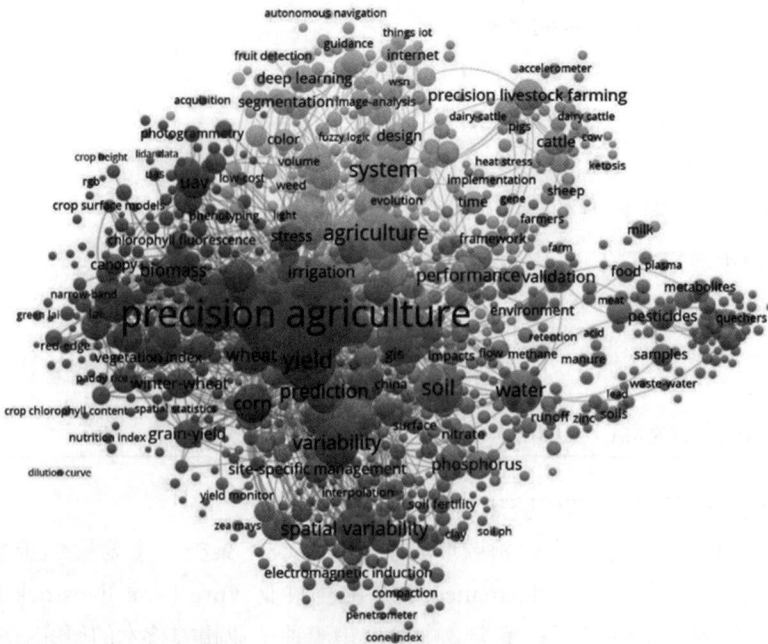

图 4-15　全球精准农业领域研究热点聚类图

2002—2020 年，全球精准农业领域热点词为传感器（sensors）、管理（management）、空间变异性（spatial variability）、变异性（variability）、预测（prediction）、模型（model）、遥感（remote sensing）、产量（yield）、系统（system），其他如分类（classification）、机器学习（machine learning）、高光谱（hyperspectral）、计算机视觉（computer vision）、磷（phosphorus）、地理统计（geostatistics）也是近 20 年全球精准农业领域的相对热点关键词（图 4 - 16）。

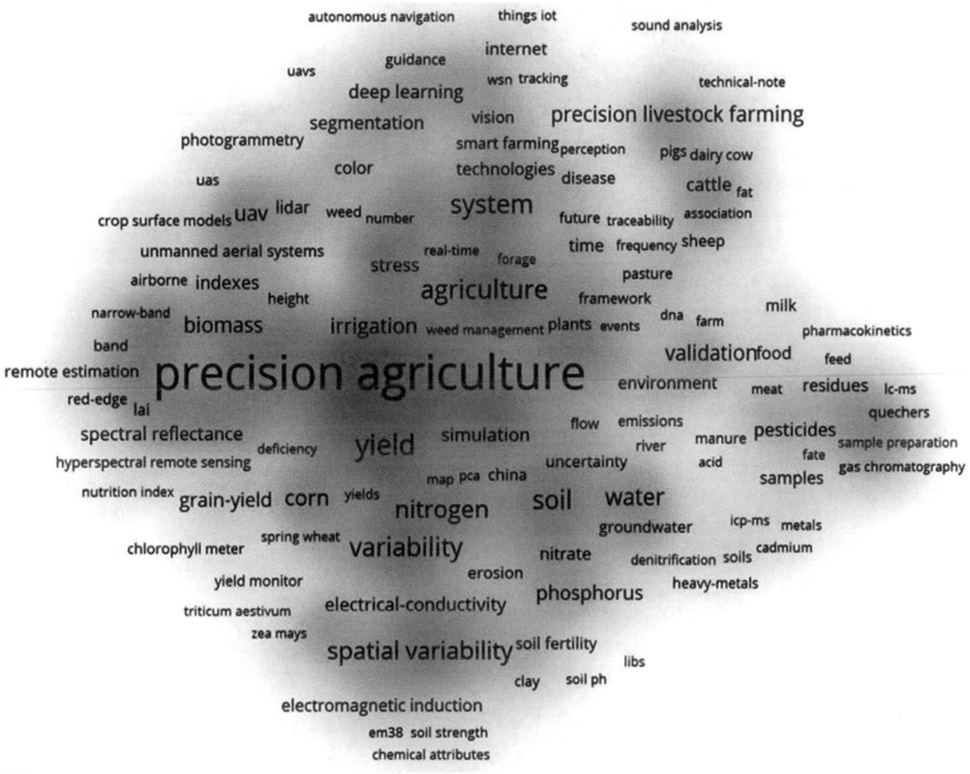

图 4 - 16   全球精准农业领域研究热点密度图

图 4 - 17 展示了全球精准农业领域研究的热点趋势，据图可知，精准畜牧业（precision livestock farming）、生物质（biomass）、叶面积指数（leaf - area indexes）、电导率（electrical conductivity）、机器视觉（computer vision）等是精准农业领域最新的研究趋势。

二、农业传感器

（一）全球近 20 年发文情况

近 20 年来，全球农业领域的传感器文献数量整体上呈稳步增长态势。自 2002 年至 2020 年发文数量从 369 篇增至 976 篇；2020 年、2019 年、2018 年三个年份发布的文献数量最多，分别为：976 件、925 件、827 件（图 4 - 18）。

（二）Top10 国家发文情况

农业领域传感器的文献主要来源于美国、德国和巴西，在学科上呈现交叉融合的特征。美国、德国、巴西三个国家发布的文献数量最多，分别为 3 022 篇、992 篇、967 篇（图 4 - 19）。从发文数量和平均被引次数两个维度分析 Top10 国家在农业传感器领域研究的竞争力

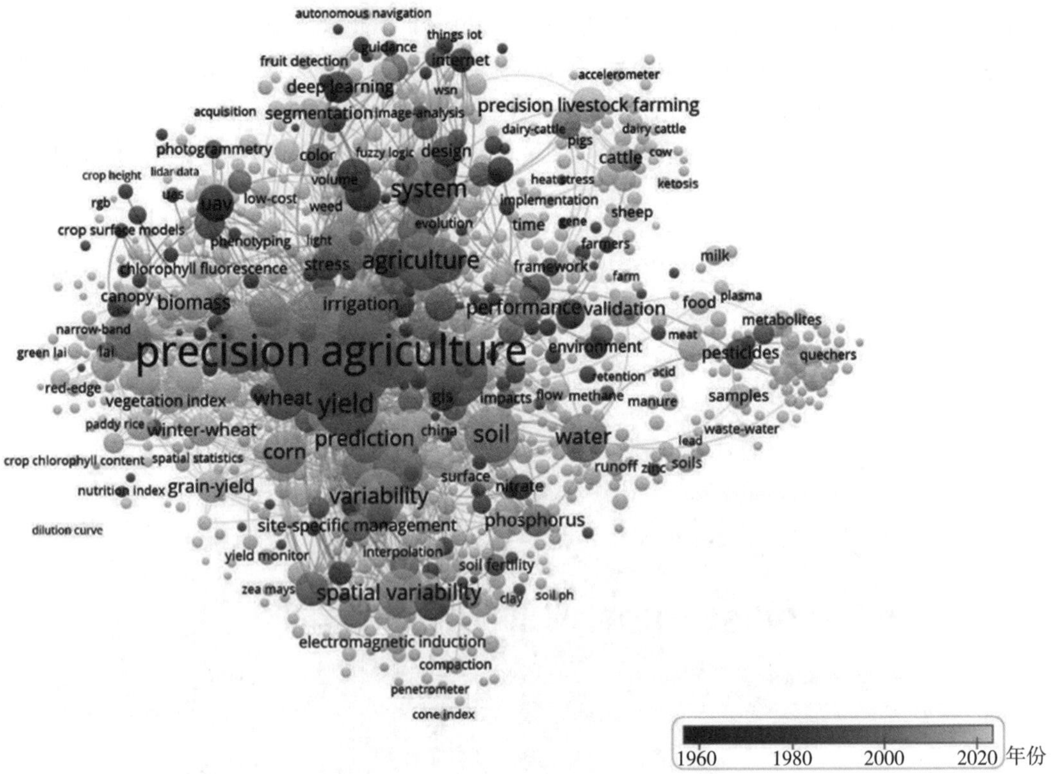

图 4-17　全球精准农业领域研究热点标签

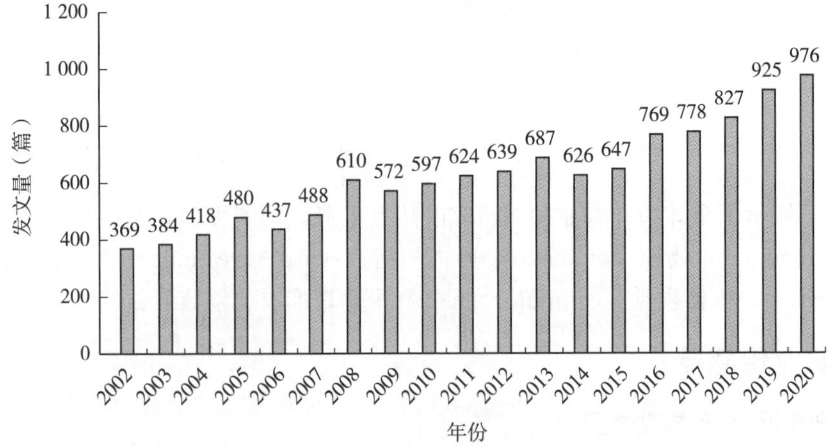

图 4-18　农业领域传感器外文文献年度发文量

显示：美国在农业传感器研究领域最具竞争力，且具有很强的活跃度和很高的文章质量，发文数量远高于其他国家，处于绝对领先地位，是其他国家效仿和学习的对象；巴西属于学术活跃国家，但在文献质量方面相比其他国家处于劣势地位；法国、加拿大和澳大利亚属于最具潜力国家，虽然发文数量不多，但是文章被引频次较高；值得注意的是，我国的发文数量虽然高于日本、意大利、加拿大等国，但是在文章质量方面，我国在 Top10 国家中仅处于第九位，仍有一定差距（图 4-20）。

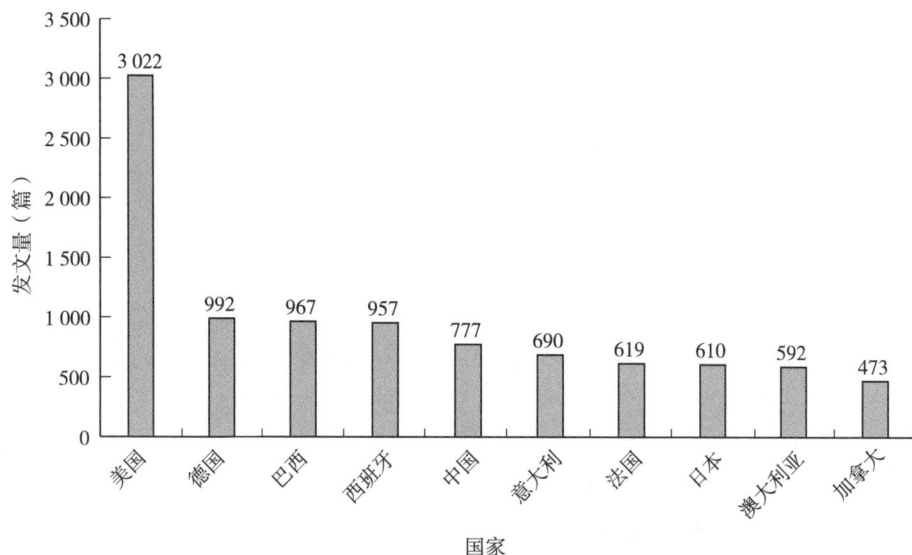

图 4-19　农业领域传感器外文文献发文 Top10 的国家

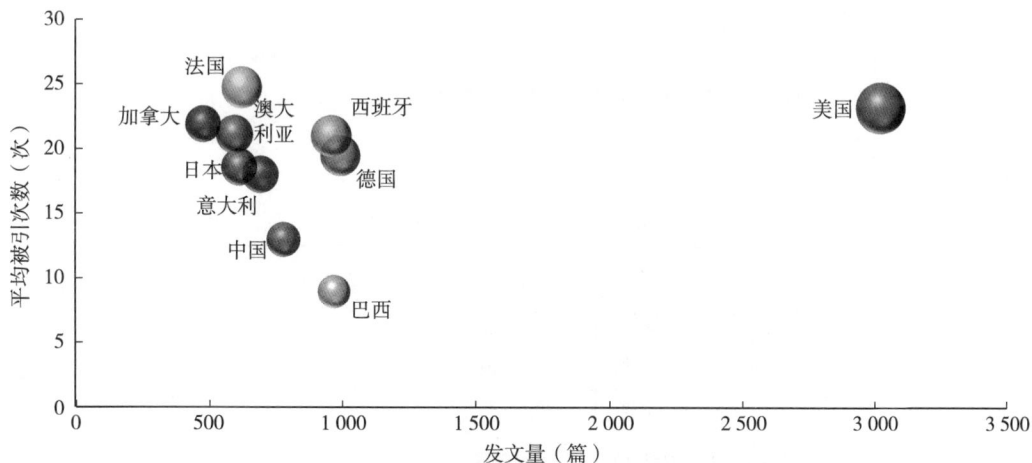

图 4-20　农业传感器研究领域各国发文平均被引次数

（三）Top20 期刊发文情况和文献学科分析

农业领域传感器的发文期刊覆盖的期刊种类较多，涉及学科范围较广。*JOURNAL OF AGRICULTURAL AND FOOD CHEMISTRY*（《农业食品和化学杂志》）、*JOURNAL OF THE SCIENCE OF FOOD AND AGRICULTURE*（《食品与农业科学杂志》）、*JOURNAL OF COMPARATIVE NEUROLOGY*（《比较神经学杂志》）三个期刊发布的文献数量最多，分别为 1 242 篇、1 051 篇、1 050 篇（表 4-2）。根据学科来看，农业交叉学科、动物学、乳品和动物科学三个学科文献数量最多，分别为 4 752 篇、3 986 篇、3 177 篇，可以看出传感器涉及的学科范围较为广泛（图 4-21）。

表 4-2 农业领域传感器 Top20 发文期刊情况

期刊名称	数量（篇）
JOURNAL OF AGRICULTURAL AND FOOD CHEMISTRY（《农业食品和化学杂志》）	1 242
JOURNAL OF THE SCIENCE OF FOOD AND AGRICULTURE（《食品与农业科学杂志》）	1 051
JOURNAL OF COMPARATIVE NEUROLOGY（《比较神经学杂志》）	1 050
COMPUTERS AND ELECTRONICS IN AGRICULTURE（《农业计算机与电子》）	748
JOURNAL OF DAIRY SCIENCE（《美国乳品科学杂志》）	703
JOURNAL OF ANIMAL SCIENCE（《动物科学杂志》）	310
BIOSYSTEMS ENGINEERING（《生物系统工程》）	292
JOURNAL OF COMPARATIVE PHYSIOLOGY A-NEUROETHOLOGY SENSORY NEURAL AND BEHAVIORAL PHYSIOLOGY（《比较生理学杂志 A-神经行为学感觉神经与行为生理学》）	269
PRECISION AGRICULTURE（《精准农业》）	227
ANIMAL BEHAVIOUR（《动物行为》）	221
POULTRY SCIENCE（《家禽科学杂志》）	213
ASIAN-AUSTRALASIAN JOURNAL OF ANIMAL SCIENCES（《动物生物科学》）	168
BRAIN BEHAVIOR AND EVOLUTION（《大脑行为与进化杂志》）	136
ZOOTAXA（《动物分类学》）	136
ANIMALS（《动物杂志》）	130
SMALL RUMINANT RESEARCH（《小反刍动物研究》）	115
SEMINA-CIENCIAS AGRARIAS（《塞米纳-辛西亚斯农业杂志》）	114
JOURNAL OF INSECT PHYSIOLOGY（《昆虫生理学杂志》）	112
ANIMAL（《动物》）	110
INTEGRATIVE AND COMPARATIVE BIOLOGY（《综合与比较生物学》）	107

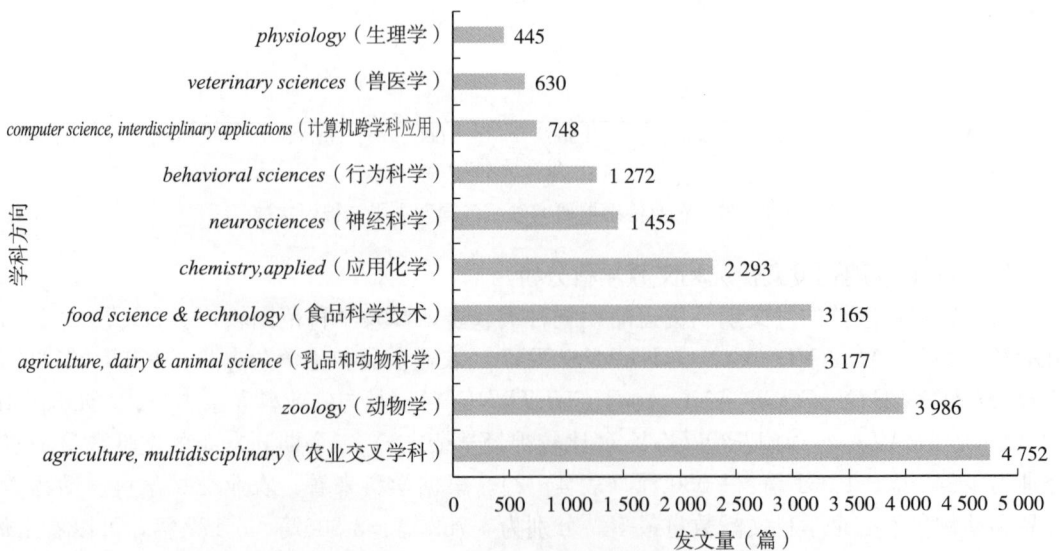

图 4-21 农业领域传感器学科分析

(四) 农业领域传感器研究前沿与研究热点分析

2002—2020 年，全球农业传感器领域形成了 5 个聚类（图 4 - 22）。聚类 1 主要聚焦于动物行为感知的研究，重要的热点词有进化（evolution）、行为（behavior）、嗅觉（olfaction）、中枢神经（central nervous）、感觉神经元（sensory neurons）、超微结构（ultrastructure）、性选择（sexual selection）等；聚类 2 主要聚焦于生理生化特性相关的研究，重要的热点词有挥发性化合物（volatile compounds）、香气（aroma）、感官分析（sensory analysis）、抗氧化活性（antioxidant activity）、风味（flavor）等；聚类 3 主要聚焦于口感相关的研究，重要的热点词有感官特征（sensory characteristics）、嫩度（tenderness）、肌肉（muscle）等；聚类 4 主要聚焦于畜牧类的福利研究，重要的热点词有传感器（sensor）、产量（yield）、分类（classification）、精准农业（precision agriculture）、遥感（remote sensing）、奶牛（diary cows）、牛（cattle）、福利（welfare）、设计（design）等；聚类 5 主要聚焦于动物产品生理生化特征的研究，重要的热点词有感官品质（sensory quality）、存储（storage）、蛋白水解（proteolysis）、脂质氧化（lipid oxidation）、感官评估（sensory evaluation）、稳定性（stability）、感官特性（sensory properties）、质地（texture）等。

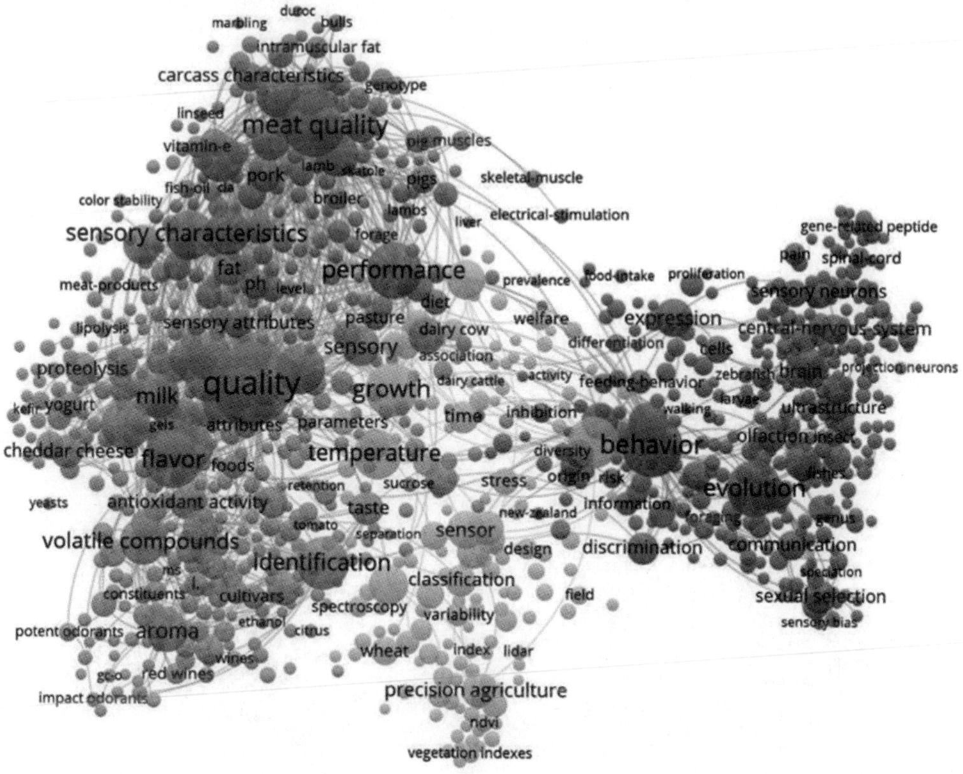

图 4 - 22 农业领域传感器研究热点聚类图

近 20 年，全球农业传感器领域的热点关键词为超微结构（ultrastructure）、进化（evolution）、肉质（meat quality）、感官特征（sensory characteristics）、风味（flavor）、挥发性化合物（volatile compounds）、中枢神经系统（central nervous system）、猪肉（pork）、牛肉（beaf）、肉品质（meat quality），其他如精准农业（precision agriculture）、偏好（preference）、福利（welfare）、口味（taste）、森林（forest）、苹果（apple）、葡萄（grapes）、

植被指数（vegetation indexes）、颜色稳定性（color stability）也是近 20 年全球农业传感器领域的相对热点关键词（图 4 - 23）。

农业传感器领域最新的研究趋势主要为福利（welfare）、嗅觉（olfaction）、脂肪酸组成（fatty-acid composition）、酸奶（yogurt）、感官生态（sensory ecology）等（图 4 - 24）。

图 4 - 23　农业领域传感器研究热点聚类图

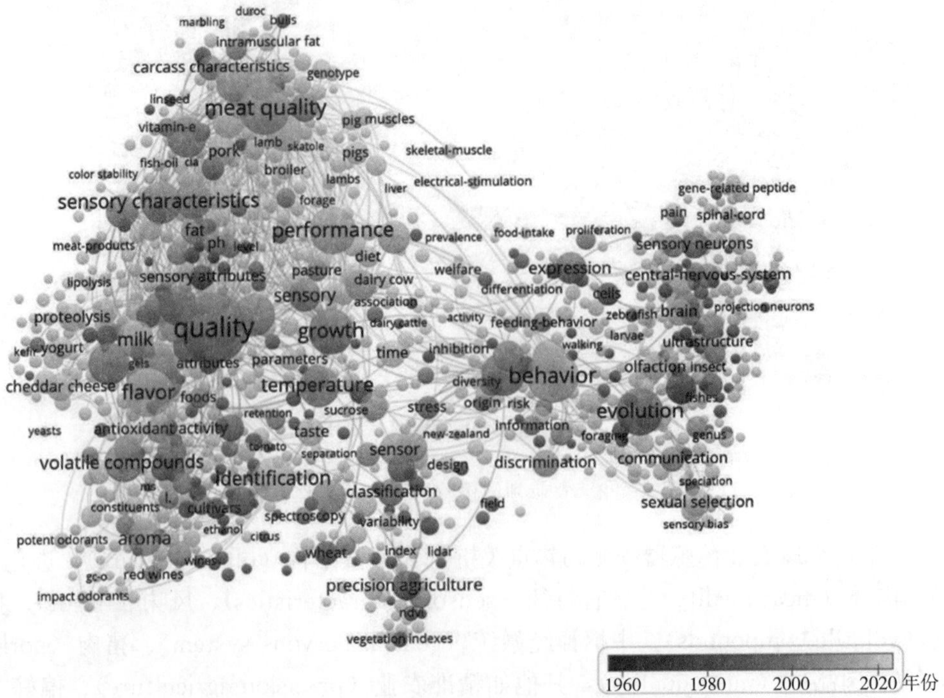

图 4 - 24　农业领域传感器研究热点标签

三、农业大数据

（一）全球近 20 年发文情况

全球农业大数据发文数量整体上为增长趋势，经历短暂波动和下滑，2014 年后呈快速增长趋势。2002—2014 年，全球农业大数据发文量最低为 2002 年的 3 篇，最高为 2011 年的 32 篇，处于小幅增长、下滑中反复波动的状态；2014 年以后，发文数量从 23 篇增长到234 篇，增长了 9 倍。说明 2014 年之前该领域技术处于瓶颈期，2014 年之后，活跃度、受重视程度不断提高（图 4 - 25）。

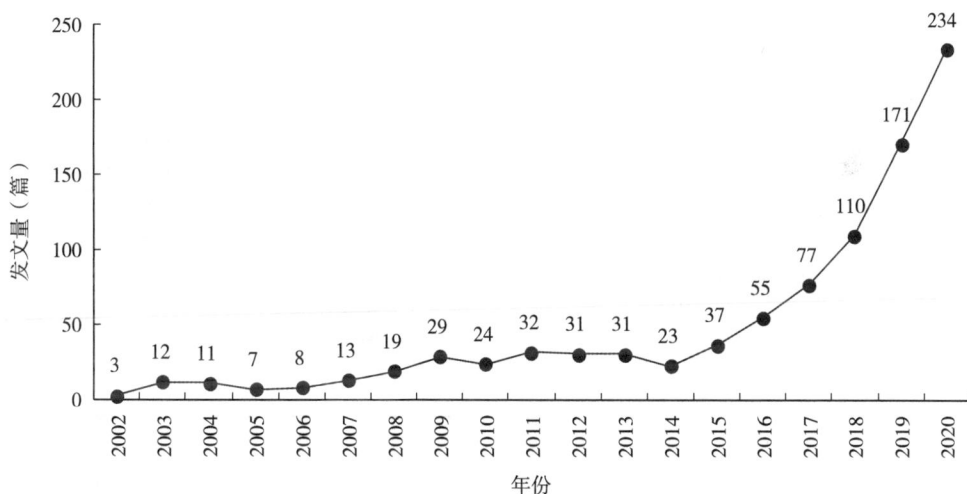

图 4 - 25　全球农业大数据领域外文文献发文量

（二）Top10 国家发文情况

中美是全球农业大数据领域发文的龙头国家。美国发文数量为 255 篇，中国发文数量为194 篇，二者的发文总数接近 Top10 国家的一半，是农业大数据领域的主要力量（图 4 -26）。从发文数量和平均被引次数两个维度分析 Top10 国家在农业大数据领域研究的竞争力显示：美国在农业大数据研究领域最具竞争力，具有很强的活跃度和很高的文章质量，发文数量远高于其他国家，处于绝对领先地位，是其他国家效仿和学习的对象；中国是仅次于美

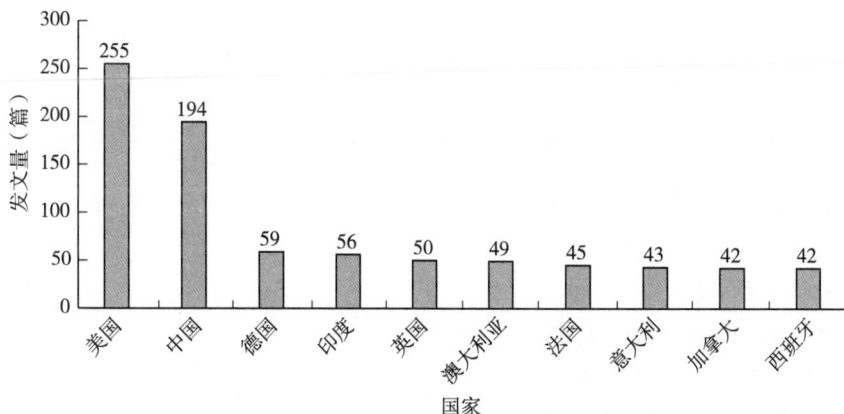

图 4 - 26　农业大数据领域外文文献发文 Top10 国家

国的学术活跃国家，但在文献质量方面相比其他国家处于劣势地位；德国、英国、西班牙属于最具潜力国家，虽然发文数量不多，但是文章被引频次较高，均超过了美国；而意大利、法国、澳大利亚和印度四个国家在两个维度都不具有优势，但前三个国家在文献质量方面优于印度，印度在发文数量方面相对占据优势（图4-27）。

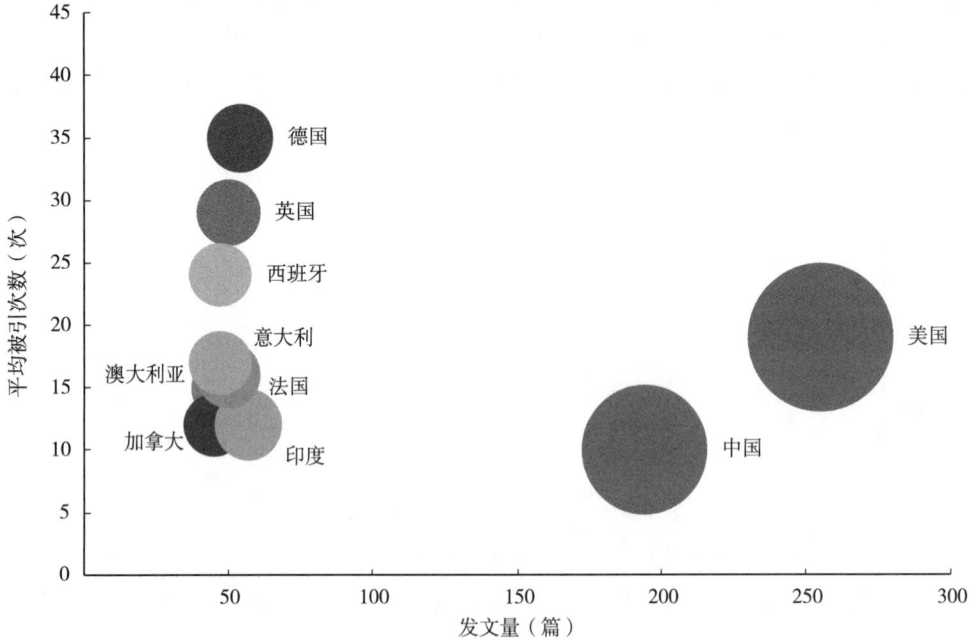

图4-27　农业大数据研究领域发文平均被引次数

（三）Top20期刊发文情况和文献学科分析

在全球Top20的期刊中，*COMPUTERS AND ELECTRONICS IN AGRICULTURE*（《农业计算机与电子》）、*IEEE ACCESS*（《电气与电子工程师协会期刊》）、*SUSTAINABILITY*（《可持续发展杂志》）三个期刊发布的文献数量最多，分别为30篇、20篇、19篇（表4-3）。就学科来看，环境科学、农业交叉学科、地球科学交叉学科三个学科在文献中的数量最多，分别为209篇、102篇、74篇，可见，农业大数据领域的文献具有明显的跨学科特性（图4-28）。

表4-3　农业大数据领域Top20发文期刊情况

期刊名称	数量（篇）
COMPUTERS AND ELECTRONICS IN AGRICULTURE（《农业计算机与电子》）	30
IEEE ACCESS（《电气与电子工程师协会期刊》）	20
SUSTAINABILITY（《可持续发展杂志》）	19
REMOTE SENSING（《遥感》）	17
JOURNAL OF CLEANER PRODUCTION（《清洁生产》）	17
AGRONOMY-BASEL（《农学-巴塞尔》）	14
SCIENCE OF THE TOTAL ENVIRONMENT（《整体环境科学杂志》）	13
NJAS-WAGENINGEN JOURNAL OF LIFE SCIENCES（《瓦赫宁恩生命科学杂志》）	12

（续）

期刊名称	数量（篇）
INTERNATIONAL FOOD AND AGRIBUSINESS MANAGEMENT REVIEW（《国际食物和农商管理评论》）	12
REMOTE SENSING OF ENVIRONMENT（《环境遥感》）	11
SENSORS（《传感器》）	10
AGRICULTURAL SYSTEMS（《农业系统》）	8
ENVIRONMENTAL MODELLING & SOFTWARE（《环境建模和软件杂志》）	8
APPLIED ECONOMIC PERSPECTIVES AND POLICY（《应用经济观点与政策》）	7
WATER（《水》）	7
ENVIRONMENTAL EARTH SCIENCES（《环境地球科学》）	7
ENVIRONMENTAL MONITORING AND ASSESSMENT（《环境监测与评价》）	7
AGRICULTURE-BASEL（《农业-巴塞尔》）	7
AGRICULTURAL WATER MANAGEMENT（《农业用水管理》）	6
JOURNAL OF HYDROLOGY（《水文学杂志》）	6

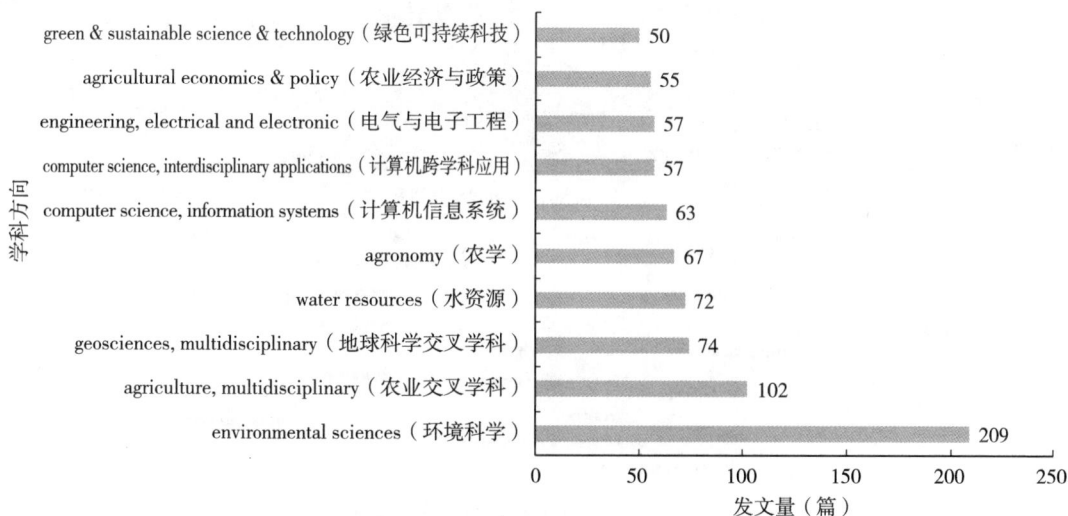

图 4-28　农业大数据领域学科分析

（四）农业大数据研究前沿与研究热点分析

2002—2020 年，全球农业大数据领域形成了 7 个聚类（图 4-29）。聚类 1 主要聚焦于气候环境方面的研究，重要的热点词有气候变化（climate change）、影像（impacts）、氮（nitrogen）、动力学（dynamics）、保护（conservation）、模式（patterns）、森林砍伐（deforestation）等；聚类 2 主要聚焦于数字化算法方面的研究，重要的热点词有遥感（remote sensing）、算法机器学习（algorithm machine learning）、模型（modle）、谷歌地球引擎（google earth engine）、分类（classification）等；聚类 3 主要聚焦于智慧农业技术采纳方面的研究，重要的热点词有智慧农业（smart farming）、创新（innovation）、性能（performance）、传感器（sensors）、采纳（adoption）、科学（science）等；聚类 4 主要聚焦于精准农业大数据方面的研究，重要的热点词有大数据（big data）、采纳（adoption）、精准农业

（precision agriculture）、人工智能（artificial intelligence）、可持续（sustainability）等；聚类 5 主要聚焦于食物大数据方面的研究，重要的热点词有食物安全（food security）、消费（consumption）、影像（impact）、数据科学（data science）、生命周期评估（life‐cycle assessment）等；聚类 6 主要聚焦于算法方面的研究，重要的热点词有优化（optimization）、深度学习（deep learning）、平台（platform）、设计（design）、算法（algorithm）；聚类 7 主要聚焦于算法预测方面的研究，重要的热点词有风险（risk）、回归（regression）、预测（prediction）、趋势（trends）、人工神经网络（artificial neural‐netwoks）等。

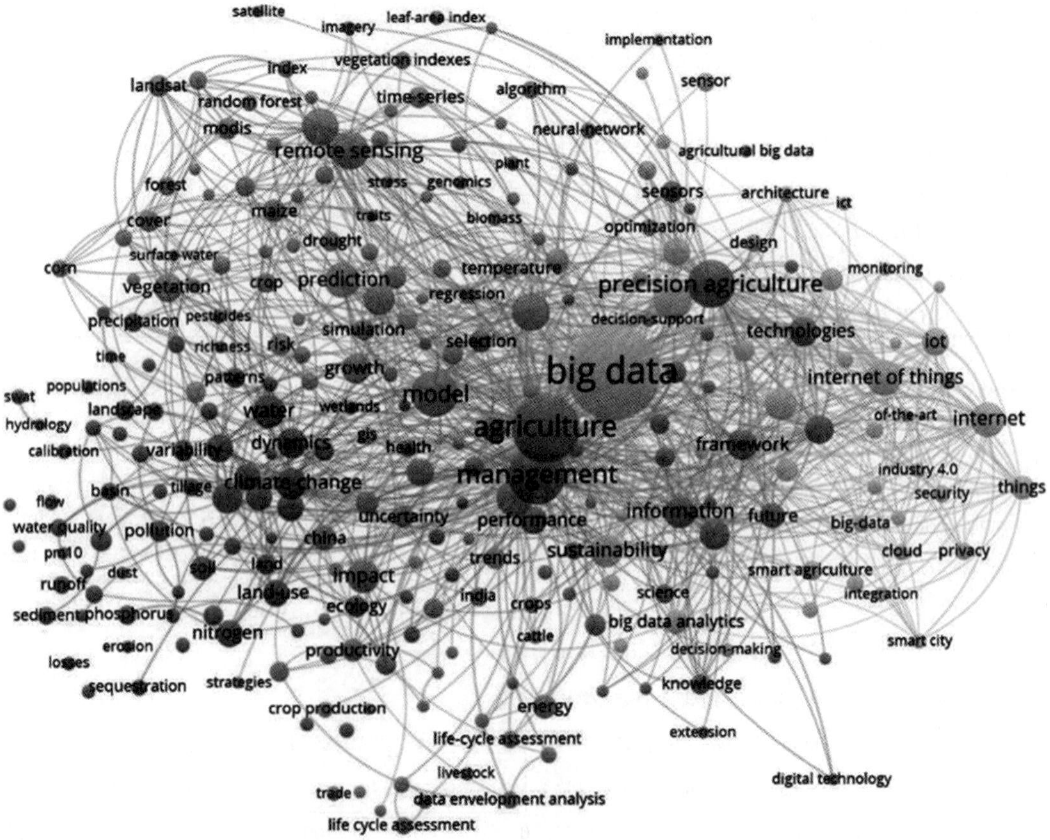

图 4‐29　农业大数据领域研究热点聚类图

2002—2020 年，全球农业大数据领域的热点关键词包括农业（agriculture）、管理（management）、精准农业（precision agriculture）、性能（performance）、预测（prediction）、生物多样性（biodiversity）、气候变化（climate change）、模型（modle）、算法（algorithm）、神经网络（neural networks），其他如可持续（sustainability）、信息（information）、采纳（adoption）、生态（ecology）、土壤（soil）、污染（pollution）、风险（risk）、云计算（cloud computing）、智慧农业（smart farming）、数据挖掘（data mining）等，它们是近 20 年全球农业大数据领域的相对热点关键词（图 4‐30）。

2002—2020 年，生物量（biomass）、生态（ecology）、物联网（internet of things）、监控（monitoring）、陆地卫星（landsat）、植被指数（vegetation index）、传感器（sensor）等是农业大数据领域最新的研究趋势（图 4‐31）。

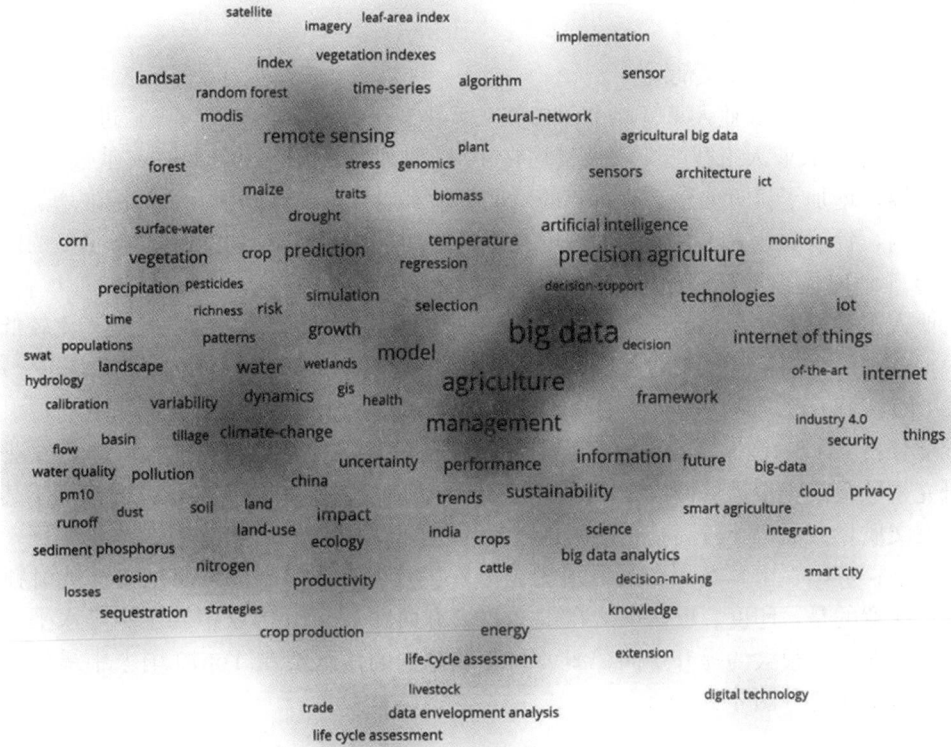

图4-30 农业大数据领域研究热点密度图

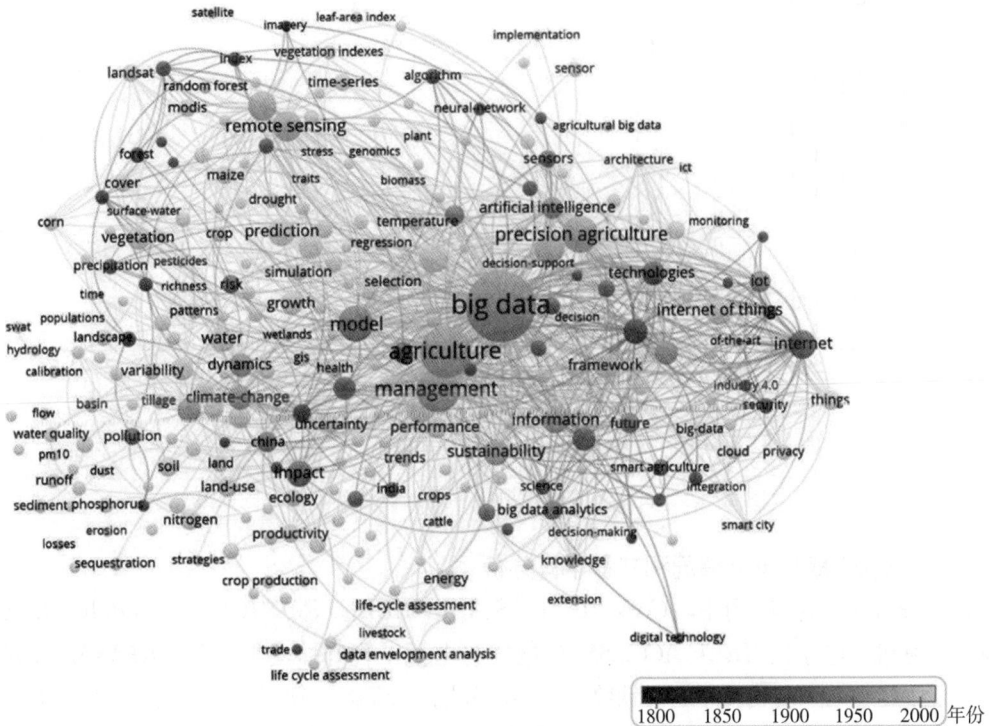

图4-31 农业大数据领域研究热点标签

四、农业人工智能

（一）全球近 20 年发文情况

2002—2020 年，农业人工智能全球相关文献发文呈由停滞不前到突飞猛进的增长趋势。2012—2016 年，农业人工智能文献数量均在 10 篇以内，2017—2020 年，文献数量从 23 篇增至 157 篇，增加了接近 6 倍，且每年的发文数量都以接近或达到翻一番的标准增加。说明全球范围内，针对农业人工智能的关注度在不断增加，技术创新上也不断取得了新的突破。

（二）Top10 国家发文情况

农业人工智能发文最多的三个国家处于高梯度上，其余国家的发文数量处于比较低的水平。根据各国的分析趋势来看，美国、中国、伊朗三个国家发布的文献数量最多，分别为：83 篇、61 篇、61 篇，其他发文数量均低于 50 篇（图 4-32）。从发文数量和平均被引次数两个维度分析 Top10 国家在农业人工智能领域研究的竞争力显示：美国、中国是农业人工智能研究领域最具竞争力的两大国家，都具有很强的活跃度，在发文数量方面远高于其他国家，在发文质量方面也比较高；伊朗属于学术活跃国家，在发文数量方面仅次于美国，与中国不相上下；英国、土耳其属于最具潜力国家，虽然发文数量不多，但是文章被引频次较高；值得注意的是，印度、巴西虽然在发文数量方面在 Top10 国家中处于中等水平，但在文献质量方面还有很大的提升空间；澳大利亚和德国的活跃度在 Top10 国家中最低，文献质量也不具有优势（图 4-33）。

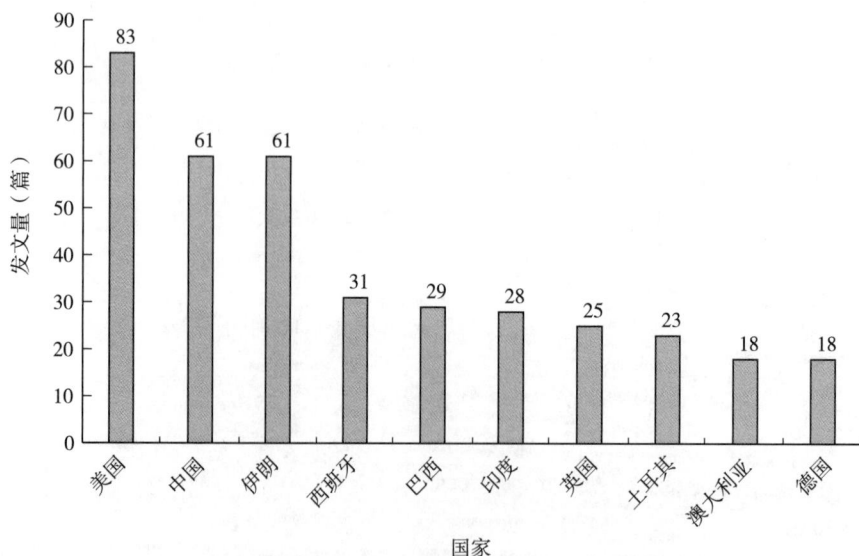

图 4-32   农业人工智能领域外文文献发文 Top10 国家

（三）Top20 期刊发文情况和文献学科分析

在全球 Top20 的期刊中，*COMPUTERS AND ELECTRONICS IN AGRICULTURE*（《农业计算机与电子》）、*IEEE ACCESS*（《电气与电子工程师协会期刊》）、*REMOTE SENSING*（《遥感》）三个期刊发布的文献数量最多，分别为 23 篇、18 篇、17 篇（表 4-4）。根据学科分析趋势来看，从图表可以看出，环境科学、电气和电子工程、水资源三个学科在文献中的数量最多，分别为 73 篇、62 篇、45 篇（图 4-34）。

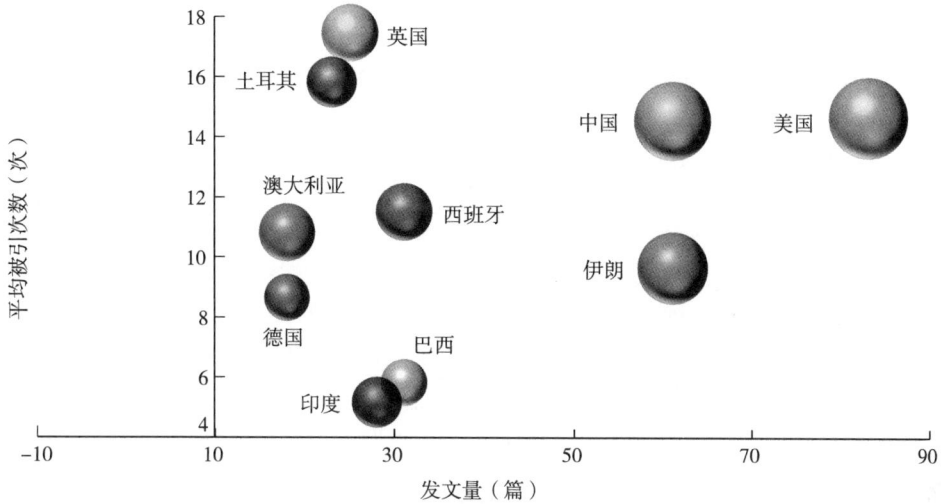

图 4-33 农业人工智能研究领域各国竞争力表现

表 4-4 农业人工智能领域 Top20 发文期刊情况

期刊名称	数量（篇）
COMPUTERS AND ELECTRONICS IN AGRICULTURE（《农业计算机与电子》）	23
IEEE ACCESS（《电气与电子工程师协会期刊》）	18
REMOTE SENSING（《遥感》）	17
SENSORS（《传感器》）	13
AGRONOMY-BASEL（《农学-巴塞尔》）	9
SUSTAINABILITY（《可持续发展杂志》）	8
WATER RESOURCES MANAGEMENT（《农业用水管理》）	8
SCIENCE OF THE TOTAL ENVIRONMENT（《整体环境科学杂志》）	8
IT PROFESSIONAL（《IEEE 信息技术专业杂志》）	7
ENVIRONMENTAL SCIENCE AND POLLUTION RESEARCH（《环境科学与污染研究》）	7
AGRICULTURAL WATER MANAGEMENT（《农业用水管理》）	6
APPLIED SCIENCES-BASEL（《应用科学-巴塞尔》）	6
ENVIRONMENTAL EARTH SCIENCES（《环境地球科学》）	5
RENEWABLE & SUSTAINABLE ENERGY REVIEWS（《可再生能源与可持续能源评论》）	4
ENVIRONMENTAL MONITORING AND ASSESSMENT（《环境监测与评价》）	4
BIOSYSTEMS ENGINEERING（《生物系统工程》）	4
WATER（《水》）	4
FRONTIERS IN PLANT SCIENCE（《植物科学前沿》）	4
SOFT COMPUTING（《软计算》）	3
THEORETICAL AND APPLIED CLIMATOLOGY（《理论与应用气候学》）	3

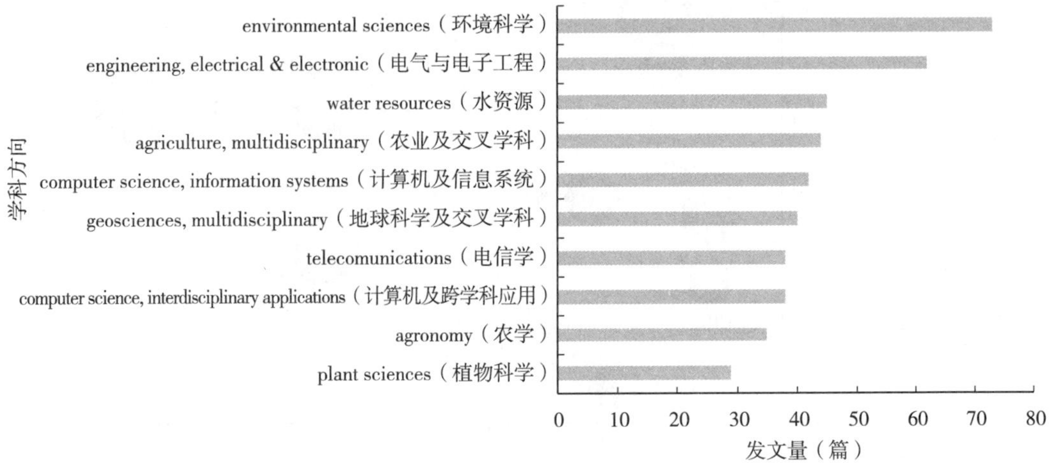

图 4-34 农业人工智能领域学科分析

(四) 农业人工智能研究前沿与研究热点分析

2002—2020 年, 全球农业人工智能领域形成了 16 个聚类 (图 4-35)。聚类 1 主要聚焦于智能化设计方面的研究, 重要的热点词有未来 (future)、安全 (security)、物联网

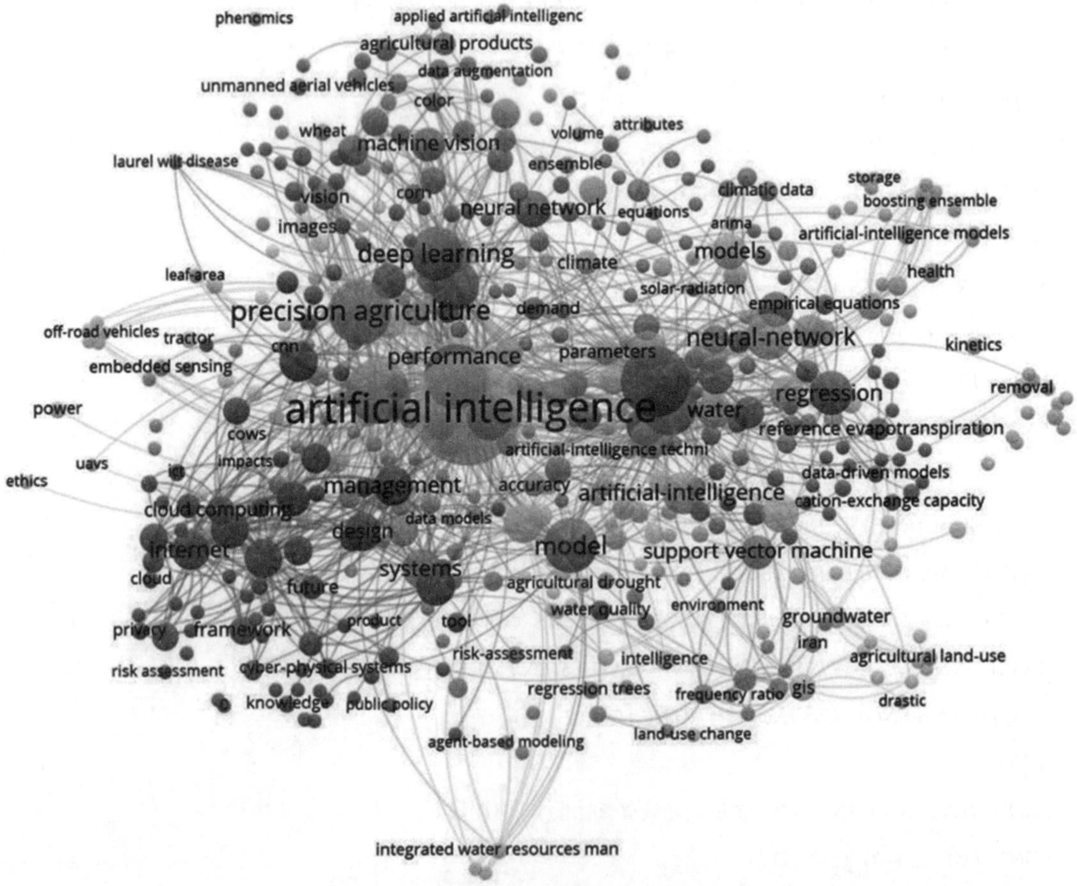

图 4-35 农业人工智能研究热点聚类图

（iot）、人工智能（artificial intelligence）、设计（design）、大数据（big data）、网络安全（cyber security）等；聚类 2 主要聚焦于人工神经网络方面的研究，重要的热点词有蒸散（evapotranspiration）、人工神经网络（artificial neural - networks）、支持向量机（support vector machines）、验证（validation）、仿真（simulation）等；聚类 3 主要聚焦于算法方面的研究，重要的热点词有回归（regression）、算法（algorithm）、基因表达程序设计（gene expression programming）、人工神经网络（ann）、经验方程（empirical equations）、阳离子交换容量（cation - exchange capacity）、预测（prediction）等；聚类 4 主要聚焦于人工智能模型优化方面的研究，重要的热点词有神经网络（neural - networks）、优化（optimization）、人工智能（artificial intelligence）、模型（modle）、多元线性回归（multiple linear regression）、机油（oils）等；聚类 5 主要聚焦于深度学习方面的研究，重要的热点词有深度学习（deep learning）、分类（classification）、机器视觉（machine vision）、卷积神经网络（convolutional neural network）、物体识别（object recognition）、数字图像（digital imagine）等；聚类 6 重要的热点词有无线传感器（wireless sensor）、热稳定性（thermal stability）、基因组学（genomics）、决策支持（decision support）、气象学（meteorology）等；聚类 7 主要聚焦于空间技术应用方面的研究，重要的热点词有神经网络（neural networks）、支持向量机（support vector machine）、灌溉（irrigation）、空间预测（spatial prediction）、滑坡敏感性（landslide susceptibility）等；聚类 8 主要聚焦于遥感技术应用方面的研究，重要的热点词为机器学习（machine learning）、神经网络（neural networks）、土壤湿度（soil moisture）、遥感（remote sensing）、疾病监测（diseases detection）等；聚类 9 主要聚焦于传感器智能化应用方面的研究，重要热点词为模式识别（pattern recognition）、图像处理（image processing）、精准农业（precision agriculture）、叶面积（leaf - area）、嵌入式传感（embedded sensing）、智能传感（smart sensing）、监控（monitoring）、产量（yield）、机器感知系统（robot sensing systems）等；聚类 10 主要聚焦于监测指标方面的研究，重要热点词为模糊逻辑（fuzzy logic）、支持向量回归（support vector regression）、波（wavelat）、电导率（conductivity）、叶绿素含量（chlorophyll content）；聚类 11 主要聚焦于智能化系统方面的研究，重要热点词为地理信息系统（gis）、模糊推理系统（fuzzy inference system）、水文学（hydrology）；聚类 12 主要聚焦于人工智能效能方面的研究，重要热点词为性能（performance）、能量（energy）、伦理（ethics）；聚类 13 主要聚焦于人工智能追溯的应用方面的研究，重要热点词为牛（cows）、机器人技术（robotics）、供应链（supply chain）、可追溯性（traceability）；聚类 14 主要聚焦于技术应用效率方面的研究，重要热点词为人工智能技术（artificial - intelligence techni）、机器（machines）、温室气体排放（greenhouse - gas emissions）、使用效率（use - cfficiency）；聚类 15 主要聚焦于食品安全方面的研究，重要热点词为卫星（satellite）、食品安全（food security）、可持续发展（sustainable development）等；聚类 16 主要围绕人工智能安全标准方面的研究，重要热点词为入侵（intrusion）、多准则优化（multi - criteria optimization）等。

2002—2020 年，全球农业人工智能领域的热点关键词包括模型（modles）、预测（prediction）、优化（optimization）、机器学习（machine learning）、分类（classification）、温室（greenhouse）、物联网（iot）、保护（conservation）、基因表达程序设计（gene expression programming）、气象（meteorology）等，其他如地理信息系统（gis）、神经网络（neural network）、智慧农业（smart farming）、模糊逻辑（fuzzy logic）、机器视觉（machine vision)、框架（framework）、图像（images）等，它们是近 20 年全球农业人工智能领域的相对热点关键词（图 4-36）。

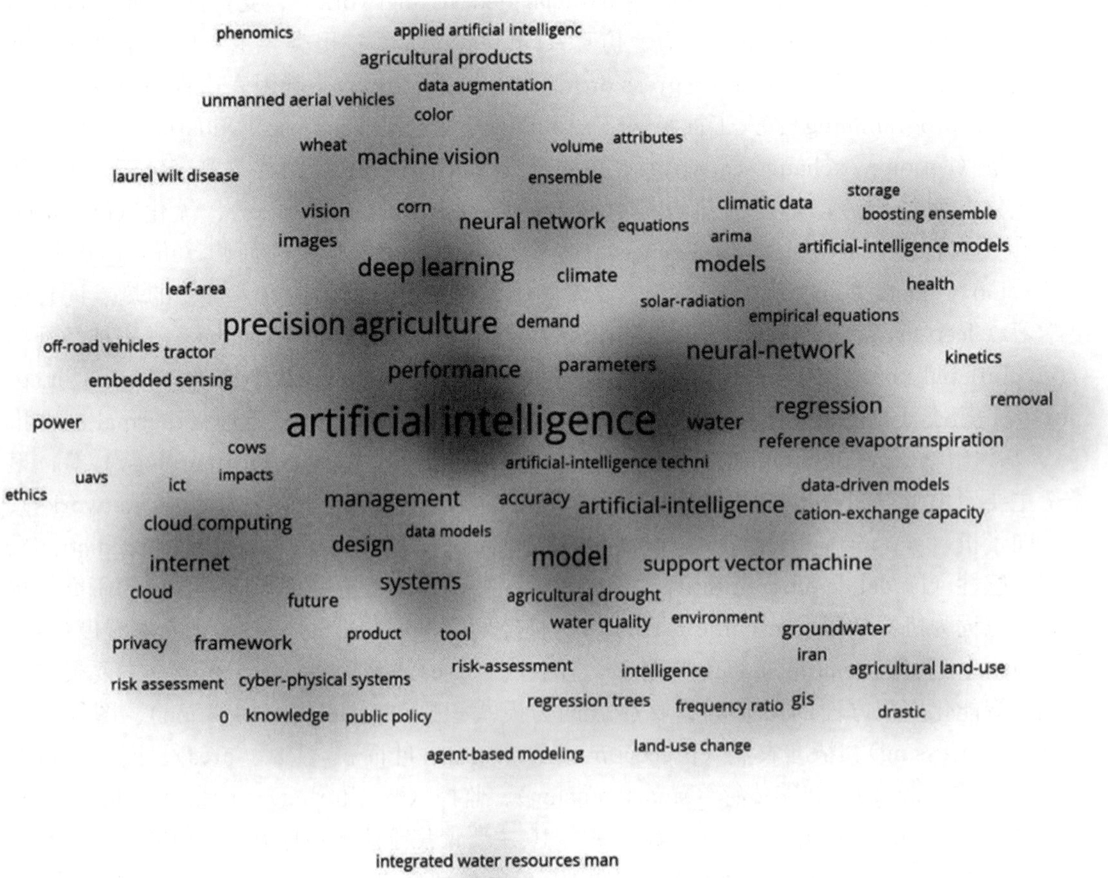

图 4-36　农业人工智能研究热点密度图

2002—2020 年，空间预测（spatial prediction）、支持向量机（support vector machine）、网络物理系统（cyber physical systems）、框架（framework）、网络完全（cyber security）、神经网络（neural networks）、风险评估（risk assessment）、物联网（Internet of things）等是农业人工智能领域最新的研究趋势（图 4-37）。

五、农业机器人

（一）全球近 20 年发文情况

2002—2020 年，农业机器人全球相关文献发文数量在波动中增长，后期呈持续增长态势。2002—2012 年，全球农业机器人外文文献数量在波动中保持平稳，10 年来发文数仅增加 20 篇，自 2012 年后，发文量开始不断增加，到 2020 年发文量达到 389 篇（图 4-38）。

（二）Top10 国家发文情况

中国在农业机器人领域的文献贡献处于全球领先地位，远高于其他国家。从发文数量和平均被引次数两个维度分析 Top10 国家在农业机器人领域研究的竞争力显示：中国在农

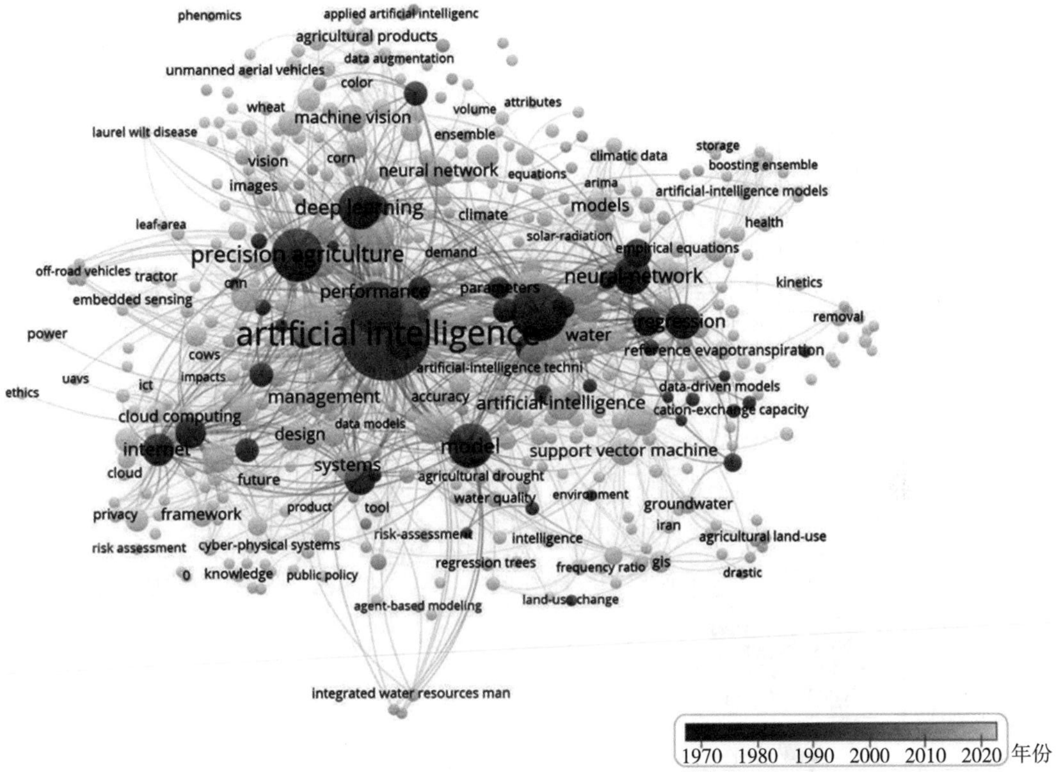

图 4-37　农业人工智能研究热点标签

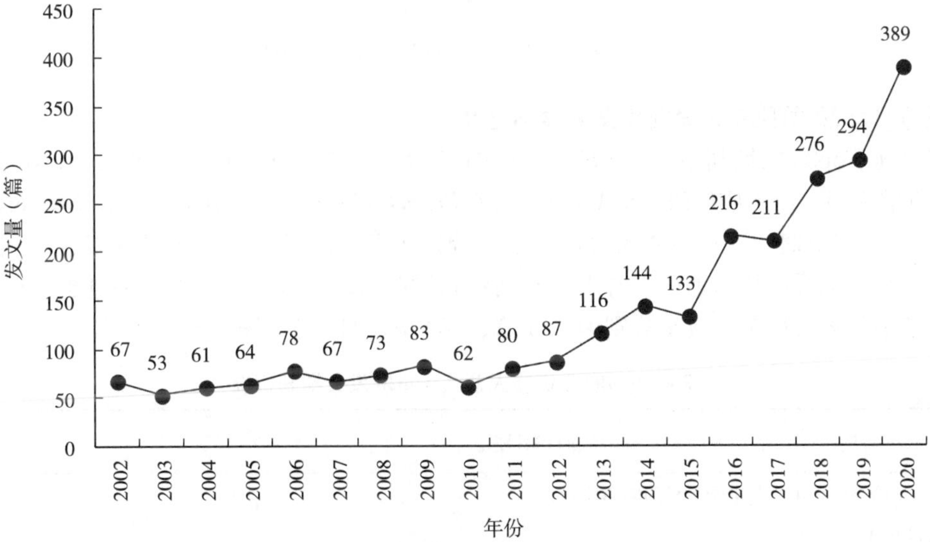

图 4-38　全球农业机器人领域外文文献年度发文量

业机器人的研究领域已经遥遥领先，尤其是在发文量方面远超其他国家（图 4-39、图 4-40）；总体看，美国在农业机器人研究领域仍具竞争力，在发文量方面远高于除中国之外的其他国家，具有很强的活跃度，在发文质量方面最高；其他 8 个国家，整体水平比较接近，相对而言，英国、加拿大在发文质量方面比较突出（图 4-40）。

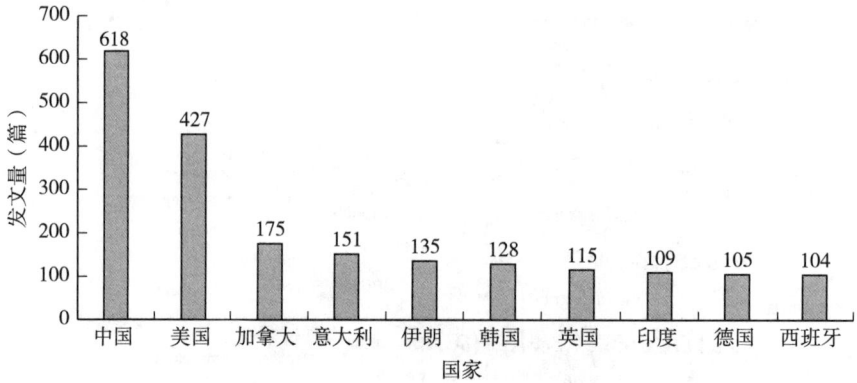

图 4-39 农业机器人领域外文文献发文 Top10 国家

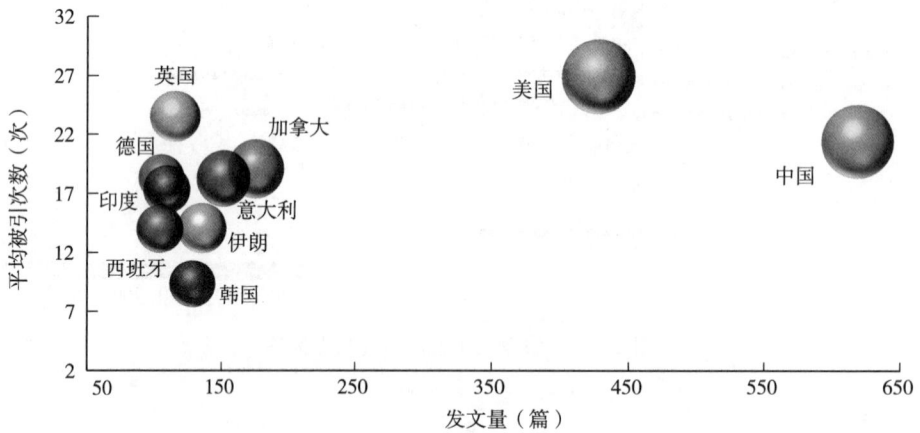

图 4-40 农业机器人研究领域各国发文平均被引次数

（三）Top20 期刊发文情况和文献学科分析

在全球 Top20 的期刊中，*IEEE ACCESS*（《电气与电子工程师协会期刊》）、*ROBOTICA*（《机器人》）、*COMPUTERS AND ELECTRONICS IN AGRICULTURE*（《农业计算机与电子》）三个期刊发布的文献数量最多，分别为 79 篇、78 篇、66 篇（表 4-5）。根据学科分析趋势来看，从图表可以看出，自动化和控制系统、机器人、电气和电子工程三个学科在文献中的数量最多，数量分别为 726 篇、589 篇、411 篇（图 4-41）。

表 4-5　农业机器人领域 Top20 发文期刊情况

期刊名称	数量（篇）
IEEE ACCESS（《电气与电子工程师协会期刊》）	79
ROBOTICA（《机器人》）	78
COMPUTERS AND ELECTRONICS IN AGRICULTURE（《农业计算机与电子》）	66
JOURNAL OF INTELLIGENT & ROBOTIC SYSTEMS（《智能与机器人系统杂志》）	56
IEEE ROBOTICS AND AUTOMATION LETTERS（《IEEE 机器人和自动化快报》）	50
IEEE TRANSACTIONS ON ROBOTICS（《IEEE 机器人汇刊》）	49
INTERNATIONAL JOURNAL OF ADVANCED ROBOTIC SYSTEMS（《国际先进机器人系统杂志》）	45

（续）

期刊名称	数量（篇）
IEEE-ASME TRANSACTIONS ON MECHATRONICS（《IEEE-ASME 机械电子学汇刊》）	45
MECHANISM AND MACHINE THEORY（《机构与机器理论》）	40
SENSORS（《传感器》）	40
BIOSYSTEMS ENGINEERING（《生物系统工程》）	39
INTERNATIONAL JOURNAL OF CONTROL AUTOMATION AND SYSTEMS（《自动化和控制系统国际期刊》）	39
AUTOMATICA（《自动化》）	35
ROBOTICS AND COMPUTER-INTEGRATED MANUFACTURING（《机器人技术与计算机集成制造》）	34
ROBOTICS AND AUTONOMOUS SYSTEMS（《机器人与自动化》）	33
IET CONTROL THEORY AND APPLICATIONS（《IET 控制理论与应用》）	33
ADVANCED ROBOTICS（《先进机器人技术》）	32
JOURNAL OF FIELD ROBOTICS（《野外机器人杂志》）	31
IEEE TRANSACTIONS ON CONTROL SYSTEMS TECHNOLOGY（《IEEE 控制系统技术汇刊》）	31
IEEE TRANSACTIONS ON INDUSTRIAL ELECTRONICS（《IEEE 工业电子学汇刊》）	30

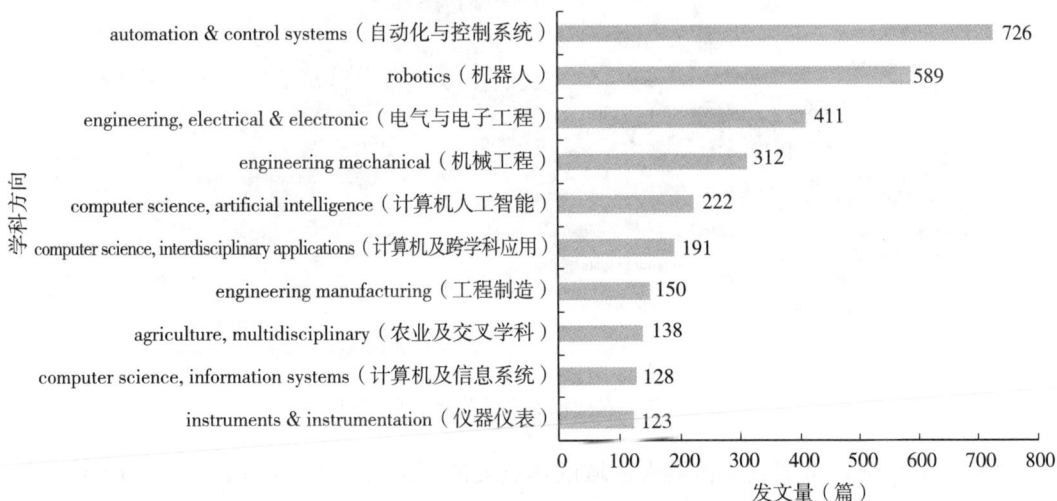

图 4-41 农业机器人领域学科分析

（四）农业机器人研究前沿与研究热点分析

2002—2020 年，全球农业机器人领域形成了 7 个聚类（图 4-42）。聚类 1 主要聚焦于机器人运动方面的研究，重要的热点词有导航（navigation）、农业机器人（agricultural robotics）、机器视觉（machine vision）、车辆（vehicles）、算法（algorithms）、自动引导（automatic guidance）、跟踪（tracking）等；聚类 2 主要聚焦于机器人制动控制方面的研究，重要的热点词有稳定（stabilization）、有限时间收敛（finite‐time convergence）、滑膜控制（sliding mode control）、自适应控制（adaptive control）、反步控制（backstepping control）、模糊控制（fuzzy control）等；聚类 3 主要聚焦于机器人力学方面的研究，重要的热点词有机器人（robotic）、动力学（dynmics）、运动（motion）、力控制（force control）等；聚类 4 主要聚焦于机器人算法优化方面的研究，重要的热点词有机械手（manipulators）、算法（algorithm）、优化（optimization）、轨迹规划（trajectory planning）等；聚类 5 主要聚焦于机器人应用方面的研究，重要的热点词有性能（performance）、框架（framework）、医疗机器人（medical robotics）等；聚类 6 主要聚焦于机器人智能化追踪方面的研究，重要的热点词有轨迹跟踪（trajectory tracking）、模型预测控制（model predictive control）、协调（coordination）等；聚类 7 主要聚焦于机器人跟踪控制方面的研究，重要的热点词有设计（design）、神经网络（neural network）、运动控制（motion control）、轨迹跟踪控制（trajectory tracking control）等。

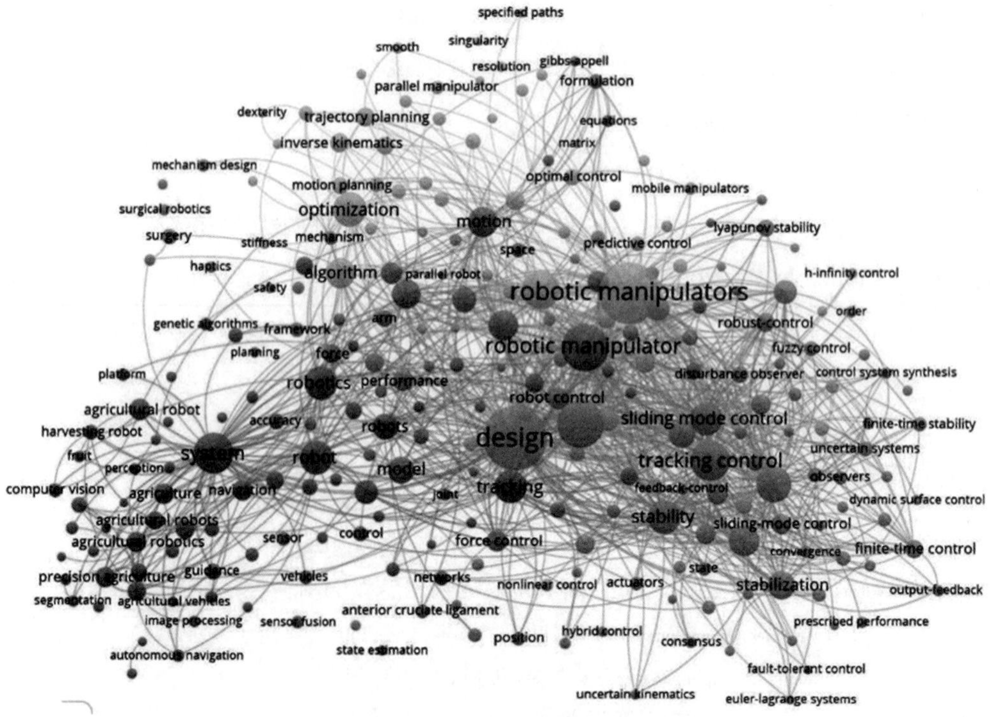

图 4-42　农业机器人研究热点聚类图

2002—2020 年，全球农业机器人领域的热点关键词包括算法（algorithm）、优化（optimization）、机器人性能（robotics performance）、机械手（robotic manipulator）、设计（design）、追踪控制（tracking control）、系统（system）、稳定（stability），其他如收割机器人（harvesting robot）、最优控制（optimal control）、力控制（force control）、传感器（sensor）等，它们是近 20 年全球农业机器人领域的相对热点关键词（图 4-43）。

2002—2020 年，有限时间控制（finite time control）、动力学（dynamics）、输出反馈（output feedback）、输入饱和度（input saturation）、运动（motion）、公式（formulation）、算法（algorithm）等是农业机器人领域最新的研究趋势（图 4-44）。

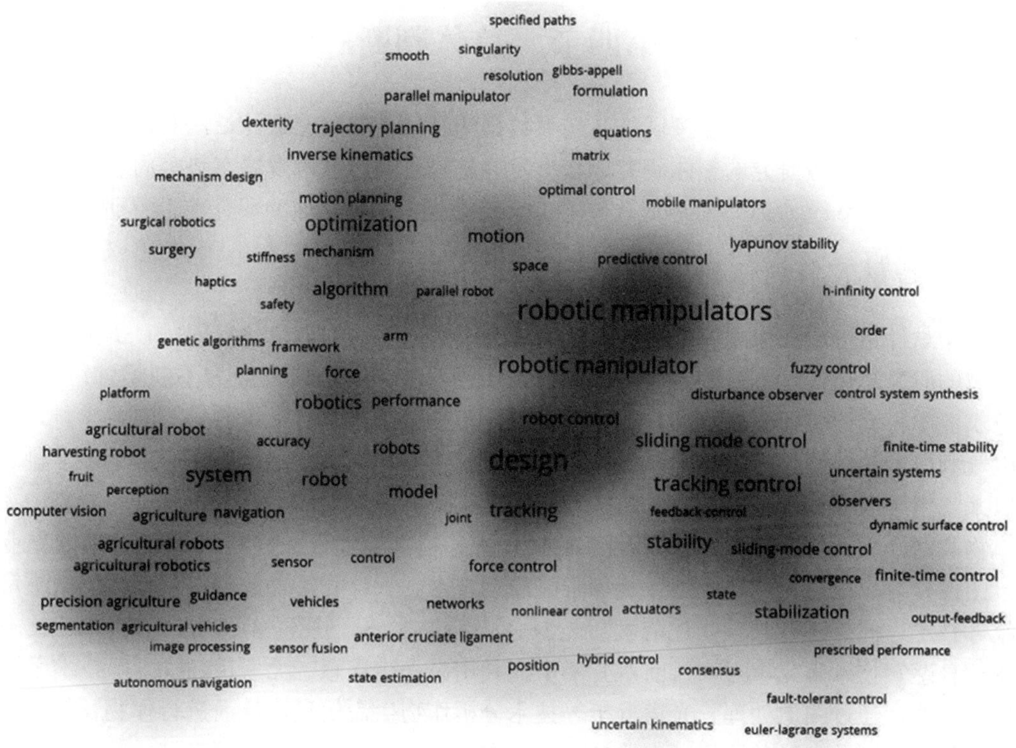

图 4-43　农业机器人研究热点密度图

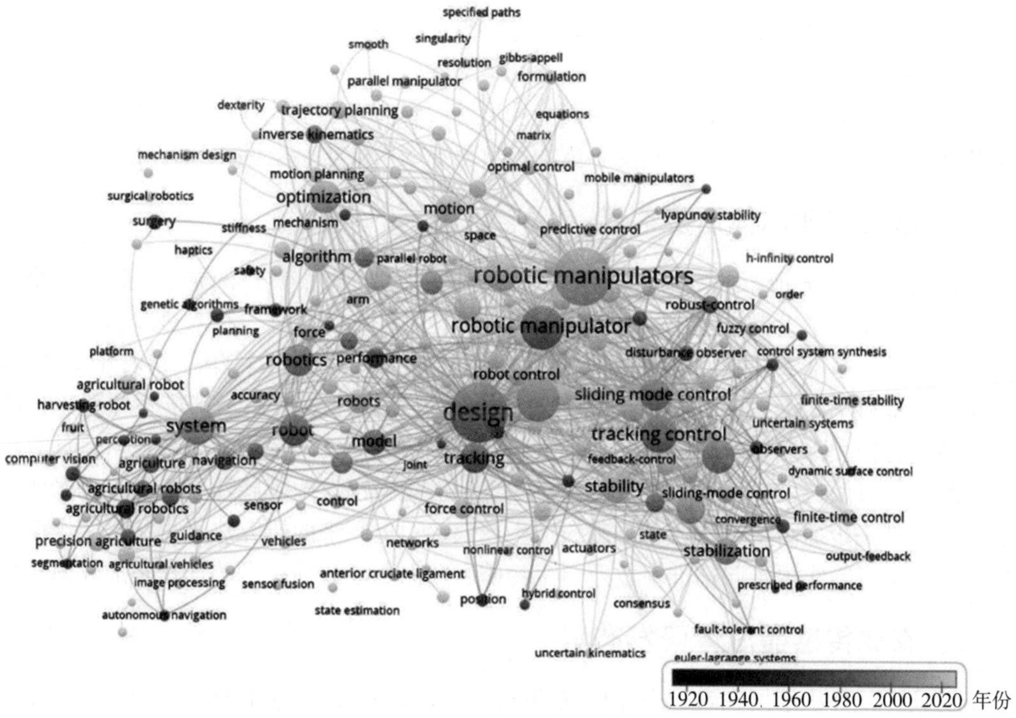

图 4-44　农业人工智能研究热点标签

第四节　总体判断

本章研究以全球智慧农业领域外文文献数据为基础，利用文献计量法对该领域发展态势进行探究，对该领域研究的整体研究现状、发展趋势、主要技术发展态势等内容进行了深入分析，利用 ISS 系统、VOSviewer 软件等工具挖掘分析了该领域的研究前沿、研究热点。

一、智慧农业总体研发态势

从文献计量分析结果来看，智慧农业已成为国内外关注的前沿热点问题，美国在智慧农业领域的研究总体处于世界领先地位，中国处于第二位，创新研发能力不断增强。总体看，智慧农业学科交叉融合程度较高，不仅涉及农业工程、园艺学、土壤科学等农业学科，还涉及电气和电子、遥感、环境科学、计算机跨学科应用、计算机信息系统、通信等多学科。一直以来，精准农业是智慧农业技术集成应用的最主要方面，其前沿研究技术则主要集中在遥感、物联网、无线传感、高光谱等信息感知技术，精准农业、3S、精准灌溉等精准作业技术，图像处理、机器学习、人工智能等智能控制技术，云计算、大数据等基于数据的决策支持服务技术，此外还有气候变化农业等。具体来看，遥感、GIS、高光谱遥感等 3S 技术为农业信息感知技术研究重点，目前研究集中在利用高光谱遥感、无人机、GIS 等技术手段获取影像数据，通过图像处理、光谱分析等技术分析作物生命信息，从而进行作物长势、营养和病害状况监测及产量预测等。农业精准投入方面的研究则集中在空间变异、精准农业技术集成应用、变量施肥、精准灌溉和精准施药等方面，研究热点逐步向作物生长模型转变，通过模型的研究，结合信息技术更大程度地提高作物精准作业水平。关于智能控制方面的研究由早期的以工程机械控制为主逐步转向以智能决策和智能控制为主，农业机械和装备的智能化水平越来越高，对农业机器人关键技术及其零部件，以及农业自主无人作业系统方面的研究更加深入。有关智慧农业服务方面的研究从早期的农业专家系统逐步向大数据、云计算和人工智能等信息技术的融合应用转变，更加突出服务的精准化、个性化和智能化。

二、精准农业总体研发态势

根据文献计量分析结果，精准农业已成为国内外关注的前沿热点问题。美国在精准农业领域的研究总体处于世界领先地位，中国处于第二位，创新活跃度、技术进步能力都在不断提升。总体看，精准农业研究呈现多学科融合特征，主要期刊的学科集中在农业交叉学科、农艺学和环境科学 3 个方面。近 20 年来，精准农业的研究主要聚焦于精准畜牧业、精准种植业、精准管护、深度学习和空间地理等方面；主要研究的技术包括高光谱技术，计算机视觉、遥感技术以及机器学习等，主要应用于实现精准化喂饲、施肥施药、灌溉等场景的精准农业领域，进一步提高精准作业水平和农业生产效率；近年来的研究热点也从水、土壤、无人机、深度学习等实现了向精准畜牧业、生物质、叶面积指数等技术的加密集成方向转变。

三、农业传感器总体研发态势

从文献计量分析结果来看，农业传感器已成为国内外关注的前沿热点问题。美国在农业传感器领域的研究处于世界绝对领先地位，远超第二位的德国和巴西，中国处于第五位，合作最为密切的 3 组国家是：中国与美国、德国与美国、加拿大与美国。根据发文期刊和学科数据可知，农业领域的传感器研究已经覆盖农业的很多领域，在学科上更是呈现学科交叉融合，其中在农业交叉学科、动物学等方面的文献数量最多，主要发表在以食品化学、农业科学和神经网络为主题的期刊上。近 20 年来，农业传感器的研究主要聚焦于动物行为感知、生理生化特征、动物福利、食品口感质量等方面。近年来的研究热点也从植被指数、温度、细胞等实现了向动物福利、感官生态等方面转变。

四、农业大数据总体研发态势

根据文献计量分析结果，农业大数据的研究主要集中在信息技术比较发达的几个国家，如美国、中国、英国。中国在农业大数据领域创新活跃度高、技术进步能力强，已经与美国同处在农业大数据领先地位。目前，中国发文量虽处于世界第二位，但与美国的差距已经逐渐拉近。总体看，农业大数据研究主要集中在宏观领域，就学科来看，主要包括环境科学、农业交叉学科和地球科学。近 20 年来，农业大数据的研究主要聚焦于气候环境、精准农业、算法优化、预测等方面，主要研究应用于农业大数据领域的技术包括云计算、神经网络、精准管理等，进一步实现风险评估、污染防治等工作；近年来，农业大数据的研究热点也从安全、工业 4.0、影像数据向植被指数、传感器、物联网、智慧城市等领域延伸。

五、农业人工智能总体研发态势

根据文献计量分析结果，农业人工智能文献聚焦范围最广、覆盖面最宽，但总体来看农业人工智能的文献数量相对较少，创新活跃度、技术进步能力主要体现在近几年，文献数量实现了迅猛增长。美国在农业人工智能领域的研究总体处于世界领先地位，中国和伊朗皆列于第二位，农业人工智能的聚焦学科主要在环境科学、电气与电子工程及水资源。近 20 年来，农业人工智能的研究主要聚焦于智能化设计、人工神经网络、算法、空间技术应用、质量追溯等方面，主要研究的技术包括支持向量机、基因表达程序设计、机器感知等在人工智能方面的应用；近年来的研究热点也从神经网络、模型、深度学习等实现了向空间预测、风险评估、网络物理系统等技术的转变。

六、农业机器人总体研发态势

根据文献计量分析结果，2012 年后农业机器人成为国内外研究的热点。从发文数据看，中国在全球农业机器人研究领域的活跃度最高，其次是加拿大、意大利，农业机器人研究呈现多学科融合特征，主要期刊的学科集中在自动化控制系统、机器人、电气与电子工程三个学科。近 20 年来，农业机器人的研究主要聚焦于机器人运动、制动控制、机器人力学、算法优化、智能化追踪等方面，在解决劳动力短缺、实现智能化和精细化方面有卓越进展；近年来的研究热点也从机器设计及控制、机器追踪等实现了向有限时间控制、动力学、算法等数字化、精密化更强的技术领域转变。

第五节　本章小结

就全球来看，随着 21 世纪的到来，智慧农业及相关领域技术研究进入发展的酝酿期及繁荣期的初始阶段，学科之间的交叉融合性不断增强，技术研发主体多元性特征不断彰显，研究的热点开始从种植业向畜牧业变革，研究关注点也从模型、机器等物理性和机械性较强的技术向空间预测、算法优化等智能化信息化技术延伸；尤其是进入 20 年代，智慧农业技术发展更加繁荣，覆盖的农业领域更加广泛。就国家而言，从文献数量上看，美国、中国、英国、巴西、德国等国在智慧农业领域处于领先地位，其中以美国最为发达，中国在精准农业领域、农业大数据领域、农业人工智能领域的研究仅次于美国，目前处于世界第二，在农业机器人研究领域远超过其他国家，位居全球之首；相对其他领域，中国农业传感器领域的研究较为不足，仅处于全球第五的位置，而农业传感器又作为智慧农业高质量发展的重要工具，具有重要地位，未来应加大投入不断补齐这一短板。值得警惕的是，从文献质量上看，中国文献的被引频次相对较低，与发文数量形成了鲜明的对比，为此，我国应着力促进提升文献质量，进一步增强智慧农业研究领域的综合影响力，为农业现代化建设夯实科学研究基础。

第五章

智慧农业基础设施的现状、问题与需求

　　基础设施是智慧农业应用的前提和基础，是指为农业生产和产业发展提供信息化服务的基本软硬件及应用终端，主要包括农业数据获取与存储设施、农业数据计算设施、农业农村网络通信设施、信息应用终端等内容。近年来，随着"宽带中国"等一系列国家信息化战略的实施，我国智慧农业基础设施在数据获取、数据算力、网络通信、应用终端等方面均取得了重要成就，但同时也面临着农村网络基础设施建设薄弱、农业数据采集与监测设施缺乏、基础设施维护不足等问题，亟须抓住国家新基建机遇，加快农业新基建建设和农业传统基建数字化升级，支撑智慧农业全面深入发展。

第一节　发展现状

一、农业农村网络通信设施逐渐完善，城乡差异显著缩小

　　宽带网络通信是智慧农业基础设施的重要组成部分。目前，我国农村及偏远地区网络基础设施落后的情况已经得到根本性、整体性的改变，初步建成融合、泛在、安全、绿色的宽带网络环境，基本实现"农村宽带进乡入村"。根据中国互联网信息中心（CNNIC）发布的第 47 次《中国互联网络发展状况统计报告》数据显示，目前全国行政村接通宽带和 4G 网络比例均超过 98%，实现了全球领先的农村网络覆盖。2020 年我国农村地区互联网普及率为 55.9%，较 2015 年提高了 24.3 个百分点，城乡差距进一步缩小（图 5-1），农民正逐步

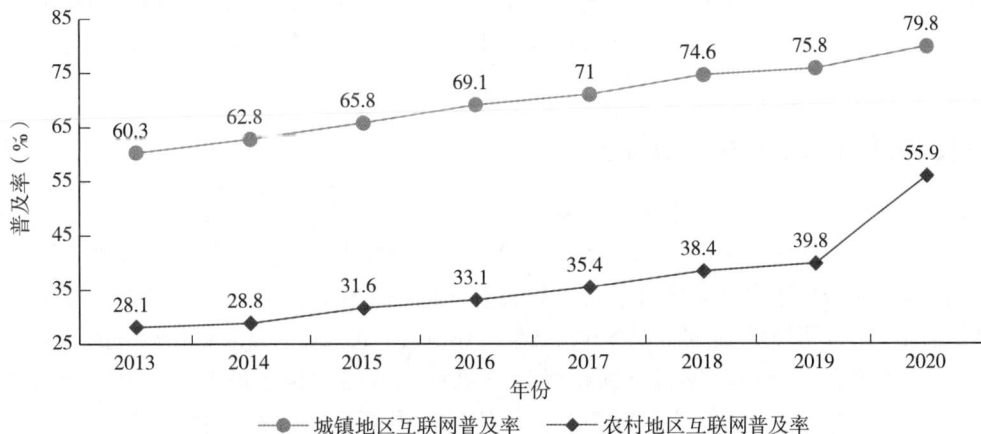

图 5-1　城乡互联网普及率

数据来源：中国互联网信息中心（CNNIC）。

享受信息社会的红利。根据《2020年通信业统计公报》数据显示，我国电信普遍服务试点行政村网络平均下载速率与城市达到同一水平，部分农村地区网络平均下载速率甚至超过了城市。

二、农业农村信息化应用终端多样化，普惠更多农民

随着城乡居民收入水平的提高以及网络提速降费，农业生产经营主体智能手机、电脑、移动显示屏等终端接入网络能力不断提升，为其更加便捷地获取信息、开展生产生活活动提供重要渠道。调查数据显示，98.95%农户家庭有1部以上智能手机，农业生产经营主体智能手机应用覆盖率达99%以上。同时，随着信息进村入户工程不断推进，12316电话、显示屏等信息服务终端设备也得到了进一步推广应用。截至2020年底，80%以上的行政村建成配备12316电话、显示屏、信息服务终端等设备的益农信息社村级信息服务站。

三、农业农村数据获取能力不断提高

我国农业数据的获取设施主要有农业传感器、北斗卫星、农业遥感卫星、天基互联网以及农业传感器设备等。其中，农业传感器应用逐渐普及，种类不断增加。目前，农业传感器产品已覆盖土壤、水体、气象、植物生长、重金属检测等多要素数据门类，另外，还出现了用于土壤墒情信息、土壤电导率信息、作物苗情诊断信息、作物冠层信息、土壤重金属含量、土壤肥力信息、禽流感快速检测信息、水体污染信息、空气污染信息、二氧化碳含量等关键要素监测的复杂专业传感器，为农业生产实时数据采集提供了强大支撑。同时，农业高分观测卫星发射，对地监测能力大幅提高。如高分六号、高分七号卫星的发射打破了我国农业遥感中高分辨率遥感数据长期依赖国外卫星的局面，显著提高了我国高分辨率立体测绘图像数据自给率。在农业专用卫星方面，我国已研发并试点应用了系列农业卫星。如2015年吉林省成功发射了"吉林一号"商业卫星组星，并在吉林省农安县等地开展农业农村领域的应用试点，该卫星通过获取植被指数影像，根据植被反射不同波段光的比例形成数据，从而反映出作物长势、产量、出苗率等信息，为农田精准"把脉"。此外，为提升农业遥感观测能力，农业农村部积极推动建设天空地一体化的农业农村观测网络基础设施和应用体系，通过整合利用农业遥感监测地面网点县、农业物联网试验示范区（点）、农业科学观测试验（监测）站（点）、数字农业试点县、现代农业园区中的物联网数据采集设施，强化了地面实时观测和数据采集能力。目前，已建成国家农业物联网公共服务平台，对接近5万个物联网监测点。

四、数据计算能力不断提升

农业数据计算能力是帮助农业应用场景实现智能化的重要因素，是驱动农业智能化发展的源动力。随着智能时代内存计算、边缘计算等高实时性大数据处理技术的发展，数据分析处理由传统依靠分析平台结合统计软件并行计算，向基于迭代计算和图计算的中算平台方向发展，目前已形成了以SAP的HANA、微软Trinity、UC Berkeley AMPLab的Spark为典型代表的中算平台。此外，我国研制超级计算机系统的能力也已跻身世界先进水平行列。"神威·太湖之光"超级计算机，93PFlops，位居世界高性能计算机排行榜Top500季军。"天河三号"超级计算机已经实现了每秒百亿亿次的运算速度，其极限浮点数据计算处理量可达到10的18次方。阿里开发的第三代神龙架构全面支持ECS虚拟机、裸金属服务器和

云原生容器等，使用户在云上就可以获得物理机 100% 的计算能力。中国科学院突破分布式共享存储体系结构、高速网络拓扑和互联技术、功耗散热、分布式操作系统、交互并行编译、新型计算模型和并行计算方法、光电互联技术、VLSI 设计技术、系统模拟仿真、系统性能评价等关键技术，为研制百万亿至千万亿次并行超级计算机提供技术基础。

五、农业农村新基建拉开序幕，各地农业数据中心加快建设

随着第五代移动通信技术（简称 5G）建设进程的加快，各地开始重视 5G 在农业领域的融合创新与应用发展，涌现了基于 5G 的智慧农业示范园创新实践。如陕西省杨凌示范区依托 5G 建成农业大数据管控中心和基于物联网的农业生产运营管控体系；江苏南京国家农业高新技术产业示范区与中国移动江苏公司合作，计划 3 年内实现南京农高区"5G＋4G"网络全覆盖。

与此同时，全国各地相继建成省级农业大数据中心。如贵州省农业委员会开展贵州"农云"建设，利用"云上贵州"提供的 IT 基础设施服务，打造农业大数据统一管理平台。调查数据显示，超过一半的受访产业园启动建设大数据中心，26.23% 的受访产业园建有天空地一体化信息监测点（图 5-2）。

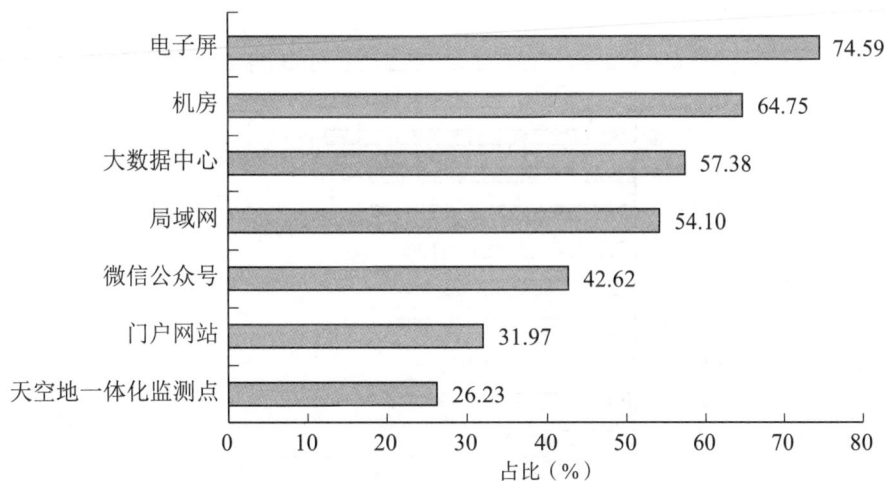

图 5-2 122 个受访产业园基础设施建设情况
数据来源：项目组调研数据，样本总量 122 个。

第二节 面临的主要问题

一、农村网络基础设施建设依然落后于城市地区

尽管我国农村地区基本实现 4G 网络全覆盖，但与城市相比，农村地区光纤宽带用户的普及率和接入能力仍存在差距，截至 2020 年底，城乡地区互联网普及率差异达 23.9 个百分点。同时，农户通网和种植养殖基地通光纤宽带比例低、网络信号差等问题进一步制约了智慧农业技术的推广应用。根据调查数据显示，受访者中种植、养殖基地通光纤宽带的比例为 27.2%，采用信息化终端来监测或控制农作物种植生产的比例约为 13.6%，有 32.7% 的受访农业经营主体认为农业生产基地网速不能满足信息技术应用需求，30.33% 的受访产业园认为信息化基础设施落后使其难以开展智慧农业技术的普及推广（图 5-3、图 5-4）。

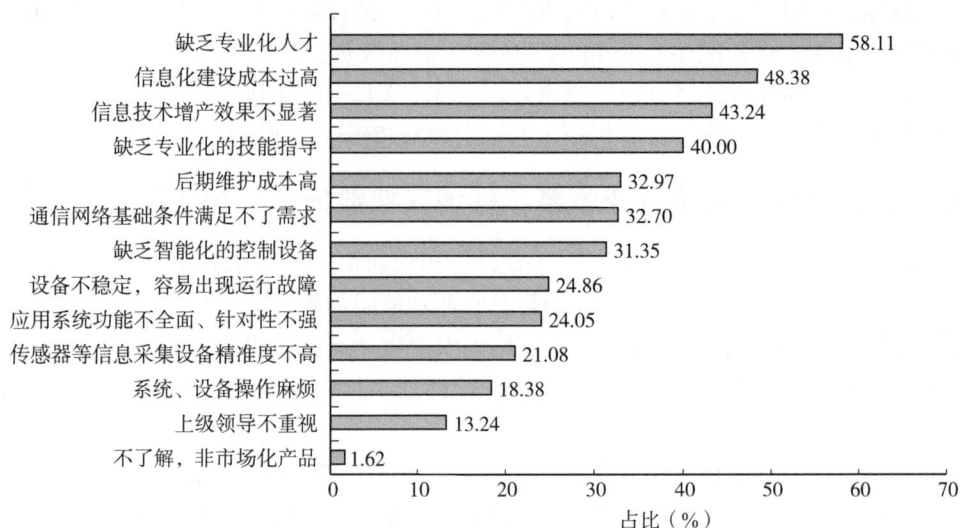

图 5-3　受访农业生产经营主体面临的主要问题汇总

数据来源：项目组调查数据，样本总量 7 150 个。

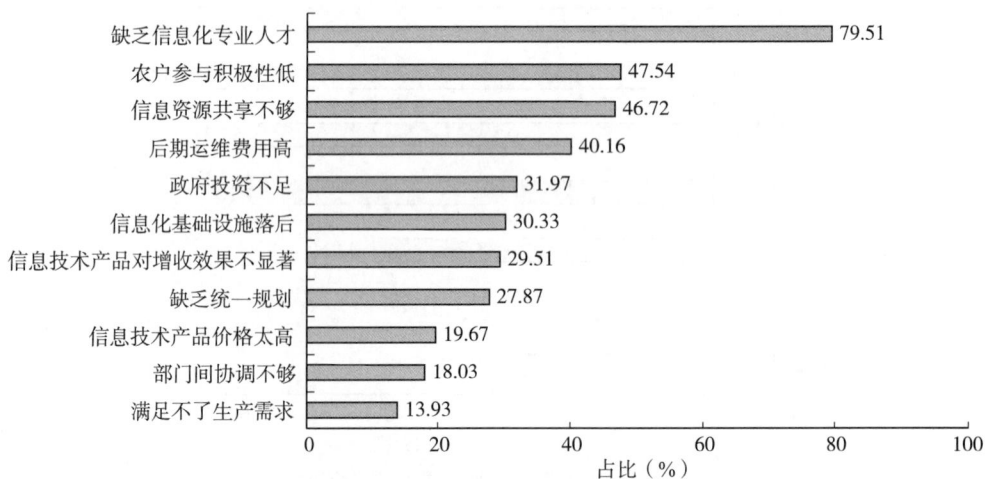

图 5-4　受访产业园推广智慧农业技术中面临的主要问题汇总

数据来源：项目组调查数据，产业园 321 个。

二、农业农村信息化基础设施投入不足

农业农村信息化基础设施建设主要依托于财政投入。然而长期以来，中央与地方相对于农村地区更偏重城镇信息化建设投资，对农业农村信息化投入有限。根据《2020 全国县域数字农业农村发展水平评价报告》显示，2019 年县域数字农业农村建设的财政投入为 182.1 亿元，仅占全国农、林、水财政支出的 0.8%。各地区农业农村信息化基础设施投入参差不齐，存在 81.8% 的县（市、区）农业农村信息化建设投入低于全国平均水平（781.8 万元），78.1% 的县（市、区）乡村人均财政投入低于全国平均水平（25.6 元）。此外，农业农村信息化年财政投入不足 1 万元的县（市、区）高达 310 个，高于 1 万元但不足 10 万元的县（市、区）有 536 个。同时，调研结果显示，42.23% 基层管理人员认为信息化基础设施财政投资严重不足。

三、农业农村数据监测点布设领域、布设范围不足

我国已有农业农村数据监测以获取环境、土壤、水质信息为主。在农情信息监测方面集中于种植业领域,如2019年农业农村资源等监测统计(农情调度)项目投入2 017.32万元进行农情信息监测,覆盖全国600多个农作物长势长相田间定点监测点。监测数据获取方式普遍为农情监测人员通过监测专用设备对田间空气及土壤的温度、湿度数据,以及株高、叶片数、次生根数、单株分蘖数和杂草、病虫害等信息进行获取,并将数据和照片上传到农业农村部农情信息定点监测调度系统,实时向农业农村部报送定点监测数据,但对农业生产经营信息以及林业、渔业等全方位、全产业布设智能化监测尚存欠缺。

四、农村信息应用终端设施难以发挥其应用效果

一方面,农民使用计算机和手机的技能缺乏,农村地区互联网普及难度加大。根据《第46次中国互联网络发展状况统计报告》显示,我国非网民人口以农村地区人群为主。据统计,截至2020年6月,我国非网民规模为4.63亿人,其中56.2%为农村居民。另一方面,虽然在国家开展的信息进村入户工程、"互联网+"农产品出村进城工程的大力推动下,我国各地已陆续开展了大规模农业农村信息基础设施建设。然而"重建设轻维护""建而无用""建后闲置"的现象仍较为普遍,基础设施保养、维护投入严重不足,甚至个别地区或多或少掺杂了"面子工程"或"形象工程"的因素,信息化基础设施在解决农业大数据获取、传输、处理与分析等方面的作用效果仍待进一步发挥。

第三节　发展需求

一、加快推进5G网络在农业农村领域的布局与应用

5G网络在传输速率、时延、连接数密度等关键性能指标上比传统无线网络具有显著优势。虽然我国农业农村网络覆盖率稳步提升,但目前5G网络建设等新基建主要布局在城镇地区,5G的产业应用场景主要集中在服务业、工业领域,城乡之间、工农之间数字鸿沟有进一步拉大的可能。在大数据时代,5G网络的支持将更加满足农业种植养殖视频、图片、语音等大量的非结构化数据及时传输,以及无人农机、农业机器人作业传输响应能力的需求,为智慧农业发展提供更为有力的支撑。亟须加快推进5G网络在农业中的应用,尤其需要在数字化水平领先的农业大省开展"5G+"农业应用场景试点,为农业物联网、无人作业、农产品溯源等智慧农业应用场景提供基础支撑。

二、亟须低成本、高性能的信息化应用终端,提高经营主体技术应用水平

目前我国农业信息应用终端存在使用率低、技术实用性与适用性弱等问题,一定程度上限制了智慧农业技术的转化应用。一方面,针对小农户主体,应充分考虑其信息化意识不足、技术使用能力有限、购置资金有限等现实约束条件,加快低成本信息应用终端供给,让物联网产品、智能手机等成为农民的"新农具"。另一方面,针对新型农业生产经营主体,应结合其农业生产经营特点,加快高性能、高稳定性信息化应用终端供给,加快水利、市场、物流等基础设施智慧化转型。项目组对农业产业园的调研数据显示,有21.08%的新型农业生产经营主体表示传感器等信息采集设备精准度不高,24.86%的新型农业生产经营主

体表示信息化设备不稳定，容易出现运行故障。

三、加快农业信息监测基础设施布局范围，提升信息监测水平

针对天空地一体化数据获取能力较弱、覆盖率低，农业农村大数据"最初一公里"问题难以解决等应用瓶颈，亟须整合国内外卫星资源，开展农业专用卫星研发应用，建设高效农业遥感观测系统、农业航空观测网，升级完善地面监测点建设，加快天空地一体化监测设施全面部署；拓展农业信息监测基础设施监测范围，由环境、土壤、水质向动植物长势、疫情病害、市场环境等生产经营信息方向拓展；拓展农业信息监测基础设施布局范围，结合各地特色产业，加快省、市、县、乡、村、地块多层级、全领域物联网监测站布设。

四、加强自主知识产权实用性关键芯片研发，助力数据算力提升

为满足数据计算能力提升需求，提高农业农村数据算力资源利用效率，面对复杂的农业系统，亟须针对不同应用场景自主研发具有高算力的农业专用芯片，如农业全产业链过程中应用的控制类、传感类、特定功能类、智能计算类和通信类芯片，提升农业信息处理能力，降低农业信息处理成本，形成引领智慧农业健康发展的技术体系。重点研发具有"感知-传输-处理"应用模式的农业物联网专用芯片、植入式动植物生命体感知芯片以及集成信息加密的农业信息安全芯片。

第四节　本章小结

本章结合国家宏观数据以及实地调研微观数据，对我国智慧农业基础设施建设现状、存在问题和发展需求进行了深入分析，得出相关结论如下：

（1）目前我国智慧农业基础设施正处于不断优化完善阶段。农业农村网络通信逐渐完善，农业农村信息应用终端多样化，数据获取能力与数字计算能力不断提升，农业农村新基建拉开序幕，5G 农业得到初步应用。

（2）智慧农业基础设施建设仍面临投入成本高，城乡间、工农间差异大，新基建部署滞后等系列待解决的问题。数字化基础设施向农业领域渗透正处于起步阶段，我国智慧农业基础设施主要面临着农村网络基础设施建设落后于城市地区、农业农村信息化基础设施投入不足、农业农村数据监测点布设领域局限，以及在建设后期还存在着维护不足、应用效率偏低等问题。

（3）亟须加快弥合城乡之间、工农之间数字化基础设施差距，形成以"云-网-端"新型基础设施为核心的智慧农业基础设施。为满足我国智慧农业发展需求，应加快推进农村 5G 网络建设，加速农业信息基础设施现代化进程，加强低成本、高性能的信息应用终端供给以提升信息水平，同时积极拓展农业信息监测基础设施布局范围，加快以芯片为代表的自主知识产权实用性关键技术研发，以提升农业信息获取与数据计算能力。

第六章

农业大数据智能与信息服务的现状、问题与需求

农业大数据智能是以大数据分析为基础，运用人工智能手段处理农业生产、经营全产业链中产生的海量数据，为农业生产经营、农产品流通消费等提供决策支持，并实现部分自动化控制的智能形态。农业信息服务是指信息服务机构以用户的涉农信息需求为中心开展的信息搜集、生产、加工、传播等服务工作。针对数据开放利用不足、服务供需不匹配等问题，加快农业大数据智能与信息服务发展，不仅能为涉农管理者提供科学、高效的辅助决策工具，更能为农民提供精准的农业知识服务，对于促进农业管理决策科学化、小农经营现代化具有重要作用。

第一节 发展现状

农业大数据是智慧农业的"神经系统"和推进农业现代化的核心关键要素。近年来，我国农业大数据在体量、质量和资源体系建设方面均已形成规模，逐步在生产、经营、管理、服务领域应用并发挥重要作用。但是，与其他行业相比，我国农业大数据智能与信息服务建设总体水平偏低，面临着数据获取难度大、数据共享程度低和数据分析挖掘能力不足、信息服务供需不匹配等问题，亟须构建完善的农业大数据平台和信息服务体系，通过数据挖掘和机器学习构建知识图谱，为农民提供精准的农业知识服务，为农业管理者提供科学的决策方案。

一、农业大数据政策趋于完善，建设应用逐步规范

大数据作为新型生产要素，已成为国家重要的基础性战略资源。农业农村是大数据产生和应用的重要领域之一，是我国大数据发展的基础和重要组成部分，近年来受到国家高度重视。2015 年，农业部出台了首个农业大数据纲领性文件——《关于推进农业农村大数据发展的实施意见》，明确了农业农村大数据发展和应用的五大基础性工作和 11 个重点领域，对农业农村大数据发展和应用做出总体安排。2019 年 5 月，中共中央办公厅、国务院办公厅印发《数字乡村发展战略纲要》，提出推进农业农村大数据中心和重要农产品全产业链大数据建设，推动农业农村基础数据整合共享。此外，围绕共建共享和互联互通，各地探索形成了一系列制度规范，加快了相关部门和涉农行业的统筹，逐步形成推进合力。如上海市农业信息化系统建设管理制度，要求在建的业务应用系统安排不少于 5％的建设资金用于数据库接口开发，已建业务系统从运维资金中一次性安排不少于 20％的资金用于接口开发，数据同步到上海农业数据中心。日益完善的大数据政策体系为数据的汇集、共建共享和应用提供

了制度保障。

二、各地大数据中心初具规模，农业数据资源日趋丰富

我国政府高度重视农业大数据建设，2015 年《促进大数据发展行动纲要》中明确提出了现代农业大数据工程。目前，已初步建立全国农业农村大数据中心，贵州、甘肃、山西、青海、江苏、安徽等省已建成省级大数据中心，开发建设了一系列涉农数据库和信息系统，形成了一定规模的农业数据积累。如国家农业科学数据中心按照作物、动物、渔业、热作、草业、农业微生物等 12 个主题集成整合了 734 个数据集，总数据量达 760 太字节（TB）。江苏省财政投入资金 6 500 万元推进"苏农云"大数据平台开发，全面完成数据汇聚，建成大数据应用展示与指挥中心。安徽省财政投入资金 1 050 万元建立了农业农村大数据中心，采用租赁政务云方式搭建了政务云、大数据指挥调度中心和农业信息综合服务平台，整合了 9 个重点业务信息系统和 6 大行业基础信息数据，实现了优质小麦主产区等 36 张农业农村基础地理信息 GIS 图应用、50 个厅属单位电子文档资源共享、部属厅属 40 个业务系统登录连接、数字果园等 8 个智慧农业农村应用链接。通过涉农数据资源整合汇聚，农业数据资源日趋丰富，为基于农业大数据的分析决策奠定了坚实基础。

三、开展单品种全产业链大数据建设，推动重要农产品转型创新发展

2016 年起，农业农村部（原农业部）建设了生猪、柑橘、花生、马铃薯、大蒜、绿叶菜、大闸蟹、普洱茶 8 个单品种全产业链大数据，建立全产业链数据采集、数据分析和数据服务机制，利用大数据及其挖掘分析结果为政府、企业、公众、金融机构等提供决策支撑与生产指导，实现了区域农产品单品种产业的健康发展和品牌建设。如北京建立了生猪全产业链大数据平台，实现了生猪产业链信息资源整合汇聚，核心数据指标的可视化展示以及数据服务，两年来完成生猪全产业链分析报告 120 余篇。上海建立了绿叶菜全产业链大数据平台，开展绿叶菜生产管理、投入品监管、质量安全追溯等基础数据采集与归集，建立了数据标准体系，构建覆盖全市 21 万亩种植面积的绿叶菜生产经营管理地图，基于大数据分析预测模型开展智能分析决策和信息服务。山东省建立了大蒜产业大数据平台，构建了涵盖国内大蒜主要产区的大蒜产业数据资源库，涉及大蒜产业链上的种植、加工、仓储、物流、销售等全产业链环节；构建了价格分析预测模型，将数据分析与产业发展相结合，助推产业精准化生产与管理。

四、基于大数据智能的监测预警和决策管理等应用日趋广泛

基于农业大数据智能的监测预警和决策管理等应用已经覆盖了农业全生命周期、全产业链的各个环节，大大提升了农业生产精准化、智能化水平，同时提高了农业全要素的利用效率以及农业竞争力。《2018 年智慧农业发展报告——新科技驱动农业变革》报告中指出：根据目前不同的农业应用领域及类型，大数据平台应用服务占比最高，达到 48%。在育种管理方面，国家农业信息化工程技术研究中心自主研发的金种子育种云平台于 2016 年正式发布上线使用，累计开发了面向种植业、养殖业、加工业农业企业的农业专家系统 200 多个，经济效益和社会效益显著。在农业生产方面，物联网服务平台、测土配方施肥专家系统、农田信息管理系统等已大范围实践应用。如奥科美公司建立的"221 物联网应用服务平台"为农业生产、采收仓储、质检包装、物流配送、产品销售、质量追溯等全产业链提供信息采

集、全程监控及智能决策支持，目前平台已服务农业示范园区（合作社）超过500家。在市场信息监测预警方面，目前我国食物保障预警系统有12个，市场分析与监测系统有35个。其中，中国农产品监测预警系统（CAMES）可实现对11大类953种农产品全天候即时性市场信息监测与信息分析。在决策管理方面，农机管理和服务方面应用较为普遍。黑龙江农机管理和服务平台、基于"3S"的北京市农机作业供需服务平台等农机大数据服务平台逐步得到应用。其中，基于"3S"的北京市农机作业供需服务及管理平台在北斗（BDS）定位基础上，集成应用地理信息系统、遥感技术、移动互联网、物联网等技术，能够实现农机管理机构、农机服务组织和农民的农机作业一体化服务，已在北京市开展了广泛应用。此外，各类市场经营主体充分利用大数据积极开展统防统治、农业保险等农业资源要素服务。如佳格天地利用卫星遥感影像、气象数据、土壤、地块、作物、农资等全方位数据，通过拥有自主知识产权的图像解析和数据分析算法，为政府和经营主体提供环境和农业解决方案。大疆农业发布的大疆农业服务平台，对大量农业资源大数据进行分析、处理、建模，为农业植保服务提供多维度的支持。

五、农业信息服务体系逐步完善

一是全面推进信息进村入户工程。农业农村部在系统总结12316农业信息公益服务做法经验的基础上，于2014年启动信息进村入户试点工作，2017年由试点转入全面工程实施。各省按照"六有"建设标准和"四类"服务要求，持续推进益农信息社建设，初步形成了纵向联结从省到村，横向覆盖政府、农民、新型农业经营主体和各类企业的信息服务体系。截至2020年上半年，全国共建成运营益农信息社42.4万个，累计培训信息员106.3万人次，为农民和新型农业经营主体提供公益服务1.1亿人次，开展便民服务3.1亿人次，实现电子商务交易额342.1亿元。二是基层气象防灾减灾信息服务能力大大增强。截至2019年底，全国建成乡镇气象信息服务站7.8万个，乡镇覆盖率达99.6%，气象信息员76.7万名，全国智能网格预报空间分辨率精细至5千米，灾害性天气短时临近预报精细到乡镇，公众预警信息覆盖率达87.3%。三是信息服务内容日益丰富。从提供的信息服务内容来看，农技推广信息服务应用比例最高，达到54%，其次为农产品市场服务，达到35%，植保、农机调度服务近年来应用逐渐广泛，应用比例均达到22%（图6-1）。四是信息服务主体更加多元。服务主体不再局限于政府部门和科研机构，企业也参与到农业信息服务中，且凭借着其平台优势，在多个领域开展智慧农业应用实践。如京东整合集团物流、金融、生鲜、大数据等，搭建智慧农业共同体，打造了旗下首个农场品牌"京东农场"，率先开启了无人机植保

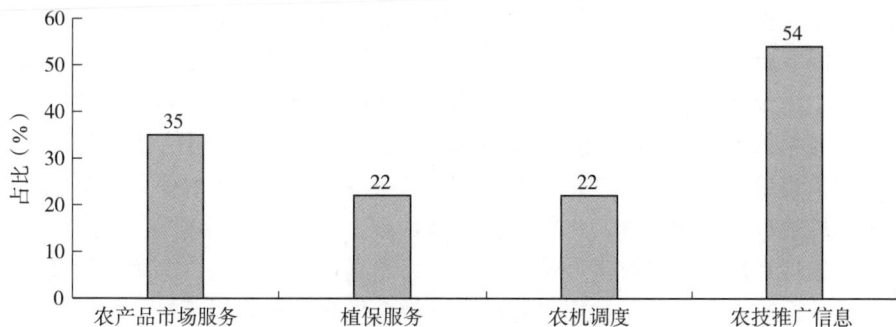

图6-1 受访农业经营主体信息服务获取情况

数据来源：项目组调查数据，样本总量7 570个。

方面的智慧服务应用。百度在 2018 年百度大会上公布了 AI 遥感智能监测病虫害的最新成果，通过精准科学用药使农药使用量降低 50%，从而实现大幅度降低投入、保障产量的效果。

六、现代信息技术助推信息服务水平不断提升

互联网、大数据和物联网等技术的快速发展使得我们能够获取更加多样化和海量数据，且数据处理和分析能力也大大提高，同时拓宽了服务范围，提升了服务手段和服务水平，从而更好地支持农业生产、监测预测和管理决策。如在作物栽培和农事指导方面，徐新朋等建立的养分专家系统在我国 10 个省份得到推广，平均减低氮肥和磷肥使用达 9.5%～36.9%，增加产量 0.1～0.6 吨/公顷。在市场信息服务方面，2017 年，农业农村部重点农产品市场信息平台正式开通运行，以重点品种全产业链数据的采集、分析、发布、服务为主线，建立市场信息发布服务窗口，为农业生产经营主体和公众提供权威、全面、及时、有效的市场信息服务。目前，平台已接入各类数据约 20 亿条，每天新增数据 10 万余条，成为农产品市场信息的汇聚中心。在农技推广服务方面，2017 年由农业农村部组织国家农业信息化工程技术研究中心等单位共同开发建设的"全国农业科教云平台"，搭建了专家与农技人员、农技人员与农民、农民与产业间高效便捷的信息化桥梁。目前，已有 2 690 名专家和农业科研杰出人才及其创新团队入驻平台，汇聚短视频 2 900 多个、课件 2 600 套，平台用户已达 1 000 万。在 2020 年抗击疫情特殊时期，江西省通过"12316"平台及时推出"专家微课堂"线上农技服务，构建了集"微课堂、微服务、微资讯"于一体的专业服务平台，为农民春耕备耕农技需求提供服务。在产品营销方面，农业农村部发布的《2022 全国县城数字农业农村发展水平评价报告》数据显示，2019 年电子商务服务站点行政村覆盖率达 74.0%，共有电商服务站点 44.2 万个，快递网点已覆盖全国 3 万多个乡镇，覆盖率达 97.6%，农村网络零售额为 1.7 万亿元，电子商务平台已成为农产品营销服务与农资服务的重要渠道。同时，基于大数据、云计算等技术，为经营主体提供智能排产和精准营销服务。

第二节　面临的主要问题

一、数据获取难度大，数据存量不足

我国是农业生产大国，农业大数据来源丰富，但我国的农业大数据存储量与发达国家相比存在较大差距。据统计，目前我国农业大数据存储量仅为北美国家的 70%，日本的 60%。产生差距的原因主要有以下几个方面：一是农业农村信息化基础设施薄弱，无法满足大规模实时数据采集、汇聚和清洗需求。我国农村偏远地区网络通信不发达，天空地一体化数据资源采集系统覆盖率低，5G 高速传输、天基农业物联网等新基建应用仍处于起步阶段，导致农业基准数据采集量总体偏少。二是数据范围广且来源复杂。由于农业大数据包括生物信息数据、资源环境数据、气象数据、作物生长监测数据、农业统计数据等多时空多时相数据，来源涉及多个领域和环节，具有区域性、多样性、差异性、动态性、不确定性及复杂性等特征，导致数据获取难度大。三是数据采集机制不健全导致数据积累不足。我国农业大数据起步较晚，历史数据收集不完整，导致数据存量不足；同时由于采集范围比较局限，大多数经营主体与涉农管理者只关注农业生产阶段的数据，而对农产品加工、销售、服务、管理等方

面的数据不够重视，未形成覆盖全产业链的大数据；此外，数据采集方法陈旧，相对于日常农业生产经营中的海量信息来说，现有采集手段只能采集到小部分数据，远达不到"全样本"目标，难以满足大数据分析需求。

二、数据标准缺乏，共享程度不高

农业数据的开放共享是农业大数据智能应用的基础，有利于加强农业生产经营各个环节之间的耦合作用。当前，我国大多数涉农管理部门、农业经营主体对于农业大数据的应用还处于数据整合等起步阶段，农业数据资源开放共享程度较低，大数据在辅助农业生产方案选择、投入品决策、装备智能控制、供应链管理等方面的作用尚未发挥。产生此种现象的原因主要有以下三个方面：一是数据缺乏统一的标准规范。各地对于数据共享的重视程度较差，缺乏统一的基础标准、采集标准、质量标准、处理标准、安全标准、平台标准和应用标准等数据标准规范和有效的数据开放平台，使得各类数据整合难度大。二是利益主体诉求不一。政府部门之间和各农业经营主体之间由于受到体制机制的限制和观念束缚，导致数据存储在各自的数据库和大数据平台中，不愿进行交换和共享，形成数据独占或垄断，进一步造成众多数据的"闲置"和重复采集，无法实现数据的互联互通。三是数据资源开放共享的政策法规不完善，无法既保证共享又防止滥用。根据项目组的调查结果，有近一半的受访产业园表示其与其他产业园没有数据资源共享。

三、农业大数据分析挖掘能力不强，限制了数据要素价值发挥

尽管大数据的分析处理技术已经有了很大进展，但农业生产的分散性、时空差异性、关联复杂性、动态变化性和实时性等特征造成数据的繁杂性进一步加大，大数据的数据挖掘算法和处理分析模型还需要进一步加强。目前对农业数据的应用停留在简单的统计汇总层面上，只在局部领域进行"小数据"挖掘应用，缺少对数据的深度挖掘，数据价值没有得到充分体现。其原因主要是由于数据分析模型建设滞后，现有模型大多简单粗糙，分析结果相对粗放，准确性和适用性难以保障，无法发挥大数据的核心价值；同时缺乏动（植）物生长模型、环境调控模型、监测预警模型、市场分析模型等大数据分析模型，无法为粮食生产、病虫害预测预警等"三农"工作决策提供科学的决策支持。此外，模型的缺乏导致数据平台缺乏数据交换整合、智能化分析、辅助决策功能，监测平台仍然停留在数据采集、粗加工、数据展示的层面，对数据背后的知识和规律缺少认知，无法满足大数据智能服务、智慧农业建设的需求。

四、精准化、个性化信息服务供给不足，信息供需不匹配

农业信息服务主体在信息服务供给方面很大程度表现出不全面、不准确、不及时等问题。与此同时，农业信息服务还存在信息内容设置不合理、对信息缺乏整合加工、原始数据居多、深入挖掘的有效数据较少等诸多问题，很大程度限制了用户对相关信息的利用，导致农业信息服务在内容层面存在着供给和需求不匹配问题。突出表现在 3 个方面：一是信息服务供给不全面。对经营主体的调查数据显示，获得农机调度信息、农机作业及维修服务、农产品营销服务、远程诊疗服务等信息服务的经营主体比例均不超过 20%（图 6-2）。二是农业信息供给与农户存在较大的偏差，不能满足农业经营主体的需求，一部分农业经营主体认为现有信息不够实用甚至无用，最终对农业信息化服务失去信心。有 50.3% 的经营主体表

示信息更新不及时，28.4%的经营主体表示信息不真实准确，有37.6%的经营主体表示信息服务不符合自己需要，有15.4%的经营主体表示信息服务对其生产经营没用（图6-3）。三是信息供给的个性化不强。当前，现有的农业信息网站等平台信息重复性高，专业、特色的信息少，且目前信息服务的对象较多，用户群复杂，农业生产门类众多，再加上推送渠道单一等原因，产业特色的个性化信息供给不足。

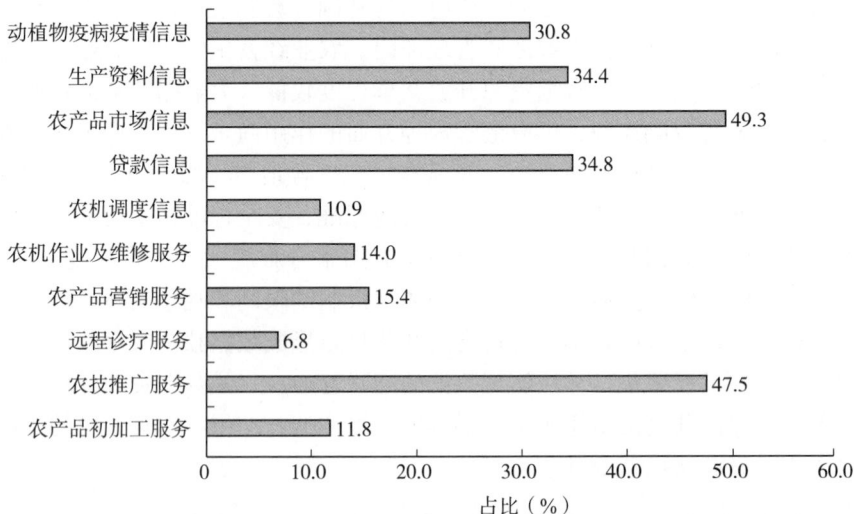

图6-2 受访农业经营主体获得的农业生产经营信息和服务类型

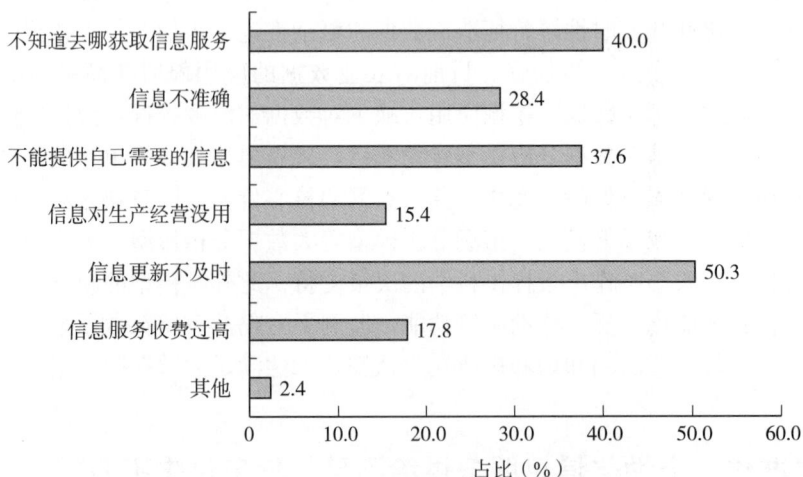

图6-3 受访农业生产经营主体获取信息服务面临的各种问题所占比率

五、信息获取渠道仍以传统为主，现代信息服务渠道利用不充分

信息获取渠道是信息服务供给的关键环节，是评价农业信息服务质量的重要指标。根据项目组调研结果显示，在信息获取渠道上，经营主体依然偏好于传统获取渠道，如通过电视、广播等媒体或者亲朋好友口口相传来获取信息（图6-4），超过3成的受访经营主体不知道如何搜寻合适的信息。虽然目前互联网普及率不断上升，但是在农村，尤其是针对农民群体，微博、微信、手机App、农业互联网平台以及12316热线等现代信息服务渠道依然没

有发挥出应有的作用。从经营主体自身来看，其综合素质相对较低，对信息技术产品的使用接受能力较差，无法高效自如地运用先进的渠道获取，反馈相关信息需求。同时，其利用信息技术提升效益的意识淡薄，因此，农民很少关注"农业物联网""智能农业"等科技信息，无法发挥其增产增收的功效。

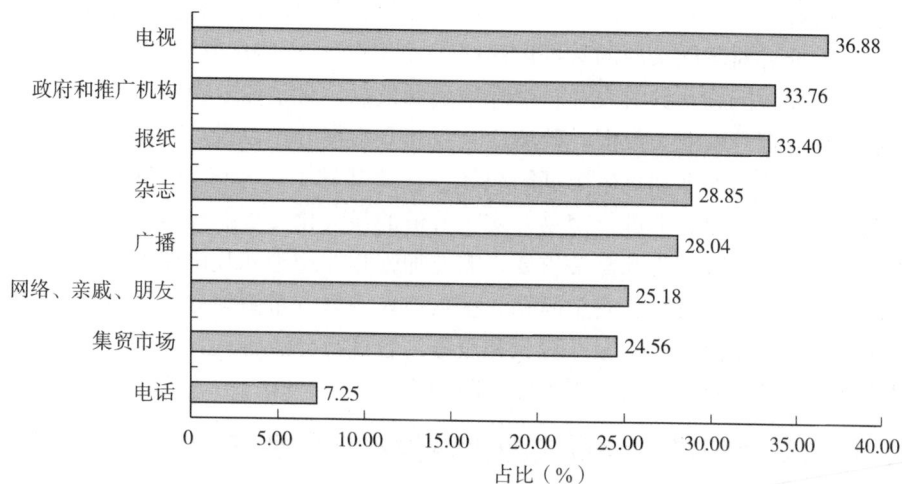

图 6-4 受访农业经营主体信息服务主要获取渠道

第三节 发展需求

一、建立统一的数据标准体系，实现数据开放共享

统一规范的数据标准是实现数据共享的前提和基础保障，只有数据标准规范，才能实现数据的互融互通，推动农业实现农业大数据智能。据项目组对地方农业管理部门的调查显示，有 71.7% 的单位希望建立统一的数据共享机制，58.1% 的单位希望实现农业部门公共数据资源开放共享。亟须构建涵盖涉农产品、资源要素、产品交易、农业技术、政府管理等在内的数据标准体系。一是健全数据采集处理标准。包括元数据（名称、定义、数据类型等）、数据采集（监测硬件、获取环境、采集方法等）、数据预处理（数据提取、转换、清洗、装载等）等。二是建立数据共享交换标准。制定完善数据开放、指标口径、分类目录、交换接口、访问接口、数据质量、数据交易、技术产品、安全保密等关键共性标准，逐步实现不同地区、不同业务系统之间数据共享和交换。三是完善大数据管理标准。包括元数据标准、数据库标准、数据质量控制和评价标准、数据存储标准、数据安全和处理标准、数据图示表达标准等。

二、构建专业的智能分析模型，深度挖掘农业大数据应用潜力

数据分析是农业大数据的核心，通过大数据分析技术和方法，将数据充分有效地利用起来，才能实现农业生产智能化。因此对构建专业化的农业大数据智能分析模型的需求十分强烈。尽管目前大数据智能分析算法已经较为成熟，但仅在电子商务、城市建设、服务业等领域开展了广泛应用，迫切需要基于智能算法构建适用于作物管理、环境调控、市场管理、决策预警等环节的作物分析模型，并不断优化模型参数，以提升农业大数据智能分析的准确

性，实现农业大数据在农业产业链各环节中的应用深化和创新实践。

三、做好数据资产确权、价值核算工作，规范数据管理机制

随着数字经济的快速发展，农业大数据作为生产要素的价值将全面提升，农业领域与数据相关的利益分配将面临重大挑战。数据资产确权是大数据应用和数据产业发展必须解决的核心问题之一，要针对不同来源的数据以法律形式明确数据产权归属，解决好数据共享中的信任和知识产权保护问题。针对农业自然环境资源数据、种植业养殖业生产数据、农业市场数据和农业管理数据等农业大数据，政府应首先建立数据分类目录，确定数据公开和交易的类别、级别，明确原始数据和衍生数据的权属。在此基础上，考虑如何对其价值进行评估，以确保数据资产能够在市场上进行交易并实现价值的最大化。数据要素的定价和核算对于厘清数据资产、有效配置数据资源至关重要，需要加强相关理论和政策研究，编制数据资产核算的计量标准。此外，针对数据安全问题，多数涉农管理者希望建立集中统一的安全管理体系和运维体系，对农业信息根据服务对象和服务内容进行分级管理，加强病毒防范、漏洞管理、入侵防范、信息加密、访问控制等安全防护措施。

四、以市场为纽带，培育农业大数据产业的生态链，真正让数据资产成为数据资本

大数据产业链分为基础设施、数据服务和融合应用3个层次，大数据产业链条上的各类主体构成了大数据产业生态链。针对农业大数据，其生态链的底层是平台商，主要提供软硬件设备，中层是能够提供数据交易、数据资产管理、数据采集、数据加工分析、数据安全等辅助性的数据服务的服务商，而上层是为政府部门和市场其他主体提供数据应用的服务商。当前，我国农业大数据产业链发展仍处于初步发展阶段，多数建设项目的主体是处于产业链底层的数据中心，中层的系统性、平台级核心技术创新较少，而上层的数据展示与应用存在较为严重的同质化现象。因此，亟须以市场为导向，重点扶持产业链条中层和上层的各类农业大数据创新企业，培育农业大数据产业生态链，从而推动农业大数据的创新融合应用，以实现其经济价值。在数据服务方面，要重点加强海量数据存储、数据深度挖掘、数据信息应用、信息安全、可视化等领域技术和关键装备研发，推动成果产业化，抢占技术前沿。在融合应用层，应积极推进大数据与移动互联网、云计算、物联网的深度融合，推动服务商与需求主体双向互动，实现供需的精准对接，并为需求主体提供精确、动态、科学的大数据信息服务。

第四节　本章小结

农业大数据是智慧农业建设的根基。近年来，农业信息与数据资源日趋丰富，各地对农业大数据与信息服务的认识和应用不断深化。本章重点对农业大数据智能与信息服务的现状、问题与需求进行分析，形成以下结论：

（1）农业大数据建设取得初步成效，涉农信息服务体系不断健全。①农业大数据中心初具规模，数据规模不断增加。已建成国家农业科学数据中心、单品种全产业链大数据平台及众多省级农业大数据中心，并集成整合了多个数据资源库；②基于大数据智能的监测预警和决策管理等应用已经覆盖了农业全生命周期、全产业链的各个环节，大大提升了农业生产精准化、智能化水平；③信息进村入户工程深入推进，农业信息服务体系逐步健全，现代信息

技术推动了信息服务水平的不断提升。

（2）农业大数据智能面临数据存量不足、共享程度不足、分析应用能力不足等问题。一是数据获取难度大。由于农村地区信息化基础设施薄弱、农业大数据来源广泛且繁杂、采集范围局限等因素，导致我国农业大数据体量仍与发达国家有较大差距；二是数据共享程度不足。由于缺乏统一标准、"数据孤岛"和政策法规不完善，导致农业数据资源开放共享程度较低；三是数据挖掘算法和分析模型研究不充分，农业大数据在辅助生产决策等方面的作用尚未充分发挥。

（3）农业信息服务水平仍待进一步提升。受到现代信息服务渠道利用不够充分、信息服务技术应用水平低等因素的制约，当前我国农业信息服务仍以传统模式为主，基于大数据的精准信息服务明显不足，精准化、个性化的信息服务供给与经营主体的真实需求存在较大偏差。

（4）涉农管理者以及经营主体对于数据标准、开放共享、数据挖掘模型、数据确权、大数据产业生态培育等需求较为强烈。亟须进一步完善数据资源标准建设，构建一体化和标准化的纵横双向数据共享通道；构建专业的农业大数据智能分析模型，深入挖掘大数据应用潜力；开展数据资产确权和数据价值核算研究，解决好数据共享中的信任和知识产权保护问题；培育农业大数据产业的生态链，通过市场化运作，将数据资产变为数据资本，支撑智慧农业产业市场的可持续发展。

参考文献

刘文强，2020. 大数据产业发展态势洞察 [J]. 软件和集成电路（9）：18-19.

徐新朋，张佳佳，丁文成，等，2019. 基于产量反应的粮食作物养分专家系统微信版应用 [J]. 中国农业信息（6）：74-78.

第七章

智慧种植业的现状、问题与需求

　　智慧种植业是将物联网、大数据、云计算、人工智能等新一代信息技术融入种植业生产全过程，实现种植业生产数字化、网络化、智能化的现代农业生产方式，主要包括智慧园艺和智慧大田。在人口持续增长、精壮农业劳动力日益不足、资源环境制约持续加紧、全球气候变化等多重压力下，种植业发展面临的挑战越来越大。如何有效提高土地产出率、土水肥药光热资源利用率和劳动生产率，促进种植业生产精细化、高效化、绿色化发展已成为摆在我们眼前的重要课题。大力发展智慧种植业，充分利用现代信息技术改造种植业，将有助于提高我国种植业现代化水平，对于提升种植业质量效益与竞争力、确保农民稳定增收具有重要意义。

第一节　发展现状

一、智慧园艺发展现状

　　智慧园艺就是在果、菜、花、茶等园艺作物栽培过程中集成应用传感技术、新一代移动通信技术、计算机与网络技术等现代信息技术，实现园艺生产全系统、全环节、全要素和全过程的精准感知、智能作业与智慧管控的现代园艺产业形态。对于提高土地产出率、资源利用率和劳动生产率，有效促进产品质量效益提升和产业可持续发展具有重要作用。园艺生产的智慧管控主要体现在作物生产环境、生产过程、农机作业和采后处理等环节。目前应用较为成熟的技术主要是精准灌溉、精准施肥、精准施药以及温室设备智能控制技术等。

　　（一）水肥一体化、测土配方施肥等精准灌溉施肥技术在设施园艺中得到初步应用，尤其在蔬菜产业应用方面最为普遍

　　传统农业的水肥管理相对粗放，水肥资源消耗量大，但利用效率较低。园艺作物栽培过程中对水肥的要求较高，不同园艺作物、不同生长时期，需水量、需肥量均有所不同，采用传统灌溉施肥技术不仅会造成水肥资源的浪费，也会影响园艺作物的产量和效益。发展精准灌溉施肥技术，以最低的水肥资源投入获得最大的产量和效益，对于我国意义重大。目前水肥一体化、测土配方施肥等精准灌溉施肥技术在设施园艺中得到初步应用。项目组调研数据显示，受访经营主体中有 39.05% 采用测土配方施肥技术，有 24.97% 经营主体采用水肥一体化技术。基于水肥一体化技术的智慧灌溉施肥系统，也在绿叶菜类、茄果类、瓜类等蔬菜作物上逐步开始应用（图 7-1）。

　　（二）无人机植保、病虫害监测预警技术有一定规模的应用，在蔬菜和花卉产业应用方面最为广泛

　　我国园艺作物的播种面积仅次于粮食作物。2019 年果、菜、花、茶作物的播种面积达

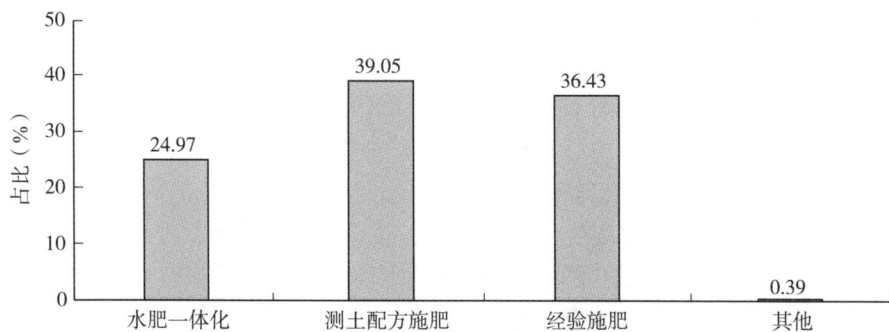

图 7-1 受访经营主体园艺栽培主要施肥方式

数据来源：项目组调查数据，蔬菜、果园/茶园、花卉种植户样本量分别为 3 875 个、1 037 个、643 个。图 7-2 至图 7-5 同。

到 3 649 万公顷，占农作物种植面积的 22%。但由于园艺作物的生产技术水平参差不齐，农药长期过量施用情况较为普遍，既造成了农业面源污染，也大大增加了园艺产品的质量安全隐患。2015 年农业部就防治农业面源污染提出了控水、减少化肥和农药施用量的"一控两减三基本"目标，精准施药、病虫害监测预警等技术的应用为之提供了重要保障。项目组调研数据显示，精准施药技术、植保无人机施药技术应用比例分别达到 45.10%、20.42%（图 7-2）。蔬菜和花卉经营主体采用病虫害监测预警系统对病虫害进行实时监测的比例分别为 42.75% 和 39.86%（图 7-3）。就不同作物而言，精准施药技术和病虫害监测预警系统在蔬菜和花卉生产中应用较广泛。

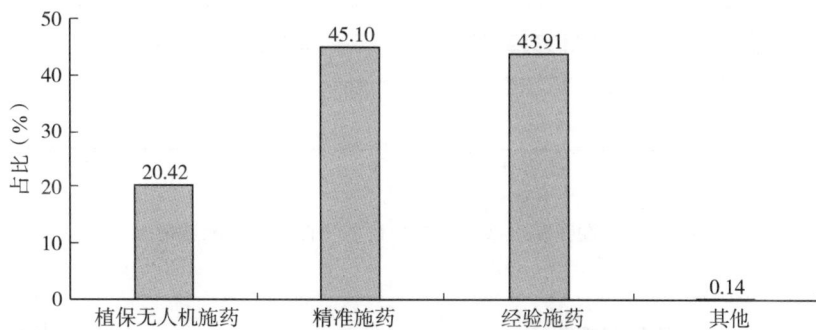

图 7-2 受访经营主体园艺栽培主要施药方式

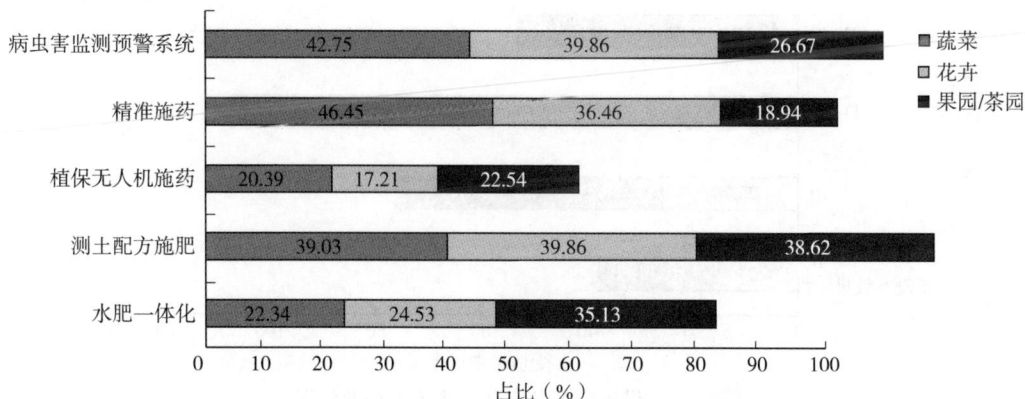

图 7-3 园艺作物经营主体主要信息技术应用情况

（三）大部分设施温室都配备了温室环境自动控制设备，节本增效效果好

温室环境自动化控制是智慧园艺的基础，温室环境自动控制可对遮阳系统、通风系统、降温系统、灌溉系统、二氧化碳补偿器、水肥一体化等系统进行自动启动、停止或定时开启，为作物生长营造最适宜的环境。根据《2020 年全国县域数字农业农村发展水平评价报告》，2019 年我国设施栽培数字化水平为 41.0%，比 2018 年提高 13.8 个百分点。调研数据显示，目前的设施生产环境大多配置了灌溉阀门、井房水泵、卷膜、外遮阳、风机等自动化控制设备（图 7-4）。项目组测算发现，受访经营主体通过采用设施栽培信息化技术，实现节本增效 20% 以上。从化肥农药减量施用看，8.7% 的受访经营主体可实现化肥农药投入量节约 40% 以上，18.49% 的受访经营主体可节省 21%～40%。从节水效果看，31.65% 的受访经营主体可节约用水量 11%～20%，17.80% 的受访经营主体可节约 21%～40%，8.55% 的受访经营主体认为可节约 40% 以上。从节省人工来看，16.46% 的受访经营主体可实现节省人工成本 21%～40%（图 7-5）。

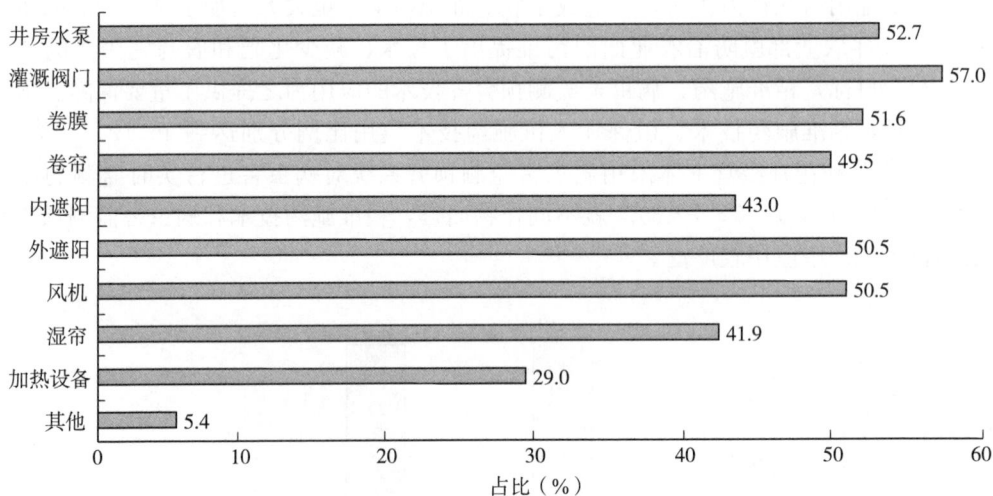

图 7-4 设施温室（或大棚）自动化控制设备配置情况

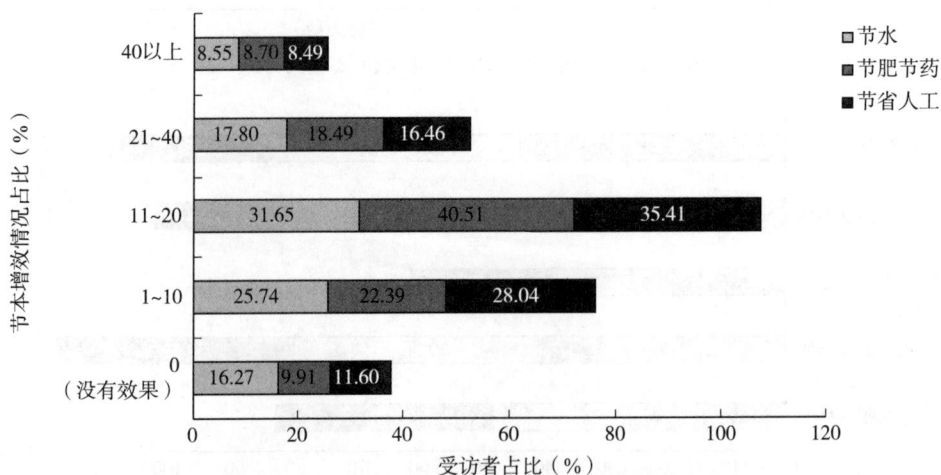

图 7-5 设施园艺数字化实现节本增效情况

二、智慧大田发展现状

大田作物主要包括粮食作物（玉米、水稻、小麦、大豆、薯类等）、经济作物（棉花、油料、糖料等）、饲料作物（青贮饲料、紫花苜蓿、草原牧草等）以及杂粮作物（小米、高粱、燕麦、荞麦等地方特色杂粮），是我国种植业的重要组成部分。将信息感知、大数据、云计算服务、智能控制、人工智能等现代信息技术应用到大田作物生产各个环节，可实现大田作物生产全过程精准化、可视化、智能化。智慧大田是大田产业发展的必然趋势，对于提升农产品质量效益、劳动生产率、资源利用率、农业抗风险能力等具有重要意义。

当前在智慧大田应用的主要技术有农情监测、测土配方施肥、精准施药、病虫害监测预警、水肥一体化、航空喷药等，精准施肥和施药技术也得到一定程度的应用，在提高资源利用效率、保护环境等方面取得显著成效。从技术应用推广程度看，目前智慧大田技术应用比较成熟的环节集中在智能农机作业与智慧田间管理，而智慧加工和管理决策支持环节技术应用水平偏低。从技术覆盖作物范围看，智慧大田技术应用比较成熟的作物为小麦、玉米、水稻、棉花等，近年来在油菜、甘蔗等经济作物及青贮玉米、紫花苜蓿等饲料作物中也得到一定程度的应用。

（一）测土配方施肥和水肥一体化技术得到应用推广，有效提高了农业资源利用效率

农业农村部数据显示，2019 年，全国测土配方施肥技术应用面积为 19.3 亿亩，技术覆盖率达到 89.3%。根据调查结果，在施肥方式上，采取测土配方施肥和水肥一体化技术的新型经营主体数量总和已超过一半，比例分别为 37.2% 和 15.5%（图 7-6）。不同主体在技术选择上略有差异，使用测土配方施肥的经营主体比例依次为：合作社（47.4%）＞家庭农场（40.3%）＞种植大户（32.2%）＞龙头企业（11.8%），使用水肥一体化的经营主体比例依次为：龙头企业（35.3%）＞家庭农场（17.2%）＞合作社（14.0%）＞种植大户（11.3%）（图 7-7）。通过精准施肥技术的应用，大大提高了肥料利用率，实现了农业生产节本增效和作物品质提升。农业农村部数据显示，2019 年我国水稻、玉米、小麦三大粮食作物化肥利用率为 39.2%，比 2017 年提高 1.4 个百分点，比 2015 年提高 4 个百分点。

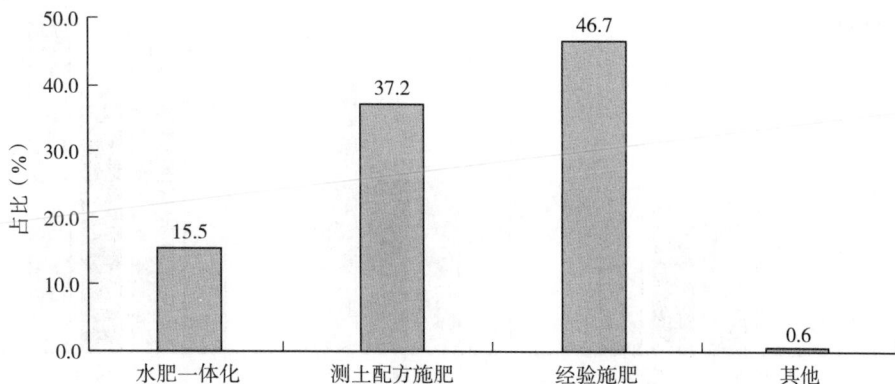

图 7-6 大田作物施肥方式

数据来源：项目组调查数据，大田种植户样本量为 613 个。

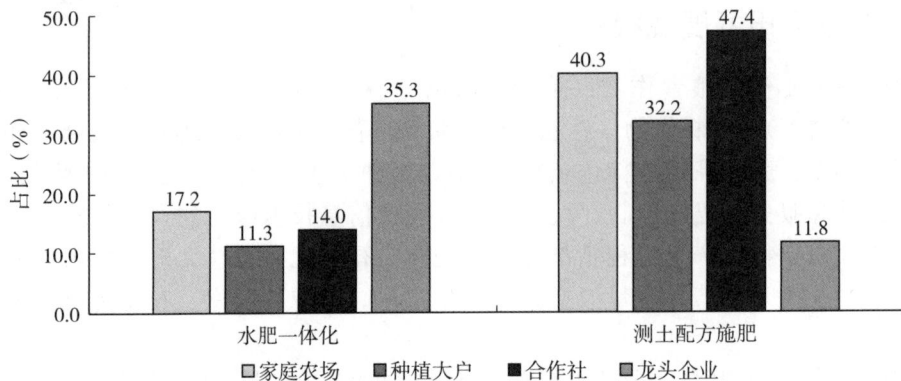

图 7-7 大田产业不同经营主体施肥技术应用情况

数据来源：项目组调查数据，大田种植户样本量为 613 个。

（二）精准施药、病虫害监测预警、无人机植保等病虫害绿色防控技术应用取得显著成效

我国政府高度重视农业生产的生态文明建设与环境保护，通过大力推广绿色防控技术，提升农产品质量安全、降低农药使用风险和引领农业绿色发展，2019 年我国绿色防控面积超过 8 亿亩。近年来国家开始重视利用现代信息技术和装备在病虫害防控方面的应用，尤其是加大在无人机植保方面的扶持力度，并于 2017 年将植保无人机纳入农机购置补贴进行试点。截至 2018 年底，我国已有 3.15 万架农用无人机投入农业生产，作业面积达 2.67 亿亩次，植保作业对象几乎覆盖了全部粮食作物和各种经济作物。根据调查结果，病虫害监测预警系统应用最为广泛，各经营主体的应用比例均超过 30%；精准施药技术也有不同程度的应用，但不同经营主体间差异较大，应用比例依次为家庭农场（38.1%）＞龙头企业（35.3%）＞种植大户（22.6%）＞合作社（21.1%）；使用植保无人机施药的新型经营主体比例依次为合作社（15.8%）＞种植大户（15.7%）＞龙头企业（11.8%）＞家庭农场（11.2%）（图 7-8）。通过各项病虫害绿色防控措施的落地实施，2019 年我国化肥农药的用量已连续 3 年减少，三大粮食作物的农药利用率达到 39.8%，比 2015 年提高 3.2 个百分点。

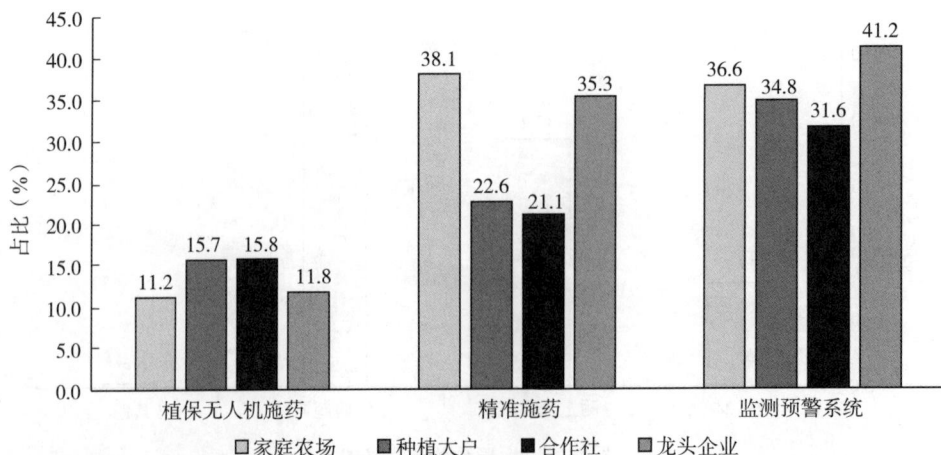

图 7-8 大田产业不同经营主体智能防控技术应用情况

数据来源：项目组调查数据，大田种植户样本量为 613 个。

（三）基于北斗卫星导航的农机自动驾驶、农机深松作业监测、农机智能管理调度等农机智能监测控制技术在规模化种植地区得到初步应用

随着土地流转速度的加快、农业规模化生产水平的提高和农田基础设施的不断完善，我国农业机械化水平不断提高，为农机装备的智能化升级提供了基础。农业农村部数据显示，2019 年，我国农作物耕种收综合机械化率超过 70%，小麦、水稻、玉米三大粮食作物生产基本实现机械化。目前，基于北斗卫星导航技术、物联网技术的农机智能装备在规模化种植基地得到广泛应用，大大提高了农机作业质量与作业效率。如国家农业智能装备工程技术研究中心研制开发的智能化监控终端设备在 21 个省份、378 个县市、120 多个农场推广应用，累计装机量超过 3 万台，覆盖 6 000 多万亩耕地。截至 2018 年底，我国加装自动导航技术、实现无人驾驶的农用拖拉机达 4 000～5 000 台，单台农机作业量较人工驾驶提高 30%，单台农机节本增效达 3 000 元。以新疆为例，截至 2019 年底，新疆石河子垦区已有 3 500 多台机车安装了北斗导航自动驾驶系统，2019 年完成垦区近 400 万亩棉花的播种、中耕、施肥、采收、残膜回收等工作，目前，全疆安装自动驾驶系统的机车已突破 6 000 台。信息技术在农机作业监管中也得到了初步应用，目前我国农机深松整地远程监测终端装机总量达到 3.78 万台（套），2018 年全国深松补贴面积 90% 以上，实现了远程智能化检测。

第二节　面临的主要问题

一、智慧园艺面临的主要问题

当前，我国智慧园艺栽培虽然取得一定成效，但仍然面临诸如设施装备水平不高、专用装备缺乏、园艺作物生长模型研究不足、产品价格过高、增收效果不明显等问题。

（一）设施装备智能化水平不高，适用于不同园艺作物的专用装备缺乏

我国设施园艺主要以日光温室、塑料大棚及中小拱棚为主，90% 以上的设施园艺栽培面积为简易保护设施，老旧劣质温室比例大。存在温室结构性能差、生产环境恶劣、抵抗自然灾害能力低、设施装备落后等问题，制约了设施园艺全程、全面的数字化、智慧化转型。与此同时，受到园艺作物种类繁多、种植制度差异大、生产管理复杂、种植规模普遍偏小且经营分散等多种因素制约，园艺作物机械可进入性差、机械化操作困难，适用于不同种类园艺作物生产的设施智能装备产品缺乏，尤其在移栽、中耕管理、采后商品化处理等环节的精准作业技术应用尚处空白，园艺栽培机械化、自动化、智能化发展水平仍待进一步提升。

（二）园艺作物生长模型研究仍处于起步阶段，预测能力不足

作物生长模型是利用系统分析和计算机模拟原理，动态模拟作物生长发育过程及其对气候、土壤等环境因子变化的反映，是对作物生长发育进行精确化控制、定量化管理的核心技术。相较于发达国家，我国在作物生长模型的研究方面起步较晚，且主要集中在小麦、水稻等粮食作物上，针对园艺作物的生长模型研究仍处于起步阶段，模型的适应性、准确性、可靠性方面都还比较薄弱，模型的预测能力不足。一方面，由于作物生长模型是一个集作物、设施、环境、管理措施及其相互作用于一体的复杂模型，构建一个精准的作物生长模型需要以大量不同环境及管理措施下对作物生长发育产生影响的数据为基础，然而目前由于数据标准不统一、采集手段单一导致数据共享困难，作物生长模型的准确性受到严重的影响。另一

方面，由于大多数的作物生长模型是在实验室环境下模拟进行的，操作环境过于理想化，在实践过程中，受到了自然、社会等诸多因素影响，使得作物模型的准确性难以达到实际需求。

（三）信息技术产品的适用性、易用性、稳定性不高，产品推广难度大

园艺作物生产过程中与信息技术融合不足。项目组调研数据显示，46.34%的受访经营主体认为目前推广智慧园艺技术的最大困难是信息技术产品对增收效果不显著。进一步对未采纳智慧园艺技术的受访者进行询问发现，45.77%的受访者表示技术产品与装备安装麻烦是其不采纳智慧园艺技术的最重要原因，其次分别为设备运行不稳定（45.04%）、价格高（43.80%）和功能不齐全（28.09%）（图 7-9）。可见，信息技术产品的适用性、易用性、耐用性、稳定性和作用效果是影响信息技术产品推广应用的主要因素。

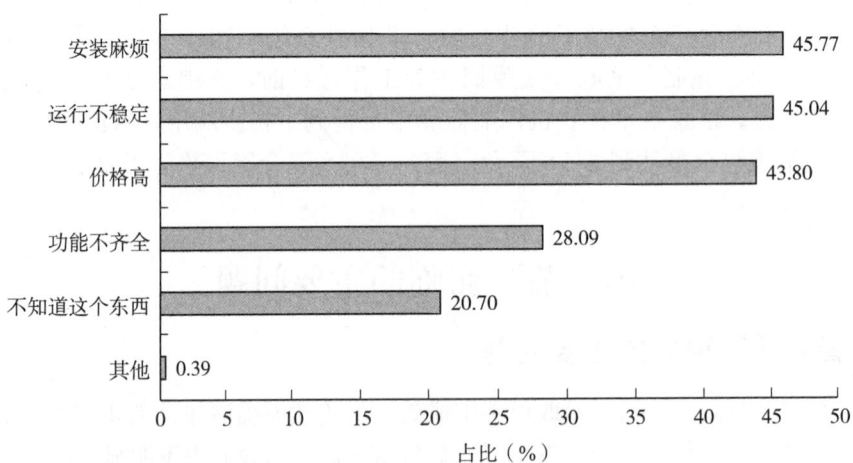

图 7-9　受访者不应用设施园艺智能装备的主要原因

数据来源：项目组调查数据，蔬菜、果园/茶园、花卉种植户样本量分别为 3 875 个、1 037 个、643 个。

二、智慧大田面临的主要问题

（一）智慧种植业在不同区域、不同规模、不同作物种类、不同环节之间应用不平衡

一是不同区域之间的发展不平衡。智慧大田应用效果较好和推广力度较大的地区，多集中在江苏、黑龙江、山东、新疆等现代农业发展水平较高的规模化农场、平原地带，而中西部丘陵山区智慧农业发展相对滞后。二是不同规模主体之间的发展不平衡。智慧大田在黑龙江农垦、新疆生产建设兵团、大规模农场、龙头企业等大规模生产场景中的应用水平远高于小农户、家庭农场等中小规模，如黑龙江省农垦集团的主要农作物耕种收综合机械化水平达99.9%，目前垦区安装卫星定位系统的大马力拖拉机、收割机等共有约 4 000 台套，近三年配备的农机产品全部采用北斗卫星定位系统，而大部分小农仍以简单的旋耕机、中低马力拖拉机为主。三是不同作物种类之间应用不平衡。在粮食作物小麦、玉米、水稻和经济作物棉花中应用比较成熟，油菜、甘蔗和青贮饲料等应用较少。四是不同产业环节之间的应用不平衡。目前大部分地区多重视农情及土、肥、水、药等生产环节精准化管理，育种、智能采收、供应链管理等环节智能化水平远落后于生产环节，不同地形条件下智能化技术应用情况见图 7-10。

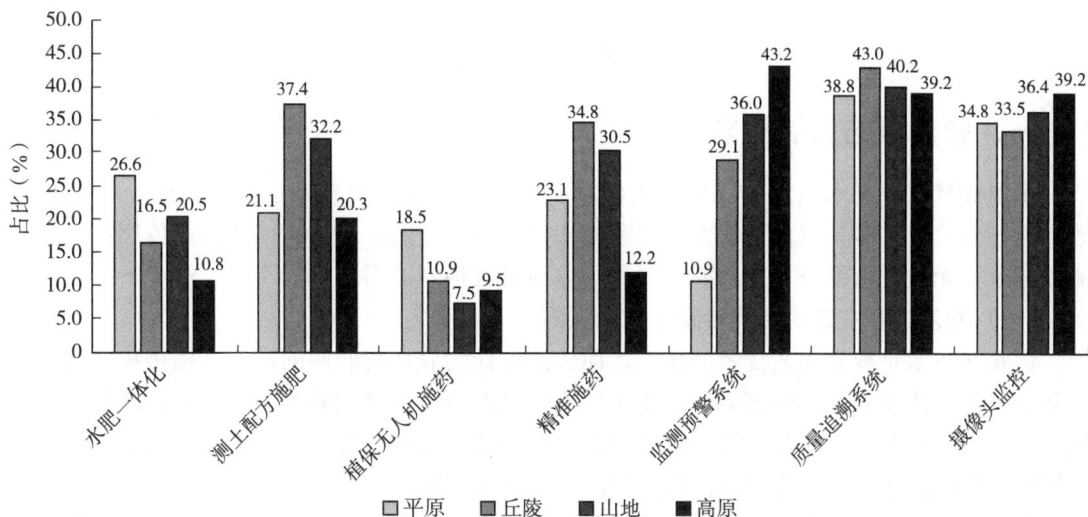

图 7-10 不同地形条件下智能化技术应用情况

数据来源：项目组调查数据，大田种植户样本量为 613 个。

（二）针对小农的低成本智能化技术产品与服务供给不足

由于我国农业经营主体以小农户为主，且大田作物经济效益偏低、农民收入不高，导致大多数农民无力负担高成本的智慧农业技术装备。在针对"不使用水肥一体化设备原因"调查中，有 44.5% 的受访者认为"价格高"（图 7-11）。同时，缺乏针对小农户的智慧农业生产社会化服务组织。2018 年对新型农业经营主体的调查数据显示，农户对各类农业生产社会化服务的了解比例仅在 2.74%～9.73%，接受或购买农业生产社会化服务的比例也较低，仅为 0.87%～6.68%。这表明绝大部分小农户既无力承担昂贵的智能技术装备，也无法获得专业的智慧农业社会化服务，因此，农业生产水平无法得到有力提升。

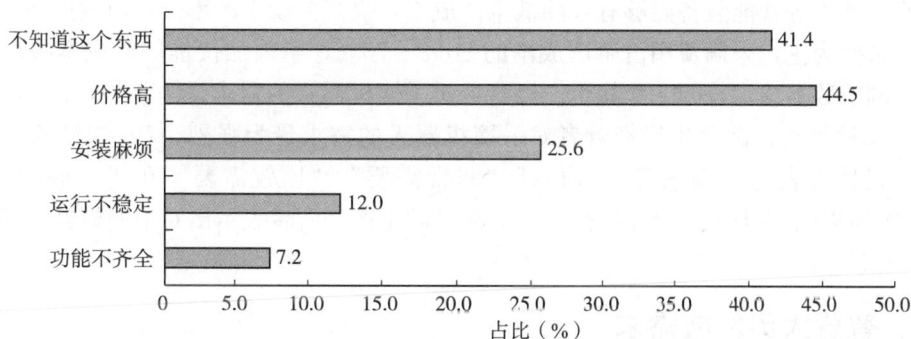

图 7-11 大田经营主体不使用水肥一体化的原因

数据来源：项目组调查数据，大田种植户样本量为 613 个。

（三）农机信息化融合存在区域性、结构性不平衡

农机装备发展不平衡、不充分导致农机信息化融合的区域性、结构性不平衡。整体表现为小马力中低端机具多，大马力高端智能化农机少；单一功能作业技术多，集成配套的机具作业技术较少；运输、耕作类农机装备多，收获、植保、秸秆处理等环节机械少；粮食作物农机信息化水平高，经济作物农机信息化水平低；西部地区农机信息化水平落后于东部地区，山地丘陵地区落后于平原生产地区。

第三节　发展需求

一、智慧园艺发展需求

我国智慧农业技术已经应用到设施温室、植物工厂等多种领域中，并取得了一定的成效，但与荷兰、日本、以色列等发达国家相比仍有较大差距，经营主体在农业传感器、自动测产技术、无人机植保技术、采摘机器人等方面有较强烈的需求。

（一）园艺经营主体对专用传感器需求强烈

物联网技术是智慧园艺技术的核心，而传感器作为农业物联网的神经末梢是物联网技术的基础，各类传感器的规模部署和应用是构成物联网不可或缺的基本条件，完善的物联网系统是发挥智慧园艺高质高效功能的核心所在。调研数据显示，园艺作物生产经营者对农业传感器等物联网测控终端的需求度高达76.33%。分种类看，分别有51.60%、41.83%的受访者对农机耕深监测传感器、农机作业路径与面积监测传感器有强烈需求，此外，也有部分受访者对于复合型环境传感器、高性能土壤传感器，以及作物生长物联网监测系统有强烈需求。

（二）果园和茶园生产者亟须适宜于丘陵山地作业的智能装备

我国丘陵山区耕地面积约占全国耕地总面积的63.2%，果园和茶园大多位于丘陵山地，田块小、不规则、坡地多等原因均导致大部分农机不适宜或不完全适宜于丘陵山地作业，制约了果园和茶园的自动化、智能化发展。因此果园和茶园的生产经营者普遍表示，亟须适宜于丘陵山地作业的小微型智能农机装备，如耕整地机械、施肥机、打药机、除草机等。由于无人机不受地形环境的限制，因此，果园和茶园生产经营者对农业无人机也表示出强烈需求，对无人机植保技术及基于无人机的自动测产技术的需求强度分别为67.76%和69.34%。

（三）果菜茶生产经营者亟须采摘机器人等智能装备代替人工作业

采摘机器人等智能装备能够有效降低生产成本，提高劳动生产率。目前国内园艺作物采摘以人工采摘为主，采摘费用占生产成本的50%~70%，亟须加快推广低成本技术装备替代人力。调研数据显示，园艺作物生产经营者对采摘机器人的需求最为强烈，高达76.75%等。分作物种类看，蔬菜生产经营者对采摘机器人的需求最为强烈，79.42%的生产经营者对采摘机器人表达出需求意愿（包括"非常需要""比较需要"和"一般需要"，下同）；其次为果园/茶园的生产经营者，66.80%的生产经营者表示出对采摘机器人的需求意愿（图7-12、图7-13）。

二、智慧大田发展需求

整体来看，我国智慧大田生产整体处于起步阶段，部分生产环节和部分作物种类的机械化、智慧化水平还有很大提升空间。因此，我国智慧大田发展对智慧农业技术的整体需求较为强烈。

（一）经营主体对测土配方施肥技术、无人机植保技术应用需求较为强烈

高效精准的施肥施药技术对促进大田作物提质增效、减少面源污染、避免资源浪费等方面意义重大，大部分大田作物生产经营者均表示出对测土配方施肥技术及无人机植保技术的强烈需求。调查结果显示，大田作物生产经营者对测土配方施肥技术的需求最为强烈，选择"比较需要"和"非常需要"的经营主体占39.5%。其次为无人机植保技术，选择"比较需

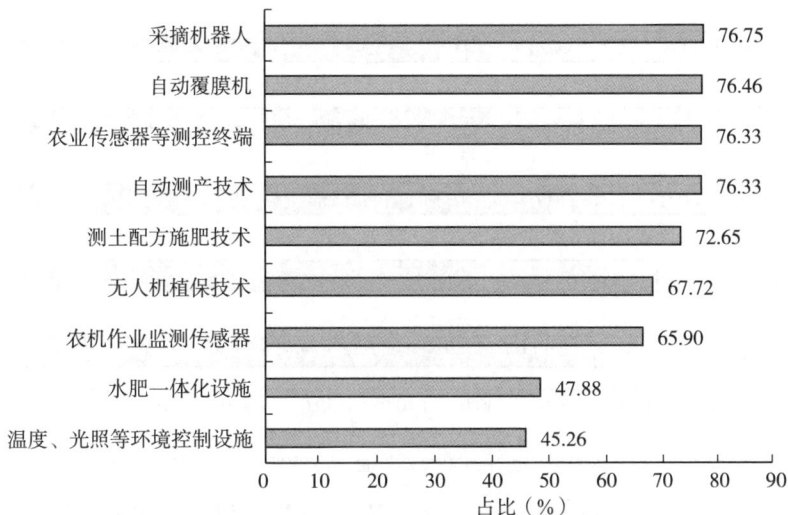

图 7-12 园艺作物生产经营者智慧园艺产业技术及装备的需求情况

数据来源：项目组调查数据，蔬菜、果园/茶园、花卉种植户样本量分别为 3 875 个、1 037 个、643 个。

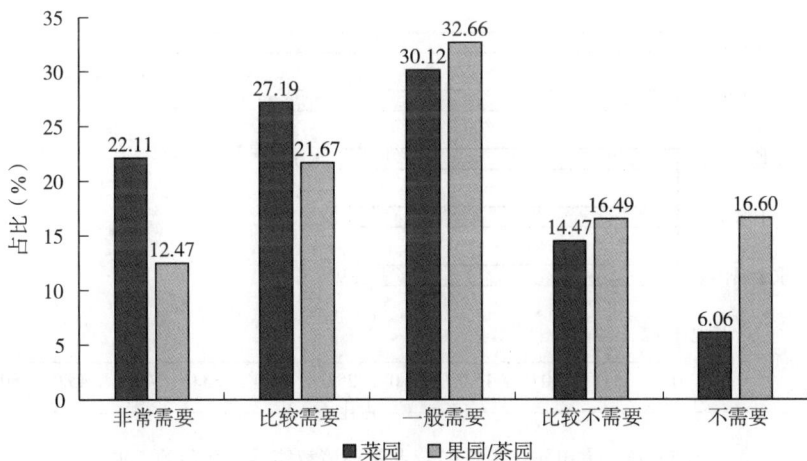

图 7-13 园艺作物生产经营者对采摘机器人的需求情况

数据来源：项目组调查数据，蔬菜、果园/茶园、花卉种植户样本量分别为 3 875 个、1 037 个、643 个。

要"和"非常需要"的经营主体占 35.5%（图 7-14）。

（二）智能感知装备、农业传感器和测控终端等产品需求较为强烈

生产环境和作物生长状态监控对大田作物的生长发育至关重要，因此大田作物生产经营者对智能感知装备、农业传感器和测控终端等产品表现出较强的需求。调查结果显示，对大田环境智能感知装备需求最为强烈的是土壤含水率和土壤温度的感知装备，占比分别为 44.7% 和 43.2%（图 7-15）；对大田作物智能监测装备方面需求最为强烈的是病害监测，占比为 57.9%（图 7-16）；对农业传感器或测控终端类型需求强烈的主要是农机耕深监测传感器和无人机植保喷施效果监测传感器，占比分别为 39.9% 和 37.5%（图 7-17）。

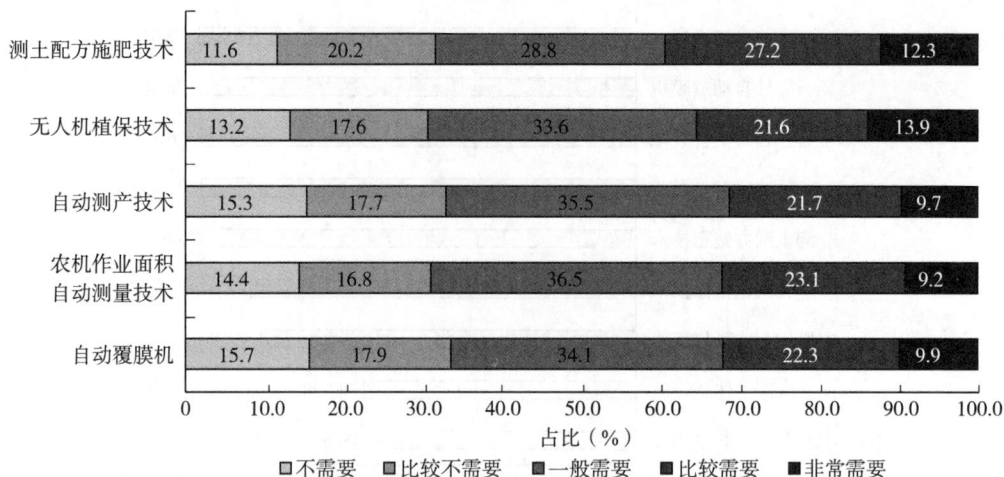

图 7-14 大田作物生产经营者对智慧农业技术及装备的需求情况
数据来源：项目组调查数据，大田种植户样本量为 613 个。

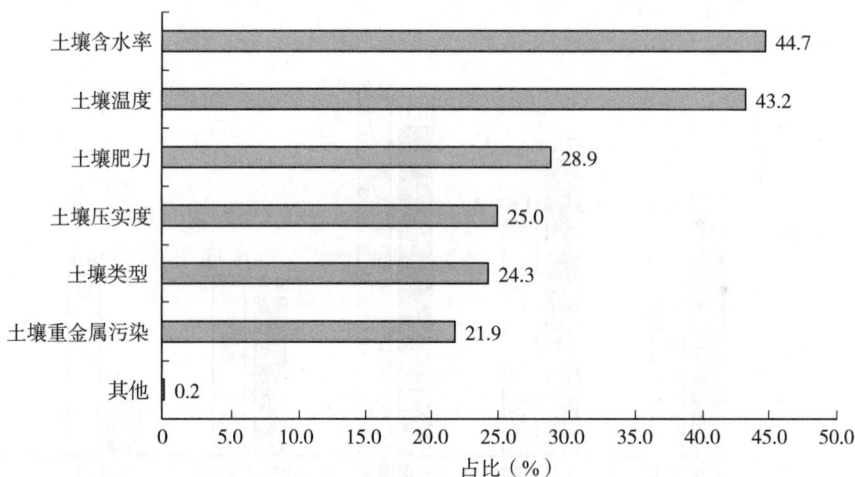

图 7-15 大田作物生产经营者对环境智能感知装备的需求
数据来源：项目组调查数据，大田种植户样本量为 613 个。

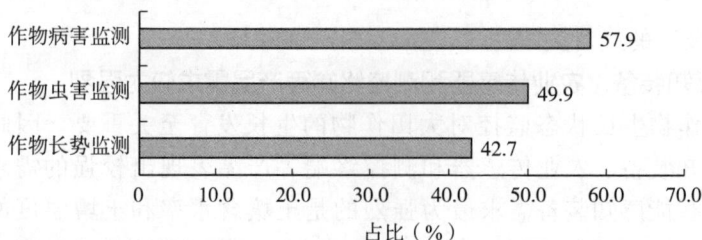

图 7-16 大田作物生产经营者对智能监测装备的需求
数据来源：项目组调查数据，大田种植户样本量为 613 个。

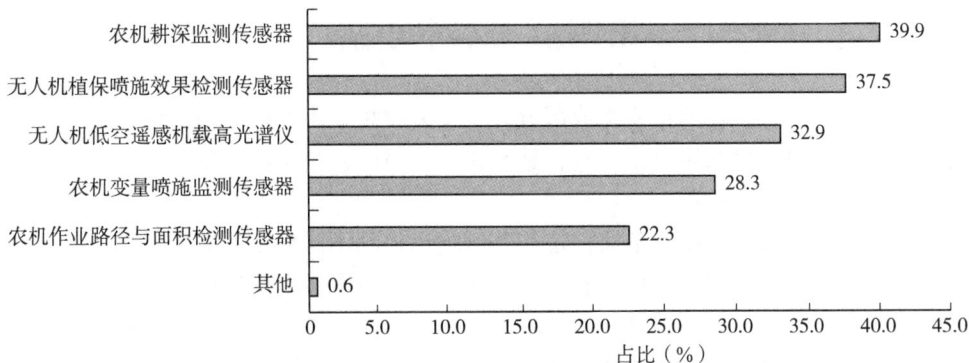

图 7-17　大田作物生产经营者对农业传感器或测控终端类型需求情况

数据来源：项目组调查数据，大田种植户样本量为 613 个。

（三）低成本、轻便型、省力型的智能农机装备是广大小农的主要需求方向

我国经营主体仍以小农户为主，经济能力低且人均耕地面积小，劳动力数量总体缺乏且年龄偏大，因此对价格低且实用性强的智能农机需求强烈。根据调查结果，经营主体对智慧种植技术需求中，"省钱"占比最高，达到 45.7%（图 7-18），可见对于新技术和新产品的使用，农户考虑的首要因素是经济承受能力，其次是"省时"和"省力"的技术产品。

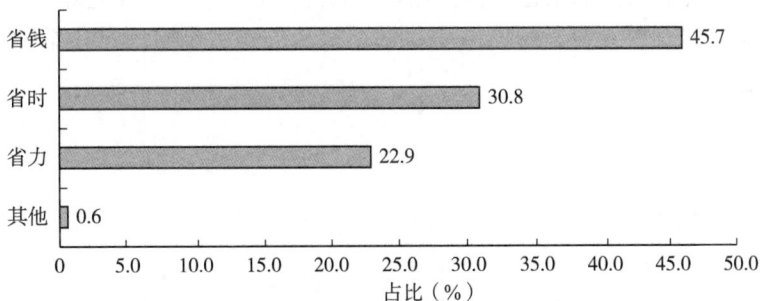

图 7-18　大田作物生产经营者对智慧种植技术功能需求

数据来源：项目组调查数据，大田种植户样本量为 613 个。

（四）适用于不同地形条件的智能化精准作业装备和农业机器人是未来需求方向

我国地形复杂、气候多样，每户所能支配的耕地面积少且种植作物多样，导致大部分地区还未实现土地集约化利用和规模化生产，3S 技术、大型联合农机、航空喷药等先进技术应用受到限制，一定程度上阻碍了农业机械化和智能化的发展。目前，多数精准农业技术装备只在我国东部平原区和新疆地区等规模化种植地区有大范围应用，在一些农机无法使用的山地地区，仍沿用最原始的耕作方式。因此，未来应针对我国国情，研发适合不同地形条件下的智能化精准作业装备，整体提升我国大田种植业的机械化、信息化和智能化水平，提高农业生产率、资源利用率和科学管理水平。此外，随着城市化进程的推进，农村面临劳动力减少和劳动力年龄偏大等问题，需要加快农业机器人的研究和应用，研发一批能承担高劳动强度、适应恶劣作业环境、完成高质量作业要求的农业作业机器人，如信息采集机器人、除草机器人、打药机器人等。

第四节　本章小结

智慧种植业是智慧农业的重要组成部分，在提升种植业生产效率与质量效益中发挥着重要作用。本章结合项目组调研数据，对智慧大田与智慧园艺技术应用现状、问题与需求进行了全面剖析，得出以下结论：

（1）智慧农业技术与智能装备在种植业领域均已得到不同程度的应用。综合整个种植业来看，测土配方施肥、水肥一体化、农情自动化监测等技术在大田生产中得到一定规模的应用，精准施肥施药机械、北斗导航自动驾驶拖拉机等智能农机装备在大田作物耕种管收的应用越来越广泛，节水灌溉技术在智慧园艺中得到初步应用，水肥一体化、生产环境智能化控制、病虫害监测预警系统等先进信息技术在设施园艺中应用较为广泛。

（2）智慧种植业发展不平衡、不充分问题亟须解决。研究发现，智慧种植业在示范推广中，仍然存在针对不同作物、不同区域、不同生产环节、不同经营主体的发展不平衡和不充分的问题，如针对不同园艺作物的专用设备较为缺乏，针对小农的低成本智能化技术产品与服务供给不足，园艺作物生长模型研究仍处于起步阶段，信息技术产品的适用性、易用性、稳定性不高，农机智能装备在区域间、作物间发展不平衡等。

（3）对价格低廉、产品轻便、节本增效的智慧种植技术及装备需求强烈。随着信息技术与种植业发展的深度融合，智慧种植业的作用与意义也日益凸显，各类种植业生产经营者对农业信息技术与智能装备的需求也日益强烈，尤其是在大田水肥精准运筹、生产环境智能控制系统、病虫害监测预警系统、智能施肥机和采摘机等省力设施信息化系统与智能装备等方面。

第八章

智慧养殖业的现状、问题与需求

智慧养殖业是以 3S、互联网、物联网、大数据、云计算、人工智能等新一代信息技术为依托，以信息资源共享与深度挖掘、信息技术高度集成为主要特征，以宏观调控行业产能、提升产业效率为目的，打造的集宏观布局、绿色健康、安全屠宰、无害化处理、放心流通、绿色消费、追溯有源于一体的现代养殖业发展模式，是现代养殖业发展的必然趋势。随着养殖规模化、标准化水平的提高，智慧养殖业得到快速发展，智慧养殖领域技术创新趋向活跃，技术研发与应用发展迅速。

第一节 发展现状

一、智慧畜禽养殖技术应用现状

智慧畜禽养殖是将新一代信息技术和传统畜禽养殖深度结合，实现畜禽喂养精准化、养殖管理数据化、过程智能化、决策科学化的现代畜禽发展模式。智慧畜禽养殖业近年来得到广泛关注，畜禽养殖环境的智能监控、精准饲喂、智能装备、智慧管理、质量追溯等技术产品得到了广泛研究与应用。

（一）畜禽养殖环境监控自动化、智能化水平不断提高

目前，基于传感器、信息感知技术、无线传感网络以及模糊控制算法等技术的畜禽智能环境调控决策系统已在国内外畜禽养殖中实现产业化应用。该类系统根据既往生产经验进行阈值设定，通过配置硫化氢传感器、便携式风速仪、粉尘仪和微生物菌落计数等装备，实现温度、湿度、风速、二氧化碳、氧气、氨气、硫化氢、粉尘、微生物等环境指标的监测和自动控制。国内新建的规模化畜禽养殖场有 90% 采用了养殖环境自动控制技术与装备，且国产化技术应用超过 50%。但我国畜禽养殖环境监测与控制仍处于半自动化状态，尤其猪舍环境监控依然停留在人工阶段，完全依靠饲养员对猪舍内环境的主观判断来人工控制和调整门窗、照明系统的开关、风扇、湿帘、加热板等养殖环境调节设备，具有一定的滞后性，且效率低下。调研数据显示，54.55% 的养殖主体开展了养殖环境自动化监测，监测指标以温湿度、光照强度和通风情况等传统的环境指标为主，而对于视频信息（13.73%）、微生物数量（15.69%）等方面的监测还比较少（图 8 - 1）。

（二）精准饲喂、个体标识技术得到广泛应用，生物信息获取与行为监测技术尚处于起步阶段

我国开展了畜禽养殖过程的智能监测、健康感知、养殖物联网与大数据挖掘及溯源等技术装备的研发和试验示范，构建了具备精细饲喂等功能的智能化养殖设备体系，逐渐形成了

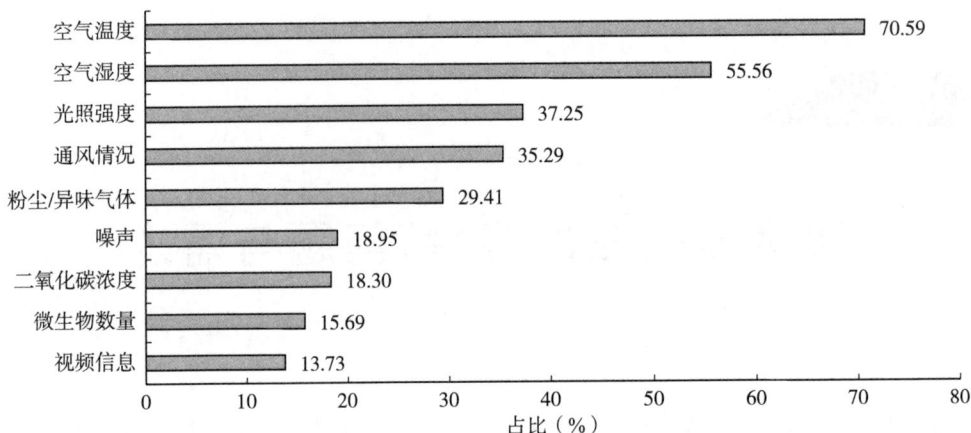

图 8-1 畜禽养殖环境自动化监测指标分布情况

数据来源：项目组调查数据（样本量：526 家畜禽养殖企业）。

数据驱动的现代化养殖精细管控能力。在传统畜禽养殖模式中，常见的标识技术手段包括喷号、剪耳、耳标、脚环和项圈等。随着人工智能技术的发展，面部识别、虹膜识别、行为识别等生物识别技术已经开始应用到畜禽产业领域，为智慧畜禽业的发展注入了新的能量，使得生物个体健康档案的建立和生命状态的跟踪预警变得更加智能。调研数据显示，精准饲喂技术在畜牧养殖企业中的应用比例达 52.40%，个体标识技术则高达 70.01%。在畜禽个体信息获取与行为识别方面，我国仍处于起步阶段，部分企业和科研机构开展了研究示范。如京东 AI 养猪"猪脸识别"和"声纹识别"技术，对猪群声音（咳嗽、哮喘）进行处理分析，及时发现异常猪只。

（三）畜禽智慧养殖管理系统功能不断完善

国内现有大型畜禽养殖企业结合其自身情况建立了智慧养殖管理系统，普遍实现了喂养的智能控制。如，钟祥牧原公司采用的生猪养殖管理系统，通过 RFID 识别、自动输料、自动喂食、疾病监控、自动分离和发情监测等系统实现母猪的自动化管理，提高了生产管理水平，养殖 80 万头的生产基地每年可实现节本增效 3 540 万元。对畜禽养殖企业调研数据显示，智慧养殖管理系统普遍具有牲畜行为模式分析、养殖环境自动调控、疫病监控预警、微生物数量自动控制以及体征智能诊断五大功能模块，其中具有牲畜行为模式分析功能的比例最高，达到 58.10%，其次为养殖环境自动调控功能，比例达到 34.39%（图 8-2）。

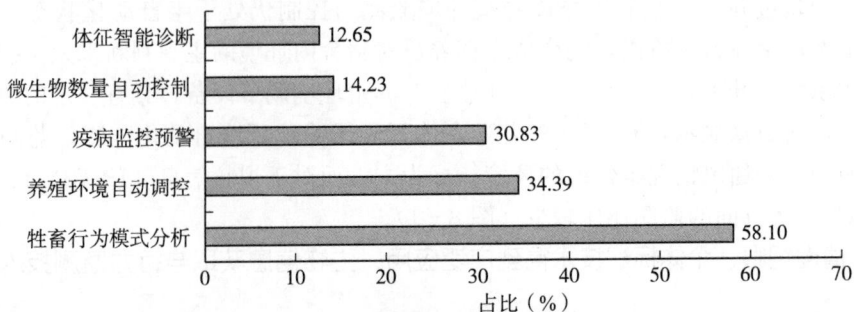

图 8-2 智慧畜禽养殖系统功能模块应用情况

数据来源：项目组调查数据（样本量：526 家畜禽养殖企业）。

（四）畜禽产品质量安全追溯体系初步建立

畜禽产品全产业链溯源以"电子耳标""电子脚环"等为监管手段，利用 RFID、无线网络、自动感知等技术，实现了畜禽从繁育饲养、防疫、用药、饲料等养殖环节到疫情预警、运输、销售等环节的全方位、全过程监控和快速响应。调研数据显示，分别有 77.87% 和 62.96% 的畜牧、家禽养殖企业对畜禽产品开展了质量安全追溯。《2020 全国县域数字农业农村发展水平评价报告》数据显示，2019 年全国畜禽养殖质量安全追溯信息化水平达 21.7%，超过全国县域农产品质量安全追溯信息化平均水平 4.5 个百分点。此外，各省尤其是养殖大省普遍建立了省级畜禽产品质量安全追溯平台，如吉林省的"拱 e 拱"生猪追溯系统、"鼎 e 鼎"牛羊追溯系统和内蒙古的农畜产品质量安全监管追溯信息平台等，有效实现了畜禽产品生产档案记录、投入品监管、监督执法以及检验检测等质量追溯。

二、智慧渔业技术应用现状

智慧渔业是运用物联网、大数据、人工智能、卫星遥感、移动互联网等现代信息技术，深入开发和利用渔业信息资源，全面提高渔业综合生产力和经营管理效率的现代渔业发展方式，是推进渔业供给侧结构性改革、加速渔业转型升级的重要手段和有效途径，具有养殖装备化、装备数字化、监管网络化、决策智能化、作业无人化等特征。

（一）水质传感器得到普遍应用

尽管我国对水质监测预警的研究相对较晚，但国内一些科技公司与企业联合，已研发出大量实用性较强的水产养殖智能装备，并得到一定程度的推广应用。如南京禄辉物联科技有限公司开发了鱼儿乐心智慧水产系统，实现了检测、控制、异常报警等功能。当前我国能够实现对养殖池塘溶氧的有效预测，预测精度达到 93%。其中对温度的测试误差在 5% 左右，对无线传感装置的节点误差控制在 ±0.3% 范围内，具有较好的预测精度和泛化能力。调研数据显示，有 73.27% 的水产养殖企业利用自动化仪器对鱼塘环境进行监测，空气温度与湿度是最普遍的监测指标，分别达到 39.60% 与 30.20%，其次，对光照强度、噪声的监测也较为广泛（图 8-3）。

（二）精准投喂装备得到初步应用

饲料是水产养殖中最主要的可变成本，一般占养殖总成本的 50%～80%，而采用智能投饵技术可增产 10%、节约饲料 15% 左右。目前，定时定量的自动投饵机已广泛应用于水产养殖行业，普遍能够按照定时、定次、定量、定点、均匀、多餐方式进行自动投饵。在 21 世纪初期，我国投饵机的年产量就已达到 16 万台，产量仅次于增氧机。同时，科研机构和水产养殖企业也开发了多种针对不同应用环境、投料形式、动力来源的精准投饵系统。调研数据显示，水产养殖中精准投喂系统的应用比例达到 11.39%。

（三）海洋渔业智慧化水平不断提升

随着中国自主海洋卫星的发展与业务化应用，渔场资源监测与应用技术的准确性和可靠性得到提升，3S 技术在海洋渔船和环境监测中得到初步应用。此外，渔业设施装备水平显著提升，"深蓝 1 号"等深远海大型智能养殖渔场相继建成投产，渔业水下机器人加快研发，海洋渔业养殖装备逐步大型化、智慧化。

（四）水产养殖智能决策技术日益成熟

水产养殖智能决策在信息采集和产学研一体化方面取得成效，为行政管理决策提供基础支撑。2009 年，全国养殖渔情信息采集系统建立，基本实现了中国水产养殖主产区的信息

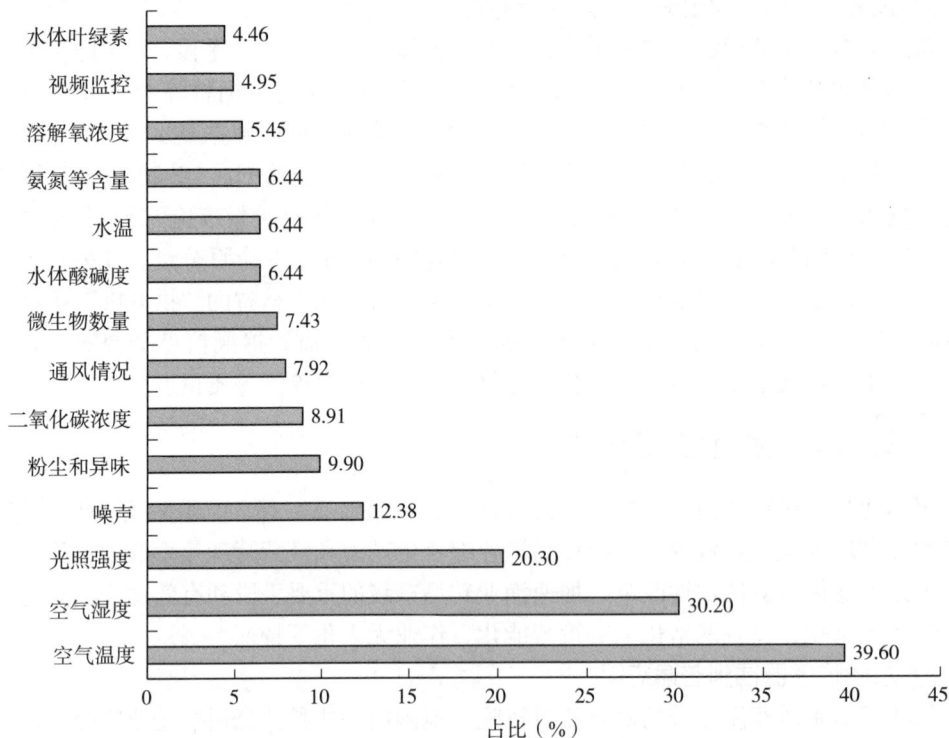

图 8-3　水产养殖环境自动化监测指标分布情况

数据来源：项目组调查数据（样本量：263 家水产养殖经营主体）。

采集全覆盖。该系统已在全国 16 个渔业主产省（区）建立信息采集定点县 200 个，采集点 747 个，配备各类采集终端 6 000 多个，形成了近 1 300 人的采集分析队伍，能对 76 个养殖品种、9 种养殖模式进行全年的信息动态采集。2016 年，全国水产养殖动植物病情测报信息系统正式启用，实现了国家、省、市和县 4 级测报机构对辖区内测报点的原始信息进行自动汇总、图表分析、当月病害预测报表等功能。此外，多所大学积极开展水产智能决策系统研究，如中国农业大学、北京市水产科学研究所等机构先后开发了鱼病诊断专家系统和远程鱼病专家诊断系统。总体来看，全国渔业跨省份、跨部门、跨区域的业务协同和信息资源共享格局基本形成，水产专家系统的应用不断成熟，渔业管理的科学化和决策的智能化水平进一步提高。

（五）智慧渔业冷链追溯体系基本建立

我国在水产品质量安全追溯方面的研究应用较为成熟，《2020 全国县域数字农业农村发展水平评价报告》数据显示，水产养殖质量安全追溯信息化水平达到 18.5%。在具体研发应用上，中国水产科学研究院针对中国水产品生产与流通环节中的质量安全状况和生产消费需求，编制出包括水产品质量安全可追溯体系的信息采集、标识标签与编码等相关技术规范，集成了"水产品质量安全追溯与监管平台"，为中国水产品质量安全可追溯体系的建立和运行提供了较好的经验示范。福建中检华日食品安全检测有限公司参与开发的"水产品身份追溯系统"，可以连接水产企业生产、检验检疫、工商监管和消费各环节，通过在水产品生产、加工、流通、消费等供应链环节提取消费者关心的质量安全追溯要素信息，建立食品安全信息数据库。

第二节 面临的主要问题

一、智慧畜禽养殖面临的主要问题

(一)基于人工智能、大数据的智慧养殖技术研发应用不充分

国外发达国家在人工智能、大数据方面的研究起步较早,机器学习、神经网络、模式识别和大数据收集处理等技术已经较好地融合应用到畜禽养殖环境控制、饲喂管理、个体识别、疫病防控等方面。而在我国,基于人工智能和大数据技术的畜禽生长环境调控、生长过程、运动检测、个体跟踪、疫病发生等基础模型的研发显著滞后。从大数据技术研发应用来看,目前我国基于大数据的动物行为分类模型精度不高,畜禽养殖各生产环节、设备、系统间数据汇聚共享及融合分析不足。首先,现阶段的智能养殖自动化控制或局部的智能化还是基于人的经验,无法做到精准判断,也难以应用到不同环境中。其次,畜禽智慧养殖的智能控制主要集中在时序控制、单一指标控制,难以实现按需控制和多指标控制,应用系统的智能化程度仍然不高。调研数据显示,有43.48%的畜禽养殖企业认为智能分析技术不成熟是导致目前大数据技术应用普及不足的主要原因(图8-4)。

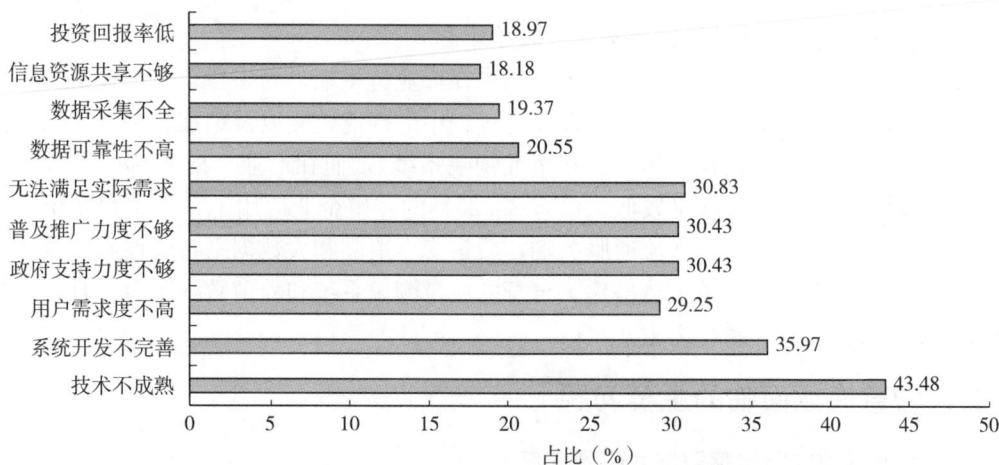

图8-4 畜牧大数据应用推广与服务普及的主要难点

数据来源:项目组调查数据(样本量:526家畜禽养殖企业)。

(二)畜禽智慧养殖技术装备大多依赖进口,国产化水平低

我国畜禽智慧养殖技术研发起步晚,在智慧养殖技术和装备研发应用方面还存在着瓶颈,畜禽信息先进感知技术(如高精度传感器)、精准作业技术装备、智能机器人等研发不足,低成本、高信度、强稳定性、易维护的终端设备研究基础薄弱,大多数畜禽养殖智能装备和产品缺乏实用性,应用场景大多在实验室,智慧养殖核心部件和高端产品严重依赖进口。从生猪养殖来看,目前普遍采用荷兰 Nedap 公司的 Velos 智能化母猪管理系统、以色列阿菲金的牧场管理系统等国外软硬设施装备。此外,由于缺乏国产化养殖系统设备,导致难以对积累的数据进行分析应用。

(三)智能装备产品购置与运维成本高

由于我国畜禽规模化养殖场普遍引进和采用国外的先进养殖装备,所以在智能装备和产品等方面的投入与运维成本较高,中小规模养殖场无力承担,导致我国畜禽养殖产业整体信

息化水平仍然较低。调研数据显示，近1/3的家禽养殖企业认为智能系统成本过高，约1/4的企业则认为智能系统后期维护无保障，缺乏专业技能指导（图8-5）。

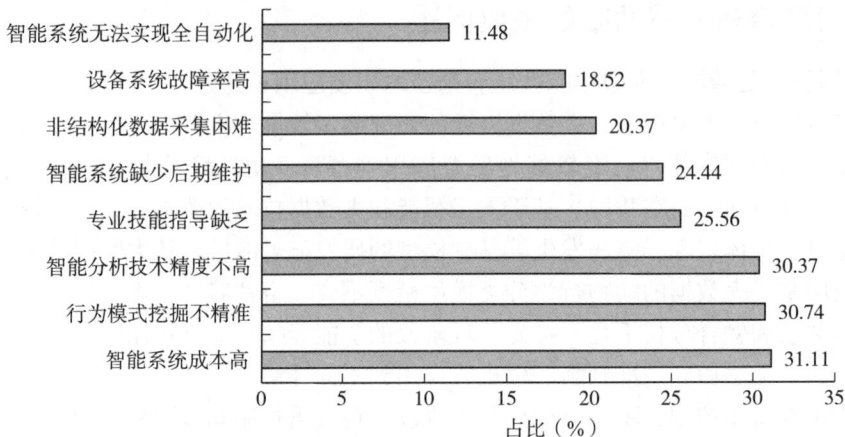

图8-5 受访家禽养殖企业面临的智能分析系统应用的主要困难

数据来源：项目组调查数据（样本量：526家畜禽养殖企业）。

（四）畜禽养殖主要环节智慧化水平发展不平衡

目前，我国畜禽智慧养殖技术应用主要集中在产业链中端，尚未覆盖全产业链。调研数据显示，智慧养殖技术的应用主要集中在养殖过程中的环境监测以及精准管理（50%以上的养殖企业采用养殖环境自动化监测系统和精准饲喂系统），而在产业链的两端即育种和流通环节，智慧养殖技术的应用水平较低。仅有29.25%的养殖企业应用了育种繁育系统，且主要集中于大型畜禽养殖企业。在流通服务端，质量安全追溯和大数据平台建设则以省级政府统一建设为主，仅有少量养殖主体搭建了自身的质量溯源系统和养殖数据平台，且养殖数据平台以小型养殖智能管理系统为主。

二、智慧渔业面临的主要问题

（一）水产养殖专用传感器技术研发滞后

目前，国内在水产养殖智能传感器的研究上处于快速发展阶段，但研究水平整体不高，现有传感器普遍存在品种单一、使用寿命短、测量精度不高、稳定性差等问题。其次，缺乏复合型传感器产品，其中智能微纳传感器及其微纳系统的研究多停留在实验室研究阶段，研究的重点多集中在纳米复合材料修饰微电极和生物传感器两方面。材料科学和传感器制造工艺方面存在显著不足，功能材料的研究成果少，微纳电极制备方法较为单一。受制作工艺等的限制，电极的稳定性、检测精度和使用寿命难以满足产品化的要求，如电化学传感器的稳定性问题导致光信号向电信号转换的微型化手段仍然比较有限。

（二）水质预警的动态性和滞后性亟待解决

当前水质参数的预测基本满足水产养殖预测的需要，但将预测结果实际应用到水产养殖预警时，仍存在一定的滞后性，水质数据的实时变化对实际的有效调控仍存在一定的阻碍。此外，水质预测模型大多停留在实验室阶段，可解决实际问题的应用较少。总体来看，目前对水质综合状况的预测预警理论和方法研究仍处于探索阶段，还需结合实际生产情况，重点关注可实际应用的多因子水质情况预测方法。

（三）智能精准投喂技术和系统研发不足

自动投饵机在我国已有较为广泛的应用，能够有效解决费时、费工、劳动强度大、浪费饲料等诸多问题。但是，当前国内大部分的投饵机智能化程度较低，只是人工投饵的机械替代，存在饲料抛洒不均匀、抛洒面积有限等问题，无法做到精确投喂，导致饲料浪费和水质污染。因此，如何提高投饵效率、提升投饵作业的智能化水平成为智能投喂的研究重点。目前国内有关水产养殖动物适宜智能投喂技术的研究还较少，市场上缺乏成熟的智能投饵控制系统。

（四）尚未实现水产养殖全过程智能决策

目前在水产养殖智能化管理决策中，大多偏向于对水产养殖过程中某一方面的研究，如对水温、溶氧量、酸碱度等水质养殖环境影响因素及其监控设备的研究，研究偏向单一，尚未针对水产动物的精细喂养、水质监控、质量监管和养殖过程操作等开展系统研究，导致市面上缺乏可以控制整个水产养殖过程的流程化智能管理系统。此外，对于水产养殖大数据研究只关注生产单一或局部的过程，缺乏横向和纵向关联性，暂无水产养殖全行业的解决方案，使得水产养殖大数据应用滞后。

（五）水产养殖智能装备水平较低

发达国家针对循环水养殖开展了全面研究，在高密度条件下的鱼类行为学、精准投喂系统、养殖环境和设施的优化、快速排污技术、高效管理和自动监控、尾水利用等方面的研究取得显著成果。我国工厂化循环水养殖在设施系统的构建上基本接近国际水平，但是在养殖对象生理机制、生物净化系统形成机制、设备的稳定性、自动化和信息化程度等方面还存在着一定差距。对于海上养殖装备，国内浅海养殖设施工程化与设施化水平较低，养殖设施形态各异、缺乏标准化设计，制约了海上养殖机械化的发展。同时，尚缺乏专用的播苗设备、采收机械和饲喂机械，水产养殖作业总体以手工方式为主，劳动强度大，生产效率低。

第三节　发展需求

一、智慧畜禽养殖的发展需求

（一）亟须加强畜禽智慧养殖技术和装备的自主研发，突破产业发展瓶颈

由于我国在畜禽智慧养殖技术和设备产品研发方面基础薄弱、研发投入显著不足等原因，导致国产化畜禽智慧养殖技术装备普遍存在技术含量低、制造粗糙、稳定性不强等问题，大型养殖企业在智慧化转型过程中，普遍倾向于采用国外软硬件设施装备，这也为养殖数据的采集利用带来了困难。因此，亟须加快推进人工智能、大数据、物联网等技术与畜禽养殖业的融合应用，突破传感器核心关键技术，加快研制智能信息采集终端，利用采食量模型、个体识别等技术研发精准饲喂等智能装备，研发能够完全或部分替代人工的养殖机器人，加强养殖场环境智能监控系统、畜禽健康监测系统、养殖机器人、大数据平台等高端智能装备产品的集成创新，破解养殖业智慧化转型发展的技术瓶颈，提高产业信息化、数字化、无人化和智能化水平。

（二）亟须加强畜禽智慧养殖环境自动监控和精准饲喂等技术的普及推广

养殖环境自动监控和精准饲喂技术能够显著提高养殖效率，目前在畜禽智慧养殖中应用相对广泛。虽然我国新建规模化养殖企业已经普遍采用养殖环境监控和精准饲喂技术，但由于已建养殖场网络以及硬件设施条件限制，大部分陈旧养殖场无法满足智慧化养殖技术装备

的应用需求。调研数据显示,养殖环境自动监测与控制技术和精准饲喂系统是畜禽智慧养殖中需求最为迫切的技术产品,其中养殖企业对精准饲喂系统的需求程度达到55.73%,但多数养殖企业反映现有饲喂设备的建设成本相对较高。因此,亟须利用先进传感、自动感知、数据挖掘等技术,实现对畜禽健康生长基本参数的实时感知和智能决策,加强低成本精准饲喂系统研发与推广应用,同时通过购置补贴等方式,进一步降低养殖企业技术应用成本,提升智慧养殖技术产品应用水平。

(三)亟须突破畜禽生物信息获取与行为监测技术

准确高效监测畜禽生物信息并分析其行为特征,有利于精准掌握畜禽的生理、健康和福利状况,是实现福利养殖和肉品溯源的基础。目前,我国生物生命信息传感器种类和数量均少于环境传感器,无法高效、及时、精准地获取畜禽体温、发情、行为、症状等信息,难以做出科学决策。因此,亟须加快生物生命信息传感器的研发,加快动物声学行为分析和视觉分析技术研究,从而准确高效监测畜禽生物信息,有效实现畜禽生长生理、应激判别和疫病预警等。

(四)亟须打通全产业链信息流,建立畜禽养殖智能化大数据平台

目前,畜禽养殖环境指标监测技术研发与应用推广已较为成熟,产生了海量、庞杂以及多样化的监测数据,如何对获取的大量监测数据进行科学、有效地利用,并结合智能化装备实现对养殖全过程的智能化控制是当前亟待解决的突出问题。调研数据显示,有57.78%的养殖企业表示大数据智能分析有必要。因此,亟须完善基于5G的基础设施建设,实现监测数据的高效采集,通过建立养殖大数据中心,实现多源数据的融合关联,以数据支撑产业智慧化转型。

二、智慧渔业的发展需求

(一)亟须加快水质监测专用传感器技术产品研发

针对目前水产养殖中所使用的pH、EC、氨氮、DO等传感器,大多存在使用一段时间后数据不稳定的情况,亟须研发出性能稳定、性价比较高的在线传感器产品,突破微纳传感技术、新型敏感材料、光纤传感器、生物传感器等技术产品在水体养殖环境中的集成应用,开展MEMS、微流控、分子/离子印迹等先进的跨尺度工艺集成技术研究,构建高通量、低消耗、高精度、长寿命的微分析系统,联合多传感器数据融合方法,实现养殖水质非易测指标的在线监测。

(二)亟须加快基于数据融合技术的多参数水质预测预警调控技术研发

由于高密度水产养殖水体水质各因子之间互相作用机理复杂,而水产品对水质参数耐受力有严格限制,对水质预测预警精度和可靠性要求较高,单一预测预警难以满足养殖水质精细化管理的需要,多数主体希望参考国外水质数据降噪等处理技术,进一步完善水质预测调控功能。为进一步推进水产养殖智慧化转型发展,亟须利用数据融合技术对传感器数据进行预处理,去除冗余信息,提高传感器的精度和稳定性。同时,借助水质预警调控方法的更新,提高水质预测方法的准确率。

(三)亟须加快基于多源信息融合的智能投喂技术和系统研发

采集鱼类投饵信息,根据获取的水产品的生长信息,结合水温、溶解氧、氨氮、pH、电导率等关键水质参数,构建集鱼类生长及健康识别感知于一体的智能水产品投饵系统,实现投喂量、投喂速度、抛洒半径等的智能控制与精准投喂,在满足养殖对象摄食需求的同时

避免饵料污染水质，是智慧水产养殖进一步发展的必然趋势。

（四）亟须突破水产养殖智能决策技术

水产智能决策需要基于知识库，目前水产养殖多年形成的数据还比较少。为满足水产养殖智能管理和决策的需求，亟须规范水产养殖过程中的数据采集和处理方式，完善专家知识和经验，融合各决策平台，建立更加完善统一的综合性决策服务平台。针对水产智能决策方面遇到的问题，继续加大智能渔业投资，加快智能决策模型的研发和推广使用，从实际应用中寻求解决问题的办法。

（五）亟须加强水产养殖智能装备研发与应用

与国外相比，我国在渔业养殖对象生理机制、生物净化系统形成机制等基础理论研究和养殖设备的稳定性、自动化、信息化程度等方面还存在一定差距，水产养殖的工程化与设施化水平仍然较低。随着无人化养殖的快速发展，迫切需要加大水产养殖智能装备的研发与应用，加快开展以池塘养殖环境调控技术、水产养殖生态工程技术、智能化养殖设施装备等为核心的基础研究和应用研究，探索示范新型、高效池塘养殖以及浅海和深远海养殖设施模式，开展育苗、采收、饲喂、分选以及辅助作业装备的研发与应用，提升水产养殖作业的机械化、智能化水平。

第四节 本章小结

智慧养殖业将物联网、大数据、人工智能等现代信息技术应用到养殖领域各环节，智慧养殖技术和装备研发不断深入，智慧养殖成果得到示范应用，养殖全产业链数字化转型持续推进。随着信息技术与养殖业的不断融合，养殖产业对新技术、新装备的需求更加强烈。本章基于智慧养殖相关文献资料以及养殖企业调查数据，对我国智慧养殖技术研发应用现状、存在问题与需求进行了全面剖析，得出以下主要结论：

（1）养殖环境智能监控、精准饲喂、智能决策、质量追溯等技术应用取得重大成就。畜禽养殖环境实现自动化监测，国产化畜禽养殖环境自动控制技术与装备在新建规模化畜禽养殖场得到较大范围应用；水质监测预警技术得到普遍应用；精准饲喂、智能投饵等技术和智能装备得到初步应用；畜禽智慧养殖管理系统、水产养殖专家系统等智能决策系统得到初步应用，养殖业管理智能化和决策科学化水平进一步提高；畜禽水产品质量安全追溯体系基本建立。

（2）智慧养殖面临自主研发水平不足、关键核心技术受制于人、全链条技术应用水平偏低等问题。一是智慧养殖产业尚缺少具有自主知识产权的高端养殖装备，智能养殖装备及核心零部件主要依赖进口，投资维护成本总体偏高。二是智慧养殖核心关键技术受制于人，专用传感器、动物生理模型、大数据挖掘、人工智能等技术研发创新能力不足。三是养殖全过程、全环节智慧化水平不高。目前，畜禽水产养殖在养殖环境全要素指标智能监测控制、精准饲（投）喂、废弃物自动化处理应用比例较低，缺少宏观、覆盖全产业链的智慧监测系统。

（3）各主体对于行业数据资源获取应用、前沿技术攻关、智能装备应用推广等需求较为强烈。一是亟须统一数据标准，推动数据整合共享。面向养殖产业数据互融互通需求，构建统一的养殖数据采集、数据传输标准，规范数据操作流程，打造互联共享的智慧养殖大数据平台。二是亟须开展智能预测模型、智能传感器与测控等智慧养殖前沿技术和云平台研发，以及非结构化数据挖掘、行为模式分析、区块链技术等信息技术的联合攻关与融合应用研究。三是亟须加大智慧养殖技术和装备的推广应用，不断推广普及智慧养殖环境智能监控、精准饲（投）喂、疫病疫情监测预警、质量安全追溯等技术装备，实现全产业链的数字化转型。

参考文献

巩沐歌，孟菲良，黄一心，等，2018. 中国智能水产养殖发展现状与对策研究 [J]. 渔业现代化，45（6）：60-66.

黄一心，丁建乐，鲍旭腾，等，2019. 中国渔业装备和工程科技发展综述 [J]. 渔业现代化，46（5）：1-8.

李道亮，刘畅，2020. 人工智能在水产养殖中研究应用分析与未来展望 [J]. 智慧农业（中英文），2（3）：1-20.

刘双印，2014. 基于计算智能的水产养殖水质预测预警方法研究 [D]. 北京：中国农业大学.

潘赟，2019. 基于工作流和规则引擎的水产养殖智能决策流程建模及系统研究 [D]. 上海：上海海洋大学.

沈明霞，刘龙申，闫丽，等，2011. 畜禽养殖个体信息监测技术研究进展 [J]. 农业机械学报，45（10）：245-251.

孙蕊，林华，谢非，2017. 北斗卫星导航系统在海洋渔业生产中的应用 [J]. 渔业现代化，44（6）：94-100.

王新安，2017. 基于云服务的智慧水产养殖平台的研究与实现 [D]. 青岛：青岛科技大学.

于泽，姜忠爱，张靖铎，等，2020. 水产养殖自动投饵机发展现状 [J]. 河北渔业（1）：57-60.

岳冬冬，方辉，樊伟，等，2019. 中国智能渔业发展现状与技术需求探析 [J]. 渔业信息与战略，34（2）：79-88.

张国锋，肖宛昂，2019. 智慧畜牧业发展现状及趋势 [J]. 中国国情国力（12）：33-35.

周真，2013. 我国水产品质量安全可追溯体系研究 [D]. 青岛：中国海洋大学.

朱泽闻，刘景景，孙慧武，等，2016. 2015 年养殖渔情分析报告 [J]. 中国水产（2）：31-34.

第九章

农产品智慧供应链的现状、问题与需求

农产品智慧供应链是指在农产品采后处理、加工、流通过程中，以智能技术驱动农产品供应链上下游组织间的物流、商流、资金流、信息流一体化整合而形成的网链结构模式，有助于实现农产品供应链动态可感、安全可控、柔性可调。十八大以来，我国农产品供应链建设取得积极进展，基本建成了覆盖农产品生产、加工、储运、消费等各环节的供应链体系。随着物联网、大数据、人工智能、区块链等新一代信息技术在供应链中的融合应用，供应链迈入以绿色、智能、高效、开放为特征的智慧供应链新阶段。针对冷链设施建设、供应链数据确权、适用技术推广应用等多方面存在的问题，亟须进一步加强相关政策与资金支持，加快技术研发和应用，推动农产品供应链智慧化转型升级，建设绿色、智能、高效、开放的全球农产品智慧供应链体系，确保我国农产品供应链安全稳定。

第一节　发展现状

一、区块链技术融合应用，为农产品质量安全溯源提供技术支撑

食品安全一直是我国人民群众非常关心的问题，随着城乡居民消费结构由"温饱型"向"质量型""健康型"转变，人们对食品质量安全提出了更高要求。近年来，区块链技术因其具有保障平台数据的不可篡改、时间戳和信息加密保护等特性，在农产品供应链管理中得到初步应用，有效解决了传统农产品供应链管理中的"信任问题"。在此背景下，多家企业抓住机遇，进入农业区块链市场。互联网巨头阿里巴巴于 2017 年与普华永道达成合作，将用区块链技术打造透明可追溯的跨境食品供应链，搭建更安全的食品市场，率先开启了区块链在食品溯源中的应用。此外，我国一些农业园区和龙头农业企业也开始了区块链的应用与实践。如山东省寿光市在 2018 年规划并建设 18 个重点农业园区，全面推广区块链追溯系统，使园区生产的农产品源头可溯、流向可跟踪、信息可查询、责任可追溯；国家数字农业建设试点项目福建光阳蛋业蛋鸡养殖基地利用物联网、区块链技术，完善"一品一码"追溯体系，为消费者、监管部门和企业管理者提供准确可靠、不可更改的完整闭合数据链和视频记录。

二、物联网、大数据技术不断普及，为供应链主体提供业务指导

将物联网技术用于农产品供应链管理可以实现并完善农产品质量监控，严把食品安全源头，进而提高供应链管理的透明度，目前主要应用于质量安全追溯、农产品仓储以及农产品运输可视化管理等方面。如方圆平安集团与国家农业信息化工程技术研究中心合作建立并推

广应用的农产品透明供应链体系，通过为每一批次豆芽建立唯一的档案编码，实现了豆芽供应链的原料豆筛选、清洗、浸豆、孵化、包装、预冷、配送等环节数据的在线、高效管理。此外，消费者可以通过订单二维码随时了解豆芽生产的全程信息，实现了企业豆芽产品供应链全过程、全环节的可视化管理。

大数据技术可以对农产品供应链的各项数据资源进行充分整合与挖掘，实现农产品供应链模式的重组优化，降低供应链管理成本，在我国农产品供应链中的应用主要有以下几个方面：一是通过对农产品行业海量数据的搜集、分析与挖掘，缩短农产品供应链中间环节，节约物流运输成本，促使农产品供应链的绿色、可持续发展。如中国蟹库网通过搭建大闸蟹全产业链大数据平台，实现从养殖到购销的全程标准化、可追溯，形成了以河蟹交易为中心的河蟹生态圈。二是在大数据技术支持的基础上，利用物联网体系全面汇总农产品相关数据和定位信息，构建农产品质量安全追溯信息数据共享平台，优化农产品供应链追溯管理机制。如2018年京东集团与北大荒集团联手推出了智慧农业全产业链示范农场，结合京东大数据和智慧供应链相关技术，针对农业品牌全产业链进行数据收集、预测和分析，实现农产品供应链全程可视化追溯。三是借助大数据技术实现产销精准对接、以量定产。如拼多多利用农产品大数据平台，让农户、商家获知消费区域喜好、品类需求等精准信息，并以此指导生产。

三、冷链物流信息化技术有效应用，显著提高农产品流通效率和品质

我国市场消费持续升级、城镇化进程的加快以及电商与新零售模式的崛起共同推动了冷藏储运技术的推广与应用。目前，产地预冷智能实时温控技术、生鲜农产品智能分拣技术、冷库智能温控技术、生鲜农产品不同货架期智能协同保鲜技术、生鲜农产品智能干耗控制技术、智能产地贮藏装备、智能绿色冷链配送系统、冷链地下管廊配送系统等生鲜农产品冷藏储运技术装备已得到有效推广和应用。以京东物流为例，京东建设覆盖了300多个城市的冷链物流网络，分布在七大区域及10个城市，整体覆盖全国京东站点的50%以上。阿里公司的菜鸟物流，则通过建设"以数据化为驱动的社会化协同物流平台"整合冷链物流资源，提供农产品冷链物流服务。

四、品质智能化检测技术日渐成熟，提高农产品分等分级精度

农产品品质无损检测技术具有检测速度快、操作方便和易实现在线检测的优点。目前常用的农产品品质无损检测技术有近红外光谱技术、超声波技术、机器视觉技术、电子嗅觉技术、电子味觉技术及电特性检测技术等。随着计算机技术、信息处理技术及传感器技术的飞速发展，单一的仿生传感智能感官检测技术在农产品品质检测领域中得到了越来越多的应用。如利用机器视觉技术根据形状参数和颜色特征对水果进行分级检测；利用电子嗅觉技术检测鱼、肉、水果、蔬菜等的新鲜度，鉴别酒精饮料的真伪；利用电子味觉技术区分咖啡、离子饮料等。项目组调查数据显示，种植业新型农业经营主体开展的果蔬农产品分级分选中，能够实现无损检测的指标主要包括外观、重量、质量、成熟度等（图9-1）。在农产品品质智能控制方面，基于无线通信、RFID、无线传感器等技术的智能微环境调控、智能温控以及智能化仓储运输管理系统得到初步应用，有效提高了果蔬储存管理水平，保证了果蔬在运输途中的品质。项目组调查数据显示，新型农业经营主体在产品流通过程中重点监测车内温度（67.02%）、农产品品质（68.06%）、车辆位置轨迹（38.74%）等。

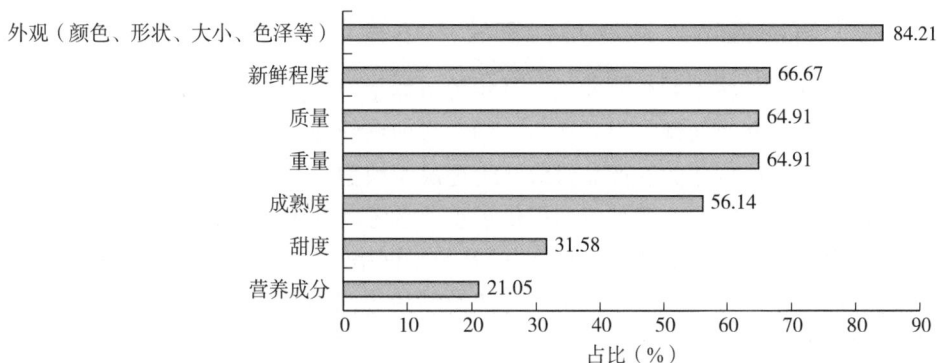

图 9-1 受访种植业新型经营主体采后无损检测主要指标
数据来源：项目组调查数据。

五、多种电商模式不断涌现，有效解决农产品滞销问题

随着农村网络、物流等基础设施的不断完善以及智能手机的普及，农民运用电子商务的意识不断增强，农产品电商得到长足发展，对拓宽农产品销售渠道、推动农产品产销对接起到了重要作用。电子商务、移动支付等新技术、新模式引导城乡居民消费需求不断升级，直播带货、社区团购等成为新的销售方式。商务部发布的《中国电子商务报告 2019》显示，2019 年，全国农村网络零售额达 1.7 万亿元，同比增长 19.1%；农产品网络零售额为 3 975 亿元，同比增长 27%，300 多万贫困农民实现农产品网上销售就业。《2020 全国县域数字农业、农村电子商务发展报告》数据显示，全国县域网络零售额达 30 961.6 亿元，同比增长 23.5%。与此同时，以"抖音""快手""火山"为代表的移动短视频社交软件的出现，促进了农产品直播电商的发展，许多平台采用"网红＋县长（村干部）＋明星"的直播形式销售优质农产品，培养了一批助力销售优质农产品的"新农人"。以"拼多多"为例，新冠疫情期间，市长、县长通过"拼多多"直播带货效益显著（表 9-1）。

表 9-1 新冠疫情期间拼多多直播带货情况

日期（年-月-日）	区域	直播人	商品	直播观看人次	直播期间销量	店铺涨粉数
2019-2-19	浙江衢州	市长汤飞帆	椪柑	53 万＋	11.5 万千克＋	40 000＋
2019-2-19	广东徐闻	县长吴康秀	菠萝	30 万＋	12.5 万千克＋	30 000＋
2019-2-20	广西象州	代理县长韦涛	沃柑	20 万＋	5 万千克＋	8 000＋
2019-2-21	山东临沭	党组成员卢永春	紫薯	20 万＋	4 万千克＋	10 000＋
2019-2-22	重庆开州	区长蒋牧宸	春橙	35 万＋	3 万千克＋	60 000＋
2019-3-2	安徽砀山	县长陶广宏	酥梨	60 万＋	7 万千克＋	50 000＋
2019-3-4	江西寻乌	县长杨永飞	百香果	100 万＋	2.5 万千克＋	100 000＋
2019-3-8	云南泸西 昆明晋宁	县长莫伟 区长徐波	扶郎 玫瑰	160 万＋	1 万支＋	90 000＋
2019-3-10	山东单县	县长张庆国	鸡蛋	160 万＋	60 万枚＋	170 000＋

数据来源：拼多多。

注：本表未计入电放直播合作平台播放量，本表仅统计市长、县长直播店铺当天数据，未计入直播后带来的持续销量及同类产品店铺销量。

六、人工智能算法广泛应用，优化配送管理

随着计算机软硬件技术的快速发展以及相关机器学习算法的优化改进，人工智能算法等在农产品供应链管理和流通领域得到初步应用。目前已涌现了大量基于神经网络、深度学习以及其他机器学习算法构建的农产品供应链管理决策模型、风险预警模型等研究成果，为实现精准化、便捷化、智能化农产品流通提供了重要参考。其中，在农产品配送路径优化决策模型方面，已有相关研究将机器学习算法（BP神经网络、贝叶斯分类、支持向量机等）、群体智能寻优算法（差分进化算法、粒子群算法及遗传算法等）应用于农产品流通配送分析，为实现智能化的农产品高效配送、降低运输成本和保障食品质量安全提供了重要支撑。在多目标最优配送路径选取方面，利用加权求和方式将多目标寻优问题转化为单目标寻优问题，并构建了相关模型算法，为解决最优配送路径寻优问题提供了借鉴和参考。

第二节　面临的主要问题

一、农产品供应链信息化标准体系不健全

目前，2017版《中国冷链物流标准目录手册》中收集了我国已颁布发行的冷链物流国家标准、行业标准和地方标准共计193项，但主要集中于冷链存储和运输环节，缺乏农产品产地预冷、分级包装、储藏保鲜等方面的管理规范，冷链物流全流程的标准更是严重缺失，导致不同冷链环节之间的信息难以有效衔接，甚至发生断链。另外，在冷链信息化建设与发展方面还缺乏相关的基础标准，如数据采集、传输、处理、通信等标准，加上相关法律法规体系及监管体系的不完善，均在一定程度上影响了农产品供应链各环节的数字化转型。

二、溯源体系的加密方法和算法研发滞后

加密方法和算法已在我国农产品供应链溯源体系的部分环节得到了初步应用，但针对我国农产品产业链溯源体系的加密方法和算法研究还存在一系列的制约因素：第一，溯源数据采集不足。目前我国农业信息采集终端应用不广泛，信息采集系统不完善，难以采集农作物播种、浇水、施肥、农药投入品等相关的文本、音频、视频等数据信息，难以构建农产品溯源体系档案，从而导致溯源加密数据来源缺乏。第二，溯源信息断裂、关联性缺失。由于我国农产品生产、仓储、包装、加工、运输、配送以及销售等环节由不同的主体完成，各主体利益诉求不一致，导致信息不能有效传递，甚至出现信息割裂、溯源信息关联性缺失等现象，使得溯源体系难以覆盖农产品流通全过程。第三，溯源编码不唯一。目前由于采用不同的开发语言、操作系统、服务器运行环境、数据库类型，且各自的编码规则、编码要求、数据库设计等不一致，导致溯源农产品编码不唯一。

三、尚未形成供应链全流程智能可控体系

与发达国家相比，我国在面向生产环节的农产品种植精准管理技术、产品质量安全仿生传感智能感官无损检测技术、产地田间地头延长保鲜期的高效差压预冷技术，以及仓储环节的自动化冷库和气调储藏技术、智慧冷库建设、多功能冷链运输技术等方面还存在较大差距。此外，我国在下游食品供应链追溯系统和单品类食品追溯建设上虽取得了一定成果，但由于追溯系统众多、信息杂乱，造成企业和消费者使用不便，导致系统普及度不高，且已投

入使用的大部分农产品追溯系统追溯的信息面过窄，不能保障有效的市场监管。项目组调查数据显示，在农产品采后处理中，受访经营主体实现自动化清洗的占到 40%，实现自动化分级分选、自动化包装的占到 30%，自动化屠宰分割的占到 20%，但能实现智能分级分选的占比为 7%，实现智能包装的只有 3%（图 9-2）。因此，建立并完善我国农产品全程智能可控体系还需要一个长期过程。

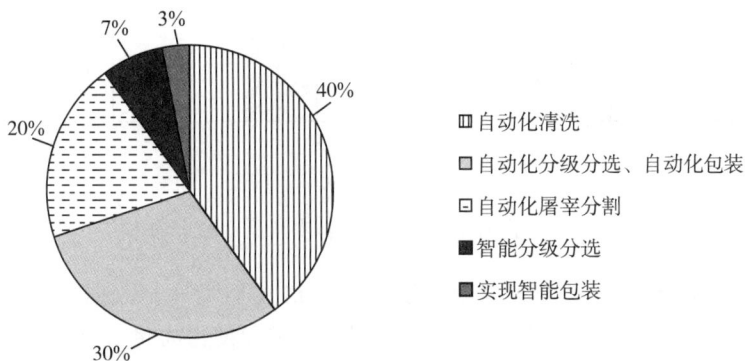

图 9-2 采后农产品智能处理

四、冷链流通环节智能装备的普及率较低

我国在生鲜农产品冷链储运及技术装备领域的研发起步较晚，相关技术设备的自主研发、生产制造以及配套基础设施建设滞后，自动化智能冷库、托盘智能集装存储设备、智能输送分拣装备、AGV（自动导引车）智能搬运装备、冷藏运输车以及销售末端的冷链保温箱、生鲜智能保鲜柜等应用程度不足，普及率低。如在果蔬预冷技术装备方面，我国还缺乏农产品产地专用的智能预冷设备和冷藏保鲜设施，无法满足果蔬采后预冷工艺的要求，严重影响了果蔬在流通过程中的品质。在肉禽冷却技术装备方面，能够提升自动化水平、降低物耗和能耗的设备和元件需要进口率。在速冻技术装备方面，我国的速冻装置应用最广泛的是间接接触式、平板式速冻装备和采用液氮的直接接触式速冻设备，它们只能提供制冷功能，无法满足农产品品质保鲜的需求，保鲜控制能力差。在冷冻冷藏技术装备方面，多为使用蒸汽压缩制冷系统的土建冷库和常温月台，温控能力较差、缺乏有效的自动化智能装备，智能化管理水平不高。在冷藏运输技术装备方面，我国的冷藏运输方式仍以陆地运输为主，冷藏车数量偏少，运输过程中断链现象严重。据 2019 年农产品产地冷链研究报告数据统计，我国生鲜农产品冷链平均运输率为 53.7%，与发达国家相比（平均 89.3%）差距显著。尤其是果蔬的冷藏运输率差距明显，我国仅有 35%，发达国家则达到 90%（图 9-3）。在冷链销售末端技术装备方面，现有装备制冷系统能耗较大，箱体的保温效果较差，且采用的制冷剂不环保。总体来说，我国冷链预冷及仓储流通应用装备自动化发展水平较低，能耗较大。

五、农产品供应链上下游存在"信息孤岛"

信息是连接农产品供应链生产、加工、流通、消费各环节参与主体的重要工具。目前，由于我国农产品供应链各环节由小农户、批发商、零售商等不同主体完成，上下游参与主体之间衔接不足，各环节信息不能有效获取及无缝对接，存在"信息篱笆"或"信息孤岛"现象，导致农产品供应链全链条质量安全数据获取难、分析难以及应用难等问题。此外，由于

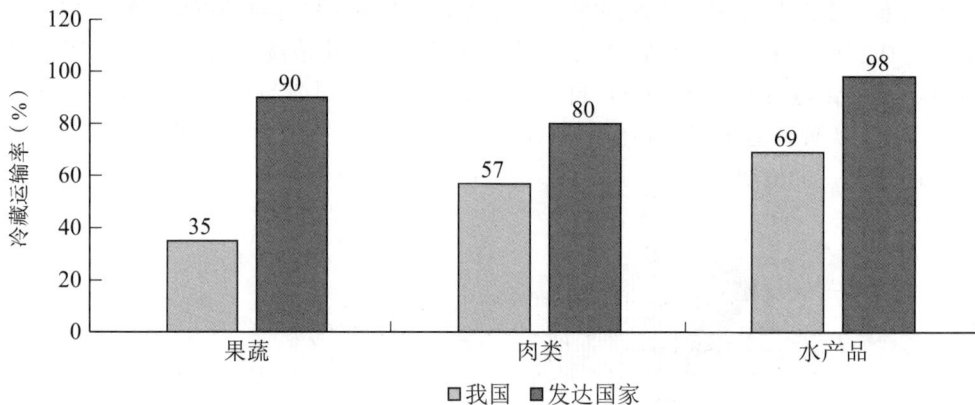

图 9-3 我国和发达国家生鲜农产品冷藏运输率

供应链上下游企业数据不公开、不共享，以及数据格式不统一、数据冗余等诸多问题的存在，导致数据稀缺、不连贯或存在虚假关系等现象，进而使得海量数据产生相异性，增大了数据挖掘和深度学习的难度。因此，如何推进上下游整体规划与协调、打造全程供应链信息服务平台将是农产品供应链信息化建设的重点所在。

第三节　发展需求

一、推动区块链技术深度融合，实现供应链的透明可视

针对农产品供应链各节点信息难以协同溯源的问题，亟须利用区块链技术将农产品产地、生产、加工、仓储、运输、配送和销售等全生命周期各个环节进行信息封装，融合资金流、信息流、货物流，建立基于区块链信息安全的追溯技术体系，打造农产品信息安全、高度透明的全程闭环可追溯供应链体系。进一步完善农产品链条各个参与主体互信机制，实现网络信息一体化，推动信息在供应链中高效、安全、流畅地传递，以此降低供应链信任成本，实现产品可追溯。

二、升级冷链技术装备，提高产品流通速率和品质

推进生鲜农产品智能化产地冷链加工装备研发及推广对于实现农产品全冷链物流具有十分重要的意义。针对生鲜农产品在采后环节的质量安全难以保障这一问题，迫切需要加快生鲜农产品采后自动分拣、预冷、加工、包装等技术与装备研发应用，降低农产品在流通环节的腐损率，提高农产品标准化程度。调查表明，仅有 27.91% 的农户（合作社）采用了农产品采后自动分级装置，绝大多数农户（合作社）采用手工分级或不对农产品分级，同时分别有 38.90%、41.50%、34.80%、34.00% 和 18.80% 的农户（合作社）急需农产品品质提升技术、保鲜技术、冷库技术、品质检测技术和药品使用技术来实现农产品采后商品化处理的目标（图 9-4）。

三、建立多种品质模型，确保冷链环境的动态可调

冷链各环节制冷条件操控不当或各环节之间缺乏无缝交接保障（即断链），都将影响农产品适宜环境的稳定性，导致农产品品质下降。因此，亟须明确冷链环境温湿度波动与农产

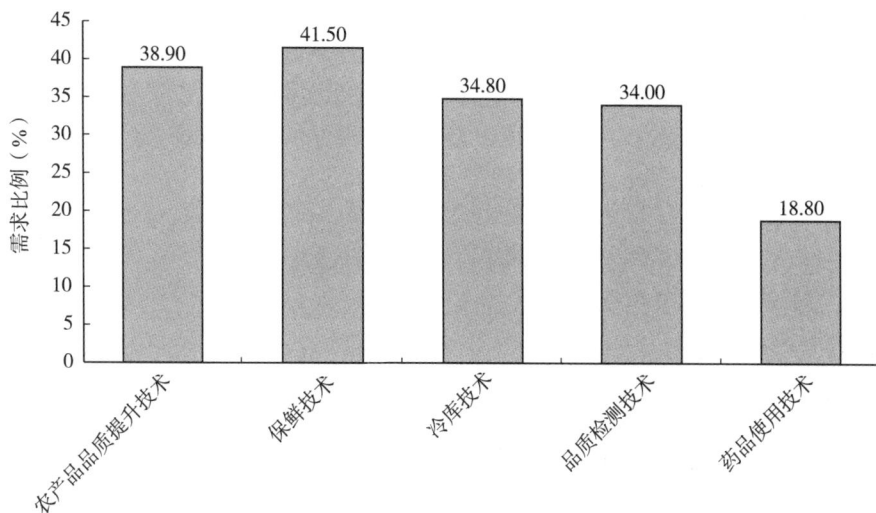

图 9-4 受访者对农产品采后处理技术的需求比例

数据来源：项目组调查数据。

品品质劣变互作机理，并建立深度融合模型，实现环境信息与动态品质信息的深度融合感知与调控，以此改善冷链各环节环境温湿度分布的均匀性，保障农产品品质安全。首先，亟须建立品质维持与存储环境的深度融合模型。以果蔬为例，通过测定外观指标（单果重、果形、色泽、硬度等）、食用指标（可溶性固形物、可滴定酸等）、营养指标（维生素 C）、感官指标（视觉、嗅觉等）等品质指标，建立指标体系，明确果蔬品质参数与环境信息参数（冷藏温度、室温温度）的关联关系，建立采收品质模型、冷藏品质模型以及货架品质模型，为实现环境信息与动态品质信息的深度融合与调控提供决策依据。其次，亟须建立品质维持和环境调控的关系模型。根据深度融合模型，明确品质维持最适宜的环境条件，通过环境智能控制技术调整农产品存储环境条件，实现农产品最适宜的品质维持环境。

四、搭建冷链物流管理平台，打破供应链"信息孤岛"

信息共享是供应链协调的使能器，只有通过信息共享，才能更好地对供应链的各个环节、各个阶段进行管理和协调。供应链管理的研究和实践表明，实现供应链企业之间的信息共享，应用覆盖整个供应链的决策系统代替缺乏柔性和集成度差的企业独立决策系统，可以缩短整个供应链各环节的延迟时间，加快企业对市场的反应速度，消除信息扭曲的放大效应，降低供应链运作成本，提高顾客满意度。因此，亟须建立以农产品供应链核心主体为中心的信息共享云平台，通过建立生产、仓储、流通和销售环节的信息元数据标准，保证信息共享的规范性，破除数据碎片化，保证物流、信息流能够顺畅、快捷地流动。

五、加快电商品牌打造和业态创新，拓宽线上销售渠道

农产品电商对于推动农产品产销对接发挥了重要作用，目前农产品电商交易额占农产品交易总额比例较低，亟须加大新业态培育。一是亟须培育农产品电商区域性品牌。结合我国优质农产品生产基地和特色农产品优势产业区建设，培育农产品电商地标品牌和特色品牌。同时，亟须构建绿色有机农产品认证体系，提高农产品质量安全水平，提升绿色农产品品牌

公信力。二是亟须推动农产品电商多元化发展。要充分挖掘农业的文化、科普、休闲、旅游、康养等多种功能，并与在线经营相结合，形成农产品电商多元融合发展体系。三是亟须农产品电商多样化展现。在淘宝、京东等品牌电商发展的基础上，积极拓展短视频、直播平台方面的渠道，实时在线展现农产品品质以及全生命周期的应用场景，以加深消费者对农产品供应链的理解。

第四节　本章小结

农产品智慧供应链是智慧农业的关键环节，在保障农产品质量安全方面发挥着重大作用。本章聚焦供应链管理、农产品品质维持、冷链物流等领域，对我国农产品智慧供应链的现状、问题与需求进行了深入剖析，得出以下结论：

（1）区块链、物联网、大数据等技术在农产品智慧供应链建设中初步发挥作用。随着人民健康意识的提高及食品安全问题的社会关注度大幅提升，尤其在疫情防控常态化背景下，利用信息技术构建农产品智慧供应链已成为保障食品安全的重要途径。目前，我国积极推进区块链、物联网、大数据、智能算法、智能传感、冷链物流等技术装备在农产品供应链中的应用，取得了一定的成效，筑牢了食品安全防线，在一定程度上保障了国家食品安全。

（2）我国农产品智慧供应链还处于初步发展阶段，仍有诸多问题亟待解决。目前我国农产品智慧供应链建设仍面临信息化标准体系不健全、供应链全程智能管控水平不高、数据现实加密算法攻关难度大以及冷链设施建设滞后等问题，严重制约了农产品智慧供应链的发展。

（3）亟须加快推进数字技术在农产品供应链上的应用，实现全链条智能监管与产品质量安全全程可追溯。亟须围绕农产品供应链信息采集、质量控制和协同溯源薄弱环节，加强供应链信息在线采集技术与设备、冷链物流技术装备、环境信息与动态品质信息智能感知与调控等技术的研发应用，建立起农产品供应链管理云平台与区块链防伪溯源平台，以此破除农产品供应链信息孤岛现象，推动农产品供应链向数字化、智慧化转型。

参考文献

励莉，顾建平，2019. 大数据背景下农产品双渠道供应链协同创新分析 [J]. 商业经济研究（22）：138 - 141.

陶春柳，2019. 我国水蜜桃保鲜与贮藏冷链物流建设现状、问题及其展望 [J]. 江苏农业科学，247（23）：62 - 67.

许继平，孙鹏程，张新，等，2020. 基于区块链的粮油食品全供应链信息安全管理原型系统 [J]. 农业机械学报，51（1）：237 - 244.

许文方，张海东，李贵荣，等，2013. 仿生传感智能感官检测技术及其在云南特色农产品品质检测中的应用 [J]. 安徽农业科学，41（10）：4592 - 4595.

张驰，张晓东，王登位，2017. 消费者参与模式下的农产品透明供应链系统研究 [J]. 中国农学通报，33（7）：158 - 164.

第十章

农业资源环境智慧监测的现状、问题与需求

农业资源环境监测是利用遥感、物联网、大数据和人工智能等技术，为各级政府涉农部门、科研院所、企业、农户等提供农业资源环境监测信息，为农业生产经营提供信息支持、技术指导、服务支撑与决策辅助。农业资源环境监测的主要内容包含农业水土资源监测、草原生态环境监测、农情监测等，目前我国借助农业资源环境监测网络和信息服务平台，在推动农业水土资源高效利用、草原生态环境保护、农情信息监测等方面已取得显著成效。

第一节 发展现状

一、农业水土资源监测发展现状

(一)农业水土资源环境监测网络已初步形成

我国从20世纪70年代初开始重视和开展农业环境保护工作，1983年农业部成立环境监测中心站，组建农业环境监测网络。经过多年努力，我国初步建成了以农业农村部环境监测总站为总节点，以各省份农业环境监测站为主体，各主要地（市）县为基础的全国农业环境监测网络。在农业水土资源监测方面，已建成全国农产品产地土壤环境质量监测网、农业面源污染国控监测网等，其分支网络即全国农产品产地土壤重金属长期定位监测网由31个省份的15.2万个长期定位监测点构成，基础支撑能力明显提升。我国农业面源污染发生的主要区域有：北方高原山地区、南方山地丘陵区、东北平原区、黄淮海平原区、南方平原区、西北平原区等六大分区，针对该区域，以小麦、玉米、水稻、蔬菜等主要作物为重点，初步形成了全国农业面源污染国控监测网，在全国范围布设了农田面源污染国控监测点273个，其中地表径流监测点182个、地下淋溶监测点91个。

(二)遥感技术已成为我国农业水土资源调查和监测的主要手段

高分遥感、北斗导航等关键技术的不断发展为大范围的农业水土资源调查、水土环境监测、农作物估产和农业灾害监测评估提供了强有力的技术支撑。当前，我国农业遥感技术的应用已由以光学遥感数据为主扩大到新型雷达和高光谱遥感数据同步应用，由传统作物监测扩大到资源、灾害和环境领域综合监测，由国内逐步扩大到国外。2017年启动的第三次全国国土调查，通过应用高清卫星遥感技术，对县域全覆盖区域中的耕地、森林、草原、水、湿地等自然资源变化信息进行了多尺度、高精度的影像采集和解译，获取了土地资源高清遥感影像底图，明晰了我国土地资源状况，为健全全国土地资源调查统计和遥感监测与快速更新机制提供了翔实资料。

（三）水土资源监测天空地一体化与大数据服务平台应用不断深化

随着遥感、物联网、大数据、云计算、人工智能等技术的快速发展，基于"天（卫星遥感）空（无人机遥感）地（地面传感网）"一体化的农业水土资源监测技术得到了广泛应用，各类水土资源环境大数据服务平台也快速发展。如水利部构建的水土保持监测与管理平台，利用卫星遥感、无人机监测、移动采集终端对全国重点区域的水土保持状况进行实时监测，并结合数字高程模型、人工智能等技术，深度挖掘水土保持大数据信息，大幅提升了区域水土资源精准管理水平。2020 年，由中国农业科学院牵头，联合其他 12 家科研机构，建设完成了耗时 21 年的覆盖我国全域的"高精度数字土壤数据库"，利用"3S"、人工智能、人机交互等新一代信息技术，模拟展示了土壤类型、养分等土壤性状的空间分布特征，其精度可达到 100 米×100 米，目前已为我国 60 余家专业科研机构提供了数据，用于开展耕地质量演变、流域氮磷流失量估算、环境容量测算等方面的科学研究，并为全国农业、环境、自然资源管理等部门提供数据，用于实施耕地保护与地力提升等国家工程建设。

二、草原生态环境监测发展现状

（一）国家级草原固定监测点建设已逐步完善

国家级草原固定监测点是我国草原监测的重要基础环节。农业农村部组织各地涉农部门，已初步建成国家级固定监测点数据管理系统，以便获得实时监测信息，提升固定监测能力，切实保证草原生态环境监测工作有序进行。如内蒙古依托固定监测点与系统平台开展关键期监测分析，定期发布草情监测报告，及时公布 33 个牧业旗天然草原冷季可食牧草储量及适宜载畜量，指导畜牧业生产，落实草原奖补政策；新疆 2011 年组织开展了冷季牧草存储量监测工作，涉及全疆 13 个地州 70 个县的放牧场，发布了冷季放牧场载畜能力参考意见，为指导各地及时安排牲畜出栏、合理存栏发挥了重要作用。

（二）基于 3S 技术的草原生态监测系统初步建成

2006 年以来，由农业农村部牵头组织，在草原监测工作中广泛应用 3S、数据库、互联网等信息技术，开发建设了"中国草原网""中国草业网"等门户网站。集成了草原管理信息系统和草原地理信息系统，打造了集遥感监测数据采集管理、动态信息实时发布、草原监测工作展示于一体的综合网络平台。针对草原地面监测数据多、信息量庞大等情况，农业农村部组织开发了"草原监测信息报送管理系统""草原类型和主要牧草信息系统""草原监测空间信息管理与分析系统""草原生态保护与建设工程监测系统""草原蝗虫监测预警系统"等 10 多个专题软件和模块，实现了数据汇总、管理、分析等功能集成，建立了专业的信息管理和服务队伍，负责监测数据实时报送与即时审核，显著提高了地面监测数据质量和报送效率。

（三）草原灾害监测系统建设逐步推进

以无人机、视频智能监控调度等技术为代表的新产品在我国河北、吉林、青海、辽宁等地得到示范应用，大大提升了草原防灾减灾的效率。如河北省在全省各区县部署了森林草原防火视频监控系统，安装了 5 000 多个可视和红外双光谱摄像机，监控范围达 3～10 千米，在防火重点区域建设卫星小站，连接多架无人机信号，实现对森林草原的实时监控、及时预警、护草护林巡查值守；吉林省布设了森林草原防火信息化科技创新系统，建立了森林草原火险实时发布、信息调度、消防队伍驻防管理等系统，能够自动生成森林草原火险分布图、预警等级图、雨量图、风力图等，并通过手机客户端或 PC 端向火情调度员实时发送通知，使森林草原防火实现高效预防、快速扑救。

（四）依托大数据平台的草原生态信息服务快速发展

大数据分析能够为草原生态保护与修复、草原产业布局等提供科学指导，部分省份已经建立了大数据平台与中心，灵活创新工作机制和引入社会资本，推进草原大数据服务已初见成效。如四川省在 2009 年设立了四川省林业和草原信息中心，2018 年实施了数字林草"1123"战略，着力打造"1 个中心"（四川林草大数据中心），"1 张名片"（"数字"大熊猫国家公园新名片），"2 个平台"（林草生态监管平台和林草产业服务平台），"3 套体系"（业务管理、移动办公、公众服务管理体系），通过大数据管理服务，为四川林草业实现高质量发展提供了有力支持；蒙草抗旱集团运用大数据技术，实地采集区域内水、土、气、植物、动物、微生物等样本，建立起能够判断区域生态健康状况、揭示历史演变规律的"生态指数"监测评价系统，根据不同区域生态管理维度差异，定制开发相应生态管理数据模型，及时提供生态管理和生态产业发展指导。

三、农情监测发展现状

（一）遥感监测技术已成为农情动态监测的主要手段

农业遥感技术已广泛应用于我国农情实时监测，对农情全貌的宏观把握具有重要作用。如利用卫星遥感技术可以实现区域尺度农情遥感监测，利用无人机遥感技术可以实现园区及田块尺度监测，90％以上的农情信息可以通过遥感平台获取。目前我国已经建立了一批国家级农情遥感监测平台。例如，中国科学院"中国农情遥感速报系统"（Cropwatch）已持续运行了 20 多年，现已发展成为全球三大农情遥感监测系统之一，监测范围覆盖全球 173 个国家，监测指标包含农业气象条件、作物生长形势、产量与预警等 14 项，能够提供全球、国家、地区等不同空间尺度的农情遥感监测信息，能以云服务的形式提供专题地图、报告等多种信息产品，可用于区域决策，直接为农业生产者提供管理措施支持等多项服务。

（二）地面监测技术已逐步在农情监测领域推广应用

地面监测是传统农情监测信息最主要的来源，随着物联网技术的快速发展，地面监测也逐渐从完全依靠人工经验转向自动实时监测。目前，国内多家科研院所和涉农企业研制出农情监测便携式设备，通过配套 App 可在园区构建物联网系统。便携式监测设备的应用主要集中在监测作物长势、氮肥营养等方面，它能够快速提升一线农技人员及农民的监测能力，当前发展迅速。物联网监测系统依靠其信息富集终端的特性，成为多数农业科技园区信息化建设的重要方向，调研数据显示，73.1％的受访种植企业愿意在后续信息化建设中建设物联网平台。

（三）农情监测与大数据信息服务集成建设成效显著

农情监测与信息服务集成是推动现代农业发展的有效手段，能够将农情监测结果快速传送到用户手中。监测仪＋App、物联网监测系统、卫星遥感监测大数据服务平台等共同集成的形式，能够为不同规模和类型的用户提供农情监测服务。调研数据显示，有 73.77％的产业园建设了天空地一体化监测站点，其正常利用率达到 57.63％，实现了农情自动化监测与大数据精准服务。

第二节 面临的主要问题

一、农业水土资源监测面临的主要问题

(一) 农业水土资源监测数据获取能力不强

我国地形多样、多云多雨天气频发、种植模式复杂、农业生产动态变化，要想快速、高效、准确地采集到农业水土资源数据，面临许多重大技术难题，数据获取保障率偏低。主要表现在：一是数据参数获取不足。目前多以农田环境、种植类型、种植结构、生产力等群体参数获取为主，但对作物本体的株型、器官与形态等个体参数信息，以及土壤、作物营养与品质等理化参数获取不足，导致水土资源管理总体粗放。二是数据获取技术产品滞后。单一卫星传感器或平台难以获取时空连续数据，航空遥感发展重硬件平台轻软件系统，民用无人机应用潜力没有充分发挥，新型水土专用传感器研发滞后，多源数据的融合和转换技术落后，以及低成本、便利化的数据处理装备不足等问题，严重限制了数据采集的效率。

(二) 农业水土资源监测精度和时效性有待提升

农业水土资源监测方法多样，但也存在不同缺陷，影响了监测精度。例如，传统的地面调查和采样监测费时费力，易受人为因素的干扰，难以在大区域进行；遥感监测方法具有多传感器、多时间分辨率和多空间分辨率等优点，当前应用广泛，但存在混合像元、大气校正、尺度转换等诸多亟待解决的问题；在农业土地资源监测中，对耕地资源数量和空间分布监测多，而对耕地质量和生态环境监测滞后，耕地作物类型的快速、高精度监测能力不足，导致"农业土地资源一张图"难以推进；长期以来农业水土资源监测多以静态为主，监测空间分辨率较粗，缺乏长时间序列的时空变化动态监测，监测时效性有待加强。

(三) 农业水土资源模拟模型耦合集成不够

农业水土资源的形成和变化是不同尺度下自然和人文因素综合作用的结果，涉及对象复杂多样，不同对象在不同时间和空间上发生联系、相互影响，使得农业水土系统呈现出显著的耦合特征，需综合自然科学、工程科学和社会科学等多个学科知识，开展交叉集成研究。而我国农业土地系统耦合特征研究仍处于起步阶段，对于耦合的尺度和速度研究明显不足；此外，传统农业水土系统耦合特征易受全球化、信息化的影响，呈现出多尺度、多因素、跨层级等特征，缺乏耦合整体框架研究，难以评估系统内和系统间的协调作用，使得我国农业水土资源优化配置效率和可持续利用水平与发达国家相比仍存在一定差距。

(四) 农业水土资源可持续利用监测与评估不足

在人口持续增长和经济快速发展背景下，人类对农业水土资源的利用广度、频度和强度等持续增加，对生态环境的干预程度越来越高，生态环境的演变又反过来影响或制约农业水土资源利用。然而，当前农业水土资源可持续利用监测与评估主要通过构建评价指标体系、选择最优评价因子建立相应权重，应用专家打分法、德尔菲法、层次分析法、因子分析法以及灰色关联评价法等实现单因子评价和综合评价，而对于农业水土资源可持续利用的综合定量评估研究仍十分薄弱，涉及农业水土资源与社会经济发展、生态环境保护相互关系的研究较少，距离建立可持续的农业水土资源利用模式差距较大。

二、草原生态环境监测面临的主要问题

（一）草原生态环境遥感监测技术存在不足

近年来，遥感监测技术已逐步应用到我国草原生态环境监测中，在节约人工、获取实时数据方面呈现出明显优势，但在实际应用中仍存在不少问题。一是草原生态环境监测需要全天候长时间序列数据，因云覆盖对遥感技术的地表温度反演范围和精度造成较大影响，导致遥感数据质量下降。二是遥感影像反演的地表温度值（LST）因太阳高度角、成像时间、纬度等差异而具有不可比性，降低了草原生态环境遥感监测精度。三是遥感影像的空间分辨率较低，地表异构性热红外遥感影像的像元中，经常带有大量非同温混合像元，导致不同时空尺度测量的同一区域、同一时段地表关键参数存在明显时空差异，严重制约了不同尺度的草原生态环境监测，降低了遥感技术产品的实际应用价值。

（二）草原生态环境地面监测与传输技术仍难以满足需求

当前草原生态环境地面监测仍以人工监测为主，传感器、物联网等新型地面监测手段的应用较为滞后。一是由于草原具有分布面积范围广、野外环境恶劣等生态环境特征，已有传感器在户外的安全、能耗、移动性管理、节点大规模部署等问题难以解决，导致地面传感器、物联网监测系统的布设难度较大。二是现有草原生态环境监测传感器性能不稳定，易受草原环境因素干扰，导致数据的准确性、完整性难以保证，已有传感器功能设计单一，多类型数据采集集成较弱。三是目前已经应用的草原温度、湿度、光照强度、二氧化碳浓度等高端传感器基本依赖国外进口，价格昂贵，推广应用难度较大。

（三）草原固定监测点建设落后、监测体系尚不健全

整体来看，目前有 23 个省份承担草原监测任务，17 个省份发布草原全年监测报告，500 多个县（市、旗）开展草原监测工作，国家级固定监测点仅有 162 个，承担草原监测任务人员约 5 000 人，草原监测机构设置和人员配置较为薄弱，监测设施装备简陋、投入少，监测体系不健全。缺乏合理的草原生态环境监测评价标准，现有监测指标无法进行区域迁移且不易获取，不能满足开展周期性监测评价的需求，难以用于生产和管理决策。调研数据显示，全国有近 20% 的地区对草原生态环境监测关注较少，约 7.0% 的地区才刚刚开始进行连续固定监测，能够做到实时监测的区域仅占 35.8%，仍有约 1/4 的区域未能开展标准监测，仍处于随机监测状态。

（四）草原生态环境监测数据分析和处理能力有待提高

精确捕捉和分析草原生态环境关键数据需要借助专业的分析模型，我国在草原生态环境监测大数据分析处理、模型构建等方面存在较多不足：一是由于遥感监测的时空数据挖掘难度大、数据更新频繁、数据存储及数据库建设要求高，导致遥感数据在数据的多维不确定性、非线性关系及多元数据融合方面产生的问题较为突出，如何有效挖掘遥感数据中隐含的草原生态信息，利用遥感数据的智能分析和数据挖掘技术来解决草原对地观测问题亟待解决。二是基于计算机模拟模型分析草原生态环境监测的数据日益重要，我国在模型算法的研究方面仍存在较多不足，现有的模型研究集中在模型引进和参数本地化两个方面，缺乏自主开发模型，不能完全适应我国不同类型的草原生态环境模拟，已有模型研究对草原时空尺度转化分析不够深入，不利于对草原真实生态环境的模型精确拟合。

（五）草原生态环境监测结果产品化应用不够广泛

我国草原生态环境监测与信息服务在"数据—方法—产品—应用"过程中的转化不连

贯，相关配套技术设备成熟度低、应用不广泛。一是目前各个野外生态实验站在开展监测工作过程中，仅针对获得的草原资源、草原生产力、草原利用、天然草原和人工草原产草量、草原火灾、草原鼠灾、草原旱灾等情况进行简单的汇总，监测数据应用领域范围小，大部分监测成果存放在各个生态站数据库中，未深入挖掘监测数据的潜在价值，难以将监测信息转化为现实成果。二是我国草原生态环境常规监测与服务存在产品单一、应用不足的问题。据统计，2016年以来，我国在草原生态环境监测和信息服务体系方面的专利申请数量持续增加，但科技成果转化率（仅有20%）却远低于欧美发达国家，最终能够实现产业结合的仅占5%。各高校、科研机构研发的草原生态环境监测与服务产品主要用于研发团队自身使用，没有对外开放使用权限，使用范围较小，未能在草原生态环境监测服务中发挥重要作用。

三、农情监测面临的主要问题

（一）农情监测数据获取能力不强

我国农情信息采集面临以下诸多重大技术难题：遥感监测技术存在空间分辨率低、监测精度不高等问题，单一遥感平台获取数据效率不高、数据类型不全面，再者由于遥感数据本身波段间的相关性，以及"同物异谱""异物同谱"现象的出现，导致基于遥感的农情监测技术存在多种不确定性；基于物联网的传感器农情采集技术存在作业范围小、设备利用率低、信息采集灵活性差等问题，在数据采集过程中，由于监测对象及环境情况复杂，容易引起传感器信号异常，导致收集到的数据不相容，甚至出现前后数据矛盾的情况；天空地一体化的农情监测系统尚不健全，尚未实现采集平台协同感知，尚未做到跨平台数据自动处理，数据质量和兼容性有待提升。

（二）农情监测技术体系与系统平台建设不完善

农情监测技术体系与系统平台建设面临重重困难，整体建设仍不完善。调研数据显示，60%的受访合作社认为，当前仍然缺乏可靠的作物生长监测技术，以物联网、无人机为代表的新型农情监测技术体系有待完善；61%的受访合作社认为系统建设成本太高，缺少固定的运行和维护经费，用户无力承担独立建设和维护系统的高昂费用，导致部分生产经营主体放弃使用新型农情监测技术。

（三）农情监测与服务系统使用率低

农情监测与服务系统在实际应用中面临诸多困难，用户使用率较低。调研数据显示，仅有5%的受访者对农情监测设备有所了解，我国一线生产者（包括新型经营主体）生产经营的信息化基础条件不足，多数生产者（93%）依赖智能手机作为信息化手段，缺乏新的监测设备，超过70%的受访者认为一线农民对农情监测与服务系统缺少积极性，超过65%的受访者表示通常仅根据个人经验判断作物长势，75%的受访种植主体所面临的难题是缺乏信息化人才，一线农业信息技术人才的缺失使得农情监测缺少了主体，农技推广在县市一级缺少专职人员，难以推动农情信息化系统快速投入应用。

第三节　发展需求

一、农业水土资源监测的发展需求

（一）迫切需要开展农业绿色发展监测与评估

我国正处于传统农业向现代农业转变的关键时期，农业资源环境约束、生产结构失衡、发展质量效益不明显等问题日益显著，迫切需要加快转变农业发展方式，推动农业绿色发展。农业绿色发展技术体系的形成对农业水土资源监测提出了更高要求，需在传统监测对象和内容的基础上，深化大气环境、水环境、土壤环境和生物环境等监测，广泛开展化肥农药减量增效、作物秸秆处理、农膜应用等技术的试验、监测和评估，获取真实、准确、完整的第一手基础数据，形成不同区域农业绿色发展关键技术和应用模式，为农业绿色发展提供科学支撑。

（二）亟须加强农业水土资源环境监测关键技术研发

农业水土资源监测的综合性和系统性特点对监测技术提出了新要求，涉及的关键技术需要重点突破。目前，天基、空基与地面物联网没有完全联通，天空地一体化观测数据替代、插补和融合技术亟须加强；针对数据模态、来源和质量不一等问题，需要研发多源数据处理和海量空间数据集成技术，解决数据加工整合和信息处理的难点；加强基于天空地大数据的水土参数反演、信息提取技术和算法研究，针对耕地资源、农作物资源、水域资源、农用地后备资源的调查监测技术亟待突破，以解决数量、位置和权属等资源家底不清、权属不明的问题；针对水土资源的动态性、异时异地相关性等特征，需要重点加强综合空间和时间机制的动态模拟模型研发。

（三）加快推进农业水土资源环境监测与服务跨部门融合和跨学科交叉

我国农业水土资源监测涉及农业农村部、自然资源部、水利电力部、国家林草局、国家气象局、生态环境部等多个部门，以及土壤学、水文学、气候气象学、生物学、信息学、遥感学等多个学科。要实现农业与资源生态环境的协调发展、区域水土资源的最优配置，需要加大多部门、多学科交叉融合力度，综合利用地理信息技术、互联网技术，建立面向应用的农业水土资源监测信息共享和服务平台，实现基于用户、数据及服务分级的访问控制和系统监控等功能，促进多部门协作联动，为国家粮食安全、生态安全和区域发展等战略决策提供科技支撑。

二、草原生态环境监测的发展需求

（一）以草原固定监测点建设为抓手，完善生态环境监测体系

尽快将草原固定监测点建设作为突破口，科学评估监测点选址，明确建设规范，增加国家级草原固定监测点数量，优化固定监测点网络布局，扩大草原生态环境监测范围。我国在草原生态环境监测中尚未形成长期、固定、标准化的监测流程。调研数据显示：一是目前我国有20%的区域尚未进行5年以上连续监测，实时监测比例仅为36%，仍有45%的地区监测频率只能维持每年1次，对加强长序列、高频次连续监测工作有明显需求。二是仍有37%的区域尚未完成草原生态环境监测标准化工作，加强草原生态环境规范化、标准化监测不仅是科技研发的需求，也是管理部门和一线工作人员的现实需求。应当尽快建立我国草原生态环境中长期监测与实时监测机制，保证每3～5年完成一轮草原生态环境常规监测和重点区域综合监测，每10～15年完成一轮全国草原生态环境全面监测（图10-1）。

不同区域受访者对当地草原生态环境监测标准化的评价见图10-2。

（二）全面提升草原生态环境监测水平，丰富信息服务内容

调研显示，目前对优化我国草原生态环境监测技术、丰富相关信息服务内容的需求非常强烈。在草原生态保护监测方面，迫切需要围绕土地利用（43%）、生物多样性（33%）和荒漠化（21%）三大问题深化监测，提高定量监测和评价方法的有效性与准确性。在草原畜

刚开始，7%　1年，2%

2~4年，10%

5年以上，81%

a. 已开展草原生态环境监测的时间

其他，12%　实时监测，36%

每年1次，23%

每月1次，7%

看情况定，22%

b. 开展草原生态环境监测的频率

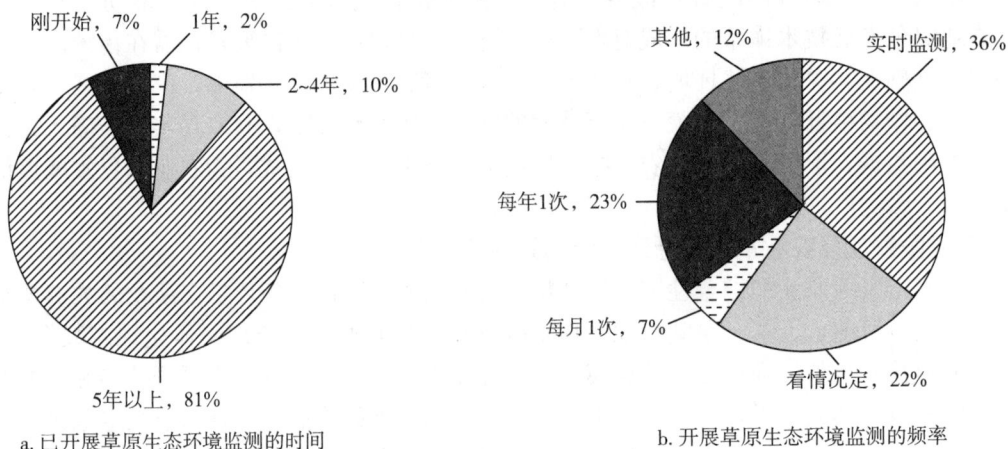

图 10 - 1　所在区域草原生态环境监测频次情况

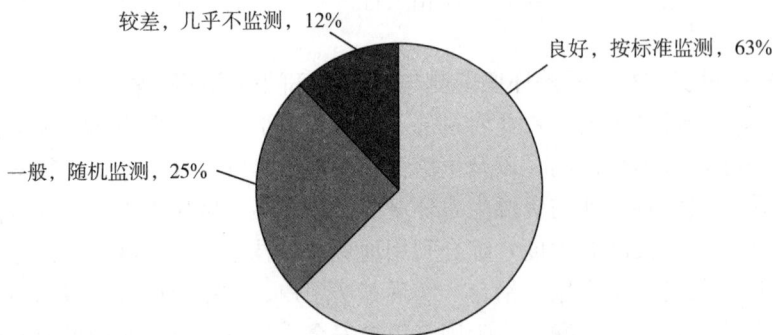

较差，几乎不监测，12%　良好，按标准监测，63%

一般，随机监测，25%

图 10 - 2　草原生态环境监测标准化评价情况

牧生产方面，对草畜平衡监测技术研发和推广的需求比例高达 44%，其余依次为草原承载力（24%）、生产力（24%）和物候（8%）方面的监测技术；在信息服务方面，对灾害防治预报的需求比例高达 55%，对畜牧业服务需求为 30%，对测产和墒情预报方面的信息服务需求比例分别为 10%、5%（图 10 - 3）。

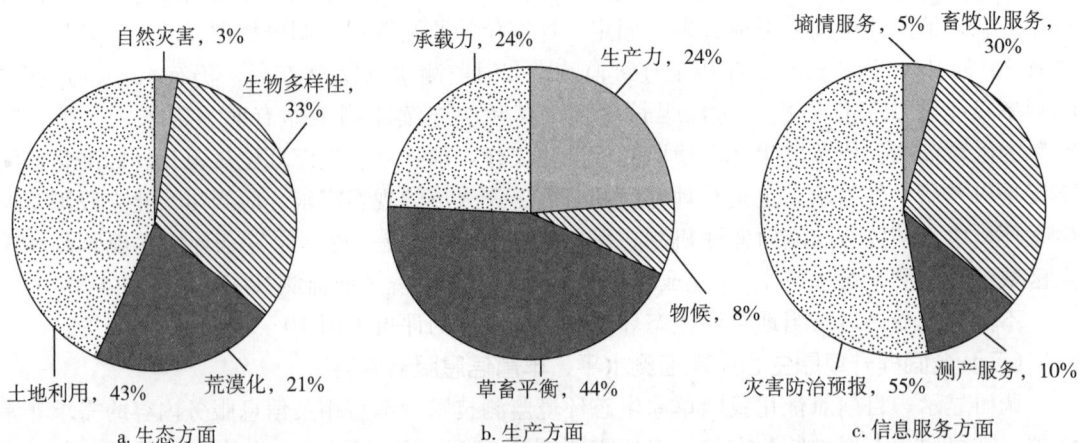

自然灾害，3%

生物多样性，33%

土地利用，43%　荒漠化，21%

a. 生态方面

承载力，24%　生产力，24%

物候，8%

草畜平衡，44%

b. 生产方面

墒情服务，5%　畜牧业服务，30%

灾害防治预报，55%　测产服务，10%

c. 信息服务方面

图 10 - 3　草原生态环境监测和信息服务的技术与内容需求

（三）强化我国草原生态环境监测与服务保障体系

加强保障体系建设是草原生态环境监测和信息服务发展的重要需求。调研数据显示，受访者对于国家政策支持、监测体系的完善、资金保障、人才队伍建设四个方面的需求较为均衡，需求比例总体上差异不大（图 10 - 4）。其中，在国家政策支持方面，49％的受访者认为当前最需要国家专项资金投入，34％的受访者认为需要增加专项岗位。在监测体系完善方面，大部分受访者（57％）认为监测队伍建设需求最为迫切，其次依次为提高监测执行能力（20％），建立完善的监测标准（19％），开发、推广和应用监测仪器（4％）（图 10 - 5）。

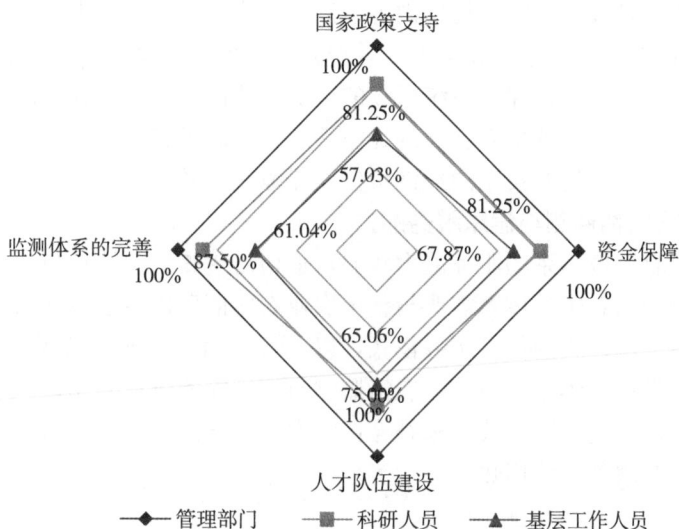

图 10 - 4　草原生态环境监测与服务保障体系

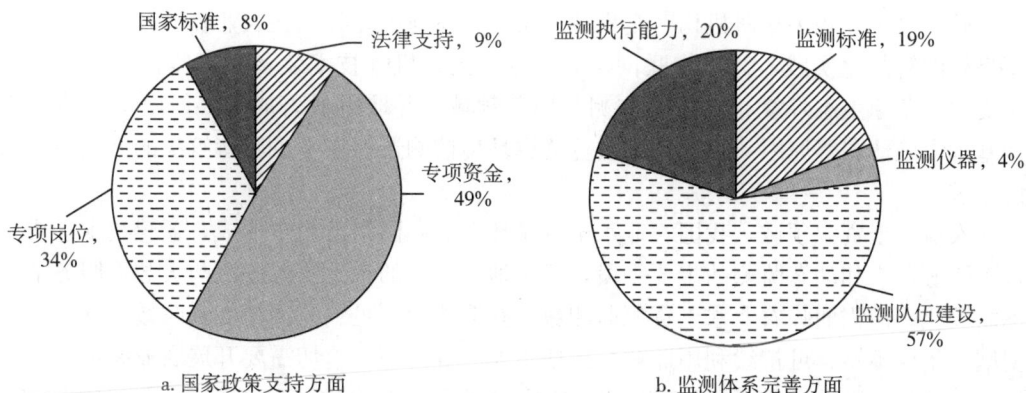

a.国家政策支持方面　　　　　　　　　　b.监测体系完善方面

图 10 - 5　草原生态环境监测与服务政策、监测体系需求情况

三、农情监测的发展需求

（一）亟须提高农情监测技术的广适性和实用性

我国在农情监测领域的 3S、传感器、大数据等技术还比较落后，需要全面提升监测与服务技术，特别是针对实用性强的监测指标与智能化诊断调控模型相关技术，要加大研发力度，力争早日取得实质性突破。一是关于农情监测与信息服务体系，需针对农业生产者所关心的监测指标与诊断调控功能不断创新完善，不断提升信息服务决策支持的准确性与时效

性。二是树立需求导向，目前研究对象主要侧重叶绿素、LAI、叶倾角和生物量等监测指标，而经营主体对于叶龄、分蘖等实用化的、能够指导肥水管理的监测指标有一定规模的需求，需要加大攻关研究力度。三是农情监测诊断调控需要与决策模型、人工智能等手段相结合，为一线农民提供最直接的决策指导，降低信息技术使用门槛，提高技术应用能力。

（二）迫切需要完善农情监测与信息服务系统功能

农情监测与信息服务系统在研发和建设方面都不成熟，迫切需要全面完善，提升系统的兼容性与经济性。农情监测与信息服务系统在设计时，需充分考虑要能够与大屏、计算机、手机、现代农机等多种设备兼容，提供内容准确、形式多样的信息服务接口，解决信息服务"最后一公里"的问题；农情系统在建设时，需充分考虑"卫星-无人机-物联网-手持终端"多种监测平台的相互兼容性，保障系统后续的可扩展特性。另外，农情监测与信息服务系统涉及的核心业务系统，需坚持配套软件的经济性原则，满足农业生产者信息化建设成本的控制要求，产生理想效益，提升技术的经济价值，保障业务系统生存和迭代。

（三）亟待提升农情监测与信息服务能力

农情监测与信息服务体系的服务能力较弱，迫切需要提供一站式与专职性业务服务。具体来看，农情监测与信息服务体系需要与整个农业农村信息化体系相互兼容，形成"生产—加工—流通—消费"一站式的信息服务模式，以此打破信息壁垒，避免多系统间烦琐切换，形成一体化农业信息服务体系。另外，农情监测与信息服务体系的完善，离不开人才培养与专业机构建设，以商业化的服务公司来补充传统农情服务体系，减轻用户学习负担，激发用户对相关技术产品与服务的使用热情。

第四节　本章小结

在政府牵头，相关科研机构、企事业单位合力参与下，我国在农业资源环境监测领域开展了良好的智慧化实践，3S、物联网、大数据、无人机等技术装备正逐步推广应用于农业水土资源、草原生态环境、农情等监测与服务领域，并取得显著成效。但由于整体起步较晚、基础设施薄弱等原因，目前我国农业资源环境监测还存在不少亟待解决的问题与亟须满足的需求。

在农业水土资源领域，我国农业水土资源环境监测网络已初步形成，遥感技术已成为农业水土资源调查和动态监测的主要手段，天空地一体化的水土资源监测与大数据服务平台应用不断深化。但仍面临农业水土资源监测数据获取能力不足、监测精度和时效性不高、模拟模型耦合集成不够、可持续利用监测与评估不充分等问题，迫切需要开展农业绿色发展监测与评估，加强农业水土资源环境监测关键技术研发，着力推进跨部门协同和跨学科交叉工作。

在草原生态环境领域，当前国家级草原固定监测点建设已逐步完善，基于3S技术的草原生态监测系统初步建成，综合无人机、视频智能监控系统的草原灾害监测逐步试点推进，依托大数据平台的草原生态信息服务正快速发展。但针对草原生态环境的相关遥感监测技术还比较落后，地面监测与传输技术仍难以满足需求，固定监测点建设数字化水平不高，监测体系尚不健全，监测数据分析和处理能力有待提升，监测结果产品化应用不够广泛。为此，亟须以草原固定监测点建设为抓手，完善生态环境监测体系，全面提升草原生态环境监测技术，丰富信息服务内容，强化相关保障体系。

在农情领域，遥感监测技术已成为我国农情动态监测的主要手段，物联网等地面监测技术已逐步被推广应用，农情监测与大数据信息服务集成建设成效显著，但仍存在监测数据获取能力不足、技术体系与系统平台建设不完善、监测与服务系统使用率低等问题。需要尽快提高农情监测技术的广适性和实用性，完善农情监测与信息服务的系统建设功能，提升农情监测与信息服务能力。

参考文献

姜亮亮，马林，2018. 草原监测工作现状及发展对策探讨［J］. 大连民族学院学报，20（4）：319-322.

鞠昌华，朱琳，朱洪标，等，2016. 我国农村环境监管问题探析［J］. 生态与农村环境学报（5）：857-862.

梁社芳，魏妍冰，余强毅，等，2020. 基于文献计量的农业土地资源监测态势分析［J］. 中国农业信息（1）：104-114.

刘恺，谭泗桥，刘志杰，等，2019. 稻田农情监测技术研究进展及发展趋势分析［J］. 企业技术开发，38（4）：44-47.

唐华俊，吴文斌，杨鹏，等，2010. 农作物空间格局遥感监测研究进展［J］. 中国农业科学，43（14）：2879-2888.

唐华俊，吴文斌，余强毅，等，2015. 农业土地系统研究及其关键科学问题［J］. 中国农业科学，48（5）：900-910.

田晓宇，辛晓平，刘欣超，等，2020. 草原生态环境监测现状与需求［J］. 中国农业信息，32（5）：60-71.

吴炳方，张淼，曾红伟，等，2019. 全球农情遥感速报系统20年［J］. 遥感学报，23（6）：1053-1063.

谢安坤，周清波，吴文斌，等，2018. 农业土地系统的耦合特征及其研究进展［J］. 中国农业信息，30（1）：39-49.

第十一章

国内智慧农业典型应用场景分析

随着信息技术与农业融合进程的加快，全国各地结合当地农业资源禀赋与信息化基础优势，探索形成了一批典型的智慧农业应用场景，为全面推广智慧农业提供典范。本章结合各地典型案例与经验，从场景概述、场景特点、适宜性分析等方面总结了智慧种植、智慧养殖、农产品智慧供应链、农业大数据智能与信息服务、农业资源环境监测等国内智慧农业应用场景，旨在为其他地方开展智慧农业示范推广与产业发展提供借鉴。

第一节 智慧种植典型应用场景

智慧种植是将智慧农业技术应用于耕整地、育种、播种、管理、收获等生产全过程，实现智能环境监测控制、水肥药精准施用、农机智能化升级的一种现代生产方式，可以显著提高种植业生产效率与资源利用效率。当前我国智慧种植的应用场景主要有以下 3 种：一是大田精准作业场景，二是基于物联网的智慧园艺场景，三是植物工厂场景。

一、场景一：大田精准作业

（一）概述

大田精准作业场景是指运用互联网、物联网、卫星导航定位、云计算、大数据等现代信息技术与手段，推动信息化与农机装备、作业生产、管理服务深度融合，实现大田生产耕、种、管、收等全作业环节装备智能化、作业精准化、管理数据化的智慧生产场景。大田精准作业自 20 世纪 90 年代引入我国以来持续快速发展，目前已在不同地形条件下的规模化种植过程中得到广泛应用。

（二）场景特点和适宜性分析

1. 特点 大田精准作业场景主要依靠微处理器、传感器和无线通信系统等进行信息采集和传输，实现对农机等生产装备的智能控制，具有精准化、智能化、高效化等特点。在精准化方面，通过集成卫星导航定位、环境信息采集、遥感监测、农业专家等多套系统，智能农机能够实现精准整地、精准播种、精准施肥、精准灌溉、精准收获等操作；在智能化方面，依托大数据背景构建的智能农机服务平台，能够实现农机运行信息自动采集与分析、远程在线操控等智能化操作；在高效化方面，智能农机通过自动控制系统能够独立完成一系列的种植操作程序，从而减少人工干预，降低劳动强度，提升工作效率。

2. 适宜性 基于大型智能农机的大田精准作业，主要适用于我国东北、华北、华东和西北地区规模化大田种植区域。我国幅员辽阔，北方地区地势平坦，拥有大面积的连片农田，南方地区的农田得益于农业产业结构调整和生产模式转型的红利，也显现出集中化经营的趋势。大面积成片农田的增加为大型农业机械的应用提供了有利条件和广阔空间。

中小型智能农机主要适用于我国南部、西南部和中部丘陵山区地带。我国山地、高原、丘陵、沙漠等约占国土总面积的 66%，全国近 70% 的县区分布于山区（表 11-1）。受自然耕地条件、耕作制度和种植模式、装备供给矛盾以及经济发展水平等因素的影响，与平原地区相比，山区丘陵地带农机化发展相对缓慢，机械化程度不高。近年来，各级农机化主管部门将丘陵山区农业机械化的推进工作提到重要位置，以"因地制宜、突出重点、综合施策、合力推进"为发展思路，通过完善补贴扶持政策，加快中小型农机装备技术研发推广，推行丘陵山区标准农田建设、农田宜机化改造等措施，为中小型智能农机的推广应用创造了有利条件。

表 11-1 基于智能农机的大田精准农业适用性分类

场景类型	适用技术装备	适用区域	适用面积	适宜作物	配套措施
基于大型智能农机装备的大田精准作业	耕整地装备、深松监测系统、精量播种、变量施肥装备、侧深施肥系统、变量施药系统、植保无人机、产量监测系统、联合收割机、北斗自动导航系统、水肥一体化系统等	东北、华北、华东和西北地区规模化种植区域	1 000 亩以上	大豆、玉米、水稻、小麦、棉花	高标准农田建设
基于中小型智能农机装备的大田精准作业	丘陵山地拖拉机、中小微型耕整机、直播机、插秧机、水肥一体化装备、无人机飞防、收获装备、轨道运输等	南部、西南部和中部丘陵山区地带	50～1 000 亩	水稻、玉米、油菜、蔬菜、薯类、甘蔗、甜菜、烟草、花生等	农田宜机化改造、土地流转、农机农艺融合、农机社会化服务、适用于机械化种植的品种培育

（三）典型案例：北大荒农垦

1. 案例基本情况 北大荒农垦地处我国东北部小兴安岭南麓、松嫩平原和三江平原地区，辖区土地总面积为 5.54 万千米²，现有耕地 4 448 万亩、林地 1 362 万亩、草地 507 万亩、水面 388 万亩，是国家级生态示范区。北大荒农垦作为我国农业先进生产力的代表，发展现代化大农业具有得天独厚的优势，已成为国家现代化程度最高、综合生产能力最强的商品粮生产基地和现代农业示范基地。其土地资源富集，耕地集中连片，适宜大型机械化作业，基础设施完备，基本建成防洪、除涝、灌溉和水土保持四大水利工程体系，有效灌溉面积 2 394 万亩，占耕地面积的 53.8%，建成生态高产标准农田 2 715 万亩，占耕地总面积的 61%。主要农作物耕种收综合机械化水平达 99.9%，拥有农用飞机 100 架，年航化作业能力 2 328 万亩。农业科技贡献率达 68.2%，科技成果转化率达 82%，居世界领先水平。北大荒农业生产已经实现全程机械化，从整地、育苗、播种、管理到收获等各环节，放眼全球，均领先于同行业。

2. 主要做法与成效

（1）智能农机作业推动精准化。通过购置智能化农机或改造升级现有农机装备，提高耕整地、播种、施肥、喷药、收获等全程智能化作业水平、作业效率和土地利用率，促进农业提质降本增效，使传统农业种植管理向精准智慧农业发展升级。例如，红旗岭农场采用精密气吸式播种机进行水稻播种，实现了株距均匀、深度一致、出苗一致。闫家岗、沙河农场利用植保无人机，每天每台可完成 400 余亩农药精准喷洒，可提高农药防治效果 25% 以上，降低农药使用量 35%，节约用水超过 50%。红卫农场应用搭载高光谱传感器的无人机系统，利用田间 SPAD 监测，通过反演获取高光谱信息和高分辨率图像，实时生成肥力处方图，后期在水稻的生长过程中实现了变量追肥。

（2）开展无人化农场示范建设。目前，北大荒农垦已开展无人化农场建设，利用卫星导航定位、物联网、大数据、人工智能、5G、机器人等新型技术装备，对设施、机械、系统等进行远程控制、全程自动控制或机器人自主控制，实现全天候、全过程、全空间的无人化生产作业。例如，红卫农场购置了艾禾无人驾驶全履带拖拉机、丰疆智能无人驾驶插秧机、无人机等智能机械 10 余台，通过集成应用智能化育秧系统、天空地人一体化农情综合监测系统、田间智能摄像头、农机作业指挥服务系统全面开展无人农场项目建设，示范无人作业面积达 412 亩。

（3）应用 5G 技术全面提升数据传输能力。2019 年，七星农场率先应用了具有高速率、低时延、大容量等特征的 5G 技术，高效完成水稻生产过程中生长信息、环境信息与农艺措施等信息采集，提高了信息传输速度，确保数据采集的准确率，实现在种、管、收、储、运、加、销等环节农业大数据的精准收集与传输，有效提升大数据分析、决策能力，实现农业标准化生产，促进了农业智能化、信息化快速发展。

3. 经验借鉴

（1）注重标准体系建设。北大荒农垦已建成现代化的农业生产标准体系，标准化覆盖率达 100%。针对春播、夏管、秋收等生产环节，北大荒制定了 80 多项生产标准和技术标准，为实现标准化、机械化和智能化作业奠定了良好基础。例如，红卫农场针对原来田间池埂多、格田大小不一、地势偏差较大等问题，开展标准化格田建设，便于卫星平地机开展格田改造，实现农田高精度平整，有效减少田间灌排渠占地，扩大水稻格田面积，提高土地利用率，实现节约用水，提高机械作业效率和田间管理水平，促进农作物增产增收。

（2）积极推广应用先进信息技术。北大荒农垦为大型农机配备了卫星定位自动导航驾驶系统、智能数据监控和传输系统，有效推进农机装备向数字化、智能化、高效节能化转型升级。通过集成物联网技术、3S 技术、互联网技术、5G、音视频技术等，不断推进农业可视化远程诊断和控制、水肥药精量控制、灾害预警等智能管理，推动农业生产方式向信息化、自动化、数字化、智能化和无人化方向转变。

（3）注重科技创新与交流合作。除使用大型数字化农业机械外，北大荒不断加大科技投入和创新力度，为发展智慧农业提供技术支持。目前，垦区拥有国家级农业科技园区、国家级杂粮工程技术研究中心各 1 个，国家级农业产业技术体系功能研究室 2 个，综合试验站 7 个，部级检测中心 3 个，省级农业科技园区 3 个。垦区拥有专利 1 832 件，其中发明专利 505 件，与中国农业机械化科学研究院、国家农业智能装备研究中心、吉林大学精准农业研究中心、江苏北斗农机科技有限公司等 21 家行业知名单位签订了技术合作协议，加快了水稻全程智能化发展进程，积极探索和示范引领智慧农业的发展。

二、场景二：智能玻璃温室

（一）概述

智能玻璃温室是指以玻璃作为采光材料的智能温室，利用物联网、精准作业、智能控制等技术装备开展生产，对作物生长环境进行智能控制，实现园艺作物播种、移栽、补苗、扦插、采摘、运输等全程智能生产与精准管理，在蔬菜瓜果种植、花卉生产、育苗和中草药种植中得到广泛应用，有效提升了设施农业生产效率与产品品质，达到高产优质的生产目的。

（二）场景特点和适宜性分析

1. 特点　应用物联网、智能控制、植物生长模型、深度学习等现代信息技术软硬件产品，不断加强信息化与设施农业的融合，具备水肥药精准管理、环境智能控制、病虫害预测、农事自主操作、可视化展示与分析等功能特点。

2. 适宜性　玻璃温室作为栽培设施中使用寿命最长的一种形式，在多种地区和气候条件下均可应用，主要适用于设施果蔬、种苗生产和中草药生产等产出效益较高的产业。具有一定的经济条件和基础设施的生产企业或园区，通过建设完善的环境信息采集系统、温室控制系统、园艺智能装备、工厂化智能育苗技术集成系统等，可有效解决设施生产环境可控能力弱、人工成本高、自动化作业程度低等问题，实现各作业环节的智能化、数字化、信息化。

（三）典型案例：寿光智慧农业科技园玻璃温室

1. 案例基本情况　山东省寿光智慧农业科技园于 2020 年建成，占地 120 亩，重点建设了 80 000 米² 和 9 000 米² 的智能温室各 1 个、700 米² 的植物工厂 1 个、1 600 米² 的潮汐式育苗温室 1 个、不同保温材料的高标准日光温室 6 个，温室建设总投资 2.2 亿元。该温室由国内自主创新设计，建立了面向现代设施蔬菜生产的数字化智慧管控系统，为全国设施蔬菜产业的现代化发展提供了示范样板。

2. 主要做法与成效

（1）建设下沉式大斜面外保温低能耗连栋温室。以下沉式、大斜面、外保温为创新设计要素，引领我国本土化大型玻璃温室的研发应用。温室顶部采用大斜面设计，安装滑动式保温被，加温能耗理论计算比荷兰温室降低一半以上；采用三玻两腔玻璃作为四周围护结构，提高了外立面的保温能力，减少了侧立面窗户和湿帘的安装，显著降低了漏风漏气的可能性。由于该温室优化了主体结构，采用了外保温等一系列创新设计，与普通连栋玻璃温室相比，节能率达到 33%～50%。

（2）布设基于正压过滤消毒调温技术的环境智能控制系统。该温室具有智能化温湿度调控、日光温室余热回收、空气自动过滤、二氧化碳补施、臭氧消毒等多项环境智能控制功能，这些功能由以下系统集成实现：基于正压通风的温室环境综合智能调控系统、温室空气余热热泵智能调温系统、基于正压通风与高压喷雾的立体降温系统、二氧化碳补施系统、臭氧消毒杀菌系统等。该温室通过综合利用前沿技术，大幅降低了年运行成本，节约了能耗。

（3）配备设施果菜高效智能栽培管理系统与装备。该温室部署了覆盖育苗、栽培、施肥施药、灌溉、采摘等全环节的智能栽培管理系统与装备。其中，潮汐式智能育苗系统主要包括总面积为 1 040 米² 的潮汐式苗床、过滤消毒设备、营养液循环管道及控制系统等，辅助实现幼苗生长智能监测、营养液回收利用和智能控制等功能，具有高度集成的特点，明显提高了幼苗质量；分布式智能水肥一体化综合管理系统可根据生产实际自调灌溉施肥策略，实现产量翻倍、节水 60%、水分利用效率提高 1 倍以上；机器人调度系统，可智能控制采摘机器人、巡检机器人、授粉机器人、运输机器人等 20 多个机器人，可实现授粉、运输、巡检等自动化作业，显著节约了人工投入。

3. 经验借鉴

（1）运用前沿技术装备，发展绿色智慧农业。寿光型智能玻璃温室，采用三玻两腔玻璃作为外立面透光保温层，保温能力是普通中空玻璃的 5 倍，综合配套温室环境智能控制系统、设施果菜智能栽培管理系统、农业机器人等智能装备，全面实现节水、节药、节肥、节人工，营养液可回收、废弃物零排放，相较于荷兰智能玻璃温室，整体能耗降低一半以上。

（2）以专家团队为支撑，进行温室结构自主创新。寿光智慧农业科技园与国家农业智能装备中心合作，结合寿光的地域与气候特点，摒弃荷兰传统"文洛式"玻璃温室结构，自主创新研发了"下沉式、大斜面、外保温"的中国寿光型智能玻璃温室，对联栋玻璃温室进行全面智能化升级，共应用专利技术达 120 余项，深化了我国智慧农业领域的产、学、研、用协同创新与科技成果转化落地。

（3）启动智能温室标准制定，建立规范化、可持续发展机制。随着园区持续深入运行，寿光市农业农村局牵头开展了国产智能温室相关标准的研制工作，通过集成机械化操作和人工智能方面的种植技术规范，对本土化大型玻璃温室设计建造、节能、实际运行等指标参数进行试验验证，得到了温室设计、生产、设施设备操作方面的第一手数据，为制定外保温节能型智能温室设计建造标准提供了基础支撑，逐步建立起我国智能玻璃温室领域的规范化、可持续发展机制。

三、场景三：植物工厂

（一）概述

植物工厂是将现代生物技术、建筑工程、环境控制、材料科学、设施园艺和计算机、AI 大数据等多学科集成创新，通过计算机对温度、湿度、光照、二氧化碳浓度及营养液等因素进行智能控制，实现全天候高效生产的一种知识技术高度密集的农业生产方式。

（二）场景特点和适宜性分析

1. 特点 植物工厂是设施农业发展的高级阶段，具有不依赖土壤与气候环境条件、周年稳定生产供应、高产（空间利用率高）、产品质量高、资源利用率高等特点。通过植物工厂进行作物栽培无须使用农药，水肥用量相较传统种植方式减少 90%，符合农业绿色可持续发展的要求，另外，还可以克服环境污染对植物生长的影响，保障食品安全，有效应对全球气候变化、自然灾害频发等。

2. 适宜性 从作物种类看，植物工厂种植场景更适宜于果蔬作物，尤其是番茄、生菜等生长周期较短的速生叶菜和果菜；从应用区域来看，植物工厂由于不受外界自然环境的影响，可以在任何区域进行应用，尤其是在自然环境恶劣、耕地匮乏区域更能凸显其作用。

（三）典型案例：福建某植物工厂

1. 案例基本情况 福建某植物工厂是由中国科学院植物研究所与某科技公司联手打造的全球单体面积最大的植物工厂，其整合了先进的自动化农业生产科技、领先的生长调节技术、高附加值的光生物栽培及提取技术，具有较高的技术含量和附加值。该植物工厂自 2016 年 6 月正式投产以来，主要生产高品质蔬菜、特种药用植物及用于提取抗肿瘤、抗病毒、抗衰老的珍稀植物等，可实现年产高品质蔬菜 700 多吨，相关产品主要销往厦门、福州和泉州等地，得到了消费者的高度好评。

2. 主要做法与成效

（1）完善植物工厂科研生态。为保障植物工厂的顺利产业化运营，该公司依托下设的光生物产业研究院不断完善科研生态：在人才支撑方面，研究院着力打造以博士和硕士为主的专职研究团队，目前规模已超 160 人；在科研环境方面，研究院提供有 18 个大型植物生长箱、4个50米²植物生长室、10个20～30米²植物生长室、4个500米²特种药用植物室、19个30米²特种药用植物室、1个1 500米²植物组培研究室，均用于实验研发；在技术支撑方面，中国科学院植物研究所和该科技公司强强合作，中国科学院植物研究所主要提供光生物学技术支持，该公司提供从芯片、封装到成品的全产业链技术保障。

（2）重视成果转化。该科技公司专注于光生物学应用、室内农业人工智能、植物生长照明与环境控制等技术研究，为复杂的室内农业提供解决方案，推动农业生产技术变革。现已取得多项技术突破，并将科技研发成果成功转化，目前在全球范围内已建成研发平台面积超1万米²，自营及市场化对外输出植物工厂总面积超过11万米²，植物工厂模组化智能硬件设备已向美国、加拿大、日本、韩国等20多个国家出口，行业应用解决方案在国内外多地开展应用。

（3）建设标准化生产技术规程。该植物工厂从育种、催芽、炼苗、移植、生长、采收、包装、储藏等环节建有一整套标准化流程，实现了全流水线生产。目前已通过食品安全管理体系ISO 22000认证和质量管理体系ISO 9001认证，其蔬菜产品经良好农业规范GAP一级认证，出色完成了2017年金砖国家领导人厦门会晤的餐宴保障任务。

3. 经验借鉴

（1）高度重视植物工厂关键技术研发。该植物工厂借助中国科学院植物研究所和福建某公司的技术资源和资金基础，不断加强植物工厂关键技术产品研发，包括植物光配方研发、植物照明产品研制、高效均衡植物营养液开发及其循环利用方式创新、蔬菜品种选择及其栽培方式优化、智能化栽培设施研制等，产品性能和特点优势突出。其研发的模块式整合栽培系统获得2019年"红点奖—产品设计奖"，并已向欧盟、美国、日本等10多个国家和地区出口。

（2）加强信息技术、工程技术和生物技术融合。植物工厂技术是一种综合性、跨学科的种植模式，需要强化信息技术、工程技术、生物技术等多技术的交叉融合。该植物工厂基于信息技术自主研发的PlantKeeper™数字化植物工厂管理系统，可为包括叶菜、茄果、香料、花卉和药材等在内的300多种作物提供最佳种植管理方案，能够精准控制植物工厂内每个设备，确保设备全天候正常运行，为种植者节省大量人力。

（3）不断强化自主创新。该公司高度重视自主创新能力的培养，不断夯实科技研发基础，在科研创新方面取得了优异成绩。已成功开发出80余种专用光谱配方、6类高效优质专用营养液、自动化栽培模组、4大类型100余款植物专用灯具，并在植物生产技术和栽培模式上取得原创性突破，实现生菜和白菜35天（从种子萌发到采收）达到单株120～150克的产量。截至2020年5月，已申请、授权的国内外专利达到416件，其中，PCT专利和发明专利占65%以上，各项科研成果在生产实践中均取得了良好效益。

第二节　智慧养殖典型应用场景

当前，我国在智慧养殖方面主要形成以AI养殖、智慧养殖大数据管理、无人渔场等为代表的典型应用场景，智慧农业技术应用覆盖环境监测、物料饲喂、个体监控、远程诊断、质量追溯、粪污处理、养殖决策、市场监管等养殖业全过程的各个环节，明显加速了养殖业现代化发展进程。

一、场景一：AI 养殖

（一）概述

AI 养殖即人工智能养殖，是智慧养殖的重要内容，指将视频图像分析、面部识别、语音识别、物流算法等人工智能技术融入养殖的各个环节。其基于人工智能的牲畜识别技术，未来会成为连接养殖户、保险机构、银行、政府监管部门等一系列主客体的关键技术。目前国内已有部分企业开始对全程智能养殖系统开展探索，涌现了一批典型案例，为提升养殖质量和效率提供了典范。

（二）场景特点和适宜性分析

1. 特点　AI 养殖是智慧畜牧业的重要内容，具有环境和品种适用性强、系统小型化、低功耗运行，信息数据自动采集、存储、运算、传输，多区域多元信息指标实时监测等功能特点，同时也具有前期投入成本较高的现实问题。

2. 适宜性　AI 养殖适用于以圈养为主，具有一定经济实力的中型以上规模化养殖企业，其规模越大、性价比越高，涉及牛、羊、猪、鸡、鸭、鹅等畜禽，以及水产多品种养殖，我国的畜牧与水产养殖大省可通过政府支持、企业融资等方式加快全程智能养殖系统的普及应用。

（三）典型案例：某电商公司 AI 养猪

1. 案例基本情况　某电商公司 AI 养猪，在吉林某公司山黑猪养殖园，某电商公司利用人工智能、互联网等技术来养猪，在数字科技手段上，重点应用 3D 机器视觉技术、声纹识别技术、物联网技术、区块链技术；在操作方式上，使用农业级摄像头、养殖巡检机器人、饲喂机器人、伸缩式半限位猪栏等现代化神农物联网设备，依托"猪脸识别"和"声纹识别"技术，实现覆盖生猪养殖过程中的环境调控、饲喂管理、健康诊断、质量追溯以及粪污清理等全方位多环节自动化、智能化操作，有效替代人工养殖，实现机器人饲喂、生猪精准管理、智能环境调控、疫病实时监测预警以及全程质量安全追溯，提高生猪养殖效率。

2. 主要做法与成效

（1）智能巡检。通过智能巡检设备，实现对活体的运动追踪、行为播报等功能，实现远程控制和监察，减少人力成本，实现高效养殖。智能巡检系统通过 24 小时全方位监控，能够及时发现异常情况，为管理人员提供猪场实时情况，避免猪场生产损失；智能巡检系统利用神农大脑实时更新数据，对数据处理分析，建立智能数据储备库，为生产决策提供比较精准的依据，利用机器自动巡检，有效降低了人工成本，提高了生产效益。

（2）精准饲喂。精准饲喂系统可以根据猪只日龄、体况等个体指标，生成饲喂曲线，实现自动饲喂，还可以自配规则，实现定时、定量饲喂，有效提高料肉比。在投料方面，精准饲喂系统误差小于 50 克，有效控制饲料成本，实现精细化养殖。在饲喂方式上，制定科学饲喂套餐，实现干湿料混合状态，满足猪只营养需求。智能饲喂系统还可检测到余食状态，根据剩余饲喂情况进行数据分析，有效控制下料量，减少饲料浪费。

（3）环境管控。通过部署的传感器设备实时监控环境数据，并对数据进行统一管理、智能分析、自动调节、及时预警上报，确保环境数据保持最佳状态。环境控制系统通过实时监测周围环境，掌握猪场环境状况，均匀收集数据分布密度，保障环境数值准确。当监测到环境异常状况时，自动启动预警，并将环境自主调节到适宜状态，时刻保证最优的猪场环境。

（4）疫情监测。智能识音系统利用 AI 声音识别技术对猪群声音（咳嗽、哮喘）分析和处理，及时发现异常猪群。利用 AI 图像识别技术及时发现并处理异常猪只，有效掌握猪只身体健康状况，全方位监控猪只行为变化，对异常猪只及时预警。根据相关报道，AI 养殖能够有效实现节本增效，在投入方面，每头猪的饲养成本降低了 80 元，饲料成本、人工成本分别减少 10％和 30％；在产出方面，生猪出栏时间缩短了 5～8 天，20 万头的生猪最少可多创收 1 200 万元；如果推广到整个中国的养猪业，每年可以实现节约成本至少 500 亿元。

3. 经验借鉴

（1）以机械化和智能化代替人工。AI 养殖重点针对养殖环境监测控制、养殖场内部巡查监督、生猪投料饲喂、养殖场清理等重复性多、规律性强的工作，尽可能采用机械和人工智能技术予以解决，以降低劳动力强度，提高养殖效率。

（2）借力人工智能手段解决养殖过程中的重点问题。该电商公司以人工智能技术为依托，重点针对生猪养殖过程中的疫病防控、精准饲喂、环境控制三大核心问题开展技术研发应用，实现了疫病及时发现诊断、饲喂精准控制以及环境实时调整，有效降低了生猪养殖过程中的关键风险。

（3）派驻专业团队进行技术支持。派驻 3～5 名从事 AI 养殖系统技术的人员在养殖场进行施工指导，培训技术服务人员，在 AI 养殖农场周边设置服务中心，为周边省份提供后期维护、安装、报修等服务。

二、场景二：智慧养殖大数据管理

（一）概述

智慧养殖大数据管理是指覆盖生产、加工、销售等养殖产业各个环节的数据采集管理分析和利用，通过大数据边缘计算、大数据挖掘、农业经济模型模拟等技术方法，对数据进行管理分析，进而做出决策和创新。针对养殖业企业，能够有效降低经济运行成本，提高企业整体经营管理水平；针对政府部门，能够实现精准的养殖产业监督管控，对于制定产业规划、指定政策提供科学的数据支持。目前，一些大型的养殖企业和典型养殖大省，已针对其自身特点构建了一系列智慧养殖大数据平台，有效提升了养殖业生产经营水平及管理效率。

（二）场景特点和适宜性分析

1. 特点 智慧养殖大数据管理相对于传统养殖场景，具有大数据决策、降低劳动强度、提升管理精准度等特点。传统养殖管理中养殖耗料数据、药品管理、健康管理、市场预判、员工管理、绩效管理、经济指数等数据，基本依靠个人经验来进行人工记录和预判，数据准确性不高，导致养殖效率较低。智慧养殖大数据管理通过物联网技术对养殖场中各类信息进行采集，并运用大数据对各环节进行数据化分析，能够为决策者提供准确的饲喂情况、健康情况等数据支撑，提升养殖的精细管理能力。同时，通过智能化管理系统能够有效实现养殖环境的实时监测与自动调控，提供基于数据的决策建议，有效降低劳动强度，提升养殖业的生产效率。

2. 适宜性 智慧养殖大数据平台作为实现大数据收集、分析与应用的载体，为养殖业智慧化发展提供基础支撑，其建设应顺应养殖业智慧化转型发展。一方面，智慧养殖大数据平台适用于大型养殖企业，尤其是处于产业链生产端的大规模、多养殖户的企业。通过大数据平台的建设能够有效地为企业调整经营管理模式、优化养殖生产方式提供科学性建议；另一方面，智慧养殖大数据平台适用于青海、内蒙古等养殖业大省的相关政府部门，通过建设大数据平台能够实现地区养殖业发展水平实时监控，为所在地区提供数据支持和信息服务。

（三）典型案例：北京市某养殖公司"智慧蛋鸡"

1. 案例基本情况　北京市某养殖公司作为世界三大蛋鸡育种公司之一、国家高新技术企业和北京市农业信息化龙头企业，率先开展了企业畜牧业物联网与大数据平台的应用研究与实践，取得了明显进展。该公司通过移动互联网、大数据等技术的实施，开展了贯穿蛋鸡全产业链的"智慧蛋鸡"增值服务平台建设。作为国内优秀的"产业＋互联网"工程，"智慧蛋鸡"打通了"蛋鸡育种—种鸡扩繁—鸡蛋生产—鸡蛋销售"全过程数据流，运行中建立了种鸡数据库、蛋鸡数据库和产业数据库，通过对3个数据库的提纯、分析，构建了蛋鸡行业"大数据"应用典范，实现了大数据采集、分析、应用的科技闭环。

2. 主要做法与成效　"智慧蛋鸡"大数据平台分为"汇资讯、会养鸡、惠交易"三大板块。

（1）汇资讯。该板块汇集了养鸡人最需要的信息和技术，设立"重磅推荐、管理精髓、技术大餐、红粉鸡汤"四个栏目，分别包括精选养殖业最新政策要闻和行业动态、推送名企管理之道和先进模式、囊括蛋鸡实用技术和科技成果、展示养殖标杆风采和独家秘方等内容，旨在帮助养殖户实时了解行业动态，开阔眼界，提升养殖技术，规范内部管理。

（2）会养鸡。该板块包括养殖预案提醒、在线视频推送、市场行情发布、坐堂兽医在线、生产记录和智能分析等多种服务，为养殖户提供自助管理养殖场的平台，依托平台各项功能提升养殖水平。

（3）惠交易。该板块利用电商平台，提供雏鸡、饲料、药械、鸡蛋等在线交易服务。养殖生产物资统一集中订购，降低采购成本，提高采购效率，鸡蛋销售直接面向高校、企业、超市、批发商和零售商等不同集采群体，减少中间流通环节，解决鸡蛋难卖、价低的问题。

3. 经验借鉴

（1）生产环节全程数字化管理，提高生产效率。该公司以服务养殖户为目标，利用智能分析技术，精准追溯养殖户鸡群生产性能，开展对养殖户鸡群投入品、饲养、防疫等环节的数据化管理，为养殖户提供全程技术服务，实时监测鸡群生产性能发挥情况，调整饲养管理方式和策略，提高生产效率。

（2）全程数据互联互通，实现精准育种。建立从育种研发到种鸡生产的全生命周期管理，打通生产链、供应链、物流链、销售链、资金链各个环节的数据流，实现全程数据互联互通，建立以大数据为基础、以客户需求为导向、以国内优秀育种素材为依托的精准育种方案。

（3）平台数据资源共建共享，实现多方共赢。"智慧蛋鸡"平台建设过程中整合了生产物资供应商、养殖户、金融机构、保险公司、科研院所等多方资源，其形成的种鸡、蛋鸡行业数据库、建立的蛋鸡行业大数据应用模式，又反过来为生产物资供应商提供客源稳定的集销平台，为金融机构和保险公司提供数据支撑，为科研机构开展基础研究和政府部门制定政策提供数据依据。

三、场景三：无人渔场

（一）概述

无人渔场是智能化渔场的典型代表，是指通过传感器、人工智能、机器人、无人机、5G等新一代信息技术的系统集成，实现渔场清理、放苗、饲养、管理、收获养殖全程无人化，促使渔业生产标准化和集约化。该场景能够有效降低养殖风险和生产成本，获得较好经济效益、社会效益、生态效益，已在水产养殖规模化企业中得到广泛应用，涌现了多个以高科技渔业公司为代表的典型案例，为提升养殖质量效率提供典范。

（二）场景特点和适宜性分析

1. 特点　无人渔场具备养殖无人化、管理可视化、决策智能化的特点。在无人渔场中，一般配置有水产养殖管理平台、无线通信设备、水质监测终端设备、视频监控系统等系统平台，通过传感器、卫星图像、无人机等技术可以提高数据的数量和质量，通过机器学习、人工智能、云计算能实现更好的数据分析决策，基于智能手机和物联网等技术可以实时部署和进行信息传达，将相关的设施设备与互联网、物联网技术进行互联，把养殖户从繁重的体力劳动中解放出来。

2. 适宜性　对于淡水养殖的无人渔场，适宜于东南沿海与大型湖泊、河流附近的水产养殖规模化区域，适宜规模在 100 亩以上，能够有效降低养殖风险和生产成本，经济效益可观。深远海无人养殖渔场则适宜于福建、海南等深远海域养殖区域，适宜规模在 1 万米^3 以上，通过养殖区域向深海、远海延伸，解决了近岸养殖带来的生态压力，也解决了养殖海域空间不足的问题。

（三）典型案例：某科技公司智能化渔业养殖系统

1. 案例基本情况　该公司成立于 2016 年，是一家集物联网、大数据、区块链技术应用于运营服务的高科技公司，以水产养殖为切入点，针对目前存在的水产品供给侧矛盾突出、技术和模式落后、产业链信息孤岛林立、环境污染、渔药残留严重等核心制约因素，面向渔业供给侧结构性改革，基于物联网"六域模型"标准建立了智慧渔业的物联网运营服务平台，将零散鱼塘资源组织成规模化科技养殖服务体系，通过人工智能等算法实现 24 小时全过程监管，并通过对渔业大数据的综合开发利用，提供渔业生产资料溯源及高效利用、水产品溯源销售、渔业物联网金融等服务，自主创新设计的生态高效养殖系统，可以综合实现"高品质、高效益、零排放"的预期目标，为养殖户增产增收、为消费者保障品质、为社会保护生态。该公司已初步实现物联网"六域模型"参考架构标准与传统渔业的创新融合，并在应用层面完成了落地运营，建成了可规模化推广的循环水高效生态养殖示范基地 500 亩，申请 32 项自主发明和实用新型专利、9 项软件著作权、23 类注册商标。目前已上线运行的有智慧渔业监控平台、农户智慧养殖 App、养殖管家 App、麦渔平台、"鱼粮"区块链积分系统、物联网金融、物联网保险服务等多个系统，注册用户超过 1 万人，VIP 用户近 4 000，已服务鱼塘面积 45 000 亩以上。

2. 主要做法与成效

（1）物联网技术养殖平台。基于物联网技术，通过传感器将鱼塘前端数据传到后台，实现全方位监测。可以应用电脑监控或手机 App 随时随地掌握鱼塘的水质变化。通过数据传递，不仅能第一时间了解水中的含氧量，实行水质在线监测、移动巡查、增氧联动调控、大数据鱼情分析等，还能根据需要异地开关增氧机，有效减少巡塘次数、减少饲料浪费、节省用电支出。经初步统计，基于物联网的智慧水产服务平台通过"7×24 小时"实时在线监测，能把鱼浮头死亡率降到零，降低电耗 15%～30%，提升产量 10%。

（2）循环式处理的生态养殖。该公司将养殖基地分为两块，一半养沼虾，一半处理水。将沼虾的排泄物从管道排出，进入循环池，经过纳米曝气设备打碎，再用物理杀菌机杀菌，使菌类与藻类达到平衡，从而保证水质优良，杜绝污染，提升养殖效能。与化学用药相比，纯物理杀菌养殖由于避免了抗生素等抑菌、除菌化学品残留，能够解决目前水产品药物残留严重超标问题，为食品安全提供保障。

（3）供应链金融服务平台。该公司从鱼苗厂、鱼饲料厂到科技养殖贷款，都建立了供应链金融服务平台，为养殖户提供性价比较高的金融支撑服务。此外，还向养殖户提供市场供需大数据、成品鱼价格指数、检测销售等服务，解决养殖户的后顾之忧。目前科技养殖授信贷款完成 400 多万元，与浙江渔业互保协会和保险公司的相关合作也正在推进中，今后将进一步降低养殖户的养殖风险，更好保障养殖户权益。

3. 经验借鉴

（1）将"物联网＋大数据"融入传统渔业，提高生产效率。该公司将物联网和大数据技术融入传统渔业的创新做法，实现了信息技术与传统产业的完美结合。利用物联网终端设备，实现远程控制、在线监测、实时预警、视频监控、远程诊断等，以区块链技术为基础，以设备上链、平台链改等为手段，实现水产品大数据挖掘、水产品溯源，以及跨金融、保险、行政管理等多领域可信数据共享。

（2）数字技术下的循环养殖，实现养殖生态化。该公司的"物联网＋"生态渔业在简单改造鱼塘后，不仅能依靠科技"管家"帮忙，轻松养鱼，同时通过内部水循环，不用或少用化肥农药，实现尾水零排放。

（3）建立金融服务共享平台，保障养殖户利益。该公司通过建立金融服务共享平台，使养殖户在销售时能够实时了解价格走向，享受市场供需大数据、成品鱼价格指数、检测销售等服务，降低养殖风险，保障养殖户利益。

第三节　农产品智慧供应链典型应用场景

随着大数据、区块链、云计算、人工智能等新一代信息技术在农产品供应链中的融合应用，加速了传统物流的转型升级，形成以下四种典型的农产品智慧供应链应用场景：一是农产品仓储无人化，二是农产品透明供应链，三是农产品全程冷链物流，四是互联网餐饮服务供应链。

一、场景一：农产品仓储无人化

（一）概述

农产品仓储无人化场景是我国农产品物流发展的一种先进模式，是指采用 AGV、自动化立体仓库、人工智能算法等技术设备，实现农产品入库、存储、包装、分拣等流程智能化和无人化，是包含多个子系统的复杂工程，需要各参与方密切配合、高效协同。随着机器人、自动化设备技术的提升，大数据技术、人工智能和运筹学相关算法的应用，在需求、技术、资本的多方促进下，我国无人仓技术发展迅速，应用逐步落地，涌现出一批典型代表。

（二）场景特点和适宜性分析

1. 特点　无人仓的目标是实现入库、存储、拣选、出库等仓库作业流程的无人化和智能化操作，主要特点有：一是作业无人化。无人仓使用了自动立体式存储、3D 视觉识别、自动包装、人工智能、物联网等各种前沿技术，兼容并蓄，实现各种设备、机器、系统之间的高效协同，全流程无须人工干预。二是运营数字化。利用数据感知技术将所有商品信息进行采集和识别，然后转化为准确有效的数据上传至系统平台做进一步处理。三是决策智能化。无人仓基于人工智能算法、机器学习等生成决策和指令，指导各种设备自动完成物流作业，能够实现成本、效率、体验最优化，可以大幅度减轻工人劳动强度，效率是传统仓库的10倍。

2. 适宜性 无人仓的主要应用领域有以下几类：一是劳动密集型且生产波动比较明显的行业。如电商仓储物流，因对物流时效性要求不断提高，受限于用工成本上升，尤其是临时用工难度的加大，采用无人技术能够有效提高作业效率，降低企业整体成本。二是劳动强度较大或劳动环境恶劣的行业。如港口物流、化工企业，通过引入无人技术能够有效降低操作风险，提高作业安全性。三是物流用地成本较高的企业。如城市中心地带的快消品批发中心，采用密集型自动存储技术能够有效提高土地利用率，降低仓储成本。四是作业流程标准化程度较高的行业。如烟草、汽配行业，标准化的产品更易于衔接标准化的仓储作业流程，实现自动化作业。五是对于管理精细化要求比较高的行业。如医药行业、精密仪器行业，可以通过软件＋硬件的严格管控，实现更加精准的库存管理。

（三）典型案例：某电商企业无人仓

1. 案例基本情况 近年来，某电商企业无人仓在全国各大城市开展运营，目前形成了北京、上海、广州、武汉、成都、西安和杭州为主的智能物流中心，拥有25个智能物流园区。凭借无人科技、机器人等前沿技术的推广和应用，带来了供应链效率的全面提升，促进了当地经济的发展。以东莞智能物流中心为例，该物流中心建筑面积占地50万米^2，包含22千米长的分拣输送系统，日处理包裹160万件以上，自动立体仓库78台，可存储2 000万件以上商品。

2. 主要做法与成效

该电商企业无人仓在供应链各环节充分应用仓库管理平台、机器人、无人导引小车等先进系统和设备，目前已实现自动入库、仓储、分拣、运输和配送各环节全流程的无人化。

（1）建设仓库智能大脑。整个仓库无人技术的实现是以人工智能算法为支撑，该电商企业建立了"仓库智能大脑"，1分钟能完成千亿次计算，0.2秒就能为机器人算出680条路径，根据算法准确找到合适的存储货位、被拣货位和数量，实现货物最优化存储和调取。随着该电商企业大数据和人工智能技术的不断发展，无人仓智能大脑的"智力"将进一步升级，仓储运营效率将持续优化。

（2）自主研发货物自动收捡入库系统。依托自主研发的全球首套机器视觉批量入库系统，实现货物的秒收，解决海量的条码扫描、信息采集、自主纠错等问题，系统操作简单高效，跟传统的人工收捡货物相比，作业效率提高10倍以上，在10秒内可完成2 000件商品的信息采集，摄像头采用业内顶级的1.3亿像素线扫相机，以2米/秒的速度运行，实现对整个托盘商品的条形码进行旋转式扫描。通过视觉技术、先进算法完成图像辨认和纠错，合格的产品可实现整托盘即时入库，全自动缠膜流水线对托盘货物进行裹膜。

（3）依托机器人完成搬运、码垛与立体存储。该电商企业采用被称为"扫地机"的机器人自动导引小车（AGV）对商品进行自动搬运，采用"六轴机器人"对货物进行自动堆码存取。其立体仓库高24米，吞吐能力600托盘/小时，基于智能堆码算法，立体仓库堆垛机自动上架补货，根据商品的历史销售数据和商品的物理属性自动匹配最合适的存储货位，并指导高度为22米堆垛机器人完成货物堆垛、移动、入库。

（4）采用全球领先的出货分拣系统。该电商企业采用全球最高水平的分拣系统（交叉皮带分拣）对货物进行分拣，分拣处理能力可达到20 000件/小时，仓库中有800多个分拣滑道，全长22千米，分拣成功率为99.99%，达到国际顶尖水平，有效改善人工分拣造成的工作效率差和分拣准确率低的问题。

（5）着力打造无人化货物配送体系。随着全球首个无人配送站启用，该电商企业在无人机、无人车、无人配送站等所用环节都实现了物流配送无人化。目前其无人配送机器人在全国多个配送站点已完成调试工作，即将正式投入使用。

3. 经验借鉴　通过人工智能算法、机器人、无人导引小车、自动化立体仓库系统等的应用，极大地提高了仓储效率，降低了仓储成本。该电商企业在无人仓智能化方面走在全世界前列，成为其他物流企业学习的典范。

（1）广泛应用机器人和智能设备。无人仓建设的各个环节均采用了先进的机器人与智能设备。自动识别系统、自动导引小车 AGV 系统、自动卷膜系统、六轴机器人、智能分拣系统、智能传送系统、无人机智能配送系统以及计算机控制系统的应用，大幅度减少了人工成本，提高了物流运转效率。

（2）不断优化人工智能算法。该电商企业积累了十几年的订单处理和算法优化经验，实现调度、统筹、优化以及数据监控全方位的提升。在此基础上，配备大型成套的智能存储和分拣设备、智能大脑——WMS 系统，实现软件、硬件、员工作业一体化协同和智能物流模式创新，WMS 系统能让成千上万的装备自动完成物流作业，实现货物的快速精准入库、分拣、堆垛、包装、出库及物流配送。

二、场景二：农产品透明供应链

（一）概述

农产品透明供应链场景是指应用区块链、大数据等技术，对农产品从种植养殖、生产加工、仓储、物流运输以及终端销售等各个环节的数据信息进行实时监控管理，可通过终端设备扫码查看产品全流程信息。该场景能够向消费者提供全程了解农产品供应链的渠道，为生产者提供便捷的供应链信息化管理工具，为经营者提供优质产能媒合信息，已成为我国农业高质量发展不可或缺的要素之一。

（二）场景特点和适宜性分析

1. 特点　农产品透明供应链旨在实现农产品生产管理、渠道物流、市场终端消费等全过程信息透明化、质量可追溯。其特点有：一是原材料数据信息透明化。从农产品原材料的采购源头开始进行数据信息的采集，为农产品建立一对一的身份编码。二是农产品流通数据信息透明化。基于对农产品加工、物流、销售等相关数据的采集，对农产品质量追溯系统进行数字化统筹管理。三是农产品检测数据信息透明化。通过对农产品批量、批次的检测信息采集，做出产量、质量评估，能够让生产管理者轻松找出未达标的农产品，提升农产品质量。

2. 适宜性　农产品透明供应链是提高农产品质量安全的有效手段，能够广泛应用于各类农产品产前、产中、产后的全部环节。该场景中区块链技术的应用，能有效解决食品交易数据不透明、质量溯源信息不可靠等问题，不但能够降低食品检查成本，而且能对食品原材料、生产、流通、营销过程的信息进行整合，实现精细到一物一码的全流程安全追溯。

（三）典型案例——西安某科技公司"天水链苹"

1. 案例基本情况　西安某科技公司于 2016 年 7 月成立，团队分布在北京、西安、杭州、武汉、东京、首尔、新加坡、伦敦等地，核心成员来自清华大学、西安交通大学、哥伦比亚大学等全球知名院校。作为国内较早投入区块链技术研发与应用推广的企业，坚持探索和践行区块链技术在不同行业中的应用，为全行业提供定制化的企业级区块链解决方案。其中自主研发的区块链溯源系统，是以区块链技术为底层基础，构建多方信任、不可篡改的区块链溯源技术解决方案，通过采集和跟踪产品从生产到消费的各环节数据，构建基于区块链的溯源信息共享平台，实现产品全链条的精细化管理，支持消费者、监管部门管理和验证。该科技公司已与天水市林业局、相关涉农企业等诸多机构展开深入合作，打造了苹果、鸡蛋、猪肉等农副产品的溯源案例，其中2018年携手天水市林业局，共同打造的全国首个区块链苹果"天水链苹"项目，已作为典型案例被纳入可信区块链溯源白皮书。

2. 主要做法与成效 天水秦安县是经农业农村部考证的优质果品生产基地，苹果品质优良，当地农民大多以种植苹果为主要收入来源。但由于地理位置偏僻，加之农民不会使用现代化的互联网销售渠道，导致部分苹果滞销。基于此背景，该科技公司携手天水市林业局利用区块链技术，为秦安苹果提供区块链溯源解决方案和技术支持，打造出"天水链苹"这一区块链苹果品牌。"天水链苹"是基于去中心化、透明可信的溯源许可链平台，接入农产品生产、加工等追溯信息，结合节点上仓储出入库、订单、物流等数据，可将全流程品质追溯信息展现给消费者。

（1）建立基于数字证书的身份标识体系。将天水苹果生产、物流、销售、消费等各环节参与方作为节点上链，建立起苹果全产业链数字化身份标识体系，确保苹果产业信息安全、可信及低成本流转。

（2）采纳（分布式身份标识 decentralized identity，DID）和可验证声明技术。通过为每一个苹果注册唯一的 DID，将苹果信息写入 DID 描述文件中，产业链各环节参与方基于DID 为苹果签发和校验可验证声明，实现天水苹果全生命周期信息可信上链。

（3）引入二维码和 RFID 标签。二维码、RFID 标签等技术的应用，能够满足不同场景下对苹果的标记需求，通过可信安全计算硬件，确保苹果流通环节中由专人负责信息验证与可信上链。一旦出现问题时，即可精确定位到具体参与人。

（4）建立 Tendermint 共识机制与 IDE 智能合约。通过引入支持拜占庭容错的 Tendermint 共识算法，确保系统可以在任意网络环境下正常工作，在出现 1/3 以下节点作恶的极端环境下，仍可确保系统可靠运行。通过引入 IDE 智能合约，便于各参与方根据自身业务逻辑编写对应智能合约，实现链上信息的可信处理与流转。

3. 经验借鉴 "天水链苹"利用一物一码、分布式身份标识（DID）等诸多先进区块链技术，为每一个苹果生成"身份证"。将苹果的产地、种植园、生长环境、生长状况、成熟状况、采摘状况、存储条件、安全检测证书、销售商信息等每个环节的信息都记录在区块链上，实现了果品从生产到销售环节的全流程透明。产业链的上下游节点客户可以清晰地看到苹果从生产到消费的全过程，消费者只需拿手机轻轻一扫，就能查看苹果的"生平履历"，确定苹果的真实"身份"，有效提高各方的信任度，解决传统溯源痛点，既给消费者送来了安全、美味的可溯源苹果，还帮助当地果农升级当地的苹果品牌，拓展新的销售渠道，推进科技富农。

三、场景三：农产品全程冷链物流

（一）概述

全程冷链物流场景是指综合采用信息采集跟踪技术、大数据技术、冷链技术装备等，在冷藏冷冻类食品采购、生产、仓储、运输、销售、城市配送各个环节，始终处于合理的低温环境，为食品质量安全提供保障的系统化场景。随着生鲜市场、医药电商等电子商务的崛起，冷链物流已成为当下重要的基础设施。冷链物流一般包括预冷、包装、仓储、运输、配送等环节，主要的基础设施有冷库、冷藏车、保温盒、超市冷藏陈列柜等。覆盖全国的冷链服务、"B2B＋B2C"综合服务、全链路 IT 系统服务、综合冷链解决方案，传统冷链无法提供的这四项服务使用智慧冷链物流均可以有效解决。

(二) 场景特点和适宜性分析

1. 特点 一是温区精细化。为满足生鲜产品高质量标准，必须保证生鲜产品从产地预冷、自动化冷库贮藏、全程冷链运输到末端配送的冷链配送全流程中，每一个环节需要不同的温区，管理精细化程度也应更高。二是管理智能化。仓库管理、运输管理、温控监管、定位管理等每一个过程都应用先进的信息技术，实现产品安全可追溯、质量可监控、订单信息可跟踪等。借助大数据、物联网等技术实现冷链物流的智能化，以提升冷链物流配送效率，并对整个冷链物流配送进行更好的管理。

2. 适宜性 一是食品行业。随着经济水平的不断提升，人们的生活质量也在不断提高，对于食品的消费观念也从传统的单一型向现代的多样化发展。以速冻食品、乳制品、肉制品、生鲜为代表的食品行业对全程冷链提出了迫切需求。二是生鲜电商。以生鲜电商为代表的物流业发生了巨大的变化，如"喵鲜生""购蟹"等，生鲜电商的快速发展促使对冷链物流的需求急速增长，使冷链物流向多渠道方向发展。三是第三方物流企业。消费者对食品安全的重视程度越来越高，上游供应商需要提供优质的产品和冷链配送环境满足消费者个性化的要求，因此也促使第三方物流企业的冷库、冷藏车需要向全程智能化方向发展，便于上游供应商和下游消费者对产品进行实时监测。

(三) 典型案例——某制冷装备供应商全程冷链物流

1. 案例基本情况 某制冷装备供应商 2015 年推出了自主研发的基于大数据移动互联网技术的 ICM 智慧全冷链管理系统，积极实施"互联网＋全冷链"发展战略，不断拓展制冷产业领域，已形成涵盖通用制冷、商用冷链、生物冷链、超低温设备和装备、冷链物流设备在内的全冷链产业体系。将家用制冷、商用制冷、医用制冷、超低温设备、冷链物流设备、自动售卖终端等各产业产品整合在一条基于互联技术的产业链条之上，实现贯穿产地预冷（冷库）、冷链运输（冷藏车、电动保温车）、冷链终端储存（商超便利设备、生鲜自提、自动售货终端）、家用制冷产品（冰柜、冰箱等）的全冷链产品线覆盖，打通了从产地到餐桌的全冷链配送链条。

2. 主要做法 基于 ICM 智慧全冷链管理系统，用户通过手机客户端即可实现对冷藏车 GPS 实时定位、在途物品温湿度控制、在途紧急情况报警等，轻松实现对冷链运输存储环境的全面监测、库存管理、订单管理、智能配货、能耗管理等，实时掌控在途生鲜产品的数量变化，实现了全程冷链智能化实时监控。

(1) 加强冷藏车建设。该制冷装备供应商不断延伸冷链产品线，前期投资 5 亿元在河南民权县成立了专用汽车公司，主要从事冷藏车的研发、制造、生产、销售及售后服务。冷藏车采用德国技术，车身轻便，降低耗油，节省运输成本。冷藏车搭载了冷藏＋气调保鲜系统，采用多温区设计，以及冷冻冷藏空间自由组合，大大提升了载货率，搭载了独创的双动力独立制冷系统，停车插电制冷、全程无断链，让货物的长途冷藏运输问题得到完美解决。冷藏车车型多样，如厢式面包车、单体车和挂车、电动冷藏车、电动保温车等，满足了不同用户运输生鲜食品的需求。

（2）完善标准化、模块化冷库建设。产地预冷的重要设施设备是冷库、保鲜库、冷冻库、速冻库、超低温库及其他特需库。这些产地预冷设施设备均采用标准化、模块化设计，安装简单，方便快捷。冷库采用高精度的温度控制技术，满足不同物品的预冷需要，同时采用一次注入整体发泡工艺，保温性能好，防止冷量流失，节能效果提高 20% 以上。

（3）构建智慧管理系统。冷库产品系列均采用智能控制，通过接入独有的"ICM 智慧全冷链管理系统"，用户使用智能 App 客户端（手机、电脑、PAD）即可实现对冷库的位置、温度、湿度、气体成分、故障点等进行远程监控和控制，并能实时在线管理冷库库存、查询订单信息、进行智能配货等，为物品产地预冷提供智能化解决方案。

3. 经验借鉴 该制冷装备供应商通过应用大数据、人工智能等技术，加强冷链全链条产品研发，确保各环节全流程冷链智能化运输。其依托在制冷产业链的完整布局，逐步实现贯穿产地预冷、冷链运输、冷链终端储存、家用制冷产品的全冷链产品线覆盖。通过研发的"ICM 智慧全冷链管理系统"，彻底解决了全冷链设备在运行中温湿度、故障、位置等的实时监控，以及冷链各环节物品入库、销售、存储等的综合信息管理，实现以"最先一公里"、冷链长途运输、"最后一公里"、终端自提的完美解决方案为用户提供一个从产地到餐桌的完美配送链条。

四、场景四：互联网餐饮服务供应链

（一）概述

互联网餐饮服务供应链是指综合采用互联网信息、大数据技术、冷链储运技术、冷链智能装备等在餐饮农产品食材种植、生产、仓储、运输、销售等各个环节，为农产品生产者及餐厅提供农产品品质安全保障，确保实现多方共赢的系统化场景。目前农产品餐饮食材一般处于黑箱状态，农产品产前及产中的相关质量信息缺失，互联网餐饮服务供应链主要包括基地标准建设、农产品种植规划管理、农产品投入品智能管控、农产品基地直采、农产品仓储运输、农产品电商销售，可有效解决农产品信息不对称的问题，保障餐饮食材农产品质量的安全。

（二）场景特点和适宜性分析

1. 特点 一是信息透明化。为满足餐饮农产品食材质量标准，从产地种子选取、农资投入品使用、农产品采收预冷、仓储、冷链运输到销售交易全过程中，每一个环节的农产品数据透明，便于安全溯源。二是全程智能化。从农产品生产种植到农产品销售以及采购商购买，通过产地智能管理系统指导服务、仓储管理智能仓储、冷链物流智能配送、电商平台智能交易全过程应用智能化手段，保障了农产品的品质安全及智能送达。

2. 适宜性 一是餐饮行业。随着食品安全日益引起人们的关注，农产品品质安全和及时送达成为餐饮行业关注的焦点，农产品价格、品质性状和品牌效应向餐饮供应链服务提出了迫切需求。二是农业生产行业。由于农产品固有的弱质性，以及农产品市场信息的不对称性，如何满足市场需求、如何顺利销售农产品、如何保障农产品利润最大化等成为农业生产的痛点，因此促进农产品产销对接、降低流通成本为餐饮供应链服务向智能化发展提供了发展空间。

（三）典型案例——某互联网餐饮供应链

1. 案例基本情况 某食材经营公司作为中国最大的农产品移动电商平台和互联网餐饮

供应链平台,将互联网电商平台、物流及农产品资源有效整合,全程精细化管控采购、仓储、物流、商品品质、售后等各个环节,满足中小餐厅及家庭个人的农产品需求,致力于为全国中小餐厅和蔬菜店铺提供一站式、全品类、全程无忧的餐饮原材料采购服务。该公司通过实施完善的食品安全管控体系,实行高标准严审核,注重细节化管理,确保商品品质;通过网络平台提供餐饮食材全品类覆盖,满足多样化采购需求;采用"极速达"的送货上门理念,晚 11 点前下单生鲜商品,次日 10 点前送达,实现了从农产品到餐桌的全供应链服务体系。该公司的食材供应链已覆盖了全国近 100 个城市,通过自建物流团队,日处理包裹数超过了 200 万个,每天发车 8 000 辆,累计服务近 200 万家餐厅。

2. 主要做法 该公司坚持全自营模式,利用"自建农产品贸易平台+高效供应链+打通两端"("两端一链一平台")的 O2O+B2B 模式,既实现了生产端的直采,又实现了销售端的直达。依托冷链物流网络为中间纽带,打通农产品"采仓配销",将农民和农场等生产端与商户和消费者等终端消费直接连接,砍去中间环节,把挤出来的利润让给农业合作社、农民和数以千万计的消费者。

(1) 源头直采自营物流与交易平台并行。该公司坚持源头直采,全过程把控农产品质量,为农户和供应商提供规划方案等服务,帮助其规避市场风险,保证整条供应链的稳定通畅;制定农产品生产标准,建立源头产地实时生产系统,针对施肥施药及品种种植,提出指导意见,保障农产品质量安全;推出采购产地即时包装计划,根据市场需求和流通规范定制包装标准,满足多样化的消费市场需求;推出供应链金融产品,为该公司的供货商提供周转资金贷款;打通了传统农业中农产品到餐桌的中间环节,利用互联网信息促进产地和餐厅互联互通,降低了餐厅采购成本,解决了农民丰产不丰收的难题。

(2) 高效的自营冷链物流管理体系。该公司自建物流配送体系,采用低成本全程冷链系统,首创智能排线技术及智能派车系统来减少物流成本,通过预售模式实现极速供应链;投资冷链运输车,改造冷链仓储设备,形成一体化的无缝冷链物流体系;自主研发并推广应用高端仓储管理系统和物流管理系统,实施全流程信息化监测管理,有效提升仓储物流的作业效率,积累了大量的交易、仓储物流数据资源;通过专业化管理体系和规模化成本来分摊成本,形成一定的行业优势。

(3) 开放与商城的对接平台。该公司拥有自己的电商平台,设定一定的入驻平台标准,让符合条件的食材供应商入驻该公司商城,并制定平台入驻商家免费享受在全国铺设的仓储物流系统等优惠措施,有效地解决了生鲜电商配送难、规模小的难题。同时该公司基于大数据提供特色的定制化体验服务,并建立自有品牌,有效优化消费者的购物体验。

3. 经验借鉴 该公司通过应用大数据、互联网等信息技术,加大农产品产地实时生产系统、仓储管理系统、冷链配送系统、物流管理系统等产品研发,全程把控农产品品质安全,极大降低了农产品流通成本。其中,将互联网、农产品电商、农产品物流基地进行有机整合,简化农产品流通环节,降低商户供应链成本;打造农产品垂直电商平台,通过掌握优质农产品品类直采权来进行源头把控;通过自有车辆调配、运行轨迹智能优化、严格监管运输时间来实现流程把控;依托大数据技术精准预估客户采购量,通过完善的售后服务保障客户不丢失。该公司有效地解决了买难和卖难的问题,打造了一个标准建立、质量管控、产地直采、智能仓储、冷链运输、优化配送和顾客体验的互联网餐饮供应链闭环体系。

第四节　农业大数据智能与信息服务典型应用场景

在农业大数据智能与信息服务领域，我国主要形成了单品种全产业链大数据智能服务、"互联网＋"农技推广服务等场景。大数据技术的广泛应用使农业数据资源共享变成可能，有效突破了传统服务思维模式的局限性，助力我国开启农业信息服务发展的全新阶段。

一、场景一：单品种全产业链大数据智能服务

（一）概述

单品种全产业链大数据智能服务是指以农产品全产业链数据采集和分析为基础，通过应用大数据理念、技术与方法，构建数据采集体系和分析模型，通过对海量数据的采集和处理生成有用信息，从而指导农产品生产、经营、流通、消费等全产业链各环节行为活动。自2016年农业部《农业农村大数据试点方案》提出发展8个单品种全产业链大数据建设以来，我国区域优势农产品全产业链大数据应用示范在全国得到快速发展，为形成数据驱动高效发展的产业体系、生产体系和经营体系提供新动能。

（二）场景特点和适宜性分析

1. 特点　单品种全产业链大数据智能服务通过应用大数据技术构建完备的数据采集体系、科学的数据分析模型、完善的数据服务机制等，为优势农产品提供生产、管理、流通、营销各环节信息交换技术支撑，有效避免或减少生产经营活动中信息错位、资源浪费等问题，具备数据采集范围广、分析模型科学有效、数据服务速度快等特点。

2. 适宜性　单品种全产业链大数据智能服务适用于产业基础好、产品品牌潜在价值高、并具有地域优势的农产品。通过在生产、流通、销售、舆情监测等环节建立完善的信息采集和分析系统，可为全产业链生产经营活动提供生产、农事操作决策支持、农产品产量品质预测、市场价格预警、产品营销分析以及精准营销决策支持等信息服务。

（三）典型案例：国家苹果大数据公共平台

1. 案例基本情况　为促进我国苹果产业的健康发展，解决农资投入监管、果园环境监测、市场预测分析、质量安全管理、营销有效对接、资源节约利用等过程中存在的突出问题和薄弱环节，农业农村部信息中心联合相关单位，共同建设了国家苹果大数据公共平台，运用大数据理念和技术创新工作思路和方法，以全局的角度对苹果大数据的应用方向、数据源、实施路径、应用效果、应用场景设计、实施计划、可行性等方面提出解决方案，保障苹果的供需平衡及市场稳定发展，更好地服务政府部门决策和市场主体生产经营活动。

2. 主要做法与成效

（1）形成苹果全产业链智慧服务大数据集。国家苹果大数据公共平台坚持应用导向，结合国家农业部门积累的20年苹果产量和种植面积、成本收益、各地批发市场苹果交易、进出口贸易量和贸易价格、全国各省市苹果零售价格、气象以及在线苹果电商数据，形成苹果单品种的全产业链大数据智慧服务数据集。

（2）建立全球苹果种植一张图，提供实时生产经营指导服务。国家苹果大数据公共平台汇聚了全球主要苹果生产国的苹果种植面积、产量、单产等数据，构建全球苹果种植一张图，并通过实时监测智慧果园空气温湿度、降水量、日照强度、土壤温湿度等变化情况，实现大数据技术与苹果产业深度融合，为果农提供生产经营指导服务。同时，建立了我国122

个苹果主产县气象灾害预测预警及灾害评估模型，实时监测全国苹果主产区气象条件，构建单产预测动态模型，实时展示省、县产量预测信息，为农民提供及时精准的气象灾害预警服务，降低种植风险，同时为产量预估、价格预测提供数据支持。

（3）基于全国苹果市场数据，建立精准营销服务体系。国家苹果大数据公共平台汇聚全国 200 家批发市场和电商平台苹果销量、22 个主产县库存水平数据，凭借在线数据挖掘技术和产业形势分析，实时监测全国苹果销售流向、销售数量和主产区库存变化，建立供需平衡的产销结构数据体系，预测预报苹果市场动向，提供优质苹果品种结构与区域布局的对策建议，帮助相关部门优化决策。同时，通过对消费数据的采集挖掘，为苹果销售者提供消费画像、精准营销及差异化定价的决策支持。通过对不同销区消费群体的分析，科学划分与准确把握不同消费群体对苹果品种、等级、大小、价位、口感、甜度等的不同需求，做到供需之间的适销对路和市场营销的有的放矢。

3. 经验借鉴

（1）构建单品种全产业链数据库，以数据为要素支撑产业升级。国家苹果大数据公共平台不仅在苹果生产过程中建立了物联网系统，加装了配套传感器，实现了苹果生长全周期数据采集，还依托整个平台构建了全产业链数据库，推动数据整合与共享，摸清产业发展现状和市场需求，指导苹果种植生产经营，实现运用成本、市场、消费等产业数据推动苹果产业升级。

（2）构建数据标准体系，提升数据管理和服务水平。国家苹果大数据公共平台通过建立统一的数据采集和存储标准，实现了全产业链数据汇集和共享，充分实现数据增值，减少数据管理投入；同时，对数据的标准化处理，也保证了苹果产业链各环节大数据的统一应用，显著提升了数据服务水平。

（3）积极推进模型分析在产业生产管理中的应用。国家苹果大数据公共平台以县为单位，构建了不同区域气象灾害预测预警及灾害评估模型。强大的数据智能建模分析、模拟预测等核心技术，可以帮助发现潜在的气象数据规律，预测气象变化对苹果生产的影响，在提高自然灾害抵御能力中具有重大作用。

二、场景二："互联网＋"农技推广服务

（一）概述

"互联网＋"农技推广服务是指利用互联网、大数据、云计算等新一代信息技术，构建农技推广服务平台，推动农技服务信息化建设，实现基层农技推广服务的网络化、在线化、精准化。"互联网＋"农技推广服务有效解决了服务过程中"最后一公里"问题，使农技推广不再依靠"一张嘴、两条腿"到田间地头开展工作，网络化的服务显著减少了传统农技推广的时间和地域阻碍。

（二）场景特点和适宜性分析

1. 特点 一是打破时间、地域障碍，实现全天候农业技术推广服务。与传统农技服务相比，利用移动互联网、云计算、大数据智能决策技术，可为农业生产经营者提供 24 小时不间断的在线服务；二是服务内容具有较强的针对性。该场景汇集大量的专家服务、政策文件、市场信息、农业知识等，可实时更新知识结构，并通过大数据技术明确用户服务需求，有效解决农业生产经营中涉及的多元化、个性化问题，提供更有针对性的精准服务。

2. 适宜性 由于"互联网＋"农业技术推广服务是建立在互联网技术、移动互联技术基础之上，故该场景适用于一切具备网络传输能力的农业生产经营区域。

（三）典型案例：中国农技推广信息服务平台

1. 案例基本情况 中国农技推广信息服务平台是为了解决我国基层农技推广中存在的主体协同不够、信息孤岛严重、供需不匹配等问题，由农业农村部组织国家农业信息化工程技术研究中心等单位共同研发建设的一个面向农业管理部门、农技推广机构、农业科研院所、基层农技人员、农业专家用户和农民的农技信息管理和服务载体，具备农业生产在线问答、农业热点问题社区交流、专家在线坐诊会商、农技知识更新、服务日志与地方农情上报、人员机构管理统计等功能，实现了数据资源向上集中、服务向下延伸的预期目标。该平台于 2017 年 8 月正式建成上线运行，截至 2020 年底，该平台拥有用户约 550 万人，其中有 38 万余名农技人员，6 000 多名农业相关领域专家、教授，平台每天用户提问 5 000 余条，回答率超 90%，83.4%的问题得到有效解决，农技人员上线服务时间已经超过线下服务时间。

2. 主要做法与成效

（1）汇聚服务资源，推动服务下沉。中国农技推广信息服务平台秉持"农业科技服务资源一张网"的理念，集成应用多源大数据资源采集、大数据挖掘与智能决策技术，汇聚农技管理部门、农业专家、农技推广人员和农民等多方主体，贯通农技服务知识、资源流通渠道，助力形成农技推广线上线下即时沟通体系，推动服务下沉。平台具备"科技服务""信息推送""农技问答""农技员空间""社会化服务""农技周报""在线课堂"等功能，可面向国家现代农业产业技术体系岗位专家、农技人员和农民，提供 24 小时全天候服务。2020年，中国农技推广信息服务平台有效保障了我国疫情期间春耕春播的顺利进行，以 1~6 月为例，平台上专家发表的春耕技术主题文章达 3.69 万篇，服务日志 160 多万条，线上解答问题 580 余万个，组织农户在线学习 1 500 万次。

（2）多元化服务载体，实现农技服务无缝衔接。中国农技推广信息服务平台研发了基于Web端、App、公众号"三位一体"的农技推广信息服务载体，提高了农技服务互动的便捷性，不断创新服务方式，突破文字、图片、语音服务形式，逐渐开展基于视频的动态化在线学习和交流，激发了农民学习兴趣，增加了线上互动频率，提升了为农户解答技术难题的效率。

（3）创新服务监管模式，构建基层农技推广服务考核一张图。基于云服务模式，该平台建立了全新的农技人员在线服务动态考核体系。以农技人员服务内容为轴线，利用多尺度地图，分区域分级实时显示农技人员日志发布、农情上报、农技问答等服务详情，并评价农技人员在线服务成效，形成"全国农技人员线上人数分布图""农情动态""日志星云图"等展示图像。

3. 经验借鉴

（1）以实时适时服务供给为关键突破点。传统农技推广方式相对比较单一，依靠农技推广人员"一张嘴、两条腿"挨家挨户为农户传达农业技术和知识，难以及时满足农户在生产经营活动中迫切的技术需求。中国农技推广信息服务平台应用互联网、大数据、云计算等技术以及网络化服务理念，通过数据信息的在线汇集，实现服务资源和农户需求的有效对接，为农户提供及时、个性化的农技服务。

（2）探索建立多元化的服务载体和手段。中国农技推广信息服务平台基于移动互联网应用 App、微信、直播等服务载体，并通过线下线上两种方式相互融合，为不同服务对象提供个性化实时服务。依托农业物联网技术，实时获取生产、经营、市场等信息，为农业生产经营提供科学指导，改善传统农技服务依据经验决策的不足。

（3）依托在线监督模式提高服务水平。中国农技推广信息服务平台通过基层农技推广服务考核一张图建设，以在线监督的方式对服务现场、服务效果以及农技服务人员工作状态进行"空间管理"，有效解决了传统农技推广服务中管理体系不健全，基层农技推广不重视、积极性不高等长期存在的问题，有助于及时调整农技资源配置，提高农技服务水平。

三、场景三：育种大数据服务

（一）概述

育种大数据服务是指推进物联网、大数据、人工智能等现代信息技术与传统生物育种技术相互融合，围绕新品种选育的实际过程，以性状数据采集和处理分析为核心，以育种过程管理为基础，实现育种全程信息化管理和数据科学化分析，全面提升种业管理水平，推动传统育种向商业育种、经验育种向精确育种转变。

（二）场景特点和适宜性分析

1. 特点 育种大数据服务场景具有以下特点：一是具备较强数据处理能力。农作物育种具有育种材料数量多、测配组合规模庞大、试验基地分布区域广、性状数据量大等特点，育种大数据服务可以通过应用物联网、大数据、云平台等技术，实现数据的实时异地采集、存储和分析。二是育种数据内容更加丰富。育种大数据服务支持育种全过程、全环境信息采集，所获得的育种数据不局限于单一的田间性状调查结果，同时还涵盖土壤、气候、水分等动态环境影响数据，基因表达及分子标记等基因型数据，代谢物动态数据，生产管理数据等。

2. 适宜性 育种大数据服务主要针对科研机构、企业的育种研发和生产全过程数字化管理需求建立，故该场景多适用于种业科研单位、育种企业等。

（三）典型案例：金种子育种云平台

1. 案例基本情况 金种子育种云平台是由北京市科学技术委员会支持国家农业信息化工程技术研究中心攻关研发，通过大数据、物联网、人工智能等现代信息技术与传统育种技术融合构建的全国首个拥有自主知识产权的商业化育种大数据平台。该平台为全国育种企业和科研院所提供种质资源管理、试验规划、品种选育等育种全程可追溯服务，可有效解决育种工作繁重、效率不高等问题，为商业化育种提供了完整的信息化解决方案。

2. 主要做法与成效

（1）构建多源数据采集和查询体系。金种子育种云平台实现田间育种数据快速采集、查询和追溯，协助育种人员高效进行育种环节的地块采集、地块规划、育种材料初选、图像采集等，综合利用RFID技术的快捷高效性状采集与无线网络的实时数据传递功能，显著提高性状采集效率，降低劳动强度，大大缩短了数据处理周期。

（2）提供作物育种数据管理与分析服务。针对育种过程中高通量性状数据获取、高效率试验设计与规划、高强度育种数据评价技术手段落后的现状，金种子育种云平台研发了主要作物全生命周期、全业务流程的育种信息管理与分析系统，具备材料管理、亲本组配管理、试验管理、田间布局设计、系谱追溯、查询统计、数据分析等功能，显著提升了作物育种数据管理服务水平。

（3）实现基于RFID的育种电子标签制作。针对育种试验小区准确、高效标识的需求，研制了基于电子标签的分体式育种小区标识与单株标识标签设备，实现材料全育种周期的信息记载和世代追溯，配套研发了作物育种电子标签制作系统，支持批量化育种电子标签的快速制卡操作，实现对作物育种材料标签的综合管理，为用户提供简单便捷的一站式制卡打标环境。

（4）以科研院所和种业企业为重点，加快推广服务建设。金种子育种云平台已在中国科学院、北京市农林科学院、河北省农林科学院等 400 多家单位实现示范应用与商业化推广，累计开发了面向种植业、养殖业、农业加工业的专家系统 200 多个，培训育种技术人员 2 000 余人次。

3. 经验借鉴

（1）重视种业数据积累和共享应用。金种子育种云平台聚焦种业数据资源，构建了从种子研发到生产全过程的数据采集、管理、分析与追溯体系；基于大数据分析，平台面向不同主体提供了多元化的育种服务内容，有效促进了种业数据的整合与共享。

（2）突破育种材料全周期标识追溯关键技术。采用 RFID 技术研发分体式育种小区标识与单株标识标签设备，实现了育种试验小区准确、高效标识和全育种周期信息存储、世代追溯功能，为用户提供了一个可移动、便携式的一站制卡打标服务环境。

（3）加快育种大数据服务的推广应用。金种子育种云平台数据基数大、覆盖品种多，其研发团队积极推动育种大数据平台服务于农业不同领域和应用主体。目前平台用户已涵盖科研院所、企业、综合试验站以及种子管理站，为我国种业信息化快速发展提供了有力支撑。

第五节　农业资源环境监测典型应用场景

在农业资源环境监测领域，我国主要形成了基于卫星遥感和地面传感网，以及天空地一体化的农业资源环境大数据监测服务场景。3S、物联网、天空地一体化监测系统、大数据技术等的应用，实现了对我国水土、草原、农情等资源环境的实时多维度监测、事前有效预警与事后精准调控，显著提升了我国农业资源环境监测与服务效率。

一、场景一：基于卫星遥感的农业资源环境监测与数据服务

（一）概述

基于卫星遥感的农业资源环境监测与数据服务是指集成应用卫星遥感技术、地理信息系统、全球导航卫星系统等现代遥感信息技术，对农业水土资源、草原资源、农情等资源环境情况进行大范围实时监测，并集合智能化的算法，从时间、空间等多个维度宏观动态展示农业资源环境的现状与变化趋势。20 世纪 80 年代，我国第一次利用美国陆地卫星（MSS）资料进行了全国土地资源调查，随着我国高分卫星遥感观测网络体系的建设完成，目前卫星遥感已在大范围农业资源环境监测中被广泛应用。

（二）场景特点和适宜性分析

1. 特点　基于卫星遥感的农业资源环境监测与数据服务主要具备二方面特点：一是农业资源环境大范围立体监测。依托全球卫星导航系统从三维空间对农田、草原等大范围区域农业资源环境的三维位置、速度、时间等信息进行立体监测。二是农业资源环境实时动态监测。通过航空或卫星遥感技术对地面农业资源环境属性进行大面积实时监测与图谱收集，形成遥感影像数据库。三是农业资源环境现状与变化趋势的可视化展示。基于全球卫星导航系统与遥感技术的数据、影像收集，利用地理信息系统能够对气象、土壤、水文、植被、农情等农业资源环境信息进行管理与分析，并通过数字地图的形式进行可视化展示。

2. 适宜性　由于卫星遥感技术的宏观属性，该场景的适用范围主要为大面积、区域性农田，以及草原的气象、土壤、水文、植被、农情等农业资源环境宏观现状与趋势的实时监测和判断。

（三）典型案例：全球农情遥感速报系统（CropWatch）

1. 案例基本情况　为了及时、精准地掌握全球农情信息，研判农业生产、供给形势、确保粮食安全，我国迫切需要建设高效、独立自主的农情监测体系。在这一背景下，自1998年以来，中国科学院组织研发了"全球农情遥感速报系统"。该系统基于"3S"技术对全球作物长势、产量等农情信息进行独立性、系统化、多尺度的遥感监测与评估。经过20多年的发展，截至2018年，全球农情遥感速报系统已经向全球147个国家和地区提供了农情监测服务，同时成功为国内1998年洪涝灾害、2000年旱灾、2006年川渝高温干旱、2008年南方雪灾、2009年北方干旱、2010年湄公河流域干旱等极端时期粮食生产形势提出科学判断，现已成为国际领先的三大农情遥感监测系统之一。

2. 主要做法与成效　全球农情遥感速报系统在研发、应用、推广中，主要采取了以下4项核心举措，取得了显著成效。

（1）以国家重大项目为依托进行系统研发。全球农情遥感速报系统在研发初期得到国家有力的项目支持。"九五"期间，中国科学院启动院重大项目，支持中国科学院遥感应用研究所研究开发"中国农情遥感速报系统"。此后，得益于中国科学院创新项目、"863计划"、国家粮食行业公益专项等项目的持续资金支持，成为"全球农情遥感速报系统"，监测范围逐步拓展至全球。

（2）利用3S技术打造多层级、全链条农情监测体系。全球农情遥感速报系统是在3S技术体系下对农情进行全方位宏观监测。目前已能够在4种空间尺度（全球65个农业生态功能区、6个全球洲际主产区、31个粮食主产国、9个主产国的主产省/州），4种时间分辨率（16天、季度、生长季与年），5种空间分辨率（25千米、1千米、250米、30米、16米）下对农业气象、作物长势、产量等14个指标进行遥感监测，形成"地块—村—镇—县—市—省—国家—全球"多层级监测体系。同时，全球农情遥感速报系统基于WEBGIS技术配备了农情在线浏览功能，能够向全球用户提供矢量地图、栅格地图、动态图表等多种形式的农情态势。

（3）依托高素质科研团队实现监测方法模型创新。中国科学院遥感与数字地球研究所的CropWatch团队拥有众多高素质的科研人才，在农情监测指标体系、农业模型等领域实现创新。团队制定了作物冠层结构指数、作物种植结构指标、粮食供应形势指数等6个独创性监测指标体系，提出了众源信息支持的作物种植面积结构化方法，创新性建立了基于"生物量-收获指数"的作物单产预测模型，显著提升了农情遥感监测预警能力。

（4）积极开展产学研合作推广扩大全球影响力。CropWatch团队积极与政府、企业、研究机构、国际组织等进行技术与产品的合作推广。在国内，向国家粮油信息中心、江西省遥感信息系统中心、黑龙江省农业大学等建设运行了农情遥感速报系统；在国际上，团队成员多次以联合主席身份参与了地球观测组织（GEO）的全球农业监测计划，旨在开展全球农情联合监测发布与技术合作。同时，成立了DBAR农业和粮食安全工作组，与FAO、GEO、金砖国家、比利时、蒙古等组织合作，研发推广了具备"一带一路"区域特色的全球农情遥感速报系统。

3. 经验借鉴

通过对CropWatch这一典型案例基本情况、主要做法与成效剖析得出3条经验启示：

（1）依托顶级科研团队加速关键技术突破。全球农情遥感速报系统在3S技术、监测方法模型等方面的创新性研发应用，得益于CropWatch团队坚实的人才储备。基于中国科学院遥感与数字地球研究所这一国内顶级学术平台，通过国内外高层次人才引进与硕、博士人才培养等方式，为农业资源环境监测前沿技术突破提供人才支持。

（2）针对战略性、前沿性高新技术发展给予国家重大项目支持。全球农情遥感速报系统在整个研究与发展过程中，得到了中国科学院创新项目、"863计划"等重大项目的支持，为其农情监测预警高新技术的研发突破、系统平台的建立健全、监测范围的全球扩展均提供了基础资金保障，促使CropWatch团队能够围绕农情遥感监测开展长期持续性研究。

（3）积极推动产、学、研合作促进科技成果转化。CropWatch团队非常重视"全球农情遥感速报系统"这一科技成果的转化落地，在研发过程中不断根据国内外实际情况进行修正完善，同时采用一次性技术转让、技术入股等方式向国内政府、企业、科研机构以及"一带一路"国家提供技术移植与系统定制服务，使得CropWatch系统能够助力于全球农情监测，形成明显的经济效益与社会效益。

二、场景二：基于地面传感网的农业资源环境智能化监测

（一）概述

基于地面传感网的农业资源环境智能化监测是指利用各类传感器、物联网等地面技术，对农业环境信息、动植物生命信息等在内的各类农业资源与环境信息进行自动化监测以获得实时监测数据。我国资源环境的地面监测长期以来以人工监测为主，至"十二五"期间，国家连续启动国家物联网应用示范工程、农业物联网区域试验工程等，地面传感网逐渐应用于农业资源环境监测，目前已在设施农业、规模化种植养殖基地等得到应用。

（二）场景特点和适宜性分析

1. 特点 一是农业资源环境自动化监测。与人工监测或采样检测相比，利用传感器、物联网进行监测可实现24小时无中断、连续监测，通过自动化监测可实现少人或无人监测，并且获得更为完整的数据。二是农业资源环境精确化数据获取。利用标准化的技术设施对农业资源环境信息进行科学监测，可有效避免数据采集过程中以人工经验判断为依据带来的数据标准和精度的差异性，获得更为精确的数据，与遥感技术获得大尺度数据不同，物联网技术可以获得尺度更小、更为精细化的数据。

2. 适宜性 由于传感器、物联网等地面技术主要适用于小范围精准数据获取，故该场景的适用范围主要是获取农场环境信息和动植物生命信息等，以实现精准生产；也可用于国家对于全国或重点地区水土、草原、农情、墒情等农业资源环境信息进行布点监测，以实时获得精准监测数据，为国家宏观调控提供数据支持。

（三）典型案例：全国土壤墒情监测系统

1. 案例基本情况 全国土壤墒情监测系统是由农业农村部牵头建设，全国农业技术推广服务中心负责系统管理，国家农业信息化工程技术研究中心负责平台开发等技术支持，主要服务于我国墒情监测及信息综合分析决策。该系统始建于2009年，后续逐步在全国范围内进行子系统的部署与推广应用，为各级农业部门提供了土壤墒情采集和上报平台。目前全国土壤墒情监测系统已在600多个监测县、2 000多个监测点接入，拥有各级用户2 000多个，在各地累计采集数据12万次以上，发布简报/报告2 000多期（次），实现了"国家、省、地市、区县"土壤墒情信息的实时共享，大幅提升了墒情监测工作效率，有效指导我国农业生产经营。

2. 主要做法与成效 主要通过以下3项举措，全国土壤墒情监测系统得以研制推广，

有力促进了全国农技推广部门墒情管理服务的信息化、数字化。

（1）依托科研机构力量积极搭建土壤墒情监测系统。全国土壤墒情监测系统是由农业农村部委托国家农业信息化工程技术研究中心研制开发，系统能够对自动墒情监测站、移动墒情监测站、人工农田墒情监测站的墒情信息进行精确收集与数据联网，满足不同级别用户对墒情数据的记录、存储、统计、分析、下载需求。综合考虑国家层面与基层农技推广部门业务需求的差异化，实现对各类墒情监测信息的持续综合分析利用、特殊时期速测快报，满足政府对墒情管理信息化的要求。

（2）构建大数据平台提供墒情精准化、可视化服务。近年来，土壤墒情监测系统正积极进行平台升级改造，通过合理布点固定式远程土壤墒情监测站、配套便携式无线墒情采集仪等，实现对土壤含水量、土壤温度、空气温湿度等信息的远程自动采集，汇聚了大量实时监测数据形成大数据平台，进而基于深度学习建立墒情预测模型，采用 ETO 计算软件，实现作物蒸散发情况分析，灌水时间、灌水量决策指导，土壤墒情变化趋势预测，以及多维度、多层次大数据可视化展示等功能，为各级用户提供墒情专题图、平衡数据、灌溉决策指导等直观精准的信息服务。

（3）健全工作机制推动土壤墒情监测系统有效运行。在确保监测系统长期有效运行方面，农业农村部建立了完备的工作机制，例如要求墒情监测点每月 10 日和 25 日实施墒情定时监测，并于当天将调查数据录入全国土壤墒情监测系统，固定自动监测和流动自动监测数据采用无线通信方式实时上传，非自动监测在采样日 2 天内录入。在此基础上，基于所汇聚的墒情信息，定期组织有关专家开展墒情会商判断与政策咨询，并按照统一格式撰写墒情监测简报，确保全国土壤墒情监测系统能够得到切实应用，为农业生产经营提供决策支持。

3. 经验借鉴　通过对全国土壤墒情监测系统这一案例基本情况、主要做法与成效的分析，得出以下经验启示：

（1）以政府为主导整体部署国家级系统平台建设。为了抓好全国土壤墒情监测，农业农村部根据统一设计、统一设备、统一方法、统一要求和统一管理的"五统一"要求，对全国土壤墒情监测系统建设进行部署，要求充分利用信息化技术，建立起覆盖"国家、省、市、县"四级墒情监测系统平台，从而全面提升国家土壤墒情监测效率和服务能力。

（2）依托"政府＋科研机构"模式建设并完善墒情监测系统。农业农村部与国家农业信息化工程技术研究中心建立了合作机制，委托中心充分利用其在农业及农村信息化工程技术研究开发中的优势，为全国土壤墒情监测系统的建设提供技术与人才支持。通过建立起的长期稳定合作机制，促使技术团队能够基于数字技术的不断熟化，进一步完善土壤墒情大数据监测体系，从而使土壤墒情服务更加精准。

（3）构建完备的系统长效运营组织管理体系。全国墒情监测系统能够稳定运行十年以上得益于自上而下建立起完善的组织管理体系。土壤墒情监测系统是由农业农村部委托全国农业技术推广服务中心负责统筹管理，省、市、县各级监测单位负责相关土壤墒情信息的采集、汇总、上报，在县一级配备 2 名以上专职技术人员负责监测工作。此外，对墒情信息上报、专家墒情会商、墒情报告编写发布等的时间节点、形式内容提出了具体要求。

三、场景三：天空地一体化的农业资源环境大数据监测服务

（一）概述

天空地一体化的农业资源环境大数据监测服务是指综合利用卫星遥感、无人机、物联

网、移动采集通信技术建立起天空地一体化的农业资源环境监测体系,进而运用农业资源环境大数据信息服务平台,将所监测到的农业气象、土壤、水文、植被、农情等农业资源环境数据和历史资料进行汇总融合、统一管理,利用大数据分析技术对汇集的海量数据进行深入挖掘分析,为政府、行业协会、农业经营主体等提供决策咨询服务。天空地一体化监测与农业大数据,在"十三五"时期开始应用于农业,目前在农业资源环境监测服务领域尚处于起步阶段,但发展速度较快。

(二)场景特点和适宜性分析

1. 特点 一是农业资源环境数据采集一体化。通过建立集遥感技术、无人机、地面物联网、移动采集等于一体的天空地一体化监测网络,获得海量实时监测数据。二是农业资源环境数据采集可视化展示。通过"农业资源环境一张图"等方式,将不同区域农业资源环境重点信息在图上集中标示,并基于预制的数据分析模型,实现对监测数据的实时分析和展示。三是农业资源环境数据采集个性化服务。依托面向用户的咨询服务平台,针对用户需求开展个性化、定制化信息服务。

2. 适宜性 该场景的适用范围主要是为农业行政管理部门开展农情调度、水土保护、灾害预警等方面管理工作提供决策平台;也可根据农业经营主体的生产管理需求,为其提供精准生产管理与个性化信息服务。

(三)典型案例:某科技型企业

1. 案例基本情况 某科技型企业是服务于我国干旱、半干旱地区生态环境治理修复的企业。该企业于 2001 年成立,2012 年在深圳创业板上市。经过 20 年的发展,已形成集"草种业科技、生态修复、大数据服务"等核心业务于一体的全链条经营服务。其中,在 2017 年推出了"草原生态产业大数据平台",通过应用大数据技术、分析草原生态环境情况、评估草原生态产业发展情况,进而科学指导草原产业结构布局、优化引导牧民生产生活,实现以"大数据"推动"大生态""大产业""大民生"实现互通互联。目前,草原生态产业大数据平台已覆盖内蒙古全域 118 万千米^2,可追溯近 50 年、涵盖 30 多个维度的"水、土、气、草、畜"生态指标,且已在新疆、青海、宁夏等地进行推广建设。

2. 主要做法与成效 该科技型企业在关于草原生态产业大数据平台的开发推广中,主要实施了以下 3 项举措,为其成为数字驱动草原生态产业服务的"领头羊"奠定了基础。

(1)依托企业资源积累优势与天空地一体化监测网络建立种质资源数据库。该科技型企业在成立初期的主营业务是应用草原本土耐寒耐旱植物进行园林绿化,初步完成了对草原种质资源的原始积累,紧紧围绕这一资源优势,建立种质资源数据库、完善系统化的种质资源储备。具体为:一是通过与中国科学院植物研究所、国家种质资源库、中国科学院种质资源库等单位交流合作,掌握种质资源库建设方案、组织架构、数据库管理等。二是与地方政府合作,基于各地建设的天空地一体化监测网络,实时收集资源环境的相关监测指标,汇入大数据平台。三是打造了占地近 3 000 亩的草业展示园,自主培育驯化草种资源、建立"植物种质基因库"。截至 2019 年底,已收集 6.2 万条全国植物种质资源图文数据信息,实物储存 6 200 余份乡土植物种质资源,为其从事草原生态环境治理修复与大数据服务提供核心竞争力。

(2)建立多主体合作机制打造大数据服务平台。在大数据服务平台的建设中,该企业与众多高校、科研机构建立起紧密的协同合作机制。通过与中国农业科学院草原研究所、内蒙古农牧业科学院等合作,获取土壤、植被、水、空气等宏观基础大数据,与内蒙古大学、中国科学院植物研究所、中国农业科学院草原研究所等建立"草原生态安全协同创新中心"，开展草原生态环境大数据与管理决策支持相关研究。多主体合作机制的建立帮助该公司不断优化"草原生态修复大数据平台"系统，基于大数据的草原精准生态修复工作得到快速发展，截至 2019 年 8 月，依托大数据平台已累计完成近 2 000 万亩的山体、草原、盐碱地、制种基地生态修复。

（3）积极在国内外推广草原生态产业服务。该企业依托其建立的"种质资源＋大数据"体系，积极在国内外推广草原生态服务。目前已在全国青海、西藏、云南等 10 多个省份开展了草原修复、荒漠与沙地治理、盐碱地改良与修复等生态修复项目，帮助内蒙古、陕西等省份建立了草原生态大数据智慧平台。同时紧紧把握国家"一带一路"战略的发展机遇，与新加坡、蒙古、俄罗斯、阿拉伯联合酋长国等沿线国家建立起生态修复科研及草种业合作关系，例如，该公司与蒙古国某公司等达成了战略合作并签署了备忘录，在草种业、农业科技、产业投资、技术人才等领域开展合作，推动两国草原生态修复共赢发展。

3. 经验借鉴　通过对这一典型案例基本情况、主要做法与成效的剖析得出以下经验启示：

（1）整合内部优势资源，实现草原修复关键技术突破。为了解决研发资源不足难以支持其技术创新的障碍，通过协调内部各职能部门，将人才、经费、组织管理等资源整合后，向技术部门倾斜，优先满足技术部门要求，使其成功实现了利用"野生乡土植物"进行绿化的技术创新，为公司发展奠定了基础。

（2）准确把握国家战略，积极布局创新草原生态产业系统。在近年智慧农业、数字农业快速发展，以及政府提出《生态环境大数据建设总体方案》的背景下，该公司积极把握这一发展机遇，通过与中国科学院、中国农业科学院、内蒙古大学等科研院所开展产学研合作，由过去内部创新转向"点对点"协同创新，在国内率先成功建立了草原生态修复大数据平台及种质资源库，扩大了在行业内的业务范围与竞争力。

（3）注重数据资源库建设。丰富的数据资源是数据分析服务的基础，该公司通过自身数据积累，以及与各地政府、中国科学院植物研究所、中国农业科学院草原研究所、国家种质资源库、内蒙古农业大学等多家高校、科研机构进行合作交流，建立起庞大的种质资源数据库，为农业资源环境大数据平台建设、数据分析、信息服务等提供有力的基础数据资源支撑。

（4）由点及面推动草原生态服务向全国乃至世界扩展。该公司通过国资混改、合伙、全资等灵活方式，成立了多家分公司，在新疆、西藏、青海等地布局生态修复业务，且争取于 2025 年在全国复制推广。此外，该公司积极与"一带一路"国家开展合作，逐步扩大在国际草原生态服务中的业务半径。

第六节　本章小结

现阶段我国智慧农业实践探索已取得积极成效，在智慧种植、智慧养殖、农产品智慧供应链、农业大数据智能与信息服务、农业资源环境监测等领域已形成诸多典型应用场景，培育出寿光智慧农业科技园、"天水链苹"、中国农技推广信息服务平台、全球农情遥感速报系统等典型案例，其在体制机制、平台建设、技术应用、人才建设等方面的主要做法与核心经验，为我国智慧农业的发展起到良好的借鉴示范作用。具体典型应用场景如表 11-2 所示。

表 11-2　国内智慧农业典型应用场景

主要场景		概念内涵	场景特点	适宜性
智慧种植	大田精准作业	运用互联网、物联网、卫星导航定位、云计算、大数据等现代信息技术与手段，推动信息化与农机装备、作业生产、管理服务深度融合，实现大田生产耕、种、管、收等全作业环节装备智能化、作业精准化、管理数据化	农机作业精准化、智能化、高效化	智能大型农机主要适用于东北、华北、华东和西北地区规模化大田种植区域；中小型智能农机主要适用于南部、西南部和中部丘陵山区地带
	智能玻璃温室	以玻璃作采光材料的智能温室，利用物联网、精准作业、智能控制等技术产品装备设施生产，对作物生长环境进行智能控制，实现园艺作物播种、移栽、补苗、扦插、采摘、运输等全程智能化生产与精准管理	水肥药精准管理、环境智能控制、病虫害预测、农事自主操作、可视化展示与分析	面向设施果蔬、种苗生产和中草药生产等产业，且具有一定经济条件和基础设施的生产企业和园区
	植物工厂	将现代生物技术、建筑工程、环境控制、材料科学、设施园艺和计算机、AI 大数据等多学科集成创新，通过计算机对温度、湿度、光照、二氧化碳浓度及营养液等因素进行智能控制，实现全天候高效生产	不依赖土壤与气候环境条件、周年稳定生产供应、高产（空间利用率高）、产品质量高、资源利用率高	面向果蔬作物，尤其是番茄、生菜等生长周期较短的速生叶菜和果菜，可在任何区域应用
智慧养殖	AI 养殖	将视频图像分析、面部识别、语音识别、物流算法等人工智能技术融入养殖的各个环节	环境和品种适用性强、系统小型化、低功耗运行，信息数据自动采集、存储、运算、传输，多区域多元信息指标实时监测	面向以圈养为主、具有一定经济实力的中型及以上专业化规模养殖企业
	智慧养殖大数据管理	覆盖生产、加工、销售等养殖产业各个环节全过程的数据采集管理分析和利用，通过人数据边缘计算、大数据挖掘、农业经济模型等技术方法，对数据进行管理分析，进而做出决策和创新	大数据决策、降低劳动强度、提升管理精准度	适于处于产业链生产端的大规模、多养殖户的养殖企业，以及青海、内蒙古等为代表的养殖业大省的相关政府部门
	无人渔场	通过传感器、人工智能、机器人、无人机、5G 等新一代信息技术的系统集成，实现清理、放苗、饲养、管理、收获养殖全程无人化，从而使渔业生产标准化和集约化	水产养殖无人化、管理可视化、决策智能化	对于淡水养殖的无人渔场，适宜东南沿海与大型湖泊、河流附近，规模在 100 亩以上；对于深远海无人养殖渔场，适宜福建、海南等深远海域，规模在 10 000 万米³ 以上

（续）

主要场景	概念内涵	场景特点	适宜性
农产品仓储无人化	采用 AGV、自动化立体仓库、人工智能算法等技术设备，使农产品从入库、存储到包装、分拣等流程实现智能化和无人化	仓库作业全程无人化、运营数字化、决策智能化	面向劳动密集型行业企业、劳动环境恶劣的行业、物流用地成本高的企业、作业流程标准化程度高的行业、管理精细化要求高的行业
农产品透明供应链	应用区块链、大数据等技术，对农产品从种植养殖、生产加工、仓储、物流运输以及终端销售等各个环节的数据信息进行实时监控管理，并通过终端设备扫码查看产品全流程信息	原材料数据信息透明化、农产品流通数据信息透明化、农产品检测数据信息透明化	广泛应用于农产品产前、产中、产后的各个环节
全程冷链物流	综合采用信息采集跟踪技术、大数据技术、冷链技术装备等，在冷藏冷冻类食品采销、生产、仓储、运输、销售、城市配送各个环节，始终处于合理的低温环境，为食品质量安全提供保障	温区精细化、管理智能化	适于食品行业、生鲜电商、第三方物流企业
互联网餐饮服务供应链	综合采用互联网信息、大数据技术、冷链储运技术、冷链智能装备等，在餐饮农产品食材种植、生产、仓储、运输、销售等各个环节，为农产品生产者及餐厅提供农产品品质安全以及多方共赢	信息透明化、全程智能化	适于餐饮行业、农业生产行业
单品种全产业链大数据智能服务	以农产品全产业链数据采集和分析为基础，通过应用大数据理念、技术与方法，构建数据采集体系和分析模型，用以处理采集到的大量数据，生成有用信息，从而指导该种农产品生产、经营、流通、消费等全产业链各环节行为活动	数据采集范围广、分析模型科学有效、数据服务速度快	面向产业基础好、产品品牌潜在价值高，并具有地域优势的名优农产品
"互联网+"农技推广服务	利用互联网、大数据、云计算等新一代信息技术，构建农技推广服务平台，推动农技服务的信息化建设，最终实现基层农技推广服务的网络化、在线化、精准化	全天候服务、服务内容具有较强针对性	适于一切具备网络传输能力的农业生产经营区域
育种大数据服务	推进现代信息技术与传统生物育种技术融合发展，围绕新品种选育过程，以性状数据采集和处理分析为核心，以育种过程管理为基础，实现育种全程信息化管理和数据科学化分析，全面提升种业管理水平，推动传统育种向商业育种、经验育种向精确育种转变	具备较强数据处理能力、育种数据内容更加丰富	适于种业科研单位、育种企业

主要场景分两大类：农产品智慧供应链、农业大数据智能与信息服务

（续）

主要场景	概念内涵	场景特点	适宜性
基于卫星遥感的农业资源环境监测与数据服务	集成应用现代遥感信息技术，对农业资源环境情况进行大范围实时监测，并集合智能化的算法，从时间、空间等多个维度宏观动态展示农业资源环境的现状与变化趋势	农业资源环境大范围立体监测、实时动态监测、现状与变化趋势的可视化展示	适于大面积、区域性农田和草原的气象、土壤、水文、植被、农情等农业资源环境宏观现状与趋势的实时监测、判断
基于地面传感网的农业资源环境智能化监测	利用各类传感器、物联网等地面技术对农业环境信息、动植物生命信息等各类农业资源与环境信息进行自动化监测以获得实时监测数据	农业资源环境自动化监测、精确化数据获取	面向农业经营主体信息获取以实现精准生产；全国或重点地区农业资源环境信息布点监测
天空地一体化的农业资源环境大数据监测服务	综合利用卫星遥感、无人机、物联网、移动采集通信技术，建立起天空地一体化的农业资源环境监测体系，进而利用大数据分析技术对汇集的海量数据进行深入挖掘分析，为政府、行业协会、农业经营主体等提供决策咨询服务	农业资源环境数据采集一体化、可视化展示、个性化服务	面向农业行政管理部门开展农情调度、水土保护、灾害预警等管理决策；面向农业经营主体提供精准生产管理与个性化信息服务

（左侧竖排：农业资源环境监测）

参考文献

王瑾，侯二秀，董丹阳，等，2020. "蒙草" 创新的三层进阶 [J]. 企业管理（2）：62-64.

吴炳方，蒙继华，李强子，等，2010. "全球农情遥感速报系统（CropWatch）" 新进展 [J]. 地球科学进展，25（10）：1013-1021.

吴炳方，张淼，曾红伟，等，2019. 全球农情遥感速报系统 20 年 [J]. 遥感学报，23（6）：1053-1063.

第十二章

智慧农业相关产业的现状与展望

"谁来种地"和"如何种地"从来都不是孤立的问题，需要在以市场为导向、以产业为基础、以服务为链接的生产经营产业链中加以解决。智慧农业的发展同样需要以市场为导向，以经济效益为中心，以智慧种植业、智慧养殖业等主导产业和技术产品为重点，优化组合各类资源环境要素，不断提升各种基础设施与生产化服务水平，加速智慧农业发展进程。特别是伴随着新一轮技术革命与产业革命的驱动，智能制造、传感技术、信息技术等与现代农业发展的交叉重组、渗透融合进一步加速，逐步孕育出了智能农机产业、农业传感器与测控终端产业、农业软件产业等新兴产业，支撑着智慧农业的发展。

第一节　智能农机产业

智能农机是指有中央处理芯片（CPU）或电子控制单元（ECU）、传感器以及通信系统的现代化农业机械，具备智能感知、自动导航控制、精准作业和智能管理等功能。智能农机产业是智慧农业的基础支撑产业，发展智能农机装备产业是制造强国的重要内容，在提升我国农机装备智能化水平、缩小与国外主流产品的差距、支撑现代农业发展、保障粮食安全和产业安全方面具有重要意义。

一、国内外智能农机产业发展现状

近年来，随着信息技术的发展，世界智能农机装备产业进入新的发展阶段，支撑传统农业向智慧农业发展。农业装备技术发展已经进入以信息技术为核心的智能化阶段，作物高产调控技术、高效绿色作业装备、智能技术集成等成为国际智能农机装备技术研究重点。目前，美国、德国、日本等先进国家农业不仅已基本实现全程、全面机械化，而且在智能化农机应用方面也具备了相当高的研发与应用水平。近年来，全球智能农机装备加大了耕整智能农机装备、种植智能农机装备、田间管理智能农机装备、收获智能机械装备、农业机器人等方面的研发与应用推广，并且逐步朝着功能更强大，结构更紧凑，通用性更强，劳动强度更低，作业效率更高、更安全、更可靠、更节能环保的方向发展。如美国约翰迪尔公司生产的自走式精确喷雾机具有灵活高效、作业精准等诸多优势；德国推出的一种莠草识别喷雾器，在田间作业时能借助专门的电子传感器来区分庄稼和杂草，只有当发现莠草时才喷出除莠剂，相比传统施药，可减少除莠剂 90% 以上，减少了对环境的污染；俄罗斯研制的果园对靶喷雾机采用超声波测定树冠位置，实现对果树树冠的精准喷雾，大幅度减少或避免了农药在非靶标植物上的沉积，节省农药达 50%，生产效率提高 20%。从产业经济发展来说，欧美、北美、俄罗斯等国家和地区凭借技术和资本优势涉猎智能农机产业较早，因此市场占有率较高、产品覆盖面宽，据德国机械设备制造业联合会（Verband Deutscher Maschinenund Anlagenbau，VDMA）统计数据显示，2017 年全球农机产业总产值达 1 040 亿欧元，其中欧盟所占份额达 27.7%，以美国和加拿大为首的北美自由贸易区（north american free trade agreement，NAFTA）所占份额为 18.8%。

近年来，我国农机装备产业的发展也取得明显成效，已逐步成为全球第一农机制造和使用大国，2019 年，我国主要农作物耕、种、管、收综合机械化率超过 70%，小麦、水稻和玉米三大粮食作物生产基本实现机械化，为我国智能农机装备的发展提供了坚实的基础条件。近年来，我国智能农机装备产业发展也取得了明显成效，智能农机装备产品种类不断增加、生产能力日益增强，一些大型、高效、精准、节能型装备研发制造取得积极进展，在智能耕整、精准种植、田间管理、智能收获以及农业机器人等作业机械方面开展了一系列研究，并研制出了一批智能农机产品。具体来说，我国在智能农机方面取得的主要成就如下：

一是智能耕整机械发展取得长足进步。近年来，我国在智能化耕整农机装备方面的技术研发和实践应用取得了较大的进展，特别是激光平地技术已在国内得到比较广泛的应用。我国对激光控制平地技术的应用研究始于 20 世纪 90 年代，包括华南农业大学、中国农业大学等在内的高校和科研院所通过技术引进、综合集成和技术创新，研究了基于大田、水田等不同农田环境的激光平地技术、水田平地自动调平技术，研发了与插秧机配套的水田激光平地机和与轮式拖拉机配套的水田激光平地机，并在新疆、东北、华北地区开展了广泛应用。通过激光平地技术的推广应用，可有效节水 30%～50%，提高土地利用率 9%，增加产量 20%～30%，具有良好的经济效益。

二是种植智能农机装备应用逐步从大田作物向经济作物拓展。我国在水稻、玉米、小麦、甘蔗、马铃薯、油菜、棉花、花生等作物的智能化种植方面开展了一系列研究，推动种植智能农机装备应用领域逐步从大田作物向茶叶、蔬菜、水果等设施作物和经济作物拓展。以水稻为例，经过 30 多年的努力，水稻机械化育插秧技术发展迅速，常规稻机械化育插秧技术已逐步熟化，机具性能接近日韩等发达国家水平，特别是自主研发的水稻精量直播技术，改善了直播稻的抗倒伏性能，实现了水稻成行成穴有序生长，增强了水稻的通风透气采光性，提高了水稻出苗率，并有效节省人工 70%～95%，产生了良好的经济效益和社会效益。

三是智能化施肥、施药技术已成为农业绿色生产的重要手段。在田间管理环节，我国在智能施肥、精准施药等方面进行了一系列研究，并基于 GIS 监测农田土壤养分、水分、虫害等的变化情况，制订施肥、喷洒农药、灌溉等科学管理方案，实现了智能化田间管理。在智能化施肥技术的研发及农机具的创制方面，我国自主研发的变量施肥机控制系统实现了施肥作业的远程数据交互，让依据处方图变量施肥成为可能。在精准施药方面，我国自主研制的智能植保机械可进行田间的病虫害与杂草识别，使植保机械对指定区域进行按需喷药控制，实现高效低污染施药。

四是收获智能机械装备打破了国外技术垄断和市场垄断。我国培育了雷沃重工、中国一拖等一批智能农机企业，研制出了多功能智能谷物联合收割机、AS60 型甘蔗收割机、谷神智能高效玉米穗茎联合收获机等一系列智能化收获机，打破了国外技术垄断和市场垄断。此外，针对目前我国智能农机故障率高且维修不便等问题，福田雷沃股份有限公司还自主研发了基于 GNSS 定位系统的精准农业远程信息化服务系统，实现了智能农机装备的远程实时诊断和维修作业实时指导。

五是无人作业系统行业标准和规范体系不断完善。无人作业系统已成为智能农机装备产业的发展热点,正在我国智慧农业中加速应用,并带动了"节能环保、新一代信息技术、高端装备制造"等七大战略性新兴产业的发展。并且,随着无人车、无人机、机器人等产业领域标准规范编制与应用验证的不断完善,主要行业标准规范体系的框架逐渐成形。

二、我国智能农机产业发展问题分析

近年来,虽然我国智能农机装备产业已经取得了长足发展,但总体上仍处于基础发展阶段,尚且存在智能化机具品种少、智能化水平低、智能机械可靠性和稳定性差等问题,与国外发达国家的水平相比还有很大差距。

(一)智能农机自主创新能力不足,技术成熟度相对较低

相比发达国家,我国智能农机装备存在科学研究起步晚、研究基础薄弱、基础数据积累不够和自主创新能力不足等问题。目前,我国智能农机企业普遍实力较弱,研发投入严重不足,创新手段缺失,企业制造能力不强。智能农机产品关键核心技术原创性突破有限,80%以上的关键核心技术均来源于国外,重大装备关键核心技术对国外技术的依存度高达90%以上。在材料技术方面,国内智能农机装备普遍采用钢铁材料,达不到国外智能农机多种金属、复合材料、特殊钢材等材料的综合应用水平。在设计和制造技术方面,我国智能农机装备采用传统的机械设计手段和制造设备,与国外绿色数字化设计、激光切割、柔性生产线、各类工业机器人等先进设计手段以及制造工艺差距明显。

(二)智能农机生产技术体系不配套,产业链发展有待深化

目前,我国的智能农机装备集成配套技术尚处于起步阶段,与智能农机生产技术体系不配套。在基础设施配套方面,在我国南方丘陵山区,田间地块比较分散,机耕道路严重缺乏,而种植的品种又比较多、种植经营规模分散,导致智能农机装备田间作业困难。在农机农艺配套方面,主要表现为农机农艺融合不够紧密,很多农作物品种在生长过程中存在成熟度不一致、长势不一致、有倒伏现象等问题,难以适应机械化作业,加之我国农作物种植模式复杂,导致智能农机装备难以适应不同地区的农业生产。此外,我国智能农业产业发展尚处于起步阶段,与智能农机装备生产相关的种养方式、农产品产后加工和消费等全产业链发展还有待进一步深化。

(三)国内大型高端智能农机装备产能不足

目前,我国多数智能农机装备企业只能从事中低端产品的制造和生产,低端高耗能产品重复生产,智能农机装备的模块化模仿、低质量制造、同质化竞争现象严重,主流产品品质和国外先进产品相比有30年以上的差距。大型、高效、多功能、自动化与信息化智能装备的产能不足,高端耕整机具、精量免耕播种机、大马力动力换挡拖拉机等仍然依赖进口,这与我国规模化生产和农业供给侧结构性改革所需的农机化支撑要求有较大差距。此外,我国农业装备领域的现代设计方法和室内模拟实验条件方法还不成熟,现代设计方法与试验条件滞后,3D模拟、工业设计等高端技术尚未采用,产品开发周期是国际水平的2~3倍,这种状况下生产出来的农机装备远远跟不上市场的需求。

(四)我国智能农机装备发展结构不均

相比发达国家,我国智能农机的相关科学研究起步较晚,研究基础较为薄弱,基础数据积累不够导致对农机具与土壤、作物(动物)互作机理研究不足,难以满足我国地域多样

性、作物多元化、农艺复杂性和可持续发展的需求，我国智能农机装备的应用、推广、示范领域发展结构不均衡。如在作业环节方面，耕整地智能机械化水平较高，而种植和收获智能机械化水平明显不足；在区域适用性方面，针对北方平原地区的智能机械化水平较高，针对南方丘陵山区的智能机械化水平较低；在作物方面，针对水稻、玉米和小麦等粮食作物的智能机械化水平较高，而针对水果、蔬菜和茶叶等经济作物的智能机械化水平较低；在智能农机质量方面，粗放型智能农机作业机械较多，精细型的多功能智能农机作业装备比较少，智能农机的节本增效作用尚未充分发挥。

三、我国智能农机产业发展需求分析

（一）技术需求

针对智能农机自主创新能力不足、技术成熟度相对较低等问题，迫切需要进一步提高智能农机装备作业质量和生产效率，突破耕整、种植、田间管理和收获机械等核心部件减阻降耗、耐磨延寿和表面强化等关键共性技术，以及自主创新大功率驱动桥、大载重量静液压底盘等关键核心技术；并研究复杂工况高精度导航定位、总线控制及标准、边缘协同等技术，加强5G及新一代信息通信技术在农机装备的应用研究。

（二）市场需求

针对国内大型高端智能农机装备产能不足、低端智能农机同质化竞争严重等问题，迫切需要进一步提升耕、种、管、收等不同环节高效智能生产水平，着力研制多功能耕整地、高速精准栽植、精密施肥播种、精量施药、高效节水灌溉和籽实及秸秆高效智能收获等高效智能作业装备。

（三）战略需求

针对智能农机产业链发展有待深化、全国发展结构不均等问题，迫切需要面向世界科技前沿、国家重大需求和农业农村现代化发展重点领域，制定智能农机装备发展路线图，重点突破智能农机装备关键共性技术，超前布局前沿性和颠覆性技术。建立长期任务和阶段性任务动态调整相结合的农机装备科技创新机制，加强农机装备协同设计、数字化制造和柔性加工等新技术前沿布局。

四、我国智能农机产业发展展望

在未来15年内，逐步发展新一代智能农机装备，推进农业机械化和农机装备产业转型升级，掌握关键核心技术主导权，提升自主创新能力和产业核心竞争力，发展自主可控装备产业，构建全产业链的信息感知、定量决策、智能控制、精准投入、智慧管理的智能农业生产方式，支撑我国成为农业装备制造强国、科技强国、农业强国。

预计到2025年，农机产品品种达到5 000种以上，大宗粮食和战略性经济作物智能装备品类基本齐全；农机装备产业迈入高质量发展阶段，支撑农作物机械化率达到75%以上。信息化和智能化技术广泛应用于农机装备，农机装备的适用性、功能性、自动化程度等得到改造升级，推动农业作业效率、质量和安全性的有效提升。预计到2035年，农机产品品种齐全，质量水平达到世界先进水平，基本满足全程全面机械化需求；构建形成以自主创新为核心的智能农机技术创新体系，具备新一代智能农机装备技术及产品开发能力；形成以智能装备为主导的产品格局，信息化、智能化技术及装备达到世界先进水平并广泛应用，实现以智能装备、智能管理服务为核心的智能农业生产，进入智能农机装备强国行列。

第二节　农业传感器与测控终端产业

农业传感器产业是指由从事农业传感器和测控终端技术研究、设备与器件制造、产品开发与应用等的企业集合而成的组织结构体系，是发展智慧农业信息感知的基础和关键。依据不同技术，农业传感器主要包括智能农机装备传感器、农用无人机遥感传感器和农业物联网传感器等，依据不同应用场景，测控终端主要包括远程供水、农业灌溉、农业物联网、温室大棚管理、植物生长调控、农机作业参数控制等终端。

一、国内外农业传感器与测控终端产业发展现状

近年来，随着物理学、化学、纳米科学、材料科学、计算科学等基础科学的发展，国外发达国家在农业传感技术的研发方面进展迅速，在传感器的感测对象、传感原理等研究方面取得了一系列研究成果，熟化了一批相关技术，培育了多家全球农业传感器知名公司，推动了智慧农业的发展。在感测对象的研究方面，国外先进的农业传感器逐步呈现由以温度、湿度等物理量传感为主，逐渐向土壤养分、水中微量元素含量、作物氮素含量等化学量传感发展的趋势，且兼具以物理手段表征化学量的特点。在传感原理的研究方面，基于"光纤技术""CCD 成像""石墨烯"等尖端技术，美国和欧洲聚焦于光电子学、生物技术、电磁学等传感器传感原理研究，为传感技术的发展奠定了基础。目前，国外传感器产业化技术成熟，已形成了包含成熟的上、中、下游产业的产业链条，涌现了美国的 Trimble 公司、CropX 公司、Aker 公司、法国的 Parrot 公司、澳大利亚的 Yara 公司、荷兰的普瑞瓦公司、日本的 Topcon 公司等产业发展知名企业，引领农业传感器与测控终端产业发展。2018 年全球农业传感器市场价值为 12.3 亿美元，预计 2026 年将达到 25.6 亿美元，复合年增长率为 11.04%。

近年来我国也对农业传感器与测控终端的发展进行了顶层设计与战略部署，近 5 年中央 1 号文件都提到了要扩大农业物联网示范和遥感技术应用，《数字农业农村发展规划（2019—2025 年）》进一步阐明要加快发展数字农情，加强无人机智能化集成与应用示范，重点攻克无人机视觉关键技术，研发人工智能搭载终端等，为农业传感器与测控终端产业的发展指明了方向。伴随着农业传感器已成为国际农业科技竞争的焦点，我国学术界也围绕技术研发和产品创制进行了技术攻坚。在技术研发领域，2011—2020 年我国农业传感器论文数量达 439 篇，占比为 18.3%，仅次于美国，位列全球第二；累计专利受理数量达到 2 917 件，远超美国、欧洲、加拿大等国家和地区，跃居全球榜首。在产品创制与应用领域，经过近 20 年的发展，形成了包括国家农业信息化工程技术研究中心、中国农业大学、浙江大学等高校和科研机构在内的专业研发团队，培育了歌尔股份有限公司、南京高华科技股份有限公司、托普云农科技股份有限公司等多个本土化企业，应用并推广了一批物理量传感器、农机装备传感器、农业无人机遥感传感器、绿色节水灌溉等硬件设备和实用化产品，在种植/养殖业的生产、管理等环节发挥了重要作用，推动了我国现代农业的转型升级。

一是部分智能农机装备传感器已实现国产化。我国现已研发了涵盖农机精准作业耕、种、管、收等核心环节的传感器与控制器，实现了复杂开放工况下农机作业参数的检测，能够解决农机作业效率低、作业质量差、药肥利用率低、农资过量投入造成污染等问题，推动

了我国农机智能测试技术的推广应用，有效扭转了高端农机装备长期依赖进口的状况。

二是农用无人机的通用传感技术已趋于成熟。无人机遥感传感器凭借其机动灵活、快速响应、实时精确、自主性强等特点，以及其在农情遥感领域广泛的应用范围，逐渐成为世界各国争相研究的热点。与发达国家相比，我国农用无人机遥感传感技术的研发起步较晚，仍处于初级阶段，目前主要围绕农用无人机平台、GPS自动导航、低空遥感、基于图像识别的精准喷雾等技术进行研究与实验，已经涌现了中国科学院遥感与数字地球研究所、农业农村部南京农业机械化研究所、国家精准农业航空施药技术国际联合研究中心等一系列农用无人机遥感传感器领域的领军团队，培育了多个本土企业和品牌，自主创新了多款产品，并具备了一定的批量生产能力。

三是农业物联网传感器已得到较为广泛的应用。物联网的基本要求是物物相连，每一个需要识别和管理的物体上都需要安装与之对应的传感器，因此，传感器的升级换代成为物联网能否快速发展的关键。目前，我国已有较多的科研机构和物联网企业从事物联网传感器的研发，制备了一批低成本、小型化、较实用的农业环境信息传感器，农业中常用的、功能相对简单的物理量传感器技术已经熟化，光照、温度、湿度、二氧化碳等传感器已经实现量产，支撑了我国智慧农业的发展，推动了我国农业现代化的进程。

四是我国测控终端技术基本满足了现有智慧农业的发展需求。测控终端是整个智慧农业系统的监测和指挥中心，伴随着我国互联网传输水平的不断提升，我国农业测控终端自动化控制和管理水平也得到了显著提升，我国的农业测控终端已经实现了控制终端由现场控制向远程控制转变、由试验示范阶段向商业化和产业化阶段转变，控制方式由单因子控制向多因子控制方向发展、由单一的数据采集和控制向以专家系统为代表的智能化系统发展，基本解决了现阶段通用技术的基础问题，并在农业灌溉、设施农业、大田作业、畜禽养殖等领域得到了较为广泛的应用。

二、农业传感器与测控终端产业发展问题分析

当前，我国的农业传感器与测控终端产业已经取得了一定的进展，但与发达国家相比，农业传感器核心元件依然依赖进口，材料研发和工艺制造等较为落后，产业结构不合理，传感器品种规格不全、技术指标不高等问题较为突出，在测量精度、温度特性、响应时间、稳定性、可靠性等指标上与国外还有相当大的差距。在理论研究方面，对新原理、新器件、新材料的研发能力和产业能力还很薄弱，主要涉及敏感材料、纳米技术、生物技术、仿生技术、新型储能技术和极低能耗技术等领域，拥有自主知识产权的产品少，产业化投入风险高，农业传感器发展依旧任重道远。

（一）农业传感器关键技术受制于人

高端农业环境传感和生命信息感知技术被美国、日本、德国等垄断，我国整体上与发达国家差距在10年以上，我国动植物本体传感器基本处于空白，尚未研发出相关高端智能芯片。因此，我国高端传感器严重依赖进口，国产化缺口巨大，高端传感器件进口占比达80%，传感器芯片进口占比达90%。国产农用传感器核心元器件应用占比不到10%，无法满足农业物联网、智慧农业发展的需求，高端芯片已成为我国现代农业发展的瓶颈。在养殖水体溶解氧传感器方面，我国约60%的溶解氧传感器依赖进口。在无人机传感器及相关处理软件方面，我国无人机影像数据处理分析软件发展滞后，对地观测遥感传感器基本依赖进口，提升了无人机的开发成本，影响了无人机传感器商业化发展。

(二) 农业传感器核心制造工艺落后

受国外技术垄断影响，我国国产传感器核心制造工艺落后，国产传感器产品指标分散、稳定性差，严重影响了其使用范围和可信程度。在敏感材料制备、传感器工艺方面与发达国家有一定差距，一些常规物理量传感器（如光照、温度、湿度等），其性能低于国际市场主流产品，且成本较高、稳定性差。微机械加工技术和封装技术不够先进，相关工艺和装备均由国外垄断，国内指标与国外相差 1~2 个数量级，产品工艺不稳定、指标分散。在非制冷红外焦平面探测器产品方面，居于领先地位的厂商仍然主要集中在西方几个技术强国，包括美国的 FLIR、DRS、Raytheon、L-3，法国的 ULIS，英国的 BAE，以色列的 SCD，日本的 NEC 等。我国虽有杭州大立、武汉高德等厂商，但数量、噪声、等效温差与国外相比仍有一定差距，且由于成品率低，成本比西方国家高。

(三) 农业传感器产业尚未形成规模

我国农业传感器的生产规模约为 6 000 万只，年产值约为 1 100 亿元，但其中大部分传感器产品仍局限于低端组装式生产和传统物理量传感器（在总产值中占比超过 80%），而高端核心技术和芯片仍依赖于进口。国内传感器产品生产企业普遍规模较小（占 70%），产品线单一，分领域定制产品多，传感器技术投入成本高、周期长，而由于单个传感器售价低、利润率不高等因素，制约了本土企业发展。若要降低传感器的体积和成本，提高其批量生产能力和性能，则需要通过 MEMS 技术来实现功能上的高度集成，然而我国 MEMS 产业尚没有类似集成电路的工业化体系、机电一体化设计仿真软件、标准工艺流程，目前仅能完成实验室水平的 MEMS 芯片，因此，农业传感器产业化道路任重道远。

三、农业传感器与测控终端产业发展需求分析

(一) 技术需求

针对我国农业传感器存在的诸多技术瓶颈问题，亟须开展以下技术研究和突破：一是发展新型农机装备传感器。综合利用 MEMS 技术，加工制备新一代农机装备传感器，以实现农机传感器小型化的同时提高检测精度和稳定性。二是提升农业无人机的智能化作业水平。重点开发遥感信息数据实时分析测控终端和发展无人机组网遥感。三是加强农业物联网传感器关键技术创新。重点突破农业动植物生命信息传感器关键技术，研发植物生长信息、农药残留及农田生态综合环境等信息动态实时感知监测设备，以及加强适农环境传输、低功耗传感节点、异构网络融合等技术的研发与应用。

(二) 战略需求

针对我国农业传感器产业化能力弱、市场化水平不高等问题，亟待加大在农机传感器、无人机传感器和农业物联网等方面的支持力度。一是亟须加大农业智能监测无人机传感器的开发。应加大资金支持，开发构建普适性强、精度高的作物表型反演模型和产量预测模型，推动无人机遥感在农田管理中的应用。二是亟须加强农业物联网应用领域顶层设计。构建国家农业物联网集成应用云平台和农业物联网大数据中心，实现互联互通和资源共享，同时建立平台可持续的商业化运维模式。三是亟须加快建立农业传感器产业化体系，促进科技成果转化。建立以市场应用为导向的农业传感器产业化体系，明确政府、科研单位、企业和用户等参与主体的角色分工。

(三) 市场需求

针对我国农业传感器性能不稳定、成本较高等问题，亟须应用新材料、新工艺，研制低

成本、稳定性好、实用性高的农业传感器以满足市场需求。一是开发低成本传感器，实现对农业生产各领域、各环节以及农机装备指标全方面的实时监测。二是在传感器工作稳定性方面应开展重点研究。通过解决材料、工艺等关键技术，以提升农业传感器的稳定性。三是开发集多种参数感知于一体的多用途小型化传感器，实现"一次感知，全过程使用"。

四、农业传感器与测控终端产业发展展望

展望未来，土壤养分/重金属等感知、动植物生命信息感知、养殖水质多参数感知等传感器技术是未来农业传感器技术研究的热点，融合 MEMS 工艺、无线网络化技术、微能量获取技术等的微型化、可移动化、集成化、智能化传感器是未来农业传感器产品的主要趋势，未来几年农业传感器市场规模将保持两位数增长。

预计到 2025 年，我国农业传感器及测控终端产业规模将持续扩大，产业结构逐步完善，复合年增长率可达两位数，会逐步孵化出一批自主创新能力强、综合服务能力优的农业传感器"领头羊"企业。预计到 2035 年，建成 15 个以上国家农业传感器高新技术产业示范区，实现农业复杂环境专用传感器以及农作物本体信息感知传感器商用化，进一步攻克农业智能决策及控制传感器关键核心技术，逐步建成以市场需求和未来发展为导向的农业传感器产业化体系。

第三节　农业软件产业

农业软件是应用于农业领域的软件，根据农业领域的需要，主要包括基础软件平台、农业应用软件平台、各类农业实用软件系统三大类。结合产业经济学范畴界定和我国信息产业的分类体系，本研究所涉及的农业软件产业即指与农业软件产品和软件服务相关的一切经济活动和关系的统称，其范畴不仅包括农业软件技术、产品和服务，还包括产业环境、产品市场、产业集群等产业生态。农业软件产业具有以知识密集型为主、技术不断迭代创新、具备高度互补和兼容性、高风险高收益并存等产业特征。

一、国内外农业软件产业发展概况

软件是信息技术之魂，是智慧农业之基，是数字经济之擎。随着信息技术、互联网技术在社会各领域的渗透和应用，农业软件产业已经成为世界各国竞相争夺的战略高地，如美国颁布了《联邦云计算战略》及《云计算标准路线图（2.0 版）》，日本于 2013 年颁布了《日本农业重点信息技术》，法国于 2015 年颁布了《农业创新 2025》等，各国都在布局农业软件产业，力图巩固既有优势、抢占发展先机和战略制高点。所以，就全球软件市场来说，虽然目前全球农业软件市场相较于其他软件领域份额占比较小，但越来越多的国家和地区认识到了农业软件在实现农业资源、生产和经营领域管理方面的重要作用，因此农业软件市场增长迅速，市场增长潜力巨大。据 BOWERY CAPITAL 有关数据统计，全球在农业软件领域的支出以 17.8% 的复合增长率持续增长，其中，以农场管理软件占比最大，约占整个农业软件市场份额的 57.53%。从农业软件产品来说，国外农业软件产品主要可以分为农场管理软件、畜牧管理软件、精准农业软件和精准灌溉软件四大类，目前主要应用于北美地区和欧洲地区。

相对于国外发达国家，我国软件产业发展起步较晚，但伴随着社会信息化进程的加速，在进入 20 世纪以后农业软件产业得到迅猛发展，并获得了举国上下对其战略地位的高度重

视。经过近 20 年的发展，2019 年我国软件服务业产业规模达到 7.2 万亿元，产业总量是 2000 年的 121.8 倍，企业总数也由 2003 年的 5 624 家增至 2019 年的 3.7 万家。聚焦到农业领域，我国的农业软件产业主要表现为以下特征：

一是我国农业软件产业在区域上呈集聚发展态势，主要以政府部门和农业企业为服务对象。在课题组调研的农业软件企业中，总部位于东部地区的企业占比达 70%，农业软件产业呈集聚发展态势，初步形成了以北京、江浙沪区域为核心的相互联系、相互支撑的农业软件产业群。现有的农业软件产业以政府部门和农业企业为主要服务对象，其中，服务于政府部门的农业软件企业占比为 65.9%，服务于农业企业的农业软件企业占比为 63.4%，而家庭农场、合作社等新型农业经营主体的需求有待进一步挖掘（图 12-1）。

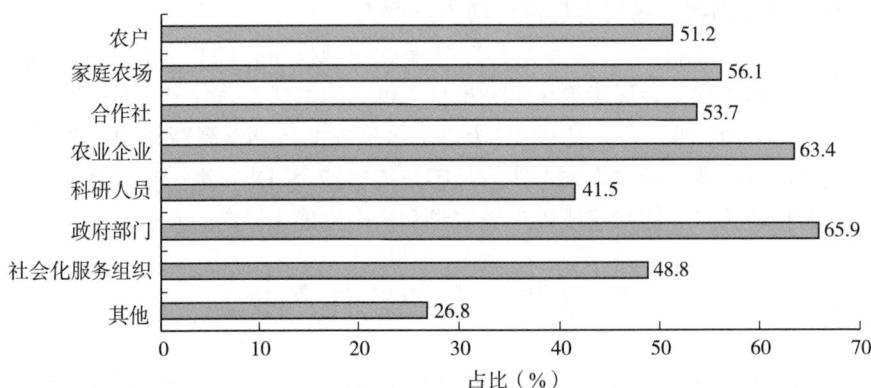

图 12-1 受访农业软件企业服务对象
数据来源：项目组调查数据。

二是农业软件产品类型以农业生产类软件为主，主要为用户提供信息监测和软件开发服务。企业提供的软件产品和服务类型中，在数量上以农业生产类软件占比最高，达到 80.5%。说明目前农业生产环节软件需求最多，且信息化技术和装备普及程度最高，农业经营、农业管理和农业服务类软件仍需加大研发和推广应用力度。并且，农业软件企业主要提供信息监测和系统开发服务，调查中该类型企业占比为 63.4%，而植保服务、农机调度服务、农业作业服务等服务类型有待进一步推广（图 12-2）。

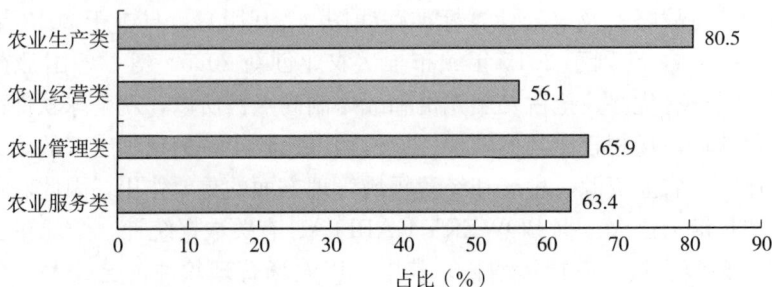

图 12-2 受访农业软件企业市场产品类型

三是农业软件已经推广应用于农业生产、流通等各环节，促进了现代农业的高质量发展。近年来，在国家"863""973"等一系列国家科技计划的支持下，各类研究机构、高等院校和企业在农业信息技术领域逐步取得了一批拥有自主知识产权的成果并进行了推广，农业软件现已广泛应用于生产管理、经营流通和社会化服务等环节，有效促进了现代农业的信息感知、定量决策、智能控制、精准投入、个性化服务。在生产环节，针对大田种植、设施栽培、畜禽养殖和水产养殖等不同产业类型，已开发并推广环境监测系统、精准农业播种施肥施药系统、病虫害防控等多种生产管理系统，有效实现了对农业生产过程中的信息自动感知、精准管理和智能控制，促进了现代农业的高质量发展。在流通环节，目前开发和应用最为广泛的是电子商务平台和农产品质量安全管理追溯平台，该平台的使用有效促进了农产品的品牌化建设和市场化推广，推动了农业经营将向订单化、网络化、个性化方向转变，实现了对种植过程、农产品加工、检测管理、销售流通的全流程溯源管理，有效保障了农产品质量安全。

四是农业大数据分析是当前农业软件的需求热点，未来人工智能等技术将赋予农业软件更强大的功能。据项目组统计，在被调研的企业中有 2/3 的农业软件公司都成立了大数据智能技术研发团队，74.07% 的农业软件产品都配备了大数据智能分析应用系统，46.3% 的农业软件产品能够提供云服务，当前大数据和云服务技术已逐渐成为农业信息化领域研究和应用的热点。在未来，伴随着人工智能等新一代信息技术的发展，可以在现有农业软件运行的基础上智能定位与捕获有价值的数据和信息，进一步提升获取信息的应用价值，提高数据获取效率，构建更智能性的数据识别系统，赋予农业软件更强大的功能。

二、我国农业软件产业发展问题分析

尽管近年来我国农业软件产业取得了一系列成果，对农业实体经济和农业数字经济的支撑和服务作用越来越明显，但与国外发达国家相比，我国农业软件产业发展面临发展基础薄弱、数据资源分散、重要农产品全产业链大数据和农业农村基础数据资源体系不健全等诸多挑战。同时，农业软件"落地"应用效果较差、农业软件企业投资回报率低、农业软件产业核心竞争力不强、知识产权保护力度不够等问题突出，制约着我国农业软件产业化发展。

（一）农业软件开发难度大，"落地"应用效果较差

不同于工业，农业是利用生物有机体的生命活动进行生产的行业，受生产环境、生产季节、标准化程度影响极大。并且，农业生产体系庞大，涵盖大田种植业、设施园艺、畜牧养殖、家禽养殖、渔业养殖等多个细分行业和品种，不同生产品种间差别迥异，这就为农业产业软件的设计策划、模型构建、开发设计造成了一定的难度。此外，在推广应用过程中，受教育水平影响，实际参与农业生产、加工、运输等环节的农户对信息化软件操作能力有限，加之农业产业标准化程度较低、规模小，大大影响了农业软件在农业生产、管理、流通、服务过程中的应用效果，阻碍了信息技术在农业软件产业"溢出"效益的发挥。

（二）农业软件企业投入成本高、投资回报率低，制约企业发展

农业软件产业属于知识密集型产业，其固定资产、人力资本和研发资金等生产要素价格远高于农业其他领域。但是，面对高额的投入成本，农业软件产业融资能力却是有限的。加之，当前农业软件企业的客户群体主要为农户、农村合作社等收入水平和支付能力相对有限的农业生产主体，支付能力和支付意愿都相对较低。尽管近年来随着城镇化的发展，农民生活水平取得了较大程度的提高，但是城乡收入差距依然客观存在，部分农业生产主体无力负担农业信息化、数字化高昂的改造成本，限制了农业软件企业的盈利空间，制约了农业软件企业的发展。

（三）农业软件产业自主创新能力薄弱，核心竞争力不强

我国农业软件基础性开发技术薄弱，大多农业软件的开发采取的是应用国外软件开发工

具或技术架构的方式，在购买来的第三方中间件等产品的基础上进行再开发，国内农业软件开发企业的自主创新能力薄弱，对外依存度高，且产品出口主要集中在产业链最低端的应用类软件上，产品附加值低、同质现象严重。从国际市场来看，农业软件市场竞争日益加剧，北美地区和欧洲地区抢占先机，农业软件种类完善且覆盖各类产业和生产环节，培育出了Trax View、Farm Logic、Grain Trac、Ag Expert等众多知名农业软件企业，已经牢牢占据了全球大部分农业软件市场，并对发展中国家进行了愈发严格的技术封锁。而我国的农业软件产业集中度尚且不高，规模普遍偏小，在交付能力、人力资源、服务水平方面存在着一定差距，核心竞争力不强，缺乏持久发展动力，在国际市场上话语权不足。

（四）知识产权保护力度不够，盗版和侵权现象依然存在

在我国软件开发领域里，基于计算机软件独有的易复制性的特点，开发者通过反向工程等各类技术来获取软件源码的盗版和侵权行为变得更加轻而易举。尽管近年来我国软件盗版率在逐年下降，但盗版和侵权现象依然存在。这种行为轻则使用户体验差，重则严重影响用户的正常生产、管理、流通业务的开展，同时会侵害软件的品牌声誉，间接制约了我国农业软件产业的发展，损害了我国在全球农业软件市场上的国际形象。目前我国主要通过著作权法来对农业软件版权进行保护，相关学术领域也在不断探索利用专利法或商业机密等模式来保护企业的合法权益，但与美国等发达国家相比，知识产权保护力度尚且不够，缺乏完善的法律法规体系。

三、我国农业软件产业发展需求分析

（一）技术层面

针对我国农业软件产业存在的诸多技术瓶颈问题，亟须开展以下技术研究和突破：一是亟须突破应用基础理论瓶颈，加强边缘计算、云雾计算、大数据智能理论等基础理论研究。重点突破无监督学习、综合深度推理等难点问题，建立以数据驱动、语言理解为核心的认知计算模型，形成集大数据—知识—决策于一体的能力。二是亟须加快数据资源开放共享，提高涉农数据的整合和应用度。协调规划农业大数据公共平台，制定和发布数据资源开放共建共享相关管理措施，打造数据资源和开放目录清单，鼓励社会公众对开放数据进行增值性、公益性、创新性开发，提升我国涉农数据的整合和应用程度，为农业软件的开发及应用提供良好的数据基础。三是亟须统筹布局农业智能服务业创新平台，扩大农业软件产业辐射力度，并开源开放各相关通用开发平台，加快农业物联网、移动互联网、大数据等技术对农业生产、管理、流通、服务的覆盖广度。

（二）人才层面

针对我国农业软件企业发展中出现的瓶颈问题，亟须加大农业软件专业人才队伍培育力度。一是亟待完善农业软件领域学科布局，加强学科建设。将农业软件工程、农业大数据等人才培养纳入高校研究生教育培养体系，尽快在试点院校增加相关学科方向的博士、硕士招生名额，重视农学与计算机科学、生物学、经济学、社会学等基础学科的交叉渗透。二是迫切需要加强培养高水平农业软件领域创新人才和团队，储备产业领军人才。通过农业软件重大工程、研发基地搭建，聚集软件类高端人才，在多个相关关键领域形成一批高层次创新团队，并鼓励和引导人才团队建设，加强与国际相关研究机构合作互动。三是亟须完善人才激励机制，减少人才流动对农业软件产业发展的影响。促进适应产业发展特点的人才体系、薪资体系和考核体系，突破人才流动的制度边界，完善技术入股、股权激励等鼓励方式，完善

现代农业软件著作权等知识产权保护机制。

（三）政策层面

针对农业产业的弱质性和农业软件产业核心竞争力不强等问题，亟须政府层面进一步加大顶层设计。一是亟须研究制定新形势下适应农业软件产业发展新特点的政策措施。完善激励创新政策和机制，强化对农业软件创新产品和服务的收购、订购支持，鼓励软件企业加大研发投入，制定推动农业软件技术与农业生产、管理、流通、服务领域融合发展的政策措施，进一步完善鼓励政府购买服务的相关机制和措施手段。二是亟须加大政府的投融资政策支持力度，拓宽市场多元化融资渠道。借鉴中关村国家自主创新示范区、杨凌农业高新技术产业示范区等相关政策，研究制定促进农业软件产业发展的财税、金融、保险、土地、人才、招商项目等"一揽子"产业政策，综合采取以奖代补、先建后补、政府购买服务等方式，并对取得显著成效的农业软件企业给予积极支持。三是亟须强化统筹协调，加强各部门间的协同联动。

（四）安全层面

针对农业软件产业知识产权保护力度不够等问题，亟须在安全层面强化支撑力度。完善相关法律法规体系，增强农业软件知识产权保护力度，进一步增强农业相关信息安全技术保障能力，完善农业数据安全防护机制。推动形成农业软件领域行业自律，完善行业监管，促进农业数据资源有序流动与规范利用。

四、我国农业软件产业发展展望

农业软件产业的发展进度虽然受科技发展环境、农民受教育程度、农业生产环境等因素影响，但欧美国家农业软件产业因发展起步较早、发展较快，现阶段在全球已占有较大的市场份额。随着我国大数据、物联网、5G、人工智能等新一代信息技术的发展和在农业生产领域的应用以及农业农村大数据中心与平台的建设，我国农业生产方式逐步向集约化、智能化、生态化的现代农业生产方式的方向变革，农业软件的技术采纳意愿将会持续增高，应用范围将会不断拓宽。特别是 2020 年新冠疫情爆发以来，农业软件凭借其在无接触场景得天独厚的优势，受到了前所未有的关注，未来农业软件产业发展潜力将会越来越大，支撑并推动现代农业向高质量发展。

预计到 2025 年，我国农业软件产业初具规模，产业年均复合增长率保持在 15％以上，农业软件产品收入占软件行业产品收入比例达 6％左右，农业软件产业规模或将达到千亿元以上。预计到 2035 年，我国农业专用软件产业规模将不断扩大，软件即服务理念深入人心，农业软件业务收入或将突破 1 万亿元，国产农业软件在农业生产、经营、管理、服务中得到规模应用。预计到 2050 年，我国农业软件产业综合实力全球领先，成为世界农业软件强国，并建成全球领先的技术体系和产业体系，国产农业软件在农业全产业链经营管理中得到广泛应用。

第四节　典型案例

一、智能农机生产典型企业

（一）基本情况介绍

某科技有限公司成立于 2006 年，是我国乃至全世界先进的农用无人机生产企业。公司成立之初主营业务是工业级的直升机飞控，在 2010 年逐步转向消费级市场，先后开发直升机飞控和多旋翼飞控，并于 2012 年发出第一款无人机。该企业致力于用技术与创新力为世界带来全新视角，公司逐步在无人机系统、手持影像系统与机器人教育领域成为全球领先的品牌，以一流的技术产品重新定义了"中国制造"的创新内涵。在公司成立的 14 年间，通过不断革新技术和产品，公司开启了全球"天地一体"影像新时代，在农业、遥感测绘、生态保护等多个领域，重塑人们生产和生活的新方式。

（二）关键技术产品与主要做法

在农业领域，该公司已经涉足植保作业、播撒作业、作业管理和农田航测与规划等诸多方面，主要对农田进行多光谱图像采集，配合实时 NDVI 图、农业处方图、AI 作业规划等生成农田多光谱图像和农田处方图，经由农业服务平台分发后，依托植保无人机将根据处方图指引进行精准的肥料播撒或药液喷洒作业。其核心关键产品包括以下 3 项：

——热成像云台相机。具备高灵敏度与高分辨率、细腻成像的红外热成像传感器，搭载 19 毫米热成像镜头，适用于远距离的动态场景，能够在搜索、巡检等任务中迅速识别目标，在实时图像传输中呈现热成像信息，可为消防、搜救、巡检等领域的用户提供超越视觉的洞察力，助力实现信息获取及精准决策，极大提升了工作效率。

——多光谱版无人机。搭载一体式的多光谱成像系统，集成了 1 个可见光传感器及 5 个多光谱传感器（包括蓝光、绿光、红光、红边和近红外）。每个传感器均拥有 200 万像素解析度并配备全局快门，整套的成像系统搭载于三轴云台上，可输出高质量的多光谱影像信息，导入地图，可得到 NDRE2、NDVI 等植被数据，让农户和农技人员及时做出应对策略，从而降低运营成本、提高产量。

——典型无人机。采用 TimeSync 时间同步系统，通过将飞控、相机与 RTK 的时钟系统进行微秒级同步，实现相机成像时刻的毫秒级误差；系统还对每个相机镜头中心点位置与天线中心点位置结合设备姿态信息进行实时补偿，使影像获得更加精确的位置信息。

（三）经验借鉴

——不断强化技术创新。通过创新推动无人机的智能化，首次将 GPS、运动相机与无人机进行整合，使得无人机可以自动悬停，大幅降低了其操作门槛；采用薄利多销的模式，大幅降低了无人机的价格。基于以上技术创新，使得客户群体从以前单一的发烧友扩展到普通大众，客户规模扩大了几个数量级。

——产品研发追求极致。2018 年该公司占据了全球航拍无人机 74％ 的市场份额，主要市场集中在欧美国家，较 2016 年提升 24％，显著成效主要归功于其积极的产品开发。该公司致力于创造让全球消费者喜爱的产品，以激进、执着的力量投入创新，将产品做到极致，以征服工程师的品质来征服客户。目前，该公司已经在全球获得比尔盖茨、斯皮尔伯格、沃兹尼亚克等著名人士认可，以极致产品创造口碑，以口碑吸引更多粉丝。

——拥有优秀市场公关队伍。该公司的市场推广经验是在推出新产品前免费赠送样机给玩家试用，广泛收集建议优化产品。此外，公司还会通过在知名影视、综艺娱乐平台植入广告，扩大其在普通消费者中的知名度。在销售方面，积极参加国际性展览会来宣传自己的产品，建立了直营渠道与分销渠道，线上电商平台与线下门店兼顾。此外，该公司专注定制服务、人性化服务，提供一站式服务和针对性解决方案服务，给客户带来更好的产品体验。

二、农业传感器生产典型企业

（一）基本情况介绍

国内专职从事农业传感器的企业数量众多，但规模一般较小。上海某公司是我国定位系统领域的龙头企业，并在近几年大举进军农机装备传感器领域，将该公司作为案例进行分析具有一定的代表性。该公司成立于 2003 年 9 月，是国内知名的高精度卫星导航定位产品及系统解决方案提供商。公司以高精度卫星导航技术为基础，自主创新，推动相关产品在地理信息、智慧城市、精准农业、数字施工、商业导航等领域的自动化、智能化应用。坚持围绕客户需求持续创新，自主开发的激光雷达、无人机、无人船、高精度接收机、数据采集终端等前沿产品，让地理信息的数据采集效率成倍提升。

（二）关键技术产品与主要做法

该公司依赖于其定位系统上的优势，积极拓展业务范围，并将业务延伸到精准农业领域。目前在精准农业领域，主要涉及农机导航自动驾驶系统、智能喷雾控制系统、农机生产信息化管理平台及 TC-AMIT 农机作业监测智能终端。

——农机生产信息化管理平台。该平台是一款自主研发的"互联网＋农机"的综合管理平台，系统利用 GNSS 定位、网络 GIS、移动通信、图像识别、传感器和计算机信息技术将分散的农机生产单元有机结合到网络监管平台。通过该平台，用户可以实现农机具信息管理、农业人员信息管理、农机实时监测、农机作业统计分析、历史轨迹查询、信息发布等功能。依据农业生产管理特点，建立分级管理模式，为农机管理部门、农机社会化服务企业、农机合作社等用户量身打造解决方案。

（三）经验借鉴

——专注于高精度定位技术以及地理空间信息获取技术研究。该公司已经成为国内高精度 GNSS 设备著名品牌，为高精度 GNSS 产业创造了巨大的效益。普通精度 GNSS 应用，定位误差在 1～10 米，高精度 GNSS 水平定位误差为±1 厘米，高程误差达±1.5 厘米，满足精准农业的使用要求。

——以高精度 GNSS 产品为技术背景积极拓展应用场景。该公司是国内定位导航技术的领跑者，定位产品覆盖全球 97 个国家和地区，与此同时，积极探索定位系统更多的应用场景，并将高精度 GNSS 产品延伸到精准农业领域。目前，该公司已发展为国内第一的精准农业解决方案提供商，主要涉及农机导航系统、智能喷雾控制系统、农机生产信息化管理平台以及 TC-AMIT 农机作业监测智能终端等。

——不断强化前沿技术与产品的深度融合。从公司创立之初，该公司就十分重视前沿技术在产品研发中的熟化应用。结合我国北斗卫星导航系统的研究进展，2010 年 8 月研制出国内第一款完全自主知识产权的测量型 GNSS 接收机，并通过权威专家鉴定，结束了 GNSS 接收机核心技术一直被国外企业完全垄断的历史。2013 年 3 月在业内率先推出四星接收机，全面兼容北斗系统信号，支持三星解算，预留伽利略信号通道，国产 GNSS 接收机应用范围获得井喷式扩展。

三、农业软件开发与智能化方案提供典型企业

（一）基本情况介绍

某农牧公司成立于 2018 年 11 月，是深耕行业＋AI 的公司，在图像识别、语音识别、

机器学习等人工智能领域以及硬件设备、农牧业等领域有较强的技术优势。通过与中国农业大学、中国农业科学院等科研机构的深入合作，在国内最早实现"猪脸识别、全程溯源"。该公司现已推出了不同类型的智能养殖解决方案，覆盖猪、牛、羊、鸡、水产等智能化养殖领域，未来还将打造农牧产品活体销售平台、数字农业物联网平台、养殖大数据平台，并联合商城、云平台、物流等领域，全方位赋能养殖业全产业链的各环节。

（二）关键技术产品与主要做法

该公司自主研发并推出集成"AI神农大脑"＋"IoT神农物联网设备"＋"SaaS神农系统"三大模块的智能养殖解决方案，为养殖场提供全方位的服务和管理，帮助养殖企业降低饲料、人力、资源等成本，提升生产效率，控制疫病蔓延，降低养殖风险，为企业的生产经营保驾护航。

——物联网（IoT）。连接上下游产品，实现智慧养殖环节的"无人、无线、无接触、无干扰"的自动化生产。其中智能养猪物联网系统可以实现对养猪环境参数的智能化识别和管理，如当养猪环境温度、湿度偏高或偏低时，冷风机、暖风机、水帘等就会自动开启，自动将猪舍环境参数维持在最佳状态，从而确保生猪可以健康生长。物联网系统对生猪采取24小时全方位监控，一旦发生异常情况，系统会及时报警，操作人员在接到报警信号后可以立即进行处理，最大限度地降低损失。

——大脑（AI）。用"智能AI大脑"代替人脑，借助人工智能算法对批量大数据进行实时计算和处理，以实现对养殖和水产领域生产全过程的智能监控和决策。例如，通过该系统可以对猪场所监控到的数据进行实时监控和分析处理，建立智能数据储备库，为生猪生产提供参考。特别是在流行病学监测应用方面，利用人工智能语音识别技术分析和处理猪群的咳嗽、哮喘等声音，可及时发现猪群异常；利用人工智能图像识别技术，可及时了解猪只身体健康状况，实时发现并处理异常猪只；利用人工智能图像识别技术，还可以全方位监控猪只行为变化，对异常猪只及时预警。

——系统（SaaS）。利用公司自主研发的智能农牧管理平台，采集和分析批量大数据，创建自动、精准、智能的生产场景，帮助农业养殖企业降低成本、提高效率。其典型的应用是智能化饲喂系统，该系统可根据猪只日龄、健康状况自动生成饲喂曲线，实现系统自主饲喂，并为猪只制订科学饲喂方案，实现干、湿料相融合满足猪只生长营养需求；自动监测猪只余食状态，并借助智能饲喂系统对剩余情况进行数据分析；通过饲喂自配方案，实现定时、定量饲喂，有效提高料肉比，精细化养殖，投料误差达到小于50克，有效控制下料量，节省饲料成本，减少饲料浪费。

（三）经验借鉴

该公司针对目前我国养殖业存在的养殖成本较高、生产环节效率低下、生产效益较低的问题，采取了以下核心举措，旨在建立智能养殖新规范，树立行业标杆，以达到降低成本、提高效率的目标。

——依托顶级科研团队突破技术瓶颈。该公司与中国农业大学等全国农业领域顶级科研院所开展科研合作，进行核心关键技术联合攻关。2018年，该公司与中国农业大学共同成立了研究院，并成功推出了AI养猪智慧化解决方案。2019年联手中国农业大学共同打造"智能猪场示范点"，利用人工智能、物联网、大数据等技术能力实现猪场精细化管理和科学自主智能化决策，让农牧业实现万物互联，助力农牧产业升级与发展。

——加强与全产业链企业合作创新商业模式。该公司联合知名种苗企业、饲料企业、养殖企业、动保机构、生产和销售运营合作伙伴，推出基于标准化智能种植养殖解决方案及配套产品。通过创新商业模式，充分发挥平台优势，整合产业链资源，达成产业化、智能化、标准化的项目落地，满足经济和环保目标。例如，2019年5月该公司与成都某公司签署智能养殖和数字农业项目合作合同，合同总金额达2.06亿元，成为当前中国智能农牧领域的第一大单。

——积极探索种植养殖生产标准化和规范化。该公司以满足消费者需求为己任，以品质为切入点，以品牌为路径，深入种植养殖端，开展生产标准化和规范化探索，通过平台化运营真正地将农牧行业上下游及供应链打通，促进三产业融合发展，推动农产品品质化和品牌化提升，实现全链条数据可追溯，为消费者提供真正高品质、绿色、安全、健康的食品。

第五节 本章小结

现阶段我国智慧农业支撑产业逐步壮大，智慧农机、农业传感器、农业信息技术创新取得了明显突破，智能农机具、农业传感器、农业软件产品推广应用势头良好，孵化了一大批新兴企业，培育出了多个典型智能农机、农业传感器、农业软件品牌，产业体系初具雏形，产业支撑能力日益增强。

——智慧农机产业。经过几代人的不懈努力，我国已逐步成为全球第一农机制造和使用大国，我国智能农机装备产业发展也取得了明显成效，智能耕整机械发展取得长足进步，种植智能农机装备应用逐步从大田作物向经济作物拓展，智能化施肥、施药技术已成为农业绿色生产的重要手段，收获智能机械装备打破了国外技术垄断和市场垄断，无人作业系统标准规范编制与应用验证不断完善，并创新培育出全球知名企业。但总体来说，智慧农机产业仍处于初步发展阶段，技术成熟度相对较低，智能农机装备的模块化模仿、低质量制造、同质化竞争现象严重，大型高端智能农机装备产能不足，智能农机装备发展结构不均等问题突出，智能农机的节本增效作用尚未充分发挥。

——农业传感器与测控终端产业。农业传感器与测控终端产业是发展智慧农业信息感知的基础和关键，现已成为国际农业科技竞争的焦点，我国也对其进行了一系列顶层设计与技术攻坚，2011—2020年我国农业传感器论文数量达439篇，累计专利受理数量达到2 917件，在数量上位列全球首位。在科研技术的支撑下，我国部分智能农机装备传感器已实现国产化，农业物联网传感器已得到较为广泛的应用，测控终端技术基本满足现有智慧农业发展需求，农用无人机遥感传感器起步较晚但发展较快，在部分产品上已经具备了一定批量生产能力，并逐步培育出多家本土化企业。但是，与发达国家相比，我国农业传感器核心元件依然依赖进口，材料研发和工艺制造等较为落后，产业结构不合理，传感器品种规格不全、技术指标不高等问题突出，在测量精度、温度特性、响应时间、稳定性、可靠性等指标上与国外还有相当大的差距。

——农业软件产业。我国农业软件产业虽然起步较晚，但是近年来发展迅速，逐步培育出多个农业软件开发与智能化方案提供商，在区域上呈东部集聚发展态势，主要以政府部门和农业企业为服务对象；农业软件产品类型上多以农业生产类软件为主，主要为用户提供信息监测和软件开发服务。我国农业软件已经推广应用于农业生产、流通等各环节，促进了现代农业的高质量发展；农业大数据分析是当前农业软件的需求热点，未来人工智能等技术将赋予农业软件更强大的功能。但与此同时，我国的农业软件产业也面临着软件产品"落地"

应用效果较差、农业软件企业投资回报率低、产业自主创新能力薄弱、知识产权保护力度不够等问题，制约着产业发展，迫切需要进一步提升软件技术在农业领域的创新应用、加速农业数据资源的整合与共享、加快农业软件人才体系的培育与储备、加深农业软件产业的融合发展。

参考文献 ————————————————————————————————————

工业和信息化部电子科学技术情报研究所 . 中国传感器产业发展白皮书（2014）［EB/OL］. （2017－09－21）［2020－11－08］. https：//max. book118. com/html/2017/0921/134581976. shtm.

李灯华，李哲敏，许世卫，2015. 我国农业物联网产业化现状与对策 ［J］. 广东农业科学，42（20）：149－157.

李海涛，2020. 国内外智能化农机的发展现状 ［J］. 农家参谋（6）：93.

王超安，王传明，2012. 加快产业结构调整 促进转型升级——我国耕整地机械发展现状及未来趋势分析 ［J］. 农机质量与监督（8）：17－18.

王儒敬，2018. 农业传感器与智能检测技术发展任重道远 ［J］. 中国农村科技（1）：32－36.

郑文钟，2015. 国内外智能化农业机械装备发展现状 ［J］. 现代农机（6）：4－8.

国内外智慧农业人才发展分析

　　智慧农业发展离不开人才的培养，培养智慧农业专业人才是发展现代农业的必经之路，也是引领农科专业提升改造的重要途径。本章以英国、美国、日本以及德国四个国家为例，从人才计划战略、人才培养模式以及智慧农业领域人才培养现状3个方面分析国外智慧农业领域人才培养的典型做法与经验，对比我国智慧农业人才发展现状与问题，提出了未来我国智慧农业人才发展的关键需求。

第一节　国内外智慧农业人才发展现状

一、国外智慧农业人才现状

　　随着智慧农业发展的进一步加深，全球对农业人才培养也不止局限于对农业信息设备的使用，而是更加注重对大数据、物联网、云平台等农业软件的开发和运用。世界各国纷纷出台政策与法规，英国、美国、日本、德国等国结合自身的发展特色，因地制宜制定了"三明治"培养模式、互联网线上教学模式、产学研一体化模式等智慧农业人才培养模式，推动了本国农业软件人才发展，提高了农业软件人才培养效率。

（一）英国

　　英国一直十分重视农业人才培养，1982年英国通过立法制定农民培训保障，发布了《农业培训局法》，并且不断改进和完善有关法律法规，建设多所涉农研究所与农业大学。到21世纪，英国制定了一系列人才发展战略来保障人才发展环境的优化，《卓越与机遇——21世纪的科学与创新政策》《促进增长的创新和研究战略》等政策将培养科技人才置于国家发展计划的重要位置。2013年，英国政府发布了《农业技术战略》，旨在加快在农业技术领域的发展，使其成为农业技术领域的领导者。在此背景下，英国环境食品和农业创新技能部等政府部门与相关学术机构和农业生产、技术企业共同制定英国"产学研"战略。近年来，伴随着大数据等新兴科技的发展，为进一步推进农业生产与"大数据"等技术的充分融合，英国信息技术和农业技术的顶尖研究机构通过提供和统计数据服务等方式促进农业技术资料交流。通过推动实施一系列的政策措施，英国国家创新战略逐步完善，农业信息技术和可持续发展逐步成为英国农业发展的基础，农业软件人才培养成为了英国现代农业发展的重点。

　　1. 搭建了综合性智慧农业学科体系　英国已经逐步建成全面的智慧农业学科体系，其智慧农业工程专业是专注于研究用工程化方法构建及维护有效的、实用的和高质量的农业类学科，它不仅涉及程序设计语言、数据库、软件开发工具、系统平台、标准、设计模式等计算机基础技术，还要求学生学习包括作物畜牧遗传学和基因组学、农业工程、动植物营养健康、环境科学、食品科学和人类营养学等在内的农业专业科学，以及功能食品、保健食品、清洁技术和废物再生能源等与农业相关的新兴交叉学科（图 13-1）。

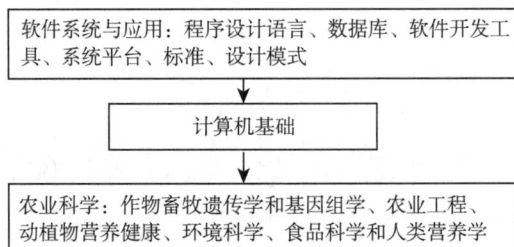

```
┌─────────────────────────────────────────┐
│ 软件系统与应用：程序设计语言、数据库、软件开发工 │
│ 具、系统平台、标准、设计模式                   │
└─────────────────────────────────────────┘
                    ↓
        ┌───────────────────────┐
        │      计算机基础          │
        └───────────────────────┘
                    ↓
┌─────────────────────────────────────────┐
│ 农业科学：作物畜牧遗传学和基因组学、农业工程、    │
│ 动植物营养健康、环境科学、食品科学和人类营养学    │
└─────────────────────────────────────────┘
```

图 13-1　英国智慧农业学科体系

2. 建立系统的农业技术人才与管理人才培养体系　英国的农业软件人才培养主要通过各类农业院校与职业教育学院，其中设置智慧农业课程中软件相关的学校有综合性大学、农学院和农校三大类，包括了 15 所综合性农业大学（包括利兹大学、诺丁汉大学、雷丁大学、班戈大学等）、42 所农学院（包括苏格兰农学院、皇家农学院、瑞特尔学院等），农校则分布在全国各地；职业教育学院则为当地的成年人和 16 岁以上（即受过 11 年义务教育的学生）的青年提供职业教育和培训。而对智慧人才的培养，英国极为重视，英国大学中有 26 所开设了人工智能本科课程，20 所大学有超过 30 个人工智能相关的研究生项目。此外，英国同样重视对农业管理人员的培养，依据其清晰的岗位职责为其提供个性化的培训计划，并对管理岗位各项综合实力进行定量评估，评估结果直接影响管理者的奖励和晋升。

3. 拥有类型多样的创业团队和服务组织　英国智慧农业领域的创新主体类型多样，包括农业联合会、农业付费组织、技术支持组织、农业合作社等。在研发工作主体中，国家农业部门与农业技术组织等机构是智慧农业领域的主力军，农业企业主要通过大型企业、研发密集型跨国公司、大型零售商和创新型中小型企业等组织进行智慧农业研发。英国农业创业主体在成熟的智慧农业人才培养体系与政策扶持下，团队更加注重自主研发。欧洲最大的沙拉蔬菜生产农场的 GS GROUP 公司于 2014 年投入 1.74 亿英镑，开发了种子包衣、泥煤秧盘自动播种、移栽设备以及温室环境自动控制等系统，自主研发了远销海内外的蔬菜收获机械，为企业稳居欧洲第一提供了重要支撑。此外，为便于创业团队自主研发软件与设备，英国政府于 2013 年 4 月成立了农业技术领导委员会，专门负责处理机构多样性造成的交叉问题，鼓励创业团队进行不同类型、不同规模的农业创业尝试。

（二）美国

美国的人才培养水平一直处于世界前列，通过制定教育法案、实施绩效拨款等一系列以人才培养为核心的战略项目和计划，维持了美国高等教育的国际竞争优势。美国有对农业职业培训的传统，自 1982 年开始实施的《莫里尔赠地法》到每 5 年修订一次的《农业法》，都将职业农民培训列为重要的内容。在 21 世纪互联网软件行业兴起的大背景下，美国也对农业信息化人才的培养提出了新要求，2013 年颁布的《农业法》明确提出要对农业电子商务提供更多的技术指导，并要求设立农业电子商务发展项目，为农业生产者提供教育、培训、指导服务，保证农民能够熟练掌握互联网技能。当前，美国软件产业市场规模占世界软件产业的 60%，农业软件产业发展也日趋成熟，农业软件市场的逐渐扩大对智慧农业人才提出了更多要求，加强智慧农业相关领域复合型、交叉性人才的培养已经成为未来美国人才培养的重点。

1. 综合性大学推动学科交叉体系建设 美国软件人才培养体系采用正规学院教育、公共学院教育、私立学院教育、商业机构认证相结合的培养模式。其中，正规学院教育为农业类人才提供全面的系统教育，公共学院教育则可以选择全科目制教育或只提供针对农业软件技术领域的全职培训。美国智慧农业相关学科属于农业工程中的一部分，这些学科主要集中在农业学院中，以系为单位出现，也有少数出现在软件工程学院中，并未单独设系。还有一些大学中，有关农业软件学科的专业由农业工程相关的系负责，但是承担课程的教师来自学校内不同的院系。如肯塔基大学农学院生物系统与农业工程系新增设的"精准农业"教学方向上的课程分别由地质学院、机械工程学院、信息科学学院和生物系统与农业工程系的教师共同承担。美国大学的综合性使得像智慧农业这种交叉学科的教育培训占有独到优势，且利于学科的发展、完善和创新（图13-2）。

图13-2 美国智慧农业学科体系

2. 农业学院与研究机构促进智慧农业技术与管理人才培养 美国通过建立大批学院，通过学院汇聚的人才优势与设备优势培养了大量农业科技人才，为农业信息化发展提供了有力的技术保障。目前，美国有1 200家科研机构主要服务于农业领域，其中包括63所林学院、27所兽医学院，以及四大研究中心、130多所农学院、56个州农业试验站、57个联邦与州合作建立的地区性推广站和农业合作推广机构3 300多个，拥有农业科学专家9 600余名，农机推广人员1.7万人左右。在管理人才培养方面，美国目前大多数高校都设有管理学院，开设有涉及智慧农业管理专业的相关课程，为培养包括经理、副经理等级别的管理人才提供了保障。管理学院除了设置管理相关课程外，还以讲座、交流等形式对人员进行培训，目的是将科学研究和实际应用相结合推广到农业中，为国家培养专业农业管理人才。

3. 重视智慧农业软件方面知识产权保护 美国特别重视知识产权的作用，从立法层面、行政层面和司法层面全面地保证知识产权的有效。立法保护主要体现在美国国会所制定和通过的联邦法律，《联邦法》（United States Code）涵盖了国防、劳工、农业等事务，其中包含了专利法和商标法两个编目。行政保护主要指商务部在专利和商标方面的行政管理，包括专利和商标的申请、审核、授权和专利文献的管理等。司法保护主要指联邦与地区对知识产权的司法保护、美国商标专利局对知识产权纠纷的处理、美国国际贸易委员会对商标的管辖等。在法律层面，美国建有一套包括专利法、版权法、商标法在内的完整知识产权法律体系。1980年12月，美国修订了《版权法》，将计算机软件定位为受保护客体，正式把计算机程序列入版权法保护的范围。在国家整体知识产权保护体系的建设下，美国农业大学、美国农业研究局和涉农企业等主体都十分重视智慧农业方面的知识产权保护。

（三）日本

日本政府对农业人才培养的质量一直坚持高标准、严要求，2001年通过的《科学技术基本计划》强调对科学人才的培养，还通过成立留学生政策委员会来加强国际优秀人才储备，2007年日本颁布"创新25战略（Innovation 25）"，重点通过设立研究基础项目以吸引世界级高层人才。近年来更是将农业创新人才培养视为振兴农村与农业、挽回农业经济地位的根本措施。随着农业的智慧化发展，日本政府对农业领域科技人才在战略层面的支持为日本农业的发展提供了重要的人才保障。

1. 建设了层次分明的农业教育体系　日本政府积极发展高等农业教育，创建了2～3年制的农业大学，开设农学和农业软件类相关课程，以培养农业科研和应用人才。日本的农业教育体系包括农业指导教育、农业高等学校教育（等同于我国的农业职业中学）、农业大学教育（等同于我国的农业专科学校教育）、大学本科教育（含硕、博研究生）四个层次。这四个层次的农业教育各有分工，目标明确，农业指导教育是对城市在职人员、失业人员进行短期的农业技术知识转岗教育；农业高等学校更注重动手能力的培养，主要培养农业应用型人才；农业大学以农业技术指导人员的培养为主，其智慧农业学科通过复合型人才培养来实现，在农业基础教学的基础上兼修程序设计

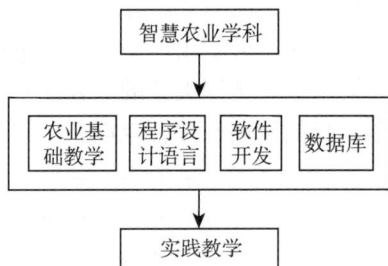

图13-3　日本智慧农业学科体系

语言、软件开发、数据库等智慧农业学科知识作为补充，同时再加上完备的实践教学达到培养全面型智慧农业人才的目的（图13-3）。

2. 推动广泛的智慧农业人才培养　日本现有29个国立农业机构、381个地方性农业机构以及570个农业改良普及中心，这些机构均参与农业技术的开发与推广，日本农业专业大学有7所，有76所学校开设涉农专业学科，包括国立大学和私立院校。日本农业集中的北海道区域设有1所国家独立行政法人资格的北海道农业研究中心、10所道立农业畜产试验场，均能够实现农业技术人才的培养。而对智慧农业人才的培养则通过在大学建立相关部门来帮助培养人工智能和大数据技术领域的学生，日本每年针对约50万人的大学生和高等专科学校学生提供初级水平的AI教育。日本的文科和理科学生都需要学习"AI与经济学"和"数据科学与心理学"等科目，其中25万人作为专业AI人才加以培养，进一步推动了日本智慧人才体系的建设。

3. 基于法律的智慧农业人才知识产权保护　日本十分重视版权保护，1970年颁布的版权法开始包含对独创性文学、音乐等艺术性作品进行保护，但直到1985年修正法案后对计算机软件明确予以保护，从而促进了农业软件产权保护，同时有效保障了智慧农业人才的合法权利。

（四）德国

德国十分注重工程项目人才的培养，早在第一次工业革命时期便开始建立工业项目人才培养体系，进行工程教育体系改革。到19世纪末，德国鼓励研究院、大学与企业紧密合作，其中大学的工程教育使人才不仅与最新的科研成果相联系，同时与企业也进行了紧密的联系，从而培养出相应的技术人员与工程师。随着信息化的不断推进，德国人才培养趋向国际化，依托工程人才培养体系形成相对完善的工程认证制度。到2011年德国提出工业4.0国家战略，对单一的技术型人才培养开始转变为对复合型人才的培养，针对不同的工程学科与专业开设"实践导向"与"研究导向"两个类型的硕士学位，形成更为全面的工程技术型人才培养体系。同时信息化技术加速了数字化的智慧农业生产，使得德国更加注重专业技术人才培养及现代农业技术的应用。

1. 双元制下的农业学科体系建设 德国涉农学科按学科组分类，划归到兽医、农业、林业与营养学、生态学学科组，农业学科为打破学科局限性与农业领域人才缺乏的困境，开设双元制课程，如在学习农业学科知识之外，再重点学习该领域的高精尖技术，比如农机设备的卫星导航、植物的遗传规律、自然环境保护等（图13-4）。

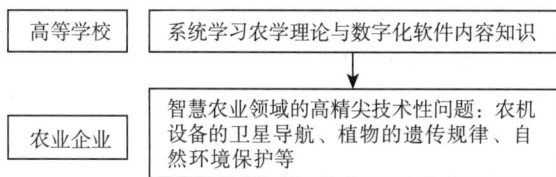

图13-4 德国智慧农业学科体系

2. 农业技术与管理人才的梯队培养体系 德国对农业高科技人才培养分为两种：一是综合性大学，包括以农业为主体的霍恩海姆大学，其主要开展农业、畜牧兽医、林业及相关农业领域基础研究；二是技术类农业应用研究大学，研究方向各校自己拟定。同时为农业企业管理者设置一年制专业培养的特殊培训，招收农业专业毕业、掌握了一定实用技术的人员，在这里继续学习农业经济、财务管理等更深层知识。德国的应用技术大学人才培养偏重实用性，注重学生、教师与企业的合作培养。

3. 成熟的智慧农业创新体系 德国建立了以政府为主导、科研单位为主体、学术独立为核心的科研创新体系，给智慧农业科技创新提供了极大的竞争优势。自2001年开始，德国政府及研究机构投入上亿欧元资金启动"赢取大脑"工程，为国家高水平的研究人才提供了数目庞大的科研基金。除此以外，德国有大量的研究所、基金会以及奖学金项目，吸引着大批国内外高级人才，在德国本地从事智慧农业科学研究工作。

二、国内智慧农业人才现状

（一）中国智慧农业人才发展主要相关政策

智慧农业发展靠科技，科技进步靠人才。人才资源已经成为重要的战略资源，但我国大多数农业科技人员属于初级人员，技术能力不强，农业从业人员总量偏小，层次较低，而智慧农业发展的最大潜力在于科技进步和劳动者素质的提高。我国IT产业整体发展滞后于欧美发达国家，针对农业软件人才的培养也是近年来逐渐成形。国内智慧农业人才发展主要相关政策见表13-1。2010年，我国制定并实施了第一个中长期人才发展规划，即《国家中长期人才发展规划纲要（2010—2020年）》，明确将培养造就创新型科技人才作为人才队伍建设的首要任务。2011年，教育部提出了"卓越工程师教育培养计划"，强调培养学生的工程能力和创新能力。2016年，中共中央制定了《关于深化人才发展体制机制改革的意见》，提出"构建科学规范、运行高效、开放包容的人才发展治理体系"的要求。到2018年，《现代农业人才支撑计划项目资金管理办法》强调进一步加强农业人才建设，推动农业现代化发展。同年，《关于高等学校加快"双一流"建设的指导意见》再次强调全面提高农业人才培养能力，提升我国农业高等教育整体水平。随着智能产业的飞速发展，国家对智慧行业人才高度重视，2018年，国务院印发《新一代人工智能发展规划的通知》，通知提出提高人工智能领域科技创新、人才培养和国际合作交流等能力，形成"人工智能＋X"复合专业培养新模式。智慧农业人才培养在这一背景下发展尤为迅速。当前，我国智慧农业虽然处于起步阶段，高校与企业培养模式仍不成熟，但国家的重视以及智慧农业产业的需求，让智慧农业人才培养工作步入了快车道。

表 13-1　国内智慧农业人才发展主要相关政策

发布时间	发布部门	政策名称	重点内容
2000	国务院	《鼓励软件产业和集成电路产业发展的若干政策》（国发〔2000〕18号）	增强信息产业创新能力和国际竞争力，着力培养软件产业人才
2003	国务院	《走新型工业化道路，以信息化带动工业化》	在经济和社会领域广泛应用信息技术
2010	国务院	《国家中长期人才发展规划纲要（2010—2020年）》	将培养造就创新型科技人才作为人才队伍建设的首要任务
2011	教育部	"卓越工程师教育培养计划"	强调培养学生的工程能力和创新能力
2017	教育部、财政部、发展改革委	《统筹推进世界一流大学和一流学科建设实施办法》	推动一批农业高水平大学和学科面向国家重大战略需求、经济社会主战场、世界科技发展前沿开展重点建设，全面提升我国农业高等教育在人才培养方面的综合实力
2018	农业农村部	《现代农业人才支撑计划项目资金管理办法》	强调进一步加强农业人才建设，推动农业现代化发展
2018	教育部、财政部、发展改革委	《关于高等学校加快"双一流"建设的指导意见》	强调全面提高农业人才培养能力，提升我国农业高等教育整体水平

（二）中国智慧农业人才培养现状

1. 初步搭建了智慧农业学科体系　国内智慧农业体系是由以本科教育为主的创新型人才培养、以软件职业院校为代表的农业软件职业人才培养和以培训机构为主的智慧农业人才技术培养共同组成。2018—2019年，我国共有341所高校获批"数据科学与大数据技术"本科专业，163所高校获批"机器人工程"专业，132所高校获批"智能科学与技术"专业，215所高校获首批"人工智能"新专业建设资格，77所高校获批"大数据管理与应用"专业。2020年，华中农业大学获批智慧农业专业，系统围绕传统农业学科出发，综合运用信息学、工程学进行学科体系建设，涉及动植物表型大数据分析处理、生物信息分析与高性能计算、农作物和动物育种（图13-5）。

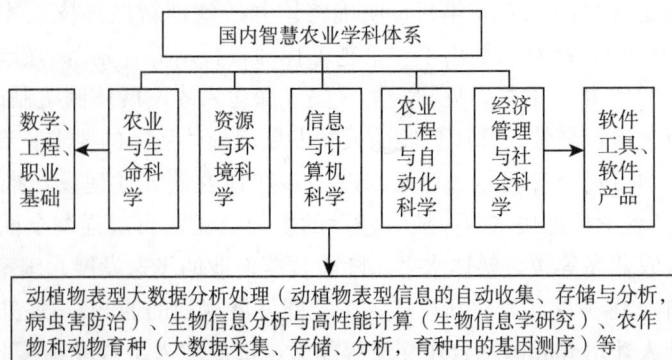

图 13-5　国内智慧农业学科体系

2. 农业人才培养规模居世界前列　我国对农业人才培养越来越重视，除农林类大学外，各个综合性大学也开始增设农业类学科，进行农业人才培养。据教育部统计，2019 年我国农林类院校数量为 71 所（含独立学院和职业技术学院 32 所），涉农教育院校数量达到 634 所（含独立学院和职业技术学院 322 所）。2018 年农科类博士、硕士、本科和专科毕业人数为 2 762 人、20 233 人、67 537 人、139 804 人，人才规模庞大。

3. 智慧农业人才聚集高地初步形成　我国依托科技计划项目、重点实验室、现代农业产业技术体系、农业科技创新联盟等，培养了一批农业科研领军人才、青年科技人才、创新团队及涉农企业人才等。围绕综合性实验室、专业性（区域性）实验室、农业科学实验站、农业科学试验基地，基本形成布局合理、设备先进、运行高效、数据共享的农业科技创新平台，以院士、科技创新领军人才为代表的智慧农业高端人才队伍逐步壮大，形成了一批国际领先的重点学科、实验室、工程中心等，在智慧农业科技创新、重大项目攻关等方面发挥了重要作用。

第二节　存在的主要问题

一、智慧农业人才缺口大

随着智慧农业发展进程的不断加快，我国智慧农业尖端技术人才需求量巨大，但由于我国智慧农业软件发展尚处于初级阶段，智慧农业人才培养起步较晚，涉农专业普遍薪资较低，因此难以吸引尖端专业人才。根据项目组对农业信息化企业（软件企业）调查数据显示，被调查的企业中 88.89% 都有智慧农业人才需求缺口，其中，59.26% 的企业表示需要技术性人才，37.04% 的企业表示亟须农业领域专业人才，44.44% 的企业表示需要营销、管理类人才，说明当前我国智慧农业尖端人才缺口较大（图 13-6）。

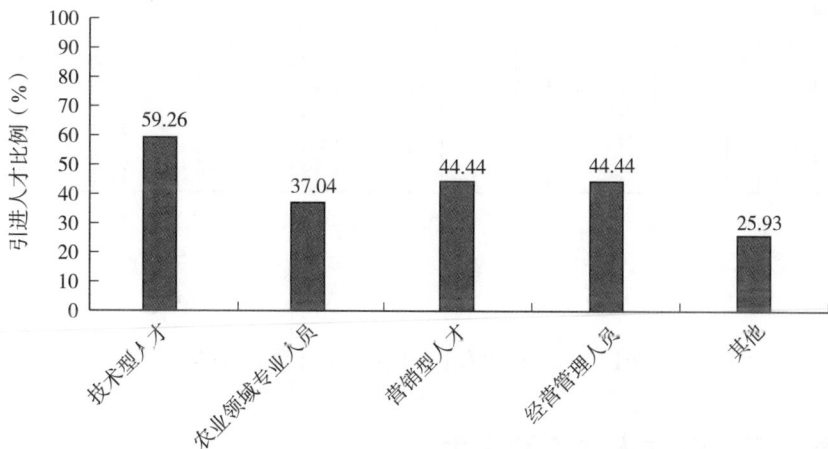

图 13-6　国内农业软件企业引进人才类型与需求

二、智慧农业人才引进难度大

我国农业人才培养量巨大，但从事农业行业的人数却在逐步下降，主要原因是智慧农业方面的人才需具备交叉学科的知识结构体系、对智慧农业学科前沿和最新动向了解深入、知识储备量大等任职要求。现阶段培养的农业人才大多数难以满足这些要求，导致智慧农业人才匮乏。根据项目组对农业软件企业调查数据显示，62.96%的企业表示优秀的智慧农业人才引进困难，其中，14.81%的企业表示人才引进非常困难（图13-7）。

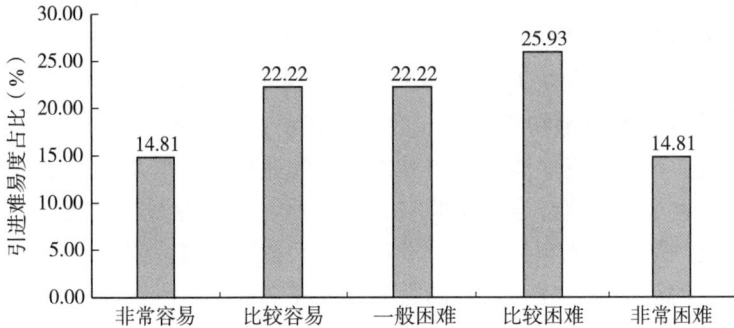

图 13-7　国内农业软件企业人才引进难易度

三、智慧农业学科融合不足

目前我国智慧农业人才培养还处于起步阶段，农业院校大多通过开设智慧农业专业来培养人才，但由于智慧农业的跨学科性，往往很难形成系统的专业队伍和组织，无法建立单独的人才培养基地和学术平台，导致师资力量薄弱，教学内容滞后，综合性人才培养困难。根据项目组对农业信息化企业调查数据显示，企业人才背景中计算机及相关领域占到74.07%，而畜牧业与种植业及相关领域分别仅占到48.15%（图13-8）。

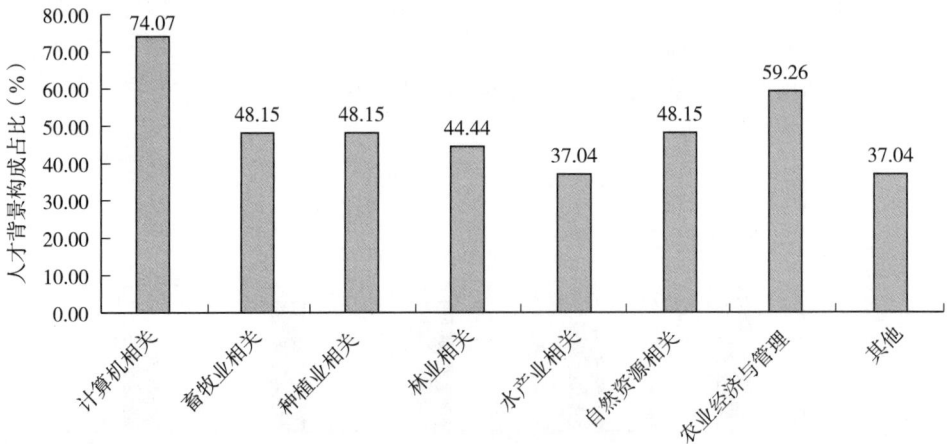

图 13-8　国内农业软件企业人才背景构成

四、智慧农业软件人才流动性大

智慧农业属于知识密集型产业，随着智慧农业的加速发展，各类农业软件的需求日益增加。据统计，我国软件类市场销售额年均增长25.7%，软件研发市场的供需不平衡导致各类软件研发人才内部流通频繁。另外，农业软件开发属于新兴产业，从业人员数量不足，高校毕业生缺乏行业经验，高级技术人才难以满足市场要求，再加上互联网行业虹吸效应的影响，农业软件开发人才因薪资与自身规划等因素容易转向其他行业，导致人才流动性大，难以形成一定的科研积累，成果匮乏。

第三节　需求分析

一、引进与培养智慧农业尖端技术人才，加快技术创新与成果推广

随着智慧农业的快速发展，智慧农业对技术人才的需求趋向更高层次，对知识更新、技术创新、数据驱动等方面的能力提出了更高要求。从农业领域科技创新型企业的人才需求情况来看，目前智慧农业方面的顶尖人才储备明显不足，针对掌握核心技术、具有自主知识产权或具有高成长性项目的科技创新企业，对企业发展有重大引领带动作用的科技创新团队和人才存在较大缺口。当前和今后一个时期内智慧农业发展离不开人才，特别是引领现代农业产业技术创新和解决企业研发成果落地与推广的尖端人才，因此亟须加强智慧农业尖端技术人才培养，提高智慧农业领域人才的科技创新能力，推进智慧农业科技成果转化落地。

二、加强智慧农业重点领域人才培养，实现核心技术自主可控

随着智慧农业规模的不断扩大，新兴领域技术进步明显，研发与从业人员需求也逐渐扩大，智慧农业领域的关键核心技术和产品仍然没有实现完全自主可控，重点领域人才缺口逐渐显现。因此，亟须消除农业信息技术二级学科的壁垒，建立统一的智慧农业学科基础平台，构建符合我国智慧农业生产实际需求的教学和研究体系，加强对人工智能、大数据、物联网、机器学习、无人机等重点领域技术人才的培养，以科技的力量突破智慧农业关键核心技术和装备研发，实现完全自主可控。

三、强化智慧农业创新团队与管理人才建设

随着智慧农业技术与种植业、养殖业、信息服务等产业的融合发展，我国对智慧农业人才的需求，逐渐从个体需求转向产业和领域层面的综合性需求。目前，我国智慧农业的学科体系和研究体系尚不完善，尚未建立起智慧农业技术与农业产业发展相适应的专业型、实践型协同发展的人才培养体系。农业高校、涉农科研机构、农业科研人员以及涉农企业之间尚未形成良好的合作机制，科研合作紧密度不够，难以形成科技创新能力强的创新团队。因此，亟须建立完善的"产学研用"相结合的智慧农业产业创新体系，完善农业科研人员和企业创新人才的激励和保障机制，鼓励区域间、产业间、机构间、人员间的创新合作，推动智慧农业创新团队建设。此外，智慧农业的发展离不开科技的开放共享与国际合作，国际间智慧农业的竞争本质上在于技术和人才的竞争，因此培养一批具有全球战略眼光、市场开拓精神、管理创新能力和社会责任感的优秀企业家和一支高水平的企业经营管理人才队伍，是当前我国推进智慧农业发展的一项重要任务。

第四节　本章小结

智慧农业是一门新兴学科，更是一门交叉学科，为推进智慧农业建设，解决智慧农业领域人才缺失问题，满足智慧农业领域人才需求，应加快智慧农业领域人才培养，完善智慧农业领域教育体系、学科体系和人才体系建设，加强职业高中、中专、专科、本科和研究生以及继续教育等对智慧农业人才的培养，不断培养农业与信息多学科交叉的人才。教育机构可以在高校研究生课程中开设智慧农业相关课程，职业教育和专科教育机构应以市场需求为导

向，联合企业进行智慧农业实践教学，培养应用型人才。同时，重视高层次人才队伍建设，完善智慧农业科研人员激励机制，在积极培育智慧农业创新团队的同时，积极引进海外优秀人才，加强智慧农业方面的国际交流与合作，吸纳更多高端人才进入智慧农业领域开展科研创新工作，促进产业健康可持续发展。

参考文献

陈选能，2017. 德国工业化进程中工程人才培养制度的演进及对我国的借鉴意义 [J]. 高教学刊（17）：21-24，27.

杜彬，2011. 中国农业科学院现代农业科技人才培养模式与效果分析 [J]. 农业科研经济管理（2）：40-42.

郭新宇，陆声链，吴升，2015. 虚拟现实技术助推农业技术教育培训 [J]. 农民科技培训，8：25-29.

李成华，石宏，张淑玲，2005. 美国农业工程学科发展及人才培养模式分析 [J]. 高等农业教育（5）：89-91.

刘茜，刘照阁，景智，等，2018. "半实物仿真 3D 虚拟农场种植园"的设计与实现 [J]. 产业与科技论坛，2：32-33.

苗晓丹，2015. 德国农业教育体系概况 [J]. 中国职业技术教育（10）：73-76.

任娇，何忠伟，刘芳，2016. 美国农业人才培养对中国现代农业人才培养改革的启示 [J]. 世界农业（12）：234-237.

王娟，李国杰，王丹丹，等，2014. 日本农业科技创新型人才队伍建设及对我国的启示 [J]. 高等农业教育（4）：124-127.

魏海勇，刘剑青，2016. 美国一流人才培养的政策机制与实践创新 [J]. 中国高教研究（7）：80-84.

徐琴，叶明，2009. 对交叉学科人才培养的认识与思考 [J]. 牡丹江教育学院学报（6）：72-73.

杨艳萍，董瑜，2015. 英国实施《农业技术战略》以提高农业竞争力 [J]. 全球科技经济瞭望，30（1）：55-59.

叶迎，2015. 国外互联网农业人才培养对中国的启示 [J]. 世界农业（10）：195-197，213.

张峻玮，2019. 乡村振兴战略背景下中国涉农高等院校培育职业农民路径探析 [J]. 山西农经（19）：1-4.

第十四章

主要国家智慧农业发展经验借鉴

随着现代信息技术与农业的深度融合与发展，美国、英国、欧盟、日本等主要发达国家通过制定法律法规、支持政策、人才战略等工程部署，欲抢占世界农业科技制高点。此外，亚欧的不少发展中国家也在积极开展农业现代化转型，推动智慧农业成为世界现代农业发展的新趋势、新形态。

第一节　美国智慧农业

美国的"智慧农业"是从消费互联网时代跨入产业互联网时代的直接产物，同时也顺应了农业可持续、高水平发展的现实需求。美国早在1848年便通过《农业法》规定了农业技术信息服务；到20世纪80—90年代，又率先提出"精确农业"，先后出台了6项与农业信息化相关的法律法规和发展计划，包括《信息自由法案》《农业研究、推广和教育政策法》等，为"智慧农业"及相关产业的发展提供了良好的政策环境和财政支持。2012年，美国政府公布了《大数据研究发展计划》，提出加快研究从数据中提取知识的能力，布局机器人技术、生物监测等重点领域，利用自动控制技术和网络技术，实现农业数据资源的社会化共享。2016年美国政府发布《联邦大数据研究与开发战略计划》，提出涵盖大数据技术、可信数据、共享管理、安全隐私、基础设施、人才培养和协作管理等与大数据研发相关的七大战略。

一、构建了基础设施与信息服务体系大格局

美国利用物联网等技术开展智慧农业生产的水平已经处于世界领先地位，推动了农业现代化发展，构建了大农业的发展格局。20世纪80年代，随着个人计算机的普及，美国建立了农业数据库及农业局域网络；进入21世纪，随着信息高速公路的建设，对农业领域的各种知识集成处理、自动化生产运用，尤其是"3S"技术等人工智能系统的出现，推动了美国农业走向精准化发展的道路；到2017年，美国互联网接入率约为93%，大型农业网站包括Seaboard Corporation、美国农业在线等达到28个，为农户提供技术服务与市场信息；2018年新颁布的《农业法案》进一步明确了农村网络建设的目标，设立了主管农业信息化发展的机构，负责规划农业信息化建设。数据显示，美国农场计算机拥有率在2011年便达到63%，到2017年突破73%。到2019年，美国已将全球定位系统、互联网和遥感监测等信息技术应用于温室生产，有82%的温室使用计算机进行控制，有67%的农户使用计算机，其中27%的农户还运用了网络技术。另外，美国衍生出了各类农业咨询企业，为不同农业经营主体提供相对应的技术支持与信息服务，帮助经营主体实现智慧化决策。至今，美国建

成了庞大、系统、规范的农业信息网络体系，构建了完整、健全、标准化的信息体系和信息制度，逐渐形成了以大数据共享为基础的精准化管理模式。

二、全面推广大田精准农业

20世纪80年代，美国提出"精确农业"的发展构想，在多年的实践中逐渐成为精确农业第一大国。目前，美国中西部地区在玉米、大豆、甜菜等作物种植方面，通过广泛应用物联网技术，实现了农产品的全生命周期的数据采集、分析、共享和利用。此外，大型农场均使用产量监控器，并辅之以GPS、耕种区域地图、耕种作物种类和植物种群信息等，这些信息实时传输给软件系统，经过系统分析，做出实时判断，在未收获作物之前形成产量报告，有助于对农作物合理定价。美国普渡大学一份调查显示，美国农场中GPS土壤采样率达到70％、GIS实地测绘率为65％、产量监测数据分析率为58％、卫星影像应用率为55％、无人机使用率为38％。同时，美国政府作为辅助角色，通过税收优惠与政府担保等手段保障智慧农业稳定发展。

三、精准化管理的智慧养殖

美国大力推动农牧业物联网建设，极大提高了畜牧业智慧养殖水平。除了大量采用饲料粉碎机、挤奶机、牛奶保鲜加工等成套机械设备外，大型畜牧农场主还利用无线物联网技术收集牛只位置和健康状况数据，识别生病动物，及时将它们与畜群分离，防止疾病传播。北美某公司为牛的养殖者提供奶牛监测解决方案，现在美国农场平均每一个农业劳动力可以耕地450英亩①，可以照料6万～7万只鸡、5 000头牛，可以生产10万千克以上谷物及1万千克左右肉类，大约可养活98个美国人和34个外国人。

四、先进的智慧农业人才培养机制

美国持续高度重视农业人才培养，其人才培养水平一直处于世界前列，推出了教育法案、实施绩效拨款等一系列以人才培养为核心的战略项目和计划。自1982年的《莫里尔赠地法》开始，一直到每5年修订一次的《农业法》，均强调了对职业农民培训的重要性；在21世纪互联网软件行业兴起的大背景下，美国也对农业信息化人才的培养提出了新要求，2013年颁布的《农业法》明确提出，要对农业电子商务提供更多的技术指导，并要求设立农业电子商务发展项目，为农业生产者提供教育、培训、指导服务，保证农民能够熟练掌握互联网技能。美国通过建立大批赠地学院，充分利用高校人才密集、设备先进的优势，集中大量人力、物力广泛开展有针对性的科学研究，培养了农业现代化所需要的大批实用型人才，为农业发展提供了强有力的技术保障，并逐渐形成了3种智慧农业培养模式：OBE模式、P - TECH模式、互联网教学模式。

第二节 英国智慧农业

英国智慧农业的发展起源于21世纪初精准农业技术与物联网技术的广泛应用时期。至今，英国许多农场使用无线视频、传感器设备等智能装备，对农场进行全方位无线监控和管

---

① 英亩为非法定计量单位，1英亩＝6.07亩。下同。——编者注

理。英国联邦政府对精准农业、农业大数据与农业物联网的大力支持，推动其农业向数字化、规模化、集约化发展。

一、超前布局农业机器人、农业大数据等前沿关键技术

英国政府高度重视信息技术在农业领域的应用。2012 年，英国政府依据技术预见成果，明确了大数据、卫星和空间技术、机器人和自动化系统、农业科技等八大重要优先发展技术领域，并于 2013 年出台了《英国农业科技战略》，明确提出通过深入挖掘农业数据信息，建立农业信息和环境可持续性度量中心，一系列战略政策促使英国成为智慧农业领域的全球领导者之一。2019 年，英国在全球领先试点 5G 农场测试项目，利用 5G 的高速传输能力完成海量农业数据的即时交互，真正实现农业领域的万物互联；大数据方面，英国政府在 2019 年投入 6 000 万英镑聚焦农业大数据发展，通过统计、建模和可视化智能分析的方式，对农业全产业链的公开数据和初级数据进行整合，推动大数据在农业领域的应用。目前，国际英联邦农业局建立了庞大的农业数据库系统，每年更新数据超过 35 万条，迄今已为 690 万农业科研人员提供了数据查询等科研服务。

二、健全的农业信息服务体系

经过多年发展，英国基于早期建立的较为完善的农业技术推广服务体系，借助信息化手段，建立了非常便捷、高效的现代化农业信息服务体系。第一类是政府组织，开发建设了权威的农业农村信息服务网站和综合信息服务平台，免费为农民、农业科研工作者提供政策、科技、天气等方面的公共服务信息。第二类是各种独立于政府的农业社会化服务组织，力量非常强大，主要通过低价有偿或者会员方式为农民提供市场动态查询、生产经营分析、技术咨询、维权援助等信息服务。第三类是各种企业等市场主体，通过商业化模式建立了有影响力的农业技术专家团队和针对性较强的专业农业信息服务平台，农民能够实时通过网络或者手机获得此类机构的相关信息服务。

三、重视物联网技术与种植养殖技术的融合

2015 年，为帮助科研人员理解小麦作物生理、植物架构、作物健康和植物功能，英国最大的农业科研中心洛桑研究所研发了全球第一套野外型高通量植物表型平台 Scanalyzer Field，该扫描仪可对 10 米×110 米范围内的作物以高分辨率和再现性进行全天 24 小时自动化监视，实现了传感技术与种植技术的深度融合。在环境感知方面，英国研制了大量高精度微小型农业环境感知传感器，解决了传统传感器功耗大、后期维护难、在复杂自然环境下工作状态不稳定等问题，实现了对动植物生长环境主要指标的实时监测和精细化控制。在养殖业方面，20 世纪末期经历了多次动物疫病疫情之后，为保护本国畜牧产业，英国大力发展以传感器为核心的物联网技术，利用先进的感知技术推动畜牧业健康发展。

四、加强国际交流与合作

英国一贯注重国际间的科技创新与合作，以项目形式积极推动智慧农场建设。如英国与中国通过联合研究、示范工程以及共建联合实验室、联合中心等形式，在智慧农场、精准农业、机器人遥感、农业可持续发展、植物科学、害虫控制等 8 个领域开展了多项与智慧农场相关的中英科研创新合作项目，取得了一系列务实成果。英国与美国合作，研发通过大规模

气象数据分析，可有效预测农作物的疾病、产量和价格波动，为农业生产和市场经营提供决策依据；与印度签署 Farmer Zone 项目，对土壤和作物种植信息进行采集、整理，并依据分析结果为两国农民的农业生产活动提供多种解决方案；与美国、加拿大、韩国、巴西、瑞典、挪威、以色列等多个国家合作开展土壤深层次机理研究，推动了智慧农业研究边界延展。

第三节　荷兰智慧农业

荷兰智慧农业发展起步于 20 世纪 60 年代中期，以作物模拟技术的研发应用为起点，到 70 年代开始实施温室革命，通过借助欧洲先进的工业自动化技术，以提升自动化生产水平为核心，大力发展温室内部自动化生产装备，并有机地集成各作业环节生产装备，构成自动化生产线，建立温室农业高效生产体系，成为世界农业生产机械化、自动化、精细化程度领先的国家之一。

一、大力推进基于农业物联网的智能温室建设

荷兰的温室蔬菜种植已经有上百年的历史，在这百余年中，荷兰玻璃温室蔬菜种植技术得以不断完善。现在，荷兰玻璃（阳光板）温室的总面积超过 100 万米^2，其中用于种植蔬菜的面积为 42 万米^2，共由 4 400 多家农场经营，每家农场平均拥有玻璃（阳光板）温室 9 600 米^2。如此规模的温室种植使得荷兰蔬菜年产值达 14 亿美元，占农业总产值的 7.5%，其中 3/4 的产品出口到世界各地。荷兰温室广泛采用现代工业自动化技术，包括内部物流、电子、计算机管理、信息化、生物等技术，栽培生产实现了工厂化自动作业和计算机管理。温室配备采摘机器人以及机器人清洗机，可以实现自动化采摘。研发的玻璃温室计算机控制系统，实现了在水肥供应、基质、气候、光照、作物育种、种子生产、作物保护、机械作业、内外运输、分级和包装等各个流程的自动化精准控制，实现了温室生产全程自动化、智能化。

二、大力推广基于"技术＋生态"的智慧养猪系统

荷兰 VELOS 智能化母猪饲养管理系统实现了技术与生态的结合，通过精准控制的智慧养猪管理系统，使每头猪的平均利用年限提高了 1～1.5 年，每头母猪可实现效益增收 6 400 元，同时也降低了环境污染。

（1）通过发情监测解决母猪发情期难以掌控的问题。VELOS 系统配置的发情监测器，通过和公猪的联合使用，24 小时不间断监测母猪的发情状况。发情监测器可把母猪发情时与公猪的交流过程精确记录下来，当达到系统设置的发情指标以后，系统将自动对该头母猪进行喷墨标记。

（2）精准饲喂解决喂料效率低下的问题。通过扫描电子耳标，系统自动识别该母猪的饲喂量后进行单独饲喂。确保母猪在完全无应激的状态下进食，进而达到精确饲喂，此举可有效控制母猪的体况，减少饲料浪费，提高生产效率。

（3）粪污智能处理。猪舍划分出了各功能区域，包括采食区、饮水区、躺卧区和排泄区；使用该系统可以实现零排放，由于采用垫料，猪粪不用水冲，所以对环境不会造成负面影响。

（4）数据实时传输系统便于质量监管。此管理系统可以将母猪舍所有信息全部传输到猪场管理者的电脑里，形成详细的工作报告。即使猪场老板不在猪场，只要在有网络的地方输入相关信息，就可以进入系统操作界面，随时了解猪场信息，实现猪场管理智能化。

三、重视质量追溯体系建设

食品安全 IKB 体系是荷兰的质量全程控制体系，这个体系使荷兰食品质量安全管控在欧盟乃至世界享有盛誉。以荷兰的猪肉产品质量追溯为例，IKB 体系从产业链的角度对猪肉质量提出了规范性要求。肉猪养殖户需要建立猪只个体识别机制，从动物卫生、动物福利、饲料、兽药等方面满足质量保证体系的建设要求，确保养殖安全。饲料供应商要取得 QA、GMP 和 HACCP 体系认证，要建立饲料生产质量保证机制，要求饲料企业为养殖户提供饲料配方、饲料使用说明，详细记录保存、加工和运输过程中的信息。运输企业要通过 QA 质量保证体系认证，具有合法的运输资格，具备提供动物卫生、动物福利等方面的条件。为养殖场定点服务的兽医要通过 QA 质量保证体系的认证，具有行医资格，能准确指导养殖户使用抗生素等药物。屠宰场需要通过 QA 和 HACCP 体系认证，屠宰过程要符合动物福利、动物卫生等方面法律法规的要求，猪的分割过程要求可追溯。整体来看，荷兰在保障猪的质量安全方面，既建有完善的全流程质量控制体系，又通过设立各类部门来保证猪的全流程质量安全。

四、发展精细化农业

荷兰先进的农业技术支撑了其农业的精细化发展，在育种、栽培、流通等农业产业领域均实现了精准化、精细化发展。在育种方面，荷兰搜集世界各地的种质资源开展杂交育种工作，从中选择各种性状优良的单株，对其进行少量的繁殖进而形成一个品系；在栽培方面，对同一品系进行编号，栽培于品种资源圃中，而后根据该品系的表现、市场潜力等方面的测评进行优选，并对选出来的新品种进行命名、申请品种权保护和推广；在种植方面，依托先进农艺技术、温室技术和水肥技术，不断提高生产效率，实现每平方米土地产值成倍增长；在流通方面，采用高效快捷的"荷兰式拍卖"，依靠其先进的物联网技术，保障农业运输效率，例如交易完毕的鲜花当天便可运至世界各地。

第四节　德国智慧农业

德国不仅是一个高度发达的工业国家，其农业生产效率也位于世界前列。德国的智慧农业以数字化、信息化为支撑，既有先进理念与智能装备的应用，也有提升服务方面的应用。在德国，精准农业、智能农业、数字农业也被称为"农业 4.0"，意指现代信息和通信技术在农业中的使用。德国大力发展智慧农业，提高了农业的生产效率以及生产效果，促进了德国农业的现代化及智能化水平，使其逐渐形成了"工业化＋生态化＋数字化"支撑的智慧农业布局，夯实了农业发展基础，为农业增收增产提供了有力保障。

一、以工业 4.0 助力农业 4.0 发展

2013 年，德国提出工业 4.0 战略，大力推进新一代工业生产技术（即信息物理系统）。在工业 4.0 的带动下，德国政府逐步把工业发展中获得的先进经验应用于农业方面，利用互联网、物联网、大数据等现代信息技术，实现农业生产、加工、营销服务及产业拓展等全产

业链的集约化和协同化，以求从根本上解决德国农业资源的限制，最终实现农业产业智能化、精准化与高标准化。在基础信息获取方面，运用先进的遥感技术、地理信息系统和卫星系统，对土地资源、自然环境等数据进行采集、贮存、分析和加工，为土地利用规划和精准农业提供可靠的数据支撑；在农田生产管理方面，通过室内计算机自动控制系统，控制大型农业机械，使其精准完成播种、施肥、采收等作业步骤，在减少人工的同时大力提升农业生产效率。此外，德国政府还建立了完备的农业信息数据库和环境监测数据库，为农业生产的智能化和标准化提供理论支撑，同时也方便农户获取各类农业生产信息和咨询服务，并建立各种决策辅助模型帮助农户科学管理农业资源。

二、以数字化技术支撑精准农业发展

德国的精准农业始于 20 世纪 90 年代，以"3S"（地理信息系统、遥感、全球卫星定位系统）技术为主，使德国不足 2% 的农民贡献了超过 7% 的国民生产总值。目前德国在机械自动化作业的基础上，正逐步形成数字农业解决方案，确保在每个农民的电脑上能够实时显示各种生产信息。2019 年 9 月，德国联邦食品及农业部正式启动了数字农业试点项目，目标是到 2020 年春季建成并运行 14 个试点，其中包括园艺、畜牧业以及跨学科领域三类。试点项目遍布德国各地不同地区，重点关注的主题包括三类：一是农业实践中使用新的 5G 移动宽带标准；二是通过作物生产信息的数据交换，优化土地机械的联合使用，进而减少化肥和植物保护产品的使用；三是在奶牛畜牧业以及小型农场中使用数字技术。在资金方面，预计到 2022 年底，德国联邦食品及农业部将拨出 6 000 万欧元，用于农业部门的数字化和现代化建设。

三、大力推进技术驱动型农业智能装备制造

德国发明的基于"3S"技术的大型农业机械装备，可在室内计算机自动控制下进行各项农田作业，诸如完成精准播种、施肥、除草、采收、畜禽投料饲喂、奶牛数字化挤奶等多项功能。通过数码相机拍摄甜菜田间图像，利用程序和参数处理不同的图像，来计算单、双子叶植物和植物区，实现了精确农作的自动杂草制图。在生猪养殖饲喂方面，德国多个科技公司分别推出转角器，有效解决了塞盘式料线系统转角饲料残留的问题。在奶牛自动化挤奶方面，德国某公司研发出了更加智能的挤奶机器人。在清粪环节，德国某公司推出自动清洁机器人，可通过计算机智能学习，定时定期清洁牛舍，并将舍内环境实时反馈给牛舍智能管理系统，在减少养殖者工作量的同时，协助养殖者对牛群进行高效管理。在粪污收集环节，德国某公司研发出了自动化猪厕，相比传统刮粪板和水厕所模式，该猪厕粪尿混合程度更低，清理残留更少，可有效减少养殖过程中的氨排放。

四、卓越的智慧农业人才培养机制

德国重视智慧农业人才的培养，制定了一系列的人才培养政策与制度。在 2000 年出台的《德国联邦政府创新资助政策及举措》中对农业科技人才培养提出指导方针；德国 2018 年又出台了《专业人才战略》，提出在数字农业的发展背景下，要加大人才培养的力度；2019 年出台的《国家继续教育战略》提出，为每位在岗员工量身定制继续教育方案，推动农业数字化人才培养。德国的智慧农业人才培养机制也受到工业项目人才培养体系的影响，目前，德国形成了两种智慧农业人才培养模式，分别是工程技术型人才培养模式和双元制人

才培养模式。德国以政府为主导、以科研单位为主体、以学术独立为核心的科研创新体系给智慧农业科技创新和人才培养提供了极大的竞争优势。此外，德国大量的研究所、基金会以及奖学金项目，也广泛吸引着国内外高级人才在德国从事智慧农业科学研究工作。

第五节　法国智慧农业

作为欧盟最大的农业生产国和全球第一大农产品加工品出口国，法国智慧农业将完善的社会信息数据纳入国家农业信息数据库进行统一分析，以供农业生产使用，从而实现高效的农业生产并保证食品安全、稳定食物供给。在法国政府的力推之下，基于政府、农业合作组织以及私人企业共同组成了"三位一体"的多元化信息服务体系，保证了法国智慧农业的快速发展。

一、建设普惠型信息化基础设施

法国政府从1997年启动了"政府信息社会项目行动（PAGSI）"，到2000年，法国家庭电脑配备率已达26%～33%，是1997年的近2倍，到2016年，法国家庭电脑普及率已经达到63%～95%。互联网用户比例从1990年的5.3%提升到2017年的80.5%，处于世界领先地位。与美国、英国相比，法国在乡村信息化基础设施建设方面起步晚，但是发展较快，水平较高。为推动城乡之间、区域之间信息化基础设施协同发展，2015年法国政府投资建设支持LTE的农村铁路22 730千米，旨在促进社会资本向农村地区倾斜；2017年7月开始实施4G网络全覆盖"宽带计划"，将所有101个县纳入国家宽带计划，明确到2018年让15万偏远地区和山区家庭有机会获得卫星宽带接入。同时通过实施"THD/高速宽带—数字社会国家计划/基金"项目，开展数字基础建设，支持创新数字应用程序、服务和内容的开发，为推动智慧农业发展奠定了良好的基础。

二、建设完善的农业大数据信息平台

2015年，法国农业经济部颁布的《农业创新2025》标志着法国农业发展进入农业大数据新时代。2017年，为给法国农民带来更多生产机会并防止企业垄断农业数据，法国农业部上线农业大数据收集网站（AgGate），为使用者提供最新的农业生产信息、销售信息、市场信息、流通信息、生产建议等。其"农民云"板块专门提供与农民相关的数据，可为农民提供生产方式指导、产量与品质把控等信息；"农业科研人员交流空间"板块则可以促进产学研合作，为多方共同研发新产品、新技术提供更多可能；此外，该网站还设有用户评价系统，激励网站更新数据和提供更新的服务。通过全国涉农数据的资源整合与统一平台的搭建，实现了全国资源与信息共享，为智慧农业的平稳发展提供了有力支撑。

三、建设多元互补的农业信息服务体系

法国农业的专业化与科技化程度处于世界领先地位，法国也非常重视信息化对农业的推进作用。1997年，在计算机未普及之前，法国政府就为农民免费提供了一种迷你电脑，法国农民可以利用它查询自己需要的各类信息，从而使农民于早期就掌握了计算机操作基本技能。2000年，法国有了信息数据库、局域网、广域网、服务器等设施，法国已逐步建成了政府、企业、农业合作社"三位一体"的农业信息服务体系。目前，法国建成了自上到下的

农业信息数据库，其信息服务特点是多元化信息服务主体共存，各级农业部门负责收集、汇总与公布国内的农业信息；行业组织和专业技术协会向会员提供技术、市场、法规、政策等信息；科研、教学机构主要任务是培养专业人才和提供农业信息咨询服务；各类农产品生产合作社和互助社，多在一线为农户提供通用性农业信息化服务；农业企业则提供定制化的农业信息服务。

四、大力推广低能耗的灌溉与用水管理技术

法国有先进的智慧农业技术公司，在降低耗能、节水等技术开发方面成果显著，应用广泛。法国某公司开发了葡萄栽培决策支持系统，来进行合理的灌溉以及水资源管理。该系统根据 SPAC（the soil - planet - atmosphere continum）法，将葡萄树所需的单位水量及水压作为指标，及时根据水量需求进行调节，提高灌溉效率。不仅如此，还能够根据气象条件来估计所需水压，并通过气孔电导来不断修正参数，从而进一步改良系统。此外，法国民间企业联合以色列某公司研发了一种技术，将农田细分成块状，根据各块的 NDVI（植被指数）来估计作物系数，再利用从热图像得到的分析结果进行修正，最终计算出精准的灌水量，然后再在各个板块进行滴水、灌水。该技术比起均等灌水更为节水，控制葡萄树的生长情况变得平均、可控，并最终达到整体增收。

第六节 日本智慧农业

自 2004 年日本提出 U - Japan 计划以来，日本积极探索物联网、大数据、人工智能、云计算等技术在农业领域中的应用，推动其农业向专业化、集约化、智能化方向发展。尤其近年来，随着日本人口老龄化的加剧，以及城乡居民对食品安全要求的提高，日本政府一方面发展食品全程流通电子追溯系统，另一方面大力发展农用机器人，旨在通过智慧农业技术解决食品安全监管不足以及人口老龄化带来的农业劳动力匮乏等问题。

一、进行全面的基础设施与信息服务建设

日本自 1994 年便开始建设面向 21 世纪的信息基础设施，率先建成综合数字通信网，随后万维网的广泛覆盖和多用型机、小型机的高度普及，使得信息化深入到社会、政府和家庭的各个领域。日本的农业网络在 1994 年便达到 400 多个，计算机在农业生产部门的普及率达到 93%。2003 年日本推出 e - Japan 战略计划，通过互联网在线用户低收费制，全面铺开网络环境建设，到 2003 年日本实现高速 Internet 用户 3 000 万户、超高速 Internet 用户 1 000 万户，基本完成电子商务、电子政务等制度建设。通过不断完善农业信息化基础设施建设，农业市场信息化服务系统也逐渐健全，因此建成了农业科技生产信息支持体系，并逐渐发展成农业技术情报网络系统，借助该系统把大容量处理计算机和大型数据库系统、互联网网络系统、气象情报系统、温室无人管理系统、高效农业生产管理系统、个人计算机用户等连接起来，政府公务员、研究和推广人员、农协和农户等主体皆可随时查询所需生产数据，集成各项数据后，对外提供农业全产业链云服务。

二、重视物联网和农业机器人研发与应用

2004 年，农业物联网被列入日本政府计划即 U - Japan 计划，截至 2014 年，全日本已

有一半以上农户选择使用农业物联网技术。日本是研究农业机器人最早的国家之一,早在20世纪70年代后期,随着工业机器人的发展,对农业机器人的研究工作逐渐启动,到目前为止,已研制出多种农业生产机器人,如嫁接机器人、扦插机器人、移栽机器人和采摘机器人等。随着日本人口老龄化的加剧,务农人口逐年递减,农业机器人由自动化向智能化发展。随着日本多功能农业机器人的研发与启用,满足了日本小规模农户对于自主作业、自动追随、监视害虫、环境认识以及通信等功能的需求。同时日本某科技公司打造的室内机器人农场,可以实现节约一半人力,节省1/3能耗,实现98%的水资源回收利用等,极大地提高了室内农场的资源利用效率。

三、建有全程可溯源的质量安全追溯体系

日本制定了一系列农产品质量安全保障和溯源方面的法规,并在大部分超市安装了产品溯源终端,实现零售业务中的食品溯源。2003年4月,日本对牛肉的生产、加工、流通到销售整个供应链实现全程追溯;2005年,日本农业协作组织对通过该协会上市的肉类、蔬菜等农产品实现了可追溯。目前,在日本推动农产品物流追溯体系建设过程中,除政府强制实行外,另有一部分企业为打破可追溯体系形成的贸易壁垒,自主建立了农产品可追溯系统,其中,尤以日本农协推行的"全农放心系统"最具代表性。

四、建有高度自动化的冷链物流体系

日本冷链物流在仓储和运输过程中均采取高度机械化和高度自动化的设施。在仓储环节,自动化立体仓库在实际操作过程中全程采用机器设备进行生鲜产品的存取。在配送环节,物流信息化技术被冷链物流企业广泛使用,有效避免了信息不对称,提高了企业对整个运输过程的监督和管理。日本的某快递服务公司,通过仓配一体化、自动化分拣、快件RFID识别技术和末端配送优化普及,提供了不间断且完整的冷链递送服务。

第七节 以色列智慧农业

以色列的智慧农业生产技术包括节水灌溉技术、水肥连供技术、温室大棚技术、大数据技术等,均走在世界农业前沿。尤其在节水灌溉方面,作为现代节水灌溉技术的发源地和设备主要供应地,以色列生产的灌溉设备中有80%用于出口。其次,农业大数据、设施农业、智慧养殖等技术也已广泛应用于以色列农业生产的全过程。无人机和田间传感器等新技术的研发与应用,也为以色列提升农业生产效率和效益提供了持续动力。整体而言,以色列已逐步形成以科技创新为支撑、以智能装备跟进为导向的智慧农业发展体系,为以色列农业可持续发展提供了强有力的保障。

一、以大数据技术为支撑发展数字农业

以色列农业有较高的信息化和数字化基础,诸多农业技术创新公司利用大数据为农民提供基于不同农场具体情况的个性化耕种方案。政府也出台多项财税扶持和优惠政策,支持数字农业发展,各地方政府均组织专业技术人员承担农业数字开发项目;国家财政更是加大对高科技含量的农业项目的投资,平均高于对其他行业项目投资的6%。另外,对农业企业购买农业大型机械设备以及数字化平台服务,政府给予购买价格40%的补贴。现阶段以色列

农业科技已经做到了全部大数据化,几乎每家农业科技公司都有自己的数据库,农业活动的决策已逐渐由人执行转变为大数据技术执行。农民借助大数据公司的技术,对农业生产中土壤温湿度、天气、牲畜活动量等各类数据进行采集与分析,依据分析结果进行更科学的农业生产决策。此外,以色列农业技术公司已经将大数据技术的应用从种植扩展到养殖等领域,各企业正在研究将各家农业大数据库进行联合的可能性,以形成一个覆盖全面、信息完整的巨型农业数据库。

二、大力发展智慧灌溉

以色列的滴灌技术和灌溉控制系统全球领先,其微灌设备由控制枢纽、管材部件和灌水系统三大部分组成。利用智慧灌溉技术把肥料混入水中,根据不同作物来更换组装滴头,调整滴水的速度。农业专家根据气象条件、土壤含水量、农作物需水量等参数编好程序,由太阳能驱动的计算机控制,利用塑料管道灌水系统密封输水,适时适量缓慢均匀地把含有肥、药的水有针对性地运送到植物根系或喷洒在茎叶上。以色列希伯来大学农业教授研究表明,以色列的农业灌溉已能实现完全智能化控制,可精细到单株灌溉,灌溉用水有效率达95%。以色列某公司开发的高级自适应灌溉软件系统,利用在农田中安装的传感器获取数据,通过装有GPS定位系统的智能手机应用程序,同步传输土壤数据,不仅能感知每一小块地在某一时间内所需的水、肥料和农药数量,还可以自动调节相应的灌溉方式。

三、全面推进高效智能化设施农业

以色列一半以上的地区属典型的干旱半干旱气候,降水量不足,水资源严重缺乏,这些先天不足的因素导致其国内适宜耕种高附加值农作物的土地面积非常有限。因此,以色列重点研发温室系统,对气候进行"微调控",摆脱了自然气候的束缚。其中,以色列"人工气候室"中的番茄,创造了每公顷最高单产500吨的纪录。以色列的温室利用电脑自动控制水、肥和气候,自动调温、调湿、调气、调光,包括窗帘和天窗,以及对阳光的自动反射系统,利用这些技术,可以最大限度地给植物提供最适宜的生长环境。以柑橘为例,通过水分、肥药和光照的调节,结果期可长达8个月,可分多批采摘,且不影响翌年柑橘挂果量,无大小年之分。据统计,以色列农民在1亩温室中,一季可收获20万支玫瑰、20吨番茄,而普通大田番茄的产量只有它的1/4。

第八节　澳大利亚智慧农业

澳大利亚现代农业十分发达,其农业的规模化、专业化水平和劳动生产率在世界上处于领先地位。澳大利亚农业信息化发展处于世界先进水平,不仅信息化技术发展迅速,在应用层面也遥遥领先,信息化技术在草原种植、畜牧养殖与食品质量安全等方面均实现了成熟化应用。

一、建设完善的质量安全追溯体系

食品可追溯一直是农业大数据前进的目标之一。澳大利亚有完善的食品溯源体系,十几年前就建立了国家牲畜标识计划(NLIS),即畜产品质量安全追溯系统,可对动物个体从出生到屠宰的全过程实现追踪,该系统由国家中央数据库对记录的信息进行统一管理。澳洲奶牛从出生到死亡都会戴着 NLIS 耳卡，每次挤奶后会对每只奶牛耳卡上的电脑芯片做一次扫描，从而得出当日的产奶量，通过产奶量的变化可对翌日的饲料进行调整，以此了解牛的身体状况。澳洲部分企业已经逐步加入全球质量溯源体系，在自主知识产权技术的支持下，每个加入体系的商品都会被赋予一个类似身份证的特殊二维码"真知码"，消费者只要使用手机扫码，就可获得商品详细信息，企业也可精准掌握货物去向，从而构成一套覆盖生产、物流、仓储、消费各环节的全链条监管体系。

二、建有成熟的信息服务体系

澳大利亚的农业信息服务始于 20 世纪 50 年代至 60 年代，当时以广播为主；至 20 世纪 70 年代，电视开始普及；到 21 世纪初，信息技术在农业中实现了更广泛的应用。澳大利亚农业信息服务的提供机构主要包括政府、社会化服务组织和各类信息服务公司。近期，澳大利亚启动智能数字服务试点与推广工作，通过卫星遥感技术、农田传感系统、农业专家系统等与 3S 技术结合，开展气象信息、农田水土信息、动物行为监测、牧草生物量调查、专家远程服务等活动，为经营主体提供精准的农业信息服务。

三、建设全国草原信息系统

澳大利亚建设有合作牧地信息系统（ACRIS），能够实现对全国草原监测数据和相关牧业信息的整合；该系统由政府相关部门与新南威尔士州、昆士兰州、南澳大利亚州、西澳大利亚州和北方地区的机构共同参与建设，是一个资源管理和生物多样性保护的数据库网络系统，可以实现对全国草原监测数据和相关牧业信息的整合。澳大利亚草原监测具有以下特点：一是稳定的投入机制；二是重视长期固定监测点、照相记录点建设，积累丰富的地面实测数据；三是监测内容丰富，重视生物多样性、地表土壤状况等生态指标的变化；四是把草原监测同牧场承包结合，注重监测成果利用；五是具有较高的草原监测科研水平。

四、应用区块链技术

澳大利亚作为世界第四大农产品出口国，致力于通过区块链技术提高全球农业供应链透明度和可信度。区块链技术拥有数据不可复制、不可篡改，以及交易去信任、去中心化的特点，这使其具备了可运用于多种应用程序的通用性。一方面，通过区块链提供安全高效的农业支付路径，保护农民权益。Agridigital 和 CBH 使用 Agridigital 平台生成实物商品的数字所有权，并通过区块链技术进行支付，通过该平台可以获取有关商品数量和质量的信息，于七天后交易结算，买方向农户付款，同时农户向买方转让所有权。另一方面，提供安全、透明的可追溯数据并根据数据评判产品品质。Agridigital 和 CBH 使用区块链技术来跟踪农产品从产地、加工到销售的全过程，实现了农产品全过程可追溯，保障了食品安全。

第九节　韩国智慧农业

韩国智慧农业起步较晚，但因规划得当而快速发展，成为具有东亚特色又符合本国国情的智慧农业模式。韩国不断加大在数据建设方面的投资，实施了大数据战略，形成了以大数据为支撑、信息服务体系为保障的韩国模式，建成了高效的农产品流通体系，实现了农业绿色、高效发展，保障了农产品的质量安全，建成了分工明确的农业信息化市场体系。

一、实施大数据发展战略

2011 年，韩国科学技术政策研究院正式提出"大数据中心战略""构建英特尔综合数据库"，并设立专职部门来应对大数据时代并制订相关战略计划。2012 年，韩国国家科学技术委员会发布大数据未来发展环境重要战略计划。2013 年，在新任韩国总统朴槿惠"创意经济"的新国家发展方针指导下，韩国未来创造科学部提出"培养大数据、云计算系统相关企业 1 000 个"的国家级大数据发展计划，以及《第五次国家信息化基本计划（2013—2017）》等多项大数据发展战略。2013 年 8 月，韩国农林畜牧产业食品部制定了《农食品 ICT 融复合推广对策》，通过掌握信息通信融复合技术推广其成功模式，营造新产业生态。农林水产食品部在"农食品信息通信融复合推广对策"中提出，截至 2017 年，在相关领域投资计划达到 2 249 亿韩元。

二、建成完善的信息服务体系

韩国的农业信息服务起步晚、发展快，其第一个阶段是 20 世纪 80 年代中期至 20 世纪 90 年代初，当时韩国通信设施总体低效落后，严重制约了韩国经济社会的发展；第二个阶段是 20 世纪 90 年代末，农业信息服务设施实现跨越式发展阶段，韩国政府推动开发 CDMA 移动通信系统，并使其商用化，从而使得信息化整体水平得以提升；第三个阶段是 21 世纪初，韩国农业信息服务进入深化阶段，韩国农村居民计算机普及率达到 100%，非对称数字用户环路（ADSL）普及率达到 90% 以上，已逐步建成了全天候为农民提供迅速、准确信息服务的体系，农户随时可以通过网络获取农业信息。

三、运行高效稳定的物流体系

韩国制定了一系列促进物流发展的法规体系，形成了韩国独具特色的物流模式与完整的冷链物流体系，各个利益相关主体具有职责分明、层次明确的特点。韩国农产品流通主体主要分为营利性组织和非营利性组织，其中营利性组织主要是企业、超市、零售店等，非营利性组织则是以农协和流通公社为代表的销售组织，物流形式主要采取集配中心和批发市场两种形式。韩国农协对批发市场具有示范、服务和引导的职能，在农协机构的管理和引导下，农产品市场的秩序得到了很好的维护和指导，这都为其高速和高效运转奠定了坚实基础，因此韩国农协对农产品物流的发展具有强大的推动作用。

第十节　加拿大智慧农业

农业是加拿大的五大支柱产业之一，加拿大智慧农业发展已步入世界先进国家行列，是世界上农业最发达、农业竞争力最强的国家之一。科学技术在服务加拿大农业生产中发挥了重要作用，其中 GIS、GPS、RS 等 3S 技术是加拿大智慧农业的核心技术，依托这些技术形成了完善的农业信息服务体系和智能化、集约化的农业生产模式，且经过多年的发展形成了高效灵敏的冷链物流体系。

一、智能化集约型农业生产模式

加拿大作为一个高纬度的国家，气候寒冷不利于农作物生长，但却是农业最发达、竞争力最强的国家之一，加拿大农业在全球的生产效率排于前列，其主要原因在于充分应用大数据技术实现了农业生产的智能化管理和科学化决策。通过智能化软件来收集各个农场汇总至各个气象站的数据，并对接下来应当进行的生产流程做出决策；软件上配置有根据卫星数据和地块数据而构建的模型，这个模型会通过计算把每单位地块所需的种子和肥料量传至无人驾驶拖拉机；此外，该智能化软件还可以自主安排工人的日程，大大降低了农场管理者的工作量，促进了加拿大建成智能化集约型农业体系。

二、完善的农业信息服务体系

加拿大政府在建立和完善农业信息服务体系方面起着主导作用。加拿大农业信息服务体系具有范围广、技术水平高、适用性和针对性强、渠道多、效率高等特点。其农业信息服务机构主要由政府机构、科研院所、专业协会组织、企业和农业科技专家五大群体构成；农业信息服务方式主要包括五类：一是以网络、电视、电话、传真和广播等为主导的现代信息服务方式；二是以印刷品为主的传统信息服务方式；三是以专业协会组织为主的会议式信息服务方式；四是派农业科技专家到农场现场面对面解答农民提出的问题，并为农场主提供技术咨询和辅导服务方式；五是农业科技示范性信息服务方式。其独具特色的高质量发展的智慧农业信息服务方式，为提高农业生产效率发挥着积极作用。

三、建设高效灵敏的一体化冷链物流体系

加拿大农产品冷链物流萌芽于 19 世纪末，历经百余年的探索发展，已建立了完善的冷链物流标准和制度，搭建起集海运、铁路、公路、航空和河运等于一体的综合冷链物流体系，形成了多元化成熟的冷链物流运营模式，此外，加拿大具有智能化的冷链物流信息管理系统，可实现仓库管理、运输管理、电子数据交换、全球定位和全程温度监控、质量安全可追溯等功能，做到了信息化、自动化和智能化。加拿大的这套冷链物理体系在减少食物浪费、降低食物安全风险、提高经营管理效率等方面发挥了积极作用。

第十一节 印度智慧农业

印度是一个农业大国，超过全国一半的人口生活在农村。2019 年，印度农林牧渔业增加值占 GDP 比例为 16.2%，农业在国民经济中发挥着重要作用。印度高度重视并积极推动智慧农业的发展，发布了《国家信息技术政策体系》，提出建设"全球信息技术超级大国"和"信息革命时代先驱"战略构想。印度在建设完善的农业科技服务体系、发展农业软件产业、建设节能农业等方面形成了一套独特的印度方案。

一、建设以大学为主导的农业科技服务体系

印度政府将全国农业科技的推广职责赋予农业大学，在全国建立起以大学为依托和主导的农业科技推广体系，并将农业大学的技术推广作为大学法定工作之一。印度的农业高校素来秉承"着力为农村农业发展服务，着重解决农村社会经济发展问题"的办学理念。印度农业类高校教师分为三类，即任课教师、科研人员和农业科技服务人员，这三类人员都是集教学、科研、农业科技服务于一身的专业人员，这三类人员每 2～3 年轮换一次岗位，并规定各类人员必须安排 30% 以上的工作时间用于推广服务，以保证高校农业科研成果能与实际

生产紧密结合。同时，为有效将高校研究成果与实际需求相结合，每所农业高校均设置专门的农业科技推广机构，负责农业科技推广各项事宜，成为了农业研究机构、政府农业工作人员和农民之间的联系平台，农业大学使用的农业科技推广经费占全国农业科技经费总额的50%以上。

二、发展农业软件产业

印度的软件业发展迅速，目前已经成为全世界软件业发展速度最快的国家，是仅次于美国的世界第二大计算机软件出口国，年均增长率超过 50%。软件产业成为印度推进农业信息化、推动乡村产业发展的重要依托，推动其涉农资源开发应用走在世界前列。政府通过减免个人购买电脑和软件所得税、下调互联网收费标准和降低农民获取信息的费用等措施，支持农业信息化的发展；通过推广应用农用 App 软件，为农户提供实时、精准的农业信息，助力农业产业精准化生产。例如，Reuters Market Light（RML）能够有效为农户提供播种知识、天气预报等农业信息，为农户提供个性化解决方案。目前该软件已应用于印度 17 个邦，拥有大约 150 万用户；E-Choupal 软件为农户提供免费的农业技术、天气信息以及当地 60 个集市农产品每日的最高价与最低价，有助于实现农户的计划性生产，目前注册用户达到 250 万人次。

三、发展农村电子商务

印度农村地区的互联网渗透率不高，但印度十分重视农村电子商务建设，通过发展各类电商平台，为农户提供"产、销、消"全方位服务，有效提升农业生产效率、拓展农户农产品销售渠道、提高农户消费体验。印度国家网上农产品市场信息中心，提供 2 800 个农产品交易市场中超过 300 种农产品的需求信息，此中心还提供全球 40 个国家的农产品批发信息，促进了印度农产品的"产销消"一体化。印度政府开发建设的农民门户网站（www.farmer.gov.in），覆盖农业投入、作物管理、农产品价格、风险管理、农业进出口、土壤健康、病虫害诊断与防控、天气预警等涉及农业全产业链的各种主题信息，作为农户的一站式商店，可根据需求提供多方面信息。据统计，目前印度的农产品电子商务销售规模占全国电子商务交易总额 60% 左右，农产品网络交易平台已经覆盖印度 9 个邦的 36 000 个村庄，有大约 350 万的印度农民使用网络交易平台来销售农产品。为 2022 年实现农民收入翻一番的目标，印度将进一步构建覆盖 585 个电子商务平台的全国性农业市场。

第十二节　其他国家智慧农业典型形态

一、伊朗——发展石油农业

伊朗位于亚洲西南，北濒里海，南临波斯湾和阿曼湾，除临海沿岸一带为冲积平原外，多为山地。气候条件复杂，主要为亚热带大陆性气候，夏季炎热干燥，冬季冷凉，对农业发展具有制约作用。伊朗当地的农业生产多采用企业化与集中式经营模式，耗用的能源与原料以石油为主，具有产量高、效率高、绿色化、效益好等特点，大幅增加了农业的生产效率与农产品产量，缓解了因人口增长迅速而引起的粮食需求矛盾突出等问题。德黑兰建设有大型水稻农场，通过增加现代农业生产机械使用量、化肥施用量、能源投入等方法，其中最大的农场可以直接喷灌面积达 78 公顷，极大地提高了德黑兰水资源的利用率。经过数十年的努力，德黑兰地区的水稻产量有了显著提高，1980 年德黑兰的水稻总产量为 858 万吨，2014 年水稻总产量增至 1 760 万吨，增产 105％，年均增产率为 2.13％。

二、巴西——建设现代农业科技创新体系

巴西政府支持农业科技进步，积极推动本国农业从资源依赖型向科技驱动型转变。首先利用现代的科技装备改造传统农业，大型农场配备自动化生产设备，中小型农场也使用各类小型机械，现代化设备设施的使用提高了农场的专业化、规模化程度，降低了农民的劳动强度，提高了劳动生产效率，也提高了巴西农业的现代化水平。其次，巴西拥有完善的农业研究和推广体系，即农业科学院作为龙头，以农牧研究和农技推广两大类企业作为核心，形成了集教学、科研和生产三位一体相融合的科技兴农模式。巴西的农业科研体系主要由巴西农业部、国家农牧业研究院、各种农业研究所、农业院校和部分私营企业构成，在土壤保护、植保、育种、生物技术等方面取得了丰硕成果。各州科研机构立足于服务当地农业技术需求，直接与市场对接，服务农业生产。总体而言，不断创新和完善的农业科技体系是巴西实现农业现代化转型的关键。

三、沙特阿拉伯——发展绿洲农业

沙特阿拉伯注重发展绿洲农业，绿洲农业又称绿洲灌溉农业、沃洲农业，是指分布于干旱荒漠地区有水源灌溉的地方的农业，是灌溉农业在沙漠地区的一种形式，通过加大使用循环水的力度，把工业与城市生活产生的污水集中进行净化处理后二次用于农业生产灌溉。不断增建集水设施，以最大限度地收集和贮藏在降雨季节的天然降水资源，并在农耕时用于生产种植。同时，推广普及压力灌溉技术和方法，包括喷灌和滴灌两种方式合理使用农业用水，有利于节约用水，实现农业的可持续发展。

四、俄罗斯——先进的无人机产业体系

俄罗斯航空工业发达，1998 年专门成立国家航空安全技术中心，负责航空器技术维护。受军用航空技术的推动，俄罗斯农业航空处于世界先进水平，是农业航空大国，有较充足的人才储备，有数量充足的农用无人机，约 11 000 架，其农用无人机的作业机型以有人驾驶固定翼飞机为主，年处理耕地面积约占总耕地面积的 35％以上。在无人机产品方面，俄罗斯最新研发的农用无人机，飞行平台设计简约，适用于农业喷洒、货物运输和搜救等任务，商载达 50～100 千克，巡航速度为 40～70 千米/小时，显著提高了施药效率。

第十三节 经验借鉴

各国在探索和推进智慧农业发展的过程中，不仅从战略高度和政策层面强化顶层设计，更加注重以先进前沿技术为支撑，注重信息技术与农业的深度融合，不断加强智慧农业软件系统研发和智能装备制造，把智慧农业作为破解资源难题、缓解人口压力、推动农业可持续发展的重要手段。

一、建立分工明确、合作有序的组织体系，重视农业信息服务体系建设

智慧农业建设是一个系统工程，需要农业农村部、科学技术部、工业和信息化部、财政

部、发展改革委、教育部、国家互联网信息办公室等多个部门协调推进。美国、英国、欧盟和日本等国将智慧农业建设纳入国家战略层面进行统筹安排，并对数字农业、网络基础设施、农业机器人和农业大数据等新一代信息技术的发展战略进行了顶层设计。韩国的农协由中央会领导，包含有 1 425 个基层组织，分布在韩国的 15 个省和直辖市，并在县级设置支会。目前，我国智慧农业建设基础薄弱，多方力量尚未形成合力，应借鉴国外经验，加快建立分工明确、合作有序的组织体系，加强顶层设计，明晰职责，切实做好智慧农业建设。农业、农村、农民问题是我国经济发展的主要问题，智慧农业建设应重视基础设施与信息服务体系建设，应以中央为主要推动力量，发挥政府在资金支持、平台建设、部门间分工与协作、政策引导等方面的主导、支撑和引领作用，充分调动涉农协会、涉农科研机构、涉农企业、大小农户在智慧农业建设中的积极性，注重各类市场化的农业信息服务组织在服务供给、服务形式、服务机制和模式等方面的创新。

二、重视前沿技术的研发支持与超前部署，突出产学研联合攻关与国际合作

重视智慧农业前沿技术研发，突破制约智慧农业发展的重大关键共性技术和产品，大力推进人工智能、区块链、5G、大数据和智能终端等新一代信息技术在农业领域的集成应用，将先进技术与实际农业全产业链过程充分结合，突出产学研联合在技术研发与创新中的作用，建立完善"科研-教育-推广"三位一体的推广体系，加速科技成果转化，提高智慧农业发展水平。如日本注重 IT 企业的研发活动，由多个 IT 企业协同研发农业物联网技术和标准，并与农产品加工企业合作，形成"产研推用"一体化的技术创新体系；以色列则采取"官产学研"相结合的模式，通过试验示范和政府扶持引导等方式，推广应用了一批熟化的农业信息技术。借鉴国外经验，针对农业信息化技术研发滞后和推广难度大的问题，应加快促进农业信息技术产学研协同创新，争取在智慧农业技术和产品研发上取得较大进展。

三、重视法律法规、标准规范与知识产权保护在研发与推广应用中的作用

国外实践表明，发达国家重视智慧农业研发与推广应用的顶层设计。在法律法规建设方面，西方发达国家非常重视法制建设，以保障经济运行的严肃性和规范性。在农业信息服务体系建设中，建有完善且统一的信息标准体系，既注重立法，也注重执法和监督，信息采集和发布严格按规范进行，实现农业信息资源的有序共建和共享。与此同时，制定基础设施建设相关政策，提升"共建共享"的法律层级，从法律层面保障网络共建共享顺利实施。我国应明确电信网络基础设施为公共基础设施的一部分，将电信网络基础设施共享共建的政策纳入《电信法》中，提升我国网络共享共建的法律层级，逐步有条件地放宽共享共建网络基础设施的范围，建立完善共享共建的体制机制，寻求多元化布局，逐步吸引民资参与基础设施建设，促进我国加快形成电信网络基础设施企业多元化的产权结构，进而实现增强自身实力与增进社会福利的统一。

四、发展适合国情的农业智能化设备和数字化技术，提升全要素生产率

根据国外智慧农业发展经验，其智能化装备和数字化技术研究和应用都基于本国基本国

情和农情，既降低了农业生产的单位成本，又提高了效益，提升了农业全要素生产率，从根本上推动了农业的可持续发展。如荷兰广泛采用智能化、自动化及信息化生产系统，减少劳动力使用数量、降低生产成本、提高作业生产率、降低劳动强度；美国为家庭农场提供相匹配的技术设备，大型机械、卫星定位系统、生物技术等在农场中得到广泛应用，农业生产效率显著提高。虽然每个农场的劳动力平均仅为 1.6 个，但生产的农产品却占全美农产品生产量的 79%。在农业经济研究领域普遍认为，提高农业全要素生产率的 3 个来源分别是改善劳动效率、技术进步和规模效应，我国具有土地较为分散和小规模经营的国情，提高全要素生产率只能依赖于技术进步。美国已经形成世界领先的智慧农业技术体系，截至 2020 年，在美国平均每个农场配备有 50 台连接物联网的智能化设备。2017 年，欧洲农机协会（CEMA）召开峰会，指出未来欧洲农业发展方向是以数字技术与先进农机装备应用为特征的农业 4.0（Farming 4.0）。日本 2015 年发布"机器人新战略"，提出将围绕农林水产业主要应用领域，启动基于智能机械＋IT 的"下一代农林水产业创造技术"。当前，我国亟待提升农业智能装备、数字化技术的研究与应用水平。

五、持续加强智慧农业信息化基础设施建设，逐步实现高效、均衡、全面的现代化农业发展格局

不少发达国家已经建成了高效、集约的智慧农业产业体系和服务体系，形成了智慧、全面、高效的现代化农业新模式，其中一个很重要的原因在于循序渐进地加强农业信息化基础设施建设。比如韩国自 20 世纪 80 年代以来，持续推进农业信息基础设施建设，农业信息化服务实现了从低效、落后到迅速、准确的飞跃，农户可以随时通过网络获取农业信息；法国推动建立普惠性的基础设施，互联网用户从 1990 年仅占人口总数的 5.3%，提升到 2017 年的 80.5%，并且于 2017 年 7 月开始实施 4G 网络全覆盖"宽带计划"，2018 年 15 万偏远地区和山区家庭均获得卫星宽带接入；同时通过出台"THD/高速宽带—数字社会国家计划/基金"，开展数字基础建设以及创新数字应用程序、服务和内容的开发，为推动智慧农业建设奠定了良好的基础。我国当前的农业信息化基础设施还存在不健全、不均衡的问题，应以适用、实用为导向，不断加强智慧农业信息化基础设施建设。

参考文献

郭燕纯，郭燕锋，姜峰，等，2018. 国外先进农业科技服务模式发展及借鉴 [J]. 传播力研究，2（19）：31-33.

何志龙，李丹，2012. 以色列农业现代化成功经验及其对陕西农业发展的启示 [J]. 陕西教育学院学报，28（3）：63-69.

何志龙，赵兴刚，李丹，2012. 以色列农业现代化成功经验及其对陕西农业发展的启示 [J]. 杨凌职业技术学院学报，11（3）：27-33.

侯廷永，2017. 美国现代农业发展及其经验借鉴 [J]. 农村经营管理（7）：27-29.

马费成，王海婷，裴雷，2007. 日本国家信息战略的发展经验及借鉴 [J]. 情报科学（3）：321-326.

马云华，2019. 造就以色列农业神话的秘密 [J]. 农家之友（4）：28-29.

彭健，2016. 欧美国家网络共建共享模式及启示 [N]. 通信产业报，05-02（19）.

宋颖，2007. 哈尔滨市农业信息服务体系建设对策研究 [D]. 哈尔滨：哈尔滨工业大学.

王应宽，2019. 北斗导航融合精准农业 助力新疆现代农业发展 [J]. 农业工程技术，39（36）：6-7.

吴才聪，2015. 美国精准农业技术应用概况及北斗农业应用思考 [J]. 卫星应用 (6)：14-18.

吴振鹏，2013. 发达国家现代农产品市场信息服务体系建设的经验和启示 [J]. 经济研究参考 (59)：58-61.

姚于康，2011. 国外设施农业智能化发展现状、基本经验及其借鉴 [J]. 江苏农业科学 (1)：3-5.

张琴，2014. 农业机器人研究进展 [J]. 湖南农机，41 (1)：22-23，25.

钟永玲，2012. 美国农场计算机及互联网应用概况 [J]. 云南农业 (3)：13.

第十五章

国外智慧农业典型案例分析

伴随着先进信息技术的快速发展，农业产业也进入智能时代，在全球各地尤其是发达国家涌现出大批智慧农业应用的典型案例，这些典型案例为智慧农业的发展起到一定带动作用。本章将从基本情况、主要做法和经验启示3个方面分析智慧种植、智慧养殖、农产品智慧供应链、农业大数据智能与信息服务、农业资源环境监测等领域的国外典型案例，旨在为我国智慧农业发展提供经验借鉴。

第一节　智慧种植

一、荷兰某智慧园艺公司

（一）基本情况

该公司成立于1978年，作为全球园艺行业的领先者，其主要业务涉及智能温室系统、智能物流设备和智能温室项目规划，可为发展智慧园艺的国家、企业等提供系统性解决方案。

（二）主要做法

在技术研发方面，该园艺公司研发的主要产品包括：系列三轮车、升降系统、运输系统、系列拖船、链条跟踪系统等。在技术应用与服务方面，该公司能够为园艺从业者提供全产业链的技术指导、产品供应及项目建设服务。一是提供园艺温室系统和产品。通过建设或者改造智能温室，为作物提供最佳生长条件，可提供全球性服务。二是提供高效物流解决方案。通过改善物流条件、优化操作流程、提供自动化运输系统等做法，减少人工工作量，降低用工成本。三是机器人研发与应用。该公司研发的作物生长全自动巡检机器人可以按照客户预定的方式运行，可适用于各类作物生长、温室状况和气候条件，能够监测作物生长状况及整个温室的作物产量；能在早期发现病虫害、问题缺陷和植物异常，提高作物保护工作效率；能够准确计算果实数量，开展颜色评估，提供详细的气候和环境信息，大量节省人工和植物保护产品的使用；可做到发现作物病害后及时治疗，预防病害大规模爆发，减少作物损失。该机器人还拥有独特的人工智能大脑和主动学习能力，能够实时上传监测数据，所有作物的微气候资料可通过软件传送至用户终端，数据轻松可视，用户可以通过手机、平板电脑等智能终端随时掌握作物生长状况。

（三）经验启示

一是重视农业科技研发与应用。利用强大的农业科技成果实现规模化、工厂化、机械化生产，例如利用电子计算机控制温度和湿度，确保棚内多类作物一年四季均可种植和生产，并有令人满意的产量。二是加强农业顶层设计和建设。完善农产品从研发、种植、监测、收获到销售全过程保障体系，构建绿色生产链，促进增收增产。再有，加大对作物生长状况的实时监测，通过研发与应用自动巡检机器人等手段，尽早发现作物生长过程中的问题并及时解决，提高能效与单位产出，减少损耗。三是优化农场内部物流，改善物流条件，推行自动化运输系统，确保物流链通畅高效、农产品新鲜，减少人工投入，降低成本。

二、以色列某智慧灌溉公司

（一）基本情况

该灌溉公司成立于 1965 年，是滴灌技术的发明者，现已成为精准灌溉领域的领导者、全球最大的灌溉企业。在全球滴灌设备市场上，该公司占有 1/3 以上的市场份额，同时也是以色列最大的综合性农业公司。该公司的核心技术是滴头，其生产的滴头能够做到每小时供水 0.7 升（而同类企业的相关产品则是每小时 2.5 升），且可以安全稳定使用 20 年，不断引领灌溉数字化变革。

（二）主要做法

一是打造智能水肥一体化系统平台，提供精准灌溉综合解决方案。该灌溉公司着力打造集监测、分析、控制等多功能于一体的智能水肥系统平台，融合专业的农艺、灌溉及供应链技术，向农业、温室、园林景观及矿业等行业提供精准灌溉综合解决方案，帮助种植者随时随地轻松监管、分析和控制灌溉系统。二是重视硬件产品研发。该公司大力开发滴灌管、管上式滴头、连接件、喷头、过滤器、田间水源、泵房及控制中心等设施装备产品，用户可以根据地形坡度、作物种类以及滴灌管的预期使用年限，将不同规格的产品进行组合，确保将水分和养分通过滴灌管均匀输送到每棵作物的根部，收获高产和高品质的作物。三是建设数字农场管理系统。通过基于云计算技术的系统平台，整合灌溉、施肥和作物生长监测，为公司、小农场主等各类主体提供可满足需求的模块化系统。

（三）经验启示

注重农机、农艺和智能技术融合，重视产品研发。将智能灌溉领域涉及的软硬件系统设备集中到统一的一体化管理平台上，结合作物生长需求，研发适宜的灌溉设备、管理系统以及配套产品等，以达到水、肥精准灌溉与施用的目的。我国应大力培育从事精准灌溉技术和产品研发的创新型企业，加速科技成果转化，保护知识产权，以科技支撑灌溉类产业发展。

三、德国某农机制造公司

（一）基本情况

该公司成立于 2013 年，主要致力于农业智能装备与农业应用软件研发，旨在将人、机器和自然巧妙结合起来，提高农业生产力。该公司可提供多类农业服务：一是免费提供基础模块数字化服务。为用户提供农作物生产和畜牧业领域的解决方案，可以根据栽培条件提供农药使用建议，实时上传信息和机器行驶路线，创建动物日志等。二是提供收费模块数字化服务。根据用户的个性化需求自主选择服务模块，随时获得天气数据，共享账户信息，为耕地提供计算、计划、模拟、建议和文档编制软件等。

（二）主要做法

积极开发农业智能管理软件系统。该公司开发了一套与制造商无关的整体农场管理软件系统，该软件可以提供详细的土地信息、种植和饲养规划、实时监控以及经营咨询等服务。

该软件系统可实现通过 GPS 信号控制拖拉机、联合收割机等农机操作，通过人工智能技术确定灌溉规划，并控制智能装备自动作业。

（三）经验启示

重视涉农企业的科技研发和创新能力建设，不断推进智能农机农具、农业管理软件等方面的创新研发。将先进传感器、大数据、人工智能等信息技术集成应用到农业生产中，实现机器代替人力，电脑代替人脑，推进农业智慧化转型。

四、法国某软件公司

（一）基本情况

该公司是一家农业技术软件开发商，主要致力于为农业和葡萄酒行业开发提供农场管理软件和解决方案，既为农田和葡萄园提供软件解决方案，又为耕地、专用作物和企业财务管理等提供解决方案。该公司配有完整且多样的决策体系，以满足农场的经济、技术、会计、管理等各方面的需求，目前该公司的客户超过 115 万家。

（二）主要做法

该公司最主要的产品是农场综合管理软件，它能够为葡萄园等农业用地的全生产过程提供服务，如：选种、土壤检测、农作物授粉实时监测、灌溉计划规划、病虫害防治规划、机械管理、土地转移登记、日常农务安排等，并对农场的全程生产数据进行记录、处理、存档，便于用户查询，同时还可提供生产报告。除此以外，该软件还提供 GIS 地理位置服务，用户可以在移动设备上实时查看农场情况。

（三）经验启示

智慧农业的快速发展与推进不仅需要硬件装备支持，相对应的软件支撑也至关重要。农场作为一个农业生产有机体，通过农场管理软件的应用及时记录各类生产数据，通过将用户终端与大数据平台联结的方式，用专业软件进行分析、处理、存储，可以更好地实现优质资源与信息共享，便于用户观测、查询并做出合理的决策，也方便专业技术人员为普通农户提供及时的种植、灌溉、病虫害防治计划，农场综合管理软件的跟踪服务可为农业全生产过程保驾护航。

第二节 智慧养殖

一、美国智慧牧场

（一）基本情况

2015 年 3 月，美国某公司成立了 LoRa 联盟，该联盟自成立以来已有超过 500 家成员，成为在技术领域规模最大、成长最快的开放及非营利性协会。后续推出了基于开源的 MAC 层协议 LoRaWAN，LoRa 设备与无线射频技术的结合使得养殖者便于跟踪放牧牛群，通过耳标或者项圈可以快速部署，将需要监测的数据上传到云端平台。通过 LoRa 网关，可以覆盖牧场 20 千米内的 5 000 个动物标签，仅需架设几个网关即可满足大型牧场的需求。全球已有超过 1 亿个基于 LoRa 设备和 LoRaWAN 协议的终端，分布于 140 个国家和地区。根据 IHS Markit 的研究报告，虽然面临 NB‑IoT 等新兴技术的挑战，2019 年全球所有 LPWAN 连接中，近 50% 都使用基于 LoRa 的设备。

（二）主要做法

相关企业不直接提供解决方案，而是通过授权、合作等方式与其他公司开展活动，在此列举两例代表性应用。一是使用 LoRa 设备创建健康高效的牧场。法国某公司基于 LoRa 设备开发了一套牛健康监测解决方案，通过传感器检测牛发情、推动改善营养状况和预测疾病的发作，以帮助牧场主更好地监控他们的牛群。基于 LoRa 的传感器只需通过为每只动物配备的项圈即可部署。项圈是非侵入性的，部署后立即开始报告有关母牛健康的数据，牧场主通过这种独特的设备监控畜群。该设备提供了四项增值服务，包括 Heat'Live（热量监测）、Feed'Live（营养优化监测）、Time'Live（动物福利监测）及 Vel'Live（发情产犊监测）。二是沙漠牧场牛追踪方案。新墨西哥州立大学（NMSU）和美国农业部农业研究局乔纳达实验场（USDA ARS JER）基于 LoRaWAN 建立智能牧场系统，通过对自动水站的水位传感器、温度传感器、网关和网络管理、仪表板等进行实时数据分析，以分析牛的行为和牧场使用情况，并执行实时的牲畜追踪，结合高精度的 GPS 定位，更好地支持并促进远程牧场运营。此外，牧场主可以通过有效的水位监测更好地保护牲畜的整体健康。

（三）经验启示

一是制定开放标准，广泛开展合作。LoRa 联盟对 LoRaWAN 标准的推广功不可没，虽然企业只掌握了网关芯片等少数核心设备，但是通过协议标准的开放，吸引了大批的合作伙伴，整合多方资源，并极大地降低了 LoRa 终端设备的成本。二是示范案例多样，终端数量规模化。目前智慧农业只是 LoRa 物联网应用的一小部分，但是通过与相关行业企业的合作，LoRa 终端在养殖业的数量增长迅速，为收集数据、完善模型算法提供了极大优势。三是适合多种场景，平台扩展性高。基于 LoRa 设备和 LoRaWAN 的各类"Smart＋"具有很强的共通性，发展成熟，有利于打通智慧养殖业的全产业链，避免智慧养殖孤立应用。

二、欧盟 ClearFarm 精准畜牧养殖

（一）基本情况

ClearFarm 项目是由欧盟资助的一项基于精准畜牧养殖的动物福利项目。在欧美发达国家，动物福利已成为畜牧生产的基本组成，但对其评估仍然是一个挑战。由于对动物福利进行评估涉及多个环节，包括养殖、屠宰加工、消费、行政决策、环境影响等，ClearFarm 项目建议使用精确畜牧养殖（precision livestock farming，PLF），整合动物数据，以改善整个生产链中的动物福利。

（二）主要做法

ClearFarm 的目标是设计、开发和验证一个由精确畜牧养殖技术驱动的软件平台，以提供动物福利信息、环境和经济可持续性信息等，帮助生产者和消费者在价值链中做出决策。一是利用先进的技术来减少劳动力，监控和优化养殖过程，使用能够监测动物福利、环境影响和生产力的传感器。例如，安装在动物身上或附近环境中的传感器可以检测到动物行为的突然变化，如进食、饮水、反刍、移动、发声等。此外，动物的生理状态，如温度、孕激素水平或瘤胃 pH，可分别由热像仪、自动挤奶站或瘤胃胶囊（rumen boluses）监测。二是基于大量数据做出精准决策。精确畜牧养殖系统产生了大量的农场数据，通过分析数据更好地了解动物福利和动物行为，为动物福利管理提供参考依据，更好地满足消费者需求，增强畜牧业部门的竞争力和分析决策能力。

（三）经验启示

一是多角色参与的协同设计（co-design），支持完整生产链和决策过程。ClearFarm 项目不仅包含研究机构和企业，还把监管当局决策者、零售商、消费者、动物福利组织等各个环节主体考虑在内，其目标是为价值链、业务模型以及整个社会的利益相关者提供支持信息。二是基于精确畜牧养殖技术建立动物福利评估体系。ClearFarm 项目虽然是针对动物福利设置，但是项目内容的设计完全基于传感器为主的精确畜牧养殖技术，涉及动物的健康状况、行为、精神状态、与人类的互动以及晕厥评估等。三是数据管理和保护的挑战被提到重要地位。ClearFarm 将原始数据转化为每个利益攸关方的具体信息，同时安全地存储数据，使其易于获取并提高可信度。

三、挪威三文鱼水陆接力养殖

（一）基本情况

挪威在大西洋鲑的养殖方面，以陆上循环水结合离岸深水网箱的方法智慧养殖。挪威的研究机构对国内大西洋鲑养殖过程各个环节都有科学的指导，为技术和产量提供有力保障。

（二）主要做法

一是大型陆基循环水养殖模式。陆基循环水养殖模式主要进行大西洋鲑的孵化、育苗和小规格苗种养殖，以及银化后的大规格苗种养殖，通常分为室内循环水养殖车间和室外陆基养殖基地。孵化、育苗及小规格苗种通常在室内循环水养殖车间进行，而银化后的大规格苗种，一般移至沿海室外陆基养殖基地。此挪威养殖公司是世界上第二大的大西洋鲑养殖公司，以大西洋鲑的孵化、育苗及小规格苗种养殖为主，养殖车间总占地面积约 12 000 米^2，分为开口苗区、生长区、幼苗区和鱼苗区 4 个区域。二是网箱养殖模式。挪威具备强大的网箱研发能力，近年来使用的海洋养殖网箱具备先进的设计理念和极高的可靠性，在挪威北部、冰岛和法罗群岛等地有超过 1 000 套投入应用，在恶劣寒冷的养殖环境以及不同的波浪、水流海况下均取得了良好的使用效果。位于 Frøa 岛海域的网箱养殖场拥有 1 个大型浮式水泥平台和 8 个养殖网箱，浮式水泥平台主要用于网箱的日常管理，配置自动投饲机及各种自动监测系统，也用于工作人员的日常工作和生活。养殖网箱直径约 42 米，表面积为 1 350 米^2，单个网箱养殖水体近 20 000 米^3，每个网箱里有约 15 万尾鱼苗，空间配比遵守 2.5% 鱼苗与 97.5% 海水的比例。

（三）经验启示

一是提升渔业现代化与机械化水平。在大西洋鲑的养殖方面，无论是陆基循环水养殖模式还是海水网箱养殖模式，在各种类型的大西洋鲑养殖场及加工厂中，均应配套完善机械设备。从大西洋鲑的孵化装置、养成配套装置、水质自动监测装置、自动投饲装置、曝气增氧装置，到起捕装置、分级装置，再到加工装置、包装装置，应采用自动化机械装备，提高整体工作效率，刺激相关渔业企业的研发热情，形成全国范围内的良性竞争，为渔业尤其是大西洋鲑养殖业的持续稳定发展奠定坚实基础。二是强化沟通，建立长期合作机制。发挥大西洋鲑的陆基养殖及海水网箱养殖中的天然优势，如养殖产量巨大、优质种源较多、抗病害经验丰富、养殖技术成熟、养殖设备先进等，因此我国在借鉴国外技术与经验的同时，应在国内同步开展大西洋鲑繁育与养成方面的研究，形成适合国内养殖环境及养殖现状的大西洋鲑养殖模式。

第三节　农产品智慧供应链

一、某农产品供应公司

(一) 基本情况

该公司是全球最大的餐饮食材供应商，营销和物流网络遍及美国、加拿大、英国、法国等，为全球 90 多个国家、60 多万客户（包括餐厅、医院和学校）提供食材供应服务，具体包括鲜肉、海鲜、蔬菜、水果等。该公司的分支机构遍布北美地区，通过"内生优化＋外延扩张"的模式将供应链做大做强。

(二) 主要做法

一是扩宽发展渠道，供应链满足多元化需求。该公司通过和本地农场以及其他食品公司建立合作关系来满足顾客多样化需求。在欧美文化中，人们更喜欢本地社区农场的新鲜食材，因此，从 2008 年开始，该公司开始升级供应链体系，拓宽产品种类范围，为顾客提供一站式的服务，进而实现了销售收入的稳定和多元化。二是重资产搭建物流系统，实现高质量产品配送。该公司采用重资产投资建设自有物流体系，重资产运营的物流布局广泛，食材供应链覆盖从原材料供应商到终端消费者的全流程。三是全流程监控，提供安全优质的食材及产品。该农产品供应公司成立了质检团队，对产品的质量进行严格监控，对采集、仓储、加工、运输等各个环节进行全过程监控，确保食品安全。四是科技赋能，完善供应链软件应用体系。该公司建设了可满足其业务需求的 BI 系统，把所有操作都集成到一个系统范围的企业资源规划（ERP）系统。目前其软件功能主要包括：为客户提供采购端一站式订购、账单支付、跟踪等服务等。

(三) 经验启示

一是形成规模效应，该公司采用并购等方式不断壮大公司实力，与此同时不断优化产品供应链和配送体系，扩展产品品类，采用标准化工业流程体系，增强产品的市场竞争力。二是建立"采购—流通—前端管理"的高效体系，采用集中化、标准化方式进行采购，并配套建设多个配送中心，在提升覆盖范围的同时降低物流成本，满足不同消费者的需求。

二、某生鲜农产品公司

(一) 基本情况

该公司连同旗下的各个小型商店、便利店和会员店，与某打车应用软件服务公司合作，对城市内短距离的生鲜产品进行配送，消费者通过互联网完成生鲜商品挑选，下单后可以选择自行提货或送货上门，公司接单后，安排专门负责挑选生鲜农产品的员工，按照顾客的要求到超市或冷库进行分拣，并存放在温度适宜的冷藏或冷冻设备中，通过合作公司的打车服务完成生鲜品的终端送货。

(二) 主要做法

该生鲜农产品公司为消费者提供 35 000 种生鲜品线上挑选，不仅为消费者节约了到超市选购的时间，消费者还可以根据实际需求选择送货时间段，配送服务费由打车服务公司收取。随车配送人员是经过专业培训的生鲜管理员工，可保证在短距离运输途中生鲜产品的新鲜，消费者也可通过打车公司提供的配送信息，实时了解定购产品的配送情况。此外消费者也可选择线下提货，根据预约的时间，到达预约地点提取预定的货物，这种自提服务已在美国 44 个城市里得到了广泛应用，并得到了顾客高度认可。

（三）经验启示

一是密集分布门店，在美国每隔 5 千米就有一家超市或便利店，消费者可以就近选择自提产品的店铺，大大节约了物流成本和时间成本。二是对员工进行专业培训，该公司对员工进行了专业的生鲜品管理培训，有效保障了生鲜产品的质量安全。

三、日本东扇岛物流中心

（一）基本情况

日本川崎市的东扇岛物流中心是一个集技术、经验、机能于一体的新物流中心，具有充实的运输配送功能、良好的流通加工能力、最新的避震设施及安全设备，并且与首都区域交通便利，为客户提供了一站式精细服务，可满足关东区域 6 个城市的配送需求。

（二）主要做法

东扇岛物流中心对流通货物采取了气压差、收货区低温化等措施，控制冷藏货物的温度，确保生鲜食品全流程温控，并建造了宽阔的收货区域，确保高效率完成收货、分拣、集货、清点等作业。此外，为防止商品结霜，收货区采用了正气压系统，防止外来气流流入室内引起收货区温度上升。

（三）经验启示

日本冷链物流在技术、设备系统、运营管理、市场成熟度方面都处于世界领先水平，成功解决了传统物流中存在的物流成本高、流通效率低、产品损耗严重等一系列问题，逐渐形成冷链技术、仓储运营管理和仓储网络规模化三大核心竞争力。农产品运输有专门的农产品绿色通道，大大提高了运输效率，减少了物流损耗，而且日本政府鼓励非官方机构投资绿色物流行业，大大加强了物流行业的资金保障。

四、英国在线食品零售商

（一）基本情况

该公司所有的食品只进行网上销售，没有线下商店，顾客使用移动端完成下单，由于在线下没有实体商店，在城市的每个主要街道安装了虚拟橱窗，顾客也可在虚拟橱窗处扫码下单，同时它还和其他的超市合作，为其提供在线销售服务，弥补没有实体商店经营的短板。

（二）主要做法

一是积极与大型线下零售商合作，将高端食品、农产品及生鲜品作为主要经营范围，建立独一无二的在线网店销售模式。二是积极开发自主品牌，目前该公司的自主品牌已超过上百种，自主修建的智能仓库可实现上万种商品的快速储存与分拣。三是搭建扁平化供应链，为保证高效低成本的物流供应，该公司在高速路口修建了面积高达 30 万英尺^{2}① 的物流中心，并配备自动化的智能仓储设备，配送范围满足大部分英国个人家庭需求。

（三）经验启示

采用先进技术和装备保证配送量和配送效率，形成世界先进的智慧物流系统。在物流技术上选择了全程冷链物流技术和设备，选用冷藏车配送、标准化的作业流程、自动化的仓储机器人进行上下架作业，实现无人化、自动化、智能化物流作业管理。

---

① 英尺为非法定计量单位，1 英尺＝30.48 厘米。下同。——编者注

第四节　农业大数据智能与信息服务

一、美国某生物信息云平台公司

（一）基本情况

该公司是一家提供生物信息云平台服务的创新企业，其核心技术为高端生物信息平台。

（二）主要做法

将云计算、大数据技术、生物技术与作物育种相结合。该公司通过从用户处收集大量的基因数据，利用高端信息云平台强大的数据分析能力，结合生物学知识，识别植物体内最有潜力的基因，筛选出的基因在提高作物产量、增加作物营养物质、改善作物口感、增强作物抗逆性、降低农作物对于灌溉水的需求量等方面有极高的价值。例如某啤酒集团利用该平台开发出高产且对灌溉水需求量低的大麦品种；某食品企业利用该平台提供的技术方案来提高巧克力豆的产量。截至目前，该生物信息云平台公司的服务对象包括美国农业部、美国大豆协会、华盛顿州立大学、博伊斯汤姆森研究所、北卡生物技术中心、Iowa Corn 委员会等研究机构以及利马格兰 Limagrain、辛普劳 Simplot、美棉 Cotton Incorporated 等知名公司。2019 年在农业科技初创企业全球 50 强榜单中排名前 12。

（三）经验启示

随着大数据、人工智能等新一代信息技术与各行业的融合应用更加深入和成熟，我们应积极推进新一代信息技术与农业的融合发展，提升农业的信息化、数字化和智慧化水平，为农业可持续发展提供有力保障。利用网络平台，以数据和机器学习为驱动，将云计算、大数据等信息技术应用到作物育种中，为智慧育种提供技术借鉴，并通过开放式共享技术，提高作物育种效率和农产品产量。

二、日本某农业云服务产品

（一）基本情况

该产品涵盖畜牧、园艺、设备机械与经营等服务，可以实现可视化农业生产管理、农产品全产业链溯源与销售数据分析比对，是日本首个农业云服务产品。

（二）主要做法

该产品通过将 ICT 技术应用到农业生产线，利用云服务将流通、地区、生产者和消费者联系在一起。其首先推出农业生产管理服务：农业生产流程信息可视化与食品企业管理系统利用 RFID 标签和手持读写器采集植物从种植到收获期间的历史数据，利用大量数据进行作物长势分析等，有效提高农业云的服务管理水平。此外，系统可通过智能手机和平板电脑，与多个农户和农业指导员共享信息，并通过与以前的记录和市场需求比较，实现技术进步与有效经营。同时结合这项服务与收集到的信息数据，创建一个涵盖订货、生产、运输和库存管理的完整供应链。

（三）经验启示

将云服务技术应用到农业生产管理中，不仅用来提高农业生产力和运营效率，更希望利用全社会产生的数据和信息进行农业全产业链的数字化管理，从而提高农业生产效率，改善市场经营模式。

三、英国 5G＋农业试点

（一）基本情况

鉴于英国城乡高速网络的巨大鸿沟，苏格兰特拉斯克莱德大学（University of Strathclyde）联合某互联网公司，在英国政府的资助下，于 2018 年在英国奥克尼群岛（Orkney Islands）、什罗普郡（Shropshire）和萨默塞特郡（Somerset）等地开展农业农村 5G 试点，旨在利用 5G 中关键的频谱共享技术，降低农村地区覆盖 5G 频谱信号的成本，消除城市和农村的数字鸿沟。5G 网络的高速传输速度，使得智能农业设备和服务器之间的通信能力和网络承载能力得到了极大加强，有效解决了大规模农场监管难题，减轻了农业劳动者工作负担，提高了农业生产效率。

（二）主要做法

一是建立基于 5G 无线传输技术的动物生命感知和自动控制模式，率先试点 5G 奶牛养殖。作为 3 个试点地区之一，位于英格兰西南部小镇 Shepton Mallet 的 Agri－EPI 中心的奶牛养殖场，利用 5G 传输技术将 180 头奶牛佩戴的智能项圈和健康监测耳标获取的数据反馈至数据中心，饲养人员和专家可通过应用程序实时获取每头奶牛的健康与行为信息，并基于此研发了自动挤奶、自动喂食和自动刷毛等装置。二是通过 5G 传输进行农机自动控制，实现大田农场全程无人自主可控。5G Rural First 计划下的 Hands Free Hectare 项目成功完成了作物从播种、种植到收获的无人化作业，全过程无须人手接触植物。利用微型传感器监测土壤环境和植物生命信息，并利用 5G 传输和全球卫星定位导航系统实现无人拖拉机自动播种，小型机器人可自动对土壤进行分析、评估并进行精准施肥喷药。三是实现对草场生物量的精准监测。通过搭载 5G 传输技术和多光谱成像技术，试点农场的无人机可以对 42 公顷范围内草场的牧草数量和质量进行监测，给英国畜牧业发展提供了有力保障。四是开发水产养殖环境智能监测，实现水体环境信息高速传输。英国三文鱼出口是英国农业经济的支柱产业之一。5G Rural First 项目在奥克尼群岛周边的三文鱼养殖区部署了众多环境感知传感器，对水体 pH、含氧量、盐度和温度等信息进行 24 小时的监测，并依托 5G 技术实现实时传出，出现异常时立即报警。

（三）经验启示

汇聚各方农业发展力量，积极开展农业科技企业与大学之间的产学研合作，实现农业技术深化与共享，以求互惠互益、共谋发展。在 5G 高速发展的时代背景下，大力开发并普及 5G 关键技术，加速推动农村基站建设，为 5G 技术广泛应用于智慧农业夯实基础并提供有效保障。再者，进一步提升作物端传感器以及 5G 传输技术的开发与应用水准，增强数据中心收集农业信息的能力，在拓宽信息来源的同时提高精准度，以便于控制中心更加精确、及时地分析数据，从而做出科学决策，实现精准的无人化管理。在作物生产系统构建与监测保障方面，需完善各类智慧监测系统，配合环境感知传感器、无人机、小型机器人等智慧农业装备，全方位高效收集场地及作物信息，实时监测，及时反馈异常值，增强预警能力。

第五节　农业资源环境监测

一、全球农情监测系统

（一）基本情况

某农情信息服务系统基于 Web 构建并提供空间和属性查询服务，该系统提供基于遥感影像和气象数据的全球作物长势信息，会自动提取和处理 MODIS、TOPEX/Poseidon 和 Jason-1等卫星遥感数据，并对其进行分析预测，每 10 天发布一次可视化数据产品。

（二）主要做法

该系统针对大宗作物的主产区提供植被活力、降水、温度等信息的专题图，分为气象专题图、土壤湿度专题图及植被指数专题图 3 类。根据查询的农业气象区划提供生长季的时间序列数据和图表，并提供作物候历及作物分布等信息。用户可以通过选择区域、作物及时间等信息进行查询。该系统综合卫星遥感数据、农业数据、气象数据和作物模型，大大提高了美国农业部监测和预测全球作物生产的业务能力。

（三）经验启示

一是监测结果的后期分析能力较强。该系统在遥感监测的基础上，整合全球各地的农业生产形势报告等信息，可监测出比较完整的全球及不同国家的粮食生产形势，从而为粮食贸易市场提供信息服务。二是信息的公开性、易用性较高。该系统将结果放在网络上，对社会公开，用户可以对系统结果进行综合判断后做出有效决策。

二、欧盟 MARS 计划

（一）基本情况

1987 年，负责欧盟国家农业管理的欧盟第六司提出遥感技术应用于农业统计的十年研究项目 MARS（monitoring agriculture with remote sensing）计划，1988 年由欧盟第六司与欧盟委员会统计办公室合作启动，其研究工作由欧盟联合研究中心（Joint Research Center, JRC）与有关国家的研究机构合作完成，目标旨在利用遥感技术开发出能够改善欧洲共同体内部农业统计体系的新方法。

（二）主要做法

MARS 项目的优先研究内容是农作物种植面积清查、总产量清查和总产量预报；研究对象是产品具有较大市场的农作物，但不包括农场内部消耗其产品的农作物类型，如饲料作物；监测和预报的范围分为 3 个不同的尺度，即区域级、国家级和共同体尺度。该试验项目主要包括以下 7 项行动：一是区域面积清查，二是植被状况监测和单产参数确定，三是单产预报，四是欧洲农作物种植面积和潜力单产快速估测，五是高级农业信息系统的建立，六是面积抽样及其测量，七是长期研究计划。不同的行动具有不同的时间安排，分为短期（3~5年）、中期是（5~10 年）、长期（10 年以上）。

（三）经验启示

MARS 项目研究范围已由欧盟扩展到全球，紧跟世界当前面临的重大热点问题，如气候变化等。该项目注重研究结果的应用性，通过边研究边应用的策略，逐步进入到实际业务运行状态，并保障其在欧盟国家可以得到推广应用。七项研究行动层层递进，环环相扣，注重查漏补缺，如行动二和行动三能加强行动四的产量预报工作，而行动四又能够改善行动二和行动三中的单产预报模型；行动六是其他各行动的支持项目，而行动七则专门研究解决其他行动所遇到的问题。

三、作物长势和产量预测系统 CGMS

（一）基本情况

CGMS（crop growth monitoring system）是由荷兰瓦赫宁根大学及欧盟其他国家的科

学家联合研制的大型作物长势监测系统，CGMS 针对主要作物（冬小麦、春大麦、粮饲玉米、向日葵、干豆、土豆、甜菜和油菜）进行监测，评估世界主要风险地区的粮食安全，包括评估气候变化对农业生产的影响。该系统主要目的是，为欧盟及其成员国提供作物生长初期产量的客观预测、作物生长期间天气指标和作物状况的季节信息。

（二）主要做法

CGMS 是 WOFOST 作物生长模型、关系数据库和统计产量预测模块的结合，具体包含 WOFOST 子模型、遥感测产子模型、趋势产量和基于 GIS 的综合管理控制子系统 4 部分，空间分辨率为 50 千米×50 千米，时间分辨率为 1 天。CGMS 的级别类型有 3 个：一是将天气变量插值到 25 千米×25 千米网格；二是模拟作物生长；三是作物产量预测。CGMS 的主要特点是作物模拟过程中利用空间化组件和集成气象数据插值，结合 GIS 工具进行数据准备和结果成图，能够实现区域或国家尺度上的作物单产预测。

（三）经验启示

一是不断完善模型增强预测能力，CGMS 主要受气象数据驱动，其核心是作物模型 WOFOST 和 LINGRA。WOFOST 模型是一个定量的机理模型，可以对多种作物的生长进行模拟，LINGRA 模型在 CGMS 2.2、CGMS 2.3、8.0 和 9.2 版本系统中均有涉及，用于监测牧场和草地生产力，经过多年实践，模型的可靠性、鲁棒性、因果性、可伸缩性和通用性都得到了完善，预测能力也大大提升。二是搭建信息平台，满足全球需求。为便于 MCYFS 信息管理和用户查询下载相关信息，JRC 开发了高端智能平台，该平台拥有不同层次的信息和相应的写作风格，服务于不同的用户。目前已开通针对欧洲、俄罗斯/哈萨克斯坦、中国、印度、南美洲、非洲 7 个区域的服务窗口，也可为世界其他地区提供产量预测。

参考文献

高永刚，王育光，殷世平，等，2006. 作物长势监测系统在作物产量预测应用中的探讨 [J]. 东北农业大学学报，37（5）：706-713.

胡必亮，芮亚楠，张坤领，2019. 以市场力量促进乡村振兴——湖北省汉川市沉湖镇福星村创新治理模式调查 [J]. 社会治理（8）：24-34.

王建华，2019. 向"冷"求鲜：日本的冷链物流 [J]. 群众（24）：68-69.

王淑婷，2020. 德国"农业 4.0"关键术语汉译及阐释对我国农业发展的启示 [J]. 现代化农业，490（5）：53-54.

吴炳方，蒙继华，李强子，2010. 国外农情遥感监测系统现状与启示 [J]. 地球科学进展，25（10）：1003-1012.

杨阳，2018. 国外农产品电商物流模式的发展经验与借鉴 [J]. 科技经济导刊，26（26）：218-219.

赵英霞，2009. 基于供应链的黑龙江省农产品物流模式研究 [J]. 哈尔滨商业大学学报：社会科学版（2）：79-82.

周清波，2004. 国内外农情遥感现状与发展趋势 [J]. 中国农业资源与区划（5）：9-14.

第十六章

智慧农业技术清单与关键技术选择

技术预见（technology foresight）是指对科学、技术、经济、环境和社会的远期未来进行有步骤的探索过程，其目的是选定可能产生最大经济效益与社会效益的战略研究领域和通用新技术。为提高智慧农业工程科技发展趋势研判的科学性，本章采用专家德尔菲法，通过广泛开展专家技术预见，确定智慧农业技术体系中的关键技术清单，并对各项技术进行国内外差距对比，以期为后续技术路线图的制定提供依据。

第一节　智慧农业总体技术清单

结合智慧农业体系框架以及前人研究成果，确定信息感知、智能决策、智能控制和智慧服务 4 个一级技术，进一步对技术进行分解，确定技术体系。结合国内外学术论文、专利、国家战略行动，采用中国工程院战略咨询智能支持系统，对智慧农业技术态势进行分析，得出第一轮备选技术清单，再进行专家讨论，获取最终技术清单，即包含 4 个一级技术、15 个二级技术、108 个三级技术。在此基础上，遴选出 13 个智慧农业关键技术，对其技术发展现状问题进行深入分析。

第二节　智慧农业关键技术选择

一、环境信息感知技术

环境信息感知技术是智慧农业的核心关键技术，农业传感器是智慧农业的信息之源。国外对于环境信息感知技术的研究主要集中在传感器技术上，如光学传感器、电学传感器、光电传感器和电化学传感器等。其中，应用荧光淬灭效应、分光光度法等的光学传感器在土壤监测方面有较大潜力。近年来，国际先进农业环境信息感知技术向精细化和微型化方向发展，由以温度、湿度等物理量传感器为主，逐渐向土壤养分、水中微量元素含量、作物氮素含量等化学量传感器方向发展。如美国科罗拉多大学研制出了一种可置于植物叶片上的超轻型传感器，实现节水 10%～40%；DALLAs 半导体公司研制了一种同时具有测温精度高、转换时间短、传输距离远、分辨率高等优点的全数字式集成智能温度传感器；美国云端灌溉管理工具公司 CropMetrics 将土壤传感器和云分析技术相结合，为 50 万英亩美国农田制定实时灌溉计划；日本系统整合厂商 PS solutions 开发的"电子稻草人"解决方案利用 LTE 通信技术，布置在农田中的温湿度传感器、光照辐射传感器、土壤水分传感器、二氧化碳浓度传感器帮助农民实时掌握作物的生长环境。我国对农业环境信息感知技术的研究主要集中在水体、土壤、气象等信息获取的技术上，特别是近年来随着纳米传感器、气敏传感器、生化传感器以及 MEMS 传感器的新突破，农业环境信息感知技术也在不断发展。如赵春江院士研究团队在国际上首次提出了土壤氮素的 LIBS 光谱传感方法，此办法获得了重要科学突破，据此研制了第一代传感器样机，受到 20 多项中国专利和 PCT 国际专利保护。何勇教授研究团队自主研制了多种土壤多维水分快速测量、非侵入式快速获取土壤三维剖面盐分连续分布、土壤养分野外光谱快速测试等技术装备，实现了土壤水、盐和养分特性快速多维准确测试。

农业先进环境感知技术也成为国际农业科技竞争的主战场。与发达国家相比，由于我国农业环境感知技术基础研究方面起步晚，因此在敏感材料制备与传感器工艺研发制造、环境信息感知传输、信息感知配套标准体系等方面与发达国家有一定差距。主要表现为：一是环境信息感知传感器的核心技术缺乏。一方面，一些常规物理量传感器，如光照、温度、湿度等受工艺所限，其性能低于国际市场主流产品，且成本较高、稳定性差；另一方面，部分高端传感器，如水体溶解氧传感器严重依赖于进口，进口国主要包括美国、欧洲和日本。二是低功耗下的网络传输安全性技术、抗干扰技术、自动动态组网技术仍处于落后水平。导致环境信息感知数据传输可靠性差、数据收集不稳定等问题，给后台数据处理和智能分析增加了难度。三是农业物联网配套标准体系相对滞后。国内缺乏如 UEEE、EPC global、ETSI M2M 等具有国际影响力的关键数据与通信标准，信息感知的标准化程度相对较低，不同厂商设备带来不同格式的异构数据和业务模型无法互联共享，不利于相关技术的产业化发展。

二、生命信息感知技术

生命信息感知技术分为植物生命信息感知技术和动物生命信息感知技术。其中，植物生命信息感知技术不仅包括理化性质检测，也包括利用光谱、多光谱、高光谱、核磁共振等先进检测方法。如美国普渡大学等机构开发了一种由石墨烯纳米片层、铂纳米粒子和葡萄糖氧化酶组成的微型生物传感器，可以探测到浓度为 0.3 微摩尔的葡萄糖，造价低廉，为精确探测农产品中的葡萄糖含量提供了技术支持。以色列希伯来大学利用叶片厚度传感器监测植物的叶片生长状况和水分含量，从而可以精准调整植物的工时量；在动物生命信息感知技术方面，美国的 Greenseeker、德国的 Veris 等传感器可以实时获取冠层营养状态、茎流、虫情等信息；芬兰的 GASERA 等传感器可以实时获取动物生理状态等信息；冰岛 Star‐Oddi 公司的 DST 系列鱼类生长状态与行为监测传感器可实时对鱼体健康状况进行监视和预报；澳大利亚利用加速仪、GPS、磁感仪、陀螺仪、倾斜角等可穿戴设备可以对动物的进食、反刍、行动状态等进行识别，评估动物健康状态。近年来，国内对生命信息感知技术的研究也逐步深入。例如在植物生命信息感知技术方面，国家农业信息化工程技术研究中心发明的，用于植物体内还原型谷胱甘肽的原位在线检测微电极生物传感器，能够有效实现微创、高灵敏度、结果准确、短时间样本处理，对还原型谷胱甘肽的生理反应响应灵敏度检测效率高于其他检测方法。在动物生命信息感知技术方面，部分学者在动物疾病监测、发情监测和产前产后行为检测等大型动物行为分析领域中取得一定的研究成果，但总体而言核心技术仍受制于人。

与发达国家相比，我国动植物生命信息感知技术至少落后 10 年。主要差距体现在：一是动植物生命信息感知技术局限于发病后的识别检测。如关注动物步态变化和背弓变化等因疼痛造成的跛行特征，虽然可以进行行为异常识别，但此时病害往往已不可逆，无法起到预防发病的作用，因此亟须结合动植物病理学，研发对动植物早期病害病灶的自动化检测方法。二是缺乏动物植物多元生命体征监测所用的多功能传感器。如多模块融合的植物生命信息采集传感器和微小型可穿戴式设备。我国生命信息感知传感器的功能相对单一，需要大量传感器完成多种数据的采集监测，不仅成本高、功耗大，且频繁接触动植物体，易给其带来不利影响，而依靠单一反馈数据进行动植物生长状况和行为模式分析具有一定的局限性，因此对多元传感器融合的研究有待加强。

三、农产品品质信息感知技术

国外对农产品品质信息感知的研究主要集中在新型传感器的研发上。德国弗劳恩霍夫分子生物学和应用生态学研究所，开发了一种利用气敏传感器监测水果成熟度的设备，该设备可以对水果散发出的不同气味进行提纯分析，精确判断水果成熟度，帮助水果销售商合理安排销售计划。德国 Airsense 公司和法国 Alpha Mos 公司开发了一系列商业用电子鼻，可以检测马铃薯、花生、洋葱、苹果、芒果和草莓等多种农作物是否发生霉变。日本 Insent 味觉分析系统又名电子舌，采用了同人舌头味觉细胞工作原理类似的人工脂膜传感器技术，可以客观数字化地评价食品或药品等样品的苦味、涩味、酸味、咸味、鲜味、甜味等基本味觉感官指标，同时还可以分析苦的回味、涩的回味和鲜的回味，可用于食品品质的控制。我国的相关研究主要在传感器的研发和相关检测方法的优化方面。中国农业大学林建涵教授团队设计开发出的用于食源性致病菌快速检测的新型微生物传感器，能够有效实现鼠伤寒沙门氏菌的在线、灵敏和定量检测，检测下限达到了 58 个细菌，其成果发表在传感器领域国际顶尖期刊"Biosensors and Bioelectronics"上，其研发的阻抗生物传感器获得了 Walmart 公司（世界 500 强首位）基金会的两期产业化资助，在我国肉禽供应链中成功开展了沙门氏菌监测示范应用。吴汉明院士团队研发的低功耗、低成本电化学前端 CMOS 芯片，可实现蔬果苯醚甲环唑、咪鲜胺、褪黑素和赤霉素在线监测，其基于新材料（如柔性二维半导体材料）的传感器和芯片技术，研制出集气体、湿度、温度与光谱检测等传感器于一体的 RFID 芯片。

与技术领先国家相比，我国农产品品质信息感知技术研发应用差距体现在：一是我国对食物中药物残留检测与分析的研究尚不完善。缺乏针对个别品种的检验手段，特别是由于成本高、检测方法复杂等问题导致的敏感性低、特异性弱等问题难以有效解决，因而在实际生产过程中的利用率较低。二是新型生物传感器的研发技术落后。国产传感器多用于单一成分分析，缺少多成分同时分析的技术手段，且稳定性、重现性和持续性相对较低，不利于农产品成分的协同分析。三是食品成分分析生物传感器实时检测仍处于起步阶段。除去葡萄糖、谷氨酸等极少数成分外，很难实现在线检测，严重制约了检测效率。此外，现有的气敏传感器阵列易受湿度、温度、振动等环境因素影响、易与干扰气体发生反应、后期的模式识别技术缺乏通用算法等问题无法解决，模式识别的有效性略显不足。

四、农机传感器技术

农机传感器技术主要分为农机工况感知、农机作业质量感知和农机作业数量感知。如 Cherubini 等提出了一个基于传感器的视觉导航框架，可以保证避障和导航同时完成，为实现农用车辆无人驾驶提供了参考依据。Hanawa 等开发了农用拖拉机的立体视觉导航系统，可以监测农作物、人为标记、非耕作区域，完成拖拉机的自动耕作。在应用方面，美国几乎所有大型农场的农业机械都安装了 GPS 定位系统等位置传感工况传感器。瓦尔蒙特工业公司等开发的智能红外湿度计每相隔固定时间便对植物叶面湿度进行扫描，并将结果反馈给智能灌溉系统，以评估是否需要对农田灌水。德国农场主通过车载 Telematics 系统实现对农机的统一管理、精准监测和使用调度。在国内，我国高度重视农机传感器的研发，并将农业机械专用传感器纳入农机装备行业重点任务关键零部件发展专项。王献忠等基于 PI 滤波估计陀螺角速率漂移的陀螺与星敏感器组合定姿算法，给出了分别基于 J2000 惯性系和轨道坐标系的星敏感器与陀螺组合定姿算法和姿态偏差四元数求解方法。哈尔滨工业大学信息技术研究所设计了一种农机深耕作业鉴别方法，利用速度传感器、功率传感器和摄像头，实现农机作业面积准确测量。国家农业信息化工程技术研究中心发明的农机深松作业远程监管系统利用导航装置、距离测量装置等能快速获取深松作业的位置信息、作业量、作业深度值，实现对深松作业质量和数量的有效监管。

与技术领先国家相比，我国农机传感器技术差距体现在：一是农业机具的末端测量和执行能力不足。导致该技术在诸如农机导航定位、化肥分层深施、农田深松深耕等实时性要求较高的场合无法达到要求。二是国内农机传感技术大多参考国外经验，缺少适应我国农业生产特点的农机传感器和相关技术。由于农业装备集成化和智能化程度不高等原因，研究成果多停留在试验阶段，实用性不强，距投入实际生产还有一段距离。

五、农业大数据技术

大数据技术在农业领域的应用近年来得到迅速发展，逐渐从处理结构化数据向处理非结构化数据、从处理单一数据集向处理迭代增长数据集、从批处理向流处理、从集中式分析向分布式分析方向转变。目前国外对农业大数据的研究多集中在大数据关联分析、产业应用和算法优化等方面。国内研究机构或学者重点从农业视角对农业大数据内涵、类别、发展现状、存在问题及发展趋势进行了深入探究，并针对农业大数据可视化、储存效率、决策模型等方面提出解决方案。如 2014 年中国农业科学院首次将大数据技术应用在农业育种方面，对基因组测序数据进行处理，相比传统的育种手段节省了大量的时间成本；2015 年，柳平增研究建设了渤海粮仓农业大数据平台；2016 年，北京市农林科学院、国家信息化工程技术研究中心等相关部门共同研发组建了"金种子育种云平台"，该平台作为全国首个具有完全自主知识产权的"互联网+"商业化育种大数据平台，推动我国由传统育种向商业育种、经验育种向精确育种转变。

我国农业大数据技术的差距主要体现在：一是我国农业大数据的数据积累仍然不足。农业生产环境、动植物生命信息、农田变量信息、农业遥感、农产品市场经济、农业网络等农业领域的数据积累正处于初级阶段，尚未达到其他领域的数据积累水平。尤其是针对农业生产、农业科技、农业经济、农业流通等不同数据源的自动化、智能化采集能力较弱，在一定程度上限制了农业大数据技术的发展。二是我国在对海量农业数据的管理技术上有所欠缺。当前，传统数据管理技术已不能满足多源异构数据的管理需求，亟须创新基于 NoSQL、New SQL 等新技术的农业数据库技术，提高农业数据库的扩展性和管理能力。三是我国在农业大数据批处理和流处理等典型处理模式方面的技术尚不成熟。随着数据处理场景发生的根本性变化，数据的深层价值有待进一步挖掘，利用农业数据升维、降维技术提升农业数据处理效率、深化数据之间的相关性研究仍是大数据关联分析所面临的难点问题。

六、农业知识模型

农业知识模型是实现农业生产按需控制和智慧化经济管理的必要支撑。当前，农业知识模型正在向普适性、准确性的方向优化，以实现智能决策的按需控制和多指标控制。荷兰和美国在农业知识模型领域研究起步较早，分别形成强调生态系统的整体性、应用性和强调生物的机理性和共性两种体系模式。荷兰学者 de Wit 于 1970 年发表了第一个作物生长动力学模型 ELCROS（elementary crop simulator），较为详细地描述了冠层光合作用、器官生长、呼吸作用等机理过程；美国 Simaiz、Chen 和 Curry 研制的玉米模型刻画了作物自身生理过程，如植物发育，不同冠层的光合作用，叶、茎、根的光合作用，呼吸损耗，干物质积累，净光合产物的分配等过程。日本 Umitron 公司推出了 UmiGarden 服务，让搭载内建摄影装置的水下自动给饵机，通过 AI 进行自主学习，提高鱼饵的投喂效率。新西兰 Hort 研究所开发的虚拟现实系统，可以模拟猕猴桃从果树发芽到果实成长的全过程，生长周期也压缩到了 1 分钟的时间。法国农业研究国际合作中心 AMAP 系统模型，可实现对植物芽的生长、死亡、分枝等过程的定量描述。澳大利亚 CPAI 研制的 AMA 模拟系统，不仅可以研究植物器官产生和变化规则，还可以通过分析测量数据描述植物的生长过程。此外，国外机构与学者进一步考虑气候对作物生长的影响，普遍将气候预测模型与作物生长模型进行耦合应用。国内对于农业知识模型的研究主要集中于动植物生长模型领域，同时在扩展成熟农业知识模型应用基础上，不断加强对成熟模型的优化训练。如崔金涛运用拓展傅里叶幅度检验（EFAST）法，定量分析了番茄生长模型（DSSAT‐CROPGRO‐Tomato）中番茄物候期、生长及生产等 3 类模型输出的各参数敏感性。

虽然我国在农业知识模型、农业模式识别、农业知识表示、农业业务模型的机器学习等方面已有突破性进展，但总体看，我国农业知识模型的实用性不足，研发应用远落后于技术领先国家。首先，当前我国农业物联网汇集的大量农业数据尚未得到充分挖掘利用，大多仍基于简单的时序控制和单一指标控制，使得部分模型、算法不足以实现按需控制和多指标控制。其次，在现有分类模型中，虽然对动物进食、反刍、站立、行走、静卧等行为的识别和分类研究取得了良好效果，但对行走、吃草等相似行为和抓痒、饮水等瞬间行为的分类精度明显不足，基于大数据的动物行为分类模型精度亟待提高。此外，现阶段我国对虚拟作物模型的研究仅侧重于作物生理过程或者形态结构的某个方面，而在作物结构与功能的联系、植物与环境的相互关系以及生理生态与形态结构的耦合等方面仍不完善，限制了作物模型的应用。因此除了对植物体生长过程进行观测和测量外，还必须研究相关知识模型与具体作物生理生态模型有机结合的问题。

七、农业支持决策系统

支持决策系统的概念最早于 20 世纪 70 年代由美国学者提出，系统主要针对半结构化问题为用户提供决策建议，供用户自行决断。近年来，国外商业公司、学术界和专业信息服务机构都在农业支持决策领域进行了探索。Cisco 公司率先开始了名为"5G Rural First"的智慧牧场计划，农民可以通过生物识别传感器、5G 网络和手机 App 远程监控畜群，自动挤奶系统也可以根据 5G 项圈传回的数据，引导奶牛自行走上挤奶机施行挤奶。澳大利亚应用 RFID 技术和自动控制系统，可以实现在无人监控的条件下对动物进行自动称重和自动分栏。在应用方面，美国中西部地区已基本实现了对玉米、大豆和甜菜等种植作物的全生命周期数据共享，建立了一整套从播种到收获的全生产流程智能决策体系。德国建立了多种为农业生产者提供咨询服务的农民辅助决策模型。通过使用这些模型，生产者不仅可以得到病虫害损失、动态经济阈值、种群长势动态等预测值，还可以获得不同作物不同特性的评估分析，从而选择适宜的种植品种。我国在农业支持决策系统领域的研究多集中在农业生产经营管理规划和农机调度管理等方面，综合利用各种数据、信息、知识和模型技术，辅助各级决策者解决半结构化决策问题。如黄凰等设计了一套以数据库、方法库和模型库为核心的农业机械化管理决策支持系统，可以进行农机空间查询、数据查询、知识查询、文档查询等子系统查询功能，还可进行农机购买和租赁、农机选择和合理配套、农机合作、农机作业服务、农机报废更新等决策子模块查询，具有较强的可操作性。

我国农业决策支持系统存在较大差距：一是基础数据来源及其准确性不足，亟待开发新的数据获取技术。长期以来，我国农业信息化水平偏低，信息资料缺乏，基础数据不够完善，基础性研究不够完备，农业产业缺乏信息共享的手段平台及动态、权威的基础性统计数据，不能保证决策支持系统在区域范围指导农业生产管理的科学性。二是模型指标构建方面也有一定差距。农业种植养殖类型复杂众多，当前决策模型大多以静态为主，建立后很难调整。而随着大数据时代的到来，构建算法简便、结果准确的动态决策模型，以同时满足实时决策和事后决策场景的需求，这是未来我国农业决策支持系统需要着重解决的问题。

八、农业机器人

国外不断加强对农业机器人的研发，以解决人力短缺和劳动力成本攀升的问题。目前，以日本、美国、德国和荷兰为主的发达国家在果蔬采摘机器人、除草机器人、施肥机器人、喷药机器人、蔬菜嫁接机器人、耕耘机器人、收割机器人等领域的研发相对成熟。澳大利亚悉尼大学研制了一款可以替代传统人力的新型放牧机器人，通过使用 2D、3D 感应器和 GPS 系统识别牲畜的移动轨迹和运动速度，进而计算出最佳的驱赶路径；日本农业食品产业技术综合研究机构与涩谷工业株式会社联合开发的固定式草莓采摘机器人，可连续工作 12～22 小时，采摘面积是移动式机器人的 2 倍；法国葡萄园普遍应用了专门进行修剪藤蔓、剪除嫩芽、监控土壤和藤蔓健康状况等工作的农业机器人 Wal - Ye，大量节省了人力劳动。我国农业机器人研发起步较晚，但近年来在无人驾驶拖拉机、农业智能问答机器人、柔性作业机器人（除草机器人、采摘机器人等）、脑机交互/自动跟踪农业智能机器人（挑担机器人、农活仿人作业机器人等）、农业外骨骼协作机器人、农产品运输和农产品收获机器人等方面取得了大量的研究成果。

国内农业机器人研发应用差距体现在：一是我国农业机器人在精度、工作效率和智能性等方面比较落后。我国对农业机器人的研究起步较晚，现有农业机器人的智能化程度还未能达到农业生产需要。国产农业机器人面临动力性能差、续航能力差、指定动作响应和行走速度不匹配等问题，难以满足对准确性和工作效率要求较高的农业活动。二是制造成本较高，农业机器人的前期研发投入较大、结构复杂、原材料和元器件成本较高，导致其价格昂贵。三是推广应用不广泛。我国农业机器人研究方向也多集中在图像处理、导航定位等领域，且作为一种单一的技术存在，没有形成良好的技术结合，在实际应用中也有一定困难。

九、载重 200 千克以上的高端无人机植保技术

在信息技术的推动下，植保无人机可集成智能飞控系统、复合光电吊舱、精准变量喷施

设备等多种新型任务载荷，对作物进行遥感信息获取和定量定点精准施药，具有复杂地形适应性强、作业效率高、施药穿透性好的优势。发达国家对机械设备、药剂及智能化设备、植保技术等方面的研发取得了较多成果。其中在高端设备开发方面，John Deere 和 Volocopter 联合推出了一款潜在有效载荷为 200 千克的新型农业无人机 VoloDrone，一次充电可实现长达 30 分钟的飞行时间，可在预编程的路线上进行远程或自动操作。日本某植保无人机公司开发的 R 系列无人直升机，可负载 30 千克农药，适应多种复杂环境下的作业需求，能实现人工控制和自主控制相互切换。应用方面，美国农业生产主要使用 GT-MAX 植保无人机，在喷施药液的同时融合了多数据处理技术，可以实现植被覆盖率检测、农业土地资源管理和农业土壤侵蚀退化的调查。我国植保作业投入的劳动力多且劳动强度大，使用手动喷雾器与背负式机动喷雾器分别约占国内植保机械的 93.07％和 5.53％。华南农业大学依托 2016 年国家重点研发计划"地面与航空高工效施药技术及智能化装备"重点专项，研发的植保无人机能够全面实现全自主飞行、一键启动、RTK 导航等自动化技术，解决了"重喷、漏喷"等实际问题。

总体来看我国无人机植保技术与发达国家的差距不大，主要不足在于缺乏高性能的植保无人机喷施部件、燃油发动机等共性关键技术。特别是缺乏专门针对植保无人机设计的高效轻量化喷施关键部件，燃油发动机主要依赖进口，国产单旋翼植保无人机载重量普遍在 20 千克以下，动力配备不足，由于载荷小而带来的喷施药液浓度过高等作业安全问题难以解决。同时，对于雾滴沉积规律及各因素影响的模型研究和基于农情信息的精准施药控制技术研发仍需进一步提升。

十、病死畜禽无害化处理智能装备

病死畜禽无害化处理技术是指用物理、化学等方法处理病死病害动物及相关动物产品，消灭其所携带的病原体，消除病害的技术。国外病死畜禽无害化处理技术装备研发遵从安全性高且符合环保、资源化处理理念，近年来生物好氧发酵技术在病死畜禽无害化处理智能装备研发中得到较快应用。澳大利亚和欧盟普遍采用机械处理、加热处理或化学处理等方式，将动物尸体化制，以去除水分并分离脂肪，灭菌后期产品以及用死亡动物生产肉骨粉等，能够灭活所有病原并生产出有价值的副产品。北美国家主要采用碱化水解法来处理被 CWD 感染的鹿，催化生物机体水解生成无菌水溶液，在绝缘、蒸汽外套的不锈钢压力容器内进行，与灭菌和消化技术组合，可降低废弃物重量和体积 97％左右，能够完整灭活病原。国内对病死畜禽无害化智能处理技术的研究相对较少，中国科学院合肥智能机械研究所，研究了畜禽废弃物无害化处理过程中的寄生虫灭活、抗生素降解、重金属钝化、病死畜禽高效灭菌等关键技术，并针对我国基层 60％小型畜牧养殖场设计了低成本的堆肥腐熟度检测和病死畜禽多仓自控灭菌装备；江苏省产业技术研究院机器人与智能装备研究所研制的"病死畜禽无害化处理系统"攻克了机械构型设计、自动输送、温度精确控制、高温灭菌、系统集成等关键技术难题；中国电子科技集团公司第十二研究所开发的一种微波智能病死动物无害化处理设备，可实现全程自动化流水线式作业。

我国的主要差距在于病死畜禽无害化处理基础设施不齐全，尤其表现在部分养殖场缺乏完善的无害化处理设施，使得在疫情发生、病害畜禽数量相应增多时，现有规模的处理设施一时难于应付。此外，一些养殖场病死畜禽处理设备水平不规范、不达标，无法达到无害化处理标准，极易造成疫病扩散和食品安全事件的发生。

十一、农产品产后处理与流通装备控制技术

农产品产后加工处理与流通是农产品增值的重要途径。国外学者重点围绕"农产品分级分选智能装备"不断加强农产品产后加工处理与流通装备控制技术研发。美国洋葱公司使用 TrueSort 分级软件，利用可在彩色和近红外光谱下工作的超高清摄像头对洋葱尺寸、颜色、外部质量和内部腐蚀及异常情况进行评估，实现了对洋葱的分级分拣。日本株式会社 ABI 以细胞存活技术为基础，对生鲜食品应用了智能快速冷冻技术装备，解决了传统冷冻技术在色、香、味、鲜等方面保存能力差的问题，实现了对生鲜农产品的锁鲜和保鲜，降低了原有风味丢失和易腐烂的风险。国内对于农产品产后处理与流通装备控制技术的研发，重点集中在农产品分级检验、农产品质量安全追溯和农产品智能包装上，其中在农产品分级检验方面，普遍通过数字影像技术获取农产品外观信息，在农产品智能包装方面重点通过将 RFID 技术、可视化软件和数据库管理相结合，实现农产品自动包装和分拣操作。

我国主要研发差距体现在：一是国内目前绝大多数研究对象是静态个体，而在动态检测研究中，机器视觉技术对农产品的多个分级分选指标进行检测时，大多仍然采用串行算法，影响了检测速度，降低了实际应用价值。二是我国对农产品智能包装的研究仍处于起步阶段，特别是生物传感器技术主要以 DNA、RNA、酶、抗原或抗体、细胞器、噬菌体以及微生物等生物组分作为感测装置，大多用于识别和测量糖、氨基酸、醇类、脂质和核苷酸等过敏原和目标物质，在果蔬上的智能包装应用较少。另外，技术与成本问题仍是制约国内智能包装发展的主要因素。由于智能包装涉及的技术相对复杂、研究基础薄弱、制作成本高，且易受周围环境影响，因此在其稳定性和安全性方面的研究仍有待提升。

十二、可适性农业云服务技术

近年来，随着农业互联网应用的爆发式增长，通用的标准云服务技术在农业领域的适用性问题得到越来越多的关注。可适性农业云服务技术主要包括农业数据存储技术、农业知识服务综合技术和农业应用按需服务技术。其中，农业知识服务综合技术方面，国外在流程驱动的服务组合机制、任务驱动的服务组合机制，以及服务组合结果的评价方法等方面均取得了一定的研究成果。农业应用按需服务技术方面，近年来为实现用户模型的共享与重用性，国外学者开展了较为密集的研究。应用方面，德国软件供应商 SAP 公司推出了"数字农业"解决方案；法国农业部和法国农业科学与环境研究院共同建立的农业大数据门户网站，通过共享大量公共数据库为使用者提供涵盖了种植业、畜牧业、渔业、农产品加工业等多个农业领域的持续增值农业数据服务。国内对农业云服务可适性技术的研究与国际前沿水平差距不大，在农业数据存储技术、农业知识服务综合技术、农业应用按需服务技术方面均取得较大成果。张启宇等重点研究了用户类别兴趣向量、用户特征词喜好向量和文档特征向量，提出了个性化服务推荐算法，该模型可根据用户兴趣制定推荐，为用户提供有价值的信息，满足用户个性化需求。

我国的主要差距在于：农业数据挖掘和知识发现的任务主要集中在面向农业特定应用需求汇聚多源异构数据，实现聚合分析挖掘和农田实时感知数据的在线挖掘。但受限于算法自

身结构和效率，我国传统农业数据挖掘算法不具备针对多源或实时数据进行在线分析挖掘的能力，也不具备利用云端并行计算的能力。同时，缺乏面向农业云知识需求用户特点的个性化服务用户模型，需要针对高度个性化、差异化的服务需求，建立更加贴合用户偏好的用户模型。

十三、新一代农业可视化人机交互技术

当前国外对新一代农业可视化人机交互技术的研究多集中在沉浸感体验式交互技术方面，如逐渐开始将农业生产管理与虚拟现实技术、现实增强技术和混合现实技术进行结合。澳大利亚开展了一系列包括 Kirby 智能农场、数字家园、传感塔斯马尼亚等多个项目在内的物联网试点项目，形成了多个传感器共享数据库和智能管理平台，为农业生产者提供数据支持和咨询服务；日本利用数字技术、传感技术和远程控制技术建立了一种全新的农业运营服务模式；德国利用 3D 虚拟现实技术开发应用了一套完整的农场生产经营软件 Astragon Software，使用者可以在虚拟农场中感受温度、气候的变化，了解病虫害给作物不同生长阶段带来的影响，最后进行收获。国内学者与机构十分注重新一代沉浸式交互体验技术在农业领域的研发应用，针对虚拟植物、农业机械虚拟实验等进行了大量研究。如吴建伟等通过构建农业三维模型资源库、虚拟漫游互动组件，研发了农业园虚拟现实创意展示系统，实现农业园的规划设计、全景鸟瞰、新产品新设备推介以及互动漫游功能。张小超等通过建立田间工况模拟与虚拟交互控制试验平台，设计了一款农业机械虚拟试验系统，实现人和农业机械在虚拟环境内的漫游，实体样机和虚拟样机有较好的一致性。

国内主要差距体现在：一是相关技术的基础模型研究方面较为薄弱。特别是由于农业领域的动植物所涉及的物种、品种名目繁多，外观形态各异，目前尚缺乏普适方式构建农业动植物生命生理属性特征的数学模型。二是相关技术的配套设施不完备、农业生产场景的可交互性不强。当前的农业虚拟现实场景大多以人工建模方式构建场景，以虚拟展示的方式单向传递信息，可交互性较弱，对于在准确模拟环境场的动态变化并采用可视化的方式展现方面距发达国家还有一定差距。三是对混合现实的研究相对较少。多集中于系统应用技术上，缺乏对基础理论的研究。

第三节　国内外差距

与领先国家相比，我国智慧农业关键技术的研发水平总体差距在 8～9 年，其中，农业大数据技术、可适性农业云服务技术、新一代农业可视化人机交互技术、农业支持决策系统与领先国家技术差距最小，基本接近国际水平；承载 200 千克以上的高端无人机植保技术差距最大，约为 20 年，且研发基础薄弱；生命信息感知技术差距虽然较大（10 年），但研发基础较好。以当前我国的研发基础与研发条件，可集中力量突破生命信息感知技术、农业机器人、农机传感器技术、农产品品质信息感知技术等关键技术，加速推进其产业化，不仅可以在中短期内破解智慧农业核心技术受制于人的问题，也能从长远解决智慧农业信息源问题（表 16-1）。

表 16-1　国内外智慧农业技术差距

关键技术	研发基础	技术差距	主要差距	实现路径
生命信息感知技术	++++	10 年	多元生命体征监测传感器依赖进口；数据解析模型精度不高	自主研发
农产品品质信息感知技术	++++	10 年	新型生物传感器的研发技术落后；食品成分分析所用的生物传感器的实时检测仍处于起步阶段	联合研发、自主研发
农业机器人技术	++++	10 年	柔性器件等关键零部件依赖进口；精度、效率、可靠性差距巨大	联合研发、自主研发
农机传感器技术	+++	15 年	核心感知元器件依赖进口；稳定性、可靠性差距大	引进消化吸收再创新、自主研发
承载 200 千克以上的高端无人机植保技术	+	20 年	缺乏高性能的植保无人机喷施关键部件、燃油发动机等共性关键技术	自主研发
农产品产后处理与流通装备控制技术	++	10 年	国内目前绝大多数研究对象是静态个体，对农产品智能包装的研究仍处于起步阶段，设备的稳定性和安全性方面的研究仍有待提升	自主研发
环境信息感知技术	++++	10 年	核心感知元器件依赖进口；稳定性、可靠性、使用寿命差距大	联合研发、自主研发
病死畜禽无害化处理智能装备	+++	10 年	装备控制的智能化、精准化水平待提升	引进消化吸收再创新
农业知识模型	++++	10 年	对动物相似行为识别精度较低；作物结构与功能联系、植物与环境相互关系以及生理生态与形态结构耦合等研究不足	自主研发
农业支持决策系统	+++	5 年	数据获取能力较弱；动态模型指标构建难以满足实时决策需求	自主研发
新一代农业可视化人机交互技术	++++	2 年	相关技术的基础模型研究方面较为薄弱，配套设施不完备、农业生产场景的可交互性不强	自主研发
可适性农业云服务技术	++++	2 年	核心技术架构和算法对外依存度高，实时化、个性化服务差距大	自主研发
农业大数据技术	+++++	2 年	产业数据积累不足；大数据处理方法对外依存度高	自主研发

注："+"越多表示研发基础越好。

第四节　本章小结

智慧农业技术包含信息感知、智能决策、智能控制、智慧服务 4 个一级技术。从总体发展态势看，根据专家德尔菲调查结果，结合国内外技术差距，本书认为未来 15～30 年智慧农业亟须发展的总体技术包括环境信息感知技术、生命信息感知技术、农机传感器技术、农业大数据技术、农业知识模型、支持决策系统、农业机器人、农业云服务等 13 项关键技术。分行业领域看，不同行业的技术选择有所差异，需结合各行业被卡脖子的技术领域进行攻关，推动实现智慧农业技术跟跑向并跑、领跑转变。

参考文献

陈章全，等，2017. 德国精准农业做法及启示——以百年农场 Gut Derenburg 为例 [J]. 中国农业资源与区划 (5)：222-229.

崔金涛，邵光成，林洁，等，2020. 基于 EFAST 的 CROPGRO-Tomato 模型参数全局敏感性分析 [J]. 农业机械学报，51 (1)：237-244.

黄凰，恽竹恬，张丽娜，等，2019. 稻油轮作区农业机械化管理决策支持系统设计 [J]. 中国农机化学报，40 (3)：207-211.

林欢，许林云，2015. 中国农业机器人发展及应用现状 [J]. 浙江农业学报，27 (5)：865-871.

柳平增，2015. 农业大数据平台在智慧农业中的应用——以渤海粮仓科技示范工程大数据平台为例 [J]. 高科技与产业化 (5)：68-71.

穆荣平，任中保，袁思达，等，2006. 中国未来 20 年技术预见德尔菲调查方法研究 [J]. 科研管理 (1)：1-7.

唐珂，2013. 国外农业物联网技术发展及对我国的启示 [J]. 中国科学院院刊 (6)：700-707.

王献忠，张肖，2018. 陀螺与星敏感器组合定姿及陀螺漂移估计 [J]. 航天控制 (4)：7-11.

吴建伟，陆声链，郭新宇，等，2013. 农业园虚拟现实创意展示系统研究 [J]. 中国农业科技导报，15 (6)：142-146.

徐小杰，陈盛德，周志艳，等，2018. 植保无人机主要性能指标测评方法的分析与思考 [J]. 农机化研究，40 (12)：1-10.

袁建霞，张秋菊，胡小鹿，柏雨岑，韦真博，2019. 农业传感器国际竞争态势与研究前沿分析 [J]. 现代农业科技 (14)：233-235，237.

张建华，等，2017. 农业传感器技术研究进展与性能分析 [J]. 农业展望，13 (1)：38-48.

张启宇，郭承坤，宋瑶，等，2015. 基于内容过滤的个性化农业信息推荐模型研究 [J]. 湖北农业科学，54 (16)：4052-4056.

张小超，吴才聪，李颜，等，2011. 农业机械虚拟试验交互控制系统 [J]. 农业机械学报 (8)：149-153.

赵春江，2019. 智慧农业发展现状及战略目标研究 [J]. 农业工程技术，39 (6)：14-17.

赵志明，廖晓锋，王晓玲，等，2019. 农业大数据基础设施开发的参考模型方法 [J]. 华东师范大学学报：自然科学版 (2)：77-96.

郑文钟，2015. 国内外智能化农业机械装备发展现状 [J]. 现代农机 (6)：4-8.

周振华，2018.3D 虚拟现实技术在农业中的应用 [J]. 农业工程，8 (11)：47-49.

Adamchuk V I, Hummel J W, Morgan M T, et al., 2004. On-the-go soil sensors for precision agriculture [J]. Comp Electron Agric, 44 (1)：71-91.

Cherubini A, Chaumette F A, 2010. Redundancy-based approach for obstacle avoidance in mobile robot navigation [C] // IEEE/RSJ International Conference on Intelligent Robots and Systems Piscataway. NJ：IEEE：5700-5705.

Hanawa K, Yamashita T, Matsuo Y, et al., 2012. Development of a stereo vision system to assist theoperation of agricultural tractors [J]. Japan Agricultural Research Quarterly, 46 (4)：287-293.

第十七章

中国智慧农业发展战略目标与技术路线图

　　智慧农业已成为世界农业发展重要趋势，把握新一轮科技革命与产业革命历史机遇，认清我国智慧农业与领先国家的差距，面向世界农业工程科技前沿与国家农业高质量发展战略需求，瞄准智慧农业领域技术短板，加快部署我国智慧农业中长期技术发展路线，明确不同阶段的重点任务与亟待突破的技术、产业领域，为提升我国智慧农业科技创新能力和产业竞争力提供战略支撑。

第一节　发展思路

　　未来15～30年，中国智慧农业发展应瞄准提高农业质量效益和竞争力的重大需求，以中国特色社会主义思想为指导，以"保障国家粮食安全、食品安全和生态安全，促进农业高质高效与农民持续增收"为目标，坚持"四个面向"，聚焦农业新基建、智慧种养、智慧供应链、农业大数据智能服务、智慧农业相关技术产业等领域，按照"抓重点、补短板、强弱项"的总体思路，重点突破农业传感器与高端芯片、农业大数据智能与知识模型、农业人工智能算法与云服务等重大关键技术，重点开展高端智能农机装备、农业智能感知产品、农业自主作业（机器人）智能服务产品等重大产品创制，推动高端产品在智慧农（牧、渔）场、植物工厂、农产品加工智能车间、农产品智慧供应链等开展集成应用示范，重点培育农业软件开发与智能信息服务业、农业传感器与测控终端产业、农业智能装备制造业等支撑产业，加快建立健全智慧农业技术体系、标准体系与产业体系，全面提高农业生产智能化和经营网络化水平，全面推动农业"机器替代人力""电脑替代人脑""自主技术替代进口"的三大转变，大幅度提高农业质量效益和竞争力，有力支撑乡村振兴重大战略实施。

第二节　战略目标

　　乡村振兴战略为现代农业发展指明了方向和目标，我国明确提出"到2035年，农业农村现代化基本实现，到2050年，乡村全面振兴，农业强、农村美、农民富全面实现"的远景目标。当前在迈向全面建设社会主义现代化国家新征程中，国家"三农"工作的重点已从脱贫攻坚转移到全面实施乡村振兴战略上，发展智慧农业需遵循农业发展规律与信息技术趋势，结合党的十九大提出的"两阶段"战略任务，分步分类推进，中国智慧农业发展与主要指标预测值见表17-1。

表 17-1 中国智慧农业发展的主要指标预测值

主要指标	基期值	2025 年	2035 年	2050 年
农村互联网普及率	55.9%（2020）	≥70%	≥90%	≥98%
大田生产数字化水平	17.4%	≥25%	≥50%	≥80%
设施栽培数字化水平	41.0%	≥45%	≥70%	≥85%
畜禽养殖数字化水平	32.8%	≥50%	≥75%	≥90%
水产养殖数字化水平	16.4%	≥30%	≥75%	≥90%
生鲜农产品冷链流通率	31.8%（2018）	≥40%	≥50%	≥80%
实现质量安全追溯的农产品占比	17.2%	≥25%	≥50%	≥90%
县域农产品网络零售额占农产品交易总额比例	10%	≥15%	≥30%	≥60%
农业数字经济占一产 GDP 比例	8.2%	15%	≥70%	≥300%
行政村电子商务站点覆盖率	74.0%	≥85%	≥95%	≥98%

注：除特别标注外，基期值均为 2019 年年底数据。

一、总体目标

加强智慧农业战略性、前沿性、基础性研究与关键共性技术研发，持续实施一批智慧农业重大科技专项与应用示范工程，加快培育农业传感器与测控终端、智能化农机装备与农业软件等智慧农业相关技术产业，通过将生物技术 BT（品种选育）、信息技术 IT（数字赋能）与智能装备 IE（机器替代）有机融合，最终建立起以"AI＋大数据＋下一代通信技术＋IoT＋北斗卫星"为技术支撑，与我国农业强国地位相适应的具有世界先进水平的智慧农业产业技术体系，全面实现"机器替代人力、电脑替代人脑、自主可控替代国外进口"三大转变，全面提升农业质量效益与竞争力，支撑我国由农业大国走向农业强国。

（一）2025 年目标

1. 主要发展目标 到 2025 年，信息技术与农业加快融合，规模化农场、现代农业产业园、部分农业发达省份率先实现农业数字化转型，现代种业、重要农产品生产经营数字化转型取得积极进展。数字技术与农业产业体系、生产体系、经营体系以及生态体系加快融合，农业生产经营数字化转型取得明显进展，管理服务数字化水平明显提升，农业数字经济比例大幅提升，东北平原、黄淮海平原地区等地集中连片农田以及农垦系统粮食生产基地、设施园艺标准园、规模化生猪/蛋鸡/肉鸡/奶牛养殖场、水产健康养殖示范场率先实现主要环节数字化转型。信息技术在农业资源循环高效利用与生态功能提升方面的作用得到重要体现，形成一批"双碳"战略下智慧生态农业发展模式。

2. 分区推进目标

——农业发达省份、垦区以及产业园区所在市县。到 2025 年，农业发达省份（山东、江苏、浙江、广东等）、代表性农垦系统（黑龙江垦区、新疆垦区等）、国家级农业园区/示范区/产业园/科技园，以及直辖市和沿海大城市郊区等地基本实现种养基地的互联网全部接入，部分地区 5G 达到一定程度的覆盖，主导产业率先实现数字化转型。

——东北、内蒙古与新疆地区。到 2025 年，农机农艺与信息融合进一步加深，覆盖农业产前、产中、产后的智能农机社会化服务体系基本建立，粮食、棉花、甜菜、马铃薯等主要农作物农机作业基本实现数字化、智能化转型，北斗农机自动驾驶、高端棉花智能收获机械等智能农机装备得到规模化应用；信息技术与黑土地保护性耕作深度融合，助力耕地质量和农业综合生产能力稳定提升；率先在奶牛、油菜、生猪、棉花、水稻等品种建成一批全程、全面无人化作业示范点；质量安全追溯系统在奶产品、肉产品中应用更加广泛，质量稳中向好。

——华北与黄淮海平原区。到2025年，信息技术与高效节水灌溉、低能耗设施农业进一步融合，农业节水效率不断提升，设施农业与规模化养殖业进一步节能减排；优质专用小麦、设施蔬菜、奶牛、生猪、家禽等产业主要环节数字化水平不断提高；建成一批无人农（牧）场、国家智慧农业综合试验示范基地、国家级智慧农业产学研一体化基地，实现智慧种植、智慧养殖、智慧休闲农业、区块链溯源、大数据智能服务等综合示范；农产品全产业链质量安全管控取得积极成效，绿色、有机与地理标志等高端农产品基本实现可追溯。

——长江中下游地区。到2025年，数字经济与农业经济进一步融合，探索出更多农业数字经济发展新模式；信息技术在提升粮油、生猪、家禽、水产等重要品种精准种植养殖水平，农业面源污染治理、农产品质量安全管控等方面发挥的作用愈发凸显，规模以上主体在以上产品的关键环节基本实现数字化转型；智慧农业与数字乡村统筹发展成效初显，建成一批县域农业农村大数据中心，行政村电子商务站点基本实现全覆盖，农产品电商交易额占农产品销售额比例明显提升，绿色、有机与地理标志等高端农产品基本实现可追溯。

——东南沿海地区。到2025年，率先在国家级海洋牧场示范区、水产健康养殖示范场建设一批无人化或少人化渔场，区域数字化水产养殖覆盖率达到40%以上，养殖废水排放减少50%以上；信息技术在外向型农业、品牌农业培育中得到深化应用，培育形成一批精品农业、品牌农业、工厂农业、共享农业等新产业、新业态；基本建成农产品区域性冷链物流节点和骨干网络，生鲜农产品冷链流通率达50%以上。

——西北旱区。在"碳达峰、碳中和"战略背景下，信息技术与绿色农业进一步融合，数字技术赋能农业减排、农业资源高效利用以及农业生态修复作用进一步发挥，区域农业资源生产力与农业系统生态价值明显提升；高效节水灌溉技术、精准种养技术等智慧生态农业技术得到逐步推广，水资源利用效率以及化肥、农药利用率不断提升；气候型智慧农业得到进一步发展，适应气候变化的区域现代智慧生态农业生产体系基本建立，区域生态环境动态监测预警与智能监管体系基本建立，农业系统碳排放明显降低。

3. 重点产业目标

——现代种业。到2025年，信息技术与现代种业深度融合，基本实现龙头企业育繁推数字化转型。预计2025年60%以上育繁推一体化企业的科研、营销等核心业务实现数字化升级，建成一批5G＋育种、5G＋繁种基地；基本建成覆盖农作物种业和畜禽种业全业务链条的大数据平台，农业农村部与全国31个省级种业大数据全部实现互联互通；种质资源数据库共享、农作物品种全息查询与验证等重点领域典型应用取得突破，数字种业生态体系初步形成。

——大田种植业。到2025年，信息技术在促进粮食、蔬菜的稳产保供与提质增效中发挥积极作用，规模化粮食、油料、棉花、露地蔬菜、青贮玉米、特色林果、茶园等大田种植基地生产主要环节数字化转型取得积极进展，预计大田种植数字化水平达到25%以上。

——设施栽培业。到2025年，信息技术在设施蔬菜、花卉与食用菌方面得到进一步应用，环境监测、水肥一体化等技术普及了所有的现代玻璃温室和50%以上的日光温室；农产品质量追溯系统将广泛应用于绿色、有机与地理标志产品生产经营环节。预计2025年设施农业数字化水平将达到45%以上。

——畜禽养殖业。到2025年，信息技术在规模化畜禽养殖场（小区）环境控制、精准饲喂、动物个体形态与行为识别、粪污处理、捡蛋挤奶、疫病防控等主要环节得到广泛应用。规模化生猪（10 000头以上）、奶牛（500头以上）、蛋鸡（叠层栋舍规模10万只以上；立体散养栋舍规模5万只以上）、肉鸡（叠层栋舍规模10万只以上；平养栋舍规模5万只以上）养殖主体生产环节基本实现数字化转型，预计2025年畜禽养殖数字化生产水平将达到50%以上。

——水产养殖业。到2025年，南方地区智慧水产养殖发展进一步加快，精准投喂、水体环境监测传感器等在工厂化水产养殖得到一定规模应用。陆基工厂养殖（7 000万米^{3}以上）、网箱养殖（普通网箱140万只、深海网箱2万只）、海洋牧场示范区等基本实现数字化转型，预计2025年水产养殖数字化水平达到30%左右。

——农产品流通业。到2025年，农产品质量安全追溯系统应用进一步普及，全国农产品零售中实现质量安全追溯的农产品占比达25%以上，获得绿色、有机和地理标志农产品认证的农产品开展质量安全追溯占比达80%以上；生鲜农产品冷链流通加快发展，预计2025年生鲜农产品冷链流通率达到40%以上；农村电商作用进一步凸显，行政村电子商务站点覆盖率达85%以上，县域农产品网络零售额占农产品交易总额比例将达到15%以上。

（二）2035年目标

到2035年，基本实现农业全产业链数字化、网络化。智慧农业取得决定性进展，总体进入世界智慧农业科技创新强国前列，智慧农业新基建、新理论、新技术、新装备、新产品、新业态等取得重大突破，一批国际一流的智慧农业学科与创新团队涌现，智慧农业自主创新能力和水平全面提升，形成重点战略方向和技术领跑的创新格局。由农业主要环节的数字化向农业全产业链、全环节数字化及网络化转变，基本建成"软件定义、数据驱动、装备支撑、产业融合"的中国特色智慧农业产业体系，农业传感器与测控终端、农业智能装备制造、农业软件产业等产业规模基本形成，智慧农业产业核心竞争力达到发达国家水平。

（三）2050年目标

到2050年，全面实现农机装备智能化、管理服务智慧化。智慧农业科技进入世界第一梯队，引领全球科技前沿，高端智能拖拉机、农业传感器高性能芯片、动植物生长模型等技术全面实现自主可控与规模化应用，形成一大批具有规模的智慧农（牧、渔）场，智慧农业科技支撑农机装备智能化、管理服务智慧化全面实现。

二、具体目标

面向世界智慧农业科技前沿，面向国家农业高质量发展重大需求、面向城乡居民生命健康需求，通过部署"基础创新、核心突破、前沿攻关"的智慧农业科技创新体系，实现智慧农业引领农业高质量发展新格局。

（一）农业新基建

到2025年，农业新型基础设施建设取得重要进展，为农业生产智能化、经营网络化、管理数字化、服务个性化提供有力支撑。人机协同的天空地一体化农业数据采集体系逐步建立，农业农村大数据存储中心、计算中心以及农业农村云平台等农业数字基础设施基本建成。乡村5G得到创新应用，建成一批乡镇仓储保鲜冷链物流设施，城乡"数字鸿沟"明显缩小,"互联网＋"农产品出村进城能力大幅提升。

到 2035 年,农业新基建总体建设取得决定性进展。分行业产业大数据中心以及大田种植、设施园艺、果园、禽蛋、畜牧、渔业、育种等分品种分领域的专业分中心基本建成,全面提升农业农村部门服务、监管与决策分析能力。乡村智慧物流配送体系基本形成,融合感知、传输、存储、计算、处理为一体的智能化农业农村综合信息基础设施建成,有力支撑智慧农业农村发展取得明显成效。乡村 5G 深化普及,助力乡村规模化创新应用。

(二)农业大数据与信息服务

到 2025 年,涉农资源建设基本实现 100％全覆盖,国家农业大数据中心及分区域农业大数据中心基本建成,建设形成一体化和标准化的数据共享交换体系,初步探索形成农业大数据资产确权和数据交易机制。全国重点农产品等单品种全产业链农业大数据库实现全面共享,农业管理部门、科研机构、国家产业园和示范基地等产生的重点农业大数据开发共享水平达到 80％。完成省、市、县三级智慧农业信息服务平台搭建,现代化农业信息服务体系基本建立,农业信息服务 App、互联网互动平台得到普及应用,对农业生产性经营主体在智慧农业信息领域的服务覆盖率达到 40％以上。

到 2035 年,大数据、信息服务与智慧农业深度融合,基本实现农业大数据服务智能化,整体技术进入创新型国家前列,部分技术与应用达到世界领先水平。农业天空地一体化观测体系应用更加广泛,基本实现对农业资源与环境等全领域、全过程、全覆盖的实时动态观测。重要农产品全产业链大数据基本建成,全面提升生产经营决策科学化水平。基本实现各类信息的有效对接,套餐化托管式服务模式形成,服务可及性、便利性、精准性明显提高,基于大数据智能化的农业信息服务成为常态。

(三)智慧种植业

到 2025 年,种植业生产数字化水平大幅提升,粮食与重要农产品生产效率、效能、效益与竞争力明显提高,引领农业高质量发展。大田生产数字化水平提高至 25％左右,智能机械在粮经饲杂等主要大田作物推广应用达 5 亿亩以上,农业无人机植保年作业量将达到 15 亿亩次,农情信息立体化感知、农作处方数字化设计达到 60％,农田管理精确化作业与信息服务达到 40％。设施栽培数字化水平提高至 45％以上,设施温室智能化机械装备覆盖率达 50％以上,智慧生产技术在种苗工厂中被大面积应用。

到 2035 年,农情监测和信息服务体系技术成为农业生产过程的主要手段,农作物生产智慧决策、智慧管理、智能作业、智慧服务能力大大提高,基本实现种植业生产数字化,智慧种植技术与产业竞争力进入国际领先行列。大田生产数字化水平达到 50％以上,基于北斗导航的无人驾驶拖拉机得到大面积应用,主要产区大田实现全程、全面精准作业,涌现一批无人农场;智慧生产技术在现代化温室和植物工厂中被大面积使用,设施栽培数字化水平达 70％以上,基本实现设施园艺环境控制智能化、栽培作业精准化、生产管理标识化。

(四)智慧养殖业

到 2025 年,养殖生产经营数字化转型取得明显进展,养殖自动化、数字化水平逐年提升,智慧养殖业质量效益与竞争力显著提高。规模化畜禽养殖数字化水平提高至 50％以上,蛋鸡、肉鸡规模化养殖自动化机械装备覆盖率达到 70％以上,有相当比例的规模化养殖场初步实现养殖过程基本参数的数字化;全国水产健康养殖示范场的信息化管理率达到 30％以上,循环水养殖模式不断优化,养殖废水排放减少 50％以上,形成一批实用化智能投饵装备、水质管控装备、自动捕捞技术与装备等,全国渔业大数据平台信息共享率达到 70％

以上。

到 2035 年，养殖过程精准环控、精准营养、精准免疫水平不断提高，养殖智能装备基本实现自主可控，智慧养殖技术与产业竞争力进入国际领先行列。畜牧养殖数字化水平达70%以上、自动化水平达90%以上，基本建成全国乃至 RCEP 畜禽生产国的畜牧群体行为大数据监测体系平台，基本实现现代畜禽养殖智慧化；水产养殖数字化水平达到50%以上，适应不同养殖模式的国产智能化技术与装备在陆基循环水养殖、淡海水池塘养殖中得到较大规模应用。

（五）农产品智慧供应链

到 2025 年，基本实现农产品供应链数字化转型，初步实现流通智能化、供应链效率化，以及冷链储运技术装备高效化、标准化和智能化。初步制定供应链数据共享机制，探索形成以大数据为支撑、以物联网与区块链溯源等技术应用为依托的农产品安全社会共治新模式。实现农产品供应链网络中基础设施建设覆盖 80%以上，投入农产品质量追溯专项资金不低于 10 亿元，在一批试点城市开展对部分重点农产品的质量追溯，解决供应链各环节的数据确权以及存储利用问题。

到 2035 年，农产品供应链实现网络集群化发展，智慧冷链储运装备研发体系及其智慧冷链物流中心基本建立，生鲜农产品全程智慧绿色冷链体系基本建成，基本实现我国生鲜农产品冷链储运技术装备可持续化、信息化和智慧化，培育形成一批专业化的农业供应链主体。

（六）智慧农业相关技术产业培育

到 2025 年，初步构建智慧农业产业技术创新体系，产业技术创新能力与世界同步，农业数字经济占行业增加值比例达15%。智能农机产品品种达到 5 000 种以上，大宗粮食和战略性经济作物智能装备品类基本齐全，智能农机装备部分实现产业化应用。农机装备上常用传感器检测精度提升 1%左右，传感器成本降低 15%以上，形成统一、标准的物联网数据共享体系，测控终端智能化水平明显提高。农业软件产业规模或将达到千亿元以上，农业软件在农业全产业链的应用覆盖率增至 30%左右。智慧农业人才培养培训体系、学科发展体系与技术推广体系基本实现融合，培养和集聚一批世界一流人才，支撑智慧农业产业发展。

到 2035 年，构建形成以自主创新为核心的产业技术创新体系及产品开发能力，我国进入农业装备与软件强国行列。智能农机装备产品品种齐全，以智能装备、智能管理服务为核心的智能农业生产实现应用；多功能集成化农业传感器被广泛推广应用，自主研制的常用农业环境传感器商用化成熟，并占据较多市场份额，农业复杂环境传感器基本商用化，自主研制的植物生命信息传感器商用化并逐渐被应用；国产农业软件在农业生产、经营、管理、服务中得到规模应用，农业全产业链关键环节农业技术软件化率达到50%。

第三节　重点任务

基于中国智慧农业中长期发展目标，按照不同阶段、不同领域的发展特征与使命要求，对 2025 年和 2035 年农业新基建、智慧种植业、智慧养殖业、农产品智慧供应链、农业资源环境监测与信息服务体系以及智慧农业相关技术产业阶段任务进行分析，以描绘至 2035 年的智慧农业发展路径。

一、农业新基建

（一）第一阶段（2025年前）

至2025年，全面推进农业农村领域"新基建"工作，建设泛在、先进、开放、共享的农业新型信息基础设施体系。重点加快5G网络、数据中心、仓储保鲜冷链物流等新型基础设施建设，逐步完善国家农业农村大数据中心，探索形成农业大数据标准化技术和数据交换机制，着重突破农业大数据智能关键技术，构建全新的农业知识图谱，推动数据信息转化为价值。

——建设融合感知、存储、计算于一体化的农业新型基础设施体系。构建全国农业农村信息标准化一体化的监测体系、数据存储计算中心，重点突破大数据智能计算技术，研发基于农业农村大数据的高性能算法，研制农业人工智能专用芯片。统筹利用农业新型基础设施，为农业人工智能广泛应用提供海量数据支撑。

——推动5G新布局，创新5G农业应用。加快推进全国行政村宽带网络全覆盖，深化普及4G网络在农村的应用，开展5G网络在农村试点布局和创新应用，大幅度缩小城乡数字鸿沟。

——加快农业数据标准规范与共享体系建设。建立农业数据标准规范与安全保障体系，统一数据存储格式、统一信息采集汇总标准、统一数据安全保障措施，推动农业数据管理制度化。构建"1+N"的数据共享模式，即1个国家级农业大数据总中心，N个省级分数据服务中心、N个创新应用示范基地数据中心等，实现农业业务部门内部、外部、横向、纵向的数据共享，让数据更好地为农业服务。

——建设人机协同的天空地一体化数据信息采集体系。在农业全产业链主要环节部署农业物联网、农机车载监控应用终端，与农业遥感、农业无人机和传统人工采集系统结合，实现对农业生产全领域、全过程、全覆盖的实施动态监测。

——完善国家农业农村大数据中心与应用体系。结合国家农业农村大数据中心建设工程，全面推进省市级农业大数据资源中心建设，因地制宜建立全局性、区域性、专业性（优先种植业、养殖业、农机、种业、耕地、科教、典型农产品）大数据中心。开展基于农业大数据的创新应用，融合农业一二三产业，提高生产调度、决策、管理、服务能力。

——建立健全智慧农业信息服务平台与体系。构建与互联网技术相适应的、开放的信息服务平台，健全公益性信息服务网络体系，在省、市、县三级农业农村部门增设智慧农业服务机构，基于农业大数据发展潜力和优势，优化配置信息资源，促进信息要素流动，降低农业生产流通成本和风险，全面提升农业研究人员、生产人员和管理部门的工作效率。

（二）第二阶段（2026—2035年）

至2035年，进一步加大农业新基建投资力度，促进农业新基建关键技术和总体建设取得重大突破和长足发展，深化农业大数据的智能化应用，全面促进农业信息服务品质的提升。

——构建国产化替代、世界先进的农业农村数据获取与存储基础设施体系。依托自主创新，建成融合数据感知、传输、存储、计算、处理于一体的智能化农业农村综合信息基础设施体系，形成覆盖全国全域的农业农村数字资源全景图，全面实现全国农业农村资源数字化。

——研发完全国产化、适合农业场景应用的农业大数据算法与信息终端。研究超级计算机、并行计算、边缘计算、仿真模拟等技术和产品，突破人机交互、生物特征识别、类脑计算等难题，大幅度提升农业大数据算力。研发农业产业应用型信息终端，促使信息终端在服务农民生产、经营、管理和社会生活中发挥显著作用。

——深化和创新农业大数据应用。围绕农业生产过程管理、农业资源与生态环境管理、农产品安全管理、农产品交易流通、农业市场监测和预测、农业创新服务等方面，深化和创新农业大数据应用。全面提升大数据分析与挖掘能力，通过数据可视化、趋势分析、专题分析等形式创新农业服务方式，提供定制型大数据服务，实现农业管理的规范化、精准化、智能化。

——提升智慧农业信息服务技术水平。全面建立网络化、专业化、社会化的农业农村大数据服务云平台，利用 AI 语音识别、智能语音交互等技术，开发农业信息智能便捷采集与智能匹配技术，快速识别经营主体农业信息需求，精准提供服务方案。加快研发 VR 虚拟动植物疾病诊断、智能诊断等服务技术，有效打通信息应用"最后一公里"。

二、智慧种植业

（一）第一阶段（2025 年前）

至 2025 年，积极发展种植业信息感知技术，重点突破大田与园艺作物传感器瓶颈，加快发展数字农情，构建智能温室设施建设运行集成技术体系。在规模化农田、温室大棚集成推广种植环境监测控制、水肥药精准施用、土壤作物智慧管理等技术装备。

——加快推进种植业专用传感技术研发应用。重点解决大田种植与设施园艺领域不同应用场景下的传感器稳定性问题，研发具有自主知识产权的土壤养分（氮素）传感器、土壤重金属传感器、农药残留传感器、作物养分与病害传感器、动物病毒传感器以及农产品品质传感器等，促使农田信息感知技术发生重大变革。

——加大农业智能装备的应用。针对农业产业链中劳动密集的环节，加快发展大田作物精准播种、精准施肥/药、精准收获等智能装备，开发推广适宜于设施环境的耕整地、播种/育苗、移栽、植保、排灌、采摘的智能机械，推动农业生产精准化、智能化。

——建设一批无人农场试点示范基地。以粮食生产功能区、重要农产品生产保护区、特色农产品优势区、国家现代农业示范区以及国家现代农业产业园所在县市为重点，推动智能感知、智能分析、智能控制技术与装备在大田种植和设施园艺上的集成应用，打造一批智能化程度高、竞争力强、带动力显著的无人农场示范基地。

——加快推进设施园艺创新与开发。加强环境监测与精准控制、育苗智能控制、生长发育实时监测、产量与品质实时监测、图像处理技术等技术产业化应用。建设符合不同园艺作物发展的智慧园艺标准体系。

（二）第二阶段（2026—2035 年）

至 2035 年，加快推进智慧农业技术和智能控制装备在大田和园艺作物生产领域中的应用，搭建起全国种植业全产业大数据平台，试点建设一批"无人农场"和"植物工厂"，推动智慧种植技术集成与示范。

——加快构建耦合型环境自动控制体系。创新"水—土—作物—环境"关系优化调控理论，建立光、温、营养耦合与环境高效自动控制技术体系，重点攻克精准育种技术、作物表型检测技术、作物生长和植物-环境模拟模型难点。

——着力推进种植业智能化、无人化装备研发应用。重点加强打捆机集储装备智能技术应用，研发推广适应于丘陵的专用/特种拖拉机，以及除草、施肥施药、收割采摘机器人等，初步实现关键核心技术自主可控。基于"无人农场""植物工厂"建设，试点推进种植业无人化作业。

——打造智慧种植业全产业大数据平台。重点解决全领域、全过程农田、设施、农机、作物信息的互联共享与安全问题，形成稳定可靠的全国种植业产业图谱，打造具有中国特色的种植业全产业链大数据平台与云服务体系，全面推进种植业智慧化管理。

三、智慧养殖业

（一）第一阶段（2025 年前）

至 2025 年，制定完善的智慧养殖技术规范和标准体系。大力推进养殖装备化，重点突破养殖业投入品、养殖过程、产品质量等专用传感器，以及养殖环境精细化调控模型与技术。研制养殖场环境智能监控设备、精准饲喂/投喂设备、动物个体体征智能监测设备、自动化捡蛋/挤奶设备等，以及基于物联网、大数据和人工智能的养殖场群优化管理与决策平台，在规模化畜禽水产养殖场强化智能化养殖技术集成应用。

——加强智慧养殖领域技术规范和标准体系建设。加快畜禽水产养殖场舍建设，以及数据收集终端、物联网、数据传输与存储、大数据平台构建、大数据处理与服务等各环节的智慧畜禽水产标准体系。

——加强传感器、数据模型、智慧养殖设备等关键技术和装备研发应用。加强物联网、大数据、人工智能技术与养殖产业的深度融合，着力研发全基因辅助育种技术、养殖环境智能监测与控制技术、畜禽水产生命体感知技术、个体行为识别技术、大数据管理技术等，研制具有自主知识产权的智能养殖装备。推动智能感知、智能分析、智能控制技术装备在养殖产业中的集成应用，实现主要养殖模式的全过程信息化数据采集和智能化决策。

——构建智慧养殖管理体系。整合物料系统、安防系统、养殖过程监管系统、生物防控系统、远程诊断系统、财务系统、人员管理系统等，构建智慧养殖管理体系，搭建养殖产业智慧管理平台，实现精细化养殖与分级化、实时化管理。

（二）第二阶段（2026—2035 年）

至 2035 年，重点攻克现代动物生长与生产过程知识模型，建立基于大数据技术的养殖动态饲料配方技术体系与智慧育种体系，大力发展浅海滩涂养殖、深远海养殖机械化、自动化、生态友好的养殖设施装备，深入研发养殖重点环节作业机器人，建立全国智慧养殖综合大数据平台，实现无人养殖技术集成与示范。

——建设畜禽水产养殖智慧育种体系。借助基因芯片、微流控芯片、胚胎移植、分子育种等技术，结合传统育种评价体系，形成种畜禽、鱼种遗传综合评估系统，建立跨区域、大规模育种核心群，并对其进行动态监测评估，实现育种高效化。

——建立动物疫病疫情预警体系与决策平台。加强"动物行为-环境-装备"互作的基础理论与知识模型研究，构建畜禽水产群体行为监测大数据技术体系，搭建畜禽水产疫病预警与态势智能决策平台，实现基于群体行为大数据的区域畜禽水产疫病实时动态防控。

——持续推进智慧养殖装备研发。突破现代畜禽水产生产环境智能调控、特征生理参数和健康状态自动感知的专用传感器以及早期预警关键技术，创制基于先进知识模型的精准环控器、智能饲喂等作业装备，以及消毒、巡检、治疗、清扫等重点环节作业机器人，攻克低功耗物联网、大数据挖掘、全程溯源、智能管理等关键方法与系统，全面突破现代畜禽水产无人化养殖需求的智能装备与管理技术，并建立国际领先的技术装备生产线。

——开展无人化、智能化养殖技术装备的集成与示范。提升畜禽水产智能机器人技术与装备的集成度，实现面向不同养殖场景的一体化智能装备的集成应用。在全国不同养殖区域，面向不同养殖模式部署无人养殖场，推动规模养殖场、海洋牧场、深水网箱和大围网养殖的智能化管理和无人化作业，重点示范劳动密集型养殖环节机器替代人力应用，建设一体化"智慧牧场""无人渔场""海洋牧场"管控平台，实现无人化作业模式应用示范。

四、农产品智慧供应链

（一）第一阶段（2025 年前）

至 2025 年，重点突破农产品供应链新一代信息技术瓶颈，促使农产品质量安全监管水平发生变革，提高农产品质量安全执法监管能力，提升农产品质量安全水平。大力推进农产品冷链物流产业试点示范，着力强化农产品冷链技术装备创新研发。

——加快农产品供应链数字化转型，构建农产品智慧供应链管理服务云平台。利用区块链、大数据、人工智能和 5G 技术，推动农产品质量安全监管方式创新，促进农产品质量安全和农业供应链金融发展。以农产品大数据为核心驱动，构建农产品智慧供应链管理服务云平台，实现农产品供应链物流的数字化、智能化、一体化综合管理，优化物流运营流程。

——构建农产品品质追溯技术体系和质量安全风险预警体系。研发农产品冷链追溯和网络销售食品追溯监控的技术与装备，建立基于农残智能检测技术、品质无损检测技术、移动终端检测设备、区块链技术等的农产品质量安全实时监测检测和风险评估体系，研发农产品质量安全风险预警模型，实现可视化展示，建立农产品质量安全智慧化风险预警信息平台。

——开展产地预冷工艺及蓄冷技术和装备研发。研发高效智能化产地冷加工系列装备产品，研究适合不同品种预冷的最佳预冷工艺、技术参数及高效预冷装备，筛选高效适温的蓄冷保温材料，研发高效节能无源蓄冷技术、蓄冷保温箱和可移动多温区蓄冷保鲜配送装置。研究保鲜包装技术和一体化包装箱，研发适合于不同品种农产品的保鲜外包装箱、功能性内包装盒、保鲜包装膜，以及绿色包装和智能包装技术和工艺。

——开展生鲜电商标准化示范基地建设，加大冷链技术和智能装备研发。开展生鲜电商及跨境物流冷链技术标准化示范基地建设，推进生鲜电商和跨境物流过程中安全、节能、高效冷链技术体系及配套装备研究，研发多温区智能生鲜配送柜和移动式生鲜自动售货亭产品。研究基于电商需求的生鲜农产品产地快速预冷装备、智能微环境感控贮运和配送技术、绿色可降解包装保鲜材料、便携充电式载冷装备以及微环境智能感控装置。研究基于跨境物流需求的生鲜农产品无断链智能化保障冷链技术。

（二）第二阶段（2026—2035 年）

至 2035 年，构建农产品供应链智能化生态系统，加速研发智能设备，重组物流生产要素，促使农产品供应链运行模式与效率发生变革。突破新型清洁能源驱动智能设备关键技术、冷库智慧控制技术，建立一批成熟的农产品供应链大数据服务系统示范工程，推动全程冷链体系建设，实现冷链行业的转型升级。

——打造智慧多式联运的基础设施网络。依托铁路网络、公路网络、航空网络、水运网络及实体物流园区，结合信息技术，实现集铁路、公路、航空"三位一体"的智慧多式联运，形成覆盖线上线下物流运输、仓储配送、商品交易、金融服务、物流诚信等业务的物流生态系统。

——开展仓储运输技术、新能源驱动技术以及相关智能装备研究。重点面向农产品仓储、运输过程，持续研发机械臂、机器人、无人机、无人车等智能硬件设备，以及冷运专车和冷运仓库，构建集环境监控、作物模型分析和精准调节于一体的农产品数控系统和平台。

重点突破新型清洁能源驱动关键技术，实现冷藏运输的普及应用。依托人工智能技术的发展，将设备智慧化技术与传统冷库技术相结合，建设智慧冷库，实现冷库无人化管理。

——建立覆盖全国范围的农产品质量监管云服务平台。持续将云计算、大数据、人工智能、区块链等技术与食品营养、健康产品设计及农产品质量安全监管进行深度融合，构建全国范围的农产品质量监管大数据云服务平台，打造基于物联网的农产品安全与质量监控智能环境，建成基于价值链的农产品服务质量体系。

——建成农产品全链条精准管控体系。在全国范围内推动农业物联网全面介入物流基础设备，实现农产品全程信息化精准调控与管理，全面打破农产品全产业链信息不对称与信息孤岛现象，建设一批面向政务和公共信息资源的农产品全产业链数据整合共享开放平台，显著增强农产品全过程、全链条公共管理服务能力与政府监管能力。

五、农业资源环境监测与信息服务体系

(一) 第一阶段（2025 年前）

至 2025 年，重点突破天空地多尺度农业资源环境信息获取体系的构建难题，着力开展农业资源环境信息感知技术系统的研发创新，构建多时相、多维度、高精度的农业资源环境信息获取系统，建立健全农业资源环境大数据服务平台，不断提升农业资源环境监测与信息服务能力。

——建立农业水土资源监测"一张网"与要素权属"一张图"。开展农业"天网""空网""地网"工程，逐步建成天空地一体化的农业水土资源监测"一张网"，全面提升农业水土资源监测的数据覆盖能力、获取能力、计算能力与服务水平，建立统一的农业水土资源环境大数据平台与标准规范，实现农业水土资源环境要素、权属"一张图"。

——推动草原生态环境信息感知与大数据分析技术研发。加快研制草原生态环境全要素信息智能感知技术和大数据获取系统，突破草原生态环境评价和灾害预警多模型协同模拟、集成分析技术，以及草原智能诊断、智能预警决策技术，加快建设服务草原牧区的大数据智能综合信息服务体系。

——研发新型农情信息监测技术与农田传感等设备。搭建天空地多尺度农情监测大数据获取平台，开发高精度农情信息观测获取、多途径生长监测模型、监测模型与生长模型耦合等新型农情信息监测技术，重点突破农作精确管理技术和农田传感设备研发，建成农作精确管理模型和农田信息智能装备研发平台。

(二) 第二阶段（2026—2035 年）

至 2035 年，进一步提升天空地一体化农业资源环境信息获取平台的成熟度和实用性，重点开展农业资源环境的时空动态监测，突破区块链、大数据、人工智能等信息技术在农业资源环境领域的研发应用瓶颈，构建起我国农业资源环境智慧化监测、服务体系。

——建立健全农业水土资源监测预警体系与大数据云平台。重点开展农业水土资源利用的时空动态监测，建立健全农业水土资源监测预警体系与空间优化配置体系，加大多部门、多学科交叉与融合力度，建立农业水土资源环境大数据管理服务云平台，研制基于区块链技术的农业水土资源监测数据共享与管理体系。

——建立草原实时灾害预警体系与生态环境大数据综合服务平台。构建"生物—环境"智能传感和天空地一体化的全天候全测度多维草原信息智能获取技术体系，搭建草原资源环境准确模拟评估灾害预警体系，建立健全基于云数据虚拟可视技术和类人智能等的草原资源

环境管理利用智能决策系统平台，以及草原牧区生态环境综合信息服务平台。

——完善立体化农情监测平台与智能化农作技术设备。重点突破新型多尺度、多源农情数据融合技术与多模型耦合监测技术，形成天空地一体化农情信息获取平台。建立人工智能作物生长管理决策系统，开发人工智能诊断和调控田间装备，不断完善农情信息终端与服务供给，加快田间生产装备推广使用。

六、智慧农业相关产业

（一）第一阶段（2025 年前）

至 2025 年，加快开展农业装备智能设计及制造技术、智慧农业传感器技术等关键技术和测控系统研发，熟化人工智能、下一代通信技术、边缘计算、新型人机交互等信息技术在智慧农机、农业传感器、农业软件开发中的应用，着力推动智能农机装备、农业软件、农业传感器与测控终端的技术融合与协同发展，不断提升产业支撑能力。

——加快农业装备智能设计及制造技术研发。攻克耕整、种植、田间管理和收获作业等核心部件减阻降耗、耐磨延寿和表面强化等关键技术，自主创新大功率驱动桥、大载重量静液压底盘、高性能打结器等智能农机关键零部件核心技术，加强智能设计模型库、工具包及专用软件、制造及质量检测、试验验证等系统构建，进一步推进适合不同农业生产区域性特点、农艺要求、种植规模、耕作制度的高效化、绿色化、智能化生产配套技术及装备体系建设。

——加强农业传感技术和测控系统智能化研发。重点开展动静态障碍物的高精度、快速实时检测算法等农机作业环境障碍物信息感知技术研究，创新车载叶绿素和氮素含量高精度实时在线快速检测和高精度、快速作物病虫害识别技术。基于环境-动植物本体信息、时空数据等多源大数据融合分析模型研究，研发多参数感知农业环境传感器、动植物本体传感器和智能传感器等，突破关键信息感知传感器微型化技术。加强机载光谱传感器的研发，推进无人机遥感监测产业化应用。

——研制农业专用软件，推动农业软件与其他产业跨界融合升级。熟化 5G、新型人机交互等新技术在农业软件开发中的应用，突破农业模型，重点开发农业生产过程管理软件、农业投入品管理软件、智能仓储管理软件、智能化供应链管理软件、农产品加工车间智能化管理等行业应用软件。支持互联网企业、电信运营企业、农业软件开发企业、农业装备制造企业开展多种形式战略合作，培育一批具有软硬件综合设计开发能力的智慧农业行业解决方案提供商。面向农机装备、传感器与测控终端等装备制造领域，重点发展智能仪控系统、模拟仿真系统、农业机器人和农业智能制造信息应用系统。大力发展农业软件行业创业孵化、专业咨询、人才培训、检验检测、投融资等专业化服务，建设一批农业行业软件产品质量测试创新中心。

（二）第二阶段（2026—2035 年）

至 2035 年，着力加强农业智能生产作业装备、农业智能作业机器人装备等重大智能农机装备创制，加快适应性强、性价比高、智能决策的新一代农业传感器的标准化、产业化发展，全面构建农业软件产业生态，打造一批服务于农业产业管理、产业应用与运营服务的农业软件产业集群。

——着力加强重大智能农机装备创制。重点加强田间智能生产作业装备、设施园艺智能生产作业装备、草原畜牧业智能生产装备等智能农机装备创制。加大智能重型拖拉机、特殊作业条件和环境专用拖拉机，以及可配套多功能作业装置的动力平台研发。强化大载荷农用无人机动力平台及施药、遥感、播种等作业配套技术系统研发。

——加快智能农业传感器和测控终端产业化发展。着力推进常用便携式低价农田传感器的研发和商用，研发具有自主知识产权的智能土壤养分、土壤重金属、农药残留、作物养分与病害、动物病毒以及农产品品质等传感器，实现应用于农业传感器的电化学、光学、生物传感、免疫传感、MEMS 等基础研究和核心关键技术的突破，实现农业传感器和测控终端的网络化、智能化、决策化商用，以及多功能集成化农业传感器及测控终端的推广应用。

——加强农业软件产业生态建设。加快发展适合于农业软件开发的国产基础软件，形成更为完整的农业软件技术体系和生态系统。构建自主可控的智慧农业控制系统网络安全保障体系，全面打造基于国产技术的高端可信计算系统的自主网络与信息安全生态体系。支持行业领军企业牵头组织实施农业专用软件、使能软件等产品研发和成果转化，不断提高新型实用产品和服务的市场占有率和品牌影响力。优化改善创新创业环境，孵化培育一批农业软件骨干企业，强化软件企业与产业链上下游企业协同发展，促进农业软件集群式发展。

第四节　技术路线图

一、第一阶段（至 2025 年）

重点突破农业大数据融汇治理技术、大数据认知分析等共性关键技术，加快农业大数据标准规范建设，开展 5G、数字农业农村大数据中心建设，为数据发现和决策服务提供支撑；研制高端植保无人机、病死畜禽无害化处理智能装备等关键技术装备，推动农机装备自主创新；加强农业人工智能、农业虚拟现实等技术基础研发与前沿布局，积极发展人机协同与农业智能系统、农业人机混合智能交互与虚拟技术等新一代农业人机交互技术，研究基于农业 AR/VR 技术的表型信息解析技术，利用 VR 技术设计动植物理想表型结构，为突破农业知识模型提供基础。

二、第二阶段（至 2035 年）

重点攻克高品质、高精度、高可靠、低功耗农业环境信息感知、农产品品质信息感知等专用传感器技术，从根本上解决数字农业高通量信息获取难题。突破农机装备专用传感器等关键技术装备，初步实现高端农业环境传感器、农机传感器等农用传感器关键核心技术自主可控。全面推动农业机器人科技创新，研发能承担高劳动强度、适应性强、性价比高、智能决策的新一代农业机器人，研制一批具有自主知识产权的嫁接机器人、除草机器人、授粉机器人、打药机器人以及设施温室电动作业机器人，加快农业机器人标准化、产业化发展。突破农业动植物知识模型、核心算法与支持决策系统共性关键技术，推进农业大数据智能实现新的突破。突出软件即服务理念，积极发展可适性农业云服务技术，不断降低智慧农业运维成本，为用户提供更加便捷、更加快速的定制性服务。

三、第三阶段（至 2050 年）

攻克高端动植物生命信息感知技术，全面实现农业传感器与高端芯片的自主可控；发展农产品产后处理与流通装备智能控制技术，全面降低农产品流通过程损耗与供应链信任成本，实现农产品品质维持与质量安全全程、全面管控。到 2050 年，全面实现智慧农业关键共性技术自主研发创新，智慧农业科技创新能力世界领先（图 17-1）。

项目				
	2025年	2035年	——>2050年	
需求	保障国家粮食和重要农产品供给安全，促进农业高质量高效发展			
	维护农业资源生态安全，促进农业可持续发展			
	确保农产品质量安全，构建安全可控农产品供应链			
	促进农民富裕富足，助力乡村全面振兴			
目标	智慧农业科技创新取得重要发展	总体进入世界智慧农业科技强国行列	建成世界智慧农业科技强国	
	智慧农业支撑产业取得重要进展	智慧农业产业体系基本建成	建成完备的智慧农业产业生态体系	
	农业生产数字化转型	基本实现农业产业链数字化	全面实现农业装备智能化、管理服务智慧化	
重点任务	1.农业新基建；2.农业大数据智能与信息服务；3.智慧种植业；4.智慧养殖业；5.农产品智慧供应链；6.农业资源环境监测；7.智慧农业支撑产业与人才体系			
关键技术	智慧服务	新一代农业可视化人机交互技术			
		可适性农业云服务技术			
	智能决策	农业大数据技术			
		支持决策系统			
		农业知识模型			
	智能控制	高端植保无人机			
		病死畜禽无害化处理智能装备			
		农业机器人			
		农产品产后处理与流通装备控制技术			
	信息感知	农产品质量感知技术			
		环境信息感知技术			
		农机传感器技术			
		生命信息感知技术			
科技专项		农业动植物模型研发专项			
		农业传感器研发专项			
		智能农机装备研发专项			
		农业机器人研发专项			
		农业大数据研发专项			
重大工程		智慧农场建设示范工程			
		农产品智慧供应链示范工程			
		农情与资源环境智能监测示范工程			
		国家数字智慧农业创新发展试验区建设工程			
		农业知识服务示范工程			
产业培育工程		基于4G/5G的农业信息服务产业培育			
			智能农机装备产业培育工程		
				智慧农业软件产业培育工程	
					农业专用传感器与测控终端产业培育工程

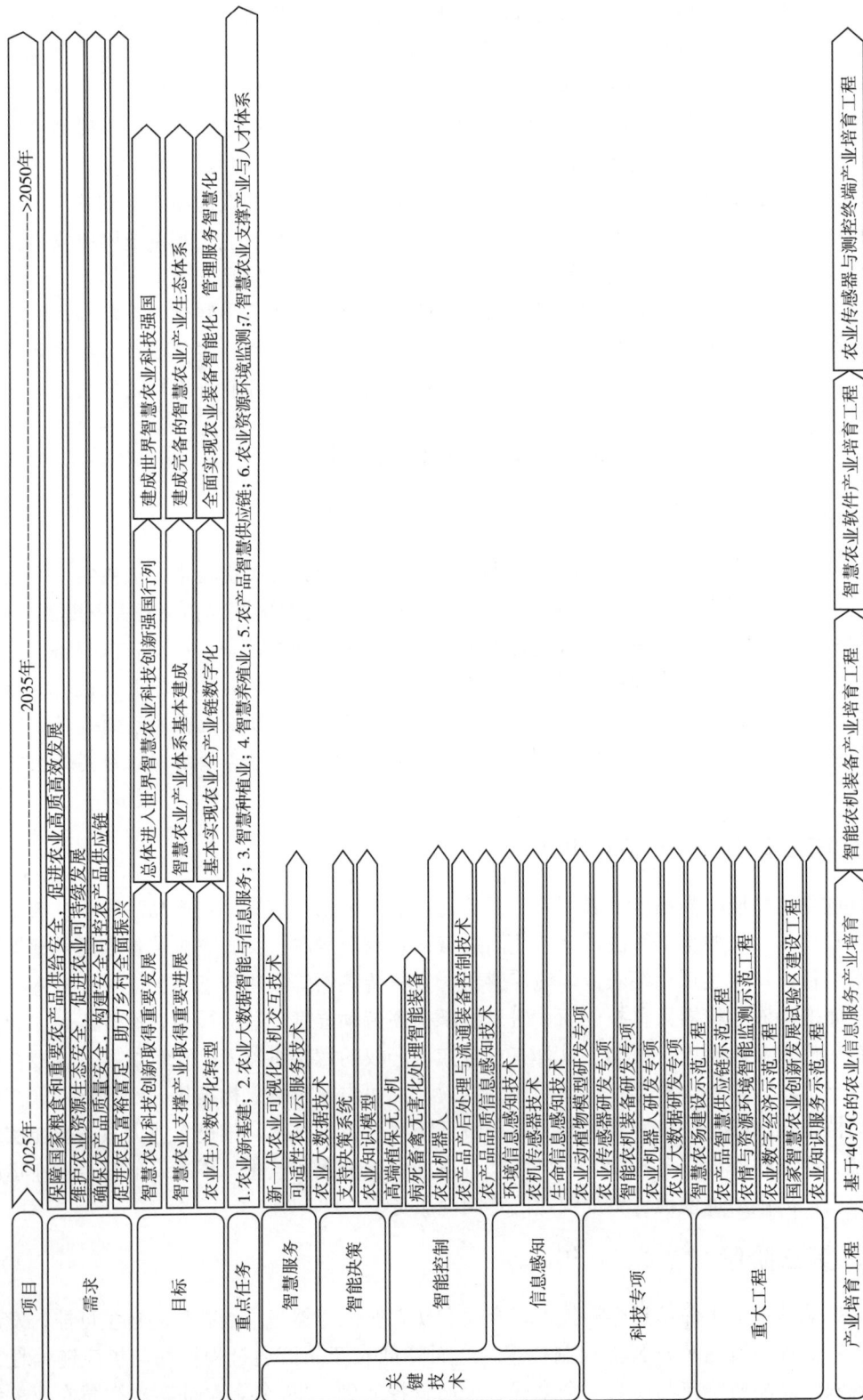

图 17—1　至2050年智慧农业技术路线

第五节　本章小结

　　本章立足国家农业高质量发展战略需求，结合国内外智慧农业技术前沿趋势，提出了2025年、2035年我国智慧农业发展思路与战略目标。采用专家德尔菲法对2025年、2035年、2050年智慧农业技术路线图进行前瞻，对关键技术进行了汇总梳理并提出了急需部署的重点任务，为下一步国家制定出台智慧农业中长期战略规划、科技研发计划及相关政策建议提供决策依据。

第十八章

科技研发专项与重大工程建议

第一节　科技研发专项建议

一、农业动植物模型研发专项

农业动植物模型是以农业生物、农业环境要素为研究对象，对要素内及要素间的关系进行模拟表达，用于要素发展过程及结果的定量预测、监测、预警与决策控制的一种研究工具。现有的农业动植物模型，主要以基于人类认知定量规律构建的数据模型为主，需要人为参与调控，无法满足智慧农业智能分析需求。当前，农业动植物模型普遍存在准确性不够、智能性不高等问题，再加上农业实物研究本身面临干扰因素多、周期性长、费用高等困境，亟须建立覆盖资源环境、品种、病虫情、管理措施、农业生产条件等信息的图形图像综合数据库，研发基于数据驱动的生物与环境感知农业模型，实现农业生产系统的大数据量计算机模拟试验，降低实物研究中的干扰及成本。

具体建议为：针对三维植物建模软件建模效率低、真实感和精度无法实现动态生长模拟等问题，开展基于图像增强技术的植物表型信息解析、植物参数化建模和结构功能仿真计算等关键技术研究和软硬件工具开发；针对植物病虫害多发问题，除开发病虫害早期预测预警模型之外，需推动作物生长模型在产量预测、极端气候效应量化、区域生产力预测分析、数字化设计与决策支持等领域的深化研究和应用；针对动物生长发育规律智能识别水平不高的问题，建立动物智能群养管理决策系统，实现对畜禽环境精准控制、对动物行为自动识别、对投入品按需供给，以及对常见疾病的远程诊断。

二、农业传感器研发专项

农业传感器是智慧农业的信息之源。在国家大力支持和行业需求的带动下，我国农业传感器技术取得了一定进展。国家农业信息化工程技术研究中心、中国农业大学、浙江大学等高校和科研机构研发、推广了一批农业传感器件。空气温度、空气湿度、光照、土壤水分、地温等农业中常用的、功能相对简单的物理量环境传感器已经较为成熟，部分已实现量产。然而，由于我国传感技术基础性研究起步晚，在敏感材料制备、传感器工艺方面与发达国家存在一定差距，自主研发传感器数量占比不到世界的 10%，高端产品进口占比高达 80%，此外，在应用层面，存在产品品类覆盖率低、稳定性差等问题。国产农业传感器已难以满足智慧农业发展需求，成为我国亟待突破的"卡脖子"关键技术之一。针对以上问题，建议围绕农业传感机理、敏感材料、加工工艺等重点方向开展联合攻关，加快替代进口传感器，提升我国农业传感器市场竞争力，降低农业生产成本。

具体建议为：针对土壤养分、土壤重金属、动植物生理生化参数，开展原创传感方法研究，着力打造具有国际竞争力的传感器产品；针对作物长势、养殖水质、畜禽舍有害气体传感器在器件和算法上存在的短板开展研究，彻底解决核心敏感材料国产化制备问题；针对动物行为与姿态传感器及设施环境多参数传感器芯片，开展器件工艺优化和功能集成化设计，突破高集成、低成本、微型化、高可靠、易安装、免维护等制备工艺；针对果蔬商品化处理过程中预冷、分选、包装、贮存、配送等关键环节，开展数据信息收集、感知、控制技术研究，突破具有广域、自组织、高可靠性和节能的无线传感器网络部署与协议优化技术；研制具有可量产的国产工业化流程、全自主流片的微纳传感器，以及长寿命、低耗能的多元环境传感器和便携式配套设备。

三、智能农机装备研发专项

智能农机装备是智慧农业的基础支撑，是提高农业劳动生产率和土地产出率的关键。经过60多年的发展，我国农机装备研发取得了突破性进展，但其智能化研究尚处于起步阶段，现有农机装备可靠性和稳定性不高，与农艺、信息结合不够紧密，能够真正应用于农业生产实践的数量不足，与科技强国相比仍存在较大差距，尤其国产化高端农机装备有效供给严重不足。随着我国农业劳动力结构性短缺问题的日益加剧，现有农机装备完全不能满足未来的发展需求，亟须开展智能农机装备研发。

建议以"关键核心技术自主化、主导装备产品智能化、全程全面机械化"为目标，推进物联网、大数据、智能控制、导航定位、5G等技术在农机装备上的应用，开展农机农艺融合、智能传感与决策、自主作业与群体协同、智慧管理与运维、智能制造与服务等关键技术及系统应用研究；研制农机智能传感器与高性能芯片，研发基于拖拉机自动驾驶技术的控制器局域网络总线控制模块、农机导航陀螺加速度传感器、全球导航卫星系统板卡、ARM（advanced RISC machines）芯片、角度传感器、电动方向盘电机等关键技术产品；以研发大马力智能拖拉机为突破口，重点攻克大型自力式青贮饲料智能收获机和高端采棉机，研制精细化整地、精良化播种、自动化移栽、轻简化采收作业装备，形成匹配农作物耕、种、管、收、干燥、贮运全程智能化作业的高效农机装备和技术体系；利用精确控制、人机交互等核心技术，研发具有小型化、适用养殖环境、低功耗可长期运行特点的智能装备，可广泛应用于自动饲喂、自动挤奶、粪污清扫机器人等领域；开展大宗高端食用农产品物流品质与病害控制装备研发，彻底解决物流过程农产品保鲜问题。

四、农业机器人研发专项

农业机器人是人工智能与现代农业交叉融合的重要应用领域，在农业劳动力短缺、土地流转集中经营的趋势下，农业机器人市场需求潜力巨大，Business Wire预测2025年全球农业机器人市场规模将达206亿美元，年复合增长率为22.8%。目前无人驾驶拖拉机、挤奶机器人和农业无人机等三类农业机器人基本实现了商业化应用。我国农业机器人发展初具规模，耕耘、除草、施肥等类型机器人已投入应用，但与发达国家技术水平差距较大，具体体现在：农牧业工艺与机械设备结合不够紧密，农业机器人柔性生产能力弱，稳定性、故障率、易用性等指标差，成本高昂，核心算法差距大等。因此，迫切需要深化以无人机自主控制为代表的智能技术研究，研制一批适应我国农业生产环境的智能机器人。

具体建议为：针对我国农业机器人共性技术研发薄弱、标准不规范等问题，建议开展智能机器人核心零部件、专用传感器等关键技术研究，完善硬件接口标准、软件接口协议标准以及安全使用标准，逐步建立农业机器人标准体系和安全规则，构建起宏观的、整体的战略性农业机器人系统，在农业领域深化"机器换人"革命；开展"人机交互""人机交流""人机一体"的新一代人机共融理论和技术研究，攻克深度学习新材料、触觉反馈等新技术，重点突破农业生产动态场景感知、精准决策、触觉反馈控制等关键共性技术，通过图像特征提取技术研究，探索适合农作物估产、病害预警需求的机器学习网络构建方法，建立满足田间长航程巡逻需求的自主导航方法体系，研发一批农机田间作业自主系统，如嫁接机器人、除草机器人、授粉机器人、打药机器人、自主搬运机器人、果实采摘辅助外骨骼以及设施温室电动作业机器人等；在畜牧水产领域，研制放牧、饲喂、挤奶、分级、诊断、搬运等自动作业辅助机器人，以及鱼群跟踪和投喂、疾病诊断等水下养殖机器人；在信息服务领域，研制一批高端农业智能语音服务机器人，支持 Web 平台、App、第三方接口等多种服务途径。

五、农业大数据研发专项

当前，我国农业信息与数据资源日趋丰富，数据规模不断增加，农业大数据的应用已覆盖农业全产业链各个环节，成为现代农业新型资源要素，大大提高了农业生态环境监测、农业精细生产、农产品流通管理、农业结构调整等方面的智能化程度。我国农业大数据技术还处于起步阶段，还存在支撑大数据运行的信息化基础设施还不健全、管理措施不到位、应用技术研发不强，导致数据获取难度大、共享程度不够、分析应用能力不足等问题。因此，需要加强农业大数据的集成创新，为我国智慧农业发展提供技术支撑。

建议实施农业大数据智能研发专项，围绕相关理论、方法及关键应用展开探索，形成一揽子系统解决方案、技术体系和标准规范。具体建议为：加强海量数据存储、数据清洗、分析发掘、安全保障、按需服务等领域关键技术攻关，形成安全可靠的农业大数据技术体系；攻克基于语义的大数据挖掘方法，建立基于机器学习框架的信息分类模型，研发基于数据挖掘和机器视觉的农业知识图谱与视觉大数据智能分析系统，实现作物病虫害和动物个体智能识别与诊断；突破基于大数据的农业软件智能开发方法，形成适合我国农情的农业软件智能开发知识库系统；开发基于大数据挖掘算法的市场分析、行业发展预测、重大紧急事件管理调度等大数据模型与预警管理系统，优化模型参数，提升分析效率，推动农业大数据在农业全产业链的深化和创新应用；加强农业大数据标准体系框架建设，包括相关法律、法规、政策等指导标准，农业大数据基础标准、采集处理标准、管理标准、共享服务标准等通用标准；开展数据安全保护关键技术研发，引入网络预警技术，加强农业大数据网络环境动态监测，全方位提升对攻击、窃取、篡改农业大数据等恶意行为的甄别处置能力，为农业大数据安全保驾护航。

第二节　重大示范工程建议

一、智慧农场建设示范工程

当今世界正处于百年未有之大变局，如何化解人口、资源、环境与市场多重约束带来的农业危机，提高农业发展质量、效益与竞争力，亟须给农业现代化插上科技的翅膀，通过智能化、智慧化手段实现农业无人自主控制。智慧农场是指在一定的土地生产经营规模条件下，系统有机组合所需的智慧农业技术，实现对农场尺度生产经营管理服务的数字化、网络化、智能化的现代农业生产方式，是智慧农业"机器替代人力""电脑替代人脑"的典型应用场景与高级产业形态，对于提高农业劳动生产率、资源利用率与土地产出率具有重要作用。近年来，世界各国十分重视人工智能、物联网、大数据、机器人等信息科技在农场生产管理与决策中的综合运用。如全美有 83% 以上的农场采用了精准农业技术，82% 以上的农场使用了 GPS 自动导航技术；英国 2019 年提出 "5G Rural First" 智慧牧场计划；澳大利亚建设了以自动感知、自动监控、自动控制为特点的智能农场、数字农庄，并于 2014 年在 Kirby 农场开展智能农场试点；韩国电信公司 KT 2016 年宣布启动 "GiGA 智慧农场服务系统（KT 计划）"；2019 年中英两国依托农业旗舰挑战计划共同开展中英智慧农场 1.0 建设。我国各地区也积极响应信息化潮流，在农业领域积极探索实践了一批无人大田农场、无人猪场、无人渔场等智慧农场试点项目，推动了我国智慧农业纵深发展。然而，与发达国家相比，因缺乏标准规范以及成套技术装备集成方案，各地智慧农场建设限于主要环节的信息技术应用，尚未形成覆盖农业全产业链、全行业、全生命周期的智慧农场发展形态。

建议科学技术部、农业农村部、财政部联合启动智慧农场建设示范工程建设，组织力量制定针对不同区域、不同行业的智慧农场技术应用模式适用性标准，重点以国家现代农业产业园、国家农业科技园为载体，分阶段、分层次、分领域、分梯次压茬推进，选择大田种植、设施园艺、畜禽养殖、水产养殖、农产品加工流通、休闲农业等领域，积极开展农业物联网、农业大数据智能、5G＋农业区块链、农业机器人与农业自主无人系统、农业人机混合智能交互与虚拟现实、农机智能装备等技术装备集成应用工作，试点示范一批智慧田园、智慧植物工厂、智慧牧场、智慧渔场、智慧果园、农产品智能加工车间，打造具有国际影响力的智慧农业创新高地，提高农场生产效率、质量效益与产业链价值，提升农场经营主体对场域内农业复合系统的综合调控和管理能力，形成可复制、可推广的智慧农业技术集成应用模式，推动我国智慧农场高质量发展。

二、农产品智慧供应链示范工程

绿色、品质、精准、安全是农业未来的发展方向，国家、食品企业、消费者以及农户等均对农产品全产业链质量安全管控的需求日益增长，特别是在新冠疫情常态化防控下，农产品品质安全的动态监测管理尤为重要。目前国内多个企业正在建设一体化的农产品数字供应链，在解决农产品生产流通成本问题上取得初步成效，但总体上，农产品采后处理技术、冷链物流体系、信息可追溯、供应链安全等关键技术，在我国农产品流通中应用水平较低、应用成本较高，与发达国家相比仍存在较大差距。

针对农产品采后加工物流环节效率低的问题，建议在"农产品仓储保鲜冷链物流设施建设工程"基础上，开展农产品智慧供应链示范工程建设，通过试点示范引领，探索路径、总结经验，加快农产品供应链的数字化转型进程。具体建议为：在海南、山东、重庆、河北、贵州、江苏等鲜活农产品主产区和特色农产品优势区，建立智能加工车间农产品质量无损检测与分级分选体系，逐步推广农产品品质、危害物高通量无损检测设备，基于机器视觉、光谱的农产品分级分选设备，以及包装机器人等；建议有条件的鲜活农产品主产区、特色农产品优势区，建立农产品区域性冷链物流节点和骨干网络，配置快速预冷装备、便携充电式载冷装备、微环境智能感控装置等冷链物流设施，实现对农产品贮运环境的精准调控；建议依托单品种全产业链大数据试点县，建设基于区块链技术的农产品供应链追溯示范平台，整合农资企业、生产经营主体、物流机构、第三方质检机构、农业部门等主体资源，共建农产品数据联盟链，对农资、生产、加工、存储、运输等全部环节进行信息标识，实现农产品全生命周期的数据监测和可追溯管理；在全国农产品主销区，探索农产品供应链智能监管模式，整合智慧农贸系统可视化信息展示、农产品溯源、区块链等系统，实现重大食品安全事件的及时预警、快速响应和源头追溯。

三、农情与资源环境智能监测示范工程

数据信息是农业资源监测、分析、决策与服务的关键基础。欧美发达国家都十分重视数字基础设施建设，通过建设农业资源信息监测网络、农业大数据采集体系等方式加速推进农业数字化发展。随着农业农村信息化建设的推进和数字乡村战略的实施，我国数字农业基础设施建设取得了长足的进步，但由于我国地形多样、种植制度复杂和农业生产高度动态变化，以地面调查汇总为主的资源调查方式不仅成本高、效率低，还存在时间滞后和空间描述不足等问题，农业资源与环境信息采集面临许多重大技术难题。因此，迫切需要建立完善人机协同的天空地一体化农业资源环境遥感监测网络，加快补齐农业农村领域"新基建"短板，通过示范建设一批农情与资源环境智能监测站点，对农业全资源要素、全生产过程、全时空方位进行感知、诊断、决策，服务于资源宏观优化配置和农业生产决策管理。

具体建议为：针对单一遥感传感器或平台难以获取时空连续数据、数据平台整合共享不充分、决策管理支撑不强等问题，建议依托全国现有的农业物联网监测点，示范建设一批以北斗卫星、农业高分卫星为主的，集航天遥感观测、无人机航空遥感观测与地面物联网观测于一体的天空地一体化遥感监测站点；建议重点在规模化粮食生产区，建设合理统筹、天地一体、上下协同、信息共享的农业资源环境监测基础设施与集成服务平台，开展主要粮食作物苗情、墒情、病虫情及灾情信息数据的时空动态高精度监测、诊断与决策应用示范，实现对农业资源全要素、全过程、全覆盖的实时动态观测；在北方干旱半干旱地区、青藏高原地区以及典型草原生态区，开展天空地一体化的草原综合监测系统规模化示范应用，全面提升草原生态监测和科学管理能力；加快推进农业资源监测"全面设点、全国联网"，构建可视化全国农业资源环境大数据平台，选择典型区域开展示范应用，实现多目标、大区域、长时序农业资源海量监测数据的清理、整合、查询、运算、挖掘、分析与可视化，为相关主管部门提供农业资源监测动态信息及决策服务。

四、智慧农业创新发展试验区建设工程

当前，我国农业现代化进程明显加快，但同时面临着更加严峻的人口、资源、环境与市场的多重约束，农业发展面临着谁来种地、怎样把地种好的重大问题，面临着质量效益不高、产业国际竞争力不强等挑战，确保农业高质高效发展、实现农民富裕富足的任务更加艰巨。各地在应对上述挑战中，积极发挥数字化引领撬动赋能作用，启动建设了一批智慧农业试验区，为中试和熟化一批智慧农业关键技术、智能装备和解决方案提供了重要载体，开创了智慧农业发展新格局。由此，有序开展智慧农业创新发展区建设，充分调动地方发挥主体作用的积极性，在技术研发、集成示范、体制机制、政策法规等方面先行先试，对于探索智慧农业理论研究、系统集成、发展模式及推进路径，提高智慧农业理论及应用水平，促进农业高质高效发展有重要意义。

建议在环渤海经济圈、长三角、粤港澳大湾区、成渝经济圈等较发达的经济区域，选择

农业信息技术创新资源丰富、发展基础较好的城市，采用政府引导、市场主体参与的方式，建立一批示范效应强、带动效益好、具有可持续发展能力的智慧农业创新发展试验区，打造一批智慧农业技术创新、模式创新和产业创新的发展样板。发挥政府引导作用，完善智慧农业基础设施，搭建农业数据中心，推动数据安全有序开放，以政策杠杆撬动智慧农业健康快速发展，围绕数据开放与保护、成果转化、知识产权、安全管理、人才引育、财税金融、社会保障、国际合作等方面开展智慧农业政策先行先试，探索建立支持智慧农业发展的体制机制、政策框架和运行模式。在试验区内集中开展智慧农业关键技术、智能装备和解决方案的研发应用研究，中试和熟化一批智慧农业关键技术，示范推广一批节本增效智慧农业应用典型模式。强化产学研用一体化，以建设智慧农业研究院、智慧农业创新孵化平台为突破口，引入国际国内智慧农业专家和人才，建设国家级智慧农业产学研一体化基地，围绕农业传感器、高端智能农机装备等卡脖子技术申报一批自主知识产权，研制一批国家标准、国际标准。建设一批国家级智慧农业示范基地，以数据服务、产业融合、知识服务等为盈利模式，实现智慧种植、智慧养殖、智慧供应链、大数据智能服务等综合示范。

五、农业知识服务示范工程

农业知识服务是针对用户专业需求，以解决用户个性化问题为目标，集合农业领域专业知识和多学科知识，为农业生产经营主体和其他涉农组织提供智力支持、智力服务的高增值服务。它是以农业信息资源建设为基础的信息服务的高级阶段，其本质在于农业知识的创新，具有知识性、创新性、针对性、主动性、时效性、区域性等特点。随着现代信息技术的发展，基于大数据智能的农业知识服务为科研创新和管理决策提供了支撑。然而，目前我国农业知识服务发展相对滞后，尽管已涌现出如全国农业科教云平台、农业专业知识服务系统等平台，但应用范围仍需拓展，且大部分地区尚未实现对当地大量的数据资源进行深层次开发和挖掘，不能满足各类农业主体系统化、个性化和动态化的需求。因此，建议优先选择一批地方农业科研院所和数字农业农村试点县开展农业知识服务创新与应用示范，通过应用跨媒体数据分析挖掘技术，构建全新的知识图谱，为不同群体提供专业化、本地化、精准化的信息服务，有效支撑农业全领域产学研发展，促进农业科技成果转化以及推动农业产业结构优化升级。

建议由农业农村部牵头，整合并推广现有农业知识服务系统、服务平台等资源，面向我国粮食主产区和特色农产品优势区，通过建立分中心或开展合作等方式，在资源共建共享、高端智库服务、协同情报服务、产业知识服务等方面开展示范，为我国农业农村科技创新、产业发展和战略咨询提供支撑。鼓励地方农业科研院所利用大数据智能，构建具有地域特色的智慧农业知识服务工程的总体架构，打造符合各地农村农业发展实际、具有地方特色的知识服务体系，为新型农业经营主体、普通农户等不同群体提供高效便捷、双向互动、视听结合的农业知识服务，全面推进基于知识计算与知识服务、跨媒体分析推理、群体智能等前沿技术的农业知识服务综合应用与集成示范。加强农业数据资源整合、特色专题资源开发，提升平台服务能力。进一步加强与科研团队、企业、农业经营主体等服务客体的对接，开展主动推送、代查代借、数据支撑等服务。

六、农业数字经济示范工程

数字经济已成为全球新一轮科技与产业竞争的制高点，在疫情防控常态化以及百年变局相互交织背景下，数字经济在激活新消费需求、促进国民经济稳定前行方面优势凸显，对于构建"双循环"新发展格局具有重要意义。近年来，数字技术在农业领域表现出极强的经济驱动力与发展潜力（如澳大利亚 The Yield 公司利用大数据和人工智能技术为养殖场提供精准信息服务，年产值近 5 亿美元；2019 年我国农产品网络零售额达到 3 975 亿元，淘宝村和淘宝镇带动就业机会 680 万余个，培养 6 万余新农人，带动 25 万农民就业）。根据中国信息通信研究院数据计算，2019 年我国农业数字经济总量达到 5 778.3 亿元，占行业增加值 8.2%。农业数据资源丰富，数字技术可在农业全流程、全产业链渗透应用，使得我国具有巨大的农业数字经济潜力。为实现农业高质量发展，建议充分发挥数字经济引擎作用，加快部署农业数字经济示范工程，推动数字经济与农业经济深度融合，打造具有国际竞争力的数字农业集群。

建议由中央农村工作领导小组办公室、农业农村部牵头，同国家发展改革委、财政部、科学技术部等国家相关部委共同建立国家农业数字经济领导小组，依托国家现代农业产业园区、国家农业科技园区、国家现代农业示范区，采用线上、线下农业相结合的方式，遴选一批基础设施建设水平高、农业产业特色明显、农业发展潜力大的典型县/市，支持创建一批示范效应强、带动效益好、具有可持续发展能力的国家农业数字经济示范区。重点围绕农机智能装备设计制造、农业大数据交易、农业软件与信息服务等领域，探索符合我国不同区域特征的农业数字经济示范区建设的制度、机制和模式，形成可复制、可推广的经验，着力打造中国农业数字经济创新发展标杆，培育形成县域经济新的增长点。

第三节　产业培育工程建议

一、农业传感器与测控终端产业培育工程

随着智慧农业的兴起与快速发展，对农业传感器与测控终端的需求不断增加，特别是在农业灌溉、农业物联网、温室大棚管理、植物生长调控、农机作业参数设定等方面需求旺盛，我国农业传感器与测控终端产业初具规模，制备了一批低成本、小型化、较实用的成熟产品，但与科技强国相比还存在较大差距，农业传感器核心芯片仍受制于人，尤其高端产品几乎被美国、日本、德国垄断，受导体芯片技术的制约，光刻、光敏材料生产工艺难以达到使用要求，传感器技术标准缺乏，也进一步制约了产业化发展。在中美贸易摩擦不断升级的背景下，亟须构建农业传感器和测控终端产业化体系，实现关键核心技术自主可控。

具体建议为：针对农业传感器的共性和短板技术，集中优势科研力量尽快攻克，支持企业开展农业传感器敏感材料、器件设计、系统集成、制造工艺和封装工艺的联合攻关，培育一批深耕农业智能传感器与核心芯片设计型企业；加强骨干企业培育，鼓励骨干企业整合现有产业资源，面向农业复杂环境感知、农业装备智能控制、动植物生长发育监测等重点应用领域，形成农业智能传感器配套解决方案，引领带动该产业向集群化、高端化发展；积极推进生产与应用标准制定，为设备提供商、芯片商、技术方案商、运营商、服务商等多元主体协同合作统一标准。

二、基于 4G/5G 的农业信息服务产业培育工程

农业信息服务是指利用现代科学技术、信息服务系统等工具，为农业生产、市场营销、经营管理提供有效信息，以提高生产效率和综合竞争力的统称。农业信息服务是践行现代农

业的主要内容，也是促进农业供给侧结构性改革的重要途径，更是打破农业发展"天花板"，实现农业可持续发展的战略选择。近年来，随着"互联网＋"战略的提出，信息技术与农业融合逐步成为现代农业发展的标志，移动技术配合智能终端为解决农业农村信息化"最后一公里"问题提供了全新方案，涌现出农业信息技术网站、农技短信服务平台、农业电子商务平台等多种农业信息服务模式，极大地提升了农业信息传播的时效性与精准性。尤其是随着5G时代的到来，其高速度、低延时、低功耗和泛在优势，将催生更多"智慧＋服务"应用场景落地，促进信息服务能力不断提升，满足用户端多样化和个性化需求。但同时，仍存在农村信息化基础设施薄弱、经营主体信息化技能不足、信息供需不匹配等问题，亟须加强基于移动网络的农业信息服务产业培育。

具体建议为：全面贯彻落实网络强国战略，深入推进"宽带中国"战略，支持5G、数据中心向农业农村地区延伸，加快构建高速、移动、安全、泛在的新一代农业信息基础设施，为农业信息服务提供底层支撑；支持涉农信息服务企业面向5G等新型信息基础设施，提供农业生产服务领域的智能解决方案和服务，满足农业生产经营主体信息服务需求；支持农业高新技术开发区创建基于4G/5G的农业信息服务产业示范基地，支持行业龙头企业建设农业信息服务开放创新平台，开展基于4G/5G的农业信息服务，提升信息服务智能化、个性化水平；鼓励信息服务企业积极利用移动互联网、大数据、VR/AR等技术研制一批农业信息服务App，大力推动农业信息服务企业上"云上平台"，加快发展农业信息内容服务；支持农业信息服务系统集成商提升集成服务能力，组织上下游企业开展基于4G/5G的农业信息服务产品集成技术攻关，协同解决共性问题，提高服务质量和水平；建立政府补偿机制、绩效评价机制和服务监督机制，培育一批农业信息服务龙头企业，推动服务机构与经营主体双向互动，实现信息服务资源的整合、信息服务媒介的活跃和创新；依托县级融媒体中心建设统一的农业新媒体管理服务平台，推动形成健康向上的基层网络生态。

三、智能农机装备产业培育工程

智能农机装备是集成先进的信息通信、互联网、制造等技术的新型农业装备，代表着农业装备的现代化水平，是不断提高劳动生产率、土地产出率、资源利用率的重要工具。经过几十年的发展，我国农机装备取得了一定成就，但高端智能农机制造产业仍处于起步阶段，具备实时采集、自动监控等功能的装备产品较少，在电控技术、信息技术应用方面与欧美发达国家仍存在较大差距。因此，面对我国日益增长的高端智能农机装备需求，建设智能农机制造产业培育工程战略意义重大。

针对我国智能农机装备存在的核心软硬件研发水平落后、品类不足、创新能力薄弱等问题，集成创新数字化设计、制造工艺规划、制造过程控制等技术，针对耕整地、播种、植保、收获等典型农机装备的生产制造，推进关键零部件、整机生产线的智能制造水平提升。重点开发基于人工智能的农机操作系统、数据库、中间件、开发工具等关键基础软件，突破图形处理器等核心硬件，研究图像识别、语音识别、机器翻译、智能交互、知识处理、控制决策等智能系统解决方案，培育壮大基于人工智能的农业智能装备制造产业。瞄准农业机械化、精准化、智能化需求，加快推进农机装备创新，研发适合我国农业发展现状、农民需要、环境友好的智能农机装备，既发展适应多种形式、适度规模经营的大马力农机，又发展适应小农生产、丘陵山区作业的小型农机，以及适应特色作物生产、特产养殖需要的高效专用农机，实现资源能源的节约利用和对环境影响最小化；完善以企业为主体、市场为导向的农机装备创新体系，研究部署新一代智能农业装备科研项目，支持产学研深度融合，推进农机装备创新中心、产业技术创新联盟建设，协同开展基础前沿、关键共性技术研究，融合微电子技术、仪器与控制技术和人工智能等先进制造技术，围绕农业智能装备通信标准、关键技术产品、系统集成，进行学科交叉研究和技术创新；孵化培育一批技术水平高、成长潜力大的农机高新技术企业，促进农机装备领域高新技术产业发展。

四、智慧农业软件产业培育工程

数字经济是继农业经济、工业经济后的全新经济社会发展形态，已成为经济转型升级的重要驱动力和全球新一轮产业竞争的制高点，而农业软件产业是农业现代化与数字化深度融合的典型代表，农业软件的特点是：其面对的产业要素体系是土地，面对的典型业态是种植业和养殖业，面对的生产主体是农户和农业企业。因此，农业软件产业的应用环境复杂，影响因素众多，产业发展难度大。我国信息软件行业起步晚，与国外发达国家相比，我国农业软件产业发展面临基础薄弱、数据资源分散、相关企业规模小、从业人员收入不高等诸多挑战。除此之外，农业软件技术创新能力不足、农业软件适应性差、农业数据整合共享不充分、农业软件复合型人才匮乏、尚未形成软件产业链，也进一步加剧了农业软件市场定价与自身价值不匹配、核心竞争力不强等问题出现。因此，亟须开展智慧农业软件产业培育工程，完善市场环境，培育一批具有品牌和市场影响力的大型农业软件企业，推动农业软件商品化和产业化，形成可持续发展的农业软件产业生态圈。

建议加大对农业软件与信息服务产业投资力度，加快构建农业软件企业"孵化培育、成长扶持、推动壮大"全生命周期梯次培育机制，全面提升农业软件企业竞争力；实施农业软件大企业大集团战略，制定产业领军企业培育计划，享受国家及所在地市相关税收优惠及团队奖励，并在项目扶持、人才引进、产品推广等方面给予政策支持，推动企业做大规模、做强主业，引领带动区域企业集群式发展。依托京津冀、长三角、珠三角、成渝地区、武汉都市圈等城市群，以国家新一代人工智能创新发展试验区为重点，打造 2~3 个具有全球影响力、引领我国农业软件产业发展的标志性产业集聚区，支持贵阳依托大数据产业发展农业软件与信息服务产业。发挥山东、东北地区农机装备制造集群优势，发展面向农机装备智能化转型的专用软件产业集群，强化农机装备制造商与软件开发商、系统集成商的上下游协作，推动农机智能制造的发展。通过产业集聚区的创建与提升，打造良好的农业软件产业生态，吸引一批优秀人才和创新团队，加快孵化一批农业软件领域初创企业和独角兽企业，培育一批具有一定国际竞争力的龙头企业，基本实现管理软件、工程软件、研发设计软件等"中国制造"，形成区域新的经济增长极，促进全国农业软件产业的高质量发展，提升我国农业软件话语权与产业国际竞争力。

参考文献

李天娇，2018. 关于我国农业服务业发展问题研究 [D]. 北京：中国社会科学院研究生院.

严霞，张禄祥，2008. 农业信息服务与农业知识服务比较研究 [J]. 广东农业科学（11）：135-138.

第十九章

中国智慧农业发展路径

我国农业在取得巨大成就的同时，也面临严峻挑战，依靠传统生产手段和生产要素已经无法解决农业资源紧张、生态环境污染、劳动生产效率低、农业产业价值链薄、农民增收缓慢等问题，亟须转变农业发展方式，提高农业质量效益和竞争力。智慧农业概念的提出与我国现代农业发展的内在需求相吻合，是现代农业发展的必然趋势。然而我国地域辽阔，不同经营主体、不同产业间存在很大差异，亟须进行针对性路径设计。

第一节　基于不同规模主体的智慧农业发展路径

一、小农户

小农户是我国传统的农业生产经营主体，在农业生产经营中始终扮演着重要角色。根据第三次全国农业普查，2016 年我国 20 743 万农业经营户中仅 398 万户是规模农业经营户，其余均为小农户模式，比例高达 98.08%。解决小农户在生产经营中面临的问题是我国农业智慧化转型发展的关键核心之一，关系着我国农业农村现代化目标能否全面实现。

（一）问题与需求分析

目前小农户在智慧农业转型发展方面主要存在对智慧农业认识不足和相关技术装备应用困难两大问题：一是小农户年龄普遍偏高、受教育水平较低、职业技术培训不足，主要依托传统经验进行农业生产，智慧农业意识欠缺。二是智慧农业装备成本高，小农户农业生产规模有限、农业生产经济效益低、农民收入不高，大多数农民无力负担高成本的智慧农业技术装备。因此，亟须结合小农户自身特点，创新小农户培养培训方式，提升小农户智慧农业相关技术认知。创新托管、共享服务模式，提供低成本、高效应用终端，提升小农户智慧农业装备应用率。加快电商平台建设，从产业链终端环节解决农业增产不增收问题，进一步提高了小农户智慧农业发展的参与度（表 19-1）。

（二）发展路径

1. 加快小农户信息技能培训，提升小农户智慧农业认知及操作能力　针对小农户智慧农业认知不足、应用困难等问题，加快小农户相关信息技能培训。一是通过专业大户、家庭农场、种植养殖园区、典型农户等示范带动，以及县政府、村委会相关部门宣传推广，加快提升小农信息化意识。二是加快农村地区无线宽带网络等基础设施建设，降低计算机、手机等移动终端设备成本，积极调动手机厂商、网络运营商参与到小农户信息技能培训中。三是依托现有农民教育培训体系、农业培训项目以及基层农业服务平台，积极开展农民信息技能培训，普及计算机、手机基本使用技能以及上网基础知识。增强小农户随时随地利用手机网

表 19 - 1　基于不同规模主体的智慧农业发展路径

主体类型	主攻方向	关键技术与装备
小农户	1. 加快小农户信息技能培训 2. 探索智慧农业技术托管与装备共享服务 3. 依托农技推广平台为小农户提供精准服务 4. 开展基于电商平台的智慧农业兴农富农新模式 5. 开发低成本小型智慧农业应用终端	大数据技术、云平台技术、移动通信技术、信息推送技术、农业决策支持系统、农业专家系统、物联网技术、农业传感器、农用 3S 技术、电子商务等
新型生产经营主体	1. 补齐农机智能装备短板，推动种养大户与家庭农场精准作业 2. 突出农产品供应链建设，加快农业企业全产业链智慧化转型 3. 从财政、金融、用地用电、人才支撑等方面更好地支持合作社发展智慧农业	视频采集技术、环境监测与控制技术、远程操作系统、精准施肥施药系统、水肥一体化系统、精准饲喂系统、虚拟现实技术、大数据、区块链、农业机器人、农产品智能加工车间、智慧物流、个体识别技术、二维码技术、RFID 技术等

络进行农机、农艺知识学习的意识，及时获取农业气象、土壤水分墒情、灾害预警防治等信息，获得农机、农艺作业等生产性服务，实现利用农产品电商平台、微信、直播等新兴媒体进行农产品宣传推广及销售。

2. 探索智慧农业托管与装备共享服务　针对小农户开展智慧农业生产存在的技术使用困难、相关智能装备成本过高等问题，积极探索智慧农业托管与装备共享服务，推动智慧农业应用落地。一是结合地区特色农业产业，建立完善的区域性智慧农技推广中心、农机服务中心、行业协会等社会化服务组织。在此基础上，鼓励各类社会化服务组织依托物联网设备、云服务管理平台，为农户提供线上线下结合的菜单式或者全程智慧农业托管服务。二是积极引导农机合作社、农机企业、第三方互联网企业等相关服务组织将农机服务与互联网技术相融合，打通农户与农机服务组织、农机企业间的沟通桥梁，通过构建智慧农机装备共享服务平台，将闲散农机进行整合及统一调配，实现智慧农机装备的推广普及与高效利用。

3. 依托农技推广互联网平台为小农户提供精准服务　加快物联网、传感器、电子商务等信息技术在小农户生产经营过程中的应用，建立覆盖全面的小农户信息数据采集系统平台，对小农户在实际产销过程中产生的数据，以及所在地区相关农业产业布局、产业规模、市场信息等数据进行收集。进一步构建数据清洗、数据处理及数据挖掘模型，充分探究小农户农业智慧化转型的关键需求。一方面，从全国视角，依托成熟的全国农业科教云平台、中国农技推广信息平台、高素质农民培育信息管理平台等成熟的国家级农业科技教育培训平台，为特定农户提供便捷的农技学习、农技交流、服务对接的精准化、个性化服务。另一方面，各省市县应结合本地农业产业实际情况，基于移动互联网技术、农业物联网技术以及云计算技术建立具有针对性的"农技云平台"，为当地农户提供种苗购置、农机作业、植保作业、灾害防治等具有实时性、针对性的农技培训及农机服务。

4. 基于电商平台，探索智慧农业兴农富农新模式　继续推进电子商务进农村工程，加快农产品上行与工业品下行。依托互联网、大数据等现代信息技术，鼓励引导农村电商发展，为农户提供良好的生产资料购置渠道、市场行情获取渠道和销售渠道，提升农户农业产销智慧化水平。重点通过政府采购、企业投融资等方式积极打造村级/县级农产品电子销售平台，从市场资讯、技术指导、标准制定、应用培训等方面建立完善的智慧农业销售服务体系，为小农户提供生产资料购置、农产品销售、农产品物流等一体化智能管理与服务，弥补小农户自我服务能力不足。同时，加快农户、企业、组织、市场等生产经营主体的农产品生产销售数据以及居民、学校、单位、机构等消费群体的农产品消费信息数据整合，依托电商大数据平台，深入挖掘需求对象的农产品需求，结合相关农产品生产情况，预测未来农产品需求走向，为农户提供精准排产计划。

5. 开发低成本小型智慧农业应用终端 在小农户智慧农业生产方面，重点通过研发实用性强、操作简单、低成本、小规模的手机端 App 实现小农户智慧农业生产过程中的可视化、远程控制以及灾害预警等功能，提供专家咨询远程智慧服务，引导和帮助小农户掌握新媒体的实用技能，提升其农业生产智能化水平；在小农户智慧农业管理方面，侧重通过建立村级、县级的农村电商平台、土地流转平台以及农业信息平台，将小农户纳入其中进行统一管理。大力发展智慧农业智能服务，为小农户提供获取外界信息、学习知识技能和消除信息不对称等渠道。同时，积极开展基于耕地面积、养殖规模、终端应用水平等关键指标的小型智慧农业应用终端补贴、应用技术指导以及应用服务等，加快推进面向农户小型智慧农业应用终端落地。

二、新型农业生产经营主体

相对传统小农户，新型农业生产经营主体具有规模化、集约化、专业化、市场化和社会化的特点。习近平总书记指出，培育新型农业经营主体是建设现代农业的前进方向和必由之路。新型农业生产经营主体主要包括种养大户、家庭农场、农民合作社、农业企业和经营性农业服务组织。截至 2019 年底，全国家庭农场超过 70 万家，依法注册的农民合作社 220.1 万家。《新型农业经营主体和服务主体高质量发展规划（2020—2022 年）》显示，2022 年，全国家庭农场数量达到 100 万家，农民合作社整县推进覆盖率超过 80%。加快新型农业生产经营主体智慧化转型对于加速智慧农业发展，推进农业现代化建设意义重大。

（一）问题与需求分析

目前新型农业生产经营主体主要面临生产效率低、产业链延伸不足、基础薄弱三大问题：一是新型农业生产经营主体仍以传统粗放、简单的农业生产方式为主，生产效率低、规模效益不显著。二是目前新型农业生产经营主体仍以农业生产为主，在农产品加工、扩展销售渠道、增加农业生产收入方面发展不足，缺乏完整产业链。三是道路、水电等基础设施不完善，专业性技术人才短缺，资金匮乏，难以支撑新型农业生产经营主体智慧化转型。综上，亟须提升农机智能装备应用水平、延长农业产业链、完善基础设施建设、加大人才资金支撑力度，从而促进新型农业生产经营主体智慧化转型（表 19-1）。

（二）发展路径

1. 补齐农机智能装备短板，推动种养大户与家庭农场精准作业 聚焦种养大户与家庭农场机械化生产中的薄弱环节，加快精准农业在种养大户与家庭农场中的应用。一是加快农业生产各环节农机智能装备短板补充，完善覆盖耕整地、种植、植保、收获、烘干、秸秆处理等一系列农业作业流程，重点加快种子处理、精量播种、高效植保、产地烘干、秸秆处理与耕种收环节的农机智能装备研发应用。二是加快农机智能装备全面研发应用。将农机智能装备由大田作物向园艺作物，由生产环节向产前、产中、产后全产业链全面延伸，实现种植业农机智能装备水平全面提升。

2. 突出农产品供应链建设，加快农业企业全产业链智慧化转型 重点突出农产品供应链环节建设，加快农业企业全产业链向智慧化转型，提升全产业链价值。一是加强生产信息数据收集,依托物联网、互联网、传感器、视频监控等技术装备,获取农业生产、加工、销售、市场等方面各项信息数据。通过数据整合、标准化处理以及挖掘分析,构建农业生产经营管理与农产品市场分析模型,打造具有特色的大数据平台。打通生产、经营、销售、市场等在内的全方位数据流并进行综合利用,为制订生产计划和经营管理计划提供科学支持。二是加强产业链和农产品智慧供应链管理体系建设,积极采用农产品品质维持技术,构建智慧物流、冷链物流,提升农产品的附加值,稳步推进三产融合。三是提升产后加工处理智慧化水平,建立完善的农产品质量安全追溯体系。打造集清洗、催熟、分级、包装于一体的流水线作业智能机械装备以及能够实现农产品品质实时监督、环境精准调控的贮藏智慧管理系统。

3. 从财政、金融、用地用电、人才支撑方面更好地支持合作社发展智慧农业 合作社是实现农民小规模生产方式与现代化农业生产经营模式相融合的重要途径,加快合作社发展智慧农业是推动智慧农业整体发展进程的关键。重点从营造外部支持环境、创新合作社模式、加快合作社转型三个方面着手,推进合作社智慧农业发展。一是制定扶持合作社发展智慧农业的政策,促进财政投入向发展智慧农业的合作社倾斜,提升金融服务力度,在土地资源、电力使用等方面予以支持,加快专业技术型人才培育和投入。二是发展智慧农业现代专业合作社模式,通过云计算技术与物联网的结合,将各类农业数据进行归集,并对数据归类分析,形成可直观展示的图表,帮助农民有针对性地开展农事活动。三是加快合作社农机服务智慧化转型,积极推广应用无人驾驶收割机、新能源智能拖拉机、水稻插秧机器人等全程智慧农机具,并利用北斗定位、数据统计管理、自主测量等现代信息技术实现农机具的实时作业监测、精准管理与服务。

第二节　农业智慧化转型发展路径

一、粮经饲杂

(一)问题与需求分析

当前我国部分地区粮经饲杂作物生产仍依赖于传统经验,受自然环境、农资投入和农艺农技的影响较大,不仅无法保障农产品的产量和品质,还加剧了土壤恶化、环境污染和种植风险。因此,亟须通过物联网、智能农机等实现对粮经饲杂作物生产的精细化控制,并根据不同品种、不同环境、不同规模提供智能化生产管理决策,指导粮经饲杂作物生产向标准化、数字化、智慧化转变,实现土地产出率、资源利用率和劳动生产率的全面提升。

(二)发展路径

以保障国家粮食安全为底线,以满足居民粮食消费升级需求为导向,不断提高粮经饲杂产业质量和效益。加快发展数字农情,利用卫星遥感、航空遥感、地面物联网等手段,动态监测重要农作物的种植类型、种植面积、土壤墒情、作物长势、灾情虫情,及时发布预警信息,提升粮经饲杂作物生产管理信息化水平。加快建设农业病虫害测报监测网络和数字植保防御体系,实现重大病虫害智能化识别和数字化防控。推动智能感知、智能分析、智能控制技术与装备在粮经饲杂作物上的集成应用,建设水肥药精准施用、精准种植、农机智能作业与调度监控、智能分等分级决策系统,推进生产经营智慧化管理(表19-2)。

——针对粮食作物,重点在北方7个粮食主产省份和南方6个粮食主产省份推进全产业链智慧化转型,加强大田种植环境与生物信息感知技术、大田种植信息移动互联技术、大田种植云计算与云服务技术、大田种植大数据分析与决策技术，以及农业机械自动导航及作业等信息技术与配套智能装备应用。

——针对经济作物，重点在以西部地区大型农场为代表的大规模种植基地推进全产业链智慧化转型，重点加强土壤信息获取与感知等 18 项关键技术应用。

——针对饲料作物，重点推进北部地区在产中和贮藏环节的智慧化转型，重点加强信息感知技术、病虫害防治技术、水肥灌溉技术、智能收获装备等关键技术的应用。

——针对杂粮作物，重点在特色地标性品牌区域推动产中环节的智慧化转型，重点加强病虫害防治技术、水肥灌溉技术、智能收获装备等重点技术的应用。

表 19-2 智慧粮经饲杂产业发展路径

品种	推进区域	适宜规模	应用环节	关键技术与装备
粮食作物（水稻、小麦、玉米）	内蒙古、黑龙江、吉林、辽宁、河北、河南、山东、四川、湖北、湖南、江西、安徽、江苏	2 000 亩以上	全产业链	土壤、作物生长、作物表型、作物病虫害信息获取与感知，物联网，作物和环境模拟模型，种植大数据，大田种植智慧管理云计算，水肥药一体化，变量追肥装备，农业机械自动导航及作业，移动式喷灌及精细灌溉，自动收获机械与测产，自主导航电动农业机械，农田作业机器人，无人机遥感应用与灾害防控技术
经济作物（棉花、甘蔗）	西部地区	2 000 亩以上	全产业链	土壤、作物生长、作物表型、作物病虫害信息获取与感知，物联网，作物和环境模拟模型，种植大数据，大田种植智慧管理云计算与云服务，水肥药一体化，变量追肥装备，农业机械自动导航及作业，移动式喷灌及精细灌溉，自动收获机械与测产，自主导航电动农业机械，农田作业机器人，无人机遥感应用与灾害防控技术
饲料作物（紫花苜蓿、饲用玉米）	北部地区	100～2 000 亩	产中、贮藏	信息感知技术、病虫害防治技术、水肥灌溉技术、智能收获装备等
杂粮作物	因地制宜，特色地标性品牌区域	100 亩以下	产中	病虫害防治技术、水肥灌溉技术、智能收获装备等

二、园艺

（一）问题与需求分析

我国智慧园艺基础薄弱，核心智慧生产技术严重依赖进口。我国园艺作物生产正处于由传统人力生产向机械化生产的过渡时期，自动化、信息化、智慧化生产水平较低，尤其是环控自动化方面缺乏精准性，对生产型温室中的环境与作物协同关系研究不够深入，符合我国气候特色的温室热湿理论支持不足，尚未形成发达国家多功能集约化温室生产体系。同时，我国园艺智能装备相对落后，泛在化的综合网络智能系统和专用小型智能农机装备匮乏，物联网等信息技术应用不足，导致单产低、竞争力弱。因此，园艺产业智慧化转型发展亟须加快物联网基础设施建设，补齐适宜于设施园艺和丘陵山区的智能农机装备短板，加强作物生长模拟模型研发，提升园艺作物生产管控智能化水平。

（二）发展路径

根据园艺作物多样性、区域性、高度分散和个性化等特点，在充分调研世界园艺产业发展现状和需求的基础上，优化园艺产业的发展布局。建立以企业为主体，农户需求为导向的创新机制，加快形成以企业为主体的自主创新局面，促进智慧园艺技术的研发与应用。立足我国现阶段园艺产业的发展需求，重点突破育种、农业传感器、农业智能机器人等方面的技术瓶颈，制定智慧园艺发展规范和应用标准，重视基础硬件研发（如农业专用芯片）、支撑系统研发和模型构建（如园艺作物生长信息模型），促进智慧园艺创新发展，加快形成具有国际竞争力的产业规模（表19-3）。

——针对果园，加快推进环境智能控制技术、果树修剪智能装备、采摘机器人、山地果实运输智能装备、物联网技术、园艺作物表型研究、水肥药精准使用技术、产品智能分级技术等关键技术在育苗、栽培、生长发育、收获、分级、保鲜、运输环节中的应用。

——针对菜园，重点推进华南与西南热区冬春蔬菜、长江流域冬春蔬菜、黄土高原夏秋蔬菜、云贵高原夏秋蔬菜与北部高纬度夏秋蔬菜在育种、栽培、生长发育、收获、分级、保鲜、运输等环节中的智慧化转型，加强物联网技术、图像处理技术、育苗智能化控制系统、生长发育实时监测技术、生长量和品质实时监测技术、智能化加工系统、苗木繁育技术、种子种苗和种球标准化生产技术、绿色防控技术、贮藏保鲜技术、小型耕整地智能装备等关键技术应用。

——针对花园，在全国范围内，重点推进花卉育种、栽培、生长发育、收获、分级、加工、保鲜、包装、运输等全产业链的智慧化转型，重点推进物联网技术、图像处理技术、育苗智能化控制系统、生长发育实时监测技术、生长量和品质实时监测技术、智能化加工系统、苗木繁育技术、种子种苗和种球标准化生产技术、农机作业装备智能化技术等关键技术应用。

——针对茶园，重点在东北和沿海省份茶区推进智慧化转型，加强茶园整地、茶树修剪、病虫防治、采摘、分级、加工、运输等环节的关键技术应用，关键技术主要包括现代生物育种技术、茶叶采摘智能装备、茶树生长诊断与动态调控技术、茶园整地智能装备、茶园水肥药精准使用技术、茶园生产智能管理决策技术等。

——针对设施园艺，重点在全产业链推进育苗智能化控制技术、物联网技术、温室环境智能管控技术、病虫害智能防控技术、逆境障碍防控技术、耕整地智能机械、采摘机器人等。

表19-3 智慧园艺产业发展路径

类型	推进区域	适宜规模	应用环节	关键技术与装备
果园	全国	50～100亩	育苗、栽培、生长发育、收获、分级、保鲜、运输	环境智能控制技术、果树修剪智能装备、采摘机器人、山地果实运输智能装备、物联网技术、园艺作物表型研究技术、水肥药精准使用技术、产品智能分级技术
菜园	华南与西南热区冬春蔬菜、长江流域冬春蔬菜、黄土高原夏秋蔬菜、云贵高原夏秋蔬菜、北部高纬度夏秋蔬菜	50～100亩	育种、栽培、生长发育、收获、分级、保鲜、运输	物联网技术、图像处理技术、育苗智能化控制系统、生长发育实时监测技术、生长量和品质实时监测技术、智能化加工系统、苗木繁育技术、种子种苗和种球标准化生产技术、绿色防控技术、贮藏保鲜技术、小型耕整地智能装备

（续）

类型	推进区域	适宜规模	应用环节	关键技术与装备
花园	全国	50~100亩	育种、栽培、生长发育、收获、分级、加工、保鲜、包装、运输	物联网技术、图像处理技术、育苗智能化控制系统、生长发育实时监测技术、生长量和品质实时监测技术、智能化加工系统、苗木繁育技术、种子种苗和球标准化生产技术、农机作业装备智能化技术
茶园	东部和沿海省份的茶区	50~100亩	茶园整地、茶树修剪、病虫防治、采摘、分级、加工、运输	现代生物育种技术、茶叶采摘智能装备、茶树生长诊断与动态调控技术、茶园整地装备智能化技术、茶园水肥药精准使用技术、茶园生产智能管理决策技术
设施园艺	全国		育种、栽培、生长发育、收获、分级、加工、保鲜、包装、运输	育苗智能化控制技术、物联网技术、温室环境智能管控技术、病虫害智能防控技术、逆境障碍防控技术、耕整地智能机械技术、采摘机器人

三、畜牧

（一）问题与需求分析

畜牧养殖相对其他农业产业自动化水平较高，但信息采集和智能调控能力不足。一是动物体征、理化、位置、活动等信息的采集分析能力不足，特别是养殖调控、预测和交互体验方面尚未形成成熟的技术链，植入式芯片和畜牧专用处理器国产化进程缓慢、维护成本高、操作复杂，不利于智慧养殖技术的推广应用。二是多变量共存、结构复杂和密集程度高的养殖环境为建立精准分析模型增加了难度，导致其泛化性和鲁棒性较低，无法实现对养殖环境的有效监管。三是在畜牧安全方面，虽然现阶段物联网和大数据正逐渐应用于疫病远程诊断和智能诊疗系统上，但仍以事后监管为主，动物健康事前预警问题尚未解决。综上，畜牧业发展亟须普及动物智能监测设备和养殖环境智能管控装备，加强动物生长模型研发，完善动物疫病监测预警功能。

（二）发展路径

借助新一代信息技术，促进畜牧养殖智慧化发展，以生猪、奶牛等为重点，构建畜牧养殖大数据平台，推进牲畜育种，扩充饲料原料营养信息库，优化养殖过程控制，动态监测牲畜群体数量、日龄组成、营养健康状况及全生产链流通。实现区域内牲畜数量及分布的动态监控，预测饲料、原料、动保产品供求、畜牧产品供应量状况，预警牲畜群体疫病及死亡，落实对养殖废弃物处置及环保规划的监管，确保全产业链的安全溯源。具体分路径见表19-4。

——规模化生猪养殖比较成熟，智慧化转型的重点是构建基于群体行为监测的生猪疫病动态监测平台，宏观指导区域生猪生产。

——奶牛养殖自动化已经相对成熟，智慧化转型的重点是构建奶牛养殖环境、饲养过程与产奶量的关联分析模型，重点开展养殖环境智能控制与营养健康状况评估。

——肉牛和肉羊产业发展核心在品牌建设，智慧化转型重点是构建全产业链溯源系统，确保优质优价。

表 19-4　智慧畜牧产业发展路径

品种	推进区域	适宜规模	应用环节	关键技术与装备
奶牛	内蒙古	500～1 000 头	产中	养殖环境智能控制与营养健康状况评估
肉牛	内蒙古	500～1 000 头	产中、产后	全产业链溯源技术、无应激体况评估系统
生猪	湖南	10 000 头	产中	动物行为监测、养殖气体排放监测及净化技术
羊	内蒙古	1 000～10 000 只	产中、产后	全产业链溯源技术、体况评估系统

四、家禽

(一) 问题与需求分析

我国智慧禽业整体处于起步阶段，自主研发水平低。一方面，家禽信息感知传感器及精准作业装备等自动系统和装备主要依赖进口，物联网产品大多停留在实验室场景，相对缺乏实用性。另一方面，我国家禽物联网系统闭环特点明显，无法与第三方系统进行数据集成和交互，且由于对非结构化数据的处理和管理能力欠缺，导致基于调控模型的控制软件智能化程度不足，无法根据用户特色进行调整和改进，与现有饲养模式结合效果差。综上，我国禽业智慧化转型亟须完善物联网基础设施，突破高精度环境传感器和自动控制技术，加强调控模型研发，普及精准饲喂装备及生理参数与行为监测装备。

(二) 发展路径

智慧禽业强调新型生产方式、自动化/智能化装备、智能化管理技术等的系统性突破与集成示范，因此建议采用"强化顶层设计，产学研推并重"的方式进行推进。摸清我国不同自然与社会条件下智慧禽业技术对我国现代家禽养殖转型升级的支撑作用，并对产业进行科学布局，通过 15～30 年的关键技术与装备研发应用，显著增强信息技术与装备对产业发展的支撑与促进作用，构建循环、可持续发展的现代家禽智慧养殖产业。

在现代家禽智慧产业发展上，重点以华北、华东、华南、西南等我国蛋鸡、肉鸡（含白羽、黄羽）、种禽、水禽（肉禽、蛋禽）的优势产区为重点推进区域，以高效叠层笼养、健康立体散养、本交笼养、舍饲笼养等现代生产方式为主，覆盖栋舍 2 万～5 万只、5 万～10 万只、10 万只以上等多种集约化饲养规模，以全程饲养和流通运输为主要应用环节，重点布局健康高效饲养工艺、成套化/自动化饲养技术装备、全程数字化技术装备、养殖物联网、智能管理与溯源等核心技术，并试点大数据挖掘与融合、智能作业装备等智能系统，以推进我国家禽业向数字化和智能化方向发展（表 19-5）。

表 19-5　智慧家禽产业发展路径

品种	推进区域	适宜规模	应用环节	关键技术与装备
鸡	华北、华东、西南、华南、东北	叠层栋舍规模 10 万只以上；立体散养栋舍规模 5 万只以上	养殖过程流通运输	成套/智能技术装备、物联网、数字化技术
肉鸡	华东、华北、华南、西南、东北	叠层栋舍规模 10 万只以上；平养栋舍规模 5 万只以上	养殖过程流通运输	成套/智能技术装备、物联网、数字化技术

（续）

品种	推进区域	适宜规模	应用环节	关键技术与装备
种鸡	华北、华东、华南	栋舍规模2万只以上	养殖过程 流通运输	智能环控、成套装备、物联网、数字化技术
水禽	华东、华南、西南	栋舍规模2万只以上	养殖过程 流通运输	智能环控、成套装备、物联网、数字化技术

五、渔业

（一）问题与需求分析

我国水产养殖业数字化基础薄弱，渔业装备智能化控制和精准化决策能力不足。一方面，我国传统渔业装备与现代信息技术尚未实现深度融合，渔业信息资源开发利用有限，精准饲养投喂装备技术研发支撑不足，智能化决策体系和系统尚未形成，限制了水产生产效率的提高。另一方面，由于水环境系统动态变化不规律、深远海海况复杂、环境气候对装备仪器干扰，深远海水产养殖精准信息获取及养殖设备故障识别诊断难度较大，不利于深远海养殖发展模式转型升级。因此，渔业智慧化转型发展亟须突破复杂渔业环境下天空地一体化立体监测技术，自主研发稳定、可靠、低成本的传感器，提升渔业装备及渔船渔港数字化水平，推进渔业生产经营监管智能化，提升养殖决策智能化水平，推进渔业作业无人化。

（二）发展路径

以推进渔业智能化养殖为主线，以池塘养殖、陆基工厂养殖、网箱养殖、海洋渔业四种养殖方式为重点，以省级和国家级现代化渔业产业园区、示范基地为载体，以智慧渔业、无人渔业引领的可持续渔业发展模式为重要方向，推进水产养殖技术、养殖工业化装备技术和数字化信息技术等技术体系建设，形成覆盖养殖、捕捞、水产流通与加工等渔业养殖全过程的智慧渔业产业体系，实现渔业生产要素的系统集成、优化配置和科学智能决策（表19-6）。

——针对池塘养殖，按照生态、健康、高效的要求，改善池塘基础设施，推进池塘养殖水质精准监测与调控技术、环境精准预测预警技术、池塘循环流水精养技术、质量安全追溯技术等技术研究，建造规范化的生态池塘，优化养殖品种结构，建设池塘养殖综合信息服务平台，全面推进池塘养殖的信息化水平。

——针对陆基工厂养殖，建立节能节水的工厂化循环水养殖模式，大力推进养殖水质自动监控装备、精准饲喂装备、工厂巡检与日常管理机器人等装备研制，实现陆基工厂全程养殖水质精准监测与控制、饵料精准饲喂与控制、设备优化调控。

——针对网箱养殖，研发超大型智能投饵系统，实现大型网箱养殖的精准投饵，研制深水网箱、大围网养殖水下检测、死鱼回收、网衣清洗、网衣提升、活鱼驱赶、捕捞收获、水下作业机器人等智能装备，实现深水网箱和大围网养殖的智能化管理和无人化作业。

——针对海洋渔业，加强人工鱼礁技术、养殖对象行为智能识别技术、养殖对象生物量自动检测技术、水质生态多参数原位在线监测技术、养鱼工船无人化技术等技术研究，大力推进海下智能装备研发，利用物联网、大数据、云计算等现代信息技术对海洋牧场实现智慧化运营，构建海洋养殖和生态环境大数据平台，实现海洋牧场养殖、生态环境数据的实时分析监测和重大灾害的提前预警。

表 19 - 6 智慧渔业产业发展路径

养殖方式	推进区域	适宜规模	应用环节	关键技术
池塘养殖	华中、华东、华南地区	当前池塘养殖面积约为 270 万公顷；按比例逐步推进	水质监测与管理、质量追溯	池塘养殖水质精准监测与调控技术、环境精准预测预警技术、池塘循环流水精养技术、质量安全追溯技术
陆基工厂养殖	长江中下游，珠江三角洲，华南、西南、华东地区	当前养殖规模约为 7 000 万米³；按比例逐步推进	水处理、生产过程管理、水产品质量追溯	在线环境自动监控技术、智能循环水处理和控制技术、饵料精准饲喂与控制技术、工厂巡检与日常管理机器人技术、水产品行为智能识别技术、水产品病害智能防控技术、质量安全追溯技术
网箱养殖	长江三角洲、珠江三角洲、渤海区、黄海区、东海和南海区	当前普通网箱约为 140 万只；深水网箱约为 2 万只；按比例逐步推进	网箱建设与管理、投喂管理、养殖生物捕捞	智能网箱升降自动控制技术、水下机器人精准作业技术、超大型智能投饵技术、自动捕获技术、活鱼驱赶技术、网衣清洗和提升技术、高压水射流技术
海洋渔业	渤海区、黄海区、东海和南海区	当前国家级海洋牧场示范区数量约为 110 个；按比例逐步推进	水环境监测、养殖生物管理	信息全面监测与精准传输技术、养殖设备识别与故障诊断技术、智慧捕捞技术、人工鱼礁技术、养殖对象行为智能识别技术、养殖对象生物量自动检测技术、水质生态多参数原位在线监测技术、养鱼工船无人化技术

第三节　农产品流通智慧化转型发展路径

一、问题与需求分析

（一）冷藏仓储设施不完善，流通智能化程度低

我国农用冷藏仓储设施建造标准低，硬件设施陈旧、温控技术差、信息无法共享等问题突出。大部分冷库仍局限于传统的保鲜仓储，不能满足农户产地加工处理的多元化需求，导致农产品贮藏保鲜期短、应用和调节市场供给能力弱。同时，农产品预冷意识差，预冷基础设施相对落后，预冷吞吐量低、能耗高，导致鲜活农产品品质不易维持，腐烂损耗现象严重，不利于农产品向高端化、品质化发展。此外，农产品分级分拣也主要依靠人工进行，自动化、智能化水平低。综上，农产品流通智慧化转型亟须完善冷藏仓储设施，推广农产品产地预冷工艺与设备应用，以及加强智能装备在分级分拣、打包、仓储、运输、末端配送等各环节的深度应用。

（二）农产品供应链配送体系不健全，流程缺乏标准化

我国国土面积大，农产品运输环节过长，农产品物流中间流通环节多，地区之间种植、养殖结构不同，现代农产品供应链尚未打通，农产品深加工、物流存储、配送等环节的保鲜时长不足，打包环节标准化、规格化程度低，导致产品货损率过高。同时，受地域限制和信息不对称的影响，传统以产配销的农产品销售模式极易出现供需不对等、市场可选择性弱等问题，亟须开发建设专业化智慧化水平高的农村电商物流系统和在线交易平台，保障农产品品质在供需两端的一致性。

二、发展路径

（一）政府主导强化基础设施建设

一是开展仓储保鲜冷链设施建设。积极整合各项涉农资金，重点在河北、山西、辽宁、山东、湖北、湖南、广西、海南、四川、重庆、贵州、云南、山西、甘肃、宁夏、新疆16个省份聚焦鲜活农产品主产区、特色农产品优势区和贫困地区，选择产业重点县（市），主要围绕水果、蔬菜等鲜活农产品开展仓储保鲜冷链设施建设，完善产地预冷体系，推广产地快速预冷设备应用。二是建立能够实现农产品分级存储的分拨中心和数据中心。采取以政府为主导、与民间资本相协作的方式，建设食品存储二次加工中心和物流产业大数据中心，提升高质量农产品的交易活跃程度和流通效率，提升农产品流通服务品质。

（二）加强信息技术和智能装备在物流产业的深度应用

一是突破农产品品质感知与环境自动控制技术。重点突破易腐食品代谢产物、有害微生物、关键功能营养成分、新鲜度等针对农产品品质的感知技术，开发利用温度、湿度、光照、空气含氧量、乙烯含量、硫化氢含量等环境参数感知与控制技术。二是完善农产品质量安全追溯体系。利用区块链技术将农产品产地、仓储、加工、运输、配送和销售等全生命周期各个环节进行信息封装，融合资金流、信息流、货物流，构建全程闭环的农产品质量安全追溯体系。三是推进智能分拣机器人、智能打包机器人、智慧物流无人搬运和自动驾驶运输等省时省力装备的应用。大力发展果蔬智能分级分拣机器人、智能打包机器人、AGV（自动导引车）及 AMR（自主移动机器人）将图像识别、自动扫描、自动驾驶、车联网等技术应用于分级分拣、打包、仓储、运输、末端配送等各环节，降低运营成本，提升物流配送的运营效率。

（三）搭建农产品智慧供应链平台

一是建立一体化大数据信息平台。促进农产品流通各环节数据的共享共通，并通过对流通过程中产生的数据进行挖掘分析，实现需求预测、物流跟踪、质量追溯，制定合理的智慧运营解决方案，减少供应链节点布局，提升农产品流通监测能力，提高供应效率。二是实现销售和种植养殖环节的农超对接。搭建农产品智慧物流港进行物流、仓储和配送环节的辅助管理，建立零售终端和采购源头的直接联系，根据订单指令进行统一调度、分拣、仓储和配送业务，减少传统农产品物流链的中间环节，打通农产品流通上下游的信息流和资金流。

（四）加快融入全球智慧供应链体系

提前布局、积极加入区域全面经济伙伴关系协定（RCEP）范围内农产品智慧供应链体系，加快制定与国际接轨的农产品智慧供应链标准，以更严格的安全和卫生措施来保障全球农产品安全，减轻新冠疫情对全球农产品供应链的影响。

第四节 本章小结

智慧农业是我国由农业大国迈向农业强国的必经之路，发展智慧农业需要瞄准主攻方向，明确转型路径，有针对性地采取相应措施，为农业高质高效可持续发展提供新动能。

从不同规模主体看，我国小农户存在着对智慧农业认识不足、信息技术与智能装备应用困难的问题，需从加快小农户信息技能培训、开展面向小农户的精准服务、创新托管与装备共享服务、建设面向小农户的电商平台及小型智慧农业应用终端等方面推进小农户的智慧化转型。针对新型农业生产经营主体所面临的规模效益未显现、产业链延伸不足、基础设施薄弱、人才资金匮乏、技术适应性不强等问题，需从补齐基础设施短板、加强农业全产业链建设、优化合作社智慧农业服务等方面推动农业生产经营的智慧化转型。

从不同产业看，粮经饲杂作物生产管理和决策智慧化水平低，需从加强农情监测预警、信息感知与智能控制、生产过程精准控制、智能农机深入应用等方面推进智慧化转型；园艺作物需重点突破育种、农业传感器、农业智能机器人、作物生长模拟模型、中小型智能农机等方面的技术瓶颈，带动园艺产业智慧化转型升级；当前我国畜牧产业自动化、信息化水平较高，但仍需从构建生猪疫病动态监测平台开展养殖环境智能控制、营养健康状况评估、农产品质量安全追溯系统建设等方面入手，深入推进其智慧化转型；禽业的智慧转型之路还需要突破健康高效饲养工艺、成套化/自动化饲养技术、全程数字化技术、养殖物联网、智能管理与溯源等核心技术瓶颈；渔业的智慧化转型之路需以省级和国家级现代化渔业产业园区、示范基地为载体，以智慧渔业、无人渔业引领的可持续渔业发展模式为重要方向，推进水产养殖技术、养殖工业化装备技术和数字化信息技术等技术体系建设，形成覆盖养殖、捕捞、水产流通与加工等渔业养殖全过程的智慧渔业产业体系。

针对农产品流通业，目前还面临着冷藏仓储设施不完善、流通智能化程度低、农产品供应链配送体系不健全、流程缺乏标准化等问题，完成其智慧化转型还需强化基础设施建设，加强信息技术在物流产业的深度应用，强化农产品智慧物流供应服务体系。

第二十章

智慧农业发展的政策措施与对策建议

当前我国正迈入全面建设社会主义现代化国家新征程，农业科技创新进入从"跟跑"向"并跑""领跑"发展的新时代。面向 2050 年，我国农业将面临更加严峻的人口、资源与环境的多重约束以及更加复杂多变的国际环境，对智慧农业科技发展提出了新要求。我国智慧农业各领域仍存在多个"卡脖子"问题，甚至引发"短木桶效应"，因此，必须坚持"四个面向"，加强顶层设计，加快制定智慧农业工程科技长远发展战略规划，建立健全标准规范、学科人才、政策支持、产业生态、投资融资等一系列机制，加快突破核心技术壁垒，加速重大科技成果应用，加大新产业培育力度，充分发挥智慧农业工程科技对农业农村发展的牵引作用，支撑我国由农业大国向农业强国转变，助力乡村全面振兴。

第一节　强化标准引领，助力智慧农业规范发展

智慧农业建设需要标准引领，建议由农业农村部牵头，加快成立智慧农业标准化工作领导小组，重点在农业物联网、农业大数据、农业智慧物流等关键共性技术领域，建立国家标准规范，积极参与国际标准制定，助力我国智慧农业标准化发展。

一、成立智慧农业技术标准化工作小组

建议由农业农村部统筹协调，成立国家智慧农业技术标准化工作小组。一是加快编制《国家智慧农业标准体系建设指南》。组织涉农院校、科研院所和企业等机构，梳理现有基础共性、关键技术标准规范，从系统层级、生命周期、智慧功能等维度建立智慧农业标准化系统架构。二是明确重点标准立项方向。按照"共性先立、急用先行"原则，加快研制适合我国农业发展特点、与国家基础标准相衔接的基础共性标准、关键技术标准与行业应用标准，逐步制定智慧农业相关术语、基础信息、知识模型、数据融合、支撑平台、数据安全等方面的标准规范。三是加强建设技术标准实验验证环境。加强组织协调，依托联盟、协会、研究机构等团体，组建智慧农业标准制定、实验验证、标准符合性测试平台，建立应用推广一体化联合工作机制，确保将新技术、新成果快速纳入标准体系，以标准化手段引导智慧农业健康可持续发展。

二、推动智慧农业重点领域标准规范建设

针对当前我国智慧农业发展所面临的产业共性标准严重缺位问题，围绕生产、流通过程中的设施装备及管控技术需求，重点在农业物联网、农业大数据、农产品物流等领域建立一批国家标准规范。一是完善农业物联网标准体系。整合现有的农业物联网行业标准，建立国

家、行业和团体"三位一体"的农业物联网标准化体系，加速制定专业名词术语、标识、元数据、空间编码、平台构建等基础标准，推动信息采集、传输、存储、处理与应用等具体标准。二是构建农业大数据标准体系。加快出台农业基础性数据和技术标准，确保农业大数据资源的有序开放与共享，提升国家农业数据能力。聚焦农产品生长环境、生长过程等环节的标准化采集和分析应用标准建设，统一数据的指标口径、采集标准和发布机制，建立包含涉农数据处理、数据访问、数据安全、数据质量以及数据使用标准体系。三是构建农业物流标准体系。加快制定业内统一的产品分类、编码标识、平台运行等数据格式和接口规范，加快农产品条形码的推广应用，促进农业流通业电子数据标准统一。建立规范的农产品电子档案和电子标识，基于农产品生产记录、品牌标识、合规性等信息，加强通用性标准化建设，提高农产品流通的追溯能力和安全性。

三、积极参与国际标准制定，提升我国智慧农业话语权

对标强国目标，争取主导农业智能装备、智慧农业操作系统等国际标准研制。积极在新型农业传感器技术标准、涉农数据标准、农业大数据采集加工标准、数据传输通信协议标准、数据安全标准等领域与其他国家协同开展国际标准体系建设。积极参与国际农业物联网、农业大数据标准制定，对标国际标准规范查漏补缺，完善我国智慧农业标准建设，填补相关领域空缺。鼓励企业参与智慧农业领域国际标准研究、制定和推广。建立适合我国农业发展水平和发展方向的标准规范，并通过联合制定、标准转化等形式提升我国智慧农业标准体系的国际话语权，努力使智慧农业中国标准变成国际标准。

第二节　加大政府支持，完善智慧农业政策体系

强化中央财政资金引导，通过制定智慧农业发展规划、设立智慧农业专项发展基金，调整已有补贴政策支持方向，积极推动国家和地方农业智慧化转型，形成政府引导、多方参与、共同发展的政策支持机制。

一、加强智慧农业顶层规划

一是建立智慧农业专项工作领导小组，建议由农业农村部牵头，实行环保、基建、教育等相关部门专项负责，建立省-市-县-镇统筹协调机制，统筹推进全国智慧农业发展。二是加快编制《国家智慧农业发展纲要（2021—2035）》，明确智慧农业发展路线图和时间表，因地制宜制订落地方案，同步推进智慧农业新基建、智慧种植业、智慧养殖业等各专项规划编制工作。三是强化重大工程牵引。坚持政府主导、市场推动、中央与地方联动机制，建议围绕效率型、效益型、效果型三类农业，在农产品优势产区、国家现代农业产业园所在县市，实施一批智慧农业重大工程建设，通过重大工程牵引，引导国家和地方资金投入，促进智慧农业可持续发展。四是开放数据共享。农业数据具有散乱杂以及数据量大的特点，建议政府部门加强农业数据的收集和整合，并在一定范围内开放相关数据，建立共享机制，对于进入我国市场的国外产品，要求其提供数据接口标准。

二、设立智慧农业发展专项基金

一是设立智慧农业发展引导基金，重点扶持农业大数据与信息服务、种植业、养殖业、

农产品供应链、农业资源环境监控以及相关支撑产业领域"领头羊"企业，扶持信息科技与农业龙头企业牵头成立智慧农业服务企业。二是设立农业农村数字化基础设施建设基金。建议由国家发展改革委联合工信部，设立农业新基建项目库和监管平台，将农业农村天空地一体化观测体系、农业农村数据中心、生鲜农产品智慧物流等数字化基础设施纳入国家新基建工程支持范畴，重点支持产业园开展互联网与物联网协同应用，构建涵盖"天空地人"全面感知网、通信网络和计算存储资源的数据资源体系。三是设立智慧农业科技推广培训专项基金。以政府采购的方式为智慧农业相关从业人员提供相关技术教育与知识培训，提升从业人员基本素养，推动农业生产、经营、流通等各环节的智慧化转型。

三、补贴政策向智慧农业方向倾斜

一是制定差异化项目支持与补贴政策。建议减免部分项目的地方配套资金要求，各地的智慧农业财政专项资金要专款专用，着重支持智慧农业基础设施、大田数字化转型、水产数字化转型等发展薄弱领域；建议借鉴欧盟共同农业政策，根据生产经营主体的智慧农业生产规模，建立应用数字技术的分类补贴机制，减免农业生产基地网络接入与数据传输费用；建议在社会化服务比较成熟的区域，将智能农机购置补贴逐步转向作业服务补贴。二是拓宽智慧农业产品补贴范围。建议类比农机购置补贴政策、农业绿色发展补贴政策，制定专门的智慧农业技术装备与产品购置补贴支持名录，提高在高端农机装备购置、智慧农业数据平台开发共享、平台运营维护等方面的直接补贴和贷款贴息力度。三是加快出台针对不同行业领域的补贴方案。包括针对生猪、奶牛、家禽养殖大县的智慧畜禽养殖补贴方案，针对东北地区、内蒙古和新疆等地的大田粮食、露地蔬菜等智能动力设备和专用作业装备补贴方案，以及针对设施农业标准园、水产健康养殖示范场的农业物联网成套设备与解决方案及补贴方案。四是强化智慧农业公共服务。推进政务信息公开，构建智慧农业评价指标体系，开展动态监测，加强舆论引导，推介宣传发展典型和经验，营造加快推进智慧农业发展与升级的良好氛围。

第三节　坚持创新驱动，构筑智慧农业产业体系

创新驱动是推动经济质量变革、效率变革、动力变革，实现新旧动能转换的有效途径。当前世界处于百年未有之大变局，在经济下行压力日益增大、资源生态环境约束不断强化、人口红利逐步消失的背景下，实现智慧农业高质量发展，必须坚持创新驱动战略，构筑智慧农业产业创新体系，形成各类创新主体合力、携手蓬勃发展的良好态势。

一、加强核心技术与产品自主创新

一是设立智慧农业科技攻关专项基金。加强智慧农业核心技术攻关和重大应用工程建设的资金支撑，建议科技部等有关部门牵头制定农业数字化领域的联合攻关支持目录和试点示范目录，重点围绕农业专用传感器、动植物生长发育调控模型、高端智能农机装备等开展科技攻关。二是支持创建国家级智慧农业科技示范基地。以现代农业产业园、科技园、创业园为载体，遴选一批典型县市，创建国家级智慧农业创新发展试验区与科技示范基地，探索符合我国不同区域特征的智慧农业发展模式与运行机制，加速智慧农业科技成果转化。三是加强智慧农业技术知识产权保护。逐步建立健全智慧农业技术知识产权认定与保护制度，重点

对智能高效农机装备、农业人工智能算法、农业知识模型、农产品标识技术、农业大数据及其源代码等核心资源和技术予以保护，充分调动产权单位或个人开展智慧农业技术研发推广的积极性。四是强化基础条件平台建设。建立国家智慧农业技术研究中心与重点实验室，整合不同单位、不同学科、不同领域的创新主体，建设一批智慧农业科技创新战略联盟，推动核心关键技术联合攻关与协同创新，建立涵盖科研仪器、科研设施、科学数据、科技文献与实验材料等科技资源的共享服务平台，提高智慧农业科研资源共享水平。

二、推进智慧农业核心技术产业化

一是大力推动传感器产业发展。创新传感器核心芯片和模组的研发制造，促进形成链条完善的传感器产业体系，推动传感器产业与农业的融合创新发展和关联集聚，在关键领域重点推进传感器高质量发展和技术创新，带动相关芯片设计和制造产业，培育一批具有自主知识产权的传感器研发企业。二是形成完备的农业大数据产业生态体系。对农业大数据行动计划进行总体设计规划，建立农业数据资源汇集目录清单，统筹建立数据开放共享目录体系，明确数据关联度与数据分级分类标准，实现重要数据的共享贯通，推动政府数据和社会数据相融合，形成农业大数据动态发展良性循环。三是加速 5G 产业与农业的融合。5G 是实施数字农业战略的核心，要推进 5G 产业和农业融合应用，结合大数据、云计算、人工智能等技术孵化新应用、催生新业态，推动传统农业产业升级。四是培育农业数字经济产业生态。布局一批农业数字经济综合创新试验区，鼓励农业产业化企业与互联网平台企业、涉农平台企业、金融机构等创新合作，共同构建"装备制造＋农业研发＋生产服务＋商业模式＋金融服务"跨界融合的农业数字化生态。

三、完善智慧农业技术服务体系

一是建立智慧农业技术产品测试平台。建立完善国家和行业认可的第三方检测平台，加强对智慧农业技术产品的标准规格、兼容性测试、安全仿真测试与安全风险评估。二是建立智慧农业社会化服务体系。充分依托中国农业社会化服务平台等鼓励农业生产性服务，建立高效的土地托管、土地承包、农机作业等智能化农业管理服务平台，组织开展智能农机共享与租赁服务，在深耕深松、工厂化育秧、智慧烘干仓储等关键节点，探索单环节托管、多环节托管、关键环节综合托管和全程托管等多种托管模式，通过专业化服务，将先进适用的技术与装备导入农业生产，切实解决智慧农业技术购置成本高昂的问题。三是建立以农民为中心的智慧农业科技服务体系。以信息进村入户工程与全国农业科教云平台为基础，进一步挖掘大数据资源潜在价值，探索基于农业知识图谱的信息服务模式，为农户提供个性化、专业化的信息服务，促进经验指导型服务方式向数据驱动型服务方式转变，全面提升农业科技服务效能。四是制定智慧农业技术动态推广机制。把握不同产业技术与装备需求，定期发布适应大范围推广的智慧农业技术和产品目录，切实推动智慧农业技术落地。

四、构建智慧农业信息安全体系

一是完善农业数据安全治理体系。从智慧农业的工作实际与数据安全保护形势需要出发，广泛吸收国家标准、行业标准及相关规定，兼顾安全与发展的原则，既要让数据发挥价值，又要防止数据泄露对国家安全、网络安全和社会公共利益造成的威胁；明确数据安全管理责任，规范数据运营者的安全保障义务。二是加强农业信息安全人才保障能力。与高校等教育机构合作，加强农学、计算机技术、国际关系等复合学科人才培养，加强智慧农业从业人员的数据安全专业支持和防护技能培训，提升其政治素养和专业水平，有效提高智慧农业信息安全保障能力。三是提升农业信息安全意识。农村地区是信息安全意识的薄弱地带，积极创新宣传形式，发挥各类媒体的宣教作用，依托民间组织、企业、行业协会等，开展数据安全意识教育活动和数据安全技能培训，向广大农村地区和农民宣传农业信息安全知识，筑牢农业信息安全防护墙。

第四节　鼓励社会参与，增强智慧农业内生动力

鼓励和支持社会资本以及电信运营、信息服务、系统集成等企业参与智慧农业建设，培育产业链上下游协作共赢的智慧农业生态模式，不断增强智慧农业发展内生动力。

一、形成政府主导、社会支持的投资融资机制

一是充分发挥政府主体地位吸纳外部资金流入。农业项目表现出较强的公益属性，借力市场作用有限，需要通过政策导向、设立智慧农业专项基金和创新基金等方式，将国家公益性补贴和市场化运作有效结合，拓宽多元投融资渠道，建立投资、建设、运营等常态化机制，引导资金流向农业传感器、无人驾驶等智慧农业核心技术领域，满足农业智慧化发展需求。二是激发多元主体参与智慧农业投融资。吸引不同类别经营主体参与智慧农业投融资，调动各类合作服务组织的主动性，建立以政府投资为引导、以企业投资为主体、金融机构积极支持、民间资本广泛参与的投融资模式，摆脱政府单一性投资劣势，撬动社会资金投入智慧农业建设，通过合理方式授权企业参与运营和管理，形成可持续的商业模式。三是鼓励金融机构开辟智慧农业市场。通过降低农村金融信贷门槛、设立科技投资风险基金、试行农业数据与服务资源有偿交易等方式，弥补政府供给主体的功能缺陷，实现"智慧农业"可持续发展。

二、建立智慧农业风险基金与保险制度

农业生产具有回报期长、难以根据市场行情立即调整、需求弹性较小、农产品价格波动剧烈等特点，有一定的自然风险和时间风险。尤其是智慧农业，随着农业生产成本进一步增加，亟须建立相应的风险基金与保险制度，保障从事智慧农业生产经营主体的基本利益。一是建立智慧农业风险基金制度，保障智慧农业生产经营不因灾害与市场波动等而中断，为受损生产经营主体提供及时帮助。二是建立完善智慧农业保险制度，为智慧农业提供兜底扶持，降低主体从事智慧农业生产经营风险，推动智慧农业技术、装备推广应用。三是建立覆盖生产规划、自然灾害、市场变化在内的智慧农业预警体系，为主体提供全方位的技术指导、生产指导，提高主体生产效率及与市场对接的精准度，降低主体生产经营的市场风险、灾害风险，进一步激发主体开展智慧农业生产经营的内在动力。

三、充分发挥企业主体和市场的导向作用

一是引导建立智慧农业应用联合体。围绕智慧农业海量农业物联网感知设备并行数据采集、大量高频数据实时分析、决策方案生成与控制指令毫秒级低延时下发、无人作业等应用需求，引导建立智慧农业应用联合体，形成网络服务商、网络运营商、存储算力服务商、农

业科研机构、农机生产商、智能系统开发商等各主体相互借力、相互依存的产业生态圈。二是鼓励和引导互联网企业向农业领域聚集。鼓励互联网企业根据市场需求及自身发展需要先行投入资金组织开展智慧农业研发活动，对解决重大问题、取得重大成果、获得显著效果的研发活动，认定后可给予奖励性后补助。三是构建激励涉农企业主动建设智慧农业的利益驱动机制。面向涉农企业，在土地征用、人才引进、信息获取、融资渠道、公共资源以及各类政务服务等方面制定更多切实可行的优惠政策，切实降低涉农企业税费负担，完善区域性股权交易市场，为涉农企业建设与发展智慧农业提供融资渠道和资本市场，引导农业企业主动应用智慧农业技术。

第五节　加强学科建设，健全智慧农业人才队伍

目前我国专门从事智慧农业建设的人才严重不足，已有从业人员知识水平参差不齐，综合性人才缺乏。应坚持创新驱动引领智慧农业，把人才工作摆在突出位置，着力开展学科人才体系建设，显著提升科技对智慧农业的支撑水平，引领智慧农业发展。

一、加强智慧农业学科体系建设

一是打造融合计算机、生物工程、农业工程、农业科学等学科交叉融合的新型学科体系。借鉴以英国智慧农业工程专业为代表的较为全面的智慧农业学科体系，打造覆盖计算机技术，农业工程、动植物营养健康、食品环境科学等在内的农业科学，以及功能食品、清洁技术、废弃物再生能源、新型绿色能源开发与利用、绿色生产技术等与智慧农业相关的交叉学科体系。二是创新学科人才培养方式。通过整合院校教学平台资源，形成智慧农业企业、智慧农业科学技术研究院、有关高校（设有智慧农业学科）等多主体联合培养模式，加快形成以硕士、博士研究生为重点培养对象的培养计划和方案。三是强化以产业贡献为导向的学科评价机制。在科技成果和人才评价中，改变过度强调论文、"一把尺子量到底"、看重"名头""帽子"等做法，充分体现分类指导原则，将产业实际贡献度和市场认可度作为最重要的评价指标，将成果与生产、市场紧密结合，让科研成果"既能上书架又能上货架"，实现"论文写在大地上、成果用在农民家"。

二、加快智慧农业人才梯队建设

一是专业人才培养。加强基础研究、应用研究、运行维护等方面专业技术人才培养，支持培育具有发展潜力的行业领军人才、拔尖人才。二是复合型人才培养。引导涉农院校在农业工程、畜牧兽医、设施园艺、信息科学等学科设置智慧农业专业，在相关职业院校、高等院校、科研机构和企业等相关单位，通过辅修、双学位、合作培养、定向培养等方式，加强贯通理论、方法、技术、产品与应用等的纵向复合型人才培养，重视掌握农业、计算机、生物、数学、物理、管理等的横向复合型人才培养。三是做实联合培养。大力推动由职业院校、高等院校、科研院所与相关企业联合搭建的教育实践基地建设，推动产教、产学合作，构建协同育人体系。四是完善人才合作交流制度。积极推进国外高端人才引进计划，重点加强与"一带一路"沿线国家人才交流合作，结合中非、中阿、中拉、中欧等地区的农业国际合作平台，加强与农业领域国际一流研究机构、高校的人才联合培养机制。

三、打造智慧农业科技服务团队

一是科技创新团队建设。通过设置智慧农业国家重大研发专项与重点研发计划，建立研发中心与重点实验室，打造一批包括科技领军人才、工程师、高水平管理人员在内的科技创新团队。二是强化以企业为主体的协同创新机制，探索建设一批智慧农业产业技术研究院，围绕智慧农业重大关键技术问题，组织协同创新，组织大团队、大协作，搭建大平台，制订一体化的方案，变"单打独斗"为"集团军作战"，打造一批以企业为核心的可创新、能落地的智慧农业科技服务人才队伍。三是推广智慧农业科技特派员服务，通过政府财政购买的方式建立一支专业、统一、规范的科技队伍，提供优质的智慧农业科技服务、教育培训服务和技术推广服务，将智慧农业科技服务人员、教育培训人员和技术推广人员纳入公益性、政府性岗位，调动智慧农业科技特派员的工作积极性。

四、培育数字农业农村新农民

鼓励农民工、大中专毕业生、退伍军人、科技人员等各类人员，返乡下乡开展新型农业经营活动，壮大信息技术创新力量。面向经营主体提供农业生产全过程数字化转型技术服务，在技术推广理念上逐步转向产业为主和专项服务。依托高素质农民培育工程，整合各渠道培训资金资源，采用远程教育培训、专家授课培训、网络微课程培训、技术观摩等形式，重点对信息技术操作规程、标准化数字改造、农机智能装备管护、应用系统与平台后期维护等领域开展技术培训，促进经营主体数字化生产的可持续性。

第二十一章

至 2050 年中国智慧农业发展愿景

当前全球均在致力于推动社会数字化转型,信息技术与各行各业的融合进一步深化,智慧、开放、和谐、美丽已成为国际共识。到 2050 年,在全面建成富强、民主、文明、和谐、美丽的社会主义现代化强国的目标任务下,中国在推动智慧农业建设上更加坚持"四个面向",智慧农业工程科技创新将取得重大进展,农业信息将渗透到农业全过程、全要素、全系统中,农业全产业链整体实现智慧化,确保农业强、农村美、农民富的乡村振兴目标实现。

全面实现智慧农业技术"自主可控替代技术进口"新目标。至 2050 年,信息技术(IT)、生物技术(BT)与农业技术(AT)进一步有机融合,推动形成更加完善的中国智慧农业技术体系,高端智能拖拉机、农业传感器高性能芯片、动植物生长模型等短板技术得到全面突破,全面建成完善的智慧农业产业生态体系,我国自主研制的农业专用传感器、高端智能拖拉机、农业软件产品得到规模化推广与广泛应用。中国在推动智慧农业建设方面的战略理念、工程方案将成为全球共识,届时中国将建成世界智慧农业科技强国,智慧农业关键核心技术全面实现自主可控替代国际进口,中国成为全球智慧农业技术领先国家之一。

全面构筑"机器替代人力"少人化或无人化作业新场景。至 2050 年,数字技术特别是人工智能技术与农业跨界深度融合成为常态,农业生产力凸显"高效能、高效率、高效益",少人化或无人化作业场景成为主流,具体表现在高可控智能化植物工厂、智能农场、智能牧场、智能渔场、智能果园、农业装备智能工厂、农产品加工智能车间和农产品绿色智能供应链等领域,农业机器人成为主要生产工具,农业数字经济成为智慧农业发展常态,人机和谐、环境优美、机器无人自主作业场景随处可见。

全面形成农业生产经营与管理服务"电脑替代人脑"新局面。至 2050 年,天基物联网、无人机遥感网、地面传感网等天空地一体化信息监测体系被广泛应用于农业信息采集中,通过大数据、人工智能、脑机交互、量子计算等技术在农业领域的深度融合与创新应用,全面建成"农业大脑"指挥决策中心,实现农业智能感知、智能控制、自主作业、智能服务,全面提高涉农人员运用信息与知识的水平和管理决策的能力。

专题篇

第二十二章

农业大数据与信息服务发展战略研究

　　当前大数据技术快速发展，其特点是可对数量巨大、来源分散、格式多样的数据进行采集、存储和关联分析，并从中发现新知识、创造新价值、提升新能力，大数据已成为新一代信息技术和全新的服务业态。农业大数据是新时期农业增长的新要素，发展农业大数据与信息服务，加强农业信息化基础设施建设是建设智慧农业的重要基础。本章节在文献综述、实地调研、专家咨询和前沿技术追踪的基础上，系统分析了我国农业大数据、农业信息服务、农业信息化基础设施的发展现状、存在问题、战略需求与挑战，总结了国内外发展农业大数据、农业信息服务、农业信息化基础设施的政策、行动计划和经验做法，系统分析了国内外发展模式、典型案例，筛选提炼了农业物联网、农业全产业链信息采集、农业数据智能计算、农业大数据关联分析与预测、农业云服务等 36 项关键技术清单，提出了 2025 年、2035 年和 2050 年的发展战略目标、重点任务和战略措施，绘制了未来发展技术路线图，研究提出了重大工程与科技专项建议，对我国发展农业大数据、农业信息服务和农业信息化基础设施提出了相关政策措施和对策建议。

第一节　发展背景与现状分析

一、背景与意义

（一）农业大数据是农业新型重要生产要素，是建设智慧农业的重要基础

　　农业大数据是大数据理念、技术和方法在农业领域的实践。现代农业生产、流通、消费和投资等各类活动都产生农业大数据，运用大数据的理念、技术及方法分析处理农业大数据，可以获取高附加值的农业信息用于指导农业生产活动。在大数据和信息化时代，农业大数据已成为农业从业者发现新知识、创造新价值、提高生产能力的新型现代农业生产要素，更是国家重要的新型战略资源。通过转变传统农业生产方式、经营管理模式和农业管理手段，农业大数据可以不断地为我国农业农村经济结构转型与发展提供新动力，为乡村振兴和农业现代化提供新路径。

　　我国农业大数据正处于持续增长的历史阶段。国家农业大数据体系不断完善，物联网、智能设备、移动互联网等先进的地面监测技术结合遥感、无人机等现代空间信息技术，共同构筑起了天空地一体化的数据采集体系。该体系以数据归档系统为主体、以基础数据库为辅助，实现了对农业大数据的集中统一管理和全方位跟踪分析。以国家重点农产品市场信息平台为例，每天新增农业数据约 10 万余条，截至 2019 年底累计接入各类农业数据约 20 亿条，数据存储容量突破 600 吉字节。农业正在从农业资源（如大气、土壤、水、生物质等）、农

业环境（如气象、水文、土壤水分、温湿度等）、农业作物（如作物长势、产量、病虫害等）以及农业过程（如育种、施肥、收割、运输、销售等）等各个领域产生海量数据资源，从国家到省、市已经建设形成多级农业农村大数据中心，生猪、柑橘、花生等重点农产品已经完成单品种全产业链大数据资源建设。

智慧农业的未来发展从根本上需要依靠农业大数据，解决大数据源问题。农业领域（包括种植业、林业、畜牧业、水产养殖业、农产品加工业等）及其密切相关的上下游产业（如农业机械、仓储、农药、饲料、化肥，屠宰业，肉制品、奶制品加工业等）的智能化发展都需要农业大数据驱动。以智慧种植业为例，农情监测中对农业气象大数据进行分析可以提高自然灾害预测预报的准确率；农业大数据驱动的新一代农业模型除了能够集成农作物生长发育状态信息，还能集成气候、水分、土壤、生物等各种生长环境信息，同时还可以通过综合社会经济、环境保护和可持续发展等指标，来弥补传统专家知识系统、数学模型对多结构、高密度数据处理的缺陷，为农业生产者、农产品经营者和政府决策部门提供更加精准、实时、高效的农业信息；在农产品市场环节，海量数据是农产品监测预警工作的基础。大数据与农业产业深度融合大有可为、前景广阔，农业大数据将是智慧农业建设的基座。

（二）农业信息服务是农业与信息技术深入融合的纽带，加强信息服务是智慧农业的重要内容

智慧农业是现代信息技术与农业产业有效结合的产物，信息技术的不断进步及其在农业领域的广泛应用极大地加快了我国农业信息化的进程。劳动力资源是农业生产的必需因素，而我国农业劳动资源短缺、素质整体不高、劳动技能不足等问题严重影响了农业现代化的建设发展，在此背景下，通过利用智慧农业技术实现农业生产活动的智能化，提高劳动生产率，就成为当前实现农业增产和农民增收的必然选择和唯一出路。此外，农业主体分化也为智慧农业信息服务发展提供了机遇。当前，我国农业正处于专业分工深化、生产方式加快转变的关键时期，各种新型农业经营主体不断涌现并逐步成长壮大，农业生产经营主体快速分化。与传统农户相比，农业企业、合作社、家庭农场等新型农业经营主体，其资金和知识储备更具优势，更加注重劳动生产率与成本利润率的提高，对现代农业信息与信息技术的接受度和需求度远高于普通农户。智慧农业信息服务提供的各类劳动替代型新兴农业技术、精准付费型市场信息等产品，能有效降低农业生产成本、提高市场份额和利润率，这与新型农业经营主体的发展需求相契合，与农业经营主体分化的时代趋势相契合。因此，推动智慧农业发展需要智慧农业信息服务。随着无人驾驶、区块链、天空地一体化、AI养殖等技术的不断成熟，必将会给农业生产、经营、管理等全产业链的各个环节带来重大变革，但变革的速度和广度，取决于智慧农业信息服务的能力。智慧农业信息服务是实现现代信息技术与农业全产业链发展相结合的纽带，提升智慧农业信息服务能力、健全服务体系，是国家数字农业智慧农业战略、重大科技研发计划"靴子落地"的关键，也是加快推动现代信息技术转换为生产力的关键。

（三）农业信息化基础设施是现代农业发展的基本保障，加强信息化基础设施建设是发展智慧农业的首要条件

农业信息化基础设施是指为农业生产和农村社会提供信息化公共服务的信息基本硬件、应用终端与基础装备，主要包括农业数据获取设施、农业数据存储与计算能力、农业农村网络通信、农业信息应用终端和农业信息化融合基础设施等。农业信息化基础设施建设是农业农村信息化建设最基本的内容和环节，是农业信息化服务和信息技术应用的条件支撑，是农村发展的"信息高速公路"。从全球范围看，新基建正推动新一轮信息革命，众多国家纷纷将发展5G等新一代信息化基础设施作为战略部署的优先行动领域。近年来，我国大力发展5G网络、物联网、大数据等新基建，并开始在农村地区部署。以大数据、云计算、物联网、人工智能为代表的新一代信息技术推动我国的信息化发展从"互联网＋"向"智能＋"升级。数据、算法和算力是发展以新一代信息技术为支撑的智慧农业的核心要素，信息化基础设施决定着数据、算法和算力的供给，直接影响智能化实现的程度，是发展智慧农业的首要支撑条件。当前，我国的农田信息化建设不够，灌溉设施等传统基础设施数字化程度不足，宽带网络还不能满足智慧农业生产数据的传输要求，因此，亟须加快农业农村新基建和农业传统基础设施数字化升级，构建适合我国国情农情的农业农村信息化基础设施，支撑现代农业向智慧化转型升级。

二、技术应用现状

（一）适农信息监测技术、传输技术、计算技术水平显著提升，农业信息化基础设施不断完善

我国对农业农村信息基础设施建设高度重视，相继发布了《"宽带中国"战略及实施方案》等系列重要文件，部署了"宽带乡村"等系列重大工程，开展了系列行动计划。近年来，随着"宽带中国"战略等系列决策部署的深入实施，我国农业信息化基础设施在数据获取能力、数据资源建设、数据算力提升、农业农村网络通信建设、应用终端配套等方面取得重要成就。

1. 农业数据监测技术水平不断提升　农业信息获取是农业信息技术的基础和关键，是农业信息的源头。在天基卫星遥感监测方面，我国首颗农业高分辨率观测卫星已于2018年成功发射，我国农业有了专属的"中国天眼"，打破了高分辨率数据长期依赖国外卫星的局面，利用遥感、无人机等现代空间信息技术建设了高分辨率统计应用系统，实现了农村数据采集天空地一体化应用。农业高分辨率观测卫星必将加速推进天空地数字农业管理系统，为智慧农业发展提供精准的数据支撑。在地面物联网传感器方面，设计研发了一批低成本、低功耗、小型化、高可靠性的农业传感器，覆盖土壤传感器、水体传感器、气象传感器、植物生命信息传感器、生理生化信息传感器、动物行为识别等品类，为农业生产数据采集提供了强大支撑，在我国农业信息监测和数据获取中发挥了重要作用。国家农业农村大数据采集体系建设不断完善，利用物联网、智能设备、移动互联网等信息化技术采集农业农村数据，提高了数据采集效率和质量。农业基础数据库建立逐渐完善，实现了农业基础调查数据集中统一管理。通过农产品市场信息平台建设，初步构建了多源数据资源体系，通过数据整合共享，平台汇聚粮、棉、油、糖、畜禽产品、水产品、蔬菜、水果等八大类15个重点农产品全产业链数据。农业农村数据报送技术改进，依托"金农工程"建立了农业综合统计信息采集系统、农机化信息统计系统、土肥信息统计系统等多联网直报平台，进一步提高了数据报送效率和质量。全国农情信息调度系统建成覆盖全国32个省级农业部门和600个基点县的农情调度网络，运用卫星遥感技术，对水稻、玉米、棉花等五大作物长势、产量及灾情和土壤墒情等进行监测，提高决策精准化和科学化。

2. 农业农村网络设施不断完善　目前，我国大部分地区已初步建成融合、泛在、安全、绿色的宽带网络环境，基本实现了"城市光纤到楼入户，农村宽带进乡入村"。农村和城市"同网同速"的时代正在到来。农村互联网普及率稳步提升，截至2020年12月，我国农村

网民规模达 3.09 亿人，占网民整体的 31.3%，我国农村地区互联网普及率为 55.9%，城镇地区互联网普及率为 79.8%（图 22-1），城乡互联网普及率差距持续缩小。全国贫困村通光纤比例从"十三五"初期的不足 70% 提升至 98%，全国行政村通宽带和通 4G 比例均超过 98%，实现了领先全球的农村网络覆盖。"村村通""电信普遍服务试点"工程深入实施，农民逐步享受到信息社会的便利。根据工信部统计数据显示，农村宽带接入用户快速增长，截至 2020 年 6 月，农村宽带接入用户为 13 965 万户，农村宽带接入用户占互联网接入用户比例达 30.0%，比上年度净增长 8.2%。乡村广播电视网络基本实现全覆盖，全国有线电视网络整合和广电 5G 建设一体化发展，基本实现农村广播电视户户通。农村网络、物流等基础设施条件进一步完善，农村电商迅猛发展。农村物流建设不断加快，制约农村电商发展的"最后一公里"物流问题逐步缓解。随着物流技术尤其是冷链物流基础设施的不断建设，我国农产品电子商务已进入线上线下加速融合、生鲜配送服务体系逐步健全的新阶段。政府和相关企业纷纷加大对农村电商基础设施建设投入，农村地区的宽带网络、快递物流的覆盖率均有明显提升。

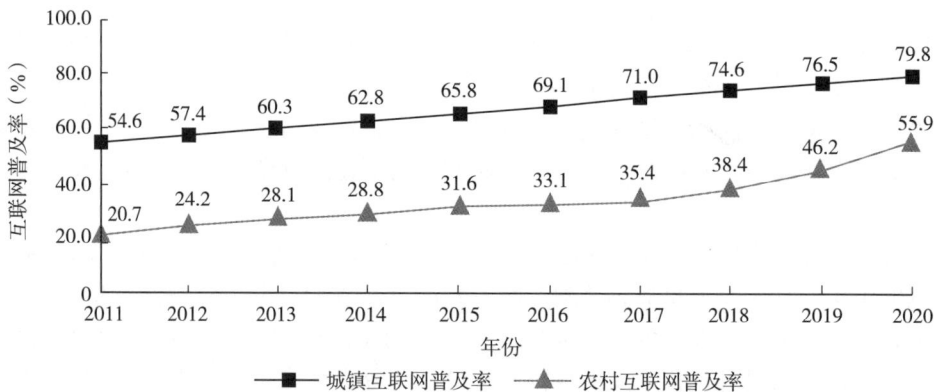

图 22-1 2011—2020 年我国城乡互联网普及率

3. 农业与人工智能不断融合发展 经过多年的持续积累，我国在人工智能领域取得重要进展，国际科技论文发表量和发明专利授权量已居世界前列，部分领域核心关键技术实现重要突破。语音识别、视觉识别技术世界领先，自适应自主学习、直觉感知、综合推理、混合智能和群体智能等初步具备跨越发展的能力，中文信息处理、智能监控、生物特征识别逐步进入实际应用阶段，新型高效算法推动人工智能创新创业日益活跃，一批龙头骨干企业加速成长，在国际上获得广泛关注和认可。近年来，随着农业与人工智能技术的深入融合，高性能算法和智能模型不断创新，在农业生产、流通、市场等全产业链环节的智能决策中得到广泛应用。农业大数据计算更加注重从海量数据中寻找相关关系和进行预测分析，包括数据清洗、尺度转换、多源数据融合、分布式存储与管理、关联分析与预测等方面。农业数据处理正从传统的数据挖掘、机器学习、统计分析向智能分析预警模型系统等演进。

4. 农业新基建拉开序幕 5G 农业得到初步应用。农业农村大数据中心等新型基础设施建设将加快推进，数字农业新技术、新产品、新业态、新模式不断涌现，北斗、5G、物联网、农业专用传感器、智能装备将加速在农村布局，推动智慧农业加速发展。5G 应用进入全面深入落实阶段，2020 年底全国 5G 基站数超过 70 万个，实现了地级市室外连续覆盖、县城及乡镇有重点覆盖、重点场景室内覆盖。目前我国 5G 中频段系统设备、终端芯片、智能手机等均处于全球产业第一梯队。随着我国对新基建的加快部署,各地开始重视5G在农业领域的融合创新与应用发展,涌现了基于5G的智慧农业示范园建设运营模式创新实践。例如在陕西省杨凌示范区,依托5G技术建成农业大数据管控中心和基于物联网下的农业生产运营管控体系。杨凌智慧农业示范园依托物联网技术,建立对各类温室内"温、光、气、水、肥"等信息和室外气象数据的实时采集系统,通过4G/5G/NB-IoT等移动互联网方式实现数据汇集和指令下发,实现视频、语音、数字、图片等数据无障碍传输。2020年4月,江苏南京国家农业高新技术产业示范区与江苏移动合作,计划3年内实现南京农高区"5G+4G"全覆盖,同时依托"农业AI大脑"云平台,为农业技术创新注入数字新动能。5G赋能信息进村入户,助力智慧乡村建设,"5G+"益农云电商直播、"5G+"远程培训、"5G+"智慧养殖、"5G+"智慧种植、5G无人机、5G智慧农机等亮点频现。

乡村传统基础设施数字化转型加快。信息基础设施的平台、技术和手段与传统产业的融合逐步加深,传统基础设施数字化改造提速。其中,水利网信基础设施能力不断升级,《全国水利一张图(2019版)》发布,既促进了实现信息资源整合共享,又推动了信息技术与水利业务深度融合。全国省级以上水利部门在用的各类信息采集点达43.57万处,各类视频监视点共134 840处。全国共有32个省级水利部门、341个地市级水利部门、2 540个区县级水利部门和15 427个乡镇级水利部门接入了视频会议系统。农村公路数字化改造持续推进,截至2020年底,全国农村公路总里程达420万千米,基本实现具备条件的乡镇和建制村通硬化路。农村公路数字化工作持续推进,全国农村公路基础属性和电子地图数据库建立,累计数据量超过800吉字节,实现了农村公路基础设施信息的动态更新。乡村智慧物流建设加快推进,农村末端服务网络建设成效显著,驻村设点、快快合作、快邮合作、快交合作、快商合作等模式因地制宜推广,实现快递服务进村。截至2020年上半年,全国乡镇快递网点覆盖率已超过97%。农机装备数字化步伐不断加快,北斗终端已从拖拉机、联合收割机、植保无人飞机扩展到插秧机、大型自走式植保机、秸秆捡拾打捆机等装备。随着农村电网、智慧水利、农村物流、农机装备的数字化改造升级,农业新基建为未来农业带来无限可能。

(二)农业信息标准化技术、获取技术、分析处理技术、管理技术取得突破,农业大数据建设成效显著

1. 建立了完整的大数据标准化框架 大数据虽然具有综合价值大的特征,但同时具有价值密度低的问题,要从海量数据中挖掘潜在的数据价值,必须提高数据分析效率。数据的标准化和规范化是数据快速分析应用的根本保证,也是农业进入大数据时代的必然选择。2014年,全国信息技术标准化技术委员会成立了专门的大数据标准工作组,负责制定、修改和完善大数据标准规范体系,提出该体系应该包括基础标准、数据标准、技术标准、平台/工具标准、管理标准、安全标准、行业应用标准等7个类别。中国农业科学院在广泛调研的基础上分析了当前我国农业大数据规范化和标准化的实际情况和需求,形成了农业大数据标准化框架建议(图22-2)。该框架分为国家指导性标准、通用性标准和应用性标准3个维度,其中国家指导性标准包括相关国家法律法规、政策制度和国际标准,是通用性标准和应用性标准制定和协调的依据;通用性标准制定农业大数据标准化、采集处理、管理和共享服务的通用规则;应用性标准制定农业要素管理、农业生产经营、农产品运输销售等农业生产各个环节的具体操作和实施细则。

在标准化框架指导下,大数据标准规范体系不断发展完善。2016年,全国信息安全标准化技术委员会组织成立了大数据安全标准特别工作组,研究并制定了《大数据安全管理指

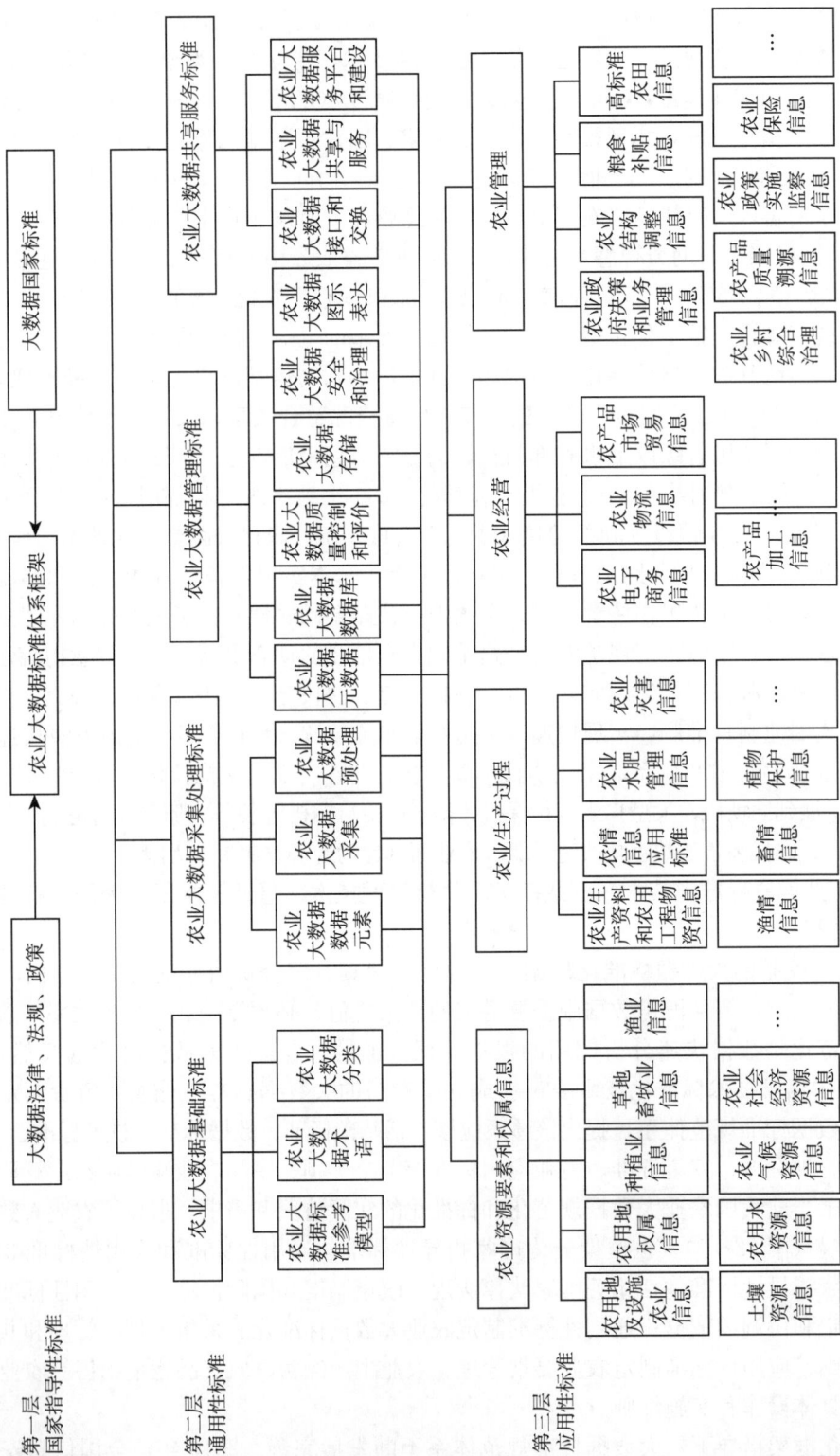

图 22-2 农业大数据标准化体系框架

南》和《数据安全分类分级实施指南》等一系列标准。据不完全统计，农业部发布的相关标准和规范累计达到 6 575 项，涉及农业基础、农业机械、工艺技术、环境要求、产品标准、等级规格、食品安全、质量检测、疾病防控、标签标志等类别；此外，还联合国家卫生健康委员会、国家市场监督管理总局发布食品安全类标准 1 271 项，联合国家商务部发布食品加工国家规范 909 项，这些标准规范在大数据获取、分析和应用过程中都具有重要的指导意义。当前，农业大数据相关的标准相对较少，正处于发展完善时期，在渔业、水产养殖、草业以及土地资源、农产品编码、农情信息采集等方面，大数据标准已初具框架（表 22 - 1）。

表 22 - 1　现行与农业大数据相关的标准

标准编号	标准名称	实施日期	类别
GB/T 8588—2001	渔业资源基本术语	2002 - 03 - 01	国家标准
GB/T 17296—2009	中国土壤分类与代码	2009 - 11 - 01	国家标准
GB/T 22213—2008	水产养殖术语	2008 - 11 - 01	国家标准
GB/T 24874—2010	草地资源空间信息共享数据规范	2011 - 01 - 01	国家标准
GB/T 31738—2015	农产品购销基本信息描述 总则	2016 - 02 - 01	国家标准
GB/T 33469—2016	耕地质量等级	2016 - 12 - 30	国家标准
GB/T 32950—2016	鲜活农产品标签标识	2017 - 03 - 01	国家标准
GB/T 32739—2016	土壤科学数据元数据	2017 - 03 - 01	国家标准
GB/T 35958—2018	农村土地承包经营权要素编码规则	2018 - 09 - 01	国家标准
GB/T 37690—2019	农业社会化服务 农业信息服务导则	2019 - 06 - 04	国家标准
GB/T 37109—2018	农产品基本信息描述 食用菌类	2019 - 07 - 01	国家标准
GB/T 37108—2018	农产品基本信息描述 禽蛋类	2019 - 07 - 01	国家标准
GB/T 37110—2018	农产品基本信息描述 谷物类	2019 - 07 - 01	国家标准
GB/T 37111—2018	农产品基本信息描述 坚果类	2019 - 07 - 01	国家标准
GB/T 38208—2019	农产品基本信息描述 茶叶	2020 - 07 - 01	国家标准
NY/T 2137—2012	农产品市场信息分类与计算机编码	2012 - 05 - 01	行业标准
NY/T 2539—2016	农村土地承包经营权确权登记数据库规范	2017 - 04 - 01	行业标准
NY/T 2738—2015	农作物病害遥感监测技术规范	2015 - 08 - 01	行业标准
NY/T 2739—2015	农作物低温冷害遥感监测技术规范	2015 - 08 - 01	行业标准
NY/T 3180—2018	土壤墒情监测数据采集规范	2018 - 06 - 01	行业标准
NY/T 3526—2019	农情监测遥感数据预处理技术规范	2020 - 04 - 01	行业标准
NY/T 3527—2019	农作物种植面积遥感监测规范	2020 - 04 - 01	行业标准
NY/T 3528—2019	耕地土壤墒情遥感监测规范	2020 - 04 - 01	行业标准
DB11/T 836—2011	农业信息资源数据集核心元数据（北京）	2012 - 04 - 01	地方标准
DB23/T 1028—2011	农业信息体系建设规范（黑龙江）	2011 - 02 - 18	地方标准
DB37/T 2352—2013	农村农业信息资源建设规范（山东）	2013 - 07 - 10	地方标准
DB37/T 3431—2018	农业大数据 标准体系（山东）	2018 - 11 - 18	地方标准

（续）

标准编号	标准名称	实施日期	类别
DB37/T 3432—2018	农业大数据 数据处理基本要求（山东）	2018 - 11 - 18	地方标准
DB37/T 3433—2018	农业大数据 基础数据元（山东）	2018 - 11 - 18	地方标准
DB37/T 3434—2018	农业大数据 基础代码集（山东）	2018 - 11 - 18	地方标准
DB34/T 3473—2019	农业大数据 信息资源目录管理（安徽）	2020 - 01 - 25	地方标准
DB45/T 1576—2017	农业信息化工程基础信息数据集规范（广西）	2017 - 08 - 10	地方标准
DB14/T 1764—2019	农业信息基础数据元（山西）	2019 - 12 - 05	地方标准
DB14/T 1765—2019	农业信息资源目录体系（山西）	2019 - 12 - 05	地方标准
DB42/T 1617—2021	基于农业信息化应用的初始农产品分类与编码（湖北）	2021 - 03 - 01	地方标准
DB42/T 1637—2021	基于农业信息化应用的肥料分类与编码（湖北）	2021 - 03 - 08	地方标准

2. 建立了有效的数据管理规范和多级数据中心　我国农业对大数据的应用工作高度重视，出台了一系列政策措施推动农业大数据发展，如国务院 2015 年发布的《促进大数据发展行动纲要》，农业部 2015 年发布的《关于推进农业大数据发展的实施意见》，2016 年发布的《农业农村大数据试点方案》等。在农业大数据管理政策体系方面，国家发展改革委员会、商务部、统计局、粮食局等部门出台了《全国粮食价格监测报告制度》《生活必需品和重要生产资料市场监测系统》《农业产值和价格综合统计报表制度》《国家粮食流通统计制度》等一系列制度。2018 年科学技术部出台了《科学数据管理办法》，强调科学数据开放共享"谁拥有、谁负责""谁开放、谁受益"的基本原则，对于科研部门和机构的农业大数据共享与应用具有重要的指导意义。

自 1994 年金农工程启动建设以来，经过多年的发展和完善，我国已初步形成多级农业大数据体系。国家农业科学数据中心于 2019 年通过科学技术部和财政部认定，汇聚的农业综合统计、农机监理、农药监管、绿色和无公害农产品管理、地理标志农产品管理、物价监测等业务数据总量达 760 太字节；建设完成的农业云数据挖掘分析系统为农业宏观决策和精细管理提供了数据支持，农业农村部在全国范围内建成多个区域典型农作物的全产业链单品种大数据平台。中国农技推广信息平台集合全国 24 万基层农业技术员，采集主导品种、主推技术、主要农产品价格等各种涉农数据。全国各地对大数据的认识不断深化，推进农业农村大数据工作，建成省级农业大数据中心，服务于农业农村发展；如贵州省农业农村厅打造农业大数据统一管理平台，上线运行动物疫病监测、土壤资源管理、农产品质量溯源、农情调度、农机购置等农业信息服务系统 20 余个；贵阳现代农业大数据交易中心汇聚了数百种农业生产和管理、农产品市场和流通等数据，通过数据交易构建农业大数据应用生态圈；山东农业大学渤海粮仓农业大数据平台从数据获取、数据存储层、数据应用 3 个层面实现了土壤、气象、苗情等数据的自动采集。

3. 建成了覆盖农业主要环节的数据资源库　我国农业大数据存储体量不断加大，基本覆盖了农业生产的主要环节。多年来，农业农村部按照国家统计法的规定要求，根据部门职责分工，围绕农业资源环境、农业生产、农产品加工、市场运行等方面，先后建立了 23 套统计调查制度，共计报表 300 多张，指标达 5 万个（次），建设形成主要农产品产量、价格、进出口、成本收益等主题的 18 个数据集市，日更新量约 30 万条。国家农业科学数据中心的科学数据涵盖了资源、环境、种质、植保等 10 个领域 1 万余项监测检测指标。中国农业科学院农业信息研究所长期开展农业市场监测预警工作，每年发布《中国农业展望报告》，报告显示我国食物保障预警系统、市场分析与监测系统等数量不断扩大，初步覆盖了农业从育种、种植到流通、销售的各个环节。

中国种业大数据平台整合集成了国家、省、地市、县四级种业管理数据，汇集了品种审定、登记、保护和推广的行业数据。天空地农情监测系统利用遥感技术、地理信息系统和全球定位系统等新一代信息技术远程监测作物面积、作物病虫害、作物长势、农业灾害、农业气象等信息，在农田边界智能管理、病虫害精准防治、精准灌溉施肥、智慧决策等方面发挥着重要作用。"互联网＋"农产品质量安全追溯系统对农产品物流环节的收购、储存、加工、包装、运输、配送等环节进行全程数据采集，对农产品价格、销售量、市场需求、消费者购买行为数据进行追踪，形成从田间到餐桌的全程数据资源采集体系。在农产品电商交易、农资和农技服务、农业金融保险等场景中也形成了一批特色数据资源库。此外，还有一些数据资源库集中于单一环节的农业大数据整合，例如贵州农经网专注农业市场信息的采集与分析，通过 15 年的积累，存储信息总量达 8 000 万余条，数据总量为 3 太字节，日均发布时政、市场、政策、科技等信息 10 000 余条。

4. 产生了系列农业大数据技术应用模式 农业数据的分析、挖掘有助于充分发挥大数据的价值，农业大数据与互联网、云计算、人工智能等信息技术融合，改变传统农业模式，促进智慧农业发展。农业大数据成为重要战略性资源和新型农业生产要素，农业大数据技术研究成为备受关注的研究方向。农业大数据技术应用模式可概括为：

（1）以农业大数据为样本，把握农业生产规律，提升农业生产效率和农业资源利用率。基于农业大数据，综合分析农业资源的利用现状，服务于精准农业、智慧农业，从而改变农业资源利用方式，提高资源利用效率。精准农业除了要求高产外，更重要的是强调生产效率的提升，基于农业大数据样本的分析可以快速有效地发现农业生产的时空规律，从而科学地优化农业生产，达到提高效率和增加收益的目标。在农业供销市场匹配方面，消费端大数据的挖掘可帮助生产经营者精准把握农业市场需求、优化农业资源配置，有助于政府部门采取更优化的农业生产决策和市场调控举措。

（2）将农业大数据作为新型生产要素，依托互联网平台打造现代农业新产品、新模式与新业态。围绕着大数据与农业的融合，农业链条上的不同产业迎来转变，例如绿色、高效的农资产品产业逐渐受到青睐，水溶性肥料、液体肥将得到重视，农村电商实现助农、兴农新产业等。通过打通不同部门间、不同区域间的数据通道，破除信息不匹配、不对称的不利局面，加速农业生产要素流动，可以为农业行业带来创新和改变。在我国贵州、北京、天津、河北、广东、山东、杭州等地已经出现一批具有一定规模的农业大数据产业集聚区，拥有一批实力较强的大数据龙头企业。

（3）农业大数据与共享经济结合，促进休闲农业和乡村旅游的发展。通过互联网大数据来分析游客的出行道路和消费意愿，为乡村旅游项目的选择提供决策支持，也为企业研究和开发乡村旅游特色产品提供依据。近年来，共享农庄服务模式成为休闲农业、乡村旅游的热点话题，成为了解决农产品滞销、加速美丽乡村建设、推动乡村旅游可持续发展的有效手段。通过"互联网＋"大数据平台实现资源的整合、交换，将我国农村闲置的资源和乡村旅游消费需求关系进行最大化、最优化精准匹配；运用互联网和大数据技术及时、准确地预判未来农业市场的发展趋势，从而更好地促进农业共享经济的发展。

（三）农业信息精准服务技术、云服务技术、服务模式不断创新，农业信息服务的覆盖面不断扩大

1. 农业信息精准服务技术水平提升　智慧农业的信息精准服务技术不断进步（表 22 - 2），在农业生产方面，可利用卫星遥感技术获取的影像数据监测作物生长状况、调查农业资源和估计产量等；可利用植保无人机防治生物病虫害、制订播种计划；可利用自动气象站等气象设施监测和存储气象数据，通过采集监测到的农业基础数据，并将这些数据上传到云服务器，此时，农户可以通过手机、平板电脑和个人电脑等移动终端接收到的信息，观测耕地的生产状况，实现生产精益管理，提升农业的生产效率。在获取市场信息方面，将销售市场与电商平台相结合，通过对购买者消费习惯的大数据进行分析，掌握不同年龄和不同性别购买者的消费偏好，以及他们在不同季节时段、不同地域类型的消费习惯差异，迎合差异化消费群体的个性需求，以更好地指导农业生产。在数据信息组织方面，将生产链条中采集到的信息遵循一定的数据结构组织起来，建立生产、研发、加工、配送、销售等环节全覆盖的农业信息化体系，并实现环节间的信息共享。在信息搜索方面，建立"政府＋企业＋社会"协同的数据集成机制，整合多方信息，实现信息的共联、共通、共享。

表 22 - 2　农业信息服务发展阶段对比

发展阶段	特征	服务主体	服务客体	服务内容与模式
传统农业信息服务（20 世纪 80 年代之前）	农产品市场对外发布的相关农业信息很少，农业信息服务方式和服务技能单一	农业部/社会科学院/以及各地农业信息研究所和农业高校	以农业科研人员为主，农民为辅	生产统计和农情信息，纸质文献和图书
现代信息服务（20 世纪 80 年代之后）	以网络信息服务为主，构建各类数据库、信息平台、广播站等，农业信息服务的重要作用凸显	各级政府农业部门、涉农科教机构及涉农社会组织和专业协会	小农户、种养大户、合作组织、批发市场、涉农企业	农业资源信息、农业科学技术信息、农业生产经营信息、农业市场信息、农业管理服务信息、农业教育及农业政策法规信息
智慧农业信息服务（2016 年以来）	大数据、物联网和人工智能技术的快速发展为农业信息服务带来了契机，使信息服务遍及农业生产经营、管理和服务全产业链，形成农业全产业链中以营销、物流、消费等方面信息为支撑的网络，引导农业生产信息化决策、高效化生产和差异化服务	各级政府农业部门、龙头企业、科研院所、电商平台、组织和专业技术协会、IT 领域公司企业	小农户、种养大户、合作组织、批发市场、涉农企业	农业信息无线采集，农业过程精准灌溉、自动施肥、无人驾驶、精益种养、无人机植保等。农业服务的内容遍及农业领域的种植和养殖各个角落。构建农业大数据平台、农业物联网工程、农业产品电子商务平台等

2. 农业信息云服务技术应用不断扩展　智慧农业信息服务主体不再局限于政府部门和科研机构，高新技术企业也参与到农业信息服务中，它们凭借自身的技术优势，在多个领域开展智慧农业应用实践。2018 年以来，很多互联网平台公司以无人机植保服务为切入点，对水源、土壤、温度、湿度、肥效、气象、病虫害等影响农业生产的关键因素进行全过程监测。例如京东利用其平台能力、营销能力、数据能力、金融能力和供应链能力成立智慧农业共同体，实现从田间到餐桌的"京造"模式，率先开启全流程智慧化农

场概念。随后越来越多的互联网企业在自动驾驶领域频频出手，用 AI 赋能农机制造，共同解决无人驾驶的技术难题，提升智能化水平。此外，由我国首个完全自主研发的北斗导航农机自动驾驶系统"慧农"现已在新疆、内蒙古、河北等 10 多个省份得到应用，覆盖数百万亩耕地。

3. 农业信息服务模式不断创新　随着我国智慧农业的快速发展，农业信息服务模式发生了很大变化。与传统信息服务相比，新型农业信息服务是依托互联网信息技术，实现互联网与传统产业的联合，因此它属于"互联网＋"的农业农村信息服务新模式。例如，综合信息服务平台模式，即主要由政府出资搭建，为农业的生产经营主体、科研院所和社会大众提供全产业链的数据信息服务；云农场服务模式（智能农业、农业物联网模式），为农业生产提供全流程的信息服务，具体来说，即种子、肥药、农机、农艺、农技服务、农场金融等一体化服务，构建产前、产中、产后全覆盖的农业信息服务系统，实现"企-户"直接对接，简化农产品交易环节，降低交易成本，有效提升经济效益；线上线下相结合的服务模式，在传统农产品电子商务的基础上，引入线下渠道，在城市及周边人群密集地带布局体验店，发挥线下终端的展销和宣传功能，实现灵活的运营管理机制；公众宣传服务模式，该模式主要是管理部门、科研机构和经营主体等以非盈利的目的建立公共网络宣传体系，例如从互联网中获取并整合相关的公开信息，并以公众号、微博和短视频等方式发布或转载，用户只需通过关注就可以浏览该平台所提供的信息服务。

三、存在的主要问题

（一）农村网络基础设施建设依然薄弱

我国信息化基础设施建设虽然取得了系列重要成就，但同时也面临着农村网络基础设施建设滞后、城乡数字信息发展差距依然明显、种植和养殖基地信息化基础设施缺乏、传统基础设施与信息融合不够、农村地区光纤宽带用户的普及率和接入速度与城市相比仍存在差距等问题。截至 2020 年 12 月，我国城乡地区互联网普及率差异仍达 23.9％，城乡数字鸿沟依然明显，农村网民占比偏低。此外，农户通网比例不高、种植和养殖基地通光纤宽带比例低、网络信号差、信息化设备应用成本高等问题也制约了智慧农业技术的推广应用。根据发放的问卷调查数据显示，种植和养殖基地通光纤宽带比例为 27.2％，农户利用信息化终端来监测或控制农作物种植生产的比例约为 13.6％，认为种植基地网速不能满足农业应用需求状况的比例为 19.7％。

（二）农业数据获取分析应用共享能力仍然不足

天空地一体化数据获取能力较弱、覆盖率低。国产化传感器技术与世界先进水平相比存在较大差距，其中数字化、智能化、微型化等高新技术产品严重短缺。农业数据分析应用能力不足，数据要素价值发挥依然存在较大限制。农业大数据的异构性导致农业数据的类型多种多样，且由于数据集过大，导致传统的数据挖掘、机器学习等算法不适用于对农业大数据的挖掘。尤其在农业农村的"最后一公里"直接与小型农户、零散分布的农业区对接的基层农业服务企业，通常不具备大数据智能平台的研发技术和大数据分析挖掘能力，数据要素的价值很难得到充分发挥，很多农业大数据监测平台仍然停留在数据采集、粗加工、现象展示的层面，无法满足大数据智能服务和智慧农业建设的需求。农业数据共享壁垒依然较多，共享严重不足，与国外差距较大。我国农业大数据的开发利用水平还很低，数据拥有者将数据作为个人或部门的财富保护起来，不愿进行交换和共享，形成数据独占或垄断。加之我国在数据共享领域法律保障机制不健全，参与农业数据统计的部门往往以《保密法》为由，以"于我有利，数字谨慎"的原则，拒绝重要农业数据的开放共享，导致现有实现共享的农业大数据价值要素低，难以真正实现服务农业发展、服务智慧农业建设的目标。

（三）农业信息服务技术与体系支撑能力仍然不够

农业信息服务体系不完善，服务技术有待提升。要推进智慧农业发展，农业信息服务必须依托物联网、大数据、云服务技术，建成具有精准定位、信息收集、信息分析和信息处理等多元化功能的农业信息服务系统。当前，我国信息服务技术发展水平还不高，国家及地方政府、农业部门在"互联网＋农业信息服务"体系建设方面推广力度还不够大，农业部门、电信部门、技术企业和村级组织等在信息服务方面的合作机制还不健全，在物联网、大数据与云服务等技术应用方面缺乏"顶层设计"。信息服务渠道不畅通、信息传输"最后一公里"问题亟待打通。以农民为代表的农业信息服务客体，利用信息技术为自己增加效益的意识薄弱，对信息技术接受能力较差，农村信息资源不能被高效利用。农业生产经营主体对农业信息服务的需求表现出多样性和个性化的特点，农业信息服务供需不平衡、不匹配。此外，农业信息服务平台发布的信息存在不全面、不准确、不及时的问题。在信息内容上原始数据居多，深入挖掘的有效数据较少，这在一定程度上限制了用户对相关信息的利用。

（四）关键核心技术原始创新能力不足

农业物联网生命体感知、全息信息高通量获取、人工智能芯片等核心技术原始创新不足。高端计算芯片和技术标准依然被国外垄断，我国在短期内仍不能摆脱受制于人的局面，在芯片设计和制造、大型工业软件、移动 OS 等基础软件等方面存在"卡脖子"现象，较多技术是买来的，经过"加工""包装"，存在"穿马甲"现象。新型计算平台、分布式计算架构、大数据处理、分析和呈现等方面技术水平与国外相比仍存在较大差距，在前瞻性技术研发方面处于跟随状态。国内企业对大数据核心技术和生态系统的影响力总体较弱，商用数据库等主流产品市场仍由外国企业主导。农业大数据关键技术创新离不开这些基础性信息技术的创新发展。西方发达国家对关键技术进行封锁，核心技术难以买到，而通过购买来的基础技术难以实现自主研发，需持续加大对农业大数据的基础研发投入力度。企业、科研机构、高校之间尚未建立起知识创新、技术研发和成果转化密切结合的有效机制，产、学、研、用的渠道尚未完全打通。

（五）专业人才队伍规模和条件支持依然不够

一是信息化、大数据高级专业人才缺乏。尽管项目组积累了大量的涉农数据，但由于缺乏专业的数据分析和挖掘人员，数据尚未实现更深层次的应用。二是跨界复合型人才缺乏。目前计算机人才不懂农业，农业人才不懂信息技术，具备学科交叉专业知识的复合型人才缺乏。三是基层信息队伍不足，缺乏专业、定期的业务培训。现有的信息员缺乏必要的经费支撑，队伍不稳定，从事信息工作的人员在数量、质量上都不能满足信息化发展的要求。

第二节　发展态势与需求分析

一、国内外相关政策及战略行动

（一）国外农业大数据与信息服务相关政策

近年来，美国、英国、德国、日本及欧盟等纷纷将农业信息化建设纳入国家发展规划，强调大数据的基础地位，突出数据与信息服务在建立人与人、人与物、物与物之间的核心关系，基于数据开展服务，促进数字经济发展。

1. 美国推出"大数据研究和发展计划"，将大数据作为国家重要的战略资源 美国农业大数据发展领先世界各国，2012 年，美国政府实施《大数据研究和发展计划》，将大数据作为国家重要的战略资源进行管理和应用。美国既是农业资料搜集比较齐全的国家，又是较早进行农业资料开放化的国家，在多年的实践中逐步形成了美国农业资料搜集、分析以及综合利用的政策体系。目前，美国农业大数据系统基本形成以美国农业部官方数据为核心，数据库内容丰富、数据量大且全球农业产业覆盖齐全的农业数据库。美国农业部实现了对美国国内农业、食品产业从农田到餐桌，从物种资源到生态环境资源，从种子化肥农药到农业贷款进行全方位的管理。此外，为更好地服务产品出口，美国还构建了从国内到全球生产、消费、市场的全方位监测系统。美国农业部有统一的官方网站对全部相应数据信息进行公开发布，满足美国及全球对美国农业信息的需求，美国农业部的报告是引导全球大宗农产品的最基本报告，大数据的应用对美国的农业生产和农产品的全球竞争起到了重要作用。

美国政府主要以市场需求为导向建立农业信息服务的政府支撑体系，政府集中在信息服务网络体系建设、数据库建设和信息技术开发等方面直接投入建设资金，基本措施与途径是减免税收。美国非常注重加强现代农业相关信息技术服务基础设施建设和农业信息知识产权保护。1848 年美国《农业法》明确规定了农业信息服务的内容，1946 年美国农业市场法案要求享受政府补贴的农业从业者必须向政府提供农业产销信息。为了依法维护信息主体的合法权益，免受虚假信息危害，美国建立了一套详细的农业信息采集、总结、分析、整理和发布制度规范，所有流程都要遵守严格的规章制度，同时强化保护和监督职能，只有经过质量和安全方面专业培训的人员才能从事农业信息服务工作。

在农业信息化基础设施部署方面，美国采取多种手段促进农村宽带建设。2009 年，美国联邦通信委员会启动 72 亿美元的国家宽带计划，在全美国推进高速互联网接入服务普及，使美国引领世界移动创新领域的发展；其中 25 亿美元用于资助网络服务落后的社区和偏远地区。2012 年，美国推出"连接美国基金"，每年支取传统电话补贴给连接美国基金，用于补贴宽带建设，以降低农村地区网络建设的成本。2017 年，美国政府采取出台减税措施，废除"网络中立法案"，发布行政命令等措施促进美国宽带发展，美国联邦通信委员会提出农村地区宽带投资方案，刺激美国运营商加大光纤、5G 等基础建设。美国企业还积极研发激光宽带技术，解决偏远农村地区存在的信息孤岛问题；发射 Spaceway 卫星，用卫星宽带实现农村联网；使用超级 WiFi 将系列基站连接到某个回程网络中，将宽带连接到农村。

2. 英国发布《英国农业技术战略》，布局农业技术创新中心，强调农业大数据投资 2013 年，英国政府推出"农业技术战略"，运用互联网、大数据及人工智能等信息技术来提高农业生产效率；该战略的目标是建立以发展农业信息技术为核心的一系列现代化农业创新中心，促进信息技术和农业技术领域的科学研究机构与大数据企业合作，充分促进农业生产和市场、大数据和信息技术的整合。其中洛桑研究所是该中心依托单位，负责搜集和处理农业产业链上的各类行业数据，并搭建和完善数据科学服务平台，对外提供建模和统计服务；雷丁大学主要提供农业数据库与植物科学研究服务；农业植物学会和苏格兰农业学院提供农业技术资料交流。"农业技术战略"保证英国对农业技术的投资集中于大数据，将英国的农业科技成果商业化，将英国打造成农业信息学世界强国。此外，英国还全面提升和改革教育体系中数据相关课程和专业，研究与企业共同激励数据相关职业发展的措施；在基础设施、软件和协同研发方面，以强大的数据存储、云计算、网络等基础设施为基础，大力开发新软件和新技术，提升研发实力，促进学校和企业、跨学科/跨领域的机构和部门之间合作共赢。2019 年，英国政府主导推出农村千兆位全光纤宽带连接计划，该计划为期两年，斥资 2 亿英镑，专注于农村地区宽带发展，建立以小学为中心、连接农村地区的中心网络模型。除了学校外，其他的公共建筑，如健康场所和社区会堂也是该计划的服务对象。

3. 德国发布"数字战略 2025"，强调扩建数字基础设施，促进数字化投资与创新和发展智能互联 目前，信息与通信产业（ICT）已成为德国的支柱产业，是德国重要的就业引擎。近年来，德国政府持续推动数字经济转型发展，相继发布"工业 4.0""数字议程（2014—2017）"和"数字战略 2025"，提出"建设全覆盖的千兆光纤网络"，从资金投入、技术研发、政策保障等方面提出了一系列发展举措。2014 年 8 月，德国联邦政府出台《数字议程（2014—2017）》，构建高效开放的互联网，推动数字技术的应用，为构建平等的生活环境、实现数字化广泛参与提供良好的基础。"数字议程"提出加强数字化基础设施建设，在 2018 年前建成覆盖全国的、下载速度在每秒 50 兆以上的高速宽带网络，建设农村地区的数字入口，推出"网络扩建特别资助"融资项目以弥补农村地区网络建设资金缺口。2016年 3 月，德国发布"数字战略 2025"，目标是将德国建设成最现代化的工业国家，涉及数字基础设施扩建、数字化投资与创新、发展智能互联等方面。这是继"数字议程"之后，德国联邦政府首次就数字化发展做出系统安排，基础设施部分投资预计高达 1 000 亿欧元。"数据战略 2025"确定了实现数字化转型的十大步骤及具体实施措施，第一大措施就是在 2025年前建设千兆光纤网络，在农村地区建立价值 100 亿欧元的千兆网络未来投资基金，优化资助项目之间的合作，与电信运营商、联邦州、企业和协会等所有参与方举行千兆网络圆桌会议，利用低价、快速扩张的千兆网络开发"最后一公里"，简化千兆网络的规划和建设程序。

4. 日本推出"未来投资战略"，强调智慧农业建设和农业机器人研发 日本注重智慧农业建设和农业机器人战略。2017 年，日本政府临时内阁会议经过审查并表决通过了"未来投资战略"，该战略是促进日本经济社会持续快速发展的投资战略，以科技人才为支撑，重点促进物联网基础建设以及人工智能应用。"未来投资战略"首次明确提出要大力支持日本现代智慧农业发展，全面实施机器人发展战略。日本推动农村农业机器人、物联网、大数据和移动互联网等关键技术在农村农业生产经营中的应用，解决了日本农业发展最关键、最迫切的人力资源短缺问题。日本还积极推动农业大数据生产标准化管理体系建设，充实大数据在农业领域协同发展的技术基础。2019 年 3 月，日本农林水产省正式实施农用小型农业无人机技术推广计划，以应对农业劳动力和人口老龄化带来的农业人员技术力量储备不足等问题；日本全国一半以上的水田、小麦田和大豆种植田将在 2022 年前完成农业无人机化生产，提高生产效率，缓解劳动力压力。

5. 欧盟组织推出"数据驱动经济战略"，支持投资农业大数据发展项目 欧盟 2014 年推出"数据驱动经济战略"，倡导欧洲各国抢抓大数据发展机遇。2017 年 12 月，欧盟"地平线 2020 计划"投资 DataBio 项目，由芬兰 VTT 技术研究中心开发，为可持续利用资源提供新的解决方案，该项目目前有 26 个试点。DataBio 的开发者包括来自 17 个国家的 48 个团体，三年内项目的总预算为 1 620 万欧元。除芬兰外，参加该项目的其他国家还有比利时、捷克、德国、西班牙、挪威、波兰、意大利、希腊、以色列、荷兰、丹麦、瑞士、英国、爱沙尼亚、法国和罗马尼亚，来自卢森堡的咨询公司 Intrasoft 负责项目的行政协调。该项目通过收集土壤、空气和卫星数据以促进种植业和养殖业发展，主要目的是通过分析收集的数据来支持种植业、林业和养殖业并为从业者提供决策建议。在精准农业试点中，为保证作物的生长发育，田间测量主要通过当地的气象站和放置在土壤中的传感器采集数据，再结合卫星图像、测量和地图数据，种植者可以远程控制农业机械的播种、施肥等操作。在渔业方面，DataBio 的主要目的是降低捕鱼成本，而不是增加捕鱼量。为了提高渔船能效和预防性维护，他们在西班牙海域捕捞金枪鱼时以及在北大西洋的小型远洋渔业中开展了试点。

2020 年 11 月，欧盟通过《欧洲数据治理法案》（Data Governance Act）提案。《欧洲数据治理法案》将数据区分为卫生数据、环境数据、交通数据、农业数据、公共治理数据等，法案并未对数据进行不同的制度架构划分，即法案所构建的三大机制是普适性的。该法案的解释性备忘录及立法背景中，多次提及"农业"一词，可见精准农业发展需求是《欧盟数据治理法案》出台的原因之一。除《欧盟数据治理法案》外，欧洲还采取其他措施发展农业数据市场，如建立农业和农村合作技术中心（CAT），以促进农业数据共享；2014 年建立的全球农业和营养开放数据（GODAN）。《欧盟数据治理法案》的出台明确了该类数据中介机构的认证标准，也明确了该类机构的权利、义务与责任。欧盟还实行了数据利他主义制度，该制度指的是个人或公司为共同利益自愿进行相关注册并自愿提供数据的制度。该制度中的注册只需在一个欧盟成员国内进行，便可在全欧盟范围内生效，这有助于在联盟内部跨境数据的使用和数据存储库的建立。数据利他主义制度对于农业数据的收集具有重要意义。

（二）中国农业大数据与信息服务相关政策

1. 我国政府组织专门力量，加强数据资源建设　农业部于 1986 年发布的《农牧渔业信息管理系统总体方案》提出组建农业部信息中心；1992 年又研究提出《关于加强农村经济信息体系建设的总体构想》，着手建设农村经济信息体系，1993 年完成农业局域网组建。随着市场机制作用的深化，我国农业和农村经济运行环境发生较大变化，为顺应国际国内的新形势，履行好农业部门指导农业农村经济发展的重要职责，2012 年，农业部成立市场预警专家委员会，专门研究复杂农产品市场预警，开展农产品价格趋势，分析研判。"十二五"规划推进农业农村信息化建设，以耕地、草原、养殖基地等农业用地的自然属性信息以及使用权、承包权、基础设施情况等经济属性信息为基础，搭建农业资源管理信息服务系统，推进农业资源信息跨部门共享，提高农业资源利用率。

2015 年农业部组织启动了稻米、小麦等 8 个品种的全产业链新型农业信息数据分析监测预警试点，在辽宁、内蒙古、河北等 14 个主产区和重要销售地筛选了 1 061 名农业数据统计分析师开展农产品生产、加工、流通各个环节的数据收集、分析和预警工作，建立了一套统筹产前、产中、产后，覆盖国内外重要粮食产区的农业信息分析体系。此外，还组织建设了农业信息网络监测平台，组织粮、棉、油、菜、肉、糖等 18 个新兴农业品种的市场分析师成立农业市场预警专家委员会，加强我国农产品市场形势分析和研判。

2. 实施重大项目，推进业务发展　1994 年，农业部提出"跨世纪农业信息化工程——金农工程"，推进农业和农村信息化建设，同时提出要建设"农业综合管理和服务信息系统"。1995 年，农业部建成"中国农业信息网"，形成全国农业信息网络；同时，通过国家与地方联建的形式，建成全国省、地（市）和县三级农业信息综合服务平台。2014 年 6 月，金农工程一期项目竣工验收，建成 1 个国家农业数据中心、32 个省级农业数据中心，国家和省级农业科技数据中心以及农业综合门户网站等；运行 33 个应用系统，分为农业监测预警、农产品和市场监管、农村市场和科技信息服务三大类；1 500 多个县新建农业信息服务平台，1.1 万多个乡镇成立信息服务站和村级信息服务点；各级数据中心和服务系统实现互联互通。

2013 年，国务院发布《"宽带中国"战略及实施方案》，提出"宽带乡村"工程，建设覆盖城乡的宽带网络基础设施。采用光纤、同轴电缆、卫星等多种技术手段因地制宜推动农村宽带电信网络向乡镇行政村、自然村覆盖扩张，实现农村地区宽带村村通。在人口较为密集的农村地区，推动有线光纤到村进户；在人口稀少分散的农村地区，推进无线宽带覆盖。2014 年，农业部发布《关于开展信息进村入户试点工作的通知》，在部分省市开展信息进村入户试点；试点工作主要依托 12316 服务基础设施，着力提升村级信息服务能力，以充分满足广大贫困地区农业生产生活的信息需求，不断提高农民的信息获取能力、增收和脱贫致富能力和社会参与意识。

2016 年，国务院发布《"十三五"国家信息化规划》，提出"乡村及偏远地区宽带提升工程"，推进宽带乡村建设，加快农村及偏远地区网络覆盖。开展电信普遍服务试点工作，未通宽带的行政村加速光纤建设，已通宽带的行政村推进光纤升级；完善边远地区及贫困地区的网络覆盖；完善 4G 网络的自然村覆盖。2019 年，国务院在《数字乡村发展战略纲要》中提出全面实施信息进村入户工程，鼓励研发服务"三农"的信息终端、技术产品、移动软件等产品。2019 年，国家农业科学数据中心通过科技部和财政部认定，为农业科技创新提供强有力的数据支撑。经过近 20 年的积累与发展，国家农业科学数据中心已整合了作物科学、动物科学、资源环境等 12 个农业核心学科/领域科学研究的过程和结果数据，形成了覆盖全国的多模式、多渠道数据应用和共享服务体系。

3. 发布文件政策，突出政府导向　国务院、农业农村部、发展改革委员会等政府部门长期关注农业农村信息化建设和农业大数据发展事业，出台系列政策推动农业农村发展。2006 年《关于推进社会主义新农村建设的若干意见》指出要充分利用和合理整合涉农信息资源、加快大发展农村网络广播电视、网络通信等基础服务设施。2007 年，农业部《全国农业和农村信息化建设总体框架（2007—2015）》要求充分发展乡村两级信息化服务和合作组织，健全农业和农村信息化可持续发展保障机制。

2015 年 8 月，国务院发布《促进大数据发展行动纲要》，提出要构建面向农业和乡镇的综合性信息服务体系，建设农业农村经济大数据中心，完善农业信息采集、传输、存储和共享的基础设施，完善农业农村信息服务体系；同时强调要整合国家涉农大数据中心，推进涉农数据资源共享开放。同年 12 月，农业部发布《农业部关于推进农业大数据发展的实施意见》，全面部署农业农村大数据建设和农业信息服务工作，提出要通过开展手机应用培训等方式提升农民信息获取和应用能力。

2016 年，农业部发布《农业农村大数据试点方案》，方案要求通过 3 年时间使农业大数据共享取得突破，地方各级涉农部门间形成数据共享机制，初步建成省级农业数据中心服务体系。方案提出推进涉农数据共享来开展省级农业农村大数据中心建设，开展单品种全产业链大数据建设，积极探索农业大数据技术在农业领域中的集成应用。2019 年，农业农村部联合多部门发布《国家质量兴农战略规划（2018—2022 年）》，提出加快数字农业建设，分品种建设农业大数据中心，完善重要农业资源数据库，形成耕地、草原、渔业等农业资源"数字底图"。

2019 年 12 月，农业农村部、中央网络安全和信息化委员会办公室印发《数字农业农村发展规划（2019—2025 年）》。该规划提出，到 2025 年，数字农业农村建设取得重要进展，有力支撑了数字乡村战略实施。农业农村数据采集体系建立健全，天空地一体化观测网络、农业农村基础数据资源体系、农业农村云平台基本建成。数字技术与农业产业体系、生产体系、经营体系加快融合，农业生产经营数字化转型取得明显进展，管理服务数字化水平明显提升，农业数字经济比例大幅提升，乡村数字治理体系日趋完善。

二、基于文献计量的态势分析

（一）农业大数据越来越受到广泛关注，大数据平台、云计算、数据挖掘、人工智能、深度学习等技术成为研究热点

1. 国外农业大数据应用进入模式创新阶段 国外的大数据技术在现代农业生产管理领域得到了广泛的运用，已经对传统的农业模式进行了革新。美国政府 2009 年推出政府数据平台（http://www.data.gov/），平台融合了农业、商业、气候等领域的大数据，数据全部免费对外开放共享。2013 年，英国发布《英国农业技术战略》，其主要目的之一就是通过充分利用农业物联网和农业大数据等技术优势来彻底改变英国传统农业发展模式。2016 年，加拿大、印度、美国等国家积极参与探索和共同开发基于农业大数据共享的综合应用服务平台，在农业大数据驱动下，全球农业逐步向自动化、实时管理化、精准服务化方向发展。国外的农业科学技术研究者和工作者纷纷把目光放到现代农业大数据的探索中，2004 年 Google 发表文章介绍 MapReduce 的分布式原理及其处理大数据的优势，美国科学家提出基于谱聚类算法的数据计算技术来提高数据的聚类效率和准确率。

2. 中国农业大数据技术创新加速推进 我国的农业大数据处理技术与平台开发都处于初级阶段，仍然具备很大的发展空间。随着我国智慧农业的快速发展，农业大数据技术所涉及的范围变得越来越广泛，农业数据分析的需求也变得更加丰富。随着我国现代农业计算机技术和移动互联网技术的不断进步，未来这些技术将广泛应用于我国农业生产经营的各个领域，不断提高农业信息化程度。目前，农业大数据技术正朝着多样化、信息化、自动化和现代化的方向发展，农业领域的数据采集种类和应用数量将会越来越多，因此，我们必须针对不同类型农业数据的采集、提取、分析和应用技术进行创新，在农业大数据处理技术、农业大数据尺度转换技术、农业大数据空间融合技术、农业大数据空间关联分析及预测技术、农业大数据时空信息可视化技术等多个领域，探索满足我国现代农业经济发展实际需要的技术方向。

3. 国内外农业大数据研究热点方向差异明显 为客观比较国内外农业大数据发展和农业信息服务研究上的异同，运用文献计量学方法，开展农业大数据与信息服务总体技术态势分析。通过对 2010—2018 年与农业大数据高度相关的中文文献进行关键词聚类分析，发现农业大数据研究受关注度高，与之高度关联的关键词包括："云计算""物联网""大数据平台""智慧农业""农业信息化""数据挖掘"等，其中 464 篇均出现了关键词"农业大数据"，其次是"大数据技术""物联网""大数据平台""农产品"等关键词；另一个值得注意的是"人工智能""深度学习"关键词出现频率并不高。可以看出国内农业大数据研究更多关注大数据分析本身或者与大数据采集、存储和应用相关的技术研究，而在人工智能、深度学习等新技术的结合方面稍显不足。

与国内的研究相比，国外在农业大数据方面的关注面更为广泛。其中，出现频次较高的关键词分别包括 internet of things（物联网）、cloud computing（云计算）、precision agriculture（精细农业）、remote sensing（遥感）、smart agriculture（智慧农业）等。与国内不同，machine learning（机器学习）、artificial intelligence（人工智能）、deep learning（深度学

习）、climate change（气候变化）等关键词出现频率同样较高，说明国外在农业人工智能和气候变化效应等方面关注度较高。

（二）农业信息服务研究内容以理论类、综述类、定性化为主，逐渐转向具体化、微观化、定量化，"云服务""互联网＋"等成为热点

1. 国外在农业信息服务方面的研究较为聚焦 国外在农业信息服务方面研究成果较多，其中，出现频次较高的关键词分别是 ecosystem services（生态系统服务）、agriculture（农业）、management（管理）、conservation（保护）、biodiversity（生物多样性）和 information（信息）等，这些关键词出现的频率均在 100 次以上，基本反映了国外在过去近 30 年间农业信息服务研究的主要关注点（图 22-3）。在比较中文和英文文献热点主题的过程中，发现与英文研究相比，国内（中文）的研究主题聚类较多且更为分散，而不同聚类之间文献内容的独立性和差异性也更小，研究主题表现出明显的博而不精、杂而不纯的特点，这也侧面表明了由于受到农业技术、信息技术在发展水平、融合程度和利用效率等方面的影响，中国在农业信息服务领域的研究与国外相比仍有差距。

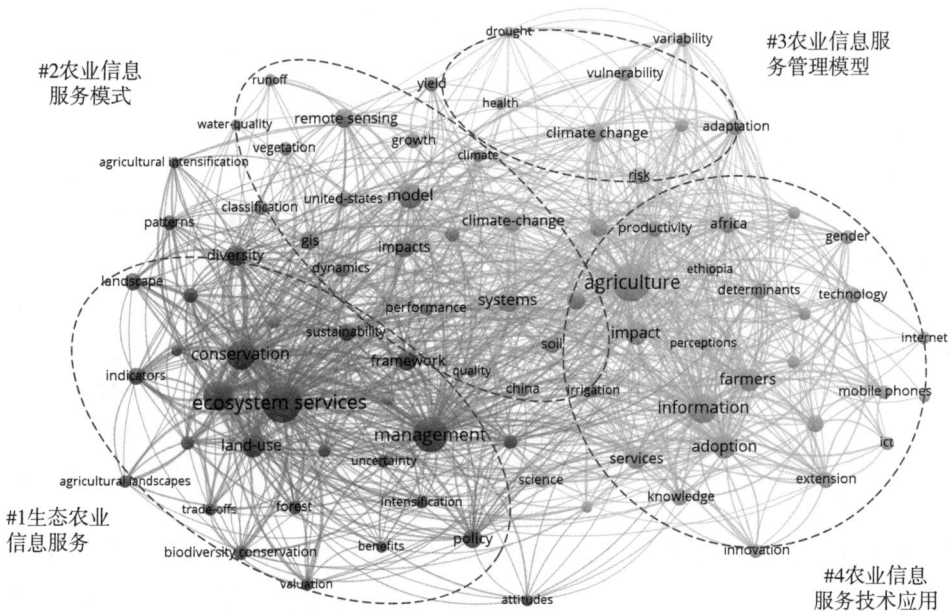

图 22-3　国外农业信息服务研究的主题聚类

注：按出现频率≥20 为最小阈值进行剪切，从 9 386 个关键词中可得到 86 个高频关键词、4 个聚类。

2. 中国农业信息服务研究具有明显的政策导向 在农业信息服务研究领域中，中文文献的突现词析中可得到 11 个突现词（表 22-3）。从这些关键词的突现度和突现时间来看，中国农业信息服务研究紧跟国家方针政策，具有明显的政策导向。从时间线上来看，2009 年以前的突现词，意义上较为宽泛，与本研究的内容具有完全重复性，内容相对宽泛，从回溯文献的过程中也发现，这一阶段的研究内容相对宏观，以理论类、综述类、定性化的研究为主，如郑红维等针对我国农业信息发布问题的理论探讨，李新功借鉴发达国家经验建立我国农业信息化体系，以及张颖丽等在农业信息服务体系运行模式方面的研究等；2009 年以

后的突现词则表现更为具体，"服务模式""云计算""影响因素"和"互联网＋"等关键词，体现出这一时期谋求农业与信息技术融合、优化农业信息服务模式、探寻影响农业信息服务水平的因素，成为这一时期的关注焦点，研究方向更加具体化、微观化、定量化，产学研结合的水平凸显，农业信息化更好地服务"三农"。

表 22 - 3　国内（中文）农业信息服务领域突现词统计

关键词	突现强度	起始年	截止年	1992—2019 年
农业	8.103 5	1996	2005	
新农村建设	3.711 7	2006	2010	
对策	4.219	2006	2009	
图书馆	3.545 6	2006	2007	
农村信息化	6.912 6	2008	2011	
农村信息服务	4.059 7	2009	2013	
服务模式	3.400 1	2010	2012	
云计算	3.692 5	2011	2014	
农业信息服务	7.384	2012	2015	
影响因素	4.492 5	2014	2017	
互联网＋	3.836 6	2017	2019	

3. 决策支持系统、网络服务等成为领域研究热点　与中文文献相比，英文文献的研究内容针对性更强。其中，"decision support system"（决策支持系统）和"Web service"（网络服务）是突现度最高的关键词，"geographic information system"（地理信息系统）突现时间最长，回溯文献时发现，国外的农业管理通常将"3S"技术与网络服务相结合，打造农业决策支持系统，服务于以"精准农业"为核心的农业生产管理，国外学者在上述技术领域的开发和研究可为我国农业信息服务在学术上的进一步拓展提供借鉴，国内学者也可在上述领域开展研究。"United States"（美国）"Australia"（澳大利亚）也成为了突现词，机械化、集约化和信息化是两国在农业生产上的特点。相关研究表明，美澳两国的农业信息化率分别在55％和70％以上，而中国约为32.3％，因此以这两国为模板，学习他们在农业信息服务上的先进经验十分必要。此外，"wireless sensor network"（无线传感器网络）和"internet of thing"（物联网）是最新出现的突现词并延续至今，也值得国内学者予以关注。

（三）农业信息化基础设施技术成为重要研究方向，农业遥感、物联网、通信等主题技术成为研究热点，发文量逐年增长

1. SCI 发文逐年增长　截至 2019 年 12 月 31 日，共检索、筛选到农业信息化基础设施领域在 2010—2019 年共发文 23 938 篇（考虑到数据库收录与论文发表的时间差，2018—2019 年的论文数量尚不完整，不能完全代表这两年的趋势）。

图 22 - 4 为全球和中国农业信息化基础设施领域年度发文趋势。可以看出，不论是全球还是中国，年度发文总体呈现上升趋势。全球从 2010 年的 1 303 篇增至 2019 年的 3 341 篇，增长了 1.56 倍；中国则由 206 篇增至 858 篇，增长了 3.17 倍，增速高于全球。全球年度发文数量逐年递增，特别是 2015 年，比 2014 年增长了 20.18％。中国虽然增长迅速，但在

2013 年和 2017 年出现 2 次小幅下降。2017 年之后出现较大幅度的增长，2018 年比上年增长 37.40％，2019 年比上年增长 19.17％。

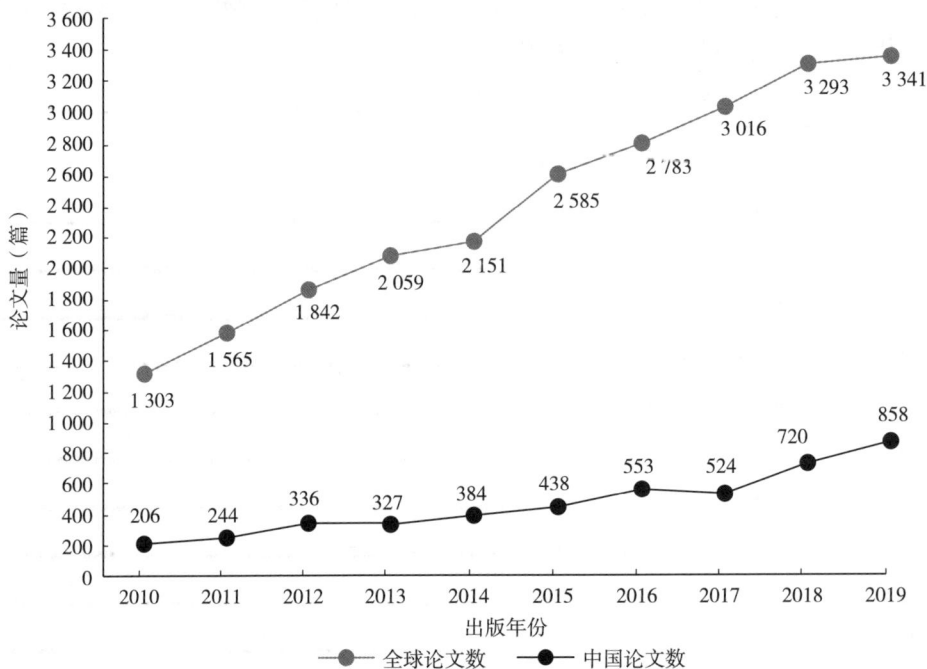

图 22-4 2010—2019 年全球和我国农业信息化基础设施领域 SCI 论文发表总体情况

2. 美国、中国、德国、印度等成为产文量靠前的国家 近 10 年的 23 938 篇论文来自全球 166 个国家/地区，其中发文排名前 10 位的国家分别是美国、中国、德国、印度、意大利、西班牙、巴西、澳大利亚、英国和法国。这些国家的总发文量为 17 165 篇，占全部发文量的 71.71％，说明该领域的主要技术集中在发文量前 10 的国家中。美国发文量排名第 1，总发文量占比为 21.26％。中国紧随其后，排名第 2。可以看出，在发文数量方面，中国与美国差距并不明显。排名第 3 的为德国，其发文数量与美国和中国均有较大差距，分别为美国和中国的 32.22％和 35.73％。因此，可以认为，全球农业信息化基础设施领域发文数量 Top10 国家/地区可以划分为两大阵营，第一阵营为美国、中国，第二阵营为排名第 3 至第 10 的国家/地区。

3. 卫星遥感技术、物联网技术、光谱成像技术、大数据技术、通信技术、无人机技术等成为研究热点 对农业信息化基础设施领域论文中的题目和摘要中提取的词通过 VOSviewer 进行聚类分析，从而了解该领域在 2010—2019 年研究的主要主题和技术方向。由图 22-5 看出，农业信息化基础设施领域在 2010—2019 年研究方向主要分为 5 个主题。第一个主题主要是遥感技术，研究热点集中在卫星、陆地卫星、中分辨率成像光谱仪、合成孔径雷达、图像处理、遥感数据等，应用热点有土壤湿度、归一化植被指数、干旱、叶面积指数、地表温度、土地覆盖等分析。第二个主题主要是农业农村通信技术，研究热点集中在无线传感器网络、互联网技术、物联网等，应用方面的热点有湿度测量、安全系统、灌溉系统等方面。第三个主题主要是农业生产活动中的信息化设备，研究热点集中在利用无人机、飞行器、土壤湿度传感器等小型监测设备如何参与农业生产活动，其中光谱相关技术是出现最多的。热点应用方面有检测品种、土壤中元素含量（如氮）、土壤性质、土壤含水量、株高等，冬小麦、玉米是研究较多的农作物。

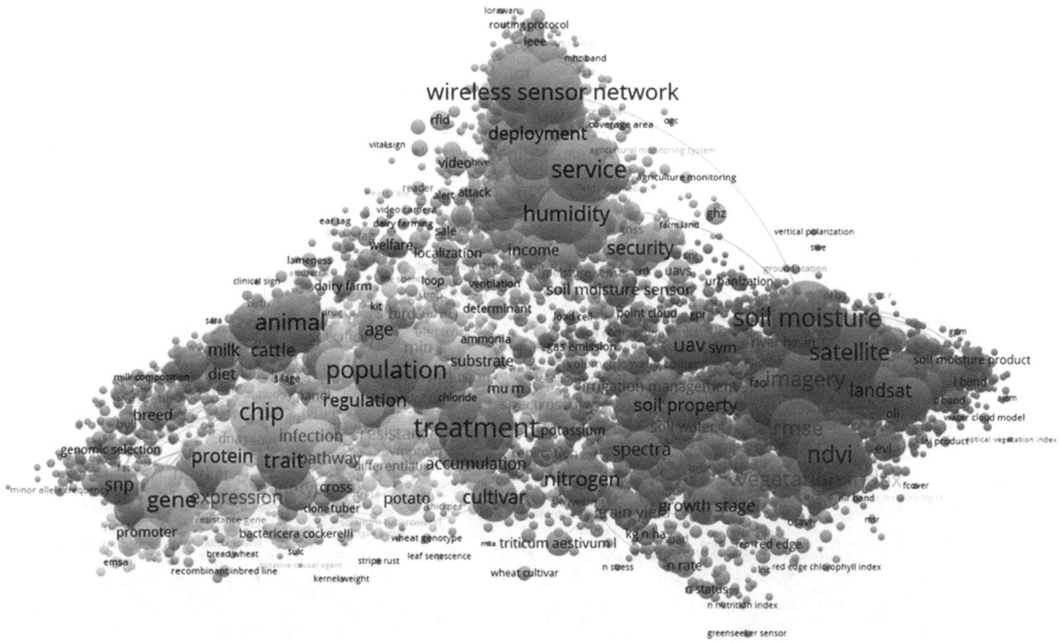

图 22-5 农业信息化基础设施领域 SCI 论文技术热点分布

技术随时间演化分析。将 2010—2019 年分 3 个时间段（2010—2012 年、2013—2015 年、2016—2019 年）进行热点分析，通过分析不同时间段的热点技术，从而了解农业信息化基础设施领域的技术主题研究演化过程。如图 22-6 所示，2010—2012 年，

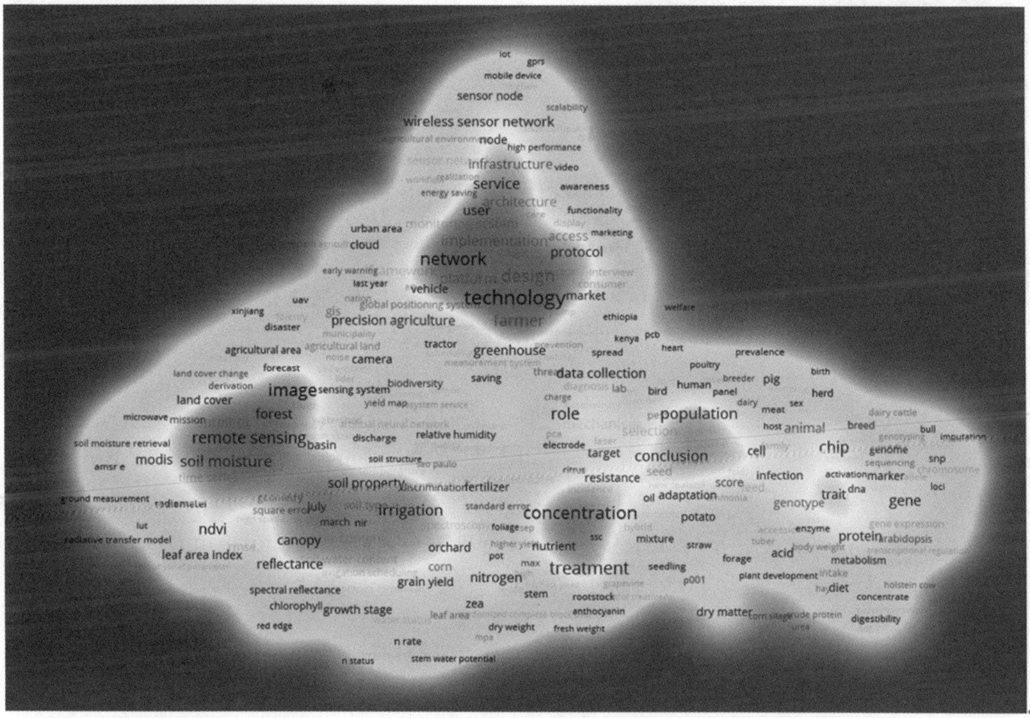

图 22-6 2010—2012 年农业信息化基础设施领域 SCI 论文技术热点分布

在农业信息化基础设施领域中研究最热的是农业农村通信技术 network（网络）相关的技术，主要围绕 protocol（协议）、service（服务）、user（用户）、market（市场）、farmer（农民）等。其次是第一个主题 remote sensing（遥感技术），涉及 image（图像）、soil moisture（土壤湿度）等内容。再次研究较热的是第三个主题农业生产活动中的信息化技术，如检测等相关内容，这里体现为词 concentration（浓度）、treatment（处理）等。

2013—2015 年，如图 22-7 所示，主题一 remote sensing（遥感技术）成为最热门研究之一，涉及 vegetation（植被）、soil moisture（土壤湿度）、radiometer（辐射计）、rmse（均方根误差）、drought（干旱）等内容。主题二农业农村通信技术 network（网络）相关的技术研究依然很热门，但是研究内容稍有变化，wireless sensor network（无线传感器网络）、precision agriculture（精准农业）等内容逐步成为热点。主题三农业生产活动中的检测设备中 treatment（处理）相关的内容研究热度在下降。

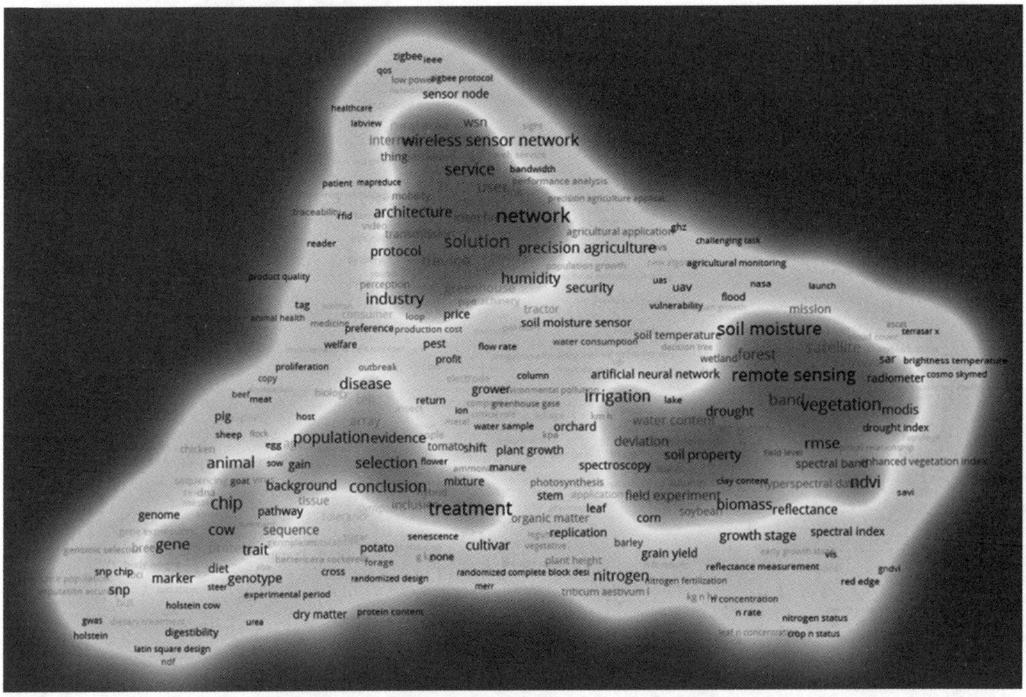

图 22-7　2013—2015 年农业信息化基础设施领域 SCI 论文技术热点分布

2016—2019 年，如图 22-8 所示，主题一遥感技术仍然是最热门研究之一，研究的内容较第二阶段有所变化，satellite（卫星）、ndvi（归一化植被指数）、soil moisture（土壤湿度）的研究最为热门。主题二农业农村通信技术的研究仍是热点，不过研究内容又有变化，device（设备）、service（服务）、intelligence（智能）更加突出，government（政府）也开始出现，uav（无人机）成为了热门研究。主题三农业生产活动中的检测设备中 treatment（处理）相关的内容研究热度进一步在下降。

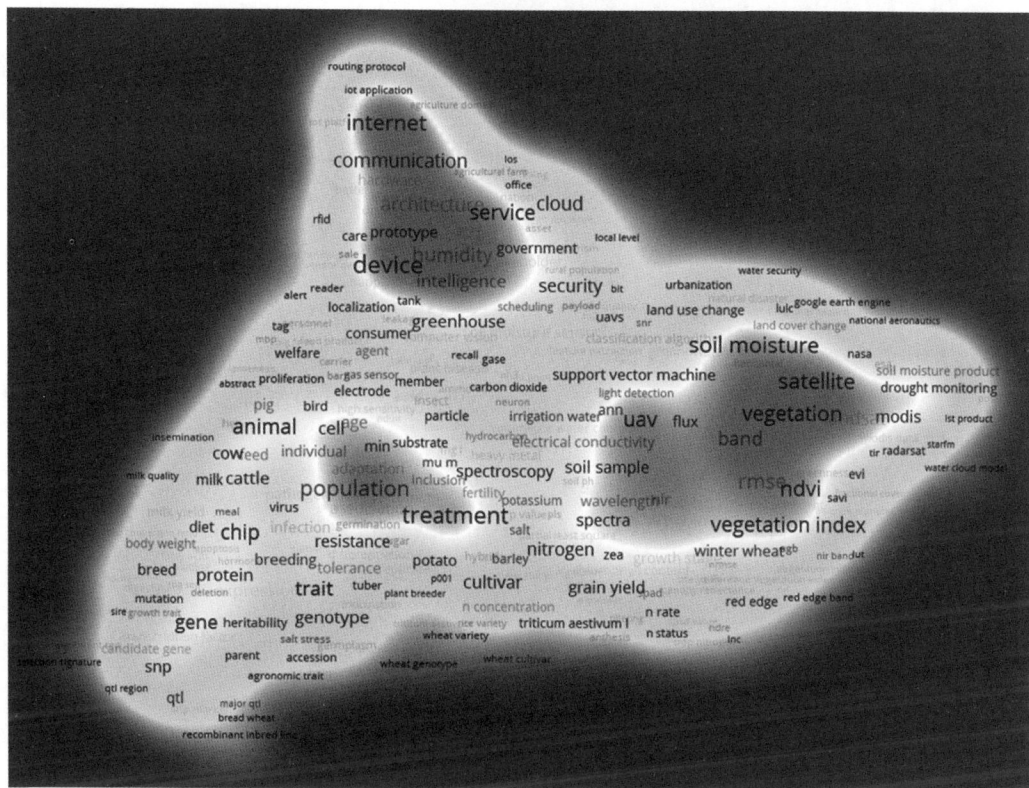

图 22-8 2016—2019 年农业信息化基础设施领域 SCI 论文技术热点分布

三、需求分析

（一）农业信息化基础设施需求

1. 在农业数据获取基础设施方面，需要加强农业专用传感器、专用监测设备等核心技术研发，提升基础数据获取与存储能力

（1）在农业信息获取方面，标准化、一体化、高质量的信息监测体系缺乏，尤其是自然灾害和突发事件发生后，信息化、智能化的测产技术和系统缺乏。高性能、低成本、高稳定性的国产化农业传感器或测控终端极其缺乏，先进农业传感器与测控终端、病虫害监控预警等信息感知与定量决策需求强烈。

（2）需要建立健全农业农村数据采集体系、农业农村基础数据资源体系，构建农业农村云平台基础设施。研究农业数据标准技术、农业数据存储技术，构建全国农业农村数字化资源数据中心。

（3）需要加强智能农机与先进传感器技术的集成与应用。目前我国农业装备仍以传统机电一体化农机装备为主，智能化农业装备仍然严重缺乏，亟须运用先进传感、智能控制、卫星定位和移动互联网等信息技术对传统农机进行智能化升级。未来随着 5G 时代的到来，凭借 5G 的强大传输能力，对农机作业传感器的种类和数量需求将快速激增，将呈现普遍化商用趋势。

2. 在农业数据传输基础设施方面，需要加强农村网络基础设施建设和数字化改造，提升农业农村网络接入能力

（1）需加强农村网络基础设施建设，加快农村 5G 网络建设布局试点应用，推动 5G 网络在广大农村地区的覆盖，提升互联网普及率尤其是接入能力。选择数字化水平领先的粮食生产功能区、特色农产品优势区、国家现代农业示范区等所在的县市，超前部署 5G 网络，建设一批 "5G＋农业" 试点项目，探索可复制、可推广的创新性应用模式。

（2）需要利用互联网等信息技术对传统乡村基础设施进行数字化改造，建设数字农田、数字乡村公路、数字农产品物流、数字安防网络、数字水利网等，加强农产品冷库仓储和智慧冷链建设，推动信息基础设施的平台、技术和手段与乡村传统产业的融合逐步加深。

（3）随着新一代网络传输技术（5G/6G）的突破和大规模推广应用，农业移动物联网的需求将大规模爆发。要深化移动物联网在农产品仓储物流、智慧农业、乡村远程医疗、远程教育、农村公共安全等领域的应用，推动设备联网数据采集，提升生产效率。

3. 在农业数据分析处理基础设施方面，需要加强芯片、模型组件、基础信息系统研发，提升农业算力基础设施能力

（1）需要研发农业专用芯片技术与装备。农业产前、产中、产后不同阶段的信息化都离不开芯片及配套智能装备，如农业信息化系统中用到的控制类芯片、传感类芯片、特定功能类芯片、智能计算类芯片、通信类芯片等。目前针对农业系列应用场景的农业专用芯片的研究相对较少，需要研究突破农业专用芯片的开源指令集与生态、IP 库、绿色低功耗设计技术、芯片封装新材料与技术，研发系列配套智能化装备，如农业物联网芯片、植入式动物生命体感知芯片、具有动植物生理信号感知功能的芯片等。

（2）需要优化布局农业数据中心，引导数据中心和算力资源科学布局。推进 "数网协同" 和 "云边协同"，以适度超前支持推动算法平台等共性基础设施建设，以市场化的方式创新建设模式和应用模式，促进人工智能技术与农业深度融合。

（3）需要加强专业化模型组建开发和基础信息系统研发，创新农业智能决策系统。需要加强乡村资源数字化研究及数字资源系统构建，将乡村自然生态、人居环境、公共服务、公共管理、公共安全保障等全面数字化，促进乡村治理能力现代化。

4. 在信息应用服务基础设施方面，需要研发低成本、高性能的终端设备与服务产品，提升农业信息应用终端供给

（1）需要研发低成本、高性能的农业农村物联网产品和终端设备，加强农业信息应用终端供给。围绕良种繁育、田间管理、病虫害防治、农产品产销对接等环节，加快研制低成本、适用性强的农业物联网信息终端，构建农业农村万物互联的产业生态，让物联网信息终端成为农民的 "新农具"。充分利用现有条件建设一批农业农村信息服务中心，提高村级综合服务信息化水平。

（2）面向农村青年劳动力不断下降的趋势，适用于不同农业场景的智能化精准作业装备和农业机器人是未来需求的方向，需针对农业产业链各环节开发能够辅助农民进行智能化种植、植保、收获等操作的低成本小型智能装备，如智能化无人机、除草机器人、采摘收获设备。

（3）需要加强农业区块链技术及应用，推动农业产业链、价值链、信息链的重构。加强支撑电子商务发展的分等分级、包装仓储、冷链物流等基础设施建设，推动解决农产品 "卖难" 问题，实现优质优价，带动农民增收。

（二）农业大数据发展需求

面向未来数字农业农村发展需求，新时期农业大数据智能服务发展中的需求可概括为四点：

1. 在数据资源建设方面，实现资源要素全覆盖和资源管理精细化　数据资源要覆盖农业生产的全产业链，涵盖农业生产要素、涉农产品、农业技术、农业政府决策管理等各项事务，包括要素指标、采集方法、分析模型、发布制度、生产经验等内容；建设数据资源目录、数据指标体系，做好元数据管理。

2. 在数据开放共享方面，实现一体化和标准化，打通纵横双向通道　数据采集、存储计算、清洗加工、挖掘分析、可视化、创新应用、共享交换、数据开放整个过程做到一体化，数据共享标准要覆盖数据共享、开放、交易、安全等各个关键环节；数据共享不仅要做到上下贯通，更要实现省市级别多部门间的横向连接。

3. 在数据创新应用方面，实现大数据与农业的深度融合和转型升级　围绕农业生产过程管理、农业资源与生态环境管理、农产品安全管理、农产品交易流通、农业市场和消费的监测和预测、农业创新服务等方面，深化和创新农业大数据应用，培育农业产业发展新路径、新业态、新模式。

4. 在科学研究方面，重点做好数据资产确权和数据价值核算研究　随着数字经济的快速发展，农业大数据作为生产要素的价值将全面提升，农业领域与数据相关的利益分配将面临重大挑战。数据资产确权是大数据应用和数据产业发展必须解决的核心问题之一，要针对不同来源的数据以法律形式明确数据产权归属，解决好数据共享中的信任和知识产权保护问题。明确了数据的权利归属问题后，就需要考虑其价值应该如何进行评估，以确保数据资产能够在市场上进行交易，实现价值的最大化；数据要素的定价和核算对于厘清数据资产、有效配置数据资源至关重要，需要加强相关理论和政策研究，注重编制数据资产，确定核算的计量标准。

（三）农业信息服务需求

农业信息服务作为农业农村信息化的重要组成部分，随着信息技术的不断发展，农业信息服务需求也在不断发生变化。

1. 在农业生产主体方面，需要根据不同类型主体的需求精准提供不同服务　伴随着农业生产向专业分工、社会化协作方式的转变，农业信息服务对农业生产发挥的作用越来越大。

（1）小农户以农情地理信息服务需求为重点。农业气象信息服务、农业产业政策、农业生产技术服务与疫情疫病及病虫害信息服务是小农户的需求重点。小农户的农业生产对气象等自然地理条件的依赖性较大，气象与农业灾害预报对小农户农业生产决策具有重要参考与指导意义。随着农业产业化与专业化经营的深入，传统小农户对农业生产技术指导服务的需求不断提升，种植和养殖技术指导与病虫害诊断技术信息服务将对小农户的种植和养殖生产提供便利。

（2）专业大户等新型经营主体主要趋向农业生产技术指导与决策支持信息。专业大户等新型经营主体充分体现了发展现代农业的客观要求，规模化、组织化与社会化生产经营的发展对农业信息服务内容提出了更高要求。基于人工智能与决策支持网络体系的生产技术指导服务能有效缓解新型经营主体在农业生产过程中的技术问题。农业生产体系将走向集约化、专业化、组织化与社会化，农业生产主体的信息服务需求将随之发生变化。无人化与自动化的农业生产运行机制将被广泛运用，集约化与专业化的农业生产模式对农业信息服务内容提出了新的要求。

2. 在农业加工主体方面，需要进一步扩展农业信息服务的内容　农产品深加工作为农业产业链条的重要延伸，是提升农产品附加价值的重要环节。从农产品加工环节来看，农业加工主体的信息服务需求主要集中在农产品加工技术指导、农业产业供应链管理流程支持、农业金融信息智能化匹配与产销智能化匹配服务等方面。农产品加工主体从原材料收购到最终产成品销售，均对农业信息服务内容有较高的要求。

（1）农产品加工技术信息服务。农产品深加工作为农业产业链的重要组成部分与有机延伸，加工环节的技术规格直接影响到最终产品的品质与质量水平，借助智能化信息服务平台，能够与高校、科研机构等技术供给部门有机联动，实现农产品加工环节相应技术的精准匹配，优化各类农产品生产流程，提升最终产品的科技含量与质量安全水平，有效提升农产品深加工企业与组织的生产效益。

（2）农业产业供应链管理流程支持。农产品深加工，作为农产品可溯源体系的重要环节，农产品供应链信息的智能化服务对农产品深加工企业与组织具有重要价值，原材料收购环节需要与农户等农产品生产主体精准匹配，借助大数据平台与神经网络优化算法，在综合考虑成本与产品质量的基础上，实现农产品收购优化解决方案。

（3）农业金融信息智能化匹配。为缓解各类农业企业"融资难"问题，通过农业信息智能化服务平台将各类农业企业的金融需求与金融机构贷款与融资方案精准耦合，有效缓解经营主体的融资信息获取成本，将农业产业扶持资金落到实处，满足各类农业企业贷款与融资需求，实现农业产业高质量发展。

（4）产销智能化匹配服务。借助大数据与农业产业信息监测分析平台，将各类农产品产地与销地供需状况有机结合，实现各类农产品推广信息精准投放，拓宽各类农产品的销售渠道。借助电子商务平台扩大各类农产品的销售范围与营销方式，提升各类优势特色农产品的市场辐射范围。

3. 在农业政府部门及其他主体方面，需要进一步提升农业市场信息的即时性、有效性与准确性 随着农业市场化进程的不断推进，农业市场信息的即时性、有效性与准确性是影响农业市场信息服务质量的重要指标。各类农业市场主体的信息服务技术需求主要表现在农业产销信息智能化匹配、市场价格监测与决策支持服务与要素市场信息精准匹配与投放等方面。

（1）农业产销信息智能化匹配。借助大数据与分类优化算法技术，将各类农产品的生产与供应主体同销售采购主体有效契合，将采购方的需求与农产品生产者的生产状况有机匹配，有效缓解各类农产品的"卖难"问题，提高农产品销售效率，扩大潜在客户范围。

（2）市场价格监测与决策支持服务。通过多种途径和手段，有效采集各地区各类农产品的市场价格信息，针对各地区各类农产品市场进行实时监测，有效防范农产品市场异动，最大限度地降低农业市场主体的经营风险。

（3）要素市场信息精准匹配与投放。针对各类农业经营主体，为其提供农业生产资料市场信息，包括农机具、农业用工、农药、饲料、化肥等各类生产要素的供求信息，并借助大数据智能分析技术，实现农业生产资料供求信息的有机匹配，拓宽农业社会化服务渠道，保障农业生产与再生产过程。

第三节　关键技术选择

一、关键技术图

通过专家德尔菲调查法，梳理出农业信息化基础设施、农业大数据、农业信息服务的关键技术清单如图 22-9 所示，包括农业大数据获取技术、农业大数据存储与管理技术、农业大数据分析与处理技术、农业大数据应用与信息服务技术、农业信息化基础设施关键技术 5 项一级技术，以及农业物联网、农业人工智能、农业全产业链信息采集技术、农业大数据分布式存储、农业大数据标准化技术、农业大数据挖掘技术、农业大数据关联分析与预测技术、农业云服务技术等 36 项二级技术。关键技术清单如图 22-9 所示。

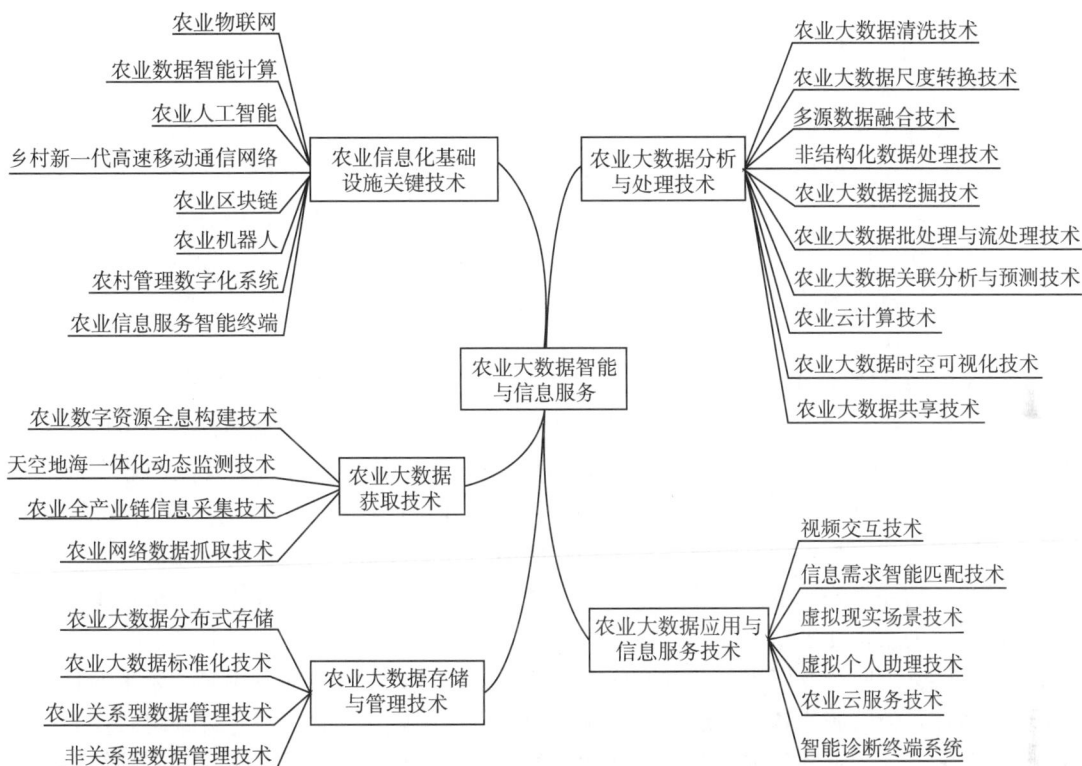

图 22-9 农业大数据智能与信息服务关键技术清单

二、技术清单

(一)农业信息化关键基础设施技术清单

1. 农业物联网技术 农业物联网是物联网技术在农业领域的应用，是通过应用各类传感器设备和感知技术采集农业相关信息，通过各类网络进行信息传输，将获取的海量信息进行处理、分析，最后通过智能化操作终端，实现对农业的过程监控、科学决策和实时服务。农业物联网是农业新型基础设施的重要组成部分。随着 5G 等新一代网络传输技术的突破和大规模推广应用，对农业物联网尤其是移动物联网的需求将大规模爆发，智能可穿戴设备、智能机器人等数以万亿计的新设备将接入网络，形成海量数据，促进生产生活和社会管理方式进一步向智能化、精细化、网络化方向转变。在农业领域，针对农业自动化作业、农产品动态储运、动植物远程诊断、节水灌溉等需求，覆盖广、速率快、成本低、功耗低的农业物联网技术对实现农业海量设备管理、规则引擎、数据分析、边缘计算等具有重要意义，可为各类农业场景赋能。未来，在技术方面，移动物联网的架构将呈现出 NB-IoT 和 4G、5G 协同共存、优势互补的发展格局。面向农业行业应用环境和业务需求，要重点加强边缘计算、智能传感、安全芯片、小型化低功耗智能仪表、跨域协同等新兴关键技术研究。在产业方面，要深化移动物联网在农产品仓储物流、智慧农业、乡村远程医疗、远程教育、农村公共安全等领域的应用，推动设备联网数据采集，提升生产效率。

2. 农业数据智能计算技术 随着人工智能算法突飞猛进的发展，越来越多的模型训练需要巨量的算力支撑才能快速有效地实施，算力是未来人工智能应用取得突破的决定性因素。农业数据智能计算技术是指适合农业复杂场景海量多源异构大数据的快速高效数据计算技术，涉及多场景多模态异构计算、云计算、边缘计算等具体关键技术，也包括遗传算法、混合智能算法、神经网络、机器学习、模糊逻辑、模式识别、知识发现、数据挖掘等先进算法应用，为农业各场景提供高效的算法支持和安全、可靠、强有力的计算引擎。在农业农村领域，智能计算可以模拟农业各复杂场景过程和规律，可以精准预测农业气象、农业产量、病虫害信息、农产品市场走势等，进行集中化数据处理、量化分析、建模分析。如边缘计算网关（数据采集控制器）利用本地网关的计算能力，可实现无延时体验，无网络还能通过采集的数据联动控制设备的启停，避免断网设备无法控制。未来，农业人工智能、深度学习、农业大数据分析决策等离不开农业智能计算力。

3. 农业人工智能技术 人工智能（artificial intelligence，AI）是一门融合了数学、计算机科学、统计学、脑神经学和社会科学的前沿综合性技术，目标是希望计算机可以像人一样思考，替代人类完成识别、分类和决策等多种功能。AI 芯片成为人工智能产业发展的核心驱动力，AI 芯片产业通过引入 GPU 突破了 CPU 并行计算短板，成为业界研究的热点。农业人工智能芯片，是指针对农业各复杂场景应用的人工智能算法设计的专用芯片，须具备计算速度快、功耗小、成本低等特点。未来，随着算法演进及底层半导体技术的进步，人工智能芯片技术创新将迎来新的高潮，诸如内存计算芯片、类脑仿生芯片、光子芯片等前沿技术将会从实验室走向产业应用，并逐渐向农业各领域渗透。人工智能专用芯片未来的趋势之一是类脑芯片，类脑芯片基于神经形态架构设计，将存储单元作为突触、计算单元作为神经元、传输单元作为轴突搭建神经芯片，从而构建类似于生物脑的电子芯片。受到脑结构研究的成果启发，复杂神经网络在计算上具有低功耗、低延迟、高速处理以及时空联合等特点。

4. 乡村新一代高速移动通信网络技术 乡村新一代高速移动通信技术主要是指，根据农业农村具体场景的切实需求，综合应用 5G 技术、6G 技术、超高速大容量光传输技术、激光-无线宽带技术、乡村超级 WiFi 等技术的综合布局应用，可快速有效弥补个别乡村地区光纤基础设施的不足。目前，我国 5G 等新一代移动通信建设速度不断加快，农村逐步部署 5G 网络，促进农业数据要素的生产、流动和利用，带动形成农业农村 5G 相关产品和服务市场，形成"5G＋农业农村"的应用生态。5G 农业的创新应用技术研发，以提升农业生产力为导向，将 5G 技术与农业各产业链环节深入融合。大容量、超长距离、超高速率的光通信系统在农业农村合理布局。激光技术与无线连接技术结合应用技术研发，利用毫米波无线信号和红外线激光链接高速传输数据，具有传输距离长（最长达 10 千米）、成本较低的突出优点，可有效弥补个别乡村地区光纤基础设施的不足。成本低、辐射小的适合乡村特色的超级 WiFi 技术研发，使用超级 WiFi 将系列基站连接到回程网络中，将宽带连接到地广人稀的农村，缩小城乡"数字鸿沟"。

5. 农业区块链技术 区块链本质上是一种分布式账本共享数据库，是分布式数据存储、点对点传输、共识机制、加密算法等计算机技术的新型应用模式，存储于其中的数据或信息具有"不可篡改""全程留痕""可以追溯""公开透明"等特征。基于这些特征，区块链技术奠定了坚实的"信任"基础，创造了可靠的"合作"机制，具有广阔的应用前景。农业区块链是区块链技术与农业深入融合后形成的系列化技术、产品和应用模式。区块链应用于农业，其最大价值在于最大限度地消除信息不对称，提高整个产业链的信息透明度和及时反应能力，从而实现整个产业的增值。未来，区块链在农业各场景将发挥重要作用。在"区块链＋农产品溯源"方面，区块链的点对点信任、不可篡改、公开透明的特性，使农产品追溯系统成为了区块链在农业生产流通领域的最佳应用场景；在"区块链＋农村金融"方面，可解决农民缺乏信用抵押机制，而贷款机构通过调取农户区块链的相应信息数据即可做出决策；在"区块链＋农业保险"方面，区块链技术极大简化农业保险的办理流程，解决农业保险承保难、查勘难和理赔难的痛点，同时，智能合约也会让农业保险赔付更加智能化，一旦检测到农业灾害发生，系统就会自动启动赔付流程，极大提高了赔付办理效率；在"区块链＋供应链"方面，区块链技术有利于各相关利益得到公开透明的可信数据，而整个供应链条上也会逐渐形成完整流畅的信息流，从而提升供应链的管理效率。今后，应紧抓"新基建"的机遇，推动区块链在农业农村领域的布局和实施，同时也为 5G 基建、大数据中心、人工智能等技术提供应用场景。

6. 农业机器人技术　随着智能农业和计算机技术的高速发展，机器人技术在农业生产系统中得到了广泛应用。农业机器人是一种可由不同程序软件控制，以适应各种作业，能感觉并适应作物种类或环境变化，有视觉检测和演算等功能的新一代无人自动操作机械。根据农业机器人的功能和用途可以将农业机器人分为设施农业机器人、大田生产机器人、畜牧类养殖机器人、水产渔业机器人、农业信息服务机器人等。随着云计算、大数据和人工智能等新一代信息技术与农业技术的深度融合，农业机器人作为新一代智能化农业机械将突破瓶颈并得到广泛应用。目前，世界各国对农业机器人技术高度关注，都在争相开发各场景应用的农业机器人，其中日本、美国、西班牙、韩国等起步较早，居于世界领先地位。我国农业机器人研究产出规模居世界前列，论文数量逐年增加，且增长趋势明显，在作业对象识别和定位算法优化方面产出较多。但是，我国与发达国家的机器人研发水平差距较大，如稳定性、故障率、易用等指标不理想，智能化程度不高，核心算法差距明显。

7. 农村管理数字化系统　农村管理数字化系统主要是指针对农村管理信息基础设施不足的问题，围绕农村法治治理、安防管控和组织治理等问题，构建农村管理各类数字化系统，如农村公共安全视频监控数据联网，综治视频信息平台、农村法治宣传教育网络平台、文明乡风和优秀文化资源网络平台、全程实时多方联网的数字化监督体系、基层智能辅助决策系统、农村集体资金管理系统等，为农村治理现代化提供网络化、智能化、可视化、数字化支撑。未来，可充分利用移动互联网等现代信息传播手段，创新基于大数据和移动互联网的现代农技推广服务系统，提供个性化数据支持、专家数据推送、电话网络咨询服务等；可融合现代农业产业技术体系和各实验室资源，利用 VR 等智能人机交互终端，搭建专家与农技员、农技员与农民、农民与产业、实验室与农田间高效便捷的信息化桥梁；可创建数字化的农村人居环境与生态监测设备和综合管理平台，汇聚融合大气、水土资源、自然生态、人居环境等数据，构建农村环境与生态可视化、智能化管理服务网络平台；可围绕提升农村治理基础数字化支撑与保障的需求，建立全程实时、多方联网的数字化监督平台；可创建村庄网上服务站点，建立统一的"智慧村庄"综合管理服务平台，形成完善的乡村便民服务体系，提升公共服务均等化、普惠化、便捷化水平。

8. 农业信息服务智能终端　农业信息服务智能终端是指为农业生产经营管理等主体提供网络接入、人机交互、信息服务的智能化终端设备与系统。随着大数据、物联网、区块链、人工智能等技术与农业农村产业的深度融合与深化应用，推动应用终端设备使用量爆发式增长，功能和应用领域多样化。农业生产管理端设备方面，农情设备、地理信息系统、北斗定位系统、智能手机、机器视觉摄像头、手持式信息采集终端等应用不断深化。农村生活服务端设备方面，手机、平板电脑、微信生活缴费、教育、医疗等逐渐普及。农业农村政务应用类等也在农民消费端设备不断应用，应用终端设备将进一步普惠广大农民。未来农业信息服务智能终端的发展趋势有以下几方面：一是要求智能终端处理器具有较高的性能，提供给用户完整的功能和较好的体验。二是要求处理器具有较高的集成度，能在比较小的尺寸上集成更多的器件，微型化、便携式是发展趋势。三是要求处理器有较低的功耗。以上3点有的是相辅相成的，例如，高集成度往往意味着高性能，而有的则是相互矛盾的，例如，性能的提高往往会造成功耗的增加，这就要求要根据应用场景考虑三者的相互关系进行合理设计，使其达到平衡。

（二）农业大数据获取技术清单

1. 农业数字资源全息构建技术　农业数字资源全息构建技术是指研究应用农业数据标准技术、农业数据全息获取存储技术、多物理量建模等技术，对农业农村的气候、水、土等自然资源，耕地、机械、生产资料等农村生产资源，住房、道路、医院、学校等农村社会生活资源进行全息化构建和数字孪生，构建全国农业农村数字化资源，实现在信息世界对农业农村物理世界的等价映射，为农业农村大数据应用提供基础。目前，数字资源全息构建技术的研发创新主要集中在数字孪生、多物理尺度和多物理量建模、高性能计算等跨专业和跨领域上。全息构建和数字孪生的本质就是在信息世界对物理世界的等价映射，需要集成和融合多物理尺度和多物理量建模、结构化的健康管理、高性能计算等跨领域、跨专业的多项技术。随着数字孪生、虚拟现实等信息技术与农业的深入融合，从农业农村空间智能到农业农村时空智能映射研究不断深入，将能够模拟农业各种复杂环境场景和决策下的发展情景，通过实时数据接入，由人工智能帮助理解复杂问题，实现自动决策及控制。

2. 天空地海一体化动态监测技术　天空地海一体化动态监测技术是指利用遥感卫星网络、无人机低空航空监测网络和地面物联网传感器基础设施，对农业农村信息开展多维度融合监测，形成全国统一的标准化的天空地海一体化农业农村监测体系，实时获取农业资源要素、生产过程、市场和决策管理等数据，建立数字化、网络化和智能化的信息分析与决策系统，打造新型的农业生产和服务体系。未来，可强化整合卫星遥感、无人机低空遥感、地面物联网各自在空间性、分辨率、时效性和数据类型等方面的优势，形成天空地一体化立体观测能力。在监测范围和分辨率方面，卫星遥感覆盖范围大，无人机低空遥感分辨率较高。在时效性方面，无人机具备快速灵活的作业能力，填补卫星遥感过境空隙，与卫星互为补充，而地面物联网监测系统具有低功耗、全天候定点精准监测的优势。在数据融合方面，任意多源遥感数据的空间融合问题无缝匹配，基于深度学习、迁移学习等新技术手段实现多源异构高效数据挖掘是技术研究方向。随着卫星通信、北斗导航的全面组网运行，配合传统的地面通信及遥感卫星系统，将加速完善天空地一体化信息基础设施建设，形成"地球大数据"系统。

3. 农业全产业链信息采集技术　农业全产业链信息采集技术是指应用农业传感器、遥感等各类信息获取技术，对农业生产、流通、市场等农业全产业链信息进行精准化、动态化、标准化采集，采集的具体信息包括农业生产环境信息、农业动植物生命信息、农产品市场等信息。农业环境数据采集主要是指通过对与作物生长密切相关的各种气象因素、周围非生物环境、土壤状况进行动态监测，采集有价值的数据资料，农业智能传感器技术是最常用的技术。随着多学科和交叉技术的发展和综合运用，先进的环境检测手段和方法已经被广泛应用于植物、土壤、环境信息的采集和处理。生命信息智能化感知系统泛指通过对动、植物在其生长和繁殖过程中的各种自然、生长、发育、活动规律等各种生物学和社会数据信息进行感知和记录，例如检测植物体内的氮、磷和碳元素的含量，测量动物的体温和运动轨迹，常见技术主要有光谱学技术、机器视觉技术和热红外探测技术。农产品市场数据采集具有较强的突发性、动态性和变化性，对实时性要求较高，一般采用"智能终端＋通信网络＋专业群体"的采集手段。

4. 农业网络数据抓取技术 在互联网世界，存在海量与农业相关的、具有潜在应用价值的数据。农业网络数据抓取技术是指利用网络数据捕获技术动态监测互联网网站以及公众号、微博等平台网页，提取其中的所有涉农信息和数据，网络爬虫技术是最常应用的技术。网络爬虫本质上是按预定义的策略或规则设计好的应用程序或者脚本，可以自动选择网络信息，其抓取策略有广度优先和深度优先两种。Nutch 网络爬虫技术能够轻松地实现每个月监测几十亿份网页，与 Hadoop 关联很容易实现分布式的部署，提高了数据采集效率。由 Twisted 改编创建的 Scrapy 技术框架能够抽取结构化数据，可以在数据挖掘、信息处理和网站监测等多个方面进行应用，具有快速部署、容易扩展、兼容便捷的特点。利用开源的 Scrapy 平台，搭建可定制的、面向主题的网站数据采集平台，可以实现特定农业信息的自动网络抓取。

（三）农业大数据存储与管理技术清单

1. 农业数据分布式存储技术 农业农村数据量随着智慧农业的发展呈现海量爆发式增长态势，数据存储与共享基础设施不足，传统存储架构在新兴应用中面临极大挑战，分布式存储成为新趋势。分布式存储系统是将大量的普通存储计算机部署在不同地点，通过网络连接和系统配置，物理上形成分布式，逻辑上对外提供一个整体的数据服务。分布式存储系统是超融合架构的通用核心组件，构建在虚拟化平台之上，通过部署存储虚拟设备的方式虚拟化本地存储资源，再经集群整合成资源池，为应用虚拟机提供存储服务。高可用性、易可扩展性、高性能、低成本是分布式存储技术的特征。未来的大数据时代，各用户通过分布式存储来满足性能、容量、可靠性的种种要求，不断扩展着自己的大数据规模，从而实现把不同种类的数据汇聚到一起的目的。大数据时代，分布式存储技术不仅能满足各种接口，如对象接口、块接口、大数据接口、流媒体及文件接口等应用，同时还能加速人工智能的各种落地增值应用。

2. 农业关系型数据管理技术 传统数据库主要针对关系型和结构化数据，对以文本、图片、视频为主要内容的半结构化和非结构化数据的管理能力不足。传统数据库存储的数据类型通常是一致的，所有数据都可以围绕预先设计的数据结构进行操作。在大数据时代，由于数据类型、数据处理方法和数据处理时间要求的不同，必须尝试新的方法来解决问题；其中，NoSQL、New SQL 两种数据库技术被广泛接受。前者的设计思路是完全改变目前主要数据类型的组织和管理，后者的设计思路是对关系数据库结构进行改进，提高传统数据库的数据管理体量。关系数据库仍然是分析数据库的主流，主要集中在并行数据库上；对于 OLTP、OLAP 和数据仓库场景，关系数据库包括传统的 Oracle、DB2、SQLserver、My SQL 和 New SQL 数据集群。

3. 非关系型数据管理技术 图形数据库是一种非关系型数据库，它主要应用图形理论存储实体之间的关系信息。Neo4j 可以被看作一个高性能的图引擎，该引擎具有成熟数据库的所有特性，Neo4j 因其嵌入式、高性能、轻量级等优势，越来越受到关注。基于 Neo4j 实现农业数据管理，图形数据库通过节点、关系、属性等表达数据之间的关系，Neo4j 对于节点型数据表达具有很好的优势。Neo4j 是目前非常流行的图形数据库，Neo4j 拥有完整的 ACID 支持，以确保数据的一致性，无论应用程序如何变化，Neo4j 只会受到计算机硬件性能的影响，不受业务本身的限制，因此很容易扩展到数亿级的节点和关系，并支持分布式集群部署。

4. 农业大数据标准化技术 农业大数据标准体系包括：①基本标准，它是制定农业大数据标准必须遵循的技术基础和方法准则，具有基础和指导作用。②技术标准，围绕农业大数据处理流程设计，分为农业大数据采集、预处理、存储、管理、处理、分析、决策等技术标准。③农业产业链标准，围绕农业产业链设计，包括农业生产、农业技术推广、农产品加工、农产品运输、农产品仓储、农业科研、农产品市场等大数据标准。④农业大数据专题标准，围绕特定农业大数据需求，如农产品质量安全大数据、农业生态环境污染大数据、国际农产品贸易大数据、农村综合信息服务大数据等主题进行扩展。⑤其他标准，上述标准之外的补充规则或规范性说明文件。

(四) 农业大数据分析处理技术清单

1. 农业大数据清洗技术 数据清洗指利用数理统计、数据挖掘或预定义的数据清洗规则将"脏数据"转化成满足质量要求的数据的过程。数据仓库中的原始数据是面向特定主体收集的，这些数据从多个来源、多个渠道经过不同的数据采集者从多个业务系统中获取而来，避免不了存在错误数据，或者数据之间存在冲突，这些数据称为"脏数据"。数据清洗就是要对"脏数据"进行重新审查和校验，删除重复信息，纠正错误信息，形成一致性的数据。在大数据环境下的数据清洗方法，如云计算环境下的重复记录清洗方法、大数据环境下缺失信息处理算法、大数据清洗基本框架模型等，仍处于初期探索阶段，与农业大数据清洗相关的研究更少。针对特定农业问题构建快速获取完备农业大数据的清洗算法尤为重要与紧迫。

2. 农业大数据尺度转换技术 时空特性显著是农业大数据的突出特点，当前国内外农业点源数据的尺度转换主要依赖时空插值方法，主要可分为两类：①对普通 Kriging 方法进行改造和时空扩展，然后用于时空插值各类农业要素数据；②采用编程语言建立时空协方差函数模型进行时空变异建模及插值分析。基于 Kriging 插值的方法简单易用，但难以胜任特定领域的业务数据多样化特征。编程模型包括可分离型模型和不可分离型模型，前者将空间协方差函数与时间协方差函数相加或相乘得到，模型构建简单，但是分割了时空相关信息；后者善于描述时空变量的时空变异结构信息，是当前时空插值研究的主要方向，但构建过程复杂，效率有待提高。集成农业地域性与物候性特征，建立时空一体化的插值模型对农业点源数据进行尺度转换与提升是当前急需解决的问题。

3. 多源农业大数据融合技术 多源数据融合是指在一定准则下自动分析处理并综合集成多种来源的多个观测数据，获得单个或单类数据无法揭示的具有高附加值的综合信息的过程。国内外相关研究主要包括两类：①语法层次的数据集成，例如数据格式转换、基于元数据的数据集成、基于网络协议的数据互操作等，这类传统数据集成技术目前已经很难适应农业时空数据的异构性、分布性和变化性等特点；②语义层次的数据融合，例如依赖于应用的数据融合、独立于应用的数据融合，这类技术扩展性好，能有效适应动态信息源，可以支持语义级信息共享，是当前数据集成、共享及互操作的重点发展方向。本体是实现语义融合集成的有效途径，目前国内外关于农业本体的研究缺乏成熟的应用成果，特别是面向农业时空大数据融合的本体建模。

4. 非结构化数据处理技术 非结构化数据处理技术是指处理数据结构不规则或不完整，没有预定义的数据模型，不方便用数据库二维逻辑表来表现的各类文本、图像、XML、HTML、报表、声音、影视、超媒体等数据的技术。目前非结构化数据处理技术的研发创新集中在非结构化数据采集工具、非结构化数据库系统、语义处理和文本建模等领域，其中美国、中国的技术处于领先地位。美国 Apache 软件基金会研发 Apache POI 开放源码函式库对 Microsoft Office 格式档案进行读写，谷歌 GoogleFS、亚马逊 S3、阿里 FastDFS 等基于 HTTP 访问协议研发文件存储方案解决海量数据存储问题。随着移动互联网和智能手机的蓬勃发展，微信、直播、短视频等新型应用带来的非结构化数据量激增，必须要寻求性价比更高的非结构化数据处理存储方案，未来将由分布式数据库技术向对象存储技术发展。

5. 农业大数据挖掘技术 数据挖掘是指从大量的数据中通过算法搜索隐藏于其中的信息的过程。数据的类型可以是结构化的、半结构化的，甚至是异构型的。发现知识的方法可以是数学的、非数学的，也可以是归纳的。数据挖掘的对象可以是任何类型的数据源，可以是关系数据库，也可以是数据仓库、文本、多媒体数据、空间数据、时序数据、Web 数据。大数据平台数据挖掘引擎通过机器学习算法库与统计算法库，支持常用机器学习算法并行化与统计算法并行化，并利用 Spark 在迭代计算和内存计算上的优势，将并行的机器学习算法与统计算法运行在 Spark 上。例如，数据挖掘可应用于农业病虫害防治，基于对病虫害的动态监测信息，对特定农作物发生病虫害的趋势风险进行评估等。

6. 农业大数据批处理和流处理技术 批处理和流处理是典型的大数据处理模式。批处理对存储的静态数据进行集中运算，不强调数据的实时性，离线数据处理场景居多；批处理的数据必须可拆分，能够分布在不同节点上分别进行处理。流处理技术可实现对数据实时处理，主要用于处理大容量流信息，具有低延迟特征；流处理能够在特定时间对每一条记录进行处理，把延迟降低到毫秒级。在实际应用过程中，批处理和流处理都有其特有的应用空间，在某些场景中，两种处理模式需要配合使用。流数据处理模式适合实时系统，主要应用在金融、互联网、物联网等实时数据产生量大的行业；例如在物联网应用领域，各种传感器实时产生感知的各种数据并且需要高效地反馈。农业大数据体量大、实时性要求高、价值密度低等，对数据处理模式提出了新的挑战。

7. 农业大数据关联分析与预测技术 关联分析是在大量数据集中发现模式，分析要素间关联性、相关性或因果结构的分析方法。农业信息分析预警是大数据关联分析与预测技术的重要应用体现，利用数据处理、模型工程、关联分析、定量测算等方法，通过对农业生产、市场、事件等研究对象做出预测预警。随着数据挖掘、机器学习、数学建模、关联分析、人工智能等技术的创新与应用，我国农业信息分析预警正向系统化、智能化方向发展。依托大数据构建的模型集群系统，通过对海量数据的智能分析和深度挖掘，不断提高监测预警结果的准确性。攻克农业大数据清洗、标准化处理、关联分析预测等关键技术，研发具有短期、中期、长期分析能力的大型智能集群模型系统，可建立农业全产业链大数据分析模型，探明农业产业链信息流规律。

8. 农业云计算技术 云计算已经成为农业大数据处理的主要工具。云计算技术在并行技术、分布式计算等技术的基础上利用网络链路技术、数据计算、存储功能等构建可以为企业和用户提供服务的信息资源池，云计算系统适用于大规模的数据密集型计算。在云计算环境下，大数据管理的模式发生改变，重点集中于数据的综合分析与挖掘，根本目的是给相关人员提供决策依据。在云计算模式下的数据挖掘不仅能够认识数据本身的特征，还能够充分发现不同要素数据直接的复杂关联关系。云计算模式下的并行数据挖掘可以直接通过云计算机赋予分布式系统数据分析工作，进行数据拆分之后再对其进行数据分析，使用更多的云计算机共同负责处理，提高数据分析工作效率，最大限度地节约大量数据处理的时间成本。

9. 农业大数据时空可视化技术　数据可视化技术将存储的数据和信息转译为可视性更强的图形特征，直观地给用户带来全新的数据认识，达到直接对大量的数据信息进行快速判断、分析、理解的目的。可视化技术展示的数据可以清晰、高效地反应隐藏在数据背后的知识，简化数据的分析构成，快速传递信息。利用时空可视化技术多角度、全方位地分析大数据，获取农业生产规律，发现农产品市场供需变化等有益的信息，对于智慧农业的发展将大有裨益。结合云计算可以很容易地实现可视化，把虚拟化的数据更加具体、形象地呈现出来，让用户了解复杂数据直接的背后关联。通过使用云计算可视化方法，不仅能实现非空间数据的多角度图像展示，还能帮助用户更好地理解数据的分布和关系，提高数据检索的准确性和效率。

10. 农业大数据共享技术　充分发挥农业大数据的价值，利用农业大数据实现农业产业的可持续发展和产业结构的优化，加快农业自动化、信息化、智能化进程，必须依托农业大数据及相关大数据处理分析技术，构建农业大数据支持平台，全面、及时、前瞻性地反映农业发展趋势，预测农业未来发展方向。从技术上讲，要充分利用先进的数据采集、管理和存储技术，构建高效、先进、开发、包容的应用数据库。在结构上，服务平台应具有良好的可配置性、可扩展性和移动性，可随时满足资源、数据结构和应用变化的需求。除了数据收集、修改、查询和可视化功能外，还应承担数据收集、技术研发、数据应用、成果发布和数据共享等任务。

（五）农业大数据应用与信息服务技术清单

1. 视频交互技术　视频交互技术为智慧农业信息服务的发展提供了多元化的应用渠道，实现了以相对较低的沟通成本达到最大化的信息交流效果。通过视频交互技术，用户能够高效便捷地向技术与服务人员传输当前农业生产现状，及时反馈农业生产过程中遇到的各类问题。视频交互技术在技术通用性与带动性上具有显著的优势，其通用性与带动性得分分别为4.00分与3.86分，均居于各类信息应用技术前列。视频交互技术借助5G等新一代移动通信网络的发展，能够高效便捷地向科研机构、技术推广人员、农业技术与信息服务部门等传递相关生产信息。目前视频交互技术主要受到人才的制约，其人才平均得分为3.92分，居各类制约因素首位。这表明，由于视频交互技术时建立在移动通信技术上的应用型技术涉及通信、智能识别、界面优化等多领域门类，亟须高素质的复合型人才推动技术的不断发展，因此，人才短缺的制约成为视频交互技术在研发与推广领域的重要瓶颈。

2. 信息需求智能匹配技术　信息需求智能匹配技术能够基于人工智能算法、大数据与神经网络结构借助计算机网络构建各类农业信息需求与供给的偏好匹配机制，透过信息供求双方的信息交互与网络足迹，挖掘双方的潜在偏好表征，并将其结合到匹配框架中，构建端到端的深度神经网络模型，以实现各类农业信息与服务供求双方的有效匹配。信息需求智能匹配技术在技术通用性与核心性上具有显著的优势，其通用性与核心性平均得分分别为3.86分与4.07分，其通用性得分居于各类信息应用类技术前列，核心性得分居各类信息应用类技术首位。从技术重要性来看，信息需求智能匹配技术在经济发展中具有重要作用，其经济发展得分为 3.71 分，居各类信息应用类技术前列。目前，我国信息需求智能匹配技术主要受到研发投入的制约，其研发投入平均得分为 3.71 分，居各类制约因素首位。这表明，信息需求智能匹配技术发展的研发与应用是基于大数据、智能优化算法、农业技术等多学科门类，因此，信息需求智能匹配技术的研发与推广需要更多的资金与技术力量。

3. 虚拟现实场景技术　虚拟现实场景技术在虚拟现实技术等光学技术发展的基础上，能够实现对现实场景的精确建模，以便于综合分析不同农业生产环境中的现实问题与发展现状，实时把控不同地域的农业生产环境与动植物生长特征。虚拟场景技术在核心性与颠覆性上具有显著优势，其核心性与颠覆性平均得分分别为 4.07 分与 4.00 分，均居于各类信息应用类技术首位。虚拟场景技术的实时精确建模与智能化场景模拟在国家国防安全等领域具有重要价值，其国家国防安全得分为 3.21 分，居各类信息应用类技术首位。虚拟现实场景技术在人才与研发上存在相对较大的瓶颈，其人才因素平均得分为 4.00 分，居各类信息应用类技术首位，其研发投入因素平均得分为 3.92 分，居于各类信息应用类技术前列。这表明，由于虚拟现实场景技术需要通过便携式设备精确建模，这对光学信号识别、模型优化算法、数据实时传输等领域有较高的要求，亟须复合型研发团队与相对较大的资金投入来支撑虚拟现实场景技术的研发工作。

4. 虚拟个人助理技术　虚拟个人助理技术能够通过标签化各类用户群体实现不同类型用户群体在不同维度上的精准分类，从而实现有针对性的信息服务与数据分发，有效满足不同农业信息服务用户群体的需求。虚拟个人助理技术在技术通用性、核心性与带动性上相较于其他信息开发类技术具有一定的优势，其通用性、核心性与带动性平均得分分别为 3.71 分、3.64 分与 3.71 分，均居于各类信息开发类技术前列。虚拟个人助理技术能够有效将生产信息、市场信息与农业基础信息等不同类型与来源的数据有效分发到目标用户，极大降低了用户对各类农业信息的获取成本。从技术的重要性来看，其对经济与社会发展具有相对突出的重要作用，其经济与社会发展平均得分均为 3.42 分。目前，虚拟个人助理技术主要受到相关标准规范缺失与不完善的制约，其标准规范因素平均得分为 3.35 分，居各类制约因素首位。这表明，现阶段由于我国对用户信息的搜集、识别等相关流程的法规与标准还不够完善，针对用户个人隐私等敏感数据的采集与标记准则在行业中尚未能够形成有效的准则与标准，这对用户需求收集与分类技术的进一步发展形成了一定的阻碍与制约。

5. 农业云服务技术　云服务平台系统能够通过整合各类不同的数据库与农业信息服务技术，为用户提供相对完备的一体化综合农业信息服务解决方案，有效实现多终端与多主体的高效互联互通。云服务平台系统在技术通用性与技术成熟度上具有显著的优势，其技术通用性与技术成熟度得分分别为 4.57 分与 3.57 分，均居于各类信息应用类技术首位。从技术重要性角度来看，云服务平台系统在促进社会发展方面具有突出贡献，其社会发展平均得分为 4.00 分，居于各类信息应用类技术首位。目前，我国云服务平台系统主要受到研发投入与标准规范缺失的制约，其中研发投入平均得分为 3.92 分，居于各类制约因素首位，标准规范得分为 3.78 分，居于各类信息应用类技术首位。这表明，由于云服务平台系统作为一体化一站式信息服务解决方案，能够内嵌各类信息服务与技术服务模块，同时具备一定的信息采集与智能化农业信息推送功能，其技术本身的发展建立在各类不同农业信息服务技术有效发展与规模化应用的基础上，该技术的综合性、整体性与系统协调性等方面开发难度相对较大，研发周期相对较长，且需要相对较大的研发资金支持，此外，由于各类信息数据端口传输协议与数据结构存在显著差异，不同数据源的信息在整合时亟须统一的标准与规范。

6. 智能诊断终端系统 智能诊断终端系统能够借助广泛的数据源实现对各类农业生产经营主体在生产过程中遇到的问题进行远程智能诊断。其技术的带动性、核心性与颠覆性具有相对显著的优势地位。其带动性平均得分为 3.92 分，居于各类信息应用类技术首位，技术核心性与颠覆性平均得分均为 4.07 分，均处于各类信息应用类技术前列。从技术重要性角度来看，智能诊断终端系统在经济发展与国家国防安全方面具有突出贡献，其经济发展与国家国防安全得分分别为 3.85 分与 3.21 分，均处于各类信息应用技术首位。目前，我国智能诊断终端系统主要受到人才与研发投入的制约，其中人才制约因素平均得分为 3.21 分，研发投入制约因素平均得分为 4.21 分，均居于各类信息应用技术首位。这表明，由于智能诊断终端系统自身的跨学科研发属性，对不同学科背景的人才需求相对较大，且亟须复合型高层次人才参与到智能诊断终端系统的研发与推广过程中，此外，智能诊断终端系统作为多学科门类的复杂性系统工程，需要的研发投入相对较大，研发投入的不足与人才供应的限制将显著制约智能诊断终端系统的发展。

三、国内外差距比较

（一）农业信息化基础设施

根据专家调查结果对技术发展总体情况进行统计分析，在农业农村信息化基础设施的属性方面，通用性最强，其次是带动性、核心性、成熟度较高，颠覆性一般。农业信息化基础设施制约因素依次为研发投入、人才、标准规范、工业基础能力、基础理论。受研发投入影响最大，受基础理论的影响程度一般。整体上看，我国农业农村信息化基础设施的研发基础接近或落后国际 5 年以内。其中乡村新一代高速移动通信技术、农业移动物联网技术、农村管理数字化系统等技术与国外差距最小，基本处于并跑格局，农业人工智能芯片技术差距最大，与国际先进水平差距达 10 年左右，但我国对人工智能技术、人工智能芯片、机器人等技术创新高度重视，已经形成较好的研发基础，应加强核心技术攻关，研发农业领域专业的人工智能芯片和农业机器人，加速推进其产业化（表 22 - 4）。

表 22 - 4　农业信息化基础设施关键技术国内外差距

关键技术/设施	研发基础	技术差距	首次市场应用时间	实现路径
农业数据智能计算	+++	5 年	2026—2035 年	引进消化吸收再创新
农业人工智能芯片	+++	10 年	2035 年	引进消化吸收再创新
乡村新一代移动通信网络	+++++	并跑	2025 年	自主研发
农业物联网	+++++	并跑	2015 年	自主研发
农村管理数字化系统	++++	并跑	2010 年	自主研发
农业信息智能交互终端	+++	5 年	2010 年	引进消化吸收再创新
农业区块链	+++	5 年	2019—2020 年	引进消化吸收再创新

注：研发基础用"+"号表示，5个"+"表示基础最好，技术差距是指与该技术最领先国家的差距，实现路径主要指自主研发/引进消化吸收再创新/联合开发等。

（二）农业大数据关键技术

我国农业大数据标准规范建设处于不断发展完善之中，与欧美成熟的体系尚存在差距，通过自主研发可在 3 年左右达到国际水平。非结构化数据处理技术研发水平与领先国家美国相比总体差距在 3～5 年，该技术研发基础较好，国内也诞生了 FastDFS、Anyshare 等优秀非结构化数据系统，通过引进消化吸收再创新，有望在该技术上实现突破，达到世界领先水平。全球的数据智能挖掘以及模式计算技术，以美国 Google 公司为代表，其领先优势较大；我国的差距在 5～8 年，目前我国仍未形成成熟的开源技术生态，研发基础相对较弱，可以通过联合开发的方式在现有成熟技术的基础上进行研发创新，有望在短时间内实现技术突破。在农业大数据关联分析与预测技术方面，我国的探索相对成熟，建立了监测预警中心，与国际水平相持平，未来通过自主研发可实现智能化应用；我国在农业无人机技术基础硬件设施方面与发达国家差距在 5～10 年；在软件技术研发和产业应用方面与发达国家成熟的农业体系也有一定差距，鉴于我国智慧农业的快速发展以及良好的研发环境，有望在 1～3 年实现赶超；硬件设施方面，以联合开发为主，吸引借鉴国外技术，软件方面可走自主研发之路（表 22-5）。

表 22-5　农业大数据智能关键技术国内外差距

关键技术	研发基础	技术差距	首次市场应用时间	实现路径
农业数字资源全息构建	+++	5 年	2016—2018 年	引进消化吸收再创新
天空地海一体化动态监测	++++	5 年	2014—2016 年	自主研发
农业大数据分布式存储	++++	5 年	2010 年	引进消化吸收再创新
农业大数据标准化技术	++++	3 年	2012—2015 年	自主研发
非结构化数据处理技术	++++	3～5 年	2008—2010 年	引进消化吸收再创新
农业大数据挖掘技术	+++	5～8 年	2003—2005 年	联合开发
农业大数据关联分析与预测技术	+++++	并跑	2010 年	自主研发
农业无人机技术	+++++	5～10 年	2008—2010 年	自主研发/联合开发

（三）农业信息服务关键技术

与领先国家相比，我国视频交互技术、虚拟现实场景技术、虚拟个人助理技术以及智能诊断技术的研发水平总体差距在 5 年，首次市场应用时间在 2012—2016 年，其中，云服务平台系统与领先国家技术差距最小，基本接近国际水平，成熟度也是这几项技术中心最高的，研发基础比较好，以当前我国的研发基础与研发条件完全有能力集中力量突破技术瓶颈。信息需求智能匹配技术差距较大（10 年）（表 22-6）。从研发投入来看，智能诊断终端系统的投入最高但是成熟度最低，未来还有一段路要走。

表 22-6　农业信息服务关键技术国内外差距

关键技术/设施	研发基础	技术差距	市场化应用时间	实现路径
视频交互技术	+++	5 年	2026—2035 年	自主研发
信息需求智能匹配技术	+++	10 年	2026—2035 年	自主研发
虚拟现实场景技术	++++	5 年	2036—2050 年	引进吸收再创新
虚拟个人助理技术	++	5 年	2036—2050 年	引进吸收再创新
云服务平台系统	++++	接近国际水平	已实现	自主研发
智能诊断终端系统	+++++	5 年	2036—2050 年	联合开发

第四节　战略目标与路线图

一、发展思路

针对智慧农业发展需求，围绕农业提质增效、转型升级这一主线，以农业生产、经营、管理、服务需求为导向，加强顶层设计、总体布局、统筹协调和推进落实，分阶段、分步骤建成适合我国国情农情、国际领先的农业大数据智能与信息服务体系。结合物联网、大数据、人工智能、5G等新一代信息技术，研发创新农业大数据智能技术，建立健全智慧农业信息服务体系，加强农业信息化基础设施建设。

大力加强农业农村信息化基础设施建设，发挥信息基础设施在农业农村信息化数字化发展中的战略性、基础性作用。推动我国农业数据采集、传输、存储、共享的手段和技术升级；建设绿色环保、低成本、高效率、基于云计算的农业大数据基础设施，统筹城乡资源，构建区域性、行业性数据汇聚平台，建设城乡一体化的智能化信息基础设施。

构建以农民为中心、惠及全体农户的公平普惠、便捷高效的农业信息服务新体系；建立健全农业农村大数据智能与信息服务体系，创新服务机制、服务技术方法和服务模式，提升农业信息服务水平；利用大数据洞察农户需求，优化资源配置，丰富服务内容，拓展服务渠道，提高服务质量，不断满足农民日益增长的个性化、多样化需求。

大力推动农业农村数据互联开放共享，加快政府信息平台整合，消除信息孤岛，推进数据资源向社会开放；加大农业大数据关键技术研发、产业发展和人才培养力度，深化大数据在农业中的创新应用，有效助推农业大数据转换为重要的农业生产力；推动农业大数据与物联网、云计算、人工智能、区块链等新一代信息技术融合发展，探索农业大数据发展的新业态、新模式，培育高端智能、新兴繁荣的产业发展新生态。

二、战略目标

立足我国国情、农情和现实需要，推动农业大数据、农业信息服务和农业信息化基础设施建设在未来逐步实现以下目标（图22-10）。

（一）2025年目标

1. 农业农村数据获取基础设施体系建立健全，基础数据资源体系基本建成　天空地一体化观测网络、大数据存储中心、计算中心、农业农村云平台、国家农业农村大数据中心基本建成，初步形成全国农业农村数字资源全景图，实现数据资源开放共享、有力支撑智慧农业各场景应用。突破智能计算技术，研发形成一批基于农业农村大数据的计算算法，初步研制形成一批农业农村大数据专用芯片。全国行政村通宽带实现100%全覆盖，乡村4G深化普及、5G创新应用，城乡"数字鸿沟"明显缩小。覆盖广、速率快、成本低的农业移动物联网技术在农业农村广泛应用。农业信息应用终端应用比例大幅提高，农村互联网普及率达到70%，农业物联网技术应用比例达到25%，村级信息服务站覆盖率达到90%。乡村信息服务和数字治理体系建立健全。

2. 重点探索农业大数据标准化技术和数据交换机制体制，建成全国一体化的数据共享交换网络　首先要强化标准规范体系建设，建立农业数据标准规范与安全保障体系，统一数据存储格式、统一信息采集汇总、统一数据安全保障措施，规范数据操作流程，推动农业数据管理智慧化、操作制度化。农业大数据资源中心的建设要在整合现有各级各类农业管理系

总体目标	• 农业信息化基础设施基本健全，城乡"数字鸿沟"明显缩小； • 资源建设基本实现100%覆盖，建成一批农业全产业链大数据库； • 智慧农业信息服务覆盖率达到40%以上	→	• 农业信息化基础设施关键技术取得重大突破和长足发展； • 实现农业大数据定制服务，大数据产业与智慧农业深度融合； • 智慧农业信息服务覆盖率达到80%以上	→	• 农业信息化基础设施建设总体达到国际先进水平； • 农业大数据应用不断深化和创新，培育农业新经济； • 农业信息服务体系完备，业态多样，实现服务智能化

具体目标	农业信息化基础设施	农业基础数据资源体系、农业大数据存储中心、计算中心、农业农村云平台等信息化基础设施基本建成；农村互联网普及率达到70%，城乡"数字鸿沟"明显缩小	→	农业信息化基础设施基本实现国产化替代，达到世界先进水平，乡村5G深化普及，农村互联网普及率达到85%，农业物联网技术应用比例达到35%	→	建成高速、移动、安全、泛在的新一代农业农村信息网络，形成万物互联、人机交互、天地一体的网络空间，为跻身智慧农业强国奠定重要基础
	农业大数据智能	农业大数据采集全覆盖，重点农作物、经济作物等大数据库全面共享，整体共享水平达到80%；建成大数据共享交换网络，初步形成农业大数据资产确权和数据交易机制	→	实现一体化和标准化的数据共享；不断深化和创新农业大数据应用，培育农业产业发展新路径、新业态、新模式	→	形成政府和市场共建共享的农业大数据产业基地和应用生态圈；不断深化和创新农业大数据应用，培育农业产业新路径、新业态
	农业信息服务	完成全国-省-县-乡四级智慧农业信息服务平台搭建；多元化、市场化服务主体格局初步形成	→	现代信息技术在农业全产业链环节得到广泛应用，在智慧农业信息领域的信息服务覆盖率达到80%以上	→	信息服务产品精准满足主体需求，信息服务体系健全，供需协调，有效支撑农业全面实现现代化，实现农业强国的目标

阶段	至2025年	至2035年	至2050年

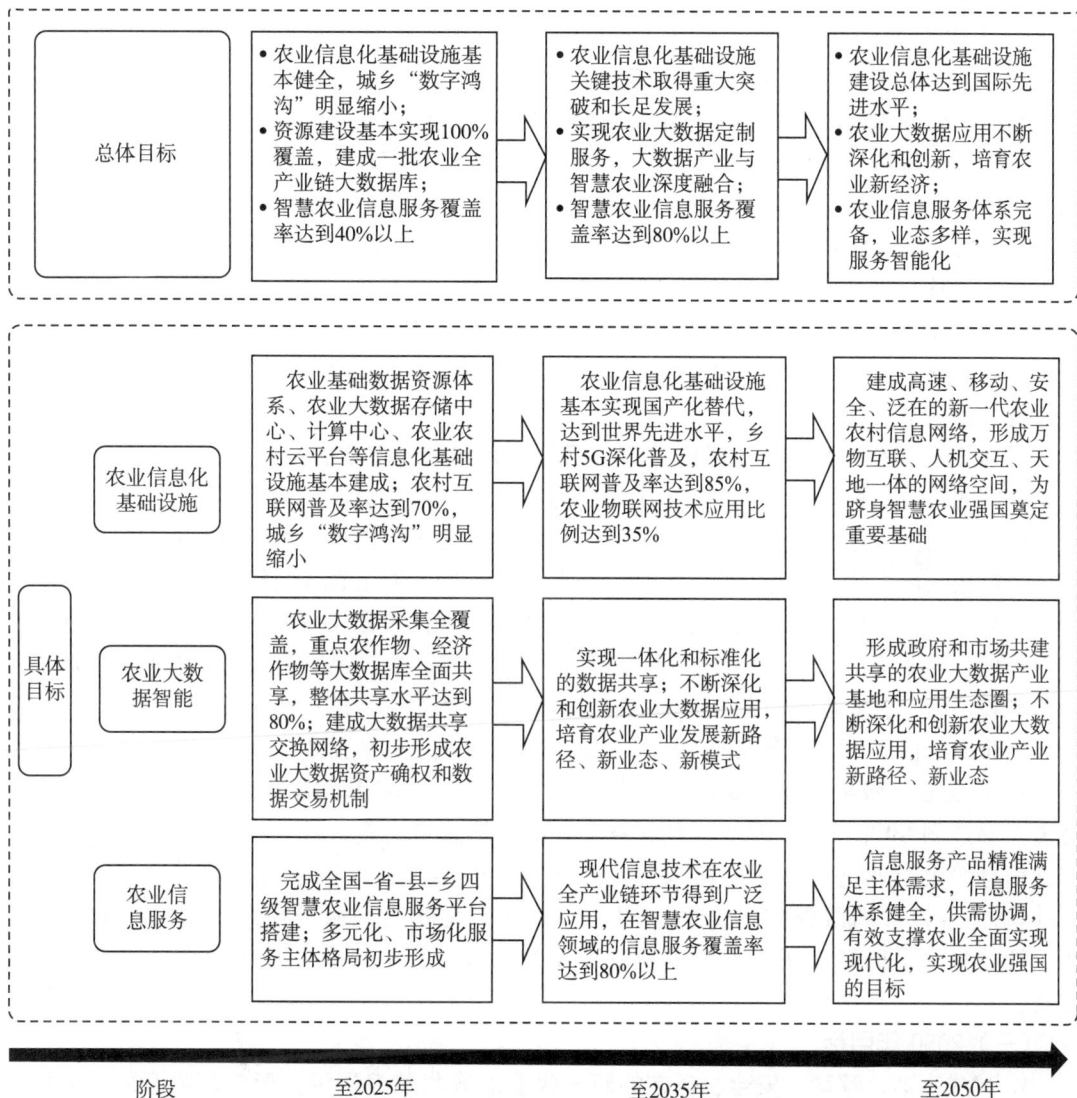

图 22-10 2025 年、2035 年、2050 年分阶段战略目标

统、网站、手机客户端等各类型信息载体的基础上，实现农业数据资源的提取、对接及融合，并汇聚相关政府部门数据，结合互联网等第三方数据资源，构建与新时期农业发展相适应的农业大数据资源中心。通过构建以"1＋N＋N"的数据共享模式，即建设 1 个农业大数据总中心，N 个分数据服务中心、N 个创新应用示范基地，打破农业行业数据壁垒，实现农业业务部门内部、外部、横向、纵向的数据共享，让数据更好地为农业部门服务。此外，还要落实农业大数据应用示范基地建设、农业资源要素数据的集聚利用，丰富农业生产、农业经营、农业管理和农业服务等领域大数据创新应用，提升农业生产智能化、经营网络化、管理高效化、服务便捷化的能力和水平。

3. 完成全国-省-县-乡四级智慧农业信息服务平台搭建 初步形成多元化、市场化服务主体格局，农业信息服务 App、互联网互动平台等多元化农业信息服务技术得到普及应用，单点式菜单精准服务模式形成，现代化农业信息服务体系基本建立，对农业生产性经营主体在智慧农业信息领域的服务覆盖率达到 40% 以上。

（二）2035 年目标

1. 农业信息基础设施体系整体实现国产化替代，乡村 5G 深化普及，6G 网络创新应用，城乡网络差距基本消减　农业信息化基础设施基本实现国产化研制和生产，有力支撑智慧农业农村发展取得明显成效。类脑计算、生物特征识别、数字孪生、仿真模拟等关键核心技术和产品取得突破并大量应用。乡村 5G 深化普及，6G 网络创新应用，有力支撑规模化创新应用新业态。农业农村超级 WiFi、激光无线宽带等在农业中的规模化应用，使得城乡网络差距基本消减。信息终端在服务农民进行生产、经营、管理和社会生活中发挥显著作用。农村互联网普及率达到 85%，农业物联网技术应用比例达到 35%，村级信息服务站实现全覆盖率。农民数字化素养显著提升，城乡基本公共服务均等化基本实现，乡村治理体系和治理能力现代化基本实现。

2. 实现一体化和标准化的数据共享，不断深化和创新农业大数据应用　农业大数据定制服务模式普及，精准农业生产、农业灾害监测预警、农业资源环境精准监测、农产品质量安全等方面的大数据应用产品不断丰富。利用大数据分析与挖掘技术创新农业服务管理与决策，通过数据可视化、趋势分析、专题分析等形式辅助政府主管部门科学决策，实现农业管理的规范化、科学化、精准化、智慧化。将大数据与现代农业发展深度融合，围绕农业生产过程管理、农业资源与生态环境管理、农产品安全管理、农产品交易流通、农业市场和消费的监测和预测、农业创新服务等方面，以提高农业生产效率，促进产业升级为目标，深化和创新农业大数据应用，培育农业产业发展新路径、新业态、新模式。

3. 农业信息服务技术在农业全产业链环节得到广泛应用，在智慧农业领域的信息服务覆盖率达到 80% 以上　农业信息服务平台汇集信息量完整，农业生产信息、市场信息、管理信息等全产业链信息服务体系健全，基本能够实现各类信息的有效对接；基于 5G、6G 网络的虚拟诊断服务技术全面应用，形成套餐化托管式服务模式；信息服务的市场化、社会化水平提高，新服务模式和业态蓬勃发展，服务可及性、便利性、精准性明显提高。

（三）2050 年目标

1. 建成高速、移动、安全、泛在的新一代农业农村信息网络，形成万物互联、人机交互、天空地一体的网络空间，为跻身智慧农业强国奠定重要基础　农业信息化基础设施方面，突破智能计算技术，农业数据计算能力达到世界领先水平，适农场景的人工智能芯片完全实现了国产化研制和生产，在农业农村广泛深入应用。农村互联网普及率达到 95%，农业物联网技术应用比例达到 50%。农业农村信息终端和农业机器人支撑智慧农业大规模深入应用。

2. 形成政府和市场共建共享的农业大数据产业基地，打造农业大数据产业应用生态圈　围绕农业大数据对政府、企业及个人提供数据服务、项目孵化、人才培训等公共服务，加强人才培养、服务支持和技术支撑能力，优化产业发展环境，保障农业大数据产业健康、有序、快速、可持续发展；通过农业大数据产业基地的运营，吸引涉农企业及农业大数据产业链上下游的企业入驻基地，快速形成产业聚集，打造农业大数据产业生态圈。

3. 农业信息服务体系健全，供需协调，助力农业全面实现现代化　农业生产、流通、市场等重点环节的信息服务供需实现智能化匹配，虚拟助手、云服务等技术在农业农村各领域普惠化应用，信息服务产品精准满足主体需求，信息服务供需主体无缝对接。

三、重点任务

2025 年、2035 年、2050 年分阶段重点任务见图 22-11。

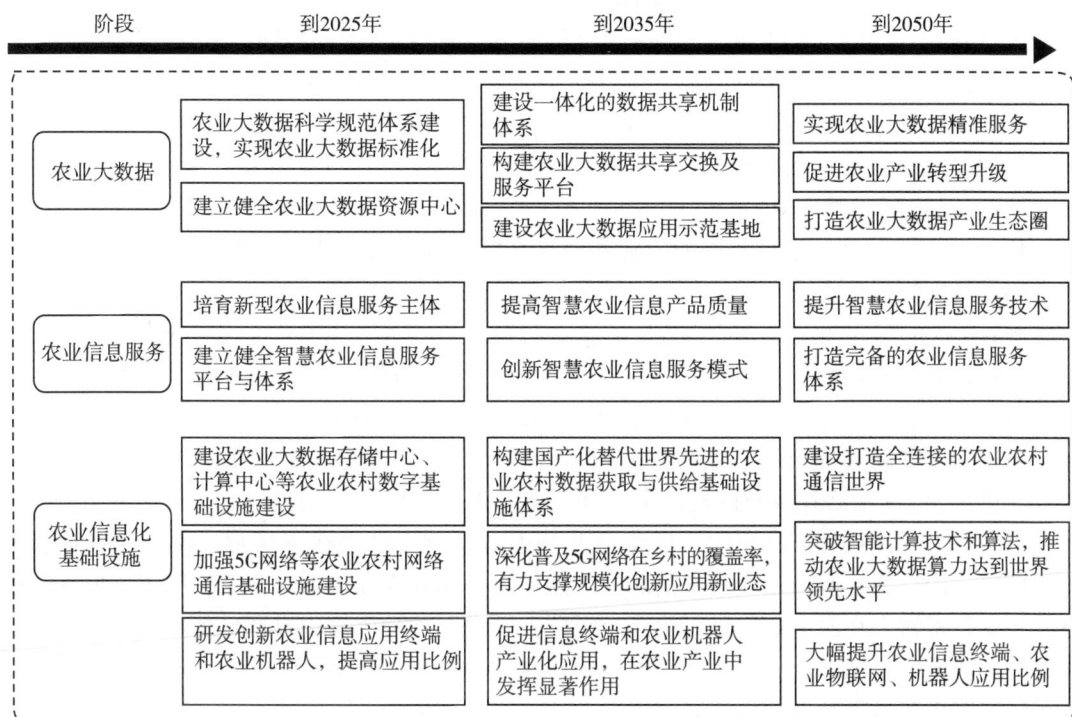

阶段	到2025年	到2035年	到2050年
农业大数据	农业大数据科学规范体系建设，实现农业大数据标准化	建设一体化的数据共享机制体系	实现农业大数据精准服务
		构建农业大数据共享交换及服务平台	促进农业产业转型升级
	建立健全农业大数据资源中心	建设农业大数据应用示范基地	打造农业大数据产业生态圈
农业信息服务	培育新型农业信息服务主体	提高智慧农业信息产品质量	提升智慧农业信息服务技术
	建立健全智慧农业信息服务平台与体系	创新智慧农业信息服务模式	打造完备的农业信息服务体系
农业信息化基础设施	建设农业大数据存储中心、计算中心等农业农村数字基础设施建设	构建国产化替代世界先进的农业农村数据获取与供给基础设施体系	建设打造全连接的农业农村通信世界
	加强5G网络等农业农村网络通信基础设施建设	深化普及5G网络在乡村的覆盖率，有力支撑规模化创新应用新业态	突破智能计算技术和算法，推动农业大数据算力达到世界领先水平
	研发创新农业信息应用终端和农业机器人，提高应用比例	促进信息终端和农业机器人产业化应用，在农业产业中发挥显著作用	大幅提升农业信息终端、农业物联网、机器人应用比例

图 22-11 2025 年、2035 年、2050 年分阶段重点任务

（一）2025 年重点任务

1. 建立健全农业农村数据获取、存储与计算基础设施体系，构建新一代农业信息基础设施关键共性体系 构建全国农业农村信息标准化和一体化的监测体系、数据存储单元、计算中心，统筹利用城乡大数据基础设施，为农业人工智能广泛应用提供海量数据支撑；构建农业农村基础数据资源体系，搭建统一开放共享的国家农业农村大数据中心，构建全国农业农村数字资源全景图，开展农业大数据资源共享、智能预警分析，支撑智慧农业各场景应用；突破智能计算、边缘计算等技术，研发基于农业农村大数据的高性能算法，研制农业人工智能专用芯片。加强宽带网络、4G 网络、5G 网络等农业农村网络通信基础设施建设，加快推进全国行政村通宽带网络全覆盖，深化普及 4G 网络在乡村的覆盖率，开展 5G 网络在乡村试点布局和创新应用，大幅度缩小城乡"数字鸿沟"。研发创新农业信息应用终端，大幅度提高农村互联网普及率、农业物联网技术应用比例、村级信息服务站覆盖率。

2. 科学规范农业大数据体系建设，实现农业大数据标准化 通过建立农业数据标准规范与安全保障体系，统一数据存储格式、统一信息采集汇总、统一数据安全保障措施，规范数据操作流程，推动农业数据管理智慧化、操作制度化；构建涵盖涉农产品、资源要素、农业技术、政府管理等内容在内的数据指标、采集方法、分析模型、发布制度等农业数据标准体系。建设农业大数据资源中心。整合汇聚涉农部门数据和农业生产数据、价格数据、统计数据、进出口数据、气象数据等各类数据，为农业生产和科技创新提供数据支持。此外，充分整合现有各级各类农业管理系统、网站、手机客户端等各类型信息载体，实现农业数据资源的提取、对接及融合，并汇聚相关政府部门数据，结合互联网等第三方数据资源，构建与新时期农业发展相适应的农业大数据资源中心。

3. 建立健全农业信息服务平台与体系 构建与新一代信息技术相适应的、开放的信息服务平台和体系，健全公益性信息服务网络体系，在省市县乡等多级农业农村部门增设智慧农业服务机构。培育高质量新型农业信息服务主体，创新财政政策支持体系，撬动社会资源与资金，加快培育服务质量水平高、富有市场活力、运作规范的农业信息服务主体，提升服务主体的组织化、专业化水平，加快推进现代信息技术在农业领域的深入应用。

（二）2035年重点任务

1. 构建国产化替代世界先进的农业农村数据获取与供给基础设施体系，确保农业信息化基础设施网络信息安全 构建覆盖全国全域的农业农村数字资源全景图，实现全国农业农村资源数字化；建设融合感知、传输、存储、计算、处理为一体的智能化农业农村综合信息基础设施，有力支撑智慧农业农村发展取得明显成效。研制完全国产化的、适合农业场景应用的农业人工智能芯片。研究农业智能计算、并行计算、数字孪生、边缘计算、仿真模拟等技术和产品，突破人机交互、生物特征识别、类脑计算等难题，大幅度提升农业大数据算力。深化普及5G网络在乡村的覆盖率，有力支撑规模化创新应用新业态。研究布局6G网络在乡村的布局试点和创新应用。推动超级WiFi、激光无线宽带等多形式网络在农业农村的规模化应用，城乡网络差距基本消除。加强信息终端和农业机器人产业化应用，促进信息终端和农业机器人在服务农民进行生产、经营、管理和社会生活中发挥显著作用。进一步提升农村互联网普及率、农业物联网技术应用比例，确保基本实现城乡基本公共服务均等化、乡村治理体系和治理能力现代化。

2. 建设一体化的数据共享机制体系，构建农业大数据共享交换及服务平台，推进农业大数据的一体化共享，深化农业大数据应用 统筹整合农业数据资源，提高农业数据资源汇聚、分析、应用、管理的能力，推进政府主管部门、各区县、各行业、各领域涉农数据资源的共享开放。建设1个农业大数据总中心、N个分数据服务中心、N个创新应用示范基地等"$1+N+N$"的数据共享模式。构建大数据采集、存储计算、清洗加工、挖掘分析、可视化、共享交换、创新应用、数据开放等系列平台，为农业大数据创新应用提供技术支撑。构建农业大数据共享交换及服务平台，打破农业行业数据壁垒，实现农业业务部门内部、外部、横向、纵向的数据共享，彻底解决数据标准不一、各部门自建小数据中心导致的资源浪费现象，让数据更好地为农业部门服务。建设农业大数据应用示范基地，将大数据等新一代信息技术与传统农业深度结合，培育农业产业发展新路径、新业态、新模式。强化农业资源要素数据的集聚利用，丰富农业生产、经营、管理和服务等各环节大数据创新应用，加速我国农业由传统农业向现代农业转变。

3. 创新智慧农业信息服务模式，提高智慧农业信息产品质量 围绕产业联动、要素集聚、技术渗透和体制创新等的拓展延伸，促进农业生产、农产品加工、流通销售、休闲创意、农业金融以及其他涉农服务业有机融合，鼓励创新发展政府主导型、市场主导型、农业龙头企业主导型、高校科研机构主导型等多类型的服务模式。针对农业科研、生产、加工等不同主体的信息需求，结合云计算、区块链技术等现代信息技术，强化提升大数据资源的处理挖掘、分析等能力，深度挖掘数据背后的信息价值，提高农业信息产品质量，积极发展信息技术咨询、设计和运维服务，丰富服务业态。

（三）2050 年重点任务

1. 建设自主研发、国际领先的农业农村农业数据供给与存储体系　构建万物互联、人机交互、天空地海一体化的农业农村网络，为跻身智慧农业强国奠定重要基础。突破农业智能计算技术和算法，推动农业大数据算力达到世界领先水平，研制和生产完全国产化的适农场景的人工智能芯片，推动智能芯片在农业农村广泛深入应用。建设打造集地面通信、卫星通信、海洋通信于一体的全连接的农业农村通信世界，建设高速、移动、安全、泛在的农业农村信息基础设施，构建万物互联、人机交互、天空地海一体化的农业农村网络，实现乡村无缝覆盖。大幅度提升农业物联网、农业农村信息终端、农业机器人的应用比例，以及农村互联网普及率。推动农业农村信息终端在空间通信、智能交互、混合现实、机器间协同等各场景中的应用，支撑智慧农业大规模深入应用，为建设社会主义现代化农业强国提供基础支撑。

2. 建设农业大数据产业基地，打造农业大数据的应用生态　围绕农业生产过程管理、农业资源与生态环境管理、农产品安全管理、农产品交易流通、农业市场和消费的监测和预测、农业创新服务等方面，开发农业全产业链大数据应用产品，以提高农业生产效率、保障民生服务、促进产业升级为目标，深化和创新农业大数据应用。通过农业大数据产业基地的运营，对政府、企业及个人提供数据服务、项目孵化、人才培训等公共服务，吸引涉农企业及农业大数据产业链上下游的企业入驻基地，快速形成产业聚集，打造农业大数据产业生态圈。

3. 持续创新农业信息服务技术，实现农业信息服务精准化、智慧化、普惠化　充分发挥 5G/6G 网络通信技术的优势，加快智慧农业信息服务技术创新，开发农业信息服务与智能匹配技术，研发 VR 虚拟动植物疾病诊断、智能诊断服务技术，为各类生产经营主体提供个性化、精准化、智能化信息服务，彻底打通信息服务应用"最后一公里"。

四、技术路线图

针对我国农业大数据智能和信息服务技术发展需求，立足 2025 年、2035 年、2050 年发展具体目标和重点任务，面向未来的农业大数据智能与信息服务的整体技术路线如图 22 - 12 所示。对 2025 年、2035 年、2050 年前我国农业信息化基础设施、农业大数据、农业信息服务的阶段任务和发展路径分析如下：

（一）2025 年前

以数字化农业农村基础设施工程为牵引，构建新一代农业信息化基础设施体系，构建全国农业农村信息标准化一体化的监测体系，统筹利用城乡大数据基础设施，搭建统一开放共享的国家农业农村大数据中心，研发基于农业农村大数据的高性能算法，建成若干数据驱动型智能决策分析系统，布局农业人工智能芯片。加强宽带网络、4G 网络、5G 网络等农业农村网络通信基础设施建设。加快农业农村 5G 网络的建设部署，统筹布局推动 5G 建设向有条件的重点乡镇和农业园区延伸覆盖，开展 5G 网络在乡村试点布局和创新应用，大幅度缩小城乡"数字鸿沟"。

在农业大数据技术研发与应用方面，建立农业数据标准规范与安全保障体系，推动农业数据管理智慧化、操作制度化；构建农业全产业链数据指标、采集方法、分析模型、发布制度等农业数据标准体系；整合汇聚涉农部门数据和农业生产数据、价格数据、统计数据、进出口数据、气象数据等各类数据，构建与新时期农业发展相适应的农业大数据资源中心。通

	2020年	2025年	2035年	2050年
需求	促进农业生产数字化转型升级	大数据与农业深度融合	智慧农业强国建设	
目标	农业信息化基础设施基本健全 全国—省—县—乡多级智慧农业信息服务平台	乡村5G深化普及，城乡网络差距基本消减 农业大数据技术、产业与农业深度融合 智慧农业领域的信息服务覆盖率达到80%	建成万物互联、人机交互、天空地—体化的网络空间 打造农业大数据产业生态圈 建成智慧农业强国	
重点任务	构建新—代农业信息基础设施体系 构建大数据标准体系，建设大数据资源中心 建立健全智慧农业信息服务平台与体系	乡村5G深化普及和信息化应用终端研发 推进农业大数据—体化开放共享交换 农业数据核心技术重点攻克	打造全连接的农业农村通信世界 推进农业大数据智能化应用与服务 打造农业大数据产业生态圈	
关键技术	农业全产业链信息采集技术 农业大数据分析处理与处理技术 乡村新—代高速通信	农业数字资源全息构建技术 大数据应用与信息服务技术 农业信息智能终端	农业大数据标准化技术 农业数据关联与预测技术 农业机器人 农业人工智能	农业大数据分布式存储技术 农业大数据挖掘技术 农业云服务技术 农业区块链 大数据可视化技术
关键产品	农业大数据资源库 省市县乡四级智慧农业信息服务平台	农业大数据共享交换服务平台 农业大数据智能分析决策系统	天空地—体化监测网 农业大数据智能分析决策系统	云服务网络平台 农业人工智能芯片 智能诊断终端系统 农业大数据智能服务平台
重大项目	数字化农业农村基础设施研究 数据驱动型农业智能分析模型工具研发 农业信息服务平台合建设工程	"5G+"农业农村应用示范工程 农业大数据产权确权和价值核算体系研究 基于新媒体的智慧农业信息服务平台	农业农村万物互联工程 全球农业大数据分析与服务系统工程 "大数据+VR"全景农业产业培育工程	

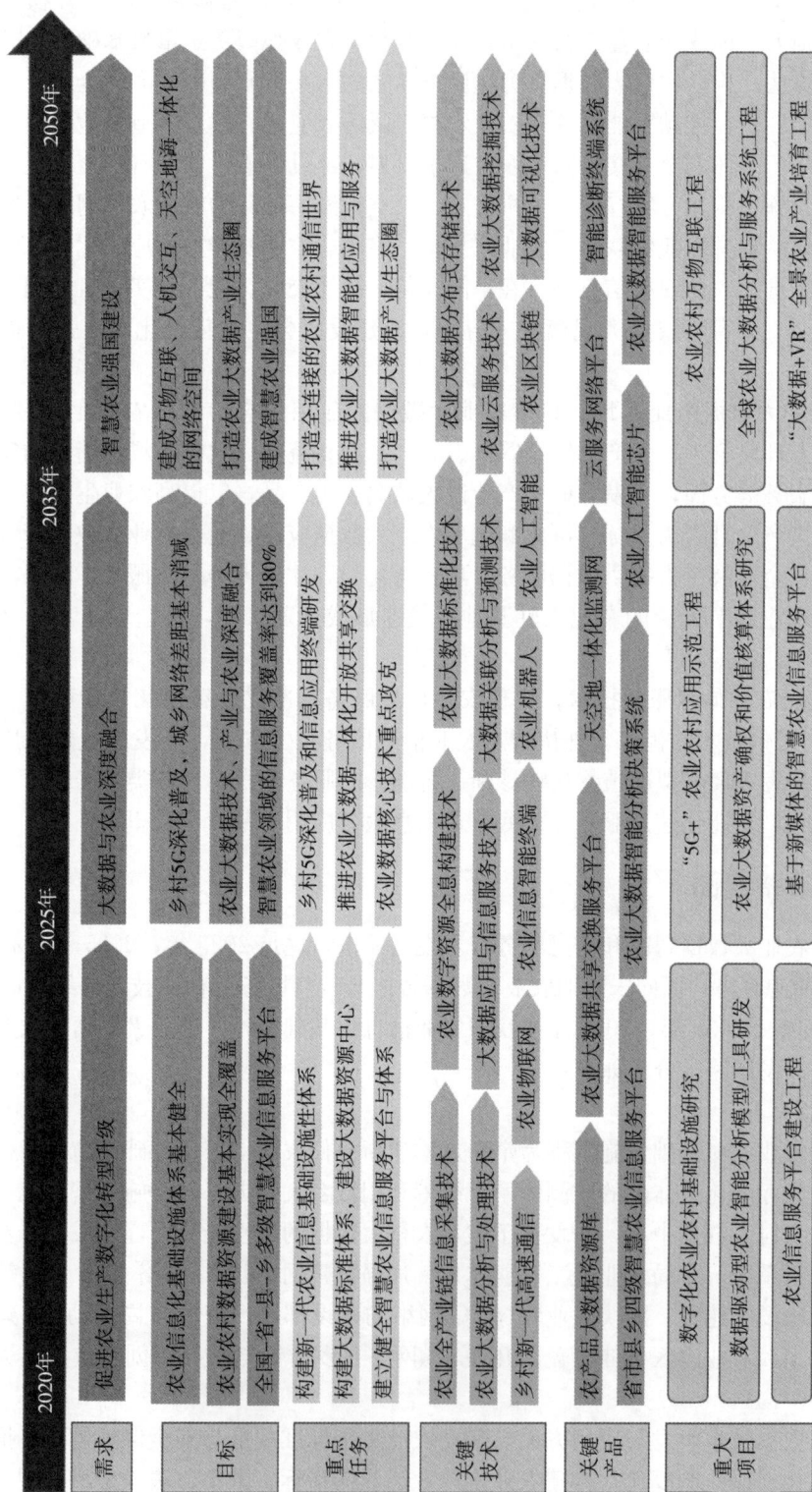

图22-12 农业大数据智能与信息服务技术路线

过实施数据驱动型农业智能分析模型/工具研发专项，研发农业大数据智能处理、计算和分析模型，研制专门的智能分析工具，布局基于农业大数据的深度学习模型。至 2025 年，以问题为导向的数据驱动模型取得明显突破。

在农业信息服务方面，通过实施农业信息服务平台建设工程，建立健全农业信息服务平台与体系，完成全国-省-县-乡多级智慧农业信息服务平台搭建。构建与现代农业相适应的、开放的信息服务平台和体系，健全公益性信息服务网络体系，攻克农业云服务技术，推动农业信息服务 App、互联网互动平台等多元化农业信息服务技术得到普及应用。

（二）2026—2035 年

着力攻克农业先进传感器、农业人工智能芯片、农业高性能算法、农业智能计算等关键核心技术，突破人机交互、生物特征识别、类脑计算等难题，大幅度提升农业大数据算力。研制创新具有完全自主知识产权的国际领先的农业信息化基础设施体系，确保农业信息化基础设施网络信息安全。构建覆盖全国全域的农业农村数字资源全景图，实现全国农业农村资源数字化。实施"5G＋"农业农村应用示范工程，深化普及 5G 网络在乡村的覆盖，积极开展 5G 技术在农业领域的应用研究，建立健全 5G 引领的智慧农业技术体系，有力支撑规模化创新应用新业态。研究布局 6G 网络在乡村布局试点和创新应用，促进城乡网络差距基本消减。加强信息终端和农业机器人产业化应用，促进农业机器人发挥显著作用。大力提升农村互联网普及率、农业物联网技术应用比例，确保基本实现城乡基本公共服务均等化、乡村治理体系和治理能力现代化。

在农业大数据方面，建设一体化的数据共享机制，推进数据开发共享，不断深化和创新农业大数据应用。构建以"1＋N＋N"的数据共享模式，构建农业大数据共享交换及服务平台，打破农业行业数据壁垒，彻底解决数据标准不一、各部门自建小数据中心导致的资源浪费现象。攻克数据智能计算、分析挖掘、深度学习、数据可视化等关键技术，将大数据等新一代信息技术与传统农业深度融合，培育农业产业发展新路径、新业态、新模式。建设农业大数据应用示范基地，将大数据与现代农业发展深度融合，围绕农业生产过程管理、农业资源与生态环境管理、农产品安全管理、农产品交易流通、农业市场和消费的监测和预测、农业创新服务等方面，丰富农业生产、经营、管理和服务等领域大数据创新应用，培育农业产业发展新路径、新业态、新模式。

不断创新农业信息服务技术，使农业信息服务在农业全产业链环节得到广泛应用。通过农业信息服务平台建设和基于新媒体的智慧农业信息服务工程，重点突破农业云服务、农业个性化精准服务、农业虚拟现实等关键技术，鼓励创新发展政府主导型、市场主导型、农业龙头企业主导型、高校科研机构主导型等多类型的智慧型农业信息服务模式，促进智慧农业领域的信息服务覆盖率达到 80％以上。推动信息服务的市场化、社会化水平的提升，新服务模式和业态蓬勃发展，服务可及性、便利性、精准性明显提高。

（三）2036—2050 年

在农业信息化基础设施方面，构建万物互联、人机交互、天空地海一体化的农业农村网络空间，建设打造集地面通信、卫星通信、海洋通信于一体的全连接的农业农村通信世界，为跻身智慧农业强国奠定重要基础。突破农业智能计算技术和算法，推动农业大数据算力达到世界领先水平；研制和生产完全国产化的适农场景的人工智能芯片，推动智能芯片在农业农村广泛深入应用；建设高速、移动、安全、泛在的农业农村信息基础设施，实现乡村生产生活区网络无缝覆盖；通过实施农业农村万物互联工程，打造人-机-物全连接的农业通信数字世界。大幅度提升农业物联网、农业农村信息终端、农业机器人应用比例，以及农村互联网普及率，推动农业农村信息终端在空间通信、智能交互、混合现实、机器间协同等各场景的应用，支撑智慧农业大规模深入应用。

在农业大数据的智能化应用方面，建设农业大数据产业基地，打造农业大数据产业生态圈。围绕农业生产过程管理、农业资源与生态环境管理、农产品安全管理、农产品交易流通、农业市场和消费的监测和预测、农业创新服务等方面，开发精准农业生产、农业灾害监测预警、农业资源环境精准监测、农产品质量安全等方面大数据应用产品。建设政府和市场共建共享的农业大数据产业基地，通过农业大数据产业基地的运营，吸引涉农企业及农业大数据产业链上下游的企业入驻基地，快速形成产业聚集，打造农业大数据产业生态圈。

在农业信息服务方面，持续创新农业信息服务技术，实现农业信息服务精准化、智慧化、普惠化。充分发挥 5G/6G 网络通信技术的优势，加快智慧农业信息服务技术创新，健全智慧农业信息服务体系，为各类生产经营主体提供个性化、精准化、智能化信息服务，彻底打通信息服务应用"最后一公里"。

第五节　重大工程与科技专项

一、科技研发专项

（一）数字化农业农村基础设施研究专项

数字基础设施建设主要指与数据相关的基础软硬件建设，包括网络、数据中心、云计算平台、基础硬件、基础软件等方面，是支撑未来数字经济发展的核心基础。我国乡村数字化的整体水平近年得到了较大提高，但是，与发达国家相比我国农业农村数字基础设施仍然不足，农村数字化水平仍有较大差距，城乡"数字鸿沟"依然明显。因此，亟须围绕 5G 网络、数据中心、农业互联网、智能硬件、基础软件等重点领域精准发力，建立健全我国农业数字基础设施，助力乡村全面振兴。

建议设立数字化农业农村基础设施研究专项，全面加强农业农村信息化基础设施技术创新，为智慧农业应用和乡村振兴提供基础支撑。加强农业农村基础性、关键性软硬件研发创新，着力推动农业信息获取关键技术装备创新，重点攻克高性能、高可靠性、低成本的覆盖农业生产、流通、销售各环节专用传感器，从根本上解决农业信息高通量信息获取难题。建设天空地一体化的农业农村信息获取基础设施和应用体系，构建农业农村全域信息标准化监测网络，实现对农业农村全领域、全过程、全覆盖的实时动态观测。研发创新各类农业信息终端，开发适应"三农"特点的智能硬件、可穿戴设备、虚拟现实终端、移动互联网应用（App）软件等。加快推动乡村基础设施数字化转型，创新乡村资源数字化建设方法，构建乡村数字资源体系，推动乡村自然生态、生产资源、人居环境、公共服务、公共管理、公共安全保障等全面数字化。加快推动农村地区水利、公路、电力、冷链物流、农业生产加工等基础设施向数字化、智能化转型，推进智慧水利、智慧农资、智慧农场、智慧物流、智慧电商、智慧粮仓建设。

数字化农业农村基础设施研究专项的实施将有利于建立具有自主知识产权的系列化创新装备，减少关键环节和技术对国外基础性软硬件的依赖，推进我国信息化基础设施源头性创新和国产化替代。另外，能够加快农业农村基础设施向数字化转变，培育壮大农业农村数字经济的新动能，提高农业农村现代化的水平，促进农业农村高质量发展。

（二）数据驱动型农业智能分析模型/工具研发专项

当前的农业模型多是基于人类所认识的定量规律构建的数据模型，需要人为参与调控，无法满足智慧农业智能分析需求。未来的智能模型是以数据为驱动的，大数据有望成为驱动农业监测预警和智能决策的创新力量，推动农业信息化、现代化在新时代实现质的飞跃。

建议设立数据驱动型农业智能分析模型/工具研发专项，针对具体学科方向研发农业大数据智能处理、计算和分析模型，如全球农业作物模型；针对具体物种（小麦、玉米、水稻、大豆等），或者针对具体要素（如光合辐射、温度、土壤、养分、温室气体、水、蒸散与灌溉、作物杂草、虫害与疾病、环境与遗传、能源要素等）研制专门的智能分析工具。特别是将农业大数据与人工智能技术进行深入融合，研发基于农业大数据的深度学习模型，由数据发现知识，通过知识计算技术，使机器具备视觉感知、语言阅读、内容理解、因果发现，甚至想象、推理与创造力。

数据驱动型智能农业模型/工具的突破，有助于实现农业全产业链的智慧化和智能化，并最终形成多品种巨系统、模型集群巨系统、时空巨系统和功能巨系统，预测（估测）农业系统要素变化，提高决策调控速度，服务农业管理和生产过程，形成问题导向型的农业大数据解决方案。

（三）农业大数据资产确权和价值核算体系研究专项

"十四五"规划提出"建立数据资源产权、交易流通、跨境传输和安全保护等基础制度和标准规范，推动数据资源开发利用"。数据资产确权是大数据应用和数据产业发展必须解决的核心问题之一，要针对不同来源的数据以法律形式明确数据产权归属。明确了数据的权利归属问题后，就需要考虑其价值应该如何进行评估，以确保数据资产能够在市场上进行交易，实现价值的最大化。

建议设立农业大数据资产确权和价值核算体系研究专项，加强相关理论和政策研究，重点突破数据资产确权的关键技术和方法、编制数据资产核算的计量标准。区块链技术能够将用户的数据资产与互联网上唯一的属主进行一一映射，并实现数据价值的转移，因此在数据确权研究中需引起足够重视。数据价值核算可抓住社交、电商、游戏、金融支付等典型应用场景进行初步探索和实践。数据资产进入市场后，会不断经过被处理、再加工、生成新数据资产、再入市的迭代过程，为了确保数据资产价值在整个流通过程中得以保持，需要研究保障数据生产链完整性、一致性和准确性的措施。

原始数据资产的所有权确权是整个数据要素市场的基石，该专项的研究有助于准确界定多级市场中原始数据生成的数据资产的产权，保证数据交易市场的稳定和畅通。数据的"开放性"和"流动性"是大数据价值发挥的关键，大数据交易让信息不再是一座座"孤岛"；将数据进行合理定价，出现数据交易市场、交易指数，带动大数据产业的繁荣。农业大数据实现交易，将打破行业信息壁垒，优化提高农业生产效率，深度推进农业创新发展。

二、应用示范工程

（一）"5G+"农业农村应用示范工程

5G具有大宽带、低时延、高可靠、部署灵活等特点，可以利用5G技术深层解决农业生产经营管理服务中的问题，带动智慧农业高效率、低成本发展。当前，我国5G建设尚属起步阶段，5G基站在农村地区尚未有规模化布局，到目前全国已建成的5G基站中，用于农业的极少。需统筹布局，加快农业农村5G网络的建设部署，加大5G农业政策支持和落地实施，推动 5G 建设逐渐有序向有条件的重点乡镇和农业园区延伸覆盖。

建议实施"5G＋"农业农村应用示范工程，积极开展 5G 技术在农业领域的应用研究，建立健全 5G 引领的智慧农业技术体系。在"5G＋"农业智慧生产方面，选择条件较好、示范带动强的粮食主产区、特色品种生产基地、大型农场、龙头企业等，开展 5G 网络布设试点和示范应用。开展 5G 农业组网研究，打通标准、技术、应用、部署等关键环节，构建基于 5G 网络的农业物联网新型基础设施。开展 5G 农业核心芯片、关键元器件、基础软件、仪器仪表等重点领域的研发、工程化攻关及产业化试点。加速 5G 农业应用模组研发，支撑农业智能化生产、智能终端、可穿戴设备等泛终端规模应用，为"5G＋"农业智慧生产提供基础。在"5G＋"农业经营方面，加强 5G 时代农产品智慧物流建设。打造完善市县乡村四级物流一体化体系，实现农村物流网络全连通和全覆盖。创新 5G VR/AR 农业直播电商新模式，提升线上购物新体验，推动农产品商贸突破传统模式。在"5G＋"数字乡村管理服务方面，构建"5G＋智慧乡村"综合服务平台，推动完善乡村信息服务体系。利用 5G 的远程高清会诊和医学影像数据的高速传输与共享优势，开展乡村 5G 远程医疗服务。运用 5G 网络下的 VR、AR 等技术开展乡村远程教育、乡村旅游等，促进乡村新业态发展。

该工程的实施将大力提升农业农村数据传输能力。现有的农田传感器、物联网等设施，大多数仅能采集水、肥、空气质量等容量较小的数据，视频画面等较大容量数据难以进行实时传输和计算处理。未来，随着 5G 网络的部署，音视频、多媒体等较大体量数据也能被即时采集、上传，经过云端"大脑"计算，将处理结果、操作指令下达到物联网设备中，进行智能化操作管理。另外，"5G＋"农业农村应用示范工程的实施，将加快农业农村 5G 网络的建设部署，有助于缩减消除城乡"数字鸿沟"。

（二）全球农业大数据分析与服务系统工程

在全球农业市场竞争中，目前全球超过 80％的粮食交易量由寡头粮商控制，在贸易争端中对中国极为不利。例如，2017 年美国向中国出口大豆占中国整个进口的 34.39％。农业大数据产业的全球竞争同样激烈，2018—2020 年全球大数据市场规模符合增长率达 15.33％。未来，中国农业大数据的发展必须着力提升全球竞争力，争取在国际化市场中占据有利位置。

为应对全球农业大数据产业的竞争，建议实施全球农业大数据分析与服务系统工程，加强重点农作物全球供应链信息的采集和分析，更好地服务于我国农业进出口贸易。具体可以设置以下 3 个重点项目：

（1）全球重要农产品全产业链大数据建设项目。建设主要农业国的农业数据收集、分析和服务系统，充分利用现代信息和网络技术，多渠道开展全球农业遥感、气象、统计、贸易等数据采集，稳步建设全球农业资源基础数据库。

（2）全球农产品市场数据分析预警项目。构建全球重要农产品市场监测预警体系，研发全球农业数据分析预警模型系统，及时发布权威预测信息，规避全球农业风险，指导中国市场农业生产和经营者做出生产调控。

（3）全球农业信息发布平台建设项目。基于农业产前、产中与产后不同阶段的特性，围绕全球农业生产、销售、供需等环节，打造全球农业信息集中发布平台，定期发布重点国家、重点产业、重点品种的农业信息；关注世界农业信息化发展动向，建立和完善信息化国际交流合作机制。

至 2035 年，完成该工程建设，提升我国农业生产经营决策的科学化水平、增强国际农业市场的竞争力。该工程的实施将全方位促进中国市场与国际接轨，中国农业市场将按照国际化要求，组织产、供、销等各个环节；中国农业生产走向国际化，实现国际、国内两个市场、两种资源全面利用，生产过程的各种要素、各个环节融入世界经济，参与国际分工与协作、实现优势互补；中国农业市场和销售走向国际化，到世界市场销售农业产品，中国农业投资和金融走向国际化，能积极创造条件在国际资本市场融资，保证中国的农业竞争在国际竞争中占据主动。

（三）智慧农业信息服务平台建设工程

智慧农业信息服务平台是面向农业管理部门、农技推广部门、农业企业、农业园区和基地、农业专家、农民等多种用户的信息服务体系。目前，我国长期存在的高度分散的种植和养殖现状，导致农业技术水平低、价值链短、附加值低，导致农业盈利薄弱。其根本原因在于：首先，涵盖农业产前、产中和产后等各个环节的标准化体系尚未建立，主要体现在，农产品生产的工艺技术和操作规程不完善，销售体系不健全，以及行业普遍缺乏品牌意识；其次，信息不对称和交易链条冗余，加大了产品的销售难度，拉低了农产品附加值，具体表现为，农产品从田间到市场的交易链条冗长，提升了交易成本和运输成本，增大了农产品在交易中的不确定性，同时，也加大了农产品损耗。因此，利用智慧农业信息服务平台将原本碎片化的农业产前、产中、产后环节信息串联，将生产、流通、市场环节有机联合，将各个生产阶段的需求和状态实时更新和发布，以便对接最新技术、产品、品种，实现农业过程数字化、智能化、实时化和高效化。

建议以智慧农业信息服务平台建设为枢纽，在全国各地合理甄选信息服务试点基地或园区，以政府为主导，创建线上线下多种渠道的非营利性信息服务合作组织，各地级市建立当地智慧农业信息服务平台，联通国家信息服务总台，在村镇设置数据上报点，推动农业大数据智能处理技术、智慧农业大数据决策技术、农业云服务技术、数据联通技术、物联网技术等多层次融合，构建智慧农业信息服务工程的总体架构，打造符合各地农村农业发展实际、具有地方特色的智慧农业信息服务体系，根据实际需求为不同群体提供农业服务信息。围绕产地环境监测、种植数据采集、销售流程数据采集、市场数据采集分析、供给端需求跟踪、需求端需求分析和云科技成果转化等方面，重点突破农业供应链数字化、农产品市场预测、高精度产销对接和科技成果云服务等关键技术环节，建设智慧生产管理平台、智慧销售监管平台、智慧物流统筹平台、信息发布平台和科技成果转化云平台，提供从种业信息、生产资料信息、生产装备信息、生产环境信息、土地信息、交易信息、供需方信息和科技成果信息等服务一站式综合发布与对接管理，培育和推广一批智慧农业信息发布与云服务项目试点。建设完备的从一产精确育种到大田种植环境控制、水肥、药精准施用、精准种植、农机智能作业与调度监控、智能决策系统；到二产跟踪农产品流通轨迹，农产业交易过程管理；到三产产地服务、消费者服务、交易市场服务、科技成果服务和交易流程透明化服务，构建智慧农业全链条智慧化、便捷化管理产业发展模式，引领传统农业向高端智慧农业转型发展，实现信息技术与农业产业的全面融合。

到 2025 年，建成全国性的智慧农业信息发布与云服务项目，实现对产前、产中、产后全过程精细化数字服务，实现精准发布和匹配农产品市场供需信息以及云科技成果转化服务，打通传统农业信息不可控和科技程度弱的痛点，实现农业高速、透明、公开、高效、智慧发展和统筹管理。

三、产业培育工程

(一) 农业农村万物互联工程

万物互联时代已经到来，它有两大基础：一是要具备几乎无所不在的网络，二是传感器，让物体能够感知网络信号并实施对应的反馈和处理。5G、6G 网络将为我们构建天空地海一体化的高速泛在的网络，传感器是物联网的眼睛、耳朵和鼻子，未来数量将持续指数级增加。随着传感器、网络、芯片、算力等技术的进步，还需要整合分散的产业资源和培育有竞争力的产业模式。

研发创新智能化信息感知、识别、定位、监控和管理的农业新型传感器，构建具有类人化知识学习、分析处理、自动决策和行为控制能力的农业智能化服务环境，重塑农业生产组织方式，支撑实现无人农场。建设高性能低成本的农业农村移动物联网，打造人-机-物全连接的农业通信数字世界。将包括所有实体和虚拟的物理对象及终端设备全部按需求连接起来，形成万物互联、人机交互、天空地海一体化的农业农村网络空间。研发制造适合农业农村应用场景的智能化信息终端，推动智能信息终端在空间通信、智能交互、混合现实、机器间协同、一站式作业等各场景大规模应用，推动农业产业革命。

万物互联即将人、流程、数据和事物结合在一起使得网络连接变得更加相关、更有价值，所有的东西将会获得语境感知，增强的处理能力和更好的感应能力。将人和信息加入互联网中形成万亿连接的网络，创造前所未有的机会并且为沉默的事物赋予声音。随着物联网、大数据等新一代信息技术与农业农村的深入融合，农业农村万物互联将是未来的发展趋势，将为农业农村带来前所未有的产业发展机遇。

(二) "大数据＋VR" 全景农业产业模拟工程

VR 全景技术利用电脑模拟产生三维空间虚拟世界，提供视觉、听觉、触觉等感官模拟，让使用者如同身临其境一般可以及时、没有限制地观察三维空间内的事物。虚拟现实技术可使专家知识与模型量化相互补充，形象地描述三维环境条件下作物或畜禽的生长与环境条件间的关系，描述专家的系统推理和辅助决策，用于农田或养殖的生态和生产设计，是智慧农业的一项前沿领域。目前，农业虚拟现实技术的热度相对较低，在技术创新和场景开发两方面都遇到一定瓶颈。

建议设置 "大数据＋VR" 全景农业产业培育工程，结合农业大数据的发展开发更多农业 VR 应用场景，并以应用需求推动技术研发。在应用场景开发上，紧密结合时下流行的农业生态旅游、田园观光、农村生活体验等方式，结合农业消费需求构建全方位、多维度、立体式的农业虚拟场景；探索虚拟农业产业化消费模式，贯通从建模、制作到分发、应用和服务的全产业链流程。在技术研发上，遴选具有科技创新能力的科研机构或集团，突破大范围复杂场景定位精度不高、多目标数据实时共享难的技术障碍，优化基于虚拟现实场景内容设计，解决虚拟设备存在的用户眩晕及用眼疲劳等问题。另外，加强 5G 商用技术的应用，利用高可靠与低时延的 5G 网络提升虚拟场景仿真度和用户体验度。

培育 "大数据＋VR" 产业，将 VR 技术用在虚拟种地、农业知识科普、农产品溯源系统、农业电商等多种场景中，建立农业虚拟现实系统，模拟农业生产环境，为农业管理与决策提供支持。基于 VR 的智能大棚种植系统、水肥一体化智能灌溉系统、智慧农旅综合管理系统、农业 ERP 系统、高标准农田建设方案等一系列智慧农业解决方案，将从真正意义上解决传统农业给农户带来的不便，追求让农户以最少的投入获得优质的高产出和高效益，从而推动我国智慧农业的发展。

（三）新自媒体信息服务工程

长期以来，我国在农产品、农业新技术和农业新装备等方面大多依靠政府的农业推广部门进行，呈现较为明显的自上而下的发展趋势，随着信息化和移动终端的不断完善和发展，市场上逐渐出现了较为零散的小型的、自发的农业技术和农产品宣传推广机构，但是并不能解决现阶段农业行业整体技术推广、品牌推广的需求，近几年新兴的自媒体行业由于其硬件成本要求较低、流量成本较低和学习成本较低的特点，已经逐渐成为各行业的品牌推广、品牌引流主要渠道，短视频、直播等新型模式的出现，微信、抖音、头条、B站等直播平台的低门槛属性，极大地催生了自媒体人的快速增长，随着自媒体产业的发展，自媒体产业已经可以整合各产业链的上下游资源，不仅可以输出高质量的知识、价值和产品，更能提供高质量的服务和高效率的盈利，这也是现阶段农业行业实现产品推广服务、价值增值普及的重要解决方案。

新自媒体信息服务工程针对目前农业自媒体领域缺乏成熟的生产和运营渠道和平台，各大自媒体平台缺少或者没有头部和顶尖的农业自媒体人、自媒体品牌和自媒体团队，更没有以农业为核心的自媒体商业集团，缺乏农业自媒体技术、产品的培训团队和培训机构，同时在内容生产领域也缺乏可读性强、见解独到、易于接受的视频和直播内容，因此应围绕解决基础平台、高质量内容、高质量表现形式和高流量品牌等多方面，建立以基层农民为根本的高效运营团队、培训团队，高质量内容生产、内容审核和内容推广机构，高人气、高流量的头部农业自媒体团队和明星，全方位的农业自媒体商业版图，研究制定农业新自媒体服务示范标准和指导规范，建设统一的新媒体管理服务平台，实现农业新媒体高效、快速、健康发展，为农业农村发展开辟新的增长点。

到2025年，建成新自媒体信息服务示范项目运营服务平台，半数以上农村地区建立完善的新自媒体运营机构，产生极具地域代表性的新媒体头部明星，带动地方农业经济高速发展，全国各自媒体平台的农业自媒体版块流量跻身前列，国内培育农业新自媒体独角兽企业或平台，使得农业自媒体称为农村地区农民农产品推广、新技术传播、消费、娱乐等的首要选择，塑造农村经济发展新增长点。

第六节　政策措施建议

一、强化顶层设计和总体布局，谋划好农业信息化基础设施和大数据长期性工作的路径

面向建设智慧农业强国需求和现代农业建设主战场，按照数字中国战略、乡村振兴战略、数字乡村战略的总体部署，加强农业大数据、农业信息化基础设施建设，加强农业信息服务的顶层设计，谋划好农业信息化基础设施和大数据长期性工作的路径，因地制宜、重点突破、分步推进。在农业大数据发展方面，建议由农业农村部牵头，组织农业大数据价值链相关方共同研究制订农业大数据的顶层设计和实施规划，成立农业大数据联盟，联盟由农业主管部门、农业科研院所、农业投资公司、运营商、技术公司等组成，明确各成员的主要职责和分工，联盟具体负责农业大数据建设过程中的重大问题的协商、协调，为农业大数据建设参与主体搭建共商平台。顶层规划构建农业大数据标准体系，为数据共享构建基本底盘，解决农业大数据标准缺乏、不同涉农部门间数据壁垒严重、农业大数据资源意识淡薄等问题，从共享顶层设计、共享内容标准制定、共享机制完善和法律法规保障等方面进行系统设

计和统筹规划。在农业信息化基础设施方面，加强顶层设计，统筹城乡信息基础设施资源，谋划好农业新型信息化基础设施建设路径，将农业新基建与城市网络建设统一规划，打造城乡一体化的信息化基础设施。建立推动农业信息基础设施更新换代、健康发展的政策体系，大力完善农业农村信息化基础设施治理政策体系，推动农业信息化基础设施建设持续健康绿色发展，把信息化基础设施建设作为新阶段农业基础建设的重要内容。推进高标准农田大数据建设，运用大数据技术加强农业生产全过程监测预警，提升粮食安全保障能力。

二、强化技术储备，突破农业大数据获取、分析、服务、应用等"卡脖子"技术

原创性和引领性科技攻关对于强化国家战略科技力量意义重大，建议加强农业大数据基础研究，加强原创性、引领性科技攻关，实施农业大数据关键核心技术攻关工程，加强农业大数据科技力量的战略布局。针对农业数据获取、农业数据分析、农业云服务、虚拟现实、农业信息应用等关键技术环节，重点加强农业传感器技术、大数据获取技术、海量数据存储、数据清洗、数据分析挖掘、数据可视化、大数据智能、大数据深度学习等领域关键技术的研发，加强农业生产、流通、市场全产业链的信息智能决策系统研发，形成国际先进的农业大数据技术体系。加强原创性模型和先进算法研发力度，打造农业大数据模型开发平台，加强动植物生长模型研究，指导农业科学生产、实现高效增产，加强农产品市场模型等关键性机理模型和分析预警模型研发，大幅度提高农业监测预警准确性。推进农业大数据应用市场化机制，引导市场主体开展农业农村大数据增值性、公益性技术创新和服务应用。

三、强化先进技术的服务应用，解决数据技术与农业全产业链融合的"最后一公里"难题

加强智慧农业信息服务平台建设，畅通信息服务"最后一公里"。将智慧农业信息服务作为新时期推进数字农业、数字乡村、智慧农业发展的重点任务，纳入乡村建设行动方案，整合多方资源，给予信息服务重大专项资金支持，统筹推进。加强智慧农业信息资源体系总体设计与信息的共建整合和共享。统筹省、市、县、乡四级智慧农业信息服务平台，强化农村信息服务设施建设。鼓励涉农企业开发面向各类农业生产经营主体的信息服务产品，提供全产业链信息服务。积极培育新型农业信息服务主体，提高农户、涉农企业等农业经营主体的信息素养，解决"最初一公里""最后一公里"中"人"的问题。完善财政支持政策，引导鼓励平台运营商、涉农科技企业和科研院所等多方社会力量，发展多样化信息服务主体，为不同区域、不同行业、不同经营主体提供信息服务。强化先进技术的服务应用，把智能农业技术应用等内容纳入高素质农民培训体系，遴选智慧农业技术领域优秀人才，组建宣讲团，以网络、现场教学等多种形式，提升经营者等受体应用信息的能力。

四、强化体制机制协同创新，有效解决数据共享、信息服务难点痛点问题

构建农业大数据资源共建共享机制，推进政府主导、市场化等多类型机制。在数据资源建设上，要采取多种渠道收集农业大数据，注重农业基础数据与日常数据的采集，充分利用涉农高等院校和科研院所的科研资源优势，推进全国特色农作物和农产品大数据平台建设，并出台长期稳定的平台设施维护和数据采集配套补贴政策，建立以研究和转化的重要性及实

际进展为主的评价机制。充分尊重农业大数据融合和成果产出的主体、服务主体和应用主体的地位，加快推进农业大数据市场化机制。按照"利益共享、风险共担"的原则，探索政府和社会主体合作建设农业大数据的有效途径，研究制定服务外包、项目代建的具体措施，引导社会资金积极投向农业大数据建设。探索形成农业大数据有偿服务机制，围绕政府决策和市场需求，以政府购买服务、企业订单等多种有偿服务方式，开展农业大数据挖掘、分析与利用研究，实现农业大数据成果商品化；完善利益分配机制，按照各参与主体的数据产权确权，优先考虑数据权属分配，健全数据收益与投入分配机制，从而实现农业大数据增值，有效调动各方积极性，提升市场化运作水平。

五、强化高水平人才队伍建设，为加快实现智慧农业强国提供基础支撑

一是构建农业大数据人才体系，构筑农业大数据共性技术研发-农业专业技术应用-农业技能推广应用为一体的专业人才体系，建立老中青相结合、多专业人才协同、理论实践相衔接的高质量农业大数据与信息服务人才队伍。二是加强高端人才培养，培育农业大数据专业人才和复合型人才。针对国家重大需求，提升团队解决实际问题、突发事件、重大任务的核心能力，进一步提升农业大数据团队的重大技术的突破能力、战略前沿的谋划能力、产业实际问题的解决能力。面向国际科学前沿，锻造人才团队的理论创新、方法创造、系统构建的硬本领。搭建高水平人才选拔培养平台，着重培育和支持学科带头人和创新团队建设，为农业大数据发展提供智力支持和保障。强化高等院校、科研院所的有关部门和专家形成长期稳定的智慧农业科研技术体系，在技术上加强科学研究和学科建设，在人才上形成可持续输出机制。三是加强基层人员队伍和能力培训。建立省、县、乡、村多级信息员队伍，实现农业产业链和工作流全覆盖深结合，加强现有基层信息员队伍的大数据知识培训，充分发挥基层信息员服务农业农村的能力。四是搭建完善的农业信息化创新创业平台和孵化实训基地，并强化优秀人才遴选和项目资助机制，激发人才创新和创业动力，定期举办专业技能、管理能力及创新能力培训。五是健全人才合作交流制度。建立农业大数据人才智库，实现区域人才、国内国外专家资源共享，建立院校与基地合作制度，鼓励院校专家与基地间形成常态化的创新成果交流和人才交流机制，增强创新的内生驱动力。

第七节　本章小结

农业大数据正快速发展为发现新知识、创造新价值、提升新能力的农业新型生产要素，是国家基础性战略资源。当前我国农业大数据体系不断完善，天空地一体化数据采集体系正在形成，从国家到省、市已经建成多级农业农村大数据中心，单品种全产业链大数据资源建设取得初步成效。农业信息标准化技术、获取技术、分析处理技术、管理技术取得突破，建立了大数据标准化框架和数据管理规范，建成了覆盖农业主要环节的数据资源库。但是，我国农业大数据发展过程中，仍存在农村网络基础设施薄弱、农业数据获取分析应用共享能力不足，农业信息服务体系支撑不够、关键核心技术原始创新能力不足等问题。亟须加强农业专用传感器、专用监测设备等核心技术研发，加强农村网络基础设施建设和数字化改造，加强芯片、模型组件、基础信息系统等底盘性基础研发，推进大数据模型、算法、平台以及大数据关联分析与智能计算等关键技术的原始创新，打通农业数据纵横双向通道标准化和一体

化共享，健全智慧农业信息服务体系，促进大数据与现代农业深度融合。

立足我国国情、农情和智慧农业发展需求，研究提出了未来发展的战略目标和重点任务，绘制了发展技术路线图。到 2025 年，建立健全农业农村数据获取基础设施体系，基本建成基础数据资源体系；建成全国一体化的数据共享交换网络；搭建完成全国、省、县、乡四级智慧农业信息服务平台。到 2035 年，农业信息基础设施体系整体实现国产化替代，乡村 5G 深化普及，6G 网络创新应用，城乡网络差距基本消减；实现一体化和标准化的数据共享，不断深化和创新农业大数据应用；农业信息服务技术在农业全产业链环节得到广泛应用，在智慧农业领域的信息服务覆盖率达到 80% 以上。到 2050 年，建成高速、移动、安全、泛在的新一代农业农村信息网络，形成万物互联、人机交互、天空地一体化的网络空间；形成政府和市场共建共享的农业大数据产业基地，打造农业大数据产业应用生态圈。

未来，需加强数字化农业农村基础设施研究、数据驱动型农业智能分析模型/工具研发、农业大数据资产确权和价值核算体系研究等基础研究，突破农业大数据获取、分析、服务、应用关键核心共性的卡脖子技术，强化技术储备，夯实农业大数据发展的基础。建议实施"5G+"农业农村应用示范工程、全球农业大数据分析与服务系统工程、智慧农业信息服务平台建设工程等应用示范工程，强化先进技术的服务应用，解决数据技术与农业全产业链的融合难题。建议实施农业农村万物互联、"大数据+VR"全景农业产业、新媒体信息服务等产业培育工程，构建万物互联、人机交互、天空地海一体化的农业农村网络空间，打造人-机-物全连接的农业通信数字世界，建设农业大数据产业基地，打造农业大数据产业生态圈，为跻身农业强国奠定重要基础。

参考文献

高亮亮，李瑾，2017. 中国农村信息服务模式探究 [J]. 湖北农业科学，56 (12)：2347-2351.

国家农业科学数据中心，2019. 国家农业科学数据中心简介 [J]. 农业大数据学报，1 (3)：91-92.

韩成吉，王国刚，李思经，2020. 国内外农业信息服务领域研究的可视化比较分析 [J]. 科学管理研究，38 (4)：112-119.

姜侯，杨雅萍，孙九林，2019. 农业大数据研究与应用 [J]. 农业大数据学报，1 (1)：5-15.

孔丽华，郎杨琴，2012. 美国发布"大数据的研究和发展计划"[J]. 科研信息化技术与应用 (2)：91-95.

李灯华，梁丹辉，2015. 国外农业信息化的先进经验及对中国的启示 [J]. 农业展望，11 (5)：57-60.

令狐昌平，李庆亚，2020. 对贵州农经网农产品价格数据采集和应用的思考 [J]. 农村经济与科技，31 (1)：197-198.

齐力，2009. 电子政务在公众服务中数字鸿沟问题及对策研究 [D]. 天津：天津大学.

沈忠浩，饶博，2016. 德国布局数字化工业新战略 [J]. 半月谈 (8)：83-85.

盛念祖，李芳，李晓风，等，2018. 基于区块链智能合约的物联网数据资产化方法 [J]. 浙江大学学报：工学版，52 (11)：2150-2158.

孙九林，李爽，2002. 地球科学数据共享与数据网格技术 [J]. 地球科学，27 (5)：539-543.

孙九林，施慧中，2003. 中国地球系统科学数据共享服务网的构建 [J]. 中国基础科学 (1)：76-81.

王国刚，刘合光，钱静斐，等，2017. 中国农业生产经营主体变迁及其影响效应 [J]. 地理研究，36 (6)：1081-1090.

王虎善，陈海林，2020. 数据价值怎么算——统计核算视角下的数据生产要素分析 [J]. 中国统计 (8)：34-36.

王磊，2019. 英国斥资 2 亿英镑建设农村全光纤宽带促进乡村教育发展［J］. 世界教育信息（13）：78.

王宇霞，2018. 推动国家大数据战略实施、加快数字中国建设的若干思考［J］. 产业创新研究（4）：6 - 11.

魏珣，2019. "5G 时代"与"数字乡村"［J］. 农经（7）：34 - 37.

许世卫，2019. 农业高质量发展与农业大数据建设探讨［J］. 农学学报，9（4）：13 - 17.

许世卫，王禹，潘月红，等，2020. 中国农产品监测预警阈值表的研究与建立［J］. 农业展望，16（8）：3 - 25.

薛皓，2019. 大数据时代农业信息服务技术创新研究［J］. 南方农机，50（4）：58.

杨艳萍，董瑜，2015. 英国实施《农业技术战略》以提高农业竞争力［J］. 全球科技经济瞭望（1）：55 - 59.

姚艳敏，白玉琪，2019. 农业大数据标准体系框架研究［J］. 农业大数据学报，1（4）：78 - 87.

张群，吴东亚，赵菁华，2017. 大数据标准体系［J］. 大数据，3（4）：9 - 19.

赵春江，2019. 智慧农业发展现状及战略目标研究［J］. 智慧农业，1（1）：1 - 7.

赵丽，曹星雯，2018. 美国农村宽带政策变化及对我国的启示［J］. 信息通信技术与政策（9）：63 - 68.

周斌，2018. 我国智慧农业的发展现状、问题及战略对策［J］. 农业经济（1）：6 - 8.

执笔人（排名不分先后）：————————————————————

孙九林　杨雅萍　许世卫　李思经　王国刚　李灯华　乐夏芳　姜侯　李干琼　陈学渊

张永恩　庄家煜

第二十三章

智慧种植业发展战略研究

智慧种植是针对农作物生产，集成应用现代传感技术、新一代移动通信技术、计算机与网络技术和互联网、大数据、云计算、区块链及专家智慧与知识等，通过生物技术、工程技术、信息技术和管理技术的深度融合和集成应用，实现农作物生产过程的精准感知、定量决策、智能作业与智慧服务，大幅提高土地产出率、资源利用率和劳动生产率，全面提升农产品质量效益和促进种植业可持续发展的一种农作物种植方式。

智慧种植业从微观角度就是通过感知传输、融合处理、分析决策、反馈控制的有效集成，对环境温湿度、土壤水分养分等实时监测、预警与调控，对植物病害、虫害、长势及自然灾害等实时监测、预警与调控，对生产设施和作业装备进行精准调控、指挥与协同，为农作物生产提供科学化决策、精准化生产、精细化管理、智能化作业和智慧化个性化服务，实现合理使用农业资源、减少投入品用量、改善生态环境、提高农产品产量和品质；从宏观角度，通过生产、市场、消费与价格等大数据分析，对产品周年生产、品种区域布局、种植结构、产量与品质等进行科学分析与指导，实现资源利用高效化、产品效益最大化。

第一节　发展背景与现状分析

一、背景与意义

智慧种植业是农业生产的高级阶段，在人力成本上升、资源浪费和环境破坏等现实约束下，智慧种植业的战略意义主要体现在：

（1）智慧种植能够有效改善农业生态环境。将种植、养殖等生产单位和周边的生态环境视为整体，通过智慧种植技术对其物质交换和能量循环关系进行系统、精密运算，保障农业生产的生态环境在可承受范围内，如定量施肥不会造成土壤板结，经处理排放的畜禽粪便经种植循环不会造成对水和大气的污染，反而能培肥地力等。

（2）发展智慧种植业可以推动农业信息化发展。通过各种传感器和无线传输设备的使用，农田信息能够实时自动传输给农业生产管理人员，实现了农民和农田的有机互联，通过标签技术的应用，还可以建立现代农业物流仓储和运输，实现食品安全的有效监控，同时农田信息的获取和联网还能够实现自然灾害监测预警，方便区域管理，实现高度的信息共享和农业生产自动化。

（3）智慧种植能够显著提高农业生产经营效率。基于精准的农业传感器进行实时监测，利用云计算、数据挖掘等技术进行多层次分析，并将分析指令与各种控制设备进行联动完成农业生产管控。智能机械代替人的劳作，不仅解决了农业生产劳动力日益紧缺的问题，而且实现了农业生产高度规模化、集约化、工厂化，提高了农业生产对自然环境风险的应对能力，使弱势的传统农业成为具有高效率的现代产业。

（4）智慧种植业能够显著提高农业生产管理水平。在作物生产环节，基于物联网技术利用农业智能传感器实现环境信息的实时采集，利用自组织智能物联网对采集数据进行远程实时报送，为农作物大田生产和温室精准调控提供科学依据，实现农作物生长环境优化管控，不仅可获得作物生长的最佳条件，提高产量和品质，同时可提高水资源、化肥等农业投入品的利用率和产出率。另外，智慧农业能够彻底转变农业生产者、消费者观念和组织体系结构。完善的农业科技和电子商务网络服务体系，使农业相关人员足不出户就能够远程学习农业知识，获取各种科技和农产品供求信息；专家系统和信息化终端成为农业生产者的大脑，指导农业生产经营，改变了单纯依靠经验进行农业生产经营的模式，彻底转变了农业生产者和消费者对传统农业落后、科技含量低的观念。

（5）智慧种植业能够保障食品安全。在农产品和食品流通领域，集成应用电子标签、条码、传感器网络、移动通信网络和计算机网络等农产品和食品追溯系统，可实现农产品和食品质量跟踪、溯源和可视数字化管理，对粮油、蔬菜、水果等农产品从田头到餐桌、从生产到销售全过程实行智能监控，可实现农产品的数字化物流，同时也可保障和提升农产品的质量和品质。

智慧种植业发展战略研究围绕国家现代化进程，服务乡村振兴战略，瞄准农业农村现代化和发展智慧农业的国家战略，针对科技前沿、产业需求的数字化、信息化、互联化、精准化、智慧化和智能化特点，对产业要素、科技要素、经济要素、管理要素、社会要素、环境要素等多要素进行集成、选择和优化。通过对我国种植业发展现状、智慧种植业发展需求及国内外智慧种植业发展趋势进行全面调研，研判我国智慧种植业发展面临的形势任务与主要挑战；提出面向2025年、2035年、2050年智慧种植业发展的战略目标和重点任务及实现战略任务的关键技术，并以时间序列系统绘制智慧种植业生产技术谱系、路径选择和技术路线图；提出未来20～30年我国最有可能实现的智慧种植业领域的科技突破重大工程及科技专项建议及推动与支持我国智慧种植业发展的政策措施和对策建议。

主要研究内容从智慧种植业的内涵和主要任务出发，以提高劳动生产率、资源利用率、土地产出率和科技贡献率为目标，系统梳理基于智慧云的智慧种植业技术体系，主要包括智慧决策、智慧生产、智慧经管与智慧服务四大方面。具体体现在作物优势产区布局智慧管控（如品种区域布局、品种配套生产、种子种苗管理等）、作物生长环境智慧管控（如土壤养分水分与温度、空气温度与湿度、光照强度等参数实时监测、预警与调控等）、作物生产过程智慧管控（如植物病害、虫害、养分、长势及自然灾害等监测、预警与调控等）、作物生产作业智慧管控（如整地、播种、灌溉、植保、收获等环节监控与作业等）和作物采后处理智慧管控（如采后分选、保鲜、贮藏监控与管理等）等五大环节。

项目组所做的主要工作有：开展了种植业先进农业技术应用情况的调查。共设置了56个问题，归纳为13类，于2019年暑假学生们回乡探亲期间开展调研。调查问卷共发出800余份，实际回收有效问卷210份；进行了基于文献与专利计量的分析。关键词检索结果中英文文献园艺领域21 491条、专利10 629项，大田领域24 103条、专利12 068项，共计68 291项；制作了德尔菲法专家调查表，邀请园艺领域知名专家34位对52项园艺生产技术进行评价，大田领域知名专家近80位对筛选出的大田作物智慧生产18项关键技术进行评价；分别按照园艺作物生产四大环节和大田作物生产"感、移、云、大、智"① 5 个技术方向分别列出关键技术 14 项、18 项,得到关键技术清单;列出到 2025 年、2035 年、2050 年发展的远景目标和技术发展态势,绘制了技术路线图。

二、技术应用现状

(一)智慧园艺

项目组分 6 个领域对智慧园艺的发展现状进行了调查。

1. 设施园艺 对从事设施园艺生产的小户、大户和企业开展了典型调查,调查对象位于新疆、江苏、湖北、江西、内蒙古、河南和山东,其中小户 5 个(<20 亩),大户(含家庭农场、合作社)9 个,企业 4 个。

机械化作业的生产环节,78% 采用了机械化耕整地装备,播种、施肥和植保机械化率为 56%,育苗和灌溉机械化率为 39%。种植各环节最耗精力和劳动力的是采摘收获>整枝打杈等栽培管理=灌溉施肥>病虫害防治>定植=整地>补光、通风等环境控制。目前大量农户购置了水肥一体化设备,但是使用效率降低,最主要的原因是价格贵和安装麻烦,占总调研人数的 56%。目前只有 22% 的种植者使用了机械化采收设备,44% 的种植者对采摘机器人需求非常迫切。在设施卷帘方式上,56% 的种植者采用人工卷帘,44% 的种植者采用自动卷帘。在病虫害防治方面,94% 的种植者使用了化学药剂,高于物理防治(44%)和生物防治(22%)。39% 的种植者采用基质栽培。89% 的种植者配备了智能手机,网速 100% 能满足农业应用需求。种植者希望提供手机管理园艺设施的智能应用程序,包括实时查看温室内环境参数、产品价格和产量等(78%),控制摄像头、查看作物生长和控制温室开窗等装置(72%),监控园区人员工作状态(56%)。50% 的企业在田间地头安装摄像头监测作物生长情况,28% 的种植者在设施内安装了温度、湿度等环境监测传感器,50% 的种植者希望安装农机耕深监测传感器,61% 的种植者希望安装农机作业路径与面积检测传感器。温室环境自动控制中,39% 的普通种植者采用通风换气控制装置,但是温度、湿度和光照具有控制装置的种植者很少(11%)。对农业传感器或其他测控终端需求非常迫切的种植者占 67%。56% 的设施园艺基地配备了环境自动控制软件系统,包括骑士 Ridder/HortiMax、豪根道和国产系统。育苗企业种苗搬运和嫁接操作对人工需求量较大,亟须机械替代。物联网系统在大型企业中普遍安装,但对农业生产决策的指导性较弱。使用无土栽培技术的设施园艺基地核心技术和设施设备主要依赖进口,国产化率较低。

对农业信息化的调查:农业大数据在使用存在的问题上,依次为农户专业技能缺乏(67%)、专业人才和技术辅导员稀缺(61%)、与实际需求对接不匹配(50%)、应用系统成本昂贵(44%)、基础硬件设施不达标(39%)、应用系统功能不全面(33%)、大数据覆盖面不全(28%)、前沿技术应用不成熟(28%)、农村网络带宽不够(28%)、农业大数据精度不高(22%)、大数据分析结论不可靠(11%)。目前推进信息化的最大困难,依次为缺乏信息化专业人才(61%),农户参与积极性低(56%),信息技术产品价格太高(56%),信息资源共享不够(39%),信息技术产品对增收效果不显著(33%),宽带、无线网等网络基础设施缺乏(28%)。农业信息化基础设施建设不足之处,顺序依次为智能终端缺乏(83%)、数据资源不足(67%)、传感器等信息获取设备(50%)和网络宽带不足、网速不够(22%)。农业领域信息化发展的不利因素依次为农业信息技术人才短缺(78%),村镇、

---

① "感、移、云、大、智"是指智能感知、移动互联、云计算、大数据、人工智能。

农村信息化基础设施落后（72%）和农业信息技术普及应用难度大（67%）。

2. 果园 生长量与果实品种实时监测技术在国内有较多研究，并开展了系列试验，但因植物生长模型多变、气候环境变化、图像清晰度等一系列问题，尚没有较好的应用系统，只有一些适用于小范围室内栽培的试验系统。

花果管理技术目前机械化水平很低，虽然化学疏花疏果剂也已广泛应用，但化学试剂应用效果、毒性残留均有较大改善空间，蜜蜂授粉方面也需建立完善的服务体系。

环境因子和逆境胁迫监测技术在大田中应用较多，在果园中的应用有不均衡现象，规模大的果园应用更多，技术应用更全面。其次，该技术未能完全实施全自动管理，只在设施果园中能达到，室外果园还需要人工调节。

采摘技术和树体管理技术机械化程度低，仍以人工为主。

病虫害检测和高效喷药技术有一定程度的应用，但推广程度仍然不高，尤其是病虫害检测技术大部分停留在试验阶段。高效喷药技术在温室应用较多，在大田环境有待广泛推广。

目前苗木繁育育苗工厂较多，有性繁殖用种子播种育苗，这种繁育方法耗时长，无法保持品种的优良性；无性繁育的方法很好地保证了果树的品质，其中嫁接和扦插的方式可应用于大规模的苗木繁育工作。

果园土壤管理技术主要基于前人的经验，翻耕、地膜覆盖、生草栽培等一般都是根据季节性的变化来进行的。该技术广泛存在于我国园艺生产中，但基于土壤信息系统的智能土壤管理技术在我国并未得到广泛使用。

水肥管理技术主要应用于国外发达国家，我国对该技术的应用普及率较低，只有部分示范基地或者少量的农场采用该技术。

5G等新兴技术还没有大规模应用，每个果园还是较为独立的个体，没有达到互联的状态。

3. 菜园 对四川、重庆、福建、山西、山东、湖南、湖北、河南、河北、安徽、贵州、江西、浙江和广西等14个省（区、市）从事蔬菜生产的农户开展了典型调查，包含小户35个（耕作面积<20亩），大户（含家庭农场、合作社）3个。其中，87%的小户文化程度仅为小学或初中，67%的大户文化程度为初中，69%的小户蔬菜生产经营占总收入的30%以下，62%的小户土地面积为1~10亩，54%的小户和67%的大户土地类型为平地。

在机械化作业方面，46%的小户和67%的大户采用了机械化设备进行翻耕土地，而26%的小户是无机械化劳作。在灌溉方式方面，71%的小户和67%的大户采用浇灌的方式，只有3%的小户采用微喷的方式进行灌溉。在施肥施药方式上，63%的小户直接将肥料撒在面上，全部的大户都挖坑施肥，只有33%的大户采用了水肥一体化设备。在施药方式上，小户中高达90%的农户选择背负式喷雾器喷药，大户中选择背负式喷雾器的农户也占大多数（67%）。在病虫害防治上，几乎全部农户（小户和大户）选择了化学防治。对于技术产品使用记录，小户中94%的农户都未做任何记录，而大户中67%的农户采取随便记录的方式。

在技术需求方面，对于希望引进的技术中，74%的小型农户希望引进水肥一体化，希望引进采摘设备的农户比例也较高（49%），而大型农户中，几乎全部农户（100%）希望引进适用于山地菜园的机械。对于采后处理设备的技术要求，小型农户中83%的农户和大型农户中67%的农户都会选择手工分拣。在当下急需的技术中，小户里近70%的农户选择保鲜技术，而在大户中，需要保鲜技术和药品使用技术的农户比例都很高（均为67%）。

在销售方面，对于销售渠道而言，小户中 71％的农户选择集市销售，大户中全部农户都会选择集市销售。在销售前，高达 90％以上的农户不会对蔬菜质量进行安全检测。在蔬菜的仓储方式上，83％以上的农户会选择自然堆放。在蔬菜销售方式上，外销的小户中 63％农户选择线下销售，也有超过一半的农户选择不外销，大户中 67％农户会选择线下销售。在加工处理方式上，小户中 89％的农户选择纯手工加工，而大型农户中，纯手工和半手工加工比例各占一半。

在农业信息化方面，对于网络信息设备的选择，小户中 83％的农户选择智能手机，大户中全部农户会选择智能手机和宽带网络。在每年信息化建设投入费用上，小户中高达一半农户的费用在 100 元以内，而大户中，投入经费数目范围较大。在影像监控作物普及情况上，小户几乎全部未安装摄像头，大户中未安装摄像头的农户也占较大比例（67％）。在传感器的使用情况上，小户中 94％未使用农业传感器，大户中也存在未使用传感器的农户，但使用温度传感器和视频监控摄像头的农户也各占 33％。对于农场网速满意度方面，小户中 62％的农户基本满意，大户中全部农户也都基本满意。小户中 77％农户未建立益农信息社，大户中全部农户也都未建立益农信息社。在 12316 电话等设备的普及情况上，小户和大户中全部农户都未配备。在村级益农信息社使用情况上，小户中的 89％农户未使用，大户中的全部农户都未使用。对于信息宣传，小户和大户中的全部农户都未建立网站进行信息宣传。

在资源节省方面，对于信息技术节水上，小户中 73％的农户认为没有节水效果，大户中 67％的农户认为没有节水效果。在人工节省情况上，小户中 65％的农户认为没有节省效果，大户中认为没有节省效果、节省 11％～20％和节省 21％～40％的农户各占 33％。在肥、药节省情况上，小户中 70％的农户认为没有节省效果，大户中认为没有节省效果和节省 1％～10％、节省 11％～20％的农户也各占 33％。

在迫切需求的技术调查中，关于所获取的信息对于提高收入的帮助方面，小户中 37％的农户认为没有帮助，大多数农户认为或多或少有些帮助，而大户中全部农户认为都有一些帮助。在对大数据的需求上，小户中大部分农户（60％）认为需要，而大户中全部农户认为一般需要。在对测土配方技术的需求上，小户中 66％的农户认为需要，大户中大部分认为需要。在对采摘机器的需求上，小户中 54％的农户认为需要，大户中全部农户都认为需要。在对农业传感器或其他技术的需求上，小户中 54％的农户认为需要，大户中全部农户都认为需要。在对自动测产技术的需求上，小户中 55％的农户认为需要，大户中全部农户认为比较需要。在对无人机植保技术的需求上，小户中 52％的农户认为需要，大户中 67％的农户认为一般需要。在安装传感器的选择上，小户中 66％的农户选择无人机植保喷施效果检测传感器，54％的农户选择农机变量喷施检测传感器，大户中大部分农户也选择上述两种传感器。

在信息需求方面，对于希望获得的信息中，小户中 60％的农户会希望获得市场供求信息和市场价格预测和预警服务，大户中 67％的农户希望获得市场供求信息和农业政策信息。在信息获得渠道上，小户中 77％的农户选择电视，69％的农户选择网上信息、人脉关系等渠道，大户中几乎全部农户选择网上信息和人脉关系。在信息利用的影响因素上，小户中 60％的农户害怕虚假信息，同时受个人文化程度影响，大户中几乎全部农户害怕虚假信息。在大数据存在问题的分析上，小户中 66％的农户认为专业人才和技术辅导员稀缺，大户中几乎全部农户认为基础硬件设施不达标。小型农户中 83％的农户认为信息资源共享不够，

74%的农户认为缺乏信息化专业人才，大型农户中认为信息共享不够、农户参与积极性低和信息技术产品价格昂贵的比例各占33%。在农业信息化的建设上，小户中62%的农户认为不足之处在于传感器等信息获取设备不足，56%的农户认为智能终端缺乏，大户中67%的农户认为其不足之处在于智能终端缺乏和数据资源不足。在农业领域信息化发展上，小户中83%的农户认为不利因素是农村信息化基础设施落后和农业信息技术人才短缺，大户中认为这两条为不利因素的农户也占较高比例（各67%）。

4. 花园　以某种花卉生产的某一环节为核心，生产过程中巧妙运用半自动或全自动生产设备和部分人工智能，致力于提高产品的品质，这是小农户智慧发展的主要模式。花卉的生产讲究精耕细作，用工量大，目前劳动力支出已经成为花卉生产型企业最沉重的负担，因此以家庭为单位的小农户生产成为当今中国花卉生产最主要的方式。规模多控制在10～50亩的范围，15～30亩居多，家庭成员是劳动力构成中的主力，主要生产一种花卉产品。小农户生产劳动力成本高，对省力省工的自动化设备或装备需求旺盛，但是小农户的知识水平限制了高精尖装备的应用，因此，一键式操作或傻瓜式操作模式的半自动或全自动化生产装备和极简的人工智能是其首选。小农户的智慧生产水平整体较低，但是对于一些劳动力缺乏或劳动力成本高，而经营者的专业水平比较高的，可以有效应用光温湿自动化控制技术、简易水肥灌溉一体化技术、简易环境监控智能化技术和小型生产机械。其中简易水肥灌溉一体化技术是指不依赖于水肥感应器，根据植物生长状态，农户凭借生产经验，启动水肥一体化装置进行灌溉的技术。简易环境监控智能化技术，是利用现有的人工智能，将生产基地光温湿等环境条件实时反馈到移动便携设备，如手机，以实现环境条件随时随地监测和记录的技术。小型生产机械是根据生产的花卉产品类型进行选择，如育苗基地可以选用自动播种机，盆花生产的基地可以选用自动上盆机等。对于小农户来说，保证花卉品质的情况下，如何既省力省工，又能实现最经济的智慧生产方式才是他们最期待并愿意采用的。因此符合中国小农户生产的价格合适、安装和操作简易、精准度高、耐用性好的机械设备、自动化或智能化装置是目前首先要解决的问题。

大户一般以某一类花卉生产环节为核心，在设施条件下，将半自动或全自动化的机械设备、物联网监控系统和智能化管理系统相结合，实现产品的标准化和规模化生产。花卉生产领域中，绝大多数生产大户的生产面积介于50～300亩，以2～3种产品为主。一般有技术员或研发人员，固定的生产人员较少，常聘用临时工；大多都实现了设施栽培和温室环境条件的半自动化或自动化管控；积极采用智能化装备和物联网监控系统，实行整个生产流程的数据化、专业化和标准化。应用的关键技术包括设施栽培技术，温室环境的半自动化或自动化管控技术，植物生长状态、环境参数采集和管控的物联网监控系统，以及生产过程中对人员、产品管理的智能化系统等。

大型花卉企业多采用"花卉＋"模式，其中"花卉＋生产四化"基本实现了生产机械化、基质轻简化、环控智能化、产品信息化；"花卉＋互联网"实现了线上线下销售数据化和信息化；"花卉＋科研"提升了企业的自主研发能力，注重花卉新品种的培育、智能设施和装备的研发以及市场信息的规范化管理，摆脱了国外在知识产权和后期维护方面的限制。通过"花卉＋"模式，提质增效，实行花卉"名品"工程，打造自己的金字招牌。生产采用半自动或全自动机械，环境控制依靠半智能或全智能设备，同时利用物联网实现生产管理数据化，省时省力，产品品质稳定；线上线下相结合的花卉新零售方式，成为花卉盈利的突破点，2017—2019年，线上销售约占花卉总销量的1/4，线上销售产品信息数据化，市场需求数据化，反过来指导企业生产最热销的产品类型。花卉企业更注重花卉新品种的培育、智能设施和装备的研发，注重科技创新，获得自主知识产权，提高企业的国际竞争力。项目组调研的云南省嵩明博卉农业科技有限公司采用了"九宫格"智慧农业技术体系。公司是由 3 个兄弟合伙成立的一家小型企业，占地面积 30 亩，有 3 个连栋温室（占地面积 15 亩），主营产品为大花惠兰，固定劳动力只有 2 人。因此，节省劳动力投入的同时又能生产出高品质花卉是其健康发展的关键。团队成员围绕大花惠兰生产过程中光、温、水、气、土、肥、病、虫、草九大核心因子，自主研发了"九宫格"智慧农业技术体系，实现生产关键环节精准化管理、光温气自动控制、水肥一体化自动灌溉、病虫草绿色防控、全基质生态高效栽培。主要采用的技术有①光温气控制自动化和监控智能化：基于大花惠兰在生长过程中对光、温、湿的需求，通过光温湿自动感应装置和电动系统控制装置自动控制设施中遮阳网、天窗、侧窗及双层保温膜的开和关，同时通过人工智能将大棚内光、温、湿参数实时发送到手机。劳动力成本投入基本为零，但是却实现了设施内光、温、湿条件的精准管控。②水肥一体化自动灌溉：为节约人工成本和设备成本，提高水肥灌溉效率，在原有灌溉系统的基础上，改造了便捷式水肥一体化施肥系统，即在灌溉水主出口水机旁加装 2 个储液容器、1 个小功率抽水机和过滤器即可，成本投入只需要 1 000 元。安装水肥机后，30 亩基地 30 分钟内可完成施灌。③病虫害防治友好化：针对最难防治的害虫红蜘蛛，基地实践出了一套红蜘蛛预防复配生物制剂，可避免药害和抗药性；针对蜗牛，研究和探索出了一套安装容易、取材便捷、成本低廉、无毒无害的友好型防治技术——铜皮纸阻隔法。④全基质生态高效栽培：根据大花惠兰根的特点和生长发育周期，自主研发了含有树皮、椰糠、珍珠岩、缓释肥等的混配基质，实现了无草、轻简化栽培。该基地根据生产的花卉类型、当地的气候条件、工人的知识水平，在实现经济投入最小化的同时改造生产设施和设备，实现了生产的轻简化、环境调控的半自动化和部分的智能化，解放了劳动力，并生产了高品质的花卉。项目组调研的云南爱必达园艺科技有限公司截至 2019 年累计在昆明、玉溪、红河、曲靖、银川等地建成并投产智能温室 20 万米^2，迷你玫瑰是爱必达的名牌产品，现在仍占有市场 60% 的销售量。公司采用的技术有①智能温室集成化技术：结合产地的气候特点和花卉的生态习性，引进并优化了欧洲先进的设施设备和管理系统，所有系统进行智能的集成化管理。以荷兰 BOM 为温室主体，光照调节设备采用了苏州纽克斯补光灯系统、荷兰 BOM 遮阳网系统和斯文森古幕布；温度调节装置采用了荷兰 BOM 加温系统、芬尼克兹空气能系统；水肥采用了荷兰 BOM 温室灌溉系统、Priva 水肥一体化系统和二氧化碳系统；温室内的产品运输采用了荷兰 logiqs 温室物流系统。技术员只需要根据花卉的生长状态及时在管理系统中设置花卉所需的光照、温度、水、肥和二氧化碳参数，系统就可以自动实现环境的管控。大大节省了劳动力，而且产品品质佳、整齐度好。②基于物联网基础的精准数字化生产体系：采用物联网技术，采集温室集成设备不断反馈的环境变化参数和植物的生长参数，产生大数据，计算变化规律，指导技术员及时调整环境参数，实现精准数字化生产，通过该项技术，花卉的出圃日期精确到天，生产成本可以精确到分。爱必达是目前中国花卉领域中智能化生产水平最高的一家企业，该企业使用的高度集成的智能温室和物联网技术保证了产品生产的标准化和集约化。

5. 茶园 智慧茶园相关的技术研究、应用尚在初步阶段，遥感、全球定位系统和地理信息系统是智慧农业领域最常见的 3 种技术，也是目前比较广泛应用于茶园的智能化技术。遥感和地理信息系统主要应用于信息采集上，GPS 可以覆盖到机械修剪、精细施肥、精细灌溉和产量信息等多个农机作业环节。基于调研数据分析发现，我国智慧茶园的发展现在还处在初级的阶段。具体可分为以下 3 类，并以具体的案例为例进行说明：

（1）平台类。美信凌科为国心茶园打造了基于物联网技术的无线茶园环境整体监测系统，通过安装在茶园的各类传感器，实时监控茶园上空的大气压力、风速风向、温度湿度、光照辐射总量以及茶树生长情况等并将监测数据上传，经专业人员分析后得到调整和控制茶园培育环境的方案。相当于提供一个数据分析平台，将分析结果面向茶农，用户通过电脑或手机客户端即可直接访问查看，参考检测指标及建议即可调整培育方案。

（2）系统类。位于湖南安化黑茶核心产区的云台山"云上"茶园，设计出一套包含水肥一体化智能监控系统、质量追溯系统、智能监测基站等的系统化智慧管理系统。该方案实现了"监测＋操作"的智能化。在完成茶园智能化管理的同时，极大降低了运输成本和人力成本。

（3）体系类。福建蜂窝物联网科技有限公司设计的"智慧茶园解决方案"已与多家茶企合作，项目在武夷山、安溪多地落地实施。该方案集产、销、售后于一体，通过以全程监控系统、节水灌溉系统、精准配肥系统、生产加工系统、仓储物流系统为代表的智慧化种植生产管理系统，从渠道覆盖线下、线上的茶叶质量溯源管理平台和包含蜂窝智慧云平台、实景系统、协同办公系统等为基础的统一管理中心，实现了链接生产者、销售者、消费者三方的综合管理控制体系。该方案可控性更强，智能化程度更高，大范围提高了农产品的安全与品质，同时也规范了后续流程。

6. 采后处理 基于柑橘采后企业调研数据，目前年营业额在 1 000 万元以上的规模化企业数目占比约为 30%，采后处理能力占比约为 70%。但产区大部分企业依然采用传统的小作坊式生产，从企业数目上看，这类小企业占比约为 70%，但对柑橘采后商品化处理的实际生产能力占比约为 30%。我国园艺采后生产总体水平还比较低，由于我国园艺产区生态、品种结构、生产模式等均不同于国外，加之传统园艺生产理念重视田间管理，对采后生产和消费者需要的关注度不够，对智慧采后生产的认识的接受程度还不统一。针对全程采后智慧化生产的科学研究、条件建设和产品开发还缺乏系统的顶层设计。进入 21 世纪以来，我国种植业正加速由传统的追求面积和产量向质量和效益为核心的市场竞争力提升方向转变，一批新兴的采后生产企业和专业合作社在采后商品化处理和贮藏物流领域勇于创新，通过引进、吸收并再创新的途径，引领并带动了我国园艺采后生产能力及相关装备和投入品行业的发展。同全球园艺采后生产的总体水平和发展趋势相一致，我国园艺采后生产的先进技术主要体现在采后分选和分级包装环节；在园艺产品产量和熟期预测、采收机器人、生产大数据采集和可追溯系统建设等方面的研究和应用均十分薄弱，产业应用需求很大，但缺乏有力的技术支撑和有效的实施案例。

（二）智慧大田

以粮经饲杂作物为主的智慧大田种植业内涵主要包括"感、移、云、大、智"五个主要环节。"感"是指感知系统，包括农业信息先进感知技术和农业传感器。"移"是指移动通信和移动互联技术，实现农业信息的实时传递和农业生产的实施调控。"云"是指云计算和云服务，支撑农业生产的数字化和信息化。"大"是指农业大数据技术，数据是智慧大田种植业的基础，农业大数据技术是智慧农业时代数据挖掘和大数据应用的工具。"智"包括智慧和智能，例如大田种植智慧管理决策、大田种植智能装备等，是智慧农业的核心。随着现代农业的发展，感、移、云、大、智技术在智慧农业领域发挥着核心作用。

1. 农业信息先进感知技术和农业传感器 大田种植感知技术包括土壤信息获取与感知关键技术、作物生长信息获取与感知关键技术、作物表型信息获取与感知关键技术、作物病虫害信息获取与感知关键技术等。从传统农业到精细农业再到智慧农业，信息获取和感知技术都是基础。随着传感器技术、现代通信技术，以及物联网技术等技术的快速发展，感知技术取得了快速的发展。新型传感器的特点是微型化、数字化、智能化、多功能化、网络化。5G移动通信技术将使农业图像、音频为代表的大文件传输变为现实，进一步扩充农业信息维度。未来，智慧、便捷、精确、节能的农业信息获取和感知技术将持续成为智慧农业领域的研究热点。

由于土壤和作物是农业生产中最关键的要素，在精细农业（智慧农业）中目前优先需要考虑的是土壤和作物信息的获取。土壤肥力指标包括物理指标、化学指标、养分指标、生物性指标。精细作物田间管理关注作物长势和作物产量信息。作物的病虫草害数据和信息也是关系到作物生长的重要信息，记录作物病虫草害的危害程度和分布情况是非常必要的，特别是在危害初期就能检测到相关信息并发出预警。作物信息获取的另外一个重点是植物表型组学，表型参数的自动快速获取对于遗传育种和作物精准管理具有重要意义。

可见光和近红外光谱技术以其简便、快速、精度高和无损测定等优越性成为获取农田生物环境信息的重要手段。利用卫星作为光谱传感器的平台，为土壤和作物信息获取提供了强有力的工具。遥感技术可用于农作物养分诊断和监测、农作物播种面积估算、农作物长势和产量估算、农业灾害监测、农业气候监测、农业生态环境监测、农业用水监测等。图像处理与分析技术是随着计算机的发展和成熟在近年来迅速发展起来的一个重要应用技术领域。利用计算机图像处理技术对作物生长进行监测，具有无损、快速、实时等特点。随着ICT技术的发展，涌现了一些用于农田信息感知的现代光谱分析技术，包括荧光光谱分析技术、太赫兹（THz）技术、激光诱导击穿光谱分析（laser-induced breakdown spectroscopy，LIBS）技术，还有基于材料介电特性的感知技术、生物传感器技术等。信息处理技术在近年来广泛应用的人工神经网络技术（artificial neural network，ANN）、小波分析技术、支持向量机技术（support vector machine，SVM）等的基础上，引入了适应网络化时代的大数据技术（big data）、机器学习包括深度学习等。现代信息感知与处理技术的应用为精细农业（智慧农业）的发展夯实了基础。

2. 移动通信与移动互联技术在农业中的应用 移动互联技术主要指物联网关键技术，作为移动互联核心的智能手机成为新一代不可或缺的农业装备，5G是新一代宽带移动通信的发展方向。农业物联网的关键技术可分为物理层、传输层、处理层和应用层4个层次，重点解决农业个体的问题识别、情景感知、异构设备组网、多源异构数据处理、知识发现和决策支持等问题。目前，农业物联网已广泛应用于大田种植农业监控和农业信息感知等领域。

在大田农情监测管理应用方面，利用无线传感器网络将采集的土壤信息、环境参数、图像数据和定位信息等传输到远程控制端，经过数据挖掘和决策分析后将结果反馈给用户，可提高作物生产和农业管理水平。将物联网技术和GIS、Web和云服务技术相结合，构建基于农业物联网的大田作物生长感知和智慧管理平台，可帮助用户根据气候、土壤等外在环境制订合理的栽培方案和监测节点部署方案等。应用农业物联网和多源信息融合技术获取小麦生长环境参数和长势等数据，可为用户提供小麦苗情、灾情和病情的应用服务，进而为小麦生产管理和灾害预防提供决策支持。在农作物生产过程的应用上，基于物联网技术的水稻自动灌溉系统、水稻生产过程精准管理系统、精准农业玉米长势监测分析系统、寒地玉米大斑病预警系统、小麦气象灾害监控诊断系统、小麦生长监测物联网关键技术研究，这些研究成果推动了智慧大田种植业的发展。

3. 农业云计算与云服务技术 云计算是基于互联网服务的增加、使用和交付模式。云计算包括以下几个层次的服务：基础设施即服务（IaaS）、平台即服务（PaaS）和软件即服务（SaaS）。云计算技术具有超大规模、虚拟化、分布式存储、高可靠性、高弹性、可扩展等特点，这些特点为解决智慧大田种植中存在的问题提供了良好的技术支持。国家农业信息化工程技术研究中心（NERCITA）利用云存储技术对海量农业知识资源进行管理，实现了对 3.2 太字节农业资源的有效管理。联合国粮农组织（FAO）在 2013 年提出气候智慧农业（climate–smart agriculture，CSA）概念，这是一种帮助农业系统管理人员有效应对气候变化的方法。CSA 方法追求可持续提高生产力和收入、适应气候变化和尽可能减少温室气体排放的三重目标。CSA 是云计算在资源共享、节约成本和高效农业系统建设等方面应用的一个非常有益的领域。

农业生产过程会受到很多因素的影响，如气候、气象、生产条件等，而这些因素在很大程度上都无法量化，只能通过大量的数据信息分析研究。农业云服务可以很大程度上实现农业生产信息数据的精准性、时效性，对于智慧农业发展具有重要作用。农业云可为用户提供的服务包括：①农作物信息储存。记录农作物生长信息是分析研究农作物的重要手段和数据来源，云计算服务可以通过终端设备的数据传输直接获取存储数据。②农业物联网服务。由物联网获取的农业数据通过云平台的智能化计算机模型以及计算机系统来处理，进行智能化的田间管理。这样不仅提高了信息的运行效率，同时也减少了农业生产活动中对于硬件设施的需求，降低了劳动成本。③数值模拟与预测服务。农业云服务的数值模拟和应用模式研发可以预测模拟这些突发状况，实现气候资源区划与分析、预报作物生长产量及灾害性天气，为大田智慧种植业服务。

4. 农业大数据技术 随着信息技术的不断普及和计算机存储技术的飞速发展，数据量已跨入 ZB（1.024×10^{21} B）时代，大数据技术应运而生。大数据的主要特征可以概括为"4V"特征，即规模性（volume）、快速性（velocity）、多样性（variety）和真实性（veracity）。农业大数据的复杂程度取决于数据的规模性和多样性，质量取决于数据的快速性和真实性。农业数据是农业对象、关系和行为的客观反映，农业大数据技术是对多源异构海量农业数据的抽象数学描述。目前，在智慧大田种植业中，农业知识模型、农业模式识别、农业知识表示、农业病虫害诊断机器学习等方面都取得了显著进展。另外，部分模型、算法还不足以反映客观现实，以致于失去了指导农业精细生产的实际意义。农业大数据技术目前面临的挑战是如何使大数据转化为便于农民接受和使用的智能数据，为精细农业和智慧农业的研究与实践提供知识支撑。

基于农业大数据开发农业云、数据分析系统，可对农作物生长环境数据进行综合分析，并根据分析结果制定不同农作物的生长策略，推动精准耕种，并促进农业生产逐渐向智慧化、智能化转变。农作物在生长过程中，除了受到自身因素、生长环境的影响，病虫害也是影响农作物产量的重要因素。除草剂、杀虫剂等农药的过度使用严重影响环境的同时，降低了农作物的产量。研究发现可从监控、预防、防治三个方向进行干涉，新型传感器对病虫进行实时监控，将这些信息汇集于农业大数据中心，可综合分析农作物的生长状态、生长环境等相关信息，有效预防虫害现象的发生。

5. 智能农业装备与农业机器人技术 智慧大田种植业的目标是要实现农业精细化、高效化、绿色化发展。实现精细化，借助科技手段对不同的农业生产对象实施精确化操作，在满足作物生长需要的同时，保障资源节约又避免环境污染。智慧农业通过对农业精细化生产，实施测土配方施肥、农药精准科学施用、农业节水灌溉，推动农业废弃物资源化利用，达到合理利用农业资源、减少污染、改善生态环境，即保护好青山绿水，又实现产品绿色安全优质。利用卫星搭载高精度感知设备，构建农业生态环境监测网络，精细获取土壤、墒情、水文等农业资源信息，匹配农业资源调度专家系统，实现农业环境综合治理、全国水土保持规划、农业生态保护和修复的科学决策，加快形成资源利用高效、生态系统稳定、产地环境良好、产品质量安全的农业发展新格局。

近年来，大数据与智慧农机的联合技术进入一个全新高度。我国在许多农机应用上进行了深度而有益的探索，在大田作业、农业管理、畜禽养殖等方面出现很多成功案例。如：新疆兵团在棉花播种作业中应用北斗卫星导航定位自动驾驶，能一次性完成全部播种环节，且播幅误差小，能够解决农机的诸多问题，提高土地利用率；还能利用卫星导航技术，提高农机利用率，节约农机成本；此外，还使用卫星空间定位信息，提高农作物质量。根据新疆兵团实际应用反馈，利用应用北斗卫星导航定位自动驾驶技术能有效利用资源、节约成本。

2019 年，开展了大田种植业先进农业技术应用情况的调查，调查共设置了 56 个问题，经总结整理后分类为 13 类，分别进行了统计分析。调查问卷共发出 800 余份，实际回收 210 份。被调查的对象有农户（87.14%）、家庭农场（4.76%）、种植大户（5.24%）、合作社（2.38%）和龙头企业（0.48%）。在调查的人员当中，男性超过 70%，从事农业技术劳动的人员当中，男性仍是主力。50 岁以下人员接近 80%，说明就调查区域来看，老龄化问题尚不突出。但超过 50% 的人员只有初中以下文化程度。被调查人员中接近 80% 来自平原地区，接近 90% 农户的土地面积低于 50 亩，年收入 10 000 元以上和以下均约占 50%，超过 55% 的被调查人员其生产经营性收入占总收入的比例不超过 50%。

调查结果显示：

（1）大田种植各环节总体机械化水平即播种 85.71%，收获 55.24%，还需要继续提高，植保只有 20%，无论从保证产量还是保证作者健康，都需要加大力气发展植保机械化。劳动力成本上升是趋势，但总体而言超过 60% 的被调查人员劳动力成本低于 40%，状况尚不十分严重。重体力劳动排序如下：灌溉施肥＞病虫害防治＞采摘收获＞整地＞栽培管理＞定植移栽，大力发展水肥一体化装备和自动植保机械很有必要。

（2）农户获取信息的主要手段还是智能手机，达到 90%，手机将不仅仅是生活的必需品，也必将和拖拉机一样，成为智慧农业时代核心农业装备之一。每月信息费超过 100 元的占比接近 80%，网络费用仍有降低的空间。近 75% 的受访者认为 4G 时代网速可以满足要求，5G 时代一定会为智慧农业的发展提供更好的发展条件。另外，村级信息化设施还有待加强和完善，从而为发展智慧农业提供更好的条件支持。

（3）农户通过手机可以很方便地获取信息，部分农作业装备也使用了信息技术，但是信息技术应用还没有给用户带来实惠。信息技术在节水、节肥、节药、节省人工以及增收方面没有效果或效果低于 10% 的占比都在 70% 左右，如何使信息技术真正在农业生产中发挥作用，为用户带来实惠，是促进智慧农业发展面临的最大挑战。

（4）土壤感知是推进智慧农业的重要基础性工作，对土壤参数感知的期望程度排序如下：土壤肥力＞土壤含水率＞土壤类型＞土壤重金属污染＞土壤温度＞土壤压实。对测土配方施肥持积极态度的比例约80%。可另一方面对土壤做过检测的受访者仅有25户,占总受访者的比例为11.9%。开发低成本、高精度、使用方便的土壤肥力检测技术与感知装备刻不容缓。

(5)作物感知技术中受访者最关心作物病害检测,其次是长势检测,然后是虫害检测。

(6)灌溉方式的调查中有超过50%的受访者还在采用漫灌方式,只有10.95%的用户用了滴灌。采用水肥一体化技术的比例为6.67%,采用测土配方施肥的比例为4.29%,其余近90%的受访者还是采用经验施肥。关于水肥一体化技术本身,有65.71%的用户对这项技术还不了解。为了解决华北地区过量采水形成的漏斗问题和实现化肥零增长的目标,推广水肥一体化技术和测土配方施肥技术是必要的措施。解决技术瓶颈问题以及推广中的困难是发展智慧农业的重点任务。

(7)植保环节有近90%的受访者曾选择化学防治,但同样是接近90%的受访者采用经验施药、植保无人机施药和精准施药合计约10.5%,推广精准施药同样是发展智慧农业的重要任务。有超过70%的被调查人愿意使用无人机植保技术。

(8)80%的被调查人员没开展过农药残留检测,超过90%的受访者没建质量追溯系统。

(9)被调查人员对自动覆膜机、自动测产技术、作业面积自动计量技术都表现出了极大兴趣,对技术的成本最为关注,低成本或者可以节省生产成本的技术或装备最受青睐,无人机技术仍然受到欢迎。

(10)农业大数据对于第一线农业从事人员来说还是新生事物,大家对农业大数据还不是很了解,对于农业大数据分析信息需求也不迫切。大数据所表现出来的潜力必将会为智慧农业发展发挥重要作用。从调查结果来看,如何在农业第一线推广普及大数据技术任重道远。

(11)目前推进信息化的最大困难是缺乏信息化专业人才和农户参与积极性低。农业信息化基础设施存在的主要问题是智能终端缺乏、数据资源不足和传感器等信息获取设备不完备。农业领域信息化发展的不利因素是农业信息技术人才短缺、农村信息化基础设施落后和农业信息技术普及应用难度大。受访人员最期待的政府资助措施就是资金补助,其次是技术培训指导,对于贷款支持和协调销售的要求并不迫切。

三、存在的主要问题

(一)智慧园艺存在问题

1. 设施园艺 我国智慧设施园艺技术薄弱,核心智慧生产技术严重依赖进口。劳动力不足和老龄化的问题十分突出,农业生产效益较低,化肥农药使用量大。尽管土地耕整环节机械化比例较高,但是采摘收获和整枝打杈等消耗劳动力较大的环节机械化比例仍然较低。设施栽培中无土栽培的比例不高,环境自动化控制能力弱。传感器应用面积仍然偏小,国产传感器采集精度不稳定,使用时间短,导致物联网系统仅停留在数据显示阶段,无法反馈调控。国外传感器价格昂贵,可与进口环境控制系统联用,加上标准化温室,能在一定程度上实现智能化管控,但是成本居高不下,而且不能有效使用采集的环境参数,核心技术受制于人的现状没有根本改变。

由于信息化驱动的智慧农业是新生事物,基层农户理论知识有限。很多种植者还未高效地利用好智能手机的功能。基层既懂信息技术,又懂设施园艺的专业人才和技术员稀缺。智能终端缺乏,智慧农业发展所需网络装备、相关系统和网络价格较高,限制了智慧设施园艺的发展。

2. 果园　生长量与果实实时监测技术不完善，果树生长信息没有完善统计结果。花果管理技术主要的问题是传统种植模式不适合统一管理，不利于机械化开展，种植技术需要更新迭代。环境因子和逆境胁迫监测技术成本较高，结果不准确，无法完全自动调节。采摘技术和树体管理技术的问题是我国大部分果园地势复杂，且经营模式以小农为主，导致果园难以实现自动化，此外，自动化机械的费用高昂，普通种植户难以承担。病虫害检测和高效喷药技术的主要问题是价格昂贵以及作物信息不完善，需要适配。苗木繁育技术主要在于品种鉴定与筛选，缩短育种年限等问题。土壤管理技术存在的问题：一是土壤信息数据库的缺乏，我国缺乏大量的高品质的果树栽培的土壤信息数据，如柑橘、苹果等；二是采集土壤信息所需的传感器存在可靠性差，采集精度不高等问题；三是设备成本高，见效较慢，维护能力缺乏等。水肥管理技术存在的问题：一是我国农业生产活动主要以散户为主，果园面积较小，对于该技术的应用不是很迫切；二是主要所需装备的质量缺乏保障，且缺乏相应的维护，导致设备使用年限和使用效果达不到需求；三是设备投入资金较大。随着种植业的发展及人工成本的提高，智能化水肥管理需求迫切。

3. 菜园　存在的突出问题主要体现在劳动力不足、老龄化严重、机械化程度低、农业信息不完善等方面，从事农业劳动的农户文化水平程度大多比较低。

目前，翻耕土地的机械化水平普遍较高，但在播种、采收、施肥施药和灌溉等需要较多劳动力的生产环节，机械化水平非常低。对于大部分小户而言，蔬菜生产从播种、定植、管理到采收、保鲜、运输销售等一系列生产的过程都比较简单粗放，主要生产环节以手工劳动为主，无机械化或智能化设备，如化肥农药的施用没有详细记录，采后处理通过手工分拣后自然堆放保存，没有进行蔬菜质量安全监测，自己去集市或通过经销商直接采购，主要销售方式仍是线下销售。

智能化设备的使用在农村并不普遍，如农户几乎不会选择安装农业传感器和摄像头监控进行田间管理。农业信息的普及得不到重视，益农信息社、12316电话设备和宣传网站的建设欠缺，很多农户还未能高效利用智能手机的功能，对信息的获取和利用程度低。因此，在一定程度上，机械化水平和智能化水平限制了农村智慧种植业的发展。

4. 花园　欧洲先进的设施设备和管理系统的高额投资和高技术要求，限制了智慧花卉发展的脚步。必须加快国产设施设备和管理系统的开发和建设，才能有效推动我国花卉产业的智能化发展。智慧花园能否顺利发展，取决于是否有足够多的专业综合性极强的技术人员。智能化的农机作业或装备的操作和运行，植物生长环境物联网数据采集和分析、产品管理和销售的信息化数据分析等都需要高水平的专业技术人员，而目前技术人员不足、导致新技术使用运行的磨合期长或达不到预期效果。如在昆明智慧化生产程度最高的爱必达园艺科技有限公司，全套引进的是荷兰智能温室设备，但是目前能发挥这套设施所有功能的人却寥寥无几，导致了爱必达模式的不可复制性。因此未来，高端的智慧生产方式如何快速普及，需要大量培养能够掌握智慧花卉生产的技术人员。

5. 茶园　①茶园信息化程度低。很显然根据茶树生产——"高山云雾"的生产环境要求，大部分的产茶区都位于较为偏远的山区甚至是国家的贫困地区，这些地区网络还没有普及。这对依靠无线网络实施管理的智慧茶园造成了不小的阻碍。②茶农科学素养有待提高。现阶段进行茶叶种植的大部分以农民为主，农民的教育程度比较低，对于高科技的应用不够了解熟练。③物联网科技成果转化慢。在智慧茶园生产体系之中传感器是一个必不可少的部分，而现在的传感器大部分使用复杂，造价高昂，无法在生产之中得到良好的应用。

6. 采后处理 采后处理具有动态目标，此目标受种植业发展的特定阶段、科学技术发展水平、市场和消费者需求等多方面因素影响。智慧采后生产是种植业链下游的生产方式与路径，而非终极目标，这就决定了不同国家、不同产区、不同企业等生产实体对智慧化的理解、采纳的技术手段及装备设施等有所差异。作为服务于采后生物学特性为基础的采后生产方式，我国现阶段面向种植业智慧采后生产的目标和要求，存在以下4个方面的突出问题：

（1）生产观念转型升级不彻底，对采后生产的重视程度和资源投入严重不足，制约着采后生产向智慧化方向发展的实践探索和科技创新。我国大部分园艺定位还处于副业位置，尽管近年来全国扶贫过程中对园艺的重视程度得到前所未有的提高，但总体上还是以发展面积、更换品种或提高产量为基本定位，对采后减损增效和提升产品市场竞争力等认识还不够，只在少数省份或园艺主产区政府通过惠农专项或农机补贴等途径进行引导，但发展主要还是企业或专业合作社的自发行为，对技术创新和市场发展变化的前瞻性谋划不够。

（2）面对采后生产如何快速实现智慧化，顶层设计不足，各种要素和环节间缺乏统筹，科研成果的碎片化比较严重，技术创新和集成应用能力有待提高。智慧化采后生产涉及相关理论、技术、产品、标准、模式和人才队伍的统筹与协调，客观上需要打破原有面向一家一户分散经营的传统园艺模式，需要重新组建产、学、研、用一体化协同创新的组织模式，更需要在国家重点项目的引导下，紧密结合我国种植业特色和现实需求，整合相关优势创新资源，激发创新活力，在适合智慧化采后生产的新品种培育、建园和定植方式、机械采收、周转运输、保鲜分级、包装贮运等各个环节进行统筹，在制约我国园艺采后生产智慧化发展的关键技术和卡脖子环节，如传感技术、图像采集和分析技术、大数据平台建设与应用等进行研发和创新，对部分已有的技术进行改进和集成，提高采后生产的智慧化水平。

（3）产业需求、基础研究和技术研发没有形成闭环，不利于智慧化采后生产的发展和壮大。长期以来形成的成果评价体系也直接制约着我国园艺采后生产向智慧化发展的进程，我国从事园艺采后研究的队伍并不小，长期从事采后研究的人数中，硕士研究生及以上至少有800人，但模仿式的工作占比较大，针对采后问题或需求的溯源性考虑不多，团队独自开展研究的多，多学科交叉融合，协同攻关的不多，以论文为归口的成果占比多，能应用于生产的不多。懂得园艺或生物学的人员不懂工程技术，擅长工程技术的不了解生物学问题，导致以智慧化生产为目标的科研和产业应用还停留在概念或构想阶段。

（4）我国当前园艺产业的生产经营模式制约着智慧化采后生产的发展和壮大。我国园艺产业95%以上的基本功能定位是民生产业，是产区百姓的生存和生活的主要甚至唯一依靠，导致小农户生产与大市场需求、传统农业与现代化管理的矛盾十分突出。农民对智慧化的理解和接受程度存在差异，很难主动接受，加之智慧化生产的一次性投入成本、运行管理技术要求及使用成本等的基本门槛都很高，这与当前农民受教育程度和对种植业科技含量的理解等均存在很大的出入；近期内全面实现园艺采后生产的规模化和集约化还不现实，使农业成为一种高技术行业还有很多具体的制约因素。

（二）智慧大田存在问题

智慧大田种植的关键支撑技术可概括为感（感知技术）、移（移动互联技术或物联网技术）、云（云计算或云服务平台技术）、大（大数据技术）、智（智慧技术及智能技术），目前这些关键技术的发展还不能满足发展智慧大田的需求，存在的关键问题可以归纳如下。

1. 在信息获取技术方面，缺乏原位精准测量技术与先进的农业传感器 大田种植业由于其作业环境受气象环境和地域差异性影响非常大，而且作业先进的农时限制较大，行业对原位精准测量技术有迫切需求。然而，目前大多科研成果仅适用于某些作物或者某些区域，缺乏具有普适性、简单调节参数后即可应用的原位测量技术，导致智慧农业发展所依赖的获取信息源头出现偏差，致使对数据的分析和控制决策出现较大失误。例如，耕作土地的肥力检测是变量施肥的基础，目前我国小地块农作模式使得测土配方施肥等技术很难做到精细化管理，迫切需要土壤肥力原位检测感知技术，或者能通过天空地一体化信息匹配技术，实现大田土壤信息的准确与快速获取，为科学施肥提供可靠数据支撑。

2. 在信息传输技术方面，实时性、可靠性、通用性和稳定性还有待改进 农业生产环境的特点和低功耗传感器的技术需求对农业物联网的数据传输提出了更高的要求：实时性、可靠性、通用性和稳定性。由于缺乏标准和规范，物联网在该领域的标准化应用受到限制。因此，农业物联网技术必须全面升级，进一步提高其通用性、可靠性和智能化水平，同时降低成本，促进其更广泛的应用。

3. 在信息处理与决策方面，模拟模型与实际生产差别较大 不同作物参数、不同检测指标、不同作业模式、不同学习算法等层出不穷。但在实际大田生产中，这些模型算法与实际情况出入较大，究其缘由是实际生产的环境条件复杂，而且具有时变、非线性化的特点，很难通过一个模型将其所有影响因素全部考虑进去，导致系统根据实时获取信息进行的自动控制决策准确度低等问题凸显。物联网结合云服务技术可以为提高模拟模型精度和实时性发挥重要作用。

4. 在信息技术应用方面，在区域之间和作物种类之间发展不平衡 我国地域辽阔，不同区域的自然禀赋、耕作制度和经济条件导致所能应用的新一代信息技术水平差异较大。例如，水肥一体化技术和航空施药技术在平原地区应用比例最高，病虫害监测预警系统在高原地区应用比例最高。此外，不同粮经饲作物种类间应用也不平衡，信息化技术在小麦、玉米、水稻和棉花中应用比较成熟，在油菜、甘蔗和青贮饲料中应用较少，发展不平衡、不充分问题还很突出。

5. 在智能农业装备应用方面，还需要进一步解决好农机/农艺相结合问题 农业的作业对象是土壤、动植物等有系统组织结构和生物活性的客体，智能农业装备与农业科学和生物与生命科学技术相互交叉、渗透、融合，才能满足现代农业生产工艺技术要求。农业生产系统的开放性，要求智能农业装备需要根据农业生产环境的时空变化、动植物生理生态的变化来采取对应精确、恰当的作业。嵌入式信息技术全面进入农业生产系统，智能农业装备将现代信息通信技术、互联网技术、智能控制和检测技术等，集成于传统农业机械之上所形成的新型农机装备。相比于传统农业机械，智能农机具有精准智能、高效自动、安全可靠、多能通用等诸多优势。

第二节 发展态势与需求分析

一、国内外战略行动

（一）国外战略行动

智慧农业是现代农业的发展方向，围绕智慧农业核心技术，世界各国都开展了探索和实践。由于经济发展水平、农业基础设施和环境条件的不同，各国制订实施了适应本国的战略行动计划。

1. 美国 美国是当今世界农业现代化程度最高的国家。美国地域辽阔,资源丰富,气候条件适宜,土地、草原和森林资源拥有量居世界前列,发展农业具有得天独厚的自然条件。美国的智慧农业是从消费互联网进入产业互联网时代的直接产物,利用物联网科技开展智慧农业生产的水平世界领先。物联网的应用使农产品从播种、灌溉、施肥、病虫害防治到收获预期的全生产流程一直处于智能决策的状态中。利用物联网实时监测并查清农作物生长过程中田地的土壤性状与生产力状况(如光照强度、空气温湿度、二氧化碳浓度等),使用红外成像系统配合卫星遥感观察农作物的长势情况,配合生物量地图系统及时判断作物是否缺少营养素,将数据传给化肥供应商,直接获得当下最适合作物生长的肥料配方,从而通过变量施肥技术动态调节耕作过程中的水、肥等生产要素投入量。美国的农业流通较早地采用了物联网和电子商务技术。随着"智慧农业"生产中农场主从生产者向管理者转型,农资需求日益从单纯的产品需求向综合的服务需求转变,物联网的应用使得大农资一体化的进程不断加快,行业集中度进一步提升。

美国发展智慧农业另一个优势是有先进的智能农业装备做基础。美国具有世界上规模最大、实力最强的农业制造业,世界仅有的 2 个年销售收入在百亿美元级的迪尔(Deere)公司和凯斯纽荷兰(CNH)公司,以及年销售收入在几十亿美元级的爱科(AGCO)公司都在美国。为了适应美国大规模、集约化智慧农业发展的需求,美国智能化农业装备向高效大型化、多样化、多功能和复式作业机械发展,向控制智能化、操作自动化和驾驶舒适化方向发展,向采用卫星定位、激光制导、多功能传感技术、物联网等高新技术方向发展,注重资源节约和环境保护。以智能化拖拉机为例,拖拉机前装搭载的智能感知系统,在作业的同时可以检测几十项农田参数。获取的数据通过物联网系统传输到云服务器端,经过云端的分析和运算,农田管理智慧决策在经过物联网系统传送给专家或用户,指导田间智慧管理。

美国发展智慧农业的经验可概括为:①规模化、产业化、区域化,美国农业实行农场式的经营管理,是高度融合的产业化体系,形成了专业化、区域化的布局,这一特征适于推广智慧农业技术体系。②农业法规和配套体系完善,美国的农业法律法规健全,配套设施和服务体系完善,重视对农业的指导和调控。③科技化、现代化程度高,美国重视农业发展的科技支撑,农业教育作用突出。

2. 欧洲 欧洲虽然没有美国那样的大型农场,但是农业生产的规模化、区域化和专业化程度非常高,产品生产成本低,在国际市场上富有竞争力。欧洲许多发达国家的智慧农业模式各有特色。英国是世界重要的农业大国,近年来英国农业生产着力于集约化、规模化经营模式,重视农业技术装备的专业化和标准化水平的提高,注重农业环境保护和循环发展,农业生产率已达到了相当高的水平。英国在世界上率先开展了智慧农业,特别是智慧大田种植业的探索,为全球智慧农业的发展做出了贡献。

(1)"Hands Free Hectare"(无人农场)项目。英国是世界上最早开展未来农业模式(无人农场)研究的国家。2016 年英国最大的农业院校哈珀·亚当斯大学(Harper Adams University)和一个农业制图公司 Precision Decisions 共同合作,承担了英国创新计划署(Innovate UK)的资助项目未来农业模式探索项目,项目名字叫无人农场("hands free hectare,HFHa"),实验农场面积约 1 公顷,设置在哈珀·亚当斯大学校园内。HFHa 项目的目标是成为世界上第一个在没有驾驶员、农业专家等人为干预的前提下,实现作物的自主种植、管理和收获的智慧农业技术体系。该项目已经成功种植了两个周期,并获得了多项奖项，包括享有盛誉的 BBC 食品和农业未来大奖。

2018 年项目进入第二期，新的项目为期 3 年，项目实施单位在原来哈珀·亚当斯大学和 Precision Decisions 公司的基础上，增加了澳大利亚精细农业专家公司（Farmscan AG）英国分部作为项目合作方。新项目的示范农场面积增加到了 35 公顷，仍然设置在哈珀·亚当斯大学校园之内，种植 3 种不同组合的作物。第一期项目主要目的是无人农场的可行性研究，第二期项目主要探索未来农业的愿景，通过项目实施证明无人农场系统在实现智慧农业方面的潜力和能力。

HFHa 第二期项目评估在大田农业中使用开源的基于 GNSS 的自主导航系统的可行性。这些系统由开源社区开发，并在小型无人机（UAV）/多旋翼无人机市场中使用，该市场在过去四年中在农业领域迅速扩张。该项目将使这些系统适应在农场条件下使用，将其集成到现有的商业农业机械中。这些经过改造的机器将被用于自主播种、种植和收获谷物作物，而无须人工进入试验区（"无人农场"）。如果成功的话，这将是第一个远程种植的谷类作物。该项目不同于以往的农业机器人项目，因为它的目标是已有自主机器的集成应用实验，而不是开发定制的机械和系统。项目将解决作业车辆管理、作业机群管理和自主导航等问题。

（2）机器人农业。英国创新计划署（Innovate UK）除了在世界上率先资助"无人农场"项目研究，也面向现代农业发展趋势，开展了机器人农业的可行性研究，发表了"机器人农业系统"白皮书。"机器人农业系统"也被称作机器人和自主（智能）作业系统（robotics and autonomous systems，RAS）。RAS 的范畴包括：开发田间机器人使之能帮助农业工人携带有效载荷并进行农田作业，这些作业项目包括农作物和动物感知、除草和播种，自主（智能）系统技术在拖拉机等传统农业装备中的集成，完成采摘收获以及进行复杂灵巧操作的机器人系统，人-机（机器人）协同提高工人生产力，先进的机器人应用程序（例如使用软机器人技术，将生产能力从农场推进工厂和销售环节），以及提高自动化水平以便在农业管理、规划和决策方面减少对人力和技能的依赖。白皮书认为，RAS 技术有潜力改变英国的农业与食品生产，使之有机会在该领域建立全球领导地位。然而，要实现这一愿景，还需要克服一些特殊的障碍。在农业与食品领域对 RAS 感兴趣的团体和机构还很少，而且高度分散，迫切需要整合和扩大影响。英国的 RAS 团体和机构没有专门的培训路径或博士培训中心，不具备为农业食品领域提供更多训练有素的人力资源的能力。尽管政府在高成熟度技术的转化活动上进行了大量投资，但在低成熟度技术方面开展的基础研究不足，不足以支撑产业的后续创新。农业食品领域的 RAS 没有充分发挥其潜力，原因是目前正在委托的项目太少，规模太小。RAS 项目通常涉及多种离散技术的复杂集成（例如导航、安全操作、抓取和操纵、感知等），一方面需要进一步开发这些离散技术，另一方面更需要提供解决集成和互操作性问题的大规模工业应用方案。英国的 RAS 团体和机构需要实施一些精心挑选的大规模和协作研究的标志性项目。农业食品中的 RAS 项目需要 RAS 机构和团体以及学术界和产业界之间的密切合作。例如，作物育种需要新的表型技术，要培育容易被机器人看到和采摘的水果，从而简化和加速 RAS 技术的应用。此外，在英国农业研究领域，许多研究委员会和英国创新署直接资助农业食品的不同方面，但目前还没有协调和综合的农业食品研究政策。

另外，在欧洲，法国和德国都开展了独具特色的智慧种植业的实践。

3. 日本 日本根据自己国家的特点，选择了不同于欧美的农业发展模式。日本与我国同属东亚地区，水稻都是主要农作物，农业生产方式和农户规模有许多共同点，因此，日本关于智慧农业发展策略的探索对我国具有一定的借鉴意义。

日本农业的最大特点是人多地少，土地分散，小规模经营，根据这一国情日本选择改良品种、改良土壤和农业机械化并重的发展道路。日本在农业的现代化过程可以概括为以下特点：同步发展农业生物化学和机械化，重视精耕细作传统；全职农户较少，兼业农户一直占有较大的比例；社会化服务质量高，日本农业协同组合（农协）的业务涵盖了农业生产、农产品购销流通等各个领域；农村工业发展与农业发展同步；重视农业教育事业和农业科研技术的推广，农业科研和试验机构相互协作，科研成果在各地都得到了应用与推广。

随着信息技术的发展，日本也充分认识到了发展智慧农业的必要性。2014 年日本启动了"战略创新/创造计划（cross - ministerial strategic innovation promotion program, SIP）"，2015 年启动了智慧农业专项"基于智能机械＋智能 IT 的下一代农林水产业创造技术（technologies for creating next - generation agriculture, forestry and fisheries）"项目。项目的总体目标是实现农业生产的智慧化和农林水产产品的高附加值化，研究的核心一是开发利用机器人技术和 IT 技术的农业智慧生产系统和能够自由调控产量和品质的阳光型植物工厂，以及作为其基础的新的育种技术、植保技术等划时代的和可持续发展的农业新技术，另一个核心是通过开发新一代功能性农林水产产品、食品和未利用自然资源的高度利用技术，提高农林水产产品的附加值。

关于智慧农业的总体发展目标，可概括为：利用机器人技术、IT、基因组编辑等先进技术在与环境相协调的同时，实现超省力、高生产率的智慧农业模式，由此确立领先世界的日本型智慧农业生产技术，以扩展海外市场为目标将知识产权化、标准化。关于水田耕作（土地利用型农业），以大规模经营体为对象，在追求基于机器人技术和 IT 技术的农作业自动化和智能化的同时，通过利用新的育种技术培育高产水稻品种，大幅降低生产成本。关于设施园艺，通过充分利用大数据的栽培管理技术，利用新的育种技术的新品种培育和不依赖化学农药的病虫防治技术，确立以阳光型植物工厂为基础的高产优质西红柿栽培体系。关于畜牧业，通过运用高水平的感测技术和数据分析技术，开发精密家畜个体管理系统。

特别是日本的水田智慧农业系统，该项目以拥有约 70 公顷（1 050 亩）经营面积的农事组合法人为对象开展试验示范，将各要素技术按照不同目的进行组合，开展现场示范及经营性、经济性评价。瞄准无人农业机械实用化这一目标，除了开展农机车辆自动行驶系统项目组合作之外，还加强与基于准天顶卫星的导航企业等民间企业合作，早日实现产品商品化。项目的第一阶段目标包括：低成本的国产（日本产）自动驾驶系统商业化、可远程操作的自动水管理系统、可应对高温等气候变动的栽培管理系统、多机器人的自动行驶和作业系统等原型机的开发。项目的第二阶段目标：远程监控的农机无人作业系统、基于各种传感数据和气象预测技术的栽培管理技术、多台自动农机的协同作业技术。

日本国政府根据 SIP 项目的进展计划，建设了以农业机器人为核心的全程全面智慧农业示范农场，在该农场试验示范了以下技术：远程操控无人驾驶农业机械、无人机感知和人工智能相结合的精准施肥施药技术、适应无人智能农机的土地整治、农田水利设施的 ICT 应用、智能手机在种植和养殖中的应用、农业大数据的共享与应用。

（二）国内战略行动

1. 自 2012 年以来，中央 1 号文件中多次提及农业大数据、数字农业、精准农业、智慧农业等关键词，体现了国家对我国智慧农业发展的重视程度，将极大地推动我国智慧农业的快速发展（表 23 - 1）。

表 23-1 历年中央 1 号文件助力智慧农业发展

年度	主题	智慧农业相关表达
2012	推动农业科技创新	加快推进前沿技术研究，在信息技术、先进制造技术、精准农业技术等方面取得重大突破
2013	发展现代农业	加强科技创新，实施种业发展，以及农机装备、高效安全肥料和农药兽药研发
2014	深化农村改革	推进农业科技创新，建设以农业物联网和精准装备为重点的农业全程信息化体系和机械化技术体系
2015	加大改革创新力度	在生物育种、智能农业、农机装备等领域取得重大突破，支持农机、农药化肥等企业技术创新
2016	加快农业现代化	大力推进互联网＋现代农业，应用物联网、云计算、大数据、移动互联等现代信息技术
2017	农业供给侧结构性改革	推进农业物联网试验示范和农业装备智能化，发展智慧气象，提高气象灾害监测预报水平
2018	乡村振兴战略	发展高端农机装备制造，大力发展数字农业，实施智慧农业林业水利工程，推进物联网试验示范和遥感技术应用
2019	确保农业农村优先发展	培育一批农业战略科技创新力量，推动生物种业、重型农机、智慧农业、绿色投入品等领域自主创新
2020	抓好"三农"领域重点工作	依托现有资源建设农业农村大数据中心，加快物联网、大数据、区块链、人工智能、第五代移动通信网络、智慧气象等现代信息技术在农业领域的应用

2. 国务院、农业农村部等颁布政策以推进信息进村、培训农民手机应用技能、发展农业大数据、建设数字农业试点、规划数字农村发展等，这些政策将有利于推动我国智慧农业的发展。

(1) 2014 年 4 月 10 日农业部发布《关于开展信息进村入户试点工作的通知》。该通知指出，以 12316 服务基础为依托，以村级信息服务能力建设为着力点，以满足农民生产生活信息需求为落脚点，切实提高农民信息获取能力、增收致富能力、社会参与能力和自我发展能力。同时，积极推动 12316 服务标准化改造，加大涉农部门信息资源和服务资源整合力度，加快 12316 与基层农业服务体系融合，为农技推广、农产品质量安全监管、农机作业调度、动植物疫病防控、测土配方施肥、农村"三资"管理、政策法律咨询等业务体系提供服务农民的信息通道、沟通手段和管理平台。这些将为智慧农业发展打下群众基础，没有信息入户，智慧农业在农村"根基不稳"。

(2) 2015 年 7 月 4 日国务院印发《关于积极推进"互联网＋"行动的指导意见》。该意见指出，利用互联网提升农业生产、经营、管理和服务水平，培育一批网络化、智能化、精细化的现代"种养加"生态农业新模式，形成示范带动效应，加快完善新型农业生产经营体系，培育多样化农业互联网管理服务模式，逐步建立农副产品、农资质量安全追溯体系，促进农业现代化水平明显提升。该意见中提出发展精准化生产方式，推广成熟可复制的农业物联网应用模式。在基础较好的领域和地区，普及基于环境感知、实时监测、自动控制的网络化农业环境监测系统。在大宗农产品规模生产区域，构建天空地一体化的农业物联网测控体系，实施智能节水灌溉、测土配方施肥、农机定位耕种等精准化作业。该意见是智慧农业发展的顶层设计。

（3）2015年11月4日农业部发布《关于开展农民手机应用技能培训提升信息化能力的通知》。该通知指出，力争用3年左右时间大幅提升农民信息供给能力、传输能力、获取能力，使农民应用信息技术的基础设施设备进一步完善，农民利用计算机和手机提供生产信息、获取市场信息、开展网络营销、进行在线支付、实现智能生产、实行远程管理等能力明显增强，移动互联网、云计算、大数据、物联网等新一代信息技术在农业生产、经营、管理和服务等环节的手机应用模式普遍推广。此政策为智慧农业的推广和落地培育了大批的粉丝，并为智慧农业纵深发展提供了条件。

（4）2015年12月31日农业部发布《关于推进农业农村大数据发展的实施意见》。该意见提出，到2018年基本完成数据的共用共享，2020年实现政府数据集向社会开放，逐步实现农业部和省级农业行政主管部门数据集向社会开放，实现农业农村历史资料的数据化、数据采集的自动化、数据使用的智能化、数据共享的便捷化。该意见还明确了农业农村大数据发展和应用的五大基础性工作和11个重点领域，包括夯实国家农业数据中心建设、推进数据共享开放、发挥各类数据的功能；突出支撑农业生产智能化、实施农业资源环境精准监测等11个重点领域。大数据是智慧农业的眼睛，发展大数据将有力地推动我国智慧农业的发展。

（5）2016年5月12日农业部、发展改革委员会等八部门联合印发《"互联网＋"现代农业三年行动实施方案》。该方案要求，实现"互联网＋"现代农业要紧紧围绕推进农业现代化和农业供给侧结构性改革的目标任务，坚持需求导向、创新驱动、强化应用、引领发展的推进策略，着力推动现代信息技术在农业生产、经营、管理、服务各环节和农村经济社会各领域的深度融合，推进农业在线化和数据化，大力发展智慧农业，强化体制机制创新，全面提高农业信息化。该方案提出了11项主要任务，在经营方面，重点推进农业电子商务；在管理方面，重点推进以大数据为核心的数据资源共享开放、支撑决策，着力点在互联网技术运用，全面提升政务信息能力和水平；在服务方面，重点强调以互联网运用推进涉农信息综合服务，加快推进信息进村入户。智慧农业已经全面进入实践阶段，智慧农业产业化发展程度将更加明显。

（6）2016年9月2日农业部印发《"十三五"全国农业农村信息化发展规划》。该规划提出，"十三五"期间，把信息化作为农业现代化的制高点，以建设智慧农业为目标，着力加强农业信息基础设施建设，着力提升农业信息技术创新应用能力，着力完善农业信息服务体系，加快推进农业生产智能化、经营网络化、管理数据化、服务在线化，全面提高农业农村信息化水平，让广大农民群众在分享信息化发展成果上有更多获得感，为农业现代化取得明显进展和全面建成小康社会提供强大动力。同时，该规划还指出，"十三五"期间生产信息化迈出坚实步伐。物联网、大数据、空间信息、移动互联网等信息技术在农业生产的在线监测、精准作业、数字化管理等方面得到不同程度应用。在大田种植上，遥感监测、病虫害远程诊断、水稻智能催芽、农机精准作业等开始大面积应用。在设施农业上，温室环境自动监测与控制、水肥药智能管理等加快推广应用。

（7）2016年10月10日国务院关于印发全国农业现代化规划（2016—2020年）的通知中着重指出，推进信息化与农业深度融合。加快实施"互联网＋"现代农业行动，加强物联网、智能装备的推广应用，推进信息进村入户，提升农民手机应用技能，力争到2020年农业物联网等信息技术应用比例达到17%、农村互联网普及率达到52%、信息进村入户村级信息服务站覆盖率达到80%。建设全球农业数据调查分析系统，定期发布重要农产品供需信息，基本建成集数据监测、分析、发布和服务于一体的国家数据云平台。加强农业遥感基础设施建设，建立重要农业资源台账制度，健全农村固定观察点调查体系。此政策强调农业物联网技术的运用，为农业物联网发展很难提供导向作用。

（8）2017年1月2日农业部办公厅发布《关于做好2017年数字农业建设试点项目前期工作的通知》。该通知指出，2017年，重点开展大田种植、设施园艺、畜禽养殖、水产养殖4类数字农业建设试点项目，结合产业类型，支持精准作业、精准控制设施设备、管理服务平台等内容建设。同时，依据我国《数字农业建设试点总体方案（2017—2020年）》和农业部相关规定，2018年重点建设大田种植、园艺作物、畜禽养殖、水产养殖4类数字农业建设试点项目。中央对符合条件的项目予以补助，每个试点项目总投资应在3 500万元以上。数字农业是智慧农业的心脏，数字农业推动智慧农业向前发展。

（9）2018年2月4日国务院发布《中共中央 国务院关于实施乡村振兴战略的意见》。该意见对实施乡村振兴战略进行了全面部署。到2035年，乡村振兴取得决定性进展，农业农村现代化基本实现。该意见指出，促进小农户和现代农业发展有机衔接。扶持小农户发展生态农业、设施农业、体验农业、定制农业，提高产品档次和附加值，拓展增收空间。改善小农户生产设施条件，提升小农户抗风险能力。该意见表明智慧农业是乡村振兴的根本出路。

（10）2019年5月16日，中共中央办公厅、国务院办公厅印发《数字乡村发展战略纲要》。该纲要指出推进农业数字化转型是重点任务之一，指出加快推广云计算、大数据、物联网、人工智能在农业生产经营管理中的运用，促进新一代信息技术与种植业、种业、畜牧业、渔业、农产品加工业全面深度融合应用，打造科技农业、智慧农业、品牌农业。建设智慧农（牧）场，推广精准化农（牧）业作业。

（11）2019年12月25日，农业农村部、中央网络安全和信息化委员会办公室印发《数字农业农村发展规划（2019—2025年）》。该规划提出加快生产经营数字化改造，加快发展数字农情，利用卫星遥感、航空遥感、地面物联网等手段，动态监测重要农作物的种植类型、种植面积、土壤墒情、作物长势、灾情虫情，及时发布预警信息，提升种植业生产管理信息化水平。加快建设农业病虫害测报监测网络和数字植保防御体系，实现重大病虫害智能化识别和数字化防控。建设数字田园，推动智能感知、智能分析、智能控制技术与装备在大田种植和设施园艺上的集成应用，建设环境控制、水肥药精准施用、精准种植、农机智能作业与调度监控、智能分等分级决策系统，发展智能"车间农业"，推进种植业生产经营智能管理。

综上所述，自2012年以来，中央先后在中央1号文件中多次提及农业大数据、数字农业、精准农业、智慧农业等关键词，体现了我国对智慧农业发展的重视程度，除此以外，推进信息进村、培训农民手机应用技能、发展农业大数据、建设数字农业试点、规划数字农村发展等政策，都将有力推动我国智慧农业的快速发展。

二、基于文献计量的态势扫描

（一）智慧园艺总体技术态势分析

1. 发文规模与增长趋势　"智慧园艺"主题2010—2019年共计发表国内期刊8 379篇，累计被引频次4.7万次，篇均被引5.58次/篇，累计下载频次1 700.6万篇，篇均下载202次/篇；其中国家基金资助论文2 422篇，占比28.91%，SCI&EI收录期刊论文量1 039篇，占比 12.40％，核心期刊论文量 4 311 篇，占比 51.69％。

"智慧园艺"主题 2010—2019 年国内整体呈现稳中有升的增长趋势，从 2010 年的 493 篇增长到 2019 年的 1 269 篇，近 10 年整体增长 157％。除 2011 年、2018 年有小幅下降外，其他年份均保持增长趋势（图 23-1）。

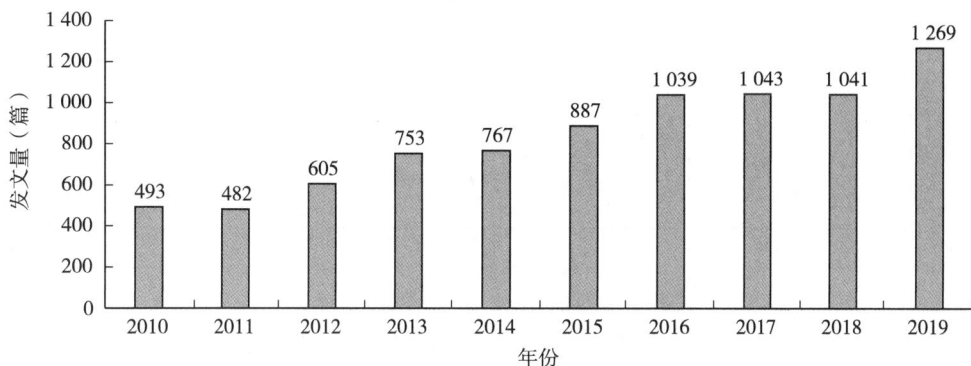

图 23-1 "智慧园艺"主题 2010—2019 年国内期刊论文历年发文量

"智慧园艺"主题 2010—2019 年国内 SCI&EI 收录期刊历年发文量较稳定，尤其近几年增长趋势不明显，从 2010 年 81 篇增长到 2019 年的 124 篇，增长率为 53％。从 2013 年开始基本处于平稳状态，没有明显增长。SCI&EI 收录期刊发文量占比整体呈现下降趋势，从 2010 年的 16.43％下降到 2019 年的 9.77％。可见，相对于整体发文增长的情况下，被 SCI&EI 收录期刊的论文并无明显增长趋势，导致占比情况逐年下降（图 23-2）。

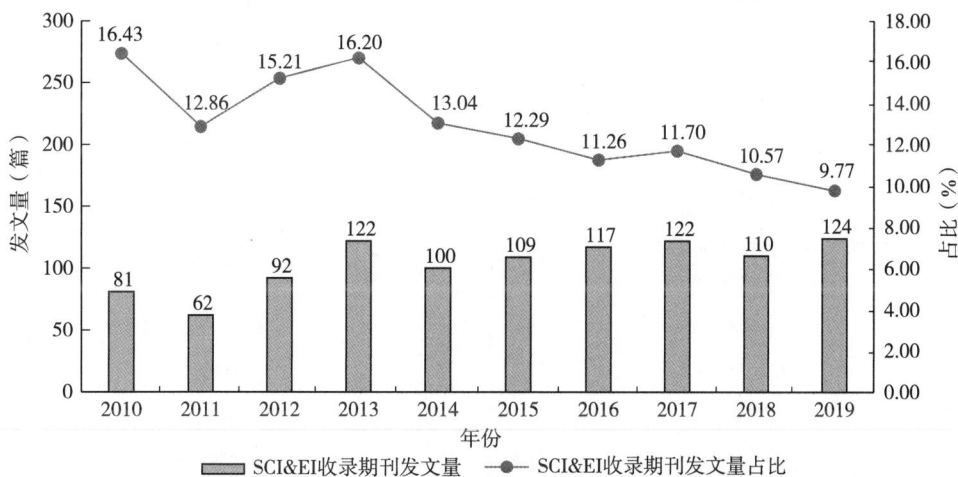

图 23-2 "智慧园艺"主题 2010—2019 年国内 SCI&EI 收录期刊论文历年发文量及占比

"智慧园艺"主题 2010—2019 年国内的核心期刊历年发文量稳中有升，尤其近几年较为稳定，整体从 2010 年 323 篇增长到 2019 年的 516 篇，增长率近 60％。从 2016 年开始几乎处于平稳状态，没有明显的增长。核心收录期刊发文量占比呈现下降趋势，从 2010 年的 65.52％下降到 2019 年的 40.66％。可见，虽然整体发文增长，但是被核心收录期刊的论文并无明显增长，导致占比情况逐年下降（图 23-3）。

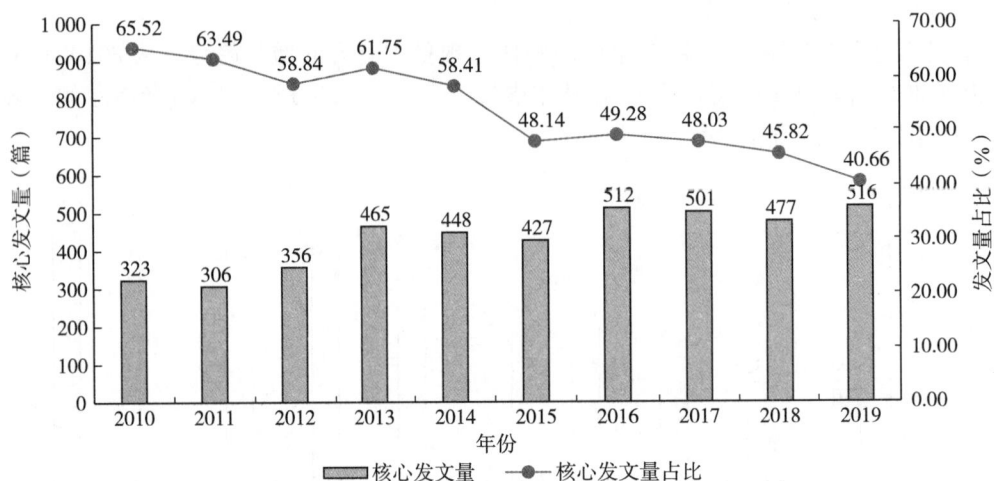

图 23-3 "智慧园艺"主题 2010—2019 年国内核心期刊论文历年发文量及占比

2. 研究热点分析　　"智慧园艺"主题 2010—2019 年国内期刊论文关键词出现频次 Top50 见表 23-2。可见，"生物信息学""近红外光谱""物联网"等主题在国内期刊论文中出现最多。

表 23-2 "智慧园艺"主题 2010—2019 年国内期刊论文关键词 Top50

序号	关键词	频次	序号	关键词	频次
1	生物信息学	305	19	微量元素	124
2	近红外光谱	262	20	无线传感器网络	120
3	物联网	258	21	茶叶	114
4	温室	245	22	地理信息系统（GIS）	113
5	无损检测	244	23	主成分分析	112
6	苹果	195	24	日光温室	107
7	农产品检测快速样品前处理技术（QuEChERS）	192	25	农药残留	106
8	温室大棚	184	26	BP 神经网络	105
9	单片机	173	27	葡萄	101
10	蔬菜	171	28	水果	101
11	传感器	166	29	火焰原子吸收光谱法	94
12	无线网络技术（ZigBee）	165	30	黄瓜	89
13	电子鼻	163	31	控制系统	86
14	生物信息学分析	149	32	草莓	86
15	图像处理	142	33	可溶性固形物	85
16	植物温室控制系统（PLC）	140	34	棉花	81
17	番茄	140	35	原子吸收光谱法	81
18	机器视觉	131	36	表达分析	80

（续）

序号	关键词	频次	序号	关键词	频次
37	支持向量机	79	44	模型	72
38	基因克隆	78	45	蔬菜大棚	72
39	高光谱	78	46	图像分割	69
40	自动控制	77	47	应用	68
41	智能温室	76	48	温度	66
42	微波消解	76	49	智能控制	66
43	神经网络	74	50	偏最小二乘法	65

图 23-4 选取了"智慧园艺"主题高频被引论文（《学术精要数据库》各专题 Top10%的论文）进行关键词聚类的图谱展示。节点大小表示关键词共现频次，节点越大表示关键词频次越高，节点之间连线粗细表示关键词两两共现频次，共现次数越多，连线越粗，节点颜色表示关键词所在的领域，颜色相同的节点属于同一领域。通过图 23-4 可见，"无损检测""近红外线光谱""温室""物联网""无线传感器""农产品检测快速样品处理技术（QUECHERS）""农药残留""生物信息学""图像处理"是研究较多的主要方向。

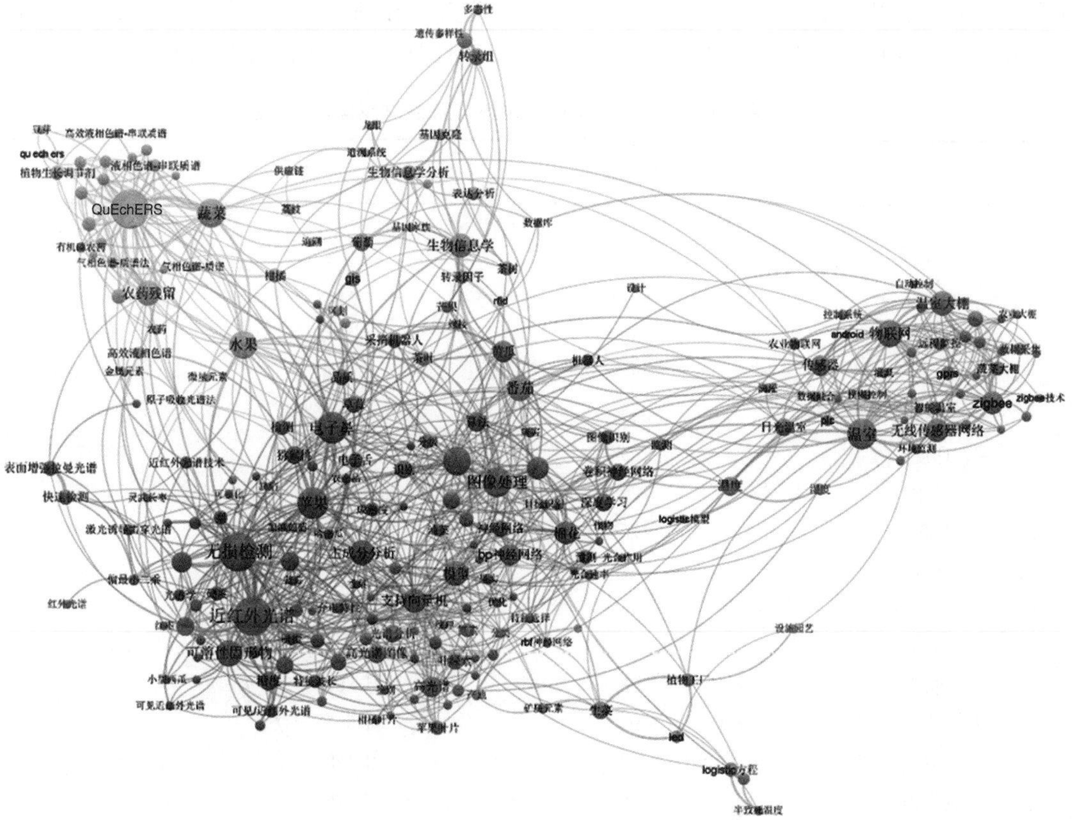

图 23-4　"智慧园艺"主题高频被引论文关键词聚类知识图谱

3. WOS 期刊论文

（1）发文规模与增长趋势。"智慧园艺"主题 2010—2019 年共计发表 WOS 期刊论文

4 199篇，累计被引频次 6 万次，篇均被引 15.29 次/篇。

　　"智慧园艺"主题 2010—2019 年整体呈现稳定的增长趋势，从 2010 年的 235 篇增长到 2019 年的 711 篇，近十年整体增长 203%，且每年均保持增长（图 23-5）。

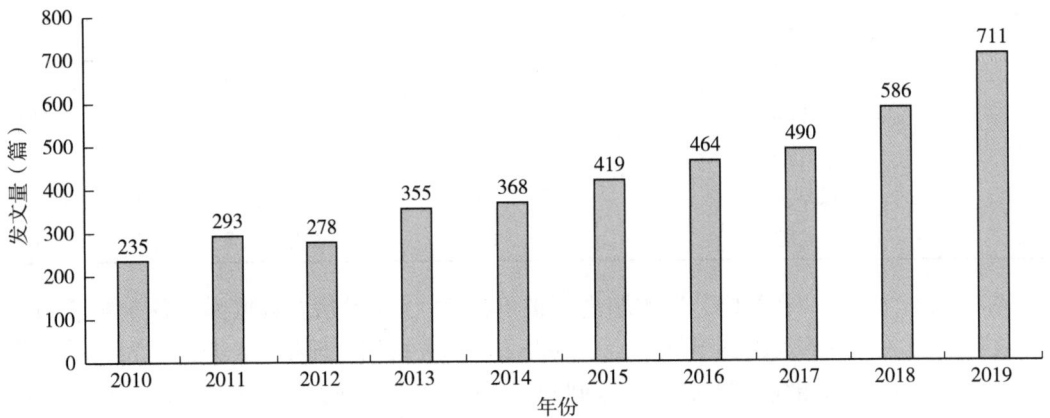

图 23-5　"智慧园艺"主题 2010—2019 年 WOS 期刊论文历年发文量

　　（2）主要发文国家/地区统计。"智慧园艺"主题 WOS 期刊发文主要国家见表 23-3。中国、美国、西班牙为发文量最多的 3 个国家，发文量分别为 1 033 篇、729 篇、391 篇，其中比利时、法国和荷兰篇均被引最高，分别为 27.81 次、24.38 次和 22.88 次。

表 23-3　"智慧园艺"主题 2010—2019 年高发文量国家/地区 Top20

国家/地区	发文量（篇）	被引频次（次）	篇均被引（次）
中国	1 033	14 601	14.13
美国	729	12 100	16.60
西班牙	391	7 312	18.70
意大利	266	5 031	18.91
巴西	225	2 453	10.90
德国	220	4 198	19.08
印度	209	2 795	13.37
日本	190	3 279	17.26
伊朗	175	2 204	12.59
法国	157	3 828	24.38
澳大利亚	156	2 452	15.72
英国	147	2 674	18.19
韩国	123	1 386	11.27
加拿大	104	1 545	14.86
土耳其	93	1 108	11.91
比利时	89	2 475	27.81
荷兰	86	1 968	22.88
墨西哥	83	782	9.42
波兰	65	1 039	15.98
葡萄牙	61	982	16.10

　　（3）主要发文机构统计。"智慧园艺"主题 2010—2019 年高被引机构 Top30（表 23-4）。江苏大学被引频次最高，共计 1 798 次，发文量 87 篇，排名第一；其次是法国国家农业科学研究院，被引频次 1 672 次，发文量 51 篇，排名第二；西班牙瓦伦西亚理工大学被引频次 1 553 次，发文量 53 篇，排名第三。中国科学院发文量 92 篇，发文规模排名第一。在高被引 Top30 机构中，爱尔兰都柏林学院大学篇均被引高达 100.18 次，篇均被引排名第一。

表 23-4　"智慧园艺"主题 2010—2019 年高被引机构 Top30

机构	国家	发文量（篇）	被引频次（次）	篇均被引（次）	第一单位发文量（篇）	第一单位发文被引频次（次）	第一单位发文篇均被引（次）
江苏大学	中国	87	1 798	20.67	78	1726	22.13
法国国家农业科学研究院	法国	51	1 672	32.78	25	902	36.08
西班牙瓦伦西亚理工大学	西班牙	53	1 553	29.30	24	448	18.67
浙江大学	中国	89	1 415	15.90	73	1 332	18.25
西班牙国家研究委员会	西班牙	49	1 339	27.33	29	718	24.76
佛罗里达州立大学	美国	85	1 199	14.11	41	685	16.71
中国科学院	中国	92	1 157	12.58	54	856	15.85
美国农业科学研究院	美国	53	1 132	21.36	28	433	15.46
爱尔兰都柏林学院大学	爱尔兰	11	1 102	100.18	3	596	198.67
中国农业大学	中国	84	1 094	13.02	63	758	12.03
巴伦西亚大学	西班牙	21	1 066	50.76	7	218	31.14
华盛顿州立大学	美国	60	1 064	17.73	39	754	19.33
南京农业大学	中国	66	1 002	15.18	58	894	15.41
北京市农林科学院	中国	64	1 001	15.64	19	302	15.89
密歇根州立大学	美国	39	988	25.33	20	379	18.95
华南理工大学	中国	30	960	32.00	29	929	32.03
巴伦西亚诺农业调查研究所	西班牙	11	903	82.09	4	564	141.00
康奈尔大学	美国	37	823	22.24	13	333	25.62
鲁汶大学	比利时	33	805	24.39	21	484	23.05
美国农业部农业研究局	美国	60	796	13.27	19	158	8.32
中国农业科学院	中国	27	789	29.22	15	594	39.60
西北农林科技大学	中国	54	766	14.19	45	523	11.62
瓦格宁根大学	荷兰	31	752	24.26	15	301	20.07
加州大学戴维斯分校	美国	52	661	12.71	30	509	16.97
德黑兰大学	伊朗	39	610	15.64	30	514	17.13
意大利国家研究会	意大利	40	575	14.38	19	229	12.05
科尔多瓦大学	西班牙	35	567	16.20	19	267	14.05
米兰大学	意大利	24	532	22.17	18	307	17.06
法国科学研究中心	法国	15	520	34.67	4	212	53.00
爱尔兰国立大学	爱尔兰	18	493	27.39	1	18	18.00

注：按照被引频次降序排序。

（4）研究热点分析。"智慧园艺"主题 2010—2019 年关键词出现频次 Top50 与关键词共现关系对出现频次 Top30 见表 23-5、表 23-6。可见，"electronic nose"（电子鼻）、"image processing"（图像处理）、"machine vision"（机器视觉）相关主题是国际期刊论文出现最多的关键词。"image processing"（图像处理）与"machine vision"（机器视觉）、"electronic nose"（电子鼻）与"electronic tongue"（电子舌）、"electronic nose"（电子鼻）与"signal-to-noise ratio"（信噪比）是本主题 WOS 期刊论文出现最多的关键词共现关系对。

表 23-5 "智慧园艺"主题 2010—2019 年关键词 Top50

序号	关键词	频次	序号	关键词	频次
1	electronic nose（电子鼻）	137	26	freshness（新鲜度）	33
2	image processing（图像处理）	114	27	chemometrics（化学计量）	33
3	machine vision（机器视觉）	96	28	deep learning（深度挖掘）	32
4	computer vision（计算机视觉）	94	29	vegetables（蔬菜）	31
5	artificial neural network（人工神经网络）	89	30	non-destructive inspection（无损检测）	30
6	scanning electron microscopy（电子显微分析）	87	31	automation（自动）	30
7	remote sensing（遥感）	68	32	antioxidant activity（抗氧化）	30
8	hyperspectral imaging（高光谱成像）	66	33	support vector machine（支持向量机）	28
9	fruit（水果）	60		citrus（柑橘）	28
10	machine learning（机器学习）	57	34	fruit quality（食品质量）	28
11	classification（分类）	56	35	intelligent packaging（智能打包）	27
12	precision agriculture（精准农业）	55	36	polyphenols（多酚）	26
13	tomato（番茄）	55	37	tea（茶）	26
14	traceability（可追溯）	52	38	genetic algorithm（遗传算法）	26
15	electronic tongue（电子舌）	50	39	RNA-seq（转录组测序）	26
16	image analysis（图像分析）	49	40	sensors（传感器）	25
17	GIS（地理信息系统）	43	41	texture（纹理）	24
18	food composition（食品成分）	43	42	electron microscopy（电子显微）	24
19	apple（苹果）	42	43	neural networks（神经网络）	23
20	transcriptome（转录组）	41	44	phenology（物候学）	23
21	food analysis（食品分析）	41	45	optimization（最优化）	23
22	principal component analysis（主成分分析）	40	46	vitis vinifera（葡萄）	22
23	quality（质量）	39	47	signal-to-noise ratio（信噪比）	22
24	database（数据库）	38	48	anthocyanins（花青素）	22
25	food safety（食品安全）	36	50	storage（仓储）	22

表 23 - 6 "智慧园艺"主题 2010—2019 年关键词共现关系对 Top30

序号	关键词一	关键词二	频次
1	image processing（图像处理）	machine vision（机器视觉）	10
2	electronic nose（电子鼻）	electronic tongue（电子舌）	7
3	electronic nose（电子鼻）	signal - to - noise ratio（信噪比）	6
4	electronic nose（电子鼻）	stochastic resonance（随机共振）	6
5	food composition（食品成分）	food composition database（食品成分数据库）	5
6	computer vision（计算机视觉）	hyperspectral imaging（高光谱成像）	5
7	image processing（图像处理）	precision agriculture（精准农业）	5
8	machine vision（机器视觉）	sorting（整理）	5
9	signal - to - noise ratio（信噪比）	stochastic resonance（随机共振）	5
10	machine learning（机器学习）	precision agriculture（精准农业）	4
11	PCR - DGGE（变性梯度凝胶电泳）	traceability（可追溯）	4
12	genetic algorithm（遗传算法）	optimization（最优化）	4
13	computer vision（计算机视觉）	fruit（水果）	4
14	computer vision（计算机视觉）	fruit detection（水果检测）	4
15	antioxidant activity（抗氧化）	phenolic compounds（酚类化合物）	4
16	artificial neural network（人工神经网络）	genetic algorithm（遗传算法）	4
17	food analysis（食品分析）	food composition database（食品成分数据库）	4
18	electronic tongue（电子舌）	sensory evaluation（感官分析）	4
19	electronic nose（电子鼻）	pattern recognition（模式识别）	4
20	electronic nose（电子鼻）	principal component analysis（主成分分析）	4
21	electronic nose（电子鼻）	flavor（风味）	3
22	electronic nose（电子鼻）	freshness（新鲜度）	3
23	deep learning（深度挖掘）	precision agriculture（精准农业）	3
24	drying（干旱）	laser backscattering（激光后向散射）	3
25	computer vision（计算机视觉）	image processing（图像处理）	3
26	computer vision（计算机视觉）	machine learning（机器学习）	3
27	computer vision（计算机视觉）	non - destructive inspection（无损检测）	3
28	convolutional neural networks（卷积神经网络）	deep learning（深度挖掘）	3
29	database（数据库）	micro - tom（番茄）	3
30	ethylene（乙烯）	fruit ripening（果实成熟）	3

选取了"智慧园艺"主题 ESI 高被引论文进行关键词聚类的图谱展示。图 23 - 6 中节点大小表示关键词共现频次，节点越大表示关键词频次越高，节点之间连线粗细表示关键词两

两共现频次，共现次数越多，连线越粗。通过聚类图可以看出，"hyperspectral imaging"（高光谱成像）、"computer vision"（计算机视觉）、"vegetables"（蔬菜）、"quality"（质量）是比较热的研究方向。

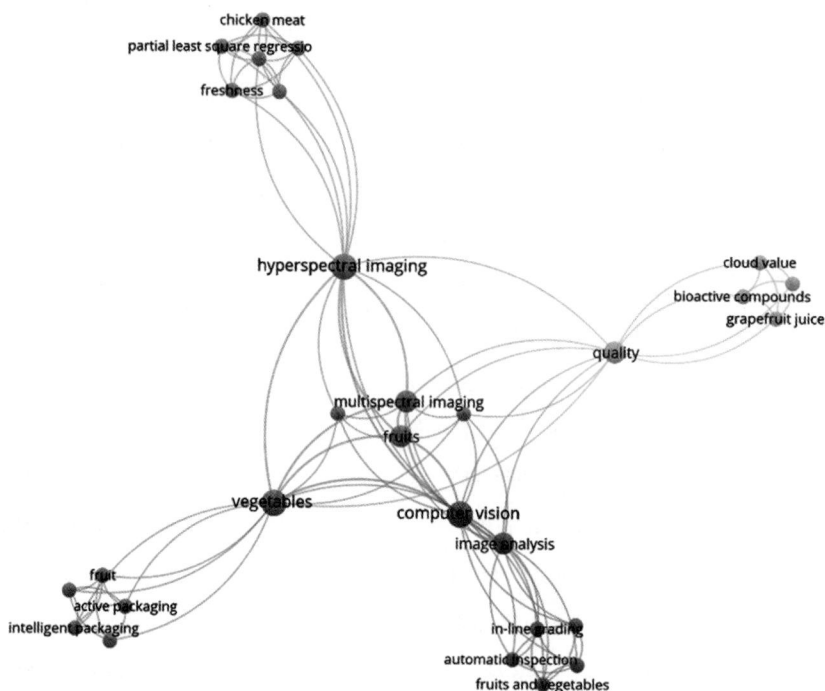

图 23-6　"智慧园艺"主题高被引论文关键词聚类知识图谱

选取"智慧园艺"主题 2010—2019 年各年高频关键词 Top10 取并集后分析各关键词历年的频次变化，见表 23-7。由表可见，"computer vision"（计算机视觉）、"machine learning"（机器学习）、"deep learning"（深度挖掘）等关键词的频次逐年上升，表示与此相关方向的研究热度也较高；"scanning electron microscopy"（电子显微分析）、"classification"（分类）、"traceability"（可追溯）等关键词的频次无明显变化或持续下降，表示与此相关的研究内容越来越少。

4. 中国专利分析

（1）申请规模与增长趋势。"智慧园艺"主题 2010—2019 年共计申请中国专利 10 629 项，其中发明专利数量 4 506 项，发明专利占比 42.39%，实用新型专利数量 6 113 项。

"智慧园艺"主题 2010—2019 年申请中国专利整体呈现快速的增长趋势，近两年趋于稳定，从 2010 年的 166 项增长到 2019 年的 2 171 项，近 10 年整体增长了 12 倍，且每年均保持增长（图 23-7）。

（2）授权规模与增长趋势。"智慧园艺"主题 2010—2019 年共计授权中国专利 3 760 项，其中发明专利数量 761 项，发明专利占比 20.24%，实用新型专利数量 2 998 项。

"智慧园艺"主题 2010—2019 年授权中国专利整体呈现快速的增长趋势，近两年增长趋势依旧强劲，从 2010 年的 46 项增长到 2019 年的 1 322 项，近 10 年整体增长了近 28 倍，除 2012 年外，其他每年均保持增长（图 23-8）。

表 23 - 7 "智慧园艺" 主题 2010—2019 年高频关键词历年变化

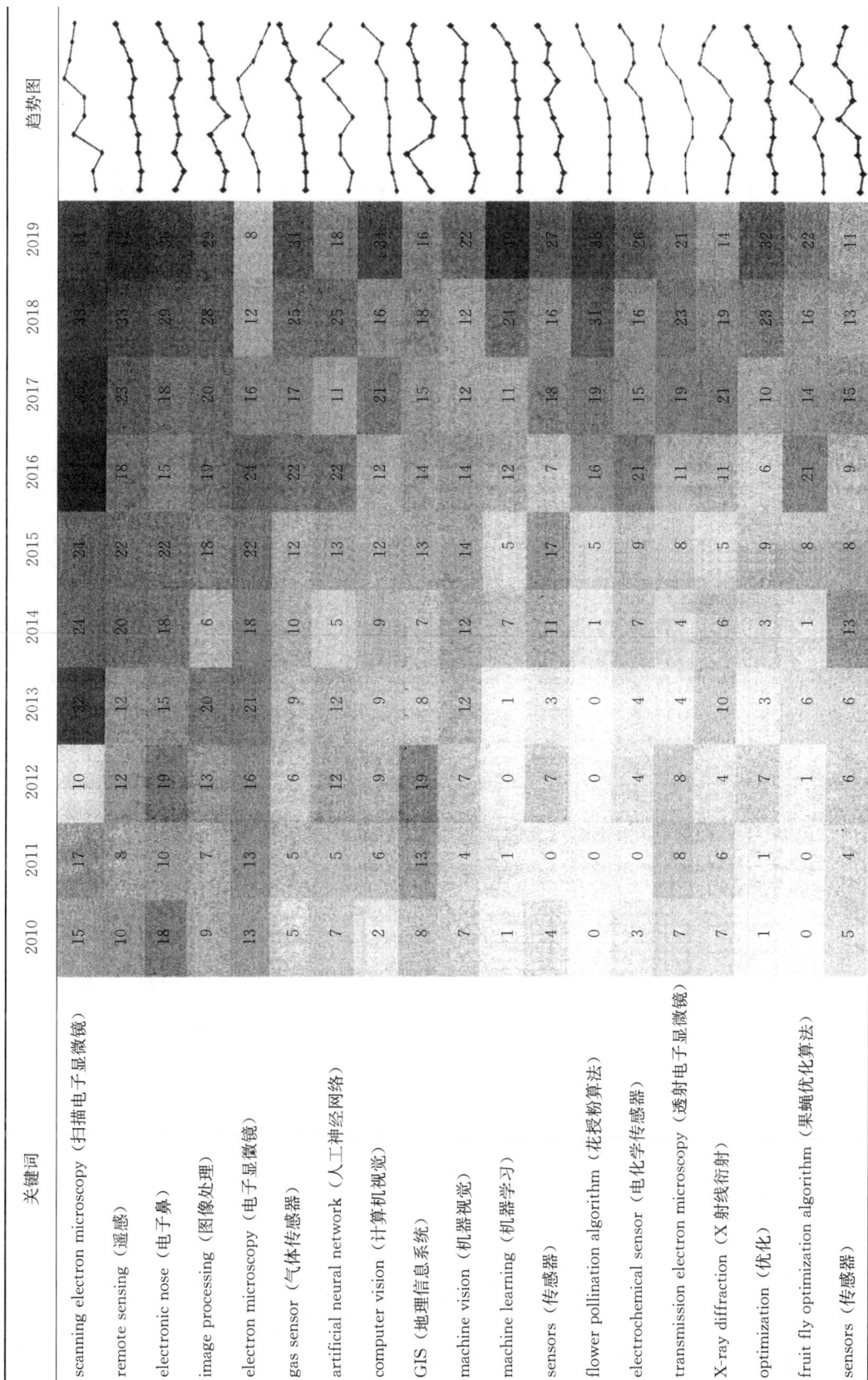

关键词	2010	2011	2012	2013	2014	2015	2016	2017	2018	2019	趋势图
scanning electron microscopy（扫描电子显微镜）	15	17	10	32	24	24	18	23	33	31	
remote sensing（遥感）	10	8	12	12	20	22	18	23	33	42	
electronic nose（电子鼻）	18	10	19	15	18	22	15	18	29	35	
image processing（图像处理）	9	10	13	20	6	18	19	20	28	29	
electron microscopy（电子显微镜）	13	13	16	21	18	22	24	16	12	8	
gas sensor（气体传感器）	5	5	6	9	10	12	22	17	25	31	
artificial neural network（人工神经网络）	7	5	12	12	5	13	22	11	25	18	
computer vision（计算机视觉）	2	6	9	9	9	12	12	21	16	34	
GIS（地理信息系统）	8	13	19	8	7	13	14	15	18	16	
machine vision（机器视觉）	7	4	7	12	12	14	14	12	12	22	
machine learning（机器学习）	1	1	0	1	5	5	12	11	24	27	
sensors（传感器）	4	0	7	3	11	17	7	18	16	27	
flower pollination algorithm（花授粉算法）	0	0	0	0	1	5	16	19	31	38	
electrochemical sensor（电化学传感器）	3	0	4	4	7	8	21	15	16	26	
transmission electron microscopy（透射电子显微镜）	7	8	8	4	4	8	11	19	23	21	
X-ray diffraction（X射线衍射）	7	6	10	10	6	5	11	21	19	14	
optimization（优化）	1	1	7	3	3	9	6	10	23	32	
fruit fly optimization algorithm（果蝇优化算法）	0	1	6	6	1	8	21	14	16	22	
sensors（传感器）	5	4	6	6	13	8	9	15	13	11	

（续）

关键词	2010	2011	2012	2013	2014	2015	2016	2017	2018	2019	趋势图
hyperspectral imaging（高光谱成像）	1	1	6	6	12	15	5	11	12	15	
transcriptome（转录组）	1	0	1	10	3	13	12	16	8	19	
genetic algorithm（遗传算法）	4	4	12	6	2	5	9	11	17	16	
electronic tongue（电子舌）	8	8	7	9	10	11	5	6	15	11	
ZnO（氧化锌）	3	3	3	9	13	7	8	7	8	15	
nanoparticles（纳米）	1	0	6	3	4	4	8	18	14	14	
vegetables（蔬菜）	6	5	11	10	9	8	6	10	2	7	
tomato（番茄）	7	8	6	7	5	6	7	7	11	9	
traceability（可追溯性）	3	6	8	3	11	6	2	14	10	7	
fruit（水果）	9	5	6	8	5	6	5	8	8	6	
artificial neural networks（人工神经网络）	4	9	1	6	4	3	5	8	11	15	
tea（茶）	5	6	4	11	4	4	2	4	7	15	
internet（互联网）	7	3	2	10	12	7	4	3	1	5	
deep learning（深度学习）	0	0	0	0	0	0	0	2	9	36	
chemical synthesis（化学合成）	7	6	10	5	7	8	2	5	2	1	
microstructure（微观结构）	1	3	5	3	3	14	5	5	5	4	
food composition（食物成分）	4	9	4	1	3	9	3	5	5	4	

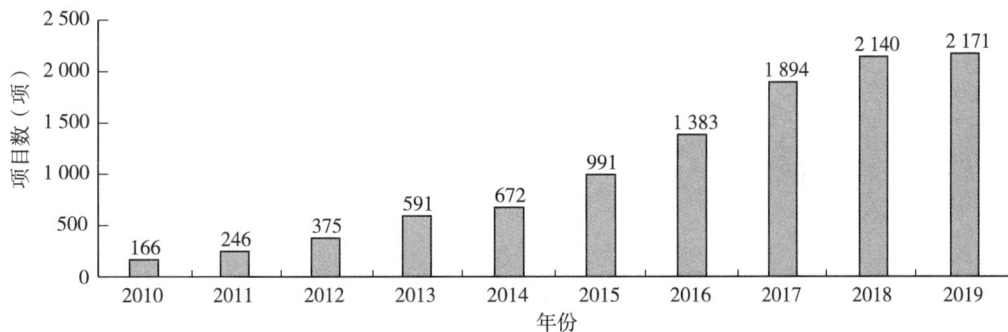

图 23 - 7 "智慧园艺"主题 2010—2019 年申请专利历年项目数

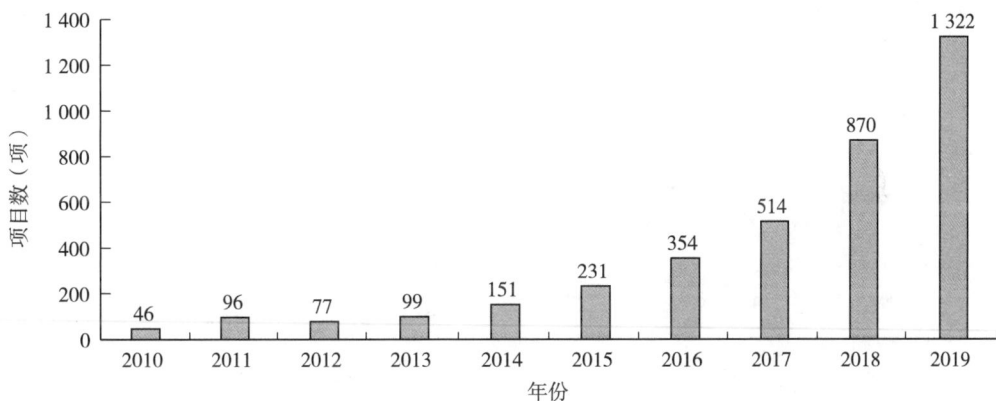

图 23 - 8 "智慧园艺"主题 2010—2019 年授权专利历年项目数

(二)智慧大田总体技术态势分析

1. 发文规模与增长趋势 "智慧大田"主题 2010—2019 年国内论文历年发文量如图 23 - 9 所示,2010—2019 年共计发文 4 880 篇。2010 年发文量为 211 篇,2010—2016 年缓慢增长,2017 年迅速激增达到峰值 1 032 篇,之后连续两年下降且降幅增大,到 2019 年发文量为 755 篇。

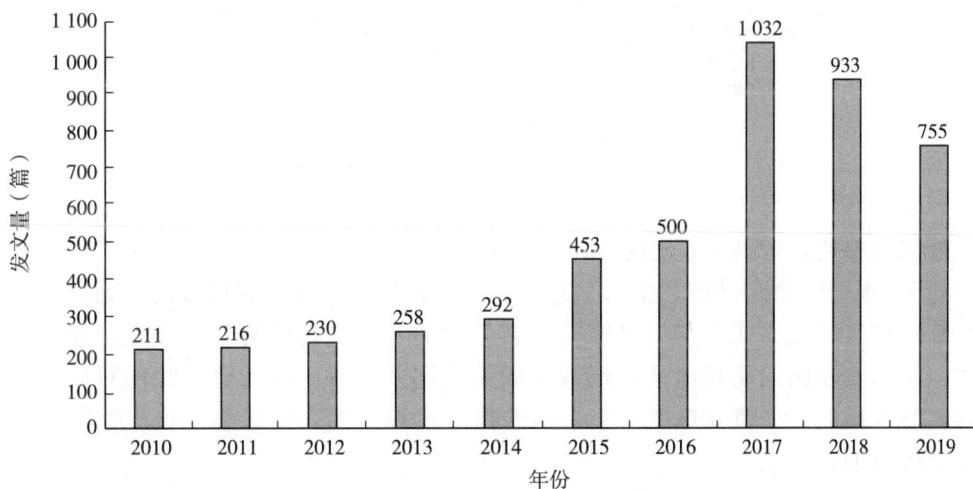

图 23 - 9 "智慧大田"主题 2010—2019 年国内论文历年发文量

分析 10 年间的"智慧大田"主题各年高频被引 Top5 的论文标题和摘要等信息，这些论文主要集中在无人机遥感和信息获取技术（19 篇）、无人机植保技术（10 篇）、智能农业装备和农业机器人技术（9 篇）、农情信息获取传感技术（7 篇）、农业物联网和大数据应用技术（5 篇）。其中无人机遥感和无人机植保合计 29 篇，反映围绕无人机开展的研究仍是智慧大田种植相关热点技术。

2. 研究热点分析 分析了"智慧大田"主题 2010—2019 年的关键词出现的频次以及关键词共现关系对出现的频次。"智慧大田"主题国内论文关键词聚类的图谱如图 23-10 所示。图中节点大小表示关键词共现频次，节点越大表示关键词频次越高，节点之间连线粗细表示关键词两两共现频次，共现次数越多，连线越粗，如图所示，"精细农业（含精准农业）""物联网""传感器""农业机械""无人机""植保无人机""机器视觉""大数据""地理信息系统 gis""精细定位""精细整地"等是研究较多的方向，关注的作物则主要是水稻和玉米。

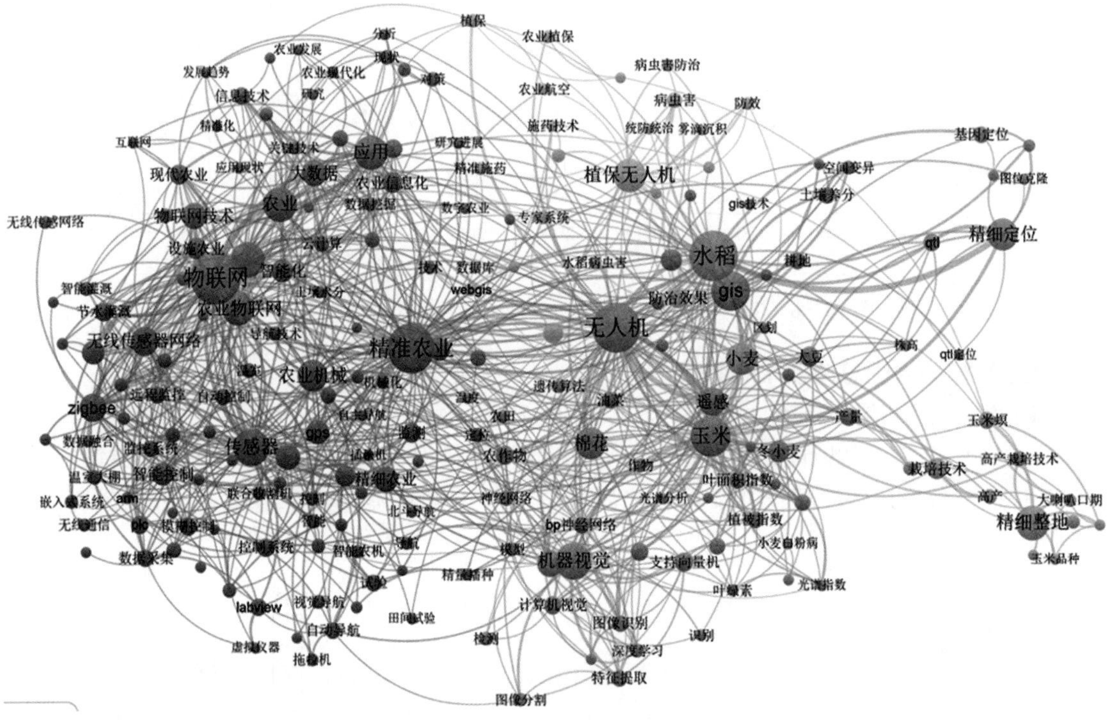

图 23-10 "智慧大田"主题国内论文关键词聚类知识图谱

关键词共现关系对出现频次的 Top30 如表 23-8 所示。可见，"物联网""精准（精细）农业""水稻""无人机""玉米"是本主题国内期刊论文出现最多的关键词。"水稻"与"精细定位"、"无人机"与"遥感"、"智慧农业"与"物联网"、"变量施肥"与"精细农业"是本主题国内期刊论文出现最多的关键词共现对。从关键词共现对可以看出当前国内智慧大田的主要研究热点在于水稻的精细定位、无人机遥感、农业物联网以及精准农业施肥方面。

表 23 - 8 "智慧大田"主题 2010—2019 年关键词共现关系对 Top30

序号	关键词一	关键词二	频次
1	水稻	精细定位	47
2	无人机	遥感	38
3	农业	物联网	33
4	智慧农业	物联网	30
5	变量施肥	精准（精细）农业	27
6	智能农业	物联网	23
7	机器视觉	图像处理	21
8	农业	应用	21
9	无人机	水稻	19
10	棉花	无人机	19
11	物联网	传感器	18
12	无人机	玉米	18
13	无线网络技术（ZigBee）	物联网	18
14	大数据	农业	17
15	物联网	设施农业	16
16	物联网	精准农业	15
17	玉米	精细定位	15
18	植保无人机	防治效果	15
19	无线网络技术（ZigBee）	无线传感器网络	15
20	玉米	地理信息系统（GIS）	14
21	物联网	大数据	13
22	物联网	应用	13
23	无人机	精准农业	13
24	单片机	传感器	13
25	无人机	防治效果	12
26	植保无人机	水稻	12
27	物联网	现代农业	11
28	精准农业	全球定位系统（GPS）	11
29	无线传感器网络	精细农业	11
30	物联网技术	应用	11

3. WOS 期刊文献分析 "智慧大田"主题 2010—2019 年共计发表 WOS 期刊论文 3 304 篇，累计被引频次 52 352 次，篇均被引 15.85 次/篇。年发文量整体呈现稳定的增长趋势，从 2010 年的 149 篇增长到 2019 年的 688 篇，近 10 年增长了 361.74%，但是各年份之间略微有所波动。从合作作者国家地区考察，"智慧大田"主题 WOS 期刊发文量前 10 名的国家依次是中国（1 008 篇）、美国（701 篇）、德国（234 篇）、印度（218 篇）、巴西（195 篇）、西班牙（160 篇）、意大利（139 篇）、澳大利亚（137 篇）、加拿大（126 篇）和伊朗（119 篇）。篇均被引次数超过 20 次的国家有 7 个，依次是意大利（28.19）、法国（26.65）、荷兰（26.23）、西班牙（25.73）、德国（25.20）、比利时（23.34）和墨西哥（20.46）。美国以 19.69 次紧随其后，中国篇均被引 12.28 次排在 15 位。如果从通信作者的

国家机构考察，除了印度发文量上升 2 位排在第 3 位，其他顺序变化不大。但篇均被引次数前 3 位是西班牙、比利时和法国，分别为 28.41、26.87 和 26.79，美国被引次数排在第 8 位，中国被引次数排在第 15 位。

考察"智慧大田"主题 2010—2019 年高频被引机构 Top30 发现，美国农业部农业科学研究院（USDA-ARS）发文量最高，共计 240 篇，同时被引频次也最高，总计 4 622 次；其次是中国科学院，发表文献 212 篇，被引频次 2 872 次。中国农业大学发文规模 157 篇，被引频次 2 352 次，排名第 3。以下分别为：美国农业部（USDA）、浙江大学、南京农业大学、中国农业科学院、中国科学院大学等。对 54 篇"智慧大田"主题 ESI 高频被引论文进行关键词分析，"remote sensing""UAV""precision agriculture"等关键词出现频次位居前列。

以上结果表明，美国仍然在智慧大田种植业研究领域处于国际领先地位，我国总体上处于国际前列，围绕智慧大田种植开展了广泛的多方位的研究，但另一方面，篇均被引次数还有继续增长的空间，还需提高论文总体水平，扩大我国研究成果的影响力。

WOS 期刊论文关键词聚类的图谱如图 23 - 11 所示。图中节点大小表示关键词共现频次，节点越大表示关键词频次越高，节点之间连线粗细表示关键词两两共现频次，共现次数越多，连线越粗。通过图可见，"precision agriculture"（精准农业）、"remote sensing"（遥感）、"artificial neural network"（人工神经网络）、"hyperspectral remote sensing"（高光谱遥感）、"image processing"（图像处理）等是研究较多的主要方向。

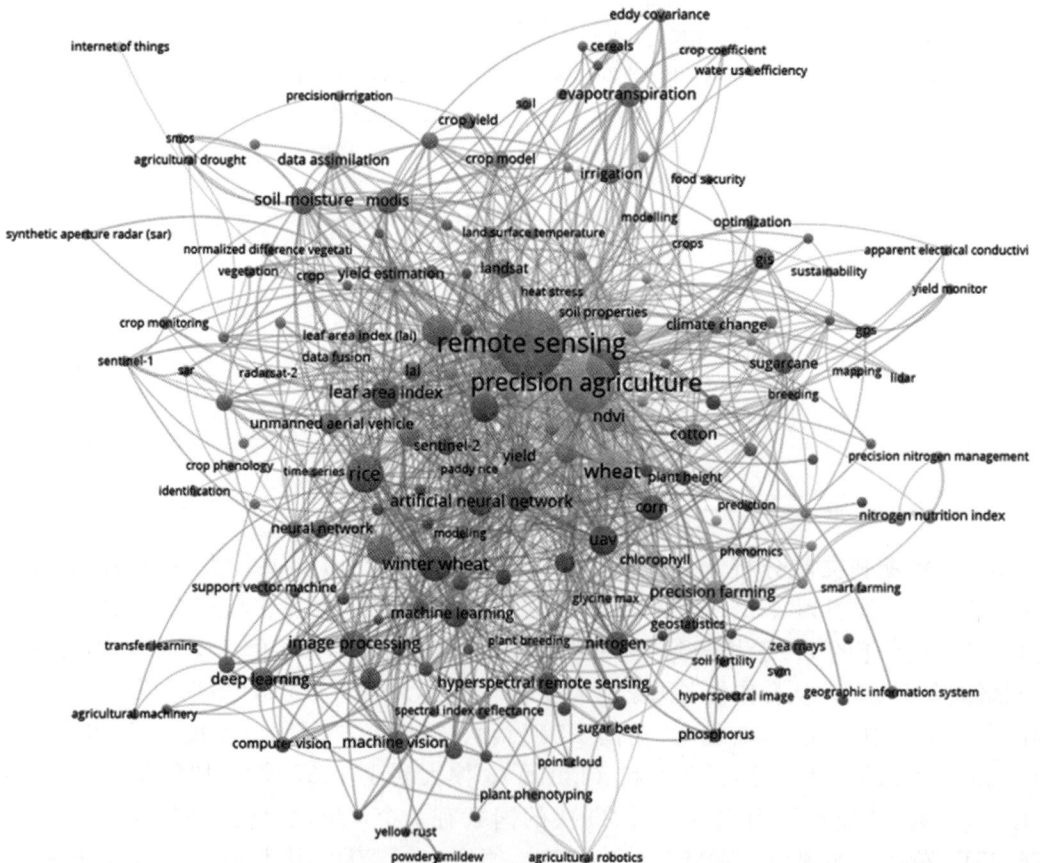

图 23 - 11 "智慧大田"主题 WOS 期刊论文关键词聚类知识图谱

分析"智慧大田"主题 2010—2019 年的关键词共现关系对出现频次,"remote sensing"(遥感)是出现最多的词汇。"remote sensing"(遥感)与"evapotranspiration"(蒸散)、"remote sensing"(遥感)与"precision agriculture"(精准农业)、"remote sensing"(遥感)与"maize"(玉米)、"remote sensing"(遥感)与"vegetation index"(植被指数)等都是本主题 WOS 期刊论文出现最多的关键词共现对。

4. 中国专利分析 "智慧大田"主题 2010—2019 年共计申请中国专利 4 202 项,其中发明专利数量 2 346 项,占比 55.83%,实用新型专利数量 1 818 项,占比 43.27%,外观设计专利数量 67 项,占比 1.59%。"智慧大田"2010—2019 年申请专利历年项目数如图 23 - 12 所示,申请数量波动较大,呈倒 U 形趋势,从 2010 年 47 项开始增加到 2015 年 805 项,随后下降到 554 项,又在 2017 年猛增到 1 118 项,随后骤减至 2019 年的 195 项。近 10 年整体呈增长趋势,但是走势波动不定。这一趋势反映出总体上的发展趋势,也反映出与经济走势、国家规划年度有关。

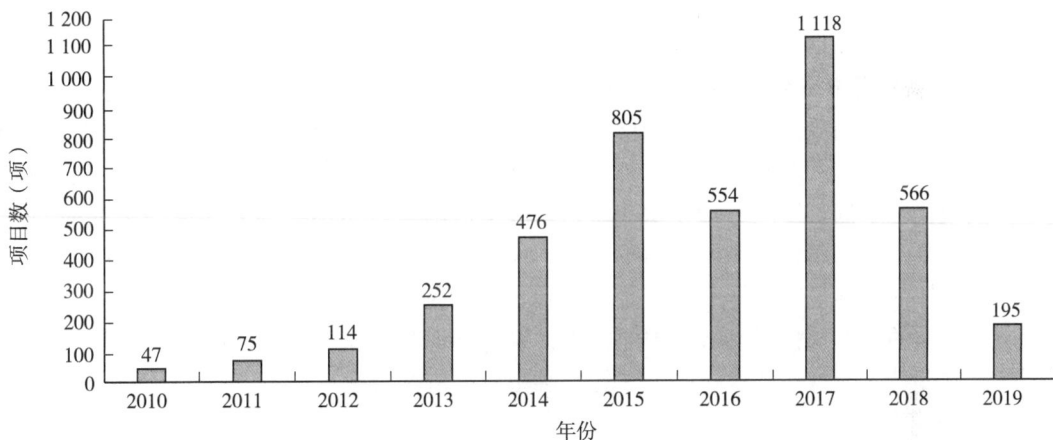

图 23 - 12 "智慧大田"主题 2010—2019 年申请专利历年项目数

针对"智慧大田"主题 30 项典型专利的题录(incopat 数据库中价值度星级最高的专利)进行了分析,发明专利 24 项,实用新型专利 6 项。由公司申报的专利 15 项,大学申报 10 项,研究院所申报 4 项,个人申报 1 项。在由公司申报的专利中包括外国公司申报的 6 项,其中又包含世界最著名的农机制造商迪尔公司(Deere & Company,棉花收获机行单元速度的同步控制)和凯斯纽荷兰公司(Case IH,具有飞轮制动控制的农业打包机)。虽然大学和研究院所在专利申请总数上占优势,但是 30 项有价值的专利里面公司申报的数量占到一半,表明产业仍然是创新的主力军,在我国推进智慧大田种植业时,必须充分发挥产业界创新主力军的作用。

三、需求分析

(一)市场需求

1. 市场总体需求 2016 年 3 月 16 日,国家公布了《中华人民共和国国民经济和社会发展第十三个五年(2016—2020 年)规划纲要》,提出要提高农业技术装备和信息化水平,加强农业与信息化技术的融合,发展智慧农业,推进农业信息化建设,推动信息技术与农业生产管理、经营管理、市场流通、资源环境等融合,实施物联网应用,提高农业智能化和精准化水平。推动农业大数据应用，增强农业综合信息服务能力。鼓励互联网企业建立产销连接的农业服务平台，大力发展涉农电子商务。2021年3月13日公布的《中华人民共和国国民经济和社会发展第十四个五年规划和2035年远景目标纲要》提出要提高农业质量效益和竞争力，增强农业综合生产能力，夯实粮食生产能力基础，保障重要农产品供给安全。具体措施包括：严守18亿亩耕地红线，实施高标准农田建设工程，实施黑土地保护工程，推进大中型灌区节水改造和精细化管理，加强大中型、智能化、复合型农业机械研发应用，加强农业良种技术攻关，建设智慧农业，加强动物防疫和农作物病虫害防治等。以上措施都是智慧种植业的重要组成，为智慧种植业的发展提供了广阔的市场。

2. 绿色农业发展市场需求　2019年，农业农村部印发《2019年农业农村绿色发展工作要点》，明确提出制定一批绿色、优质、营养方面的行业标准和生产规程，加快集成组装一批标准化高质高效技术模式，增强绿色优质农产品供给。具体措施包括：推动绿色农业生产模式，全面减少化肥和农药使用量，治理农业污染，节约利用农业资源，特别是节约用水。推广绿色农业生产模式，必须以智慧农业关键技术为代表的现代信息技术作为支撑，这也为智慧种植业的发展提供了新的市场。

3. 农产品品质市场需求　智慧农业技术体系是提高农产品品质的保证。以优质饲草作物苜蓿为例，产品的质量是决定其价格的基本依据，苜蓿粗蛋白含量、可消化养分含量、相对饲喂价值的增加和杂草率的降低，都会明显提升产品价格。我国苜蓿生产企业多数生产规模小，机械化水平低，田间管理技术落后，一般生产的苜蓿达不到高品质商品标准的要求。此外，我国苜蓿产品质量检测体系尚不完善，未形成严格的产品标准，对苜蓿产品的生产环节也没有具体的指导规范，导致苜蓿生产者和收购者对苜蓿产品的等级划分常常存在争议。苜蓿生产存在的以上短板呼唤智慧农业技术体系，其他粮、经、饲、杂农产品品质的提升也需要智慧农业技术，这一需求也扩大了智慧种植业的市场发展。

（二）国家需求

习近平总书记指出，"要大力推进农业机械化、智能化，给农业现代化插上科技的翅膀"；《乡村振兴战略规划（2018—2022年）》提出要"提高农机装备智能化水平"；《中国制造2025》将农机装备作为十大重点领域之一；《国务院关于加快推进农业机械化和农机装备产业转型升级的指导意见》提出要加快推进农机装备创新，研究部署新一代智能农业装备科研项目。《新一代人工智能规划》提出，要研制农业智能传感与控制系统、智能化农业装备、农机田间作业自主系统等。《中共中央 国务院关于抓好"三农"领域重点工作确保如期实现全面小康的意见》提出，要加快大中型、智能化、复合型农业机械研发和应用。以棉花为例，棉花是我国最大宗的经济作物，特别是在我国新疆维吾尔自治区，由于种植面积广、地块大、田间管理劳动强度高、棉花生产率先引进了智慧生产技术，包括表型检测技术、人工智能技术、大数据技术、智能农机装备等。特别是由于棉花对精量播种的要求高，基于GPS/北斗的精量播种，自动驾驶和自动作业已成为新疆棉花精量播种的主体，但目前智慧农业在棉花生产管理中仍存在一定的局限性，结合大数据技术综合诊断棉花病虫害信息需求迫切，以无人机为标志的现代农机装备的应用还有进一步发展的空间。智慧农业技术的应用将会促进我国棉花产业的健康发展。杂粮是改善我国人口膳食结构、促进营养健康的重要口粮之一，也是促进贫困地区扶贫脱贫、发展经济、提高农民收益的重要经济作物。但由于杂粮生产的区域一般为山区丘陵，生产规模较小，限制了杂粮生产机械化和智能化水平的提高。因此，通过采用自动化和信息化技术，示范推广种子加工、化肥农药减量增效、病虫害绿色防控等技术,可进一步提高杂粮生产产业化水平,巩固脱贫攻坚成果。

(三)技术需求

1. 智慧园艺需求分析

(1)在机械设备研发中,采摘和整枝打杈设备需求迫切,也是目前消耗人工较多的栽培环节。跨度小的日光温室、大棚目前的结构不适合机械化,需要进行优化。温室环境调控、水肥管理目前还是以经验为主,缺乏基于植物需求的环境控制。水肥药的使用效率低下,病虫害绿色防控措施缺乏。精度高、使用寿命长的传感器主要依赖进口,国内需要加大力量研发用于监测植物生理信息、环境信息的传感器。缺乏设施园艺生产大数据平台,种植者需要及时获取相关技术。物联网技术与设施园艺的结合需要深度融合,需要对智慧种植业核心技术开展研究,在种苗工厂、智慧温室、智慧工厂等具有特色的植物生产系统中进行示范,建设一批示范基地,加速设施园艺智慧生产技术的推广应用。

(2)在机械设备和关键技术研发中,水肥一体化设备和保鲜技术的需求较迫切,也是目前耗费人工劳动力大、资源利用率较低的环节。种植户对大数据、采摘机器人、无人机植保的需求程度较低,对传感器的需求一般,大部分农户安装传感器的需求是无人机植保喷施效果检测传感器和农机变量喷施监测传感器的使用。目前,急需提高水肥药的使用效率和加强大数据与农业信息化服务的建设。

(3)加强新品种创制。通过传统育种、辐射育种、分子育种方法,创制具有自主知识产权的新品种,建立种子、种苗、种球制种基地,建立标准化、专业化和现代化的种业体系,源头上解决"卡脖子"问题。

(4)未来采后生产将成为制约我国种植业总量和质量的关键环节。从维护人民健康对水果、蔬菜和花卉等园艺产品消费的市场供给需求,以及提升产品竞争力的技术生产需求两方面来看,未来我国园艺采后智慧化生产的市场前景十分看好,但我国种植业十分特殊,不论是立地条件还是生产模式同其他国家相比均更具挑战性,要实现产业化,必须达到经济实用的基本要求。鉴于采后生产劳动强度高、生产时间集中、技术含量高等特点,我国园艺产品的80%~90%将借助智能化和智慧化的装备来完成采后生产,年生产量约12亿~13亿吨,其中在机械化采收、采后保鲜分选、贮藏物流等领域对装备和技术实现智慧化的需求更为迫切。根据近年来我国园艺产品采后生产的规模约2万吨,全国市场的总需求量约为6万家,其中技术和装备配置先进的企业约占1/3,约2万家。目前全球采后生产企业约20万家,我国未来的占比约10%。依此测算,与智慧化管理配套的装备、技术和人才市场将是种植业的重要新兴领域。未来我国园艺生产既有日本和韩国类似的精细化生产,也有北美国家规模化的集中生产,同时还有欧洲国家的专一化生产组织,未来采后生产的技术、装备和需求也必将是多元化的发展路径。在我国全面推进乡村振兴和生态治理的大背景下,还必须考虑到电商物流等新业态对技术和装备的需求。

2. 智慧大田需求分析 从智慧大田种植业的感、移、云、大、智5项关键技术入手,探讨粮经饲杂作物智慧生产的技术需求。

在生产环境和作物生长监控方面,农业传感器及测控终端需求强烈。调查结果显示,大田生产经营主体对农业传感器及测控终端需求较大,其中农机耕深监测传感器、无人机植保喷施效果检测传感器、无人机低空遥感机载高光谱仪需求占比分别为39.9%、37.5%和32.9%。需要的感知指标主要有土壤含水率、土壤温度、作物病害,占比分别为44.7%、43.2%、57.9%。

在农业信息和数据的传输和分析应用方面，信息的可靠传输及对信息的分析结果来指导生产应用需求强烈。调查结果显示，我国大田作物生产获取信息的主要手段还是智能手机，达到90%，手机将不仅仅是生活的必需品，也必将和拖拉机一样，成为智慧农业时代核心农业装备之一。近75%的受访者认为4G时代网速可以满足要求，5G时代一定会为智慧农业的发展提供更好的发展条件。另外，手机也将成为推广和普及智慧农业的重要手段和桥梁，手机搭载传感器可能为信息获取的终端之一，手机搭载的App实现智慧管理和智慧作业。因此手机搭载的传感器和智慧农业App成为未来发展的热点。村级信息化设施还有待加强和完善，从而为发展智慧农业提供更好的条件支持。

在农田作业全程机械化方面，智能农业机械和装备需求较大。智能农机能够将精准化带入整地、播种、施肥、灌溉、收获等所有环节之中，实现对生产资源的节约和对土地的最大化利用，不仅带来显著的经济效益，同时也具备极佳的环境效益。已开始配置的卫星导引、机器操控、数据获取、智能终端随农场多频接入能力的提升得到普遍应用。未来农场设备都将配置付费即用型机载智能系统，信息技术质优价廉。数据获取与分析功能强大、使用简便，采集器自动获取数据并充实农场信息系统，支持决策和报告生成。手机、拖拉机、喷药机、灌溉机组和办公室、轿车、仓库等农场所有设备和设施都将实现同步互联，车辆自动收集途经地块的作物数据并无线传输至办公室以供分析。基于传感器组网获取土壤持水量和更准确的天气预报，灌溉变得更加精确、均匀，更加高效智能。芯片控制技术的发展也给智能农机的功能多样性带来支持，增强了农机装备的适用性。实现农机装备的自动化、智能化首先要建立智能农机大数据平台，其次要实现农机的智能互联，最后要大力发展农业机器人。

第三节　关键技术选择

一、关键技术图

综合调查结果，得到智慧种植业关键技术图，如图23-13所示。

二、技术清单

技术清单方向一：作物生产环境监测与系统管控技术
关键技术1：多维度多参数精准感知技术

国内外研发与应用现状：传感器是感知技术的核心，智慧种植业中的温湿度控制、灌溉、植物生长监测系统等都离不开传感器，可以说传感器是智慧农业的"眼睛"。与国外发达国家相比，目前我国自主产权的农业传感器、智能传感器和RFID（无线射频识别）等感知设备在精度、稳定性和适用性上还存在瓶颈，无法满足智慧种植业物联网应用领域广、类型多、个性化的需求。传感器是每一个过程控制系统的基本组成部分，荷兰温室环境控制高科技公司Hoogendoorn、Priva使用一系列传感器，从简单的测量水、空气温度到确定作物微气候和活动的高级传感器，从而可以完全洞悉温室所有的生长因子。基于测量值，准确计算窗户开口、打开或关闭窗口的最佳时间，以及何时开启或关闭照明。目前全球传感器市场主要由美国、日本、德国的几家龙头公司主导。美国、日本、德国及中国合计占据全球传感器市场份额的72%，其中中国占比约11%。与全世界生产的超过2万种产品品种相比，中国国内仅能生产其中的约1/3，整体技术含量也较低，是目前急需改变的一个状态。目前，

作物生产环境监测与系统管控技术 ┬ 多维度多参数精准感知技术 ┬ 高精度低能耗具有无线传输功能的快速检测设备
└ 土壤、气象、温室气体、营养液、重金属、农药残留等传感器

网络化综合管控技术 ┬ 5G+农业物联网
├ 环境调控系统
└ 能源综合管理系统

作物生长信息感知与模拟模型技术 ┬ 作物表型检测分析技术 ┬ 针对田间数据的大规模自动采集
└ 快速、高通量的测量方法

作物信息获取技术 ┬ 利用卫星遥感、近地无人机遥感和地面光谱仪实现天空地遥感协同作物信息获取
├ 病虫害的快速识别
└ 检测作物生命体系的监测设施

综合模拟模型 ┬ 植物功能模型和结构模型
├ 农艺模型
└ 环境模型

品质实时监测技术 ── 机器视觉、光谱、遥感、电子鼻等无损检测方法

智慧种植业关键技术

作物智慧生产加工与采后品质管控技术

精准智慧育种技术 ┬ 分子育种技术
└ 种业大数据

智慧种苗生产技术 ┬ 精量播种和播量检测
├ 自动嫁接
├ 精准识别、定位、分级、拼盘、转移
└ 智慧种苗工厂

智慧花果管理技术 ── 自动疏花疏果、授粉、套袋
病虫害监测与精准喷药技术
精细灌溉技术
水肥药一体化及高效施用技术
变量追肥技术

自动收获与测产技术 ┬ 智能测产
├ 谷物收获损失实时监测
├ 喂入量自动控制
└ 割台高度自动控制

智慧采后技术 ┬ 智能清选分选包装
├ 贮运保鲜技术
└ 智慧物流

智能作业装备与农业机器人 ┬ 自动导航
├ 无人驾驶
└ 巡检、耕作、播种、施肥、除草、喷雾、嫁接、采摘、育苗、育种等农业机器人

智慧管理决策与系统集成技术

区块链技术 ┬ 农产品溯源
└ 农产品产地信息化系统

智慧系统集成技术 ┬ 智慧植物工厂和垂直农场
├ 农机智能调度和农业生产管理系统
└ 农业大数据平台和智能化交易系统

无人农场技术 ┬ 无人大田
└ 无人温室

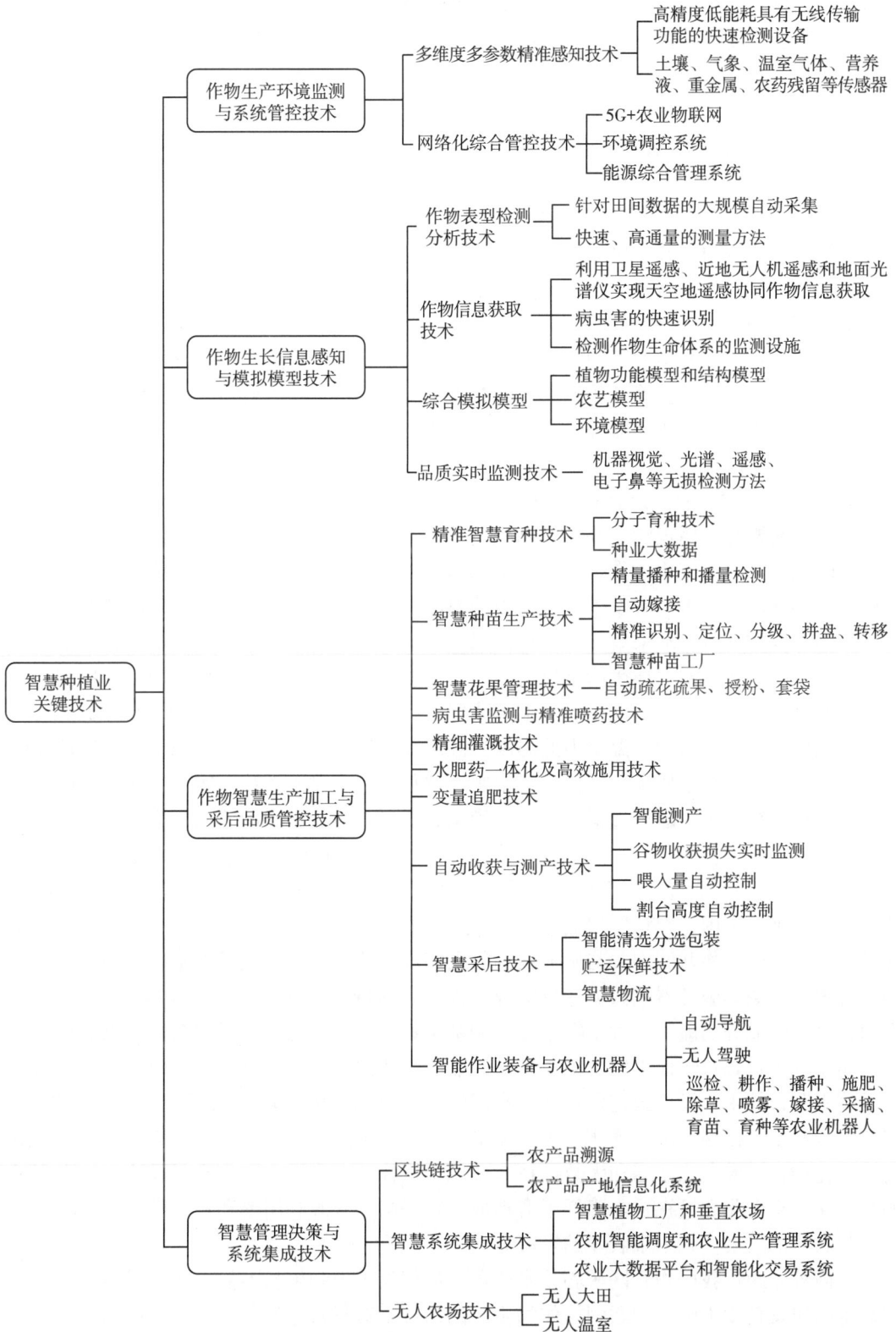

图 23-13 智慧种植业关键技术图

从材料、器件、系统到网络，我国已形成较为完整的传感器产业链。在网络接口、传感器与网络通信融合、物联网体系架构等方面取得较大进展。但产业档次偏低、企业规模小、技术创新能力差，很多企业只是引进国外元件进行加工，同质化严重。而生产装备落后、工艺不稳定等造成产品指标分散、稳定性差。模仿产品在敏捷度方面也不尽如人意。在相对研发突出的领域，却忽略了工业化基础性开发，商品化开发严重滞后。

国内外差距：我国农业传感器领域科技创新迟缓，核心制造技术严重滞后，拥有自主知识产权的产品少。一方面表现为传感器在感知信息方面的落后，另一方面，表现为传感器在智能化和网络化方面的技术落后。由于没有形成足够的规模化应用，导致国内的传感器不仅技术水平较低，而且价格高，在市场上很难有竞争力。

前沿发展趋势：传感器与农业的深度融合需要加强，以农业的应用反推传感器的基础研发工作，研发符合农业多种不同应用目标的高可靠、低成本、适应恶劣环境的农业物联网专用传感器，如土壤和基质养分传感器、土壤重金属传感器、农药残留传感器、作物养分与病害传感器以及果实品质传感器等。标准化智能传感器的研发，具有自动感知、数据处理、双向数据通信等功能。

关键技术 2：网络化综合管控技术

国内外研发与应用现状：基于计算机技术、传感技术和互联网技术的快速发展，物联网技术不断成熟，逐渐应用于作物生产。发达国家以物联网技术为核心，集传感器技术、计算机网络和移动网络技术，研发了对温室内的温度、空气湿度、土壤水分和营养状况、光照和温室气体等参数进行自动采集，自动控制温室的加热降温设施、灌溉系统和补光系统等温室环境控制系统，使温室内环境满足植物生长的需要，实现农业生产过程中的精确控制。基于传感器网络监控系统和物联网的远程控制技术，西班牙研发了温室水培作物自动化生产系统。以色列通过传感器测定温室内的温度、湿度和二氧化碳浓度等环境因子，利用计算机水肥分析系统进行分析，研发了现代化的水肥一体化滴灌和喷灌系统，实现了灌溉系统的智能化控制，该系统减少了灌溉过程中水分的渗漏和蒸发，减少水肥的使用。为促进全球设施园艺智能技术研发大协作，2018 年瓦赫宁根大学研究中心在中国腾讯公司的支持下，组织了"国际挑战"活动，通过人工智能、传感技术和"自治"温室技术的综合应用来提高设施蔬菜的生产水平。国内王纪章等根据温室环境测控的现场端、Web 服务端和手机应用端软件开发需求，构建了物联网网关与服务器的数据同步通信机制，实现了温室环境测控网络参数同步配置、网关和服务器端数据库自适应匹配，智能网关、Web 客户端和手机 App 客户端界面自适应生成等功能。余世干等建立一种基于物联网技术的农业果实图像、果实识别与远程监测系统平台，对于促进农业果实采摘机器人快速识别果实，具有很大应用价值。基于大数据技术和云技术，设施园艺发达国家利用传感器对温室内的环境因子自动化采集和校验，将数据传输至手机端 App，实现了温室远程监控、实时观看温室数据，实现了手机对温室的智能化调控。农业物联网和大数据技术应用于现代温室生产中，实现了设施作物生产过程的自动化、智能化和可视化，降低了劳动成本，提高了资源利用率和农产品产量，有利于推进智慧农业的发展，是未来农业的发展方向。

国内外差距：我国物联网核心技术薄弱，如作物生理和生长参数监测传感器的研发，智能装备的研发精度不够。物联网与作物生产的结合不够紧密，目前还停留在展示阶段，荷兰等发达国家已经实现了物联网技术真正指导设施园艺高效优质生产。而我国通过物联网积累的数据不够，准确度不高。

前沿发展趋势：从物联网终端感控、感知数据云存储，应用资源池构建及服务定制，分析决策与智能控制等层面构建具有自主知识产权的园艺作物网络化综合管控技术。开发精准信息感知的土壤、作物和灌溉营养液监测传感器，同时提高传感器的稳定性和使用寿命。加强决策综合性强、内容涉及面广的研究工作，如环境调控系统、能源综合管理系统等。

技术清单方向二：作物生长信息感知与模拟模型技术

关键技术 1：作物表型检测分析

国内外研发与应用现状：植物表型研究是开展精准调控和培育优良品种的基础。国内外非常关注表型组学研究，荷兰植物生态表型中心（Netherlands Plant Eco - phenotyping Centre，NPEC）启动的表型组计划，投资 2 200 万欧元，项目由瓦赫宁根大学和乌得勒支大学承担，2018 年 4 月开始，执行期 10 年，该表型组计划规划 6 个模块，分别是 ECOtron（in the precision mesocosm - level ECOtron plant - plant and plant - microbe interactions）、植物-微生物互作（plant - microbe interactions phenotyping）、多重环境气候箱（multi - environment climate chamber）、高通量表型气候箱（high - throughput phenotyping climate chamber）、温室表型（greenhouse phenotyping）、露地表型（open - field phenotyping）。欧盟表型组 EPPN2020 计划，投资 1 000 万欧元，2017 年 5 月到 2021 年 5 月，22 所大学和研究机构参加，INRA 牵头。我国南京农业大学牵头国家重大科技基础设施"作物表型组学研究"。国外相关公司和研究机构开发了一系列商业化的表型组技术，如 PlantScreen 温室紧凑型或大型传送带式植物表型成像分析平台暨植物自动传送技术、FluorCam 叶绿素荧光成像技术、光谱成像技术（包括 RGB、VISIR 高光谱成像、SWIR 高光谱成像、LWIR 红外热成像等）、手持式 SpectraPen/PolyPen 高光谱仪、IQ 智能手持式高光谱成像仪等，以及根窗技术全自动根系表型观测，高通量、无损伤、全自动、全方位实验观测分析植物形态结构与生理功能形状表型，成为国际著名表型组学研究的重要平台，如德国 IPK（Leibniz Institute of Plant Genetics and Crop Plant Research）、美国橡树岭国家实验室（Oak Ridge National Laboratory）、荷兰生态表型研究中心（NPEC，Wageningen University & Research，Netherlands Plant Eco - phenotyping Centre）、德国 BIOP（Institute of Biochemical Plant Pathology）、澳大利亚 CSIRO（Commonwealth Industrial Research Organisation）、国际水稻研究所、杜邦先锋国际良种公司、孟山都公司、美国合成基因公司等。

国内外差距：我国开展表型组研究相对较晚，研究设备主要从荷兰、德国等国家进口。由于表型组技术相对是一个新的概念，国外发达国家目前正在投入大量资金开展表型组学研究，加强技术储备，国内相对滞后，目前正在加速追赶。

前沿发展趋势：具有自动传送功能的高通量表型组平台研发，能快速识别植物的外部特性、果实成熟度和品质、作物长势变化等信息，为植物生长发育调控、产品分级提供基础。开展细胞、分子水平的表型组技术研究，研发系列个体/群体植物生长信息表型组技术，为精准育种提供表型特征和数据。

关键技术 2：综合模拟模型

国内外研发与应用现状：建立植物生长发育和环境模拟模型是进行自动化控制的基础。荷兰、以色列智慧种植业发达的主要原因就在于 20 世纪 50 年代以来，有一批持续从事模拟模型研究的科学家，对植物光合作用、呼吸作用、叶面积、冠层、干物质分配、水肥吸收、光照、温度等进行了系统的模型研究，为以色列和荷兰诞生出一批环境控制高科技公司奠定了基础，荷兰研发出的模型很多已经用于指导生产，并且是使用过程中不断修正。我国科学家也在设施植物蒸腾作用、光合作用、干物质分配、叶面湿润时间、植株氮素积累与分配及产量形成模拟、日光温室主动蓄热循环、保温被传热、环境要素时空分布的模拟模型方面开展了一系列研究。然而，我国目前模型对生产的指导作用不够，主要原因是成熟度不够，模型缺乏修正，缺乏商业化的公司进行合作，从而导致很多工作停留在实验室阶段。发达国家正在结合不断提升精度和稳定性的环境监测传感器以及叶片温度、径流、茎直径、称重等原位生理监测传感技术，通过无线传感网络、物联网技术，融合 AI 技术实现信息通信传输，结合模糊理论、遗传算法等数学工具建立精细的环境控制模型与植物生长模型相适应，同时，在智能算法方面，逐步由单因素控制向多因素耦合控制过渡，不断丰富环境控制专家系统，形成自适应学习的生长环境控制"大脑"。

国内外差距：发达国家对作物-环境互作机理的研究不断深入，明确了不同作物对环境参数的需求。结合作物水分与养分快速诊断技术、无损检测技术和装备以及作物生长模型与决策模型研究成果，逐步实现了基于作物真实需求的环境精确控制目标，相应技术与设备的应用大幅度提高了作物生产的资源利用效率与生产管理效率。我国模型研究缺乏系统性，形成数据孤岛，缺乏不断优化的过程。

前沿发展趋势：针对不同的气候条件、设施类型和作物种类，建立对应的农艺模型和环境模型。温室控制即光温水气热的综合调控模型、水肥一体化模型。节水灌溉即作物指标、土壤水分、气象条件综合模型。施肥管理即作物指标、土壤养分、肥料利用等综合模型。

关键技术 3：品质实时监测技术

国内外研发与应用现状：果实品质的实时监测可以为作物生长过程中出现的各种问题提供预警，并及时找到应对方案，但目前尚未有完善、广泛应用的进行实时果实识别、定位及远程监测的自动控制系统。目前已有一些研究趋向于建立自控系统，余世干建立了一种基于物联网技术的果实图像识别与远程监测平台，促进了采摘机器人快速识别果实。翟鹏基于机器视觉和图像处理等关键技术为测量方式，通过连续监测葡萄器官的生长，观测葡萄果实和根系表型特征的变化，为葡萄生长建模和精确灌溉提供了数据支持和策略指导。Meyer 和 Davison 研究了运用图像处理技术的无损测量的方法，采集单株植物在不同生长阶段的生长信息，建立植物生长模型。Nandi 利用视频图像——由放置在芒果传送带顶部的电荷耦合器摄像机拍摄，然后应用多种图像处理技术来采集对成熟度和质量敏感的特征，结合自然腐烂时期等进行推测果实成熟时期。Mohammadi 利用图像分析技术将柿子果实分为 3 个商业成熟期，提出了一种基于水果外部颜色的自动分类算法，通过测定果实的物理、力学和营养特性，比较图像分析和视觉分类的结果来确定果实采摘期。Monzurul Islam 将电阻抗谱和机器学习技术相结合，监测鳄梨的成熟程度，随着成熟阶段以特定的频率进行，鳄梨的阻抗绝对值逐渐减小，从而推断果实成熟度。

国内外差距：早在 1989 年日本学者 Hashimoto 就曾提出利用图像处理技术对植物进行无损监测，美国、日本等许多学者对此进行过深入研究。我国对于果实品质实时监测开展了系列试验，但因植物生长模型多变、气候环境变化、图像清晰度等一系列问题，尚没有较好的应用系统，只有一些适用于小范围室内栽培的试验系统。

前沿发展趋势：提高图像数据获取的精度，提高图像识别精度，提高特征参数提取效果，采集作物生长的变化信息，建立数据库系统，进一步探索远红外技术、遥感技术等用于果实监测。

技术清单方向三：作物智慧生产加工与采后品质管控技术

关键技术 1：精准智慧育种技术

国内外研发与应用现状：品种是农业的芯片，优良品种对于智慧种植业发展意义重大。发达国家非常重视园艺作物品种的选育，各国根据自身实际情况，有针对性地选育品种。以色列在园艺作物专用品种的研发方面具有强大的优势，采用大型塑料薄膜连栋温室，充分利用天然的光热资源和先进的滴灌技术，通过遗传改良培育出适合的花卉和蔬菜品种。在品种选育的过程中，除了传统的杂交育种，花药小孢子培养、组织培养、分子标记、QTL 定位、转基因、原生质体杂交等分子育种技术得到大量的应用，在蔬菜、花卉等园艺作物上创制出一大批优良的新品种。近年来，高通量测序技术和生物信息学分析已经成为生命科学领域的研究方法，成本不断降低，逐渐应用到作物育种中。随着番茄、黄瓜、茄子、辣椒、西瓜、甜瓜等基因组测序完成，分子育种技术将成为改变园艺作物产量、抗性和品质的重要手段。美国科学家利用 CRISPR/Cas9 技术培育出适合城市种植，株型紧凑、矮小的新型番茄材料。中国科学家利用 CRISPR/Cas9 介导的单碱基编辑技术创制抗除草剂西瓜新种质，为轻简化栽培奠定了基础。

国内外差距：荷兰等发达国家主要控制品种的高端市场，利用分子生物学技术开展精准育种，综合考虑种植环境、产量、抗性和品质，目标性强。我国还存在育种目标不明确、整体水平较低等特点，缺乏国际化的跨国育种公司。

前沿发展趋势：重视园艺作物智慧生产专用品种的选育，培育耐低温、高温、弱光、高湿，具有多种抗性、优质高产的品种。开展少整枝、打杈等适合轻简化栽培的品种培育。基因编辑技术将在设施番茄、黄瓜等主要作物上得到大量应用，为精准育种提供技术支撑。依赖高通量表型组技术的育种趋势将会大幅度加强。

关键技术 2：智慧种苗生产技术

国内外研发与应用现状：发达国家育苗已基本实现工厂化生产，以穴盘育苗为主。发达国家在育苗阶段除嫁接、定植等少数环节以外，其他均已配套自动化设备，通过物流和输送设备的串联完成流水线作业，装备较为成熟，在智能化方面的研究主要集中在通过在线监测技术和机器视觉反馈，进一步提高设备作业精度和稳定性。为提高生产率、降低劳动强度和减少生产成本，如荷兰蔬菜育苗生产中广泛使用精量播种生产线、嫁接作业生产线、岩棉块种苗生产线和相应配套机具，并借鉴花卉物流化生产模式开发出穴盘输送装备、岩棉块搬运铺放专用车等生产物料搬运装备，实现了高效、省力、自动化生产。我国近年来大力发展集约化育苗技术，在精量播种机、嫁接机器人、基质搅拌设备等方面取得了显著进展。国内目前已经开发出与育苗有关的成套设施设备，包括催芽室、精量播种流水线、嫁接愈合室、嫁接机、补光设施等，部分已经应用于育苗生产。

国内外差距：尽管我国与育苗有关的设施与装备取得了长足进展，但目前育苗中设施装备的普及率并不高，育苗过程中对劳动力的依赖比较多，国内蔬菜嫁接基本是靠人工完成，国产精量播种机的播种精度还需要进一步提高，嫁接机的工作效率很低，无法适应产业需求，在育苗成套设备的优化和物流系统配置上与国外差距较大，距离育苗的智能化和智慧化生产还有很大差距。

前沿发展趋势：进一步加强与育苗有关的成套设施装备研发，引入智慧种苗工厂内部物流化生产模式，构建物流化生产系统，提高种苗生产的总体生产效率。基于物联网技术，实现种苗生长环境水肥控制系统、作业装备控制系统及生产资源管理系统的集成，达到订单生产、病害预警等高效益的生产模式。园艺作物种苗生产需在主要环节自动化、复杂环节半自动化的基础上，进一步提升技术装备的节能环保、智能化水平，尤其在复杂判断环节通过增加机器视觉和人工智能等技术，实现更快、更精准的识别、定位、分级、拼盘、转移。

关键技术 3：智慧花果管理技术

国内外研发与应用现状：花果管理技术主要分为人工管理技术、机械管理技术、化学管理技术等。国内大宗果树等园艺作物的主要管理手段为：在不同作物发育期以多次人工修剪为手段，控制开花结果量，以达到花果管理的目的。化学疏花疏果因其省工省力，高效便捷，应用范围越来越广，但存在一定毒性，对动植物有损害，现也正努力研发出一种高效低毒的疏花疏果剂。机械管理技术因其实施困难，目前国内较少有较为成熟的管理体系，其中陕西宝鸡农业科学院研制出一种便携式疏花器，利用小型蓄电瓶驱动直流电机，带动刀片旋转，对果树进行花朵疏除。而在果树授粉过程中，蜜蜂授粉替代其他授粉昆虫是提高过时产量和品质、保护农业生态环境、促进农业可持续发展的一项有效措施，我国已有较大范围发展蜜蜂授粉形式，并取得良好效果。美国、荷兰、意大利等国家在 30 年前就开始采用果树矮砧密植栽培，配套大型机械胶条随机疏花法。德国用平行线玄疏花机在苹果上进行疏花，美国华盛顿研发出一种新型弦状疏花设备，对照试验表明机械疏花可以有效减少人工和化学疏果量，并保持或提高来年苹果的产量，提高了果实大小、光洁度、果实硬度、着色指数、可溶性固形物含量等果实品质指标。化学疏花疏果剂主要分为腐蚀性药剂、植物生长调节剂、氨基甲酸酯类杀虫剂等，从 1962 年起日本在美国的基础上对化学疏花剂西维因进行了进一步研究，其效果稳定，成为了日本应用最广泛的疏花剂，澳大利亚等国开发出了计算机软件（专家系统）来帮助果农确定需用化学药剂的种类和浓度。在蜜蜂授粉方面，美国早在 1892 年就开始进行专项研究，还率先成立了蜜蜂授粉服务机构、大型专业蜂场、授粉信息化等，建立完善了从蜜蜂选种培育到应用的一系列机构体系。

国内外差距：对比国内外花果管理技术，国外发达地区较早采用矮化密植等方式使果园整齐度统一，从而便于管理，为发展机械化、自动化管理技术提供了优良的基础条件，化学疏花疏果剂早在 19 世纪 20 年代就已经出现，现已完成了几代产品的更新，相关政策、机构、农残检测均已趋向完善，而我国虽然化学疏花疏果剂也已广泛应用，但化学试剂应用效果、毒性残留均有较大改善空间，蜜蜂授粉方面也需建立完善的服务体系。

前沿发展趋势：减少人工成本；化学试剂低毒高效；改善统一树形，便于机械操作；完善授粉蜜蜂养殖，租借体系；果实自动套袋系统等。

关键技术 4：病虫害监测与精准喷药技术

国内外研发与应用现状：病虫害监测是作物栽培管理中的重要一环。掌握病虫害发生的征兆和特点，能够尽早实施治理方法，减少病虫害造成的经济损失。我国的果园大多数由农户自己经营，经营规模较小、集约化程度不高、管理粗犷，生产上"轻防重治"的现象普遍。病虫害监测方法主要依靠手眼观察统计，这种监测方法具备一定的真实性，但是费时费力、时效性差，依赖调查人员的经验判断，不适用于大范围的调查。近年来，随着信息技术的发展，遥感技术在农业中获得广泛应用，因其及时性、准确性等特点，成为大面积种植的农作物病虫害早期预警和病情控制的有效方法。20 世纪初，遥感技术就开始应用于植物病虫害识别的研究。Taubenhaus 等使用航空相片开展植物病害遥感识别。2010 年，Mahlein 等利用高光谱传感器对 3 种甜菜真菌叶病进行了研究。2011 年，Mishra 等利用多光谱有源光学传感器从健康的柑橘树中识别出了受黄龙病感染的树木。2012 年，Mahlein 等利用高光谱成像研究了不同发育阶段甜菜叶白粉病的叶片特征和光谱反射率。2013 年，Anderson 等利用高光谱遥感对珊瑚病的爆发进行了监测，大大减少了对监测工作中珊瑚病爆发的响应时间，避免了病情的进一步扩大。2014 年，Berdugo 等通过多种传感器对黄瓜花叶病毒、黄瓜绿斑驳花叶病和白粉病进行了诊断。2015 年，Calderón 等通过高光谱传感器和热成像技术对 3 000 公顷的橄榄黄萎病进行了早期检测和定量分析。2016 年，Sugiura 等通过无人机遥感技术评估了 262 个试验田中马铃薯晚疫病的发病程度。2017 年，Albetis 等利用无人机多光谱成像技术对法国西南部 4 个果园中葡萄黄化病进行了检测。2018 年，Herrmann 等利用遥感技术检测了大豆叶片和冠层中枯萎镰刀菌。

国内外差距：经过不断发展，我国的遥感技术逐步成熟，但仍没有全面应用。我国利用遥感技术来监测农作物病虫害起步比较晚，多数集中在水稻和小麦的监测方面。在水稻监测方面，吴曙雯通过 4 种感染等级的稻叶瘟水稻冠层进行反射光谱试验，探究了反射光谱的变异特征。黄木易等建立了遥感监测病情指数的组合诊断模式定量模型。黄文江等通过监测小麦条锈病，证明了光化学植被指数的应用能力。蔡成静等发现，不同症状的小麦植株在某些特定波段的光谱反射率方面存在巨大差异。

前沿发展趋势：未来农业生产趋向高度区域化、一体化、机械化、精准化以及智能化，这也正是目前精准农业的发展理念。在未来，通过空中和地面遥感，采集并解析农田中农作物病虫害发生情况，依据作物的病虫害发病情况的不同，制订相应的解决方案，进行精准施药。

关键技术 5：精细灌溉技术

国内外研发与应用现状：在节水灌溉技术地区适应性评价方面，初步构建了不同地域评价的指标体系。在集约化农田灌溉多目标利用技术方面，初步揭示了大型喷灌机条件下水肥管理措施对土壤水氮分布、作物生长和产量的影响，提出了半干旱地区大型喷灌机玉米的适宜水肥管理模式，初步明确了大型喷灌机喷灌水肥运移特征、产量空间变异与土壤特性之间的关系；开展了变量灌溉研究，提出了喷灌变量精准灌溉管理分区方法，制订了喷灌变量精准灌溉水分管理模式试验方案。在集约化农田灌溉多目标利用产品研发方面，完成了移动式喷灌施肥装置和滴灌施肥专用装置的设计方案，进行了样机试制；研制了具有较大的压力、流量调节范围的移动式多功能恒压灌溉施肥机，进行了样机试制，完成了智能化多目标利用微灌决策软件用户需求分析和顶层设计。在水肥耦合调控与平衡管理技术方面，确定了马铃薯滴灌精确施肥灌溉技术关键参数，分析了滴灌条件下马铃薯节水、节肥和增产效益，初步提出了针对集约化农田单一作物和多种作物多目标利用的微灌应用模式；初步明确了不同品种小麦对水肥管理的响应机制，评价了缩畦减灌精细地面灌溉技术的节水性能，提出了小麦高产节水的最优水肥管理组合模式。在再生水安全高效灌溉技术与模式方面，开展了再生水安全高效灌溉试验，分析了典型再生水灌区重金属富集和污染物分布特征，初步明确了再生水灌溉重金属和 PAHs 的迁移转化过程；开展沙石过滤器级配套方案与水力学性能试验，测试了不同过滤器配套方案性能，提出了典型过滤系统选型配套模式与运行参数。在基于灌区用水总量控制的作物灌溉定额与灌溉制度方面，开展了冬小麦及夏玉米的地面耗水监测试验，采用经校验的作物生长模型模拟了冬小麦耗水与产量的响应关系，完成了冬小麦灌溉制度的优化；利用遥感 ET 数据，开展了基于 RS 数据和 GIS 方法的区域冬小麦水分生产函数估算研究，提出了与研究区冬小麦相适宜的全生育期与分生育阶段的水分生产函数模型。

国内外差距：集约化条件下，地面灌溉的控制与管理范围从田间扩展到区域，其主要变化反映在系统规模变大，地形和工程状况变复杂，灌溉信息无线采集与传输距离加长，控制目标多元化。因此，如何基于区域要素空间变异性对地面灌溉系统进行协同多目标优化和智能化管理，以期到达节水、节地、省工、增效和减污的目标，是当前集约化农业地面灌溉管理中必须要解决的问题。我国在智能化地面灌溉管理技术与设备研发方面还处于初步探索阶段，与国外存在显著差距。

前沿发展趋势：理论研究方面，由于灌区的水分循环较自然流域复杂得多且受人为的影响比较大，故直接自然流域水文模型用于灌区时存在较大的困难。因此，应综合考虑灌区因灌溉及人类活动对水分循环产生的影响，加强灌溉、排水、水文、气象等方面的交叉研究，合理划分计算单元，并结合 GIS 和 RS 技术建立适合灌区水文特点的分布式水文模型；随着农田尺度的扩大，土壤入渗参数空间变异增强，农田尺度的水流运动牵扯诸多环节，颇为复杂，目前研究中还没有经实际验证的能够精确模拟农田尺度水分运移过程的动力学模型，因此，需借助已有的地面灌溉地表水流运动模型和高精度饱和-非饱和土壤水动力学模型，通过农田尺度土壤水力特性和田面微地形参数联合随机模拟方法，建立考虑土壤水力特性和微地形空间变异性的农田尺度灌溉模拟模型；由于我国至今没有方便基层规划设计者使用的地面灌溉系统评价和设计工具，现有的系统设计工作主要依赖于管理者的知识经验，缺乏客观依据。因此，要开展不同类型灌区的农田尺度灌溉系统优化设计研究，考虑区域时空变异性、多目标决策等因素，优化田间灌溉系统的布局，构建现代化的农田灌溉系统，并形成相关规范，为基层规划设计者进行田间灌溉系统的优化设计提供实用的工具。应用研究方面，智能化管理是集约化条件下农田灌溉的一个重要发展方向。我国对智能灌溉系统的研究起步晚，目前虽然有多家相关单位在进行研究，但有些是直接引进照搬国外的技术，有些是处于试生产的实验室阶段，技术还很不成熟，远没有形成规模。因此，从我国现阶段的实际国情出发，研制出适合本土自然气候、土地资源等特殊情况，且符合我国农民实际购买能力的智能灌溉系统及设备，满足我国现阶段灌溉管理的需求是当务之急。与 3S 等技术的结合应用，推动灌溉管理走向现代化、自动化、智能化，将是未来农业灌溉发展的必然趋势。

关键技术 6：水肥药一体化及高效施用技术

国内外研发与应用现状：水肥一体化技术推动了我国农业的现代化发展，提升了农业生产技术能力。合理应用水肥一体化技术可以提高水资源和肥料的利用程度，并均匀施撒肥料。在农业生产中，水、肥料、药是影响作物生长的重要因素，如果能将水、肥料、药有机结合，就能够提高作物质量、产量，进而增加农民收入。现阶段我国农业生产仍主要依赖人工施肥、施药、灌水，水资源以及肥料利用率较低、土壤养分不平衡、农药污染现象非常普遍，通过将水分、肥料、药的耦合管理，可大幅提高经营管理水平，提高农业生产效率，在农业实践中将水肥药一体化技术与节水灌溉新技术相结合，推动农业生产向高质量、高产量、少环境污染、节水、节能、智能的现代化方向发展。

国内外差距：应用传统水肥一体化技术过程中，若肥料无法均匀溶解，进而造成溶液中某些成分如钙离子、镁离子、碳酸氢盐可能形成沉淀，导致灌水器堵塞无法正常工作。而灌水器的堵塞是当前节水灌溉技术推广的重要阻碍。水肥一体化技术一般与节水灌溉技术相结合，单个灌水器出水量相对较少，特别是在干旱、半干旱地区，水分蒸发速率较快，可能会使水分无法快速渗透至作物根系，造成盐分在地表的积累，使得土壤理化环境遭到破坏。

前沿发展趋势："智能型"水肥药水肥一体化是一种新的农业技术，将互联网技术运用于农业节水灌溉新技术中，将有效克服传统水肥一体化技术中的缺点，能够实现节水、节药、节药，减少环境污染，同时改善施肥和施药不匀、养分流失、灌水器堵塞等问题，这是农业技术发展的新方向。智能型水肥药一体化设备可通过电脑端设置需要的水肥或水药浓度，将液体肥或农药配兑成肥液或药液，并保持浓度在整个灌溉过程中不发生改变，且通过在施肥灌中增加搅拌设备，能保证储存液体的罐状设施中上层、中层、下层的浓度均匀一致，不会出现浓度差异现象。结合滴灌或喷灌输水管道，将有压力的水肥或水药混合液体按照作物的生长周期需求，定时、定量按预定比例供给作物，可以解决施肥、施药过程当中肥料或农药溶解不均匀的问题，同时可定时、定量、定向精准施肥、施药，从而缓解化肥、农药的浪费和沉淀物堵塞灌水器的问题。

关键技术 7：变量追肥技术

国内外研发与应用现状：传统施肥方式是在同一种植区域内等量施加同一种肥料，会造成肥料利用率低和环境污染等问题。变量施肥技术是根据地块内不同区域对肥料的需求而改变肥料施放种类和数量的一种施肥方式，相比于传统施肥方式，变量施肥可以提高肥料利用率、减少环境污染。肥料在导肥管中堵塞问题是变量施肥过程中的常见问题，导肥管堵塞会造成漏施现象，现在农业生产中普遍采用人工监测方法，人工监视浪费劳力而且效果不佳。国内外部分科研机构正在研究堵塞监测方法，东北农业大学研制一种以红外二极管为核心工作部件的施肥监测仪，由于肥料的易潮、腐蚀和黏性等特性，以及田里工作环境易受泥土灰尘影响，实际监测中红外传感器效果不佳；南京农业大学设计一种基于光谱探测的小麦精准追肥机，近地光谱探测技术通过测距和测速来实时调整施肥量，追肥控制精度达 90%；华南农业大学研制一种基于电容传感器的监测系统，该监测系统结构复杂、电容传感器安装不便，不适于广泛应用；北华大学设计一种以光电二极管为核心监测模块的监测系统，华中农业大学研究光电传感器在监测系统中的应用，光电传感器在实际工作中易受天气和恶劣的工作环境影响，不能保证监测精度。John Deere 公司公开一种以流量传感器为核心工作部件的监测方法，流量传感器工作之前需要校准；Case 公司研制一种播种机模糊智能监测系统，通过监控软件计算出控制率，控制速率通过 CAN 总线的数字输出模块输出到模糊控制器，将模糊控制应用于直流电机的无级调速，该监测系统精度为 91.4%。

国内外差距：国外较早开展有关变量施氮的研究和应用，现已达到较高水平，并有商品化的集成设备供应市场。国内在这一方面的研究主要集中在测土配方变量施氮的作业控制、定位与处方图分析、管理决策系统等方面，而较少涉及基于实时控制的精准追氮技术研究。因此，针对我国小麦追氮存在的问题及作业工况，根据光谱系统监测小麦冠层的归一化植被指数（NDVI），依托冬小麦精准追氮专家决策系统计算出目标追肥量，研究设计了冬小麦变量追肥机械，实现小区域尿素的按需施用，达到精准变量追肥的目标。

前沿发展趋势：加强遥感光谱信息与土壤性质、土壤养分关系的研究及土壤养分在线实时检测技术的研究。研究自主知识产权的变量施肥控制系统，并安装在播种机上降低成本。在施肥专家决策分析系统方面，专家决策分析系统的地域性、适用性和通用性方面应与精确变量施肥紧密结合，现在许多专家决策分析系统需要的变量过多或普通方法难以测定，即施肥专家决策分析系统需要进行简单化和智能化，解决专家决策分析系统在使用中做出的决策结果与实际误差太大的问题。

关键技术 8：自动收获与测产技术

国内外研发与应用现状：20 世纪 70 年代，苏联就将传感器技术应用于收获损失率监测。与此同时，美国、英国及德国等也开始研究传感器在收获机械中的应用。如今，传感器技术在国外被广泛地应用于谷物流量监测、速度自动控制、安全报警系统、割台高度自动控制等环节中。英国 Massey Ferguson 公司的收获机械装有自主研发的农田之星系统，该系统可实现机器故障的自动报警，降低了机器故障率，提高了工作效率。约翰迪尔新研发的 S700 系列谷物联合收割机检测及控制系统，应用了更多的智能技术，可通过自动校正技术完成作业边界的自动调整。此外，驾驶员可通过驾驶室的显示屏实时观测谷物收获过程中的抛洒和清选效果。目前，我国传感器在谷物收获机械收获过程中实时监测及重要工作部件的自动控制方面应用很少，基本没有商品化的产品。

国内外差距：国外对测产系统的研究主要有两个方面：一方面是对谷物流量传感器结构原理、信号处理方法及产量模型的研究；另一方面是对产量图的误差分析和时空变异性研究。为提高测产精度，Reinke 等利用离散元模型仿真手段，通过研究谷物联合收割机工作特性、谷物物理特性及两者之间相互作用机制，建立了谷物流量与其动量、摩擦系数及密度等各参数之间的非线性模型，采用该模型在试验平台上的最大测量误差为 4.02%，其测产精度不稳定。Shoji 等建立了一种适合日本谷物联合收割机的非线性谷物流量模型，经测产试验，当升运器速度稳定时，其相对均方根误差是 4.4%。在国内，中国农业大学首先对 γ 射线式和冲量式谷物流量传感器技术进行了研究，但仍处于试验阶段。为解决国外谷物测产系统存在的精度以及稳定性等问题，国内也有人做了改进研究。为解决冲量式谷物质量流量传感器测量精度易受收获机基础振动的影响，周俊等提出了通过动力消振原理增加弹性元件阻尼的方法，并针对阻尼处理前后的弹性元件，做了冲击响应试验；胡均万等设计了一种双板冲量式谷物流量传感器及其差分消振电路。

前沿发展趋势：①参数自动检测与调节。我国精准农业刚刚起步，智能测产、谷物收获损失实时监测、喂入量自动控制以及割台高度自动控制等系统的市场潜力巨大，是国内研究的主要方向。由于我国是一个多山的国家，很多地块高低不平，因此今后也应在割台仿形控制技术以及清选风机智能调速、筛片开度自动调节技术等方面加强研究。②自动导航。利用导航技术可减少重复作业区，提高农业机械的田间作业质量和效率，降低驾驶员劳动强度，实现远程控制和农机物联网的建设。因此自动导航技术将成为联合收割机必备的普遍应用的重要技术。③传感器。为了适应农机复杂的作业环境，传感器技术也将全面发展。首先，为了满足农机长时间、远距离作业，开发基于压电效应、热电效应、光电动势效应构成的无源传感器显得格外重要；其次，为了适应农机复杂的作业环境，传感器将向着微型化、集成化、高精度方向发展。以传感器技术为基础的智能化技术是核心与关键，建议统筹布局，重点研发，促进联合收获机技术升级和产业发展。

关键技术 9：智能作业装备与农业机器人

国内外研发与应用现状：发达国家将自动化装备技术应用于园艺作物的播种、定植、施肥、灌溉、病虫害防治、收获以及农产品加工、储藏、保鲜等全过程。荷兰 FlierSystems 公司开发了种苗分级系统、TTA 公司设计了盆栽花卉种苗移植机、Visser 公司研制了物流化种苗输送系统等，解决了基质装盆、种苗移植、疏盆、分级、成品包装、运输对劳动力极大需求的问题。欧盟依靠"Horizon2020"计划的资助并以此前开展的欧洲农业高技术研究项目 CROPS 为基础，与跨学科的 REELER 项目合作，整合来自荷兰、比利时、瑞典和以色列的 6 家研发单位自 2015 年开展的名为 Sweeper 的甜椒收获机器人研究，旨在实现第一代收获机器人的商业化。近年来，日本人工光源型植物工厂得到了快速的发展，栽培技术和理念处于世界领先水平，研发了一套集生菜播种、定植、移栽、施肥、灌溉、收获、分级包装于一体的自动化控制装备。美国、以色列、韩国、英国等发达国家研发了苗盘覆土消毒、育苗移栽、蔬菜嫁接、施肥、病虫害防治、采摘、分级包装等机器人装备，用于设施园艺生产。在劳动强度很大的瓜菜吊落蔓中，美国研发了滑轨式自动吊蔓系统。在植物修剪叶方面，荷兰开发出番茄自动剪叶机器人，并应用到番茄生产管理中，通过 3D 视觉定位技术准确识别需要剪掉的枝叶，由旋转刀刀快速精准完成剪叶工作。在园艺作物授粉方面，基于风力授粉与振动授粉原理，国内外研究学者开发出自动化授粉机器人来代替自然授粉与雄蜂授粉。近年，华沙理工大学、美国哈佛大学、英国谢菲尔德大学和萨塞克斯大学学者将无人机和人造蜜蜂大脑结合在一起研究开发出机器蜂来进行作物授粉。为提高采摘效率，科研人员开展了机械臂-手-眼协调研究，关节型多轴机械手臂已广泛应用于采摘机器人，针对草莓等柔软易损对象在末端执行器和拾取手方面展开研究，采摘方式包括夹持或吸持后切割的方式和更加仿生的柔性扭动采摘方式等，最快的草莓采摘机器人单次采摘周期可以缩短到 3 秒。我国研制并应用了一批多功能耕作机械，如整地起垄覆膜一体机、移栽机等小型农业机械，研发出水肥一体化装备、机械卷帘设备，减轻了劳动强度，提高了生产效率。清华大学开发的番茄采收机器人通过三维定位，机器手抓取，识别率可达 88.5%；中国农业大学研制的黄瓜采摘机器人成功率达 80% 左右；上海交通大学研制的草莓采摘机器人可根据果实成熟度采摘，判断准确率可达 90% 左右。

国内外差距：在育苗、定植、栽培、施肥、灌溉等过程中，发达国家园艺作物已基本实现自动化操作管理，可根据作物生长特点自动调节温室内温度、湿度、二氧化碳浓度等，为植物创造最适宜的生长环境。露天园艺作物机械化自动化水平较高。我国园艺生产的机械化普及率低，目前研发的装备和农业机器人技术水平还不够高，作业精度不够。研发的装备与园艺生产的系统集成不够，未能有效和物联网技术整合。

前沿发展趋势：提升装备的智能化水平和工作效率，提高生产装备和机器人的系统集成能力。研发具有商业化前景的除草、打叶、采摘、整枝和产品分级机器人。

技术清单方向四：智慧管理决策与系统集成技术
关键技术 1：区块链管控技术
国内外研发与应用现状：区块链技术的一项重要应用是农产品溯源，区块链技术可以为农产品生成"溯源链证书"，将产品所在区块、唯一编码、成块时间、所在链，以及上传者身份、上传主体证明、上传时间等信息集成展示，为特色农产品，特别是地理标志保护产品提供源头、身份、数据的多角度。质量安全溯源技术是一种有效保证食品质量安全的手段，发达国家主要通过建立危害分析与质量安全关键控制点来规范产品的生产，或通过明确食品安全"责任"促使生产者提高质量管理水平。我国自 2004 年以来，在有关部门的推动下，先后应用 EAN-UCC 条码、二维码、RFID、地理信息系统、物联网等技术构建蔬菜溯源系统。近年来，随着互联网技术的发展，农产品产地信息的信息化系统构建逐渐得到国家和政府的重视，主要技术包括菜园产地信息追溯、面积、产量、茬口模式、批发市场等。各级政府相继建立区域性和城市级的农产品信息系统和数据中心，监测农作物播种至销售全周期的市场价格信息。国外非常重视基地产地信息的信息化系统的构建研究，澳大利亚现代农业园区平均规模达到 4 万~5 万亩，发展规模化生产，产品生产可追溯；日本通过政府扶持建设农业公园，进行宏观调控和规范管理；德国构建了农业作业机械化、农业生产专业化、农产品质量标准化体系，鼓励规模化经营；以色列的产地信息已经渗透到灌溉、施肥、管理等各个农业生产环节。荷兰瓦赫宁根大学推出了未来农场项目，农作物生产不再是单一的作物种植方式，而是与作物间作、机器人、无人机和精准农业等技术相结合，最大限度地减少使用化肥和植保产品，全程可追溯，有专门的数据库支撑。

国内外差距：目前，我国对农产品溯源体系的研究与应用取得了一定的进步，杨信廷等研究了蔬菜溯源数据库模型，马鸿健等实现了蔬菜供应过程的信息化管理，蒲皎月等、孙书瑾等构建了基于 RFID 的数据采集编码方式，邓勋飞等在溯源系统中添加了蔬菜产地信息的图形化，刘约畅等建立了蔬菜流通的数据采集流程及安全溯源与预警的贝叶斯模型。但国内应用实例较少，大多研究停留在试验阶段。而国外农产品产地信息化系统构建多应用现代科技来辅助管理，实现规模化生产，并与全程机械化有机结合，推动农业产业升级。我国目前缺乏标准化的农产品产地信息化管理系统体系，农户种植规模小是限制该技术的大面积应用的重要因素。

前沿发展趋势：农产品产地信息化系统构建已经在部分地区实现了规模化发展，但是还达不到广泛应用和可持续发展的目的。未来农产品产地信息技术有以下发展趋势：智能手机广泛普及，推动以人为中心的参与感知技术在农产品信息采集环节的应用。农户、批发人员、终端客户、管理能源能随时随地通过智能手机提供最新信息，从而提升决策信息的及时性；高度关联的"人-农产品-物资"数据，引发复杂网络理论与人工智能算法的广泛使用，用于挖掘大数据背后隐含的价格趋势、产量预测、品质/水肥物质溯源，从而实现园艺作物绿色发展、提质增效；区块链技术具有实时同步、不可篡改等特性，可以打通农产品生产、流通、销售各环节的"信息孤岛"，既提高了信息协同效率，也能够防止中间环节出现调包或假冒，非常适合为农产品提供"溯源认证"，保证农产品的真实性，让消费者放心购买。

关键技术 2：智慧系统集成技术

国内外研发与应用现状：植物工厂和垂直农场是农业智慧系统集成的典型代表。植物工厂综合运用了无土栽培技术、生物技术、计算机技术和信息技术等手段，被认为是设施农业发展的最高级形式，具有土地利用率高、省时省力、机械化程度高和生产周期短等优点。近年来，植物工厂得到了快速发展，设施装备和环境控制系统不断完善。发达国家的植物工厂实现了作物自动化生产和环境因素的智能化控制，从播种、育苗、定植、灌溉、施肥、病虫害防治和采收全部实现了自动化控制。植物工厂内的温度、空气湿度、光照、二氧化碳浓度和营养液等因子通过传感器进行感知，数据传输至计算机控制系统，通过控制系统进行分析后发出指令，实现对植物工厂各个系统的智能化控制。日本是全世界植物工厂发展程度最高的国家之一，2009 年，日本预算补助 500 亿日元用于支援植物工厂的建设，日本拥有近 300 家植物工厂，从数量、面积、产量等维度来看，均为全球第一。东芝、富士通、松下、夏普等日本科技巨头都在积极参加植物工厂的建设，日本松下、三菱等公司还在探索完全由机械手操作的植物工厂。我国植物工厂领域发展很快，目前国内建立的植物工厂已经近 200 家。垂直农场也是目前设施园艺领域的发展热点，日本软银公司和亚马逊公司创始人向总部设在旧金山的垂直农业公司普伦蒂公司投资了 2 亿多美元。英国奥凯多公司花费 2 130 万美元投资垂直农业，在自动配货仓库进行作物的种植。诺丁汉特伦特大学研究可持续农业发展中心正在开展垂直农场的技术研发：一是垂直农业的智能系统，包括传感器、大数据分析以及自动控制系统等；二是绿色食品的生产，包括无土栽培、安全和高营养作物栽培；三是如何利用人工培育和基因技术进行增产。由此建立能够对作物生长和质量进行精确控制的全自动立体农业智能系统。

国内外差距：目前我国植物工厂和垂直农场的核心技术较为缺乏，如工程与栽培结合的一体化运行体系缺失，植物工厂生产能耗成本高，植物工厂生产的作物种类单一，无法适应我国消费者多元化的消费需求，目前尚未找到适合我国消费者的商业化生产模式，植物工厂和垂直农场的产学研合作和技术转移需要加强。日本植物工厂研究会的日企成员多达 80 多个，定期或不定期开展植物工厂学习和培训会，在提高自身技术水平的同时积极拓展海外市场，以期在人工光型植物工厂领域处于国际领先地位，成为农业领域的经济支柱产业，我国在这方面差距明显。

前沿发展趋势：研发节能光源、耦合环境控制、植物工厂结构、营养液立体栽培、全自动生产装备、节能与配套栽培技术体系。提高光能、矿质营养和水的利用效率，改善产品品质相关技术将是未来的研究热点。寻找能盈利的植物工厂运行商业模式，加强以植物工厂为基础的垂直农场技术研发，降低生产所需的能耗是植物工厂和垂直农场发展趋势。

关键技术 3：无人农场技术

国内外研发与应用现状：无人农场是采用物联网、大数据、人工智能、5G、机器人等新一代信息技术，通过对农场设施、装备、机械等远程控制或智能装备与机器人的自主决策、自主作业，完成所有农场生产、管理任务的一种全天候、全过程、全空间的无人化生产作业模式，无人农场的本质是实现机器换人。无人农场是新一代信息技术、智能装备技术与先进种养殖工艺深度融合的产物，是对农业劳动力的彻底解放，代表着农业生产力的最先进水平。全天候、全过程、全空间的无人化作业是无人农场的基本特征。全天候无人化是指从种植或养殖的开始到结束时间段里，农场所有业务工作都能够在不需要人参与的情况下由机器自主完成。全天候无人化需要无人农场对农业动植物的生长环境、生长状态、各种作业装备的工作状态进行全天候监测，从而根据监测到的信息开展农场作业与管理。全过程无人化是指农业生产的各个工序和环节都无须人工参与，由机器自主完成。特别是在业务对接环节，无人农场装备之间通过相互通信和识别，完成自主对接。全空间无人化是指在农场的物理空间内，无人车、无人船、无人机在不需要人的介入下自主完成移动作业，并实现固定装备与移动装备的无缝对接。无人农场在物联网、大数据、人工智能、智能装备与机器人技术的支撑下，由基础设施系统、作业装备系统、测控系统和管控云平台系统组成。

国内外差距：随着物联网、大数据、人工智能等新一代信息技术的发展，英国、美国、以色列、挪威、荷兰、德国、日本等发达国家已经陆续开始构建无人大田、无人温室、无人猪场、无人渔场等。2017 年，英国哈珀亚当斯大学创建了全球第一家无人农场，同年，日本的无人蔬菜工厂和挪威的深海半潜式无人渔场也相继投入使用。2019 年，我国山东、福建、北京等地开始对无人大田、无人猪场的研究探索。无人农场作为未来农业的一种新技术，已经开启全新的农场模式。

前沿发展趋势：无人农场代表着最先进的农业生产力，可以极大提高劳动生产率、资源利用率和单位土地产出率，特别是提高水肥药的利用率，可实现农业劳动力的解放，是未来农业的发展方向，必将引领数字农业、精准农业、智慧农业等现代农业方式的发展。也必须清醒地认识到，无人农场的成本与劳动力成本密切相关，当前在农业劳动力成本低的情况下，无人农场的成本昂贵，随着劳动力成本的进一步提高和无人农场技术规模化应用，无人农场成本会相对越来越低。在 2050 年前后，无人农场必将快速推广普及。从现在开始布局无人农场理论、技术、产品研发，对加速推进我国农业现代化意义重大。一是加强无人农场基础理论、关键技术和实用产品研发：无人农场是新生事物，无人农场的基础理论关键技术有许多问题值得进一步深入探索。当前迫切需要加强农业传感器、动植物表型及生长优化调控模型、自主作业机器人等卡脖子技术的研发；在农机无人驾驶、无人机、无人猪场、无人鸡场、无人渔场等数字化基础好、可控性强的领域进行率先尝试，通过技术转让、联合开发、委托开发和共建研发基地、产业化中试基地等手段，促进无人农场技术试验示范与产业化发展。二是编制无人农场发展规划：围绕无人农场技术研发、转化、推广、应用和服务过程中的重大问题，做好顶层设计，制定无人农场在农业主导产业和特色区域的发展方向、重点领域、发展模式及推进路径，合理布局无人农场重大应用示范和产业化项目，强化政府对无人农场工作的宏观指导和统筹协调，集聚项目、资金、科技、人才等资源，促进无人农场的应用发展。三是探索无人农场发展商业模式，要充分发挥协会、联盟、企业的作用，构建以应用需求为牵引、以企业为主体、以市场需求为导向、产学研相结合的无人农场合作发展模式，鼓励大型农业龙头企业积极探索。四是进一步优化和完善无人农场政策环境：无人农场是我国战略性新兴产业，是未来发展趋势，在当前技术和商业模式尚不成熟的条件下，其成本高、投入大，因此需要政府构建无人农场发展的政策支持环境，加快制定包括补贴、投资、金融、信贷、税收、重大项目建设等政策支撑体系，鼓励民营资本进入，促进无人农场产业化发展。

三、国内外差距比较

（一）种植环境与生物信息感知技术领域

我国目前土壤快速检测技术与国外相比还存在很大的差距，多数土壤传感器及土壤检测设备均从国外引进。研制高精度低能耗的具有无线传输功能的土壤快速检测设备还存在较大的困难。遥感技术是获取作物生长信息最有效的手段，发挥卫星遥感、近地无人机遥感和地面光谱仪的各自优势，实现天空地遥感协同作物信息获取是作物信息获取技术的发展方向。我国在作物天空地遥感协同作物信息获取领域还存在不小的差距，高端仪器依赖进口，商业化的配套分析软件竞争力不强。我国表型组学和测量方法研究发展迅速，但是针对田间数据的大规模自动采集需要得到提高，快速、高通量的测量方法需求迫切。当前需要将相关的传感器进行融合，优化传感器的测量位置和角度，实现数据的自动采集，服务于作物的自动表型分析。病虫害的快速识别一直是世界难题，一方面由于必要基础设施缺乏，另一方面是病虫害识别准确性不够，以往采用机器视觉技术对病虫害识别与预测主要是基于纹理、颜色等特征，或是基于规则的专家推理，该类方法都需要大量专家知识。人工智能的发展和机器学习（深度学习）的应用，将会促进病虫害检测技术迈上新的台阶。

（二）种植信息移动互联技术领域

由于我国经济发展不平衡，农业物联网技术存在基础设施薄弱、运行不稳定、实用传感器缺乏等问题。目前的物联网传感器所监测的对象还局限于环境光照、温度、湿度以及土壤水分、温度等，还缺少直接检测作物生命体系的设施。服务于农业物联网的软件还不能满足要求，还存在软件与硬件不融合、设备与专家决策系统脱节等问题，给农田信息的采集、传输、处理与控制系统的集成造成一定的影响。另外，我国农业物联网在信息感知、传输和应用等层次还缺乏统一的技术标准与指导规范。5G是大带宽、低时延的现代无线通信技术，5G＋农业物联网将推动农业向网络化、智慧化、数字化转型。5G技术一旦接轨农业，所产生的经济效益是十分可观的。目前，5G的基础设施还不能满足智慧农业发展的需求，还需要大力发展兼容 5G 的农业传感器、农业装备。

（三）种植云计算与云服务技术领域

作物和环境模拟模型技术是种植云服务系统的基础技术之一。由于作物模型的尺度效应，作物模型输入参数的空间分辨率格网大小会对模型输出结果精度产生影响。遥感观测数据与作物生长模型变量之间的尺度匹配仍是一个难题，因此，空间尺度转换是遥感与作物模型数据同化系统应用到区域尺度需解决的关键之一。云计算技术在农业项目中可精准地进行监测，利用数据分析处理掌握作物种植情况，还可利用云计算技术让人们在手机上对种植作物相关问题进行监测，方便使用者管理。目前我国农业云技术普及度不高，农作物生长传感设备以及采集到的数据没有形成统一的标准，对数据的应用和农业云的互通共用造成了困难。

（四）种植大数据分析与决策技术领域

无人机遥感是获取农田大数据的有力工具，我国无人机技术领先世界，但是与无人机配套的传感器还是基本上依赖进口，特别是仪器的可靠性和无故障寿命是国产设备的痛点。目前我国的无人农场探索离实用化还有一段距离，还需要积累数据、积累经验，促进无人农场健康发展。

（五）智能农机装备和管理领域

我国围绕种植智慧管理与智能农业装备技术开展了多年的研究，取得了长足的技术进步，大多数技术都研发了样机，农业机械自动导航技术和节水灌溉水肥一体化技术都达到了国际先进水平，已经在农业生产实际中得到推广应用。但总体上无论是产品质量还是推广应用都和世界先进水平有着不小的差距。特别是在产品的精度、可靠性上还需要更上一层楼。从农机农艺相结合的观点出发，还需要改进拖拉机等动力机械的设置，使其更适合采用智能农业装备以及从事种植智慧管理作业。

第四节　战略目标与路线图

一、发展思路

瞄准农业农村现代化与乡村振兴战略的重大需求，围绕产业转型升级和高质量发展，通过突破智慧种植业核心技术、卡脖子技术与短板技术，实现"机器替代人力""电脑替代人脑""自主技术替代进口"三大转变；通过协同创新和融合创新，不断提高种植业生产数字化和智能化水平，促进种植业生产效率、效能和效益显著提升。

到 2025 年，全面完成种植业生产数字化转型和提质增效，智慧种植业科技创新取得明显进展。到 2035 年，基本构建起基于智能互联的智慧种植业生产技术体系和基于大数据的云服务体系，智慧种植业科技创新进入国际先进行列。到 2050 年，全面建成种植业智慧化服务体系和智能化生产体系，智慧种植业科技创新进入国际领先行列。

二、战略目标

（一）2025 年目标

智慧园艺方面，按照加快农业农村现代化和建设智慧农业的要求，通过智慧园艺科技创新，加快园艺产业数字化转型，构建智慧园艺生产大数据平台，推进智慧园艺数字产业化和产业数字化，研发基于作物生产环境和生长模型的园艺智慧生产管控系统，研发应用一批园艺智能化装备，研发推广一批以手机 App 为特征的园艺作物生产远程管控技术和知识服务模式，建设智慧种苗工厂和云农场示范工程，全面推进智慧园艺生产方式提档升级和提质增效，智慧园艺技术发展取得明显进展。

智慧大田方面，围绕实现大田作物生产自动化、信息化、智能化（机器人代替人力）的目标，重点开展大田生产提质增效关键技术创新与发展研究。利用卫星遥感、航空遥感、地面物联网等手段，加快发展数字农情感知系统。实现动态监测重要农作物的种植类型、种植面积、土壤墒情、作物长势、灾情虫情，及时发布预警信息，全面提升种植业生产管理信息化水平。

（二）2035 年目标

智慧园艺方面，按照基本实现农业农村现代化和建成现代化经济体系的要求，以全面提高园艺产业土地产出率、劳动生产率、资源利用率和科技贡献率为导向，通过大数据、云计算、5G、物联网、区块链和人工智能在园艺作物生产领域的智慧科技创新，基本实现园艺作物生产过程天空地一体多源化精准感知、智能装备精准作业、精细生产知识体系深度融合和技术装备高效联通，构建起涵盖智慧决策、智慧生产、智慧经管和智慧服务的智慧园艺生产技术体系和云服务体系，园艺作物生产智能化系统开始示范推广，智慧园艺生产技术在主要农作物生产过程中得到普遍应用，园艺作物生产技术水平显著提升，智慧园艺技术发展进入国际先进行列。

智慧大田方面，围绕实现大田种植产业智慧管理、智能生产、智慧服务（机器代替人脑）的目标，重点开展智慧大田种植粮食作物、经济作物、饲料作物、杂粮的关键技术创新与示范。基本完成无人农场技术体系的构建，在智能农机装备和农业机器人的支撑下，实现农业生产工厂化。

（三）2050 年目标

智慧园艺方面，园艺作物全面实现绿色、高效和智慧化生产方式，人工智能技术与作物-环境及作业装备深度融合，形成具有高度智能化水平的园艺生产决策管理和精准作业技术与服务体系，以远程系统化管控和无人操作系统为特征的智慧园艺生产技术和智能化装备得到普遍应用，智慧园艺技术发展整体达到国际领先。

智慧大田方面，围绕构建大田种植产业智慧/智能生产体系的目标，粮经饲杂作物种植业全面、全程实现智慧/智能化，粮经饲杂作物生产过程、农产品品质可调可控，依靠智慧农业生产体系和技术，彻底解决粮食安全和食品安全问题。

三、重点任务

（一）2025 年重点任务

围绕种植业数字化转型与数字化建设，优先开展与种植业生产有关的数据获取、数据流转、数据挖掘和数据利用技术研发，重点开展基于数据的作物生长-环境模型研究和智能化技术装备研发，构建以产品为中心、以云平台为载体、以产业链服务为目标的大数据技术体系和服务体系。

（二）2035 年重点任务

围绕种植业智慧化生产体系构建，重点开展种植业生产互联化技术装备研究，研发天空地一体多源融合精准感知技术装备、精准智能作业技术装备、基于云平台的数据高效传输与转换利用技术和基于区块链的精准决策技术，形成种植业智慧化生产知识体系和物联网应用体系，构建起智慧云服务综合平台。

（三）2050 年重点任务

围绕种植业全面现代化，重点开展以种植业全产业链为对象的智慧共融和智能互联技术体系研究，通过研发生物-环境深度融合的知识模型，研制系统整合的智能生产装备等，构建起高度智慧化、智能化和高效绿色可持续发展的种植业生产决策管理和生产服务体系。

四、技术路线图（图 23 - 14）

（一）2025 年以前

需求方面解决省力化问题，提高劳动生产率；重点解决数字化问题，实现作物生产环境、生长状态和生产过程有关数据实时高效精确采集与处理；重点任务是建立种植业生产环境与生长、生产数据获取加工应用技术体系并推广应用。

（二）2026—2035 年

需求方面解决精准化问题，提高资源利用率；重点解决互联化问题，实现天空地一体化精准感知、精准智能作业装备、作物精细生产知识体系高效联通与融合；重点任务是建立种植业生产物联网和区块链技术体系并推广应用。

（三）2036—2050 年

需求方面解决智能化问题，实现高效绿色可持续发展；重点解决智能化问题，全面实现作物生产智慧决策、智慧管理、智慧服务、智能作业；重点任务是建立种植业生产智慧技术集成应用体系和全程智慧服务体系并全面应用。

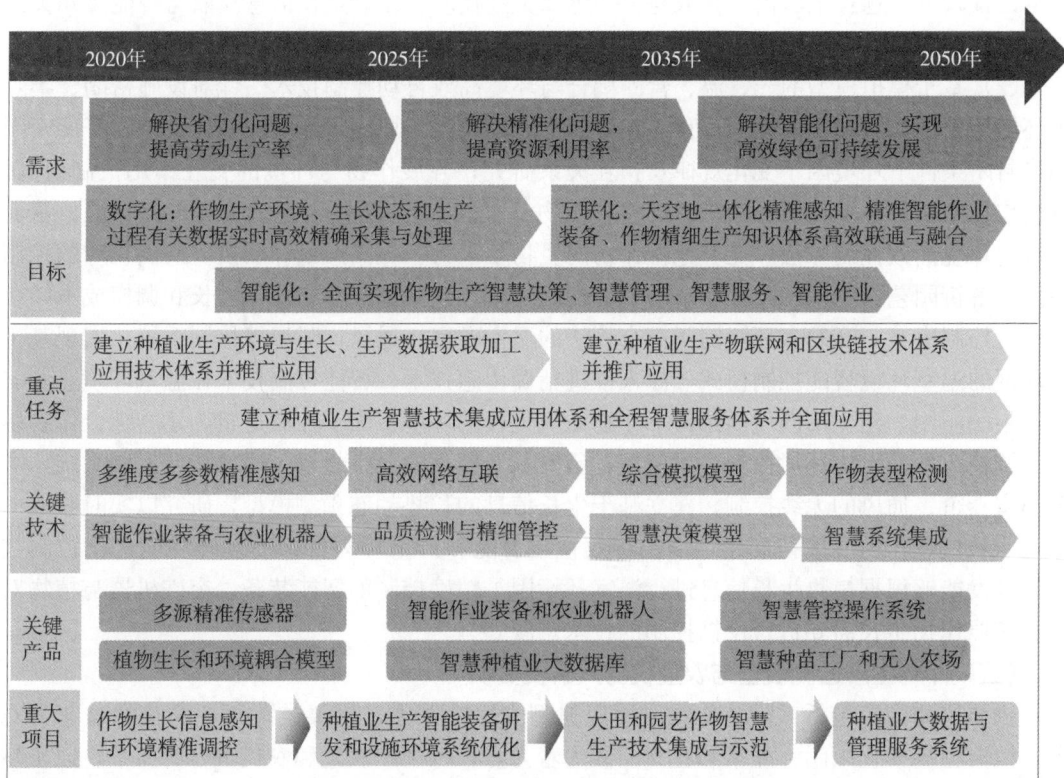

图 23 - 14　至 2050 年中国智慧种植业技术路线图

第五节　重大工程与科技研发专项

一、科技研发专项

（一）农田环境与作物专用信息感知技术与模拟模型研发专项

主要研究内容包括：

（1）传感器技术。快速、准确获取农作物生长状态和土壤环境等信息是实施智慧农业的重要前提与基础。智慧、便捷、精确、节能的农业信息获取和感知技术将持续成为智慧农业领域的研究热点。目前，我国农业传感器多直接选用普通工业化产品，工作效率低、可靠性不高、数据获取不准确等一系列问题亟待解决，特别是高端传感器，严重依赖进口，成为限制我国智慧农业发展的卡脖子技术。针对农用传感器专业化程度不高的问题，围绕种植业栽培作物的全产业链，研究不同区域的农作环境特点与生产需求，攻克环境干扰导致感知系统获取不准确的技术难题，研究区域性或品种性适宜的传感器产品，发展农作物产前、产中、产后技术体系和标准。通过研究植物生长信息的内部生化反应、外部表征及其感知方法，探索作物体内生命体征、果实成熟度和品质、作物长势变化、作物病虫害等信息的快速无损检测技术，突破多自然因素耦合干扰下植物生命体征信息动态感知的难题。研发系列个体植物生长信息传感器，比如特征叶、果实生长速度、茎秆微变化等长势信息传感器；研发系列群体植物生境信息监测传感器，如环境群体光合、呼吸、蒸腾、生物量在线监测传感器。研究主要栽培作物逆境信息获取和逆境预报警系统，加强作物病虫害绿色防控技术的研发。本专项可设置以下专题：土壤信息获取与智能感知关键技术、作物生长信息获取与智能感知关键技术、作物表型信息获取与智能感知关键技术、作物病虫害信息获取与智能感知关键技术。

（2）基于模拟模型的光、温、营养耦合与环境高效自动控制技术。针对设施密闭、半封闭环境条件下，植物主要生理过程与环境因子之间及各环境因子之间的耦合关系，开展密闭和半封闭条件下环境因子变化规律及相互关系研究；开展作物与环境的交互作用机制研究，分析作物生长特性及环境影响机理，建立作物-环境的动力学耦合模型；提出光、温、营养耦合的环境高效控制方法，充分挖掘作物的生物学潜力，提高产量和品质，研制相应的控制系统。解析园艺作物动态生长需求的环境控制逻辑，建立基于作物最优生长和调控成本结合的环境控制决策，开发多环境因子耦合算法的温室卷帘、通风、降温等控制系统，实现基于物联网的温室环境智能控制模式，深入推进精确传感技术、智能控制技术在温室环境监测与调控中的应用。建立不同气候条件下作物最优生长的环境多因子控制逻辑，建立综合作物生长和调控成本的设施环境控制决策模型，研发基于模型的温室卷帘、通风智能控制系统，实现温室卷帘、通风的无线控制。建立基于生长信息的长势动态预测模型，研究以实时获取的作物生长信息作为反馈控制量，以经济效益、节能和产量等为目标的设施环境优化控制技术，开发能够根据植物生长信息进行温室环境因子精确控制的智能装备，突破机器与植物对话、按照作物生长需要进行反馈控制的技术难题。

（二）作物生产智能装备与农业机器人研发专项

主要研究内容包括：园艺作物方面以典型大宗叶菜类、果菜类蔬菜、草花和盆花为对象，以典型规模化果园、蔬菜和花卉园区为着力点，以生产农艺和农机融合为抓手，以机械化模式研究、关键环节作业装备创新为突破口，形成园艺生产全程机械化技术体系并进行示范推广。研制温室生产中的物流输送系统，包括用于穴盘、盆花等作物产品在不同生产环节之间转移的物流系统，以及实现作物在不同生产区域的物流链；通过采收识别定位技术、柔性采摘等关键技术突破，开发出一批温室采摘、植保、嫁接和运输的机器人，逐步使温室管理机器人进入实际生产应用；研究开发产后加工处理技术，包括采后清洗、分级、预冷、加工、包装、贮藏、运输等过程的工艺技术及配套设施、装备。针对果蔬等作物生产过程中打叶、施药、采摘作业中劳动强度最大、作业效率低的问题，研究多行间巡回续接作业的最优路径规划、电动作业平台，设计基于机器视觉的采摘机器人手眼系统，配套、修剪、植保机具，为实现轻简、高效的作业管理提供装备支撑。以减轻劳动强度，提高作业效率和设施产能为目标，研制精细化整地、精良化播种、自动化移栽、轻简化采收作业装备，解决覆盖育苗到收获各个环节的机械化装备；从高产量和标准化生产着眼，研究与机械化作业相适应的园艺作物栽培农艺技术规范、机具选型与优化配置技术，从典型区域、主要品种着眼，研究制定统一完整的机械化作业规程和作业质量规范；大田作物方面包括水肥药一体化及高效施用技术、变量追肥装备关键技术、农业机械自动导航及作业技术、移动式喷灌机及精细灌溉技术、作物自动收获机械与测产技术、自主导航电动农业机械关键技术、农田作业机器人技术、农作物种植无人机遥感应用与灾害防控技术、无人农场关键技术。农业机械的电动化有利于环境保护，其动力性和操作性也能更好地适应现代信息与通信技术的应用和一些农田特定作业。虽然农机自动导航技术为代表的智能农机装备发展迅速，已经在智慧种植业发挥了重要的作用，我国北斗系统的应用进一步促进了自动导航农机的普及与推广，但是智能农业装备和农业机器人还面临不少技术和推广难题。农业的作业对象是土壤、动植物等有系统组织结构和生物活性的客体，智能农业装备与农业科学和生物与生命科学技术相互交叉、渗透、融合，才能满足现代农业生产工艺技术要求，目前，智能农业装备或农业机器人还不能完全根据作业对象的生物特性来作业，作业质量和作业效率还不能满足生产实际要求。农业生产系统的开放性，要求智能农业装备适应农业生产环境的时空变化、动植物生理生态的变化，采取精确、恰当的作业。本专项可设置以下专题：农作物耕种收主要环节无人自主作业技术及装备、农作物耕种收主要环节无人电动作业技术及装备、基于无人机的多机协同作业技术及规范、无人农场关键技术及作业规范。

（三）作物精准栽培技术研发专项

主要研究内容包括：

（1）植物表型分析和精准育种技术。研究高通量多种环境状态下植物表型采集方法、植物表型大数据建模与基因-环境-表型互作规律与挖掘方法，高产、高效、抗逆智能化表型组分析评价方法，研制高通量多种环境下植物表型采集和分析系统，为育种提供依据。加强分子标记辅助技术、基因组测序、基因编辑等技术在遗传育种中的应用，为精准育种提供技术支撑。

（2）无土栽培和水肥药精准管理技术。针对目前温室生产中，营养液回收液被直接排放或沉积在土壤中，不仅造成水肥的浪费，增加温室运营成本，引起作物连作障碍，而且会污染环境，研究灌溉量和施肥量的精确控制技术，营养液浓度、配比、pH 的精确调控技术，以及营养液回收液收集、消毒、检测、混合技术，开发水肥耦合与封闭管理智能装备，突破实时营养液配比调整技术，做到精确水肥耦合管理和闭环灌溉。加强水肥药精准管理技术的研究，减少化肥农药的施用。

（3）作物病虫害精准识别及防控技术。基于大数据和人工智能，结合机器视觉技术，不断优化深度学习模型，开发智能手机移动端软件，实现病虫害精准识别。研发稳定的新型生物农药，科学防控、绿色防控，提高农药的特异性和药效持久性，防止病虫产生生物学变异。

（四）天空地一体化农作物生产智慧管理与服务云平台技术研发专项

主要研究内容包括：

（1）基于智能手机平台的智慧种植业智能感知技术装备与 App 开发。作为移动互联技术载体的智能手机不再是单纯的通信工具，通过搭载不同功能的传感器和 App，智能手机正在成为农业信息智能感知系统、无人农机机群智能控制终端、智慧农业农田管理决策支持系统。但是智能手机作为新一代有潜力的智能农机装备，其所需要的农情信息智能感知技术、智能农机装备调控和智慧种植管理 App 都还没有成型。

（2）天空地一体化农业大数据分析挖掘与智慧种植业管理决策技术。物联网和天空地一体化遥感技术的发展，正在产生许多可以实时访问的新数据，而这些海量数据可以辅助决策。基于农业大数据技术，深入分析农业数据，分析结果可应用于智慧农业可靠决策支持系统、农业数据监测预警系统、农业生产环境监控系统等领域。云计算是一种新型的网络服务模式，为解决农业农村信息化建设中存在的问题提供了良好的技术支持。通过云端为农民提供访问平台，同时获取农业时空数据，为农民建立包括植物信息、环境信息和养分信息在内的生产实践模型，是无人农场智慧管理和智慧决策不可或缺的工具。比如利用历史环境信息和植物生长信息，建立田间或温室作物病害预警系统，引导农民提前采取预防措施。农业大数据技术是对多源异构海量农业数据的抽象数学描述。目前，在农业知识模型、农业模式识别、农业知识表示、农业商业模式机器学习等方面，部分模型、算法还不足以反映客观现实，还不能有效指导农业智慧生产。此外，随着大数据技术的成熟和海量基础数据技术的不断积累，深度学习算法的研究和应用也日益活跃。如何将深度学习应用到大数据挖掘中，建立农业生产中的作物生理模型和环境模型也是一个亟待解决的挑战性课题。

（3）基于物联网的智慧种植管理与服务云平台技术。农业物联网已在智慧种植业领域得到广泛的应用，通过农业物联网、地面感知系统、有人航空或无人机航空遥感系统、卫星遥感系统可以实现对气象、水、土壤、作物长势等信息的自动感知、监测、预警、分析，实现智能育秧、精量播种、精量施肥、精准灌溉、精量喷药、精准作业、精准病虫害防治，从而有效降低成本，大幅提高收益。虽然物联网平台层出不穷，但仍然相互独立，导致数据"孤岛"现象。农业生产环境的特点和低功耗传感器的技术需求对农业物联网的数据传输提出了更高的要求。由于缺乏标准和规范，物联网在该领域的标准化应用受到限制。

二、应用示范工程

（一）智慧种苗工厂示范工程

通过研发育苗新技术和种苗生长的环境控制模型，开发工厂化育苗容器、播种机械、嫁接机器、传输机械、运输机械等设备，研制种苗生产物流系统、种苗识别和选苗系统。开发廉价环保型工厂化育苗专用基质和水肥精准管理技术。建立种苗生产全程信息感知和反馈调控的物联网系统，对育苗所需的温、光、水、气、肥等进行精准调控，开展种苗生产溯源信息、有关用户管理信息方面的技术研发和数据库建设工作。集成以上装备和技术，降低育苗劳动力和资源投入成本，提高种苗质量和生产效率。

（二）"无人农场"应用示范工程

无人农场是新一代信息技术、智能装备技术、农业机器人技术与先进种植工艺深度融合的产物，是对农业劳动力的彻底解放，是智慧种植业的高级阶段，代表着农业生产力的最先进水平。全天候、全过程、全空间的无人化作业是无人农场的基本特征。无人驾驶农机能够极大地提高农业生产效率，提高作业精准度，也能解决未来"谁来种地"的问题。无人农场的云平台监控系统依靠天空地一体化信息获取系统、5G网络、大数据、云平台等技术支撑，不仅可以指挥农机在无人驾驶的情况下在田间自由奔走，还可以对农场进行整体调控，监控农场内的作物生长环境、土壤状态以及所有机具的作业状态，并进行智能实时调控。开展融合集成新一代信息技术、智能装备技术、农业机器人技术与先进种植工艺的无人农场应用示范，将会为智慧种植业的推广普及奠定基础。

（三）植物工厂示范工程

通过节能光源、耦合环境控制、植物工厂和垂直农场结构、营养液立体栽培、全自动生产装备、节能与配套栽培技术体系等关键技术和装备的组装集成，研发示范具有中国特色的"优质、高产、节能、高效"智能型植物工厂和垂直农场装备，进行智能植物工厂和垂直农场关键技术与装备的示范应用，提高产品品质和高附加值，满足国内外市场对高端园艺产品的需求。

（四）"天空地一体化大田作物生产智慧管理与服务云平台技术"应用示范工程

利用互联网、物联网、卫星网等技术构建大田作物生产智慧管理与服务云平台，综合利用"高分"航天遥感信息和有人、无人航空遥感手段，结合地面的固定或机动信息采集点，共同构成一个全农场、全时域、全要素的立体化农情信息大数据采集体系，利用基于大数据分析与挖掘的作物及环境模型，制定大田作物智慧管理最佳决策，利用服务系统反馈和指导智慧种植业生产。示范应用天空地遥感及传感协同的作物-土壤-气象信息大数据平台。解决农业大数据体系不够健全的共性问题，创新智慧农场天空地协同感知和智能决策技术新模式，提升智慧农场可持续发展水平。

三、产业培育工程

（一）智慧种植业精准感知产业培育工程

快速、准确获取作物生长状态和土壤环境等信息是实施智慧农业工程的重要前提与基础，现代智慧农业发展离不开传感器。目前，市场所生产的传感器质量参差不齐，传感器的性能影响农业生产力的提高。受农业生产地区限制和大多数农民对传感器知识缺乏的影响，应选择安装方式简单、方便携带、稳定性好和校正周期短的传感器。未来，智慧、便捷、精确、节能的农业信息获取和感知技术将持续成为智慧农业领域的研究热点。但是目前我国农业传感器多直接选用普通工业化产品导致的传感器工作效率低、可靠性不高、数据获取不准确等一系列问题亟待解决，特别是高端传感器，严重依赖进口，成为限制我国智慧农业发展的卡脖子技术。针对农用传感器专业化程度不高的问题，围绕种植业栽培作物的全产业链，研究不同区域的农作环境特点与生产需求，攻克环境干扰导致的感知系统获取不准确的技术难题，研究区域性或品种性适宜的传感器产品，发展作物产前、产中、产后因地制宜的技术体系和标准。2018年全球农业传感器市场价值为12.3亿美元，预计到2026年将达到25.6亿美元，复合年增长率为11.04%。传感技术用于精细农业和智慧农业，可提供有助于农民监测和优化农作物以及适应不断变化的环境因素的数据。培育大田种植自动感知与智能处理装备产业具有良好的前景。

（二）智慧种植业物联网产业培育工程

物联网是智慧农业的主要技术支撑，农业物联网传感设备正朝着低成本、自适应、高可靠和微功耗的方向发展，未来传感网也将逐渐具备分布式、多协议兼容、自组织和高通量等功能特征，可实现信息处理实时、准确和高效。现代工业技术加快了向农业领域的渗透，未来的人工智能环境控制系统不仅能够做到栽培环境全自动控制，而且与市场、气象站、种苗公司、病虫害测报等相连接，形成环境调控综合网络智能系统，进行产量、产值的预测，为生产者提供更为广泛的信息情报和确切的决策依据。物联网工程主要有3个方面。①先进传感机理与工艺（农业光学传感、微纳传感、生物传感）。②高通量、快处理、大存储的无线传感网技术。③种植业大数据平台建设。针对智慧种植业，基于农业大数据相关技术，构建包括数据采集技术、存储技术、处理技术、分析挖掘技术、展现技术等一体化应用平台。基于大数据技术，研发智能化的决策支持系统，可提供大数据分析成果发布，决策管理信息发布，不仅可为科研院所、各级政府、涉农企业、社会公众等提供公共服务，也可提供个性化的服务。大数据平台系统技术和功能：通过规范数据接口和协议，实现各类数据库的交互访问。提供数据分析应用的算法库、模型库、知识库。能满足农业大数据研究的专业化和个性化需求，在数据采集、分析、发布等方面提供技术和方法支持。数据的浏览，对数据进行查询、展现和基础统计分析等初步应用。提供云存储和服务的功能等。通过物联网产业工程的培育，必将促进我国在智能传感器、无线传感技术、大数据、云计算、人工智能等方面的发展，最终形成具有我国优势的智能硬件和软件产业集群。

（三）智能装备产业培育工程

智能装备产业培育工程主要包括：

（1）无人自主智能装备产业培育工程。农业机械卫星定位自动导航作业技术是现代智能农业机械装备的关键技术之一，可大幅度提高劳动生产率、土地产出率和资源利用率。2010年以前我国的农机自动导航驾驶系统为清一色的国外进口。从2015年开始，国产品牌已经遍布了大半个中国。国产设备的生产厂商大多为传统的高精度卫星导航设备厂商，后来逐渐将业务扩展到农业。大型农机都装有自动导航设备，把农机作业时间从每天8小时延长到24小时，提高了农机作业效率，降低了燃油和农资消耗，提高了农作物产量。北斗导航在我国农业中的应用前景被社会各界所看好。农机自动导航驾驶系统在我国的应用前景巨大。我国大型农机保有量为150多万台，如果其中有50%的农机加装自动导航驾驶系统，按每台自动导航驾驶系统的单价为10万元计算，即全国有750亿元的巨大市场。价格的降低将进一步推动农机自动导航驾驶系统的全面普及。随着国产农机自动导航驾驶系统技术的进一步成熟，成本进一步降低，原来买一套可能要几十万，现在一套自动导航驾驶系统的价格已经不超过10万，而且成本还在继续下降，为农机自动导航驾驶系统全面普及做好了铺垫。北斗导航将应用于现代农业的方方面面。一方面，以自动驾驶为突破点，北斗导航在现代农业上的应用还包括变量控制、精准施肥、变量喷药等，实现真正意义上的精准农业。另一方面，北斗定位还将促进农业物联网的发展。比如农机、农具、农资、农民、作物、牲畜、农产品等要素都可以通过北斗定位纳入物联网平台统筹管理。国产多传感器信息融合的农机导航定位技术的定位精度达到了国外同类技术的先进水平，但成本降低了1/3；其中水田自动导航作业和主从导航作业居国际领先水平，打破了国外技术垄断，保障了我国农机导航装备的自主安全可控。实施无人自主农作业机械产业培育工程，不仅满足国内发展智慧农业的需要，还会开拓国际市场，为发展智慧农业和智慧种植业发挥更大的作用。

（2）电动自主智能装备产业培育工程。由于电动农机绿色环保，操作性好，易于实现自主控制，发展电动自主作业农业机械大有前途。国内外电动农业机械已经开展了广泛的研究，特别是电动拖拉机成为各国研究的重点。电动农业机械在非道路行驶及机组田间作业时，其低速、大扭矩、载荷变化频繁、过载现象频现等特点均有别于电动汽车。目前分别在播种、插秧、喷雾、微耕以及挖穴等方面开展了电动化的研究。无论是处于缓解能源危机和保护环境方面考虑，还是为了满足市场的需求，大力开展对农业机械的电动化研究，特别是电动自主作业农业机械都是十分必要的。电动农业机械可实现零排放、零污染，整机性价比高，轻便且便于维护，符合我国的整体发展战略，也是我国新农村建设和农业现代化的需要。然而我国电动机械的研究主要在提高生产效率，保证动能输出，但是却忽略了电池的耐用性和安全性。近5年来，电动农业机械的电池容量比较小，没有取得突破。柴电混合的动力机械应用比较少，对于电动农业机械的安全防护技术不足，废旧的设备以及电池的污染、智能化操作等问题还有待于提升。电动农业机械的操作环境比较复杂，工作时间比较长，因此，会出现电路问题，还需要进一步探索研究。

（四）作物生产智慧管理与云平台服务产业培育工程

在种植业主产区设置现代智慧物流仓储区，建立前端物流、中间物流、后端物流信息大数据网络。加强作物采后保鲜、冷链运输等方面新技术和新装备的研发推广。加强包装保鲜、冷链物流等新技术、新设备的开发应用，提高物流标准化和专业化。提高在种植、采收、保鲜、包装、储运配送、品质保障等各环节的服务质量。培育内容包括建设采后保鲜、冷链物流园、电子商务交易与物流网融合等大数据融合的智能云流通、云交易平台。对需求产生、产品种植采购、加工包装、物流配送、评价反馈等各环节实现更精准的预测和把控。通过搭建App等综合服务平台，实现农产品现货交易、远程拍卖、订单交易、期货交易，配套信息服务、物流服务一体化，融入线上线下的金融服务，构建全国大数据中心和信用管理中心。在RFID和条码识别技术基础上，搭建农产品安全溯源系统。科学调节供求关系，实现供应链管控一体化、实时化、自动化和智能化。

第六节 政策措施建议

（1）加强智慧种植业发展的战略规划与顶层设计。将智慧种植业发展作为乡村振兴和农业农村现代化重要内容，纳入有关发展战略和总体规划，整合各方资源，科学系统谋划，一张蓝图干到底。立足全国各地种植业特点和经济水平，规划智慧种植业产业集群，按照产业集群建设完整的智慧种植业产业链，减少重复投资。重视自上而下的系统规划，制定路线图和时间表。

（2）加强智慧种植业基础设施建设。将田间5G网络和摄像头、传感器等信息获取设施作为农田基础设施的重要内容，与高标准农田建设项目一并规划、一起建设，为农机装备智能化精准作业和生产过程管控智慧化精细服务提供有利条件和可靠保障。政府在加强基础设施建设、科技创新和推广能力建设的同时，帮扶小农户运用先进技术和物质装备以及手机等，建立智慧种植业服务企业与新型经营主体和小农户的共享机制。

（3）加强种植业智慧服务政策扶持。大田作物生产具有粮食安全和重要农产品安全保障功能，智慧服务具有公益性特征，政府应采用购买服务的方式或通过公益性技术推广及服务机构，为生产者提供各种免费信息服务；园艺作物生产市场化程度较高，可以通过提供金融支持调动企业和农民发展智慧化生产的积极性，支持探索市场化机制下的龙头企业—农民合作组织—小农户的智慧园艺产业共建共享共赢的合作模式。

（4）加快推进数据开放共享和数据标准化研究。加快种植业大数据平台建设，开展种植业数据标准化和数据赋能、数据赋值等研究，解决种植业生产基础数据不完善、产业与技术数据不完整、供需和市场信息数据不对称等问题，应由政府主导加强种植业数据的收集和整合，并建立数据开放和共享机制；加快种植业数据分类、数据流转等标准研究，尽快构建起种植业数据标准化体系。

（5）坚持因地制宜、循序渐进、效益优先。大田作物智慧化生产应在国家粮食和重要农产品规模化生产区域优先发展，以提高粮食和重要农产品的生产能力和安全保障水平，提高种粮效益和积极性。针对园艺作物具有多样性、区域性、高度分散和个性化等特点，园艺作物智慧化生产首先应重点发展能减轻劳动强度、提高生产效率和产品效益的技术装备和服务，对于花卉等市场化程度高、产品附加值高、对智慧生产技术需求迫切且具备高投入条件的产业，应该优先发展智慧化生产技术。

（6）创建智慧农业试验示范区。通过典型区域、典型作物的智慧农业试验示范区（点）建设，作为综合性试验研究平台，获得全面系统的具有代表性的数据集合，基于数据的生产模型和服务模式，可以成为同类地区同类作物智慧化生产的共用资源，形成智慧种植业生产指导和服务的标准与规程规范；作为示范推广平台，通过智慧农业技术成果和装备的集成应用，形成各类智慧农业产业和生产模式与体系，从而有效降低智慧农业技术的研究与应用成本，加快智慧农业技术的推广和应用。

第七节　本章小结

本章明确了智慧种植业的概念与内涵，在调查的基础上从智慧园艺（针对设施园艺、果园、菜园、花园、茶园、采后处理）和智慧大田（针对粮经饲杂作物）两个层面阐述了智慧种植业的技术应用现状和存在问题，梳理了国内外与智慧种植业相关的战略行动，并对2010—2019年国内论文、WOS期刊论文、中国专利进行了研究现状、趋势和热点分析，对智慧种植业的市场需求、国家需求和技术需求进行了分析。按照作物生产环境监测与系统管控、作物生长信息感知和模拟模型、作物智慧生产加工与品质管控、智慧管理决策与系统集成4个技术清单方向绘制关键技术图，比较了一些关键技术领域我国与发达国家的差距。提出面向2025年、2035年、2050年的智慧种植业发展思路、战略目标、重点任务，绘制技术路线图，提出了科技研发专项、应用示范工程和产业培育工程的建议。通过本项研究项目组建议智慧种植业发展要进行战略规划与顶层设计，将田间5G网络和摄像头、传感器等信息获取设施作为农田基础设施的重要内容，大田作物生产智慧服务应具有公益性特征，政府应为生产者提供各种免费信息服务，园艺作物生产具有市场化特征，可通过提供金融支持调动企业和农民发展智慧化生产的积极性。由政府主导加强种植业数据的收集和整合，构建起种植业数据标准化体系，并建立数据开放和共享机制。大田作物智慧化生产应在国家粮食和重要农产品规模化生产区域优先发展，园艺作物智慧化生产应重点发展能减轻劳动强度、提高生产效率和产品效益的技术装备和服务，对花卉等市场化程度高、产品附加值高、对智慧生产技术需求迫切且具备高投入条件的产业，应该优先发展智慧化生产技术。创建智慧农业试验示范区，积累数据，形成典型的模式与体系，降低智慧农业技术的研究与应用成本。

参考文献

安琪，朱晶，林大燕，2017. 日本粮食安全政策的历史演变及其启示 [J]. 世界农业（2）：77-81，87.

敖茂尧，2019. 果蔬采摘机器人的研究现状与对策分析 [J]. 装备制造技术（3）：128-131.

白明月，2011. 荷兰：创意农业的产业链条 [J]. 农经 (11)：74-76.

蔡成静，王海光，安虎，等，2005. 小麦条锈病高光谱遥感监测技术研究 [J]. 西北农林科技大学学报：自然科学版 (S1)：31-36.

常有宏，吕晓兰，蔺经，等，2013. 我国果园机械现状与发展思路 [J]. 中国农机化学报 (34)：21-26.

陈健，苏志豪，2019. 小农户与现代农业有机衔接：结构、模式与发展走向——基于供给侧结构改革的视角 [J]. 南京农业大学学报：社会科学版，19 (5)：74-85，157.

陈兆杰，黄慧俐，韦婕，等，2016. 色谱-质谱联用技术在我国 3 种柚子组分鉴定及指纹图谱建立中的应用 [J]. 色谱，34 (6)：558-566.

陈至灵，姜树海，孙翊，2019. 农业采收机器人发展现状 [J]. 农业工程，9 (2)：10-18.

陈志，郝付平，王锋德，等，2012. 中国玉米收获技术与装备发展研究 [J]. 农业机械学报，43 (12)：44-50.

程景民，2020. 基于政府与市场关系的"后疫情时代"棉花产业政策发展分析 [J]. 世界农业 (11)：37-42.

程景民，2021. 棉花目标价格政策下推进新疆兵团棉花产业发展的建议 [J]. 中国农垦 (1)：50-52.

程堂仁，王佳，张启翔，2018. 中国设施花卉产业形势分析与创新发展 [J]. 农业工程技术，38 (13)：21-27.

崔国文，李冰，王明君，等，2015. 西藏人工草地的发展现状、存在问题及解决途径 [J]. 黑龙江畜牧兽医 (21)：137-138.

崔宁波，郭翔宇，2007. 农户技术采用行为对发展现代农业的影响分析及诱导 [C]. 第五届博士生学术年会论文集：195-201.

戴珍薮，2018. 促进我国智慧农业发展的对策研究 [D]. 舟山：浙江海洋大学.

邓丽娟，2019. "互联网+"农业发展模式研究 [J]. 乡村科技 (25)：27-29.

都占元，刘小民，季连营，2020. 2019/2020 年度山东省棉花质量分析报告 [J]. 中国纤检 (12)：26-31.

冯建灿，等，2011. 果树化学疏花疏果的研究现状与展望 [J]. 经济林研究 (4)：122-127.

冯献，李瑾，宋太春，2019. 京津冀设施蔬菜信息技术应用需求分析——基于 414 家经营主体的调查 [J]. 中国蔬菜 (4)：6-13.

付晓亮，2017. 荷兰链战略行动计划的基本特征、可取经验及对中国农业产业化的启示 [J]. 世界农业 (463)：213-217.

高岑，2019. 国外典型农业再保险发展模式分析及其启示 [J]. 农村经济与科技，30 (2)：212-214.

高磊，2018. 基于物联网技术的果园虫害信息监测系统设计 [D]. 合肥：安徽大学.

高涛涛，2019. 我国早稻主产区生长季农业气候资源变化及其对气候产量的影响 [D]. 西安：陕西师范大学.

龚建华，龙忠芳，2017. 甘蔗种植机械化的发展与应对措施 [J]. 南方农机，48 (13)：23，31.

辜松，2015. 我国设施园艺智能化生产装备发展现状 [J]. 农业工程技术 (28)：46-50.

辜松，杨艳丽，张跃峰，等，2013. 荷兰蔬菜种苗生产装备系统发展现状及对中国的启示 [J]. 农业工程学报，29 (14)：185-194.

郭婷，薛彪，白娟，等，2019. 刍议中国牧草产业发展现状——以苜蓿、燕麦为例 [J]. 草业科学，36 (5)：285-292.

郭婷，薛彪，周艳明，等，2019. 我国牧草产品生产、贸易现状及启示 [J]. 草地学报，27 (1)：11-17.

韩国才，2014. 马的起源驯化、种质资源与产业模式 [J]. 生物学通报，49 (2)：1-3，63.

韩旭，2017. "互联网+"农业组织模式及运行机制研究 [D]. 北京：中国农业大学.

郝秀琴，2017. 农民专业合作社规范化发展及其路径 [J]. 中国农业信息 (22)：11-12.

贺兴文，2018. 玉米种植现状与新技术应用的效率 [J]. 农业与技术，38 (24)：109.

胡文卓，2019. 广西甘蔗收获机械化对策研究 [D]. 南宁：广西大学.

胡亚南，柴绍忠，许吟隆，等，2008. CERES-Maize 模型在中国主要玉米种植区域的适用性 [J]. 中国农业气象 (4)：383-386.

胡正发，谢庆梅，2016. 安徽薄壳山核桃水肥管理技术初探 [J]. 园艺与种苗 (12)：42-43，67.

胡志超，田立佳，彭宝良，等，2005. 国内外葡萄生产机械化的研究与应用 [J]. 新疆农机 (9)：62-63.

黄峰华，张研，李晓晨，等，2020. 2019 年黑龙江甜菜产业分析与 2020 年展望 [J]. 农业展望，16（8）：90-92.

黄木易，王纪华，黄文江，等，2003. 冬小麦条锈病的光谱特征及遥感监测 [J]. 农业工程学报（6）：154-158.

黄燕，2021. 简析甘蔗种植深耕深松技术及其推广应用 [J]. 南方农机，52（1）：50-51，55.

黄耀欢，李中华，朱海涛，2019. 作物胁迫无人机遥感监测研究评述 [J]. 地球信息科学学报（21）：512-523.

黄祖辉，扶玉枝，徐旭初，2011. 农民专业合作社的效率及其影响因素分析 [J]. 中国农村经济（7）：4-13.

冀大富，2020. 蒙冀地区青贮饲料早熟种植带畜牧业发展现状调研 [J]. 农业工程技术，40（5）：75-76，78.

贾挺猛，2012. 葡萄树冬剪机器人剪枝点定位方法研究 [D]. 杭州：浙江工业大学.

江帆，赵伟，2017. 基于 SWOT 模型的山东省牧草产业发展战略 [J]. 草业科学，34（11）：2388-2395.

姜长云，2018. 龙头企业与农民合作社、家庭农场发展关系研究 [J]. 社会科学战线（2）：58-67.

姜岩，段杰，王茂励，等，2018. 基于物联网技术的水肥一体化智能管理系统 [J]. 农村经济学（16）：279-281.

姜忠尽，2014. 非洲农业与农村发展 [M]. 南京：南京大学出版社.

蒋卫杰，邓杰，余宏军，2015. 设施园艺发展概况、存在问题与产业发展建议 [J]. 中国农业科学，48（17）：3515-3523.

九富兰，2016. 水稻种植机械化技术现状与发展趋势探究 [J]. 农家科技旬刊（4）：193.

冷波，2018. "小而精"农业模式的实现机制与效应分析——以北京市 L 村蔬菜种植为考察中心 [J]. 天府新论（4）：103-111.

李丹丹，史云，李会宾，等，2018. 农业机器人研究进展评述 [J]. 中国农业信息，30（6）：1-17.

李光泗，王莉，谢菁菁，等，2018. 进口快速增长背景下国内外粮食价格波动传递效应实证研究 [J]. 农业经济问题（2）：94-103.

李海燕，魏建民，安小虎，等，2011. 青贮玉米的发展现状及栽培技术 [J]. 畜牧与饲料科学（6）：27-27.

李虹池，周卫军，刘双，等，2019. GIS 技术在土壤信息管理中的研究进展 [J]. 湖南农业科学（1）：110-113.

李建平，2020. 稻谷播种面积先减后增，产量增速放缓 [J]. 农产品市场（10）：10-11.

李金霞，何长安，王海玲，等，2020. 黑龙江省玉米产业发展现状及展望 [J]. 农业展望，16（1）：67-70.

李瑾，冯献，郭美荣，等，2018. "互联网＋"现代农业发展模式的国际比较与借鉴 [J]. 农业现代化研究（2）：194-202.

李丽，张万清，刘玲，等，2015. SSR 标记对甜瓜品种纯度和真实性的鉴定 [J]. 分子植物育种，13（11）：2522-2530.

李平英，韩若冰，胡继连，2021. 山东传统棉花文化的传承与产业振兴研究 [J]. 当代经济（1）：82-84.

李强军，2019. 产业扶贫"公司＋合作社＋农户"模式的金融支持研究 [J]. 新财经（18）：7-9.

李胜利，孙治强，2016. 河南省不同经营主体从事设施蔬菜产业适宜发展模式探讨 [J]. 中国蔬菜（1）：12-16.

李守根，康峰，李文彬，等，2017. 果树修枝机械化及自动化研究进展 [J]. 东北农业大学学报，48（8）：9.

李双喜，徐识溥，刘勇，等，2018. 基于 4G 无线传感网络的大田土壤环境远程监测系统设计与实现 [J]. 上海农业学报，34（5）：105-110.

李文，1991. 玉米深加工前景广阔 [J]. 农业工程技术. 温室园艺（2）：16.

李新旭，2016. 从番茄现代化生产解析荷兰温室优质高产的原因 [J]. 温室园艺（3）：60-65.

李雅丽，魏峰远，陈荣国，等，2018. 基于物联网和 WebGIS 果园监测系统的设计与实现 [J]. 测绘与空间地理信息，41（8）：75-77，81.

李雅箐，梁炜，欧月娥，2018. 基于 GIS 的广西土壤环境管理系统平台构建研究 [J]. 价值工程（23）：81-83.

李琰聪，谢艳芬，杨纪明，等，2018. 云南玉米产业发展思路探讨 [J]. 农业科技通信（12）：4-6.

李艳波，2018. 创意农业的基本模式与发展策略 [C]. 两岸创意经济研究报告（2018）.

李永梅，陈学东，李锋，等，2018. 我国水肥一体化技术发展研究 [J]. 宁夏农林科技 (9)：51-53.

梁庆伟，杨秀芳，娜日苏，等，2019. 阿鲁科尔沁旗紫花苜蓿产业发展的 SWOT 分析与建议 [J]. 黑龙江
　　畜牧兽医 (下半月)，586 (22)：7-12.

刘海静，张香粉，2020. 河南省主要农作物品种审定变化趋势分析 [J]. 中国种业 (10)：34-37.

刘平乐，刘雅丽，2007. 浅谈陇东地区紫花苜蓿的产业化发展 [J]. 甘肃科技纵横，36 (6)：51-51.

刘书晓，殷秀玲，2018. 苹果花果管理关键技术 [J]. 河北果树 (Z1)：15-16.

刘田田，2017. 影响我国小麦价格波动的政策因素研究 [D]. 大连：东北财经大学.

刘晓敏，聂磊，2017. 一种土壤成分监测管理系统研究与设计 [J]. 广东蚕业 (7)：15-16.

刘旭，王永治，2007. 欧盟实施地区政策的经验与启示 [J]. 宏观经济研究 (1)：22-27.

刘炎，2016. 产业安全视角下我国小麦进口贸易波动及安全维护机制研究 [D]. 青岛：中国海洋大学.

卢秉福，张文彬，刘晓雪，等，2020. 黑龙江省甜菜种植与比较效益调查分析 [J]. 中国农学通报，36
　　(20)：153-158.

卢志丹，路剑，张明，2012. 河北省山区林果业发展模式研究 [J]. 湖北农业科学，51 (2)：409-411.

鲁珊，肖荷霞，徐玉鹏，等，2019. 青贮玉米发展现状及高产高效栽培技术 [J]. 作物研究，33 (6)：
　　590-591.

吕立新，汪伟，卜天然，2009. 基于无线传感器网络的精准农业环境监测系统设计 [J]. 计算机系统应用
　　(18)：5-9.

吕萍，2018. 农业现代化与城镇化协调发展的国外经验及启示 [J]. 边疆经济与文化 (5)：27-30.

罗屹，武拉平，2020. 乡村振兴阶段的农业支持政策调整：国际经验及启示 [J]. 现代经济探讨 (3)：
　　123-130.

马文荣，2020. 巴西农业发展及支持政策 [J]. 农业发展与金融 (11)：99-101.

潘会平，冯淳元，牛旭东，等，2019. 甘肃省果园机械化现状与发展趋势 [J]. 农机化研究，50 (5)：51-52.

庞天，韦云峰，王维赞，等，2020. 甘蔗健康种茎在覃塘蔗区的种植应用情况 [J]. 广西糖业 (6)：17-20.

齐飞，李恺，李邵，等，2019. 世界设施园艺智能化装备发展对中国的启示研究 [J]. 农业工程学报，35
　　(2)：183-195.

祁海萍，郭嫒，邵有全，等，2018. 蜜蜂授粉在现代农业中的应用 [J]. 山西农业科学，46 (12)：145-
　　147，156.

钱晔，孙吉红，黎斌林，等，2019. 大数据环境下我国智慧农业发展策略与路径 [J]. 云南农业大学学报：
　　社会科版，13 (1)：6-10.

强艳玉，2018. 甘肃省苹果产业生产效率及影响因素分析 [D]. 兰州：甘肃农业大学.

邱德文，2015. 我国蔬菜绿色防控基本现状及发展趋势 [J]. 蔬菜 (9)：1-4.

冉红伟，2019. 基于国际比较的中国智慧农业发展的影响因素及策略研究 [D]. 重庆：重庆师范大学.

任禾，2006. 发展农民玉米专业生产组织促进玉米产业化进程 [J]. 农业科技管理，25 (6)：71-71.

史少培，谢崇宝，高虹，等，2013. 喷灌技术发展历程及设备存在问题的探讨 [J]. 节水灌溉 (11)：78-81.

束胜，康云艳，王玉，等，2018. 世界设施园艺发展概况、特点及趋势分析 [J]. 中国蔬菜 (7)：1-13.

宋健，张铁中，徐丽明，等，2006. 果蔬采摘机器人研究进展与展望 [J]. 农业机械学报 (5)：158-162.

宋卫堂，李明，2020. 以"农艺-农机-设施"深度融合推动设施园艺高效发展 [J]. 农业工程技术 (温室园
　　艺)，40 (1)：44-47.

苏晓光，尹微，2014. 英国旅游环保型创意农业研究 [J]. 世界农业 (3)：153-155.

苏一峰，杜克明，李颖，等，2016. 基于物联网平台的小麦病虫害诊断系统设计初探 [J]. 中国农业科技
　　导报 (18)：86-94.

苏一峰，孙忠富，杜克明，等，2015. 基于物联网的农业环境监测技术概述及展望 [C]. 2015 年中国环境
　　科学学会学术年会论文集 (第一卷)：1831-1835.

孙华彬，2010. 美国蜜蜂授粉产业化与技术研究 [J]. 蜜蜂杂志 (29)：29-30.

孙锦，高洪波，田婧，等，2019. 我国设施园艺发展现状与趋势 [J]. 南京农业大学学报，42 (4)：594-604.

孙瑶，2019. 智慧农业发展路径设计及其优化策略分析 [J]. 新农业 (5)：72-73.

汪懋华院士，2018. 关于智慧农业释义与创新驱动发展的思考 [J]. 农业工程技术，38 (21)：24-28.

汪源，2018. 北京市"互联网＋农业"的发展模式、存在问题与对策研究 [D]. 南宁：广西大学.

王大江，BusVincentGM，王昆，等，2019. 新西兰苹果生产现状和新品种简介 [J]. 中国果树 (3)：113-116，119.

王海波，刘凤之，王孝娣，等，2013. 我国果园机械研发与应用概述 [J]. 果树学报 (30)：165-170.

王纪章，顾容榕，李萍萍，2018. 物联网技术在温室环境测控中的应用进展 [J]. 农业工程技术，38 (25)：21-27.

王晶，2020. 白城市甜菜生产现状及发展建议 [J]. 现代农业科技 (23)：73-75.

王凯，2019. 探讨小麦种植中提高效益的重要途径 [J]. 农民致富之友，599 (6)：26.

王康，2014. 山东省农业技术推广体系中技术供需主体适应性分析 [D]. 青岛：中国海洋大学.

王太祥，滕晨光，王博，2021. 新疆棉花主产区土地流入对棉花生产的影响 [J]. 干旱区资源与环境，35 (2)：47-52.

王希英，2008. 蔬菜机械化嫁接育苗生产体系的研究 [D]. 哈尔滨：东北农业大学.

王艳红，2018. 2018 意大利 EIMA 农机展上的耕种机具 [J]. 农业工程，8 (12)：3-4.

王野田，李琼，单言，等，2019. 印度农业再保险体系运行模式及其启示 [J]. 保险研究 (1)：45-57.

王永刚，2009. 我国花卉物流交易体系与发达国家的差距及改进 [J]. 郑州航空工业管理学院学报 (27)：40-43.

王苑螈，王秀英，薛永，等，2015. 利用 SSR 分子标记构建甜椒自交系的指纹图谱 [J]. 生物学杂志 (32)：96-98.

王征，宋月鹏，柳洪洁，等，2017. 我国林果木修枝机械的研究现状及其发展趋势 [J]. 中国农机化学报 (38)：126-130.

魏登峰，2016. 精细农业向智慧农业演进发展的趋势——访中国工程院院士汪懋华 [J]. 农村工作通信 (10)：22-24.

邬贺铨，2016. 新一代信息技术的发展机遇与挑战 [J]. 中国发展观察 (4)：13-15.

吴良军，2013. 果树气动修剪机应用现状与发展趋势 [J]. 园林机械 (1)：54-57.

吴曙雯，王人潮，陈晓斌，等，2002. 稻叶瘟对水稻光谱特性的影响研究 [J]. 上海交通大学学报：农业科学版 (1)：73-76，84.

谢鑫昌，杨云川，田忆，等，2021. 基于遥感的广西甘蔗种植面积提取及长势监测 [J]. 中国生态农业学报 (中英文)，29 (2)：410-422.

徐铭辰，牛媛媛，余永昌，2014. 果蔬采摘机器人研究综述 [J]. 安徽农业科学 (31)：11024-11027.

徐伟平，2017.《5 月中国农产品供需形势分析》解读——2017/18 年度中国继续减少玉米种植面积 [J]. 农产品市场周刊 (19)：48-49.

薛晓敏，路超，聂佩显，等，2012. 果树化学疏花疏果研究进展 [J]. 江西农业学报 (2)：56-61.

杨豆，2017. 苹果种植户技术服务需求研究 [D]. 咸阳：西北农林科技大学.

杨光，2019. 农业农村部印发《2019 年农业农村绿色发展工作要点》大力扶持发展植保专业服务组织 [J]. 农药市场信息 (9)：13-13.

杨仕华，程本义，沈伟峰，2004. 我国南方稻区杂交水稻育种进展 [J]. 杂交水稻，19 (5)：1-1.

杨玮，李民赞，王秀，2008. 农田信息传输方式现状及研究进展 [J]. 农业工程学报 (5)：297-301.

杨振，李建平，杨欣，等，2018. 果树枝条修剪机械装置设备研究进展 [J]. 现代农业科技 (19)：226-228.

杨洲，2015. 果园电动修剪机具与技术研究进展 [J]. 果树学报 (32)：712-719.

游来健，赵子恺，张海荣，2018. 基于 WSN 的茶园土壤信息监测系统设计 [J]. 农机化研究 (8)：178-180.

于越，曹利强，2019. 小农户与现代农业发展有机衔接的途径研究 [J]. 乡村技 (9)：46-47.

余世干，张廉洁，刘勇，等，2016. 物联网背景下的农业果实识别与监测系统研究 ［J］. 九江学院学报：自然科学版，31（2）：52-54.

翟鹏，2014. 基于机器视觉的葡萄表型特征测量 ［D］. 上海：上海交通大学.

张波，成翠霞，2019. 规模化种植背景下农技服务的改革策略 ［J］. 农家科技旬刊（6）：228.

张恒，2017. 美国农业经济发展的政策研究 ［D］. 长春：吉林大学.

张晓雯，眭海霞，陈俊江，2017. 促进"互联网＋"现代农业科学发展研究 ［J］. 农村经济（2）：95-99.

张训飞，2019. 计算机图像处理技术及其在农业工程中的应用 ［J］. 信息与电脑（理论版）（13）：11-12.

张益，孙小龙，韩一军，2019. 节水意识对小麦生产节水技术采用的影响——基于冀鲁豫的农户调查数据 ［J］. 农业技术经济，295（11）：129-138.

张跃峰，秦四春，2015. 设施园艺智能化发展趋势与路径 ［J］. 温室园艺（9）：25-28.

赵保平，毋万来，陈永利，2017. 一种便携式果树疏花疏果机械 ［J］. 西北园艺：果树（1）：50-51.

赵常，耿爱军，张姬，等，2018. 水肥药精准管理技术研究现状与发展趋势 ［J］. 中国农机化学报，39（11）：28-33.

赵春江，2019. 智慧农业发展现状及战略目标研究 ［J］. 智慧农业，1（1）：1-7.

赵将，张蕙杰，段志煌，2019. 美国农业风险管理政策体系构建及其应用效果——兼对2018年美国新农业法案动向的观察 ［J］. 农业经济问题（7）：134-144.

赵进，张越，赵丽清，等，2019. 水肥一体化智能管理系统设计 ［J］. 中国农机化学报（6）：184-290.

赵善庆，2003. 目前不宜用黄箱政策增加农业补贴 ［J］. 四川财政（11）：61.

郑爱荣，王彦华，李桂莲，等，2017. 浅谈河南苜蓿产业发展现状与对策 ［J］. 河南畜牧兽医：综合版，38（2）：25-26.

郑伟，2003. 在推进城市化进程中切实保护失地农民的利益——访省政协常委蔡镜浩 ［J］. 江苏政协（11）：14-14.

中国粮食经济杂志社中国粮食经济学会联合课题组，洪涛，王鹏昊，郄红梅，2018. 我国玉米主食产业发展现状及趋势研究 ［J］. 中国粮食经济（12）：66-69.

钟亚玲，2018. 浅谈水稻种植过程中的施肥技术 ［J］. 农民致富之友（22）：61.

钟泽宇，2016. 基于STM32的农田土壤信息采集系统 ［J］. 农业与技术（36）：24.

周长吉，2018. 周博士考察拾零（七十八）一种装配式内保温双层结构主动储放热塑料大棚 ［J］. 农业工程技术（温室园艺），38（7）：42-48.

周浩涛，贾玮，梁明远，等，2018. 现代农业——半自动化采摘机械研究 ［J］. 南方农机，49（19）：75.

周雨琦，温振英，樊晚林，等，2019. 中美花卉产业比较研究 ［J］. 北方园艺（4）：154-161.

Alawneh J I，Joerg H，Olchowy T W J，2018. Functionality and Interfaces of a Herd Health Decision Support System for Practising Dairy Cattle Veterinarians in New Zealand ［J］. Frontiers in Veterinary Science (5)：21.

Albetis J，Duthoit S，Guttler F，et al，2017. Detection of Flavescence dorée grapevine disease using unmanned aerial vehicle（UAV）multispectral imagery ［J］. Remote Sensing（9）：308.

Anderson D A，Armstrong R A，Weil E，2013. Hyperspectral sensing of disease stress in the caribbean reef-building coral，Orbicella faveolata-perspectives for the field of coral disease monitoring ［J］. PloS ONE，8 (12)：81478.

Andrea L，Yiannis A，Luigi D B，2017. Pathology：Robotic applications and management of plants and plant diseases ［J］. Sustainability，9（6）：1010.

Berdugo C A，Zito R，Paulus S，et al.，2014. Fusion of sensor data for the detection and differentiation of plant diseases in cucumber ［J］. Plant Pathology（63）：1344-1356.

Calderón R，Navas-Cortés J，Zarco-Tejada P，2015. Early detection and quantification of Verticillium wilt in olive using hyperspectral and thermal imagery over large areas ［J］. Remote Sensing，7（5）：5584-5610.

Cancela J J，M Fandiño，Rey B J，et al.，2015. Automatic irrigation system based on dual crop coefficient，soil and plant water status for Vitis vinifera（cv Godello and cv Mencía）[J]. Agricultural Water Management，89.

Giraldo J P，Wu H，Newkirk G M，et al.，2019. Nanobiotechnology approaches for engineering smart plant sensors [J]. Nature Nanotechnology，14（6）：541－553.

Guak S，Beulah M，Looney N E，2004. Auxinic blossom thinners（MCPB－Ethyl and NAA）inhibit return flowering on Fuji/M. 26 apple trees [J]. Acta Horticulturae（653）：87－93.

Haider J，Rosdiadee N，Sadik G，et al.，2017. Energy－Efficient Wireless Sensor Networks for Precision Agriculture：A Review [J]. Sensors（17）：1781.

Hehnen D，Hanrahan I，Lewis K，et al.，2012. Mechanical flower thinning improves fruit quality of apples and promotes consistent bearing [J]. Scientia Horticulturae，134：241－244.

Herrmann I，Vosberg S，Ravindran P，et al.，2018. Leaf and canopy level detection of Fusarium virguliforme（sudden death syndrome）in soybean [J]. Remote Sensing，10（3）：45.

Huang W，Lamb D W，Niu Z，et al.，2007. Identification of yellow rust in wheat using in－situ spectral reflectance measurements and airborne hyperspectral imaging [J]. Precision Agriculture，8（4－5）：187－197.

Jishi T，Kimura K，Matsuda R，et al.，2016. Effects of temporally shifted irradiation of blue and red LED light on cos lettuce growth and morphology [J]. Scientia Horticulturae，198：227－232.

Kwon C T，Heo J，Lemmon Z H，et al.，2020. Rapid customization of Solanaceae fruit crops for urban agriculture [J]. Nature Biotechnology，38（2）：182－188.

Kyoko H T，Hirashi E，2016. Molecular breeding to create optimized crops：from genetic manipulation to potential applications in plant factories [J]. Frontiers in Plant Science，7：539.

Li Y，Mo Y Q，Are K S，et al.，2021. Sugarcane planting patterns control ephemeral gully erosion and associated nutrient losses：Evidence from hillslope observation [J]. Agriculture，Ecosystems and Environment，309（12）：107289.

Liu F，Ganesan V，Smith T，2020. Contrasting communications of sustainability science in the media coverage of palm oil agriculture on tropical peatlands in Indonesia，Malaysia and Singapore [J]. Environmental Science & Policy，114（1）：162－169.

Macdaniels L H，Hildebrand E M，1940. A study of pollen germination upon the stigmas of Apple flowers treated with fungicides. [J]. Proceedings American Society for Horticultural Science：1－12.

Mahlein A K，Steiner U，Dehne H W，et al.，2010. Spectral signatures of sugar beet leaves for the detection and differentiation of diseases [J]. Precision Agriculture，11（4）：413－431.

Mahlein A K，Steiner U，Hillnhütter C，et al.，2012. Hyperspectral imaging for small－scale analysis of symptoms caused by different sugar beet diseases [J]. Plant Methods，8（1）：3.

Meyer G E，Davison D A，1987. An Electronic Image Plant Growth Measurement System [J]. Transactions of the ASAE，30（1）：165－208.

Mishra A，Karimi D，Ehsani R，et al.，2011. Evaluation of an active optical sensor for detection of Huanglongbing（HLB）disease [J]. Biosystems Engineering，110（3）：302－309.

Mohammadi V，Kheiralipour K，Ghasemi－Varnamkhasti M，2015. Detecting maturity of persimmon fruit based on image processing technique [J]. Scientia Horticulturae，184：123－128.

Monzurul I，Khan W，Anh D，et al.，2018，Assessment of ripening degree of avocado by electrical impedance spectroscopy and support vector machine [J]. Journal of Food Quality，11：1－9.

Nandi C，Tudu B，Koley C，2016. A Machine vision technique for grading of harvested mangoes based on maturity and quality [J]. IEEE Sensors Journal，16（16）：1－1.

Ray，Pratim P，2017. Internet of things for smart agriculture：Technologies，practices and future direction

[J]. Journal of Ambient Intelligence and Smart Environments，9（4）：395 – 420.

Shafi U，Mumtaz R，García - Nieto J，et al.，2019. Precision agriculture techniques and practices：From Considerations to Applications. [J]. Sensors（Basel，Switzerland），19（17）：3796.

Solomakhin A A，Blanke M M，2010. Mechanical flower thinning improves the fruit quality of apples [J]. Journal of the Science of Food & Agriculture，90（5）：735 – 741.

Sugiura R，Tsuda S，Tamiya S，et al.，2016. Field phenotyping system for the assessment of potato late blight resistance using RGB imagery from an unmanned aerial vehicle [J]. Biosystems Engineering，148：1 – 10.

Tewolde F T，Lu N，Shiina K，et al.，2016. Nighttime supplemental led inter - lighting improves growth and yield of single - truss tomatoes by enhancing photosynthesis in both winter and summer [J]. Frontiers in Plant Science，7：113.

Tian S，Jiang L，Cui X，et al.，2018. Engineering herbicide - resistant watermelon variety through CRISPR/Cas9 - mediated base - editing [J]. Plant Cell Reports，37（9）：1353 – 1356.

Tustin D S，Hooijdonk B M V，Breen K C，2018. The Planar Cordon - new planting systems concepts to improve light utilisation and physiological function to increase apple orchard yield potential [J]. Acta Horticulturae，1228：1 – 12.

Tzounis A，Katsoulas N，Bartzanas T，et al.，2017. Internet of Things in agriculture，recent advances and future challenges [J]. Biosystems Engineering，164，31 – 48.

Walsha K B，McGloneb V A，Hanc D H，2020. The uses of near infra - red spectroscopy in postharvest decision support：A review [J]. Postharvest Biology and Technology，163：111 – 139.

Wolfert S，Ge L，Verdouw C，et al.，2017. Big data in smart farming - a review [J]. Agricultural Systems，153：69 – 80.

Zhang C，Kovacs J M，2012. The application of small unmanned aerial systems for precision agriculture：a review [J]. Precision Agriculture，13（6）：693 – 712.

Zhang Y，Kacira M，An L，2016. A CFD study on improving air flow uniformity in indoor plant factory system [J]. Biosystems Engineering，147：193 – 205.

Zhao Y S，Gong L，Huang Y X，et al.，2016. Areview of key techniques of vision - based control for harvesting robot [J]. Computers and Electronics in Agriculture，127：311 – 323.

执笔人（排名不分先后）：

邓秀新　朱明　黄凰　黄远　马兆成　程运江　别之龙　产祝龙　汪懋华　李民赞　李莉
刘刚　张漫　刘元杰　张淼

附：专家技术预见调查结果

1. 智慧园艺关键技术专家调查结果　智慧园艺课题组分不同领域 52 项技术，一共调查了 34 位各领域知名专家，按照专家打分的平均值或者选项频次占总频次的比例，统计结果见附表 1 至附表 3。

2. 智慧大田关键技术专家调查结果　智慧大田课题组针对 18 项核心技术，调查近 80 位专家，按照专家打分平均值或者选项频次占总频次的比例，统计结果见附表 4 至附表 6。

附表1 "智慧园艺"主题关键技术重要性和制约因素的专家打分结果

技术名称	技术属性档次（按档次1~5排列，5为最高）					技术应用重要性（按重要性1~5排列，5为最高）			制约因素（按影响程度1~5排列，5为最高）					
	通用性	核心性	带动性	颠覆性	成熟度	经济发展	社会发展	国家安全	人才	政策	基础理论	研发投入	工业基础能力	标准规范
1. 园艺设施结构优化技术	3.57	3.86	4.43	3.00	3.57	4.29	3.86	2.43	4.00	4.14	4.29	4.29	3.86	4.00
2. 设施园艺传感器研发技术	3.86	4.57	3.43	3.57	3.00	4.00	3.57	2.43	4.14	3.14	4.14	3.86	4.14	3.57
3. 设施园艺智能装备与农业机器人研发技术	3.29	4.57	3.71	4.14	2.29	3.71	3.71	2.71	4.43	3.71	4.57	4.00	4.29	4.14
4. 设施园艺物联网和环境自动化调控技术	3.71	4.29	4.29	3.57	3.14	4.14	3.43	2.29	3.86	3.71	4.29	3.86	3.86	3.71
5. 设施园艺植物和环境模拟模型技术	3.57	4.43	3.57	3.71	2.71	3.86	3.71	2.29	3.86	3.71	4.29	4.00	3.43	3.86
6. 设施园艺植物表型研究技术	3.71	4.29	3.86	3.29	3.14	3.43	3.29	2.43	3.86	3.43	3.86	4.14	3.86	3.43
7. 设施园艺植物精准育种技术	3.57	4.43	4.00	3.86	2.43	4.14	4.00	3.14	3.86	3.86	4.14	4.14	3.29	3.14
8. 设施园艺资源集约和环境友好型无土栽培技术	2.86	3.57	3.57	3.57	3.14	3.86	3.71	2.43	3.86	3.71	4.14	4.29	3.43	3.86
9. 设施园艺植物病虫害精准识别及绿色防控技术	3.71	4.14	3.86	3.29	2.57	3.71	3.86	2.71	4.14	3.86	4.14	4.00	3.57	3.71
10. 设施园艺水肥药精准施用技术	4.14	4.29	4.29	2.86	3.14	3.86	3.86	2.71	3.57	3.86	4.29	4.00	4.00	4.29
11. 智慧种苗工厂技术	3.57	3.71	3.57	3.14	2.86	3.57	3.29	2.71	3.71	3.86	4.43	4.14	3.71	4.14
12. 智慧植物工厂和重直农场技术	2.43	3.29	2.71	3.86	2.29	3.00	3.29	2.71	4.14	3.43	4.14	4.14	3.71	3.71
13. 智慧温室技术	3.29	4.00	3.71	3.57	2.71	3.43	3.43	2.57	4.43	4.14	4.57	4.29	4.14	4.14
14. 设施园艺产品分级技术	3.29	3.57	3.43	2.86	2.86	3.57	3.29	2.43	3.14	3.00	3.57	3.29	3.43	3.43
15. 园艺产品运输技术	3.00	2.00	2.00	2.00	2.00	3.00	3.00	2.00	4.00	4.00	4.00	4.00	4.00	3.00
16. 蔬菜基地产地信息化系统构建技术	4.00	3.86	3.71	2.71	3.29	4.14	3.86	2.43	3.71	3.86	3.43	3.71	3.43	4.14

（续）

技术名称	技术属性档次（按档次 1~5 排列，5 为最高）					技术应用重要性（按重要性 1~5 排列，5 为最高）			制约因素（按影响程度 1~5 排列，5 为最高）					
	通用性	核心性	带动性	颠覆性	成熟度	经济发展	社会发展	国家安全	人才	政策	基础理论	研发投入	工业基础能力	标准规范
17. 智慧菜园精准育种技术	3.86	4.43	3.86	3.57	2.86	4.43	4.29	3.29	4.14	4.00	4.57	4.57	2.86	3.29
18. 智慧菜园环境监测技术	4.00	3.86	3.57	3.00	2.86	3.57	3.43	2.00	4.00	3.43	4.00	4.00	3.57	4.00
19. 智慧菜园生产物联网技术	3.43	3.86	3.71	3.71	2.71	3.86	3.86	2.57	4.00	3.57	4.14	4.00	3.43	3.57
20. 蔬菜全程机械化和智能化装备研发技术	3.86	4.29	3.71	3.29	2.57	3.71	3.71	2.43	3.86	3.71	3.86	3.86	4.00	4.43
21. 智慧菜园土壤管理技术	3.71	3.71	3.29	2.29	3.00	3.43	3.57	2.43	3.43	3.29	3.71	3.43	3.14	4.00
22. 智慧菜园植株生长和果实实时监测技术	2.86	3.71	3.14	3.43	2.29	3.57	3.14	2.29	3.43	3.14	3.86	3.86	4.14	3.71
23. 智慧菜园病虫害精准识别及防控技术	3.71	4.00	3.57	3.43	2.86	3.86	3.71	2.86	3.57	3.57	4.29	4.29	4.14	4.00
24. 智慧菜园水肥精准施用技术	4.29	4.14	4.00	2.86	3.14	3.86	4.00	2.86	3.29	3.57	3.86	3.71	3.43	3.86
25. 智慧菜园产品分级技术	4.00	3.57	3.43	2.43	3.29	4.00	4.00	2.43	3.29	3.43	3.43	3.57	3.57	3.57
26. 智慧菜园产品溯源技术	4.00	3.57	3.29	2.43	3.14	3.14	3.86	2.86	4.00	3.71	3.43	3.71	2.86	3.57
27. 花卉种子种苗种球标准化生产技术	2.67	3.67	3.67	3.33	3.67	4.67	4.00	2.00	4.33	2.00	3.33	4.00	3.33	3.67
28. 精准花卉调控技术	3.00	4.67	3.67	2.67	3.33	3.67	3.33	1.67	3.67	1.33	3.33	3.67	3.67	4.33
29. 花卉轻简化和省力化平台操作技术	3.67	4.33	4.33	3.33	3.33	5.00	4.33	2.00	5.00	4.00	3.33	4.33	4.33	4.33
30. 花卉设施栽培水肥一体化技术	4.33	4.00	3.67	2.67	3.67	4.00	3.67	2.00	4.00	3.00	3.67	4.33	4.00	4.33
31. 花卉株型株高控制技术	2.33	4.00	3.00	2.67	3.67	4.67	3.33	1.67	4.00	2.33	3.33	4.00	2.67	4.00
32. 花卉现代种业科技创新技术	5.00	5.00	5.00	4.67	2.67	5.00	4.67	3.67	4.67	5.00	4.00	4.67	3.67	4.33
33. 高精度国产传感器及智能监控系统研发	4.00	4.33	4.33	3.33	3.33	5.00	3.67	3.00	4.67	4.00	3.67	4.67	4.00	4.00
34. 花卉采后贮运保鲜技术	4.00	4.33	4.00	2.33	3.33	4.33	3.67	1.67	3.67	4.00	3.00	4.00	2.33	4.00

（续）

技术名称	技术属性档次（按档次1~5排列，5为最高）					技术应用重要性（按重要性1~5排列，5为最高）			制约因素（按影响程度1~5排列，5为最高）					
	通用性	核心性	带动性	颠覆性	成熟度	经济发展	社会发展	国家安全	人才	政策	基础理论	研发投入	工业基础能力	标准规范
35. 花卉鲜食及深加工等附加产值研发	1.67	2.67	2.67	2.00	2.00	2.67	2.67	1.33	3.00	2.00	2.67	2.67	2.67	2.67
36. 花卉品质分级技术	3.67	3.33	3.33	2.33	3.67	4.33	3.33	2.00	2.67	3.00	2.33	3.00	3.00	4.67
37. 花卉病虫害诊断处理及预警技术	4.67	4.00	3.67	3.33	3.33	4.00	4.00	3.00	4.67	3.00	5.00	4.67	2.67	4.00
38. 花卉设施栽培环境精准控制技术	3.33	4.33	4.33	4.00	3.67	4.67	3.33	2.33	4.67	3.67	4.67	4.67	4.00	4.33
39. 花卉供销信息网络平台和"互联网+销售"技术	3.67	3.00	4.67	3.33	3.67	4.33	4.33	3.33	3.33	4.33	3.00	3.33	2.67	2.33
40. 花卉智能物流信息系统	4.67	4.00	4.33	3.33	3.33	4.33	4.00	2.67	4.00	4.00	3.33	3.33	4.00	4.00
41. 花卉产业的生态环保及可持续发展	5.00	4.67	3.33	3.00	3.00	3.67	5.00	3.67	3.67	4.33	3.67	4.00	3.00	3.67
42. 花卉生长3D建模技术	3.67	3.67	3.67	3.33	2.67	3.00	3.00	2.00	4.00	2.33	3.67	3.67	3.67	3.33
43. 田间产量预测技术	4.31	3.81	3.75	3.31	3.94	4.50	3.75	3.06	4.00	3.44	3.81	4.44	3.88	4.13
44. 熟期预测技术	4.56	4.31	4.06	3.75	4.06	4.63	3.50	2.56	4.06	3.63	4.31	4.25	3.75	4.44
45. 信息自动采集和传输技术	4.75	4.56	4.44	4.81	4.00	4.44	4.44	3.75	4.88	4.13	4.63	4.94	4.06	4.13
46. 质量安全监测及溯源技术	4.88	4.94	4.50	4.06	3.94	4.69	4.56	4.44	4.56	4.75	3.94	4.75	3.81	4.88
47. 自动采收技术	4.44	3.88	3.88	4.13	3.50	4.56	4.13	2.69	4.56	3.50	3.81	4.75	4.38	3.94
48. 绿色保鲜技术	4.63	4.56	4.31	4.25	3.75	4.75	4.31	3.69	4.75	4.06	4.31	4.69	3.81	4.56
49. 全程冷链技术	4.50	4.25	4.31	3.56	4.38	4.81	4.25	3.13	4.38	4.13	4.00	4.19	4.25	4.63
50. 电商营销及过程监管技术	5.06	4.06	4.56	3.88	3.81	4.94	4.44	3.69	4.00	4.69	3.38	3.81	3.38	4.44
51. 智慧分选技术	4.63	4.25	4.19	4.00	3.63	4.56	4.13	2.81	4.38	3.94	4.06	4.88	4.31	4.31
52. 智慧贮藏技术	4.56	4.25	4.06	4.06	3.69	4.63	4.13	2.75	4.63	4.00	4.19	4.81	4.44	4.50

注：表中数据为专家打分平均值。

附表 2 "智慧园艺"主题关键技术研发基础和预期实现时间的专家调查结果

技术名称	研发基础					已经实现		预期实现时间							
								2025 年以前		2026—2035 年		2036—2050 年		21 世纪中叶以后	
	世界领先	接近国际水平	落后5 年	落后5~10 年	落后10 年以上	实验室实现	规模化应用	实验室实现	规模化应用	实验室实现	规模化应用	实验室实现	规模化应用	实验室实现	规模化应用
1. 园艺设施结构优化技术	13%	25%	13%	38%	0%	25%	13%	50%	25%	0%	63%	0%	25%	0%	13%
2. 设施园艺传感器研发技术	0%	0%	38%	25%	25%	38%	0%	38%	25%	13%	63%	0%	25%	0%	13%
3. 设施园艺智能装备与农业机器人研发技术	0%	13%	13%	50%	13%	25%	0%	63%	25%	13%	63%	0%	25%	0%	13%
4. 设施园艺物联网和环境自动化调控技术	0%	25%	50%	13%	0%	25%	13%	50%	38%	0%	50%	0%	25%	0%	13%
5. 设施园艺植物和环境模拟模型技术	0%	0%	38%	25%	25%	25%	0%	38%	13%	13%	63%	13%	25%	0%	25%
6. 设施园艺植物表型研究技术	0%	0%	38%	25%	25%	38%	0%	50%	13%	13%	63%	0%	25%	0%	13%
7. 设施园艺植物精准育种技术	0%	13%	25%	13%	38%	38%	0%	25%	13%	38%	38%	0%	50%	0%	13%
8. 设施园艺资源集约和环境友好型无土栽培技术	13%	13%	38%	25%	0%	38%	13%	38%	38%	0%	63%	0%	13%	0%	13%
9. 设施园艺植物病虫害精准识别及绿色防控技术	13%	13%	50%	13%	0%	25%	13%	50%	25%	0%	75%	0%	13%	0%	13%
10. 设施园艺水肥药精准用技术	13%	13%	50%	13%	0%	25%	13%	50%	38%	0%	63%	0%	13%	0%	13%
11. 智慧种苗工厂技术	13%	50%	25%	0%	0%	38%	13%	38%	38%	13%	50%	0%	13%	0%	13%
12. 智慧植物工厂和垂直农场技术	0%	50%	13%	38%	0%	13%	13%	25%	25%	38%	25%	0%	38%	0%	25%
13. 智慧温室技术	0%	25%	50%	13%	0%	13%	13%	50%	25%	13%	63%	0%	25%	0%	13%
14. 设施园艺产品分级技术	0%	13%	75%	0%	0%	25%	13%	50%	13%	25%	75%	0%	13%	0%	13%
15. 园艺产品运输技术	0%	0%	13%	0%	0%	0%	0%	13%	0%	0%	13%	0%	0%	0%	0%

（续）

技术名称	研发基础					预期实现时间									
	世界领先	接近国际水平	落后5年	落后5~10年	落后10年以上	已经实现		2025年以前		2026—2035年		2036—2050年		21世纪中叶以后	
						实验室实现	规模化应用	实验室实现	规模化应用	实验室实现	规模化应用	实验室实现	规模化应用	实验室实现	规模化应用
16. 蔬菜基地产地信息化系统构建技术	14%	0%	57%	29%	0%	29%	29%	43%	29%	14%	71%	0%	29%	0%	14%
17. 智慧菜园精准育种技术	0%	14%	14%	43%	29%	29%	14%	29%	0%	29%	43%	14%	43%	0%	29%
18. 智慧菜园环境监测技术	0%	43%	57%	0%	0%	57%	14%	43%	29%	0%	86%	0%	14%	0%	14%
19. 智慧菜园生产物联网技术	14%	29%	29%	29%	0%	29%	14%	43%	29%	14%	71%	0%	29%	0%	14%
20. 蔬菜全程机械化和智能化装备研发技术	0%	0%	57%	29%	14%	0%	29%	43%	14%	29%	86%	0%	29%	0%	14%
21. 智慧菜园土壤管理技术	14%	29%	57%	0%	0%	43%	14%	43%	57%	0%	57%	0%	14%	0%	14%
22. 智慧菜园植株生长和果实实时监测技术	0%	0%	57%	43%	0%	14%	0%	71%	14%	14%	71%	0%	29%	0%	29%
23. 智慧菜园病虫害精准识别及防控技术	0%	29%	43%	14%	14%	14%	14%	43%	29%	29%	57%	0%	43%	0%	14%
24. 智慧菜园水肥药精准施用技术	0%	43%	43%	14%	0%	29%	14%	43%	43%	14%	57%	0%	29%	0%	14%
25. 智慧菜园产品分级技术	0%	0%	86%	0%	14%	14%	29%	43%	29%	14%	71%	14%	29%	0%	14%
26. 智慧菜园产品溯源技术	0%	29%	57%	14%	0%	29%	43%	57%	14%	0%	71%	0%	14%	0%	14%
27. 花卉种子种苗和球标准化生产技术	0%	0%	33%	0%	67%	33%	0%	0%	0%	67%	33%	0%	67%	0%	0%
28. 精准花期调控技术	0%	0%	0%	100%	0%	0%	0%	100%	0%	0%	100%	0%	0%	0%	0%
29. 花卉轻简化和省力化平台操作技术	0%	0%	0%	33%	33%	33%	0%	33%	33%	33%	33%	0%	33%	0%	0%
30. 花卉设施栽培水肥一体化技术	0%	33%	0%	67%	0%	33%	33%	33%	33%	0%	33%	0%	0%	0%	0%
31. 花卉株型高控制技术	0%	33%	67%	0%	0%	67%	33%	0%	67%	0%	0%	0%	0%	0%	0%
32. 花卉现代种业科技创新技术	0%	0%	33%	33%	33%	0%	0%	33%	33%	33%	0%	0%	33%	0%	0%

（续）

技术名称	研发基础					已经实现		预期实现时间							
	世界领先	接近国际水平	落后5年	落后5~10年	落后10年以上	实验室实现	规模化应用	2025年以前		2026—2035年		2036—2050年		21世纪中叶以后	
								实验室实现	规模化应用	实验室实现	规模化应用	实验室实现	规模化应用	实验室实现	规模化应用
33. 高精度国产传感器及智能监控系统研发	0%	0%	33%	33%	33%	33%	0%	0%	67%	33%	0%	0%	33%	0%	0%
34. 花卉采后贮运保鲜技术	0%	67%	0%	33%	0%	0%	33%	33%	33%	0%	33%	0%	0%	0%	0%
35. 花卉鲜食及深加工等附加值研发	0%	33%	0%	0%	0%	33%	33%	0%	33%	0%	0%	0%	0%	0%	0%
36. 花卉品质分级技术	0%	33%	33%	33%	0%	67%	0%	0%	100%	0%	0%	0%	0%	0%	0%
37. 花卉病虫害诊断处理及预警技术	0%	0%	33%	0%	67%	33%	0%	33%	33%	33%	0%	0%	33%	0%	0%
38. 花卉设施栽培环境精准控制技术	0%	0%	0%	67%	33%	67%	0%	0%	67%	33%	0%	0%	33%	0%	0%
39. 花卉供销信息网络平台和"互联网+销售"技术	67%	33%	0%	0%	0%	0%	100%	0%	0%	0%	0%	0%	0%	0%	0%
40. 花卉智能物流信息系统	0%	67%	0%	0%	33%	0%	0%	0%	67%	33%	0%	0%	33%	0%	0%
41. 花卉产业的生态环保及可持续发展	0%	0%	0%	67%	33%	0%	0%	33%	33%	0%	67%	0%	0%	0%	0%
42. 花卉生长3D建模技术	0%	0%	33%	33%	33%	0%	0%	33%	33%	6%	33%	0%	33%	0%	0%
43. 田间产量预测技术	0%	44%	50%	6%	0%	44%	19%	31%	31%	6%	19%	0%	0%	0%	0%
44. 熟期预测技术	7%	53%	20%	20%	0%	56%	25%	13%	25%	6%	25%	6%	0%	0%	0%
45. 信息自动采集和传输技术	0%	38%	44%	19%	0%	44%	6%	38%	31%	0%	31%	0%	0%	0%	0%
46. 质量安全监测及溯源技术	0%	31%	38%	25%	6%	56%	13%	31%	19%	0%	38%	0%	6%	0%	0%
47. 自动采收技术	0%	13%	38%	44%	6%	25%	13%	38%	19%	19%	25%	0%	19%	0%	0%
48. 绿色保鲜技术	13%	38%	31%	19%	0%	44%	19%	25%	25%	0%	50%	0%	0%	0%	0%
49. 全程冷链技术	0%	50%	31%	19%	0%	56%	25%	6%	38%	6%	25%	0%	0%	0%	0%
50. 电商营销及过程监管技术	38%	50%	13%	0%	0%	38%	50%	19%	31%	0%	19%	0%	6%	0%	0%
51. 智慧分选技术	6%	19%	63%	13%	0%	38%	6%	38%	31%	6%	31%	0%	6%	0%	0%
52. 智慧贮藏技术	6%	25%	38%	25%	6%	44%	0%	31%	31%	6%	38%	0%	6%	0%	0%

注：表中数据为专家调查选项频次占总频次的百分比。

附表 3 "智慧园艺"主题关键技术研发领先的国家的专家调查结果

技术名称	美国	加拿大	英国	法国	德国	荷兰	澳大利亚	新西兰	印度	日本	韩国	以色列	中国
1. 园艺设施结构优化技术	13%	13%	0%	0%	0%	88%	0%	0%	0%	13%	0%	13%	25%
2. 设施园艺传感器研发技术	50%	0%	0%	0%	38%	63%	0%	0%	0%	25%	0%	0%	0%
3. 设施园艺智能装备与农业机器人研发技术	25%	0%	0%	0%	0%	75%	0%	0%	0%	50%	0%	0%	0%
4. 设施园艺物联网和环境自动化调控技术	38%	0%	0%	0%	0%	88%	0%	0%	0%	25%	13%	13%	0%
5. 设施园艺植物和环境模拟模型技术	13%	13%	0%	0%	0%	88%	0%	0%	0%	13%	0%	25%	0%
6. 设施园艺植物表型研究技术	50%	0%	0%	0%	13%	50%	0%	0%	0%	0%	0%	13%	0%
7. 设施园艺植物精准育种技术	13%	0%	0%	0%	0%	88%	0%	0%	0%	13%	0%	63%	0%
8. 设施园艺资源集约和环境友好型无土栽培技术	13%	0%	0%	0%	0%	63%	0%	0%	0%	50%	0%	13%	13%
9. 设施园艺植物病虫害精准识别及绿色防控技术	38%	0%	0%	0%	0%	75%	0%	0%	0%	25%	0%	38%	0%
10. 设施园艺水肥药精准施用技术	0%	0%	0%	0%	0%	88%	0%	0%	0%	25%	0%	63%	13%
11. 智慧种苗工厂技术	63%	0%	0%	0%	0%	50%	0%	0%	0%	50%	0%	0%	13%
12. 智慧植物工厂和垂直农场技术	75%	0%	0%	0%	13%	0%	0%	0%	0%	50%	0%	0%	13%
13. 智慧温室技术	0%	13%	0%	0%	0%	88%	0%	0%	0%	13%	0%	13%	13%
14. 设施园艺产品分级技术	38%	0%	0%	0%	13%	75%	0%	0%	0%	38%	0%	0%	0%
15. 园艺产品运输技术	13%	0%	0%	0%	0%	13%	0%	0%	0%	0%	0%	0%	0%
16. 蔬菜基地产地信息化系统构建技术	43%	0%	0%	0%	0%	57%	0%	0%	0%	14%	0%	29%	14%
17. 智慧菜园精准育种技术	43%	0%	0%	0%	14%	71%	0%	0%	0%	43%	0%	29%	0%
18. 智慧菜园环境监测技术	57%	0%	0%	0%	0%	86%	0%	0%	0%	14%	0%	14%	0%
19. 智慧菜园生产物联网技术	43%	0%	0%	0%	0%	71%	0%	0%	0%	0%	14%	29%	0%
20. 蔬菜全程机械化和智能化装备研发技术	29%	0%	0%	0%	14%	57%	0%	0%	0%	57%	0%	0%	0%
21. 智慧菜园土壤管理技术	29%	0%	0%	0%	0%	43%	0%	0%	0%	57%	0%	14%	14%
22. 智慧菜园植株生长和果实时监测技术	29%	0%	0%	0%	14%	86%	0%	0%	0%	0%	0%	29%	0%
23. 智慧菜园虫害精准识别及防控技术	57%	0%	0%	0%	0%	43%	0%	0%	0%	29%	0%	14%	0%
24. 智慧菜园水肥药精准施用技术	29%	0%	0%	0%	0%	43%	0%	0%	0%	29%	0%	86%	14%
25. 智慧菜园产品分级技术	43%	0%	0%	0%	0%	100%	0%	0%	0%	0%	0%	14%	0%
26. 智慧菜园产品溯源技术	43%	14%	0%	0%	0%	43%	0%	0%	0%	57%	14%	14%	14%

（续）

技术名称	美国	加拿大	英国	法国	德国	荷兰	澳大利亚	新西兰	印度	日本	韩国	以色列	中国
27. 花卉种子种苗种球标准化生产技术	33%	0%	0%	0%	0%	100%	0%	0%	0%	33%	0%	0%	0%
28. 精准花期调控技术	0%	0%	0%	0%	0%	100%	0%	0%	0%	67%	0%	0%	0%
29. 花卉轻简化和省力化平台化操作技术	67%	0%	0%	0%	33%	67%	0%	0%	0%	0%	0%	33%	0%
30. 花卉设施栽培水肥一体化技术	0%	0%	0%	0%	33%	100%	0%	0%	0%	0%	0%	67%	0%
31. 花卉株型调控及株高控制技术	33%	0%	0%	0%	0%	67%	0%	0%	0%	33%	0%	0%	0%
32. 花卉现代种业科技创新技术	33%	0%	33%	0%	0%	67%	0%	0%	0%	33%	0%	0%	0%
33. 高精度国产传感器及智能监控系统研发	33%	0%	0%	0%	67%	33%	0%	0%	0%	0%	0%	0%	33%
34. 花卉采后贮运保鲜技术	0%	0%	0%	0%	0%	100%	0%	0%	0%	100%	0%	0%	0%
35. 花卉鲜食及深加工等增加产值研发	0%	0%	0%	33%	0%	0%	0%	0%	0%	33%	0%	0%	67%
36. 花卉品质分级技术	0%	0%	0%	0%	0%	100%	0%	0%	0%	100%	0%	0%	0%
37. 花卉病虫害诊断处理及预警技术	67%	0%	0%	0%	0%	100%	0%	0%	0%	0%	0%	0%	0%
38. 花卉设施栽培环境精准控制技术	0%	0%	0%	0%	0%	100%	0%	0%	0%	0%	0%	67%	0%
39. 花卉供销信息网络平台和"互联网+销售"技术	0%	0%	0%	0%	0%	100%	0%	0%	0%	0%	0%	0%	100%
40. 花卉智能物流信息系统	100%	0%	0%	0%	0%	67%	0%	0%	0%	33%	0%	0%	0%
41. 花卉产业的生态环保及可持续发展	0%	0%	33%	0%	0%	67%	0%	0%	0%	33%	0%	0%	0%
42. 花卉生长 3D 建模技术	33%	0%	33%	0%	67%	67%	0%	7%	0%	33%	0%	0%	0%
43. 田间产量预测技术	80%	7%	13%	0%	0%	7%	13%	7%	0%	13%	0%	20%	7%
44. 熟期预测技术	60%	0%	0%	0%	0%	20%	0%	27%	0%	13%	0%	27%	20%
45. 信息自动采集和传输技术	60%	13%	0%	0%	27%	7%	7%	0%	0%	20%	0%	13%	7%
46. 质量安全监测及溯源技术	67%	7%	0%	7%	13%	0%	7%	7%	0%	40%	0%	0%	7%
47. 自动采收技术	80%	20%	0%	0%	40%	0%	0%	13%	0%	0%	0%	0%	0%
48. 绿色保鲜技术	33%	7%	0%	7%	0%	20%	13%	27%	0%	7%	7%	7%	27%
49. 全程冷链技术	67%	7%	7%	7%	13%	0%	0%	27%	0%	27%	7%	0%	13%
50. 电商营销及过程监管技术	27%	0%	0%	0%	0%	7%	0%	0%	0%	7%	0%	0%	80%
51. 智慧分选技术	47%	0%	0%	0%	0%	7%	0%	20%	0%	47%	0%	0%	20%
52. 智慧贮藏技术	47%	7%	7%	0%	13%	0%	13%	27%	0%	7%	0%	0%	7%

注：表中数据为专家调查选项频次占总频次的百分比。

附表4 "智慧大田"主题关键技术重要性和制约因素的专家打分结果

技术名称	技术属性档次 (按档次1~5排列，5为最高)					技术应用重要性 (按重要性1~5排列，5为最高)			制约因素 (按影响程度1~5排列，5为最高)					
	通用性	核心性	带动性	颠覆性	成熟度	经济发展	社会发展	国家安全	人才	政策	基础理论	研发投入	工业基础能力	标准规范
1. 大田种植土壤信息获取与感知关键技术	4.36	4.25	3.79	3.55	3.30	4.24	3.83	2.92	4.05	3.15	4.15	4.12	3.66	3.58
2. 大田种植作物生长信息获取与感知关键技术	4.22	4.11	4.07	3.66	3.52	4.21	3.82	3.01	3.94	3.25	3.95	4.03	3.57	3.55
3. 大田种植作物表型信息获取与感知关键技术	3.71	3.93	3.75	3.68	3.12	3.96	3.66	3.01	4.02	3.17	3.89	4.01	3.51	3.58
4. 大田种植作物病虫害信息获取与感知关键技术	3.93	4.13	3.90	3.50	3.32	4.29	3.98	3.44	4.01	3.39	3.74	4.05	3.33	3.69
5. 大田种植物联网关键技术	3.46	3.55	3.66	3.13	3.86	4.00	3.78	3.12	3.69	3.44	3.33	3.81	3.60	3.69
6. 大田作物和环境模拟模型技术	3.46	3.61	3.30	3.22	3.07	3.55	3.25	2.49	3.74	2.94	3.85	3.86	2.90	3.19
7. 大田种植大数据关键技术	3.93	3.90	3.89	3.57	3.27	4.11	3.77	3.60	4.01	3.53	3.67	3.99	3.23	3.87
8. 大田种植智慧管理云计算与云服务技术	4.09	3.75	3.65	3.18	3.31	4.02	3.71	3.13	3.88	3.50	3.42	3.89	3.24	3.73
9. 大田种植水肥药一体化及高效施用技术	3.95	3.79	3.71	3.07	3.78	4.11	3.78	2.70	3.62	3.44	3.23	3.72	3.42	3.73

（续）

技术名称	技术属性档次（按档次 1～5 排列，5 为最高）					技术应用重要性（按重要性 1～5 排列，5 为最高）				制约因素（按影响程度 1～5 排列，5 为最高）				
	通用性	核心性	带动性	颠覆性	成熟度	经济发展	社会发展	国家安全	人才	政策	基础理论	研发投入	工业基础能力	标准规范
10. 大田种植变量追肥装备关键技术	3.95	3.68	3.66	3.18	3.78	4.05	3.66	2.67	3.67	3.37	3.39	3.89	3.57	3.64
11. 农业机械自动导航及作业技术	4.39	4.02	4.11	3.34	3.91	4.21	4.05	3.05	3.78	3.55	3.35	3.91	3.83	3.86
12. 移动式喷灌机及精细灌溉技术	3.93	3.45	3.50	2.98	4.09	3.93	3.66	2.48	3.51	3.37	2.96	3.49	3.48	3.50
13. 大田作物自动收获机械与测产技术	3.89	4.04	3.93	3.41	3.69	4.08	3.80	3.09	3.83	3.37	3.44	3.85	3.69	3.82
14. 自主导航电动农业机械关键技术	3.89	3.73	3.75	3.52	3.33	3.84	3.55	2.89	3.83	3.43	3.27	3.92	3.87	3.67
15. 大田种植农田作业机器人技术	3.62	3.85	3.61	4.16	2.60	3.89	3.87	3.04	4.16	3.37	3.77	4.23	3.96	3.66
16. 大田种植无人机遥感应用与灾害防控技术	4.14	3.89	3.80	3.51	3.57	4.13	3.85	3.51	3.99	3.64	3.62	3.74	3.71	3.73
17. 无人农场关键技术	3.58	3.74	3.69	3.94	2.83	3.87	3.88	3.01	4.21	3.68	3.59	4.08	3.85	3.92
18. 智能手机成为农业装备	4.20	3.45	3.77	3.15	3.53	3.82	3.64	2.92	3.65	3.25	3.07	3.55	3.35	3.69

注：表中数据为专家打分平均值。

附表 5 "智慧大田"主题关键技术研发基础和预期实现时间的专家调查结果

技术名称	研发基础					预期实现时间									
	世界领先	接近国际水平	落后5年	落后5~10年	落后10年以上	已经实现		2025年以前		2026—2035年		2036—2050年		21世纪中叶以后	
						实验室实现	规模化应用	实验室实现	规模化应用	实验室实现	规模化应用	实验室实现	规模化应用	实验室实现	规模化应用
1. 大田种植土壤信息获取与感知关键技术	0%	50%	20%	30%	0%	25%	5%	35%	0%	10%	15%	0%	10%	0%	0%
2. 大田种植作物生长信息获取与感知关键技术	5%	40%	40%	10%	5%	15%	10%	35%	15%	0%	10%	5%	10%	0%	0%
3. 大田种植作物表型信息获取与感知关键技术	10%	40%	30%	15%	5%	15%	5%	35%	15%	5%	5%	5%	10%	5%	0%
4. 大田种植作物病虫害信息获取与感知关键技术	10%	35%	40%	10%	5%	15%	5%	35%	10%	15%	5%	0%	10%	5%	0%
5. 大田种植物联网关键技术	5%	55%	35%	5%	0%	20%	15%	25%	15%	5%	10%	0%	10%	0%	0%
6. 大田作物和环境模拟模型技术	5%	40%	25%	15%	15%	25%	5%	30%	5%	5%	10%	5%	10%	5%	0%
7. 大田种植大数据关键技术	5%	60%	25%	0%	10%	20%	5%	30%	15%	15%	5%	0%	10%	0%	0%
8. 大田种植智慧管理云计算与云服务技术	5%	60%	25%	0%	10%	20%	5%	30%	10%	10%	10%	5%	10%	0%	0%
9. 大田种植水肥药一体化及高效施用技术	5%	30%	40%	15%	10%	25%	10%	15%	15%	5%	20%	0%	10%	0%	0%

（续）

技术名称	研发基础					预期实现时间									
						已经实现		2025年以前		2026—2035年		2036—2050年		21世纪中中以后	
	世界领先	接近国际水平	落后5年	落后5~10年	落后10年以上	实验室实现	规模化应用	实验室实现	规模化应用	实验室实现	规模化应用	实验室实现	规模化应用	实验室实现	规模化应用
10. 大田种植变量追肥装备关键技术	0%	30%	55%	10%	5%	15%	5%	25%	10%	20%	15%	5%	5%	0%	0%
11. 农业机械自动导航及作业技术	5%	40%	45%	5%	5%	15%	10%	30%	10%	0%	25%	5%	5%	0%	0%
12. 移动式喷灌机及精细灌溉技术	0%	35%	40%	15%	10%	20%	10%	15%	20%	10%	20%	0%	5%	0%	0%
13. 大田作物自动收获机械与测产技术	0%	35%	30%	20%	15%	15%	10%	25%	20%	10%	15%	0%	5%	0%	0%
14. 自主导航电动农业机械关键技术	0%	40%	45%	5%	10%	25%	5%	20%	5%	25%	15%	0%	5%	0%	0%
15. 大田种植农田作业机器人技术	0%	25%	40%	25%	10%	25%	0%	25%	5%	10%	10%	15%	10%	0%	0%
16. 大田种植无人机遥感应用与灾害防控技术	5%	50%	40%	0%	5%	15%	15%	25%	15%	10%	10%	0%	10%	0%	0%
17. 无人农场关键技术	0%	35%	50%	5%	10%	15%	5%	15%	5%	25%	10%	5%	5%	10%	5%
18. 智能手机成为农业装备	15%	50%	25%	5%	5%	15%	10%	45%	10%	5%	5%	0%	10%	0%	0%

注：表中数据为专家选项频次占总频次的百分比。

附表 6 "智慧大田"主题关键技术研发领先的国家的专家调查结果

技术名称	美国	加拿大	英国	法国	德国	荷兰	澳大利亚	新西兰	印度	日本	韩国	以色列	中国	其他国家
1. 大田种植土壤信息获取与感知关键技术	100%	30%	25%	5%	50%	20%	15%	10%	0%	35%	0%	25%	15%	0%
2. 大田种植作物生长信息获取与感知关键技术	90%	30%	20%	15%	40%	55%	20%	10%	0%	35%	5%	30%	15%	0%
3. 大田种植作物表型信息获取与感知关键技术	95%	30%	25%	20%	45%	55%	25%	5%	0%	25%	10%	25%	15%	0%
4. 大田种植作物病虫害信息获取与感知关键技术	100%	20%	35%	20%	35%	40%	15%	5%	5%	25%	10%	35%	15%	0%
5. 大田种植物联网关键技术	95%	15%	35%	20%	30%	45%	20%	5%	5%	45%	10%	20%	25%	0%
6. 大田作物和环境模拟模型技术	75%	25%	30%	30%	20%	40%	20%	5%	0%	30%	5%	40%	15%	0%
7. 大田种植大数据关键技术	100%	25%	30%	10%	30%	40%	20%	15%	5%	25%	10%	25%	20%	0%
8. 大田种植智慧管理云计算与云服务技术	100%	20%	30%	10%	40%	25%	20%	15%	0%	25%	10%	25%	20%	0%

（续）

技术名称	美国	加拿大	英国	法国	德国	荷兰	澳大利亚	新西兰	印度	日本	韩国	以色列	中国	其他国家
9. 大田种植水肥药一体化及高效施用技术	75%	30%	20%	15%	25%	45%	15%	10%	0%	45%	10%	40%	15%	0%
10. 大田种植变量追肥装备关键技术	90%	20%	35%	10%	40%	25%	10%	5%	0%	40%	5%	30%	15%	0%
11. 农业机械自动导航及作业关键技术	85%	25%	30%	10%	25%	15%	10%	10%	0%	55%	10%	15%	10%	0%
12. 移动式喷灌机及精细灌溉技术	85%	30%	25%	15%	15%	10%	20%	5%	0%	35%	0%	35%	10%	0%
13. 大田作物自动收获机械与测产技术	100%	30%	40%	15%	45%	20%	20%	10%	0%	35%	5%	15%	15%	0%
14. 自主导航电动农业机械关键技术	85%	15%	30%	10%	30%	25%	10%	5%	0%	45%	5%	0%	15%	0%
15. 大田种植农田作业机器人技术	80%	10%	40%	5%	50%	15%	20%	5%	0%	60%	10%	20%	15%	0%
16. 大田种植无人机遥感应用与灾害防控技术	95%	20%	25%	10%	20%	15%	10%	5%	0%	40%	5%	15%	20%	0%
17. 无人农场关键技术	75%	10%	60%	5%	35%	25%	15%	5%	0%	45%	5%	20%	15%	0%
18. 智能手机成为农业装备	70%	15%	35%	5%	30%	25%	20%	5%	0%	30%	15%	20%	30%	0%

注：表中数据为专家调查选项频次占总频次的百分比。

第二十四章

智慧养殖业发展战略研究

第一节 相关概念界定

一、智慧畜牧业

(一)智慧畜牧业概念与内涵

智慧畜牧业是紧跟智慧农业而提出的一种畜牧发展模式，其核心是将新一代信息技术和传统畜牧技术深度结合，实现营养供给精准化、过程控制智能化、生产决策科学化，达到产业效率提升和行业宏观调控优化的目的。具体来讲，智慧畜牧业是以互联网、物联网、3S、大数据、云计算、人工智能、区块链等新一代信息技术为依托，以信息技术高度集成、数据信息资源共享与深度挖掘为主要特征，发挥动态监控、精准生产、全产业链溯源等网络化行业服务功能，实现集畜牧业宏观布局、绿色健康养殖、安全屠宰、无害化养殖废弃物处理、放心流通、绿色消费、有源追溯为一体的一种现代畜牧业发展模式。

(二)中国发展智慧畜牧业的战略意义

畜牧业是我国农业的重要组成部分，是关系到我国居民肉、奶供应的民生产业。猪肉是我国单项产值最大的农产品，接近于全国种植业的总产值。生猪产业链从业人员约为7 200万人。我国是畜牧养殖大国，但不是强国。畜牧业发展到了瓶颈期，亟须突破当前养殖生产以人力为主，管理、经营粗犷，资源利用效率低下的现状。我国畜牧业发展面临的问题包括：①畜产品消费增速放缓，使得增产和增收之间矛盾突出，需要实现差异化畜产品生产；②资源环境约束趋紧，给传统养殖方式带来巨大挑战，绿色畜牧业的高效生产模式亟待探索；③廉价畜产品进口给我国畜牧业带来冲击，急需提升我国畜产品的竞争力；④育种和饲料原料数据库建设等关键"卡脖子"技术亟待突破。与畜牧强国相比，我国在养殖过程控制、养殖废弃物处理、动物福利、智能化设施等方面存在较大差距，精细化、智慧化、环保化是公认的畜牧业发展出路。

近年来，我国智慧畜牧业科技创新发展迅速，在支撑规模化畜牧养殖快速发展过程中起到了关键作用。以先进传感感知为代表的畜牧养殖过程感知技术成为提升养殖动物健康和产品质量的发展新动态；以先进饲喂系统为代表的精准作业装备已经成为提升养殖业资源利用效率和产业节本增效的主流技术；以自动挤奶系统为代表的养殖业机器人技术成为降低养殖生产对人工依赖和从事"脏、累、险"工作的必然选择。智慧畜牧业可以汇聚行业数据并转化为生产力，促进产业升级，助力实现中国畜牧业的弯道超车。

发展智慧畜牧业，完善畜牧业信息采集传输、数据分析处理等信息基础设施，建成集规模场户养殖信息、生产预警、疫病防控与畜产品质量追溯等一体化的畜牧大数据综合服务平台可实现以下几点利好：①推进非常规饲料原料的高效利用，缓解"人畜争粮"现象，推进资源全面节约和循环利用；②完成区域畜牧养殖种类组成、数量及分布动态监控，指导依据区域资源条件和环境承载能力战略性调整畜牧养殖区域布局，提出补栏与停止补栏的重要建议；③完成区域饲料需求量预测及原料需求供应状况监测，指导大宗饲料原料的交易流通；④完成区域肉、奶等畜产品供应量预测，结合畜产品市场动态信息，为政府引导、市场主导下的畜产品市场供应调控提供支持；⑤动态监控区域生猪、牛、羊等群体健康状况及预警，动态预测动保产品需求量，结合其供应状况，做好畜牧重大疫病风险的防范与化解，并完成病死动物数量、分布监测及资源化处理监管；⑥动态监测区域畜牧养殖废弃物产生状况，指导科学划定畜牧养殖禁养区，进行区域及流域的畜牧养殖废弃物的总量控制，完成规模化养殖场粪便的资源化利用，实现畜牧养殖与自然的和谐发展；⑦完成畜产品的全产业链风险监测、质量追溯及信用评价体系建设，保障畜产品安全，加强食品安全监管体系建设，严守畜产品从养殖场到餐桌的每一道防线，确保畜产品的安全供应；⑧获取区域畜牧业全链条数据并进行深度信息挖掘，支持统筹规划畜牧生产政策调整及行业监管等。

二、智慧禽业

（一）智慧禽业概念与内涵

智慧禽业是指以网络为基础，借助移动互联网、物联网、3S、大数据、云计算、人工智能等新一代信息技术，全面感知现代家禽生产要素与生产环境，可靠传输数据信息资源，智能处理、深度挖掘海量养殖业数据。通过实时监控、精准化生产控制、全产业链溯源等网络化行业服务功能，实现现代家禽产前、产中及产后的个性化服务，以期达到家禽生产的全透明管理，最小化各种资源的投入，最大化家禽产品的产出，包括数量与质量及环境的综合效益的改善，实现节本增效及提质增效的多赢效果，形成以自动化生产、最优化控制、智能化管理、系统化物流和电子化交易为主要生产方式的高产、高效、低耗、优质、生态和安全的一种现代禽业发展模式与形态。

（二）中国发展智慧禽业的战略意义

家禽养殖业是我国养殖业的重要支柱，同时也是调整养殖业结构、增加农民收入以及实现乡村振兴战略的重要途径。当前，我国养殖业主要特征体现在：①总产值大。2016 年，我国畜禽养殖业年总产值近 3.17 万亿元，占全国农林牧渔业总产值的 1/3。②就业人口数量大。家禽产业链从业人员约为 9 000 万人。③关联产业多，产业带动作用大。现代禽养殖业涉及种业、饲料、兽药、皮毛加工、食品加工、生物肥料、养殖设施设备、物流等多个产业。④经济效益提升潜力巨大。我国家禽养殖规模世界第一，但由于技术相对落后，家禽养殖效益仍不及世界平均水平，养殖成本远高于发达国家，家禽养殖业生产水平、资源利用效率以及劳动生产率明显偏低，同时家禽养殖业的现代化程度明显落后。

我国自 2005 年中央 1 号文件《中共中央 国务院关于进一步加强农村工作提高农业综合生产能力若干政策的意见》首次提出农业信息化建设以来，信息技术与现代农业的融合就备受政府关注，并出台了相应的战略规划。《中共中央 国务院关于实施乡村振兴战略的意见》、《中共中央 国务院关于打赢脱贫攻坚战的决定》《国务院关于积极推进"互联网＋"行动的指导意见》（国发〔2015〕40 号）、《国务院关于加快推进农业机械化和农机装备产业转型升级的指导意见》（国发〔2018〕42 号）等国家发展战略，明确了"畜禽养殖设施化、生产规范化""推进我国农机装备产业转型升级，加强科研机构、设备制造企业联合攻关，加快研发养殖业等农林机械，发展高端农机装备制造""在畜禽标准化规模养殖基地，推动饲料精准投放、废弃物自动回收等智能设备的应用普及和互联互通""力争到 2025 年，农机装备品类基本齐全，产品质量可靠性达到国际先进水平。设施农业、畜牧养殖、水产养殖和农产品初加工机械化率总体达到 50% 左右"等规定，以促进产业的转型升级发展。因此，通过发展智慧禽业等现代养殖业技术，提升我国家禽养殖业的科技创新水平，完全符合国家发展家禽养殖业的政策，也是我国家禽养殖业可持续发展的大势所趋。

三、智慧渔业

（一）智慧渔业的概念和内涵

智慧渔业就是应用物联网、大数据、空间信息技术（遥感、地理信息系统、全球定位系统）、云计算、人工智能、5G 等新一代信息技术，通过渔业生产要素的在线化、数据化和网络化，实现渔业生产要素的优化配置和系统集成，使人们以更加精细和动态的方式管理渔业生产，提升人们对渔业物理世界实时控制和精确管理能力，从而实现渔业的资源优化配置和科学智能决策。智慧渔业的基本特征是渔业生产装备化、生产装备数字化、装备网联化、决策智能化。渔业生产装备化就是渔业生产的全过程都通过装备完成，实现对体力劳动的完全替换；生产装备数字化就是对水产养殖环境、装备作业状态、养殖对象都可以进行数字化的描述；装备网联化就是实现渔业装备的联网，装备之间可以实时通信；决策智能化就是渔业生产的全过程决策由计算机智能提供决策支持。

（二）中国发展智慧渔业的战略意义

我国水产养殖业取得了辉煌的业绩，但是由传统水产养殖模式而产生的生态、资源问题也日益突出。在淡水养殖过程中，饲料中能被鱼体吸收的大概占了 0%～35%，全国 423 条主要河流、62 座重点湖泊（水库）的 968 个国控地表水监测断面中较差级的监测点比例为 45.4%，极差级的监测点比例为 16.1%。近 10 年来我国水污染事件高发，水污染事故近几年每年都在 1 700 起以上，而我国人均水资源占有量仅 2 300 米³，占世界平均水平（9 200 米³）的 1/4。我国养殖业用水利用率仅为 0.84 千克/米³，而欧盟已达到了 30 千克/米³。水体恶化、水资源短缺都将阻碍水产养殖业的发展，若继续走传统粗放、牺牲环境与资源的老路，无异于饮鸩止渴。如何大幅提高水产品养殖业集约化程度的同时保证水产品质量，提高资源利用效率，加强各养殖环节的信息衔接，全面降低生产经营成本，并依次实现精准、自动、无人化生产是摆在我国渔业生产面前的根本问题。

发展智慧渔业就是要通过物联网、大数据、人工智能、机器人、5G 等新一代信息技术在工厂化养殖、网箱养殖、池塘养殖、海洋牧场等应用，革新目前的养殖模式，实现工厂数字化养殖、网箱自动化养殖、池塘精准养殖，最终有效改善水产养殖造成的环境和资源问题，解决水产养殖行业劳动力结构问题。在准确信息与业务模型指导下，实现智能化作业，摆脱人的约束，以优于人为控制的合理性与准确性保持更长时间的运行。突破当前水产养殖生产以人力为主，管理、经营粗犷，资源利用效率低下的格局，开创以感知信息为决策依据，以机器为劳力主体，解放设备生产力，实现生产的长时无人值守，大幅提高水产品养殖业的集约化程度与质量，提高资源利用效率，加强各养殖环节的信息衔接，全面降低生产经营成本，依次实现精准、自动、无人化生产。因此，发展智慧渔业对我国渔业转型升级意义重大。

第二节 发展背景与现状分析

一、畜牧业发展背景与现状

(一) 发展现状

1. 国外智慧畜牧业发展现状 2009 年 1 月 28 日，IBM 首次提出"智慧地球"概念，即利用各种创新的感知技术嵌入不同的设施，使物质数据化、网络化，并利用先进技术和超级计算机对海量数据信息深入分析，最终帮助人类在生产经营活动中做出正确的决策。随后，此概念也在包括畜牧业在内的农业中开始应用。2012 年，欧盟出台了《信息技术与农业战略研究路线图》，明确在养殖业领域发展精准畜牧产业，重点发展养殖环境自动控制、养殖产品质量自动控制和智能机器人等技术，提升养殖业管理效率。加拿大联邦政府预测与策划组织（Policy Horizons Canada）在其发布的《元扫描 3：新兴技术与相关信息图》（*Meta Scan 3：Emerging technologies*）中指出，土壤与作物传感器、家畜生物识别技术、变速收割控制、农业机器人、机械化农场网络、封闭式生态系统、垂直（工厂化）农业等技术将在未来 5～10 年进入生产应用，改变传统农业。

2. 国内智慧畜牧业发展现状 我国智慧养殖的起步并不晚。1999 年，日本首先出现了智慧养殖领域的专利申请；中国和美国于 2007 年在这一新的领域开始进行专利布局；澳大利亚、加拿大及欧洲专利局在 2012 年才开始有该技术领域的专利申请。智慧养殖在我国受到极高的重视，其次是日本、美国、澳大利亚、西班牙、加拿大及欧洲。中国在专利布局数量上远超其他国家。

经过近几年的发展，我国智慧畜牧养殖已经取得了不错的进展，但较国外仍有差距。我国智慧畜牧业的发展情况如下：

（1）基于射频识别技术的养殖动物个体自动识别、监控和追踪技术及解决方案还在持续完善。射频识别技术已在我国猪、牛、羊身份标识中取得了长足发展，目前已有探索研究微型的植入式 RFID 芯片，以期通过更加快捷的手段实时获取养殖动物的身份信息，但仍然存在维护成本高、操作复杂等现实推广问题，导致目前并未得到大规模应用。研发更为廉价、操作更为方便的新一代智能化个体身份标识技术将是未来的重点。国内也有一批企业致力于推广射频识别技术在畜牧业中的应用，如无锡市富华科技有限责任公司。

（2）信息化管理系统已在大规模推广，多以视频监控为主，还处于数字化管理阶段。早在 2006 年 7 月 1 日，开始实施的中华人民共和国农业部令第 67 号《畜禽标识和养殖档案管理办法》，为我国养殖业信息化工作奠定了基础。2016 年 7 月 6 日，《农业部关于开展跨省调运畜禽电子出证工作的通知》（农医发〔2016〕34 号）明确："全国范围内实行跨省调运畜禽检疫合格证明电子出证，手写出证一律无效。各地跨省调运畜禽检疫数据信息由出证终端实时传入中央平台数据库。"非洲猪瘟爆发以后，农业农村部更是加强了畜牧业信息化管理。根据 2019 年山东省养殖总站智慧养殖业发展调研结果，共有 85.48% 的样本企业在信息化领域投入资金建设和应用了信息系统，且有 21.47% 的调研对象获得了信息化建设项目的支持。但是从整体看，山东省养殖企业对信息化投入资金量普遍不高，大多数不超过 50 万元，并且以监控系统居多，投入 100 万元及以上的公司只占全部样本企业的 7.8%。

（3）规模化养殖的机械化率相对较高，部分龙头企业已经基本实现 100% 自动化。截至 2019 年底，我国养殖机械保有量达到 791 万台，我国六大主要畜种规模养殖装备保有量原值达 2 600 亿元，约占农业机械的 28％。总体来看，我国畜牧养殖以中小规模养殖场（户）为主体，其养殖量占比超过 70％，但机械化程度仅为 35％。其中生猪养殖机械化水平在 30％左右，肉牛等机械化水平普遍低于 30％。规模化养殖企业方面，生猪规模化养殖饲料投喂、环境控制等环节机械化率达到 60％，奶牛饲料投喂、挤奶等环节基本实现机械化。畜牧业粪污处理技术及装备大规模推广应用，基本解决大规模养殖场粪污处理和资源化问题。"十三五"期间，中央财政累计安排 296 亿元支持畜禽粪污资源化利用，实现了 585 个养殖大县整县治理全覆盖，提高了规模养殖场粪污处理设施装备水平，全国畜禽粪污综合利用率达到 70％，规模养殖场粪污处理设施装备配套率达到 63％。

（4）畜牧大数据平台建设加速，畜牧智慧大脑初现端倪。在我国智慧畜牧发展进程中，企业是前期探索的主要力量，从开始的畜牧养殖环境监测或畜牧交易信息梳理等环节切入，逐步拓展至畜牧养殖全产业链，朝着畜牧大数据平台的建设方向发展。2019 年 6 月 22 日，《国务院办公厅关于加强非洲猪瘟防控工作的意见》指出"加强部门信息系统共享，对非洲猪瘟防控各环节实行"互联网＋"监管，用信息化、智能化、大数据等手段提高监管效率和水平"；2020 年 2 月 20 日，农业农村部办公厅印发《2020 年畜牧兽医工作要点》提出"加快推进畜牧业信息化智能化建设"，畜牧大数据平台的建设开始加速，涌现出北京农信互联科技集团有限公司等畜牧大数据平台构建运营公司。2021 年 11 月 19 日，农业农村部大数据发展中心正式成立，为我国提供了包括畜牧在内的农业大数据的汇聚点，政府主导下的农业各领域智慧大脑的基础已经呈现。

（二）存在问题

当前，我国畜牧业智慧化发展阶段在基础设施与核心器件、理论与关键技术、保障和支撑措施等方面面临着一系列的问题。

（1）智慧养殖的基础理论和算法有待完善。

①影响畜牧养殖过程的关键因素不清，缺少关键因素间的交互作用研究。智慧畜牧养殖目前主要关注的因素为养殖环境指标，而对饲料配伍、养殖过程、屠宰加工、冷链物流以及终端销售等环节的关注较少。即便是养殖环境监控，也仅关注温度、湿度、NH_3、H_2S、CH_4、气流速度、光照、粉尘、微生物及重金属等有害物质，且存在重监测、轻管控的情况，并不能真正给畜牧生产带来明显的增值服务。导致出现这些状况的主要原因是养殖过程中养殖动物响应关键因素的量化研究缺失，数学模型和养殖环境阈值模型没有建立，没有精准的控制阈值，缺乏参照难以实现可靠的智能控制。养殖过程中的关键因素并不是单独发挥作用，多为共同影响养殖动物的生长发育，对关键因素间的交互作用研究仍待拓展。我国地域的广阔性和畜牧养殖动物品种的多样性势必会使相关数学模型难以短时间成熟。智慧畜牧发展到现在，主要还是关注养殖（牧）场内，而养殖（牧）场之外的信息整合、养殖（牧）场外因素对养殖活动的影响以及养殖活动对周边环境的影响内容较少被关注。

②智慧养殖领域的模型算法构建亟待加强。现阶段的智能养殖自动化控制或局部的智能化还是基于人的经验，而人的经验有两个局限性：第一，并不精准，与实际情况有出入；受限于具体的环境，不同的环境下经验不能通用。第二，目前主要还是时序控制、单一指标控制，难以实现按需控制和多指标控制，应用系统的智能化程度需要提高。目前在畜禽养殖场知识模型、模式识别、知识表示、业务模型的机器学习方面已有突破性进展，但部分模型、算法不足以反映客观现实，以至于达不到指导畜牧养殖场精准生产的实际需求。

（2）低成本、高信度、强稳定性、易维护的感知核心器件依赖进口。适用于我国智慧畜牧领域信息终端传感器研究基础薄弱，产品开发不足，整机可靠性和智能化程度不高，核心部件和高端产品依赖进口。虽然智慧养殖相关技术专利的布局我国占据优势，但具有市场影响力的技术还集中在 BREEDCARE PTY LTD.、苏格兰 ITI 有限公司、Lely、NEDAP、Big Ductchman、oSborne 及 JYGA 等少数国外公司。智慧畜牧领域专用信息收集终端的研发虽然技术难度不大，但属于交叉领域，需要动物养殖、信息、电子、材料等多领域联合攻关。

（3）低功耗物联网技术、多源异构数据汇聚技术等关键技术仍待突破。未来智慧畜牧将重度依赖于物联网技术的发展。目前，我国虽已形成完整的物联网产业体系，但低功耗物联网技术、多源异构数据汇聚技术等关键技术仍然制约着物联网技术在智能养殖上的大规模应用。例如智能养殖物联网低功耗场景应用技术、低功耗数据存储与读取技术、低功耗传感网络传输技术、工作与休眠状态动态优化技术等关键领域亟待突破，处理多源、异构、跨语言多模态畜牧数据需要大数据融合技术，基于多模态特征的知识表示和建模、面向领域的深度知识发现与预测、特定领域特征普适机理凝练的知识融合技术仍需进一步发展。

（4）智慧畜牧标准体系亟须完善。发展智慧畜牧的首要工作是养殖一线数据的长期收集。然而，目前智慧畜牧标准体系还未建立，使得畜牧养殖场舍的建设、数据收集终端、物联网、数据传输与存储、平台构建、大数据处理与服务等各环节没有统一的标准，严重限制了智慧畜牧智能设备尤其是全自动机器人安装布局和监测数据的共享。

（5）人力资源不足。现代畜牧兽医复合型人才的稀缺，直接影响了"智慧畜牧业"的发展速度。传统畜牧师和兽医师在各自的领域内可以解决相应的养殖和诊疗问题，传统的计算机和移动终端的软件开发人员也能够在信息化方面有所进展，但是"智慧畜牧业"的提出，需要两者有一个契合点，让服务于畜牧业的信息平台能够拥有解决未来发展实际问题的意义。而现实是畜牧兽医工作人员常不懂软件开发和应用，而软件开发人员不懂畜牧的具体业务，缺少既懂宏观的畜牧业务又懂基础软件开发知识的复合型人才，限制了"智慧畜牧业"的发展。

（6）畜牧养殖生产区域信息网络基础设施仍需加强。我国畜牧生产多分布在远离人口聚集的乡村、牧区，所在地信息网络建设相对落后，甚至完全没有网络接入。智慧畜牧所需要的物联网、大数据等区域基础设施工程几乎是空白。集约化畜牧养殖企业也仅仅是简单地传统养殖叠加而没有建立完整的信息网络。适合农村不同地理环境的高通量、低资费的信息通信基础有待进一步发展。

（7）加快规模化智慧畜牧示范。智慧畜牧关注畜牧养殖全产业链条，只有在整个产业链应用顺畅的智慧畜牧应用模式才能认定为成功。目前，智慧畜牧多局限于特定技术、设备在单个应用场景的验证，没有有机整合。智慧畜牧所需模型的算法也需要建立在行业示范获取的规模数据之上。收集数据量的不足，势必阻碍产品性能迭代提升。智慧畜牧从业公司和传统规模畜牧企业的融合程度较低是目前缺少规模智慧畜牧示范的主要原因。

（8）成熟商业模式值得探索。在国家政策支持，互联网＋、大数据、智能物联网等概念兴起的作用下，智慧畜牧出现"爆发式"增长；从 2018 年至今，部分产品面市后出现落地难题，多数产品还处于市场验证阶段。智慧畜牧服务行业整体还处于探索阶段，尚未找到符合我国国情的商业模式。

二、禽业发展背景与现状

(一) 发展现状

1. 国外禽业发展现状　欧美畜牧业发达国家自 20 世纪 90 年代开始从一味追求家禽产业的高产逐步转向对产品安全、质量效益与健康品质的追求，非常重视养殖技术装备及精细化管理创新对产业的科技带动作用。智慧化是现代养禽生产的重要发展目标，从生产的数字化到信息远程监测与网络化发展再到实现生产过程管理的精细化，均是智慧化发展的不同阶段。该领域研究和应用处于前沿的代表性国家有比利时、荷兰、德国、意大利、法国等，自 2003 年开始举办每两年一次的欧洲精准畜牧业（EU‑Precision Livestock Farming）双年会，至今已举办 9 届。

在设施家禽养殖环境与自动控制方面，欧美国家明确了不同生理阶段现代高效生产环境调控需求，进一步优化了不同气候区家禽舍围护结构保温隔热性能参数阈值、轻简型结构设计与密闭环境调控方法，并结合新型生产工艺与建筑材料，建立起了适合本国现状的规模家禽舍标准化设计方法、标准和手册体系。根据不同季节家禽对健康环境的实际需求，欧美国家开发了综合通风与精准热湿环境调控技术，保障良好家禽生产设施的环境均一性与舒适性。近年来基于传感器与信息感知技术以及模糊控制算法等，欧美国家将生理指标和行为信息纳入环境调控系统的决策管理，相继开发出家禽环境应激预警模型，但目前还处于试验验证阶段。

在现代家禽智能化/自动化装备方面，欧美国家按本国生产模式与饲养特点迅速发展，品种多样化、控制自动化、功能专业化、规模大型化、定量精确化、管理技术数字信息化等特征明显。欧美国家大范围应用计算机技术、自动控制技术、网络技术和生物技术，研究数字化精细养殖技术装备，如肉鸡自动饲喂线、智能水质水量监控系统等，逐步实现饲养全程的数字化、科学化、精细化和优质高产化。

蛋鸡养殖技术装备发展较快的国家有荷兰、德国、意大利等，以福利养殖模式转型为契机，近 20 年来相继研发了栖架式福利化立体散养新技术与新装备，最新的蛋鸡养殖技术装备已经可以实现栋舍规模 10 万只以上的蛋鸡立体散养。新型养殖系统更加符合蛋鸡的行为习性，鸡群健康状况明显提升，可以实现产蛋全程的无抗养殖；死淘率明显降低，产蛋率和饲料转化率显著提升，95％以上产蛋率维持在 22 周以上，72 周龄的产蛋率仍接近 90％。自 2015 年开始，美国新建的蛋鸡场也都采用福利养殖系统，近几年发展速度较快，福利养殖系统养鸡已占到全美总量的 15％以上。传统叠层笼养设备目前主要集中在东欧和亚非等发展中国家。

在现代家禽养殖信息技术方面，欧美国家进行环境调控、智能装备与健康感知的有机融合，集成物联网技术、嵌入式系统以及大数据挖掘，全面采集与监控养殖环境、生产、生理、健康等信息，实现对群养家禽环境的整体或局部精准控制、行为的自动识别，对投入品的按需动态供给、计量与溯源，以及异常生产过程或常见疾病的预警/报警，通过实施智能管理，保障家禽健康状况、产出效率及产品品质。

欧盟有专项支持该领域的研究，以健康养殖为主线，监测和调控蛋鸡健康养殖相关的环境参数、蛋鸡不同发声频率与其健康关系，以及与蛋鸡生长过程和生产性能相关的指标参数监测，利用大数据原理建立不同参数间的关系模型，并进行精细化管理和智能化调控。

综上所述，欧美养殖业发达国家的标准化家禽规模生产，深度推行"生产工艺‑设施环境-技术装备"的有机融合,形成了相对完备的健康高效养殖智能化装备与精准化管理技术体系,促进了生产方式的转型升级,达到了显著改善家禽健康、提升效率和产品品质的目标。

2. 国内禽业发展现状 我国自"九五"以来逐步加强了基于国情和自身产业发展特点的家禽生产工艺、环境控制与养殖装备领域的科研投入与协同创新。中国农业大学、浙江大学、中国农业科学院农业环境与可持续发展研究所、中国农业科学院北京畜牧兽医研究所等优势单位通过国家 863 计划、国家科技支撑计划、公益性行业专项、国家自然科学基金等立项支持,对接国际研究前沿,在现代新型生产工艺与空间环境、健康、生产互作规律,移动式家禽舍建筑与保温隔热设计方法,环境参数实时精确获取方法与耦合评判及精确调控技术,家禽营养动态配给与群体精准饲喂设备,基于深度图像与发声特征的现代家禽行为、健康状态自动感知,生产信息数据库与智能管理系统等方面开展了持续的研究。总体而言,我国在智慧禽业领域,特别是现代环境调控与饲养装备领域的研发,无论在理论基础与技术方法还是产品开发等方面均取得了一定的进展,并积淀了团队优势和良好的科研条件基础。

养殖环境是影响现代家禽健康和生产力的重要因素之一。为家禽营造舒适的生长、生产环境,不仅关系到家禽本身的福利健康,更与产品质量、食品安全和养殖场经济效益息息相关。近年来国内以数字化技术为核心的智能化养殖技术不断深入现代家禽养殖的各个环节。在养殖环境调控方面,将现有的单因素环境调控技术,与现代物联网智能化感知、传输和控制技术相结合,利用先进的网络技术设计养殖环境监测与智能化调控系统。系统通过传感器实时获取舍内温度、湿度、光照度和有害气体浓度(CO_2、NH_3、N_2S 等)等环境参数动态信息,然后将其传输到系统控制中心;主控器根据采集的环境数据,并借助相应动物的环境、营养、生长及健康模型,经分析汇总后做出调控决策,并下发给各环境参数控制的终端控制器节点,使其控制相应的现场设备,为实现环境动态精细调控奠定基础。

随着互联网行业的不断发展,传统行业与互联网的结合已经成为大势所趋。现代家禽设施精细养殖的核心在于物联网与传统设施养殖的结合。大数据、人工智能、深度学习等技术的发展,提供了高效感知、分析、存储、共享和集成异构数据的能力和分析手段。现代家禽精细养殖系统首先借助安全可靠的现场数据感知技术获取生产一线数据,通过 4G/5G 等无线网络传输上传到云平台,借助强大的云计算能力,通过专业算法进行决策,再将相关调控规则下行到配备在智能养殖装备上的现场控制器上进行设施养殖全过程的智能调控。智能调控是在解决感知信息获取的可靠性与算法的基础上,在动态变化条件下自动整合感知获得的设施养殖多因子数据并进行实时建模,与传统设施养殖装备(环控、清粪、采食、饮水等)相结合,构建具备精细环控、精细饲喂等功能的智能化养殖设备体系,促进形成数据驱动的现代养殖精细管控能力。实现在感知传输层(主要基于不同类型的传感器)感知舍内环境参数(温湿度、光照度、CO_2、NH_3 浓度等)及体征行为(声音、体重、体温及运动行为等);在数据传输层(主要采用 4G/5G 无线网络)将来自上述感知传输层的环境数据、生产过程数据及个体生理、行为状态数据信息远程传输到相关数据库;在数据应用层(主要通过嵌入式控制器)依据对相关数据库信息的分析决策,对舍内环境控制设备(风机、光照、泵等)进行自动调控(图 24-1)。

从全球范围来看,现代家禽养殖已成为一个工艺-环境-装备各要素整体融合的系统工程,工程装备的科技贡献备受关注。推动设施环境、自动装备、智能管理等关键节点的原始

物联网智能控制

应用层

传输层

感知层

应用系统

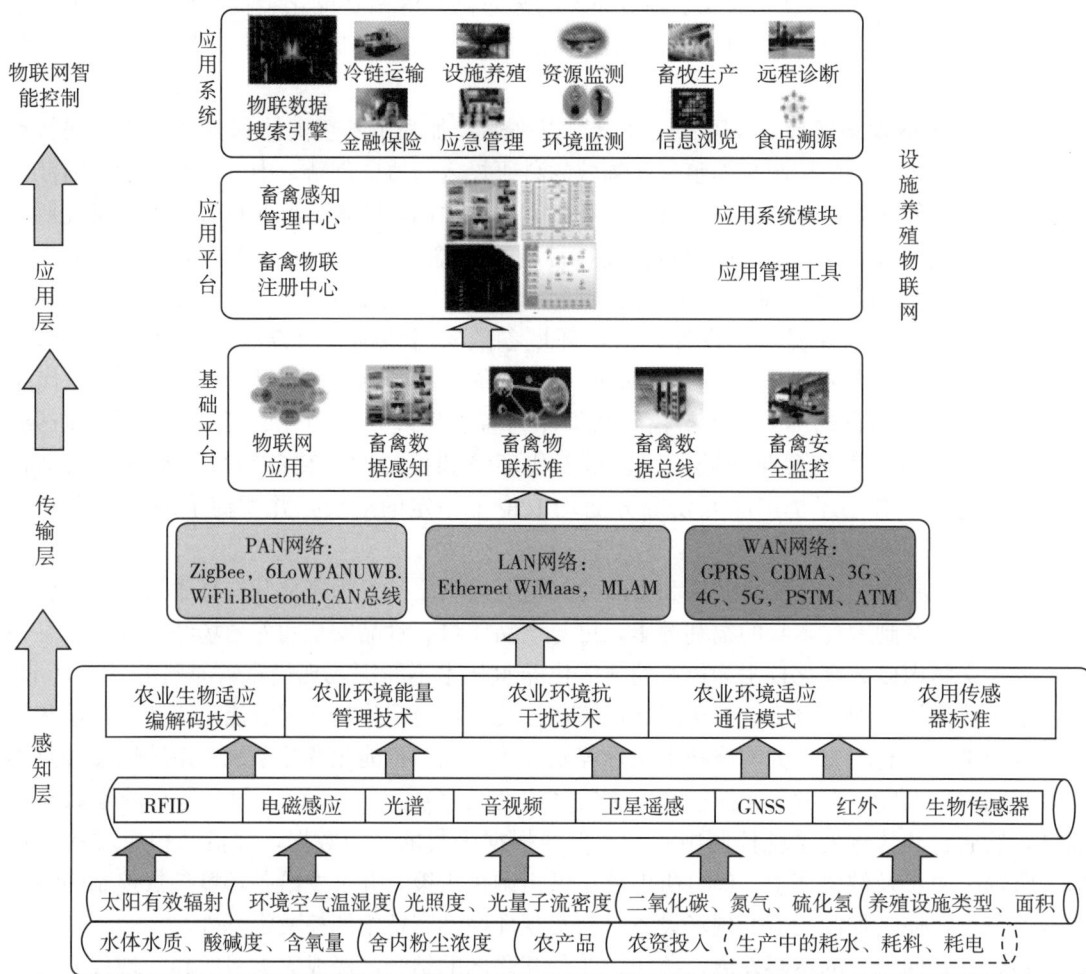
物联数据搜索引擎　冷链运输　设施养殖　资源监测　畜牧生产　远程诊断
金融保险　应急管理　环境监测　信息浏览　食品溯源

应用平台

畜禽感知管理中心
畜禽物联注册中心
应用系统模块
应用管理工具

设施养殖物联网

基础平台

物联网应用　畜禽数据感知　畜禽物联标准　畜禽数据总线　畜禽安全监控

PAN网络：
ZigBee、6LoWPANUWB.
WiFli.Bluetooth,CAN总线

LAN网络：
Ethernet WiMaas、MLAM

WAN网络：
GPRS、CDMA、3G、
4G、5G、PSTM、ATM

农业生物适应编解码技术　农业环境能量管理技术　农业环境抗干扰技术　农业环境适应通信模式　农用传感器标准

RFID　电磁感应　光谱　音视频　卫星遥感　GNSS　红外　生物传感器

太阳有效辐射　环境空气温湿度　光照度、光量子流密度　二氧化碳、氮气、硫化氢　养殖设施类型、面积
水体水质、酸碱度、含氧量　舍内粉尘浓度　农产品　农资投入　生产中的耗水、耗料、耗电

图 24-1　基于"物联网＋"的设施精细养殖环境调控系统

创新，并通过互联网技术实现各要素间的相互融合，提高家禽养殖设施的标准化、环境调控的精准化、饲喂与清粪的智能化/自动化、管理的信息化水平，实现健康、高效、安全生产，已成为现代家禽养殖的必然发展趋势和根本途径。

3. 国内技术现状问卷调研　为了进一步了解我国智慧禽业技术研究和应用现状，笔者在 2019 年下半年对全国范围内家禽养殖场开展了网络问卷调研。问卷共涉及 42 个问题，分别为：Q1 _ 经营主体类型；Q2 _ 农户/家庭农场/种植大户名称；Q3 _ 性别；Q4 _ 年龄；Q5 _ 文化程度；Q6 _ 您的年收入（元）；Q7 _ 您的家庭年总收入中生产经营性收入占比；Q8 _ 若是合作社/龙头企业，请回答合作社/龙头企业名称和成立年份；Q9 _ 法人年龄；Q10 _ 法人文化程度；Q11 _ 是否与相关技术单位有技术合作；Q12 _ 养殖种类；Q13 _ 养殖规模；Q14 _ 产品主要销售渠道；Q15 _ 您使用以下哪些网络信息设备；Q16 _ 每年用于信息化建设费用（宽带网络费、信息通信费等）；Q17 _ 您在农场通过手机上网时，网速是否能满足农业应用需求；Q18 _ 村级是否建设益农信息社；Q19 _ 是否配备 12316 电话、显示屏、信息服务终端等设备；Q20 _ 是否使用村级益农信息社；Q21 _ 当前采用的信息化管理系统具备哪些功能；Q22 _ 养殖场环境监测方式；Q23 _ 养殖环境自动化监测指标；

Q24_已经采用了哪些信息技术产品；Q25_您使用信息技术后，饲料节约比例；Q26_是否对产品进行质量溯源；Q27_养殖产品溯源信息包含哪些；Q28_您电商销售额占总销售额比例是多少；Q29_您在信息化方面的投入占总投入的比例是多少；Q30_对大数据智能分析的需求程度；Q31_请选择需要的信息技术产品；Q32_您当前最需要的信息化基础设施/基础支撑；Q33_您希望获得哪方面的信息和服务；Q34_您主要通过哪种方式获得农业信息；Q35_什么因素影响您对信息的利用；Q36_您认为目前大数据智能分析系统应用中面临的主要困难；Q37_农业大数据服务普及的难点；Q38_您认为目前推进信息化的最大困难；Q39_您认为农业信息化基础设施建设有哪些不足之处；Q40_农业领域信息化发展的不利因素；Q41_联系电话；Q42_地址。

（1）养殖场基本信息。本次调研一共收到 276 份调查问卷，存栏 500 只以上的 86 份，主要来自我国 20 个省份（图 24 - 2）。

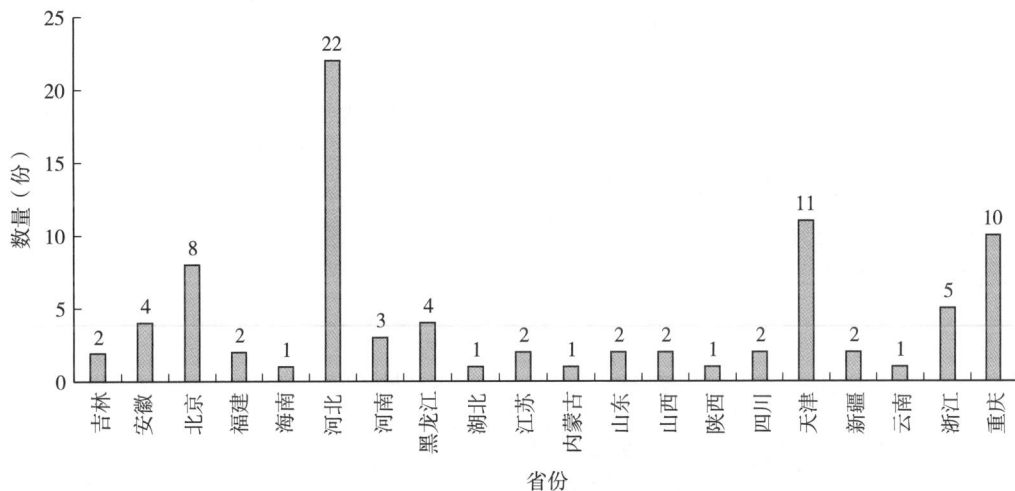

图 24 - 2　参与调研的养殖场（存栏 500 只以上）地理位置分布

养殖场年收入大于 2 万元的占比最大，达 29.2%（图 24 - 3）。但是，仍然有 6.9% 的养殖场年收入低于 3 000 元，这可能与其养殖规模较小和养殖技术较差等有关。有 16.7% 的养殖户生产经营收入占家庭总收入的 90% 以上，58.4% 的养殖户其生产经营收入占家庭总收入的 50% 以上，意味着大部分养殖户的主要收入来源于家禽养殖。因此，提高我国养殖技术水平和收入，对改善农民生活水平很重要。

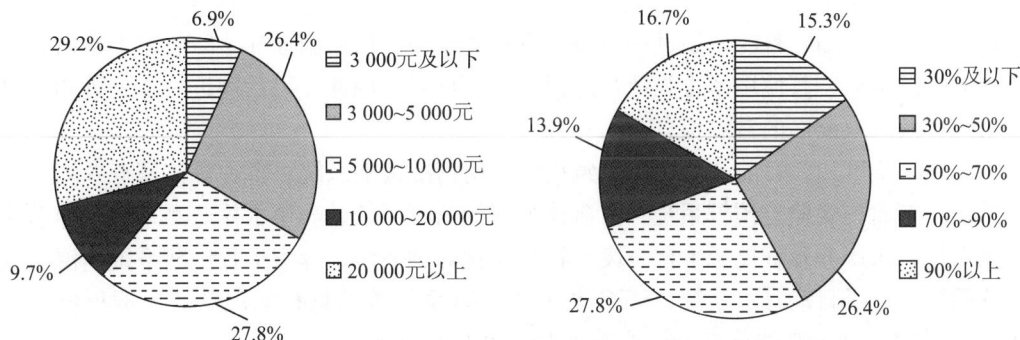

图 24 - 3　养殖户年收入情况及生产经营性收入占家庭总收入比例

通过调研发现（图24-4），养殖场产品的主要销售渠道来源于订单和批发市场，而电商渠道的占比仅为15.9%。但是，电商销售额占总销售额比例却较高，有的甚至大于80%。因此有必要进一步拓宽电商销售渠道，提升其销售占比，这将有助于提高家禽产品的销售额。

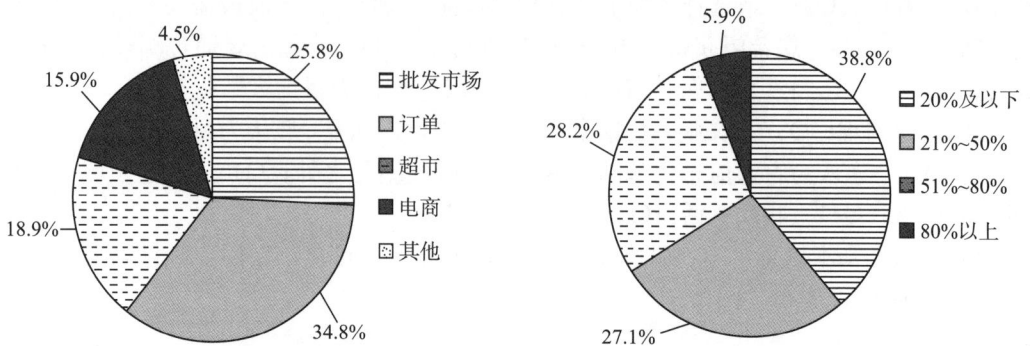

图24-4 产品主要销售渠道及电商销售额占总销售额比例

（2）国内养殖场信息化建设与使用情况。通过调研发现（图24-5），养殖户获取农业信息途径包括：电视、广播、报纸、杂志、电话、集贸市场、政府和推广机构、网上信息（亲戚、邻居、朋友）。其中，政府和推广机构、网上信息（亲戚、邻居、朋友）占比最高。因此，政府需进行更好地引导、科普、推广，普及互联网和建立相关网络信息平台，让养殖户获取更多的有效农业信息，提高养殖户知识和技术应用水平。

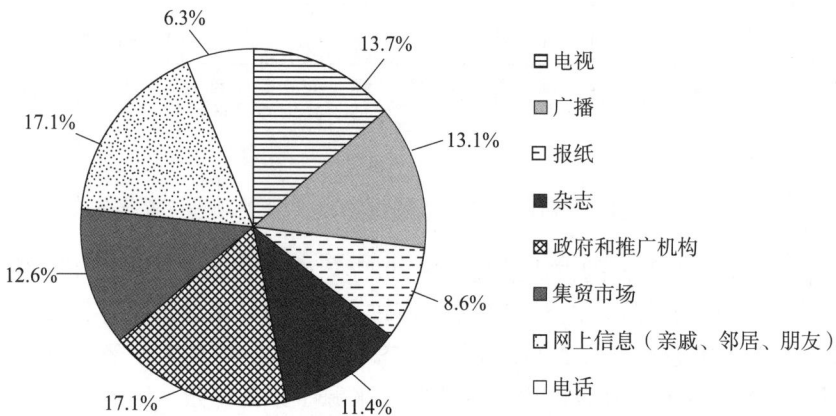

图24-5 农业信息获取渠道

由图24-6可知，目前，超过一半地区没有建设益农信息服务社。即使对于建设有益农信息服务社的地区，其使用率也很低，还很难发挥作用。因此，以后需进一步完善相关机制以使农户有效获取全面的益农信息。

由图24-7可知，目前，所调研养殖场中采用精准饲喂系统、育种育苗繁育系统、质量溯源系统、畜禽疫病监控预警系统、畜禽体征智能监测系统、养殖水体监测系统、养殖场环境监测系统、水产养殖管控云平台、废弃物自动化处理系统、专家远程诊断系统、温湿度无线传感系统、电子自动订货系统、GPS系统和GIS系统等信息技术产品的比例很低，均不足15%，信息化建设整体落后，仍然需要大量的人工劳动。

造成我国养殖场信息化基础设施建设不足的原因有多方面，包括传感器等设备欠缺、网络

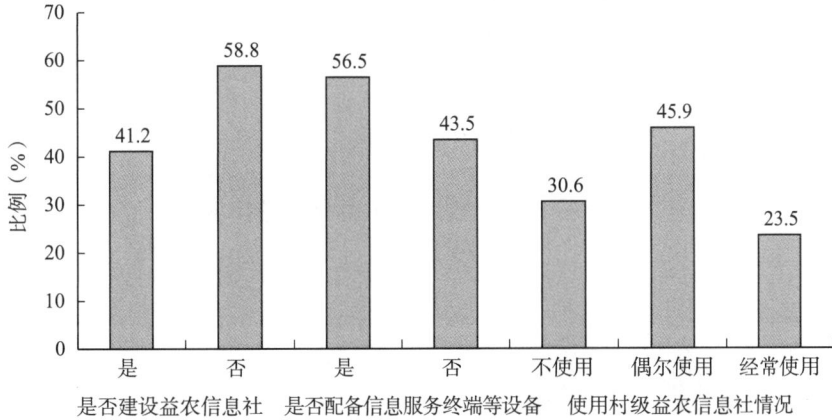

图 24-6 益农信息服务建设及使用情况

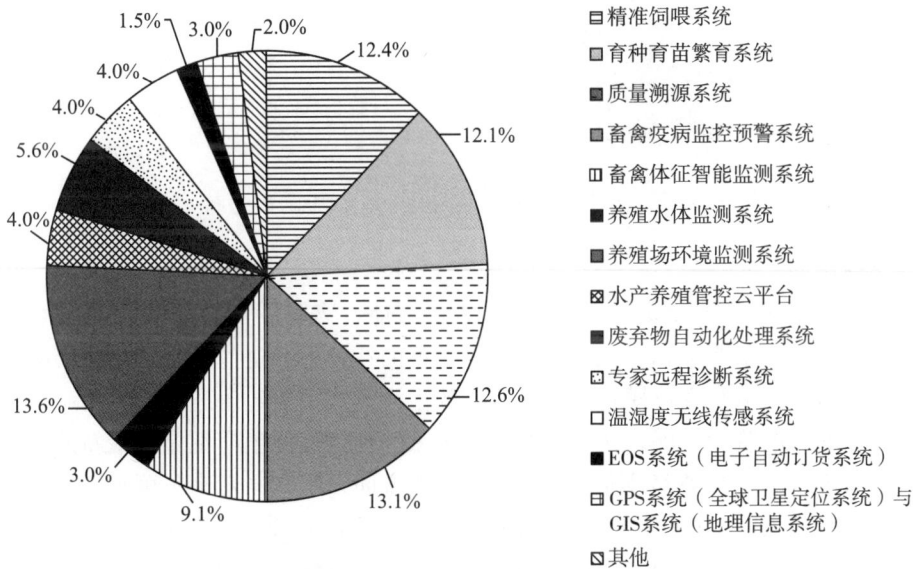

图 24-7 我国畜禽养殖场已采用信息技术产品情况

宽带不够、智能终端缺乏、数据资源不足等（图 24-8）。其中最主要的原因是数据资源不足，其次是智能终端和网络宽带，这是未来建设养殖场农业信息化基础设施需重点关注的地方。

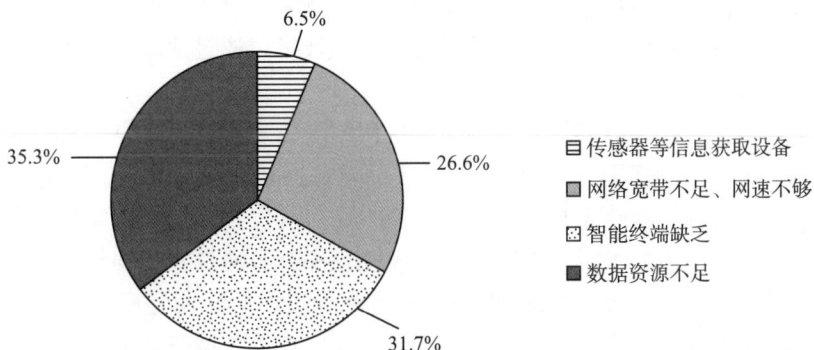

图 24-8 农业信息化设施建设不足的原因

养殖场在推进信息化的过程中遇到诸多困难，通过调研发现，主要包括：缺乏信息化专业人才、信息技术产品对增收效果不显著、信息资源共享不够、农户参与积极性低、宽带与无线网等网络基础设施缺乏、信息技术产品价格太高等（图 24-9）。其中，缺乏信息化专业人才、农户参与积极性低等占比最高，分别为 20.9% 和 20.3%。这表明人是最重要因素，一方面要重视人才，积极引进专业人才，另一方面要加强对农民的培训，提高他们的知识水平和积极性。此外，信息技术产品对增收效果不显著和信息技术产品价格太高也是重要的因素。因此，在信息化建设过程中，还需不断优化改进系统性能，提高信息化产品性价比。

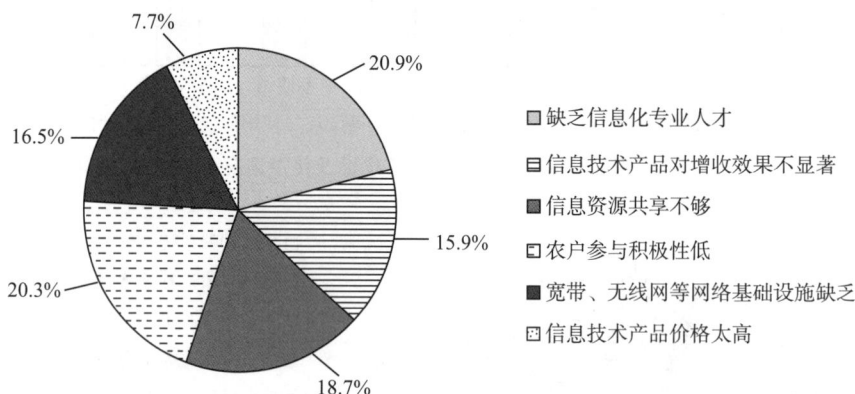

图 24-9 推进信息化的最大困难

（二）存在问题

1. 智慧家禽养殖过程领域 以大数据、人工智能、物联网为代表的典型技术已成为第四次科技信息革命的重要标志。在全球经济大变革的背景下，这些新技术从深层次上革新产业的生产经营方式，重塑商业模式，改变人们的生活方式，构建生态和谐的新纪元，引领全球经济向一个崭新的阶段发展。在养殖业发达国家，现代家禽生产汇聚了最新的物联网、大数据、人工智能技术，推动养殖向自动化、智慧化方向发展，并带来了可观的经济效益。在我国，新一代信息技术也被提到了国家层面的战略高度，并逐步与家禽养殖行业进行融合，提出了智能养殖技术、远程智能诊疗服务等一系列成功案例，但受我国家禽养殖集约化与规模化程度等因素影响，还未取得较大成效，与国外存在明显差距。

（1）智能养殖技术方面。在欧美发达国家，应用人工智能领域中的机器学习、神经网络和模式识别等技术，在家禽个体识别、饲喂管理、生长曲线、疫病防控、环境控制等方面已形成了成熟的融合模式，实现了较大范围的应用，通过多元化数据的采集与分析，实现精准养殖。例如，结合声学特征、图像识别及红外线测温技术，通过活跃度、咳嗽、叫声、体温等数据判断是否患病，及时预警疫情等。

我国人工智能技术在畜禽养殖行业的研发应用起步较晚，仍处于早期发展阶段，目前存在的突出问题表现在：①基于人工智能技术的红外测温和图像识别，记录体重、进食情况、运动强度、频率和轨迹，构建生长模型预测生产力、疾病发生等场景在家禽行业的研发显著滞后，应用甚微。②应用人工智能技术，将专家知识和经验通过卷积神经网络算法模型让计算机"学习"，模拟专家的思维和诊断推理，构建家禽疾病诊疗功能已经实现，但只限于文本格式，对于图像识别、声音识别、运动检测、个体跟踪等领域研究内容较少。

（2）大数据处理与管理技术方面。通过信息化技术手段实现了现代家禽养殖生产过程的数字化，在大规模生产过程中会产生大量实时数据，因此，推动了对生产过程实时大数据处理和管理的需求。国外在大规模数据处理和管理方面，尤其是基于大数据、云架构方面的研究开始得比较早，许多学者也做了大量研究。我国现阶段对大数据的实时处理和管理研究依然存在许多问题，包括：①目前对大数据处理和分析的研究在经济、能源、互联网、医疗等领域很多，但是在农业上尤其是在家禽业上的应用较少。②舍内环境复杂，养殖现场采集的视频、图像、音频数据都是非结构化数据，传统的关系数据管理技术难以适应此类数据模式多变的特点，也很难进行横向扩展。

（3）家禽物联网技术方面。近年来，随着嵌入式智能化设备、传感器技术和计算机等相关技术的高速发展，物联网已经在智能工业、智能农业、智能电网、智能物流、智能交通和智能医疗等领域开始了广泛研究和应用。在欧美发达国家，农业物联网已成为畜禽养殖的重要组成部分，猪、牛、鸡等畜禽养殖实现了生产过程中的环境、生产、行为，甚至是后期物流、销售等环节的全程监控和实时监测。管理人员对这些数据进行统一管理和分析，研发了一系列应用于实时监测、精细养殖、产品溯源、专家决策相关的家禽养殖监测系统，在自动监测及改善家禽产品质量方面做了大量工作。

我国物联网技术在家禽养殖领域的研究已经开展了很多年，但是尚未实现大范围的应用推广，技术上还存在着瓶颈，产品质量有待提高，具体表现为：①物联网系统自闭环模式，无法与第三方系统进行数据集成与交互，存在技术体系不完善、应用成本有待平民化、系统的用户友好性有待提高等问题。②国内市场上大部分传感器可靠性、稳定性、精准度等性能指标不能满足畜禽养殖应用需求，同类传感器设备国内外产品性能差距较大。③物联网产品缺乏实用性，应用场景大多是实验室，未能从生产实际出发解决养殖问题，没有很好地与现有饲养模式结合。

2. 现代家禽可持续发展领域　可持续发展的核心要义是既要达到发展经济的目的，又要保护好自然资源和环境，使子孙后代能够永续发展和安居乐业。目前，我国家禽业可持续发展也面临着相应的资源环境要素约束，特别表现在家禽种质资源、养殖废弃物处理、动物福利要求等方面。

（1）现代家禽种质资源方面。蛋鸡品种资源方面，到目前为止，我国已自主培育 11 个高产蛋鸡品种、8 个地方特色蛋鸡品种。与国际先进水平相比，京红 1 号、京粉、大午金凤粉等高产蛋鸡生产性能基本达到国外品种水平，但综合表现或者性能稳定性有待提高。主要是对已育成品种的持续选育工作不够重视，对品种配套技术研发不足。蛋鸡育种方向是加大力度持续选育高产蛋鸡品种、培育地方特色品种，加快研发生产关键配套技术，充分发挥品种遗传潜力，有效扩大自主培育品种的市场份额。

我国蛋鸡遗传资源丰富，几乎引进过世界上所有的高产蛋鸡品种，同时拥有 100 多个地方鸡品种资源。这些资源是我国禽业发展的宝贵财富，也是培育我国地方特色蛋鸡品种培育的基础条件。虽然我国地方鸡品种资源丰富，蛋鸡种类繁多，但产蛋性能不高，利用程度不够。所以在对我国地方鸡品种保护的同时，更应该有方向性、有针对性地提高这些鸡品种的生产性能，利用传统育种与分子育种结合手段，提高现有品种性能，为蛋鸡新品种培育提供素材，为提高国产蛋鸡的竞争力和丰富鸡蛋市场提供基础。现阶段，我国地方鸡品种资源保护、评价和开发利用等工作也有待加强。

（2）家禽养殖废弃物处理方面。与其他畜禽相比，养鸡场饲养密度高、舍内空气质量差。鸡舍内高浓度的悬浮尘和有害气体，对鸡群的健康和生产性能产生严重的不利影响，这些臭气和粉尘排入大气后,对周围居民和大气环境造成危害。对养鸡场气体和粉尘的监测、传播及控制成为世界各国的研究热点,是节能减排攻关的一个重要领域。同时,鸡粪的有效收集、运输和无害化处理与利用问题,一直是规模化养鸡环节中未能圆满解决的关键技术难题。尽管在处理技术上进行了大棚发酵、高温干燥、沼气处理等多种模式和技术的研究开发,但还没有令人满意的成熟技术,其最终解决方案应该是走生态型农牧结合的循环农业之路。

(3)家禽福利方面。目前国际上关于提高动物福利的诉求日益高涨。近10多年来欧洲多数国家在动物福利方面的呼声愈来愈高,于1999年就制定了法律,禁止蛋鸡笼养,要求到2012年时在欧盟国家全面禁止笼养。其中,蛋鸡的动物福利改革和养殖模式创新以德国最为典型。与此同时,德国相关农业工程研究组织和企业,研究开发了新型的替代笼养蛋鸡的福利型养殖工艺模式和成套设备。近年来,德国新的养殖工艺模式和环境控制技术不断涌现,有引领国际新潮流的趋势。这些新的养殖工艺与装备,更加符合动物的行为需求,有利于动物健康水平的提高,非常值得参考。

3. 面临的突出挑战

(1)养殖成本上升与提质增效。经过几十年的努力,我国家禽养殖产业取得了一定的成绩,但也存在着一些比较突出的问题,其中首要问题就是养殖成本过高。造成上述问题的主要原因体现在以下3个方面。

一是家禽养殖标准化程度低。包括蛋鸡、肉鸡、水禽在内的家禽养殖至今没有具体的标准化模式。虽然我国家禽业规模化近年来发展迅速,但目前"小规模、大群体"仍然是我国家禽生产的基本模式。再加上我国家禽生产大量位于农村地区,分散养殖模式造成了禽蛋、禽肉等家禽产品销售难、价格不稳定和流通不畅等问题,缺乏批发和零售的专业市场。目前我国生产和销售的禽蛋、禽肉大多没有品牌、大小规格以及用途等方面的明确规定。这使得养殖户不仅不能分享规模经济带来的平均生产成本下降的益处,而且带来了过度竞争问题。因此,今后应注意适度家禽养殖标准的规范化,并尽可能发展大中型现代化家禽养殖场,突破养殖主体规模小而分散的产业发展瓶颈。

二是蛋品、肉品等深加工储运技术相对落后。但我国鸡蛋产业中蛋制品的加工非常落后。目前,我国从事蛋品加工的企业总数在1 700家以上,规模普遍较小,技术水平不高,加工品种单一,没有形成品牌优势,制约着我国鸡蛋产业升级。蛋制品主要是皮蛋、咸蛋、糟蛋、冰蛋、全蛋粉、蛋白粉、蛋黄粉等传统品种,与国外蛋制品加工状况相比,还有较大差距。在储运方面,目前我国大部分鸡蛋从产蛋到收集、运输、销售都是在常温下进行,并且大部分鸡蛋没有经过杀菌消毒工序就运送到市场。而国外发达国家早已采用了从采集到运输、销售环节保持鸡蛋新鲜度的冷藏系统,并对上市的鸡蛋都做了充分的杀菌消毒。

三是家禽疫病防治工作亟待改进。与发达国家相比,我国蛋鸡、肉鸡生产方式落后,水禽仍处于摸索适合的规模化生产方式,种禽企业生产水平良莠不齐,准入制度不健全。此外,我国对新城疫、禽流感等重大疫病的防控存在认识误区,不能科学地认识疫苗在防控中的作用,过分依赖疫苗乃至滥用疫苗。我国家禽疫病监测工作也存在较大缺陷,对一些病原体发生变异往往不能及时发现,待扩散到较大范围时才被认识,防控的最佳时机往往被错过。目前家禽疾病已经成为影响我国禽蛋产业可持续发展和效益提高的主要因素,必须采取有效防护措施如生物安全措施等予以治理。目前,采用生物安全措施已成为控制疫病的有效手段,通过实施严格的隔离消毒和防疫等措施来预防和净化多种疫病,排除疫病威胁。生物安全措施已被国外禽业发达国家采用且获得成功，如新西兰是世界上禽病发生最少的国家，其流行性传染病已经极少发生。这也是我国下一步蛋鸡疾病防控的重点工作之一。

（2）家禽数量增加与质量保障。在数量方面，虽然我国家禽产品产量仍保持增长趋势，然而随着消费转型升级，人们对禽蛋、禽肉产品的质量安全越来越重视。保障鸡蛋、鸡肉、水禽产品安全需要严格的生产管控作基础，但是当前安全管控的难度很大，我国家禽养殖产业的发展在质量管控方面仍存在不少问题。

一是家禽产品质量安全及产品追溯体系有待完善。有些家禽饲料中滥用抗生素、化学合成药物、砷制剂等生长促进剂，造成危害人畜健康和食品安全的事件时有发生，如 2008 年在鸡蛋中检测到三聚氰胺含量超标等。

二是无公害标准有待完善。虽然我国已经制定了部分标准，但尚不完善。现行的食品安全标准重叠交叉，缺乏统一标准。我国食品标准体系由国家标准、行业标准、地方标准、企业标准等 4 级构成。目前，我国共有 1 070 项食品工业国家标准和 1 164 项食品工业行业标准，为了适应进出口食品检验，还有进出口食品检验方法行业标准 578 项。食品标准过多过滥，常常令执法部门和企业无所适从。

三是尚未建立家禽产品可追溯网络平台技术系统。该系统包括饲养场、家禽加工和销售与物流环节等多个可追溯生产、流通环节，依托网络技术与定位技术对产品进行静态与动态检测，通过计算机网络进行"逆向追溯"来获取所消费禽蛋、禽肉产品的相关信息。一旦发生食品安全事件，还可从产品生产端进行"正向追溯"，获取产品生产、销售与分布信息，以做出快速反应并及时处理。

（3）消费转型升级与安全管控。随着生活水平和经济水平的提高，人们对禽蛋、禽肉的消费观念也发生了变化。一方面，人们更加关注禽蛋、禽肉的新鲜度和营养；另一方面，对食品安全和品质的关注超过了对价格的关注。然而，保障产品安全需要严格的生产管控作为基础，禽蛋与禽肉安全监控是一项具有前瞻性和引导性的工作，需要对家禽养殖、屠宰加工、运输销售诸环节实行全程监控，形成一条从生产基地到消费者餐桌的链式质量跟踪管理模式。但当前安全管控的难度很大，主要原因有：一是散户、小户生产仍占较大比例，养殖生产点分散，加大了监管难度和成本；二是基层检测设备落后，经费缺乏，机制不灵活，安全管控体系还不能适应形势需要；三是缺乏专业的饲料、兽药营销人员与养殖户的直接对接，造成部分养殖户盲目用药、过度用药；四是个别从业者受利益驱动，违规生产，逃避监管。

（4）生物安全屏障与疫病防控。我国家禽生物安全屏障与疫病防控方面面临的突出问题和挑战主要体现在以下 4 个方面。

一是家禽疫病种类多，流行状况复杂。我国家禽疫病的种类多，高致病性禽流感、传染性支气管炎、新城疫等在我国广泛分布和流行，严重困扰蛋鸡、肉鸡和水禽业的健康发展。随着养殖模式的改变、养殖环境的变化及养殖数量的上升，家禽感染病原机会增多，疫病也将日趋复杂。此外，病原感染的宿主种类多、分布范围广，给疫病防控带来了诸多困难。

二是病原微生物持续变异，新发与再发疫病不断出现。由于生态环境和免疫接种的双重压力，病原微生物变异加快。病原体通过基因突变、重组和重配等方式，不断产生新的血清型或变异株，其毒力、宿主嗜性、免疫学特性和传播特性等发生变化。一方面，导致病原微生物的宿主谱扩大、毒力增强，疫病的临床症状非典型化；另一方面，新的病原微生物不断出现，造成新的公共卫生安全问题，如 H7N9、H5N6 高致病性禽流感。这些家禽疫病不仅威胁动物健康，造成巨大的经济损失，更严重危害人类的健康，严重冲击正常的社会秩序和经济发展，造成社会恐慌。因此，病原体的变异，给动物疫病防控带来了新的挑战。

三是疫病监测与预警技术需要进一步完善。疫病监测预警是对被监视动物群体的健康状况实施长期、持续、实时地监视，并对疫病的异常流行趋势进行预警，进而尽早采取有效措施，阻止疫情的扩散和新病例的出现。但是我国家禽疫病病原种类多，宿主范围广，流行复杂，一定程度上影响到家禽重要疫病的预警效果，造成了部分新发疫病的快速传播与流行。因此有必要加大投入，建立更加完善高效的家禽疫病监测预警机制，提高重要动物疫病疫情及时掌握和应对能力。

四是病原微生物和宿主相互作用的机理复杂。当前家禽重大疫病不仅困扰产业的健康发展，同时也影响人类食品安全，甚至给社会稳定带来负面影响。关于这些疫病病原的致病机理、宿主免疫识别及其免疫调控机制研究仍然不足，特别是近年来这些疫病的流行特点与之前相比已发生了较大程度的改变，如病原体的毒力与跨种间传播能力明显增强，其机制尚未被掌握。另外，目前用于家禽疫病致病和免疫机理研究的抗体及相应配套试剂产品的缺乏，也给疫病致病机理的研究增加了困难。

（5）品种领域的挑战。我国家禽的多元化消费需求，决定了在持续选育高产蛋鸡、肉鸡和水禽（大众化）品种的同时，要培育适合区域性、传统消费习惯的地方特色家禽品种，而传统消费习惯往往具有许多非理性消费需求，增加了育种工作难度及配套技术研发工作量，且各个品种推广量都不大。

（6）营养领域的挑战。有关营养领域的挑战主要体现在以下4个方面。

一是饲料原料短缺。我国是饲料原料进口国，饲料资源紧缺。随着居民生活水平的提高，动物产品消费量的增加，我国饲料资源紧缺的状况仍将难以改变。研究克服饲料资源不足的相关技术是赢得挑战的关键。

二是饲料原料质量控制体系不完善。饲料原料的质量控制是整个饲料质量控制体系的基础，是落实"先测后吃"技术的关键。养殖者应根据实际情况选择合适的原料品种，确定原料接收标准和各阶段的检验项目，应注意原料的贮存条件和贮存过程中质量的变化。

三是精准营养不到位。精准营养不仅要对动物的营养需求细致划分，还要对饲料原料的营养成分及利用率了如指掌，更要明确不同饲养目的下的营养需要。目前，营养与饲料的技术参数与不同品种蛋鸡、不同生长阶段、不同生长环境、不同饲养目的、不同鸡蛋品质和不同消费市场需求不匹配，精准营养与饲料技术不成熟。

四是饲料的安全与营养质量难保障。我国家禽饲料加工方式还比较落后，自配料方式占主导，约占全产业饲料加工的80%，饲料生产过程中不能做到先测后吃。因此，饲料的安全质量和营养品质难以有效保障。随着家禽养殖向规模化方向发展，饲料加工技术问题将面临严峻挑战。

（7）养殖模式与环境控制领域的挑战。我国家禽的福利养殖模式问题在家禽养殖环境控制技术方面，普遍存在的冷热应激和鸡场空气质量问题是影响蛋鸡免疫力和引起疾病以及药残问题的重要根源，养殖环境的智能化精准控制是健康养殖的挑战。

（8）加工领域的挑战。我国禽蛋的消费形式主要有：壳蛋、再制蛋、液蛋以及蛋粉等。受我国传统饮食习惯的影响，常常将鲜蛋加工成皮蛋、咸蛋或者糟蛋等食用，这类产品归结为再制蛋。液蛋产品包括浓缩液蛋、全蛋液、蛋白液、蛋黄液、加盐或加糖蛋黄液、酶改性蛋黄液、不同比例的蛋清蛋黄混合液等，蛋粉分为全蛋粉、蛋黄粉和蛋白粉。液蛋和蛋粉统称为蛋制品。鸡蛋中的95%都以鲜蛋形式消费，4%左右用于传统再制品的加工，不到1%用于液蛋、蛋粉的深加工。

一是禽蛋来源分散，蛋源品质参差不齐。中国禽蛋产量虽达全球产量的40%左右，但大多由小规模养殖场生产，蛋品来源分散、质量差异大，导致蛋品加工源头难以控制，影响蛋品质量。我国的禽蛋大多以壳蛋的形式进行内销，蛋制品加工量仅为5%～7%，尚处于开发与创新阶段，远低于日本、美国和欧盟等国家或地区。大量的科研成果没有得到转化和应用，加工研究与实际生产脱节严重，科研成果产业化不足。

二是禽蛋禽肉产品品牌化建设不足。我国各地市场千差万别，历史的传承形成了各地特有的消费传统和习惯。针对禽肉禽蛋产品种类的多样化需求，要加强技术攻关，改进和完善生产工艺，提高产品特色技术含量，加快适应各地市场的产品开发。我国蛋品加工企业现达1 700多家，但小作坊居多，具有特色品牌化的加工企业比较少。而品牌化的建立既是消费者的需求也是蛋制品加工业发展的必由之路。因此，建立地方特色型、全国型、国际型品牌是未来我国蛋品和肉品行业的重要挑战之一。

三是传统蛋制品（再制蛋）加工优势的挖掘与发扬壮大。我国拥有许多传统蛋制品，如：皮蛋、腌蛋、茶叶蛋、醋蛋、糟蛋、熏蛋、醉蛋等，其特有的风味与文化价值深远，如何挖掘其优势并实现标准化、规范化生产，是蛋品加工面临的另一大挑战。

四是蛋制品加工设备的国产化与特色化。目前，我国大多数蛋品加工依赖于国外进口仪器设备，这些设备是在国外单一蛋品原料形式的背景下生产的。而我国各地具有许多特有的传统蛋制品，原料蛋品差异性很大，需要相应的配套加工设备来适应这些蛋品的工业化生产。因此，如何快速和高效地自主研发相关国产加工设备是我国蛋品加工业迅速发展的制约因素之一。

五是禽蛋和禽肉质量与安全。食品安全已经成为全球性的难题，即使在美国等发达国家，食品安全事故也时常发生。在我国，有机、无公害、绿色以及品牌禽蛋和禽肉在不同规模中所占比例不到10%，行业集中度低，家禽产品品牌建设严重滞后。鸡蛋行业排名前10的商品蛋鸡养殖企业养殖量占全行业不足5%。多数养鸡场还处于小规模、大群体、不规范的状态，不断发生违禁抗生素在鸡蛋鸡肉中被检出事件，一定程度上加大了食品安全风险。受家禽养殖"中小规模养殖为主体、集约化大规模养殖较少"模式的影响，我国市场上销售的禽蛋以散装蛋为主，独立包装且有品牌标识的极少。综上所述，我国禽蛋的数量安全已得到保障，但加工水平还相差甚远。因此，我国蛋品行业未来面临由数量型向质量型转变、由初级型向加工型转变的挑战。

六是副产物综合利用研究相对薄弱。家禽养殖业的副产物综合利用率比较低，大部分被废弃，造成副产物资源的大量浪费和严重的环境污染。加强副产物综合利用研究，对促进行业的绿色、生态、高效、可持续发展意义重大。

另外，对大规模的蛋禽、蛋品进行安全检测是十分繁琐的，国内目前检验检测方面的能力不足，这也在一定程度上造成产品在流通中存在安全隐患。

（9）产业发展水平的挑战。仅就我国与美国家禽产业的发展来看，我国在家禽养殖集中化、标准化、自动化、机械化以及深加工方面差距明显。

一是集中化和标准化水平差距。大规模的蛋鸡、肉鸡养殖公司主导了美国蛋鸡、肉鸡产业的发展，支撑了美国蛋鸡、肉鸡养殖的集中化趋势。目前，美国蛋鸡存栏量超过1 000万的公司至少有5家；存栏量超过500万的公司有17家；存栏量超过100万的企业有63家；

排名前5位企业的蛋鸡存栏量达到美国蛋鸡存栏总量的1/3。美国推行"五星鸡蛋全面质量保障计划",在鸡舍清洁、害虫消除、蛋清洗、生物安全和冷藏等方面严格要求,极大地提高了鸡蛋和蛋加工品品质。美国还建立起高度集约化的产销体系,大型蛋品肉品企业实行饲料、生产、加工与销售一体化经营,使美国鸡蛋和鸡肉及其加工品在国际上也受到众多消费者信赖。相比之下,我国家禽养殖依然是"小规模,大群体",特别是水禽养殖规模化水平更低,小规模低水平的饲养方式仍占相当大的比例,整个养殖行业尚未建立行业的准入制度,缺乏规划。而且,由于养殖主体的生产粗放、信息不灵、防疫条件差、标准化程度低、良种化程度不高,养殖的标准化难以实现。

二是自动化和机械化水平差距。美国自动化养殖机械的投入,有效降低了饲养过程中人工投入数量,极大地解决了美国人工成本过高的问题,有助于规模化养殖场降低经营成本,获得更高的养殖收益。相比之下,我国家禽养殖的自动化和机械化水平较低,尤其是我国蛋鸡养殖主要是以阶梯笼养为主。由于受到养殖习惯和改善养殖方式成本较大等因素的影响,养殖主体在改善养殖设备方面的投资较大,在家禽养殖收益不稳定的情况下,推行蛋鸡肉鸡养殖自动化和机械化比较困难,水禽产业面临的挑战会更大。

三是蛋品的深加工技术水平差距。美国深加工蛋品种类繁多,广泛用于食品加工企业,如蛋粉、液态蛋、冰蛋、特种蛋制品等。为适应企业各种加工需求,美国针对每类蛋制品又研发制造出多种产品。加工技术的优势使美国蛋加工品受到国际市场欢迎,不仅出口北美,还远销至东亚及其他国家地区。相比之下,美国鸡蛋加工比例已达到30%左右,而我国鸡蛋主要以国内鲜蛋消费为主,蛋品加工量只有1%,大型生产加工类企业只有18家,且经营规模小,蛋加工品在国际上无法与美国媲美。我国鸡蛋加工业还处于开发初级阶段的根本原因在于,我国鸡蛋加工品的市场潜在需求容量过小。受制于进口国严格的"门槛"限制壁垒,鸡蛋加工品的出口缺乏吸引力,导致市场需求驱动力严重不足,成为影响我国鸡蛋加工业发展的瓶颈。而且我国的蛋品加工企业数少、产品加工能力不足,在我国蛋鸡产业发展的关键阶段,行业缺乏观念、市场、技术以及运作模式的创新,制约了鸡蛋加工业的发展。

三、渔业发展态势与需求

(一)发展现状

1. 国外智慧水产产业

(1)智能水质传感技术。目前在水产养殖中对养殖水体污染物指标(毒性氮、重金属离子、持久性有机污染物如抗生素等)的检测主要依赖于实验室的大型分析设备,这些设备体积较大、检测耗时较长,且分析检测中会消耗大量化学试剂,导致价格昂贵,难以满足广域水环境现场实时检测以及分布式组网在线监测的需求。因此,亟待开发成本低、体积小、响应快、选择性及灵敏度高、性能稳定,能适应复杂、恶劣的现场检测环境的检测设备。

微电极传感器可应用于多种水质指标的检测,离子敏场效应管(ISFET)具有体积小、响应快、易于与IC集成等优点,在水质检测中应用较多。目前,国外学者研制了一种用于检测水体和土壤中有机磷农药的酶场效应管传感器。该传感器以有机磷酸水解酶(OPAA)为识别元件,将其固定于pH场效应管上,OPPA会选择性地水解P-F键。P-F键的水解会改变水的pH,因此通过氢离子敏FET检测pH即可实现对含P-F键有机磷农药的检测。另外,国外也报道了一种检测水体中NH_4^+含量的ISFET传感器,此传感器使用含有斜发沸石的硅酮橡胶高分子膜作为NH_4^+的选择膜。在此基础上,国外一些研究团队研制了基于聚硅氧烷离子选择膜的 pNH$_4^-$ ISFET，发现使用旋涂和光刻工艺制作的敏感膜具有良好的重复性。目前，也有将 ISFET 制作成阵列的研究，以实现对水体中多种离子进行检测的目的。

声学微传感器具有灵敏度高、精度高、线性度好，不易受温度、压力等变化影响等优点，广泛应用于气体和液体的检测。目前，国外学者基于水平剪切声板波器件（SHAPM）研制了一种用于水中 Hg^{2+} 检测的 SHAPM 传感器，与其他表面波传感器相比，SHAPM 的封装简单，电子线路部分与流体部分完全隔离，避免了流体对电路的腐蚀，是一种极有前景的表面波传感器。除上述器件外，国外还研制了一种微型的压电悬臂梁器件，用于检测水中的重金属离子。

由于光存在多种性质和效应，从而为水质的光学检测提供了丰富的检测手段。生物荧光检测法，具有可靠性高、易操作等特点，已成为目前水质检测方法的研究重点之一。生物荧光可对 BOD、杀虫剂、芳烃化合物、重金属离子等进行检测。Raman 光谱法是一种无须荧光的检测法。当光投射到特定材料上时会发生 Raman 散射，Raman 散射会导致光波长的变化，不同被检分子对应着不同波长的变化，所以 Raman 光谱法相当于提供了不同分子的特征信息。Raman 光谱法灵敏度相当高，检测也很迅速。国外相关学者通过 SERS 与微流控技术相结合，实现了水中杀虫剂甲基对硫磷的快速超痕量分析，采用同样的方法也可实现对水中氰化物超痕量检测。

生物传感器利用生物分子之间的特异性识别与反应，将生物分子识别元件固定在传感器敏感表面，实现对待测物的特异性识别。在水环境污染监测领域，酶、免疫、DNA、组织、微生物等生物传感器常用于有机磷农药、酚类物质、硝酸盐和重金属离子等的检测。

很多情况下，单纯的微纳传感器很难完成在线或便携式检测的任务。如果能将微纳传感器置于微流体芯片之内，构成片上实验室或微分析系统，则可减少过程反应试剂的消耗量，同时片上实验室或微分析系统体积较小，也利于在线检测或便携式检测的应用。国外设计了1 种微分析系统，集成安培微电极、ISFET 和光学吸收单元 3 种不同原理的传感器，使用不同的敏感修饰方式，并集成微泵、微通道和样品预处理结构，以实现对硝酸根、pH、酚、溶解氧和腐殖质 5 种指标进行同时检测。

上述几类微纳传感器都有各自的优势和需要克服的缺点。微电极长期工作的稳定性问题亟待解决。离子敏场效应管，体积很小，也易与 IC 集成，但是灵敏度却不及电极传感器。声表面波传感器的突出特点在于其较高的灵敏度。高灵敏度主要依赖于高共振频率，而膜越薄其振动频率就越高，这就对膜的材料及加工工艺提出了挑战。光学微传感器面临的主要问题在于其用于检测光信号的设备体积往往偏大，且结构复杂，限制了小型化应用。生物识别元件在制备、储存、使用寿命、稳定性等方面均存在诸多问题，若要得到使用寿命较长的微纳传感器，则应研制新材料替代生物识别元件，新兴的分子印迹技术也是较好的替代生物识别元件的途径。

（2）水质环境智能调控技术。水质环境智能调控技术是以智能化信息处理技术为核心，利用传感器技术、自动控制技术和现代通信技术，实现水质的预测与智能调控。

水质预测既是水产养殖过程的重要环节，也是保证水产品质量的重要措施。目前传感器、物联网等技术已经在水质环境大面积监测中得到应用，然而由于水质参数存在非线性、随机性以及依赖性等特点，硬件监测无法实现有效预测。智能水质环境预测是指借助计算机软、硬件技术，寻求某些不能或者不易测量的变量与其余易获取变量之间的关系，通过测量相关的辅助变量间接获取被估计主导变量的含量，常用方法包括灰色预测法、回归分析、神经网络等。美国学者 Phelps 和 Streeter 在对 Ohio 河污染情况的可度量水质因素的分析过程中，首次提出并创建了氧平衡模型，该模型具有一定的实际应用价值。Usman 等提出了一种模糊线性回归方法，对加拿大卡尔加里河的溶解氧含量进行了预测。Adis 等使用自回归神经网络对 Jablanicko 湖的水位数据进行了预测，仅使用单一水位数据便可以做出准确预测。

智能增氧控制作为该技术应用的另一主要方面，是指利用传感器等监测设备对池塘中的溶解氧含量进行实时检测，再将获取的数据通过物联网反馈给智能控制系统，智能控制系统根据适用该养殖场内生物生长溶解氧含量的上限和下限，对增氧机进行智能控制，从而提高操作的可靠性和易用性。智能增氧控制的方法有直接控制和预测控制两种。直接控制是指智能系统根据水质实时环境直接制订方案进行控制，常用方法有模糊控制和专家系统控制两种。预测控制是指在充分掌握溶解氧变化规律的基础上进行的智能控制，常用的方法有时间序列、数理统计、神经网络以及支持向量机，或几种方法结合使用。智能增氧控制系统具有计算、知识处理、协同等能力，可以弥补单独使用增氧机系统不能直接和环境交互的缺点。

（3）智能饲喂决策控制技术。传统投饵方式导致水质污染问题加重，科学的投饵方式势在必行。随着人工智能技术的发展，使用计算机和传感器技术开发满足养殖鱼群实际摄食需求的智能饲喂决策控制系统。此类系统主要由自动上料、传输系统和控制系统组成。控制系统可以实时监测和响应投喂过程中反馈的信息，并可以自动确定鱼类的摄食需求。

欧美等国家在智能饲喂决策控制技术的发展及使用方面处于领先水平。早在 1986 年，挪威 AKVA 开发的 MarinaCC 投喂系统便开始投入使用，该系统适合户外大型作业，可以根据饵料的量化分析结果得出合适的投喂策略，实现智能饲喂决策控制，大大降低了投饵过程中的人工成本。除此之外，挪威的 Storvik AS 系统具有反馈机制，可以根据鱼类的摄食行为实现智能饲喂决策控制，防止对鱼类的过度投喂，避免饵料浪费。日本 NITTO SEIMO 研发了适用于小型环境的基于嵌入式的投喂系统，该系统将传感器设计成饵料的外形，当鱼群触碰到传感器，传感器便会向控制系统发送指令使得投喂机开始投喂饵料。加拿大 Feeding Systems 公司成功研制了针对不同养殖对象的自动投饵系统，并开发出投饵控制软件，实现饵料自动投放。Von Borstel 开发了一种基于机器视觉的智能投喂系统，该系统能够对实验鱼群的摄食过程进行控制，以提供最佳的饵料量，减少饵料的浪费。丹麦等将水质参数在线监测分析与饵料投放控制相结合，研制了智能投饵控制系统。

（4）智能决策技术。对于水产养殖，国外已有较为成熟的水产养殖智能决策技术及工具。巴西圣埃斯普利托联邦大学提出了基于多元统计分析的循环水产养殖系统监测的快速决策工具，揭示了水产养殖若干监测数据（如温度、盐度、氨、氢的潜力、二氧化氮、溴等）的内部结构，进而给出更适合鱼类生长的调控思路。西班牙坎塔布里亚大学考虑到经济标准历来是选择饲料的最重要因素，通过将养殖技术资料、饲喂信息、渔业市场和环境信息整合于数据库中，结合经济标准、环境可持续发展标准、生产质量标准以及生物经济模型，实现饲养策略的决策。澳大利亚塔斯马尼亚大学利用定性有向图建模的方式构建了水产养殖生产技术决策模型，在探索水产养殖技术场景时，有符号有向图建模可以为商业环境中的不确定性水平和因果联系提供一个客观的视角。澳大利亚联邦科学与工业研究组织提出了一个基于动态数据驱动的贝类养殖场关闭情况的决策支持系统。该系统针对高降雨和高河流流量之后贝类养殖场排放污染物增加的问题，借助于机器学习从时间序列数据上预测贝类养殖场的关闭情况。在建立预测模型时，借助于一种动态数据驱动的技术，通过更新学习到的模型来预测决策结果。法国海洋开发研究所提出了基于 Web 的地理信息系统动态界面的决策支持工具，该工具有助于获取与水产养殖选址、环境交互和管理相关的信息，实现水产养殖综合规划和管理。美国国家海洋和大气管理局就如何发展和扩大海洋养殖这一问题，以正确选择养殖地址为问题导向，考虑到潜在的竞争用途、环境相互作用和动物生产力等因素，将基于生态系统的模型集成到现有的交互式网络工具中，以改进水产养殖决策。该工具提供了对海洋和沿海数据集的访问，使农民和推广代理能够收集有关养殖地点的可用信息；资源管理人员可利用其评估潜在的使用冲突（如商业捕鱼、系泊区、固定渔具）和可能的环境相互作用（如海草、污染物、受威胁或濒危物种的存在）。这种测绘和建模相结合的方式，为成功选址和扩大水产养殖规模提供强有力的工具，同时减少了用户冲突和不利的环境相互作用。

（5）养殖智能装备技术。传统水产养殖的水下作业任务主要依靠人工完成，劳动强度大，危险性高，水产养殖水下作业面临严峻的人工危机。随着技术进步和制造成本的降低，将水下机器人应用于水产养殖作业有着巨大的需求空间。

世界各国重点研究的水产养殖机器人和智能装备包括水下鱼类监测机器人、网衣破损检测和清洗机器人、鱼类收获机器人等。墨西哥开发了一款用于水产养殖水质监测和投喂的机器人，机器人系统可在 6 个池塘上自主执行完整任务，用于每个池塘的喂食和水质监测，主要包括溶解氧、pH、温度等水质参数，机器人的平均速度为 0.19 米/秒，标准偏差为 0.004 2 米/秒，转一圈的平均时间为 314.4 秒，可以取代人工在实验车间中执行投喂和水质测量任务。澳大利亚智能系统中心提出了一种基于深度学习（Faster R-CNN）的鱼类生物量估计方法，可以快速地评估鱼类的多样性和丰富性，与 VGG-16、CNN-M 等多种方法进行了比较，均优于其他方法，该方法的平均准确率达 82.4%。挪威渔业和水产养殖研究部设计了一种基于视觉的鱼类质量估计，固定相机和鱼之间的距离，当鱼以 0.5 米/秒的速度从传送带上经过时，计算出鱼的重量并按级分拣，大大提高了工作效率，增加收益。希腊的克里特科技大学用于智能水下航行器（AUV）架构的导航方法，通过实时光学识别方法进行自动操纵，结合了附加的模块和应用功能，侧重于对鱼网网孔附着物方面进行定期检查。韩国工业技术学院设计了一种用于海水养殖监测的多机器人鱼系统。自主机器鱼在养殖区域中游动，以收集海洋信息，例如水温和污染程度。希腊海洋研究中心设计了小型自主水下航行器架构，从而为定期检查鱼网的完整性和网孔的附着物提供了强大的工具。研究中心所提出的框架经济有效，灵活且易操作，可以消除鱼的逃跑并最大限度地减少设施中的相关维护和修理费用。挪威渔业和水产养殖研究部设计了一种 ROV 网衣巡检方案，该方法可以实现水下精准定位，同时与 AUV 相比，可以将图像数据实时上传控制台，控制台端可集成图像处理算法，实时图像处理，效率更高。水产养殖机器人是具备精准导航与控制、变量作业、智能识别功能的自动化作业装置，能够代替人从事水产养殖劳动，是重要生产力来源，也是未来发展的趋势。

2. 国内智慧水产产业

（1）智能水质传感技术。水产养殖中水体的感知信息需要通过各种水质传感器获取，我国在微电极传感器和水质参数传感器等方面取得了一定研究成果。

应用微电极传感器可对多种水质指标进行检测。针对磷酸盐离子的检测，国内学者通过使用标准的 MEMS 工艺，制作了钴微电极，解决了膜电极或酶电极传感器稳定性差、工艺复杂、成本高等缺陷。使用汞微电极对重金属离子进行检测，其所使用的汞电极是在芯片自身的热气动执行器和表面张力共同作用下形成的，这种设计避免了汞在转移过程中扩散的危险。针对单一金属纳米材料或半导体金属氧化物材料对氨氮检测的操作温度较高、灵敏度低、响应恢复时间长等缺点，国内学者采用化学还原法和水热合成法将银纳米粒子掺杂到氧化铁 Fe_2O_3 中合成 Ag/Fe_2O_3 纳米复合材料，并基于 Ag/Fe_2O_3 纳米复合材料首次构建了一种新型氨氮检测电极。针对目前水体痕量 NH_3/NH_4^+ 的检测灵敏度差和精度低等问题，采用还原氧化石墨烯（rGO）以湿化学法制备合成了 Fe_2O_3/rGO 复合材料，并基于该复合材料构建了新型痕量 NH_3/NH_4^+ 检测电极。此外，将不同的微电极构成阵列、采用模式识别的方法可对不同水质进行区分，克服了微电极存在的固有漂移问题。

随着我国水产养殖集约化、自动化、标准化的快速发展，对水质参数进行在线检测，防范水体恶化、病害风险，确保水产品安全迫在眉睫。水产养殖水质参数主要包括溶解氧、pH、盐度、氨氮、硝酸盐、亚硝酸盐和重金属离子等。由于水质环境因子间互相影响，极易变化，水质在线快速检测一直是困扰水产养殖界的公认难题。我国水产养殖面积在 1.2 亿亩，按 70% 需要使用溶氧与 pH 监测探头计算，约 8 000 万亩，其中每 10 亩需要使用一套溶氧与 pH 监测探头，则需要 800 万套传感器。目前养殖专用溶解氧传感器市场占有率具体为原电池法（50%）＞极谱法（40%）＞光学法（10%），溶解氧传感器的平均维护时间分别为 3 个月、6 个月、12 个月。养殖专用 pH 传感器市场占有率具体为复合玻璃电极法（70%）＞差分测量（28%）＞光学法（2%），pH 传感器平均维护时间分别为 1 个月、3 个月、6 个月。然而，对于养殖户亟须的在线氨氮和亚硝酸盐传感器，市场上几乎空白。

综上，目前微传感器及微系统的研究报道较多，但是大多数仍停留在实验室的研究阶段，实际应用较少；水产养殖传感器环境适应性弱，寿命短，测量精度差。水产养殖场景多样，养殖水体成分复杂，多水质参数互作强耦合，传感器补偿校正模型鲁棒性差。

（2）水质环境智能调控技术。近年来，国内在水质预测方面已取得较大进步。刘双印提出了基于最小二乘支持向量回归机的水质非线性组合预测预警方法，与前向神经网络相比，该方法的均方根误差和运行时间大大降低，可以基本满足水产养殖溶解氧预测的需要。孟连子采用支持向量回归机的方法，选择径向基核函数，然后通过网格搜索法全面搜索并逐级缩小最优参数的搜索范围，实现了最佳参数的自动获取，对不同程度水质污染情况的预测准确率大幅提高。宦娟通过对溶解氧时间序列进行自相关分析并用自适应蚁群算法以及最小二乘支持向量机参数建立最优预测模型，具有较好的预测精度和泛化能力。Liu 等通过分析溶解氧与外界时空关系的表征特征、学习原理、因子序列等，利用注意力机制循环神经网络实现了对溶解氧的准确预测。

完整的增氧控制系统不仅能实时监测池塘中溶解氧含量，还具备定时控制、阈值控制、变频控制等功能。目前国内已开发的增氧控制系统基本可以达到水产养殖行业中日常运行要求。刘星桥研究了基于 BP 网络 PID 自整定算法的水产养殖监控系统，应用神经网络对 PID 控制参数进行在线自整定和控制参数的自动优化，该监控系统能对养殖池塘的溶解氧含量进行智能控制，节能效果明显。张新荣设计了基于模糊 PID 的水产养殖环境参数监控系统，应用模糊 PID 控制算法对池塘溶解氧偏差进行调节，实现对池塘溶解氧的精确控制，该系统性价比高、调节准确、增产明显。单玉鹏设计了基于模糊控制器的水产养殖环境智能监控系统，该系统采用模仿人工控制策略的模糊控制方法，采用模糊控制器对水产养殖池塘环境的溶解氧进行调节，试验结果表明该监控系统具有较快的响应速度、较高的控制精度和较强的抗干扰能力，取得了较好的控制效果。

（3）智能饲喂决策控制技术。在国内，智能饲喂决策控制技术的发展经历了从使用人工经验判别到简单采用机械结构投喂再到使用人工智能技术结合自动投喂机 3 个过程，智能饲喂系统的自动化、智能化、精准化水平不断提高。

2009 年，中国科学院南海海洋研究所研制成功了我国第一套具有自主知识产权的深水网箱养殖远程多路自动投饵系统，该系统的投饵行为由投饵时间、投饵量、投饵速率和投饵目标等参数设定，可实现动态和固态的定时、定点、定量投喂，实现精准养殖，可以大幅度节约生产及管理成本，适合开放式海洋工况作业。针对室内工厂化养殖，我国科研人员开发了适用于工厂化养殖的自动投饵系统，该系统使用了自动控制技术、通信网络技术，并使用监控软件收集并存储投饵系统运行数据，具有监测、报警和自动投饵等功能，可以实现饲料的全天候实时自动投放以及远程监控。针对鱼类主动投喂，开发了需求式的自动投饵系统，网箱的鱼群经过短时间的驯化，有进食需求时自发触动水下感应装置，通过传感设备启动下料装置。该系统可以根据鱼类的实际需求进行精准投饵，有效减少了水质污染，提高了饵料利用率，满足当前深水网箱自动化发展的需求。大连海事大学设计了渔场远距离控制检测投喂系统，该系统利用声波诱使鱼群聚集在投喂系统附近，通过网络与工业相机将鱼群的行为学特征传输到服务器端，自动进行量化处理分析，实现自动控制投喂，可以实现无人或少人化管理，有效降低了人工成本。目前，浙江大学、中国农业大学、中国科学院南海海洋研究所、中国水产科学研究院、大连海洋大学、大连海事大学、北京农业信息技术研究中心等多家科研机构开展了智能饲喂决策控制技术研究，并取得了多项技术成果，实现了多种基于鱼类摄食行为分析量化、鱼类摄食状态分析、残饵颗粒识别检测等方面的智能饲喂决策控制。

（4）智能决策技术。水产养殖智能决策技术在信息采集和产学研一体化方面取得了显著成效。在水产养殖管理领域中，水产养殖智能决策技术主要由政府主导开发，借助于先进的信息采集及处理技术获取水产养殖中的数字化信息，并为水产养殖过程及行政管理提供决策思路。2009 年，我国建立的养殖渔情信息采集系统基本实现了中国水产养殖主产区的信息采集全覆盖。该系统已在全国 16 个渔业主产省份建立信息采集定点县 200 个，采集点 747 个，各类采集终端 6 000 多个，形成了近 1 300 人的采集分析队伍，可以对 76 个养殖品种、9 种养殖模式进行全年的信息动态采集。2016 年全国水产养殖动植物病情测报信息系统正式启用，该系统运用数据库技术、地理信息系统技术和网络技术，构建了一套包括数据采集、存储、管理、应用及信息汇总分析的应用系统，依靠原有 5 级测报工作体系，由测报点完成基础测报信息的上报工作，国家、省、市和县 4 级测报机构对辖区内测报点的原始信息进行自动汇总和图表分析，实现条件查询功能，还可自动生成当月病害测报表。

此外，多所大学进行了水产智能决策系统的研究，如中山大学进行了"微电脑草鱼饲料配方研究"和"池塘高产电子计算机人工智能咨询系统研究"；四川水产学校等单位共同完成的"淡水鱼饲料配方微机应用软件研制"项目，解决了饲料配方选优的计算、水库鱼类资源评估等关键问题，取得了重大经济效益；大连海洋大学针对渔业标准制修订指南缺乏基于数据的决策依据等问题，研究了渔业标准体系化服务与决策系统，该系统可为用户提供标准体系化服务，为政府决策部门标准制修订指南的制定提供决策支持；华中农业大学针对养殖鱼类生长预测、饲料需求以及养殖环境中氮磷排放等问题，构建了基于生物能量学模型的尖吻鲈精准投喂管理辅助决策系统；上海海洋大学侧重于水产养殖业务流程和智能化决策，开展了基于工作流程和规则引擎的水产养殖智能决策流程建模及系统研究；苏州大学通过分析水产养殖产生的历史数据和过程数据，对养殖水质进行预测、预警和控制，并建立水产养殖决策知识库，构建了智能控制与辅助决策支持系统；中国农业大学研制的智能化水产养殖专家系统，在鱼病的诊断方面也有了较深入的研究，例如，有甲鱼疾病诊断和鱼病诊断专家系统的研究，并且对青虾和河蟹还做了全过程养殖的专家系统，同时在投喂饲养方面也作了较深入的研究。全国渔业跨省份、跨部门、跨区域的业务协同和信息资源共享格局基本形成，渔业生产的各种资源要素和生产过程通过信息化实现精细化、智能化控制，全国水产健康养殖示范场的智能化管理率达到20%，全国渔业大数据平台信息共享率达到70%，渔业管理的科学化水平进一步提高。

（5）养殖智能装备技术。我国将水下机器人首先应用于水产养殖监测，将声呐传感器搭载于水下机器人，根据深水网箱规格预设好的巡视路线，该巡视路线就是一条警戒带，在这个警戒带内，如果因网箱的网衣破损而出现透鱼现象的发生，机器人就会向管理人员发出警报。这种监测方式机动性强，准确度高。溶解氧是池塘养殖的重要制约因子，为提高鱼塘增氧范围和增氧效率，江苏大学开发一种智能行走式增氧机器人，通过电机驱动叶轮将空气中氧气压入水体中进行增氧。上海海洋大学设计了水下机器人螺旋网损伤检测策略。采用低成本、高可靠性的水下机器人进行网损检测。基于视觉图像，可以方便地判断网损。大连理工大学设计了一种新的非接触式水下网损伤检测特征曲线方法，该方法可以有效地识别出损伤网，并分析水下网的损伤程度并返回到损伤位置。该方法将图像处理技术与水产养殖工程结合，降低了检测系统的复杂度，提高了网状检测的效率。水下机器人是人类探索海洋的重要工具，随着技术进步和制造成本的降低，将水下机器人应用于水产养殖业日益受到人们的重视。

（二）存在问题

项目组利用专家德尔菲问卷调查法，针对智慧水产养殖产业领域的9项关键技术，对国内产学研各界专家学者的成果以及相关研究进行汇总统计，结果如表24-1所示。

从表24-1中可以看出，针对智慧水产中的主要关键技术，专家学者认为精准性是其最重要的属性。目前而言，除了农业区块链技术较为新兴外，其他各项关键技术均已得到一定的发展，尤其是对于全基因组选择技术、无应激体况评估技术、养殖水质监测技术，精准而全面的数据是能够高效、资源化、降低水产养殖业成本、保护环境的重要基石。

在最大的制约因素方面，水产养殖制度和研发技术占主要部分，说明我国水产养殖关键技术的理论基础不够牢固，自助研发能力不足，国外引进技术依赖严重。尤其在养殖环境智能调控技术、多源异构数据汇聚技术、养殖废弃物资源化利用和处理技术以及数据安全技术方面，虽然国家修订了相关白皮书，但各个环节尚未形成一套合理有效的标准并建立配套系统和评估体系。

表24-1中，除了数据安全技术中的区块链技术外，大部分水产养殖关键技术已经取得一定的研究成果。但是由于实际养殖环境中，水体环境较为复杂，监测数据存在严重的失真以及噪声问题，因此，在大规模应用方面仍有较大的上升空间。另外，农业数据安全技术属于新兴技术，人才缺口大，对高校人才培养方向具有一定的指导意义。

目前，仅养殖水质监测以及预测预警技术中水质参数的预测可基本满足水产养殖预测的需要，但是在多因子预测方面仍需结合实际生产情况进行研究和探索。

对于表24-1中涉及的农业技术，美国几乎全部为世界领先水平，只有在低功耗物联网技术上，中国科研论文发表产出量更胜一筹。对我国而言，只有3项技术研究成果跻身世界前二水平，说明我国虽身为水产养殖业大国，但智能化水产养殖技术与世界领先水平仍有较大差距，有很大提升空间。

表 24-1 国内产学研各界专家学者的研究成果统计汇总表

技术名称	最重要属性	最重要应用	最大制约因素	研发基础	实验室实现时间	实现规模化应用时间	国际上领先的国家
全基因组育种技术	精准化	动物育种	分型成本、结果估计准确性	落后10年以上	已经实现	/	美国、澳大利亚
养殖水质监测以及预测预警技术	精准化	环境保护	样本全面性、连续性	/	已经实现	/	美国、德国、荷兰、日本
养殖环境智能调控技术	精准化、实时性	经济发展	养殖规模与制度	落后5年	已经实现	/	美国
智慧养殖终端设备	全面性、移动便捷性	经济发展	研发技术及成本	落后5年	已经实现	/	美国
无应激体况评估技术	精准化	经济发展	机器评分技术	国际领先	已经实现	/	美国、英国
养殖废弃物资源化利用和处理技术	转化率	环境保护	制度与技术	国际领先	已经实现	/	中国、美国、德国
低功耗物联网技术	通用性	经济发展	研发技术	落后5~10年	2025年之前	2026—2035年	美国、德国、以色列、中国
多源异构数据汇聚技术	全面性	经济发展	制度与技术	国际领先	/	/	美国、中国、意大利
数据安全技术	普适性	经济发展	数据共享制度	/	/	/	中国、美国、意大利、澳大利亚

注："/" 代表缺值。

四、主要结论

智慧渔业在我国的实践探索起步较晚，发展水平总体偏低，现代信息技术与养殖不同领域的融合发展不深、专业人才匮乏等问题制约了渔业智能化发展。目前我国智慧水产养殖发展存在以下突出问题：

（1）养殖业装备化水平偏低。我国养殖业装备存在构造简单、陈旧等问题，近年来，装备虽然取得了一定的突破，但主要集中在养殖过程中，而针对环境监测、智能调控、捕捞分级等作业要求的自动化装备较少。

（2）养殖业数字化建设薄弱。养殖业装备数字化是实现养殖业生产智能化控制、精准化决策、无人化作业的基础和关键。我国养殖业装备数字化建设基础不足，传统养殖业装备并未与自动化、计算机技术等现代信息技术深度融合，难以实现智能化控制，严重制约了生产率的提高。

（3）养殖业网络监管能力落后。养殖生产和安全监管网络化建设不足，基层缺少收集信息、处理信息和传播信息的软硬件设备，数据库建设标准不统一，导致资源利用水平较低。产品市场信息网络不健全，养殖业电子政务水平还有待提高。

第三节　发展态势与需求分析

一、智慧畜牧业发展需求

（一）加强政府宏观主导及支持力度

智慧畜牧服务于畜牧行业，但畜牧业的发展，还涉及贸易、金融、食品、环保、机械、传感器、信息等多个行业的助力。目前来说，这些行业对智慧畜牧的参与度不高，需要政府引导。应让各级农业部门组建专门的"智慧畜牧业"发展处（科）室，由原来全部兼职逐步过渡到全职和兼职相结合的方式，并由单位主要领导直接负责。行业数据的汇集也需要置于政府监管之下，政府参与成立区域智慧畜牧大数据平台，并进行公司化运行，为区域畜牧业进行宏观指导；养殖企业也应建立内部的智慧畜牧数据平台。

（二）加大智慧畜牧业科研投入

国内的养殖设施设备以模仿国际先进产品为主，自主创新不足，自动化、智能化水平不高，产品质量稳定性和先进性较国际先进设备有较大差距，无法进行大范围的推广应用。我国应加强以先进感知技术、精准化作业装备、智能化畜牧机器人等为核心的自主知识产权技术与产品的研发，并加速产品化进程与应用，以整体提升我国在智慧畜牧业领域的核心竞争力，支撑产业的可持续发展。

（三）建立智慧畜牧标准体系

发展智慧畜牧的首要工作是实现规模畜牧养殖一线数据的长期收集。然而，目前智慧畜牧标准体系还未建立，使得畜牧养殖场舍的建设、数据收集终端、物联网、数据传输与存储、平台构建、大数据处理与服务等各环节没有统一的标准，智慧畜牧行业标准的缺位导致各种架构和技术的畜牧养殖物联网、数据中心之间无法实现数据共享，系统重复建设、信息孤岛问题突出，难以实现数据共享和挖掘畜牧数据的潜在价值。

（四）加快规模化智慧畜牧示范

智慧畜牧关注畜牧养殖全产业链条，只有在整个产业链应用顺畅的智慧畜牧应用模式才能认定为成功。目前，智慧畜牧多局限于特定技术或设备在单个应用场景的验证，没有形成有机的整合。智慧畜牧所需模型算法也需要建立在行业示范获取的规模数据之上。收集数据量的不足，势必阻碍产品性能迭代提升。

（五）提高畜牧从业人员技能水平

目前，畜牧业多数从业者没有意识也没有能力参与到智慧畜牧建设中。即便是在集约化、规模化的畜牧集团公司，对智慧畜牧有深入研究的从业人员也较少。如何快速提升畜牧从业人员参与智慧畜牧所需的知识储备和应用能力，还需要加强技能培训。

二、智慧畜牧业发展态势

未来，"智慧畜牧业"平台不仅应用在大型养殖场，中小型养殖场和家庭养殖户也会得到普遍的应用。所有养殖场（户）都可以通过"智慧畜牧业"系统定时对养殖对象进行饲喂、通风、冲水清洗等，自动检测动物个体身体状况，提供从出生到出栏的最佳防疫方案，为养殖场（户）提供全面而实用的服务。

粪便利用。对于畜牧业而言，环保问题日益凸显，而畜牧粪污资源化利用才刚刚起步。未来，"智慧畜牧业"的应用也可在此处发力，如通过分析设计最佳粪污的处理方案，并实现电脑自动操作，将其应用在浇灌、有机肥生产、沼气等方面，同时可以科学测出粪尿的产生量和综合利用率。

诊断完善。"智慧畜牧业"平台包括多种诊断方式：一是通过选择症状分步匹配数据库，人工智能系统自动匹配最可能发生的疾病；二是按地理位置、综合评价、兽医知名度为使用者提供附近可以出诊兽医的联系方式；三是使用者可以直接联系平台聘请的坐席专家，拨打电话问诊。未来还可以将VR虚拟现实技术应用在此。

物流完善。未来将有多家物流公司进驻农村偏远地区的养殖场、屠宰场、动物交易市场等地，通过正规物流的运输形式逐步替代贩运经纪人（即"牲畜贩子"），大大减少疫病传播的风险。使用者在联系当地畜牧站检疫员后，仅需在平台上选择物流公司、到达地、运输时间、动物数量等信息，就会有专门的物流人员帮助客户运输动物及动物产品。

全网销售。建立完整的畜牧业线上销售平台，涉及养殖、屠宰、市场（农贸市场、超市）等多个环节，将端口和知名电商平台相连接，开拓销售渠道。前期着重对高端的生鲜产品进行开发，如买方可以通过网络选择某家企业屠宰动物的特定部位。

追溯准确。追溯管理一直是监管难题，同样也是群众最为关心的问题。目前，最难的是由分解之后的动物产品追溯到动物本身。一旦可以追溯到动物本身，那么来自哪个屠宰场和养殖场就可以继续追溯。建立"智慧畜牧业"追溯功能，如超市的肉类产品标签要标清屠宰场、养殖场，农贸市场销售要在动物的胴体皮肤（最后销售部位）上激光打印二维码，通过二维码，即可了解肉品来源。

地位提升。"智慧畜牧业"是现代畜牧兽医改革的转折点，也是畜牧业发展的支撑点。通过建立功能完备、技术成熟、简单实用的操作平台，不仅可以使畜牧业发展得更好，成为国民经济的支柱产业，而且会使从事畜牧行业的人员得到更高的社会认可度，更有地位。

接口畅通。随着畜牧业和信息技术携手发展，越来越多的地方开始应用"智慧畜牧业"平台，也有越来越多畜牧信息技术公司开始开发各类系统。因为每个公司的软件程序、语言、方式都会有差异，无论是各省和国家平台，还是两省之间的平台，对接起来都不便。未来的"智慧畜牧业"平台，会有一个统一的开发标准，便于和其他终端对接，方便国家统筹管理和各地的联防联控。

分析能力。随着"智慧畜牧业"平台的逐步完善，该系统将具备较强的统计分析功能，可以在产业布局和风险预警方面提供更多的参考。如现在的"南猪北调"战略，要经过系统分析拿出最佳方案，例如调出多少、如何布局等。如果方案做得不好，不仅不利于养殖业发展，更会带来巨大的环境负载压力。未来的"智慧畜牧业"将通过对大数据实现合理的分析判断，指导全国养殖业的结构布局。例如，哪里可以发展多少动物、土地承载多少粪尿、养殖密度多少合理、疫病发生的风险等级等。

人才培养。未来的高校培养畜牧兽医人员，不仅就传统养殖和诊断技能进行教学，更会升级一些课程就现代畜牧兽医信息化服务进行指导。同时，"智慧畜牧业"要研发教学功能，培养官方兽医的防疫、检疫、化验等技能，也要培养畜牧兽医从业人员的职业技能，并建立完备的考核系统，考核成绩具备说服力和认可度。

三、智慧禽业发展需求

（一）家禽需求刚性增长释放发展新潜力

我国蛋品消费还需以居民家庭鲜蛋消费为主。目前，增加鸡蛋市场需求的动力主要来自城乡人均可支配收入的增长和城镇化的推进以及广大人民群众消费升级的强烈趋势。在此背景下，我国禽蛋和禽肉需求刚性增长为鸡蛋、肉鸡和水禽产业发展提供广阔的市场潜力。

一是在城乡人均可支配收入增长方面。2017 年，全国居民人均可支配收入 25 974 元，比上年名义增长 9.0%，扣除价格因素，实际增长 7.3%。其中，城镇居民人均可支配收入 36 396 元，增长 8.3%（以下如无特别说明，均为同比名义增长），扣除价格因素，实际增长 6.5%；农村居民人均可支配收入 13 432 元，增长 8.6%，扣除价格因素，实际增长 7.3%。腰包鼓起来的消费者开始了消费的转型升级，禽蛋与禽肉以及相关的蛋肉制品作为经济实惠的蛋白质摄入方式，成为消费者菜篮子里必选的重要商品之一。

二是在城镇化水平提高方面。城镇化水平是衡量一个国家和地区社会经济发展水平的重要标志，目前我国正处于城镇化的高速发展阶段。根据统计调查数据显示，2011—2017 年，我国城镇化率从 51.27% 增长到 58.52%，6 年的时间增长了 7.25 个百分点。大量的新增城镇人口进城，伴随的是消费习惯的改变和消费水平的提升，而禽蛋及相关蛋制品作为最经济实惠、性价比最高的动物营养摄取方式成为首选。

三是在群众消费升级方面。伴随市场的消费需求，具有个性化创新的功能性、配方性蛋制品、个性化休闲食品也将是一大趋势。随着我国经济的快速发展，人民收入生活水平显著提高，偏生活品质的享受型品类将具有更高的增长潜力，生活改善型需求愈发强烈，禽蛋与禽肉制品行业发展潜力巨大。

（二）科技创新与技术应用保障家禽业健康发展

科技创新与技术应用对于我国家禽业生产起着基础性的支撑作用。目前，我国家禽育种、防疫、饲料和环境控制技术加速创新，技术推广体系不断完善，配套技术应用较为普遍。

一是从育种来看，国家十分重视国内自主品种的培育和持续发展。以蛋鸡为例，"十二五"期间，国家实施"全国蛋鸡遗传改良计划"，将蛋鸡种业作为基础性、战略性产业予以重点支持，并明确了总体目标。在国家政策的支持和引导下，我国蛋鸡育种将加快技术进步和条件建设，未来品种创新与种鸡生产关键技术研究将更加成熟。

二是从防疫来看，防疫技术创新随着科学技术发展步伐的加快，疫病防控技术的更新和升级将随着人类知识储备结构升级和对动物疫病防控全方位攻坚的需求应运而生。家禽疫病防控技术的创新将朝着信息化、标准化、规范化和产业化方向发展，防控技术系统的结构将更加完善，层次更加清晰，目标更加明确，对象更加多元化。

三是从饲料来看，经过40年的发展，我国已成为世界第一饲料生产大国。2017年，我国工业饲料产量超过2亿吨，连续7年位居世界第一，年产值超过8 000亿元。目前，我国饲料行业的科研基础条件明显改善，科技创新能力显著增强，科技人才队伍进一步壮大，饲料企业不断发展，新配方不断出现。

四是从环境控制来看，一方面，由于我国的气候条件与设备引进国的气候差异大，国外引进的环境控制系统适应性有限，再加上控制系统源程序的保密性，所采集的环境参数难以形成有效的数据库进行智能化控制，导致环境控制不到位。另一方面，我国目前禽业环境控制标准严重滞后，已失去了指导意义。因此，迫切需要加快研发适合我国地域气候生态特点的规模化鸡舍环境控制系统和适宜环境参数，消除突发事件对禽类产生的剧烈应激，从系统科学的角度制定禽舍标准化环境控制技术规范并加以推广。

（三）加工业发展带动家禽业转型升级

虽然我国蛋品与禽肉制品的加工相对落后，但在我国家禽业快速发展的过程中也迎来了重要的机遇期。这主要表现在：

一是"十三五"农产品加工业规划中对蛋品加工进行了规划，提供了政策扶持。

二是在"四化同步"推进中，信息化有助于我国蛋品加工业的进一步发展。

三是我国家禽产业本身的规模趋势、优势产区的集聚趋势具有强大的动力。

四是家禽产业链发展方式正在不断创新，一些大型企业逐步实行内部一体化发展模式，相关合作组织的产业链也从过去单一的家禽养殖逐步延伸到蛋品和肉品的深加工，加工禽蛋禽肉不仅成为我国家禽生产企业的共识，也成为在市场供求状况下进一步提升附加值的基本出发点。

五是国家层面产业技术体系更加注重家禽的研发，研发出既适宜国内消费市场需求的产品，又与国际接轨，进一步缩小与世界发达国家的差距，从国际国内两个市场上开展。

六是家禽加工的相关产业快速发展必将带动加工业的进一步发展，作为蛋品肉品加工的下游产业，如医药行业、食品行业等的快速发展，不仅为我国家禽产业的发展提供了助力，而且由于这些下游产业逐步的产业升级以及产业链上的专业化分工加强，有效促进了我国家禽业的原料供给能力，促进了蛋品肉品的专业化、对口化和订单化的发展。

七是我国市场正在发生变化，特别是00后的消费群体，其在消费理念与偏好方面，与传统的消费呈现出较大差别，加上国内近几年在加工蛋品肉品上的市场营销体系逐步健全，因而在市场的牵引下也将促进我国蛋品市场份额的进一步提高。

在上述机遇背景下，禽蛋禽肉加工业在我国农产品加工业发展中将占有重要地位，在我国家禽产业发展中也将占有重要地位。

（四）生态农业发展和环境政策促进废弃物资源化利用

随着农业生产水平提升及规模扩大，我国已经成为世界最大的有机废弃物生产国之一。例如，大量畜禽粪便不经任何处理直接露天存放，破坏了农村和城镇居民的生活环境。农业废弃物含有大量的有机物，很多农作物副产品产生的化学能不亚于其主产品。因此，农业废弃物利用蕴藏着广阔的发展前景。

一是在市场需求方面，随着生态农业的发展，农业生产中对有机肥料的需求越来越大，而作为主要有机肥料的家禽废弃物是有机农业肥料上的主要供应品。受市场需求的推动，废弃物的有机肥化利用就成为产业拓展的重点。此外，家禽养殖废弃物也在推动废弃物采取能源化的方式进行无害化利用。

二是在相关法律法规方面，我国自2014年1月1日起实施的《畜禽规模养殖污染防治条例》中明确规定了畜禽废弃物如何综合利用，明确提出了激励和问责制度，为家禽废弃物的处置提供了政策依据。

三是在政府政策扶持方面，清粪机等废弃物处置相关的机械已经列入了国家补贴名录，为养殖者提供了设备资金的支持，激励养殖者无害化处置蛋禽、肉禽废弃物。此外，有关蛋禽肉禽废弃物处置的以奖代补和废弃物有机肥补贴等政策也在各地开始实施，极大地推动了家禽养殖废弃物的无害化利用。

（五）新型经营主体推动适度规模养殖

以家庭农场为主的新型经营主体，是从我国小规模户实现养殖规模扩大、经营多元化和养殖专业化后形成的主要群体。鉴于此，政府不断出台相关政策，培育和发展新型主体，推动蛋鸡养殖业适度规模发展。

十九大报告中指出：构建现代农业产业体系、生产体系、经营体系，完善农业支持保护制度，发展多种形式适度规模经营，培育新型农业经营主体，健全农业社会化服务体系，实现小农户和现代农业发展有机衔接。2017年5月，国务院办公厅印发了《关于加快构建政策体系培育新型农业经营主体的意见》，明确提出引导新型农业经营主体多路径提升规模经营水平。引导新型农业经营主体集群集聚发展，促进农业专业化布局、规模化生产。此外还提出了相应的财政税收和金融信贷政策支持，这对于规模化养殖是一个非常好的发展机遇。

四、智慧渔业发展需求

智慧渔业是运用物联网、大数据、人工智能、智能装备、移动互联网等现代信息技术，深入开发和利用渔业信息资源，与渔业生产、经营管理、市场流通、资源环境等工作融合，全面提高渔业生产智能化、经营网络化、管理数据化、服务在线化水平的一种养殖方式。以智慧渔业为引领和支撑，运用现代信息化的思维理念和技术手段，创新渔业生产、经营、管理和服务方式，能够有力推动渔业供给侧结构性改革，加速渔业生产转型升级。

智慧渔业是以互联网、人工智能等信息技术为基础，以数据为核心，以智能检测与感知控制的传感设备为载体，以精准化养殖、可视化管理、智能化决策为手段，面向以智能化、自动化、集约化和可持续发展为目标的现代渔业综合生态体系。其本质在于降低企业的经营成本、顾客的选择成本和政府的监管成本。

智慧渔业的诞生和推广，主要是解决传统水产养殖中产生的问题。机器代替劳动力，电脑代替人脑是智慧渔业发展的主要方向。在养殖环节，智慧渔业将完全依靠智能装备设施；在水产品加工环节，智慧渔业可实现流水线作业，无须投入大量劳动力；在流通环节，智慧渔业将全面实现冷链物流，实现物流全程监控以及质量追溯等。智慧渔业将解放出大量从事繁重体力劳动的劳动力，产业链将会更加细分，每个环节工作会更加细致，为渔业领域各种决策与预测提供强有力的数据支撑，实现业务协同、智慧服务，促进渔业产业的高效可持续发展，促使渔业向信息化、智能化、现代化转型升级，加快渔业经济发展。

物联网技术引入渔业是我国智慧渔业发展的现实需求，有利于改善传统渔业中存在的依靠经验生产、问题发现滞后、解决方案迟缓等状况。在渔业领域，可概括为渔业信息（环境、装备、动物行为）的全面感知、可靠传输和智能处理，以实现渔业生产精准化、自动化、智能化、标准化。

大数据技术则是通过结合传感技术实现渔业相关数据的实时采集，然后通过处理、存储及分析，将渔业生产中有用的信息以直观的方式呈现给管理者，进而实现智慧管理。渔业大数据主要包括基于物联网技术的渔业养殖过程感知数据、基于互联网技术的渔业相关数据、基于相关产业的管理系统数据以及其他数据（传统数据源、专业数据库）等，具有海量、数据类型丰富、质量参差、多源异构等特点。

除了物联网、大数据技术外，智慧渔业的发展更离不开人工智能技术。人工智能技术是协同智能感知装备和智能作业系统的中间环节，其任务是处理、整合、分析感知到的数据信息，向智能装备下达正确的命令，完成一套完整的作业过程。智慧渔业的发展也对人工智能提出了相关的技术需求，从数据采集和信息监管到生产调控和方案决策以及水下作业等全面推进智能化进程。

五、主要结论

综上所述，我国智慧养殖业有了初步的发展，但是关键技术及体系亟须进一步探索。智慧养殖业的发展有以下 3 个需求：

（1）政策需求。亟须完善优化支持保障体系，为养殖业高质量发展提供强有力的保障。强化智慧养殖业政策支持体系。构建激励研发创新的政策措施，鼓励智慧养殖软件创新、技术突破和产品研发，鼓励企业加大研发投入。推动建立依法促进智慧养殖发展的长效机制，推动政策性银行等金融机构出台相关优惠政策，加强与"一带一路"沿线国家在养殖业领域的双边合作。

（2）技术需求。通过对智慧养殖业当前技术现状以及存在突出问题的分析，为提高我国养殖业智能化水平，亟须突破复杂养殖业环境下天空地一体化立体监测技术；自主研发稳定、可靠、低成本的传感器；提升养殖业装备及数字化水平；应用物联网、移动通信、地理信息系统、北斗卫星导航等信息技术，推进养殖业生产安全以及经营监管网络化；综合利用农业物联网、大数据、人工智能等信息技术，提升养殖智能决策水平，推进养殖业作业无人化，提高养殖业生产效率。

（3）人才需求。智慧养殖业融合水产养殖技术、养殖工业化装备技术和数字化信息技术，需要全方位的复合型创新人才。亟须发挥市场机制在人才资源配置中的基础性作用，加强"走出去，引进来"工作，吸引海外人才，鼓励优秀海外留学人员参与智慧养殖业的发展。以智慧养殖项目为依托，培养造就一批现代养殖领域科技领军人才、工程师和高水平管理团队。加强业务培训，提升大数据、区块链等信息技术在养殖业中的应用和管理水平。

第四节 关键技术选择

一、关键技术图

（一）智慧畜牧业关键技术图

智慧畜牧业关键技术主要包括畜牧产品全产业链溯源、养殖大数据平台构建、养殖废弃物处理与资源化利用、养殖过程控制以及智慧畜牧育种 5 个一级技术及 28 个二级技术，详见图 24-10。

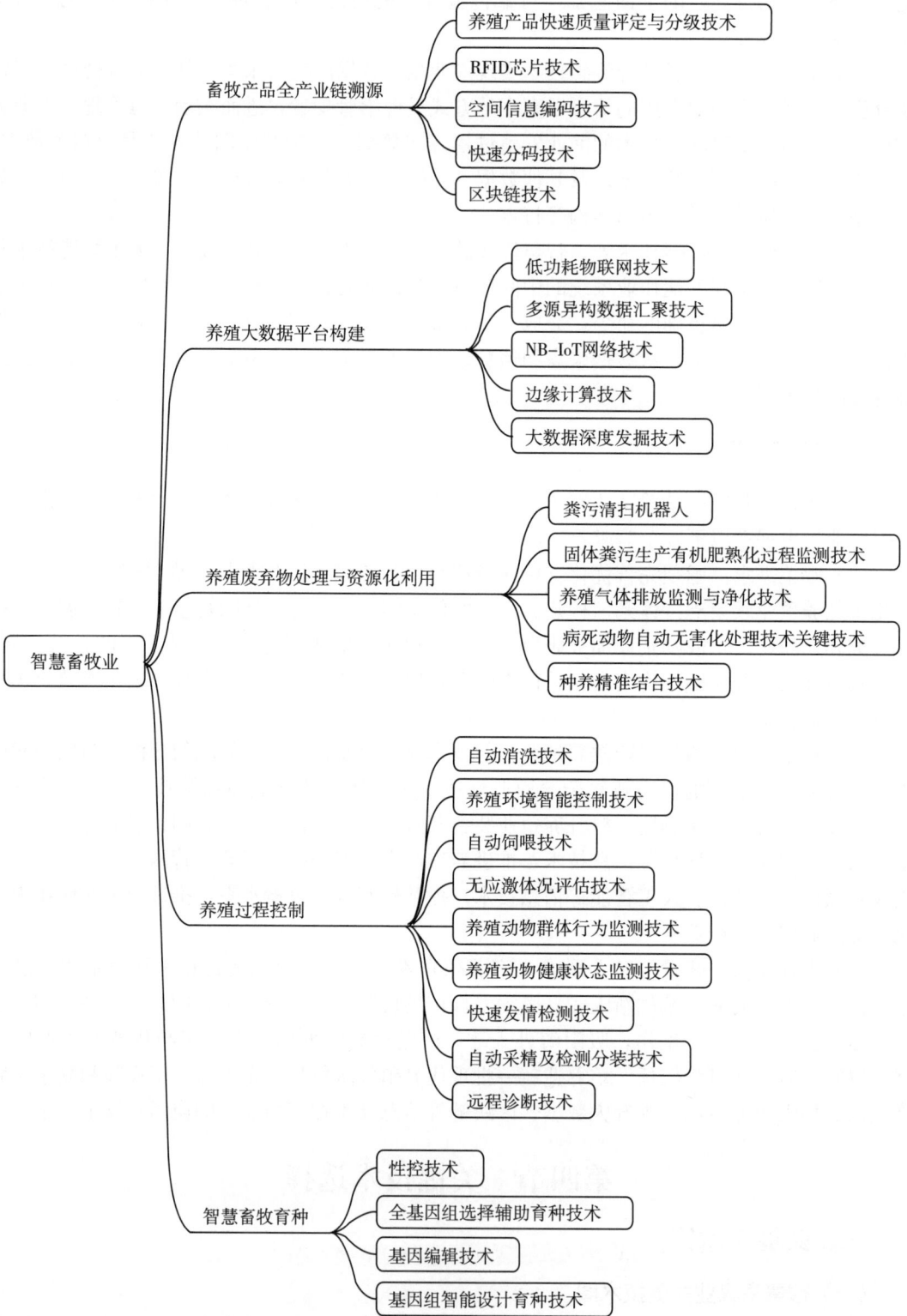

图 24-10 智慧畜牧业关键技术图

（二）智慧禽业关键技术图

先进的技术装备是实现现代家禽智慧化发展的核心和关键。智慧禽业关键技术主要包括精准育种技术、精准营养技术、家禽养殖设备与环境调控技术、IT 技术、家禽养殖工程防疫技术、家禽养殖废弃物综合利用技术等 6 个一级技术，以及胚蛋性别快速鉴定技术、环境智能控制技术、营养调配技术、生理健康监测技术、物联网技术、病死家禽无害化处理技术等 29 个二级技术（图 24 - 11）。

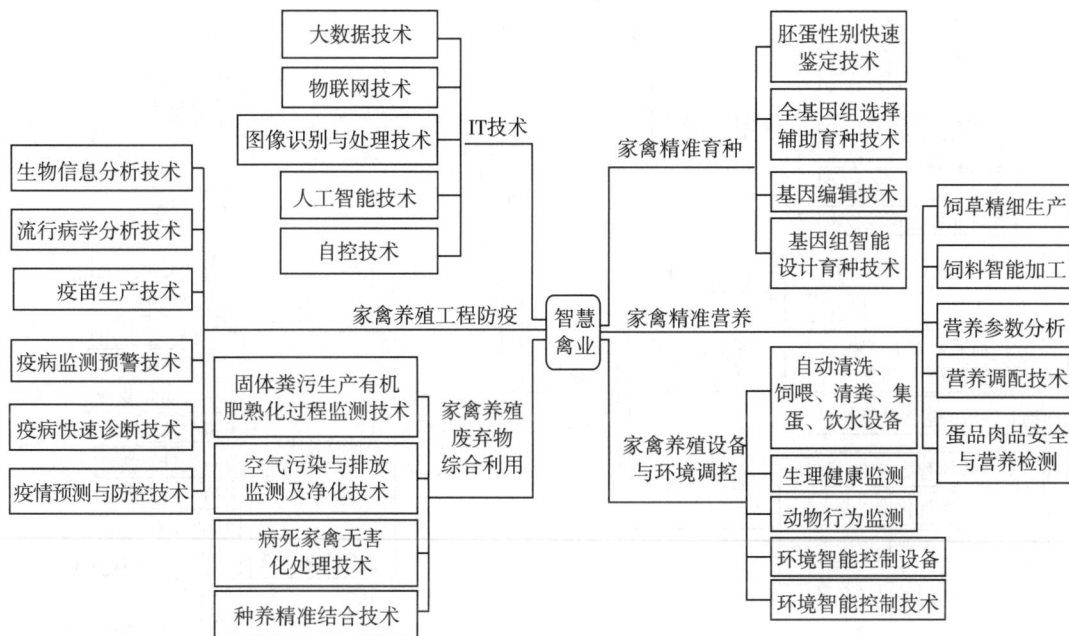

图 24 - 11　智慧禽业关键技术图

（三）智慧渔业关键技术图

通过专家德尔菲调查法，梳理出智慧渔业的关键技术清单，如图 24 - 12 所示，包括智能控制、信息感知、智能服务、智能决策 4 个一级技术，以及自主无人系统、精准作业技术、环境信息感知技术、智能云端服务平台、渔业大数据技术等 12 项二级技术及若干三级技术。

二、技术清单

（一）全基因组选择技术

全基因组选择（genomic selection，GS）技术是指利用覆盖全基因组的高密度遗传标记，计算个体全基因组估计育种值（genomic estimated breeding value，GEBV）。这项技术不仅能够在动物育种中进行早期选择，提高育种效率，而且可以提高性状选择的准确性，降低育种成本。全基因组选择技术流程主要包括建立参考群体、估计 SNP 效应值、计算候选群体的 GEBV、根据 GEBV 进行个体选留，选留个体可以作为参考群体被重新用于估计 SNP 效应值，形成步骤循环。随着 2006 年牛基因组结果的公布，该育种技术首先在加拿大应用于奶牛育种工作，随着高密度 SNP 芯片和测序技术商业化的快速发展，全基因组选择技术在多种农业动物中不断发展，除了乳业发达国家新西兰（2008）、美国（2009）、加拿大（2009）、德国（2009）、澳大利亚（2011）、意大利和瑞士（2011）在奶牛中的应用，

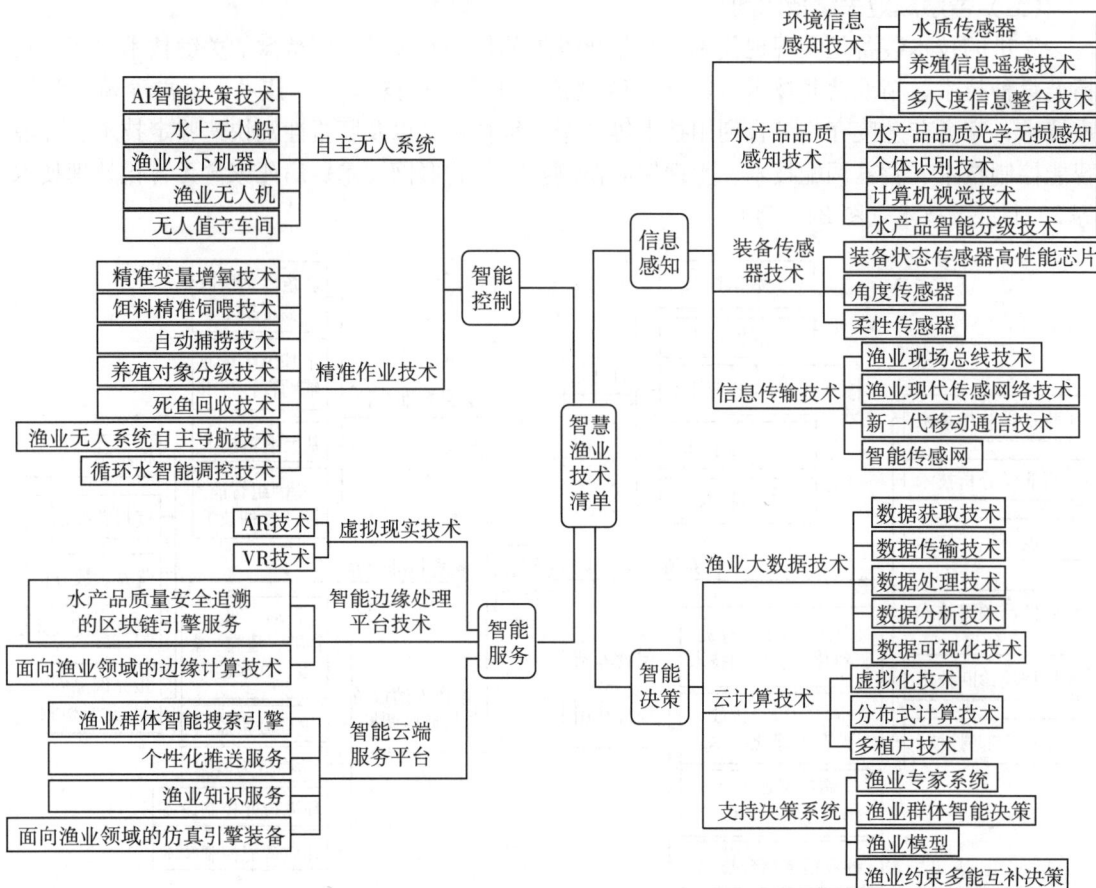

图 24-12　智慧渔业关键技术图

美国在肉牛，法国在羊，德国在家禽，英国在水产动物，丹麦、西班牙及英国在猪中也广泛应用。

目前，基因组选择的重要研究方向之一是降低全基因组 SNP 分型成本，从而扩大群体规模、提高标记密度，例如高密度 SNP 芯片、简化基因组测序、基因组重测序的选择和比较等；另一研究方向是提高基因组育种值（GEBV）估计的准确性，选择最优模型和算法，例如贝叶斯方法、最佳线性无偏预测方法直接估计 GEBV（GBLUP）、一步法 GBLUP 等。近 5 年来，全基因组选择技术已经成为养殖育种界的热点，比传统利用表型值和系谱信息进行 BLUP 预测估计的育种值准确性和高效性有了大幅度的提升，尤其是国外大型育种公司已经取得了较好的遗传进展，显示出巨大的应用潜力。随着我国养殖业向规模化和智慧农业的快速发展，需要在生产效率和现代科技方面加大力度，但我国中小企业实施全基因组选择技术受到高配置系统和昂贵费用的局限，因此应该进一步完善并优化技术，建立研究平台，为家畜动物育种改良工作带来全新的技术革命。

（二）养殖环境智能控制技术

养殖环境对动物的健康生长十分重要，传统以人工监视和控制养殖环境的模式不仅效率低，且无法精准控制。随着新一代信息技术的发展，以数字化信息技术为核心的智能化养殖技术也逐渐渗入养殖的各个环节。养殖环境智能控制是将物联网智能技术与各个环境因素调控技术相结合，利用先进的信息技术设计智能化检测与调控系统。通过传感器感知环境参数，经过信息传输，反馈给主控器，经过分析后对各个环境控制终端进行自动调控，并形成环境调控大数据系统。这项技术能够避免传统环境控制的单一性、滞后性和误差大等缺点，有利于快速匹配动物的最佳生长环境，改善动物养殖福利。

20世纪50年代起，一些发达国家开始发展智能化高效养殖，并广泛应用于畜禽养殖和水产养殖，特别在生猪养殖领域，养殖技术不断精细化、信息化、自动化。20世纪90年代，美国、德国就开始了现代化生猪养殖，例如德国"大荷兰人"公司开发出了生猪养殖环境远程监控系统，能够对环境信息及生猪采食饮水量信息进行采集，实现温度、通风等自动调节；哈希公司（HACH）研发的水质分析仪，可以快速检测COD、氨氮、余氯、重金属等多项水质参数；美国研究了基于图像处理技术的温度监控系统和基于传感器的空气质量分析系统。我国的养殖产业正处于从散户养殖到规范化养殖的过渡时期，对智能化养殖研究起步较晚，自主开发的养殖环境控制系统与国外先进国家差距较大，目前大多仍停留在单因素环境调控的层面，但近年来也取得了一些成果，例如基于无线传感技术的猪舍湿度监控系统、多环境参数监控养殖箱的研发等。

当前我国养殖业中存在的一系列安全、环保的问题都与养殖环境有关，在智能化养殖环境调控技术方面还处于探索阶段，主要依托从国外引进高成本装备和技术，在整体系统研发、环境感知专用传感器研制、无线传输技术、环境数据前处理、多源数据融合、环境适应性评价模型、环境监测与通信和物联网的结合、相关科技成果转化等方面亟待发展。

（三）智慧养殖终端设备

物联网、无线通信、云计算、大数据等技术的发展为农业智能化生产提供了极大的便利，物联网可以通过信息传感设备将互联网终端无限延伸，结合大数据及云计算技术实现对"万物"的智能化管控。智能化养殖与终端设备是现代化信息技术在养殖业的应用，通过移动设备与养殖终端相配合，能够实现完整、连续、直接、实时的远程监管与调控。其内容涉及精准饲喂、自动化粪污清扫、养殖产品自动采收、养殖动物可穿戴设备等，表现为利用RFID、物联网、大数据、ZigBee、GPRS无线通信等先进技术，识别动物各项个体指标及活动情况，实现自动化、智能化的饲养与管理，从而为养殖业的可持续和精准化发展奠定基础。

20世纪60年代，日本等国家陆续对水产养殖进行远程监控的技术研究，美国、澳大利亚等随后在信息化监控养殖领域取得了发展，基本实现智能化的养殖与管理，大大提高了养殖生产效率，尤其是澳大利亚，最早开始了通过智能终端控制进行奶牛养殖的工作，促进了最优化养殖的实现。目前，英国也已经开发出较为系统的智能终端养殖平台，并取得了较大的经济效益。一些发达国家例如荷兰、丹麦、德国等已经为养殖动物建立了完善的数字档案，综合机电系统、无线技术、Android技术、SQL Lite网络数据等研发了精准饲喂终端，进行精细化管理。我国的智慧养殖终端设备与国外还存在一定的差距，存在多项不足，尤其是在精准性、便捷性和数据处理方面。因此，我国在该领域仍然需要高端技术和设备的自主研发，发展潜力巨大。

未来智能化技术必然将全面应用于养殖业的各个环节，智慧养殖终端设备技术将会使养殖更加系统、精准和高效，尤其是在精准饲喂、芯片植入监控生命周期、环境管控等方面，能够为养殖生产提供更强大的支持，提高经济产值。

（四）无应激体况评估技术

随着养殖规模化的发展，传统人工方法对于动物体况评估已经无法满足产业效率和准确性的需求。利用电子感知系统、机器视觉、图像处理技术、可穿戴设备、传感技术等现代化信息技术，对养殖动物进行无应激体况评估，对各个环节进行追踪和监控，是智慧精准养殖的重要方面，例如发情检测技术、包括生理和心理方面的动物健康状态监测技术、远程诊断技术、个体识别技术等。现代化的无应激体况评估技术能够大大提高生产效率，减少劳动力成本，并能实时掌握养殖动物的营养、健康和生长情况，通过动物个体信息综合分析，为育种和养殖提供数据支撑，从而提高养殖的智慧化水平，促进精准养殖领域的应用。

欧美国家的现代化养殖体况评估技术起步较早，德国牧场在 20 世纪 70 年代后就在奶牛养殖中应用了电子耳标记录个体身份、进食情况和育种信息；在 20 世纪 80 年代，美国、加拿大等国就制定了统一的体况评分标准，同时期以色列阿菲金公司（1984）研发出世界第一个计算机牧场管理系统，用以监控奶牛的健康状况、发情检测、兽医治疗效果、精液库存等，极大促进了当地的奶牛产业发展；新西兰的家畜公司（1984）开发了奶牛信息数据库，用以记录动物个体信息。进入 21 世纪，随着图像处理技术、人工智能和深度学习算法的发展，通过机器视觉方法和数据驱动的模式识别算法对动物体况评估呈现了大量成果，例如瑞士利拉伐公司（2015）发布了全球首款 3D 摄像头体况评估扫描系统；R‐CNN、SPP Net、Fast R‐CNN、Faster R‐CNN、Mask R‐CNN、DCN、SSD、YOLO‐V1～V3 等用于目标检测分类的深度学习算法和人工智能技术也逐渐在养殖领域使用。与发达国家相比，我国智慧养殖业也有了一定程度的发展，但大多集中在研发阶段，还未形成成熟的现代化评估系统推广应用。

目前我国对于现代化体况评估技术的研究需求主要集中于：结合物联网、互联网＋技术的信息监测智能装备；结合声音识别、机器视觉技术的非接触式监测系统；信息监测与智能化养殖系统；动物个体健康与行为智能模型等方面。我国科技正处于大信息时代的技术潮流中，未来应结合国情，充分发展养殖的智能化水平，促进养殖业的快速健康发展。

（五）养殖废弃物资源化利用和处理技术

随着养殖业的迅速发展和规模扩大，在提升产值、推动农业进步的同时，粪污、废水废气、病死动物等大量的养殖废弃物产生也在农业环境、农产品质量、食品安全和人畜健康方面产生了严重的危害和影响，因此以绿色生态为导向，发展养殖废弃物资源化利用和处理技术，是养殖业健康可持续及智慧化发展迫切需要的措施。对于养殖废弃物的处理主要包括资源化利用和无害化，一方面是将养殖废弃物中可利用的物质转变为可再次利用的形态，另一方面要避免废弃物的污染和致病问题，这是一项系统的工程，涉及政府部门、养殖户、养殖企业及治污机构等多层次主体，包括科学种养结合、还田治理、粪污处理、病死畜禽无害化处理、建立现代生态养殖模式和链融体模式等措施，涵盖机械化、智能设备与机器人、生态发酵、沼气化、微生物、自然生态治理等多项现代技术。

20 世纪 60—70 年代，世界上许多养殖业发达国家就对养殖废弃物的资源化回收利用问题给予了重点研究，例如日本（1970）提出了生态发酵床技术，并开发出发酵培养系统，开创了新型生态养殖模式；20 世纪 90 年代后，美国最早提出了可持续农业的概念，国外针对养殖废弃物的治理进行了许多探索，例如荷兰（2009）对超滤—反渗透（UF‐RO）技术渗透的浓缩沼液进行了研究；丹麦（2015）对粪便处理过程的沼气化技术提出了大型集中式沼气项目建设规划；国外还提出了养殖动物粪便纤维素的乙醇化等资源化利用新思路。我国于2001 年颁布了一系列关于畜禽养殖污染防治的政策、标准和规定；十八大后生态文明建设上升到了新高度，生态畜禽养殖是其中的重要组成部分。我国对于畜禽废弃物治理问题关注度越来越高。近年来国内废弃物处理主要有沼气系统、固体堆肥＋污水处理和生物发酵床 3 类技术模式。

目前，一些发达国家主要有具备成熟的养殖废弃物污染防治国家战略和国家污染物消减系统及完善的政策保障，建立了政企合作促进可持续发展的模式；并调动了社会组织、农场主、养殖户及废弃物加工第三方的积极性，具备良好的市场引导和资金保障；在技术方面对于养分管理、种养结合需求、环境条件开展了全面的数据共享。我国目前面临的差距和挑战仍然很大，因此应当加强政策机制、资金保障，在技术方面要加强技术储备、推广和转化，丰富技术形式，例如突破环保饲料、沼气和生物天然气方面的关键技术瓶颈；推动养殖的自动化、智慧化和规模化；借鉴国外先进处理工艺和设备，根据区域循环、全程综合防治原则确定治理方案，提升工作人员技术水平等。在处理模式方面，要加强小型养殖场种养结合的模式应用，大规模养殖场主要适用能源、基质转化的模式，而现代化的养殖场则应大力发展好氧发酵、除臭脱毒等深度处理以及利用资源化处理废弃物衍生产业链，促进产业融合发展的模式。

（六）智能作业机器人

智能作业机器人是实现未来养殖场无人化生产的核心和关键。智能巡检机器人，在功能上既要代替人工巡检，又要达到现代养殖生产实际的需求。"巡检"是一个总称，设计包括了与动物健康和安全生产至关重要的多项监测或监视系统。新型自动化、智能化养殖装备，为建设无人少人养殖业提供装备支撑。现代化养殖装备，诸如自动增氧、饲料自动精准投喂、循环水装备控制、鱼类捕获、水下巡检机器人、鸡舍巡检机器人、捡蛋作业机器人、智能清扫机器人、消毒机器人等已经渐渐走进我国养殖业。但是由于养殖生产过程复杂、作业条件和对象差别大、作业程序多，智能机器人应用中存在诸多问题尚未解决。首先，成本过高。自主研发或采购国外先进养殖设备成本高，再加上设备后期另需维修保养投资。因此，成本过高是阻碍智能机器人在养殖领域推广的重要因素。其次，机器智能化水平仍然不足。智能机器人附带多种传感器，并将其所获信息进行自动分析，需要有较强自适应能力和自治功能。目前的作业机器人仍然处于研发和测试阶段，离商业化大规模应用还存在一定的距离。

（七）种养精准结合技术

种养结合是生态循环农业发展的重要方面，这项技术应用生态学原理，通过物质多层次与循环再生原理技术，将农作物种植和养殖有机结合，实现作物供给养殖、养殖废弃物资源用于种植土壤的资源消纳，使养分在动植物之间良性循环，能够高效、资源化、再循环利用农业生产资源，降低农业成本，保护环境，促进农业可持续发展。

德国是较早推广种养结合的国家，近年来已经有超过 80％的牧场实现了种养结合。欧盟以严格的单位土地面积载畜为核定标准实现种养结合，荷兰、加拿大、澳大利亚等国家为养殖配备了一定比例的耕地。欧美国家的种养结合模式整体水平较高，较为系统化、规范化，对区域种植与养殖规模做出了严格的规定和政策保障。我国种养结合主要有 3 种基本模式，即农户模式、合作社＋农户模式、养殖场＋中介＋农户模式，但目前由于缺乏科学有效的规划与政策保障，种养脱节、农牧分离的问题仍然存在。

种养循环有空间分离型、时间轮转型和完全结合型。评价畜禽养殖环境承载力的方法主要有养分平衡法、复种指数法、系统分析法、层次分析法、超效率数据包络分析法等。随着养殖业和各项信息技术的发展，传统的种养结合生产已难以满足规模化、集约化、工业化的生产需求。混合农畜系统平台开发，种养结合生态学及微生物学研究，集成农业、环境、生态、生物、经济、信息多学科知识的精准种养结合技术，系统动力学原理的应用，土地精细化管理，结合 3S 技术、微观技术和大数据分析对种养精准布局和监测、预测模拟的研究都是今后精准种养结合领域发展的重点，也是全球绿色循环农业的重要发展趋势。

（八）低功耗物联网技术

智慧养殖是新一代信息技术与传统养殖的结合，其核心是数据驱动的新养殖模式，其关键就是动态获取养殖动物主要生长、生理、生态指标，这就需要物联网技术。而养殖动物行为等数据的主动收集，既要考虑数据收集的完整性也要考虑覆盖养殖动物全生命周期的持续性，这就要求在搭建相关物联网的时候要充分考虑其低功耗特性。

IDC 研究机构的市场报告表明，到 2020 年全球物联网将接入 260 亿件设备，产业规模将高达 1.7 万亿美元。低功耗广域网（low power wide area network，LPWAN）是基于物联网（Internet of things，IoT）远距离通信而产生的一项技术，具有高覆盖、低功耗和广域连接等特性。目前的 LPWAN 技术，根据工作频段不同可以分为授权频段（license band）和非授权频段（unlicense band）两类。

当下 LPWAN 有 3 项代表性技术：LoRa、NB-IoT 和 SigFox。LoRa 和 SigFox 都是工作于不经授权的 Sub-1GHz ISM 频段，而 NB-IoT 工作于授权频段。LoRa 是由各产业联盟共同推动的网络标准，用户不依靠运营商便可完成 LoRa 网络部署，成本低且自主化程度高；SigFox 是由法国同名公司自主研发的技术，掌握核心网的建设和营运，在全球范围内部署网络基地；NB-IoT 由通信行业最具有权威的组织 3GPP 制定，并由国际电信联盟批准。

从目前的发展情况看，NB-IoT 将成为我国市场的主流。2013 年初，华为和相关行业制造商、运营商推广名为 LTE-M 的技术。2014 年 5 月，3GPP GERAN 工作组立项，LTE-M 的名字变为 CIoT。2015 年 5 月，华为和高通公司联合宣布了 NB-CIoT 计划，同年 8 月，爱立信与几家公司一起提出了 NB-LTE 概念，9 月 NB-CIoT 和 NB-LTE 融合成为 NB-IoT。2016 年 6 月，3GPP R13 冻结了 NB-IoT 核心标准。2017 年 6 月，华为 NB-IoT 芯片 Boudica 120 大批量发货。这一系列动作表明，华为在 NB-IoT 的发展中起到了非常重要的作用。工业和信息化部先后在 2017 年 6 月颁布《关于全面推进移动物联网（NB-IoT）建设发展的通知》，2018 年 5 月颁布《国资委关于深入推进网络提速降费加快培育经济发展新动能 2018 专项行动的实施意见》。这两份文件适用于 NB-IoT，在促进此技术的发展中发挥了非常重要的作用。2020 年 5 月 7 日，工信部办公厅发布了《关于深入推进移动物联网全面发展的通知》（以下简称《通知》），正式确认 2G/3G 物联网业务迁移转网，建立 NB-IoT（窄带物联网）、4G（含 LTE-Cat1）和 5G 协同发展的移动物联网综合生态体系的决策。

2020 年 7 月，国际电信联盟（ITU）国际移动通信系统（IMT）宣称：3GPP 5G 技术（含 NB-IoT，即窄带物联网）满足 IMT-2020 5G 技术标准的各项指标要求，正式被接受为 ITU IMT-2020 5G 技术标准。这意味着，由中国产业链主导的 NB-IoT 正式纳入了全球 5G 标准，同时也意味着 NB-IoT 可向 5G 时代平滑演进，拥有更长生命周期和更多应用场景。

目前，我国三大运营商在超过 300 个城市实现了 NB-IoT 网络建设和覆盖，并提供了数十亿的物联网专项补贴；同时，以阿里、腾讯、华为、小米等为代表的巨头企业也已进入物联网行业。

LPWAN 的特性在于功耗低、距离长、传输量低和成本低。但是，LPWAN 也不是无所不能，其不能全部取代无线传输应用。而以 LPWAN 现有的三大技术 LoRa、SigFox、

NB-IoT 的竞争态势来看，这三大技术在功耗、传输距离、应用领域上各有优势，因此很难说谁会被取代。在未来，这三项技术更可能会依据不同的应用场域来做交叉应用。

（九）多源异构数据汇聚技术

随着物联网等现代信息技术在农业领域的不断渗入，其应用范围越来越广。农业物联网体系在感知层面采集设施、大田、水产、养殖等各个生产领域的数据，在养殖业领域包括动物行为与体征、生长健康管理、精准饲喂、养殖环境、繁殖育种、可穿戴设备、智能终端等多个方面，此外还有传输层及应用层数据，涉及生产、流通、市场、网络舆情等产业链的方方面面。这些农业数据不断汇集，形成了大规模、多类型、高价值、高速度、高精度和高复杂度的多源异构特点。传统的技术手段已无法充分处理这类数据，云计算等多源异构数据汇聚和处理技术更能为智慧化养殖业提供保障和支撑，是现代化农业转型升级的重要动力。多源异构数据的汇集是指将相互关联的分布式异构数据源集成到一起，形成底层数据源的"全局视图"，经过预处理、特征提取、融合计算后输出结果，使用户能方便透明地集中访问所需的数据，核心技术包括基于多模态特征的知识表示和建模、大数据深度挖掘与预测、基于物联网与互联网的汇聚抽取技术、异常数据识别、多元统计分析和关联分析等。研究多源异构数据汇聚技术，能够有效融合数据资源，对现代化农业体系的发展具有重要意义。

数据融合在美国（1973）最早应用于军事领域。20世纪80年代，美国组建了数据融合技术的专家组织和一系列学术研讨会，并构建了数据融合模型，扩大了数据融合在国际的影响力，应用范围不断扩大，例如美国 Informatica 公司的 Informatica Insight Newwork，IBM 公司的 InfoSphere Streams、Microsoft 公司的 Stream Insight 等商业产品已经被广泛应用。另外，国外在关联分析技术研究方面也处于领先地位，近年来不断优化分析算法。我国在多源数据融合方面起步相对较晚，20世纪80年代末，才逐渐关注这一领域的研究。进入21世纪以来，我国一些学者也提出了一系列数据融合的先进算法，例如将神经网络和模糊理论应用到数据融合技术当中，但与国际前沿技术和应用广度相比，仍然存在不足。

在几十年的发展中，传统识别与分类算法为多源数据融合技术打下基础，例如线性估计技术、高斯滤波技术、卡尔曼滤波技术、贝叶斯推理、支持向量机理论、经典推理、随机集理论、证据推理等；近年来的新技术进一步推动了数据融合的发展，例如信息论方法、遗传算法、神经网络、逻辑模糊法等人工智能方法等。数据融合的研究目前还未形成统一的标准框架，且在容错性、鲁棒性、精度和深度方面还有进步空间，在未来还需要建立普适性模型、配套系统和评估体系，加强现代技术在数据融合中的应用，解决不确定性因素的表达演算，发展低复杂度、高效率的算法，加强工程化与商业化等，从而促进现代化数字农业相关核心技术的发展和大数据云服务平台的建成。

（十）数据安全技术

在传统农业的基础之上，智慧农业以大数据为核心，将数据化技术和管理应用到农业生产中，农业大数据资源目前已经成为重要的国家战略资源。由于农业大数据具有广泛性、复杂性、关联性、整体性、共享性、一体化的特点，其安全性问题将会波及整个农业领域，进而可能对国家安全造成影响。例如数据的机密性、完整性、可用性风险，外部互联网平台、云存储风险，数据共享、开放和管理风险等。因此，智慧农业的发展对于数据安全治理技术的需求十分迫切。

随着区块链技术的兴起，其为农业大数据的安全性保障提供了新的手段和发展空间。区块链发源于比特币，将数据区块按时间顺序组合成链式数据结构，这是一种去中心化的分布式网络数据库。作为公共账本，公众能够通过节点参与信息的构建。区块链以密码学技术保证数据不可篡改、伪造，实现网络共建共管，确保了数据安全和可信度，且具有匿名性和数据公开透明性。农业区块链和物联网结合，可以将传感器获得的数据进行储存，利用分布式数据库实现信息共享。

智慧农业是区块链应用的重要方面，在食品质量溯源、生产链管理、物流分销、农业信贷、农业保险等农业问题中已经开始应用，但目前农业区块链应用还处于初级阶段，鲜有系统化、规模化的应用。农业大数据具有多源异构的特点，因此区块链技术具有广阔的发展空间，能够为智慧农业发展保驾护航，不仅能够保障农业产业健康、安全、可持续，且在农业金融、市场、知识产权方面也具有很大发展潜力。未来区块链技术的发展趋势将会结合物联网和大数据系统的建设，不断扩展应用场景，另外区块链的安全、效率和监管问题也是今后的重点研究方向。

三、国内外差距比较

与领先国家相比，我国智慧养殖业相关技术的研发水平总体差距在 14～15 年，水质传感器的研发水平总体差距在 8～10 年，国外技术首次市场应用的时间集中在 20 世纪末至 21 世纪初，我国则集中在 21 世纪之后。其中在低功耗物联网技术领域，由中国产业链主导的 NB-IoT 正式纳入了全球 5G 标准，我国与发达国家处于同场竞争的局面，虽然 LoRa 等技术较早投入商用，目前占据市场主流，但是得益于电信网络基站的覆盖规模，NB-IoT 后发优势明显，根据 LoRa 联盟发布的 IHS Markit 的研究报告，NB-IoT 的连接终端数量在 2022 年将超过 LoRa。在全基因组选择技术领域，我国与发达国家的差距较小，且研发基础较好。在无应激体况评估、养殖环境智能控制、智慧养殖终端及养殖废弃物资源化利用和处理方面与发达国家差距较大。在数据安全技术领域，全球都在同一起跑点，而我国刚好处于现代信息数据技术突飞猛进的发展阶段，因此要把握好技术发展的机遇，加速研发和产业化推进，不仅能为我国发展智慧化农业提供保障和基础，而且可以占据领先于世界的技术地位。

发达国家已形成较为完善的技术体系，我国主要以引进消化吸收再创新的路径奋力追赶实现；对于国外尚未形成成熟系统且我国具备一定研究基础的技术，主要采用联合开发的途径；而对于我国研发基础较好的新兴技术，宜采取自主研发的途径快速发展（表 24-2）。

表 24-2　智慧养殖业关键技术国内外差距比较

关键技术	研发基础	技术差距	实现路径
全基因组选择技术	++++	2 年	自主研发
养殖环境智能控制技术	+++	20 年	引进消化吸收再创新
智慧养殖终端设备	++	20 年	引进消化吸收再创新
无应激体况评估技术	++	30 年	引进消化吸收再创新
养殖废弃物资源化利用和处理技术	+++	20 年	联合开发
智能作业机器人	+++	5～10 年	军民融合、自主创新
种养精准结合技术	++	10 年	引进消化吸收再创新
低功耗物联网技术	++++	0 年	引进消化吸收再创新
多源异构数据汇聚技术	+++	10 年	联合开发
数据安全技术	++++	8 年	自主研发

注："+"越多代表研发基础越好。下同。

第五节　战略目标与路线图

一、发展思路

将新一代信息技术和传统畜牧、家禽、水产养殖深度结合，聚焦在养殖过程控制、优良育种、养殖废弃物处理、智能化设施和产业链流通等方面，实现营养精准化、养殖数据化、过程智能化、决策科学化。推动构建宏观布局、绿色健康养殖、安全屠宰、无害化养殖废弃物处理、放心流通、绿色消费、有源追溯的新局面。

智慧畜牧业发展思路：基于射频识别技术的畜禽养殖个体自动识别、监控和追踪技术及解决方案还需持续完善，研发更为廉价、操作更方便的新一代智能化个体身份标识技术将是未来的发展趋势；未来畜牧业可以通过低功率广域网技术建立智能牧场，动态监测牲畜发情、推动改善营养状况和预防疫病发生等；在育种方面，整合生产链中的动物行为数据，推动全基因组选择辅助牲畜育种，选取优良动物基因改善可持续的繁殖；构建精确养殖大数据平台，智能精确饲喂牲畜，优化养殖过程控制，动态监测牲畜群体数量、日龄组成、营养健康状况及全生产链流通。

智慧禽业发展思路：智慧禽业包括自动化养殖与动态饲料配方两方面。为提高禽类养殖自动化程度，利用低功耗物联网和小型化低功耗芯片等技术，开发具有自主知识产权的实时监控设备，实现可自动信息采集、存储与传输，组成多通道、广区域实时监测网络，并利用人机交互等核心技术，研发具有小型化、养殖环境适用性、低功耗长期运行等特点的自动饲喂、粪污清扫机器人等智能装备；为解决饲料生物学价值及安全评估方法欠缺问题，结合饲料原料和畜产品市场信息，利用大数据等技术，建设经济化的养殖动态饲料配方技术体系，提升喂养的有效性和安全性，大幅降低养殖场的饲料成本。

智慧渔业发展思路：在智能化基础上实现陆基循环水工厂化养殖无人化技术、池塘养殖无人化技术集成应用与突破；研制捕捞收获、水下作业机器人等智能装备，实现深水网箱和大围网养殖的智能化管理和无人化作业；利用物联网、大数据、云计算等现代信息技术对海洋牧场实现智慧化运营，构建海洋养殖和生态环境大数据平台，实现海洋牧场养殖、生态环境数据的实时分析监测和重大灾害的预警；同时从育苗、养殖、捕捞、流通、加工、消费等环节形成完整产业链，推动智慧渔业自动化、智能化和全面化发展。

发展路线如图 24-13 所示。

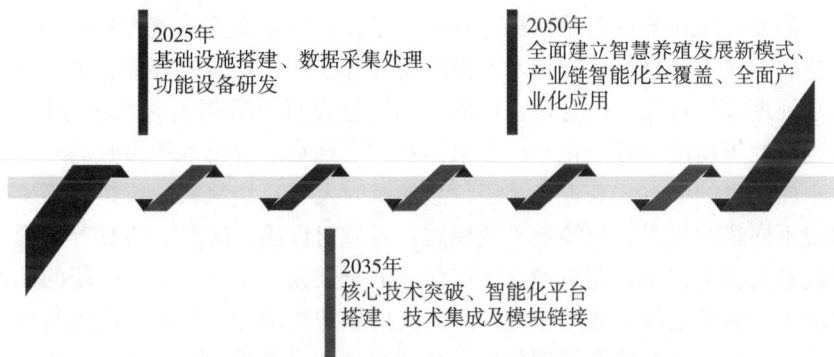

2025年
基础设施搭建、数据采集处理、功能设备研发

2050年
全面建立智慧养殖发展新模式、产业链智能化全覆盖、全面产业化应用

2035年
核心技术突破、智能化平台搭建、技术集成及模块链接

图 24-13　智慧养殖发展路线图

二、战略目标

(一) 总体目标

构建智慧养殖产业技术创新体系,掌握核心技术主导权,发展自主可控的智慧养殖产业,打造拥有自主知识产权的智慧化养殖基地;加快构建完善的智慧养殖和生态环境大数据平台,引领国际智慧养殖业科技创新前沿,全面实现我国养殖业的智慧化和无人化生产,实现先进农业养殖和环境友好发展的协同高质量发展;推动互联网与养殖生产、经营、管理和服务的融合,促进产业升级,实现我国养殖业的弯道超车。

(二) 具体目标

1. 2025 年

(1) 智慧畜牧业。结合畜牧业养殖环境纳米传感技术研发创新高性能纳米传感材料,研发感应精度高、响应速度快的畜牧养殖环境信息传感器件,创新畜牧产品微环境在线化信息采集技术,构建基于纳米传感器的微环境物联网系统,关键零部件自给率达到 80% 以上;基于传感器数据、遥感数据、表型数据等畜牧产品供应链各环节海量数据,利用数据挖掘、关联分析、人工智能等技术手段,对畜牧产品的生产、流通、消费、溯源等关键环节进行分析预测,技术供给满足国内生产 85% 以上需要;建立消费数据存储及分析处理系统,实时跟踪市场消费数据,采用云计算进行数据挖掘,预测市场消费环境、消费趋势及市场变化趋势,创建可视化、智能型消费市场决策工具,实现生产工艺改进、市场环境升级、消费模式转变等畜牧产品生产消费领域智能规划;研发具有养殖环境适用性、低功耗长期运行等特点的粪污清扫智能装备,粪污综合利用率达到 80% 以上。

(2) 智慧禽业。基本完成禽业信息采集传输、数据分析处理等信息基础设施搭建,提升智能家禽信息设备的稳定性和适应性,利用机器人和人工智能技术实现视觉、环境、禽类和禽舍信息数据采集及过滤;提供高性价比算力和 AI 服务,做到 AI 模型一键分发与部署,通过大数据和云计算技术完成家禽信息的存储、分析和处理,实现家禽养殖信息的数字化,动态把握禽类养殖生产状况;探索研发高灵敏度、高稳定性、高适应性、高使用寿命的新型家禽养殖装备,实现微小型、可靠节能型、低成本和智能化技术的突破;将人工智能技术作为智能化家禽养殖的核心,打造环境调控系统、自动饲喂和收采机器人等智能化禽业养殖设备,最大限度降低饲养成本,提高生产效率和生产成绩;全国家禽的信息化与智慧化管理率达到 50% 以上,家禽大数据平台信息共享率达到 70% 以上,智能化综合水平达到 70% 以上,为实现家禽复杂环境信息精准、高效采集、智能预测和预警奠定基础。

(3) 智慧渔业。加快推进智慧化渔业养殖新基建,建立渔业养殖大数据平台。借助无线传感技术、物联网技术、目标检测技术及网络管理等技术,对养殖环境、鱼类生长状况、药物使用、废水处理等进行全方位管理、监测,加快建设具有数据实时采集分析、食品溯源、生产基地远程监控等功能的智慧化水产养殖体系;实现水产养殖水质参数的多点同步采集与远程传输,水质信息的多方式获取与预警信息的及时发布,增氧机、投饵机等生产设备的远程控制;围绕不同集约化工厂化渔业养殖模式,通过对设施、装备、机械等远程控制、全程自动控制或机器人自主控制,完成渔业生产作业的全天候、全过程、全空间的无人化生产作业模式。建成无人渔场创新中心,全面推广无人渔场智能感知、预测、决策与执行等核心技术,提高渔业生产力和经营综合管理效率;全国水产健康养殖示范场的信息化与智慧化管理率达到 50% 以上;全国渔业大数据平台信息共享率达到 70% 以上。

2. 2035 年

（1）智慧畜牧业。建立智能推荐系统，依据采集数据、设定的育种目标、养殖场历史养殖端数据（PSY、配种率、分娩率、死淘率等指标）等，通过算法对上述数据进行分析，再自动推荐一整套育种方案，充分了解育种流程、育种目标、育种方案的制订以及绩效管理，构建智能数字化育种平台，智能数字化育种平台普及率达到 85％以上；结合饲料原料和畜产品市场信息，利用大数据等技术，建设经济化的养殖动态饲料配方技术体系，提升喂养的有效性和安全性，养殖规模化率达到 85％以上；以智能传感器、区块链技术为依托，构建包括养殖环境、养殖流程、物流运输、销售商等畜牧产品全产业链信息流感知体系，提升产品信息监测能力和安全监管能力；基于动物饲养技术标准、精细化生产环节，加强监管制度建设，建立适用于企业自身健康运营的《生产管理技术体系》，达到生产与管理紧密配合、管理与技术无缝对接，避免养殖技术的执行落地出现偏差，防止部门与部门之间的衔接脱节等。

（2）智慧禽业。重点突破智慧家禽养殖产业发展的薄弱环节和关键核心技术，推动实现智慧家禽养殖"从无到有"至"从有到全"的发展。通过农业物联网技术感知家禽养殖场信息传输，实现智能禽业装备的互联，初步建立智慧禽业联盟，联合成员打造规模场户、家禽信息、生产预警、疫病防控与产品质量追溯等一体化的家禽大数据综合服务平台；构建覆盖全国乃至 RCEP 畜禽生产国的养殖群体行为大数据监测技术体系，完成智慧养殖企业向传统养殖企业的初步渗透，推动智慧养殖商业模式开展；结合畜禽产品安全风险预警防控技术，构建重要畜禽产品安全风险预警指标体系，定量化开展安全风险防范，提高追溯力度，实现跨层级、跨地域、跨系统、跨部门、跨业务的数据融合与资源共享，实现畜牧产品风险的无缝监管和有效防控。家禽养殖产业迈入全面智能化阶段，信息化和智能化技术全面应用，家禽养殖智能化综合水平达到 80％以上。

（3）智慧渔业。大力推进智能化渔业发展，智能化养殖软硬件平台大规模应用。实现陆基循环水工厂化养殖无人化技术、池塘养殖无人化技术集成应用与突破，研究基于北斗卫星、无人机、水面传感网的天空地一体化海洋生态环境多源传感器数据融合技术；构建海洋养殖和生态环境大数据平台，实现海洋牧场养殖、生态环境数据的实时分析监测和重大灾害的预警；形成养殖场地的智慧化建设、数据收集终端、物联网、数据传输与存储、平台构建、大数据处理与服务等各环节紧密关联、可溯源的智慧养殖标准体系；养殖模式进一步优化，适应不同养殖模式的具有自主知识产权的智能化装备大规模应用，劳动强度大大减轻，绿色可持续发展的池塘养殖、循环水养殖、浅海滩涂养殖、深海网箱养殖模式成熟度高，智能化养殖技术与装备实现出口。

3. 2050 年

（1）智慧畜牧业。推动产业数字化转型，实现"无人值守"的进阶，建成集规模场户、养殖信息、生产预警、疫病防控与产品质量追溯等于一体的养殖大数据综合服务平台，推动畜牧业实现智能化；养殖规模化率和粪污综合利用率分别达到 90％以上和 95％以上；扩大智能化应用场景，通过分析车辆满载率来提升车辆管理水平，降低物流成本，通过装在畜牧类生产线上的摄像头取得的动态图像，智能分析动物身上病变部位，通过系统内的养殖大数据，以及部分背景调查形成养殖户信用档案，建立风险控制模型，实现智能化综合水平达到 95％以上；产业链智能化覆盖养殖端、生产加工端、营销端，完成养殖产品的全产业链风险监测、质量追溯及信用评价体系建设，保障产品安全，加强食品安全监管体系建设，严守养殖产品从产地到餐桌的每一道防线，确保养殖产品的安全供应。

（2）智慧禽业。进一步提高家禽养殖自主创新能力，掌握关键核心技术主导权，发展自主可控的智能家禽养殖技术，实现家禽养殖技术"从好到强"的发展。以大数据、云计算、人工智能、区块链等新一代信息技术为依托，以信息技术高度集成、数据信息资源共享为主要特征，发挥动态监控、精准生产、全产业链溯源等网络化行业服务功能，以宏观调控优化与产业效率提升为目的，实现宏观布局、绿色健康养殖、安全屠宰、无害化养殖废弃物处理、放心流通、绿色消费、有源追溯为一体的现代家禽养殖业发展模式；实现家禽养殖的智能化、自主化和决策商用化，拥有国家家禽养殖业统一标准，形成养殖技术体系，进行商业家禽养殖规模化推广，全面实现我国家禽养殖业的智慧化和无人化生产；在国际上，引领国际智慧家禽养殖科技创新前沿并在全球广泛应用，实现家禽养殖智能化技术与装备的出口，推动智慧禽业养殖国际标准的制定，构建覆盖全球家禽养殖大数据的监测体系平台。

（3）智慧渔业。大力推进渔业作业无人化技术与装备发展，提高渔业生产效率。加快推进海洋牧场、深水网箱和大围网养殖无人化发展，超前布局海洋牧场、深水网箱、大围网养殖水下检测、死鱼回收、网衣清洗、网衣提升、活鱼驱赶、捕捞收获等智能机器人技术，实现海洋牧场、深水网箱和大围网养殖的智能化管理和无人化作业；突破养鱼工船无人化技术，研发深远海养殖平台智能能量供给技术，开发风、光及潮汐互补发电技术，开发能量储备技术，突破深远海鱼菜共生养殖关键技术，解决深海环境物质供应难题；全面推广智慧型水产养殖标准体系，推动水产养殖业向现代化、企业化、规模化方向发展，实现高密度的渔业生产；成为国际无人渔场技术与装备先进国家，实现渔业无人化技术、产品与装备研发的自主化，提高渔业生产效率，无人渔业技术与装备世界领先。

三、重点任务

（一）智慧畜牧业重点任务

1. 2025 年 加快推进智慧畜牧新基建，研发和推广智慧畜牧新技术及应用，建立区域畜牧智慧养殖大数据平台，制定完善畜牧智慧养殖领域资产评估体系和技术规范和标准体系。

——推进新基建，优化畜牧养殖场的网络环境。

——整合安防系统、生物防控系统、财务系统、养殖过程监管系统、物料系统、远程诊断系统、人员管理系统等，构建畜牧养殖智慧管理体系，实现精细化养殖与分级管理。

——联合高等院校、科研院所、畜牧养殖企业、信息化企业、银行等企事业单位，在政府的监督指导下成立新型研发机构"畜牧智慧养殖研究院"，针对全基因辅助育种技术、养殖环境控制等关键技术展开研发攻关。

——在畜牧养殖场舍的建设、数据收集终端、物联网、数据传输与存储、平台构建、大数据处理与服务等各环节建立智慧畜牧标准体系。

——政府参与成立区域畜牧智慧养殖大数据平台，并进行公司化运行，为区域养殖行业进行宏观指导；鼓励畜牧养殖企业建立内部的智慧养殖数据平台作为重要的有效补充。

——构建非常规饲料原料营养价值评定及数据库，推动非常规饲料原料的优化利用。

——在高等院校设立生猪智慧养殖专业，加强生猪智慧养殖领域人才队伍建设。

2. 2035 年 加快建设畜牧群体行为监测大数据技术平台，在全产业链条推动智慧畜牧应用示范。

——构建畜牧群体行为监测大数据技术体系，建立感染非洲猪瘟畜牧异常行为判定模型，建设畜禽疫病预警与态势智能决策平台，实现基于群体行为大数据的区域畜禽疫病实时动态防控。

——建设畜牧养殖智慧育种体系：借助基因芯片、微流控芯片、胚胎移植、分子育种等技术，结合传统育种评价体系，形成种畜遗传综合评估系统，建立跨区域、大规模育种核心群，并对其进行动态监测评估，实现育种高效化。

——建设畜牧养殖动态饲料配方技术体系：构建我国非常规饲料原料营养信息数据库；构建添加剂、动保产品等有效性和安全性数据库；完善养殖动物营养需要标准，细化研究营养供应对畜产品品质的作用，结合饲料原料和畜产品市场信息，利用大数据等技术，建设经济化的畜牧养殖动态饲料配方技术体系。

——提升智慧畜牧公司和传统规模畜牧企业的融合程度，推动智慧物联网技术在智慧畜牧应用场景的应用，在全产业链条推动应用示范，完善和推广智慧畜牧的商业模式。

（二）智慧家禽业重点任务

1. 2035 年重点任务　以支撑我国家禽养殖可持续发展关键智慧技术为重点，包括：

（1）基于全基因组选择的家禽遗传资源精准开发与利用。

一是家禽全基因组选择技术。特别是在蛋鸡育种生产实践中，传统育种方法仍然为主要手段，经过几十年的持续选育，高产蛋鸡产蛋数正接近生理极限。在这种情况下，通过常规选育进一步改良提高的难度加大，迫切需要更好的选育方法。近几年，全基因组选择技术出现，在奶牛和生猪遗传改良中得到广泛应用，并在缩短世代间隔、提高育种值估计准确性等方面显示出了强大的优势，海兰、罗曼、泰森等公司联合科研单位在蛋鸡、肉鸡基因组选择育种中取得了突破性进展，今后在蛋鸡、肉鸡育种中的作用将更加突出。而我国蛋鸡肉鸡基因组选择育种还处于研究阶段，需要奋起直追。在蛋鸡选育方面，我国科研人员开展了蛋鸡全基因组选择技术研究，大多应用国外单位研发的 600k 基因芯片，价格昂贵，而且没有针对我国蛋鸡肉鸡品种选育需求研发，针对性不强，许多重要性状标记无法找到，影响了应用效果。迫切需要针对我国培育品种和市场需求，研发高效的全基因组芯片；开展基因组选择，加快选育进展，缩小我国与发达国家蛋鸡肉鸡育种技术差距，促进我国蛋鸡肉鸡品种创新和发展。

二是家禽生产性能智能化测定技术。生产性能测定是性状解析、遗传评估的基础，可以说是整个育种工作的基础。蛋鸡、肉鸡、水禽性能测定包括育种场、扩繁场和商品代场等代次测定，发达国家不仅重视育种场个体测定，也非常重视从世界各地的扩繁场和商品代场收集实际性能数据，作为评估品种性能和育种效率的依据。目前我国蛋鸡、肉鸡、水禽育种场、扩繁场、商品代场受观念、设备、人员、成本等多方面条件制约，并不能按照育种实际需要规范测定性能、采集数据，已成为影响选育效果的重要因素。研发应用蛋鸡、肉鸡、水禽各代次生产性能智能化测定技术，进而深入解析性状遗传规律、完善育种数据分析系统、指导选种选配，可进一步提升我国现代家禽育种的智能化、信息化应用水平，提高育种准确性。

（2）现代家禽精准营养与饲料资源开发。我国家禽产业发展迫切需要精准营养与饲料技术，其主要原因有 3 个方面：①人们对禽蛋、禽肉的质量需求不断提高；②环保压力不断加大；③饲养方式不断多样化。精准营养与饲料技术包含两个关键部分。

一是针对不同品种家禽、不同生长阶段、不同生长环境、不同饲养目的、不同禽蛋和禽肉品质及不同消费市场开展营养需求参数研究，并建立完善的营养参数数据库。

以蛋鸡为例，我国主推蛋鸡品种多，既有海兰褐、罗曼褐、海兰灰、罗曼粉等引进品种，也有自主培育的高产蛋鸡品种和地方特色蛋鸡品种，接近 30 个品种或品系。发育规律、器官指数、成熟体重、开产日龄、平均蛋重和产蛋量等均存在较大差异。蛋鸡生产阶段划分也缺乏科学依据，很多养殖场户按照习惯将其简单划分为育雏期、育成期、产蛋期，不同品种的蛋鸡都采用一套营养需要参数，限制了不同基因型蛋鸡产蛋潜力的发挥，已不能满足蛋鸡健康养殖、节约饲料资源、减少环境排放、提质增效等产业发展需求。根据"定向设计"动物产品的理念，逆向设计营养调控措施，提出精准营养供给方案，使用精准营养成分满足优质产品生产需求，实现营养素的高效富集，缓解或有效解决生产中鸡蛋品质下降问题，在保障安全这一基本要求下，发挥鸡蛋作为优质动物性蛋白食品的优势。根据蛋鸡品种和生产阶段，以及鸡蛋品质目标确定个性化的精准营养需要参数，已成为蛋鸡业持续发展最为迫切的科技需求之一。

二是针对不同饲料原料的营养价值、不同环境应激因子、不同鸡蛋品质形成因素、不同健康影响因素等所开展的先测后吃饲料加工技术研究。

（3）家禽产品安全与品质提升。

一是液蛋保鲜技术需求。针对我国液蛋制品品质和质量安全控制技术难题和液蛋产品同质化问题严重及对新市场需求技术支撑不足等重大难题，系统构建禽蛋源及液蛋生产、贮运等各环节的关键性控制技术，突破液蛋制品的品质提升与安全控制技术，改善液蛋长保质期下加工品质严重下降的问题。开发适合不同食品加工过程及终端消费的多元化液蛋新产品，集成和示范具有自主知识产权的液蛋保质减损与安全生产新技术。

二是延长家禽产蛋期，提升产蛋后期壳蛋利用率技术需求。商品代蛋鸡一般饲养到 72 周龄淘汰。随着后备鸡饲养成本提高以及育种进展，生产期延长具有重要的经济和生态效益，国际先进国家的商品代蛋鸡饲养期已经迈向 100 周龄。如在原有 52 周产蛋期的基础上延长 15～30 周，每年可减少 20% 以上的后备鸡饲养量，孵化种蛋、疫苗、后备鸡培育场地等都可相应减少，达到降低成本、节约土地和资源的目的。因此，急需研究开发超长产蛋周期饲养模式下的壳蛋利用率提升技术，针对产蛋后期鸡蛋重量大、蛋壳质量差的特点，开发提升壳蛋质量技术。

三是禽肉禽蛋生产中抗生素替代产品和减抗或无抗养殖技术，确保鸡蛋质量和安全需求。农药、兽药、饲料和饲料添加剂、激素的使用，为禽业生产和畜产品数量的增长发挥了积极作用，同时也给家禽产品质量安全带来了隐患。要研究致病性微生物、农药残留、兽药残留、生物毒素、重金属等污染物质对禽肉禽蛋安全威胁的控制和快速检测技术。

四是禽肉、禽蛋质量安全信息追溯和数字化自动检测与智能化记录技术。数字化自动检测和智能化记录技术的实现，可以在保护企业机密和避免商业竞争的情况下，最大限度地公开养殖过程中的详细信息，包括禽肉禽蛋生产厂家及地址、生产日期、品种、日龄、饲料使用、免疫记录、药物使用等信息，覆盖家禽的一生和禽肉禽蛋到消费者手中的详尽信息。同时改进质量安全信息追溯技术，实现与生产信息数据的对称衔接，实现数据的上传与共享，提高消费保障。一旦出现禽肉禽蛋安全事件，也可以在第一时间找到根源，有证可依，对生产者起到强有力的规范作用。

五是加工过程中肉制品、蛋制品生产质量控制技术。进一步研究专门化和特异性、功能性产品开发技术。

（4）饲料饲草精细安全生产与智能加工。饲料配方是饲料产品质量的核心，保证饲料配制的科学性与经济性，丰富饲料原料营养成分基础数据库，采用适合我国国情的家禽精准饲养标准，优化饲料配方、精准评价饲料添加剂效价是未来工作的重点。影响饲料安全的主要因素有微生物污染、抗营养因子污染、有害化学物质污染及人为加入违规药物等。根据我国饲料生产的具体过程，建立与之相符的 HACCP 管理形式，加强饲料生产、加工、运输过程中的质量监管。推动传统农业转型升级，加大对生态农业的资金和技术投入，规避常规现代农业的弊病（单一连作，大量使用化肥、农药等化学品），确保饲料原料的安全性。

我国饲料原料匮乏，尤其是能量和蛋白质饲料。如玉米、豆粕、鱼粉等均需从国外大量进口。培育饲用高产玉米、豆粕等饲料原料，对转基因植物的饲用安全性进行合理评价，促进转基因饲用原料的开发，解决我国饲料原料不足的问题。我国饲草产品种类相对单一，且饲草加工技术与发达国家相比而言还有较大差距。加大饲草新品种的引进和培育，研发先进的加工技术，建立完善各类饲草产品的质量标准和卫生标准，评价饲草应用价值，推进饲草标准化生产。

先进的加工设备和科学的工艺是生产优质饲料的保障。借助现代人工智能及信息化技术，研发智能化、大型化的饲料与饲草加工装备，建立基于在线控制的动物饲粮生产系统，实现按照动物生产的精准营养需要生产动物饲粮的目标。

（5）现代家禽养殖智能设施设备。智能化设施设备是现代化养禽的重要支撑。我国目前建设的蛋鸡养殖设备大多数是仿造国外 20 世纪 90 年代的传统叠层笼养设备，以及自主研发的 4～8 叠层高效肉鸡笼养装备。该类养鸡设备空间利用率高，自动化程度高，受到广大投资者的欢迎，但高密度饲养需要配套严格的环境控制系统，包括通风系统的均匀性等。国外的叠层蛋鸡笼一般采用配套的笼间风管送风系统，我国为了减少投资和降低运行费用，基本没有配套该类辅助设备，导致笼内空气质量差，影响鸡群健康，进一步引起增加用药成本和产生鸡蛋药残等问题。由于我国的气候条件与设备引进国的气候差异大，我国各地的气候条件差异也很大，国外引进的环境控制系统的适应性有限，再加上控制系统源程序的保密性，真正的环境控制核心技术引不进来，我国养殖场（户）难以自行调整，所采集的环境参数也难以形成有效的数据库进行智能化控制，导致环境控制不到位。此外，因我国的禽流感疫苗需要注射免疫等独特的养鸡国情要求，迫切需要加快研发适合我国国情的新型蛋鸡肉鸡健康养殖新技术与智能化设施设备，研发适于我国气候条件的环境控制技术与装备以及粪污自动收集与高效处理的设施装备技术。围绕种鸡养殖、育雏育成、产蛋鸡等不同环节，开发绿色高效节能的系列成套化养鸡设施设备，以支撑我国蛋鸡肉鸡产业的转型升级，提升养殖装备技术的国际竞争力。

（6）家禽疫病安全防控技术。

一是我国家禽疫病病原种类多，流行复杂，需要加强病原生态学与流行病学技术的研究。当前我国家禽疫病病原多，多病原协同感染现象多发，甚至还出现了病原毒力增强、宿主范围扩大等现象，导致部分蛋鸡肉鸡疫病的流行特点发生了改变。因此，开展严密的病原学监测，构建重要疫病病原基因组学、蛋白质组学与生物信息学分析技术平台，开展基因多态性和溯源分析、阐明动物疫病的病原生态学与流行病学规律，有利于弄清疫病的三间（宿主间、时间、空间）分布规律，掌握病原体的遗传变异规律，并及时评价和调整动物疫病的防治对策，对于制定蛋鸡、肉鸡、水禽重大疫病的控制或根除计划具有重要意义。

二是新发与再发疫病屡次出现，需要加强监测预警技术的研究。近年来，H7 亚型高致病性禽流感、腺病毒感染、禽白血病、滑液囊支原体感染等新发与再发家禽疫病的流行，给我国家禽养殖业造成了巨大的经济损失。建立高效的重要疫病监测预警技术，提高疫病疫情及时掌握和应对能力，是早期控制和消灭疫病的关键所在。因此，加强疫病快速诊断技术研究，实时监测和掌握疫病的流行态势，建立高效、快速、通畅的国家动物疫病监测预警信息网，研究开发动物疫情自动预警软件，可有效提高疫病的预警和应急处置能力。

三是疫病危害大，需要加强家禽疫病净化技术研究。家禽疫病的根除是疫病防控的终极目标，有计划地控制、净化和根除蛋鸡、肉鸡和水禽重大疫病，可有效提高现代家禽养殖的效益，是促进产业健康、可持续绿色发展的重要途径。近年来，禽流感等重要疫病的发生和流行，给我国养殖业造成了巨大的经济损失，在疫病的预防和控制方面浪费了大量的兽医资源，严重危害了家禽产业的健康发展。因此，有计划地净化、消灭对家禽危害大的重点病种，是未来一段时间我国蛋鸡、肉鸡和水禽疫病防控的目标。针对这些疫病开展净化与根除技术研究，研制利于疫病净化的防治技术产品，制订疫病净化的具体实施措施，逐步清除动物机体和环境中存在的病原，可全面提升我国家禽的养殖水平和养殖效益。

（7）家禽智能化、信息传播及预警技术。家禽养殖的智慧化是 5G 时代发展的必然趋势。生产过程的数字化是信息化的基础，加快开发养殖过程相关投入品与生产性能产出数据的信息感知技术、家禽生长过程信息、养殖环境参数信息等的数字化自动监测技术，家禽生产产业链全程大数据系统的建立及相关数据挖掘技术的研究，是生产过程信息利用与传播、生产过程预警与调控的重要前提。设施设备的智能化与物联网技术的融合，加强对投入品的自动化智能化控制管理与实时记录，对鸡蛋、肉鸡和水禽产品安全、环境生态安全、养殖生物安全的智慧管理及预警等具有重要意义。

家禽养殖借助先进科学技术实现智能化是必然趋势，当下基因芯片技术已日趋成熟并将很快实现生物基因编辑技术，育种技术与应用将因消费者灵活的需求、国家管理的需求、疫病情防治需求、生产效益需求发生根本性变革，诸多流行性疾病可在育种环节通过基因编辑技术进行先天处理，生命周期、禽肉及蛋品质量、生产效率可在育种环节进行预判处理。未来 50 年量子计算将突破关键技术难题并最终实现推广普及，需要研发出融合行业上百年智慧的超级量子计算机与万物互联，自动化养殖设施、设备以及数据亿级置入过超纳米级生物芯片的家禽个体将与超级量子计算关联，实现生产现场管理和监控、饲养及身体特征、疾病及疫情管理的中央 AI 无人值守。同时，随着区块链技术在蛋鸡行业成熟应用，研发适合区块链通信技术标准的超高带宽、超大规模数据实时传输技术，对信息传播及预警具有重要意义。

（8）家禽养殖业标准研究。现代蛋鸡、肉鸡、水禽生产的标准化是高效安全养殖的关键。我国的家禽生产技术与装备以引进消化为主，但吸收的还不是很充分。参考国外的饲养技术指标参数多，结合国情总结自己的经验少，未能形成标准化的养殖技术与装备管理规范，尤其是结合不同品种特性的不同生理与生长阶段的参数、不同地区的环境控制运行管理与调控技术标准等缺乏。包括蛋鸡、肉鸡和水禽养殖过程的饲养管理技术标准、设施设备配套标准、环境控制技术标准、生物安全防控技术标准、饲料营养精准管理技术标准、禽肉制品蛋品质量控制标准等多数还缺乏国家或行业标准，加快建立我国家禽现代绿色高效健康养殖技术标准体系，对我国家禽产业规范化和现代化至关重要。

2. 2050 年重点任务 为实现我国现代家禽养殖的高质量发展，重点任务包括：

（1）良种精准选育工程。

一是地方家禽品种资源保护工程。我国地方鸡、鸭、鹅等家禽种资源丰富，到目前为止已认定地方鸡种 114 个。这些资源为广大居民提供赖以生存的肉蛋来源，是未来我国畜牧业参与国际竞争的重要基础。虽然各级政府非常重视资源保护工作，投入了大量的人力、物力和财力，保护工作也取得了一定成效，但从资源保护实际情况看，还没有做到应保尽保，保护方式、保种手段和保护质量还有待提高。同时，需要进一步开展地方鸡鸭鹅种质特性评价和名特优性状解析工作，为有关品种蛋用、肉用等专用方向开发利用提供基础数据。

二是现代高产家禽品种提升工程。我国已育成 11 个高产蛋鸡品种，自主培育品种商品代鸡饲养量也已超过 50%。但与国外高产蛋鸡品种相比，我国绝大多数品种的市场占有率不高，品种适应性关键技术研发不足，竞争优势不明显，更谈不上参与国际市场竞争。开展已育成品种的持续高强度选育，研发养殖关键配套技术，提高品种性能稳定性，进一步缩短与国外品种生产性能差距，实现自主培育品种与引进品种良性竞争。

三是地方特色家禽品种创新工程。我国自主培育 8 个地方特色蛋鸡品种，地方特色蛋鸡饲养量占蛋鸡饲养总量超过 10%。这些品种性能差异较大（72 周龄产蛋数 220～280 个），但蛋品质较好，蛋黄比例大、蛋白黏稠、蛋壳光泽好、蛋重适中，适合我国居民消费习惯，能满足多元化市场消费需求，是蛋鸡业供给侧结构性改革的一个重要方面（品种结构调整），大力开展地方特色蛋鸡品种创新，培育蛋品质优良、产蛋量较高、符合传统消费习惯的品种，是培育民族品种的重要抓手。

（2）现代家禽疫病智慧化防控工程。

一是家禽重要疫病的净化与根除工程。动物疫病的净化与根除是动物疫病防控的最高目标。发达国家已制定完备的动物疫病净化与根除计划，并取得显著成效，高致病性禽流感、新城疫等重大疫病基本被消灭。相比之下，我国蛋鸡、肉鸡、水禽等家禽疫病种类多、危害严重、流行范围广。因此，有计划地净化与根除禽流感、新城疫、禽白血病等对蛋鸡、肉鸡和水禽产业危害大的重点病种，加速科技创新成果的转化与应用，逐步清除动物机体和环境中存在的病原，可有效降低蛋鸡、肉鸡和水禽的发病率与死亡率，并显著提高蛋鸡的生产性能，这也是实现我国家禽行业高质量发展的重要途径。

二是新型防治技术产品的创制与产业化工程。疫病的准确与实时检测可及时发现传染源，在控制传染病发生的过程中起着至关重要的作用。但是，我国诊断试剂的标准化程度与国外进口产品还存在一定差距，因此，研制新型检测试剂，改进诊断试剂的关键生产工艺技术，实现诊断技术的标准化、实用化和产业化，将会在未来动物疫病的诊断和病原鉴定中发挥重要作用。在疫苗方面，国外兽用疫苗企业研制的基因工程疫苗在我国获得了巨额的利润，对我国传统的疫苗产业产生巨大冲击。因此，我国应加强基因工程疫苗的创制，提高疫苗设计与研发水平，研制出能区分免疫与感染动物、低毒高效、多价多联的基因工程疫苗。同时应通过细胞培养技术、蛋白质浓缩技术、高效优良的免疫佐剂、免疫增强剂和耐热保护剂等关键生产工艺的改进，进一步提升动物疫苗研制的自主创新能力。

（3）蛋品肉品安全与品质提升工程。

一是产品安全风险监测与评估方案制订。影响禽蛋禽肉安全的因素主要存在于现代家禽的养殖过程中，表现在家禽健康状况、设施环境、饲料、饮水等，出现的安全问题包括有害微生物污染（如大肠杆菌、沙门氏菌等）、兽药残留（如抗生素类、磺胺类、驱虫类等）、农药残留（如滴滴涕等）、重金属残留（如镉、铬、铅、砷等）、化学违禁物污染（如苏丹红等）。因此在养殖过程中，应从家禽疾病、饲养环境、饲料饮水品质、药物或添加剂使用、禽蛋禽肉储存和饲养者素质等方面制订风险监测方案，由省、自治区、直辖市人民政府卫生行政部门会同同级食品安全监督管理等部门定期监督各养殖企业实施，进一步明确禽蛋、禽肉生产中可能影响产品安全的有害因素，制订安全风险评估方案，促进禽肉禽蛋产品安全监督和相关政府部门或者企业的把控。

二是产品标准体系工程建设。禽产品质量安全关系到广大消费者的身体健康，迫切需要建立和完善鲜蛋及其制品质量标准体系，加大标准制定力度。充分考虑禽蛋禽肉产品安全风险评估结果，参照相关的国际标准和国际食品安全风险评估结果，制订家禽产品安全的国家级或地方级或企业级标准，加大科研力度和监测力度，逐步完善家禽产品中的致病性微生物、农药残留、兽药残留、生物毒素、重金属等污染物及其他危害人体健康物质的限量规定及快速准确检测方法。加强生产源头投入品质量准入监管，特别是中草药和微生态制剂，杜绝假冒伪劣产品进入养殖生产环节。研究加工流通环节的质量提升与保障技术，最终实现畜产品从源头到餐桌的质量安全，为广大消费者提供安全优质产品。

三是稳定鲜蛋鲜肉营养、改进感官品质指标工程建设。目前关于壳蛋中营养成分的含量已经比较明确，但是品种、饲养方式、产蛋时期等对禽蛋的营养成分含量还有较大影响，需进一步细化特定品种或者特定产蛋期营养成分或者元素含量的特性，确定影响禽蛋感官指标的关键物质或者成分，满足特殊消费者需求。

四是蛋制品功能多样化、产品差异化、技术专业化工程建设。目前我国蛋制品加工比例不足1%，世界蛋品协会预测至2025年我国的加工蛋制品占比将达到30%。目前我国蛋加工制品还存在形式简单、差异化不明显、缺乏功能性和个性化产品，更需要创新符合我国人民传统饮食习惯的相关产品。在未来的蛋制品加工行业，加大技术、资金和科研投入力度，一方面要强化基础技术的研究，另一方面学习和引进国外发达国家先进的蛋制品加工技术，如浓缩液蛋加工技术与设备、冰蛋加工技术与设备、全液蛋加工技术、湿蛋黄制品加工技术、干蛋白加工技术、蛋粉加工技术等。除此之外，还需要研究新型蛋制品加工工艺与配方。蛋类罐头、蛋类饮料、蛋黄酱等新型蛋制品的市场潜力都非常大。总之，研发功能性、个性化蛋制品的技术，鼓励蛋品加工企业增加产品差异化，形成企业特色产品。在蛋制品加工技术上，不断研发新的技术，最大限度减少鲜蛋在加工过程中营养、物理和化学性能受到损害。

五是禽蛋活性功能物质提取突破创新。蛋制品也应在生物、医药方向加强研究，如功能性因子、溶菌酶、卵磷脂、免疫球蛋白IgY、卵转铁蛋白、蛋壳副产物等高科技含量的技术创新，增加产业附加价值。

（4）现代家禽精准营养工程。"精准营养与饲料技术"的落实需要一个完整严密的技术体系作支撑，这个体系包括仪器设备、技术参数、技术规范、产品标准、认证技术与规程等多项软硬件条件，这些软硬件条件的研究与建立是我国蛋鸡产业发展的重要战略内容。精准营养与饲料技术体系建设需要不断完善。

另外，安全优质家禽的生产是保障食物安全、满足我国居民对动物源蛋白需求的重要环节之一。但是，季节性或生理性引发的肉蛋品质下降问题给蛋鸡、肉鸡和水禽生产与加工业带来巨大经济损失，也是危及食品安全的潜在隐患之一。因此，统筹兼顾健康家禽和环境保护，整合营养价值精准评定和饲料精准饲喂，从感官品质和营养价值两方面，针对性解决家禽产业发展和升级中的产品品质问题，对保障家禽产业健康发展和提升家禽养殖效益有重要意义，也是实现蛋鸡生产"产蛋期延长计划"（100周龄500枚蛋）亟待解决的重要瓶颈。

另外，鸡蛋是营养素强化的理想载体，将鸡蛋开发为功能性食品极具潜力，可为产业发展寻求新增长点。但我国营养素富集鸡蛋新产品的开发仍处于初级阶段，没有明确的调控目标，缺乏功能性评价和科学性分析，很难成为稳定产品，难以达到消费者的预期。因此，明确功能性营养成分构效、量效关系及鸡蛋中的代谢沉积规律，科学评价其功能，进一步提高营养健康鸡蛋的科技含量，创建优质鸡蛋品牌是规范和引领我国蛋鸡产业发展的重中之重。

（5）饲料饲草资源开发工程。

一是非常规饲料资源开发工程。开发非常规饲料，是缓解饲料资源不足、降低家禽饲养成本、提高经济效益的重要途径。非常规饲料资源是指在传统的动物饲养中未作为主要饲料使用过以及（或）家禽商品饲粮中一般不用的饲料原料，包括林业副产物如树叶、树籽等，糟渣类饲料如酒糟、酱油糟等，废液类饲料如味精、造纸废液等，非常规植物饼粕类如花生饼、向日葵饼、胡麻籽饼、菜籽饼等，动物性下脚料饲料如屠宰厂下脚料、皮革工业下脚料、水产品加工厂下脚料、昆虫等，粪便再生饲料如鸡、猪、牛粪等。目前，我国在非常规饲料资源开发应用中还存在许多问题，如对于开发非常规饲料资源重要性的认识不够、开发利用的方式不够成熟完善、没有健全的产品标准、适宜的添加量有待于研究确定等。因此，为了开发和提高非常规饲料资源的利用效率，需实施以下对策：①提高认识。发展非粮型畜牧业是有关国计民生和对国民经济有深远影响的一项战略措施，建议政府主管部门将其纳入国民经济发展规划，划拨专用资金大力发展。②完善非常规饲料资源开发利用技术。针对不同原料特性，利用挤压膨化技术、连续提取自动化技术、干燥技术、发酵技术、基因工程酶等技术，控制非常规饲料中抗营养因子、有毒有害组分或有害微生物的含量，提高饲用效价。③加强科学利用研究。对非常规饲料原料养分含量进行检测，对其营养价值进行正确评定，并通过动物试验对其有效利用率进行研究，建立相应数据库，为合理的使用和日粮配方的设计提供基本参数。④制定规范。制定规模化养殖条件下我国非常规饲料原料对蛋鸡的饲喂安全标准；制定大宗非常规饲料原料加工标准（含加工方法与工艺条件）。⑤兴办产业。非常规饲料资源开发与利用的关键在于面向市场，抓龙头产品，兴办产业，以市场推动加工业，以加工业带动非粮型畜牧业的发展。

二是饲草饲料资源开发工程。饲草饲料是畜牧业发展的基础，市场前景广阔，潜力巨大。因此，大力发展畜牧业首先必须考虑解决饲草饲料的合理开发利用问题，需实施以下对策：①开发利用草地草坡资源，实现本地优势资源的良性循环发展。在山地地区，针对地质条件、气候因素等进行分析，选择在有利于牧草生长和畜牧栖息地区种植牧草，为饲草饲料资源的开发和利用提供发展条件。充分利用闲置的草地草坡资源，种植优质人工草场，实现闲置资源的优势转化，提升单位面积的载畜量，使土地资源得到更好利用，促进农户脱贫致富，避免水土流失以及土地沙漠化现象的产生，也能在农业发展的同时构建生态化系统，推动畜牧业发展目标的合理实现。②对农业结构进行调整，推广更具潜力的"三元"种植模式。土地单一种植模式，既浪费自然资源，又限制农业发展。为此，应结合地域自然优势，充分利用自然资源，增加土地复种指数，改粮食作物＋经济作物的"二元"种植结构为粮食作物＋经济作物＋饲料作物的"三元"种植结构，提升单位面积产量，有利于农牧的有效结合，促进农牧业良性循环发展。因此，在实践工作中，应用间套作模式，实现牧草的高产化，既保证粮食产量的稳定提升，又促进养殖业的积极发展。③重点开发农作物秸秆资源，将废弃的资源优势转变为经济效益。有效地利用农作物秸秆，加工生产为饲草饲料是种植业和养殖业实现对接的一种重要方法。

（6）排泄物资源化高效利用与种养结合工程。畜禽粪污资源化利用与养殖废弃物治理管控已经受到国家重视，而且畜禽粪污从国家层面不再只是专业问题，更是摆在生态文明、健康中国、乡村振兴、保民生、保安全、农业绿色可持续发展、养殖业绿色可持续发展、资源高效利用整体统筹中的顶层设计。基于合理配置资源与遏制传统养殖密集、水网发达区域环境质量下降，国家开始引导畜禽养殖南控北移、种养结合。农业农村部等有关部门也出台了一系列措施，以引导、鼓励、扶持、监督推进南控北移、种养结合、粪污资源化利用。

目前养殖废弃物的问题突出，瓶颈在利用。要解决养殖废弃物的出路问题，应明确基于养殖废弃物进一步加工成的有机肥成分以及应用场景，建立让参与者受益的长效保障机制。涉及的具体工程主要建议如下：第一，综合考虑区域发展和生态承载能力，调整全国各区域养殖布局；第二，建立全国不同区域实施种养结合的养分平衡技术标准与操作规范；第三，加大养殖废弃物处理利用技术与设备创新力度；第四，完善种养结合与养殖废弃物资源化利用的相关基础设施，发展壮大智慧养殖设施设备产业。

到 2050 年，养殖业布局全面到位，种养结合、畜禽粪污资源化利用的技术标准、设施设备完善，各利益方受益，作业智能化水平提高，监管机制健全，经济效益、生态效益、社会效益全面实现。种养结合成为主流生产模式，在农业内部形成种养结合的自觉意识。消除养殖粪污污染，全面提升土壤有机质水平，显著减少养殖业源引发的面源污染，提高农产品品质，杜绝养殖业引起的地下水污染；实现优质、绿色发展，达到或超过欧美发达国家的种养结合、畜禽粪污资源化利用水平。

（7）智慧家禽大数据工程。智慧家禽的核心是运用云计算、物联网、大数据、互联网、音视频等现代化信息技术，实现禽业精益化生产、可视化远程诊断、远程控制、灾害变化预警等智能管理方式。一切智能都要用数据"喂养"，智能化的程度取决于数据的量与算法的先进程度。

通过该工程的实施，打通从家禽生产到禽蛋禽肉销售全过程的数据流，并以数据流引领技术流、供应流、销售流、资金流，构建智慧禽业"大数据"应用模式，实现全产业链数据智能分析、有效利用，提高产业链管理数据化和生产智能化水平，促进产业转型升级，提升产业链整体生产效率、降低生产成本。

（8）品牌培育与文化工程。我国蛋品产量及销量连续 30 年位居世界首位，蛋品行业的市场规模每年超过 2 000 亿元，主要以价格为竞争手段，消费者品牌意识较淡。急需学习国外企业优秀经验和理念，促进我国蛋品企业品牌的培育，建设品牌产品，促进蛋制品健康、快速、持久发展。

一是加强我国蛋品企业品牌保护体系建设。养殖场必须注册商标，使出场的鲜蛋都拥有自己的品牌。不断完善品牌管理，加强品牌指导和保护，在蛋品产业比较集中的市级工商和市场监督管理部门建立商标品牌指导站，指导企业开展工作，建立规范、高效的知名品牌保护的长效工作机制。完善支持和鼓励品牌发展的政策、制度和服务体系，促进品牌培育专业人才队伍逐步壮大，品牌宣传普及面不断拓宽，使全民对品牌的认知程度不断提高，形成尊重和保护品牌的良好社会氛围，这样就会使蛋品产业相关品牌深入人心，发展不断壮大。

二是加大蛋品相关小微企业品牌培育力度。我国大型蛋品加工企业仅有 20 家左右，大多为中小型企业，市场竞争力较弱。对于小微企业，应该按照阶梯培育、层级发展的原则，对其实施有针对性的品牌培训，将重点培育企业知名品牌与助力小微企业发展相结合，支持蛋品相关小微企业注册商标，培育自主品牌。

三是做大做强知名蛋品产业品牌。我国大型知名蛋品企业较少，应该大力发展知名企业，引导蛋品企业改进竞争模式，提高品牌质量，在学习国外先进技术的同时，加强自身的技术创新，促进蛋品知名品牌实现价值升级，增加品牌附加值。以蛋制品加工销售为主，饲料加工、种蛋禽饲养、服务于一体的农业产业化国家重点龙头企业带动产业，引进世界先进的鲜鸡蛋生产线，在国内推出"保洁蛋""甜心蛋"等品牌产品，推动蛋品产业的发展。

四是积极培育蛋品企业国际知名品牌。将我国蛋品产业优势和国际需求相结合，鼓励有竞争力的蛋品企业"走出去"，加强指导、培训、培育，支持商标国际注册，引导蛋品企业在国际贸易中使用自主商标，提高自主商标商品的出口比例，加强海外商品品牌知识产权保护，推进国内品牌向国际市场延伸。

（9）标准化推进工程。我国自"十一五"末开展畜牧标准化规模养殖示范创建工程（农办牧〔2010〕20号）以来，在全国范围全力推进家禽良种化、养殖设施化、生产规范化、防疫制度化及粪污无害化"五化"建设，使我国家禽规模化水平不断提高，养殖群体结构特征和技术水平发生深刻变化，确保了我国家禽生产和消费始终能够满足广大城乡居民对价廉质优的蛋白质食品消费需求，我国家禽产业走向符合国情、域情和省情的标准化发展道路。为进一步提升家禽产业的标准化水平，农业农村部专门出台了《畜禽养殖标准化示范创建活动工作方案（2018—2025年）》，以标准化、现代化生产为核心，突出生产高效、环境友好、产品安全、管理先进、示范引领等目标。在未来15～30年我国人口、土地、环境等资源面临压力日益增大的形势下，进一步大力推进蛋鸡规模养殖标准化，加快家禽产业的转型升级，是实现产业健康可持续发展的必由之路，需以标准化规模养殖"五化"为核心，大力开展现代家禽产业标准化推进工程。

一是家禽良种标准化工程。我国家禽育种经过国家现代农业蛋鸡、肉鸡、水禽产业技术体系岗位专家和试验站10年协同攻关，培育出京红、京粉系列、农大系列等国产褐壳、粉壳蛋鸡配套系以及新型肉鸡和水禽品种。这些品种生产性能良好，鸡蛋品质优良，在全国广泛推广，国产蛋鸡品种的市场占有率达到50%，摆脱了我国蛋鸡良种长期完全依赖进口的被动局面，使高产蛋鸡种源安全得到有效保证。这些适合笼养的高产及特色蛋鸡品种（配套系）培育技术仍需进一步标准化。在未来15～30年，围绕高产蛋鸡100周龄产500枚蛋的育种目标，不仅要通过现代化育种技术持续提升产蛋性能，还要强化高代次种鸡种源性疾病净化技术的标准化和新发疾病监测技术标准化。同时，我国丰富的蛋肉兼用型地方鸡品种资源提供了约10%的特色鸡蛋，以满足消费者对散养、风味土鸡蛋的消费需求，这些地方鸡品种的蛋传疾病净化工作基础较薄弱，种源质量存在一定的安全隐患。因此，未来优质、特色地方鸡种保种和疾病净化的标准化工作必须大力推进，以确保我国高产蛋鸡和地方品种种苗质量安全。

二是养殖设施标准化工程。近年来我国家禽产业养殖设施化水平明显提升，家禽规模养殖水平大幅提升。养殖设施标准化不仅包含家禽养殖设施装备的机械化、自动化水平，还包括了场址选择的标准化技术，促进家禽生产性能遗传潜力有效发挥的配套舍建筑标准化技术和环境控制的标准化技术。我国目前蛋鸡肉鸡养殖设施装备受土地和劳动力资源的约束正由3～5层阶梯式鸡笼或地面平养向4～8层叠层式鸡笼过渡，饲料加工、输送、饲喂、饮水、消毒、清粪等设备的自动化、标准化水平不断提高。在未来15～30年，以农业农村部出台的《农业绿色发展技术导则（2018—2030）》为指南，要突破各类资源的约束，使畜禽饲料转化效率再提升10%以上，必须进一步提高蛋鸡的生产性能和生产效率，根据不同区域的气候生态特点，利用各类高效保温环保材料建设与设施设备相配套的保温隔热型鸡舍，与鸡舍笼具分布工艺相匹配，大力推进地热供暖育雏、太阳能、鸡舍余热回收高效利用等节能工艺标准化水平的提升。进一步优化单栋饲养大于 5 万只育雏育成鸡或产蛋鸡的笼具结构，充分考虑我国蛋鸡产业资源禀赋和动物福利需求，设计推广自主研发的标准化富集型鸡笼，确保蛋鸡性能充分发挥，鸡蛋数量和质量安全均得到保证的前提下，提高笼养蛋鸡的福利水平和鸡群健康水平，与世界蛋鸡大笼福利养殖的发展趋势接轨。同时推广国家蛋鸡产业技术体系研发的蛋鸡网上栖架立体散养新工艺与配套设施设备，不断改进并加以标准化，达到国际动物福利组织规定的标准，消除因动物福利设置的贸易壁垒对我国蛋鸡产业发展的不利影响，实现蛋鸡绿色与无抗养殖，满足广大消费者对健康鸡蛋的需求。

在未来 15～30 年蛋鸡单场、单栋养殖规模集约化程度不断提高的形势下，鸡舍环境控制工艺技术日趋重要，但我国的标准严重滞后，如农业行业标准《畜禽场环境质量标准》（NY/T 388—1999）仍在使用，其中禽舍内氨气、硫化氢、二氧化碳等项目指标已失去了指导意义。将蛋鸡笼内个体生物学和舍内鸡群群体生物学有机结合，集成并消化吸收国外先进的环境控制技术，研发适合我国地域气候生态特点的规模化鸡舍环境控制系统和适宜环境参数，减少大规模鸡舍水平和垂直方向环境参数差异，消除突发事件对鸡群产生剧烈应激，从系统科学的角度制定鸡舍标准化环境控制技术规范并加以推广。

三是生产规范标准化工程。主要包括家禽饲养管理标准化和各类投入品管理标准化。制定并落实科学的家禽饲养管理技术规程是实现我国家禽生产水平不断接近并超越世界发达国家的关键。在未来 15～30 年家禽规模养殖高度设施化的形势下，不断研究探索家禽规模化立体养殖条件下的养殖工艺、生产性能、品质和健康水平，使之达到高产、稳产、节本的目标，必须科学合理划分家禽生长发育和过程的不同生理阶段，根据家禽二阶段养殖工艺生产实际，按照品种的不同（如高产蛋鸡和节粮小型蛋鸡），结合现有的行业标准，制（修）定相应的育雏育成期（育雏期、育成期）标准化饲养管理技术规程和产蛋期标准化饲养管理技术规程（预产期、产蛋前期、产蛋高峰期、产蛋后期），使制定的标准更加契合蛋鸡生产实际，更加具有针对性和指导性。在制定科学的标准化饲养管理技术规程基础上，加大现代化规模家禽管理理论学习和生产实践相结合的培训提升行动，着力提高家禽集约化饲养一线从业者的技能。结合信息化管理和物联网技术的应用，建立育雏、育成期及产蛋期纸质档案和电子档案、环境控制适时反馈控制系统等，建立现代化的家禽规模养殖饲养管理标准体系。

随着全社会对食品安全的关注度不断提高，禽蛋禽肉产品质量安全在未来 30 年将是消费者关注的焦点之一。因此，规模化饲养条件下家禽饲料、添加剂、兽药使用规范化、标准化和监管的常态化，成为确保未来家禽产品质量安全的重要保证。其中，饲料原料潜在安全风险因子的评估，非常规饲料原料抗营养因子、霉菌毒素的降解，蛋白质饲料生物发酵高效利用，蛋鸡育成后期、产蛋期全程禁用一切饲料添加剂类抗生素，以直接饲喂有益微生物、生物酶制剂、益生元、抗菌肽、绿色植物提取物等替代抗生素改善蛋鸡肠道健康和饲料转化利用率，治疗性兽药使用严格执行休药期规定，以上投入品使用和监管已成为家禽产业无抗或减抗养殖发展的必然趋势，在未来家禽规模养殖信息化生产管理系统必将得到进一步强化，具体体现在通过构建标准化的规模化蛋鸡场与行业主管部门家禽生产管理数据（包括生产性能数据、投入品采购数据）的线上互联互通、直连直报数据库系统，以及投入品使用可追溯系统，结合标准化家禽质量安全风险评估技术研究与应用，建立我国现代家禽规模养殖蛋品肉品质量安全标准化生产和监管技术体系，为我国家禽产品质量安全保驾护航。

　　四是防疫制度标准化工程。我国家禽规模化养殖健康发展的关键因素之一就是疾病防控。未来 30 年家禽疫病防治更加突出"养防结合、预防为主、防重于治"的理念，在加强规模化养殖场饲养管理，做好舍内环境精准控制，消除环境误差和隐患，制定不同品种、不同生理阶段饲料营养精细化调控标准，注重肠道健康的无抗保健等工作，重点强化规模化养殖场生物安全体系建设，制定我国家禽场生物安全等级评价标准，对不同规模养殖场工程防疫、防疫制度、淘汰家禽销售、病死禽处理等生物安全标准化工作进行科学评估分级并挂牌，对生物安全低等级规模场进行督导整改，以减少疫病发生和传播的风险。以推进家禽场生物安全标准化工作为核心，大力推进规模化家禽场免疫标准化工作。主要包括科学优化制定家禽高效免疫程序和免疫效果评价与监测，高效免疫程序制定包括针对不同地区流行病发生情况、不同品种群体、抗体水平变化等进行科学、针对性地免疫减负和优化，尤其对种源带毒和疫苗带毒可能引发的疾病需制定前瞻性的防范技术标准，防止老病新发给家禽产业带来损失。同时，着力推进免疫效果评价与监测的标准化工作，重点对禽流感 H5、H7、H9 及新城疫疫苗免疫抗体水平进行标准化的适时监测，淘汰、跨省调运严格执行《动物检疫制度》。推进病死禽的无害化处理标准化工作，主要包括制定病禽轻简化无害化处理技术规范，突出节能、环保、无交叉感染和二次污染，建立规范化的病死禽无害化处理档案记录（含纸质档和电子档），对发病时间与原因、治疗方案和疗效、病死数、无害化处理负责人、处理方案等均详细记录，做到实时可追溯。

　　五是粪污无害化标准化工程。家禽规模化水平的提升使得家禽粪污无害化处理成为事关产业健康可持续发展的首要问题。国务院、农业农村部及各省行业主管部门先后出台了畜禽粪污资源化利用的各类规划文件，《中华人民共和国环境保护税法》对畜禽规模化养殖没有无害化处理投入和设施处理的企业依法征税。随着国家各种环境保护法律法规的出台，规模化家禽场粪污无害化处理和资源化利用工程的标准化工作必将得到进一步推动。主要表现在以下 3 个方面：一是舍内家禽粪便含水量控制及输送的标准化。随着清粪方式由刮板式清粪向履带式清粪转变，提高乳头饮水器质量，实现饮污分流，减少家禽粪含水量，建立标准化的履带清粪工艺，单列式舍末端舍内地下封闭集中输送，缩短舍内粪便到标准化堆粪场或发酵车间的时间，防止水化现象发生。二是规模化家禽场发酵工艺技术的标准化。对存栏 5 万～10 万只的家禽场建立标准化的反应器堆肥发酵工艺，充分利用密闭性罐体、高温发酵菌种、合适碳氮比和可循环利用热能，对家禽进行快速好氧发酵除臭，之后进行低温后熟，生产有机肥。对存栏 15 万～20 万只以上的规模化家禽场，建立槽式发酵与连续自动造粒相结合的标准化有机肥生产加工工艺，提高生产有机肥生产加工能力，减少发酵后二次运输生产颗粒有机肥导致的成本上升。三是生产过程及家禽粪生产有机肥过程中空气质量控制的标准化。未来规模化家禽场单栋存栏规模向 10 万只以上发展，家禽舍末端轴流风机对外排出气体颗粒和异味，采用反应器堆肥后熟化过程和槽式发酵工艺，也会产生不同程度的粉尘、臭气（氨气、硫化氢、吲哚等），如何减少它们对空气质量的影响，是有效实现家禽产业清洁化、标准化生产必须切实解决的关键技术问题之一。通过在家禽舍末端和有机肥生产车间建立密闭式箱体、高吸附材料、水溶解除尘除臭工艺技术并加以标准化，能够净化家禽场周边环境，实现未来家禽产业健康可持续发展。

（三）智慧渔业重点任务

　　1. 2025 年　大力推进养殖装备化，夯实信息化基础。实现养殖装备化的进一步发展，为大规模智能化养殖打下基础提供有力支撑条件。加强物联网、大数据、人工智能技术与渔业装备技术的深度融合，突破渔业装备数字化关键技术，突破陆基循环水工厂化养殖智能化技术瓶颈，研发用于陆基循环水养殖工厂巡检与日常管理机器人；加强池塘养殖智能化技术集成应用，研发基于大数据和物联网的池塘群优化管理与决策平台，实现池塘养殖远程无人值守作业；加强装备数字化的应用示范，全面提升渔船渔港装备的数字化水平，促进渔业生产全面转型升级。

（1）加强智慧渔业感知技术研究。

①渔业水质信息感知技术。养殖水体的水质直接决定水产养殖的产量和质量，养殖水体参数感知是实现水产养殖自动化监测和控制的前提。水体信息传感技术是指采用物理、化学、生物等技术手段对养殖水体中溶解氧、电导率、pH、氨氮、叶绿素、浊度、水温等关键因子（参数）进行在线监测分析，为水产养殖自动化控制和决策提供可靠的数据和信息来源。随着以电化学分析为基础的传感器技术日益成熟，能够在线分析的水质参数越来越多；随着微电子、微机械加工技术和信息处理技术的发展，在线水质分析传感器将向集成化、微型化、智能化、网络化和多参数化方向发展。

②渔业装备自身工作参数及作业状态参数感知技术。现代化渔业养殖装备快速普及应用，自动增氧、饵料自动精准投喂、循环水装备控制、鱼类捕获装备、水下巡检机器人装备、自动化分级等在池塘养殖、陆基工厂化养殖和深远海养殖等养殖场景中的装备化比例不断增加，快速准确感知这些智能装备多方位的运行状态以及检测数据的智能处理，并进行故障诊断，对提高渔业智能装备正常运行有重要意义。目前国内缺乏成熟的产品，已有产品的检测精度与可靠性都不高，未来研究应着重于传感器的检测精度、可靠性、算法模型等的优化研究。检测数据的智能处理方法和创新感知原理新型传感器设计的研究也是未来的重点方向。

（2）研制一批具有自主知识产权的渔业专用传感器。

①渔业复杂环境传感器研发。以渔业复杂环境信息精准高效监测为目标，开展溶解氧、硝酸盐、水温、盐度、氨氮、pH、浊度、亚硝酸盐、电导率和叶绿素等水环境在线分析传感器的研发，为水质调控决策奠定基础；开展渔业智能装备多参数（姿态、压力、位置、深度等）状态感知和故障诊断传感器的研发；开展多参数感知集成传感器的研发，以及适应无人机遥感感知信息的多光谱及高光谱传感器的研发，实现渔业复杂环境信息精准、高效采集，为智能预测和预警奠定基础。

②渔业养殖对象信息传感器研发。以实现渔业养殖对象信息快速、精准感知为目标，针对鱼、虾和蟹等大规模水产养殖动物，开展动物体重、体型和健康状况等动物信息感知传感器的研发；针对渔业检测、识别、分类、跟踪、行为分析、生物量估计等需求，开展耐腐蚀和高质量的水下图像采集传感器研发；突破关键信息感知传感器微型化技术，实现渔业养殖对象信息快速、精准感知，为水产养殖对象精准化管理提供数据支撑。

（3）积极培育智能水产养殖装备产业。研发养殖信息监测装备和水质调控装备。在池塘、陆基工厂、深远海等养殖区域，研发养殖对象、水体、设备相关信息自动化、精准化获取装备，构建天空地一体化的立体综合监测装备网络；研发养殖对象的生物量检测装备、行为监测装备等核心装备；研发陆基工厂养殖设备运行状态的监测装备，包括大围网、养殖工船箱设备运行状态的监测装备等。

研发自动增氧和循环水控制装备。研发自动增氧装备，根据水质参数和养殖对象进行精准增氧，实现节能减排，提高经济效益。研发循环水处理装备，保证水处理精度，实现养殖水循环利用的最大化。

研发精准投饵装备。建立主要养殖水体水质参数与代表养殖对象品种的生理属性信息数据库，紧密结合目前精度较高的投喂决策模型，搭建具有线上实时监控以及数据反馈功能的系统，总结适合养殖对象的养殖投喂数据，改进目前的投饵设备，减少饲料浪费，进一步推动精准投喂，提高经济效益。

研发自动捕捞分级装备。加强渔业成鱼捕捞、分批捕获、捕捞筛网装备的集成化、自动化、智能化，全面提高养殖捕捞装备效率，降低能耗。加强信息化计数，自动化分拣，智能化分级等加工装备的研发与应用，努力实现养殖终端装备工程化、精准化、智能化。

研发精准作业机器人装备。研发专用水下智能机器人的新型智能装备，重点研发用于环境监测、养殖对象生长指标监测以及自动作业的机器人，加强无人船在渔业设备自动化巡检方面的应用。构建现代渔业无人装备技术体系，推动水产养殖产业技术全面升级。

2. 2035 年 大力推进智能化渔业发展，智能化养殖软硬件平台大规模应用。在智能化基础上实现陆基循环水工厂化养殖无人化技术、池塘养殖无人化技术集成应用与突破，研究基于北斗卫星、无人机、水面传感网的天空地一体化海洋生态环境多源传感器数据融合技术；构建海洋养殖和生态环境大数据平台，实现海洋牧场养殖、生态环境数据的实时分析监测和重大灾害的提前预警；形成经济和生态效益显著、环境友好、机械化和自动化的浅海滩涂与深远海养殖相结合的新格局；大力发展深水养殖设施装备，打造集约化、规模化、自动化的大型养殖平台；全面实现渔业监管网络化。

（1）加强渔业专用软件开发。突破养殖环境因子精准预测预警与调控、养殖对象生长模型、饲料精准投喂模型、养殖对象行为分析模型、水产品自动分级模型等，面向我国渔业全产业链数字化转型升级需求，重点开发渔业智能监控、渔业生产过程管理、养殖对象疫病防控软件等行业应用。积极推进渔业渔政管理决策平台、渔业公共服务信息平台建设，加快推进渔业信息化标准体系建设，提高渔业管理与指挥调度决策水平。

（2）推进面向渔业互联的大数据平台研发。积极推进水产品全生命周期管理服务平台的创新应用，加快建立覆盖智慧渔业各关键环节的渔业云、渔业大数据平台，全面提高渔业软件产品的安全性、可靠性和综合集成应用能力。利用大数据、云计算、人工智能和区块链等技术，实现渔业环境信息、养殖对象信息、渔业生产过程管理信息、渔业市场信息等数据的统一汇聚，为智慧渔业行业发展提供数据支撑。

（3）加强新技术在渔业软件开发中的应用。进一步提高软件核心技术水平，熟化人工智能、区块链、大数据、5G、边缘计算、新型人机交互等技术在渔业软件开发中的应用。鼓励探索前沿技术驱动的渔业软件服务新业态，推动骨干企业在渔业产品全产业链质量管控、渔业数据智能化计算等领域加快行业解决方案研发和推广应用。

（4）推进渔业软件与智能装备有机融合。发挥软件创新促进智能制造、产业升级的倍增器作用，支持互联网企业、电信运营企业、渔业软件开发企业、渔业装备制造企业开展多种形式战略合作，培育一批具有软硬件综合设计开发能力的智慧渔业行业解决方案提供商。面向渔业装备、传感器与测控终端等装备制造领域，重点发展养殖环境监控系统、精准投喂控制系统、循环水控制系统、水产养殖机器人和水产智能制造信息应用系统。

（5）加强渔业软件与服务有机衔接。把软件应用作为改进渔业生产管理业务流程、优化渔业配置资源、提升渔业质量效率的重要手段，大力开发和推广基于网络互联、信息互通的渔业软件应用产品。加快发展面向云计算的渔业软件系统与解决方案的规划咨询、方案设计、系统集成和测试评估等服务。支持发展基于渔业软件和移动互联网的移动化、社交化、个性化的渔业信息服务。

（6）开展渔业全产业链软件化应用试点。选择一批发展基础较好的产业园，开展水产品全生命周期管理、水产养殖全过程管理、渔业社会化服务的软件化应用，推动水产信息感知实时化、生产投入精准化、装备控制智能化、信息服务个性化。

四、战略路线图

战略路线图见图 24-14。

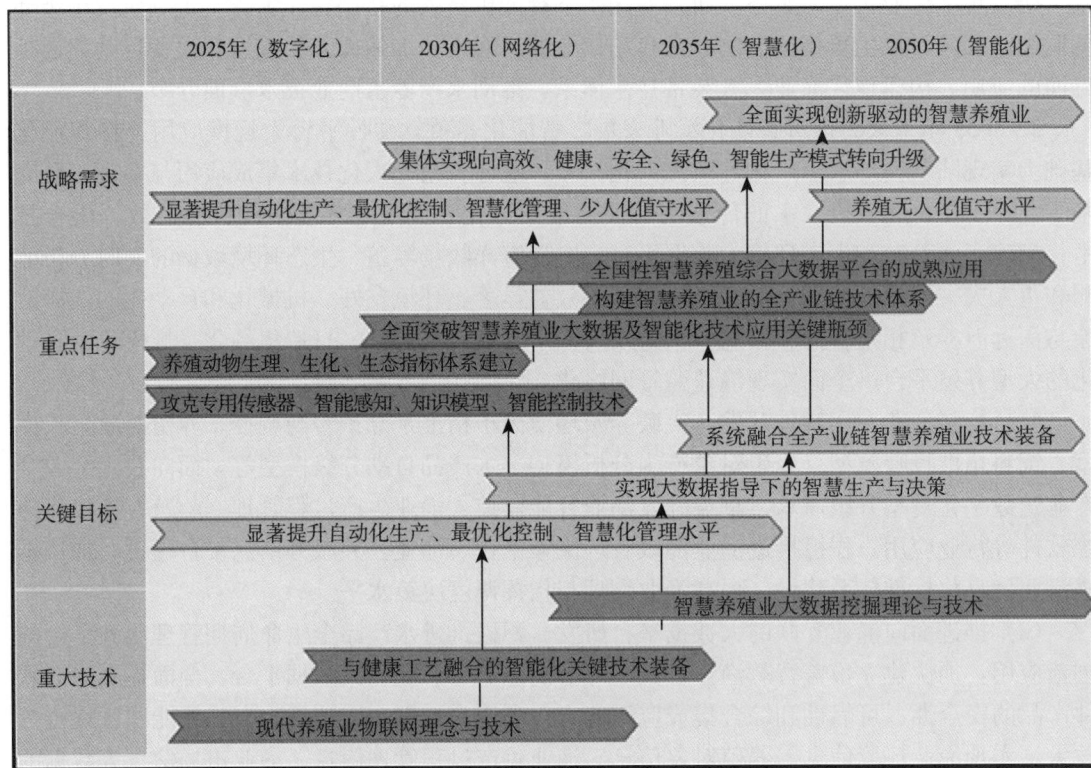

图 24-14 我国智慧养殖业发展战略路线图

第六节 重大工程与科技专项

一、科技研发专项

（一）深远海养殖装备与平台关键技术研究

聚焦深远海养殖提质增效，实现深远海养殖长期绿色可持续发展，围绕深远海养殖信息全面化、生产决策智能化、装备水平先进化等深远海养殖共性关键科学问题和技术瓶颈，贯通基础研究、配套装备、共性关键技术。主要包括以下内容：

（1）开发深远海养殖信息监测平台。针对深远海养殖实时高效监测的共性关键问题，研发养殖对象的生物量自动检测技术、行为监测识别技术，实现养殖对象全面科学监控，促进渔业发展增产增效；研发水质生态多参数原位在线监测技术，实现养殖环境与生态的智能化监测；开发深远海养殖生产过程中的信息全面监测与精准传输技术，构建深远海养殖信息监测平台，提高养殖效率和智能化信息化水平。

（2）开发深远海养殖决策平台。针对深远海智能养殖的共性关键问题，研发深远海养殖环境精准预测预警技术、水产病害预警技术，保障深远海养殖生产安全；研发养殖对象行为智能识别技术、养殖配方及投喂策略精准调控技术，确保养殖精准、按需、健康投喂；研发深远海养殖设备识别与故障诊断技术，构建深远海养殖决策平台，提升深远海养殖生产决策智能化水平。

（3）开发深远海养殖大型配套装备平台。针对深远海养殖高效智能装备的共性关键问题，研制深远海养殖精准投喂装备、死鱼捕捞、网箱巡检与清洗作业装备，研制深水补光、应急增氧及鱼鳔水下补气装备，研发深远海围网、网箱养殖对象容量评估装备，以及成鱼捕获与捕鱼筛网装备，建立深远海大型配套装备平台，实现深远海养殖远程无人化作业。

（二）智慧畜牧养殖技术体系与装备研究

我国畜牧养殖行业集中化、规模化程度较高，依靠规模效应提升利润的道路已经进入发展瓶颈，未来需要走信息化、智慧化的发展道路。智慧畜牧的前提是自动化和信息化，在继续提高养殖数据采集和信息处理能力的同时，面对智慧畜牧业发展中遇到的各种问题，需要进一步加大新型高端智慧装备研发力度，推动智慧畜牧实现跨越式发展。

（1）畜牧饲喂技术体系研究。针对饲料生物学价值及安全评估方法欠缺的问题，构建我国非常规饲料原料营养信息数据库；构建添加剂、动保产品等有效性和安全性数据库；完善养殖动物营养需要标准，细化研究营养供应对畜产品品质的作用，结合饲料原料和畜产品市场信息，利用大数据等技术，完善经济化的畜牧养殖动态饲料配方技术体系。

（2）畜牧养殖智能化装备技术研究。针对牲畜健康及发育状况、养殖环境监控不足的问题，围绕泛在感知、边缘计算、5G通信等前沿信息技术领域，研究低功耗物联网技术、小型化低功耗芯片技术、针对复杂养殖环境的多光谱传感技术，环境温湿度、光照度、特殊气体监测用传感技术，开发具有自主知识产权的动物发情智能监测装备、动物行为实时监测装备、无应激动物体况监测设备、畜牧养殖环境监控设备等智能器件及装备，发展可自动完成信息采集、存储与传输，能组成多通道、广区域实时监测网络。针对畜牧养殖自动化程度不高的问题，围绕先进控制、人机交互等核心技术，研发具有小型化、养殖环境适用性、低功耗长期运行、实施方便等特点的自动饲喂、自动挤奶、粪污清扫机器人等智能装备。

（三）现代家禽健康感知与智能管控技术研究

针对我国现代家禽集约化智慧生产的实际需要，研究现代家禽设施养殖热湿、空气质量、微生物等多元环境参数的精确感知、可靠获取、多参数挖掘、节能减排等关键技术；构建基于家禽健康和行为需求的环境综合评价方法，创新多目标参数环境智能调控决策自主模型；研究体温、心率、呼吸等特征生理参数智能感知，典型环境应激发声特征以及运动、采食、打斗等个体/群体行为与姿态自动识别技术，突破体尺与体况的非接触式监测方法等智能感知技术；研制运动轨迹的自动识别方法，个体与群体行为的非接触式自动识别技术，运动量穿戴式自动监测技术与产品；创制家禽生产全过程、产品安全溯源、疫病预警等智慧化管理系统；研发家禽物联网接入、安全管理、认证鉴权、数据处理与上传技术和装备，集成信息感知、高效传输及数据分析技术，构建蛋鸡、肉鸡、水禽3类规模化养殖场的物联网闭环技术平台，实现技术装备规模化应用。

二、应用示范工程

（一）工厂化鱼菜共生示范工程

鱼菜共生把水产养殖与蔬菜生产两种农耕方式进行结合，是一种永续有机的农业种植模式，通过探索鱼菜共生相互作业机理、鱼菜共生智能精准预测控制、鱼菜共生智能系统集成与装备研究、适合我国的鱼菜共生新模式和新产业，为解决农业生态危机提供有效方法，促进我国农业向优质、高效、绿色方向发展，这也是国家战略发展的需要。重点应用示范以下内容：

（1）鱼菜相互作业数字化基础。水体循环中需要揭示水体营养物，具体是氮、磷、钾元素的离子物质分布和转化规律，构建数字化表征模型，指导设计高效水处理单元，为关键水体参数感知和智能信息处理做基础分析，提高溶解性废弃物转化利用率。空气循环中需要揭示空气环境中 CO_2、温湿度的分布规律，构建三维表征模型，指导设计无土栽培和蘑菇栽培单元的合理设计，为关键气体参数感知和智能信息处理做基础分析，提高空气循环的高效互补。

（2）鱼菜智能精准预测控制技术。水体循环中需要揭示溶解氧、磷酸盐、溶解性钾元素的精准在线传感原理，开发专用水体重要参数智能在线传感器。需要揭示水体中溶解氧、氨氮、pH 等参数的预处理和预测、预警和精准控制模型规律，构建水体中重要水质参数的精准调控系统。空气循环中需要揭示空气环境中一体式多参数在线融合测量原理，开发设施园艺和蘑菇栽培两种模式一体多参数智能在线传感器。需要揭示空气环境中温度极值、湿度的预处理和预测、预警和精准解耦控制模型规律，构建空气循环中重要空气参数的精准调控系统。

（3）鱼菜共生智能系统集成与装备。融合集成新材料、清洁能源等多能源供应模式，揭示能源最优利用规律，构建多源能源（生物质、太阳能、风能）输入、组合、动态高效调控设备组的评价管理规律，指导设计科学的能源调控系统。研发具备智能故障诊断的鱼菜共生智能装备群，揭示智能装备组的故障诊断技术，构建预处理模型和智能计算模型，及时预警设备故障，并给出排除策略，保障系统持续安全运行。

（4）模式创新与应用示范。创新政、产、学、研、用新模式，通过创设工厂化鱼菜共生精准生产技术协会和产业联盟，广泛联系基层农村农业合作社，利用农业推广平台和资源，通过政府的政策和资金引导，快速打通产业化壁垒，编制相关技术和产业标准，引导和规范智能工厂化鱼菜共生全产业链生产，从技术和产业层面，加强智能工厂化鱼菜共生生产模式的示范推广和培训服务。通过示范，标准化和产业化等的实施推进，形成产业化基础和平台，进而实现产业化发展。

（二）畜牧智慧养殖综合管控系统研究

围绕养殖动物群体大数据的融合、可视化、挖掘建模等开展研究，集成信息技术、通信技术、智能化技术等，建设区域畜牧智慧养殖综合大数据平台，结合区域种植情况，实现区域畜牧养殖布局、规模控制、养殖过程控制、营养供应、畜产品生产、疫病防控、全生产链流通、粪污处理等生产环节的宏观统筹，推动行业资源科学配置及环境优化，为政府监管和政策调整提供参考。建设畜牧养殖环境智慧精准控制体系：深化研究环境因素对养殖动物生长的影响机制，改造升级圈舍通风、温控、空气过滤和环境监测等设施设备，实现畜牧养殖环境自动优化调节，保证养殖动物处于舒适的环境。建设畜牧养殖智慧管理体系：整合安防系统、生物防控系统、财务系统、养殖过程监管系统、物料系统、远程诊断系统、人员管理系统等，构建畜牧养殖智慧管理体系，实现精细化养殖与分级管理。针对畜牧业生产、加工、流通、消费等各环节的安全问题，集成物联网、大数据、二维码等技术，建设由动物卫生监督管理系统、重大动物疫病预警系统、畜牧生态环境监管系统组成的区域畜牧生态养殖智慧监管大数据云平台，实现畜牧生态环境、畜牧产品质量安全、动物疫病等安全问题的远程监管。

（三）家禽智慧养殖工程装备创制与示范工程

现代家禽养殖装备领域，由于原始创新能力不足，加工制造产业严重滞后，养殖装备目前仍大量仿造国外的相关产品，"卡脖子"产品随处可见。针对我国蛋鸡、肉鸡、水禽的规模化生产，围绕饲养过程基本参数（个体信息、投入品、生产数据、污染物产生量与形态数据等）、生态环境参数（热湿、风速、空气质量、光照等）、特征生理参数（体温、心率、呼吸率等）、个体与群体行为（运动量、姿态、分布等）等信息的数字化表征，集成创新面向家禽复杂生产环境下的专用传感器、自动感知、数据远程传输、可靠存储与稳定获取等关键技术与装备，构建面向养殖场（户）的大数据系统工程与数据深度挖掘技术，建立我国家禽养殖过程的智慧知识和决策模型，推动数字化与智能化的深度融合，建立规模化家禽智慧养殖的"五星"评价标准体系，支撑我国家禽养殖的发展向资源高效、环境友好、产品健康方向转型升级。针对我国现代家禽养殖先进装备与环控技术主要依赖进口和仿制，环境应激严重、装备可靠性差等突出问题，研究不同区域的家禽集约化/智慧化养殖对核心技术和关键装备的需求特征；研究现代家禽立体健康养殖"空间—环境—设施"互作规律及功能重构方法、设施设备配置方案及其适应性规律，构建新型健康高效养殖新工艺；攻克制约我国畜牧装备制造的新方法、新材料与新工艺，建立技术标准及核心装备产品现代化生产线；创制与典型/新工艺相配套的新设施以及精准环控、精细饲养、智能饲喂、智慧管理等新装备与新系统，突破基于自主决策知识模型的关键智能装备；构建不同区域蛋鸡、肉鸡、种禽、水禽典型健康养殖模式，形成具有中国特色的现代家禽养殖产业可持续发展方式。

三、产业培育工程

（一）无人渔场工程

我国渔业产量的需求逐年增加，渔业劳动力成本不断提升，渔业劳动力数量逐年缩减，据我国人力与社会资源保障部预测，到 2050 年，我国适龄劳动力的数量将由当前的 9.11 亿下降至 7 亿左右。综上所述，渔业无人化作业的需求非常急迫，因此必须提前布局渔业装备自动化、智能化、无人化关键技术的研发，无人渔业的发展迫在眉睫。针对我国水产养殖装备落后、生产率低的现状，以及复杂渔业环境下天空地一体化监测、低成本高可靠性传感器以及数字化装备等重大需求，建议开展无人渔场试验示范工程建设，重点推广无人渔场智能感知、预测、决策与执行等核心技术，主要建设内容包括：利用物联网与 5G 技术建设渔场信息智能感知系统，配置水质监控、气象站、鱼类行为监控、养殖车间巡检等监测设备，建设养殖现场无线传输自主网络，实现水质、水文、气候、生物信息以及装备状态等信息的全方位实时感知。利用大数据与人工智能技术建设无人渔场预测预警系统，实现养殖环境参数预测、病害检测预警，构建鱼病远程诊断系统和质量安全可追溯系统。建设无人渔场信息智能决策系统，通过多源多维数据处理与多源异构数据融合，搭建无人渔场专家系统，实现渔场作业智能调度、预测预警智能分级及能源优化调控。建设无人渔场智能作业系统，改造增氧、饵料投喂、底质改良、水循环、水下机器人等设施设备，实现智能增氧与投喂、自动水质改良、自主车间巡检、网衣检查、池壁清洗、管桩探伤、死鱼收集等作业。建设交互式智能终端，配置便携式生产移动管理终端，实现感知信息与决策实时显示，实现远程操控、产品溯源与信息管理，力争养殖过程数字化率达到100%。

（二）畜禽养殖综合大数据云平台

构建政府主导、市场参与的区域性集规模场户、养殖信息、生产预警、疫病防控与产品质量追溯等于一体的畜禽养殖综合大数据云平台，动态监控区域生猪、牛、羊、鸡、鸭等畜禽种类、品种、数量、日龄组成、分布等信息，指导依据区域资源条件和环境承载能力，战略性调整畜禽养殖区域布局，提出补栏与停止补栏的重要建议。结合传统养殖领域数学模型和大数据模型，实现区域饲料需求量预测及原料需求供应状况监测，指导大宗饲料原料的交易流通；实现区域肉、奶、蛋等养殖产品供应量预测，结合市场动态信息，为政府引导、市场主导下的肉、奶、蛋市场供应调控提供支持；动态监控区域生猪、牛、羊、鸡、鸭等群体疾病状况及预警，动态预测动保产品需求量，结合其供应状况，做好畜禽重大疫病风险的防范与化解，并完成病死动物数量、分布监测及资源化处理监管；动态监测区域畜牧养殖废弃物产生状况；支撑畜禽产品全产业链风险监测、质量追溯及信用评价体系建设，保障产品安全。

第七节　政策措施建议

一、加强顶层设计

1. 构建国家智慧养殖业科技创新体系　面对科技创新态势、创新主体新变化、科技体制改革新要求，积极构建智慧养殖业科技创新制度体系、创新主体系统、区域创新系统、科技服务系统和创新环境系统，探索建立起符合智慧养殖业科技发展规律、创新主体协调互动和创新元素高效配置的国家智慧养殖业科技创新体系。明确政府在科技创新战略规划和组织管理中的作用，加强高校、科研院所和企业的产学研合作，激发创新主体活力，增强原始创新能力，培育和建设一批世界一流农业大学和科研院所。

2. 强化智慧养殖业顶层设计　采用"强化顶层设计，产学研推并重"的方式推进实施智慧养殖业。建议由科技部牵头，农业农村部以及其他相关部门配合，组织有关单位和专家针对智慧养殖业的技术装备等关键问题深入调研，并通过专题会议的形式，研讨并提出解决先进智慧技术装备研发的基本思路、关键技术与装备领域，并制定详细的实施路线图。在具体实施阶段，建议基础性工作和关键技术研究由国内优势的教学科研机构牵头，技术推广部门与企业配合；产业化示范工作由国内畜禽养殖、制造领域的大型企业与科研教学机构、技术推广部门联合实施。

3. 建立智慧养殖业企业创新体系　逐步建立健全企业主导的技术创新体系，发挥企业在技术创新中的主体作用，增强企业自主创新能力。坚持以市场为导向、企业为主体、政策为引导，完善科技计划组织管理方式，鼓励企业承担中央或地方财政支持的科技计划，推进"政产学研用创"紧密结合，促进科技成果快速产业化。鼓励农业企业加大科技投入，建立研发机构，加强与高等学校和科研院所互相合作、联合攻关，培育一批具备国际竞争力的科技型龙头企业。

二、政策支持体系

1. 制定智慧养殖业标准规范和法律制度 制定智慧养殖业在饲养管理技术、设施设备配套、环境控制技术、生物安全防控技术、饲料营养精准管理技术、禽肉制品蛋品质量控制、药物和疫苗等全方位的标准规范，建立我国家禽现代绿色高效健康养殖技术标准体系；建立饲料、防疫、食品检测、食品安全、环保等法律法规，计划提供技术、教育和财政援助等农户、养殖场的保障措施，以解决智慧养殖业发展过程的公共问题。

2. 加强智慧养殖业知识产权保护 加强对知识产权保护重要性的认识，增强研发人员、科技项目管理人员、技术推广人员的论文、专著、专利、技术、产品等知识产权的保护意识和法律意识，约束成果产权，保护技术创新；以科技人员为重点，建立有利于创造和保护知识产权的激励机制和监督机制，促进创新性成果研发，防止无形资产流失。

3. 加速智慧养殖业成果转化应用 建议进一步完善成果转化的科技法律制度，坚持市场决定原则，规定面向市场需求的转化运用模式并引导发展；构建促进成果转化应用的政策体系，优先鼓励参与科研项目的企业承接相关成果转化工作；建议依托项目研发机构的成果与技术转移机构，支持将技术转移、知识产权管理和投资功能相融合；推动建立合理的科技成果转化收益分配制度，制定对做出实质性贡献的个人、部门和单位共享利益制度，建立相应的保障机制。

三、人才队伍建设

1. 完善智慧养殖业人才考核评价体系 完善智慧养殖业科技人才分类评价激励机制，改进人才评价考核方式，对从事农业科技创新基础研究、技术研发、成果转化、管理服务的各类科技人员实行分类评价。加大对有突出贡献的科技人员、企业主导技术创新管理者的奖励力度；完善科研院所、高校科研人员与企业人才流动和兼职制度，创造良好的内部科研氛围和外部环境，鼓励支持部门、地方、企业建立优秀人才奖励机制和专项基金。

2. 加强智慧养殖业人才团队建设 通过协同创新等方式，促进国内优秀人才和团队开展密切合作，建成具有国际学术影响力和声誉的智慧养殖业创新人才与团队；积极引进掌握本领域核心技术、能够显著提升本领域原始创新能力的国外顶尖人才或潜在人才；建设智慧养殖业创新团队，推动向国家级团队以及更高级别人才层次方向发展；积极培养国内青年人才与团队，重点培养综合素养、原始创新意识与能力以及国际化视野。

3. 重视农民培训，建立培训机制 重视智慧养殖业农民培训，建立全方位培训机制；构建以企业为主体、职业院校为基础，各类培训机构积极参与、公办与民办并举的职业培训和技能人才培养体系。通过广泛开展形式多样的农村科普活动和特色技能培训，大力普及智慧养殖业科技知识和观念，培养造就有文化、懂技术、会经营的高素质农民，促进农业科技成果转化和应用。

四、加强国际合作

1. 加强智慧养殖业国际合作 坚持平等互利、优势互补、成果共享的原则，立足智慧养殖业的重要前沿技术和重大研究领域，最大限度地争取国际智慧养殖业科技资源。积极支持国内科技服务机构与国外同行开展深层次合作，吸引国际科技服务人才来华工作、短期交流或举办培训，形成信息共享、资源分享、互联互通的国际科技服务协作网络，提升我国智慧养殖业技术创新的国际竞争力。

2. 搭建智慧养殖业国际平台　在合作层次上坚持政府引导、广泛参与的原则，多层次开展农业领域的国际科技工作，注重国际合作方式多样化，鼓励组织、主导和参与国际重大工程科技合作计划，鼓励支持国内有关单位与国外同行共建国际合作联合实验室、工程中心等研究平台。积极吸引和支持国际知名研究院校、企业在国内建立合资或分支合作研究机构，促进我国智慧养殖业整体技术水平的提高。

第八节　本章小结

养殖业是我国农业的重要组成部分，是关乎我国居民肉、蛋、奶等蛋白食品供应的民生产业。我国是养殖大国，但不是养殖强国。我国养殖业已经发展到了瓶颈期，在养殖动物种质资源开发、饲料高效配制、养殖过程精准控制、差异化高品质养殖产品生产等技术层面，与养殖强国还存在明显差距；在管理层面也亟须突破当前养殖生产以人力为主，管理、经营粗犷，资源利用效率低的现状。我国养殖业有其独有的特征。肉奶蛋、水产品消费增长较快，饲料粮消费需求增加明显。养殖强国生产效率高的重要原因之一是广泛进行智能化管理和工厂化生产，在提高了效率的同时还大幅度降低了人工成本。新一代信息技术的发展给我国养殖业带来了新的发展契机，发展智慧养殖是我国养殖业的必然出路。

我国智慧养殖较国外有较大差距，存在一系列问题。第一，对养殖动物的了解还不够深入，影响畜牧养殖过程的关键因素不清，缺少关键因素间交互作用的研究，智慧养殖领域的模型算法亟待构建；第二，缺少智慧养殖感知设备，低成本、高信度、强稳定性、易维护的感知核心器件依赖进口；第三，饲料原料数据库和养殖动物动态营养需求数据库仍待加强；第四，智慧畜牧标准体系亟须完善；第五，区域范围的智慧养殖大数据平台急需推广示范。非洲猪瘟等养殖动物疫病的流行更是加大了养殖行业智慧化需求。

随着我国"乡村振兴"战略的贯彻和"新基建"的推进，推进智慧养殖的势头正足。要充分认识智慧养殖的重要性，并加强智慧养殖领域的科研投入，深入了解并建立养殖动物生长、生理、生态指标体系；加强以先进感知技术、精准化作业装备、智能化畜牧机器人等为核心的自主知识产权技术与产品的研发能力，加速产品化进程与应用，形成国产化、微型化、可考量、低价格、长时间值守的多维感知系列设备；鼓励领域新型研发机构的建设，探索成熟智慧养殖领域商业模式，培育智慧养殖独角兽企业；加大智慧养殖行业人才队伍建设。智慧养殖的发展不仅可以促进养殖行业各环节的资源优化配置，其衍生的数字产品将活跃养殖行业金融活动，而且也可以推进养殖行业绿色可持续发展，助力国家"乡村振兴"和"碳达峰、碳中和"战略实施。

执笔人（排名不分先后）：

印遇龙　李保明　李道亮　冯泽猛　熊本海　黄瑞林　杨兰林　王朝元　童勤　郑炜超
施正香　赵然　陈英义　王聪　孙明

第二十五章

农产品智慧供应链发展战略研究

随着我国农业现代化进程的不断发展深化，新一代信息技术为农产品产业转型升级和供应链创新发展注入了新的动能。利用大数据、人工智能、物联网、5G 等信息技术手段，结合供应链管理先进理念，通过科学协调、组织和管理建设高效安全绿色的农产品智慧供应链，促进农产品供应链上下游组织间的物流、商流、资金流、信息流的一体化整合，实现农产品供应链可感、可控、可调以及智慧创新。本章从农产品供应链管理、农产品品质维持与智慧物流、生鲜农产品冷链储运装备三个方面，详细说明了农产品供应链的一体化和智慧化发展模式，分析了流通过程中农产品质量安全信息感知、处理、计算、交互技术，介绍了维持农产品品质的冷链储运技术装备研发情况，从而保障农产品供应链全程质量安全可控可溯。

第一节　发展背景与现状分析

一、背景意义

当前我国提出国内国际双循环发展战略，新一代"技术—经济范式"加速展开，消费场景与模式多元化引发线上线下融合的全渠道供应链发展；同时，新冠疫情重创全球供应链，推动农产品供应链向智慧化转型，因此塑造新型供应链管理模式势在必行。中国是一个农业大国，目前的市场开放程度稳步提升，作为农产品贸易大国，进出口国际市场份额逐年上升，产品在国际市场竞争中面临着严峻的冲击和挑战。在此背景下，有必要运用人工智能、大数据、物联网等新技术推动农产品供应链的优化整合，增强农产品核心竞争力，提升绿色产品供给质量，打造绿色农产品供应链，形成以智慧农业建设为抓手，促进一二三产业融合发展的现代农业发展格局。

农产品供应链管理包括多个方面，它是由生产者、加工企业、零售商、物流提供者和最终消费者等相关上下游共同组成的系统。通过对产、供、销各方关系的管理，并对物流、信息流、商流、资金流进行规划、控制与优化，提高供应网络体系中各个参与者的受益率。为了建设智慧、高效的农产品供应链，要求上述各个环节实现系统感知、全面分析、及时处理以及自我调整功能。由于农产品生产具有季节性、地域性、分散性等特点，而且容易受到各种自然灾害的影响会经常造成产中损失；流通环节具有消费普遍性、鲜活性、易腐易损、不易储藏等特点，在运输和储藏中存在耗损问题；此外，在销售环节，又有全年性、普遍性、不集中性等特点，这也导致了农产品供应链的运行和其他产业供应链有很大差别。所以，农产品智慧供应链的建设与发展，需要对每个环节进行实时的温湿度环境参数调控以及故障监控，维持全链条农产品质量安全，实现冷链物流透明化与可追溯化。

物流基础设施建设与冷链储运装备研发是驱动与实现智慧供应链的主要基础，2018年国务院发布《乡村振兴战略规划（2018—2022年）》报告以培育农村发展新动能为主线，推进农业供给侧结构性改革，研发绿色智能农产品供应链核心技术，培育新产业新业态，提高农业的综合效益和竞争力。2019年国家发展改革委员会发布《关于推动物流高质量发展，促进形成强大国内市场的意见》，提出要"加强农产品物流骨干网络和冷链物流体系建设"来解决农产品流通"最先一公里"问题。

在国家层面，我国物流行业保持平稳增长，农产品智慧供应链的发展可有效满足我国强大的内部需求，降低物流成本在GDP的比例，助力消费升级与食品安全保障，提升我国农产品国际市场竞争力，同时随着智慧供应链的不断发展，可有效降低农产品供应链各环节质量损耗，又可减少各环节操控的能耗和人力投入，对于降低食品浪费、节能环保以及减轻环境污染等也具有重要意义。

从区域层面，由于我国疆域辽阔，不同地域气候差异较大，农产品种类也不尽相同。我国西部拥有得天独厚的自然条件，是优质的农产品生产基地，尤其是盛产特色水果，北方地区冬季气候寒冷，无法进行正常的农作物耕种，但人口较多，对于果蔬需求量大，存在严重的供需矛盾。为了缓解全国区域的供需矛盾，我国形成了典型的"西果东送""南菜北运"的现代农产品流通格局，国家也通过相应政策来引导和鼓励农产品网络体系建设解决这一矛盾。

从企业层面，伴随农产品智慧供应链的发展，依托互联网平台快速发展的共享经济模式以及智慧物流强大的数据采集与分析处理能力，既可有效减少农产品流通损失，有效提升企业对风险的预测能力及掌控能力，又可依托信息化技术提升企业管理效能，进一步降低不必要的经济损失，助力企业利润得到显著提升，同时也是企业的隐形"利润源"。

从农民层面，农产品增产增销是提升农户收入的关键，同时也是实现我国乡村振兴、精准扶贫以及解决好"三农"问题的重要抓手。然而当前我国田间地头"最先一公里"冷链体系缺失，无法实现初级农产品加工和错峰错季上市，导致果品田间损失和滞销问题严重，因此农产品智慧供应链的发展可有效打通农产品进城全链条，成为农民的"金钥匙"，提升农民收入；此外，随着智慧供应链的发展，增加了农产品产地销售通道，极大降低了农产品产地滞销风险，显著降低了产地损耗率。

当前我国社会的主要矛盾为人民日益增长的美好生活需要和不平衡不充分发展之间的矛盾，其中绿色、品质、精准、安全是农业行业未来的发展方向。十九大首次提出要在现代供应链领域培育新增长点，形成新功能，因此，加强农业的供给侧结构性改革、提升绿色产品供给质量确有必要，打造绿色农产品供应链，形成具有农产品核心竞争力和农业可持续发展能力的现代农业发展格局。同时随着新冠疫情的发生，在一定程度上改变了人们的生活方式，为了保证冷链流通中农产品的食用安全，发展安全高效的全程冷链技术装备体系，实现易腐食品病毒消杀和品质保障，从而提升我国食品安全和公共卫生。综上所述，构建智慧农业体系、发展冷链物流储运技术和装备、优化农产品供应链管理对于我国提升农业国际竞争力、推动社会经济发展具有重要意义。

二、技术应用现状

（一）农产品供应链管理技术应用现状

近几年，我国在农业和农村经济方面已经取得了长足发展，并以满足市场需求为目标不断推进农业供给侧结构性改革,我国农业正在由数量扩张向质量提升转变。农产品供应链管理技术的发展与国家整体经济、行业运行水平等密切相关,呈现出如下特征:

1. 我国居民膳食结构由"温饱型"向"质量型"与"健康型"转变,对农产品保鲜运输与电商交易提出更高要求 伴随我国经济水平持续增长和人民生活水平的不断提升,居民消费观念也由"温饱型"向"质量型""健康型"转变,膳食结构也逐步改善。当前我国已是世界上最大的农产品生产和消费国,据国家统计局数据,2018 年我国农林牧渔业总产值为 113 579.53 亿元,肉类、禽蛋、牛奶、蔬菜、水果等生鲜农产品产量均位列世界第一。随着居民对食物的高品质追求不断提升,生鲜农产品的消费需求有了大幅的上升,对农产品保鲜运输与电商交易提出更高要求,对农产品供应链整体运输效率的优化也起着十分重要的促进作用。中国物流与采购联合会冷链物流专业委员会的数据显示,2020 年我国食品冷链物流市场规模为 3 832 亿元(图 25-1)。

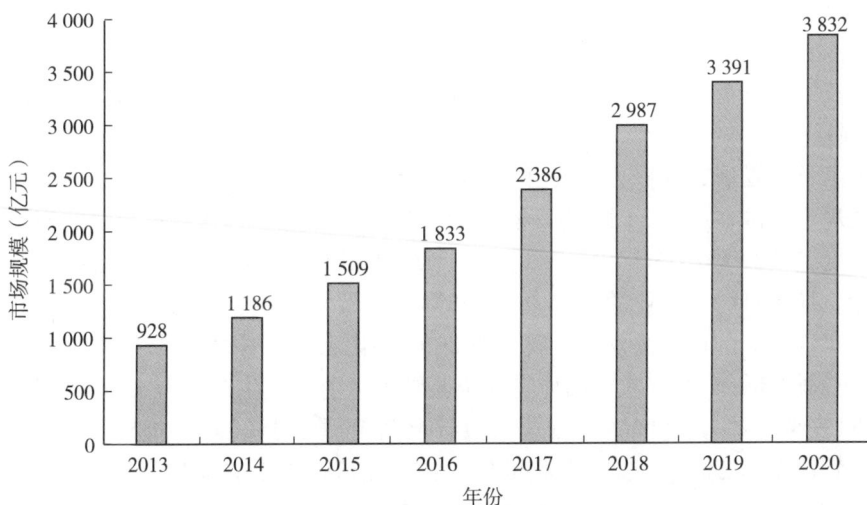

图 25-1 2016—2020 年中国冷链物流市场规模

数据来源:中商产业研究院。

目前线下销售是我国农产品零售的主要渠道,这也是由于农产品自生的局限性造成的。当农产品采收后,主要通过一些分散的农户或者当地的农贸市场进行收购,另外一部分则是由基地经多级批发市场到达指定零售地点和商场,最后才能到达消费者手中。其中由传统的批发市场或者农贸市场进行销售的占比达到 73%,远远高于其他销售渠道;排在第二位的销售渠道是以超市为代表的现代生鲜销售模式,占比为 22%,不及美国(90%)、德国(87%)和日本(70%),因此,超市渠道在我国农产品销售中仍有很大的提升空间。另外,我国生鲜产品运输的损耗率过高,农产品流通成本一般占总成本的 40%左右,而鲜活产品及果蔬产品这一比例更是超过 60%,而发达国家物流成本一般控制在 10%以内。据中国物流与采购联合会冷链物流专业委员会(简称中物联冷链委 CCLC)数据统计,截至 2019 年,我国冷藏车保有量约 21.47 万辆,占货运汽车总量的 0.3%左右,远不及美国(1%)、德国(2%~3%)等发达国家。

同时,我国生鲜电商行业正处于快速发展阶段,当前我国生鲜市场交易规模达 2.04 万亿,生鲜电商渗透率连年上升,农产品跨境电子商务规模也在快速增长,未来提升空间巨大。一方面,国内消费者对进口农产品的需求与日俱增,国外优质品牌商家急于打入中国市场,将更多的海外企业引入中国。另一方面,部分跨境电子商务企业不断扩大规模,加快布局。

2. 农产品供应链变革与消费者对农产品的品质安全需求以及我国法律法规、产业扶持政策密切相关 随着经济贸易全球化,消费者对生鲜农产品的新鲜程度、品质质量要求越来越高,更为关注其是否安全和绿色环保,对生产加工等流通过程的信息透明化的需求也越来越高,也逐步重视农产品的交货期和生产周期。这使得农产品的供应面临优化生产流程、缩短交货期、加快响应速度等要求。而农产品供应链上环节众多,易受不确定因素影响,因此,只有通过农产品供应链管理,不断增强供应链的时间敏感性,尽可能降低农产品流转期间的损耗,才能更好地满足消费者的需求,提升农产品经营企业的市场竞争力。

由于农产品存在含水量高、保质期短、容易变质腐烂等特性,其质量安全一直被社会所重视和关注。当前农产品供应链质量安全管理越来越被重视,为了满足消费者对农产品的品质和数量要求,相关生产企业不断寻求和研发新技术(如杀虫剂、农药化肥、转基因技术等),过度使用这些新技术和新方法不可避免会对人体产生危害,故而需要不断发展农产品供应链管理技术来避免和减少农产品质量安全问题,智慧供应链因此成为保障农产品质量安全的必要选择。

本着国家长远发展、保护公民人身健康的宗旨,多个国家制定了农产品质量安全相应的监管法律法规。美国在 2012 年提出《全球供应链安全国家战略》,将供应链的安全上升到国家战略的高度。欧盟于 2013 年出台《2014—2020 年 CAP 改革法案》,该法案致力于制定绿色发展目标,加大对绿色农业的扶持力度,鼓励农产品生产链创新与优化,进而提高农业竞争力,早日实现农业的可持续发展。我国在 2006 年出台了《中华人民共和国农产品质量安全法》,农业农村部针对基层农产品质量安全监管力量薄弱、生产经营主体责任落实不到位、《农产品质量安全法》与《食品安全法》衔接不畅等问题,于 2018 年提出《关于加强农产品质量安全追溯体系建设的建议》。由此可见,农产品流通企业在政府、监管部门的组织下,在法律法规和政策的约束下,通过实行农产品供应链管理,实现稳定的上游原料供应和下游的销售渠道畅通。

3. 我国农产品线上与线下供应模式并行,供应链信息流通不畅,"最先一公里"和"最后一公里"问题突出 在我国农产品流通过程中,批发市场是最主要的渠道,承担了全国 70%～80% 的农产品流通,批发商通过信息平台实时掌控市场供需以及市场交易信息,出于对自身利益的最大化,容易对生产者和消费者实施信息阻断。随着电子商务的发展,农产品的销售转向线上,与传统的销售渠道相比,农产品电商能够降低交易成本、缩短流通时间、减少交易不确定性,但也存在流通批量小、流通价值较低等弊端,因此,农产品电商对产品质量要求更高。我国农产品电商供应链建设进程缓慢,还处在一个低水平时期。农产品标准化、高物流成本、弱品牌影响力等问题也导致了农产品上行乏力的结果。

随着市场多元化和差异化的发展,消费者对鲜活农产品的新鲜率诉求越来越强烈。生鲜农产品从田间地头到产地市场成为商品的过程中,随着农产品市场化、规模化不断提高,出现了"最先一公里"的挑战。另外,在电商物流配送环节的末端,也出现"最后一公里"问题。在城市物流运输末端,很多快递公司采取"人海战术",无法对物流全过程进行智能化跟踪和监控,也无法满足消费者对农产品的温度、湿度、新鲜度以及配送流程的可追溯性需求。另外,我国农业信息化基础设施建设尚未成熟,农村信息网络尚不健全,无人机、无人车、智能快递柜没有得到普及,一些小城市以及农村地区配送方式仍然比较落后,供应链主体间的信息传递不通畅导致市场供求信息不均衡，农产品种类还不能满足复杂变化的市场需求，容易导致农产品滞销。

当前农产品信息化基础平台发展落后，供应链环节各主体对信息技术的理解和认知水平有差异，造成了供应链各个环节之间有价值的信息流通障碍，这种信息化水平的不平衡阻碍了整个供应链中信息技术的发展，信息壁垒的愈加严重化也使得农产品经营者的市场风险增大，严重影响了农产品供应链持续性发展。

（二）农产品品质维持与智慧物流技术应用现状

1. 从 2006 年起，国家相关部门针对冷链物流行业推出一系列政策，为冷链物流发展提供了政策扶持与产业环境强制监管作用　2009 年《物流业调整和振兴规划》重点强调冷链物流体系建设与发展，2010 年发布的《农产品冷链物流发展规划》指出建立跨区域长途调运体系，提升我国冷链运输能力，从而促进冷链物流一体化发展。2014 年，《物流业发展中长期规划》将冷链物流列为 12 大工程之首，并部署了 2020 年我国物流发展的主要目标和任务。近年来，我国冷链物流发展水平逐步提升，信息化水平位于世界前列，但冷链物流与信息化结合弱，冷链物流水平仍然远落后于发达国家，此外，果蔬产品预冷率、人均冷库容量、冷藏车冷冻资源占有率、冷链应用率运输率和损耗率等方面也与发达国家差距较大。我国在 2016 年果蔬、肉类、水产品的冷链流通率达到 22％、34％、41％，仅由于果蔬采后品质劣变与腐烂而导致直接经济损失可达上千亿以上。我国冷链物流问题突出，无论"质"还是"量"都有巨大提升空间，在"大众创业、万众创新""一带一路"等利好政策推动下，冷链物流将成为我国新的经济增长点。

我国农产品智慧物流发展过程中，产地预冷技术、储运安全技术、速冻技术、节能减排技术、信息化技术、冷链标准模糊、市场化比例弱是我国农产品智慧物流行业亟待改善的几个方面。为加快我国智慧物流发展，缩短与发达国家之间的差距，应加快建设产学研智慧物流装备管理技术平台，完善标准体系（如：冷链物流流通标准与服务水平评价标准等），并加强示范点技术应用与智慧物流园区建设，推动我国成为冷链物流信息化强国。

2. 近年来，我国物流基础设施设备水平与冷链市场规模均保持一种快速增长态势，但人均冷库占有量较低　2018 年《中国农产品冷链物流发展报告》显示，我国冷藏库容量约达 4 775 多万吨，折合为 1.2 亿米^3，相比 10 年前增长近 5 倍；冷藏车保有量 13.4 万辆，同比增长 16.5％；果蔬冷链流通率与运输率相比 10 年前也分别增长近 4 倍与 3 倍。然而，我国个人平均库容量仅为 0.065～0.116 米^3，远低于发达国家人均水平 0.36～1.36 米^3，人均冷藏车量约为发达国家的 1/18～1/15，差距立显。由于当前我国人均水果消费量不足 60 千克，不足发达国家人均水平的一半。因此，我国冷链市场发展潜力巨大，前景广阔。此外，我国经济的平稳增长、对外开放新格局正加速形成、消费者个性化与高品质需求增长等都将促进我国冷链物流行业不断发展与需求市场的持续扩张。冷链信息化是指运用信息与通信技术实现环境温湿度、设备操控状态、上下游需求等信息的实时监测与管理，以期达到打造全程透明冷链体系、促进冷链降本增效以及提升运营效率等目的。冷链数字化是将信息转化为服务的必要手段，是助推冷链智能化、智慧化及无人化发展的前提，也是打造冷链智能装备与提高智能服务水平的关键基础，进而推进我国冷链智能制造转型升级。2019 年 7 月，我国交通运输部在《数字交通发展规划纲要》中指出要加快货运物流全程数字化升级，促进物理和虚拟空间的交通运输活动不断融合与交互，以实现我国数字交通产业整体竞争能力全球领先。因此，为实现冷链信息空间与物理空间的深度融合与智能化交互，特别是为实现货物自身品质变化的实时感知与溯源，依托数字化技术实现冷链物理空间向虚拟数字空间的映射，对于促进环境与品质数据的交互融合与深度感知，强化物理系统与信息模型的耦合度，打通冷链上下游信息通路，以及实现冷链全供应链整理规划与协调等具有重大理论价值与现实意义。

3. 目前国内冷库信息化的建设主要体现在智能化、节能化、远程化监控等方面 冷藏运输是保障货物及时配送、送达，确保消费者满意度以及关联整体冷链物流经济成本投入量的关键，同时也是实现农产品冷链物流中食品质量与安全实时信息的可监控化、信息化、透明化、可追溯化与可视化的关键环节。据不完全统计，2018年我国冷藏车保有量总计约为9.3万辆，相比10年前冷藏车保有量增长了近3倍，其中河南、上海与广东的冷藏车保有量位居国内前三。近年来，科学院所、高校以及冷链物流企业在冷藏运输环节信息化建设方面都开展了研究，主要包括配送路径动态优化、配送过程产品信息实时反馈，运营策略调整与优化，以及运输智能化管理系统等。另外，大数据与云计算技术在冷链物流各个环节的应用也得到了政府部门和企业的重视与认可，通过对海量数据的挖掘、处理与分析，对增强冷链物流企业管理决策力、洞察力以及流程优化能力具有十分重要的意义，同时也为农产品冷链物流中物联网的建设与发展提供了信息平台。特别是大数据与云计算技术在冷藏运输环节中的应用，对于搭建云平台实现冷藏车车厢微环境智能化、可视化温湿度监管与调控、最优配送路径的动态选取与故障预测等具有关键性的意义，为提高农产品运输效率、稳定车厢微环境、延长农产品保鲜期以及有效降低运输过程农产品损耗提供了保障。

农产品在销售阶段仍要对其进行温度监控，保障其始终处于适宜环境，以提高市场竞争力。农产品销售阶段的信息化建设不仅可确保农产品质量与安全溯源的完整性，也有益于RFID标签、包装材料等可循环利用物品的回收，同时消费者也可以使用互联网或手机终端等方式，查询货物在整个冷链物流流通中的温度变化、历史记录等相关信息，提高农产品食用安全性及消费者满意度。2015年年底，随着国内第一家大宗农产品电子商务交易平台（农产品集购网）启动运营，使得农产品销售更具个性化，更适应现代消费者生活方式的需求，也带动了农产品销售的标准化、集约化、规模化、品牌化以及网络化发展。农产品电子商务是一种新型的O2O模式（Online To Offline），直接实现了农户或冷链物流企业与消费者之间线上线下交易，打破了农产品销售环节受空间、地域以及时间限制的障碍，不仅提高了农户的收入，也减少了一些中间周转环节，使得农产品交易成本得到了有效地降低，为消费者带来了切实利益。我国农产品电子商务起步晚，目前还处于快速发展阶段，尚未形成健全的、完善的法律法规体系，在交易价格控制、农产品质量与安全追溯、消费者权益等方面还不能得到有效保障。因此，为促进我国农产品电子商务交易的稳健发展，必须加快构建完善的法律保护机制。

（三）生鲜农产品冷链储运技术装备现状

1. 常规生鲜农产品预冷技术装备基本国产化，部分设备和元件还需进口 中国是世界最大的果蔬生产与消费国，果蔬成熟采摘后，往往不经过预冷处理，直接在常温下进行长途运输，使得果蔬采后流通损失严重，造成巨大的经济损失，果蔬的品质无法得到保证，导致有效供给不足。以麦当劳、肯特基等美国快餐企业为例，每年在中国采购大量结球生菜，自2002年，麦当劳的结球生菜鲜切加工供货商要求中国结球生菜种植者，必须保证生菜采后在产地得到及时预冷和低温暂储，并全程低温冷藏运输，在蔬菜加工厂交货时，结球生菜内部中心温度要低于4℃。为此，北京市农林科学院蔬菜研究中心在张家口张北县主持设计和建造了 30 吨/天结球生菜压差预冷库和恒温保鲜库，成功地实现了利用压差预冷技术替代真空预冷技术在产地进行叶菜类蔬菜预冷。据调查，江苏、天津、海南等产地，采用向冷水池中投入冰块的方式，使水温接近 0℃，然后人为地将装有蔬菜的塑料筐浸入冰水池中，实现蔬菜的预冷。广州市从化华隆果菜保鲜有限公司利用接触式冷水冷却装备对荔枝进行产地冷水预冷和冷链流通，有效保持了荔枝的新鲜品质，降低了流通损耗。山东烟台用喷淋式冷水预冷装备预冷樱桃，并推广到河南、陕西、四川等樱桃产区。

我国作为肉禽类食品的消费大国，近几年畜禽年产总量持续保持在 8 000 多万吨。肉禽冷却间设置在屠宰加工车间内部，位于屠宰线的末端和分割线的前端之间，一般情况下分成多间设置，建筑形式采用土建或钢结构。冷却间内采用冷风机降温，冷风机布置在吊轨的上方或冷间地面，冷却间要求冷风机不仅要具备充足的制冷量，而且其气流要能够均匀通过肉禽胴体，由于肉禽胴体散湿量大，还要求冷风机能够及时除霜。除工程标准，工程领域还一直围绕肉禽冷却工艺持续研究相关的建筑和设备技术，例如对冷却间内气流组织的研究，不仅要使肉禽胴体能够均匀冷却，而且要减少干耗，减少气流循环所消耗的能量，例如猪胴体分段冷却技术，能够使冷却阶段的干耗减少 30%～50%。目前建造常规冷却间所需的设备、材料和技术都能够国产化，部分设备和元件还是需要进口。在禽类冷却技术装备方面，冰水预冷机由于技术要求较低，且造价低廉，曾在国内大量使用。近年来，随着对肉禽生产效率和品质要求的提高，以及设备国产化带来的成本降低，新建工厂几乎全部采用螺旋预冷机。

2. 不同种类食品对速冻技术装备的要求差别较大，需控制合理的冷冻速率和成本　速冻技术可以保存食品的原汁与香味，并且可以保存较长的时间。速冻设备按冻结速度可分为快速冻结设备（速冻设备）和慢速冻结设备（一般冻结设备）。由于形式和性能差异，国产冻结设备的冻结速度差别很大，例如液氮喷淋冻结设备的冻结速度为 10～100 厘米/小时，一般鼓风机式速冻设备的冻结速度为 0.5～5 厘米/小时。根据冷冻介质的不同，通常可分为空气冷冻和液体冷冻，空气冷冻的冷媒介质为低温空气，虽然其冷冻速率较慢，但是适用性强，对被冻结的食品包装无特殊要求；液体冷冻的冷媒介质为低温液体，虽然冷冻速率快、生产效率较高、速冻食品品质较好，但是对被冻结食品的包装有特殊要求。

目前，我国的速冻装置可分为鼓风式速冻装备、间接接触式速冻装备、直接接触式速冻装备。其中鼓风式速冻装备包括流态化速冻装备、螺旋式速冻装备和隧道式速冻装备；间接接触式速冻装备可分为回转式、钢带式、平板式，其中应用最广泛的是平板式速冻装备；直接接触式速冻装备主要包括浸渍式和喷淋式，其中采用液氮的直接接触式速冻设备应用最为广泛。液氮喷雾和液氮浸渍装置应用于草莓、白灵芝、青刀豆、西兰花等，能够对其中多酚氧化酶（PPO）及过氧化物酶（POD）活性有明显的影响，但完全采用液氮冻结相对不经济，会导致果蔬附加值不高，应考虑采用机械制冷与液氮制冷相结合的联合制冷方式。很多研究表明，液氮速冻技术对维持水产品的品质有着重要作用，这使得液氮速冻技术装备在水产品领域得到广泛应用，尤其是附加值较高的水产品，如鲍鱼、银鱼、三疣梭子蟹、金枪鱼等。此外，液氮速冻装备在米面食品与禽类食品中也有广泛应用，液氮超低温速冻可以有效抑制大米支链淀粉凝胶的老化，可使米饭长期保持良好的食用品质；对于禽类食品，在液氮冷冻加工过程中，除考虑必要性和成本外，还需控制合理的冷冻速率来确保肉制品的品质。不同种类食品对速冻技术装备的要求有所差别，应分析液氮速冻技术对不同种类食品速冻后的影响，从而确定特定种类食品的速冻工艺。

3. 生鲜农产品冷冻冷藏技术装备要求"节能降耗"，各种装备自动化程度存在较大差异　冷冻冷藏设备即冷库，将密闭空间的温度、湿度、空气成分等调节至所需的一定值，并保持稳定的装备，主要用于食品、药品、化学品等的贮藏，起到延缓变质的作用。冷库一般采用制冷机制冷，通过汽化温度较低的氨或氟利昂蒸发，从而吸收贮藏库内的热量，达到降低温度的目的。

冷冻贮藏技术装备主要应用于肉类加工行业、水产品加工行业、果蔬类加工行业。肉类联合加工厂的生产性冷库库温设计多为0℃或−20～−18℃，前者用于冷却肉或低温肉制品暂存，后者用于冻品存储，为保障产品质量，注重品牌建设的生产商能够按设计温度运营，但是也有一定比例的生产商，不会把冻结物冷藏库的温度持续保持在−18℃以下，加上冷却和冻结环节也不达标，导致肉禽冷链"最先一公里"的整体品质不高，甚至存在食品安全隐患。水产加工厂生产性冷库的情况与肉类联合加工厂的情况类似，差别是水产品品质对冷库温度比较敏感，因此，水产加工厂生产性冷库的设计库温通常在−20℃以下，产品用于出口时往往达到−25～−23℃，生产商普遍能够按设计温度运营。水产加工厂冷冻冷藏设施制冷系统的总体情况和面临的问题与肉类联合加工厂几乎没有区别。果蔬加工分鲜销和深加工两类，鲜销的加工过程一般包括原料整理、分级拣选、包装、入库冷却冷藏等工序，深加工主要包括速冻和净菜，其中速冻生产在物料速冻前还需要清洗、漂烫、冷却等工序，净菜生产还需要清理、清洗甚至消毒和鲜切等工序。鲜销类的果蔬加工厂主要包括冷却和冷藏两种模式，冷却模式用于短期暂存品种，主要是应季果蔬在采摘后快速冷却，或提供采用冰瓶、冰袋的保温包装，以便在运输过程中减少损耗。果蔬冷冻冷藏设施与肉类联合加工厂类似，所不同的是速冻蔬菜加工厂的冷却环节采用冰水、速冻环节全部采用速冻机，自动化程度普遍比肉类冷冻高。

4. 我国生鲜农产品冷藏运输仍以陆地运输为主，公路冷链运输市场需求旺盛　近年来，我国公路冷链运输货物周转量逐年递增，反映出我国公路冷链运输市场需求旺盛，一方面生鲜农产品等的冷藏运输总量有所增加，另一方面食品冷藏运输的距离进一步增加。铁路运输方面，在市场需求的增加与国家政策的支持下，我国铁路冷藏运输发展整体取得了突破性进展，在铁路冷藏运输新线路开通、铁路冷藏运输基础设施建设、铁路冷藏运输时间优化等方面有了明显的改善，尤其在长距离冷藏运输中的优势日益明显，铁路冷链物流的运送能力得到大幅提升。2016年2月发布的《铁路物流网络布局"十三五"发展规划》提出我国铁路运输2020年发展目标，即冷库容量规模达到300万～500万吨，铁路冷藏运输量达到2 000万吨以上，冷链物流营业总收入达到500亿～700亿元。2021年1月人民铁道网发布的《中国铁路圆满完成年度建设任务和"十三五"规划目标》提到，广大铁路建设者冲破疫情带来的重重阻碍，勇当落实"五个确保、五个见实效"开路先锋，圆满完成年度建设任务和铁路"十三五"规划目标，全国1天、2天、3天快货物流圈全面形成。随着"一带一路"战略的实施，生鲜电商、跨境食品贸易等市场的崛起，铁路、水路、航空等冷藏运输方式将发挥更大的优势，多种冷藏运输方式相结合将在冷链物流市场中扮演更重要的角色。

陆地冷藏运输的冷藏车主要分为卡车和拖车两种。卡车制冷箱体通常固定在车的底盘上，车厢的后部与驾驶室分开，通过绝热处理从而保持货物的温度。铁路冷藏火车车厢通常采用集成的自带动力制冷机组，只要货物合理堆放，空气经制冷系统降温后到达车厢顶部，冷空气流经货物后，从车厢底部返回制冷系统，从而达到制冷效果。水路冷藏运输一般采用温控集装箱或者冷藏船。冷藏集装箱可以像拖车一样，由拖头牵引在陆路上运输。通常冷藏集装器采用干冰作为冷媒，需要特殊的加冰基站。航空冷藏运输作为一种快速运输手段，一般用来运输距离长、附加值较高或者用来出口的易腐货物、疫苗和对温度敏感的药品等。

三、存在的问题

(一) 农产品供应链管理技术发展战略存在的主要问题

1. 我国农产品供应链管理水平较发达国家存在较大差距，相关的法律和标准体系还需细化和完善　近年来我国大力发展农产品供应链技术，将农产品供应链放在农村产业发展、城乡协调发展和国家经济发展的重要位置。从标准化、数字化、智能化、高质化、绿色化、可持续化、协同化、体系化、创新化以及国际化全方位、多角度促进农产品供应链的发展，涵盖了供应链管理的各个环节。国家多个部门制定政策方针、投入大量资金，加快推动供应链资源协同共享，促进资源要素合理配置，高度重视区块链、物联网和质量追溯等技术的运用，整合供应链、发展产业链、提升价值链，真正做到促进农产品产业融合、城乡受益。

与一些发达国家相比，我国农产品供应链管理水平仍存在较大差距。例如美国农产品供应链相关政策主要集中于建立科学合理的农产品、食品质量安全法律法规，通过多部门联合实施农产品供应链的监管，重视改善农产品供应链对环境的影响。欧盟则着力构建短的农产品供应链，建设高度发达的物流设施和现代物流基础设施，不断鼓励农产品制造技术的创新。欧盟的监管体系较为完善，农产品与食品安全法律法规体系较为完备，高度重视食物浪费。日本与韩国高度整合共享短结构的食品供应链的信息，十分重视基于冷链配送的农产品供应链管理的监管，如日本通过部署人工智能解决方案（自动采摘机器人，农产品等级分类系统，农产品病虫害监控系统等）解决实际农业领域的不同痛点，其中云计算、深度学习、智能机器人等尖端技术发挥了关键作用。我国积极学习欧美等国家行之有效的最新科研成果和国际先进标准，不断探索建立一套针对农产品供应链的法规体系，实现农产品供应链绿色、可持续化发展。

2. 农产品供应链核心主体缺失、主体组织化程度较低，难以发挥主体作用　在现实的管理实践中，我国农产品供应链组织中缺乏真正有领导能力的核心，由于有些企业自身的规模并不大且过多考虑自己的利益，在农产品供应链中不能发挥好领导作用，这不仅削弱了农产品供应链作为战略联盟的整体竞争优势，而且在农产品供应链中，从农产品最初供应者、中间环节以及到零售终端均存在组织化程度低的问题。农产品最初供应者基本处于以原始种植、自产自销为主的小规模农业化生产状态，地域分布分散，对生产缺乏计划性、组织性、市场性，规模生产和管理经验不足，难以形成农产品供应者与销售者之间长期的战略合作伙伴关系。中间环节主要以农产品加工企业和各类批发商为主体，部分企业规模较小、实力弱、经营粗放、产品质量较差。在零售终端，除大型超市和部分连锁经营的农产品专卖店外，大部分组织仍以农贸市场、早市、集市等众多摊贩为主。社会资源整合能力的不足导致供应链管理中的各方处于断裂状态，难以形成完整的供应链组织协同工作体系。

在供应链的构建过程中，核心企业与供应商的关系、核心企业与分销商的关系处于同一个网络链结构。与世界著名的农业企业联盟相比，我国农业产业化龙头企业的市场影响力仍然有限，农产品的质量和流通范围仍然有限，对市场需求和价格缺乏准确的研究和判断，消费者的接受能力弱，因此容易出现农产品积压、周转率低、资金占用等现象。核心企业缺乏领导力和主导作用、资金短缺、突发事件处理能力薄弱等因素，直接影响了供应链的运行效率。

3. 我国农产品供应链信息集成度低，质量安全问题突出，难以形成全链条追溯格局
我国农产品供应链长且复杂，不同企业发展水平和生产经营特点并不相同，监管部门多以抽检的形式来对农产品质量进行检测，无法实现对农产品进行全覆盖监督检验。我国农业生产长期以"小农生产"为主，生产经营分散，集中度低。再加上，我国农业自动化技术还不成熟。因此，在农产品生产源头难以实现质量标准化，导致农产品质量安全问题突出，亟须在全链条中对农产品的质量问题进行跟踪和检测。此外，我国当前的农产品供应链信息化水平较低，且生产者和经营者分散，质量管理信息在各个环节流通不畅，整个供应链没有形成一体化的运作模式，因此未能形成标准化的质量管理体系，当产品出现问题后，对其难以追责甚至无法追责。虽然我国在下游食品供应链追溯系统和单品类食品追溯建设上已经取得了一定成果，但是正在投入使用的大部分农产品追溯系统追溯的信息面过窄，信息杂乱，企业和消费者使用不便，不能保障有效的市场监管。

此外，农产品具有鲜活性和质量要求较高的特点，这对仓储流通的物流运输提出了更高要求。物流成本是农产品流通成本的重要组成部分，在一定程度上，流通成本的下降需要借助精细包装和冷链设备来实现。但由于农产品运量大、单位体积价值低、运输和仓储成本高等因素，物流成本的投入受到很大限制。同时，我国的冷链物流体系相对于发达国家存在较大差距，农产品从产地收购、加工、储藏一直到消费的各个环节并不能都处在冷链环境下，导致生鲜农产品由于保鲜条件不到位，且在物流运输过程中出现较高的损耗。由于冷链物流对设备技术的高要求带来较高的运输风险，若冷链物流的运行出现问题，则供应链中的每个参与环节都不可避免地会受到利益受损。

（二）农产品品质维持与智慧物流发展面临的主要问题

1. 智慧物流信息化标准体系不健全 我国在 2017 版《中国冷链物流标准目录手册》中已颁布发行国家标准、行业标准与地方标准共计 193 项，其中大部分标准主要集中于冷链存储和运输环节，覆盖整个冷链流通的标准还较少，不同冷链环节之间的衔接标准则更少，从而很难确保农产品在冷链流通中不断链，更难确保农产品质量和安全不受损。另外，在冷链信息化建设与发展方面还应进一步制定相关的标准，例如：数据采集、传输、处理、通信等相关技术标准，这也影响了冷链物流各环节的信息化平台建设。目前我国冷链物流相关标准强制性执行能力不足，缺少相关法律法规监管体制，导致大部分标准失去其指导意义。总之，冷链物流行业标准的制定与实施是确保全链条规范化、规模化、统一化乃至全球化运营和管理的前提，是加强冷链物流上下游整体规划与协调，确保农产品在整个冷链物流流通中不断链，同时也是加快冷链物流信息化建设的关键。

2. 智慧物流信息化覆盖率低 首先，我国冷链物流中小型企业比例较多，企业与企业之间信息化发展水平参差不齐，缺乏规范、统一的管理，另外，信息化建设前期的高成本投入也是影响中小型企业信息化发展的主要阻碍因素，因此在中小型企业信息化建设前期，政府可给予相应的财政支持或实施相关优惠政策，推动中小企业信息化建设与发展，改善中小型企业信息化水平发展不均匀的现状。其次，农产品在整个冷链物流流通过程中，全链条的信息化覆盖不完整、不完善，冷链企业大多更注重冷藏存储、冷藏运输及配送等具有高经济效益的环节进行信息化监控，以期达到提高物流效率和降低流通成本的目的，但是忽视了农产品生产、销售及后续消费环节的信息化监控管理，导致农产品在整个冷链流通过程中出现信息化管理断链、农产品质量和安全监控断链等现象，因此，实现农产品冷链全链条信息化覆盖是确保农产品在冷链全链条中安全流通，实现产供销一体化经营管理以及实现冷链各环节自动化、智能化操控的关键。最后，我国现有冷链物流信息平台的建设多以公路冷藏运输为主，在铁路、水运以及航运等方面还未形成有效覆盖，这也是形成冷链物流"信息孤岛"

的主要影响因素之一，不易与不同物流信息化平台之间的信息共享与交互，制约了冷链物流多模式运输以及冷链物流效率的提高。冷链物流信息化初期需要巨大的资金投资和技术投资，不仅需要解决冷库冷藏车等落后的冷藏设备，还需要解决温度监控、管理系统等软件问题，需要对冷链过程进行全程监控，监控不到位会造成能源过大消耗，使得冷链物流信息化无论在前期建设还是后期实行过程中都面临困难。

3. 农产品智慧物流专业人才缺乏 我国智慧物流发展起步较晚，除了要加强物流基础设施建设，还要注重专业人才的培养，这不仅是追赶或超越发达国家冷链物流技术水平的关键，也是加快我国冷链物流信息化建设的人才基础。目前，冷链物流信息化从业者大部分为计算机、农产品科学、制冷等学科人员的转型，缺乏对冷链物流运营、管理、理论知识、信息化发展与创新的系统认知，另外，国内各高校大多都未增设冷链物流专业，企业出于培养成本投入的考虑，对冷链物流专业人才的培养投入较少，导致相关人才培养速度无法满足行业需求。因此，为满足我国冷链物流现代发展需求，缓解冷链信息化专业人才供不应求的现状，国家政府应要求高校注重冷链物流专业人才的培养，同时高校也应与冷链企业相互协作，充分利用和共享教育资源与企业资源，构建理论与实践并重、知识与能力兼修的特色冷链物流人才培养模式。

（三）生鲜农产品冷链储运技术装备发展面临的主要问题

1. 产地专业化预冷设施严重不足，预冷配套工艺不完善 据统计，我国果蔬预冷率约为20%，其中99%以上的果蔬预冷是通过冷库实施的。冷库没有配置专业化的预冷设施，大多数冷库建在批发市场内，集货需要一定的时间，导致预冷不及时，预冷时间较长，预冷效率低，果蔬收获旺季时无法达到快速预冷及周转的目的，预冷的蔬菜质量不高。产地预冷装备专业化程度和数量都远远不能满足果蔬产地预冷生产的需求。预冷设备自动化程度低，无法精准控制预冷库内的温度，也不能自动显示库内温度和预冷蔬菜的中心温度。蔬菜预冷周转率低，蔬菜属于高度易腐的鲜活农产品，欧美、日本等发达国家的蔬菜基本是夏季当天采收，当天分级、包装、预冷，预冷后直接用冷藏车运输上市销售，冷库只是冷藏暂存；海南省蔬菜预冷和冷藏周转率平均为9天，由于气温高、采后不能及时预冷、预冷时间长等原因，严重影响蔬菜的新鲜品质。

随着市场需求的不断增强，预冷设备的生产规模还会不断增大，但是能耗大、自动化水平低等因素依然制约着预冷技术的发展。其一，目前的果蔬预冷多采用冷库预冷，能耗高、能源利用率低、生产成本高，不利于市场竞争和我国节约型社会的发展。其二，预冷设备末期由于冷却介质温度和被冷却产品之间温差已经很小，继续大功率运行对于预冷效果改善不大，而且增加了大量能耗，现有的预冷设备大都是定频，还不能很好解决此问题。其三，预冷装备的设计阶段对于气流组织、温度控制、多温区、变频等技术的重视程度不够，使得果蔬预冷装备在能源利用率方面表现较差。

2. 速冻装备能耗大、故障率高，速冻食品质量评价不规范 为满足国内市场的需求，近年来，速冻机生产厂家开发了多种形式的速冻机来满足速冻食品保鲜的需求。但国产速冻机在制造工艺、自动控制、材料、可靠性、清洗系统等方面的制造水平和设计水平上与国外先进技术仍有较大差距。我国速冻设备的主要问题为速冻设备能耗大、故障率高。制冷系统能耗占据食品冷冻冷藏企业能耗的大部分，而速冻设备的能耗占冷冻食品加工厂总能耗的30%~50%。

速冻食品加工在我国起步较晚，业内缺乏有关速冻食品品质评价的统一的、客观的、科学的指标和方法。由于速冻食品的质量评价指标以感官为主，标准模糊，因此，增加了生产加工以及相关部门对产品质量检验和管理的难度。除此之外，评估人员的看法不同，也导致得出的结果不具有可比性，最终制约了产品质量评价技术的发展，严重影响了速冻食品的品质检测和工业化生产。通过食品物理性质检测等相关食品质量评价方法，将是今后评价速冻食品食用质量的有效方法之一。

3. 冷冻冷藏设施建设不标准、技术研发创新滞后 目前，冷冻冷藏行业几乎全部采用蒸汽压缩制冷技术，其使用的制冷剂大多是危化品。制冷系统的安全与环保问题一直困扰着行业的健康与可持续发展，在我国的表现尤其严重，例如大量多层土建冷库采用氨冷排管，并且没有运用低充注量技术，导致氨制冷剂充注量往往多达几十吨，甚至上百吨，如果同时存在建造不合标、设施老旧、管理不善等问题，发生安全事故的风险会很高。虽然近年二氧化碳制冷技术得到迅速推广，在一定程度上缓解了安全与环保问题的影响，但是其占比很低，不足以从根本上解决问题。聚氨酯泡沫塑料是冷冻冷藏设施最重要的保温材料，虽然保温性能优异，但是既面临火灾安全问题，又面临环保问题。虽然其加入阻燃剂可具备自熄性能，但其本质上是有机可燃物质，聚氨酯保温材料在实际工程中为达到 B1 级，增加阻燃剂或 PIR 构型都会带来其他性能的下降，甚至下降到不可接受的程度。冷冻冷藏设施的建设标准和运营管理直接影响食品安全，虽然用现有技术建设和运营合标的设施并不困难，但是受经济利益驱使，实际设施完全符合全程冷链要求的比例并不高，冷藏温度不达标、冷链"断链"、无任何卫生防护措施等现象比比皆是，即使不发生食品安全事故，也会损害食品品质。

我国冷链体系的建设既有"后发优势"，也面临"后发陷阱"。"后发优势"已经在以往的冷链建设中体现，即可以学习并应用发达国家及地区的成熟技术，与市场需求、资本投入、完整的工业制造及工程建造体系共同构成我国冷链建设迅猛发展的物质基础；"后发陷阱"意味着有可能会形成技术路径依赖，而不去探索符合我们国家客观条件的技术体系。除二氧化碳制冷系统等个别技术环节，没有与发展和总量相匹配的技术突破，这已经成为制约我国冷冻冷藏行业由量变转向质变发展的一个关键因素。

4. 冷藏运输装备匮乏、配送效率低 根据中国汽车工业年鉴的数据，保温车和冷藏车占我国现有公路冷藏运输装备总量的 85%，而保鲜车只占 15%，且占比呈下降趋势。冷藏保鲜车的占比与一个国家的国民经济息息相关，参考发达国家的冷藏运输业发展史可以预测我国冷藏运输行业的发展。随着居民生活水平不断提高，人们对生鲜农产品品质的要求也日益增长，相应地，冷藏运输需求也逐渐增大。目前，我国对于必须冷藏运输的冷冻产品，优先考虑使用低温冷藏车等相关设备，对于不需要冷藏运输的果蔬等生鲜产品则考虑较少，其保鲜运输车的发展也相对缓慢。这种情况下，保温车往往被用作冷藏车或保鲜车的替代品。随着国民经济和社会发展水平越来越高，以及食品安全立法的不断完善和食品安全意识的提高，生鲜农产品产销量将不断增长，保温车、保鲜车、冷藏车的合理比例应达到 20%、30%、50%。

在冷藏运输配送方面，由于不同时令、不同地区的产品大不相同，以及产销市场分离等特点，市场对冷藏运输和配送的需求越来越大。目前我国拥有冷藏运输车辆 18 万辆，虽然冷藏车保有量逐年递增，但相比于美国、日本、欧盟发达国家，在保有量、特别是人均保有量上仍有较大差距（德国、英国、法国等国家的冷藏车人均保有量约为我国的 20 倍）。随着生鲜农产品产销量的增长，冷藏运输行业将迎来高速发展，而冷藏运输车的匮乏一定程度上制约了冷藏运输业的发展。

第二节　发展态势与需求分析

一、国内外战略行动

（一）农产品供应链管理国内外战略分析

近年来，美国、日本、欧盟发达国家和地区针对农产品供应链涉及的冷链物流、质量追溯、储运技术装备、供应链的可持续化发展等多个方面，均提出了相应的国家级战略和具体实施措施。其政策旨在全球范围内发展产业链、供应链与价值链，充分利用信息通信技术，发展智能化、现代化、全面互联的运输和能源基础设施，建立一个智能型、可持续性发展、兼具包容性的社会，以取得大国间的平衡与优势。在研发支持方面，美国在 2018 年的农业法案中提出帮助生产商支付正常的农产品运营费用，并提供直接（最高限额 40 万美元）和担保（最高限额 175 万美元）经营贷款。欧盟在 2018 年的预算修订案中提出百万欧元资助区块链项目，着力以科技创新发展构建农产品共同市场和实行农业一体化。在产业培育方面，美国致力于发展利用区块链、传感器技术、物联网等人工智能新技术赋能农产品供应链，开发数字化、可追溯、可持续化的农产品的综合解决方案。欧盟通过共同农业政策（CAP）直接支付补贴，确保欧盟农民的基本所得。在应用示范方面，日本与韩国等东亚国家高度整合共享短结构的供应链信息，重视基于冷链配送的农产品供应链管理。日本正利用自动驾驶技术实现农业作业、物流运输的无人化；韩国在物流等核心产业开展试点项目，全力构筑区块链生态系统，推出"I - Korea 4.0 区块链"国家级战略。

我国紧跟发达国家步伐，不断出台相关政策加快推动现代农业市场体系建设，将农业供应链上升为国家战略。加快农产品供应链数字化转型，着力构建农产品冷链物流体系，发展国内国际双循环相互促进的新格局，维护全球产业链供应链稳定，助推形成农产品智慧供应链。出台的相关政策主要围绕鼓励、支持、帮助生鲜农产品冷链储运相关企业发展，同时推动促进相应技术发展。我国 2018 年出台相关政策近 40 项，各省市出台的相关政策也达到30 余项，涉及多个产业和产业链。在研发支持方面，加快推进供应链数字化和智能化发展，着力解决物流基础设施不完善、管理技术落后、信息标准化缺失等问题，提升物流装备的智能化水平，发展高效便捷物流新模式，构建覆盖农产品生产、加工、运输、储存、销售等环节的全程冷链物流体系，推广绿色技术模式，提高供应链绿色化水平。在产业培育方面，推动产业供应链向贫困地区延伸，加强现代信息技术和装备在电子商务与快递物流领域应用，提升农产品商品化、规模化、标准化、品牌化水平，提高农产品附加值和仓储配送服务质量；同时，加强对重点行业供应链的分析评价，明确供应链的关键节点和重要设施，研究制定供应链安全防控措施。在应用示范方面，加大试点城市以信息技术为核心的新型基础设施建设投入，积极应用区块链、大数据、物联网等现代供应链管理技术和模式，通过技术创新融合构建农产品供应链生态，助力农村脱贫攻坚、促进乡村振兴。

（二）农产品品质维持与智慧物流国内外战略分析

我国农产品品质维持与智慧物流起步晚，由于缺乏组织有序的产品管理，在信息流通、配送质量、监管和服务体系等方面面临着效率低下、资源短缺滞后、物流手段单一、物流资源分布不均等问题。因此，有必要借鉴发达国家农产品物流的经验，制定智能物流的相关政策。

与发达国家相比，我国农产品物流信息系统平台接口不统一，智慧物流信息标准化政策不完善。发达国家为物流企业与客户、供应商、分包方提供极大便利，均得益于国家在物流信息标准化方面有完善的政策，在条形码编码、信息交换数据接口、电子数据交换、全球定位系统等方面也实现了物流信息标准化。根据《物流标准目录手册》2015 年版本统计，美国物流相关标准约 1 200 条，德国物流相关标准约 2 500 条，我国物流相关标准仅 835 条。2015 年，中国物品编码中心对 234 家企业展开调查，结果显示，只有 6 家企业的数据与贸易伙伴一致，信息一致率仅为 2.6%。由于智慧物流信息标准化政策缺乏，多数企业物流系统依据各自内部规范运行，造成企业之间信息交换和共享不便。智慧物流信息标准化政策落后，加大商品从生产、流通到消费各个环节形成供应链一体化的难度。

与发达国家相比，我国针对中小型企业智慧物流相关政策不足，我国中小型物流企业信息化发展水平低，设备落后，硬件与软件系统优化升级滞后，现代化信息技术在我国大型物流企业与小型物流企业应用率分别为 12.5% 和 1.5%，其中地理信息系统、射频识别以及条形码等技术仍缺乏，导致整体效率与服务水平低下。

与发达国家相比，我国针对智慧绿色物流相关政策缺乏，运输车辆的能源利用率与国外相比明显较低。我国低碳物流运输水平低，耗油量高，交通拥堵问题和环境污染问题严重。我国交通运输业石油制品消耗量占全国总能耗的 1/3，货车每百千米油耗量接近发达国家两倍，我国不同运输工具 CO_2 排放比的情况为航空 3%，铁路 3%，海运 6%，货运汽车 31%，小轿车 52%，其他占比 5%。

与发达国家相比，我国社会物流成本仍维持在较高水平，我国铁路货运的平均运营速度为每小时 46.4 千米，公路货运平均运营速度为每小时 50 千米，内河航运速度则更低。在企业物流成本占销售额的比例方面，我国为 20%～40%，发达国家为 9.5%～10%，社会物流成本占 GDP 的比例，我国为 18%，美国为 8.5%，应加快制定影响物流成本智慧物流相关政策。

与我国相比，发达国家在农产品品质与智慧物流领域更加注重专业人员培训，这也使得工作人员包括保鲜技术、包装技术、存储技术等在内的各项技术更加娴熟，整个物流系统能够高效运行。此外，发达国家在农产品品质与智慧物流相关政策方面更加注重人才培养，高科技人才主导技术是经济发展主力，我国也应制定相关支付补贴支持政策。

（三）生鲜农产品冷链储运技术装备国内外战略分析

美国、日本、欧洲等发达国家在生鲜农产品冷链储运技术装备领域发展较早，在生鲜农产品冷链储运技术方面具有更为先进成熟的技术，这导致其国家相关政策主要针对于食品安全制定，政策内容主要围绕如何在生鲜农产品冷链系统中保证食品的品质安全。相比之下，我国在生鲜农产品冷链储运技术装备领域起步较晚，虽然我国的市场需求量很大，并且随着人们生活水平的提高，技术装备水平在不断进步，正在为保证食品品质和提高人民的生活水平发挥越来越重要的作用，但我国目前在生鲜农产品冷链相关技术设备的自主研发生产制造以及基础配套设施的建设方面都严重不足。

与发达国家相比，我国在冷链储运装备数量方面明显不足。2018 年中国 1.30 亿米³ 的冷库总容量位居全球第三名；冷藏车保有量美国为 20 万辆以上，日本的冷藏保鲜车保有量在 15 万辆左右，年产量约 2 万辆，我国为 13 万辆左右。近几年，我国冷链物流基础设施保持快速增长，从基础设施总量上已经达到发达国家和地区的水平，但是从冷链基础设施的人均水平上与发达国家和地区相比还有很大的差距。

我国在冷链储运技术方面落后，能耗大、成本高、适用性差的冷链设施和设备在我国仍大量使用，涉氨冷库安全隐患大，冷链装备的认证评级工作滞后。企业研发力量薄弱，缺乏具有自主知识产权的核心装备和技术，冷链产品和服务的低水平同质化竞争严重。我国冷链流通信息化管理比较薄弱，信息"断链"现象明显，信息没有完全公开透明。冷链物流信息技术，如 RFID 智能监测、条形码、车载 GPS 和 GIS 等则刚刚起步，在技术的适用性、广泛性方面和发达国家相比，还存在差距，尚未普及。

发达国家拥有便捷的交通网络和完备的物流基础设施设备，交通运输设施完备，公路、铁路、水运网络交通四通八达，同时拥有以信息技术为核心，以储运设备机械化、包装自动化等为支撑的现代化物流装备技术体系。发达的农业信息流是农产品冷链流通信息网络平台建立的基础，为准确了解农产品信息和市场信息，需将咨询服务流通于信息网络平台，并将农产品冷链流通信息网络平台利用起来，在平台及时获取公开的农产品采摘、加工、储存、包装与运输等信息。要重视冷链流通安全体系建设，制定涉及从生产到消费农产品流通全程、质量分级、过程控制、药物残留等一系列标准和法规，重视农产品进出口检验和认证制度。

二、基于文献计量的态势扫描

(一) 农产品供应链管理总体技术态势分析

以中国知网和 Web of Science 数据库为数据源，限定在基础科学、工程科技、农业科技、医疗卫生科技和信息科技学科的全部期刊中，检索其收录的包含相应关于农产品供应链关键词的文献，展开基于文献计量的技术分析。

在 CNKI 中检索，单纯供应链管理技术关键词检索结果为 2 853 807 条，其中十大关键热词依次为：神经网络、计算机网络、人工智能、传感器、大数据、数据挖掘、物联网、电子技术、数据处理、云计算，发表期刊文献数占查阅文献总数的 61.46%。哈尔滨工业大学、吉林大学、浙江大学、上海交通大学、电子科技大学位居国内前 5。

在 Web of Science 中检索，单纯供应链管理技术检索结果为 234 261 条，其中研究方向遥感、农业、细胞生物学位居前 3；按国别发文量排序，排名前 5 的国家依次为：中国、美国、德国、日本、意大利；按机构发文量排序，排名前 5 的依次为：中国科学院、加利福尼亚大学、法国国家科学研究中心、哈佛大学、伦敦大学。

(二) 农产品品质维持与智慧物流总体技术态势分析

1. 智慧物流相关期刊论文发表趋势　在 CNKI 中检索，限定在基础科学、工程科技、农业科技、医疗卫生科技和信息科技学科的全部期刊中，共检索到关键词组合的中文期刊文献 32 211、50 357、21 468 条，总体呈上升趋势。在 Web of Science 中检索，共检索到该领域关键词组合的中文期刊文献 155 659、754 796、78 136 条，总体也呈上升趋势。

2. 智慧物流技术　在 CNKI 中检索，单纯智慧物流技术关键词检索结果为 1 115 830 条，其中十大关键热词依次为：传感器、人工智能、神经网络、计算机网络、电子技术、数字挖掘、机器人、大数据、物联网、图像处理 (图 25 - 2)，发表期刊文献数占查阅文献总数的 59.95%。在文章发表数量方面，浙江大学、电子科技大学、哈尔滨工业大学、华中科技大学、上海交通大学位居国内前 5。

在 Web of Science 中检索，单纯智慧物流技术检索结果为 3 774 448 条，其中研究方向工程学、数学、计算机科学位居前 3；按国别发文量排序，排名前 5 的依次为：美国、中国、英国、德国、法国；按机构发文量排序，排名前 5 的依次为：中国科学院、加利福尼亚

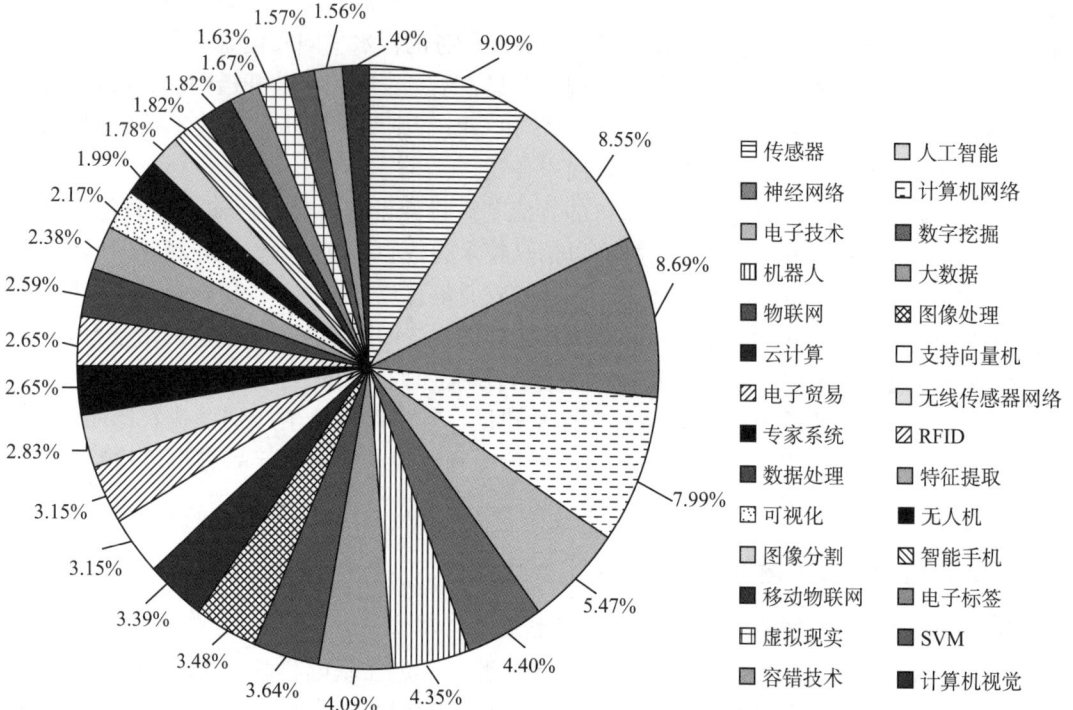

图 25-2 智慧物流技术相关文献数量比例分析

大学、法国国家科研中心、哈佛大学、伦敦大学。

3. 按应用对象分类 单纯应用对象关键词检测检索结果为 301 867 条，中文文献中排名前 5 的依次为农产品、蔬菜、茄果类、水产品、甜瓜类（图 25-3）。其中在文章发表数量方面，西北农林科技大学、南京农业大学、中国农业大学位居国内前 3。

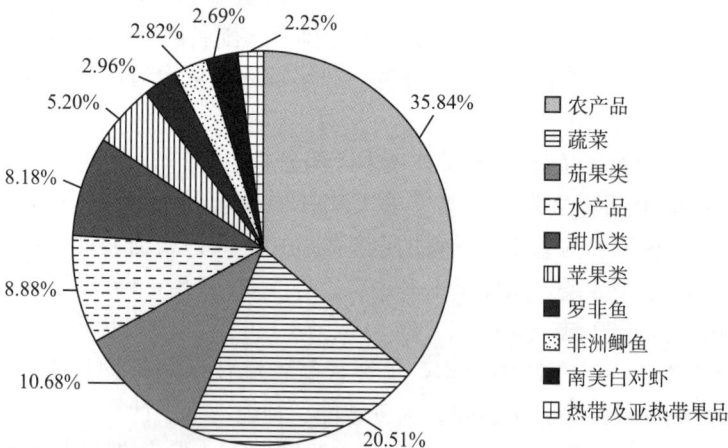

图 25-3 智慧物流应用对象相关文献分析

4. 按物流作业措施分类 在基础科学、工程科技、农业科技、信息科技以及经济与管理科学的关键词检索结果为 68 133 条，排名前 5 的依次为冷链物流、冷藏库、冷藏车、智能装备、保温车（图 25-4）。其中在文章发表数量方面，上海交通大学、天津大学、华中科技大学位居国内前 3 位。

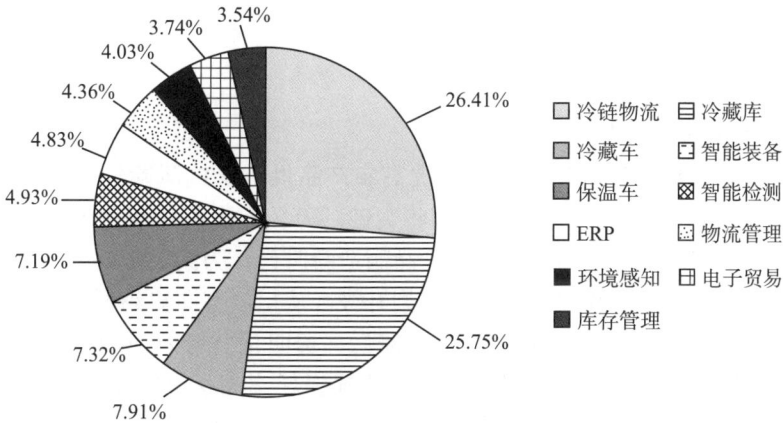

图 25-4 智慧物流作业及载体相关文献分析

5. 按应用方向或目标分类 关键词检索结果为 54 321 条，中文文献中主题排名前 5 的依次为路径优化、货架期、绿色物流、真空包装、物流信息化（图 25-5），约占 58.33%。在文章发表数量方面，中国农业大学、江南大学和南京农业大学位居国内前 3。

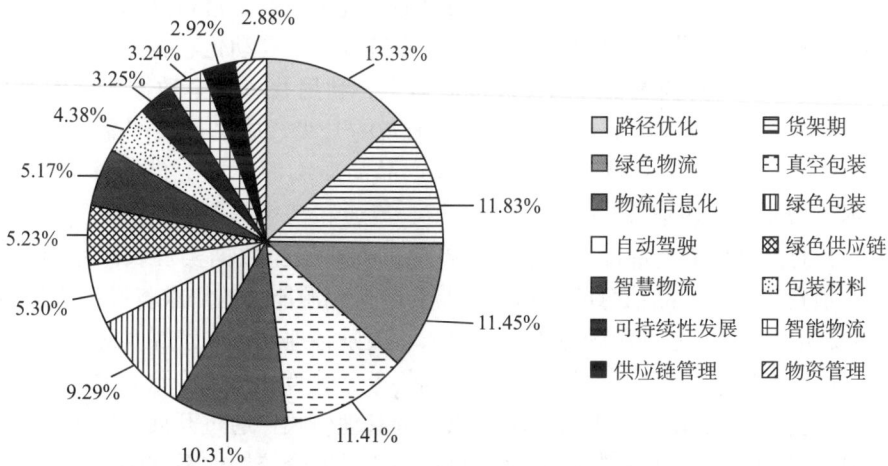

图 25-5 智慧物流应用方向相关文献分析

（三）农产品冷链储运技术装备态势分析

以中国知网和 Web of Science 数据库为数据源，限定在基础科学、工程科技、农业科技、医疗卫生科技和信息科技学科的全部期刊中，检索其收录的所有关于农产品冷链技术关键词的文献，展开基于文献计量的技术分析。

在 CNKI 中检索，单纯冷链关键词检索结果为 22 076 条，其中十大关键热词依次为：冷链物流、物联网技术、保鲜技术、冷链物流管理、区块链、冷链物流配送、生鲜电商、预冷技术、冷链监控、供应链，发表期刊文献数占查阅文献总数的 75.65%。在文章发表数量方面，北京交通大学、上海海洋大学、北京物资学院、华南理工大学、哈尔滨商业大学位居国内前 5。

在 Web of Science 中检索，单纯冷链检索结果为 17 952 条，其中研究方向工程学、生物化学分子生物学、基因遗传位居前 3 名；按国别发文量排序，排名前 5 的依次为：中国、美国、德国、日本、法国；按机构发文量排序，排名前 5 的依次为：中国科学院、国家科学研究中心、加州大学、美国农业部、中国农业科学院。

三、需求分析

（一）农产品供应链管理技术需求

1. 以技术驱动冷链物流的转型升级，提高农产品供应链抗风险能力，保障供应链安全
2018 年我国人均 GDP 已达 9 200 美元，即将突破一万美元大关，消费者从"满足量"进入了"满足质"为主要需求特征的营养健康食品制造新时代。为满足国内外市场对高质量生鲜食品的消费升级，必须推动我国冷链物流转型升级（从粗放型向集约型、精细型、专业型的转变）。由于冷链基础设施薄弱与信息化发展滞后、透明化监管效力和技术不足、冷藏运输率与冷库利用率低等因素，导致我国生鲜果品流通损耗率高达 30% 左右。此外，新冠疫情将农产品供应链、冷链物流的安全问题提升至前所未有的高度，也提高了消费者对生鲜食品的健康要求。新冠疫情对我国生鲜食品冷链物流提出了新需求：保障冷链物流安全，着力建立企业自身检疫机制和健全防疫风险防控机制，完善疫情常态化防控下的冷链物流应急体系和疫情防控措施；从粗放型温控走向精细型温控，满足对不同品类农产品在不同环境下的动态温控需求；完善冷链物流的平台化和网络化体系建设，完善配送网络，改变运营模式；实现农产品冷链全链条信息化覆盖。实现农产品冷链全链条信息化覆盖是确保农产品在冷链全链条中安全流通，实现产供销一体化经营管理及冷链各环节自动化、智能化操控的关键。

2. 加大资金投入完善构建农产品品质溯源体系，利用共享安全数据实现农产品品质保障 随着未来农产品市场范围的扩大和全社会消费的升级，居民对农产品与食品安全的高度重视，我国需要加大资金支持，完善构建农产品品质溯源体系。借助移动互联网技术、5G 通信技术、物联网的快速发展，对生产种植、流通和销售等各个环节进行规范和监控，实现"保质"；打造特色农产品品牌，利用农产品的共享安全数据实现农产品的真实性，实现"保真"；消费者对农产品信息的可追溯查验和防伪溯源能力的需求将进一步迫切，因此，我国下一步要加大对农产品溯源的专项资金投入，鼓励各地结合农产品实际情况和特点制订实施方案，确定农产品追溯体系建设内容，明确任务、政策和措施。除此之外，部分地区已经开展农产品追溯体系建设，更要大力创新供应链管理模式，通过开展示范工程，积极推进追溯体系和检验检测体系建设，打造严格的全过程质量安全控制体系连锁经营，为人民群众提供更加多样化的农产品服务。

3. 打通供应链"信息孤岛"，实现上下游整体规划与协调，基于降本增效，最大限度地满足居民消费升级需求 随着农产品贸易自由化、全球化进程的加快，农产品从产地到终端消费者涉及的环节管理日趋复杂，消费者对于农产品的质量安全要求日益严格，因此如何在高效率、低成本的基础上最大限度地满足消费升级需求是我国农产品供应链面临的核心问题。

4. 明确冷链环境温湿度波动与果品品质劣变互作机理，提高环境信息与动态品质信息的深度融合、感知与调控 冷链各环节制冷条件操控不当或各环节之间缺乏无缝交接保障（即断链），都将影响农产品所需适宜低温高湿环境的稳定性，从而影响农产品冷链流通中通风箱体内风场、温度场及湿度场的均匀性及稳定性分布，导致农产品品质下降。因此，明确冷链环境温湿度波动与农产品品质劣变互作机理对改善冷链各环节环境温湿度分布均匀性及保障农产品品质安全具有重要意义。传感器点部测量是当今农产品供应链主要采用的监控方式，不仅导致无法精准判别农产品温湿度是否满足需求，也使得农产品品质无法得以精准追溯，不利于实现因质量问题农产品召回与农产品质量安全事件追责。例如：该监控方式下获取的环境温湿度满足操控标准，然而由于测试点数量和精度限制，温湿度分布不均、波动大以及果品热惯性等，导致单批次部分果品已出现品质劣变问题却未被感知，误判该批次果品为合格产品；另外，冷链断链或冷却过量等现象时有发生，然而在这些现象发生前可能已经出现农产品品质劣变。因此，如何实现环境温湿度、果品温湿度及农产品品质三者时空数据的深度融合，将是有效解决品质问题发生环节精准追溯的关键，同时对实现冷链各环节操控决策优化也具有重要决定性意义。

（二）农产品品质维持与智慧物流需求

1. 维持冷链恒温恒湿性与品质均匀性，而非仅限于"冷"　在冷链物流过程中，重点需要采集冷链产品、装备及环境的相关参数，其涉及的多源信息感知和传感器技术包括：环境信息感知、产品位置感知、产品品质感知、产品包装标识等多个方面。在冷藏运输环境信息感知方面，对于多温区冷藏运输车，目前尚缺乏多温运输过程中车内的温度场分布状况及其温度变化与相互影响研究，对于多温区、多品类产品的冷链运输，尚需要开发感知能力强、价格低廉的环境监测传感器或传感器阵列；在产品位置感知方面，与 GPS 物流监控管理系统相比较，我国北斗卫星导航系统在物流监控管理的研究与应用不足；在产品品质感知方面，目前的食品品质快速实时检测大多仅限于室内静态条件下，缺乏车载、实时检测仪器、装置及相应的品质预测模型。

2. 推进上下游整体规划与协调，打造全程冷链一体化服务体系　采后果品冷链属于多流通环节有机结合的整体，任一环节出现问题都将导致果品腐损与浪费。伴随着当下信息技术的飞速发展，如何借助信息化与数字化技术推动我国冷链向一体化服务新业态转型升级，对于强化"从田间到餐桌"品质安全监管能力、压缩全程冷链成本空间以及促进智慧冷链发展等具有重要现实意义。

3. 实现果品品质动态感知与精准溯源　冷链过程断链对于果品品质的影响极大。以果蔬为例，冷链过程断链比例高达 67%，损耗量高达 15%（美国的损耗量约为 5%），损耗价值超过 500 亿元，造成巨大的浪费。因此，开展果品品质动态感知与精准溯源，防止冷链断链，保证环境温湿度、果品温湿度及果品品质深度融合，是有效防止品质问题发生、实现冷链各环节操控决策优化的重要手段。

4. 绿色发展的意识与标准不足，难以实施绿色供应链监管与评价　实施绿色供应链管理对促进我国农业经济可持续发展及智慧供应链形成具有非常重要的意义。当前，我国仍存在不少阻碍农产品绿色供应链发展的因素。一是资金缺乏。国家财政介入与相关政策扶持是发展绿色供应链的关键，也是目前我国发展绿色供应链的主要限制性因素之一。相比于传统供应链产业模式，绿色供应链经营风险高，汇报周期长，每个供应链环节都需要足够的资金支持，这也阻碍了企业投资发展的积极性。二是绿色供应链技术存在一定发展瓶颈，先进技术的使用与绿色供应链生产模式无法有效衔接。我国对于农产品供应链绿色管理与监管的意识起步较晚，科技人才储备匮乏，对绿色供应链没有清晰明确的衡量标准，多数科技成果未能实际落地，难以转化为绿色供应链所需技术。因此，技术上的限制、成本过高且实施复杂导致绿色供应链目前在我国未能得到大规模推广。三是农产品供应链各参与方对绿色农业的有关知识和重要性缺乏足够的认知，目前我国正处于传统供应链向绿色供应链过渡的时期，农产品生产与流通主体缺乏主动学习绿色农业相关知识和技术的动力。四是绿色物流意识不够，废弃物回收利用是从消费者到经营者（或企业）的逆向回收过程，也是推动绿色供应链发展的重要环节，若在整个供应链流通过程中的各种废弃物不加以有效治理和重新利用，将带来严重的资源浪费甚至是不可逆的环境负面影响。但是，我国目前对于绿色物流的意识还不足，对于企业的绿色物流管理未有强制性监管要求。五是对农产品供应链相关企业对于环境、资源的使用和污染情况尚未建立起行之有效且易于实施的科学绩效评价指标与方法，导致难以量化环境污染或资源利用率。

（三）生鲜农产品冷链储运技术装备需求

1. 保障生鲜农产品品质的储运环境参数及其精确控制　冷藏储运环境对易腐食品品质影响很大，而表征环境的主要参数有温度、湿度、气体浓度、风速、压力、光强度以及各参数的波动等，对于不同种类的易腐食品，其冷藏储运所需的环境条件也各不相同。因此需要开展冷藏储运环境下易腐食品品质研究，探究不同冷藏储运条件下、不同成熟度果蔬、不同加工工艺易腐食品的品质变化规律，为冷冻冷藏工艺和冷链装备开发奠定理论基础。研究储运环境参数及其波动对易腐食品品质的影响，综合制冷系统容量调节、均匀供冷末端设备、气流组织优化等技术，发展储运环境参数精准控制的冷链装备和设施。

2. 亟须环境友好型高效冷链储运装备　冷链储运技术装备寻求安全、高效节能、零ODP、低GWP的替代制冷剂成为当前制冷界的一项紧迫而重要的任务。需要对零ODP、低GWP环保单组分制冷工质、混合工质的热物理性质进行测试分析，获取可靠、精确的热物理性数据。在研究新工质的同时，还要注重与新工质相对应的热力循环基础研究，例如深冷混合工质内复叠制冷循环、压缩/喷射制冷循环等，以提高制冷系统能效，便于新型环保制冷剂的推广和应用。对于可燃制冷剂（如碳氢类）和可燃有毒制冷剂（如氨），开展制冷剂充注减量技术、制冷剂泄漏检测及应急处置技术；深入研究和完善CO_2制冷系统，包括跨临界、亚临界、压缩-喷射等的制冷系统。发展低温环境强化换热技术、低温环境下蒸发器抑霜除霜技术、物理场辅助冻结技术、变容量制冷技术、冷热一体化、可再生能源和自然冷能利用等技术，开发全程冷链各环节高效冷链装备系列，并开展冷链装备与设施能效评价标准制定和能效评价工作。

3. 冷链储运技术装备自动化、信息化、智能化、智慧化　随着大数据、人工智能的快速发展，智能化与智慧化将是未来技术装备的发展方向。发展食品品质感知技术、环境参数感知技术、产品位置感知技术、食品安全溯源技术，应用于冷链各环节冷链装备中，建立冷链物流数据中心实现冷链流通体系的信息化。开发利用温度、湿度、光照、空气含氧量、乙烯含量、硫化氢含量等传感器的环境参数感知技术；结合GPS、北斗导航等定位系统，利用智能手机等移动终端，开发产品位置感知技术；将自动识别技术、实时感知技术和已有数据库有机结合，发展易腐食品安全溯源技术；根据之前提到的感知技术和溯源技术，建立冷链物流数据中心，收集各环节实时数据，整合冷链物流资源以实现行业内的信息共享和协同运作。

4. 缺乏具有杀毒抗菌功能的冷链技术装备，冷链安全体系不完善　急需研究具有杀毒抗菌功能的冷链技术，发展安全高效的全程冷链技术装备体系，实现易腐食品病毒消杀和品质保障，从而有效控制流行性疾病通过冷链的传播，提升我国食品安全和公共卫生水平。例如，肉类和水产冷冻保质需要的低温条件，恰恰也为新冠病毒存活提供了有利条件。在已知并掌握的病毒中，处于约4℃环境中可存活3~6个月以上，处于-20℃以下环境中则可长期存活20年。新冠病毒作为一种新病毒虽然其具体耐低温数据有待研究，但是一般情况下病毒在冷链上能存活较长时间。从目前已掌握对新冠病毒有灭杀效果的技术看，56℃温度保持 30 分钟的加热方法不适应冷链，尤其是冻品；含氯消毒剂，如次氯酸钠（84 消毒液）具有很强的腐蚀性和刺激性，75％乙醇属于易燃易爆产品，不宜用于冷链；紫外线或微波对新冠病毒具有很好的灭杀效果，但是在冷链低温高湿环境的效果需要进一步验证，如何与冷链装备有机结合也需要进一步探讨。

第三节 关键技术选择

一、关键技术图

农产品智慧供应链是智慧农业技术体系的重要组成部分之一，主要包含农产品供应链管理等 3 个一级技术、16 个二级技术以及 95 个具体技术（图 25 - 6）。

二、技术清单

（一）区块链

区块链（blockchain）技术是一种分布式账本技术，具有去中心化、防篡改、可追溯、公开透明等特性，它天然适用于农产品安全溯源领域，区块链中的数据具有不可篡改与交易可追溯两大特性，将这两大特性相结合可为农产品供应链内产品流转过程中的假冒伪劣问题和传统溯源中存在的信任问题的解决提供理论基础，因此成为农产品智慧供应链管理的核心技术之一。在传统的农产品质量安全溯源中，供应链信息主要由各市场参与者记录与存储，在这种模式下，无论是源头企业、渠道商，还是供应链上的其他成员，当记录的信息不利于自己时，拥有者可以对记录进行篡改，因此能否保证账本信息可信就成为了问题的关键。区块链作为一个去中心化的技术，数据有多方共同共识后再存储，并在各个交易链节点上公开透明，从而能够实现集体维护的数据可信。目前，美国和澳大利亚在农业领域利用区块链技术进行研发创新应用处于领先地位。澳大利亚的农业供应链追溯公司利用区块链技术加强供应链信息的跟踪和自动化，降低合同风险，并提供原产地信息证明，实现了在整个产业过程中农产品信息的追踪（包括土壤质量、天气、耕作方法以及种子类型的详细记录），提升了农民创造、管理和跟踪商品合同的能力。IBM 公司与雀巢公司、Driscoll 公司、美国金州食品有限公司等多家知名企业开展深度合作，开发了基于区块链的食品跟踪网络 Food Trust 系统，目前已成功追踪了数百万种个体食品。在我国，2019 年 11 月，顺丰速运（集团）有限公司基于超级账本技术搭建"丰溯"溯源平台，解决了传统溯源的数据中心化存储、产品窜货等痛点；2019 年 12 月，京东数字科技集团在业内首次将区块链与 AI 技术相结合，在云南省玉溪市发布了普洱茶区块链防伪追溯平台。"两码合一"由普洱茶糕外包装二维码和独特的茶糕图案特征记录形成，有效解决了普洱茶流通过程中的痛点；2020 年 1 月，由阿里巴巴等多家单位共同建设的鄞州区智慧菜场项目正式上线，通过人工智能、区块链等最新技术，实现了智慧农贸系统可视化信息展示和农产品溯源。因此，区块链技术作为继人工智能、大数据、云计算等技术后的又一项新兴技术，对未来信息化发展将产生重大影响，有望推动人类从信息互联网向价值互联网转变。

（二）物联网

物联网技术是在计算机互联网的基础上，利用标识、无线通信等技术，构造一个覆盖世界万事万物的网络，实现物与物、物与人、所有的物品与网络的连接，方便识别、管理和控制。农业物联网的实质也就是将物联网技术与农业生产流通的整个链条相结合。利用一定数

- 生鲜农产品冷链储运
  - 产地冷加工技术
    - 典型生鲜农产品预冷工艺
    - 高效压差预冷技术
    - 低温天然工质快速冷结技术
    - 物理场辅助冷加工技术
    - 基于云平台和大数据的预冷共享系统
    - 无人化智能化果蔬预冷设备
  - 冷藏储存技术
    - 农产品冷藏环境温湿度精准保障技术
    - 生鲜农产品干耗控制技术
    - 农产品冰温环境保障技术
    - 可再生能源和自然冷能利用
    - 近零能耗农产品冷藏保鲜技术
    - 采用环境友好型冷剂的高效制冷技术
    - 智慧冷库技术
    - 无人化冷冻冷藏计划
  - 冷藏运输技术
    - 冷藏运输过程中农产品品质监控技术
    - 冷藏运输用蓄冷技术
    - 基于新能源汽车的冷藏运输技术
    - 应用于冷藏车的太阳能驱动制冷技术
    - LNG驱动冷藏运输技术
    - 液态空气驱动冷藏运输技术
    - 无人驾驶冷藏运输技术
  - 冷藏销售技术
    - 天然工质低能耗冷柜
    - 生鲜配送技术
    - 移动式生鲜自动收获技术
    - 环保低能耗智慧冷柜技术
  - 全程冷链技术
    - 基于5G的全程冷链信息化技术
    - 绿色供应链物流系统仿真优化
    - 果蔬品质监控图像识别技术
    - 量子工程与冷链设备融合技术

- 农产品智慧供应链关键技术清单
  - 品质维持与智慧物流
    - 智慧物流相关技术
      - 群体智能
      - 大数据智能
      - 跨媒体智能
      - 协同智能
      - 无人自主智能
      - 射频识别技术
      - 传感器技术
      - 传输技术
      - 信息融合技术
      - 虚拟化技术
      - 分布式资源管理技术
      - 并行编程技术
      - 大数据采集技术
      - 大数据预处理技术
      - 大数据存储及管理
      - 大数据处理
      - 大数据分析及挖掘技术
      - 大数据展示技术
    - 智慧物流应用对象
      - 果蔬
      - 畜禽
      - 水产
    - 智慧物流作业措施或载体
      - 冷链物流
      - 保鲜物流
      - 常温物流
      - 供应链管理
      - 智能分拣
      - 智能检测
      - 智能调控
      - 智能感知
    - 应用方向或目标
      - 食品安全
      - 食品溯源
      - 智能感控
      - 智能配送
      - 绿色包装
      - 低碳物流
      - 可持续物流
  - 农产品供应链管理
    - 加工管理
      - 靶向基因营养调控食品设计及制造技术
      - 3D打印技术
      - 细胞农业技术
      - 产后预冷技术
      - 保鲜技术
    - 物流仓储管理
      - RFID自动识别技术
      - 仓储智能自动化管理系统
      - 配送大数据分析技术
      - 智能温控及冷链流通技术
    - 质量追溯
      - 物联网
      - 区块链技术
      - 5G技术
      - 云计算技术
    - 生产管理
      - 一体化感知检测
      - 智能农业物联网
      - 虚拟现实技术
      - 农业机器人技术
      - AI识别技术
    - 批发与零售管理
      - 销售预测及库存优化技术
      - 零售场景感知技术
      - 无感支付技术
      - 智能对话机器人技术
      - 线上线下信息融合互联技术
    - 电子商务
      - 供需大数据精准匹配技术
      - 大数据分析与精准预测
      - 个性化推荐技术
      - 可视化追踪技术
    - 绿色物流与供应链管理
      - 绿色工艺技术
      - 再生能源利用技术
      - 磁悬浮和直驱磁动力技术

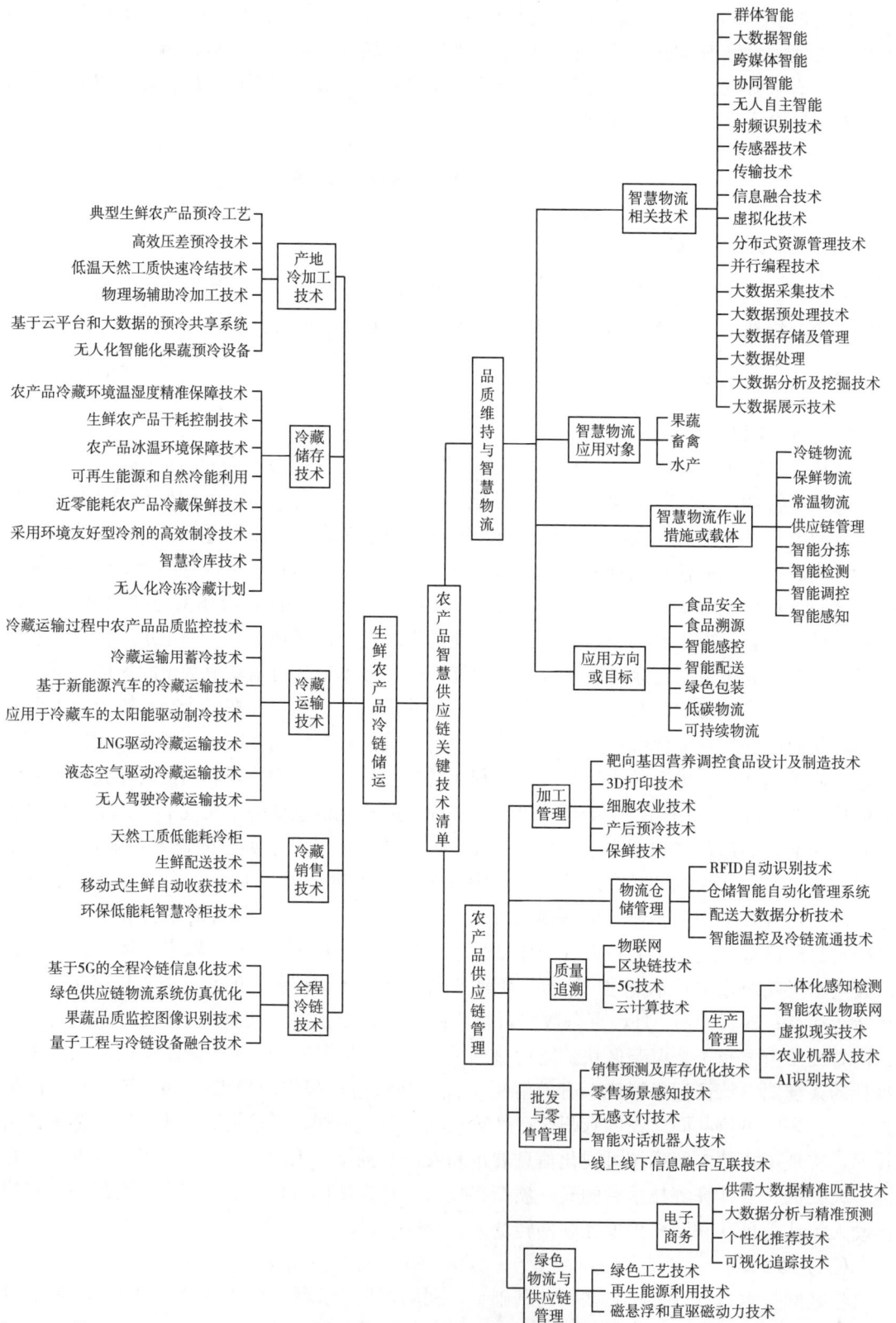

图 25-6 农产品智慧供应链技术清单

量的传感设备，比如温度传感器、湿度传感器、图像采集器、GPS 定位装置、RFID 等，可快速便捷地采集到农业的生产和运作等过程中的各种信息。农业物联网的主要应用方向包含农业的各个领域，比如质量追溯、智能管理、远程监控、风险评估以及预警等，能够方便快捷地通过移动设备实现对农作物的智能化生产管理，实现提高产量、降低生产成本、减少人工失误、增加收入等目标。伴随着 5G 技术的不断普及，农业物联网的信息传输效率将进一步提升，农业车辆的自动驾驶技术也将进一步完善提升。数据采集、传输、转换等标准化协议与格式，是实现多尺度、多源信息交互传递的基础，也是推动物联技术快速发展与应用的关键。2018 年江西省质量技术监督局出台农业生产现场物联网建设技术规范，天津市市场和质量监督委员会出台水产物联网水质采集与感知相关的技术标准 5 项。目前国内在农业物联网相关标准上开展了较多的工作，发布了一系列的相关标准，标准内容大部分是基于农业产业相关的标准，主要是因为农业物联网是以应用及产业为驱动的。

近年来，随着传感器等技术的不断发展，农业物联网技术也在向微型化、智能化、移动化、多样化、产业化、标准化、新材料、新结构、新原理、新工艺转变；创新性、适应性不断进步。目前物联网技术的研发创新主要集中在农业信息化领域，其中美国和欧盟等发达国家的技术处于领先地位。在美国，物联网技术已经上升为国家创新战略的重点之一，美国物联网技术的普及、利用率与技术水平仍处于世界领先地位。例如，美国专家发明了一款纳米微型传感器，需要将其植入动物体内，通过传感器可以实时检测出流行性疾病的感染状况；同时，他们还开发了车载温湿度传感器，从而能够掌握环境因子对农产品中大肠杆菌或其他病原体可能造成的影响，及时提醒，以防止食源性致病菌产生。德国的科研人员也利用金属氧化物气敏传感器研发了相应的检测装备，可通过检测各种品种水果释放出的不同标志性气味，来实现对水果成熟度的分析判断，且可以达到实验室中专用测量仪的精确度。

（三）云计算

云计算指的是通过网络"云"将巨大的数据计算任务分解成多个小任务，然后通过多部服务器进行数据"就近"处理和分析，并将结果合并返回给用户。在农产品生产领域，可利用云计算技术实现监测预警、产能预测、精准农业等。如阿里云计算有限公司与四川省雅安市汉源县合作，把云计算与农业进行了深度结合，让当地农民种植的花椒信息实现上云，当地花椒种植者通过阿里云和传感器采集农业数据，对作物进行生产指导、精准灌溉、智能采摘等全流程智能化控制。在农业电子商务活动中，云计算技术作为电子商务基础，如淘宝、京东等电子商务平台解决了农产品的销售问题，电商平台通过云计算对历史数据分析，可以进行个性化推荐、销量预测、库存管理，打通了销售渠道，实现了农产品销售新模式。在农产品溯源领域中，通过云平台对农产品从生产、加工到运输、配送、销售等全流程数据的快速收集与精准分析，让每一个农产品都能溯源，保证农产品的质量安全，让消费者放心购买。

在农业上，目前云计算技术的研发创新主要集中在精准化领域，美国 FarmLogs 是通过云服务提供生产管理服务的农业科技公司的代表。农场主可通过由 FarmLogs 提供的终端系统进行气候监测预警、价格趋势、需求预测等活动，再进行相应农产品生产工作的安排，目前美国已经有超过 15% 的农场正在使用其提供的服务。澳大利亚 Agrihive 公司推出了云计算服务 Farmecco，允许农民上传经营信息或由传感器实时获取信息，并在 1 个小时内出具详细的财务报告，它把生产指标与财务指标结合起来作为提高财务素养的一种方式。近年来，随着人工智能的不断发展，农业云计算技术向自动化不断进步，预计到 2025 年，现有的数据管理服务将完全实现自动化。

（四）电子商务

农产品电子商务技术是指利用电商平台获取并分析市场实时变化数据、库存需求以及人们的消费需求等方面的大数据信息，预测突发状况，防患于未然，提前对库存等信息进行合理调整，避免市场变动对农业生产销售的影响，造成滞销或脱销的极端情况，规避农业供应链中可能遇到的风险，对于农产品销售具有重要意义。我国农产品供应链也正逐步向电商发展，出现了美菜网、京东到家等多家大型的农产品交易平台。我国农产品的电子商务主要由三个方面组成：第一，由政府组建的农业网站，这些网站大多集中在人口较为密集的一线发达城市；还有就是经济组织与电商企业联合形成的服务性网站，这种网站广为人知，在生活中使用也较多，比如阿里巴巴和京东集团。第二，网上拍卖，商家在网站可根据自己的意愿选择对应的农产品。第三，农产品也可以作为期货在互联网进行交易，我国较为典型的是大连交易所。

我国当前的农产品电子商务技术还存在一定的不足：一是，人才缺乏，基础设施建设不够全面，信誉方面有所欠缺。近年来，我国互联网技术发展迅猛，但仍然不平衡，一些偏远地区至今仍没有网络，大多数农民文化水平有限，思想传统，接收新知识、新文化的能力较差，制约了电子商务的发展。二是，我国的信用体制并不完善，网购信誉问题亟待解决。三是，农产品的生产经营没有实现品牌化、标准化、规模化。我国现有农产品的数量较少，且对标准建立的关注度不够，因此缺少健全的农产品标准体制。由于农产品标准建立的起步晚，没有形成一个有序的市场条约，导致了很多违规现象的出现，不仅损害了农民的利益，而且对电子商务市场的发展也产生了众多阻碍，加上农民对品牌意识度不够，直接影响了电子商务的发展。

随着技术的不断创新以及商业模式的更新迭代，美国在商业模式方面、农产品电商领域引进了最先应用于电子商务领域的"私人定制"模式，2011年出现了"食物社区"模式，该模式由电商平台牵头，消费者可在附近中小农场进行个性化定制以及团购。以美国生鲜电商Farmigo为例，消费者可以利用电商平台直接从农场购买到符合自己要求的优质新鲜农产品；从生产者的角度来看，中小农场主通过平台出售商品，可以根据买家要求生产更符合大众需求的产品，有效提高生产效率，降低运输成本。

日本农产品的电子商务发展速度也十分迅速，农产品的电子商务销售额10年内增长将近1倍，且农产品的销售额占整个电子商务销售额的一半。日本农产品的商务模式有以下几种：第一，农产品的网上市场。近年来，由于互联网带来的便利，网上销售农产品十分方便快捷，网上销量持续增加。第二，电子交易所也成为一种销售的新模式。由于电子交易所可以将各种信息公开，使得市场竞争更加公平，价格浮动也更加稳定。第三，销售交易越来越便捷。网络群体大多数都是年轻人，使得网上交易市场对应的客户也更加广泛，销售方便性也随之增加。第四，交易环节减少。电子批发市场逐渐形成，网络交易市场可以让生产商与客户直接对接，减少了中间商这一环节。

（五）储运环境信息智能感控

储运环境信息智能感控技术是指对储运过程中货物所处环境参数进行实时感知，并依据食品对环境参数（温湿度、气体）的需求进行精准调控，这对于维持食品安全、延长货架期以及扩大销售半径具有重要意义。目前该技术的创新研发主要集中在物联网、云计算和区块链等相关技术领域，其中美国处于领先地位。例如，美国最大的温控卡车运输公司

C. R. England，拥有卫星定位系统、电子数据交换、远程控制平台、项目化管理软件等，实时定位每辆卡车位置，采用网络账单进行在线交易，按照客户指定的准确时间送达，降低赔偿风险，可提高公司运营效率，并且可以远程实现车厢内部温湿度的监测与调控。未来该技术将可建立环境与食品品质之间的数学关联，更为直观地实现食品品质的精准化控制。

(六) 基于大数据的智能配送

大数据分析技术是指通过运用大数据分析，将现代化信息技术与农业数据进行深度融合，分析农业整体产业链中大数据的特点，用智能方式解决农产品供应链中遇到的问题，可以为农产品供应链管理、销售环节的电子商务以及质量追溯等提供信息化、智慧化、精准化的方案和服务，对于农产品供应链具有重要意义。我国农业科学数据库建设发展起步晚，2004—2005 年我国刚开始建设系统化科学数据平台，现在已经建成了包括国家农业科学数据共享中心、国家农作物种质资源平台、国家水稻数据中心、生物信息科学数据共享平台、中国农业资源信息系统等在内的众多数据库平台。

智能配送以满足客户多样化与个性化需求为前提，以实现路程、时间及成本最小化为目标，提高整个供应链经济效益。目前该技术的创新研发主要集中在具有大数据的路径优化，其中美国处于领先地位。例如：美国 UPS（联合包裹速递）研发了名为 Orion 的道路优化与导航集成系统（on-road integrated optimization and navigation），并于 2009 年开始试运行，目前已经更新到第五代，可提供更高级的路线优化，作为规划建议发送给送货司机，并使用大数据对送货路线进行动态优化。Orion 系统基于路径优化选择，尽量减少途经红绿灯路口次数，即可降低由于意外事故或等红绿灯而造成的时间浪费问题，又可提升交通安全与配送效率等。一年内可为美国 UPS 节省 4 800 千米送货里程，相当于减少 1 136 万升油料燃烧和 3 万吨 CO_2 排放。基于大数据的智能配送技术将是未来提升配送效率、减少运输过程食品损失率以及提升企业服务水平的关键。

(七) 高效差压预冷

高效差压预冷技术是将冷空气强制送入包装箱内，使冷空气直接与产品接触。冷空气从包装箱一侧的通风口进入包装箱，与产品接触后从另一侧的通风口出来。同时，盒子里的热空气被排出，对于实现产地预冷普及，降低预冷成本具有重要意义。目前高效差压预冷技术的研发创新主要集中在差压预冷技术方式及设施领域，其中美国和日本的技术处于领先地位。自 20 世纪 50 年代，美国便开始对多种果蔬进行差压预冷，日本则是全球最早提出果蔬采后预冷的国家，很早就提出了低温冷藏链的概念，在生鲜农产品的产地建设预冷设施，其中多数为差压通风冷却设施。我国在生鲜农产品高效差压式预冷技术装备的发展方面还处于初级阶段，目前在生鲜农产品（果蔬）原产地预冷设备建设的数量过少，远低于发达国家，拥有差压式预冷技术，但并不能得到很好地应用，高效的果蔬差压式预冷设备由于价格较高，需要果蔬生产商投入一定的成本，并且增加果蔬的成本而不被生产商们接受，从而导致大的实际需求量不能被满足，在一定程度上制约了我国生鲜农产品高效差压式预冷技术装备的发展。未来对于差压预冷技术装备的研究主要侧重于如何提高差压预冷的能效和减少能耗，以及如何克服地域的限制。

(八) 智慧冷库

智能化冷库技术是指实现对冷库的远程集中监控和分级权限管理，对分布式多点冷库设备的温湿度进行实时监控，从而在远程 PC 机和移动终端上实现对冷库温度的调控。当出现问题时，会自动发出故障报警或短信通知报警；内置传感器参数数据库，可根据实际情况调节冷库温度;通过物联网通信技术远程控制开关、除霜、除湿等,实现对冷库系统的智能控制,对于实现智能化、无人化、高效化的生产经营管理具有重要意义。据不完全统计,2018年我国冷库容量约为 4 300 万吨以上,相比 10 年前冷库容量增长了近 5 倍,冷库容量的递增是我国加快发展集约型、一体化冷链管理的必然结果,同时也是我国第三方冷链物流快速发展的必然结果。我国冷库总容量继印度和美国之后位居世界第三,但人均冷库占有量却远远落后于丹麦、新西兰、美国和日本等发达国家,另外我国冷库大多硬件基础设施老旧,也是阻碍我国冷链物流信息化、现代化发展的主要因素之一。

目前智慧冷库技术的研发创新主要集中在冷库制冷方式和信息化领域,其中美国和日本等国的技术处于领先地位。随着智慧冷库技术与人工智能相结合,智慧冷库技术也在向制冷系统智慧化、管理智慧化和建立以冷库为中心的冷链体系智慧化方向发展。

(九)冷藏运输用蓄冷

冷藏运输用蓄冷技术是指将相变材料应用于冷藏运输车辆中,利用相变材料蓄冷以维持运输过程中冷藏室内的温度恒定。我国在冷藏运输用蓄冷技术装备方面,还处于初期发展阶段,对于相变材料的研发,以及如何将相变材料与冷藏运输很好地结合还不够。此外,在相变材料自主生产以及蓄冷式冷藏车的生产方面我国也相对落后,这主要是由于我国的冷链行业利润空间小。相变蓄冷剂和保温隔热技术的不断发展,使得未来冷藏运输用蓄冷技术装备将会更加经济、环保、耐用,不仅能降低冷链运输过程中的腐损率,还能减小冷链运输成本,对冷链物流和人们的生活产生积极的影响。

三、国内外差距分析

与领先国家相比,我国农产品智慧供应链关键技术的研发水平(表 25-1)总体差距在1~6 年,首次市场应用时间基本在 2000 年后。其中智能配送技术与领先国家技术差距最小(只有 1 年);无人作业技术差距虽然较大(6 年),但研发基础较好,以当前我国的研发基础与研发条件,集中力量将人工智能技术与智慧供应链深度融合,加速推进自动化、无人化进程,不仅可以在中短期内解决生产效率、成本等问题,也能从长远解决农产品质量安全问题。

表 25-1　农产品智慧供应链关键技术国内外差距

关键技术	研发基础(+号表示,1~5个,5个+表示基础最好)	技术差距(与该技术最领先国家的差距)	首次市场应用时间	实现路径(主要指:自主研发/引进消化吸收再创新/联合开发)
区块链	+++	4 年	2015 年	联合开发
物联网	++++	3 年	2010 年	联合开发
云计算	+++	3 年	2010 年	联合开发
电子商务	+++++	2 年	2003 年	自主研发
高效差压预冷	+++	4 年	2006 年	联合开发
智慧冷库	+++	5 年	2010 年	引进消化吸收再创新
冷藏运输用蓄冷	++++	2 年	2000 年	自主研发
智能分拣	++++	3 年	2016—2017 年	自主研发
智能感控	++++	3~4 年	2016—2017 年	引进消化吸收再创新
智能配送	+++++	1 年	2015—2016 年	自主研发
无人作业	++++	5~6 年	2018—2019 年	引进消化吸收再创新

第四节　战略目标与路线图

一、发展思路

当前我国农产品智慧供应链呈现一体化和智慧化两大趋势，党的十九大报告中明确提出"要在现代供应链等领域培育新增长点、形成新动能"，2019年中央1号文件提出"以农业生产为主导，重点发展数字农业、智慧农业等高科技农业"，因此，创新发展农产品智慧供应链的基本思路为：围绕"农业产业化、产业数字化、数字和实体经济融合"的指导思路，加大创新力度，充分运用区块链、物联网、人工智能等技术，推进整个生产组织方式的创新，提高产业效率，构建以农业大数据为支撑、以农产品标准化为抓手、以农业服务为纽带的农产品数字供应链服务体系，致力于实现农产品供应链"四流"（商流、信息流、物流和资金流）的创新与整合，线上线下协同化、低成本、规模化运作，致力于打造"农业＋科技＋金融"三方赋能的"数字农业农村"平台示范点，推动农、商"单一点对点对接配对"向农、商及相关产业实体数字化"点与点衔接成链"融合发展。同时，深化"直播带货"助农模式，引导和培育经济新模式，推动农产品经营模式转型升级与乡村振兴、脱贫攻坚深度融合。

对于农产品智慧供应链，在管理技术上从实现数据的智能化、标准化获取到数据的高效化分析与处理两个方面入手。在数据获取方面，物联网技术仍将是未来采集数据的主要技术，为降低部署物联网系统软硬件成本，提高物联网系统的弹性与灵敏性，在端点成本、耗电量、带宽、延迟状况、联机密度、营运成本、服务质量以及涵盖范围等各方面还需研究创新。另外，为了实现数据的智能化、标准化采集，必须将传感器设备与芯片创新作为主要技术驱动，提高传感器设备的边缘计算能力和物联网动态网格架构的搭建能力，同时实现对数据的标准化预处理，这不仅为数据的便捷化、智能化、高效化获取提供有力支撑，也为后续数据的处理节约了时间成本，降低了数据噪声干扰性。在推动农业数据标准化获取的发展方面，国家及相关部门应编制并发布相应的法律法规政策并加强监管力度，形成统一的农业安全数据格式，为全国范围数据的统一管理提供有力保障。在数据处理方面，数据挖掘、深度学习以及数据的分布式储存、查询与处理等方面的算法还需进一步研究创新，加快数据分析处理速度，同时通过人机混合增强技术提高大数据分析决策输出结果的实时性、准确性以及实用性。最后，应注重农业科学、食品科学、计算机、物流管理、力学等多学科交叉性人才的培养，通过对大数据深度处理分析获取农产品全链式资源不同维度、不同结构数据之间的潜在相关性以及隐形价值，真正体现农产品智慧供应链的商用价值。

二、战略目标

智慧供应链将物联网、云计算、大数据、人工智能等技术融合到农产品供应链管理中，以智慧型供应链协同平台为核心，从时间、空间、成本、食品安全、个性化需求这5个角度准确及时传达农产品与消费者信息，实现需求、库存和物流信息的实时共享，引导生产端优化配置资源，按需组织生产，合理安排库存，实现商流、物流、信息流和资金流的高效整合，构建信息共享、互利共赢、高效低耗的农产品产销生态化运作体系，加速技术和产品创新，形成供应链体系的可视化、生态化、智能化和集成化，为人们的生活提供全面、完整的农产品供应生态圈。

（一）2025 年发展目标

立足农业双循环，借力农业"新基建"，基本实现农产品供应链网络基础设施建设完备，推动形成农业供应链发展新格局，初步实现流通智能化、供应链效率化。加大物流园区等基础设施投资，加快农产品物流信息化、数字化及网络化等基础设施建设，实现农产品供应链网络中基础设施建设覆盖 80％以上地区。开展生鲜农产品低温天然工质快速冻结技术、冷藏环境温湿度精确保障技术、基于纯电动/燃料电池汽车的冷藏运输技术、生鲜配送技术等关键技术研究。加大对农业绿色智慧供应链管理的整体规划和支持，完善农产品供应链相关标准体系，到 2025 年投入农产品质量追溯专项资金不低于 10 亿元，在一批试点城市开展对部分重点农产品的质量追溯，构建食品安全预警追溯智能云平台和全供应链过程智慧监管体系，探索以大数据为支撑、以物联网与区块链溯源等技术应用为依托的农产品安全社会共治新模式。

（二）2035 年发展目标

以深化供给侧结构性改革为主线，建立绿色可持续智慧冷链储运装备研发体系及智慧冷链物流中心，推动农产品供应链网络集群化发展，实现我国农产品流通价值链增值服务，以及冷链储运技术装备高效化、标准化和智能化。加快发展绿色农产品供应链管理行业协会和服务机构，采取政府推动、市场拉动、部门联动的方式，构建农业、扶贫、科技、保险、金融等机构合作新机制，建立涵盖国际、国家、行业、地方、团体标准为一体的信用管理标准体系及供应链诚信体系，为农产品产业链上下游企业创新供应链提供各类服务。加强对农业供应链主体的信用监管和运作能力评价，降低供应链主体的合作风险和运作成本，建立健全智能化供应链管理服务和评价体系，促进信任，供应链主体间加强合作与协同发展，促进农业供应链主体共赢，进一步向农产品供应链集群化、生态化发展。

三、重点任务

（一）2025 年重点任务

（1）建设农产品智慧供应链管理服务云平台。重点突破新一代信息技术瓶颈，积极应对流通新模式快速发展带来的挑战，明确技术应用场景，推动农产品安全监管数据、公共卫生监测数据的融合，保证农产品的质量安全以及农产品供应链的智慧化运作。

——加快农产品供应链数字化转型。利用区块链、大数据、人工智能和 5G 技术推动监管方式创新，推动农产品质量安全溯源和农产品供应链金融的发展。实现新型供应链的标准化、智能化，数据采集自动化，数据处理标准化，农产品运输、仓储和配送的可控化，销售环节的可视化。

——建设农产品智慧供应链质量安全预警信息平台。以农产品大数据为核心驱动，重点研发农产品冷链追溯和网络销售食品的追溯监控技术与装备，通过整合农产品安全源头监测、过程监管、流通监控、疾病溯源等数据，突破大数据应用、数据清洗、数据挖掘等关键技术，研发风险预警模型，实现农产品供应链质量安全风险分级管理以及物流的数字化、智能化、一体化综合管理。

（2）研发低能耗高效智能化冷链储运装备。重点开展冷链物流产业试点示范工程，围绕冷链储运关键技术产品研发、重点领域应用、产业支撑服务、资源整合共享四个方面，遴选一批产业作为试点项目进行推广，通过试点先行、示范引领，在运行过程中总结经验，推广可行的经验、做法，形成示范引领，满足农业高质量发展迫切要求。

——开展生鲜电商及跨境物流冷链技术标准化示范基地建设，开展生鲜电商和跨境物流过程中安全、节能、高效冷链技术体系及配套装备研究，降低物流品质损耗。研究冷链环境温湿度波动与果品品质劣变互作机理，改善冷链各环节环境温湿度分布均匀性，保障果品品质安全；研究基于电商需求的生鲜农产品产地快速预冷装备、智能微环境感控贮运和配送技术、绿色可降解包装保鲜材料、便携式充电式载冷装备以及微环境智能感控装置；研究基于跨境物流需求的生鲜农产品无断链智能化保障冷链技术。

——开展产地预冷工艺及蓄冷技术和装备研发。通过生鲜农产品"最先一公里"的实现，推动冷链行业的转型升级。重点突破高效智能化产地冷加工技术，形成高效智能化产地冷加工系列装备产品，满足生鲜农产品冷链储运对"最先一公里"的迫切要求，保障生鲜农产品品质，促使冷链行业发生变革。研究适合不同种类农产品产地预冷最佳的预冷工艺及技术参数及高效预冷装备，筛选针对于不同蔬菜品种电商物流配送的高效适温蓄冷保温材料，研发高效节能无源蓄冷技术、蓄冷保温箱和可移动多温区的蓄冷保鲜配送装置。研究保鲜包装技术和一体化包装箱，针对不同种类农产品的物理特性和生理特性参数，研发适合于不同种类农产品的保鲜外包装箱和功能性内包装盒和保鲜包装膜，研发适合于不同品种农产品的绿色包装和智能包装技术和工艺，提升农产品采后加工水平。

——突破多温区智能生鲜配送柜和移动式生鲜自动售货亭相关技术，形成多温区智能生鲜配送柜和移动式生鲜自动售货亭产品，满足生鲜农产品冷链储运对"最后一公里"的迫切要求，保障生鲜农产品在冷链末端的品质，促使冷链行业发生变革。加大对多温区生鲜配送柜性能与能耗的研究，满足生鲜配送柜的多温区使用需求，提高生鲜配送柜能效，实现关键技术突破。完善生鲜农产品冷链储运末端品质保障与服务供给。

（二）2035 年重点任务

（1）农产品供应链智能化生态系统建设。重点突破基础设施不足与智能设备研发技术壁垒，形成农产品供应链智能化生态系统，加速研发智能设备，重组物流生产要素，满足智慧多式联运、新型供应链模式等迫切要求，促使农产品供应链运行模式与运行效率发生变革。

——打造基础设施网络。依托铁路网络、公路网络、航空网络、水运网络及实体物流园区，结合信息技术，以贴近末端的农产品批发市场或销售中心为交易核心，建立集铁路、公路、航空"三位一体"的智慧多式联运，打造资金流、物流全封闭的农产品供应链金融，形成覆盖线上线下金融服务、商品交易、仓储配送、物流运输、物流诚信等业务为一体的现代物流生态系统。

——重点面向农产品仓储、运输过程，结合物联网、智能感知、信息传输等技术，持续研发机械臂、机器人、无人机、无人车等智能硬件设备，以及冷运专车和冷运仓库，构建集环境监控、作物模型分析和精准调节为一体的农产品数控系统和平台。

（2）新型清洁能源驱动冷链储运装备关键技术研发。重点突破新型清洁能源驱动智能设备关键技术、冷库智慧控制技术，降低冷藏贮运过程中的运营成本，满足冷链储运过程降本增效、减少损耗、保障农产品品质的迫切要求，建立全程冷链体系，实现冷链行业的转型升级。

——研究风能直接驱动制冷技术，减少发电过程能量损失，提高能源利用率；结合吸收式制冷系统及聚光式太阳能集热器，研究太阳能驱动双效吸收式制冷技术，提升太阳能制冷效率；冬季北方地区采用自然冷能，用于果蔬冷藏，实现风能、太阳能等清洁能源在农产品冷藏中的应用。

——开展冷藏车用太阳能驱动制冷技术、LNG 驱动冷藏运输技术、液态空气驱动冷藏运输技术等新型清洁能源驱动冷藏运输关键技术研究，完成新型清洁能源驱动冷藏运输车辆研发与推广应用。

四、技术路线图

面对农产品智慧供应链发展中的重大需求，要以农业产业数字化发展为主线，以数字技术与农业农村经济深度融合为方向，以数据为关键生产要素，以数字农业"瓶颈"技术为重点，加强关键技术装备创新和重大工程设施建设，着力建设基础数据资源体系，推进农产品供应链上下游信息融合，推动政府信息系统和公共数据互联开放，实现农产品供应链信息的互联互通、资源共建共享、业务协作协同，催生农业发展新模式、新业态。完善政府引导、市场主导、社会参与的协同推进机制，加强试点示范与集成应用，用农产品智慧供应链驱动农业农村现代化，为实现乡村全面振兴提供有力支撑。

根据我国农产品智慧供应链技术的发展需求和发展目标，在对国内外农产品供应链技术装备充分调研基础上，采用德尔菲法进行德尔菲法第一轮调查问卷和德尔菲法第二轮选项调查表，并经过本领域专家研讨、分析和筛选，最后确定出至 2025 年、2035 年、2050 年的农产品供应链技术领域的关键技术、重点任务和重大工程，绘制出农产品供应链技术装备发展技术路线图（图 25 - 7）。

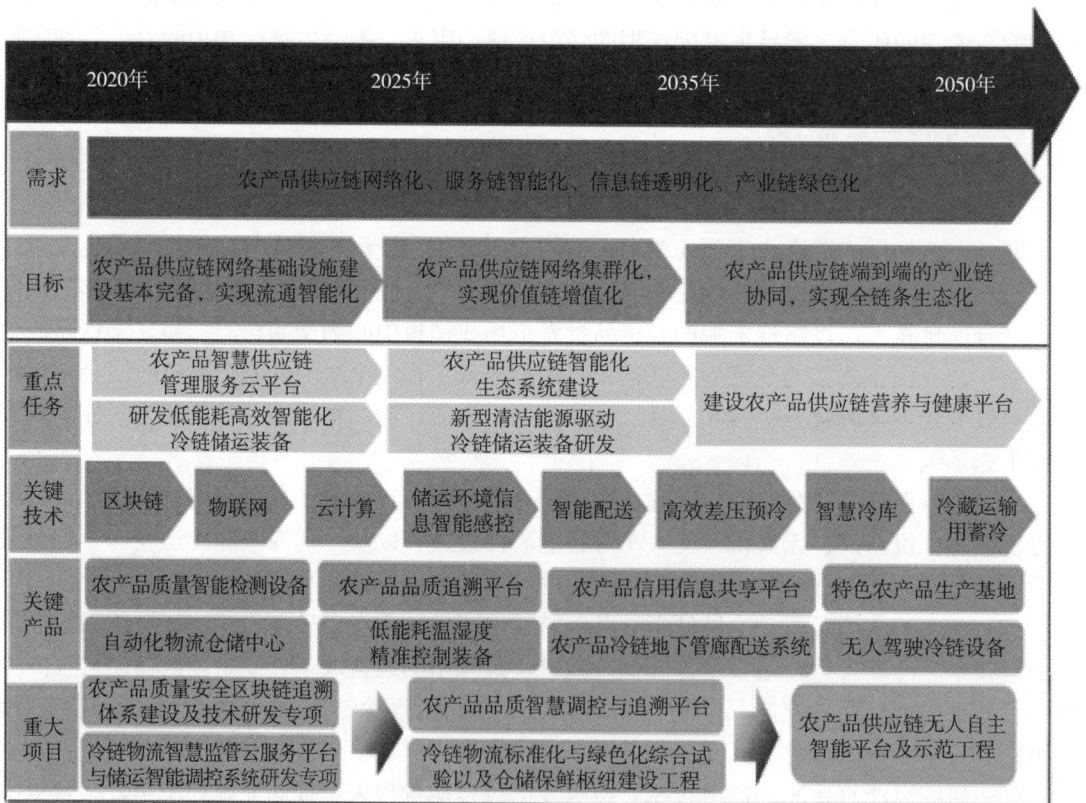

图 25 - 7　农产品智慧供应链战略发展技术路线图

针对目前我国农产品供应链技术装备方面存在的温湿度波动大、能耗高、自动化和标准化程度低等问题，提出在 2025 年之前，初步实现我国农产品供应链技术装备高效化、标准化和智能化的目标。基于该发展目标，需要开展生鲜农产品低温天然工质快速冻结技术、冷藏环境温湿度精确保障技术、基于纯电动/燃料电池汽车的冷藏运输技术、适用于生鲜电商的生鲜配送技术等关键技术研究。在关键技术研究基础上，研制开发高效智能化产地冷加工系列装备（果蔬预冷和速冻）、低能耗温湿度精准控制自动化冷库、多式联运冷藏运输装备、多温区智能生鲜配送柜和移动式生鲜自动售货亭等冷链装备，发展生鲜农产品不同货架期协同保鲜体系等重点任务。在技术装备的支持下，完成建立生鲜农产品标准化、智能化产地冷加工装备研制体系和应用示范工程，建立低能耗低成本冷藏储存装备研制体系和自动化冷链物流园区示范工程等重大工程项目，从而初步实现我国农产品供应链技术装备高效化、标准化和智能化。

在前期农产品供应链技术装备高效化、标准化和智能化研究基础上，提出在 2035 年之前，实现我国农产品供应链技术装备可持续化、信息化和智慧化的发展目标。研究物理场辅助冻结技术，采用环境友好型制冷剂的高效制冷技术、智慧冷库技术（包括安全、节能、5G 信息化、智能化）、新型清洁能源驱动冷藏运输技术（应用于冷藏车的太阳能驱动制冷技术、LNG 驱动冷藏运输技术、液态空气驱动冷藏运输技术）等关键技术。在此基础上，完成产地预冷共享装备、可再生能源农产品冷藏库、新型清洁能源驱动冷藏运输车辆、基于物联网和 5G 技术的生鲜农产品冷链物流数字化、生鲜农产品智慧冷库研制等重点任务。在技术装备的支持下，完成建立绿色可持续智慧冷链储运装备研发体系及其智慧冷链物流中心的重大工程项目，实现我国农产品供应链技术装备可持续化、信息化和智慧化。

在前期农产品供应链技术装备可持续化、信息化和智慧化研究基础上，提出到 2050 年，实现我国农产品供应链技术装备信息化、智慧化和无人化。研究无人化智能化果蔬预冷技术、无人化冷冻冷藏技术、无人驾驶冷藏运输技术、量子工程与冷链设备融合技术等关键技术。在对关键技术研究的基础上，完成无人驾驶冷藏车、农产品冷链地下管廊配送系统、无人智慧全程冷链体系等重点任务。在技术装备的支持下，完成建立生鲜农产品无人冷链园区重大工程，从而实现我国农产品供应链技术装备信息化、智慧化和无人化。

第五节 重大工程与科技专项

一、科技研发专项建议

多领域、多梯度、深层次、高技术、智能化、低能耗、全利用、高效益、可持续是全世界农产品产业追求的目标。随着一大批新技术、新业态和新模式的形成，现代农业成为拉动我国国民经济发展的"新动力"和新的经济"增长点"。农产品产业发展的"新常态"应具备智能、绿色、低碳、环保、节能、可持续等特点，这些均对智慧农产品供应链的管理理念提出新的科技挑战。当前，各种新技术给应对这些挑战带来了全新的角度、思路和方法。

（一）农产品质量安全区块链追溯体系建设及技术研发专项

2019 年末新冠疫情爆发，引发公众对于食品、食用农产品安全的担忧，也使农产品品质与安全监测管理的重要性提升到一个新高度。在产业落地的道路上依然存在种种问题与限制，包括技术性能不足以支撑海量交易数据、各区块链网络间壁垒深厚难以互通等，迫切需要更多活力来突破既有桎梏。因此按照全链条布局、一体化实施的总体思路，紧紧围绕农业产业供应链一体化融合、全产业链质量过程控制等关键问题与重大科技需求相结合，依靠科技革新，驱动新技术突破、新产品创新和新装备保障。

现有农产品供应链的物流信息、质量信息、质检信息具有不够透明、可篡改等特性，对农产品质量的可信追溯提出了新的挑战。而在新冠疫情常态化防控形势下，农产品品质安全的动态监测管理尤为重要。因此，围绕区块链追溯体系建设及技术提升等方面亟须展开系统性研究，以提升农产品质量安全溯源的可信性、便捷性与高效性，明确企业职责，为消费者提供质量安全保障，促进解决我国农产品质量监管与追溯难题，实现农业资源管理与精准农业。

针对基于区块链溯源的技术瓶颈，围绕对农产品智慧供应链服务效能与安全性能的提升，研究共识算法优化、侧链、跨链、分片等可扩展性技术，以及数据挖掘分析、区块链数据可视化与敏感信息保护；攻克智能合约、数字签名、数据安全共享交换等安全性技术；研制自主可控许可链的应用产品和基于区块链技术的物联网设备，结合 5G、人工智能技术、大数据采集分析技术等来保证物理入口处数据的真实性和稳定性，构建完整的追溯能力，形成农产品质量追溯区块链应用技术解决方案。重点加强易腐农产品储运过程中环境参数和位置感知技术的应用和研究，利用温度、湿度、光照、空气含氧量、乙烯含量、硫化氢含量等传感器，以及 GPS、北斗导航等定位系统，实现易腐农产品全程信息可追溯。构建智慧供应链全程可信区块链追溯服务平台，针对食品冷链追溯和网络销售食品研发监控技术与装备，融合品质安全监管与公共卫生数据，持续开展预警追溯的技术体系构建。

针对农产品供应链体系中存在追溯数据断链、追溯数据价值利用不高及数据安全等问题，选择高附加值、具有地方特色的农产品，如乳制品、水产品进行追溯示范试点，研究基于区块链的农产品质量安全可信溯源技术体系，融合生产、加工、储运、检验信息，建立溯源体系建设规范与标准，研究农业多源复杂数据的处理、分析、建模方法，重点突破数据流通效率、安全隐私、链式分布存储、密钥分配与存储、信息防篡改等区块链核心技术，实现从精准生产、精准销售，到精准农业的过渡，加快我国数字化农业发展进程。区块链追溯、数据隐私保护等核心技术产品达到发达国家水平。

到 2025 年，建成国家农产品质量安全在线追溯平台，突破区块链核心关键技术 2~3 项，研制农产品质量安全溯源大数据和区块链模型 3~5 个；建立农产品供应链质量安全区块链追溯系统，打通生产、加工、流通、储运、销售全供应链，系统活跃用户量不低于 10 000 人。加快区块链技术在乳制品、水产品等高附加值重点农产品溯源上的推广应用示范。

（二）冷链物流智慧监管云服务平台与储运智能调控系统研发专项

由于我国农产品冷链流通率与运输率较低、流通环节多、冷链设施不完备及信息化程度滞后等诸多原因，导致水果冷链损失率达 15%~20%（发达国家在 5% 以内），农产品产前产后相关人力物力投入的流失与浪费，造成严重经济损失。因此，如何提升我国冷链保质保鲜能力成为整个农产品供应链亟须解决的问题，对降低产地损耗率或滞销率，推进冷链节本增效以及满足国内外市场对优质农产品需求等方面具有重大意义。

针对农产品智慧供应链冷链损耗率高、储运环境复杂和供应链上下游信息不透明等问题，研究智慧冷链数据深度感知、保质储运智能化和可信区块链技术，研制冷链物流智慧监管云服务平台、农产品保质储运智能调控系统和农产品供应链信用评价与监管区块链云平台等。解析动态贮运条件下不同成熟度的易腐农产品的品质变化规律，以及环境条件、相关加工工艺等因素对易腐农产品品质的影响；集成研发多品类易腐农产品系统化的精准保鲜技术。攻克易腐农产品保鲜机理，建立易腐农产品的大宗化共性和特色个性化的品质控制方法体系。重点突破易腐农产品代谢产物、有害微生物、关键功能营养成分、新鲜度等关系到产品质量安全、销售价格的感知技术，并结合冷链物流的特点，开发基于机器视觉、光谱、电子、力学、超声、生物等的传感器，实现易腐农产品快速、无损、实时监测和检测。研究品质劣变与物流微环境耦合机制，提升冷链全程透明化监管及上下游整体规划与协调。研究时间-环境-品质耦合下的品质变化规律、保质储运智能化品质预测技术、储运过程环境实时感知及调控技术及全程质量安全控制系统。

2025 年，解决当前冷链物流信息化建设与智能设备研发中的突出问题建设，基于大数据技术应用的新型农产品供应链协调平台，引导形成保质储运成套智能化技术体系，为构建易腐农产品流通品质控制方法体系、冷链物流大数据应用平台并进行应用示范提供技术保障，降低对国外产品依存度，冷链无人自主化监管总体科技水平接近发达国家。

二、重大示范工程建议

农产品生产端的"理想状态"是下游消费订单的持续、稳定、长期、可控，电子商务线上渠道不仅可以通过需求前置化让消费者深度参与农产品种养殖、投产的整个过程，缩减生产投入的不确定性，还可以通过已知的市场需求为农产品生产企业或农户提供关于农产品生产数量、质量的指导。对于农业供应链，农村电商扩展了农产品销售渠道，并通过优化和调整农产品的生产、运输和消费，扩大农产品的市场准入，加大农产品产业链的重塑力度，使其成为地方经济发展的新引擎和新动力。

当前，农村电商供应链体系建设薄弱，存在"产量短板"，即特色农产品供应量不足，难以形成一定的规模，后续产品供应量不足；产品同质化严重，品牌化建设不足；冷链运输设备数量不足，难以实现农产品全冷链运输，物流过程损耗严重。此外，农村电商各类主体间运营缺乏协作性，电商平台企业政府各部门间管理缺乏协同性，政府与市场间尚未形成发展合力。

（一）农产品供应链应用服务平台研究与应用示范工程

新型农产品电子商务供应链要求短流通、短操作、及时配送，所以新型电商供应链从采购到销售中的各个环节都经过互联网实现供需的转化和匹配。始终以消费者为核心，把消费者的需求贯穿到供应链的各个环节和细节，保证产品的质量安全，减少不必要的浪费和损失，提高农产品附加值，进而提升消费者的体验和满意感。目前，我国农产品生产、生产资料供给、农产品流通、市场需求等相关数据搜集难、处理难、分析难、应用难，供应链上下游衔接不足，市场上还没有成熟配套技术体系持续、全面获取以上信息。我国农产品安全数据开放的理念依然没有获得广泛认同，数据库建设没有统一的标准，各行业、各部门数据是稀缺片段的，信息不连贯、不共享，消费者与监管者之间信息不对称以及在农产品安全数据的使用和理解上仍有差异，因此以大数据工程为抓手深入开展新型农产品电商供应链信息化网络建设，为我国食品安全机制的建立提供长效工程技术保障。

针对我国当前农产品供应链中的突出问题，通过整合农产品安全源头监测、过程监管、流通监控、疾病溯源等数据，突破大数据应用的结构化和非结构化数据采集、多源异构数据融合、数据清洗、数据挖掘等关键技术，实现可视化展示，研究基于大数据技术应用的新型农产品供应链组织平台，可信数据采集技术研究与开发；突破农产品供应链海量数据存储与管理技术研究与开发，利用云计算、大数据、人工智能、区块链等新型信息化技术与农产品营养与健康产品设计、农产品安全监管进行深度融合，构建全国范围智慧农产品大数据云服务平台，实现基于物联网与 RFID 的农产品安全与质量监控的智能环境，实现基于价值链的农产品服务质量体系等。形成一批具有核心竞争力的大数据产品，培育一批大数据企业；利用大数据在产业创新、跨行业融合、民生服务等方面广泛的应用和优势，形成一批成熟的行业系统解决方案。

到 2025 年，从基于大数据的 4 个关键方面甄选发展试点试验项目，分别是产品技术研发、重点领域应用、产业支撑服务和资源整合共享。旨在通过试点试验，引领示范，总结后再进行优化推广，推进大数据在农产品产业方面健康平稳的发展。

（二）冷链物流标准化与绿色化综合试验以及仓储保鲜枢纽建设工程

冷链物流标准化是实现我国冷链体系转型升级的重要保障，有助于推动我国冷链行业的长远发展，对保障食品品质安全具有重要意义。近年来，我国冷链行业得到了快速发展，但冷链物流标准化发展缓慢，缺乏冷链装备设施标准以及对易腐食品、医药制品等各环节的保鲜工艺与品质要求，冷链管理不规范，在标准层级上定位不明确。随着现代化物流模式的出现，流通主体各环节温度、时间及包装形式等也对冷链物流标准提出了新的挑战，各环节转接节点的控制，流通模式归类制定管理标准等问题亟须解决。此外，实施绿色供应链管理对促进我国农业经济可持续发展及智慧农业意义重大，但我国对于农产品供应链绿色管理与监管的意识起步较晚，科技人才储备匮乏，对绿色供应链还未能给出清晰明确的衡量标准，缺乏绿色技术在农产品供应链领域的综合试验应用。

针对我国冷链物流体系存在的标准化问题，围绕冷链主体及其保鲜流通条件等基础技术，重点突破对易腐食品冷链储藏条件与流通时间之间的基础性标准研究，创制符合现代流通需求的冷链装备与设施技术标准，完善冷链管理标准，建设以智能化装备作为推动冷链依标监管的抓手，构建网络智能化监管与专业人员监管相结合的监管模式，解决监管不到位等问题，实现冷链物流标准化的建设。在冷链物流绿色化方面，提升新能源冷藏输运车辆比例，提高冷库面积利用率，采用可循环回收的冷链包装，开展冷链物流绿色化综合试验，减少冷链物流 CO_2 排放，提高资源利用率。

到 2025 年，在重点省市地区建成一批骨干冷链物流基地，打造区域农产品冷链物流枢纽，提升肉奶蔬菜等农产品新鲜供应能力。建设冷链物流标准化体系，包括冷链主体及其保鲜流通条件等基础技术标准的制定、冷链装备产品标准、冷链管理标准、冷链标准监管模式。

三、产业培育工程建议

随着贸易自由化和农产品全球化进程的加快，农产品从最初生产到最终用户的经营行为越来越复杂，人们对农产品的安全也愈来愈重视，质量监管要求也越来越严格。所以，农产品的经营者需要满足消费个体不断变化的需求，尽量降低物流成本，同时符合严格的农产品安全管理条例。所以，农产品供应链智能化管理就能很好地解决在生产者、企业和消费者之间存在的问题和纠纷。

此外，各个地方政府、农业企业需要以提高农业综合生产能力为基础，将自身的资源优势发展成种植优势，将种植优势与农业政策相结合，做到质量兴农、品牌兴农、绿色兴农三合一，提高农业的品质、品牌、绿色、质量、特色水平。

同时，需要加快现代农业新产业和新业态的发展，促进农村一二三产业融合发展，完善农产品供应链建设的体制机制和政策体系，通过主体培育和项目建设，聚集特色农产品和供需缺口较大的重点农产品，加快建设农商紧密互联，高效协同运转的农产品现代供应链体系，促进农业发展，增加农民收入，改善民生。

重点突破延缓采后果蔬品质劣变的绿色保鲜技术，攻克电商快速配送过程保质保鲜技术，形成易腐特色果蔬综合保鲜技术体系。将农产品划分为优势区（特色农产品）和主产区（鲜活农产品），通过补贴政策如落地优惠电价和补贴贷款等措施，吸引资本助力投资。同时鼓励农民合作社，家庭农场建设一批田头仓库用来存储保鲜，完成分拣包装及初包装等任务。引导农民合作社、家庭农场等新型经营主体建设农产品保鲜、储存、分级、包装等设施，扶持发展粮变粉、豆变油、肉变肠、果变汁等一系列技术含量不高的初级加工项目，提升产品附加值，畅通农产品终端市场和后续加工环节。

建设特色农业生产基地，开展数字农业试点。引导和支持地方特色的种养基地建设。打造高效的绿色循环发展特色农业，建设集绿色化、标准化、规模化、产业化四合一的特色农产品生产试点基地，完善仓库存储、集中加工、物流运输等全产业链，加强品牌宣传，强化质量监管，提高特色农业的质量效益水平。建立重要农产品全产业生产链数字创新型农业大数据中心。对农业农村规划进行数字化整合，建立资源管理平台，对重要农产品数据进行管理和监督，开展农业农村试验田工作，加快将农业与区块链、物联网、人工智能和现代信息科技相结合，早日接入互联网＋，推进农产品进城工程。建立农产品储运、加工、经营、餐饮过程监控报警系统。重点加强优质食用农产品的保鲜、防腐、防霉监控预警能力，在部分试点地区构建农产品全供应链质量追溯系统。此外，随着供应商、基地整合，消费群建设以及仓配体系的完善，基于供应链大数据，反哺上游生产组织，发展"订单农业新计划经济"。通过线上线下结合构建"OMO＋F2C＋会员制"模式，发展"社区/社团/社群经济"，为"消费者用户"提供近地直配、直采直供的生态农产品；同时，为产品供应商、采购商、营销商提供"精准对接、靶向营销、资源共享"的产品供销、品牌策划与建设、包装策划与制作以及营销平台/体系对接的社会化服务，打造"大数据、大产业、大营销"的赋能型新零售产业。

第六节　政策措施建议

随着"智能经济"的深入，我国农产品供应链国际化趋势明显，农产品供应链服务模式创新发展，农产品零售市场智慧升级，因此，打造创新型新时代农产品供应链体系及其农产品供应链智慧管理模式是大势所趋。然而，当前我国农产品供应链管理还处于起步阶段，在全球信息化、智能化的大背景下，农产品供应链管理微观方面的研究不足，缺少模型分析工具以及实践运用，因此，本节针对我国农产品供应链管理存在的问题，研究提出中国农产品供应链管理的发展途径。

一、完善农产品供应链相关标准体系，强化法律作用

我国尚未构建从农田到消费者手里供应过程全覆盖的农产品供应链体系，应该不断健全农产品供应链标准体系和法律要求，出台相应政策，鼓励、扶持全国农业连锁企业发展，推进农业现代化建设。为了使标准体系更加深入和细化，做到有法可依、执法有效，就要对农产品供应链的各个环节诸如原材料的采集收购、集中加工、运输销售等做出对应的规范，旨

在防止在全过程中出现缺斤少两、偷工减料、以假乱真、以次充好、违用禁用滥用等不合理违法行为。另一方面，加强生产经营者自身的法律意识，建立严格的审查查验流程，提高生产经营门槛，加强各个环节的质量把关，安全生产合法经营，按照规章制度严格执行，加大对违规违法行为的处罚力度，确保优质企业参与规范农产品生产经营活动。

应重点梳理冷链装备与设施标准和易腐食品、医药制品等各环节的保鲜工艺和品质要求，结合现代流通模式和信息化技术的发展，完善冷链管理标准，并在标准层级上给予明确定位。按照保鲜需求，全面梳理现有标准体系，制定、修订符合现代流通需求的冷链装备与设施技术标准，特别应注重其产品标准分类的制定修订。通过制定行业法规、冷运生鲜农产品卫生安全标准，冷链能耗和效率标准，冷库环境温度与冷藏运输温度控制标准等国家标准，保障冷链物流业的持续健康快速发展。加强农产品供应链信用和监管服务体系建设，建立有效的监管机制，强化专业认证制度，实施市场准入制度，适时提高准入门槛。

二、推广基础冷链设施建设，完善应用冷链及其运输技术

首先，我国的冷链需求量十分巨大，由于国内冷链物流的基础设施不完善，导致冷链物流成本巨大，运输效率低，冷链运输经常断链；其次，由于农产品的特殊性，为了农产品从产、供、输、销到消费者手中均保证新鲜，防止其变质和污染，对运输环境提出了更高的要求。因此需要大力推广应用冷链技术，从管理上来看，要增加冷链物流在农产品运输配送中的比例，进一步优化冷链配送的运行和管理；从科技技术来看，要进行科技创新，加大针对专用冷链物流的运输和存储设施、技术的开发；从基础设施来看，要完善基础冷链设施，增加冷链冷藏冷冻运输车的数量、完善运输线路仓库、港口等冷藏仓储，为农产品冷链运输提供物质前提。

从政策法规角度推动智慧物流转型升级。政府要加强对冷链运输的政策扶持力度。冷链技术在物流方面的发展离不开国家支持，通过一系列优惠政策和资金扶持，加大对冷链运输产业的政策减免和金融助力，才能更好地完善冷链基础设施的建设，统筹规划冷链运输网络，整合运输资源，建立公路、水路、铁路、航空综合运输网络集合，合理规划产地和消费地间的冷链运输路线，促进冷链物流的应用发展，尽量做到运输效益最大化。建设集中的农产品物流基地，鼓励农产品的集中加工、冷链物流，从而实现保鲜、冷藏冷冻、运输、查验等标准化管理。建设经济规模相适应的经济实用性冷链仓储设备，根据运输长短合理配比长短途冷链运输工具。对于温度湿度敏感型农产品，要优化温湿度控制基础设施，提升运输能力中的温控湿控能力。完善与冷链物流相匹配的查验和检测能力，研发快速准确的检测设备和试剂，确保农产品在运输过程中的安全与新鲜。

三、加大智慧供应链信息技术的创新与应用，开展关键技术攻关，建立可持续的农产品供应链体系

当前农产品供应链的竞争越来越依赖于信息技术，因此，需要从社会化的宏观角度出发，融合互联网、人工智能、物联网等高新信息技术，不断创新农产品供应链理念和模式，提高流通效率，实现农产品供应链资源的深度优化和最优配置，为农产品供应链中的生产和销售实体带来效益。

加大智慧供应链先进信息技术的创新与应用，提升智慧物流智能化、专业化、便捷化服务水平。鼓励农产品供应链中销售实体与生产实体合作，建设农产品智慧供应链协同平台，

打破关键技术瓶颈，准确及时传导需求信息，实现需求、库存和物流信息的实时共享，探索由传统农产品批发市场向"互联网＋农产品批发市场"和向"智慧型农产品批发市场"的转型升级，引导生产端优化配置生产资源，加速技术和产品创新，建设农产品批发市场、经销商、合作社等与前端生产的新型合作模式，实现智能决策按需组织生产，合理安排库存，提高供应链实体收入；发展智慧供应链管理技术，加快制定相关供应链产品信息相关标准，做好数据采集工作，制定关键性通用共性标准，使得各个供应链环节的数据传递能够互相兼容，促进供应链实体数据高效传输和利用；再运用数据挖掘、物联网、社会媒体计算等科学技术分析用户行为、预测市场需求、把关农产品质量，通过延伸生产端、缩短供应链条降低运营成本。积极参与全球农产品供应链标准制定，推进农产品供应链与世界接轨，推动农产品供应链行业组织建设一系列供应链公共服务平台；加强国际交流，加快推进农产品供应链标准的国际化进度；此外，行业与行业之间、国家与国家之间应该加强行业研究，数据统计，进行标准化协商和制定，推动专业资格的相互认证，促进我国农产品供应链长远发展。

四、注重专业化人才的培养，增强智慧物流发展的核心竞争力

智慧物流人才的短缺是限制我国智慧物流发展的主要因素，应积极鼓励企业对智能物流专业人才的培训，智慧物流人才的培养涉及多学科领域的交叉融合，因此要考虑院校理论知识的学习与实际工程中的应用相结合，高校、科研院所及企业之间应建立联合培养机制，充分整合和利用多方机构资源，通过理论与实践融会贯通的教育模式，提升我国智慧物流人才的培养水平，培养创新型、管理型、高技术型等多类型人才，为社会输出具备高实践能力的人才生产力，使物流教育与行业发展同步，结合物流企业的实际发展情况合理开展教育，制定健全的课程体系，更快地吸纳人才，加快加强核心技术人员培养，建设健全创新团队，培养企业亟须的人才，使物流专业教育本身与社会中的物流业发展实现无缝对接。此外，要借鉴诸如英国、美国等先进国家经验，不断完善我国人才激励机制，吸引国外物流人才，进而再引进物联网、云计算、信息技术服务等领域的高端人才，进一步完善人才服务的市场机制，让人才资源得到合理流动、优化和配置，为我国智慧物流的发展提供人智支撑。

五、拓宽创新创业扶持力度，加速成果转化，培育特色农产品供应新模式

加快农业科技成果转化，对农产品供应链及其管理技术标准化处理，让科技成果产业和技术服务社会化。加强农产品供应链技术体系标准化建设，及时组织新科技成果试点，制定技术标准和规范，加强技术组装和改进，使之简单化、规范化、易用化，并在相关领域加快推广；加强农产品供应链及其管理新兴科技和中试基地的创新建设，加快科学技术的合规化、标准化进度，加强质量监督工作。构建以导向型市场，高新技术为重点、"产学研用"合作的农产品供应链及其管理技术创新网络，推进科技成果产业化形成一批新的科技产业；构建跨境创新服务平台，提供技术研发、品牌培育、市场开拓、标准化服务、检验认证等服务。鼓励社会资本对农产品供应链类项目进行投资，设立农产品供应链创新产业投资基金，参与成果开发和推广；依法稳定和改革基层技术推广体系，积极探索与市场经济相适应的技术推广服务方式；开展相关供应链的创新应用试验点，鼓励试点地区制定有益于供应链发展的支持政策与法规，建设集本地农产品产销特色于一体的供应链体系，建设农产品智慧供应链协同、交易和服务的示范平台。

支持返乡人员建立新型业态，形成以特色种植养殖、休闲娱乐、电子商务、农商直供、

中央厨房等全面化模式，培育精细化、智能化、网络化发展新理念，完善现代农村工业。综合各种新形式的交易业态，积极发展"互联网＋创业创新""冷链速配＋宅送到家"等业务形态，大力推广集智能产、供、销、送为核心的产业联盟和资源共享新模式。

第七节　本章小结

本章介绍了在新一代"技术-经济范式"驱动以及新冠疫情对全球供应链的冲击下，农产品供应链向智慧化升级转型的时代需求与现实意义。由于我国居民膳食结构由"温饱型"向"质量型"与"健康型"转变，对农产品品质保鲜和冷链储运提出智能要求，因此，本章从农产品供应链管理、农产品品质维持与智慧物流、生鲜农产品冷链储运装备3个层面出发，详细介绍了3个层面的技术应用现状和存在的主要问题，指出了我国农产品供应链与发达国家之间在管理技术、装备研发、法律法规、标准体系、人才培养上的差距。

本章通过对农产品供应链管理、农产品品质维持与智慧物流、生鲜农产品冷链储运装备的国内外相关政策、法律法规、标准体系进行调研，研判国内外农产品供应链的战略行动，并基于德尔斐专家调查法和文献计量方法对相关技术发展态势进行分析，提出涵盖3个一级技术、16个二级技术以及95个具体技术的农产品智慧供应链技术体系，通过对关键技术清单：区块链、物联网、云计算、电子商务、储运环境信息智能感控、基于大数据的智能配送、高效差压预冷、智慧冷库、冷藏运输用蓄冷车等进行分析，研判我国农产品智慧供应链关键技术的研发水平与领先国家之间的差距，并根据我国农产品供应链的现实需求提出具体的战略目标与路线图：2025年之前，立足农业双循环，借力农业"新基建"，基本建成农产品供应链网络基础设施，推动形成农业供应链发展新格局，初步实现流通智能化、供应链效率化。2035年之前，以深化供给侧结构性改革为主线，建立绿色可持续智慧冷链储运装备研发体系及其智慧冷链物流中心，推动农产品供应链网络集群化发展，实现我国农产品流通价值链增值服务，实现冷链储运技术装备高效化、标准化和智能化。

本章根据我国农产品智慧供应链的发展目标，提出了2025年重点任务，具体为建设农产品智慧供应链管理服务云平台，研发低能耗高效智能化冷链储运装备，建议"十四五"期间设立农产品质量安全区块链追溯体系建设及技术研发专项和冷链物流智慧监管云服务平台与储运智能调控系统研发专项。并提出2035年重点任务为建设农产品供应链智能化生态系统和新型清洁能源驱动冷链储运装备关键技术研发，建议后续加强农产品供应链大数据应用与服务平台研究与应用示范工程和冷链物流标准化与绿色化综合试验以及仓储保鲜枢纽建设工程，并提出转变农业重产前轻产后的思维方式，培育发展农产品产后减损产业以及实施农产品产地初加工体系建设。

参考文献

陈永春，李浩权，2011. 智能型预冷保鲜库的研究［J］. 现代农业装备（6）：61-62.
房岩，孙刚，金丹丹，等，2020. 现代农业物联网的主流技术领域与发展趋势［J］. 农业与技术，40（2）：1-2.
高星星，张俊峰，王琢，等，2019. 农业物联网标准化现状及思考［J］. 农业开发与装备（11）：35-36.
韩丽敏，2018. 大数据环境下的智慧物流园信息化平台建构［J］. 中国市场（24）：185-186.

黄少云，丁建军，黄大学，等，2016. 众包模式在农产品电子商务中的应用研究——以乡亲直供平台为例 [J]. 农村经济与科技，27（19）：129－131.

黄筱，黄业德，史成东，2020. 潍坊现代农业产业园智慧物流模式与系统设计 [J]. 经济师（1）：185－187.

贾兆颖，王哲璇，张金乐，等，2016. 美国、英国、日本生鲜电商行业发展模式对中国的启示 [J]. 世界农业（8）：39－42.

李明贤，卿凯，2018. 美日两国农产品冷链物流的发展及对中国的经验启示 [J]. 农业经济（10）：124－126.

李乔宇，阮怀军，尚明华，等，2018. 区块链在农业中的应用展望 [J]. 农学学报，8（11）：78－81.

李征，焦玉娇，2010. 我国农产品电子商务物流发展问题研究 [J]. 物流科技，33（7）：8－10.

李竹林，姚馨雨，王百朵，等，2017. 基于 B/S 的冷链物流冷库温湿度采集与控制系统研究 [J]. 现代电子技术，40（8）：39－41，45.

马红坤，毛世平，2019. 欧盟共同农业政策的绿色生态转型：政策演变、改革趋向及启 [J]. 农业经济问题（9）：134－144.

马红坤，孙立新，毛世平，2019. 欧盟农业支持政策的改革方向与中国的未来选择 [J]. 现代经济探讨（4）：104－111.

孟猛，孙继华，2015. 基于 RFID 的海南热带农产品冷库管理信息系统设计 [J]. 物流技术，34（16）：153－155.

孟正乐，谢余涛，2017. 信息化管理在蚕种冷藏与检验上的应用前景探讨 [J]. 蚕桑通报，48（1）：44－45，47.

宁初明，李燕军，沈灿铎，等，2020. 相变蓄冷技术在食品冷藏保鲜运输中的应用 [J]. 科学技术与工程，20（6）：2115－2120.

钱广，2016. 外卖 O2O 行业的众包物流模式 [J]. 经营与管理（5）：76－78.

邱林润，李蓉蓉，2016. 基于物联网的冷库管理系统研究与应用 [J]. 科技传播，8（11）：89－90.

石月红，殷燕楠，2015. 众包模式分析及风险管理——以京东众包为例 [J]. 市场周刊（理论研究）（8）：32－33.

王进成，高岳林，2018. 基于改进的鸟群算法求解农产品冷链物流配送路径优化问题 [J]. 安徽农业科学，46（25）：1－4，8.

魏佳容，王月，黄政，2019. 鲜活农产品电子商务绿色冷链智慧物流体系发展策略研究——基于湖北省 3 县市的调查 [J]. 商业经济，513（5）：52－55，64.

阳琼芳，2017. 基于物联网的茶叶质量溯源系统研究 [J]. 农业研究与应用（1）：49－53，56.

张瑜，2018. 生鲜农产品冷链物流配送网络优化 [J]. 农业工程，8（6）：143－145.

赵猛，冯志宏，张立新，等，2016. 果蔬贮藏冷库运行节能措施研究 [J]. 农产品加工（9）：70－72.

赵瑞雪，赵华，朱亮，2019. 国内外农业科学大数据建设与共享进展 [J]. 农业大数据学报，1（1）：24－37.

周延波，光昕，2011. 我国连锁零售业物流配送的现状与对策分析——从沃尔玛物流配送中心的成功经验说起 [J]. 对外经贸实务（9）：86－89.

周远，田绅，邵双全，等，2017. 发展冷链装备技术，推动冷链物流业成为新的经济增长点 [J]. 冷藏技术，40（1）：1－4.

执笔人（排名不分先后）：

孙宝国　左敏　毛典辉　蔡圆媛　张青川　杨信廷　韩佳伟　刘树森　田长青　杨天阳

第二十六章

农业资源环境监测与信息服务体系发展战略研究

　　农业资源既是支撑经济社会发展的重要战略资源与物质基础，又承载着食物供给与生态调节等多重功能。农业水土资源的合理开发利用直接关系到国家粮食安全、生态安全与资源安全，实时准确获取农业资源环境及其利用信息，对国家稳定、民生福祉和社会经济发展至关重要。目前我国农用水资源、耕地资源日趋紧缺，水土资源空间匹配性差，草原过度开垦，退化严重，资源利用方式比较粗放，已经对农业生产形成强约束。随着集约化程度不断提高，我国农业生态环境问题日益突出，资源环境代价越来越高，农业发展面临资源和环境两个"紧箍咒"，转变农业生产方式，推动农业绿色发展，迫在眉睫。同时我国农业资源环境监测也存在数据获取能力不足，监测的精度和时效性有待提升，可持续利用监测与评估不足，农业信息服务体系不完善等诸多问题。习近平总书记多次强调，信息化为中华民族带来了千载难逢的机遇，需要全面贯彻新发展理念，建设数字中国，加快推进数字产业化、产业数字化，以信息化培育新动能，用新动能推动新发展。党的十八大以来，党中央高度重视数字农业农村建设、生态文明建设，做出了实施大数据战略和数字乡村战略、大力推进"互联网＋"现代农业等一系列重大部署安排。国家《数字乡村发展战略纲要》《数字农业农村发展规划（2019—2025年）》提出要运用遥感监控等技术，完善自然资源遥感监测"一张图"和综合监管平台，构建全国农业农村数据资源"一张图"，实现有据可查、全程监控、精准管理、资源共享，为农业农村发展提供数据支撑。为解决当前农业资源短缺和环境持续恶化等问题，立足农业资源优化配置、保障资源安全和粮食安全等国家重大需求，利用先进的农业信息技术加强对农业资源数量、质量和利用状况的动态监测，健全农情信息监控体系，对保障国家粮食安全、生态安全与资源安全，以及科学管理农业资源、指导农业生产、服务农业决策、加快我国农业现代化进程具有重大意义。

第一节　概　　述

一、相关概念

　　农业资源是农业自然资源和农业经济资源的总称。土地资源、水资源、气候资源和生物资源等属于自然资源，它们既是农业环境要素，又是人类生存和农村经济发展的物质基础。农业资源监测是在基础调查和专项调查形成的农业资源本底数据基础上，掌握农业资源自身变化及人类活动引起的变化情况的一项工作，实现"早发现、早制止、严打击"的监管目标，以便及时调整资源利用方向，借助政策和管理措施，更好地利用和保护农业资源。

　　农业资源环境监测与信息服务主要是利用遥感网、物联网、大数据和人工智能等技术，为各级农业政府部门、科研院所、农户、企业等提供精确、动态、科学、个性化的农业资源环境监测信息，为政府部门决策提供科学参考，为农业生产提供技术指导。为充分发挥农业资源环境监测信息对农业生产、农业区划和水土资源保护和管理工作的基础支撑作用，依托各级农业资源监测网络和信息平台，建设调查监测成果数据共享服务系统，推动成果数据共享应用，提升服务效能。

（一）农业水土资源监测

农业水资源是可为农业生产使用的水资源，包括地表水、地下水和土壤水。其中，土壤水是可被旱地作物直接吸收利用的唯一水资源形式，地表水、地下水只有被转化为土壤水后才能被作物利用。经必要净化处理的废污水也是一种重要的农业用水水源。农业水资源监测一般是指对农业灌溉用水、畜牧用水、渔业用水、土壤水等进行水量、水质、分布及其利用状况的监测。通过水资源的监测，可以及时了解水量和水质的动态变化，掌握其变化规律，提高水资源的利用效率，从而为制订水资源的开发利用和保护方案提供科学依据。

农业土地资源是指可供农、林、牧业利用的土地。按土地类型利用可分为已利用耕地、林地、草原、农村居民点用地、宜开发利用土地、宜垦荒地、宜林荒地、宜牧荒地、沼泽滩涂水域等。农业土地资源监测是指对一个国家或地区的农业土地资源的类型、数量、分布和质量现状进行调查，定期或不定期监测其时空变化过程及规律，土地利用率及经济效果，以及土地权属关系的稳定性等。土地监测的目的是通过取得土地利用状况的动态变化信息，掌握土地变化规律，为国家和地区有关农业部门保护土地资源，不断提高土地生产力，合理调整土地利用结构和农业生产布局，制订农业区划和土地规划提供科学依据。

根据监测的尺度范围和服务对象，农业水土资源监测可分为常规监测、专题监测和应急监测。

（1）常规监测。常规监测是围绕水土资源管理目标，对全国范围内的农业水资源、土地资源定期开展的全覆盖动态遥感监测，及时掌握它们的年度变化等信息，支撑基础调查成果年度更新。常规监测以每年 12 月 31 日为时点。

（2）专题监测。专题监测是对某一重点区域（如粮食主产区、生态功能重要地区）的水土资源、地下水资源的特征指标进行动态跟踪，掌握其数量、质量等变化情况。

（3）应急监测。对社会关注的焦点和难点问题，组织开展应急监测工作，突出"快"字，响应快、监测快、成果快、支撑服务快，第一时间为决策和管理提供第一手的资料和数据支撑。

（二）草原生态环境监测

草原生态环境监测是通过先进的技术监测草原生态环境的动态变化，并对数据进行分析的过程。草原生态环境监测根据实际需要，其内容主要包括：①监测草原资源开发引起的生态系统变化；②监测草原遭到破坏的生态系统状况及其在治理过程中的恢复状况；③监测草原环境污染物（包括农药、化肥、有机污染物和重金属等）在生态链中的迁移和转化；④监测评估人类活动对草原生态系统的影响；⑤监测草原水土流失的面积及其分布和对草原生态环境影响；⑥监测分析草原水污染及其对水生生态系统结构的影响；⑦监测草原灾害；⑧监测草原生态平衡；⑨监测草原濒危物种的分布及其栖息地；⑩监测草原生态系统中微量气体的释放量与吸收量等。

（三）农情监测

农情监测是指利用地面观测、传感器、遥感（如卫星遥感、航空遥感、地面遥感）和地理信息技术等，动态监测农业生产环境、生产设施和动植物本体感知数据的过程。农情监测的技术包含遥感监测技术、基于物联网的地面传感技术、农业机器人技术等。农业科研人员紧密结合农业生产实际需要，将传感技术、遥感技术以及机器人等现代科学技术与农业融合，使得农情监测技术在深度和广度上得到进一步发展，为农业科学研究和生产经营管理提供了有效的信息。目前大都是采用卫星遥感数据、无人机遥感数据和地面遥感数据，同时发展了用高光谱遥感和雷达遥感监测作物长势指标（如生物量、叶面积指数）、营养指标（氮、磷、钾含量和积累量等）和生产力指标（如籽粒产量、籽粒蛋白质含量等）。

二、中国农业资源环境监测与信息服务体系建设的战略意义

（一）有利于准确摸清我国农业资源家底，加快生态文明建设

生态环境监测是生态文明建设的基础，只有基于高质量的监测数据，才能形成源头严防、过程严管、后果严惩的约束机制。中共中央 国务院《关于加快推进生态文明建设的意见》提出要健全覆盖所有资源环境要素的监测网络体系。"十三五"规划纲要也提出"建立全国统一、全面覆盖的实时在线环境监测监控系统"。但是长期以来，我国农业资源家底不清、权属不明，制约了我国农业发展。利用遥感、无人机、物联网技术等开展耕地、草原、渔业水域等农业水土资源调查与监测，可以快速准确掌握我国农业水土资源家底及其动态变化，做到资源数量可核算、空间可定位、权属可核查，实现"早发现、早制止、严打击"的监管目标，为实行最严格水资源管理的"三条红线"和坚守耕地红线提供科学依据。

（二）有利于科学指导我国农业生产，优化农业产业结构与区域布局

近年来，我国粮食连年丰收，农产品供给充裕，农业结构调整取得了阶段性成果，但粮食生产与水土资源分布错位问题仍十分突出。我国北方土地资源占全国的 62%，而水资源量却只占全国的 19%。1998—2015 年，我国粮食生产在空间上不断向水资源欠缺和土地资源丰裕的北方地区聚集。因此，优化作物结构、产业结构和空间结构，加快构建与资源环境相匹配、与市场需求相适应的现代农业结构迫在眉睫。引入遥感、物联网、大数据等新一代信息技术，建立农业资源环境时空动态监测技术体系，能够快速、准确、周期性监测耕地质量、草原生物量、农作物需水、水肥状况变化以及相应的环境变化，有利于构建科学合理的农业生产方式，为农业水土资源科学配置与高效利用、优化农业产业结构与区域布局提供数据支撑。

（三）有利于保障农产品品质与安全，满足人民美好生活

随着经济社会发展和人民生活水平的不断提高，公众对农产品品质和安全的需求日益迫切，农业资源安全和生态安全广受关注，已经到了资源非保护不可、环境非治理不可的地步。但近年来我国农产品质量安全事件频发，从 2008 年"三聚氰胺"事件，到 2009 年猪肉"瘦肉精"，以及 2017 年"镉大米"、2018 年"甲醛白菜"，给人民健康和社会利益造成了重大损失。因此，应用现代信息技术加快推进全国农产品产地水土资源环境监测，做到农产品产地污染早发现、早处置，从源头保障农产品质量安全十分必要。农产品质量安全实现"线上"监控看，"线下"实地查，是保护公民生命健康权、满足人民美好生活需要的重要途径。

（四）有利于维持粮食价格的稳定，确保粮食贸易公平公正

全球各地自然资源禀赋、科技发展水平和农业管理水平不同，粮食生产能力存在区域差异，粮食安全成为全球问题，粮食贸易成为平衡区域粮食生产能力、满足粮食消费需求的重要手段。通常国际粮食价格的持续上涨和异常波动，常导致发展中国家利益受损，甚至造成

无法承受经济负担。及时、透明、准确的农情信息是精准把握农业生产供求，维持粮食价格稳定，确保粮食贸易公平公正的基础。因此，拥有具有自主知识产权的农情监测平台，第一时间获取真实的农情信息，掌握各地粮食产出情况是解决我国粮食安全问题，维护社会安定的基础。针对全球粮食价格，粮食安全和贸易公正的迫切需求，面向全球农业发展现代化和生产效益化的迫切要求，基于农业大数据的农情监测、引导、支持和决策服务作用显得更为突出。

三、开展的主要工作

项目组对近 10 年的国内外政策进行系统梳理，通过实地调研、现场访谈、微信和邮件等线上方式，对高级专家、各级各类从事资源监测相关工作的农户、农场主、农业龙头企业、事业单位、高校、政府机构进行调研，摸清了国内外农业水土资源、草原生态环境和农情监测与信息服务体系技术现状、存在问题和技术需求。

利用 WOS（web of science）核心数据库中 SCIE（science citation index expanded）子库、Scopus 数据库对 1999—2018 年农业水土资源监测、草原生态环境监测和农情监测研究领域的文献进行检索。利用 Derwent Data Analyzer（DDA）、CiteSpace、VOSviewer 等数据分析工具，对检索到的相关文献进行计量分析，主要分析了近 20 年间全球主要国家、学者和科研机构研究的技术前沿、学科态势、前沿热点和技术发展轨迹等。同时利用全球国际高端专利信息检索分析平台 Innography 数据库和德温特世界专利索引（derwent world patents index，DWPI）专利检索平台，分别对农情监测、草原生态环境监测、信息服务领域的专利进行检索，详细分析该领域关键技术应用现状。

通过开展大规模的关键技术调查，基于德尔菲方法，结合国际发展趋势和我国战略需求、技术需求，梳理了农业资源环境监测与信息服务体系关键技术前沿，确定了农业资源环境立体监测与智能服务的四级技术清单。根据研判的我国农业资源环境监测和信息服务发展面临的形势与挑战，并通过召开专家咨询会议及专家远程咨询，结合国内外的发展模式与典型案例，提出了面向 2025 年、2035 年、2050 年农业资源环境监测发展总体战略、重大任务和重大工程，绘制了技术路线图，并分别明确了科技研发专项、应用示范工程和产业培育工程的主要内容，提出了推动我国农业资源环境监测与信息服务发展的政策措施和对策建议。

四、主要结论

（一）梳理明确农业资源环境监测信息服务的对象及需求

农业资源环境监测信息的服务对象或主体主要分为四大类，即政府部门、农户和合作社、信息化企业和农牧民。不同服务对象的监测信息服务需求各不相同。政府部门作为宏观管理和决策者，需要及时掌握资源环境宏观信息及动态变化情况，因此要求监测范围大，高效率和信息动态性；农户和合作社生产在农业第一线，对农业技术服务、市场价格信息服务和灾害预警服务需求强烈，要求监测信息更加专业化，更具有实用性和实时性；信息化企业对农业技术服务和作物生长信息实时服务需求大，对信息的个性化、实时性和精准性要求更高；农牧民对畜牧业服务信息和灾害防治预报需求强烈，要求监测信息更具实用性、实时性和地域性。

（二）凝练总结农业资源环境监测监管与信息服务未来发展方向与关键技术清单

遥感技术已成为农业资源调查、农作物估产和农业灾害监测与评估的重要技术手段，目前90％以上的农情信息可以通过遥感平台来获取。随着高分遥感、北斗导航、农业无人机、农机精准作业等关键技术与产品研发系统集成与平台构建等不断发展，未来农业资源环境监测与智能服务技术将围绕信息感知、智能控制、智能决策和智能服务4个方向开展9项关键技术研发，即天空地网一体化感知技术、农田（草原）环境监测技术、农田（草原）利用监测技术、无人装备与机器人技术、农业资源环境大数据分析技术、农业资源环境资产评估技术、风险诊断与灾害预警技术、管理决策支持技术和智能服务技术。

（三）系统提出我国农业资源环境监测与信息服务发展战略方向和重大工程

未来30年，我国农业资源环境监测与信息服务体系发展将瞄准粮食安全、生态安全和资源安全等国家重大需求，坚持绿色发展新理念，以"农业资源环境自动化、智能化、无人化监测，监测信息服务市场化、社会化"为目标，通过"自主创新＋成果引进"的方式，大力发展基于3S、大数据、云计算和人工智能等先进信息技术的监测监管技术，提高数据获取能力和监测精度，从科技研发、应用示范和产业培育三方面提出9项重大工程。其中科技研发提出开展1个重大工程（农业资源环境天空地一体化观测重大工程）、1个重点任务（农业资源环境立体监测监管重点任务）和1个科学计划（"一带一路"草原生态环境监测国际大科学计划）建议。

第二节 农业资源环境监测现状、问题与需求

一、农业水土资源监测与信息服务体系

（一）现状

1. 覆盖全国省、市、县三级农业水土资源监测网络初步形成 我国从20世纪70年代初开始重视和开展农业环境保护工作，1983年成立农业部环境监测中心站，同时组建农业环境监测网络。经过多年的努力，目前初步建成了以农业农村部环境监测总站为网头，各省、市、区和计划单列市农业环境监测站为主体，各主要地（市）县为基础的全国农业环境监测网络。在农业水土资源监测方面，已建有全国农产品产地土壤环境质量监测网、农业面源污染国控监测网等，及时开展数据调查与更新，实时监测污染变化趋势，每年发布信息统计年报，基础支撑能力明显提升。其中全国农产品产地土壤重金属长期定位监测网由33个省（自治区、直辖市）15.2万个长期定位监测点构成。针对北方高原山地区、南方山地丘陵区、东北平原区、黄淮海平原区、南方平原区、西北平原区等六大分区农业面源污染发生的主要途径，以小麦、玉米、水稻、蔬菜等主要作物为重点，初步形成了分布于我国30个省（自治区、直辖市）的全国农业面源污染国控监测网，在全国布设农田面源污染国控监测点273个，其中地表径流国控监测点182个，地下淋溶国控监测点91个。

2. 天空地一体化监测技术已成为重要的农业水土资源监测技术手段 农业水土资源调查和监测以地面调查、遥感和测绘等方法为技术支撑，由于传统的地面调查和采样监测方法费时费力，难以在大区域进行，也易受人为因素的干扰。随着遥感、北斗导航、农业无人机、农机精准作业等关键技术与产品研发系统集成与平台构建等不断发展，为大范围的农业水土资源环境、农业生产数字化监测和管理提供了技术支撑，基于"天（卫星遥感）-空（无人机遥感）-地（地面传感网）"一体化的农业水土资源监测技术已成为农业资源调查、农作物估产和农业灾害监测与评估的重要技术手段。通过构建基于航空、航天及地面遥感平台的农业遥感立体观测体系，使农业遥感信息源呈现多平台、多传感器、多角度、高空间分

辨率、高时间分辨率和高光谱分辨率等显著特征，有效缓解了遥感信息源不足对农业遥感应用研究发展的束缚。随着新一代信息技术的发展和农业应用需求的不断扩大，天空地一体化监测应用领域也在不断拓展。由以光学遥感数据为主扩大到雷达和高光谱数据，由传统作物监测扩大到资源、灾害和环境领域，由国内扩大到国外。如 2017 年启动的第三次全国国土调查，通过应用高清卫星遥感技术，对县域全覆盖区域中的耕地、森林、草原、水、湿地等自然资源变化信息进行多尺度、高精度的影像采集、解译，获取了土地资源高清遥感影像底图，明晰了我国土地资源状况，健全了国土资源的调查、统计和全天候、全覆盖遥感监测与快速更新机制。2021 年我国科学家整合优化了 10 余套全球/区域遥感耕地制图数据和国家、省、市三级的耕地面积统计数据，首次研制了全球 2010 年 500 米分辨率耕地融合制图产品。

3. 农业水土资源信息服务平台步入快速发展阶段　目前，农业农村部、水利部、自然资源部、生态环境部、国家林业和草原局等部门都构建了涉及农业水土资源信息管理与服务的大数据平台。如农业农村部为加强农田监测监管，利用卫星遥感、无人机监测、移动采集终端等多源数据资源，对全国农田状况进行实时监测，构建了基于天空地一体化的全国农田建设综合监测监管平台，可以支撑全国农田大数据海量存储管理，开展土地利用变化、种植结构、耕地"非农化""非粮化"监测。水利部为了强化水土保持监督管理工作，对全国重点区域的水土保持状况进行实时监测，构建了水土保持监测与管理平台，推动了监管工作从以往的"问题导向"被动模式向"目标靶向"主动监管的转变，大幅度提升了区域水土资源精准管理水平。2020 年，由中国农业科学院牵头，联合其他 12 家科研机构，历时 21 年，完成了"高精度数字土壤数据库"，该数据库是利用 3S、人工智能、人机交互等现代信息技术方法，模拟、重现土壤类型、土壤养分等土壤性状的空间分布特征，其精度可以达到 100米×100 米。数据库采取边建设边应用的方式进行，从 2003 年起至今，已为我国 60 余家专业科研机构提供数据进行相关研究，并为 31 个省、市、自治区的农业、环境、自然资源管理部门提供数据，用于实施耕地保护与地力提升等国家工程。

4. 农业水土资源监测基础支撑体系逐步完善　农业遥感和农业信息技术学科群建设稳步推进，建成了由综合性重点实验室、专业性（区域性）重点实验室、科学观测实验站组成的学科群体系，大批科研院所、高等院校、IT 企业相继建立了天空地数字农业研发机构，科技创新能力明显增强。配置海量数据处理、网络存储、地面感知和观测、田间实验、数据传输等硬件设备和专业软件，基础设施条件得到较大改善。数字农业标准体系建设进展顺利，实施和启动了一批国家和行业标准制定项目。

（二）问题

1. 农业水土资源监测的数据获取能力不足　数据是农业水土资源监测、分析、决策、服务和应用的基础。我国地形多样、多云多雨天气频发、种植制度复杂和农业生产高度动态变化，快速、高效、准确的农业水土资源信息采集面临许多重大技术难题，信息获取保障率低。一是数据获取要素不够。目前多以农田环境、种植类型、种植结构、生产力等群体参数获取为主，但对作物本体的株形、器官与形态等个体参数信息，以及土壤、作物营养与品质等理化参数获取不足，导致水土资源管理总体粗放。二是数据获取精度不够。单一卫星传感器或平台难以获取时空连续数据；航空遥感发展重硬件平台轻软件系统，民用无人机应用潜力没有充分发挥；地面物联网研发水平滞后，应用处于初级阶段；多源数据的融合和转换技术落后，天空地一体化协同的农情信息获取技术严重不足。目前以图斑为单元的信息获取，与实际生产管理单元空间错位，使得图斑信息在实际中难以应用。三是信息获取装备研发滞后。新型水土专用传感器如生物传感器等研发滞后；不同信息采集装备的通信与传输技术研发滞后，严重限制了田间采集的效率；低成本、便利化的信息处理装备研发滞后，采集、诊断、控制与作业一体化装备不足。

2. 农业水土资源监测的精度和时效性有待提升　　农业水土资源监测的方法多种多样，但也存在不同的缺陷，影响了监测精度。一方面，传统的地面调查和采样监测法费时费力，难以在大区域进行，也易受人为因素的干扰。随着空间技术的不断发展，多传感器、多时空分辨率遥感数据在区域农业水土资源监测中得到了广泛应用。然而，遥感监测方法也存在混合像元、大气校正、尺度转换等诸多的问题。模拟模型方法不仅可应用于不同尺度的监测模拟，也可用于不同全球变化或水土利用情景下的模拟预测。但此方法多考虑生态环境因子，对社会经济因子考虑不够。因此，需要发展多尺度、多技术融合的农业水土资源监测方法。另一方面，目前农业水土资源监测仍以常规监测为主，无法满足资源高效利用和优化配置的需求。如对耕地资源数量和空间分布监测多，而对耕地质量和生态环境监测少。同时，耕地利用作物类型的快速、高精度监测能力不足，使得农业土地资源"一张图"空白。同时，长期以来，农业水土资源监测多以静态（单一时间点/段）为主，监测空间分辨率较粗，缺乏长时间序列的时空变化动态监测，监测时效性有待加强。

3. 农业水土资源模拟模型的耦合集成不够　　农业水土资源的形成和变化是不同尺度下自然和人文因素综合作用的结果，涉及对象复杂多样，不同对象在不同时间和空间上发生联系、相互影响，使得农业水土资源系统呈现出显著的耦合特征，而且处于时空动态变化之中。农业土地系统耦合特征的综合性、复杂性和动态性，需综合自然科学、工程科学和社会科学等多个学科知识，开展交叉集成研究。耦合地理生态模型和社会经济模型的综合模型是农业水土监测模型的发展方向。如 Dyna-CLUE 模型将 CLUE-S 与植被动态变化算法相结合，模拟未来欧洲耕地废弃或扩张的动态变化过程；作物生长模型 EPIC 与农业经济模型 IFPSIM 相结合，实现了未来全球主要农作物空间格局的模拟分析。目前，农业土地系统耦合特征研究仍处于起步阶段，这对于自然科学和社会科学融合和综合研究也是一个巨大挑战。一方面需要加强耦合的尺度和速度研究。过去农业水土资源变化多发生在局部地区，长距离发生较少。而现在或未来时间内，远距离耦合作用日益广泛，相互作用速度不断加快。另一方面，传统的农业水土系统耦合特征受到全球化、信息化的影响，呈现出多尺度、多因素、跨层级等特征，需要建立一个大耦合的研究框架，评估多个系统内和多个系统之间的协调作用，考虑相邻区域和远距离乃至全球尺度相互间的可能影响，权衡农业生产、社会经济、生态环境、人类本身特性等，进行农业水土资源优化配置和可持续利用。

4. 农业水土资源可持续利用监测与评估不足　　农业水土资源利用会反作用于自然生态系统和社会-经济系统。如农业土地利用变化会带来 CO_2、N_2O、CH_4 等温室气体浓度变化，引起地表反射率、粗糙度、植被叶面积和植被覆盖比等下垫面物理性质的改变，引起局地与区域的气候变化。农业土地资源利用集约化的提高，大量使用地下水进行农业生产灌溉，地下水超量开采造成水位变化，影响水资源的持续利用。同时，农业水土资源变化会在不同尺度上影响生态系统的结构与功能，其生态效应主要体现在对生态系统服务价值、水质、生物多样性以及碳排放强度和景观破碎化程度等方面。然而，农业水土资源可持续利用监测与评估多以定性为主，综合定量评估仍十分薄弱。在人口持续增长和经济快速发展的背景下，人类对农业水土资源的利用广度、频度和强度等会持续变化，对生态环境的干预程度日益加大；生态环境的演变又会反过来影响或制约农业水土资源利用。因此需要协调农业水土资源与社会经济、生态环境的相互关系，建立可持续的农业水土资源利用模式。

（三）需求

1. 开展农业绿色发展监测与评估　我国正处于传统农业向现代农业转变的关键时期，农业资源环境制约、农业生产结构失衡和农业生产效益不高等问题日益突出，迫切需要加快转变农业发展方式，从增产向提质增效转变，从依赖资源消耗的粗放经营向节约资源的可持续发展转变，从经验型向科学技术型转变，走高产高效、产品安全、资源节约和环境友好的农业现代化道路。农业绿色发展代表着当今先进生产力的发展方向，农业绿色发展成为引领我国现代农业发展和破解农业发展难题的必然选择。农业绿色发展技术体系的形成对农业水土资源动态监测提出了新要求，需要在传统的监测对象和内容基础上，进行大气环境、水环境、土壤环境和生物环境等监测，扩展化肥农药减量增效、作物秸秆、农膜等农业水土利用绿色技术的试验、监测和评估，获取真实、准确、完整的农业绿色发展第一手基础数据，形成不同区域农业绿色发展关键技术和应用模式，为农业绿色发展提供科学的数据支撑，树立典型模式。

2. 加强农业水土资源监测关键技术研发　农业水土资源监测的综合性和系统性特点对监测技术提出了新要求，关键技术需要重点突破。目前，天基、空基与地面物联网没有互联互通，天空地一体化观测数据替代、插补和融合技术亟须加强，实现多平台数据的"优势互补"，提高区域水土资源监测的灵活性和可实现性。针对信息数据模态、来源和质量不一，需要利用多源数据处理技术和海量空间数据的集成技术，解决数据加工整合和信息处理的难点。基于天空地大数据的水土参数反演、信息提取技术和算法需要加强，突破耕地资源、农作物资源、草原资源、水域资源及农用地后备资源的调查监测技术，解决数量、位置和权属等资源家底不清、权属不明的问题；水土监测中的数据智能挖掘和分析算法模型研发滞后，农业信息技术与农学农艺的深度融合不足，影响了监测的准确性和时效性。同时，由于水土资源的动态性、异时异地相关性等特征，需要重点加强综合空间和时间机制的动态模拟模型研发，综合考虑水土资源变化的非线性、多维性、路径依赖性和反馈机制等，更好地描述水土资源变化的复杂性和动态性，解释其变化的原因、过程和结果。

3. 推进农业水土资源监测与服务跨部门融合和跨学科交叉　我国农业水土资源监测涉及部门多，包括农业农村部、自然资源部、水利部、国家林业和草原局、中国气象局、生态环境部等部门。农业水土资源涉及的学科众多，包括土壤学、水文学、气候气象学、生物学、信息学、遥感学等学科。要实现农业与资源生态环境的协调发展、农业与国民经济协调发展，实现区域水土资源配置的最大优化，需要加大多部门、多学科交叉与融合力度。需要综合利用地理信息技术和互联网技术，建立面向应用的农业水土资源监测信息共享和服务平台，提供基于用户、数据及服务分级的访问控制、系统监控等功能，促进多部门的协作交叉，减少部门间的相互掣肘，集中优势力量进行研究突破；多学科的交叉融合可以促进研究理论和技术方法的重大突破，可以扩展新的交叉研究领域。多部门、多学科交叉与融合以优化提高农业水土资源利用效率为目标，积极推动农业水土资源基础科学理论与方法创新，为国家粮食安全、生态安全和区域发展等宏观决策提供科技支撑。

二、草原生态环境监测与信息服务体系

（一）现状

1. 草原生态环境监测网络已初步形成　发展草原生态环境监测与信息服务体系，其核

心是数据，以数据为中心，需要重点研究从感知、传输、分析、控制到应用的各个方面。利用各种传感器采集获取各类草原生态环境信息和数据的过程就是感知阶段，是所有研究的基础。及时掌握草原生产动态，在草原牧草关键生长期开展动态监测，是草原监测工作增强服务效能的重要手段。近年来，我国草原生态环境监测领域技术手段不断丰富，监测服务意识不断提升，草原动态监测频率逐渐增加，在草牧业生产、草原灾害预警、应急响应救灾等领域发挥了技术支持和信息服务作用。例如，农业农村部在春季时节组织开展的全国草原返青预估、监测，在每年生长季节开展的月度草原长势监测，以及北方草原旱情监测等工作。2011 年，农业部办公厅发布《关于在退牧还草工程区建立草原监测点的通知》（农办计〔2011〕105 号），确定在 2011 年退牧还草工程中安排近 2 000 万元支持建设 90 个固定监测点，在 2012 年安排剩余退牧还草工程县的固定监测点建设。为了固定监测点建设工作顺利实施，农业部起草编制《国家级草原固定监测点场地设施建设设计方案》，指导各地按统一要求进行场地施工；起草编制《国家级草原固定监测点管理运行规范（试行）》，指导各地建立固定监测点管理制度；起草《国家级草原固定监测点监测工作业务手册》，指导各地按照统一技术要求，持续定期开展动态监测业务工作。

2. 草原生态环境监测数据信息管理利用能力不断增强 利用多学科、多手段将获取的数据进行挖掘分析，为草原生态环境的动态变化、灾害预警和管理决策奠定基础，是建立草原信息服务体系的核心。农业农村部建立了国家级固定监测点数据管理系统和信息管理应用平台，提升了固定监测网络监测数据的实时获取和管理速度，进而提升了固定监测能力，切实保证了草原生态环境监测工作有序进行。2006 年以来，农业部在草原监测工作中广泛应用 3S 技术、数据库、网络等信息与空间技术，信息化建设取得了重要进展。开发建设了中国草原网和中国草业网，网站集成了草原管理信息系统和草原地理信息系统，实现了集监测数据采集管理、动态信息实时发布、草原监测工作展示等于一体的综合网络平台；针对草原地面监测数据多、信息量庞大的实际情况，先后开发了草原监测信息报送管理系统（单机版、网络版）、草原类型和主要牧草信息系统、草原监测基础数据库录入和管理系统、草原监测空间信息管理与分析系统、草原生态保护与建设工程监测系统、草原蝗虫监测预警系统、草原生物灾害监测与治理信息统计分析系统、草原基础数据统计软件、鼠虫害地面调查PDA 录入软件和工程监测地面调查 PDA 录入软件等 10 多个专题软件和模块，通过数据汇总、管理、分析等功能的集成，形成了农业农村部草原监测信息系统。近年来，通过灵活创新的工作机制和引入私营、个体资本和技术力量来推进本领域相关成果的推广和应用已初见成效。例如蒙草抗旱集团运用大数据领域相关技术，实地采集区域内水、土、气、植物、动物、微生物等样本，通过检测化验和数据分析，判断区域生态健康状况、历史演变规律、实时动态监测等，并设立了"生态指数"监测评价系统。通过积极引入非公有企业和牧户参与科研项目，以环境保护和畜牧生产中的实际需求为导向，以经济效益为驱动，加快成果转化，推动草原生态环境监测技术切实地服务于我国草原生态环境保护和草原资源的可持续利用中。

3. 实用技术产品开发和产品级的技术研发尚待加强 目前对于草原生态环境监测与信息服务体系方面的研究备受关注，研究热度逐年增加，近 5 年信息服务体系关注热度极高。从研究地区热度密度分布来看，北方草原和高山草甸的研究热度最高，尤其是内蒙古、甘肃和青藏等环境敏感地区，其他区域的热度总体较低。关键热点也从植被、生态系统、生物多样性、强调草原资源监测技术的发展，到后期出现保护、管理、预警、景观、生境、生态系统服务，更关注草原整体生态环境变化与人类活动息息相关的如草原灾害监测及预警、草原健康评价技术等。同时，随着生态文明建设的不断深入，针对草原的科学研究开始强调尺度转换、信息筛选、环境保护模式。目前我国仍处在草原生态环境监测规范化和信息服务体系的研究积累阶段，在实用技术产品开发和产品级的技术研发方面空缺明显。

(二) 问题

1. 在数据感知上存在不足　一方面是草原技术水平薄弱，现有的草原生态环境监测工作多以 3S 技术为基础，将地面监测和遥感方法相结合。地面监测工作需要大量的人力、资金和设备投入，我国目前在监测频度和地域代表性上均无法完全满足现实需求，准确性和精度接合度不高。除了和人工监测数据的融合问题，遥感数据本身也有较多关键性的科学问题，以热红外遥感在草原旱灾监测中的应用为例，旱情监测需要全天候长时间序列的数据，而云覆盖对热红外地表温度反演的范围和精度都有很大影响，造成热红外遥感数据产品的价值和实用意义大打折扣；遥感影像反演的地表温度值各像元间的 LST 受太阳高度角、成像时间、纬度和 DEM 不同而具有不可比性，降低了草原旱情遥感监测精度；热红外遥感影像的空间分辨率较低，地表异构性热红外遥感影像的像元中带有大量的非同温混合像元，它在时空特性上的局限严重制约了不同尺度的草原旱情监测，导致不同时空尺度测量的同一区域、同一时段地表关键参数存在明显差异，降低了热红外遥感反演产品的实际应用价值。传感器技术也是进行草原生态环境监测的关键技术之一，大量的气候、土壤、水文等多种类型数据采集所需的传感器基本依赖于国外进口，价格较高，大范围采用较为困难，且目前建材系统中采用的传感器集成度不高，造成了监测系统运行效率和系统冗余度不高，难以在复杂野外条件下长期稳定运行，限制了所采数据的完整性和准确性。

2. 监测体系尚不健全，固定监测点建设落后，评价指标体系不统一　当前我国草地监测体系尚不健全，23 个承担草原监测任务的省区监测点的工作内容和规范尚不统一，国家级固定监测站点数量和人员配置较少，机构尚不健全，软硬件投入也尚待加强，难以满足繁重的草原生态环境监测的工作需要。缺乏合理的草原生态环境监测评价标准，各地区开展了大量的区域性草原生态环境监测评价研究，但是在评价方法和评价指标上无法匹配我国草原环境的整体宏观评价，这些现有的草原生态环境监测指标无法进行区域迁移，或者评价指标的易获性差，日常工作中获取难度大，未能严格按照标准进行监测工作，且难以用于生产和管理决策；这类型的草原生态环境监测通常带有监测范围小，研究周期短，缺乏系统的动态研究等特点，不能满足开展周期性监测评价的需求，很难为草原管理决策和评价政策效益提供准确、及时的数据。综合问卷调研的结果（图 26-1），在针对草原生态环境监测频率方面，全国有 81% 的区域进行了 5 年以上的连续监测，但是剩余地区对草原生态环境监测的关注较少，约 7% 的地区才刚刚开始进行连续监测；在监测的执行情况方面，能够做到实时监测的区域占比 36%，每年 1 次、看情况而定的地区占比较高。有 3/4 的区域都做到了按照标准监测，仍有少部分区域处于随机监测的状态，草原生态环境的数据监测质量仍需把控。可见，提供规范化的监测标准，能够很大程度地提高数据质量、数据可用性，未来不仅要努力制定规范化的标准，也要督促各级草原监测机构严格按照标准进行，进一步解决在数据获取方面的问题。

3. 数据传输技术落后，数据的完整性和实时性不高　我国草原生态环境监测数据量大，数据种类丰富，但是数字化资源总量不高，存在数据不完整，数据实时性不足等情况，阻碍了数据的进一步挖掘和分析，降低了草原生态环境监测数据的实用价值。在无线传感器网络

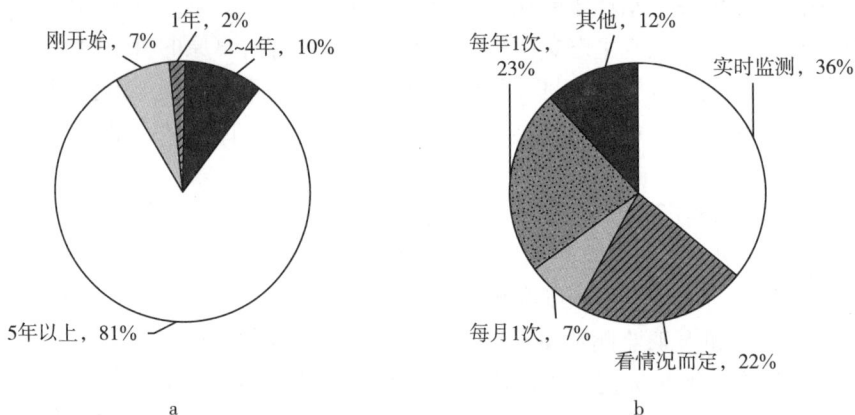

图 26 - 1　草原生态环境监测现状调研结果

a. 您所在区域开展草原生态环境监测的时间占比；b. 您所在区域开展草原生态环境监测的频率占比

的研究方面，由于草原特有的生态环境特征，如分布面积范围广、野外环境恶劣等问题，都增加了系统布设、软硬件长期不间断监测的难度，迫切需要解决无线传感器的安全、成本、能耗、移动性管理、节点大规模部署等问题。调查研究指出，草原生态环境监测中面临的植被生长周期短且变化迅速等问题突出，必须将远程遥感监测与地面的物联网监测技术相结合，面对广阔的草原和复杂的野外环境，只有不断推动草原固定监测点的建设，加强重点区域地面观测站建设和传输，才能保证数据传输中的安全及数据的完整性。

4. 草原生态环境监测方面的数据分析和处理能力有待提高　大量类型多变的监测数据在分析处理过程中去精确地捕捉和分析关键信息，发挥其真正价值，都需要借助专业的分析工具和强大的技术支持。随着对地观测技术的飞速发展，遥感数据也呈现爆发式增长，具有容量大、难辨识、多维度和非平稳的特征。但时空数据挖掘的难度大，数据更新频繁，数据存储、数据库建设要求高，都使得遥感数据在数据的多维不确定性、非线性关系及多元数据融合方面的问题更加突出。此外，地理信息系统凭借其强大的数据管理和数据分析功能成为目前草原生态环境监测中最大的地理信息数据库之一。它所呈现的丰富的地理信息数据，有利于监测人员直观地查询、分析与统计可视化数据，提升草原生态环境监测结果真实性，分析被监测区域的地理信息特点；与遥感技术结合，形成各种专题图，为正确决策提供依据，在草原生态发展的规划和地理资源的管理以及灾害的预测和预警方面都具有不可替代的作用。但是，我国在草原生态环境监测数据分析和处理方面仍存在较多不足。例如在数据分析过程中，我国往往依靠本地化参数后的国外模型开展工作，缺乏基于我国草原生态环境特点开发的自主模型，造成当前的数据分析方法在我国草原环境中的适应性不高。调查结果显示，草原生态环境监测相关的从业者们都指出，如何充分挖掘高分数据的价值，提高利用效率，结合其他数据类型，建立相关模型，获取不同级别的数据产品至关重要。

5. 草原生态环境监测结果应用不广泛，未能实现常态化　在"数据-方法-产品-应用"的转化上不连贯，配套技术成熟度低。按照草原生态环境监测标准，各个野外生态实验站统一开展监测工作，获得了包括草原资源、草原生产力、草原利用、天然草原和人工草原产草量、草原火灾、草原鼠灾、草原旱灾等多种情况统计，进行简单的汇总分析，相应的监测数据应用领域范围小，且大部分监测成果存放在各个生态站数据库中，并未进行成果应用推广，因此，很难深入挖掘监测数据的潜在价值，不能将监测信息转化成现实成果。例如，多数情况下，仅仅完成了对草原灾害监测程度的分类和频数分析，没有结合实际生产管理将监测结果运用在草原灾害预警中。此外，我国的草原生态环境监测获取的常规观测数据，存在产品单一、精度不高的问题。据统计，2016 年以来，草原生态环境监测和信息服务体系方面的专利申请数量持续增加，且专利来源国家和专利受理国家中，我国都具有绝对的数量优势，但是我国的科技成果转化率却远低于欧美发达国家，仅有 20%，最终能够实现产业结合的仅占 5%，大部分科技成果处于闲置状态，未能在草原生态环境监督管理中发挥重要作用；同时，大量的草原生态环境信息服务产品仅在小范围内应用，由各个高校、科研单位的研发团队自主使用，没有对外开放使用权限。结合当前情况，我国科学技术、专利转化滞后的问题需要解决，就需要建立产学研合作的长效机制，科学研究和专利申请不能为了研究而研究，未来应该以市场需求为导向，建立配套的专利转化服务机制。

（三）需求

1. 加强草原固定监测体系建设　将推动草原固定监测点建设作为草原生态环境监测体系建设的突破口，各省、市要认真组织开展固定监测点建设工作，确保固定监测点选址科学、建设规范。按需增加国家级草原固定监测点数量，不断优化固定监测点网络布局，扩大监测范围。草原生态环境监测评价是一项长期而系统的工程，草原灾害监测预警、草原健康评价及草原决策管理均包含一系列复杂的因素，如生物、土壤、水分、气象、其他因素等，所以建立中长期监测评价机制，做好草原生态环境监测，是加大科学研究，有效防控灾害，保护草原生态环境的基础。分析草原生态环境变化规律，准确定量分析数据，摸清草原资源和草原生态环境质量动态变化过程和机制，确保草原生态系统良性循环；进行草原灾害区划研究，建立草原健康状况评价机制，对草原生态环境质量加强防控；建立草原灾害监测预警平台，从制度上出发，建立三位一体的预警平台，实现国家、省市、地县各层级草原生态环境监测标准化、规范化、统一化。国家保证草原生态环境常规监测和重点区域综合监测，每 3～5 年完成一轮。全国草原生态环境全面监测，每 10～15 年完成一次，不仅要实现全国草原生态环境变化的实时监测，还要定期发布监测成果，预防草原生态环境质量恶化，改善退化草原的生态环境，促进草原生态系统生态效益和经济效益的全面提升，实现草原资源可持续利用。

2. 完善相关政策法规体系　完善的政策保障是草原生态环境监测和信息服务体系规范化、产业化的重要支撑，我国草原生态环境信息服务体系建设仍处于起步阶段，在政府层面获得相应的政策支持至关重要。由于观念原因，人们对草原生态环境管理和利用缺乏足够的重视，且由于草原生态区域性和个性化特点，草原资源管理和信息服务无法单纯地进行复制、监管、保护等实施成本高、市场利润低，因此，需要相关部门加强对技术研发、产业化管理的相关机构的资金投入和相关资金补贴政策。法律支持也是必不可少的内容，但当前我国出台的草原法规仅有《草原法》，力度远远不足，应该在此基础上进一步修改和完善《草原法》及相关法律规范，并针对不同区域、不同用途的草原资源制定特色的管理规范，建立健全有效的草原监督管理机制，配套部门规划及具体实施中的规定或标准及奖惩措施，保证立法完整，有效力。统筹各类政府资源，最大幅度基于草原行业从业者相关政府资源支持，围绕草原资源管理和利用实施重大项目工程，加强草原资源环境监测和信息服务系统关键技术研究与应用示范，总结经验，建立可复制、可推广的模式。

3. 加强人才队伍建设，全面提升草原生态环境监测技术水平　加强人才队伍建设，提高从业人员专业性，建立激励机制，努力营造吸引高精尖人才的良好环境，积极引进管理人才,实施人才跨越式发展战略,并通过招录专业人才,补充现有人才库;积极组织学术、技术培训,建设懂专业知识、会先进技术的草原生态环境监督推广队伍。全面提升草原生态环境监测技术水平,一方面,保障从业人员的监测技术水平达到要求,通过举办草原监测技术专项培训班、邀请专家实地开展技术演练培训等方式保证所有草原生态环境监测人员都具备基础的专业知识,掌握先进的技术手段;另一方面,推动我国在草原生态环境监测方面的实用化技术研究发展,进行新一代多功能传感器、自主数据处理分析模型等关键技术研发。建立协调一致的物联网标准、监测硬件的技术标准,优化数据传输方法,在保证数据安全的情况下,实现稳定、高效传输。

三、农情监测与信息服务体系

(一) 现状

1. 农业遥感技术已成为我国农情动态监测的主要手段　农业遥感技术已广泛应用于我国农情实时监测,能够有效用于农情全貌的宏观把握。利用卫星遥感技术可以实现区域尺度农情遥感监测,无人机遥感技术可以实现园区及田块尺度农情遥感监测。90%以上的农情信息可以通过遥感平台来获取,农情监测不仅为农业生产的宏观管理提供客观的依据,而且为作物产量估测提供必不可少的资料(表 26-1)。目前大都采用卫星遥感数据、无人机遥感数据和地面遥感数据,同时发展了用高光谱遥感和雷达遥感监测作物长势。遥感监测作物长势技术上还有很大的发展空间,精度和准确性还未完全满足需要。在无人机遥感监测长势方面,还存在明显不足,包括研究应用的深度及广度不足、无人机影像和激光雷达数据的快速处理方法缺乏、遥感反演模型存在较大不确定性和传感器价格高等。

表 26-1　不同农情信息服务平台的主要数据来源

数据类型		全球信息和预警系统 (GIEWS)	美国农业部作物探测网站 (Crop Explorer)	中科普光公司多维遥感数据分析系统 (MARS 平台)	全球农情遥感速报系统 (CropWatch)	饥荒预警系统网络 (FEWS NET)
气象数据	降水	RS	RS	SL	RS	RS
	温度	RS	RS	SL	RS	RS
	蒸散	—	RS	SL	RS	RS
	日照	—	RS	SL	RS	RS
	湿度	—	—	SL	—	—
	积雪	RS	RS	SL	—	—
土壤数据	土壤水分	RS	RS	—	RS	RS
	土壤养分	I	I	I	I	—
长势数据	植被指数	RS	RS	RS	RS	RS

注:RS 代表基于遥感的反演数据;SL 代表基于模型的模拟数据;I 代表基于地面采样的插值数据;—代表无数据。

2. 农业信息服务是指导农业生产的重要手段　农业信息服务建立在农情监测结果之上,为农业生产提供有用指导。如信息服务的诊断技术,实现了氮素营养诊断的实时性和准确性。诊断是指从作物生长的条件和环境等影响作物长势的因素出发,对作物的长势进行评价。传统农作物信息诊断方法存在劳动强度大、诊断时间长、操作技术要求高、受人为主观因素影响大等缺陷,限制了诊断的实时性和准确性,目前已发展了基于遥感技术的氮素诊断算法,如阈值法、氮肥优化算法以及氮营养指数法等;然而,还缺少可以进行大面积作物营养诊断的设备和技术,因此急需开发基于农机、无人机等平台的作物营养诊断技术,为大面积诊断营养状况提供技术支持。

3. 作物长势监测系统是提供农情信息服务的可靠平台 作物长势监测系统已广泛应用于农情信息服务,为作物长势监测提供了可靠的信息,如联合国粮农组织建立的 GIEWS 系统,实现全球覆盖,以国家为监测单元,月度更新农情信息。美国农业部利用 Crop Explorer 系统发布全球农情结果,利用 CropScape 和 VegScape 分别对外发布全美农作物分布和作物生长状况遥感监测,并按月发布美国主要农作物产量预测报告。欧盟农业局利用 MARS 系统开展作物面积估算与产量预测研究。然而,这些系统的拥有权仅为该国和国际组织,各系统主要产出作物长势监测信息,仅部分系统开展产量估算,缺乏有效的单产预测方法。另外,系统不能自动处理卫星影像,且数据源单一;大部分系统相对孤立,农情监测与分析工作无法由外部人员参与。中国农业科学院开发的 CHARMS 系统在全球尺度提供农情遥感监测信息,涵盖农情在线监测、信息在线查询、农情在线分析、信息发布于一体的全球农情遥感速报系统。未来将加强与大数据、人工智能技术的结合,充分发挥计算机技术的优势,提升作物监测系统的鲁棒性和智能化。

4. 农情监测与信息服务的集成是实现智慧农业的必经之路 农情监测与信息服务的集成是推动现代农业的有效手段,能够将农情监测结果快速传送到用户手中。如监测仪+App、物联网监测系统、卫星遥感监测服务平台3类基本的技术形式,实现了为不同规模和类型用户群体提供农情监测服务。目前我国农情卫星遥感监测平台由中国科学院 CropWatch 研制,提供全球、国家、地区等不同空间尺度的农情遥感监测信息,并以云服务的形式提供专题地图、报告等多种信息产品,用于区域决策,直接为农业生产者提供管理措施支持服务。目前,国内多家科研院所和农业信息化企业研制出农情监测的便携式设备及配套 App,并在园区尺度构建了物联网系统。便携式监测设备主要集中在作物长势及氮肥营养方面,提升了一线农技人员及种植农民看苗诊断的能力,发展快速;物联网监测系统依靠其信息采集终端的特性,成为多数农业科技园区信息化建设的重要方向,73.1%的受访种植企业愿意在下一步的信息化建设中搭建物联网平台(图 26 - 2)。此外,我国超过 90%的农民群体均拥有手机,这也为我国农情监测与信息服务技术的应用提供了特有且稳定的条件保障。

(二)问题

1. 农情监测数据获取能力不足 我国农情信息采集面临诸多重大技术难题,如数据获取能力不足,单一遥感平台获取数据效率有限且不全面等。构建天空地网一体化农情数据获取平台可以有效推进农业现代化发展,目前,对于各类跨平台的农情数据难以做到协同感知和自动处理,数据质量低,兼容性不足,难以建立天空地网一体化监测系统的数据统一处理分析体系。

2. 农情监测与服务系统使用率低 农情监测与服务系统在实际应用中面临诸多困难,用户使用率较低。项目组调研数据显示(图 26 - 3),超过 50%的受访者认为一线农民对农情监测与服务系统无积极性,超过 65%的受访者通常仅根据自己的经验判断作物长势。60%的受访农业合作社认为当前仍然缺乏可靠的作物生长监测技术,以物联网、无人机为代表的新兴农情监测技术体系仍在研发完善中。70%以上的受访种植经营主体所面临的难题是缺乏信息化专业人才,一线农业信息技术人才的缺失使得农情监测缺少了主体,农技推广人

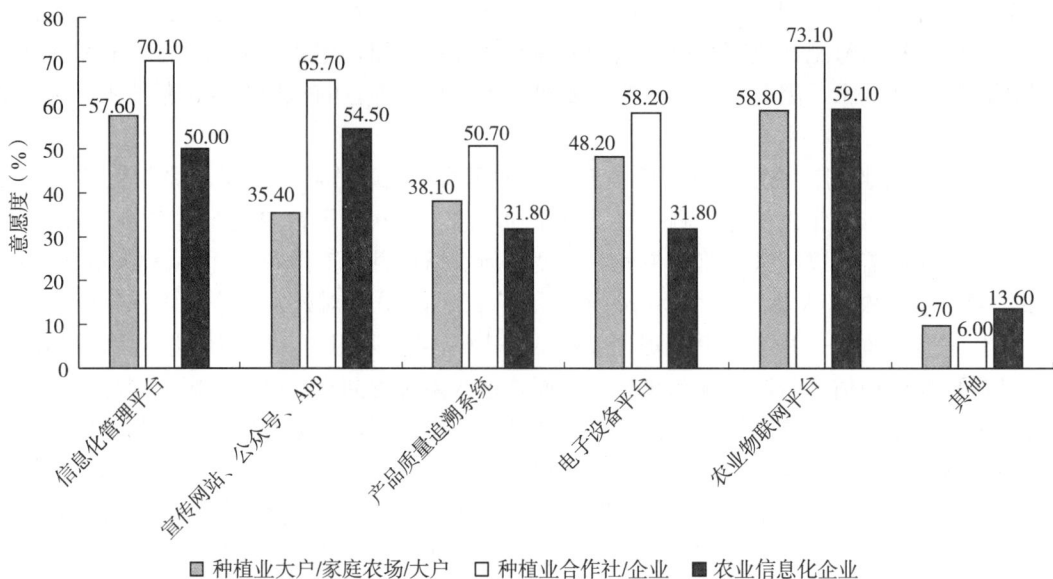

图 26-2　主要种植业经营主体信息化建设意愿
数据来源：项目组调查统计数据。

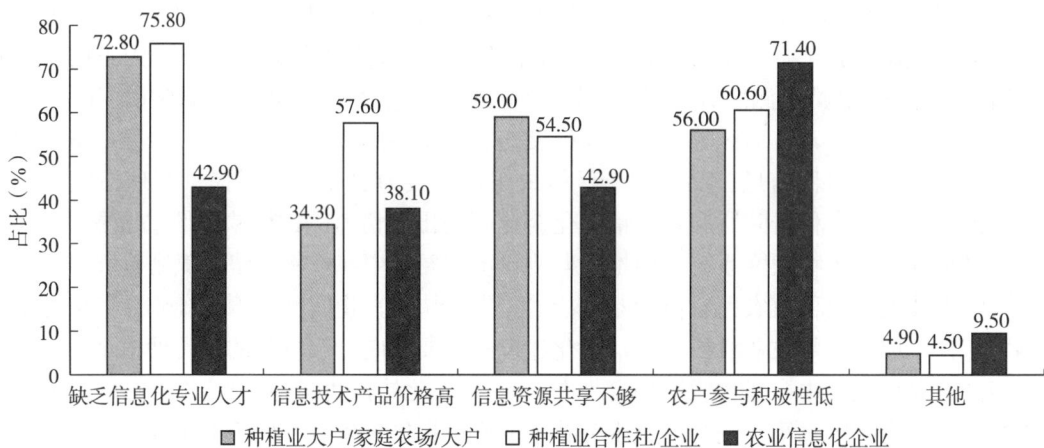

图 26-3　农情监测与服务系统使用率低的主要原因占比
数据来源：项目组调查统计数据。

员在县、市尺度缺少专职人员，无法推动系统的快速应用。

3. 农情监测与信息服务体系建设不完善　农情监测与信息服务体系建设不完善且面临重重困难。数据显示，61%受访者认为建设成本太高，缺少固定的运行和维护经费，面对高昂的成本，用户无法承担独立建设和维护系统的费用，这促使部分种植主体放弃使用新兴的农情监测技术。我国一线生产者包括新型经营主体，生产经营的信息化基础条件不足，多数生产者（93%）依赖智能手机作为信息化手段，缺乏新的监测设备，仅有5%的受访者对农情监测设备有所了解。

（三）需求

1. 提高农情监测技术的广适性和实用性　我国在农情监测领域的3S、传感器、大数据等技术研发不足，迫切需要全面提升监测与服务技术。一是需要实用性强的监测指标；二是需要智能化的诊断调控模型。农情监测与信息服务体系需针对农业生产者所关心的监测指标与诊断调控功能的完善进行创新，不断提升信息服务决策支持的准确性与时效性；目前的监测仅侧重叶绿素、LAI、叶倾角和生物量等研究性指标，还缺少叶龄、分蘖等实用化的指导肥水管理的监测指标。农情监测诊断调控需要结合决策模型、人工智能手段等，为一线农民提供最直接的决策指导，从而降低信息使用的技术门槛，提高技术的应用能力。

2. 完善农情监测与技术服务系统建设功能 农情监测与技术服务系统建设尚未成熟，迫切需要全面完善。一是需要提升系统建设的兼容性；二是需要提升系统建设的经济性。农情监测与信息服务体系需要与大屏、PC、手机、现代农机等多种设备兼容，提供内容准确、形式丰富的信息服务接口，解决信息服务"最后一公里"的问题。同时系统建设需充分结合"卫星—无人机—物联网—手持终端"多种监测平台的兼容性，保障系统后续的可扩展特性。农情监测与信息服务体系中所涉及的核心业务系统，需体现软件系统建设的经济性原则，满足农业生产者信息化建设成本的控制要求，并能够产生效益，提升技术的经济价值，从而保障业务系统生存和迭代。

3. 提升农情监测与技术服务系统业务服务能力 农情监测与技术服务系统业务服务能力较弱，迫切需要提升服务能力。一是需要业务服务一站式。农情监测与信息服务体系需要与整个农业农村信息化体系兼容一致，形成"生产—加工—流通—消费"一站式的信息服务门户，打破信息壁垒，避免多系统间烦琐切换，形成立体农业信息服务体系。二是需要业务服务专职性。农情监测与信息服务体系的完善，急需重要的人才与机构建设，专业事情让专门的人和专业的公司团队运行，以商业化的运行公司补充传统的农技服务体系，减轻用户学习负担，激发其对该技术的使用热情。

四、主要结论

（一）农业遥感技术已成为我国农业资源环境动态监测的主要技术，但监测时效性、准确性不能完全满足需求

遥感技术已成为我国农业资源调查、农作物估产和农业灾害监测与评估的重要技术手段，90%以上的农情信息可以通过遥感平台来获取。目前农情数据大都采用卫星遥感数据、无人机遥感数据和地面遥感数据，随着遥感技术的发展和农业应用需求的不断扩大，农业遥感应用领域也在不断拓展。农业遥感数据由以光学遥感数据为主扩大到雷达和高光谱数据，监测领域由传统作物监测扩大到资源、灾害和环境领域。同时，农业遥感监测已研发出不同尺度的作物关键参数的遥感定量反演算法、模型和系统，提高了遥感反演精度和信息服务体系的水平。

当前，遥感技术还存在很大的发展空间，比如在方法上仍存在混合像元、大气校正、尺度转换等诸多问题。模拟模型方法多考虑生态环境因子，对社会经济因子考虑不够。监测空间分辨率较粗，缺乏长时间序列的时空变化动态监测，监测时效性、准确性未完全满足需要，还需在遥感影像的时空分辨率、遥感信息的定量化处理、遥感监测的作物生长机理等方面开展深入研究。此外，无人机遥感监测作物长势还存在短板，比如研究的深度及广度不足、无人机影像和激光雷达数据的快速处理方法缺乏、遥感反演模型存在较大不确定性及传感器价格高等。总体而言，农业遥感技术的监测时效性、准确性尚无法满足现有信息服务对

象使用需求。

（二）农业资源环境监测网络已初步形成，但监管机构多，数据信息的共享程度低

我国农业部门的环境监测工作开始于 20 世纪 70 年代初，1983 年成立了农业部环境监测中心站，经过 40 余年的发展，全国省、市、县三级农业环境保护机构系统已建立，初步构建了以"两级两类"为主的农业环境监测的技术标准体系，基本建成了以农业农村部环境监测总站和农业农村部农业生态与资源保护总站为中心涵盖各省、市、自治区、重点地县的农业环境监测网络。但我国农业资源环境监测涉及部门多，主要包括农业农村部、水利部、自然资源部、生态环境部、国家气象局、国家林业和草原局等部门，每个部门都建有自己的监测网络平台，监测内容和指标有交叉重复，存在数据标准不一致、数据信息不共享、数据利用率低等问题。因此需要促进多部门的协作交叉，减少部门间的相互掣肘，形成跨部门、跨地区、跨学科的农业资源环境监测数据共享机制与平台体系。

（三）为不同服务对象提供农业信息服务是指导农业生产的重要手段

农业资源环境监测的关键是信息服务。为不同对象，如政府、企业经营主体、农户等，提供个性化、专业化、实用性、实时性的农业信息服务，这也是指导农业生产的重要手段。目前通过监测仪＋App、物联网监测系统、卫星遥感监测服务平台 3 类基本的技术形式，实现了为不同规模和类型用户群体提供农情监测服务。但是，信息服务系统研发与应用脱节导致系统应用的受众面小，专业系统开发人才、维护人员和服务网络匮乏、基础设施与条件落后也制约了信息服务。

综上所述，农业资源环境监测与信息服务的核心需求主要体现在监测指标实用化、服务管理智能化、信息服务系统建设兼容化、业务系统建设经济化、业务服务一站式和业务服务专职化需求。

第三节　农业资源环境监测与信息服务体系技术态势分析

一、农业水资源环境监测与信息服务体系建设技术态势分析

WOS 是一个多学科、综合性学术信息资源数据库，利用 WOS 核心数据库中 SCIE 子库对 1999—2018 年农业水资源监测研究领域的文献进行检索。通过反复修正和补充检索词，确定最终检索词包括：rainfall、precipitation、surface water、underground water、agricultural water resource（降雨量、降水、地表水、地下水、农业水资源）；检索学科包括：agriculture、environmental sciences、water resources、ecology、remote sensing、multidisciplinary sciences、engineering、computer science、meteorology & atmospheric sciences、geography、imaging science photographic technology（农业、环境科学、水资源、生态学、遥感、交叉学科、工程、计算机科学、气象学与大气科学、地理学、成像科学摄影技术）。通过检索后筛选整理，共计文献 17 613 篇。采用 Journal Citation Reports（期刊引文报告）、Essential Science Indicators（基本科学指标）等文献计量分析指标，利用 Derwent Data Analyzer（德温特数据分析器）等分析数据库和多种数据分析工具，对基于 SCIE 数据库检索到的农业水资源监测研究中的相关文献进行计量分析。

（一）发文趋势

在农业水资源环境监测研究中，1999—2018 年该领域核心期刊的论文发表量共计 17 613 篇，总体呈上升趋势（图 26-4）。过去 20 年，全球农业水资源环境监测研究发展趋

势大致可分为两个阶段：①1999—2007 年，全球论文发表量处于缓慢上升阶段，年均增长率为 9％左右；②2008—2018 年，全球论文发表量明显增加，年均增长率为 11％左右。1999—2018 年，美国、中国、澳大利亚、加拿大及欧盟已经成为全球在水资源监测技术领域的主要研究国家/地区。同时，这 5 个国家/地区能够覆盖全球大部分水资源监测科技论文且发文量呈现逐年增长趋势。中国在农业水资源环境监测领域的研究与全球发展基本保持一致，整体处于上升趋势。1999—2007 年，论文发表量增长较为缓慢，期间共发表论文 170 篇，2007—2018 年发文量处于快速增长阶段，至 2018 年论文发表量增至 412 篇，体现了中国对农业水资源监测的关注度逐渐加强。

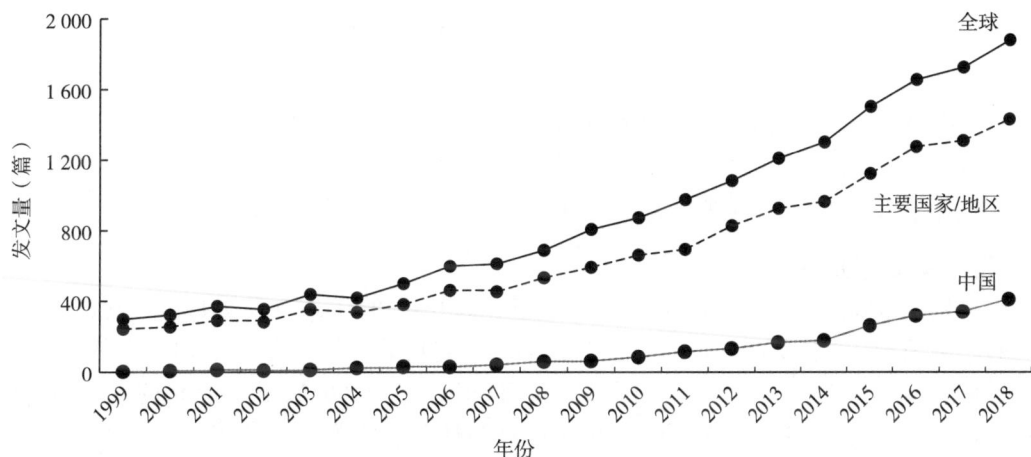

图 26-4　农业水资源监测领域全球、主要国家/地区和中国各年度发文量对比

（二）来源国家/地区分析

从发文量来看，欧盟稳居第一，其科研产出量遥遥领先，这显示了欧盟在水资源环境监测研究中的积极性和实力（表 26-2）。中国在水资源监测领域起步较晚，但从 2016 年起发文量已经赶超美国，并逐步显现出逼近欧盟的势头，如图 26-5 所示，其中横轴为年代，纵轴为国家，气泡大小为发文量。从篇均被引频次来看，美国位居第一，足见其巨大的科研影响力。我国科研产出量实力较强，位于第三位，但篇均被引频次（科研影响力）偏弱，与其他主要国家/地区尚有一定差距。

表 26-2　农业水资源监测领域主要国家/地区发文情况

排序	国家/地区	发文量（篇）	总被引次数（篇/次）	篇均被引（次/篇）
1	欧盟	5 565	147 913	26.58
2	美国	3 986	110 075	27.62
3	中国	2 304	34 662	15.04
4	澳大利亚	805	19 889	24.71
5	加拿大	739	17 299	23.41

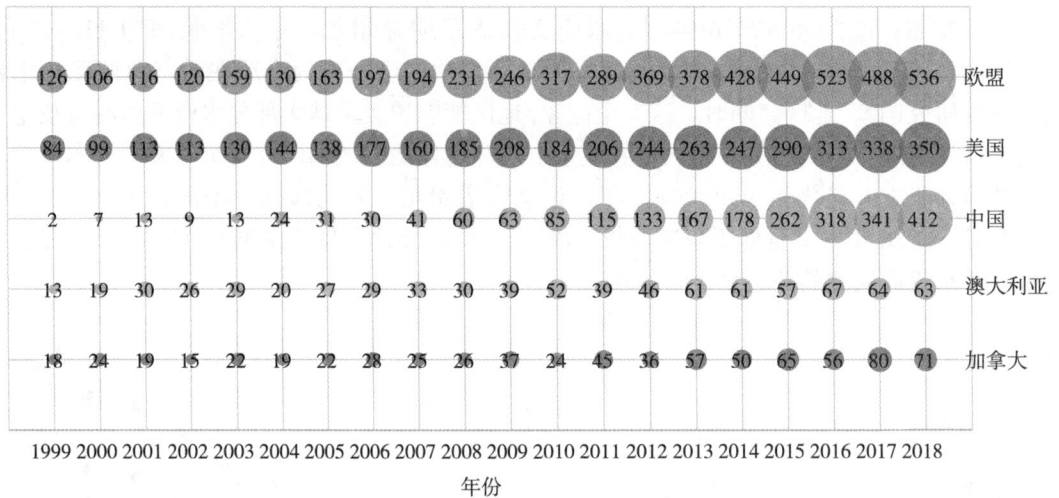

图 26 - 5 农业水资源监测领域主要国家/地区各年度发文量对比

（三）发文期刊分析

根据发文量筛选出农业水资源监测领域在全球和中国的 Top10 发文期刊（表 26 - 3、表 26 - 4）。中国发文量优势明显，但是发文量 Top10 期刊平均影响因子（3.173）低于全球的平均影响因子（4.166）。同时，中国发文量 Top10 期刊中影响因子最高的期刊为 *SCIENCE OF THE TOTAL ENVIRONMENT*（《整体环境科学》），其影响因子为 5.589，低于全球 Top10 期刊最高影响因子（7.913）。此外，相比全球高水平期刊年度发文情况，中国科学工作者们在 2003 年、2004 年才开始在水资源监测领域的高水平期刊发表论文，在前期每年每种高水平期刊的发文量仅为个位数，直到 2015 年以后，高水平期刊的发文量才开始呈现明显增长趋势。

表 26 - 3 农业水资源监测领域全球发文量 Top10 期刊情况

排序	期刊名称	影响因子	发文量
1	*JOURNAL OF HYDROLOGY*（《水文杂志》）	4.405	644
2	*SCIENCE OF THE TOTAL ENVIRONMENT*（《整体环境科学》）	5.589	564
3	*ENVIRONMENTAL MONITORING AND ASSESSMENT*（《环境监测与评价》）	1.959	439
4	*AGRICULTURAL WATER MANAGEMENT*（《农业水管理》）	3.542	387
5	*HYDROLOGICAL PROCESSES*（《水文过程》）	3.189	359
6	*REMOTE SENSING*（《遥感》）	4.118	280
7	*ENVIRONMENTAL EARTH SCIENCES*（《环境地球科学》）	1.871	267
8	*WATER RESEARCH*（《水研究》）	7.913	245
9	*WATER RESOURCES RESEARCH*（《水资源研究》）	4.142	244
10	*HYDROLOGY AND EARTH SYSTEM SCIENCES*（《水文学与地球系统科学》）	4.936	241

表 26 - 4　农业水资源监测领域中国发文量 Top10 期刊情况

排序	期刊名称	影响因子	发文量
1	*REMOTE SENSING*（《遥感》）	4.118	89
2	*JOURNAL OF HYDROLOGY*（《水文杂志》）	4.405	83
3	*ENVIRONMENTAL EARTH SCIENCES*（《环境地球科学》）	1.871	82
4	*SCIENCE OF THE TOTAL ENVIRONMENT*（《整体环境科学》）	5.589	71
5	*WATER*（《水》）	2.524	61
6	*ENVIRONMENTAL MONITORING AND ASSESSMENT*（《环境监测与评价》）	1.959	52
7	*ENVIRONMENTAL SCIENCE AND POLLUTION RESEARCH*（《国际环境科学与污染研究》）	2.914	41
8	*AGRICULTURAL WATER MANAGEMENT*（《农业水管理》）	3.542	40
9	*INTERNATIONAL JOURNAL OF REMOTE SENSING*（《国际遥感杂志》）	2.493	32
10	*NATURAL HAZARDS*（《自然灾害》）	2.319	32

（四）研究前沿与热点分析

1. 主要国家/地区研究热点　按照 4 个时间段（即 1999—2003 年，2004—2008 年，2009—2013 年和 2014—2018 年），基于关键词共现矩阵进行研究热点趋势分析。表 26 - 5 为 1999—2018 年热点词频汇总，侧重于内容、方法和区域 3 方面。从内容方面分析，水质是农业水资源持续监测的热点，前 10 年多集中在地表水、地下水及径流；近 10 年，气候变化成为关注的热点，对干旱、降水、土壤水及蒸散发研究较多。在方法层面，多是利用模型、遥感、GIS、地面观测，近年来，遥感技术逐渐成为主流。区域尺度上，澳大利亚、西班牙、中国是监测的热点地区，中国逐渐成为重点区域，非洲成为新的研究热点区域。

表 26 - 5　1999—2018 年农业水资源监测研究热点词频汇总

时间	1999—2003	2004—2008	2009—2013	2014—2018
内容 （词频）	water quality （水质）（48）	water quality （水质）（67）	climate - change （气候变化）（143）	climate - change （气候变化）（256）
	surface - water （地表水）（41）	precipitation （降水）（52）	water quality （水质）（136）	water quality （水质）（175）
	groundwater （地下水）（38）	surface - water （地表水）（52）	precipitation （降水）（95）	drought （干旱）（153）
	runoff （径流）（36）	groundwater （地下水）（50）	surface - water （地表水）（86）	precipitation （降水）（152）
	nitrogen （氮）（34）	runoff （径流）（47）	evapotranspiration （蒸散发）（77）	soil - moisture （土壤湿度）（127）
	precipitation （降水）（33）	irrigation （灌溉）（45）	runoff （径流）（73）	groundwater （地下水）（124）
	rainfall （雨水）（30）	rainfall （雨水）（41）	irrigation （灌溉）（72）	evapotranspiration （蒸散发）（122）
	phosphorus （磷）（25）	climate - change （气候变化）（40）	drought （干旱）（68）	surface - water （地表水）（108）

（续）

时间	1999—2003	2004—2008	2009—2013	2014—2018
方法（词频）	model（模型）（35）	remote sensing（遥感）（39）	remote sensing（遥感）（117）	remote sensing（遥感）（189）
	remote sensing（遥感）（27）	model（模型）（35）	model（模型）（49）	model（模型）（67）
	GIS（地理信息系统）（10）	GIS（地理信息系统）（18）	GIS（地理信息系统）（22）	GIS（地理信息系统）（26）
	radar（雷达）（6）	eddy covariance（涡度相关法）（9）		eddy covariance（涡度相关法）（23）
		sensor（传感器）（9）		
区域（词频）	australia（澳大利亚）（6）	china（中国）（16）	china（中国）（29）	china（中国）（51）
	spain（西班牙）（5）	spain（西班牙）（9）	australia（澳大利亚）（17）	africa（非洲）（14）
	china（中国）（4）	australia（澳大利亚）（8）	spain（西班牙）（12）	spain（西班牙）（13）

2. 主要科研机构研究热点　根据发文量，选出国内外 Top5 机构，对研究内容与研究方法进行汇总和比较（表 26 - 6）。在内容方面，国内监测集中在与气候变化相关的降水、土壤湿度、蒸散发及干旱等方面，国外更多关注灌溉、地下水、地表水、径流及磷的监测。在方法层面，国内监测主要是"遥感监测＋地面观测"，国外监测方法更多样立体，将遥感监测、地面传感器监测和地表观测相结合。

表 26 - 6　1999—2018 年主要科研机构研究热点对比

Top5 机构	中国科学院	美国农业部	美国地质调查局	西班牙高等科学研究理事会	佛罗里达大学
研究内容（词频）	climate change（气候变化）（30）	irrigation（灌溉）（15）	climate – change（气候变化）（11）	badlands（劣地）（9）	irrigation（灌溉）（8）
	precipitation（降水）（30）	runoff（径流）（15）	groundwater（地下水）（7）	water stress（水胁迫）（8）	groundwater（地下水）（7）
	soil - moisture（土壤湿度）（24）	evapotranspiration（蒸散发）（13）	water quality（水质）（7）	drought（干旱）（6）	hydrology（水文）（6）
	evapotranspiration（蒸散发）（22）	water quality（水质）（11）	evapotranspiration（蒸散发）（6）	groundwater（地下水）（6）	nitrogen（氮）（6）phosphorus（磷）（5）
	drought（干旱）（19）	phosphorus（磷）（9）	precipitation（降水）（6）	irrigation（灌溉）（6）	evapotranspiration（蒸散发）（5）
研究方法（词频）	remote sensing（遥感）（25）	remote sensing（遥感）（10）	remote sensing（遥感）（5）	remote sensing（遥感）（5）	remote sensing（遥感）（6）
		sensors（传感器）（7）			sensor（传感器）（6）
	eddy covariance（涡度相关法）（6）	eddy covariance（涡度相关法）（3）		eddy covariance（涡度相关法）（3）	GIS（地理信息系统）（2）

二、农业土地资源环境监测与信息服务体系建设技术态势分析[①]

利用 WOS 核心数据库中 SCIE 子库，围绕"土地利用""耕地"及"监测"的同义词、变形词等制定检索式，检索时间为 1999—2018 年，共获取文献 25 276 篇。采用 JCR、ESI 等文献计量分析指标，利用 DDA 等多种数据分析工具，对基于 SCIE 数据库检索到的农业土地资源监测研究中的相关文献进行计量分析。

(一) 发文趋势

在农业土地资源环境监测与信息服务体系建设研究中，全球 1999—2018 年该领域核心期刊论文发表量共计 25 276 篇，论文数量整体上处于上升趋势（图 26-6）。对比全球、主要国家/地区（欧盟、美国、中国、加拿大和澳大利亚）和中国 3 组数据，1999—2018 年，该领域各年度论文发表量变化趋势大体一致，均呈现逐年上升趋势。其中，1999—2008 年，该领域论文论文发表量增加较为缓慢，2009—2018 年增加较为明显，进入快速发展时期。

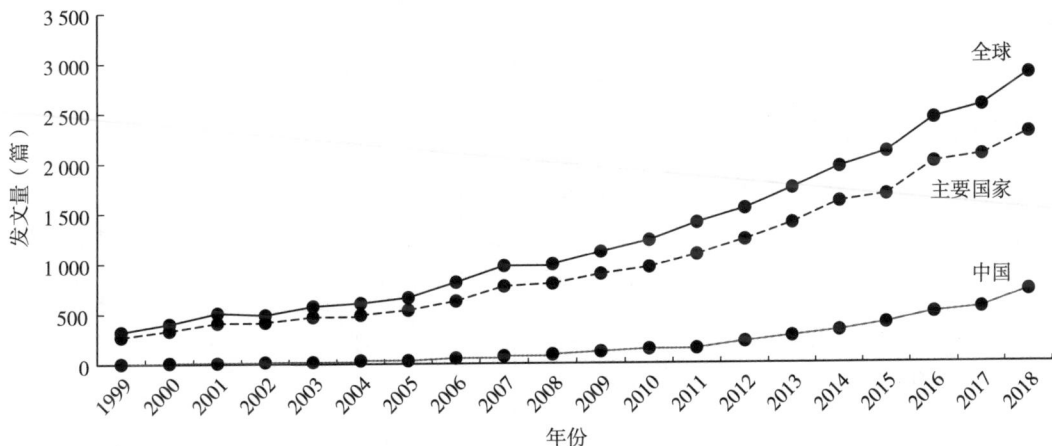

图 26-6 农业土地资源监测领域全球、主要国家和中国各年度发文量对比

(二) 主要国家研究力量分析

从发文数量看，1999—2018 年发文量最高的 5 个国家/地区分别是欧盟、美国、中国、加拿大和澳大利亚，占全球总发文量的 80%。2012 年之后欧盟、美国和中国每年的发文量处于相当的数量级，加拿大和澳大利亚的年发文量数量级相当。中国的发文量在 2012 年有一次跳跃式发展，数量上升迅速，随后保持良好的上升势头，并在 2016 年超过美国的年发文量（图 26-7）。

从发文质量看，1999—2018 年，中国高水平论文较少。欧盟发文量最高，但篇均被引频次不是最高，在 Top5 国家中排名倒数第二，说明其发文数量占优，但论文质量不是最好。美国发文量第二，篇均被引次数也是第二，说明其论文数量和质量协调发展。澳大利亚发文量第五，但篇均被引频次最高，论文质量最好。而中国的发文量排名第三，但篇均被引频次在 Top5 国家中排名最低，论文质量有待提高（表 26-7）。对比中国与主要国家发文量前十的期刊发现，该领域主要国家发文量前十的期刊影响变化因子在 2.776 以上，其中影响因子最高为 8.880。而中国在主要发文期刊的影响因子只有 1.464~5.589，与主要国家有一

---

① 本节内容来自作者发表论文。

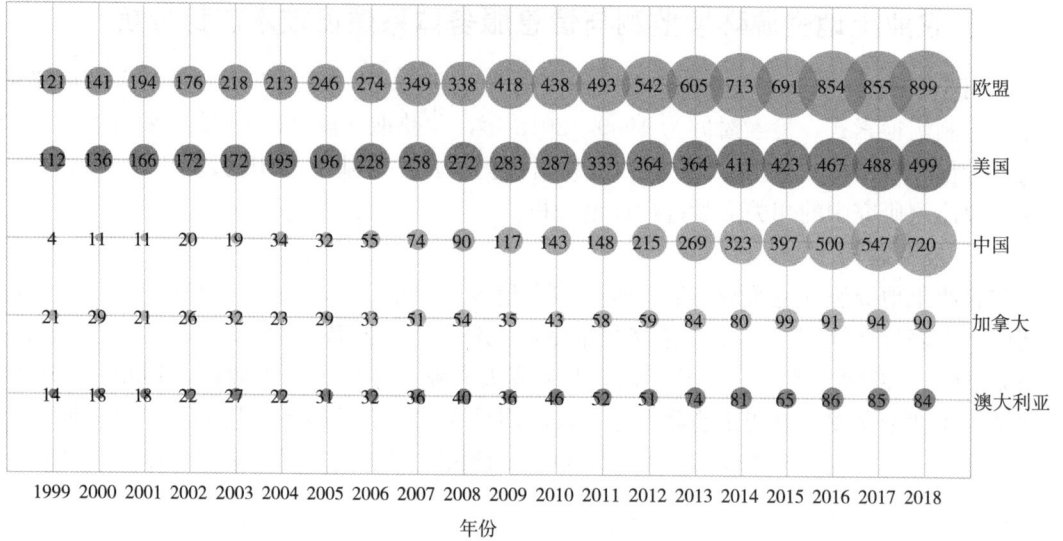

图 26 - 7　农业土地资源监测领域 Top5 国家的发文产出趋势

定差距（表 26 - 8）。

表 26 - 7　农业土地资源监测领域 Top5 国家/地区

单位：篇

排序	发文国家	发文量（篇）	总被引次数（次）	篇均被引（次）
1	欧盟	8 778	59 697	6.80
2	美国	5 826	73 811	12.67
3	中国	3 729	15 131	4.06
4	加拿大	1 052	11 848	11.26
5	澳大利亚	920	13 439	14.61

表 26 - 8　主要国家及中国发文量 Top10 期刊

排序	主要国家			中国		
	期刊名称	2018 年影响因子	发文量（篇）	期刊名称	2018 年影响因子	发文量（篇）
1	SCIENCE OF THE TOTAL ENVIRONMENT（《整体环境科学》）	5.589	615	SUSTAINABILITY（《可持续发展》）	2.592	164
2	JOURNAL OF HYDROLOGY（《水文杂志》）	4.405	462	REMOTE SENSING（《遥感》）	4.118	133
3	AGRICULTURE ECOSYSTEMS & ENVIRONMENT（《农业、生态系与环境》）	3.954	405	SCIENCE OF THE TOTAL ENVIRONMENT（《整体环境科学》）	5.589	120

（续）

排序	主要国家			中国		
	期刊名称	2018年影响因子	发文量（篇）	期刊名称	2018年影响因子	发文量（篇）
4	*REMOTE SENSING*（《遥感》）	4.118	359	*JOURNAL OF HYDROLO-GY*（《水文杂志》）	4.405	97
5	*PLOS ONE*（《公共科学图书馆·综合》）	2.776	309	*ENVIRONMENTAL EARTH SCIENCES*（《环境地球科学》）	1.871	92
6	*REMOTE SENSING OF EN-VIRONMENT*（《环境遥感》）	8.218	300	*CATENA*（《系列》）	3.851	91
7	*GEODERMA*（《土壤科学》）	4.336	299	*PLOS ONE*（《公共科学图书馆·综合》）	2.776	83
8	*ECOLOGICAL INDICATORS*《生态指数》	4.490	297	*CHINESE GEOGRAPHICAL SCIENCE*（《中国地理科学》）	1.464	71
9	*GLOBAL CHANGE BIOLO-GY*（《全球变化生物学》）	8.880	276	*ECOLOGICAL*（《生态学》）*INDICATORS*（《生态指标》）	4.490	70
10	*HYDROLOGY AND EARTH SYSTEM SCIENCES*（《水文学与地球系统科学》）	4.936	265	*INTERNATIONAL JOUR-NAL OF REMOTE SENSING*（《国际遥感杂志》）	2.493	66

（三）主要机构研究力量对比

1999—2018 年，在农业土地资源监测与信息服务体系建设研究中，发文量最高的 5 个机构分别是中国科学院、美国地质调查局、北京师范大学、美国农业部及西北农林科技大学（中国有 3 家，美国有 2 家），占全球发文量的 8%。从论文篇均被引频次看，美国农业部及美国地质调查局遥遥领先，分别为 31.04 和 22.69，而中国的 3 家机构篇均被引频次相对较低，最高为 10.17。整体来看，中国机构虽然在论文数量上占据优势，但高水平论文较少，影响力不足（表 26-9）。

表 26-9　农业土地资源监测领域 Top5 研究机构

排序	发文国家	发文量（篇）	总被引次数（次）	篇均被引（次）
1	中国科学院	1 258	8 977	7.14
2	美国地质调查局	232	5 264	22.69
3	北京师范大学	222	2 257	10.17
4	美国农业部	194	6 021	31.04
5	西北农林科技大学	144	1 053	7.31

（四）研究热点及演变趋势

1. 主要国家/地区研究热点　利用 VOSviewer 软件，按照 4 个时间段切片（即 1999—2003 年，2004—2008 年，2009—2013 年和 2014—2018 年），对该领域主要国家/地区基于关键词共现矩阵的研究热点趋势进行分析。结果表明，在 1999—2003 年，研究前沿主要聚焦在 dynamics（动态变化）、land－use（土地利用）、nitrogen（氮）、model（模型）和 soil（土壤）等。在 2004—2008 年，研究前沿主要聚焦在 dynamics（动态变化）、land－use（土地利用）、nitrogen（氮）、model（模型）和 soil（土壤）等。在 2009—2013 年，研究前沿主要聚焦在 land－use（土地利用）、dynamics（动态变化）、model（模型）、land－use change（土地利用变化）和 nitrogen（氮）等。在 2014—2018 年，研究前沿主要聚焦在 land－use（土地利用）、dynamics（动态变化）、land－use change（土地利用变化）、climate change（气候变化）和 impact（影响）等（表 26－10）。

表 26－10　农业土地资源监测领域的研究热点及变化趋势

时间	1999—2003 年	2004—2008 年	2009—2013 年	2014—2018 年
研究内容（词频）	dynamics（动态变化）（284）	land－use（土地利用）（543）	land－use（土地利用）（1 158）	land－use（土地利用）（2 101）
	land－use（土地利用）（240）	dynamics（动态变化）（537）	dynamics（动态变化）（933）	dynamics（动态变化）（1 629）
	nitrogen（氮）（179）	land－use change（土地利用变化）（287）	land－use change（土地利用变化）（565）	climate－change（气候变化）（1 246）
	soil（土壤）（159）	nitrogen（氮）（269）	climate－change（气候变化）（532）	land－use change（土地利用变化）（1 026）
	management（管理）（132）	management（管理）（247）	management（管理）（498）	impact（影响）（869）
	vegetation（植被）（125）	soil（土壤）（229）	nitrogen（氮）（358）	management（管理）（831）
	forest（林地）（119）	forest（林地）（193）	impact（影响）（348）	vegetation（植被）（608）
	land－use change（土地利用变化）（119）	vegetation（植被）（178）	vegetation（植被）（338）	biodiversity（生物多样性）（569）
	carbon（碳）（94）	climate－change（气候变化）（171）	soil（土壤）（303）	nitrogen（氮）（543）
研究方法（词频）	model（模型）（195）	model（模型）（324）	model（模型）（546）	model（模型）（908）
	GIS（地理信息系统）（48）	GIS（地理信息系统）（101）	GIS（地理信息系统）（184）	remote sensing（遥感）（320）
	simulation（模拟）（48）	remote sensing（遥感）（89）	remote sensing（遥感）（180）	simulation（模拟）（239）
	remote sensing（遥感）（43）			GIS（地理信息系统）（199）
研究区域（词频）	The United States（美国）（66）	The United States（美国）（147）	The United States（美国）（307）	China（中国）（529）
	Australia（澳大利亚）（21）	China（中国）（72）	China（中国）（197）	The United States（美国）（311）
	Canada（加拿大）（17）	Europe（欧盟）（46）	Europe（欧盟）（67）	Europe（欧盟）（120）
	China（中国）（17）	Australia（澳大利亚）（35）	Australia（澳大利亚）（54）	Australia（澳大利亚）（71）
	UK（英国）（16）	UK（英国）（30）	Spain（西班牙）（49）	Africa（非洲）（69）

从研究内容上看，"土地利用变化"（land－use change）、"田间管理"（management）、"氮"（nitrogen）是该领域持续监测的热点，前 10 年多集中在"土壤"（soil）、"碳"（carbon）的研究；近 10 年，"气候变化及其影响"（climate change and its impacts）和"生物多样性"（biodiversity）成为关注的热点。从研究方法上看，"模型"（model）是该领域监测

中的常用手段，前期"地理信息系统（GIS）"应用较多，近 5 年"遥感"（remote sensing）成为主要方法。从研究区域上看，早期对美国、澳大利亚、加拿大研究较多，近 5 年中国、美国、欧洲、加拿大、非洲成为热点地区。

2. 主要科研机构研究热点　对比中外研究机构发现，从内容上看中国的科研机构侧重土地利用变化、气候变化及城镇化监测的影响，国外的科研机构则更加关注对土地利用变化、生态系统、氮及土壤有机质的监测。从研究方法上看，各机构的研究方法相似，多基于"模型"与"遥感"（表 26 - 11）。

表 26 - 11　农业土地资源监测领域主要机构研究热点及变化趋势

Top5 机构	中国 科学院	北京 师范大学	西北 农林科技大学	美国 地质调查局	美国 农业部
研究内容 （词频）	land - use change （土地利用变化）(286)	land - use change （土地利用变化）(54)	loess plateau （黄土高原）(43)	land - use change （土地利用变化）(64)	management （管理）(27)
	impact （影响）(137)	climate change （气候变化）(36)	land - use change （土地利用变化）(33)	climate change （气候变化）(26)	nitrogen （氮）(22)
	climate change （气候变化）(130)	impact （影响）(26)	nitrogen （氮）(24)	impact （影响）(20)	soil （土壤）(22)
	vegetation （植被）(93)	management （管理）(22)	impact （影响）(16)	ecosystems （生态系统）(18)	land - use （土地利用）(19)
	management （管理）(89)	urbanization （城镇化）(17)	climate change （气候变化）(15)	land cover （土地覆盖）(16)	organic matter （有机质）(18)
研究方法 （词频）	model （模型）(113)	model （模型）(21)	model （模型）(12)	model （模型）(23)	model （模型）(15)
	remote sensing （遥感）(73)	remote sensing （遥感）(10)			remote sensing （遥感）(7)

三、草原生态环境监测与信息服务体系建设技术态势分析

（一）基于文献计量分析

本研究检索国内外文献来自以下数据库：国际论文来自 WOS 核心合集数据库中的 SCI 核心期刊论文索引和 CPCI - S 科学技术会议录索引（Conference Proceedings Citation Index - Science）。检索时间范围为 2000—2019 年，经专家筛选后论文数量为 24 721 篇，采用 DDA 和 WOS 平台的引用分析功能进行分析。

1. 发文趋势　草原生态环境监测与信息服务体系领域论文涉及 5 个技术分类，分别为草原资源监测、草原环境监测、草原灾害监测、草原利用监测和草原信息服务。图 26 - 8 为草原生态环境监测与信息服务体系领域 SCI 论文随年代的变化情况。从年度发文量来看，全球生态环境监测、评价与信息服务领域的发文量呈现整体上扬但后期略有下降的态势。2017 年是发文量顶点，为 2 020 篇；2000—2019 年，在发文量整体上扬的大趋势下，出现 4 个下降年份，分别为 2007 年、2012 年、2016 年和 2018 年。各技术分类的年度发文数量趋势与总论文年度趋势相似。

2. 主要国家研究力量分析　论文来自全球 160 个国家/地区，其中发文排名前 10 位的

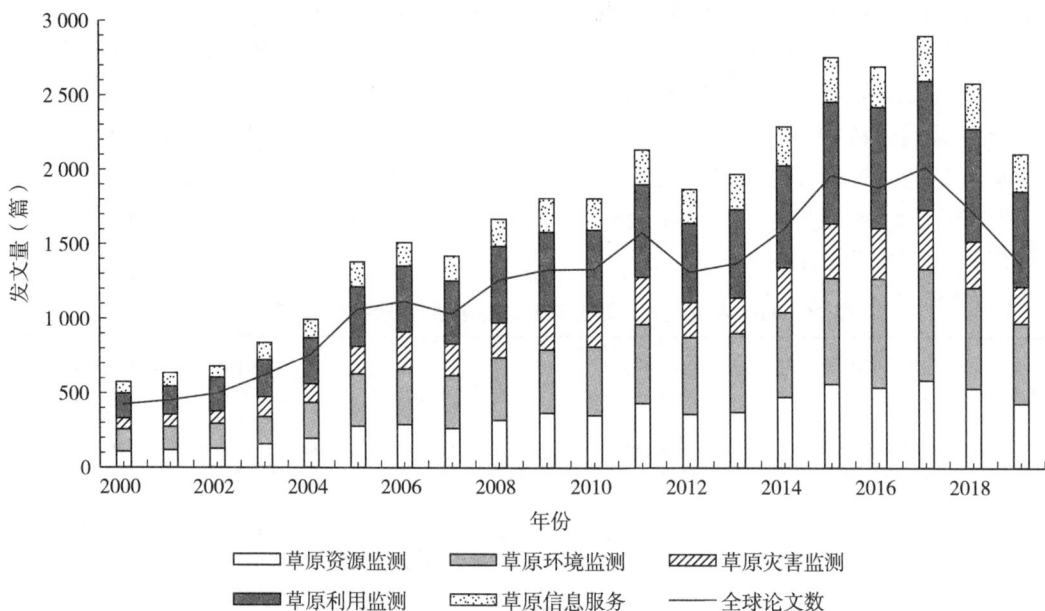

图 26-8　草原生态环境监测与信息服务体系领域 SCI 论文发表总体情况

国家分别是美国、中国、澳大利亚、德国、英国、巴西、加拿大、法国、南非、新西兰和瑞士（新西兰、瑞士并列第 10）。图 26-9 显示了全球草原生态环境监测与信息服务体系领域发文量 Top10 国家/地区 SCI 论文分布情况，可知该领域的主要技术集中在发文量 Top10 的国家中。美国发文量排名第 1 位，为 7 627 篇，中国紧随其后，排名第 2 位，但总数量仅为美国的 47.02%，为 3 586 篇。排名第 3 位的澳大利亚为 2 306 篇，与中国发文量也有差距。发文量 1 000 篇以上的还有德国、英国、巴西、加拿大和法国。

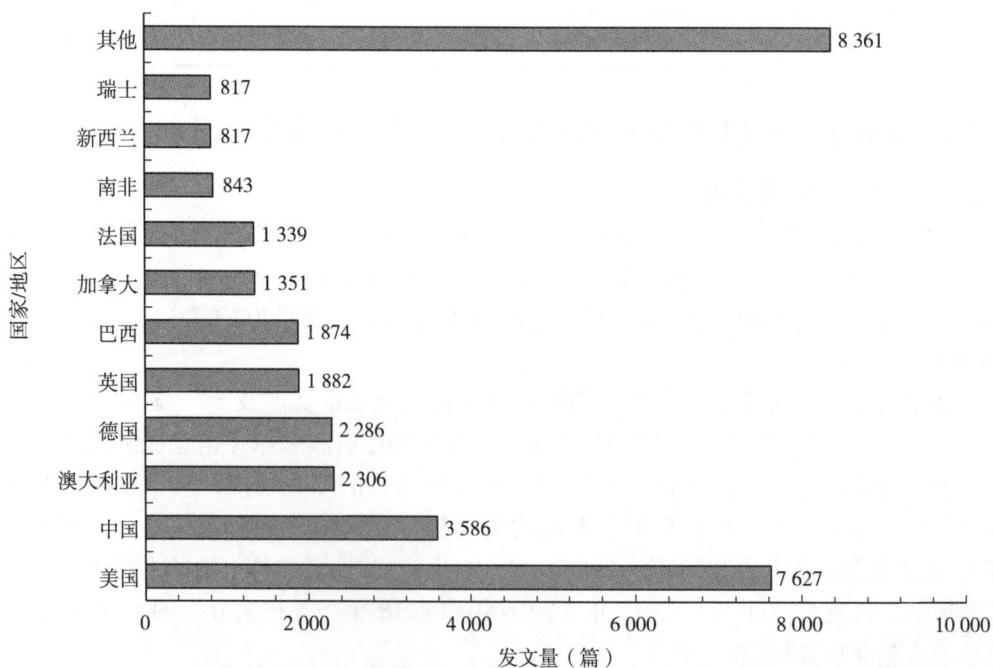

图 26-9　全球草原生态环境监测与信息服务体系领域发文 Top10 国家/地区 SCI 论文发文量对比

图 26-10 展示了草原生态环境监测与信息服务体系领域发文 Top10 国家/地区的年度 SCI 发文趋势。结果显示，Top10 国家/地区年度发文趋势与总体发文趋势一致。2017 年以前，Top10 国家/地区论文呈现总体上升趋势，2017 年之后出现下滑。中国在 Top10 国家中呈现不同趋势。美国发文数量遥遥领先其他国家，2012 年开始，中国从 9 个国家/地区中脱颖而出，发文数量开始居全球第 2 位，为 166 篇，此后一直保持第 2 位至 2018 年，2019 年中国论文数量首次超过美国，居全球首位，论文数量为 467 篇。美国 2018 年论文数量出现较大幅度的下降，2018 年发文 479 篇，比最高年份 2017 年的 599 篇减少了 120 篇，减少了 20%。

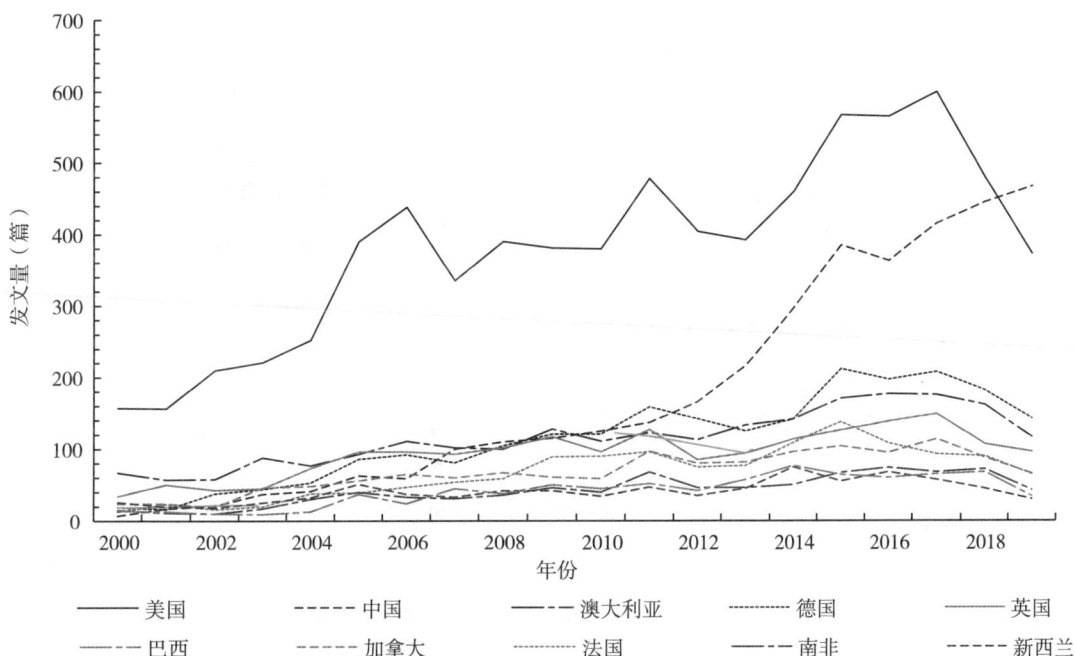

图 26-10 草原生态环境监测与信息服务体系领域 Top10 国家/地区年度 SCI 发文趋势

3. 研究热点与前沿分析 由图 26-11 可见，在草原生态环境监测与信息服务体系领域中，SCI 发文量最高的领域关键词依次为：pasture（牧场）、habitat（栖息地）、landscape（风景）、nitrogen（氮）、concentration（浓度）、yield（产量）、RS（遥感）及 map（地图），说明这些技术是该领域的研究热点。

（二）基于专利计量分析

本研究专利数据来源于德温特世界专利索引（Derwent world patents index, DWPI）专利检索平台。检索时间为 1963 年至今，经专家筛选后专利申请数量为 1 654 件、1 125 项。

1. 全球年度申请趋势 截至 2020 年 2 月 14 日，全球草原生态环境监测与信息服务体系领域专利总量为 1 125 项，中国专利量为 804 项。图 26-12 为草原生态环境监测与信息服务体系领域全球专利和中国专利总量随年代的变化情况，其中年份按整个专利家族的最早优先权年进行统计。1970—2002 年期间，技术发展缓慢，年均专利申请量不到 10 项；2003—2011 年，专利数量呈折线形增长态势，由 11 项增至 20 项；2012 年，专利数量出现

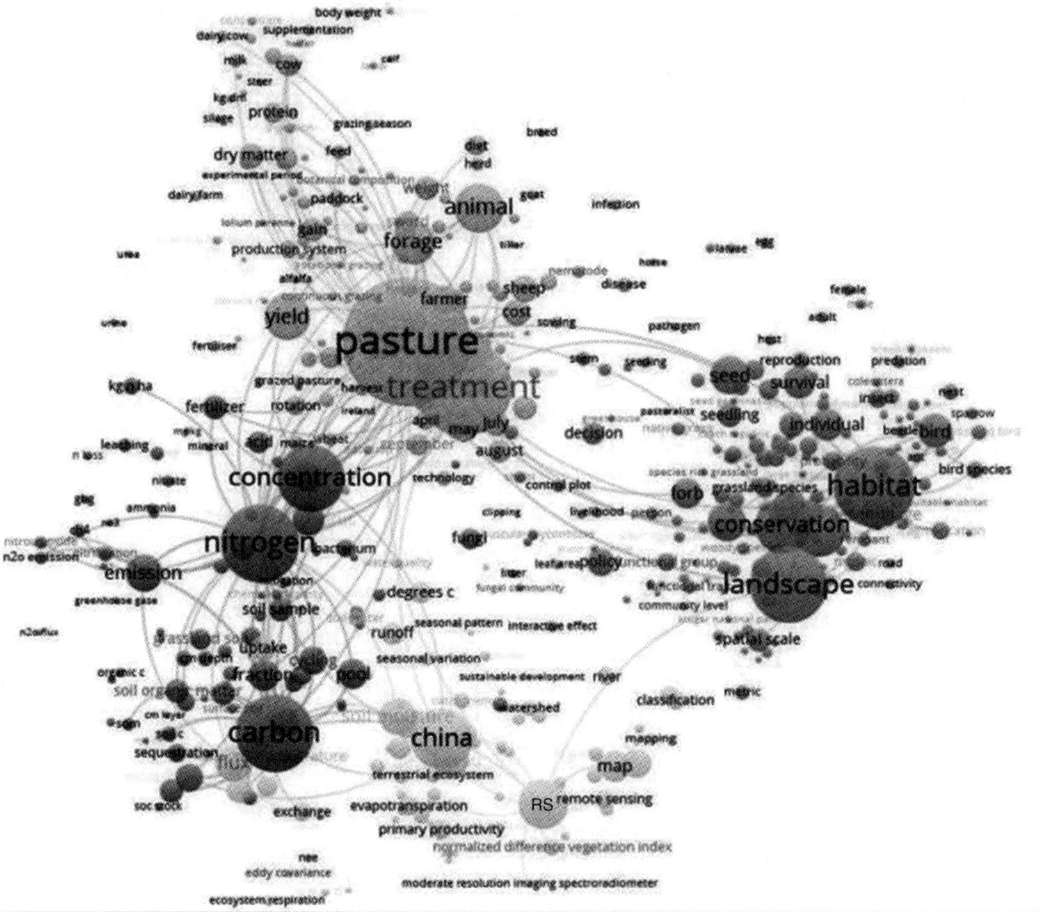

图 26-11　草原生态环境监测与信息服务体系领域 SCI 论文技术热点分布

较大幅度增长，达到 40 项，为 2011 年 20 项的 2 倍；随后年份至 2018 年，除了 2014 年专利数量出现下降，其余年份专利数量均呈稳步上升的态势，并在 2018 年达到最高值 243 项；2019 年为 115 项。中国专利数量变化趋势与全球同步，且增长迅速。1999 年，中国拥有了第 1 项草原生态环境监测与信息服务体系领域专利，2000—2004 年，中国专利数量仅为 2 项，2005 年增至 11 项；随后 3 年（2006—2008 年）的专利数量重新降为 10 项以下；2009—2011 年专利数量在 10~20 项；2012 年开始，除个别年份外，专利数量稳步上升，并于 2017 年接近 150 项，达到 148 项；中国专利数量高峰年为 2018 年，专利数量为 224 项；2019 年为 110 项。

2. 全球专利技术来源国　全球草原生态环境监测与信息服务体系领域专利主要来自于 30 个国家和地区，专利数量最多的 Top10 来源国家/地区依次是：中国、俄罗斯、美国、苏联、日本、德国、韩国、新西兰、荷兰和澳大利亚（图 26-13）。Top10 国家/地区的专利申请总量为 1 070 项，占全部专利的 95.11%。从全球看，中国专利数量最多，且占有绝对优势。中国专利数量为 804 项，为第 2 位俄罗斯的 10.72 倍，在全球专利总量中占比为 71.47%。

3. 技术热点　利用 Innography 对草原生态环境监测与信息服务体系领域专利进行聚

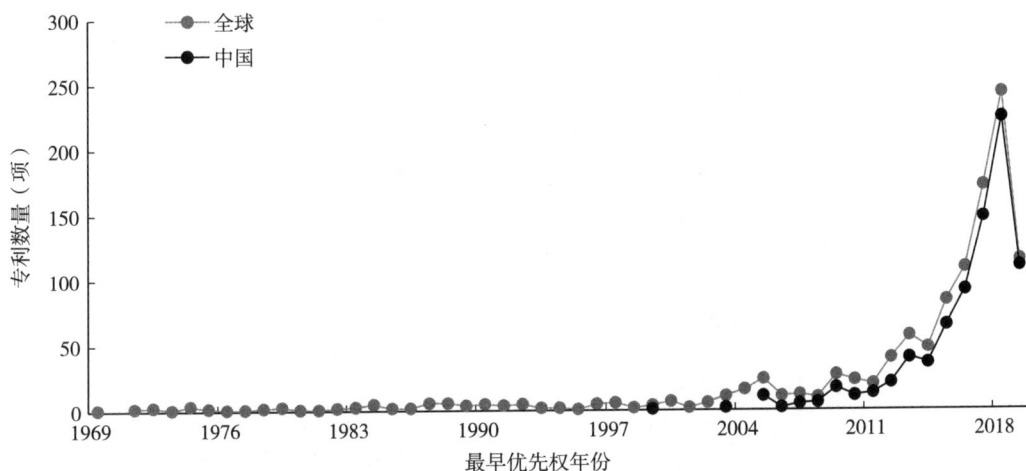

图 26 - 12 草原生态环境监测与信息服务体系领域全球和中国专利年代趋势

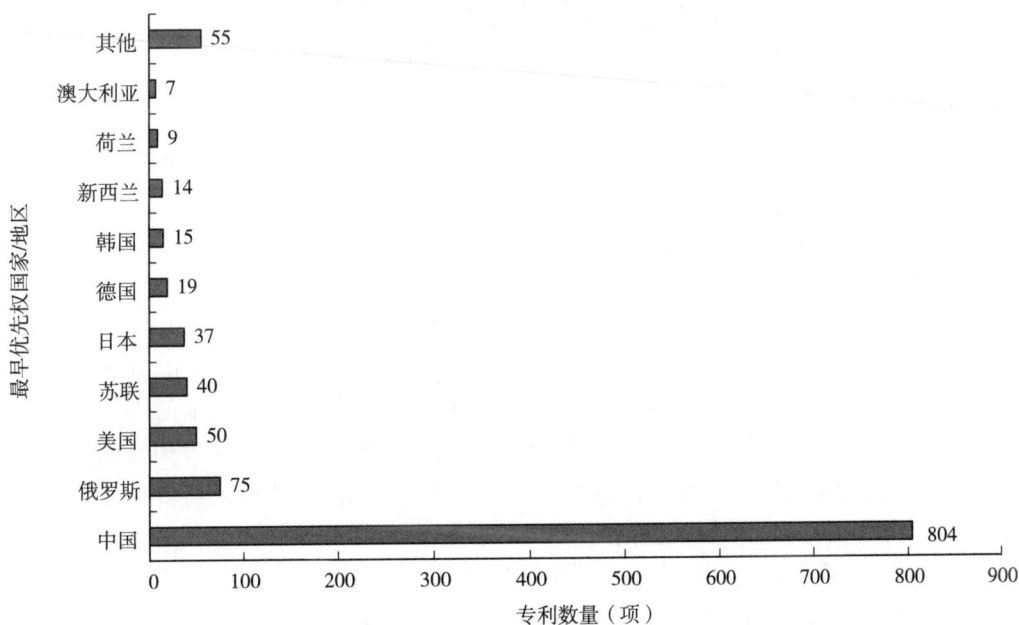

图 26 - 13 草原生态环境监测与信息服务体系领域专利 Top10 来源国家/地区对比

类，可以反映草原生态环境监测与信息服务体系领域专利的主要关注热点（图 26 - 14）。领域关注的主题可以划分为六大主题，排在前 3 位的分别是畜牧业（animal husbandry，专利数量 173 件）、实时（real time，专利数量 135 件）和草种（grass seeds，专利数量 124 件）；紧随其后的是农业盐渍化（agriculturally acceptable salt，专利数量 73 件）、牧草（grass forage，专利数量 60 件）和杂草控制（weed control，专利数量 52 件）。在二级主题中，排在前 3 位的主题均来自农业盐渍化主题，分别是协同除草剂（synergistic herbicidal）、协同除草效应（synergistic herbicidal effect）、控制不良植被（controlling undesirable vegetation），其专利数量分别是 56 件、40 件、39 件。

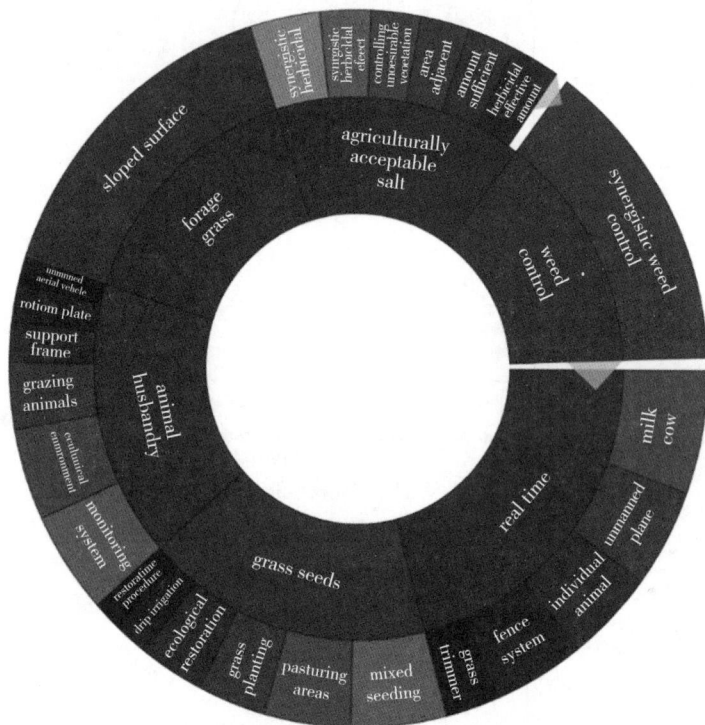

图 26-14　草原生态环境监测与信息服务体系领域专利技术主题聚类

四、农情监测与信息服务体系建设技术态势分析

(一) 基于文献计量

通过 Scopus 数据库中定义检索关键词的形式，利用 VOSviewer 和 CiteSpace 工具，从农情遥感概况、遥感监测、诊断调控、服务产品与平台 2 个领域 4 个方面合计 34 个研究主题词，来分析 2009—2019 年全球主要国家、学者和科研机构研究的技术前沿、学科态势、前沿热点和技术发展轨迹等。分析的国家主要包括排名靠前的各大洲代表国及韩国和日本，检索指标主要包括发文量、总被引、篇均被引、高被引占比、Top10％高被引占比、FWCI指数、国际合作论文占比和校企合作占比等 8 个指标，目的是考察对比我国的科研数量、质量、研究主题、热点以及校企合作和国际交流情况。

1. 发文趋势　以农情遥感文献计量为例，发现从 2009—2019 年，农情遥感领域的发文量呈明显上升趋势（图 26-15），特别是 2018 年发文量有大幅提升。论文引用影响力指标FWCI 值呈现波动上升趋势，且一直维持在 1.0 以上，表明本领域的发文整体影响力超过世界平均水平，其中 2016 年和 2018 年表现突出。

2. 主要国家/机构研究力量分析　过去 10 年，全球发文量最多的国家是中国（7 026篇），占全球总发文数的 30％，年均发文 702 篇，美国、德国、印度和意大利依次排名 2、3、4 和 5，中、美加起来的发文量占全球 50％以上。加拿大排名第 8，巴西排名第 11，同在亚洲的日本排名第 12，韩国排名第 23。全球占比、总被引次数和 Top10 高被引论文数量占比等 3 个指标在各国的规律与总发文数类似。

FWCI 指标是国际公认的定量评价科研论文质量的最优指标。利用 FWCI 对各国文章质量的情况展开分析。结果表明：冰岛排名第 1、瑞士排名第 2，且发文量排名均靠前（分别

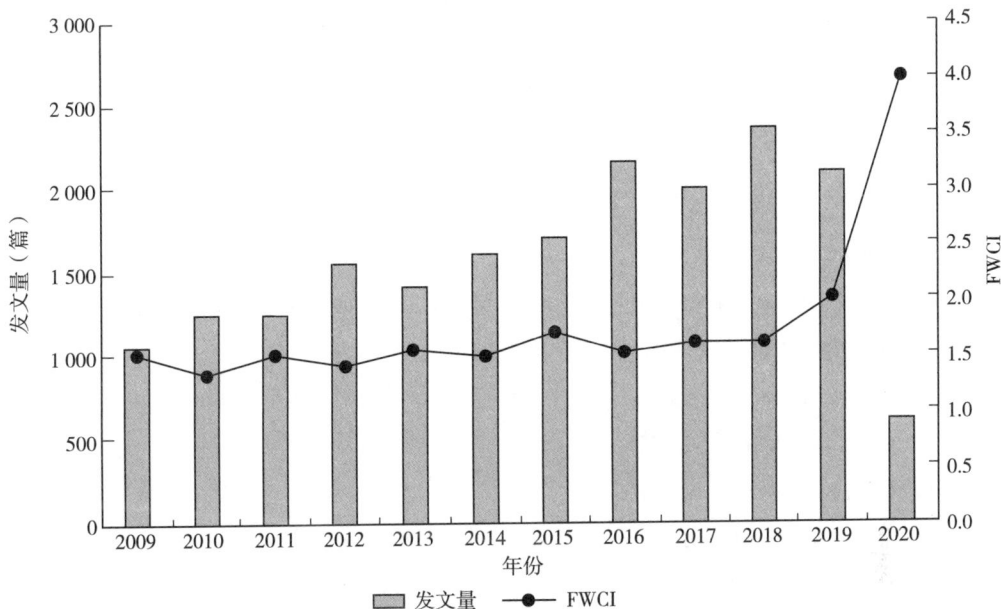

图 26-15 农业遥感领域发文量和 FWCI 时间演变趋势（2009—2019）

注：时间截至到 2020 年 6 月。

为 12、18），奥地利排名第 3。相比而言，中国发文量很多，但 FWCI 指数较低（只有 0.84），低于平均水平，全球排名 78；日本和韩国的 FWCI 的排名分别为 74 和 53，比中国靠前。由此可知，中国在本领域的发文质量不高。美国、意大利不仅总发文量多，FW-CI 值分别高达 1.72 和 1.84，排名分别为 35 和 30，表明数量和质量都很优秀。值得一提的是，荷兰发文量和 FWCI 的位置分别为 13 和 12，均被引次数和 FWCI 的规律类似，表现优秀。

从全球研究机构在本领域的科研水平来看，发文量排第 1 的是美国农业部，FWCI 高达 1.87，说明该机构科学研究数量和质量均表现优秀；发文量排列第 2、第 3 的机构分别是中国科学院大学和北京师范大学（分别达 725 篇和 708 篇），FWCI 分别为 0.94 和 1.13。从全球发文量最多的作者排名来看，发文量排名第 1、第 2 的均是中国人，第 3 是加拿大人，但是他们的 FWCI 指标差异很大（分别为 0.9、1.3 和 2.0）。全球占比、总被引、均被引、FWCI、Top10 高被引论文数量占比、顶级期刊上论文数量占比、国际合作论文比例和校企合作论文比例等指标的排名规律和上述国家及机构的排名规律类似。

3. 研究热点及演变趋势 进一步通过爱思唯尔主题热度模型和泡泡图，归纳出本领域热度值排序较高的研究主题，以农情遥感为例，分别是陆地卫星、无人机、摄影测量、数码相机、卫星 Landsat，植被、高光谱反射率、叶绿素、NDVI、植被物候、种子监测、喷嘴、喷雾、喷雾偏差、农业、农场主、陆地覆盖、覆盖图、土地覆盖、灌溉、土壤湿度、湿度传感器、残留、农业机械、水分管理、气候变化、作物模型等，这些研究主题方向都较集中，热度值较高，且 FWCI 均高于平均水平（表 26-12）。

表 26-12　发文量最多的 15 个研究主题方向（2009—2019 年）

序号	研究主题	发文量	发文增长率（%）	FWCI	研究主题热度
1	植被；叶绿素；高光谱反射率	1 143	+40.43	1.21	99.410
2	物候；NDVI；植被物候	765	+27.39	1.48	99.441
3	陆地卫星；陆地覆盖；覆盖图	693	−23.10	1.55	99.725
4	蒸散；能量平衡；蒸发率	609	−37.38	1.27	98.195
5	土壤湿度；辐射计；湿度恢复	476	−24.00	1.41	99.316
6	叶面积指数；冠层；丛生指数	416	−28.59	1.02	97.272
7	干旱；土壤水分；条件指数	382	−50.33	0.68	90.426
8	光学雷达；森林调查；树木探测	351	−15.03	1.73	99.367
9	合成孔径雷达；土壤水分；水分反演	317	+24.73	0.95	95.242
10	热岛；地表；城市热力	317	−14.83	1.52	99.492
11	净初级生产力	308	−26.44	1.02	96.869
12	作物；MODIS；产量预测	305	+52.50	1.29	91.601
13	火；生物质燃烧；残渣燃烧	270	−16.08	1.09	99.069
14	地上生物量；光学雷达；森林 AGB	262	−15.00	1.74	98.467
15	无人机；摄影测量；数码相机	234	+11.46	2.63	99.281

注：＋代表正增长，－代表负增长。

通过图 26-16 的热词分布图，发现农情遥感领域中：卫星影像、MODIS、NDVI、氮素、氮肥、传感器、土地利用、精确农业、UAV、决策支持系统、灌溉、水分管理、栽培、无线传感、传感网络、土壤湿度、传感节点、农业机器人、农业机械等主题词热度较高且持续上升，发文热度也在不断上升（发文增长率都高于 100%），说明近 10 年相关研究比较集中和热门，而图像重建、地形、Landsat 主题图、制图法、农业模型、决策理论、综合防治、空间光学、辐射测量等主题词热度在不断下降，研究正在趋冷。

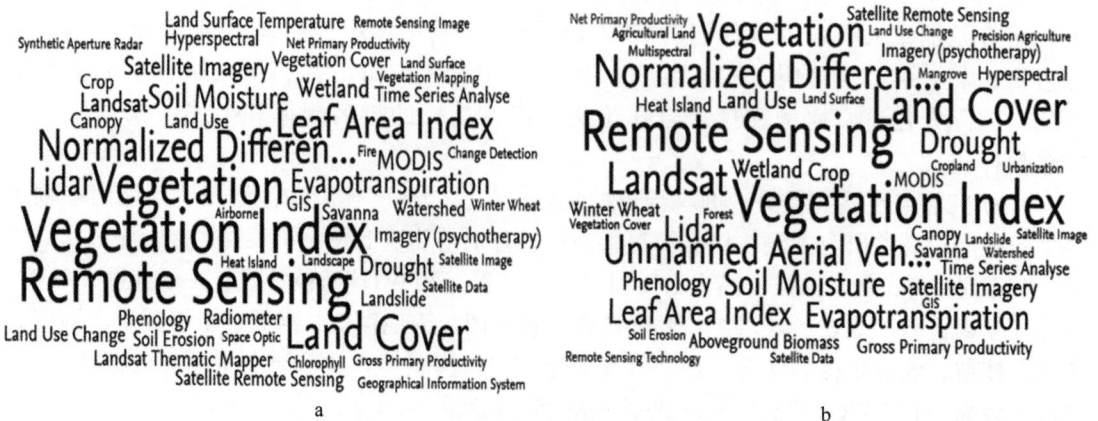

图 26-16　热词分布图

a. 2009—2014 年；b. 2015—2019 年

（二）基于专利计量

通过广泛咨询，采集得到与遥感监测、诊断调控领域密切相关的专利检索中文关键词74个，英文关键词66个，将之优化组合成检索要素和检索式，并利用 IPO 国际分类号对检索领域进行限定，在全球国际高端专利信息检索分析平台 Innography 数据库中进行检索，截至2020年3月6日，共检索到已公开的农业遥感监测和农业诊断调控相关技术专利申请量56 925件，专利数据概况见表26-13。

表 26-13 专利数据概况

申请量（件）	授权量（件）	授权比例（%）	有效量（件）	有效比例（%）
56 925	42 979	75.5	23745	41.7

注：专利授权量指授予专利权的数量；专利有效量指专利权持续有效的数量（有3个影响因素，是否在保护期内、是否持续缴维持费、是否被宣告无效）。

1. 全球年度申请趋势　从全球申请量区域前5的年度申请趋势来看，1960年已有农业遥感检测和农业诊断调控技术领域相关专利出现，1998年以前增长较慢，且日本在2000年以前申请数量最多，2000年以后中国增长趋势明显，而美国申请量则一直比较稳定。

2. 全球专利技术来源国　从专利技术来源国情况来看。中国、美国和日本是主要的技术来源国，占全球专利技术输出的70%。其中，中国是最大的技术来源国，专利申请量达到18 099件，远超其他国家；美国、日本分列第二和第三，申请量分别为11 939、9 956件，差距不大；其次是德国，申请量为4 457件。其他国家还有韩国、英国、荷兰、法国等，但申请量只有1 000多件甚至更少，远低于中国、美国、日本和德国。

3. 全球专利技术市场应用国　从农业遥感检测和农业诊断调控技术市场应用国的分布情况可知，中国是其主要专利技术应用国，申请量达19 627件；其次是日本和美国，分别为7 897件和7 131件，和中国相比差距明显。德国、欧洲专利局和世界知识产权组织申请的专利量分别为4 901、4 340、4 312件，法国、英国两国家申请的专利量分别是3 906、3 756件。

第四节　战略目标与路线图

一、发展思路

粮食安全是国民经济建设和社会稳定发展的基础，生态安全是可持续发展的前提，资源安全为生态环境健康和粮食产量稳定提供保障。未来30年，我国农业资源环境监测与信息服务体系发展应瞄准粮食安全、生态安全和资源安全等国家重大需求，坚持绿色发展新理念，以"农业资源环境自动化、智能化、无人化监测，监测信息服务市场化、社会化"为目标，通过"自主创新＋成果引进"的方式，突破农业资源环境传感器与泛在感知技术、农业资源大数据智能技术、农业物联网与新一代通信技术等共性关键技术，促进监测技术和信息服务的产业应用，推动形成立体化监测、数字化设计、精确化作业和智能化管理的资源监测与信息服务产业体系，提高资源利用率和劳动生产率，提升农业产业竞争力，为我国农业现代化与乡村振兴提供有力支撑。

二、战略目标

(一)总体目标

以习近平新时代中国特色社会主义思想为指导,贯彻落实习近平"三农"思想、生态文明思想与数字中国战略,综合利用新型信息化技术手段,开展水土资源、草原生态环境和农情环境监测和信息服务体系的关键技术创新,突破核心产品研发、促进产业应用,构建具有中国特色的农业资源环境天空地网立体监测与智能信息服务体系,提高农业资源利用率和产出率,提高农业资源空间优化配置,实现监测监管的定量化、智慧化、数字化和高效化,逐步解决我国农业资源短缺和环境持续恶化等问题,为保障国家粮食、生态和资源安全提供基础支撑,为推进乡村振兴与实现国家治理体系和治理能力现代化提供服务保障。

(二)具体目标

根据我国粮食安全、生态安全和资源安全的国家重大需求,综合利用新型信息化技术手段,开展水土资源、草原生态环境和农情环境监测和信息服务体系的关键技术创新,突破农业资源环境传感器与泛在感知技术、农业资源大数据与认知计算技术、农业物联网与新一代通信技术等共性关键技术,结合"高校—农技推广部门—种植主体"及"线上线下,双线共推"的应用示范推广体系,为政府、科研单位、企业、农户提供农情信息监测与预测信息发布、情景设计及定量评估、农机农艺协同的精确化作业等智慧化服务,构建具有中国特色的农业资源环境天空地网立体监测与智能信息服务体系。

1. 至 2025 年

农业水土资源监测与信息服务方面,逐步建成天(卫星遥感)—空(无人机遥感)—地(地面传感网)一体化的农业水土资源监测"一张网";建立统一的农业资源环境大数据标准规范,推动农业资源环境要素、权属"一张图";实现农业水土资源总量、分布与利用监测的覆盖度不低于80%;完成全国10亿亩高标准农田建设的核查工作,实现高标准农田水土资源利用动态监测,开展高标准农田农业水土资源投入产出评估,稳定保障全国高标准农田5万吨以上的粮食产能。

草原生态环境监测与信息服务方面,通过"自主创新+成果引进"的方式,突破常用草原生态环境监测传感器与感知技术、草原生态环境大数据与认知计算技术、新一代通信技术等共性关键技术,将草原资源、环境、利用和灾害监测范围、精度和频率大大提高,赶超世界先进水平。

农情监测与信息服务方面,实现农情监测和信息服务体系整体技术与世界水平同步。农情信息立体化感知、农作处方数字化设计达到60%,农田管理精确化作业、信息服务达到40%。农情监测和信息服务体系技术成为农业生产过程的重要手段。

2. 至 2035 年

农业水土资源监测与信息服务方面,构建农业水土资源综合利用效率提升理论与技术体系;每年对重点区域的耕地质量情况进行调查监测,实现农业水土资源总量、分布与利用监测的覆盖度不低于90%;明确我国所需要维持的耕地资源红线,实施土地资源安全工程;在农业水土资源专项调查工作的基础上,结合二者监测信息,提出我国五大粮食主产区农业水土资源配置格局与实施路径,实现农业水土资源空间优化配置。

草原生态环境监测与信息服务方面,集中突破一批基础性理论与核心技术,研发一批重大关键装备,保障大数据获取更加准确高效。草原生态环境监测与信息服务领域的技术研发赶超世界先进水平，草原生态环境监测与信息服务技术体系的整体应用达到世界先进水平。

农情监测与信息服务方面，实现农情监测和信息服务体系赶超世界先进水平，基础理论实现重大突破，部分技术与应用达到世界领先水平。农情信息立体化感知、农作处方数字化设计达到 80%，农田管理精确化作业、信息服务达到 60%。农情监测和信息服务体系技术成为农业生产过程的主要手段。

3. 至 2050 年

农业水土资源监测与信息服务方面，全国农田土壤污染、面源污染、地下水水位、农产品产地环境监测的覆盖度达到 100%，实现农业治理现代化目标。农业用水量进一步控制，水肥一体化技术全面推广，全面实现农业绿色发展目标。

草原生态环境监测与信息服务方面，草原生态环境监测实现自动化、智能化、无人化，建立完善的草原生态环境监测信息服务体系，信息服务的市场化、社会化水平提高。在草原生态环境监测与信息服务领域的总体研发与应用达到世界领先水平。

农情监测与信息服务方面，技术总体达到世界领先水平，成为世界主要数字农业创新中心，全面实现农业生产过程监测数字化和农业管理数字化。农情信息立体化感知、农作处方数字化设计达到 100%，农田管理精确化作业、信息服务达到 80%，全面实现农业定量化、智慧化、数字化和高效化，跻身创新型农业强国。

三、重点任务

1. 至 2025 年，重点突破农业资源环境监测的天基、空基与地面物联网互联互通，初步建成天空地一体化农业资源环境监测网，建立统一的农业资源环境大数据标准规范，推动农业资源环境要素、权属"一张图" 农业水土资源监测与信息服务方面，重点开展农业水土资源数量、质量监测。逐步建成天（卫星遥感）—空（无人机遥感）—地（地面传感网）一体化的农业水土资源监测"一张网"，构建农业水土资源立体监测网络，包括监测业务网络和监测能力网络，全面提升农业水土资源监测数据覆盖能力、获取能力、计算能力与服务水平。逐步查清耕地的等级、健康状况、产能等，掌握全国耕地资源的质量状况，查清地表水资源量、地下水资源量、水资源总量、水资源质量、河流年平均径流量、湖泊水库的蓄水动态、地下水位动态等现状及变化情况。

草原生态环境监测与信息服务方面，重点开展基础研究，揭示草原生态系统监测与调控的科学基础，阐明草原生态系统稳定性维持的机理，解析草原资源数量和质量变化的过程与机制，明确生产力提升的内在机制；揭示不同尺度草原资源承载力的调控机制；提出草原生态系统智慧监测和精准调控的理论架构。

农情监测与信息服务方面，重点开展天空地农情监测大数据平台搭建和获取、特征提取。构建绿色丰产高效的农作精确管理模型，研究面向产前/产中精确农作管理分区方法。农田传感设备设计与研制、精确作业处方融合，信息服务体系初步搭建。

2. 至 2035 年，重点构建农业资源环境-经济-社会耦合模型、智慧信息服务专家系统和人工智能作物管理决策支持系统，建成全国农业资源环境大数据管理服务云平台 农业水土资源监测与信息服务方面，重点开展农业水土资源利用的时空动态监测。在农业水土资源承载能力研究的基础上，研发农业水土资源配置技术，开展农业水土资源利用预警与评估，提出我国五大粮食主产区农业水土资源配置格局与实施路径，提高农业水土资源总量、分布与利用监测的服务范围，完善农业水土资源监测预警体系与空间优化配置体系，研究农业水土资源监测与利用对社会经济可持续发展的支撑作用。

草原生态环境监测与信息服务方面，重点开展应用技术研发，研发基于长期观测网络的信息获取技术、天空地一体化的信息实时获取技术、草原生产与环境参数遥感获取技术，构建天空地一体化的草原生态系统智慧监测体系。研发草原生态系统大数据管理云平台，提出多尺度草原资源数量和质量动态监测的关键技术，建立草原资源生产能力与生态状况评估方法，攻克草原资源承载力监测与精准调控技术。

农情监测与信息服务方面，重点开展天空地农情大数据运算、智能挖掘、深度学习、多源信息融合、多途径模型构建；有效耦合作物生长模型、管理模型与指标动态模型，研究完善作物模型参数化技术，研发数字化作物管理决策支持系统；构建基于多源遥感信息的作物长势快速诊断与肥水药智能调控技术，实现农业管理决策数字化转型，农机农艺融合集成，信息服务体系业务化水平提升和完善。

3. 至 2050 年，全面建成天空地多尺度农业资源环境监测系统；建成农业资源环境无人化监测与大数据云服务产业化体系 农业水土资源监测与信息服务方面，重点开展农业水土资源生态环境监测。在高标准农田建设核查的基础上，开展高标准农田农业水土资源投入产出评估，明确我国所需要维持的农业水土资源红线，实施农业水土资源安全工程，全国农田土壤污染、面源污染、地下水水位、农产品产地环境监测全面覆盖，进一步控制农业用水量，推广水肥一体化技术，提高农业灌溉效率、水资源和化肥利用效率，提高农业绿色投入品比例，减少耕地污染，提高耕地质量。

草原生态环境监测与信息服务方面，重点开展草原生态系统智慧监测管理软硬件技术产品研发，形成草原智慧监测、草原资源承载力评价、草原资源优化管理与精准调控全程智慧草原监测与调控技术体系，实现多尺度技术产品集成示范应用。

农情监测与信息服务方面，重点开展天空地农情遥感产品规范化生成、云服务应用、产业化体系建立。作物长势诊断与精确肥水调控方法构建，作物生长发育、光合生产、生产力及养分水分动态预测。变量作业机具设计与研制、农机作业智能控制，形成系统化的信息服务体系。

四、关键技术选择

为了充分了解我国农业资源环境监测与信息服务体系的现状，探明未来优先发展的战略技术，本研究开展了专家调研问卷。问卷发放于多位知名专家，这些专家均为从事本专业或相关领域的院士和教授。采用德尔菲法和统计分析，以实现以下目标调研：①解析目前我国农业资源环境监测与信息服务体系的发展现状；②探明我国未来应优先发展的农业资源环境监测与信息服务体系战略技术和技术清单。利用专家意见集中程度（均数、满分频率）和专家意见协调度（变异系数）等统计参数来评估技术的国内外差距和技术重要性，从而确定技术清单。

（一）技术清单

1. 农业水土资源监测与信息服务 农业水土资源监测与信息服务技术体系主要包含农业水资源监测、农业土地资源监测、资源智能管理 3 个一级技术、10 个二级技术、30 个三级技术（图 26-17）。

2. 草原生态环境监测与信息服务 草原生态环境监测与信息服务技术体系是智慧草牧业技术体系的核心，即通过先进遥感、天空地一体化组网、空间信息表达、数据可靠传输、

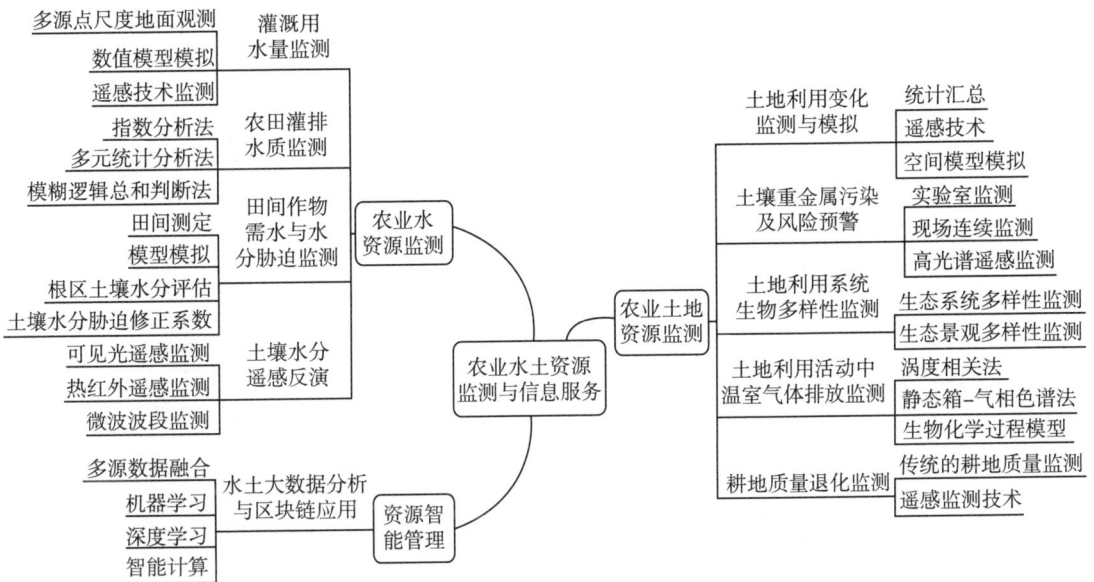

图 26-17 农业水土资源监测与信息服务技术清单

大数据分析利用、智能管理决策支持、自主控制、人机交互等技术手段实现草原生态环境信息感知、自动化传输、智能化决策支持、自主化控制和智能服务。其主要包含草原生态环境信息感知、预测评价、智慧决策、信息服务 4 个一级技术、18 个二级技术、95 个三级技术（图 26-18）。

3. 农情监测与信息服务　农情监测与信息服务技术体系是通过深度融合互联网、物联网、大数据、云计算、人工智能等现代信息技术与农业产业，实现农业信息感知、定量决策、智能控制、精准投入、个性化服务的全新农业生产方式，实现农业资源监测、评价、诊断、管理辅助决策一体化和计算机化的农业资源综合管理服务技术系统，其主要包含信息感知、智能决策、智能控制、智能服务 4 个一级技术、20 个二级技术、80 个三级技术（图 26-19）。

（二）国内外差距

国外发达国家依托丰富的地面调查、统计和遥感等数据资源，利用物联网、云计算、卫星遥感等信息技术与模型模拟相结合，建立了功能强大的水资源和土地资源环境监测和信息服务体系。近年来，我国也重视发展信息技术，利用 3S、地面物联网、云计算等手段，动态监测土壤墒情、耕地、草原、面源污染，及时发布预警信息，提升农业生产管理信息化水平。但与技术发达的国家相比，还存在理论基础薄弱、技术标准规范不完善、关键技术人才短缺和实用性较差等差距。

1. 农业水土资源监测与信息服务　通过对农业水土资源监测与信息服务体系领域中的 10 个二级技术清单进行德尔菲问卷调查发现，与先进国家相比，我国农业水土资源监测与信息服务技术的研发水平总体差距在 5~10 年。其中，农业土地系统生物多样性监测技术、土壤重金属污染及风险预警技术、水土大数据分析与区块链应用技术的国内外差距较大，均在 10 年及以上；其余 7 项技术均具有较高的成熟度，国内外差距在 5~9 年（表 26-14）。

环境载荷星上处理及快速反演技术
草原典型要素提取与反演技术
多尺度碳排放观测技术
多源数据融合同化技术
先进遥感探测技术

虚拟星座协同观测技术
天空地一体化综合环境监测技术
高频次无人机组网观测技术
全天候立体监测技术
物联网组网观测技术
天空地一体化组网监测技术

多元空间数据协同表达技术
全尺度空间数据模型
多尺度多模态大数据归一化
全空间信息符号化表达与可视化技术
人机物混合的全测度空间信息获取技术
全息地图获取与多尺度表达
空间信息表达技术

气象信息感知
水分信息感知
土壤信息感知
生物信息感知
草原实景信息感知技术

草原环境要素感知
草原生物要素
家畜远程自动测控技术与设备
灾害预警传感器
草原监测传感器技术

基于4G/5G网络的DTU远程无线传输（有网络）
基于北斗卫星的空天传输（无网络）
可靠传输技术

信息感知技术

多源多要素协同模拟技术
生态资产空间配置技术
生态系统服务测度技术
草地资产评估技术

草原健康评价技术
自然资本价值评估技术
水热平衡模拟技术
土壤动态过程模拟技术
草原环境容纳量评价技术
草原环境预测技术

区域草原环境空间预测模型
多模型集成分析技术
草畜系统仿真模拟技术
草地碳水收支动态模拟
草原精准收获评价
草畜利用评价技术

草原气候响应预测技术
草原修复工程技术
灾场迅捷定位技术
灾害协同监测技术
救灾应急响应与通讯网络技术
风险预警技术
灾害预警评估技术

区域空间应急信息链构建
突发事件空间信息聚合分析
尺度草原生态参数遥感反演模型技术
草地生产力预测模型技术
草畜动态平衡模型技术
草原灾害预警评估模型
草地生态环境综合集成评估模型
多模型集成评估技术

预测评价技术

草原生态环境监测与信息服务

人机交互的草原信息感知认知技术
草原场景数据清洗技术
海量Web数据模式发现与结构化内容提取技术
地理大数据挖掘与时空模式发现技术
数据挖掘技术
深度学习技术
数据可视化技术
视觉大数据智能分析技术
多模态高通量生物特征获取与识别技术
草原生态大数据分析应用

草原植被过程机理模型
草原气象灾害知识模型
草原病虫害知识模型
草原退化演替知识模型
草原生态健康评价知识模型
草畜平衡知识模型
草牧业经济分析模型
草原生态知识模型

草牧业系统规划决策
精准量化刈割决策
智能放牧决策
草畜产品供应链风险智能诊断
草畜产品市场分析预警
基于气候研判的智慧草原管理决策
云模式和数据驱动的草原决策支持系统
草原管理决策支持系统

草原管理智能问答机器人
草原运输机器人
放牧机器人
无人牧场技术与设备
家畜生命体征的自然交互设备和工具
草畜诊断决策智能技术产品
草原自主控制技术与系统

智慧决策技术

草原环境视频直播技术
草原视频智能搜索推送技术
视频及语音交互技术
草原虚拟现实技术
草原数字旅游与体验式交互技术
人机交互的信息认知技术

草原综合信息智能服务系统及应用示范
草畜疫病情远程识别和诊断
草牧业知识服务组合技术
草牧业知识云自主服务技术
草原综合信息服务系统

草畜产品电子商务
草畜产品供应链管理
基于区块链的草畜产品质量安全追溯
牧民便民服务系统
灾害、疫病预警信息服务
个性化信息推送服务
智能服务系统

信息服务技术

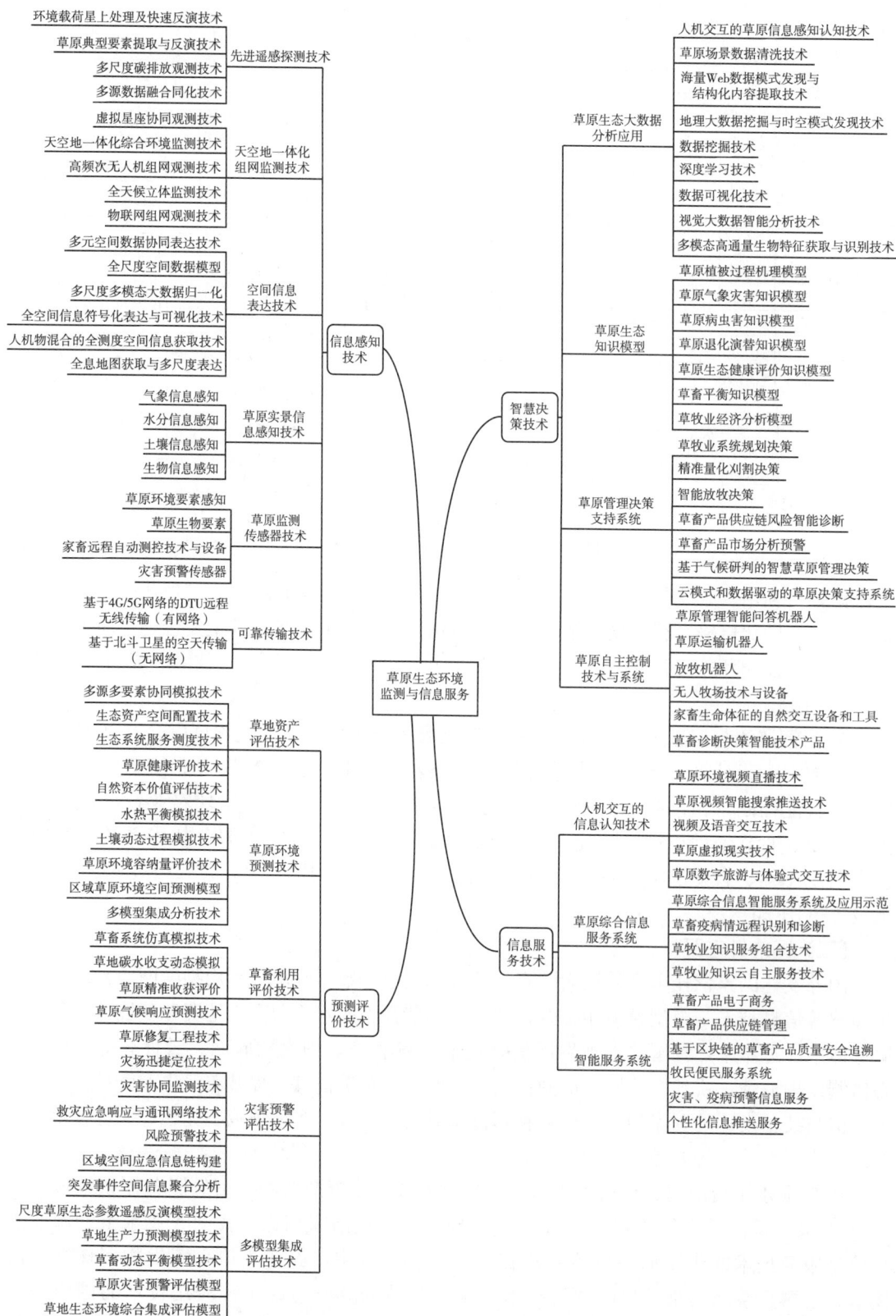

图 26-18　草原生态环境监测与信息服务技术清单

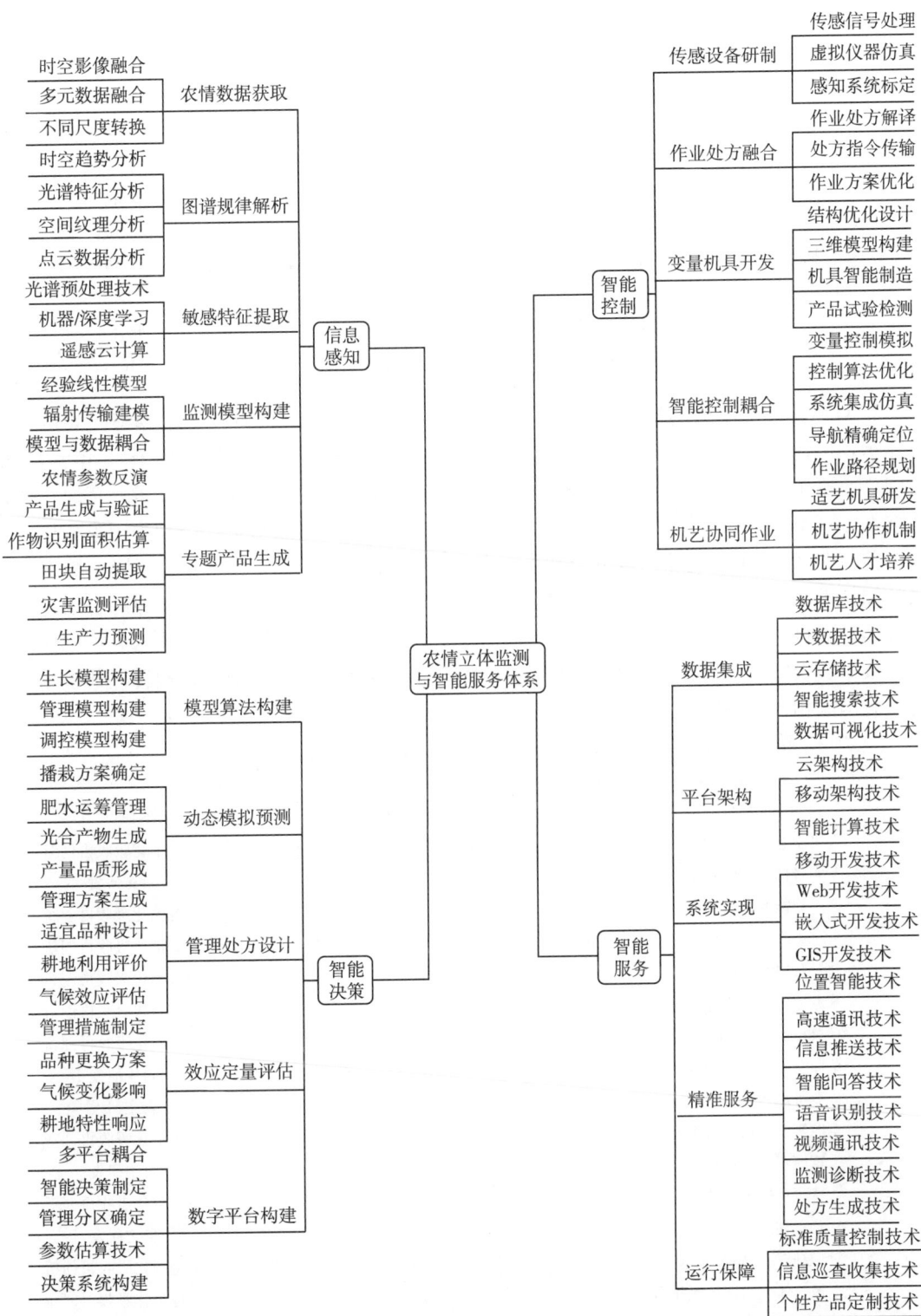

图 26-19　农情监测与信息服务技术清单

表 26 - 14　国内外农业水土资源监测与信息服务技术差距

关键技术	研发基础	技术差距（年）	实现路径
灌溉用水量监测技术	++++	5	联合开发
农田灌排水质监测技术	+++	9	联合开发
田间作物需水与水分胁迫监测技术	++	9	引进消化吸收再创新
土壤水分遥感反演技术	++++	5	引进消化吸收再创新
土地利用变化监测与模拟技术	++++	5	联合开发
土壤重金属污染及风险预警技术	++	10	引进消化吸收再创新
农业土地系统生物多样性监测技术	+	11	引进消化吸收再创新
土地利用活动中温室气体排放监测技术	++++	5	联合开发
耕地质量退化监测技术	+++	7	联合开发
水土大数据分析与区块链应用技术	++	10	引进消化吸收再创新

2. 草原生态环境监测与信息服务　草原生态环境监测与信息服务领域专家问卷调研结果显示，国内外草原生态环境监测与信息服务技术的研发水平总体差距在 3～5 年。其中，我国草原资源环境实景信息感知技术、草原空间信息表达技术、可靠传输技术、草原资产评估技术、草畜利用评价技术、先进遥感探测技术总体上接近国际水平，与领先国家相比研发水平差距在 2～3 年。此外，接近半数参与调研的专家认为，我国草原资源环境人机交互信息认知技术、智能服务系统、草原生态知识模型、多模型集成评估技术、草原综合信息服务系统、草原自主控制技术与系统、草原管理决策支持系统、草原环境预测技术、草原监测传感器技术、天空地一体化组网监测技术、草原生态大数据分析应用和灾害预警评估技术水平与领先国家相比，差距约为 5 年（表 26 - 15）。

表 26 - 15　国内外草原生态环境监测与信息服务技术差距

关键技术	研发基础	技术差距（年）	实现路径
人机交互信息认知技术	+++	5	引进消化吸收再创新
实景信息感知技术	++++	2～3	自主研发
智能服务系统	+++	5	引进消化吸收再创新
草原生态知识模型	+++	5	引进消化吸收再创新
多模型集成评估技术	+++	5	引进消化吸收再创新
草原综合信息服务系统	+++	5	引进消化吸收再创新
草原自主控制技术与系统	+++	5	引进消化吸收再创新
草原空间信息表达技术	++++	2～3	自主研发
可靠传输技术	++++	2～3	自主研发
草原管理决策支持系统	+++	5	引进消化吸收再创新
草原资产评估技术	++++	2～3	自主研发
草原环境预测技术	+++	5	引进消化吸收再创新
草畜利用评价技术	++++	2～3	自主研发
草原监测传感器技术	+++	5	引进消化吸收再创新
天空地一体化组网监测技术	+++	5	引进消化吸收再创新
草原生态大数据分析应用	+++	5	引进消化吸收再创新
灾害预警评估技术	+++	5	引进消化吸收再创新
先进遥感探测技术	++++	2～3	自主研发

3. 农情监测与信息服务 在农情监测与信息服务领域，与领先国家相比，关键技术研发水平平均差距在 8~10 年。其中农情数据获取、敏感特征提取、监测模型构建、模型算法构建、管理处方设计、平台架构、系统实现等关键技术与领先国家差距最小，只有 5~8 年，而图谱规律解析、传感设备研制、作业处方融合、智能控制融合、数据集成等工程技术的研发水平差距较大，在 10~15 年（表 26-16）。

表 26-16 国内外农情监测与信息服务技术差距

关键技术	研发基础	技术差距（年）	实现路径
农情数据获取	++++	5~8	自主研发
图谱规律解析	+++	10~15	联合开发
敏感特征提取	++++	5~8	自主研发
监测模型构建	++++	5~8	自主研发
模型算法构建	++++	5~8	自主研发
动态模拟预测	+++	8~10	联合开发
管理处方设计	++++	5~8	自主研发
效应定量评估	+++	8~10	联合开发
传感设备研制	++	10~15	引进消化吸收再创新
作业处方融合	+++	10~15	引进消化吸收再创新
变量机具开发	++	8~10	联合开发
智能控制耦合	++	10~15	引进消化吸收再创新
数据集成	+++	10~15	引进消化吸收再创新
平台架构	++++	5~8	自主研发
系统实现	++++	5~8	自主研发
精准服务	+++	8~10	联合开发

五、技术路线图

(一) 农业水土资源监测与信息服务体系

为了提高农业水土资源利用率和产出率，优化资源空间配置，提升水土资源智能监测与服务水平，2025—2050 年间，我国将围绕农业水土资源数量和质量监测、农业水土资源利用的时空动态监测和农业水土资源生态环境监测三方面，开展技术研发、集成和示范工作（图 26-20）。

2025 年，重点突破农田土壤智能传感器、灌溉水质水量智能传感器与泛在感知技术、农业资源大数据与认知计算等关键技术；研制农业水土资源监测数据采集标准、监测模式标准、大数据管理及应用标准等标准规范，编制农业水土资源监测数据开放共享目录清单；开展"天-空-地-网"一体化的农业水土资源监测系统建设，以及"天-空-地-网"移动监测平台等感知装备的研发。

2035 年，加强智慧国土技术创新，重点研发土地资源调查、评价、规划、监管全流程、智能化关键技术；构建农业水土资源监测大数据平台，结合物联网、大数据、云计算、人工智能等技术，实现多目标、大区域、长时序农业水土资源海量监测数据的清理、整合、查询、运算、挖掘、分析与可视化。

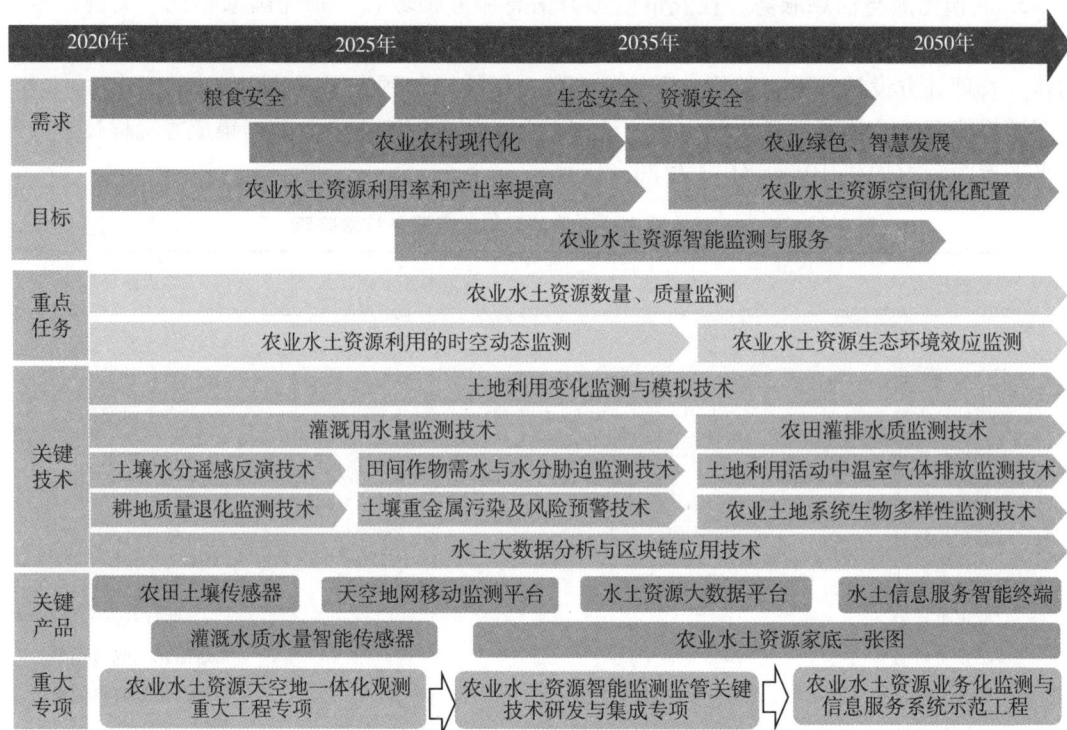

图 26-20　农业水土资源监测与信息服务体系建设发展路线图（2025—2050 年）

2050 年，重点突破水土大数据分析与区块链应用技术，研制基于区块链技术的农业水土资源监测数据共享与管理体系，通过智能合约管理，实现监测系统智能传感设备与大数据平台的高效对接，建成水土统筹、天地一体、上下协同、信息共享的农业水土资源监测基础设施，形成跨主体、跨部门、跨区域的农业水土资源监测数据资源开放共享的集成服务平台和支撑具体应用服务的工作体系。

（二）草原生态环境监测与信息服务体系

在信息感知重点任务方面，2025 年需要发展的关键技术是研制草原资源环境全要素信息智能感知技术和大数据获取系统，到 2035 年构建生物-环境智能传感和全天候天空地一体化的全测度多维信息智能获取技术体系，到 2050 年则实现智能感知技术和产品熟化与草原牧区全覆盖和集成应用（图 26-21）。

在预测评价重点任务方面，2025 年需要发展草原资源环境评价和灾害预警的多模型协同模拟和集成分析技术，到 2035 年搭建我国草原资源环境准确模拟评估和灾害预警体系，初步实现业务化运行，到 2050 年则实现草原牧区资源环境容量评价和灾害预警体系业务化信息全覆盖与应急调控能力建设。

在智慧决策重点任务方面，2025 年需要发展基于大数据分析和深度学习技术，研制草原智能诊断、智能预警和决策技术，到 2035 年发展基于云数据虚拟可视技术和类人智能，搭建和完善我国草原资源环境管理与利用的智能决策系统平台，到 2050 年则实现牧区草原生产、家畜饲养、病虫害防控和市场供应等全过程智能决策技术应用。

在信息服务重点任务方面，2025 年需要发展的关键技术是建设服务草原牧区的基于大数据和智能决策技术综合信息服务体系，到 2035 年搭建我国草原牧区资源环境信息管理与

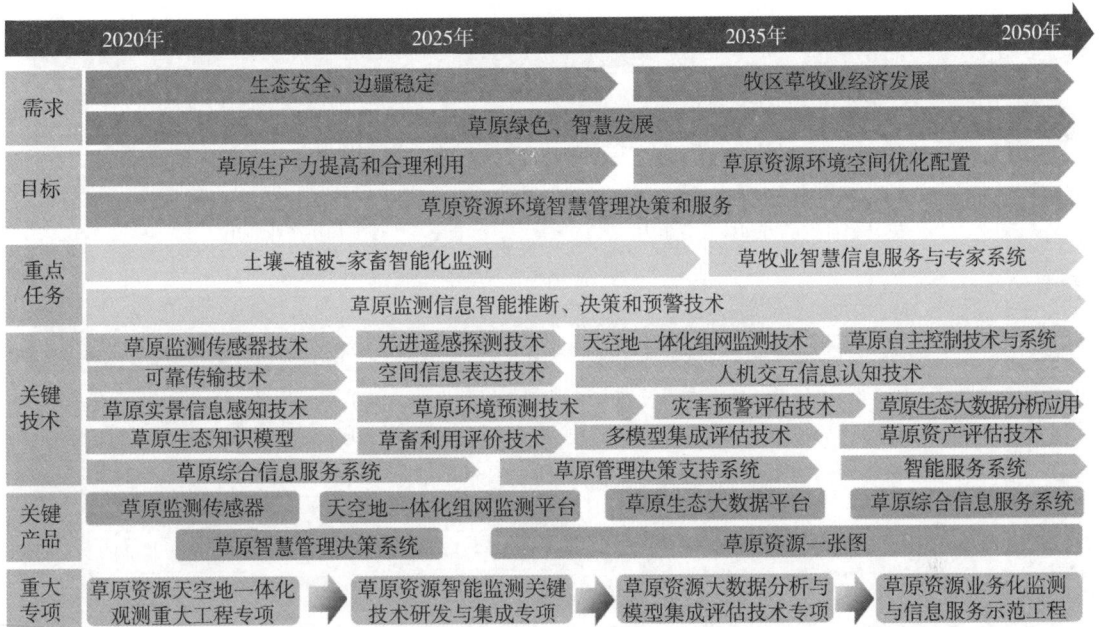

图 26-21　草原生态环境监测与信息服务体系建设发展路线图（2025—2050 年）

综合服务平台，并在各级行政部门和牧户开展示范应用，到 2050 年则实现融合草原牧区社会经济、人文和市场等信息服务功能，完善综合信息服务平台建设。

（三）农情监测与信息服务体系

为了实现农情监测管理的定量化、智慧化、数字化和高效化，提升农情监测与服务体系的综合生产力和核心竞争力，拟围绕农情信息立体化感知、农作处方数字化设计、农田管理精确化作业和业务化信息服务体系 4 个任务，突破一系列关键技术，研发农业传感器、农作处方、变量机具，耦合农业智能装备测试平台，建立农业测试标准和规范，搭建数字管理决策支持系统和天空地网监测平台，创新应用示范推广体系，建成适合我国国情的农情遥感监测与服务体系（图 26-22）。

到 2025 年，发展天空地多尺度农情信息全要素数字化、大区域、高精度、高时频的农业观测技术、时空多源数据融合技术、深度学习技术网络、多途径生长监测模型技术、农情信息应用系统研发技术等，构建通用性、普适性、机理性较强的定量模型；建立服务于数字化决策的作物定量建模技术，模拟极端气候下作物生长和产量；研制变量作物机具，融合农田精确作业，利用数字化设计与制造技术，集成 5G 通信物联网与大数据，研发新型农田传感设备与变量作业机具，实施农机农艺结合与作业装备智能控制，初步形成一套功能完备、体系明显、有人无人相结合的农情传感与作业装备技术体系。搭建多尺度农情监测网络和大数据平台，建设数字化、精确化、变量化、智能化的农情遥感云计算平台。

到 2035 年，搭建农情信息云服务中心，发展天空地多尺度组网工程技术、不同尺度类型数据融合与共享技术、农情遥感与信息应用算法模型体系、农情遥感应用的共性技术和多途径监测模型构建方法；采用大数据技术实现海量数据的管理与分析，模拟基于基因特征的作物模型，构建人工智能的预测和决策模型，建立耦合多种功能的通用性、普适性强的模型；利用数字化仿生设计与柔性集成制造，研制植入式作物生长监测芯片，融合作物生长知识化监测体系与作业处方自主生成系统，研发自主决策型变量作业机器人，研制模块化变量

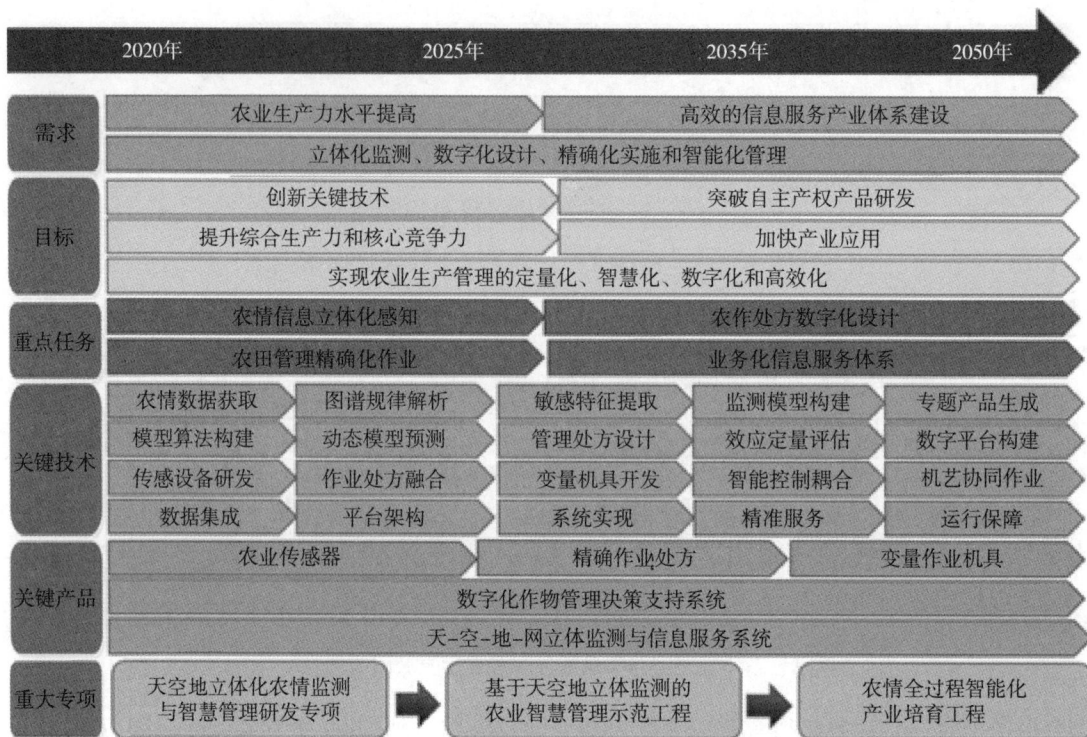

图 26 - 22　农情监测与信息服务体系建设发展路线图（2020—2050 年）

作业装备，集成精确管理与决策系统，加快自主化人工智能的控制应用；加快农情遥感云计算平台业务化运行和应用，以及天空地多尺度农情监测系统的建成和应用。

第五节　重大工程与科技专项

一、科技研发专项建议

围绕农业资源环境立体监测与智能服务体系发展，开展 1 个重大工程（农业资源环境天空地一体化观测重大工程）、1 个重点任务（农业资源环境立体监测监管重点任务）和 1 个科学计划（"一带一路"草原生态环境监测国际大科学计划）建设。

（一）农业资源环境天空地一体化观测重大工程

1. 现状问题　近年来，随着物联网、移动互联网、大数据、云计算、人工智能等信息技术迅猛发展，新一代信息技术与农业资源环境监测不断融合，航天遥感、航空遥感、地面物联网、大数据等技术广泛应用到农业资源环境监测和信息服务体系中，提升了农业资源要素及权属、利用、评价和管理的全面数字化水平，促进了农业资源合理利用与智能决策管理。

数据信息是农业资源监测、分析、决策与服务的基础。欧美等发达国家都十分重视数字基础设施建设。美国政府每年拨款 10 多亿美元建设农业信息监测网络，促进农业大数据的采集、分析与预测，用于农场水土资源管理及精细化耕作，提升农业资源利用效率和产出率。英国和法国建立农业大数据采集体系，促进智能农业发展；德国致力于发展农业感知和信息采集装备，提供农业信息获取综合解决方案；日本 50% 以上农户使用物联网技术进行农田资源环境信息采集，提升农业生产效率。

随着农业农村信息化和数字乡村战略的实施，我国数字农业基础设施建设取得了长足的进步，但还存在数字信息基础设施建设滞后、东西部地区发展不平衡、信息化的广度与深度有待拓展等问题，与世界发达国家差距依然明显。尤其是我国地形多样、多云多雨天气频发、种植制度复杂和农业生产高度动态变化，快速、高效、准确的农业资源信息采集面临许多重大技术难题。在不同尺度上，农情数据获取、存储以及处理的技术衔接不成熟，数据利用率低，各个尺度之间相应数据模型运用以及转换受限；符合我国农业资源利用周期长、季节变化快等特点的专属卫星缺乏，海量高精度遥感数据规模化处理与分析能力亟待提高；农用无人机遥感发展不平衡，重硬件平台轻软件系统，无人机应用潜力没有充分发挥；地面物联网研发水平滞后，应用处于初级阶段。单一遥感传感器或平台难以获取时空连续数据，天空地一体化协同的农业资源环境信息获取技术严重不足，尚未建立覆盖农业资源利用全过程的大数据获取体系，严重限制了农业资源的利用效率提升和优化决策管理。

2. 需求分析

（1）补齐农业农村领域"新基建"短板的需要。党中央提出，要加快推进 5G、人工智能、数据中心等七大领域的新型基础设施建设。天空地一体化观测作为农业资源环境监测时空数据采集和信息获取的重要技术手段，是农业农村领域亟待补齐的"新基建"短板。国家民用空间基础设施中长期发展规划对农业卫星观测需求考虑不够，农业卫星发展滞后，现有卫星对农业遥感的需要满足度不够 38%；我国遥感技术在城市区域得到了普及应用，但在农村领域的应用能力弱；农村现有的网络通道容量小、传输速率慢、传输能力弱，信息传输方法、传输系统、数据收发装置与流程等方面的基础设施投入严重不足，以 5G 为代表的低时延、大容量的通信传输建设基本空白，无法满足农业资源环境监测对遥感、大数据和人工智能等新一代农业信息化技术应用的需求。

（2）农业资源环境可持续利用的需要。一方面，在宏观尺度上，我国农业区域广、生产时空变化快，以地面调查汇总为主的资源调查方式不仅成本高和效率低，还存在时间滞后和空间描述不足等关键问题，迫切需要采用天空地一体化的农业资源观测技术手段，服务资源宏观优化配置和决策管理；另一方面，在农田微观尺度，目前多传感器多平台融合的精准感知、环境与本体生长信息监测与模拟等关键技术研发不足，导致农业资源利用总体粗放，利用效率不高，不利于农业资源可持续保护和利用。

3. 科技立项建议

（1）农业水土资源天基观测网络构建。统筹利用遥感卫星、导航卫星、通信卫星等卫星资源，基于国家跨系列、跨星座卫星数据资源开放共享服务系统，开展多类型、多传感器、多数量卫星联合监测，提升现有卫星对农业水土资源的协同监测能力。有效衔接国家民用空间基础设施中长期发展规划卫星和农业水土资源观测需求，优化规划卫星参数及载荷设置，提升水土资源调查、农情监测、灾害预警、政策执行等应用的精准度和时效性。针对农业水土遥感观测要素多、频次高、范围广等特点，启动实施农业"天网"应用工程，在国家空间基础设施建设框架下，充分利用国内外卫星资源，结合相关行业部门应用需求，建设满足农业水土资源监测需求的新型遥感卫星。

（2）农业水土资源航空观测网络构建。推动国内现有多尺度航空遥感数据共享联网，逐步建立统一规划、分工协作、覆盖全国的农业水土资源航空观测网络，加强特定的农业航空定位、成像、载荷集成、软件系统建设，实现米级、亚米级航空影像覆盖全国，提升农业水土资源航空遥感数据获取、处理、分析的全流程化和自动化水平。推进无人机平台和移动车载平台的联合定位、交互通信、稳定传输和联动控制，快速精准采集农业水土地面抽样样方信息，开展无人机应急监测，弥补卫星遥感观测能力的不足，服务支撑农业水土资源高精度调查、重大农业工程监管、重大农业自然灾害应急监测。加强农业有人机与无人机使用监管，规范农业农村航空载荷、飞行申请、空域申报和观测执行。

（3）农业水土资源地面物联网观测网络构建。推进新型农田土壤智能传感器、灌溉水质水量智能传感器的研发；建立一体化设计、统一调度的地面物联网观测网络，加强重要农区、重要流域和水产养殖区地面实时观测信息采集，校正卫星遥感、航空观测参数，开展天空地数据协同分析，提升数据分析精度。统筹利用现有农业遥感监测网点县和地面农情信息监测体系，开展耕地墒情和旱涝灾情监测，对主要粮食作物、经济作物、热带作物的面积、长势、产量等进行长期定位观测；加强主要内陆水产养殖区、近海渔场渔港物联网建设，开展渔业资源监测，推进远洋作业渔船联网建设和精准调度。引导多方力量参与物联网观测技术研发应用、数据产品开发。

（4）天空地一体化的农业水土资源监测系统建设。推进农业水土资源监测"全面设点、全国联网"；构建农业水土资源监测大数据平台，结合物联网、大数据、云计算、人工智能等技术，实现多目标、大区域、长时序农业水土资源海量监测数据的清理、整合、查询、运算、挖掘、分析与可视化；研制基于区块链技术的农业水土资源监测数据共享与管理体系，通过智能合约管理，实现监测系统智能传感设备与大数据平台的高效对接，建成水土统筹、天地一体、上下协同、信息共享的农业水土资源监测基础设施，形成跨主体、跨部门、跨区域的农业水土资源监测数据资源开放共享的集成服务平台，打造支撑具体应用服务的操作系统。

（二）农业资源环境立体监测监管研发专项

1. 现状问题 国外发达国家在天空地立体化的农业资源监测监管研发方面取得了很多重要成果，积累了丰富经验。美国、日本等国家借助遥感网、物联网和互联网等，将数据采集系统、分析处理系统和高性能技术系统等互联互通，实现农田多角度、全范围监测；欧盟在作物苗情、墒情和灾情等农情信息快速获取等方面取得突破，实现了从主观经验判断到智能技术决策的转变；荷兰、以色列设施园艺方面取得了举世公认的研究成果，尤其在农田作物长势监测、病虫害预报、精细施肥和灌溉、动态仿真模拟研究等方面处于世界领先地位。我国在农业水土资源监测、草原监测和农情监测方面也开展了大量研究，取得了明显进展，但仍存在一些突出问题，主要包括：①监测技术手段单一，尚未形成系统完整的农业资源监测技术体系，使得农业资源现状和动态变化家底不清和数量不明，无法满足大面积快速、精准、动态监测评价的要求；②农业资源利用全过程动态监测与诊断技术滞后，多源数据融合、挖掘和分析技术有待提高，难以反映农业资源多要素的时空差异、动态变化过程与特征，无法支撑农业资源利用综合评估；③不同尺度上农情数据获取、存储以及处理的技术衔接不成熟，数据利用率低，各个尺度之间相应数据模型运用以及转换受限；④数据驱动的农业资源综合监管平台和系统缺乏，农业资源可持续利用评估技术研发之后，资源管理中靠数据说话、数据决策、数据管理的科学支撑能力不足。

2. 需求分析

（1）丰富天空地立体化监测体系的需要。天空地立体化的观测体系为新一代农业化技术应用提供了丰富的监测手段和海量的原始数据，但监测评价体系的不完善制约了农业遥感大数据智策决策能力的发挥。传统监测技术体系过于扁平化，对多源数据/特征的挖掘、融合、协同研究深度不够。不同监测评价体系中存在的技术壁垒、发展不均衡、应用有限等问题，严重阻碍了天空地一体化的观测体系的深度应用和价值体现。亟须在多源数据融合、尺度转换、数据同化、定量模拟和模型移植性等关键技术方面建立灵活高效、多样化的监测评价技术体系。随着 5G、人工智能、区块链等核心技术与农业遥感大数据的深度融合，对满足不同目标群体、不同时空尺度、不同精度要求、不同应用形式的多样、高效、智能、便利的农情监测评价体系的需求空前迫切。在天空地立体化监测技术体系的支撑下，需要不同时空尺度、不同应用目标的农业资源信息相互支撑和印证，协同提升农业资源信息监测的准确性和可靠性。

（2）强化农业资源动态监测监管服务的需要。时空动态性是农业资源环境固有的特性之一。一方面，农业资源监测的时空动态性多依赖于观测体系的数据采集模式，现有的光学雷达遥感数据在解决动态性方面能力有限，在短时间内难以实现质的突破，迫切需要强化不同量化监测模型的尺度不确定性研究，聚焦尺度转换、迁移、拓展或建立健全针对全过程的动态变化监测评价体系。另一方面，当前的农业资源动态监测更集中于监测体系的上游（即数据采集与模型确定），缺乏模型应用、跟踪服务等中下游体系的动态监管与反馈，亟须利用"互联网＋"、5G 等高新技术提升农业资源监测监管质量和效能，优化服务流程，加强监测监管服务线上线下融合互通，增进跨地区、跨部门、跨层级协同管理，实现全过程留痕、全流程监管，汇聚政务数据、市场交易数据等，以增强农业大数据服务和决策支持能力。

3. 科技立项建议 农业资源环境立体监测监管系统的构建是要以多源数据为生产要素，通过遥感技术、物联网、5G、人工智能等现代化信息获取技术和云计算、深度学习等数据分析技术的应用，实现数字农业的立体化感知、智慧化决策管理、精准化作业和智能化管理，拓展多源数据在资源环境监测、作物生长诊断调控、预测与评估、资源环境监管与信息服务等领域的应用，促进农业生产软硬件的研发。围绕国家重大需求，针对农业资源环境监测与监管中存在的关键科学技术问题，以"数据处理—数据挖掘—数据服务"为主线，开展关键技术研发与集成，重点在以下 3 个方面取得科技创新：

（1）天空地立体化大数据处理关键技术。基于卫星遥感、近低空无人机遥感、地面物联网、智能终端等新技术手段，研发农业水土监测天空地综合协同的农田信息感知、处理与融合的核心技术，构建农业水土监测信息采集与处理"一张网"。

（2）农业资源利用全过程监测与诊断关键技术。构建农业水土资源利用"一张图"，实现全过程数字化监测。基于天空地大数据，研发土地利用变化监测与模拟技术、耕地质量退化监测技术、土壤重金属污染及风险预警技术、农田投入品与高强度利用监测技术、土地利用活动中温室气体排放监测技术，农业土地系统生物多样性监测技术等，摸清和掌握我国农业土地资源利用动态变化状况；突破农业水资源监测技术瓶颈，包括服务农业水资源监测的降水对作物产量影响模拟监测技术、灌溉用水量监测技术、土壤水分遥感反演技术、田间作物需水与水分胁迫监测技术、农田灌排水质监测技术、农业水资源利用风险评估技术等。

（3）农业资源智能监测监管平台关键技术研发。突破由大数据驱动的农田智能监测监管平台关键技术，研发水土资源调查、评价、规划、监管全流程、智能化关键技术；突破水土大数据分析与区块链应用技术，实现天空地网一体化农业水土资源监测核心关键技术的集成与应用；研发数据共享、功能完善、规范透明、安全高效的管理平台，实现农业水土资源监管信息服务"一张表"，促进农业水土资源管理科学化、系统化、精细化。

（三）"一带一路"草原生态环境监测国际大科学计划

1. 现状问题 20 世纪中叶，基于航天遥感技术发达国家开展了国家和洲际尺度的草原监测，包括国际自然保护监测中心（CMC）、全球环境监测系统（GEMS）等全球性自然资源监测网络在全球范围内开展的草原植被监测与评价；20 世纪 80 年代，随着遥感技术和地理信息技术的发展与应用，草原遥感监测技术实现了从传统地面监测到数字化监测的飞跃，利用不同遥感平台、不同类型的传感器进行草原资源分类、生产力估算、灾害监测、退化监测等方面的理论研究与技术探索。半个世纪以来，我国组织实施了一系列的草原生态与环境大调查，以地面调查数据和遥感影像数据为基础初步掌握了草原自然资源与生态环境状况，但与农业和森林行业相比草原生态监测研究较为落后，面临着不少突出问题，具体体现在：第一，本底数据老化、底数不清。我国目前使用的草原类型分布数据还是 20 世纪 80 年代的调查数据，经历了 30 余年的过度利用、气候变化，目前草原类型、面积分布、质量等级和退化状况都发生了较大变化，没有清晰可靠的数据，亟须更新以满足生态文明建设需求；第二，我国草原生态监测内容和指标少，工作零散，不够系统，监测技术主要基于大量地面采样和区域遥感统计模型，科学性差，新技术应用停留在研究阶段；第三，地面监测网络支撑系统不完善，站点尺度长期监测和遥感大尺度监测缺乏联系，导致大尺度遥感监测难以获得准确有效的地面验证，台站尺度监测获取的生物多样性、生态价值和资产评估等模型方法难以外推至区域和全国；第四，草原生态监测信息服务系统不健全，数据和成果应用非常有限，数据往往局限在科研人员和运行机构手里，没有对外开放使用权限，难以深入挖掘监测数据的潜在价值，也未能将监测信息转化成更广泛的成果，没有发挥其信息支撑作用。

2. 需求分析

（1）推动区域协同发展、保障"一带一路"倡议顺利实施的需求。草原生态系统是"新丝绸之路经济带"的主体植被类型，欧亚草原总面积近 11 亿公顷，占世界草原总面积的 1/3。我国提出的"一带一路"倡议实施将会推动新丝绸之路经济带沿线国家的工业化进程，在此过程中，协调经济发展与生态环境之间的关系，维持生态系统服务价值和人类福祉，实现生态经济可持续发展是一个严峻的挑战。如何准确获取欧亚草原生态系统服务价值的现状、变化和发展态势，定量分析沿线国家草原生态系统服务功能与社会经济耦合效应，评价"一带一路"倡议的实施对我国及沿线国家的生态经济影响，是合理挖掘区域发展潜力、保障"一带一路"倡议的顺利实施的重要支撑。

（2）推进国产卫星系列深化应用的需要。草原生态系统所处环境条件复杂、分布区域辽阔、类型多样、生态复杂，使得现代空间技术的应用面临许多新的问题与技术难点。开展"一带一路"沿线草原生态环境动态监测、评估与信息服务研究，不仅有助于形成地球科学研究新的生长点，也将极大推动我国国产卫星数据在世界范围的深化应用，推动我国遥感事业的发展。利用环境卫星、资源卫星等多源国产卫星数据组网，结合地面验证网络，构建草原监测预测业务与服务系统等，准确提取草原资源、生态、生产、灾害信息，为不同载荷的国产卫星数据的推广提供典型综合应用示范区，使国产卫星系列星座在草原资源环境变化的遥感动态监测和网络服务中替代国外同类产品，拓展国产遥感卫星数据产品的行业应用广度和深度，同时也是我国植被遥感技术追赶国外先进资源遥感强国的重要契机。

3. 科技立项建议 草原生态环境问题（例如沙尘暴影响）往往不受国境限制，因此我们提出"一带一路"草原资源监测国际科学计划，开展以欧亚草原为核心的智慧草原科技研发工作。欧亚草原占全球草原 33%，是人类粮食安全、水资源安全的重要基地，潜力巨大，但大部分区域尚未有效利用。目前，国际上没有任何以欧亚草原带为核心的科学计划。"一带一路"草原资源监测国际科学计划着眼于草原生产和生态平衡，开展欧亚草原联网观测、生态资产监测评估、草原生态健康管理等科技发展研究，科学利用如此广大面积的草原资源，服务人类。

（1）研发以草原生态环境监测为主要任务的科学卫星。基于现代信息技术和航空航天技术的发展，研发适应草原生态系统的多分辨率科学卫星，尤其是针对草原生态质量快速实时监测的中分辨率传感器和土壤、植被敏感波段的卫星传感器，从而提高新丝绸之路沿线草原生态环境全天候、针对性监测能力。

（2）建立现代草原生态环境监测地面网络体系。在我国及新丝绸之路沿线国家，根据不同环境下典型草原类型，设立长期定位观测研究站，形成覆盖欧亚草原代表性类型、"一带一路"相关区域草原生态环境科学观测研究网络，采用天空地一体化的手段开展从局地、景观到区域和大陆尺度的一体化观测与研究，推进科学观测数据共享和多学科综合研究，为全局掌控大尺度草原生态现状、完善草原科学理论提供基础数据；探索草原演替规律、生态环境变化驱动因素及退化草原生态恢复机制，积极推动区域草原生态环境和社会经济协调发展。

（3）构建天空地一体化草原环境组网监测评估技术体系。研制先进的草原生态环境综合监测技术体系，包括基于虚拟星座的草原大尺度变化探测、基于无人机/气球等航空器的近空间信息插补、以地面定位观测网络为支撑的新一代植被动态预测理论与方法，促进多平台测量数据在草原生态环境监测中的融合应用，在草原定量遥感和生态环境综合监测研究等方面实现跨越式发展，形成对新丝绸之路沿线国家草原生态环境的全方位、全天候、多尺度、定量化的监测能力；研究基于大数据挖掘与智能分析的草原生态价值/资产评估模型、草原生态健康预测模型、草原生态灾害预警模型、草原利用诊断模型，结合国家"一带一路"倡议和重大生态工程需求，构建适用于草原生态环境监测信息服务的评估标准与技术规范体系。

（4）完善草原生态环境现代信息服务技术和标准体系。探索基于传统监测方法形成的基本理论体系框架，开发智能监测与信息服务方法，构建传统做法与现代技术相结合的理论体系；面向科技服务、基础生产和科技融合等领域，重点研究资源分享与分布式资源巨系统及其方法论、精准服务与科技大数据理论，推进成果的创新应用和实践。制定草原生态环境监测数据管理、应用、评估、服务的系列技术标准，研究草原生态环境信息服务的数据模型、在线服务全生命周期知识模型，研发人机交互信息认知技术、草原综合信息服务系统，实现欧亚草原生态环境监测信息及时准确获取、高效传播与应用服务，以及基于用户需求的草原管理智慧决策支持。

二、重大示范工程建议

（一）农业水土资源业务化监测与信息服务系统示范工程

1. 现状问题 农业水土资源监测的目的，一方面是为了开发利用农业水土资源，更好地提升农业生产力，满足人类自身生存和发展的需要，另一方面是为了进行水土资源的实时监控和有效管理，更好保护水土资源，实现可持续发展。农业水土监测已经进入大数据时代，监测的数据量与日俱增，数量级由吉字节、太字节发展到现在的拍字节数量级；数据类型多样，由于航空航天传感器类型的多样性、数据获取方式的多样性、时空分辨率的多样性，因此采集到的地面台站的观测数据、实验模拟数据、统计数据等均出现多样性；监测服务内容多样性，包括监测种类多样性、时效多样性等。为了高效处理如此众多的数据，研发农业水土资源监测系统与信息服务平台十分必要。

国外发达国家一直高度重视资源环境信息服务平台建设。2012 年美国提出了大数据信息服务平台开发计划，并投入超过 2 亿美元建设大数据信息服务平台。如美国自然科学基金提出了提供地球信息的访问、分析、共享和服务的地球立方体（Earth Cube）研究计划。欧洲第 7 框架支持的遥感大数据项目 GENESI-DR，以及后续项目 GENESI-DEC 和 GE-OWOW 系其目标是实行欧盟对地观测数据的共享服务平台和处理环境。然而，目前我国农业水土资源监测信息服务平台建设总体落后，数据开发应用不够，数据平台整合共享不充分，信息服务与决策管理支撑不强。为合理开发利用农业水土资源，实行最严格的资源管理制度，迫切需要进行农业水土资源业务化监测与信息服务系统建设。

2. 需求分析

（1）推进农业水土资源精细化管理的需要。长期以来我国高度重视农业水土资源的管理、节约和保护等工作，以夯实水土资源管理基础为重点，加强水土资源监测能力建设，健全有关制度。目前，在相关区域、不同行业都建有水土资源监测体系，但仍缺乏对数据资源的有效整合与共享，一些业务应用系统的功能还不完善，难以适应实际业务管理需求。因此迫切需要整合建设农业水土资源监测信息服务系统，利用大数据挖掘、分析、可视化等技术，建立相关知识库、模型库、方法库，构建农业水土资源管理辅助决策系统，提升政府整体数据分析能力，创新资源高效、精准的管理模式。

（2）推进农业水土资源精准信息服务的需要。推进农业水土资源监测信息服务系统建设与应用，提供在线监测数据的信息服务，实现水土资源监测信息实时接收处理、统计分析、综合监视、及时预警和精准推送等，可为政府、企业、农户提供定制化的信息服务。同时，通过技术创新、产品创新、服务模式创新和商业模式创新，可促进农业水土资源监测信息服务的市场化、规模化应用，实现从水土资源监测到信息服务的转换。

3. 示范工程建议

（1）农业水土资源监测大数据建设试点示范。推动农业水土资源监测数据资源体系建设试点示范，利用全国土地调查、卫星遥感等数据信息，结合耕地质量调查监测、永久基本农田划定、"两区"划定（粮食生产功能区和重要农产品生产保护区）、农村土地承包经营权确权登记、高标准农田上图入库等数据，建设耕地基本信息数据库，形成基本地块权属、面积、空间分布、质量、种植类型等大数据。结合房地一体的宅基地使用权确权登记颁证、农村宅基地和农房利用现状调查等资料，构建涵盖宅基地单元、面积、权属、空间分布、利用状况等信息的全国农村宅基地数据库。开展水资源调查，进行时空数据资源汇集和整合，形成农业水资源基础数据资源体系。研制农业水土资源监测数据采集标准、大数据管理及应用标准等标准规范体系，编制农业水土资源监测数据开放共享目录清单，推进各部门、各单位之间数据共建共享，按照统一标准进行数据共享交汇，形成跨部门、跨区域、跨行业的农业水土资源数据汇聚枢纽。

（2）农业水土资源监测关键技术集成示范。开展天空地一体化的农业水土资源信息采集技术集成与应用，实现对农业水土资源全要素、全过程、全覆盖的实时动态观测。试点 5G 在遥感网、物联网（mMTC）、超高可靠超低时延通信（uRLLC）、天空地一体化观测网络等场景中的应用。加强无人机技术在水土资源环境监测的应用，重点开展无人机图像和视觉识别关键技术集成，推动单机智能化向集群智能化发展。研发人工智能搭载终端，实现实时水土航拍、巡检、监测等功能。在水土资源监测中加大深度学习算法、机器视觉等 AI 共性关键技术与遥感目标识别、信息提取和参数反演的交叉融合应用力度。推广应用一批农业水土监测智能感知、智能分析与诊断的重大技术产品，如专用无人机、田间监测仪、农业机器人等。聚焦重点地区与重点领域，开展 3S、智能感知、模型模拟、智能控制等技术及软硬件产品的集成应用和示范，形成一批农业水土资源监测技术模式和典型范例。

（3）农业水土资源监测与监管信息服务应用示范。开发低成本、可裁剪、本地化、轻量级的运行平台构建技术，建立基于微内核和插件体系结构思想的服务基础架构。研究统一的开发、运行与管理技术框架，遵循 SOA 体系架构，集成现有中间件、构件、软件工具等系列产品，构建分布式农业水土资源监测信息从汇聚、存储到服务的全方位整合框架。推进农业水土监测平台集成与服务，建设统一的农业水土资源业务化监测和信息服务系统，向政府部门提供农业水土资源家底"一张图"，向相关主管部门提供农业水土资源监测动态信息，向农业水土资源利用主体提供决策服务。

（二）天空地农情综合监测与智慧管理应用示范工程

1. 现状问题　世界人口快速增长、气候变暖、农业自然资源贮量快速消耗、生物多样性较少、农业生态环境恶化等一系列重大的资源与环境问题，不同程度地困扰着农业发展进程。促进农业发展的动力在于农业科技的创新与应用，因此开展农业应用示范工程已成为农业科技发展的重要途径，这些工程的顺利实施对推动区域农业结构调整、提高农业整体效益、加速农业产业化和现代化进程起到了决定性作用。已顺利实现的应用示范工程主要包括：对农业灾害（农作物病虫害、冷冻害、洪涝旱灾、干热风等）进行动态监测，以及灾后农田损毁、作物减产等损失调查和评估；通过遥感技术快速定位到环境污染源，对于突发的环境污染事故进行实时地跟踪与监测，从而及时地制订行动计划，进一步降低污染；对于肥料施用不合理现象，可根据土壤养分含量和作物养分胁迫的空间分布来精准地调整肥料的投入量以获取最大的经济效益和环境效益，同时在地理信息系统、专家系统和决策支持系统的支持下，生成作物不同生育阶段生长状况"诊断图"，为指导合理精准施肥提供可靠依据；在生态系统方面，遥感技术的研究可实现由定性向定量转化，进而能够客观、快速、全面地评价区域的环境状况，实施与生态安全相关的遥感定量反演研究。

已开展的应用示范工程仍存在以下突出问题：①在农情监测研究中，不同平台的传感器未得到充分利用，获取的数据比较单一；②在准确、及时的农情监测上还有欠缺，监测能力有待进一步提高；③未与农业多样化的应用和管理措施相结合，农业生产决策管理能力仍需提升；④农业高新科技手段较欧美国家略微逊色，农业科技创新与储备能力不能适应新阶段农业经济发展的需求。

2. 需求分析

（1）提高农情"一张图"监测能力的需要。围绕农业"一张图"工程，利用多源卫星遥感影像开展耕地、农作物、畜牧草地、渔业水域和农村承包地权属空间分布的遥感制图工作，实现以图管农、以图管粮，实现我国农业高精度数字化管理。农业"一张图"是遥感影像、农田地块数据、土壤现状数据、农产品数据、环境监测数据、畜牧养殖、渔业水产、基础地理，以及遥感监测等多源信息的集合。农业"一张图"工程的建设，迫切需要天空地一体化农情监测体系的有效支撑，为农业"一张图"管理平台提供精确、高效的监测数据。

（2）提升农业智慧管理水平的需要。《数字农业农村发展规划纲要（2019—2025 年）》

提出，"天-空-地"农业管理数字化水平提高要围绕大田种植、渔业、草地、畜牧业、设施农业、农村基础设施建设、农村生态监测等业务领域，实现全要素、全生产流程的数字化、智能化动态监测。针对我国农业资源家底不清、权属不明的关键问题，基于天空地农情监测智慧管理工程，建立农业资源资产产权制度，明确农业资源占有、使用、收益、处分等权益归属关系，为优化资源配置提供基础依据。围绕提高农业生产决策管理、服务数字化水平和质量的目标，构建以云计算大数据、3S 技术为支撑的天空地农业管理数字云平台，在国家、省级或县级层面进行农情监测、工程监管和信息服务，实现农业宏观决策的数字化、网络化和智能化；同时，在微观层面为各类经营主体提供个性化、多元化、精细化的农业数字信息服务。

（3）服务智慧农业管理方案的需要。利用天空地多平台传感器对农业多系统（种植业、畜牧业、水产、农产品加工与流通等）、全过程（产前、产中、产后）、多要素（生产、环境、生态、资源、灾害等）开展多层次信息监测。产前，利用多平台传感器立体化监测提高农业种植布局和水肥管理决策的时效性、综合性和科学性；产中，结合卫星导航技术和地理信息系统，做到合理施肥追肥、喷洒农药，提高耕地资源的空间分布、潜力挖掘、动态监控水平；产后，对农产品提出生产管理方案，并且对可预测到的灾害及风险进行评估，及时提供解决方案，实现农业生产规模化，生产过程的自动化、精确化，生产管理的科学化、现代化，形成智慧农业管理方案和措施，为农业生产"高产、优质、高效、生态、安全"提供重要技术支撑。

3. 示范工程建议　针对天空地农情监测与智慧管理技术体系，围绕重点推进核心技术、突破性产品、系统集成和标准规范制订的示范应用，包括若干应用示范工程群，先行试点示范引导，以推动天空地农情立体监测与智慧管理有序健康发展。主要包括：利用农业遥感、数据挖掘、软件工程与模拟模型等先进信息分析技术，开展农情全过程的智能采集、智能分析和智能决策应用示范工程，病害防治及安全溯源监测与决策应用示范工程，提升农业生产决策管理的科学性、及时性；开展天空地农情监测与业务化服务应用示范工程，为耕地轮作休耕、农业保险、农业融资、农业补贴、土地流转等提供精准、多样化的应用；开展农产品加工及质量安全溯源数字技术应用示范工程，实现农产品加工自动化系统、农产品质量控制系统和农产品安全溯源系统全过程管理的综合解决方案；开展农业经营主体及农业区域综合信息服务示范应用工程，推动种养加一体、一二三产业融合发展；开展天空地一体化的政策评估、风险预警、应急处置等管理决策应用示范工程，深入推动农情领域政务管理数字化、决策数据化、服务业务化。

天空地农情综合监测与智慧管理应用示范工程，可将遥感、定位导航、地理信息系统、物联网、智能控制和装备等广泛应用于多尺度农情信息感知领域，大力推进农业数字化进程，对农业生产、经营、管理和服务方式产生革命性影响。该工程将会为我国农业生产监测和管理工程起到模范作用，助力我国农业实现现代化。

（三）智慧草原生态屏障示范工程

1. 现状问题　现代信息技术的应用不仅改变了传统的草原生态系统管理思路，而且引发了以知识为基础的草业产业技术革命。近半个世纪以来，发达国家在现代化草畜生产体系基础上，建立了完善的数字草业和智慧管理技术体系，相比而言，我国草原数字化、智慧化管理的研究和应用起步较晚。另一方面，作为我国绿色生态屏障主体的草原生态系统，近几十年来发生了严重退化，现代经济的开放竞争对牧区传统畜牧业的强烈冲击，使草原自然生产力受到极大挑战，系统平衡被打破，草原自然生产力的有限性与牧民社会生活需求的扩增性成为现阶段草原牧区发展中的基本矛盾，草原信息获取手段落后和应变决策能力不足，成为构建我国草原生态屏障的难点和关键问题。基于现代信息技术实现草原生态环境全方位信息精准获取、草原生态系统智慧管理调控，是破解草原生态修复和牧区可持续发展的关键。目前我国草原监测和智慧管理应用技术与国外的差距较大，一是国内自主技术产品较少，二是现有技术系统准确性和实时性有限，三是信息系统并发访问数量、响应速度等指标均落后于美国和澳大利亚。自主产权的智慧草原技术产品的研发和深化应用，是弥补我国草原生态监测和信息服务技术短板的当务之急。

2. 需求分析

（1）保障我国国土生态安全、落实绿色发展战略。草原生态系统占据我国半壁江山，位于干旱半干旱区，具有阻止荒漠化潜势，是遏制中亚荒漠带向东蔓延的前沿阵地，是确保我国国土生态安全的屏障。一旦失去了这道屏障，对我国将产生全局性和灾难性的影响，而且是不可逆转的。近年来发生的跨地区、跨国界环境问题的沙尘灾害，就是草原资源退化、失去屏障功能的惨痛教训。同时，在近年来国民经济的快速发展、特定区域的高强度开发及全球极端气候事件不断增加的背景下，我国北方草原的总体生态与环境状况、经济与社会发展格局均发生了巨大变化。通过建设应用示范工程，实现草原生态状况信息实时监测，客观评价草原生态安全现状，科学评估国家重大生态工程效果，准确预测草原生态系统未来变化，是新时期美丽中国建设、促进绿色发展的需求。

（2）促进草原畜牧业现代化转型、实现牧区可持续发展。在干旱地区，草原的生态功能和经济价值并不逊色于森林和农田。自古以来就是草原畜牧业的重要基地，占据陆地植被总生物量的 36%～64%，同时也是更新速度最快的可再生资源。我国草原每年可生产约 30 亿吨饲草，是草原畜牧业生产发展、未来食品安全的重要战略资源，也是边疆牧民生活、民族团结、社会稳定的保障。我国草原畜牧业基础比较薄弱，除了受自然条件、市场因素和政策影响之外，还受到水土流失、白灾、黑灾、沙尘暴等各类自然灾害频繁侵袭。基于实时、准确的监测信息优化草原畜牧业生产技术，是提高草原畜牧业管理水平、迅速提高草原畜牧业生产水平、有效提高草原畜牧业生产效率、缓解灾害风险抵抗能力的技术基础，对于草原牧区传统畜牧业现代化转型、实现社会经济可持续发展具有重要意义。

3. 示范工程建议 基于国产卫星和导航系统研发自主产权的草原生态监测与信息服务系统，是解决草原生态-生产矛盾的重要技术途径。为此，建议以草原生态监测信息服务和管理决策需求为导向、以草原生态监测专用模型为基础、以现代草原信息技术产品研发为支撑，建设草原生态环境监测与信息服务技术体系与应用系统，包括草原生态环境监测工程、草原生态屏障管理工程、智慧草原信息服务系统及智慧草原生态屏障示范工程。

（1）草原生态环境监测工程。草原生态环境监测工程的目标是实现草原生态环境快速监测，解决智慧草原生态屏障"最先一公里"的问题。充分利用天空地一体化新型信息技术，构建低成本自动监测传感器与组网技术体系，建立草原生态环境实时监测应用系统，实现信息快速感知、实时传输、准确表达和高效应用，为各级管理部门提供决策依据。

（2）草原生态屏障管理工程。草原生态屏障管理工程可以解决草原监测信息在生态管理应用中的技术瓶颈，发展草原生态健康管理、草原气象智慧管理、草原生产智慧决策、草原生态恢复项目管理等应用技术和系统，实现草原生态健康的准确诊断评价与远程测控，对重大灾害做出迅捷预警响应与风险评估，协调草原畜牧业和生态环境健康，突破智慧草原生态屏障"中梗阻"。

（3）智慧草原信息服务工程。面向草原生态环境信息的高效应用，解决智慧草原生态屏障"最后一公里"的问题。综合利用云计算和大数据技术，整合草原生态环境监测与信息服务技术资源开发应用系统，开展基于人机交互大数据的草原生态信息便捷服务，针对国家智慧农牧业对草原监测的需求，促进农牧场智能化与简便化，实现草原生态环境信息个性化推送和针对性应用。

（4）智慧草原生态屏障示范工程。以长江黄河中上游地区、蒙古高原地区、新疆及中亚接壤地区为核心，开展智慧草原生态屏障示范建设工程，建立草原生态环境智能监测与智慧决策技术示范体系，开发简便快捷的系统服务以促进技术应用，确保服务的安全性和便捷性。

三、产业培育工程建议

（一）农业资源环境大数据与区块链产业培育工程

1. 现状问题　目前我国农业资源环境问题突出，农用水资源、耕地资源日趋紧缺，水土资源空间匹配性差，草原过度开垦，退化严重；农业劳动力老龄化加剧，总体素质下降；农业综合生产成本不断上涨，竞争力持续下降，提高对农业资源环境的精准管理能力和科学决策水平已经成为农业高质量发展面临的基础性和全局性问题。现有分布和零散的数据存在于农业资源环境相关部门，缺乏大数据处理计算、数据交换、统一服务共享的能力；数据缺乏统一的标准规范，无法进行统一尺度下的分析与决策；缺乏有效的信息共享机制和信息更新机制，致使难以形成一致、准确和权威的农业资源环境数据；资源环境数据确权难、知识产权保护难度大，也影响了公平有序地对农业资源环境数据的再利用与价值提升。因此，迫切需要利用新一代信息技术提升对农业资源环境数据的分析决策能力，进一步推动数据资源高效利用。

2. 需求分析

（1）培育农业资源环境大数据产业，提升分析决策能力。大数据是指无法在短时间内用传统数据库或数据分析工具对其进行采集、存储、传输、分析及可视化的数据集合。大数据技术的发展促进了大数据价值的挖掘，其技术是统计学方法、计算机技术、人工智能技术的延伸与发展；当前的热点方向包括：互操作技术、存算一体化存储与管理技术、大数据编程语言与执行环境、大数据基础与核心算法、大数据机器学习技术、大数据智能技术、可视化与人机交互分析技术、真伪判定与安全技术等。

（2）培育基于区块链的资源环境数据交易产业，促进数据有序可信利用。区块链技术是利用区块链式数据结构来验证与存储数据、利用分布式节点共识算法来生成和更新数据、利用密码学的方式保证数据传输和访问的安全、利用由自动化脚本代码组成的智能合约来编程和操作数据的一种全新的分布式基础架构与计算范式。区块链本质上是一个分布式的公共账本，技术特征包括去中心化、去信任、可集体维护、可靠等。目前区块链已经发展到 3.0 时代，从金融领域扩展到数字金融、物联网、智能制造、供应链管理、数字资产交易等多个领域。

3. 产业发展建议　针对我国农业资源环境数据来源多样、分析不足、确权困难、利用薄弱等问题，以培育农业资源环境大数据和区块链产业为抓手，建设涵盖农业基础数据、农业水土资源、农业农村生态环境等农业农村全领域数据的大数据云平台，统一农业资源环境数据采集标准、数据交换标准、数据安全标准，通过标准化处理和系统可视化应用，推进信息资源共建、共享、开放；利用区块链技术实现数据自动采集与上链传播，利用区块链固有的防篡改特性，实现分布式科学数据存储、数据使用审计、数据溯源及价值分配，促进农业资源环境大数据产权确权与权属保护，从而提升农业资源环境大数据在要素配置、产业升级、科学决策中的支撑、驱动、决策作用，为公平有序地农业资源环境数据再利用与价值提升提供基础保障。

（二）农情天空地全过程智能化产业培育工程

1. 现状问题 粮食安全是国家安全的重要基础。当前人口持续增长、耕地日趋紧张、极端气候频发、国际市场波动，均对我国粮食安全生产带来严峻挑战。因此，保障国家粮食安全是我国相当长时期的一项重大任务。目前，利用卫星、无人机、地面、物联网等平台，独立进行作物生长监测的技术已较为成熟，但不同平台在数据获取方面存在限制。发达国家已经将遥感、卫星导航、地理信息系统、物联网、智能装备等技术集成为综合应用系统，广泛应用于农业领域，大力推进农业的数字化和智慧化进程，对农业生产、经营、管理和服务方式产生了革命性影响，其产业化发展水平高、模式新。我国农情信息获取技术日益成熟，设施装备条件明显改善，国家智慧农业实验室、数字农业创新中心加快建设，农业遥感、导航和通信卫星应用体系初步确立，但是在农情遥感技术向产业化应用的转化过程中，基础研究与产业化运行衔接不够，农情遥感监测的产业化模式相对单一，领域不够宽泛。

2. 需求分析

（1）推进信息装备技术衔接农业生产的需要。目前我国已有的农业决策模型、农情监测预警等信息处理技术，大部分仍停留于论文和测试阶段，尚未形成产品化应用软件和可共享的软件平台。农业生产中的信息处理智能化程度低、共享度差，缺乏有效的信息载体和集成应用技术，难以实现问题的实时诊断和协同决策。以5G、物联网、云计算、人工智能、智能装备为代表的先进技术，正在引领我国智慧农业发展的新阶段，但这些农业新技术的应用基础薄弱，要求一次性投入资金量大。在当前农业生产效益不高、农民收入水平较低、农业信息化产业化运作还不够等情况下，如何将信息装备技术与农业生产紧密衔接，推进智能化和产业化培育仍然是亟须解决的问题。

（2）研发天空地农业全过程业务系统的需要。随着农业遥感的深入发展，遥感数据种类的增多和质量的提升有力地支持了农业生产中作物生长状态监测、农事节点管理以及产量信息预测等关键环节。但是在农业实际生产中，仍然存在缺乏业务性和周期性的系统支持、缺少基层管理人员简便易操作的软件工具等问题。因此在面向智慧农业决策管理的农业遥感技术中心，研发集合天空地多源信息、服务于农业生产全过程的业务系统是未来规模化种植条件下现代农业发展的重大需求。

（3）智慧农业良性发展的内部刚需。智慧农业在实际应用中仍然面临着信息处理智能化程度低、共享度差等问题，缺乏有效的信息载体和集成应用技术，难以实现实时诊断和协同决策。因此研究现代农业在信息感知与多源传感信息融合、智能决策、精准作业等方面的技术体系将为农业转型升级提供有力支撑。农业物联网与新一代通信技术、农业大数据与农业人工智能的应用、作物生长信息实时获取与智能管控技术、农业机器人与智能终端技术的研究将会成为智慧农业装备不断发展的内生动力。

3. 产业发展建议 针对已经形成的天空地农情监测与智慧管理的核心技术体系，重点推进核心技术突破、产品研发、系统集成和标准规范制定在农业产业化上的应用。着重培育国家级、省部级人才和创新团队的培养工程，不断提升天空地农情科技创新能力和产业支撑能力；推进农情立体化监测与信息服务学科群建设，培育一批天空地专业性和区域性重点实验室、科学实验站等基地产业工程；建设卫星、航空、物联网等天空地数字农业平台；培育传感器、网络、5G、人工智能相互融合的天空地一体化的农情智慧生产产业工程；建设基于多源大数据的耕整地、水肥一体化、精量播种、养分管理、病虫害防控、农情调度监测等精细管种收等业务服务产业工程，实现农情天空地全过程数字化和智能化产业培育工程的个性化、多元化、精准化。

（三）智慧生态牧区产业培育工程

1. 现状问题 草原牧区历经数百万年到上千万年的进化过程，逐渐形成了完整的草原-家畜-生态-经济宏观系统，草原既是家畜的放牧场，又是主要的食物来源和生产材料，也是重要的陆地生态屏障，对人类环境和文明发展具有不可代替的作用，具有重要的经济、生态和社会价值。近年来国家实施了"退牧还草""京津风沙源治理""草原生态保护和奖励机制"等一系列国家重大工程和政策，旨在改善草原生态环境、促进牧区草原畜牧业产业升级、增加牧民收入。另一方面，随着我国工业化、城镇化进程的加快，农区畜牧业、城郊畜牧业迅速发展，而牧区社会经济发展却严重滞后，草原畜牧业面临生态和经济双重压力。如何保护和利用好草原生态资源，发挥生态屏障功能的同时促进产业转型升级，打造生态良好、经济发展的新牧区，是目前草原牧区亟须解决的重大问题。

2. 需求分析

（1）是促进牧区产业转型、落实乡村振兴战略的需求。草原牧区是我国新农村建设中非常特殊的一个区域，它地处自然条件严苛、生产资源贫乏、生态环境脆弱地区。由于生产方式落后，生产力水平低，是落实我国乡村振兴战略的关键地区。牧区草原生态经济系统衰退的主要原因，在于草原畜牧业基本矛盾尚未得到缓解，尤其是牧民生产利益最大化的追求没有得到有效满足；其次，草原巨大的生态资产价值没有被充分认识和挖掘利用。解决牧区的矛盾和问题，应以更宽广的视野，确立"生态优先，科技先行，生态生产并举"的方针，重新认识草原内部挖掘潜力，重新认识草原外部投入及其方式，促进草原传统产业升级转型，改变草原自然生产力为以科技作支撑的现代综合生产力。

（2）是促进农牧业供给侧改革、实现牧区现代化发展的需求。草原畜牧业是牧区的基础和主导产业，由于缺乏有效及时的信息支撑，自然灾害造成的畜牧业崩溃事件时有发生，草原畜牧业的终端产品以牛羊活畜为主，高品质的草原家畜没有带来相应的价值，数字鸿沟成为产业发展的严重桎梏。现代信息技术快速发展的新时期，草原生态环境和经济发展方面的信息服务在技术上完全可行，亟须培育牧区生态产业新模式，推动现代生态旅游业和文化产业、现代物流业的发展，推动农畜产品供给侧结构性改革，提高畜牧业生产效益，促进牧区农牧业现代化发展。

3. 产业发展建议 针对草原牧区的生态问题、资源优势、产业现状及发展需求，开展"智慧生态牧区产业培育工程"，以广大牧区草原为主体、现代草原畜牧业为基础、现代生态服务业为引领、现代智慧物流贸易为支撑，构建不同层次产业融合与协调发展的现代草原生态产业体系，包括部署100个草原智慧生态产业园、100个草原生态产业培育项目。

（1）现代草原智慧畜牧业。基于草原生态环境监测工程，结合现代草原信息服务体系，优化现代草原畜牧业产业布局、确定重点优势发展地区、发展不同区域特色优势产品；以优质绿色牛羊肉、草原特色食品、野生动植物等地标性产品和草畜资源为切入点，提前部署智慧畜牧业产业扶持、高水平加工、产业链打造等措施，全面提高现代草原畜牧业发展水平。

（2）现代草原生态智慧服务业。结合草原生态价值评估和草原生态屏障管理工程，打造一批有影响的草原国家公园和草原名胜景点；加快培育草原数字会展、智慧旅游、休闲康体、健康养老等产业，形成一批战略性新兴草原生态旅游产业龙头企业，培育形成若干个现代草原生态服务业集聚区；推动现代草原生态服务业跨越式发展，实现草原农牧业经济主导向加工制造业经济和生态服务业经济双轮驱动发展转变，争取10年内使生态服务业增加值占地区生产总值比例达到50%以上。

（3）现代草原智慧物流贸易业。结合智慧草原信息服务技术、系统和标准体系，加快培育现代物流、电子商务、跨国贸易等新兴业态，大力推动物流集散和储运基础设施、现代化通信设施、物流信息管理技术装备建设，强化草原特色生态产品物流节点功能，以中心节点为主要依托，培育国际化、标准化、专业化的物流贸易产业，打造草原生态产品从生产采购、仓储运输、流通加工到商业配送的物流贸易产业集群，提升对草原牧区生态产业的贸易服务能力。

（4）现代草原文化信息产业。广大草原牧区是草原文化的重要发祥地，也是中华文明的关键地带，是东西方文化交流最早的承担者、文明互动的推动者。草原文化的继承和发展是牧区社会现代化的重要内容，草原文化产业是现代化新牧区的支柱产业之一。结合现代信息技术发展培育现代草原文化信息产业，创建文化产业专业服务平台，汇集专业化文化产业服务机构，打造草原文化创意和文化产品，提供基于大数据认知与精准分析的高端草原文化产业服务。

第六节　政策措施建议

一、加强统筹布局，拓宽投资渠道

加强农业资源调查监测工作的顶层规划、统一部署和整体推进。统筹相关业务管理部门需求，多规合一，制订调查监测计划并统一部署安排，推进落实农业资源环境调查监测"六统一"。充分利用现有基本建设和财政预算资金，拓宽财政支持渠道，加大国家和地方对卫星遥感监测、互联网大数据监测、农业资源管理系统等基础设施和条件装备的资金支持力度，提升卫星和航空遥感、农业物联网等大数据全天候获取、传输、计算、存储、分析和安全使用能力。努力拓展信息技术面向社会公众的服务功能，合理吸引市场资金的支持，形成天空地应用服务多方多元投入机制。加强与财政部门沟通协调，积极争取将各类农业资源调查监测工作所需经费纳入各级财政预算，统筹安排、突出重点、保障急需、提高绩效。对系统内现有调查监测项目任务进行整合，集中资金保证重大调查监测任务的完成。

二、加强基础设施建设，推动科技创新

针对我国农业资源监测发展的迫切需求和薄弱环节，借助5G与人工智能在农业领域的技术优势，不断完善农业资源监测与信息服务基础设施，推进天空地农业数字化、网络化、高效能计算和大数据等基础软硬件设施的可持续建设。加强前沿基础理论、关键共性技术、系统集成等方面的科技创新。重点加强人工智能、区块链、大数据分析、海量数据管理和三维展示等技术在调查监测中的应用研究。攻克天空地多源立体协同的农业信息获取与数字解析、农业大数据存储与高效处理、天空地协同农业水土资源、草原生态环境和农情动态监测

与预警、定量模拟与智能决策模型等关键共性技术。鼓励科研单位和相关企业研发具有自主知识产权的环境监测仪器设备，推进监测仪器设备国产化。

三、加强部门联合，搭建重要农业资源监测共享平台

我国农业资源环境监测涉及农业农村、水利、自然资源、生态环境、气象、林草等部门，应在顶层规划的基础上，由国家发展改革委员会牵头商建多源数据共建共享机制。要充分利用好互联网数据，建立跨部门的农业资源监测数据传递的无障碍通道，提供基于用户、数据及服务分级的访问控制、系统监控等功能，促进多部门的协作交流，减少部门间的相互掣肘，搭建重要农业资源监测数据共享平台，实现农业数据资源的并网建库。各省区要整合机构力量，建立省、市、县的数据台账和数据平台，与全国数据平台互通共享，确保农业资源台账制度畅通高效运行。

四、引育并举，加强人才队伍和团队建设

充分利用好现有队伍，发挥各自专业优势，分工推进调查监测任务实施，形成严密有序的组织体系。优化农业资源调查监测工作机制，结合事业单位分类改革，整合现有的调查监测力量，形成国家统一的资源调查监测专业化支撑队伍，逐步实现国家调查、地方举证、数据分发共享的农业资源调查监测新机制。培养农业资源监测和管理理论、技术、方法与应用等方面的复合型专业人才。引导社会力量，培育市场化调查监测队伍，更好地支撑调查监测工作的开展。积极吸纳科研院所和大专院校参与调查监测工作，充分发挥其专业特长和智力优势。鼓励和引导国内创新人才、团队与全球顶尖数字农业、遥感、信息技术研发机构加强合作。

五、推动示范应用全球化，提升国际影响力

积极服务国家"一带一路"倡议和农业"走出去"战略，在建立我国不同层次和尺度农业资源监测与信息服务系统的同时，逐步将监测范围和信息服务拓展到全球尺度，建立国外主要农业主产区的农情、农业资源监测技术体系，推进建设全球农情监测分析和信息发布平台，为世界各国提供准确可靠的全球农业生产信息服务。将监测信息直接应用服务于我国农业贸易、产业政策制定，积极参与国家农业外交倡议与战略，通过输出技术交流与帮助培养人才等多种手段，加强技术与服务的全球化水平，着力提升国际影响力。

第七节　本章小结

农业资源是农业生产的重要基础，实时准确获取农业资源环境及其利用信息，对国家稳定、民生福祉和社会经济发展至关重要。我国从1983年成立农业部环境监测中心站，组建农业环境监测网络，经过多年发展，已初步建成了覆盖全国省、市、县三级农业资源环境监测网络。农业遥感技术已成为我国农业资源调查、农作物估产和农业灾害监测与评估的重要技术手段，环境监测数据信息管理利用能力不断增强。同时我国农业资源环境监测也存在数据获取能力不足，监测精度和时效有待提升，可持续利用监测与评估不足、农业信息服务体系不完善等诸多问题。

本研究利用 WOS（web of science）核心数据库中 SCIE（science citation index expanded) 子库、Scopus 数据库对 1999—2018 年农业水土资源监测、草原生态环境监测和农情监测研究领域的论文数据进行检索、清洗和分析，从年度变化看，在农业资源环境监测领域全球文献发文量呈现逐年递增的趋势，表明该领域仍是当前研究热点之一。美国、中国、澳大利亚、印度及欧盟几个国家和地区的发文数量最多，我国虽然在论文数量上位居世界前列，但论文质量（总被引次数、篇均被引、FWCI 指数）与其他主要国家/地区相比仍有较大的差距。近年来，土地利用、气候变化、干旱、传感器、遥感技术、UAV 等成为关注的热点；在方法层面，利用模型、遥感、GIS、地面观测，遥感技术逐渐成为主流。随着遥感技术的发展和农业应用需求的不断扩大，目前研究更加趋向于综合利用"天（卫星遥感）—空（无人机遥感）—地（地面传感网）"一体化的农业资源环境监测技术，构建基于航天、航空及地面遥感平台的农业遥感立体观测体系，监测对象也由传统作物监测扩大到资源、灾害和环境领域。

未来 30 年，我国农业资源环境监测与信息服务体系发展将瞄准粮食安全、生态安全和资源安全等国家重大需求，坚持绿色发展新理念，以"农业资源环境自动化、智能化、无人化监测，监测信息服务市场化、社会化"为目标，通过"自主创新＋成果引进"的方式，综合利用新型信息化技术手段，开展水土资源、草原生态环境农情环境监测和信息服务体系的关键技术创新，突破农业资源环境传感器与泛在感知技术、农业资源大数据与认知计算技术、农业物联网与新一代通信技术等共性关键技术。至 2025 年，重点突破农业资源环境监测的天基、空基与地面物联网互联互通，初步建成天空地一体化农业资源环境监测网，建立统一的农业资源环境大数据标准规范，推动农业资源环境要素、权属"一张图"；至 2035 年，重点构建农业资源环境-经济-社会耦合模型绘制、智慧信息服务专家系统和人工智能作物管理决策支持系统，建成全国农业资源环境大数据管理服务云平台；至 2050 年，全面建成天空地多尺度农业资源环境监测系统；建成农业资源环境无人化监测与大数据云服务产业化体系。

参考文献

白永飞，潘庆民，邢旗，2016. 草地生产与生态功能合理配置的理论基础与关键技术 [J]. 科学通报，61（2）：201.

陈仲新，任建强，唐华俊，等，2016. 农业遥感研究应用进展与展望 [J]. 遥感学报，20（5）：748-767.

方精云，2016. 我国草原牧区呼唤新的草业发展模式 [J]. 科学通报，61（2）：6-7.

高娃，2006. 草原监测预警体系建立和完善的基本思路 [J]. 草原与草业，18（4）：32-36.

何文霞，2020. 探究生态环境监测的现状及发展趋势 [J]. 环境与发展，32（1）：204，206.

梁社芳，魏妍冰，余强毅，等，2020. 基于文献计量的农业土地资源监测态势分析 [J]. 中国农业信息，3（1）：104-114.

刘桂香，2009. 草原环境质量监测评价现状、问题及对策 [J]. 中国草地学报，31（3）：8-12.

刘美生，2007. 全球定位系统及其应用综述（三）——GPS 的应用 [J]. 中国测试，33（1）：5-11.

石玉林，2019. 中国农业资源环境若干战略问题研究 [M]. 北京：中国农业出版社：84-85.

唐华俊，吴文斌，余强毅，等，2015. 农业土地系统研究及其关键科学问题 [J]. 中国农业科学，48（5）：900-910.

王海芹，高世楫，等，2017. 生态文明治理体系现代化下的生态环境监测管理体制改革研究 [M]. 北京：中国发展出版社：207-211.

王利民，刘佳，滕飞，等，2019. 农业资源遥感监测系统的计算环境设计与应用 [J]. 中国农学通报，35 (28)：118 - 122.

魏妍冰，梁社芳，查燕，等，2020. 农业水资源监测研究态势分析 [J]. 中国农业信息，32 (1)：93 - 103.

吴炳方，张淼，曾红伟，等，2016. 大数据时代的农情监测与预警 [J]. 遥感学报，20 (5)：1027 - 1037.

吴文斌，史云，周清波，等，2019. 天空地数字农业管理系统框架设计与构建建议 [J]. 智慧农业，1 (2)：64 - 72.

吴文斌，杨鹏，李正国，等，2014. 农作物空间格局变化研究进展评述 [J]. 中国农业资源与区划，35 (1)：12 - 20.

吴文斌、余强毅、杨鹏，等，2019. 农业土地资源遥感研究动态评述 [J]. 中国农业信息，31 (3)：1 - 12.

谢安坤、周清波、吴文斌，等，2018. 农业土地系统的耦合特征及其研究进展 [J]. 中国农业信息，30 (1)：35 - 45.

杨全海，2016. 澳大利亚农业信息化建设对中国农业信息化发展的启示 [J]. 农业工程技术 (1)：27 - 28.

余强毅，吴文斌，唐华俊，等，2011. 复杂系统理论与 Agent 模型在土地变化科学中的研究进展 [J]. 地理学报 (11)：1518 - 1530.

袁飞，韩兴国，葛剑平，等，2008. 内蒙古锡林河流域羊草草原净初级生产力及其对全球气候变化的响应 [J]. 应用生态学报，19 (10)：2168 - 2176.

张俊，2009. 甘肃省草原灾害预警信息系统的设计与开发 [D]. 兰州：西北师范大学.

张新时，唐海萍，董孝斌，等，2016. 中国草原的困境及其转型 [J]. 科学通报，61 (2)：165 - 177.

张亚峰，史会剑，时唯伟，等，2018. 澳大利亚生态环境保护的经验与启示 [J]. 环境与可持续发展，43 (5)：23 - 26.

周怀宗，2020. 土壤也有大数据 我国建成覆盖全域的高精度数字土壤 [N]. 新京报，2020 - 4 - 7.

Godfray H C J，Beddington J R，Crute I R，et al.，2010. Food security：the challenge of feeding 9 billion people [J]. Science，327 (5967)：812 - 818.

Lu M，Wu W，You L，et al.，2020. A cultivated planet in 2010 - Part 1：The global synergy cropland map [J]. Earth System Science Data，12：1913 - 1928.

Meyfroidt P，Lambin E F，Erb K H，et al.，2013. Globalization of land use：distant drivers of land change and geographic displacement of land use [J]. Current Opinion in Environmental Sustainability，5 (5)：438 - 444.

Nakano T，Bat - Oyun T，Shinoda M，2020. Responses of palatable plants to climate and grazing in semi - arid grasslands of Mongolia [J]. Global Ecology and Conservation，24：e01231.

Steffen F，Linda S，Juan C，et al.，2019. A comparison of global agricultural monitoring systems and current gaps [J]. Agricultural Systems，168：258 - 272.

Wu W B，Shibasaki R，Yang P，et al.，2007. Global - scale modelling of future changes in sown areas of major crops [J]. Ecological Modelling，208 (2/4)：378 - 390.

执笔人 (排名不分先后)：────────────

唐华俊　吴文斌　辛晓平　朱艳　查燕　余强毅　邵长亮　姚霞　刘欣超　张羽　陆苗
钱建平　李刚　马吉锋　曹强　张小虎　梁社芳　魏妍冰

第二十七章

智慧农业相关产业发展战略研究

智慧农业是以信息和知识为核心要素，通过互联网、物联网、大数据、人工智能和智能装备等现代信息技术与农业深度融合，实现农业生产全过程的信息感知、定量决策、智能控制、精准投入、个性化服务的全新农业生产方式，是农业现代化发展的高级阶段。从狭义上来说，智慧农业主要是指种养业生产全过程的数字化、网络化和智能化的生产方式。前面几章介绍了在种植业和养殖业生产中应用智能农业机械和装备的智慧农业生产过程。本章主要介绍智能农业机械、测控装备和管理软件三大技术产业的发展战略。

第一节　概　　述

一、智慧农业的产生与发展

进入 20 世纪以来，工程技术给农业带来了巨大的变化，以拖拉机、耕整地机械和收获机等农业机械的应用为标志的农业机械化，大幅提高了农业生产的劳动生产率和经济效率。但整齐划一的机械作业模式，不能按土壤、作物和环境的变化和需要进行精准作业和变量投入，为了适应现代农业发展的需要，20 世纪 80 年代以后，农业装备的电子化和信息化成为农业装备科研和技术创新的主流趋势。农机技术不断融合自动控制、微电子、信息与生物等高新技术，成为机电一体化和智能化的新型机械，能够按照作物、土壤和各种环境条件，精准作业，以最小的投入，达到社会效益、生态效益和经济效益的最大产出。

拖拉机的电子控制系统由最初的简单电液控制发展成为发动机、拖拉机各个部件和整机的集成控制、贯穿于整个作业机组的每一个部分，包括大型联合收获机的割茬自动控制系统、产量传感器和产量分布信息系统，机械视觉系统，各种土壤参数的快速测定，变量施肥、喷药、喷灌等变量作业技术、作业损失监控系统和故障自动诊断系统等。控制软件也从对机器的各个部件独立控制发展成为以标准化通信协议的信息通信为核心的网络化分布式控制。检测结果通过数据处理可提供对整机工作性能的监控，还具有故障报警和诊断功能，并采用网络化的远程通信技术，为驾驶员提供操纵指导和故障处理信息。

20 世纪 80 年代发展起来的精细农业的理念是一种用变量作业方式来解决农田作物时空差异性的一种经营思想和方法。将作物科学、农艺学和智能化农业装备在信息科技支持下组装集成，指导和管理新的农业生产机械化技术体系。将卫星定位系统（GNSS）、地理信息系统（GIS）、决策支持系统（DSS），以及现代通信技术的成果应用到精细农业的管理中。通过农情信息获取，制订详细的农事操作方案和导航作业计划，然后传输至田间移动作业机具。

进入 21 世纪，农业生产进一步向网络化和智能化方向发展，农机自动导航、机器视觉、变量作业机械在发达国家得到了广泛应用，在我国也开始从科研成果走向实际生产。我国农业在经历了以人力和畜力为主的传统农业（"农业 1.0"）、生物-化学农业（"农业 2.0"）、机械化农业（"农业 3.0"）之后，正处在由传统农业向智慧农业（"农业 4.0"）转变的关键时期。采用智能农业机械，将农业生产的全过程通过物联网相互联系起来，突破传统农机的局限性，实现机器、操作者和管理者的互动，机群协调合作，达到基于传感器的整体系统管理，最终达到生产全过程的自动化、精益化和全局的最优化。未来的智慧农业，是以大数据为依据，以信息化为手段，联系各农业生产要素，最终实时指导农业生产的过程。具体来说，农业大数据包括精准作业数据（机具定位、作业路径、作物信息、药肥输出）和环境数据（天气、病虫害、土壤等），通过数据清选、分类、整合和认知计算等手段，实时做出决策（作物诊断、作业规划、实效预测等），通过物联网控制智能农机精准作业。

二、智慧农业产业

智慧农业在种养业生产中，通过传感器及测控终端采集农业生产、农产品流通以及农作物生长的相关信息，通过测控终端将获取的海量信息进行数据清洗、加工、融合和处理，生成数字信息，经有线或无线网络、移动通信无线网和互联网等将信息传输至农机装备中的智能化操作终端，实现农业产前、产中、产后的全程监控、科学决策和实时服务。

智慧农业的支撑产业包括传感器与测控终端产业、智能农机产业和农业软件产业三大技术支撑产业。

（一）农业传感器及测控终端产业

农业传感器及测控终端产业是智慧农业产业的核心，是智慧农业信息感知的基础和关键，是解决智慧农业信息"最初一公里"问题的关键。该产业的产品水平，决定了智慧农业的水平。

日本、欧美发达国家农业传感器及测控终端技术和产业在基础研究、材料工艺、技术积累、加工制造、产品研制、产品设计、支撑服务和产业化推广等方面均处于领先地位。

我国农业传感器及测控终端技术和产业起步较晚，近年来加快了发展步伐。但与发达国家相比，存在研发基础和技术积累不足、核心技术缺乏、中低端同质化产品多，材料工艺和设计理念落后、精度和可靠性不高、技术支撑和产业化程度低、软硬件配套差、规模效应和国际竞争力弱等问题。

目前，我国高端传感器严重依赖进口，传感器件进口占比 80%，传感器感应芯片进口占比达 90%。国产农用传感器核心元器件应用占比不到 10%，难以满足农业物联网和智能农机发展需求，已成为我国智慧农业发展的瓶颈。

（二）智能农机产业

农业装备是现代农业的物质基础，是实现农业农村现代化最基本的物质保证和核心支撑。发展智能农机装备产业是制造强国的重要内容，是推进乡村振兴的重要支撑，也是落实《国务院关于加快推进农业机械化和农机装备产业转型升级的指导意见》的重点任务，对提升我国农业机械化水平、支撑现代农业发展、保障粮食安全和产业安全具有重要意义。当前，我国农业现代化快速发展，智能农机装备供应与需求矛盾更加明显。

我国的智能农业装备与约翰迪尔、凯斯纽荷兰、洋马、久保田等国外农机品牌相比，存在中高端产品供给不足、关键零部件受制于人、共性技术研究基础薄弱和农机农艺融合不紧密等问题，缺乏农具与农机主机一体化的智能控制技术。近年来，虽然国内智能农机装备取得了较大进步，但总体上还处于初级发展阶段，仍存在智能化机具少、智能化程度低、智能机械可靠性和稳定性差等问题，与发达国家的水平还有较大差距，亟待转型升级。

（三）农业软件产业

软件是新一代信息技术产业的灵魂，是信息革命的新标志和新特征。对软件开发与应用效果的掌控程度，已成为体现差异化竞争优势的关键。发展农业软件产业是建设智慧农业的客观要求。对比发达国家，信息技术在促进我国农业提质增效的作用尚未充分显现。发展农业软件产业是实现现代信息技术与农业深度融合、深化现代信息技术场景化及普适化应用的重要手段，有助于促进农业由主要依靠物质资源消耗向主要依靠科技进步转变，实现"机器替代人力""电脑替代人脑""自主技术替代进口"的三大转变，大幅度提高农业质量、效率、效能和效益，引领现代农业发展。

发展农业软件产业，有助于快速推进现代信息技术成果的转化利用，强化计算机与网络技术、物联网技术、视频监控技术、3S技术和无线通信技术的集成，进一步借助信息化终端实现农业生产的远程操控、监测预警等智能管理，加速实现农业经营管理的规模化与集约化，农业生产的高效化与专业化，是构建农业新型生产经营主体的重要途径之一。

三、开展智慧农业支撑产业发展战略研究的重要意义

发展智慧农业产业是推动农业转型升级的重要支撑。我国经济发展进入了"稳增长、调结构、转方式、促改革"的新常态，经济增速放缓，持续大幅增加财政对"三农"投入的空间有限，农业生产成本持续上升，农业生产效益低而不稳，农产品质量安全风险增加，农产品国际贸易摩擦加剧。为解决农业质量效益不高的问题，迫切需要加快对农业发展新道路、新技术的尝试和探索。发展智慧农业产业，可以通过现代信息技术深刻影响社会分工协作的组织模式，进而促进农业生产组织方式的集约和创新，推动农业生产要素的网络化共享、集约化整合、协作化开发和高效化利用，构建科技含量高、优质、高效、低耗和产业链长的现代农业发展方式，推动农业生产供需平衡与一二三产业融合，催生休闲农业、农产品电子商务、农业众筹等新业态，为农业发展保"三安"①、提"三率"② 发展提供有力的技术支撑。发展智慧农业产业是构建新型生产经营主体的重要支撑。随着农村劳动人口老龄化和农村空心化问题的加剧，谁来种田和怎样种田等问题日益突出，构建新型生产主体是未来我国农业发展亟待解决的关键问题。

智慧农业发展靠科技，科技进步靠人才，人才资源是智慧农业发展的重要战略资源。目前我国农业从业者整体素质不高，农业科技人员总量偏小，而智慧农业发展的最大潜力是科技进步和劳动者素质的提高。我国IT产业整体发展比欧美发达国家滞后，农业软件相关人才的培养也是近年来才逐渐成形，2010年，我国制订并实施了第一个中长期人才发展规划，即《国家中长期人才发展规划纲要（2010—2020年）》，明确将培养创新型科技人才作为人才队伍建设的首要任务。2011年，教育部提出了"卓越工程师教育培养计划"，强调培养学生的工程能力和创新能力。2018年，《现代农业人才支撑计划项目资金管理办法》强调进一步加强农业人才建设，推动农业现代化发展。2018年，《关于高等学校加快"双一流"建设

---

① 三安：环境安全、生产过程安全、食用农产品评价标准安全。
② 三率：土地产出率、劳动生产率、资源利用率。

的指导意见》强调全面提高农业人才培养能力，提升我国农业高等教育整体水平。国家对智慧农业人才高度重视，但目前我国智慧农业尚处于起步阶段，高校与企业培养模式仍不成熟。

近年来，我国重视农业信息化发展，重点关注"智慧农业"。从 2012 年开始，提出推进"精准农业"技术。2015 年和 2016 年提出"智能农业"领域的突破技术。2016 年提出大力推进信息技术，包括互联网＋、物联网、云计算、大数据和遥感等五大主题。2017—2019年连续 3 年提出加强"智慧农业"科技研发。要发展智慧农业，必须有产业支撑。因此，急需开展智慧农业产业发展战略研究，包括农业传感器与测控终端产业、智能农机产业和农业软件产业，制定我国智慧农业产业发展战略。

本章围绕促进传感器与测控终端、智能农机及农业软件三大智慧农业支撑产业以及智慧农业人才发展的目标，通过实地调研、问卷调查、数据分析以及文献研究等方式，研究农业传感器与测控终端产业、智能农机产业和农业软件产业三大产业国内外发展现状、问题与趋势；分析预测 2025 年、2035 年、2050 年三大产业需求与市场规模；研究智慧农业人才支撑战略；提出面向 2025 年、2035 年、2050 年的智慧农业产业发展战略目标、重点任务和重大工程建议，并提出切实可行的战略保障措施；构建至 2050 年我国智慧农业产业发展路线图，为我国智慧农业支撑产业和科技人才的发展提出战略性建议。

第二节　相关概念界定

一、智慧农业相关产业是战略性新兴产业

产业的概念和内涵是随着社会生产力的发展而逐步形成和发展的。从产业经济学角度来说，产业是与社会生产力发展水平相适应的社会分工形式的表现，是一个多层次的经济系统。

随着科学技术的进步及其在社会生产中的作用，社会分工的范围逐渐扩大并细化，新的产业不断涌现，相对于传统产业，产生了一些新兴产业。

国外对新兴产业的提法主要分 4 种：第一种是"emerging industries"，即新兴产业，如生物能源等；第二种是"new industries"，即新的产业，如信息产业等；第三种是"the new and emerging industries"，包括新兴产业，如绿色产业等；第四种是"newly emerging industries"，表示新出现的产业，如生物技术等。这 4 种提法中，"emerging industries"和"new industries"相对占主流地位。各产业之间的相互联系和相互依存的关系，使社会各部门形成了一个相互联系、相互依存的有机整体。

我国"十二五"规划纲要及战略性新兴产业发展规划中提出，战略性新兴产业是以重大技术突破和重大发展需求为基础，对经济社会全局和长远发展具有重大引领带动作用、知识技术密集、物质资源消耗少、成长潜力大和综合效益好的产业，具有导向性、全局性、动态性和可持续性等特征。

根据这种提法，与智慧农业相关的技术产业属于战略性新兴产业的范畴。

二、农业传感器和测控终端产业

（一）概念界定

传感器是信息感知的神经末梢，各种信息通过传感器感知和测控终端整合，通过网络传

输到数据中心，经过分析处理做出指导生产活动的相应决策。在智慧农业中，农业传感器是感知农业信息的核心元件，其大规模生产和应用是智慧农业不可或缺的基本条件。

本章讨论的农业传感器及测控终端，是指应用在种植业和养殖业生产中的信息感应和检测整合装置，能感受到被测对象的信息，并能将感受到的信息按一定规律转换成为电信号或数字信号或其他输出形式，以满足信息的传输、处理、存储、显示、记录和控制等要求。

农业传感器及测控终端，主要包括作业性能传感器、生命信息传感器和环境信息传感器。作业性能传感器主要检测力和功率等参数，了解机器的状况；生命信息传感器通过检测动植物在生长过程中的相关信息，对动植物生长情况进行数字化处理，进而分析动植物生长状况；环境信息传感器主要对水分、土壤和空气等动植物生长的环境信息进行监控分析，及时了解和调控各种可控因素，保证动植物生长和质量达到最优水平。种植和养殖产业常用的农业传感器主要有温度传感器、湿度传感器、pH 传感器、气敏传感器、生物传感器、光电传感器和压力传感器等。

在智慧农业范畴里，农业物联网是农业传感器与测控终端的重要组成部分。农业物联网采用各种传感器设备和感知技术，采集农业生产、农产品流通以及农作物本体的相关信息，通过无线传感器网络、移动通信无线网和互联网进行信息传输，将获取的海量农业信息进行数据清洗、加工、融合和处理，最后通过智能化操作终端，实现农业产前、产中、产后的过程监控、科学决策和实时服务。

（二）特征分析

农业传感器起源于对拖拉机和农机具作业性能的检测，如牵引力、耕作阻力、发动机转速和功率消耗等，通过 A/D 转换，在计算机或相关仪器上显示出来，供专业人员分析研究时参考。随着我国农业现代化的快速发展，农业开始走进智慧农业的时代，对农业信息感知传感器和感知终端设备的需求日益增多。

智能农机装备传感器根据检测的对象不同可分为农田土壤信息传感器、作物生长信息及病虫害传感器、作业环境传感器和农机装备作业参数传感器。农田土壤信息传感器用于检测土壤养分（如氮、磷、钾、有机质等含量）以及土壤质地情况（如土壤类型、含水量、pH及导电率等）；作物生长信息及病虫害传感器用于检测植物的外形尺寸（株高、茎秆粗细等）、胁迫情况（缺水、缺氮等）以及病虫草害情况；作业环境传感器可对工作中的农机装备所处的位置、地形以及周边障碍物情况进行实时检测，结合自动导航的智能控制策略，控制农机实现最佳路径规划和避障；农机装备作业参数传感器根据作物生长不同阶段对应的农机作业环节，分为耕整机械传感器、播种机械传感器、田间管理机械传感器以及收获机械传感器。这就需要传感器有更高的感知能力和精度。信息感知层是农业物联网技术创新研究的优先领域和研究重点。感知层核心技术的关键在于高精准度、高稳定性、微型化和低成本。

测控终端系统包括 4 个方面：感知控制层、传输层、管理层和控制层。感知控制层为测控终端的核心部分，包括传感器信号采集与控制器，直接管理地上信息采集和地下信息采集、主要传感器与主要控制器。传输层完成接入与传输功能，是进行信息交换与传递的数据通路，包括接入网与传输网。管理层主要解决信息处理与人机界面的问题，服务器负责对采集的信息进行存储与信息处理，为用户提供分析和决策依据。

在"概念界定"部分已指出，农业物联网是农业传感器与测控终端的重要组成部分。农业物联网通过各类传感器设备和感知技术，采集农业生产、农产品流通以及农作物本体的相关信息，通过无线传感器网络、移动通信无线网和互联网进行信息传输，将获取的海量信息进行数据清洗、加工、融合、处理，最后通过智能化操作终端，实现农业产前、产中、产后的过程监控、科学决策和实时服务。农业物联网是一种用于连接"人-机-物"的现代信息智能化网络，是物联网技术在农业领域中的应用延伸，是农业生产方式转型升级的创新应用体系，能将农业生产的全要素、全过程和全系统进行有效整合，进而实现农业产前资源优化配置、产中智能化生产管理以及产后全程化追溯预警，是实现农业可持续发展的重要手段和有效路径。

从技术层面说，农业物联网产业的体系架构主要分为 3 部分：感知层、传输层和应用层。感知层的相关产业包括传感器、微电子、智能芯片、射频识别、二维码、GNSS、新材料、微型器件和智能仪表等，是我国物联网产业化目前亟待突破的部分；传输层包括有线通信和无线通信两种方式，传输层的相关产业包括无线传感网络、M2M 信息通信服务和行业专网信息通信服务等。应用层产业包括大田生产、畜牧养殖、设施农业、质量安全溯源、应用基础设施组件服务、云计算服务与应用集成服务等。从物联网的基础感知层到终端应用层形成一个巨大的产业生态系统，推进农业物联网产业化就是要通过物联网技术在农业中的应用提高农业生产效率，以市场为导向将农业生产、流通、消费过程中的各环节有机统一，形成具有成熟商业模式的产业链。

（三）农业传感器和测控终端产业分类

从产业链环节来看，农田土壤信息传感器、作物生长信息及病虫害传感器、作业环境传感器和农机装备作业性能传感器属于仪器仪表产业，大多是从传统产业发展起来的，分别隶属于土壤仪器、生物性状仪器、环保仪器和机械装备仪器等不同部门。农业物联网产业则是以物联网技术在农业领域的应用为核心，以提高农业生产效率为目的，形成的一整套的相关产业链。

农业测控终端目前主要集中在远程供水、农业灌溉、农业物联网、温室大棚管理、植物生长调控和农机作业参数等方面，不同领域的发展现状不均衡。

随着现代农业的快速发展，农业传感器与测控终端产业市场潜力巨大。农业传感器与测控终端产业的效益除了经济效益外，社会效益和生态效益也是重要体现。从实践看，农业传感器与测控终端实现了生产管理的远程化、自动化及智能物流运输，使生产、管理、交换、加工、流通和销售等各环节的产品信息实现无缝对接，降低了基于人的实体流动而产生的能源资源消耗，通过对肥料和农药、饲料添加剂等用量的准确科学控制，大大降低了残留率，具有提高生产效率、降低生产成本、保护生态环境、保障食品安全和解放劳动力等社会和经济效益的功能。

三、智能农机产业

（一）概念界定

智能农机装备是集成先进的信息通信、互联网和先进制造等技术的新型农业装备，是改善生产条件实现精耕细作、提高生产效率、转变发展方式、降低生产成本和增强综合生产能力的关键，是提高劳动生产率、土地产出率和资源利用率的重要工具，是现代农业发展的物质基础，也是国际农业装备产业技术竞争焦点。发展智能农机装备产业是制造强国的重要内容，是实施《乡村振兴战略规划（2018—2022 年）》的重要支撑，也是落实《国务院关于加快推进农业机械化和农机装备产业转型升级的指导意见》的重点任务，对提升我国农机装备智能化水平、缩小与国外主流产品差距、支撑现代农业发展、保障粮食安全和产业安全具有重要意义。

智能农机是指具有中央处理芯片（CPU）或电子控制单元（ECU）、传感器以及通信系统的现代农业机械，具备智能感知、自动导航控制、精准作业和智能管理等功能。通过装在农机上的微型计算机，对各种传感器获取的信息或通过网络从远程传回的各种信号进行逻辑运算、传导和传递，然后在动态作业环境下发出指令驱动农机实现变量作业和精准对靶作业等农业生产和管理的智能化。智能化农机装备能够实现农机作业的精准化、标准化、舒适化、人机交互人性化、安全化和操作傻瓜化的效果。

（二）特征分析

智能化农机是综合应用机械电子、光学物理、传感控制、信息通信和人工智能等现代高新技术的高新技术产品，通过科学设计和技术创新，具有更好的适用性、可靠性、有效性以及人与机、机与物之间的交互性，能高效、简便、安全和可靠地完成各项任务，其工作运行效果更准、更快、更好。与传统农机相比，智能农机只有以下特点：

一是智能感知。智能农机装备可在农业机械作业前和作业时准确获取各种农情信息，包括土壤信息，如土壤耕作阻力，土壤养分（氮、磷、钾等）和土壤水分等；作物长势信息和作物病虫草害信息等各种农情信息。

二是自动导航。智能农机装备具有自动导航的功能，包括导航定位、路径跟踪、电液转向、电机转向、速度线控、机具操控、自动避障、主从导航、车载终端和系统集成技术，可以大幅度提高农机作业质量。

三是精准作业。智能农机可实现精准作业，包括精准耕整、种植、田间管理、收获和干燥。通过精准作业有利于控制土壤风蚀和水蚀，减少水土流失；有利于改良土壤结构，提高土壤地力；有利于提高土壤节水抗旱能力；有利于减少温室气体排放；有利于增加作物产量。智能农机能根据播种期田块的土壤墒情、生产能力等条件变化，精确调控播种机械的播种量、开沟深度、施肥量等作业参数，实现精准种植，提高种子利用率，减少资源浪费，提高产量，降低生产成本。智能农机可根据作物种类、作物长势、作物病虫草害情况、土壤肥力、土壤墒情等参数控制施肥和施药量，根据作物生长需水需肥规律，采用滴灌、喷灌、微喷灌、间歇交替灌溉、膜下滴灌和水肥药一体化灌溉等精准灌溉技术，大幅度提高水肥药等的利用率，减少资源浪费和环境污染。智能农机装备可实现粮食干燥过程在线解析和高精度监测粮食水分，减少粮食损失。

四是智能管理。智能管理可实现农业机械的远程调度、机具状态和作业质量监控、故障预警和维修保养。根据当地生产需求和作业机具分布情况，按最短转移路径和作业需求紧迫情况等原则科学调度，以充分利用农机资源，提高农机效率；对机具的作业状态做出判断，如发现收获机的脱粒滚筒转速降低过多，就提醒驾驶员脱粒滚筒可能发生堵塞，建议驾驶员降低收获机前进速度或减少割幅，以减少喂入量，防止堵塞。一旦发生故障，则通过互联网远程指导驾驶员进行维修，对于一些驾驶员无法排除的故障，则立即通知最近的维修人员前去维修。

（三）智能农机装备分类

按不同的分类方式，智能农机装备可分为不同的类型：

一是按产业分类，智能农机装备可分为以下几类：①种植业智能农机装备。主要包括水稻、小麦、玉米、马铃薯、花生、大豆、油菜、甘蔗、棉花、蔬菜、水果、茶叶等农作物生产各环节的智能农机装备。②养殖业智能农机装备。主要包括畜、禽、水产、奶牛等新型养殖设施、环境调控、养殖数字化监控与远程管理、饲料营养加工及快速溯源与在线检定、个性化饲喂设备、智能挤奶、养殖场废弃物处理等智能技术与设施设备。③农产品初加工作业智能农机装备。包括大宗粮食产地集中烘干、果蔬产地保质节能贮藏、果蔬及棉花等在线检测与分选分级等智能加工技术与装备。

二是按作业环节分类，以种植业为例，智能农机装备可分为以下几类：①智能耕整机械。通过智能控制，提高旋耕、农田平整、保护性耕作等作业的质量和效率，降低能耗，减少进地次数，减少对土壤的压实，节约作业成本。智能耕整机械整体结构可调，可实现联合整地，以及通过液压系统调整机具参数、改变作业状态等。②智能种植机械。按照种植对象和工艺过程，种植机械分播种机、栽种机和秧苗栽植机三大类。播种机的种植对象是作物的种子或加工后的丸粒化种子，根据播种方式的不同，有撒播机、条播机和穴点播机等。栽种机的种植对象是马铃薯、甘薯、洋葱等作物的种块和甘蔗的种段等。秧苗栽植机的种植对象是水稻、烟草、蔬菜等作物的秧苗和带营养钵或带土的秧苗。智能系统能根据种子的种类和大小，以及需要的排种量调整排种器，达到精确播种的目的。③智能田间管理机械。根据作物生长需水规律，采用滴灌、喷灌、微喷灌、间歇交替灌溉、膜下滴灌和水肥一体化灌溉等精准灌溉技术，精准管理水、肥和药。可大幅度提高水、肥、药的利用率，减少环境污染和资源浪费。④智能收获机械。智能收获机械集自动导航和 CAN 总线等前沿控制技术于一体，可实现自动收获、故障自动检测、损失率监测、作业数据收集分析以及收获方案自动化决策等功能。可根据给定的目标任务，自主选择和制定最优方案进行作业，实现自动化和智能化控制。

四、农业软件产业

（一）概念界定

在现有文献中，关于软件产业的界定尚不清晰，没有统一的描述。在统计分类中，软件产业隶属于信息产业。广义上的信息产业包含一切与信息生产、加工、流通、运用有关的产业，除此之外还包括与信息相关的金融业、教育业、新闻传播出版业等；狭义上的信息产业包括信息制造与信息服务两方面，主要指信息在生产、处理、传输、运用过程中相关技术和设备的研发制造，进而满足经济、社会发展需求的产业结构。国家统计局公布的《信息产业行业分类注释》和《电子信息产业行业分类目录及注释》将中国信息产业体系进行了梳理。根据以上分析，信息产业是一个横跨第二、三产业的综合产业，融合了工业中的信息制造业与第三产业中的信息咨询和服务业。

综上所述，本研究所涉及的农业软件产业是指与农业软件产品和软件服务相关的一切经济活动和关系的统称，其范畴不仅包括农业软件技术、产品和服务，还包括产业环境、产品市场和产业集群等产业生态。

（二）特征分析

农业软件产业是以知识密集型为主的复合型产业。农业软件产业以技术和知识为基础，智力投入和技术创新是推动农业软件产业发展的关键要素。由于知识密集和高技术含量的特征，农业软件产业成本中的研发和人员费用的比例大大超过了其他产业，专业人才的创造性思维和劳动成为农业软件产业高附加值的根本原因，这也决定了农业软件产业是具有高附加值、高效益的"绿色产业"。

农业软件产业具备高度的互补性和兼容性。所谓互补性是指农业软件产业的产品和服务都必须与计算机终端、移动终端和可穿戴设备终端等配套。在农业软件产品与服务市场中，用户通常需要购买一整套系统，而非单独购买与使用某个软件产品。所以，包括零部件、硬件和软件的计算机系统中的互补产品应该相互兼容，以统一的标准、相互协调共同完成预期的功能。因此，对于农业软件产业来说，互补性、兼容性和标准化是其重要特征。

农业软件产业高风险与高收益特征并存。与一般 IT 产业相似，农业软件产业在发展过程中，也存在技术更迭、投入产出、成果转化和战略决策等方面的风险。在技术更迭方面，农业种植业、畜牧业、禽业等农业生产条件差别较大，农业信息技术开发具有探索性和不确定性；在投入产出方面，农业软件产业在组建之初投入的固定资产、技术与管理人力资源和研发费用都很大，后期产业化投资额也很大，约为其研究和开发费用的 10 倍和 100 倍；在战略决策方面，农业软件产业是一个技术更新速度非常快的产业，如果创新战略决策不当将导致技术更新难以匹配经济社会发展需求，或技术研发的商业转化失败都有可能给企业带来巨大损失，使企业面临被淘汰的结果。农业软件产业也具有投资回报率高的特征，可以给企业带来丰厚的回报。

（三）农业软件产业分类

农业软件产业发展的本质是将信息作为生产力的重要要素，将现代信息技术与农业融合，是信息技术向农业领域全面渗透的过程。依据不同的划分标准，农业软件产业可以分为不同的类型。

基于不同农业领域的不同需求，可以将农业软件分为基础软件平台和农业应用软件平台和各类农业实用软件系统。其中，①农业基础软件是软件运行基础平台，主要包括 Windows、Linux 等操作系统软件，SEQ Server、Oracle、Sybase 等数据库软件；②农业应用软件平台是针对农业特定领域应用的软件开发环境和运行环境软件，主要包括 Myeclipse、Eclipse、NetBeans 等开发工具，Visual Studio、C＋＋Builder、Delphi 等集成开发环境；③各类农业实用软件系统是针对农业具体问题编制的软件，主要包括农业专家系统、农业生产决策支持系统、农业数据库系统、农业信息咨询系统、市场信息分析和发布系统等。

基于不同的服务环节，农业软件产业可以分为服务于农业生产、经营流通、农业管理和社会化服务等。其中，①农业生产领域的软件主要面向农业生产人员，包括各类农业多媒体软件，实用农业信息咨询系统，面向生产管理的农业专家系统，各类农业职业教育软件，基于网络技术的声讯信息服务软件，农业远程教育软件，农业 PDA，农业电子书、电子词典等；②经营流通领域的软件主要面向农业经营人员，包括市场信息采集软件、市场分析预测软件、网上市场信息发布软件、电子商务应用软件（供应链管理、采购管理、商务智能管理、客户关系管理、电子交易、安全与保密）、企业资源计划管理软件（ERP）、基于网络技术的销售管理系统、物流配送管理系统软件等；③农业管理领域的软件主要面向政府管理人员，包括各类农业数据库软件，基于 GIS 的农业宏观决策系统，电子政务安全软件，政府内部行政业务应用软件，公共监督与服务类软件，政府智能决策软件（应急指挥、防灾减灾、社会联动、日常决策），政府信息资源管理软件，电子政务数据交换与应用系统，政府招标、采购、重大项目管理与监理软件等；④社会化服务领域的软件主要面向农业技术推广人员，包括农业信息采集软件、农业专家系统（AES）、农业决策支持系统（ADSS）、农业信息管理系统（AMIS）、农业数据库系统（ADBS）和移动式农业信息系统，面向农业生产技术推广的咨询、诊断、预测、分析、检测、监测、评价、优化、设计和控制系统软件，农业网站自动生成与维护软件等。

第三节　智慧农业相关产业国内外发展现状、问题与需求

目前我国正处于从农机大国向农机强国转变的重大战略机遇期，亟须加强智能装备、智能传感器和智能软件等领域的产业深度融合，赶超国际先进水平，推进我国智慧农业的发展。

一、农业传感器与测控终端产业

（一）发展现状

1. 国外农业传感器与测控终端产业

（1）农田土壤信息传感器技术。美国、德国、意大利、比利时等国家在农田土壤信息感知传感器方面都有很成熟的产品。

荷兰30兆赫兹公司的电容式土壤水分传感器，可同时检测土壤的水分和温度，并根据温度值对检测的水分值进行校正，以提高土壤水分检测的精度。美国 Veris Technologies 公司开发了土壤特性测定仪。该设备采用可见和近红外光谱获取带有位置信息的土壤频谱图，并通过土壤-光谱关系模型计算得到土壤的有机质、碳、pH、土壤水分和磷等物质成分的含量。检测仪集成了两个光谱仪，光谱波段范围为 450～2 200 纳米，光谱分辨率为 8 纳米，检测速度为每秒 20 个光谱数据，通过控制器分析后可快速得到土壤的养分含量。

（2）作物生长信息及病虫害传感器技术。国外已有较为成熟的叶绿素含量及氮含量检测仪器，美国 Trimble 公司的 GreenSeeker 植物冠层光谱仪，工作波段为 770 纳米和 656 纳米，工作高度为冠层上方 0.81～1.22 米，可采用手持方式或安装在拖拉机上对植物冠层进行实时检测。澳大利亚 Yara 公司开发了 N-Sensor 传感器，可安装在拖拉机两侧，利用光谱反射检测作物叶绿素含量，并以此指导氮肥施用。拓普康（Topcon）公司研发的 CropSpec 植物冠层监测系统覆盖两个波段区间（730～740 纳米，800～810 纳米），安装高度 2～4 米，探测角度 45°～55°。

（3）作业环境传感器技术。作业环境感知包括位置感知和地形感知。

位置定位主要有 GNSS 定位技术和视觉定位技术，Case 公司推出了 AFS ACCUSTAR 系列 GNSS 定位接收机，可以和 AFS 系列的终端（如 AFS Pro 700）连接，配合 AFS AccuGuide 控制策略可以实现农机的自动定位和导航。John Deere 公司推出了 RTK 系列接收机，采用 RTK-GPS 技术解决方案，形成高低搭配的 StarFire 解决方案。国外的一些企业还开发了用于农机装备的配套定位导航产品，如 Trimble、AgLeader、Topcon、Rave 等公司都在现有定位系统的基础上研发了农机导航控制系统。农机装备自动定位与导航控制技术越来越多地采用多传感融合技术，在导航策略中加入侧滑补偿和姿态补偿等，可进一步提高定位导航的精度和控制准确性。

地形检测对于农机装备在田间的平稳驾驶具有重要意义，准确的地形感知可为耕整机械的犁深控制、收获机械的割茬高度控制等提供信息参考。地形检测采用的传感器主要有超声波、激光雷达、视觉和陀螺仪等。目前，地形传感器感知技术主要的应用场合是移动机器人领域，在农机装备领域应用相对偏少。随着农机装备自动驾驶技术的发展，地形感知技术在农机装备领域将会得到越来越多的应用。

（4）农机装备作业性能传感器技术。农机装备作业性能感知是指对耕整机械、播种机

械、田间管理机械和收获机械等作业机械工作状态的感知，包括前进速度、位置、滑转率、姿态以及与各作业环节相关的状态感知等。农机装备作业的准确感知为农机装备智能化作业提供了前提条件。

播种作业中重要的参数之一是播种量检测。通过实时检测排种情况得到播种信息，可以及时了解播种机械的作业质量。Precision Planting 公司推出了针对排种、输种和测种一体式系统检测方案。其中开发的 vSet 系统是一种精量式排种器，换用不同类型的排种盘可实现不同种类农作物种子的单粒或双粒精播；SpeedTube 系统是高速种植系统的一个组件，可以在高速播种的情况下实现对种子的平稳传输，避免了高速播种条件下种子碰撞和弹跳而引起的播种质量不高的问题；WaveVision 系统采用电磁波的方式来检测落种量，与传统光电式传感器相比，可解决因田间灰尘干扰而造成传感器失效的问题。

田间管理机械根据作业需求对植株的病害、虫害和草害进行检测，并通过相应的末端执行机构实现田间的自动除草和喷药。植保机械喷药作业时系统的喷雾压力、喷雾流量、喷杆姿态和运动状态等对作业质量均有直接影响，除草作业时杂草图像的识别准确性以及除草机构的执行效率对除草效果影响较大。Precision Planting 公司开发了专门用于液体测量的传感器，该传感器可以实时测量包括液体农药和液体肥料在内的液体流量。德国 Deepfield Robotics 公司开发的 BoniRob 农业机器人，可在 0.1 秒内自动识别和清除杂草，除草速度是人力除草速度的数倍，比化学除草方式更为环保。John Deere 公司研究了一种 NORAC 吊杆高度控制系统，采用 5 个均匀分布在喷杆幅宽上的测距传感器对地面地形进行检测，自动控制吊杆升降以实现在不断变化的地形情况下与地面始终保持恒定的高度。随着田间管理机械的无人化作业技术不断发展，对田间管理机械的作业参数感知将提出更多需求，液体肥料和农药的感知机理、传感器的抗腐蚀性和精度保持性是未来研究的重点。

收获机械作业性能的准确感知可以减小收获过程中谷物的损失和破损。国外农机企业如 John Deere、Claas、Precision Planting 公司等，都研发了多种谷物产量传感器，结合定位导航控制系统可生成作物产量图。

（5）农用飞机遥感传感器技术。农用飞机包括无人机和有人飞机两种。世界上第一台农用无人机出现于日本，雅马哈（Yamaha）公司受日本农业部委托，1987 年生产出 20 千克级喷药无人机"R-50"。经过将近 30 多年的发展，目前日本拥有 2 000 多架注册农用无人直升机，操作人员 14 000 多人。日本雅马哈无人机公司成为农用植保无人机领域公认的领头羊。美国农业航空始于 1906 年，发展到现在已经有 110 多年的历史，具有完善的航空组织体系和植保模式。美国的森林飞防防治和水稻飞防防治都使用航空飞防作业。

欧美一直在无人机技术上保持领先地位。从法国 Parrot 公司的产品可以看出，它是全球农业遥感无人机顶级的供应商之一。然而，由于政策与法律原因，无人机发展受到一定限制。在欧洲，所有无人机飞行需要向欧洲航空管理局进行飞行申请，执飞飞行器与操作人员需要进行资质认证，且质量不得超过 20 千克。美国 MicaSense 公司是农业无人机传感器和数据分析方面的龙头企业，拥有 30 多年产品及软件开发经验。但美国的农业组织方式以大农场为主，大面积喷药都采用载重量更大的有人航空喷药，无人机喷药较少，美国联邦航空管理局禁止美国上空出现直接获取经济利益的无人机飞行，个人航模质量不得高于 20 千克，飞行高度低于 140 米，导致美国无人机产业发展落后于日本和欧洲。

无人机搭载的农情监测遥感传感器主要包括数码相机、多光谱相机、红外热像仪、高光谱成像仪和激光雷达等；数码相机和多光谱相机由于成本低，是开展无人机农情遥感监测中使用最多的设备。其中数码相机主要以日本的 Canon、Sony 和 Nikon 三大品牌轻质小型（微单）系列数码相机为主。多光谱相机以美国 Micasense 公司的 RedEdge、法国 Parrot 公司的 Sequoia（红杉多光谱传感器）、美国 Tetracam 公司的 MiniMCA 和 ADC Lite 等系列在农业多光谱监测市场中占主导地位。机载红外热像仪由美国 FLIR 公司和德国 Optris 公司占据了大部分市场份额。机载高光谱成像仪中，美国 Headwall Photonics 公司的 Micro-Hyperspec、德国 Cubert 公司的 UHD185、芬兰 Senop 公司的 RHC 等产品应用最广。机载激光雷达以美国 Velodyne 公司的 VLP-16/HDL-32/HDL-6 激光雷达扫描仪应用最多。

（6）测控终端产业。典型的测控终端产品是灌溉用测控系统。很多发达国家在农业灌溉方面都采用了传感器和测控系统，生产企业也很成熟。

日本的灌溉自动化管理技术已基本实现。在微灌监控系统中，管理总站与各分站之间采用分层分置式结构形式，通信方式采用微波通信、无线电网络和专用电话线。为了实现水资源的高效利用，中央管理站采用计算机和遥测、遥控装备相结合的方式对泵站、阀门等进行集中监控。

荷兰的灌溉技术在数据处理方面具有优势，其自动化灌溉系统能够自动记录数据信息，如水位表、水位计、功率表等，并按照水文资料类别进行存档，方便用户查询。

西班牙 Gamila 的灌溉系统与互联网连接，用户可以通过互联网发送命令，然后经过无线发射塔和调制解调器，由多个中继站将命令传送至终端节点控制泵和阀门。

以色列是世界上严重缺水的 13 个国家之一，其在微灌技术方面的研究相当成熟，是世界上最具代表性的国家之一。目前，微灌监控系统已在以色列境内推广应用，农场主足不出户就可以对农田进行管理，采用计算机设定好灌溉时间间隔、灌水量等信息，将水和营养按时、按量输入植物根部，控制精度高。以色列的 Eldar-Shany 自控技术公司是生产农业计算机管理系统的主导企业，该公司开发了各种类型的可编程控制器，在农田、果园、草场等中已投入使用，运行状况良好。

2. 我国智能农业传感器与测控终端产业现状

（1）概况。农业传感器与测控终端产业是引领中国农业科技革命的基础和关键。农业传感器与测控终端产业的产品形态丰富，产业生态圈正在形成。"十二五"期间，我国就已将其列为国家重点培育的五大战略性新兴产业之一。

在智慧农业的技术支持中，感知技术是基础和关键，核心技术在于针对农业产业和农作物本体研发和制备先进传感设备，是我国发展农业物联网的技术瓶颈。我国的科研机构和物联网企业开展了此类传感器的研发，但目前多处于实验室研究阶段，其核心感知部件严重依赖国外进口，应用成本较为昂贵，距大规模应用还有一定的距离。

传感器类型产业现状：

①农田土壤信息传感器技术。目前，对农田土壤信息的检测技术研究最为广泛，检测方式也最多。如面向有机质含量测量的便携式光谱仪，可实现对最大 30 厘米深的土壤有机质检测。基于便携式高光谱土壤养分检测设备，可建立高光谱和土壤总氮含量的定量关系模型。这些光谱仪器可降低分析成本，提高分析效率，但也存在土壤养分检测易受环境因素（水分、温度、颗粒和类型等）影响的问题。

②作物生长信息及病虫害传感器技术。作物生长信息及病虫害检测传感器在市场上还未有成熟的产品。当前研究主要集中在利用光谱技术对作物生长信息及植株的病虫害监测方面，如基于便携式植物叶绿素的无损检测仪器，可高效检测作物的叶绿素含量。国内企业如河南云飞科技发展有限公司发布了一款叶绿素测定仪，测量精度约为±1.0 SPAD。针对作物病虫害，采用可见-近红外光谱技术，可实现作物病害的早期快速检测。受田间复杂环境影响，针对作物生长信息及病虫害传感器的研究还未能真正实现机载田间环境下的智能、准确检测。

③作业环境传感器技术。农业采摘机器人和农机自动导航技术自主作业时需要对农机装备的位置、周边的地形和障碍物情况进行实时检测，采用的传感器主要有定位系统、视觉传感器、力传感器和避障传感器等。以上传感器已基本实现国产化，但在准确性和可靠性方面略逊于国外知名企业生产的传感器。在农机装备的自动定位与导航方面，随着GNSS导航定位技术向民用领域开放，采用载波相位差分技术的实时动态定位精度可达厘米级。此外，障碍感知是智能农机装备在农田环境下安全可靠工作的保证，目前障碍物检测手段主要有机器视觉、红外、超声波和激光雷达等。这些方法在障碍感知能力上各有优缺点，将这些技术进行联用是障碍感知技术未来的发展趋势。

④农机装备作业性能传感器技术。智能农机装备作业性能传感器技术包括耕整机械作业性能感知、播种机械作业性能感知、田间管理机械作业性能感知以及收获机械作业性能感知。耕整机械需要获取的作业性能较为单一，目前研究主要集中在耕深检测方面的改进创新；施肥播种机械的作业性能感知主要包括播种量、重漏播以及播种深度等；田间管理机械一般包括施肥机械、灌溉机械和植物保护机械等。当前研究主要集中在喷雾参数影响、多传感器融合技术等方面。针对上述参数的传感器研究较多，且已有部分传感器实现商用化，但大多数传感器在检测精度、稳定性上仍需要进一步提高。

测控终端的产业布局大多集中在节水灌溉以及温室环境测控等领域。在通用技术基础方面，大多数农业设施需要采用无线网络技术，中国电信公司的GPRS是目前农业领域的主要Internet接入方式。在设施农业方面，设施农业相关的栽培技术由基质培、营养液水培逐步向雾培技术转变，由平面多层立体栽培向圆柱体、多面体立体栽培转变，由化学液肥向矿物质肥和光碳核肥转变，由温室现场控制向远程控制转变，由技术和装备单向引进向引进和输出双向转变，由试验示范阶段向商业化产业化阶段转变。在大田农业方面，主要围绕耕整地机械、种植机械、植保机械及收获机械控制等方面开展研究。在养殖方面，通过智能算法及专家系统实现畜禽养殖环境的智能控制。根据畜舍内的传感器检测的空气温度、湿度、二氧化碳、硫化氢和氨气等参数，实现畜舍环境参量获取和自动控制等功能。

农业传感器与测控终端产业市场效益除了经济效益外，社会效益和生态效益也是重要体现。随着现代农业的快速发展，农业传感器与测控终端产业市场潜力巨大，将会有较大的发展。

(2) 农用无人机遥感传感器产业现状。遥感技术（remote sensing, RS）具有大面积同步监测的优势，可实现对作物长势空间分布信息、作物营养与冠层温度诊断、作物面积与产量评估的精准获取。采用无人机搭载RGB相机、热红外相机和多光谱相机等传感器，结合先进的无人驾驶飞控技术、GNSS差分定位技术、无线通信遥控技术和无线图像回传技术等，可提供正确的决策管理，提高作物产量。

无人机搭载的农情监测传感器主要包括高清数码相机、多光谱相机、热红外相机及激光雷达等。目前，日本和欧美国家在机载对地观测传感器领域处于垄断地位，我国由于缺乏光学元器件和传感器等核心技术，机载光谱成像传感器的研发尚处于起步阶段，激光雷达（LiDAR）传感器的研发企业呈现出百家争鸣的态势。国内从事机载多光谱相机研发的机构很多，但在性能、重量、成本等多方面还无法满足实际农业需要，影响了我国智慧农业的发展。

目前我国涉及无人机农情遥感监测技术与装备研究的科研机构有 20 余家，浙江大学农业信息技术研究所和农业部南京农业机械化研究所等单位开展了农用无人机平台技术、GNSS 自动导航技术、低空遥感技术和精准喷雾技术等的研究，并取得多项技术成果。目前我国生产无人机的企业已有 200 多家，具备大批量生产能力，但具有无人机遥感航拍监测自主研发能力的单位仅 10 余家。

3. 基于专家德尔菲问卷调查的结果分析 针对农业传感器与测控终端产业领域的 18 项主要技术，项目组进行了国内产学研政商各界专家学者的调查问卷。结果如表 27 - 1 所示。

由表中可以看出，对以上大部分农业技术，专家认为通用性是最重要的属性。究其原因，农业科学是多学科交叉的领域，相关技术来源于各个行业。其中，农业智能决策及控制传感器技术、农用无人机全自主飞行技术、机器视觉传感技术以及农业人工智能技术，专家们认为其为首要属性，一定程度上说明了这些技术的重要地位。

在最大的制约因素方面，研发投入和基础理论占大多数，说明对于部分技术，我国的理论基础不够牢固，研发投入力度不够。植物径流量信息感知传感器技术、植物养分信息感知传感器技术、农机装备作业参数传感器技术和农业人工智能技术这 4 项技术的人才缺口最大，这对高校的人才培养方向具有一定指导意义。

表 27 - 1 中大部分农业技术接近国际水平，部分落后国际水平 5 年，只有植物叶绿素信息感知传感器技术、农业智能物联网感知传感器技术、农机装备作业参数传感器技术落后国际水平 5～10 年，甚至 10 年以上。

表中大部分技术都可在 2025 年之前在实验室实现，在 2035 年之前实现大规模应用。植物养分信息感知传感器技术、农业智能决策及控制传感器技术、地理信息配准技术以及农业人工智能技术离大规模应用时间还较长。

目前已实现大规模应用的只有常用农业环境传感器（光、温、水、气）的高灵敏度、高稳定性关键技术，农用无人机动力电池研发以及位置感知技术。

对于表中所有的农业技术，美国几乎全部为世界领先水平，只有在农用无人机全自主飞行技术上，专家们认为中国更胜一筹。从中国的表现来看，只有 5 项技术跻身世界前二水平，说明虽身为农业大国，中国的农业技术与世界领先水平仍有较大差距，有很大提升空间。

4. 基于专利/文献计量的结果分析

如图 27 - 1 和图 27 - 2 所示，通过大为 innojoy 专利检索与分析系统，分析近 10 年检索结果，我国农业传感器与测控终端的相关专利申请数目总体呈现明显的上升趋势，并进入快速增长阶段。农业传感器领域专利申请的细分行业大体可分为通用类、种植业、畜牧业和渔业，其中通用类占比最高，畜牧业占比最低。我国农业传感器对于细分行业的针对性和精准性有待进一步提高。

表 27-1 国内产学研政商各界专家学者的调查问卷

技术名称	最重要属性	最重要应用	最大制约因素	研发基础	实验室实现时间	实现规模化应用时间	国际上领先的国家
常用农业环境传感器（光、温、水、气）高灵敏度、高稳定性关键技术	通用性	经济发展	基础理论 工业基础	接近国际水平	2025年之前	已经实现	美国 德国
农业复杂环境下的微小型、可靠节能型、低成本传感器技术	通用性	经济发展	研发投入	落后5年	2025年之前	2026—2035年	美国 以色列
植物径流量信息感知传感器技术	通用性	经济发展	人才	落后5~10年	2025年之前	2026—2035年	美国 英国
植物养分信息感知传感器技术	通用性 核心性	经济发展	人才基础理论	落后5年	2025年之前	2036—2050年	美国 以色列
植物叶绿素信息感知传感器技术	通用性	经济发展	基础理论	落后5~10年	2025年之前	2026—2035年	美国 德国
农业智能物联网感知传感器技术	通用性	经济发展	研发投入	落后5~10年	2025年之前	2026—2035年	德国、以色列、中国 美国
农业智能决策及控制传感器技术	核心性	经济发展	基础理论 研发投入	落后5~10年	2025年之前	2026—2035年	英国、荷兰、澳大利亚、以色列 美国
农用无人机动力电池研发	通用性	经济发展	基础理论 研发投入	接近国际水平	2025年之前	已经实现	美国、日本、德国
农用无人机全自主飞行技术	通用性 核心性	经济发展	研发投入	接近国际水平	已经实现	已经开始应用	中国 美国

（续）

技术名称	最重要属性	最重要应用	最大制约因素	研发基础	实验室实现时间	实现规模化应用时间	国际上领先的国家
机载云台增稳技术	通用性	经济发展	基础理论 研发投入	接近国际水平	已经实现	2026—2035 年	美国 中国
地理信息配准技术	通用性	经济发展	研发投入	接近国际水平	已经实现	2036—2050 年	美国 中国
机载便携式高光谱技术	通用性	经济发展	研发投入	接近国际水平	2025 年之前	2026—2035 年	美国 德国，日本
机载便携式热成像技术	通用性	经济发展	基础理论 研发投入	接近国际水平	2025 年之前	2026—2035 年	美国 德国
位置感知技术	通用性	国防安全	基础理论 研发投入	接近国际水平	已经实现	已经实现	美国 中国
环境感知技术	通用性	经济发展	基础理论 研发投入	落后 5 年	2025 年之前	2026—2035 年	美国，荷兰，以色列 德国
农机装备作业参数传感器技术	通用性	经济发展	人才	落后 5～10 年	已经实现	2026—2035 年	美国 德国
农机机器视觉传感技术	核心性	经济发展	研发投入	接近国际水平	已经实现	2025 年之前	美国，德国 日本
农业人工智能技术	核心性 带动性	经济发展 国防安全 社会发展	人才	接近国际水平	已经实现	2026—2035 年	美国 日本

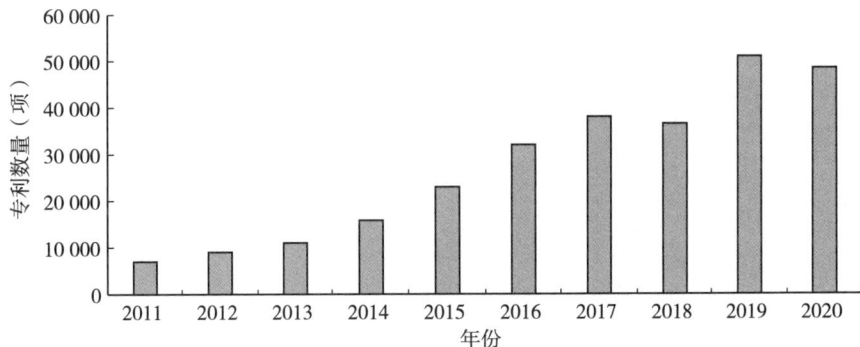

图 27-1 2011—2020 年相关专利年度发表数量

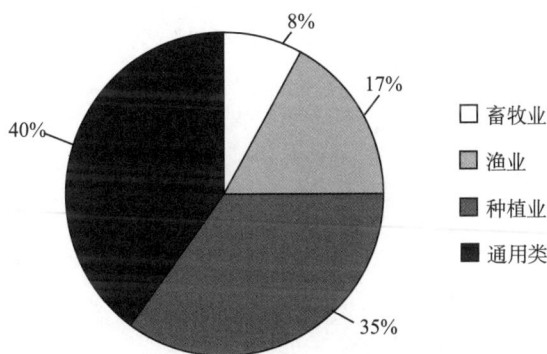

图 27-2 2011—2020 年各细分行业相关专利占比

如图 27-3、图 27-4 和图 27-5 所示，通过 web of science 检索系统，根据近 10 年科技文献检索结果，发现我国农业传感器相关的 SCI 论文数量总体呈上升趋势。其中，美国和中国的发文量大幅领先其他国家。在各细分行业中，设施农业中的温室农业占比最多，大田农业相对落后。

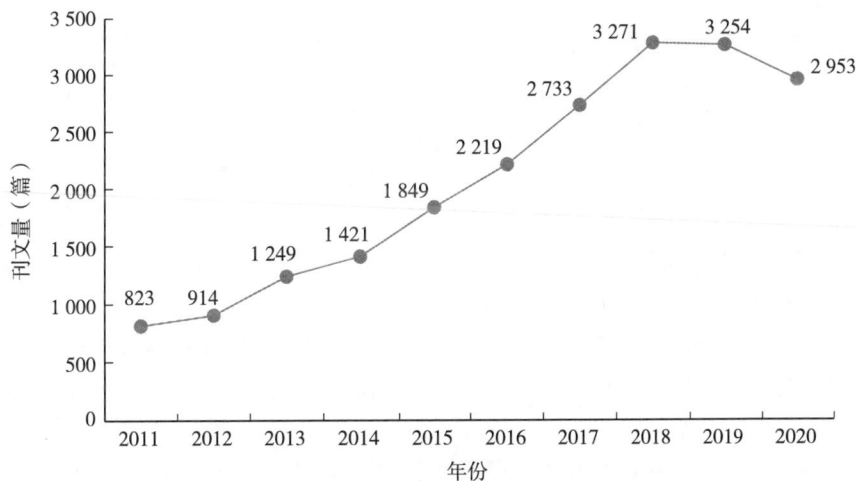

图 27-3 农业传感器相关 SCI 收录文献年度发文量

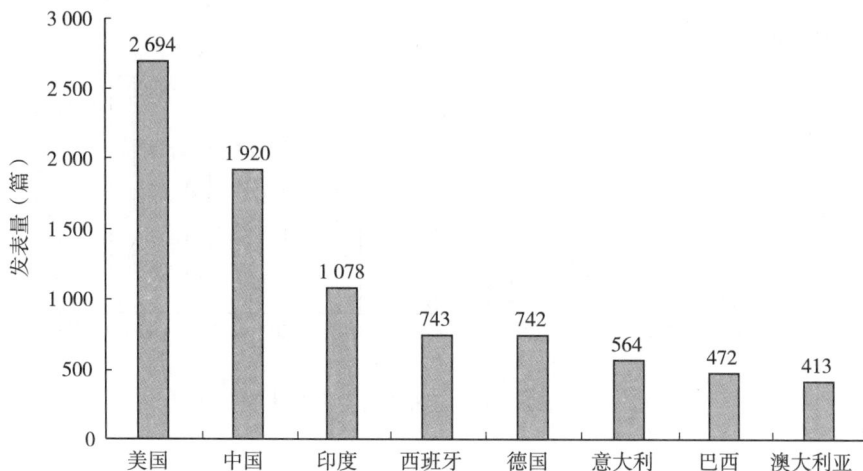

图 27-4　主要国家农业传感器相关文献的发表量

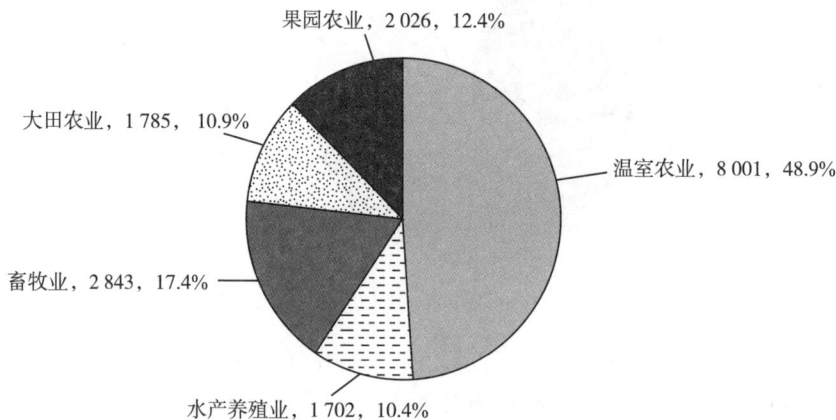

图 27-5　2011—2020 年不同领域农业传感器 SCI 论文数量及占比

（二）存在问题

1. 智能农机装备传感器产业中的问题　目前，我国对于农机装备专用传感器的研究较少，大部分企业直接或间接采用汽车领域的成熟传感器。智能农机装备的传感器存在检测参数单一、抗干扰性能差等问题。此外，我国农业传感器的核心技术短缺、基础性传感器技术薄弱。在高精度传感器、高敏感度分析以及特殊应用的高端检测方面远远落后于发达国家，中高档传感器产品几乎全都是从国外进口，国内缺乏对新原理、新材料传感器的研发和产业化能力。我国农业传感器的共性关键技术尚未真正突破。国产传感器可靠性比国外同类产品低 1～2 个数量级，传感器封装尚未形成系列、标准和统一接口。传感器工艺装备研发与生产被国外垄断。我国农业传感器的产业结构不合理，传感器的品种、规格不全，技术指标不高，在测量精度、温度特性、响应时间、稳定性和可靠性等指标上与国外还有相当大的差距。

我国的传感器，尤其是高端传感器严重依赖进口，传感器整机进口占比 80%，传感器芯片进口占比达 90%。国产农用传感器核心元器件应用占比不到 10%，无法满足农业物联网和智慧农业发展需求，已成为制约我国智慧农业和现代农业发展的瓶颈。

2. 农用无人机遥感传感器产业中的问题　农用无人机通过搭载智能化信息采集设备，可以精准监测农事活动，借助全球定位系统和地理信息系统实现精准作业。但实际应用中还存在以下问题：

（1）无人机在农情遥感监测中应用不足。由于无人机遥感平台在农业中的应用尚处于研究开发阶段，还存在一些亟待解决的问题，主要包括：研究对象较为局限，快速处理大量遥感数据面临挑战，在作物长势监测方面的研究方法较为单一，构建的反演表型模型精度普遍不高且通用性差，在实际应用中针对不同作物、不同生育期作物表型信息解析时需单独建模等。

（2）无人机遥感传感器、智能数据分析软件产业发展滞后。工业级无人机尤其是农情遥感监测无人机的发展比欧美发达国家落后，对地观测遥感传感器基本依赖进口；无人机影像数据处理分析软件发展滞后，大多依赖于国外软件。

（3）监测无人机成本过高，难以在小农户中推广销售。由于监测无人机上配备的光谱传感器基本源于进口，价格高昂，导致监测无人机的开发成本过高，限制了其在国内众多的小农户中的应用。

（4）电动无人机自身性能仍存在许多短板。电动多旋翼无人机普遍存在续航时间短、有效载荷低、通信信号易受干扰、难以适应恶劣的天气状况和复杂的地形环境等问题。此外，无人机系统的安全可靠性、控制精度也有待提高。

3. 农业物联网及传感器产业中的问题　由于我国农业物联网产业起步较晚，在发展过程中仍存在关键技术落后、产业应用滞后、配套政策不完善以及可持续机制不健全等问题。

（1）农业物联网产业的软件支撑体系距离农业物联网的实际应用差距较大。

（2）农业物联网产业共性技术标准缺乏是推广应用的重大障碍。目前，国际上尚无统一的农业物联网标准体系，我国也尚未建立统一的标准体系。农业应用数据获取来源多样，不同厂商的传感器测量标准不一，支持不同设备接口、不同互联协议、可集成多种服务的共性技术平台尚未成熟。

（3）农业物联网技术实施成本高，推广难度大是应用中亟须突破的瓶颈。农业物联网产品、设备都存在成本过高的问题，而农业属于经济收益率较低的产业，因此，农业物联网的高成本和农业低效益之间存在着矛盾，农业物联网市场化发展机制尚待完善。

（4）农业物联网产业化体系不完善是影响农业物联网推进的壁垒。目前，我国农业物联网应用总体上处于试验示范阶段，尚未形成规模化应用，小而分散的应用难以形成农业物联网产业。此外，产、学、研合作不够紧密，科学研究与农业实践需求无缝对接的机制还没形成。农户、企业、科研机构之间利益紧密结合的产业化体系尚未建立，科技成果产业化进程较慢。

（5）发展基础薄弱，数据资源分散。我国天空地一体化数据获取能力较弱、数据资源分散、覆盖率低，重要农产品生产农情监测基础数据、全产业链大数据资源体系建设刚刚起步，发展基础薄弱，创新能力不足。

（6）农业物联网产业投入不足。农业物联网建设过程中资金投入大，基础建设、系统运行、信息服务等方面的费用较高。农户财力有限，资金压力大，进一步推广应用的难度较大。

（7）农业物联网在产业发展、平台建设等方面尚存在顶层设计缺乏及信息孤岛和低水平重复投入等问题。当前农业物联网的发展战略定位仍较模糊，总体应用还停留在示范阶段，没有形成成熟的商业模式。

4. 测控终端产业中的问题　目前，作物生长过程中营养元素的准确测量仍依赖于传统的室内仪器分析方法，国内的产品相比国外种类较少，性能不佳，仍有很大的提升空间。信息采集传输和处理过程中，持续产生流量费和服务费是目前大规模农业大数据应用面临的重要问题。国内关于作物病害检测与监测预警系统的研究相对孤立，缺少对数据的综合分析和处理。当前，部分国内农机企业在一些领域已可基本实现国产化，但涉及关键技术环节的核心部件的国产化水平有待进一步提高。对于多数中国企业来说，技术创新水平有限；高校和科研院所的技术转化能力不强；优势互补、产学研相结合是唯一的破题之路。新技术在推广过程中的农艺配套仍存在诸多问题，需要多部门、多学科、多领域配合。此外，农户经常会遇到无法正确理解新技术优势的问题，需要协助农户消除在新技术选择上的困扰。

（三）发展需求

1. 智能农机装备传感器产业需求　未来我国农业装备传感器应向提高工作稳定性、降低应用成本、实现多源信息采集以及发展新型号方向发展。在农业传感器的设计中要考虑高温、高湿以及防尘和防震等因素，涉及传感器稳定性需要解决的关键问题包括材料、工艺等。我国农机装备传感器检测参数单一，传感器在覆盖面、适用性等方面还有很大的提升空间。未来应开发集多种参数感知于一体的多用途小型化传感器、MEMS微电子机械、仿生及生物传感器等新型传感技术。应利用MEMS技术加工制备新一代农机装备传感器，在实现农机传感器小型化的同时提高检测精度和稳定性，加快发展新型仿生和生物传感器，以适用于不同的农机应用场景。

2. 农用无人机遥感传感器产业需求　在推进农业现代化进程中，数字化、精准化和智能化是现代农业发展的必然趋势。无人机遥感传感器产业的发展是建设农业农村天空地一体数字农业管理系统的重要组成部分。搭载遥感传感器（数码相机、多光谱相机、红外热像仪、高光谱成像仪及激光雷达等）的无人机平台是实现农作物监测、灌溉控制、精准施药施肥、产量评估、牲畜管理、农业灾害监测和农业资源调查等农业生产需求的有力支撑。

农作物生长信息的实时获取、在线分析是实现智能化农情监测的关键之一，也是未来发展的重点与难点。这对无人机遥感传感器提出了更高的要求，同时也激发了更多的市场需求，将会吸引更多企业与科研单位致力于无人机遥感传感器的研发与应用研究。

3. 农业物联网及传感器产业需求　目前，国产农用传感器已经取得了较大进展，形成了一批硬件设备和实用化产品。但是，高端传感器核心元件仍依赖进口，材料研发和工艺制造等方面仍然落后于发达国家，从而导致一些关键农业传感器需要从国外进口，价格高，农民用不起。因此，围绕产业急需，研发高可靠性、低成本、适应恶劣环境的农业物联网专用传感器、微型化、智能化、多功能集成化传感器以及功能多样化、高灵敏度、高稳定性的新型生物传感器等是产业发展和市场发展的需求。

我国农业物联网及传感器产业相关公司目前各自分散，缺乏顶层设计，重复投资，还发挥不出各自的优势。因此，我国农业物联网及传感器产业需要构建大区域和专业化的农业物联网应用平台，实现互联互通和资源共享。明确农业物联网各个参与主体在发展过程中承担的角色，合理分工协作，建立以市场应用为导向的农业物联网及传感器产业化体系，开展农业物联网及传感器标准体系研究，促进物联网及传感器技术的成果转化。

二、智能农机产业

(一)发展现状

1. 国外智能农机产业发展现状　发达国家的农业装备技术已完成以机械替代人畜力的机械化阶段和以电控技术为基础的自动化阶段,正在向以信息技术为核心的智能化阶段发展。作物高产调控技术、高效绿色作业装备、智能技术集成等成为国际智能农机装备技术的研究重点,也是世界各国技术和产业竞争的重点,世界智能农机装备产业进入了新的发展阶段。

例如,在植保作业中采用智能变量喷药技术可有效减少农药的浪费,提高农药利用率,是实现精准作业的重要手段。美国 Patchen 公司采用由叶色素光学传感器、阀体和控制电路组成的 PhD600 核心部件,研制了 Weedseeke 变量喷雾系统,可通过叶色素传感器检测并判定是否有杂草存在,检测到杂草时,控制喷头对准检测目标喷洒除草剂,实现除草作业。该系统适用于行间、道路两侧和沟道旁的杂草喷施作业,能够节省 60%～80% 的农药。美国 SprayingSystems 公司研制了一种变量喷药系统,该系统可根据机具前进速度实时调节供液管路压力,实现了单位面积喷药量基本一致的目的。但目前该系统还存在流量调节范围小、喷雾质量分布受影响的问题。发达国家的地面植保机械普遍采用大型悬挂式或牵引式喷杆喷雾机,并采用低容量宽幅喷洒技术、全密封自动混药技术、宽喷幅气帘防飘移技术、微电脑及液压控制技术和静电喷雾技术等新技术,提高了植保作业机械的可靠性、高效性和安全性。

美国、英国、加拿大、日本等发达国家均纷纷部署相关发展战略和科技研发计划。美国国家科学院、工程院和医学院联合发布的 *Science Breakthroughs to Advance Food and Agricultural Research by 2030* 中,将动植物及微生物等新一代传感技术、农业大数据信息技术列为亟待突破的关键核心技术;美国陆军助理部长办公室发布的 *Emerging Science and Technology Trends:2016—2045*,将物联网、机器人与自动化系统、混合现实、数据分析等列为最值得关注的科技发展趋势;日本 2015 年启动了"基于智能机械＋智能 IT 的下一代农林水产业创造技术"项目;欧盟 2017 年提出了以现代农业信息技术装备为核心的"农业 4.0(Farming4.0)"计划;加拿大发布了《MetaScan3:新兴技术与相关信息图》报告,强调土壤与作物感应器(传感器)、家畜生物识别技术、农业机器人等技术将在未来5～10年进入生产实际,颠覆传统农业生产方式。

发达国家智能农机发展的特点:

一是智能农机技术推进农业智能生产。农机上的动植物生理、生长、环境信息等传感器以及装备控制等的技术突破,促进农业机械生产由传统粗放式向现代精细生产方式转变,生产作业及管理由群体向个体、广域向局域、定量向变量的全生命周期精细生产调控发展。通过大数据技术应用,形成可以在生产中实际应用的动植物生长模型,指导水、肥、药、光、热等农业生产要素的精准调控,农业灌溉水利用系数达到 0.7～0.9,农药利用率达到 60% 以上,化肥有效利用率达到 50% 以上,支撑了设施农业、植物工厂和立体农业等快速发展。对象感知与跟踪技术、农机工况实时监测与智能测控等技术,中央处理、总线等电子技术的应用,自动导航系统、机器视觉与数字信息感知系统、智能决策系统等的集成,推进了智能农机作业部件及材料的发展,智能化从单向监控功能向多目标、多参数智能控制及更高的人工智能方向发展。

二是智能农机装备实现全产业链发展。智能农用动力向高可靠、低排放、智能控制工况方向发展，促进高压共轨、自动换挡、无级变速和自动导航等技术广泛应用。智能收获机械向专业化、高效率、自动化方向发展，半喂入水稻联合收割机总损失率不到 1%，谷物联合收割机达到 530 马力、玉米青饲收割机高达 1 073 马力。复式整地、深松监测、精量播种、变量施肥、精准施药和高效喷灌等多功能智能作业装备可满足不同生产规模的耕种管收机械化需求。粮食、果蔬、棉花、蛋奶、畜禽和水产等农林产品实现从清选、干燥、分级、切制、称重、包装、溯源到品质监测等成套化、智能化加工。

三是智能制造促推制造业升级。现代农机装备制造业离不开信息化的支撑，信息技术促进设计技术的现代化，加工制造的精密化和柔性化。信息技术已渗透、融入制造领域各要素和各环节（工业技术、装备、活动、产品等），并打造出了新型工业产品，构筑了新的制造模式。云计算、物联网等技术与制造融合，催生了面向服务的网络化制造新模式——云制造，利用网络和云制造服务平台，按用户需求组织网上制造资源，为用户提供各类按需制造服务。另外，工业机器人作为人工智能技术的主体，是智能制造的核心部件，应用领域不断扩展，拓展至柔性制造系统（FMS）、计算机集成制造系统（CIMS）中的群体应用，可适应敏捷制造、多样化、个性化的需求，焊接、装配、铸造、密封涂胶、材料处理、喷漆、切割等工业机器人在生产中已广泛应用。目前，国外约翰迪尔、凯斯纽荷兰、爱科、克拉斯等跨国农机企业已普遍将信息技术渗透到农机装备生产零部件及整机制造中，运用大数据技术提升信息化水平，促进制造智能化发展，提高生产平台的可操作性以及少人化、无人化生产，大幅提高生产效率。

2. 国内智能农机产业发展现状　近 20 年来，我国农业装备技术快速发展，主要农作物生产机械化水平达到 70%，我国农业生产进入以机械化为主导的新阶段，走出了一条大中小结合、农机农艺融合、装备与信息融合的特色研发创新之路。在自动化、信息化、智能化等前沿及关键核心技术方面，信息获取、传感与控制、定位导航等技术逐步成熟，从实验室阶段向中试、产业化阶段发展，部分已实现产业应用；在耕种管收环节、农产品产地加工及储运、设施园艺及养殖等农机装备方面，已经具备了 500 多种智能产品研发生产能力。

（1）智能农机装备技术及产品。

一是应用基础研究紧跟发展趋势，在旱作作物种植技术、农作物生产过程监测与水肥药精量控制施用技术的农机作业与先进农艺技术协调融合理论基础方面，在农机智能化技术、土壤、植物和动植物对象信息感知技术、环境信息实时监测、远程智能化自动测控等核心技术的农业全程信息化和机械化技术体系基础方面，取得了较大进展。作物叶片、个体、群体三个尺度养分、生理信息检测技术，土壤水、盐和养分检测技术，农业复杂环境下信息低能耗、低成本和稳定传输技术等的研发，实现了基于实测信息和满足植物生长需求的肥、水、药精准管理和设施协同调控。

二是智能田间作业装备技术方面，以智能感知与控制技术为主线，推动了大型动力、复式整地、变量施肥、精量播种和高效收获等关键技术的进步，初步形成了适应不同生产规模的粮食全程作业装备配套体系，技术延伸拓展应用于棉花、番茄、甘蔗、花生、马铃薯等优势经济作物生产装备。智能重型拖拉机实现了无级变速传动技术的应用，极大推动了我国大型拖拉机自主化。水稻机械精量穴直播技术装备融合了农机农艺，实现了精量播种施肥。10千克/秒及以上喂入量谷物联合收获机集北斗卫星导航技术、CAN 总线、在线测产等智能化技术，基本达到世界主流技术水平；玉米收获机实现了高含水率籽粒收获；采棉机采棉头、智能控制系统等关键零部件实现了自主化，3 行采棉机满足了小规模棉花收获需要，6 行大型采棉机实现了采棉打包一体化；饲草、加工番茄、甘蔗、花生、甜菜、橡胶、枸杞、红枣等经济作物收获装备智能化升级逐步开展；智能施肥施药机械、基于机器视觉识别技术的田间除草机器人、农田施药无人机等进入了应用或示范应用阶段。

三是设施园艺及农产品加工装备智能化提升，成套化、集约化、绿色化发展水平提高。在低碳环控型温室和高光效轻简温室结构及配套设施、节能与绿色能源利用、环境调控技术，以及精细耕整地、精量播种、育苗嫁接、肥水一体化等高效生产配套装备方面取得进展，提升了设施结构的抗逆性能、能源与资源利用效率、智能化控制水平。在节能节地型新型养殖设施、环境调控、养殖数字化监控与远程管理、饲料营养加工及快速溯源与在线检定、个性化饲喂设备、养殖场废物环保处理等猪、鸡、水产、奶牛养殖成套技术与设施设备方面取得进展，提升了养殖集约化、机械化、智能化的水平。研发了大宗粮食产地集中烘干、果蔬产地保质贮藏节能、果蔬和棉花等在线检测与分选分级、自动化家禽屠宰等技术装备，提升了农产品加工增值减损能力和能源利用效率，关键装备初步实现了国产化。

（2）智能农机装备制造。

一是标准体系逐步完善。工业和信息化部实施智能制造综合标准化与新模式应用项目，开展了农机装备工艺设计仿真、信息技术集成、远程运维标准、智能工厂通用集成模型及运行管理系统等方面的标准体系制定、试验验证平台构建及应用服务。

二是智能制造逐步开展。在大马力动力换挡拖拉机、高效能联合收获机械、精准变量复式作业机具等整机产品和重型节能柴油机、无级变速器、自动定位导航控制系统等关键零部件的设计生产方面取得了进步，部分产品实现了智能化。在设计、生产和物流层面，国内大部分规模以上农业装备企业进入产品数字化设计阶段，但数字化设计生产应用能力和技术水平普遍不高，仅在部分整机产品和关键零部件方面形成较高水平的数字化设计生产能力。在销售和服务层面，国内农业装备生产企业建成了线上线下相结合的销售与服务系统，但与设计生产过程的集成度不高，"信息孤岛现象"问题尚未解决。从生命周期维度来看，我国农业装备制造业尚处于数字化设计制造起步阶段，整体水平不高，仅有部分企业通过技术引进消化和产品整合创新，逐步形成较为完善的研发、生产、销售和服务体系，为实施智能制造提供了基础条件。

三是智能制造装备不断提升。数控机床、数控折弯、程控激光切割、工业机器人（焊接、冲压、涂装）、物流运输系统（AGV、程控葫芦）等应用于实际生产，部分重点企业实现了核心工艺的自动化生产，如中联重机相继投入了20余条数控生产线，高端数控生产设备总数超过1 000台，主要数控机床实现联网，基本实现了实时工况在线监测，包括数字切割、数控成型、自动焊接、环保涂装、精密检测，并自主开发了MES生产制造执行系统，通过与条码应用、Andon系统、看板的集成，把人员、设备、物料等制造要素整合到生产管理平台之上，有效提升了生产制造的自动化程度和精益化程度。

（二）存在问题

1. 智能农机企业自主创新能力不足，装备技术成熟度相对较低 相比发达国家，我国智能农机装备存在科学研究起步晚、研究基础薄弱、基础数据积累不够和自主创新能力不足等问题。目前，我国农机企业实力普遍较弱，研发投入严重不足，创新手段缺失，企业能力不强，在农机共性技术、基础零部件、材料与制造工艺和重大装备等方面与发达国家仍有较大差距，尚未形成具备高精专特优势的农业装备及零部件开发和制造能力。在材料技术方面，国内农机装备普遍采用钢铁材料，达不到国外智能农机多种金属、复合材料、特殊钢材等材料的综合应用水平。在设计和制造技术方面，我国农机装备企业大都仍采用传统的机械设计手段和制造设备，与国外绿色数字化设计、激光切割、柔性生产线、各类工业机器人等先进设计手段和制造工艺差距明显。在产品技术方面，我国农机装备产品主要采用机械技术、手动半自动操作方式，与世界先进的液压、气动、机电一体化技术综合应用及全自动、遥控、信息化的技术水准差距较大。

2. 智能农机生产技术体系不配套，产业链发展有待深化   目前，我国的智能农机装备集成配套技术尚处于起步阶段，与智能农机生产技术体系不配套。在基础设施配套方面，我国许多地方特别是丘陵山区，田间地块比较分散，机耕道路严重缺乏，种植经营规模小，种植的品种多，导致智能农机装备难以下田作业，或者利用效率低，另外，由于缺乏停放场所，智能农机装备长年在露天摆放，风吹雨淋，严重影响了其使用寿命，智能农机装备下村难、保养难的问题比较突出。在农机农艺配套方面，我国农机农艺融合不够紧密，很多农作物品种在生长过程中存在成熟度不一致、长势不一致、倒伏等问题，难以适应机械化作业；加之我国农作物种植模式复杂，使智能农机装备难以适应不同地区的农业生产。我国智能农业产业尚处于起步阶段。

3. 智能农机装备市场需求相对不足，产品种类和适用范围有待进一步拓展   现阶段，我国自主生产的智能农机装备普遍存在工作稳定性不强、可靠性不高等问题，加之受我国农业地形、农民的购买能力等客观因素限制，智能农机装备市场需求相对不足。此外，相比发达国家，我国智能农机的相关科学研究起步较晚，研究基础较为薄弱，基础数据积累不够。对农机作业机具与土壤、作物（动物）互作机理研究不足，导致现有的一些智能农机产品品种单一，难以满足我国地域多样性、作物多元化、农艺复杂性和可持续发展的需求，部分动植物和典型区域的智能农机装备生产投入不足，薄弱环节较多。如我国南方地区耕地多以丘陵为主，农业机械化程度远低于北方的平原地区，而目前我国研制的大部分智能施肥、智能施药和联合收获机械等作业装备大多适用于北方的作物和地形，如玉米、大豆、棉花、小麦等，而适用于南方作物生产和地形的智能农机装备则较少，制约了智能农机产业的发展。

4. 农机智能装备产业发展层次较低，农机产品结构不均衡   目前，我国多数农机装备企业仅从事中低端产品的制造和生产，低端高耗能产品重复生产，智能农机装备的模块化模仿、低质量制造、同质化竞争现象严重，主流产品品质和国外先进产品相比有30年以上的差距。我国现代化农机装备关键核心部件和装置技术落后，产品技术水平和结构性矛盾突出；农机装备智能化和信息化技术开发和应用不足，高端智能农机产品匮乏、低端产品过剩；小马力的中低端农机装备比较多，大马力的高品质智能农机装备比较少。此外，受我国耕地环境复杂多样、作物品种繁多等因素影响，我国智能农机装备的应用、推广、示范领域不均衡，在作业环节方面，耕整的智能机械化水平较高，而种植和收获智能机械化水平明显不足；在区域适用性方面，针对北方平原地区的智能机械化水平较高，而针对南方丘陵山区的智能机械化水平较低；在作物方面，针对水稻、玉米和小麦等粮食作物的智能机械化水平较高，而针对水果、蔬菜和茶叶等经济作物的智能机械化水平较低；在智能农机质量方面，粗放型智能农机作业机械较多，精细型的多功能智能农机作业装备还比较少，智能农机的节本增效作用尚没有充分发挥。

（三）发展需求

1. 技术需求

智能农机装备技术需要融合生物、农艺和工程技术，集成先进制造、信息、生物、新材料和新能源等高新技术，从种植业拓展到养殖、加工和生态等产业领域。

一是智能技术向高效化、网络化、绿色化方向发展。采用物联网、大数据、新一代人工智能等技术，实现耕整、种植、田间管理、收获和产后加工处理全程装备智能、作业智能和水肥药高效施用，实现农业投入品高效利用和减少污染，推进能源替代和节能减排，实现农业高效、高质、低损生产。实现农机生产作业大数据、云服务、自主作业、协同作业，推进互联网＋农机装备、无人农场、智慧农业发展。

二是智能设计向模块化、定制化方向发展。小批量、定制化已经成为智能农机装备发展的必然趋势。小批量、定制化带来了更多样化的用户需求，为了缩短从订单到交付周期的时间，首先要明确产品的设计需求，并快速高效地完成从产品需求描述到结构设计目标的过渡，从而尽快进入设计过程，并下放到生产制造。产品的模块化设计包括零部件的标准化与需求产品的多样性有机结合，通过模块共用和组合得到模块化产品，并通过模块的共用实现生产和管理的批量性，从而降低生产和管理成本。构建农机装备智能化设计平台，实现关键零部件标准化、系列化和通用化，实现农机装备整机数字化建模、虚拟设计和动态仿真验证等。

三是生产制造向智能柔性化发展。随着智能农机装备产品更新换代的速度不断加快，要求实现柔性生产以满足市场多样的需求，要求不断提高制造系统适应各种生产条件变化的能力，实现系统方案、人员和设备的柔性化能力。未来，农机装备生产制造，将以计算机辅助设计、辅助制造系统为基础，利用产品典型工艺资料，组合设计不同模块，构成各种不同形式的具有物料流和信息流的模块化柔性系统，实现从产品决策、产品设计、生产到销售的整个生产过程自动化和智能化制造。研究农机装备在复杂工况下高精度导航定位、总线控制及标准、自动驾驶和作业智能调控等技术，开发农机装备智能控制系统；开展 5G 及新一代信息通信技术在农机装备的应用研究。

2. 装备需求 围绕实现耕、种、管、收高效智能生产，研制多功能耕整地、高速精准种植、精密施肥播种、精量施药、高效节水灌溉，以及籽实及秸秆高效智能收获等高效智能作业装备；围绕提高设施畜禽和水产养殖产能和质量，开展养殖场饲料精准配制装备、智能化精准饲喂系统及装备、智能化挤奶系统、废弃物自动化转运及无害化和资源化处理等装备研发。

3. 战略需求 面向世界科技前沿、国家重大需求和农业农村现代化发展重点领域，制订智能农机装备发展路线图，重点突破智能农机装备关键共性技术，超前布局前沿性和颠覆性技术。建立长期任务和阶段性任务动态调整相结合的农机装备科技创新机制，加强农机装备协同设计、数字化制造和柔性加工等新技术前沿布局，形成一系列智能农机装备战略技术储备和产品储备。

三、农业软件产业

软件是信息技术之魂，是智慧农业之基，是数字经济之擎。随着信息技术和互联网技术在社会各领域的渗透和应用，农业软件产业已经成为世界各国竞相争夺的战略高地。

（一）发展现状

1. 国外农业软件产业发展现状

（1）国外农业软件产业战略政策与行动。2018 年，美国提出《美国农业战略计划2018—2022》，提出要巩固现代化信息技术基础设施与服务建设，并加强数据收集和应用，加强数据整合，利用数据驱动分析强化资源管理，形成数据驱动决策，并于 2019 年更新了《国家人工智能研发战略计划》，优先考虑向机器学习、人工智能等技术在农业领域的基础研究投资。2016 年 7 月通过的欧盟《2016—2020 农业战略计划》，通过欧盟共同农业政策以及欧洲农业农村发展基金，加强农村地区信息技术应用推广，积极发展以农业软件技术、大数据技术为基础的现代农业。2015 年，法国在《农业创新 2025》中提出要创建包括地理参考的开放公共数据、健康和安全数据、经济数据以及农民和其他行业利益相关者的私人数据的农业数据门户，强化数据采集和数据处理两个关键领域的发展，以此推动现代农业软件产业的研究、发展和应用。英国在 2013 年推出了《农业技术战略》，提出要发展农业软件技术，利用大数据、信息技术和农业机械化提升农业生产效率。澳大利亚在 2017 年提出的《澳大利亚农业科学十年规划（2017—2026）》中，将农业智能技术和大数据分析等农业软件产业发展相关技术列为未来十年农业科学重点研究领域，并在《澳大利亚农业 4.0》中强调数字技术是提升生产效率、实现农业 4.0 的关键。新西兰在 2019 年 3 月提出的《数据科学研究计划》中强调在未来 7 年中将通过战略性科学投资基金投入 4 900 万新元（约 2.2 亿人民币），在数据科学的战略性研究领域发力，并重点关注机器学习、统计学习、数据挖掘、图像处理、语言处理和可视化等农业软件产业发展相关技术。日本在 2016 年颁布的《科学技术基本计划》中，强调了"地球环境信息数据库"对于预测、对抗自然灾害和提高农业生产效率的重要性，推动现代农业软件产业发展。印度在 2019 年颁布了《数字印度》发展战略，提出要用数字技术使未来印度的农场实现从播种到销售的全流程数据驱动。当前全球已进入由传统农业向数字农业加速转型过渡期，以数字农业为核心的产业融合发展成为趋势，农业软件已成为助推农业产业数字化和数字产业化转型的关键。

（2）国外农业软件产业主要类型与市场发展现状。从全球软件市场上来说，虽然目前全球农业软件市场相较于其他软件领域来说份额较小，但由于越来越多国家和地区认识到了农业软件在实现农业资源、生产和经营领域的有效管理方面的重要作用，农业软件市场增长迅速，市场增长潜力巨大。BOWERY CAPITAL 预测，全球在农业软件领域的支出将以 17.8% 的复合增长率持续增长，预计至 2025 年将达到 25 亿美元。其中，以农场管理软件占比最大，约占整个农业软件市场份额的 57.53%。从农业软件产品上来说，国外农业软件产品主要可以分为农场管理软件、畜牧管理软件、精准农业软件和精准灌溉软件四大类，目前主要应用于北美地区和欧洲地区。

农场管理软件。农场管理软件是管理和优化农场生产运营活动的软件。农场管理软件可以跟踪农场经营活动，并提供有关农场日常运营和活动的决策建议以提高农场的生产效率和盈利能力、远程监控农机作业进度并促进现场沟通与协作、提供作物管理功能与其他农业综合解决方案等功能。从市场规模来说，发达国家现代农业技术发展较早，其中北美地区凭借其农场面积优势，成为目前全球农场管理软件的最大市场。但是，就市场集中度而言，除了传统信息软件公司着手于农场管理软件的开发以外，一些农业巨头公司和中小企业也开辟了农场管理软件领域业务，导致农场管理软件市场相对分散，市场集中度不高。

畜牧管理软件。畜牧管理软件是指可以管理和优化畜牧生产和运营活动的软件。从市场规模来说，根据 Research and Markets 的调查，2018 年畜牧监测及管理市场规模为 27.2 亿美元，预计到 2024 年将达到 46.1 亿美元，2019—2024 年的复合年增长率为 9.22%。由于北美地区土地资源丰富，资金和技术实力雄厚，劳动力资源紧缺，主要采取大规模工厂化畜禽养殖业的产业模式，目前是畜牧管理软件的最大市场；以荷兰、德国和法国等国家为代表的欧洲地区经济发展水平较高，人口规模相对稳定，但劳动力资源紧缺，地理气候比较适合畜禽养殖业发展，主要采用规模适度、农牧结合、环境友好的畜禽养殖产业模式，对以 RFID 技术为基础的牲畜追踪管理技术需求量较大，是占全球畜牧管理软件第二大市场。近年来，随着全球水资源短缺、气候变暖和消费者对食品品质要求的不断提高，牧场生产和管理方式也迅速发展，采用牲畜管理软件等信息工具成为全球牧场的核心竞争力之一。

精准农业软件。精准农业软件采用与传感器或其他现代农场设备集成的方式，通过收集实时数据为用户提供详细的分析建议，为农场/牧场/水产养殖经营者和农场/牧场/水产养殖工人提供多种解决方案。根据 Mordor Intelligence 的调查，2019 年全球精准农业软件市场价值为 9.932 4 亿美元，预计 2020—2025 年将以复合年增长率 16.7% 持续增长。其中北美是精准农业软件最大的市场，其次是欧洲，这两个地区占比超过全球精准农业软件市场的50%。与农场管理软件类似，精准农业软件市场高度分散。目前，市场由 agDNA 公司、爱科集团、TeeJet 公司、AgJunction 公司、气候公司、约翰迪尔公司和迪基约翰公司等全球公司和分散在世界各地的众多小型企业组成，市场竞争激烈。

精准灌溉软件。精准灌溉软件是优化农用灌溉水量和灌溉频率的一类软件。2017 年，全球精准灌溉市场价值为 6.962 亿美元，2018 年估值为 8.250 亿美元，预计到 2023 年将达到 17.515 亿美元，复合年增长率为 16.30%。北美是精准灌溉系统的重要市场，美国占北美精准灌溉系统市场的一半以上。英国、德国等欧洲国家水资源短缺的问题主要是在温室蔬菜种植方面。精准灌溉系统在设施农业发达的地区（尤其是在东欧及南欧国家/地区）更加受农户的欢迎。目前，在全球精准灌溉系统市场中，Jain 灌溉系统有限责任公司、Netafim 有限责任公司、Rivulis 公司、Lindsay 集团等公司约占市场份额的 60.4%，整体行业集中度较为温和，行业竞争程度中等。

2. 我国农业软件产业发展现状 我国软件产业发展的历程较短，但随着社会信息化进程的加速，进入 20 世纪以后农业软件产业得到迅猛发展。经过近 20 年的发展，2019 年我国农业软件产业规模达到 7.2 万亿元，产业总量是 2000 年的 121.8 倍，企业总数也由 2003 年的 5 624 家增长至 2019 年的 3.7 万家。

（1）我国农业软件产业总体发展概况。

一是我国农业软件产业在区域上呈集聚发展态势。在项目组调研的农业软件企业中，总部位于东部地区的企业占比达 70%，初步形成了以北京、江浙沪区域为核心的相互联系、相互支撑的农业软件产业群。现有的农业软件产业以政府部门和农业企业为主要服务对象，其中，服务于政府部门的农业软件企业占比 65.9%，服务于农业企业的农业软件企业占比63.4%，而家庭农场、合作社等新型农业经营主体的需求有待进一步挖掘（图 27 - 6）。

二是农业软件产品类型以农业生产类软件为主，主要为用户提供信息监测和软件开发服务。企业提供的软件产品和服务类型中，在数量上以农业生产类软件占比最高，占 80.5%。说明目前农业生产环节软件需求最多，且信息化技术和装备普及程度最高，农业经营、农业管理和农业服务类软件仍需加大研发和推广应用力度。农业软件企业主要提供信息监测和系统开发服务，调查中该类型企业占比为 63.4%，而植保服务、农机调度服务、农业作业服务等服务类型有待进一步推广。

三是农业软件已经推广应用于农业生产、流通等各环节，促进了现代农业的高质量发展。近年来，在国家"863""973"等一系列国家科技计划以及部门、地方科技计划的支持

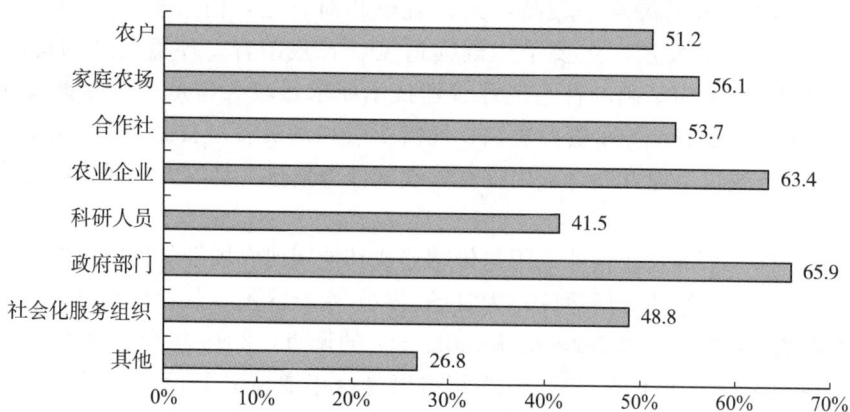

图 27-6　农业软件企业服务对象

数据来源：项目组调查数据。

下，各类研究机构、高等院校和企业在农业信息技术领域取得了一批拥有自主知识产权的成果并进行了推广应用，农业软件已广泛应用于生产管理、经营流通和社会化服务等环节，有效促进了现代农业的信息感知、定量决策、智能控制、精准投入和个性化服务。

四是农业大数据分析是当前农业软件的需求热点，未来人工智能等技术将赋予农业软件更强大的功能。据项目组统计，在被调研的企业中有 2/3 的农业软件公司都成立了大数据智能技术研发团队，74.07%的农业软件产品都配备大数据智能分析应用系统，46.3%的农业软件产品能够提供云服务，大数据和云服务技术已成为农业信息化领域当前研究和应用的热点。未来，随着人工智能等新一代信息技术的发展，可以在现有农业软件运行的基础上，对有价值的数据和信息进行智能化定位与抓取，进一步强化信息的应用价值，提升数据的采集效率，进而形成智能性较强的数据识别体系，赋予农业软件更强大的功能。

（2）我国农业软件主要产品类型。

一是生产过程信息化软件。生产过程信息化软件是在农业生产的各个环节，对作物的苗情、长势信息以及环境信息进行实时采集，并将相关数据传输到决策终端进行处理，以指导灌溉施肥、施药、收获等生产工作，实现对农业生产过程中的信息自动感知、精准管理和智能控制。目前，针对大田种植、设施栽培、畜禽养殖和水产养殖等不同产业类型以及不同生产环节，已开发了多种生产管理系统。目前已开发并广泛应用的信息化软件系统包括大田种植中的墒情监测系统，设施农业中的温室环境智能监控系统、大棚智能控温系统等，畜禽养殖中的养殖环境监测物联网系统，水产养殖中的水质监控系统等。例如，国家农业智能装备工程技术研究中心赵春江院士团队在河北省 11 个地级市、39 个区县及 79 个合作社开展了精准作业系统的推广应用，包括卫星平地控制系统、电动方向盘自动导航系统、精准施肥控制系统、小麦联合收获机谷物计产系统以及智慧农场物联网平台等，建立了全程机械化"精准作业"技术体系。

二是农业管理信息化软件。农业管理信息化软件主要是基于混合数据，为农业生产管理与决策提供服务，主要包括各种信息化管理系统和农业专家系统等。信息化管理系统包括农机作业远程监测控制系统、农机协同作业服务系统、生产数据信息化管理、现代农业生态园区智能管理系统、农企企业资源计划（enterprise resource planning，ERP）管理系统和渔业综合管理终端系统等。我国当前主流应用是农机作业监管。例如，我国自主研制的农机深松作业监测系统有效解决了作业面积和质量人工核查难的问题，现已得到大面积应用。此外，一些农垦垦区、现代农业产业园、大型农场等单位开始应用智能管理系统进行高效管理。例如，陕西省大荔县新颖现代智慧农业园区利用指挥云平台对园区内农业资源数据进行集中采集、监控和处理，同时应用温室物联网系统、农产品追溯系统以及农产品电商系统等共同打造了园区的智慧管理格局，不仅大大降低了运营成本，提高了劳动生产率，还形成了园区现代农业品牌优势。农业专家系统是基于大量农业专家长期积累的宝贵经验，以及各种资料数据和成果等知识库，利用人工智能等现代信息技术进行判断和推理，以科学地指导农业生产，解决农业生产中的问题，实现高产、优质、低耗、高效等目标的智能软件。针对不同作物，现已有水稻、小麦、玉米、棉花和食用菌等作物的栽培模拟优化决策支持系统和栽培管理专家决策咨询系统，取得了一定的经济效益和社会效益。

三是市场流通信息化软件。农产品流通信息化软件利用物联网、云计算等现代农业信息技术对传统农产品流通方式进行创新，打破农业市场的时空地理限制，对农资采购和农产品流通等数据进行实时监测和传递，形成统一的信息共享交流平台，有效解决信息不对称问题，有利于降低流通各环节成本，提升流通效率，实现市场供需的平衡。目前开发和应用最为广泛的是电子商务平台和农产品质量管理及追溯系统。农产品电子商务平台作为农产品销售信息化的主要途径，具有时效性、便捷性、运营成本低等特点。目前，一些地区特色品牌农产品通过在主流电商平台设立专区以拓展农产品销售渠道，部分有实力的龙头企业通过自营基地、自建网站、自主配送的方式，打造一体化农产品经营体系，促进农产品市场化营销和品牌化运营，推动农业经营向订单化、网络化、个性化方向转变。农产品质量安全溯源系统具有生产企业（基地等）、农产品生产档案管理、检测数据管理、条形码标签设计和打印、基于网站和手机短信平台的质量安全溯源等功能，能够实现农业生产、流通等环节信息的溯源管理。例如，广州市健坤网络科技发展有限公司开发的农产品质量安全溯源系统，依托大数据、云计算、物联网、移动互联网等网络技术以及二维码、条码识别等先进配套硬件技术，可实现对种植过程、农产品加工、检测管理、销售流通、防伪验证、一物一码的全流程溯源管理，保障农产品质量安全。此外，涉及经营流通领域的技术产品还包括智能仓库综合管理系统、仓库环境智能检测管理系统、经营管理决策系统、经营透明化监管系统、经销商管理系统等。例如，航天信息股份有限公司研发了一整套涵盖粮食出入库系统、农户结算卡系统、数字粮库系统、粮食物流监管调度系统及成品粮安全追溯系统的粮食流通信息化解决方案，能够对粮食从收购、仓储、运输、加工到成品粮流通进行全程监管，实现了粮食安全管理的数字化、智能化、可视化。目前该套方案已在江苏、内蒙古等地成功应用。

四是农业服务信息化软件。农业服务信息化软件是将农业资源、农业政策、农业生产、农业教育、农产品市场、农业经济、农业人才、农业推广管理等诸多信息进行集成并有效传递的平台。目前已建立了多个综合性服务平台和专业类别服务平台，有效地将农业信息资源服务延伸到乡村和农户，对于推动统筹城乡均衡发展、缩小数字鸿沟发挥了积极作用。例如，福建省南安市兰田村创办了农业信息化综合服务平台"世纪之村"，设置便民服务、电子商务、电子政务和电子农务四大职能，推行办事公开信息化，并通过"网络＋实体超市＋信息点"的农村商贸模式，开创强农富民新路子，平台已在福建、湖北、四川等地推广。

（二）存在问题

尽管近年来我国农业软件产业取得了一系列成果，且对农业实体经济和农业数字经济的支撑和服务作用越来越明显，但与发达国家相比，我国农业软件产业发展仍面临发展基础薄弱、数据资源分散、重要农产品全产业链大数据和农业农村基础数据资源体系不健全等诸多挑战。

1. 农业软件开发难度大，"落地"应用效果较差 不同于工业，农业是利用生物有机体的生命活动进行生产的行业，受生产环境、生产季节、标准化程度影响大。并且，农业生产体系庞大，大田种植业、设施园艺、畜牧养殖、家禽养殖和渔业养殖等多个细分行业和品种及不同生产品种间差别较大，这就为农业产业软件的设计策划、模型构建、开发设计造成了一定的难度。此外，在推广应用过程中，受教育水平影响，实际参与农业生产、加工、运输等环节的农户对信息化软件操作能力有限，加之农业产业标准化程度较低、规模小，大大影响了农业软件在农业生产、管理、流通、服务过程中的应用效果，阻碍了信息技术在农业软件产业"溢出"效益的发挥。

2. 农业软件企业投入成本高、投资回报率低，制约企业发展 农业软件产业属于知识密集型产业，其固定资产、人力资本和研发资金等生产要素价格均远高于农业其他领域。但是，面对高额的投入成本，农业软件产业融资能力有限。加之，农业软件企业的客户群体主要是农户、农村合作社等收入水平相对有限的农业生产主体，支付能力和支付意愿都相对较低。尽管近年来随着城镇化的发展，农民生活水平得到了较大程度的提高，但是城乡收入差距依然客观存在，部分农业生产主体无力负担农业信息化、数字化高昂的成本，限制了农业软件企业的盈利空间，制约了农业软件企业的发展。

3. 农业软件产业自主创新能力薄弱，核心竞争力不强 我国农业软件基础性开发技术薄弱，大多农业软件的开发采用国外软件开发工具或基于国外技术架构，通过购买第三方工作流、中间件等产品进行二次开发，国内农业软件开发企业的自主创新能力薄弱，对外依存度高，且产品出口主要集中在产业链最低端的应用类软件，产品附加值低、同质现象严重。从国际市场来看，农业软件市场竞争日益加剧，北美地区和欧洲地区抢占先机，农业软件种类完善并覆盖各类产业和生产环节，培育了 Trax View、Farm Logic、Grain Trac、Ag Expert 等知名农业软件企业，占据了全球大部分农业软件市场，并对发展中国家进行了严格的技术封锁。我国的农业软件产业集中度不高，规模普遍偏小，在交付能力、人力资源、服务水平方面存在着一定差距，核心竞争力不强，缺乏持久发展动力，国际市场上话语权不足。

4. 知识产权保护力度不够，盗版和侵权现象依然严重 在我国软件开发领域里，基于计算机软件易复制性的特点，开发者通过反向工程等各类技术来获取软件源码的盗版和侵权行为变得越来越容易。尽管近年来我国软件盗版率逐年下降，但盗版和侵权现象依然存在。这种行为轻则影响用户的正常使用，重则严重影响用户的正常生产、管理、流通业务的开展和品牌声誉，间接制约了我国农业软件产业的发展，并损害了我国在全球农业软件市场上的国际形象。目前，我国主要通过著作权法来对农业软件版权进行保护，相关学术领域也在不断探索利用专利法或商业机密等模式来保护农业软件开发企业的合法权益，但与美国等发达国家相比，知识产权保护力度不够，缺乏完善的法律法规体系。

（三）发展需求

1. 技术需求 一是迫切需要突破应用基础理论瓶颈，加强边缘计算、云计算和大数据智能理论等基础理论研究。重点突破无监督学习和综合深度推理等难点问题，建立数据驱动和以自然语言理解为核心的认知计算模型，形成从大数据到知识再到决策的能力。二是迫切需要加快数据资源开放共享，提高涉农数据的整合和应用度。统筹布局农业大数据公共平台，制定出台数据资源开放共享管理办法，推动建立数据资源清单和开放目录，鼓励社会公众对开放数据进行增值性、公益性、创新性开发，提升我国涉农数据的整合和应用程度，为农业软件的开发及应用提供良好的数据基础。三是迫切需要统筹布局农业智能服务业创新平台，扩大农业软件产业的覆盖广度，促进各类通用软件和技术平台的开源开放，加快农业物联网、移动互联网、大数据等技术对农业生产、管理、流通、服务的覆盖广度。

2. 人才需求　一是迫切需要完善农业软件领域学科布局，加强学科建设。将农业软件工程、农业大数据等人才培养纳入高校研究生教育培养体系，尽快在试点院校增加相关学科方向的博士、硕士招生名额，重视农学与数学、计算机科学、物理学、生物学、经济学、社会学、法学等学科专业教育的交叉融合。二是迫切需要加强高水平农业软件领域创新人才和团队的培养，储备产业领军人才。通过农业软件重大研发任务和基地平台建设，汇聚高端人才，在重点领域形成一批高水平创新团队，鼓励和引导国内创新人才、团队加强与全球相关研究机构合作互动。三是迫切需要完善人才激励机制。推动形成适应农业软件产业发展特点的人事制度、薪酬制度、人才评价机制，打破人才流动的体制界限，完善技术入股、股权期权等激励方式，建立健全现代农业科技成果知识产权收益分配机制。

3. 政策需求　一是迫切需要研究制定新形势下适应农业软件产业发展新特点的政策措施。完善政策措施和机制，强化对农业软件创新产品和服务的首购、订购支持，鼓励软件企业加大研发投入，制定推动农业软件技术与农业生产、管理、流通、服务领域融合发展的政策措施，进一步完善鼓励政府购买服务的相关机制和措施手段。二是迫切需要加大政府的投融资政策支持力度，拓宽市场多元化融资渠道。借鉴中关村国家自主创新示范区、杨凌农业高新技术产业示范区等相关政策，研究制定促进农业软件产业发展的财税、金融、保险、土地、人才、招商项目等"一揽子"产业政策，综合采取以奖代补、先建后补、政府购买服务等方式，对取得显著成效的农业软件企业给予积极支持。三是迫切需要强化统筹协调，加强各部门间的协同联动。

4. 安全需求　迫切需要完善相关法律法规体系，增强农业软件知识产权保护力度，进一步增强农业信息安全技术保障能力，建立健全农业数据安全防护体系。加强农业软件领域行业自律，完善行业监管，促进农业数据资源有序流动与规范利用。

四、主要结论

由于政府政策的支持以及市场需求的拉动，生物技术、制造技术、物联网技术及大数据等高新技术逐步应用到我国智慧农业产业的各个领域，我国的智能农机装备、传感器与终端测控技术以及农业软件三大支撑产业取得了一定进展，智慧农业产业发展显现出强劲的发展势头，但与发达国家智慧农业产业发展水平还有一定的差距，仍存在一系列问题亟须解决。

（一）智慧农业支撑产业发展现状

（1）围绕农田土壤信息、农作物生长及病虫草害信息、农业环境信息、农机装备作业信息的智能感知，研制了一系列农业专用传感器，基于无人机和卫星的遥感技术已应用于杂草识别、作物监测、产量评估和处方图绘制等方面，支持农业生产获取有用的数据，并进行整合分析，为农民提供土壤灌溉、作物施肥、喷药等的精准服务，推动农业生产精细化，促进农业提质增效。

（2）智能耕整机械取得长足进展，激光平地技术得到应用；智能种植装备应用领域不断拓展，水稻精量直播取得突破性进展；智能化施肥、施药技术已成为农业绿色生产的重要手段，小麦免耕变量播种施肥机等智能装备接近国际先进水平；智能收获机械装备研发取得突破性进展，打破了国外技术垄断和市场垄断。

（3）构建了"数据库＋区块链"的链上链下追溯信息双存储设计方案，提高了区块链链式结构中的数据查询效率，自主开发了基于区块链技术的农产品追溯系统，实现了多种有机绿色农产品从种植、加工、监测到物流过程的全流程溯源防伪；开发了一批适应性强、性价比高的人工智能新产品，通过图像识别技术建立动物数字档案，实现全生命周期的管理，并建立生长模型对作物未来长势进行预测；对虚拟植物、虚拟农业仪器仿真等农业虚拟现实技术的建模方法进行了大量研究。

（4）综合应用传感器、智能农机技术和农业控制软件技术，进行了无人农场试验示范，推进了智慧农业的实际应用。

（二）智慧农业支撑产业发展存在的问题

（1）我国农业传感器的核心技术短缺、基础性传感器技术薄弱，在高精度传感器、高敏感度分析以及特殊应用的高端检测方面远远落后于发达国家，中高档传感器产品几乎全都是从国外进口，工艺装备研发与生产被国外垄断。国内缺乏对农业传感器新原理、新材料传感器的研发和产业化能力，共性关键技术尚未真正突破；产业结构不合理，传感器的品种、规格不全，技术指标不高，在测量精度、温度特性、响应时间、稳定性、可靠性等指标上与国外差距巨大。

（2）我国智能农机装备基础研究较弱，数据积累不足，产品创新能力不强，核心技术受制于人；装备结构不合理，中低端产品过剩，高端产品不足；我国智能农机装备在材料、设计、制造和加工工艺方面与发达国家的差距较大，智能农机的质量、可靠性、稳定性以及智能化水平有待进一步提高，缺少过载保护和先进的安全防护及自动报警装置；我国智能农机相关产业之间、区域与区域之间以及各环节之间发展不平衡，需进一步深化产业链的发展。

（3）我国农业软件产业发展面临发展基础薄弱、数据资源分散、重要农产品全产业链大数据和农业农村基础数据资源体系不健全等诸多挑战。同时，农业软件技术创新能力不足、农业软件适应性较差，农业数据整合共享不充分，农业软件复合型人才少、人才流动性大，产业整体投入成本高、投资回报率低是我国农业软件产业的突出短板，导致我国农业软件产业化发展滞后。

（4）我国的智慧农业整体落后于美国、德国等发达国家。发达国家农业产业结构完善，农业生产规模较大，对农业机械化的研究起步早、水平高，推进了这些国家的农业机械自动化和智能化。我国与发达国家还有较大差距。除了学习国外先进技术缩小差距外，针对我国农业结构和生产规模的特点，应坚持发展中小型农业机械。要加大土地规模化经营和农业科技创新的支持，加强农机农艺融合。如在农业机械的应用上，国外特别注重各种工作环境、各种土壤条件和各种作业工况下的数据的收集整理，形成机具应用大数据库，使机具在各种情况下的使用都能得到智能支撑，发挥最大作用。又如，在遥感技术方面，国外研究不但注意监测作物生长传感器的开发，还努力开发评估模型和信息处理算法，相应技术已应用于实际生产，而国内很多研究仍停留在实验室阶段，机具应用缺乏基础数据的支持，今后应大力改进。

（三）智慧农业支撑产业发展展望

（1）加强农业与智能农机数据的远程采集与传输，数据的分析与决策，数据的共享与应用，建立大数据平台，加强人工智能在农业装备中的应用，共同推进智能农机发展与应用。研发精准耕整、精量种植、变量喷施和精准收获等智能农机装备，以及多机协同作业模式与智能控制技术。

（2）研发一批能承担劳动强度大、适应恶劣作业环境、作业质量好的农业作业机器人。如嫁接机器人、除草机器人、授粉机器人、喷施机器人以及设施温室电动作业机器人等。实现耕、种、管、收、储、运等环节无人化操作与精准管理，构建机器人自组织系统与机器人协同决策平台，实现农场、牧场、渔场的无人化作业与管理。

（3）加强作业对象、作业环境、作业工况和作业质量等测试对象特性与测试机理研究，研发敏感材料和关键芯片，开发专用传感器。重点研发稳定性高、成本低廉和功能多样的传感器，开发微电子机械、仿生及生物传感器等新型传感技术和体型小、测量精度高的传感器；加强研发适应于农业生产中高温、高湿等复杂环境的传感器；通过政府支持，企业、高校以及科研院所联合创新，加快促进农用无人机遥感传感器产业发展；加大对我国物联网传感器的支持力度，降低使用成本，提高竞争力。

（4）加强农业软件基础理论研究，加快突破农业软件基础理论瓶颈，提升我国农业软件核心竞争能力；加快数据资源开放共享，统筹布局农业大数据公共平台，完善数据安全防护体系，为我国农业软件开发和应用提供良好的数据环境；加快农业物联网、移动互联网、大数据等技术对农业生产、管理、流通、服务的覆盖广度；进一步完善我国智慧农业支撑产业人才培养体系和人才激励机制，通过培养和引进等多种方式，吸引更多的基础型人才、创新型人才以及高端型人才从事智慧农业技术产业相关工作。

第四节　智慧农业相关产业战略目标与路线图

一、发展思路

由传统农业向现代农业转变，包括两个阶段，第一阶段农业生产从主要依靠人力畜力转向主要依靠机械动力，2019年我国主要农作物耕种收综合机械化率已达到70%，已经进入了机械化为主导的阶段。第二阶段，以信息化为主导，即以资源环境信息化、作物禽畜生物信息化和农业机械及装备信息化为主导，进入智慧农业阶段。目前我国正处于从机械化向智慧化发展的过渡期。为实现乡村振兴和农业农村现代化，必须坚持创新协调、绿色节能、全面高质量发展战略，推动智慧农业相关产业的发展。首先需要加大现有重大科研成果的集成试验示范，促进成果向产业转化，逐步推动智慧农业产业的发展。

智能装备包括传感器、数据智能处理终端和物联网，以及带智能接收系统和执行控制系统的农机装备。首先要重点发展信息感知技术，这在我国还是短板。

加快农业传感器产业科技创新，以突破传感器节能化、微型化、模块化、智能化和集成化等共性关键技术为主线，研发高精度、全方位、多参数和系统性感知的智能农机传感器，研制可靠性高、成本低和适应性强的动植物生命信息动态感知传感器集成设备，建立高通量、高灵敏度、多点同步监测的农田生态综合环境等实时感知技术平台，实现智能终端测控系统的快速反应和精准调控。

发展新一代智能农机装备，推进农业机械化和农机装备产业转型升级，掌握关键核心技术主导权，提升自主创新能力和产业核心竞争力，发展自主可控装备产业，构建全产业链的信息感知、定量决策、智能控制、精准投入、智慧管理的智能农业生产方式，支撑我国成为农业装备制造强国、科技强国、农业强国。

推动农业技术软件发展，强化农业软件产业创新发展能力，以数据驱动、创新发展、融合应用、产链协同为原则，突破关键核心技术、卡脖子技术与短板技术，加大产业应用示范与战略支撑保障力度，大力提升农业软件产业供给能力，深化拓展农业软件产业渗透领域，加快培育农业软件产业骨干企业，着力推动农业软件产业集聚。

二、战略目标

产业发展的战略目标有两层含义，一是发展战略要解决的核心问题，二是最终所要达到的发展水平。前者是质的方面，后者是量的方面。

（一）总体目标——实现以智能农机为主体的农业全程智能化生产

构建智慧农业产业技术创新体系，掌握关键核心技术主导权，发展自主可控的智慧农业产业，智慧农业三大主要支撑产业实现全产业链产业化应用。实现拥有自主知识产权的多功能集成化传感器在智能农机装备和农业物联网中的广泛应用；智能农机装备品种齐全、性能先进，进入农业装备强国前列；软件技术与农业技术、先进制造技术全面深度融合，基于互联网的农业数据服务、信息服务与内容服务不断丰富，全面建成全球领先的数据、平台、应用、服务与安全协同发展的自主产业体系；建设一支素质优良、结构合理、富有创新能力的智慧农业科技人才队伍。

（二）具体目标

1. 2025 年

农业传感器与测控终端产业：智能农机装备常用传感器（前进速度、定位系统及测距传感器等）的测量精度、稳定性、适应性得到提高；薄弱检测环节（收获谷物产量、破损率等）取得突破，并推广应用；探索新型农机装备传感器，实现农机传感器的小型化以及多种作业参数的同步检测。在农业物联网传感器方面，制定常用传感器标准；突破农业环境传感器（光、温、水、气）高灵敏度、高稳定性、高适应性和高使用寿命的关键技术；实现农业复杂环境下的微小型、可靠节能型、低成本和智能化的物联网感知传感器技术的突破。在作业对象传感器方面，实现农业种植和养殖过程中动植物生命信息（如植物径流量信息、养分信息、叶绿素信息等，动物行为、叫声、体温、体重、食欲信息等）传感器设计、加工、制造等关键技术的突破；突破传感器误差消除和校准监测技术、传感器传输组网技术、传感器电磁兼容、先进的微纳米材料和微机电系统技术、数据拟合校准以及建模技术。

智能农机产业：农机装备产业迈入智能化发展阶段，信息化和智能化技术广泛应用于农机装备，农机装备智能化水平显著提升；重点突破智能农机发展的薄弱环节和关键核心技术，实现我国智能农业机械"从无到有"和"从有到全"；智能农机产品和关键零部件协同发展，高压共轨、液压、离合器、耐磨与密封材料、先进制造等关键核心技术取得突破性进展，关键零部件自给率达到50%以上，智能农机产品质量和可靠性进一步提升；主要经济作物、畜禽养殖、水产养殖、农产品初加工等产业薄弱环节基本实现"有机可用"，丘陵山区主要产业领域关键环节"无机可用"局面明显改善；大型高效、多功能、信息化和智能化装备依赖进口的问题得到初步解决；构建智能农机装备产业技术创新体系，具备面向农业生产的智能化整体解决方案能力；大宗粮食和战略性经济作物智能装备品类基本齐全；智能农机装备部分实现产业化应用；支撑主要农作物机械化率达到75%以上，智能化综合水平达到50%以上。

农业软件产业：农业软件产业初具规模，年均复合增长率保持在15%以上，农业软件产品收入占软件行业产品收入比例达6%左右，农业软件产业规模达千亿元以上；农业专用软件开发技术与世界同步，新一代农业人机交互技术在农业软件开发与服务中得到初步应用，产业创新能力不断增强，发明专利拥有量年均增速 10％以上；农业软件在农业全产业链的应用覆盖率达 30％左右，农业软件成为农业生产经营管理服务的主要手段；在农业基础软件、农业应用软件平台、农业 App、农业信息服务与解决方案等领域加快布局建设专业化农业软件园区，建立 1~2 个千亿级产业规模的农业软件产业园区；农业软件信息安全创新发展向更高层次跃升，农业领域的关键信息基础设施安全防护体系基本建成，农业数据信息安全保障体系不断完善，农业软件安全可信保障技术得到攻克，农业软件专用防火墙、网络安全隔离与信息交换、系统漏洞检测等相关信息安全技术标准取得突破，培育形成一批面向农业软件服务的信息安全企业；农业软件产业自主创新能力取得重要进展，具有规模的农业软件企业开始涌现。

2. 2035 年

农业传感器产业：在智能农机装备传感器方面，实现农业传感器的网络化、智能化和决策化商用；实现多功能集成化农业传感器的推广应用；实现多传感器之间硬件接口标准、数据传输标准的一致性；传感器标准日趋完善；实现自主研制的常用农业环境传感器商用化并占有较多市场份额；实现农业复杂环境传感器的商用化，实现自主研制的植物生命信息传感器商用化并逐渐应用。在农业物联网传感器方面，实现具有广域、自组织、高可靠性和节能的农业无线传感器网络部署与协议优化技术的突破；实现农业智能决策及控制传感器技术的突破，逐渐形成中国特色农业传感器的技术体系。在作业对象传感器方面，基于机器视觉、RTK-GNSS、惯性技术融合的传感器在特定的农业应用场景中逐步成熟；5G 或更好的通信技术在农业领域广泛应用；农业传感器种类及数量增加，实现大田农业主要作业的关键数据信息化和网络化；普及地空星传感数据的融合与应用；传感器种类增加；农机作业自动化程度提高，并推广多样化的不同用途的自动化农机。

智能农机产业：智能农机装备产业迈入高质量发展阶段，信息化、智能化技术及装备达到世界先进水平并广泛应用于智能农机领域，智能农机科技创新能力显著增强；大型高效、多功能、信息化和智能化装备依赖进口的问题得到初步解决，高效智能机械化生产体系基本形成。形成以自主创新为核心的技术创新体系和提高新一代智能农机装备技术及产品开发能力；形成以智能装备为主导的产品格局，产品品种齐全，质量水平达到世界先进水平，基本满足全程全面机械化需求；以智能装备、智能管理服务为核心的智能农业生产全面推广应用；综合机械化水平达到 100％，智能化综合水平达到 75％以上，进入农业装备强国行列；覆盖农业全过程的农机社会化服务体系趋于完善；信息化和智能化技术广泛应用于农机化管理、推广与服务。国产高端智能农机产品满足率达到 80％以上，关键零部件自给率达到 90％以上；拖拉机、联合收获机等重点智能农机产品可靠性达到国际同类产品水平，产品和技术供给满足国内生产 90％以上需要。

农业软件产业：农业软件产业取得决定性进展，规模不断扩大，软件即服务的理念深入人心，农业软件产业占软件产业比例或将达到 10％左右，农业软件业务收入或将突破 1 万亿元，同样功能和性能的软件开发成本平均每两年降低 50％，同样质量的服务所需的成本每两年降低 50％，国产农业软件在农业生产、经营、管理、服务中得到规模应用；农业专用软件开发技术进入创新型国家前列，云计算、大数据、人工智能、区块链、量子计算等前沿技术在农业软件开发中得到规模化应用，推动农业技术软件化发展，实现发明专利拥有量年均增速达到 15％以上，建成一批重大农业软件技术创新平台，产业创新能力实现跟踪模仿向自主创新跨越，自主可控的信息安全保障能力明显提高，知识产权保护更加严格，激励创新的政策法规更加健全；农业软件在农业全产业链得到较大范围应用，规模化农垦、产业化龙头企业以及规模经营的合作社、种养大户或规模以上家庭农场的生产经营关键环节农业技术软件化率达到50%，农业软件产业成为推动我国智慧农业持续健康发展的主导力量；农业软件产业集聚度超过60%；农业高端装备控制软件的安全可信基本实现，基于国产技术的高端可信计算系统等自主网络与信息安全生态体系基本建成，农业专用软件验证、分析、测试、预警响应与质量评估等技术体系与专业化服务体系全面建成；培育形成一批创新型农业软件领军企业，基本实现农业软件产业自主可控，农业软件产业整体达到世界软件强国中等水平，跻身创新型国家前列，进入全球第一梯队，成为世界智慧农业软件产业重要的创新中心。

3. 2050 年

农业传感器产业：在智能农机装备传感器方面，实现农机装备传感器的智能化和自主化信息检测与数据分析，实现土壤-作物-机器-环境传感器协调下的大范围统筹应用。在农业物联网传感器方面，拥有中国传感器统一标准，并被全球业界广泛采用，常用农业环境传感器完全自主化，农业复杂环境下的环境传感器大规模推广应用，自主研制的植物生命信息传感器被广泛使用，农业物联网中广泛采用自主研制的农业无线传感器网络部署与协议；智能决策传感器商用化并广泛使用，中国农业传感器技术体系形成，商用传感器规模化推广。在测控终端方面，基于机器视觉、RTK-GNSS、惯性技术融合的传感器在一般的农业应用场景中逐步成熟，大田无人作业普及，农业畜牧养殖、水产养殖行业的自动化、无人化过程增加；推动新型的种植模式，无人植物工厂广为应用；农业传感器的性能完全满足需求。

智能农机产业：智能农机装备产业迈入全面发展阶段，信息化和智能化技术全面应用于农机装备，农业领域全面实现现代化，实现农业机械化"从好到强"。进一步提高智能农机自主创新能力，掌握关键核心技术主导权，发展自主可控智能农机装备产业，形成智能装备、智能制造、智能作业、智能服务为核心的智能农业生产技术及装备体系，智能农机装备品种齐全、性能提高；智能化综合机械化水平达到100%，支撑农业生产进入以智能化为主导的新阶段。适应智慧农业发展要求的农机化管理、推广、服务的智能化水平显著提升，农业生产效率达到发达国家水平，进入农业装备强国前列。

农业软件产业：农业软件产业占软件产业比例达20%以上，成为世界农业软件强国，国产农业软件在农业全产业链经营管理中得到广泛应用；安全、自主可控的农业软件全面实现。农业软件共性基础技术、新一代软件技术、信息技术服务等领域核心技术取得突破，低能耗、海量并行、可靠性、低成本技术障碍全面突破，农业基础性、核心性、关键性软件产品与解决方案全面实现自主可控；新型农业经营主体农业技术软件化率达70%以上，农业软件应用基本实现全产业链覆盖；农业软件产业集聚度超过90%，形成一批具有全球影响力和主导地位的创新型领军企业；全面实现智慧农业软件系统的"自主可控、安全可信、高效可用"；全面建成数据、技术、应用与安全协同发展的自主产业生态体系，建成世界农业软件强国。

三、重点任务

（一）传感器产业

1. 感知技术研究

（1）农业装备作业环境信息感知技术。农业装备作业环境主要是指可能影响农机装备作业的周围物体，静态有树木、电线杆、水井和房屋等，动态有人、动物和其他作业农机等。围绕农业装备作业环境复杂多变性开展农业装备智能化环境信息感知技术研究，以保障农业装备在复杂非结构化农田环境中安全可靠作业。农业装备作业环境感知技术中，红外技术是检测人和动物的有效方法；超声与激光雷达测量范围大，对距离、速度检测精度高；三维雷达测量精度高，但成本过高。未来，多传感融合是农田环境感知的研究重点，动静态障碍物的高精度、快速实时检测算法研究是发展方向。

（2）农业装备作业对象信息感知技术。在土壤养分检测方面，可测量土壤含水率、酸碱度、压实度、有机质含量的车载高可靠性、高精度、多参数组合传感器是未来的发展方向。此外，为配合智能农业装备处作业，建议在土壤中预埋物联网传感器的智慧农田系统，研发低功耗、低成本、小型化、无线通信土壤信息传感器并将土壤参数上传至云端，实现农业装备按需取用、闭环控制是未来的创新发展模式。在植物养分及病虫害检测方面，研究车载叶绿素和氮素含量高精度实时在线快速检测是变量施肥和精准植保作业的关键，自然环境下基于机器学习的车载高精度、快速作物病虫害识别技术是应重点攻克的难题。在农田杂草的感知技术方面，将杂草的特征进行整合，建立统一的数据库，研究各种杂草主要特征提取算法，减少终端的运算量，以提高杂草感知的准确性和实时性。

（3）农业装备自身工作参数及作业状态参数感知技术。在耕整机械的作业参数感知上，结合土壤信息感知技术，在耕整阶段全方位、多参数（姿态、压力、位置、深度等）感知土壤信息，建立土壤信息库，实现"一次感知，全程使用"。在施肥播种机械的作业参数感知上，侧重于提升施肥播种传感器（种肥流速流量、播种株距、播施深度检测等）的精度和可靠性，以及检测数据的智能处理方法和创新感知原理新型传感器设计的研究。在植保作业机械作业参数感知上，研究液体肥料和农药的感知机理，解决传感器的抗腐蚀性和精度保持性问题。收获机械的作业参数有含水率、流量、损失率、含杂率等，目前，国内缺乏成熟的产品，主要是检测精度与可靠性不高，未来研究应着重于收获传感器的检测精度、可靠性和算法模型等的优化研究。

2. 传感器研发

（1）农业复杂环境传感器研发。以农业复杂环境信息精准高效监测为目标，针对高温、高湿、冰冻、雨雪、灰层、震动和磁场等多种复杂环境，以及大田种植、设施温室和水产畜禽养殖等农业物联网不同场景高效监测需求，开展PM2.5、甲烷、二氧化氮、降水量和降雪量等农业大气环境传感器研发，开展溶解氧、氨氮、硫化物、pH、浊度和电导率等水环境传感器的研发，开展土壤有机质、土壤氮磷钾和土壤电导率等土壤环境传感器的研发，开展多参数感知集成技术及传感器的研发，以及适应无人机遥感感知信息的多光谱及高光谱传感器的研发，实现农业复杂环境信息精准、高效采集，为智能预测和预警奠定基础。

（2）动植物本体信息传感器研发。以实现农业动植物本体信息快速、精准感知为目标，针对鸡、猪、牛、羊、鱼、虾和蟹等大规模养殖动物，以及水稻、玉米、油菜、蔬菜、水果和花卉等大田及温室种植植物，开展动物体温、体重、体型和健康状况等动物信息感知传感器的研发，开展植物氮磷钾、可溶性蛋白、叶绿素、花青素、病虫草害、水果重量、甜度和可溶性固形物等植物本体信息感知传感器的研发，开展关键信息感知传感器微型化技术及相应传感器的研发，实现动植物本体信息快速、精准感知，为动植物精准化管理提供数据支撑。

（二）智能农机装备产业

围绕提升智能农业生产技术水平和能力，根据粮经饲、农林牧渔和种养加工等生产需求，以智能制造、智能装备、智能管理和智能服务为主线，重点发展粮食及经济作物耕、种、管、收等智能作业装备以及智能农业机器人，发展种苗高效繁育、土壤提质与农田改造和智能农业动力等装备，发展畜禽、水产等智能养殖及草原畜牧装备与设施，发展农林产品、畜禽产品和水产品等贮、运、加工产地处理智能装备与设施，满足全程全面机械化生产需求，为向农业智能生产转变提供支撑。

1. 关键技术研究

（1）农业高效智能生产技术。研究种植制度、耕作方式、作业机具、气候与环境等对土壤质构和作物生长的影响机理；研究土壤和草地合理耕层构建，以及作物高速种植、节水灌溉、水肥一体化、低损收获等智能化生产工艺技术；研究适合不同农业生产区域性特点、农艺要求、种植规模、耕作制度的粮、棉、油、糖、蔬、林、果、茶、桑、草等高效化、绿色化、智能化生产技术及装备体系。

（2）农业装备智能控制技术。研究动植物的生理、生态、生长和环境信息感知、数据挖掘和智能决策技术，研究种、水、肥、药、光、热等精准调控及精细饲喂技术及系统，开发专用传感器及仪表，构建动植物生长模型及全生命周期智能调控技术体系；研究复杂工况高精度导航定位、总线控制及标准、自动驾驶、作业智能调控、边缘协同等技术，开发农业装备智能控制系统；开展 5G 及新一代信息通信技术在农机装备应用方面的研究，开发人机物协同、智能云控等技术，开发智能自主作业系统、机器人作业技术及系统等。

（3）智能农业装备设计及制造技术。研究土壤耕作、采收作业等部件减阻降耗、耐磨延寿、表面强化等技术，开发土壤耕作、栽种、采收等作业部件新机构、新材料、新方法；研究重大关键零部件高性能材料应用、制造工艺、试验验证及再制造等技术，开发大功率驱动桥、大载重量静液压底盘、大喂入量脱粒滚筒部件、高性能打结器等关键零部件及制造技术；研究典型农机装备整机智能设计、可靠性、质量检测和试验验证等技术，开发智能设计模型库、工具包及专用软件，以及制造及质量检测、试验验证等系统。

2. 重大智能装备创制

（1）大田智能生产作业装备。以粮食作物和经济作物耕、种、管、收高效智能生产为重点，针对规模化农业、适度规模生产和家庭农场等多种经营规模，以及旱地和水田等不同作业条件高效生产需求，开展精准平整、施肥播种、施药、收获等作业控制技术及部件研发，研制多功能耕整地、高速精准种植、精准施肥播种、精量施药、高效节水灌溉，籽实及秸秆收获等智能作业装备，提高农机装备全程配套、信息收集、智能决策和精准作业能力，形成面向农业智能生产的整体解决方案。

（2）设施园艺智能生产作业装备。以蔬菜、花卉、食用菌等节能环保、安全优质、稳产高效、周年生产为重点，研发立体多层栽培设施、环境及能效控制、生长及品质调控、智慧管控等技术及系统；开展基质清洁、育苗移栽、水肥药一体化施用、智能采收等智能技术与装备研发；开展物料转运、加工处理、废弃物循环利用等自动化系统研发，构建"低碳、智能、高效"的植物工厂生产技术体系。

（3）设施养殖智能生产作业装备。以提高设施畜禽、水产养殖产能和质量为目标，开展畜禽、水产及特种动物等养殖环境调控、疫病及生长健康状况检测、种群及商品化生产智能管理等技术及系统研究；开展养殖场饲料精准配制装备、智能化精准饲喂系统及装备、个体精量饲喂设备、机器人清扫及防疫消毒、安全自动巡检、养殖产品自动化采收及输运、智能化挤奶系统研发；开展废弃物自动化转运及无害化、资源化处理设备研发，构建绿色高效养殖智能技术及装备体系。

（4）草原畜牧业智能生产装备。以实现高效、生态、可持续畜牧养殖为目标，开展首蓿、燕麦草等饲草种植及柠条、蛋白桑等饲料型灌木等饲草料种植、收获、加工生产大中型装备研发；开展草原监测、杂草清除及智能化补播等草地保育装备，牧草仿形刈割、高密度成型、牧草及牧草种子高品质加工等技术及装备研发；开展林草结合地、南方荒山荒坡、北方干旱半干旱草地、青藏高原草地保育及生产机械化技术及装备研发；开展草原畜牧智能生产、管理技术及系统研发，提升我国草原畜牧业集约化、现代化水平，推动草原畜牧产业可持续发展。

（5）种苗高效繁育技术及智能装备。以实现种子和育苗标准化、精细化、智能化为重点，开展玉米、小麦、水稻、蔬菜等精细种床装备、父母本精量交错播种、去雄授粉、洁净收获等种子繁育、种子加工智能装备研发；开展高通量作物表型平台、高通量自动考种、作物繁育管理平台等精准育种系统技术及装备；开展规模化水稻、蔬菜育秧育苗、精量播种、环境及水肥精细调控、健康识别、自动嫁接、种苗输运与包装等育苗自动化生产技术及装备研发，构建规模化、标准化、智能化的种苗工程技术装备体系。

（6）农产品产地高效处理技术及智能装备。围绕安全保质、综合利用、节能降耗的需求，开展粮食、果蔬以及中药材、食用菌等农产品的产后清选、干燥、分选分级、定量包装、安全储运等智能化技术装备研发；开展禽蛋、畜禽肉品、水产品等生鲜农产品分割清理、消毒灭菌、分等分级、安全包装、生产溯源等高效智能化成套加工技术及装备研发；开展农产品商品特性评价、品质检测及加工、储藏、运输全过程品质监测与定向调控技术及系统研发，提升农产品商品化水平，促进产业提质升级。

（7）智能农业动力装备。围绕绿色能源、节能减排等农业动力发展需求，开展动力换挡、无级变速、高效驱动、自动驾驶以及节能环保农用发动机等高效农用动力关键技术研究；开展智能重型拖拉机、特殊作业条件和环境专用拖拉机，以及可配套多功能作业装置的动力平台研发；开展电动、太阳能、LNG、氢能等独立、混合动力等新型动力及系统应用研究，研发大中型智能电动、小型无人驾驶电动、新能源等拖拉机；开展大载荷农用无人机动力平台及施药、遥感、播种等作业配套技术系统研发，推进农用动力变革和升级发展。

（8）智能作业机器人技术及装备。围绕未来农业生产方式需求以及新一代人工智能技术发展趋势，开展农业生产环境构建及调控、群体及个体识别及感知、跨媒体数据智能分析与决策等技术及系统研发；开展人机物交互系统（HCPS系统）、通信及安全控制、边缘协同、高精度靶向识别及路径规划、高速高精度驱动及末端作业机构研究；开展环境及作物生长自动巡检、精准播种、精准栽植、精准施肥施药，以及水果套袋、果蔬采收、智能转运及分拣等作业机器人研发；开展微小型农业机器人集群与协同作业系统、中大型农业机器人自主作业系统、远程AR（增强现实）操控作业系统研发，支撑智慧农业发展。

（9）丘陵山地中小型智能农机装备。开发适合丘陵山地的中小型智能农机装备，包括基于北斗和GNSS定位系统的智能化拖拉机和各种带控制系统的作业机具以及无人机喷药施肥及环境检测系统，实现在丘陵山地等中小地块上的自主作业。

（三）农业软件产业

1. 提升农业软件技术的融合创新能力　深入推进农业软件向平台化、网络化、移动化延伸，着力推进农业技术软件化，推动农业软件与农业装备制造、农业服务创新的深度融合，提升农业软件融合创新能力，实现农业软件产业价值链的重构。

（1）加强农业专用软件开发。突破动植物生长模型、三维植物建模、品质预测模型、农业知识挖掘模型等农业模型，面向我国农业全产业链数字化转型升级需求，重点开发农业生产过程管理软件、农业投入品管理软件、智能仓储管理软件、智能化供应链管理软件、农产品加工车间智能化管理等行业应用软件。发展智慧农机大数据、农业科技服务大数据、农业应急管理调度和育种云服务等农业云平台。

（2）加强新技术在农业软件开发中的应用。进一步提高软件核心技术水平，熟化人工智能、区块链、大数据、5G、边缘计算、新型人机交互等技术在农业软件开发中的应用。鼓励探索前沿技术驱动的农业软件服务新业态，推动骨干企业在农产品全产业链质量管控、农业数据智能化计算等领域加快行业解决方案研发和推广应用，大力发展基于新一代信息技术的农业高端软件外包业务。

（3）推进农业软件与硬件有机融合。发挥软件创新促进智能制造、产业升级的倍增器作用，支持互联网企业、电信运营企业、农业软件开发企业、农业装备制造企业开展合作，培育一批具有软硬件综合设计开发能力的智慧农业行业解决方案提供商。面向农机装备、传感器与测控终端等装备制造领域，重点发展智能仪控系统、模拟仿真系统、农业机器人和农业智能制造信息应用系统。

（4）加强农业软件与服务有机衔接。把软件作为改进农业生产管理业务流程、优化农业配置资源、提升农业质量效率的重要手段，大力开发和推广基于网络互联、信息互通的农业软件应用产品。大力发展农业软件行业创业孵化、专业咨询、人才培训、检验检测、投融资等专业化服务。加快发展面向云计算的农业软件系统与解决方案的规划咨询、方案设计、系统集成和测试评估等服务。鼓励建立农业分享经济平台，支持发展基于农业软件和移动互联网的移动化、社交化、个性化的农业信息服务。

（5）加强农业软件质量标准检测体系建设。加快成立国家农业专用软件标准化技术组织，制定农业软件应用参考架构、微服务框架、农业知识封装等基础标准，以及接口、协议、数据、质量、安全等技术标准。研究、整合、完善农业行业软件质量测试技术、方法和规则、测试工具、测试环境资源，建设一批以农业软件测试规范与评价指标体系、测试环境与测试工具集为核心的农业行业软件产品质量测试创新中心。

（6）开展农业全产业链软件化应用试点。支持建设省级农业技术软件化创新中心，深化跨行业、跨领域合作，促进农艺、农机与信息融合，加速农业技术（农艺流程、农业工程等）软件化进程。选择一批发展基础较好的产业园开展农产品全生命周期管理、农业生产全过程管理、农业社会化服务的软件化应用，推动农业信息感知实时化、生产投入精准化、装备控制智能化、信息服务个性化。

2. 加快农业"云-网-端-脑"建设 顺应人工智能时代万物互联的发展趋势，立足"云-网-端-脑"的新一代互联网基础设施架构，将数据作为塑造农业软件产业竞争优势的核心要素，加快推进大数据、人工智能、物联网、云计算等技术走进千家万户、千乡万村和田间地头，加快构建政产学研用多方联动、协调发展的农业大数据产业生态与推广服务网络，为农业专用软件开发与信息服务提供基础支撑。

（1）加快天空地一体化信息采集体系建设。落实党中央、国务院关于构建天空地数字农业管理系统的决策部署，加快构建高效、低成本的天空地一体化的农业农村观测网络基础设施和应用体系，解决农业大数据源问题。积极发展农业专用卫星，协同用好高分系列卫星、北斗卫星和国际其他卫星资源，重点推进国产北斗卫星导航系统、高分辨率对地观测系统、农业航空遥感技术在农情监测、农业资源本底调查中的应用；全面推进物联网观测网络在动植物产品全生命周期管理中的应用，为构建动植物生长模型以及专业化农业智能分析软件提供数据源，推动软件开发大数据化。

（2）推进5G等下一代通信技术应用。发展信息传输服务新技术，加快5G网络在农业领域的部署，加快农业数据中心等新型基础设施建设，提升用户端到端的网络感知体验。实施"5G＋智慧农业"工程，尤其重视5G在视频监控、农业物联网、卫星导航定位、图像识别传输、农业AR/VR中的应用，让软件控制变得更精准。

（3）发展面向互联的农业大数据平台。积极推进农产品全生命周期管理服务平台的创新应用，加快建立覆盖智慧农业各关键环节的农业云、农业大数据平台，全面提高农业软件产品的安全性、可靠性和综合集成应用能力。利用大数据、云计算、人工智能和区块链等技术，实现农业资源环境、农业政务管理、农业生产经营管理、农业科技服务等数据的统一汇聚，依托国家农业数据中心建设全国农业大数据解决方案研制中心和服务汇聚中心，为智慧农业应用软件提供数据支撑，研发基于大数据的智慧农业应用软件与信息服务解决方案，为政策制定、环境监测、生产管理、产销预测、风险预警等提供高效可靠支撑，提高农业生产经营管理决策水平。支持农业大数据企业开展基于农业大数据的第三方数据分析发掘服务、技术外包服务和知识流程外包服务，着力培育农业大数据服务企业。

（4）全面提升信息安全保障能力。贯彻落实《网络安全法》相关规定，构建自主可控的智慧农业控制系统网络安全保障体系，全面打造基于国产技术的高端可信计算系统等自主网络与信息安全生态体系，在农机装备控制、农业生产精准管理、农产品质量追溯等重点领域，逐步实现从单品突破到全系统替代的规模应用。加快制定农业软件风险评估、等级保护、安全审查等监管制度，加强对农业软件产品的安全仿真测试与安全风险评估的检测。加快农业软件应用安全支撑平台、网络与信息安全应急基础平台、安全测评与认证服务平台、网络空间可信身份管理平台等信息安全基础设施的建设，确保农业软件运行环境安全。

四、战略路线图

至2050年中国智慧农业支撑产业发展路线如图27-7所示。

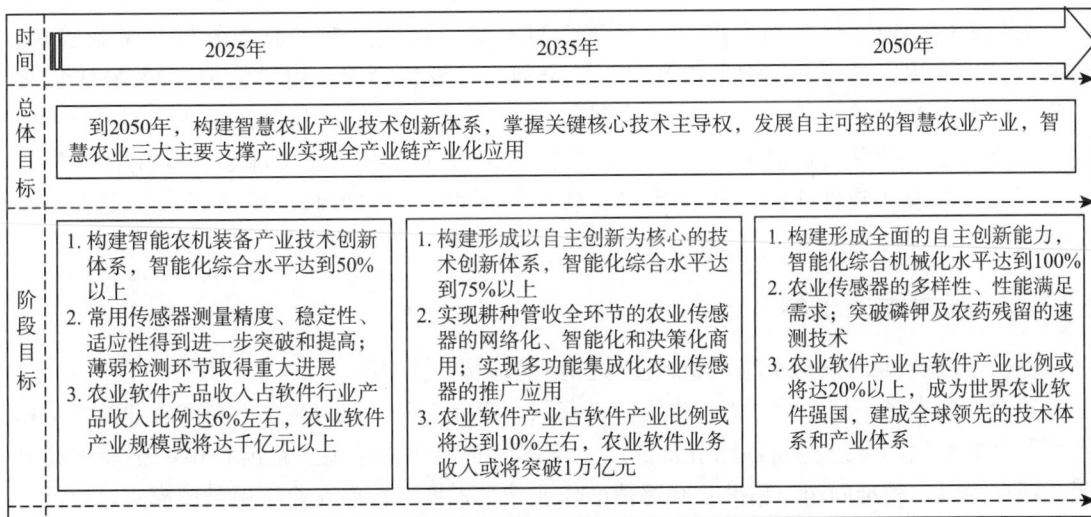

时间	2025年	2035年	2050年
总体目标	到2050年，构建智慧农业产业技术创新体系，掌握关键核心技术主导权，发展自主可控的智慧农业产业，智慧农业三大主要支撑产业实现全产业链产业化应用		
阶段目标	1. 构建智能农机装备产业技术创新体系，智能化综合水平达到50%以上 2. 常用传感器测量精度、稳定性、适应性得到进一步突破和提高；薄弱检测环节取得重大进展 3. 农业软件产品收入占软件行业产品收入比例达6%左右，农业软件产业规模或将达千亿元以上	1. 构建形成以自主创新为核心的技术创新体系，智能化综合水平达到75%以上 2. 实现耕种管收全环节的农业传感器的网络化、智能化和决策化商用；实现多功能集成化农业传感器的推广应用 3. 农业软件产业占软件产业比例或将达到10%左右，农业软件业务收入或将突破1万亿元	1. 构建形成全面的自主创新能力，智能化综合机械化水平达到100% 2. 农业传感器的多样性、性能满足需求；突破磷钾及农药残留的速测技术 3. 农业软件产业占软件产业比例或将达20%以上，成为世界农业软件强国，建成全球领先的技术体系和产业体系

图 27-7 至 2050 年中国智慧农业支撑产业发展路线

第五节　重大工程与科技专项

一、科技研发专项

信息感知是基础，装备是载体，控制是核心。加强信息感知传感器、智能化农机装备和对农业生产和经营管理实时监控软件的研究和开发，是发展智慧农业的重要内容。

围绕地面-无人机-遥感卫星（地-空-星）一体化农田信息快速获取，建立多尺度融合感知技术体系的需求，开发研制智能农业传感器装备。研发基于地-空-星多尺度的作物长势、表型、病虫害和重金属/农残留污染信息快速感知技术和传感仪器；农田土壤养分肥力、重金属污染、农药残留、地膜残留、微生物等实时检测技术和新型传感器；研制智慧农业作物-土壤信息快速检测便携式/车载式/机载式传感仪器设备，研发农机装备远程监控与智能管理系统；研究地-空-星不同尺度空间数据特征提取、融合匹配、动态感知与协同控制技术，开发地-空-星一体化农业信息感知、传输与综合处理大数据平台，实现地面定点、无人机区域和大面积地域的农田多尺度信息融合感知与协同高效作业，满足农业生产实时感知、智能决策、精准管理和按需投入要求，推动农业信息化与农业现代化的深度融合，助力乡村振兴战略落实落地。

围绕"关键核心技术自主化、主导装备产品智能化和全程全面机械化"，开展农机农艺融合、智能传感与决策、自主作业与群体协同、智慧管理及运维、智能制造与服务等应用基础和关键技术研究，研发粮食及经济作物耕、种、管、收等智能作业装备以及智能农业机器人技术装备，种苗高效繁育、土壤提质与农田改造、智能农业动力等装备，畜禽、水产等智能养殖及草原畜牧装备与设施，农林产品、畜禽产品、水产品等贮、运、加工产地处理智能装备与设施等，并进行验证及集成示范，构建新一代智能农机装备技术、产品及服务体系，推进信息感知、定量决策、智能控制、精准投入的智能农业生产。

围绕农业主导产业、重点领域智慧化建设需求，重点突破智慧农业软件开发云平台技术，创制涵盖基础构件、业务构件在内的构件库系统与架构，建设农业物联网软件开发平台，重点扶持一批以农业通过网络提供软件服务（Software‐as‐a‐Service，SaaS）技术为代表的企业，培育和推广一批涵盖信息采集、视频监控、数据分析、系统管理、接口监控、病虫害模型、作物生长模型、专家判断、设备管理、用户管理、M2M卡管理和联动控制等基础软件系统，研发适合种植业、养殖业、农业电商、农业大数据服务、农场管理系统、智慧农业解决方案和农产品供应链等智慧农业技术和装备应用的使能工具，规范智慧农业软件代码，使智慧农业软件能用得上、用得起、用得好，实现农业智慧化发展。

二、应用示范工程

（一）智慧农场——以智能农机为主体的全程智慧农业生产

建设智慧农场，将作业环境和作物信息获取、智能农业机械与装备、精准农业技术应用和覆盖至农业生产全过程和各环节，重点示范推广智能化耕整地、精准种植、精准中耕施肥、精准灌溉、精准施药、精准收获等精准作业技术，推广精准农业应用典型模式，提高农产品产量，改善农产品品质。

1. 信息感知　开展大气环境、土壤环境、水环境等信息感知的试验示范，重点支持高温、高湿、冰冻环境、尘土环境、震动环境、磁场环境下的信息监测，农作物多源本体信息的实时监测，促进作物生产精准化管理，减少农药化肥污染，降低农业生产投入，提高作物产量和品质。以水稻、油菜、小麦、玉米等作物生产示范为对象，开展土壤条件、作物长势信息（株高、叶面积指数、生物量、倒伏面积）、作物养分（氮、磷、钾等）信息、作物病虫害信息、作物面积与产量等信息的检测，并根据这些信息指导精准作业。

2. 智能农机 促进物联网、大数据、移动互联网、智能控制、导航定位、5G 等信息通信技术在农机装备制造和作业上的应用，集成水、肥、种、药施用与收获等智能农机装备，推进无人机农机作业监测、维修诊断、远程调度等信息化服务平台共享及开放应用，形成适合于不同生产规模的主要粮食和经济作物生产信息化、智能化整体解决方案，开展无人农场大田智能生产应用示范。

3. 智慧管理 加快精准农业管理软件推广应用工程建设，将精准农业技术应用到农业生产中，实施精准农业管理软件应用推广工程，支持农业生产节水节药节肥、病虫害绿色防控、废弃物无害化处理，促进农业高质量发展。建设精准农业技术应用示范基地，推广精准农业管理软件产业发展模式，引领精准农业技术发展，实现需要多少给多少，需要什么给什么，提高经济效益和环境效益。

（二）县域农业天空地一体化大数据支撑下的全程智能化生产

建立基于遥感卫星–无人机–地面（天空地）多尺度协同的县域农情获取和数字农业创新体系，建设天空地多尺度空间数据特征提取、融合匹配、动态感知与协同控制系统，建设天空地一体化农业信息感知、传输与综合处理大数据平台，加强田间农业信息快速获取与决策技术的集成应用，示范推广农业物联网传感器与测控终端、便携式/车载式/机载式/星载式协同的传感技术和仪器装备，重点面向光照、空气温湿度、二氧化碳、土壤水分、作物营养（氮、磷、钾等）、生长状态（株高、叶面积指数、生物量、倒伏面积）、病虫害程度、农残和土壤肥力、重金属污染等核心农情指标，实现耕、种、管、收全链条的农业信息的实时监测、管理和决策。实现农作物多源本体信息的实时监测，促进作物精准化管理，减少农药化肥污染，降低农业生产投入，提高作物产量和品质，实现地面定点、无人机区域和大面积地域的农田多尺度信息融合感知与协同高效作业，满足农业生产实时感知、智能决策、精准管理和按需投入要求，推动信息化与农业深度融合，助力乡村振兴战略发展。

三、产业培育工程

（一）农情信息传感器产业培育工程

基于传感器技术的大数据和智能化趋势，全面布局农业传感器产业，着重提升信息数据处理与智能数据分析能力，支持我国在信息技术领域优势的单位和企业，打造以信息技术为核心的自主可控的传感器和测控终端创新体系战略。

1. 加强关键共性技术攻关 瞄准农业农村现代化与乡村振兴战略的重大需求，重点攻克高品质、高精度、高可靠、低功耗农业生产环境和动植物生理体征专用传感器，从根本上解决数字农业高通量信息获取难题。

2. 强化战略性前沿性技术超前布局 面向世界科技前沿、国家重大需求和数字农业农村发展重点领域，制定数字农业技术发展路线图，重点突破数字农业农村领域基础技术、通用技术，超前布局前沿技术、颠覆性技术。

3. 强化技术集成应用与示范 聚焦重点地区、重点领域和重点品种，开展智能感知、智能控制等技术及软硬件产品的集成应用和示范，推广数字农业与农村的技术模式和典型范例。加强数字农业科技创新与数字农业农村标准体系建设，建立数据标准、数据接入与服务、软硬件接口等标准规范。

4. 加快农业人工智能传感器的研发与应用　实施智能农业传感器发展战略，研发适应性强、性价比高、可智能决策的新一代农业传感器，加快标准化、产业化发展。研发具有自主知识产权的智能土壤养分传感器、土壤重金属传感器以及农产品品质传感器等。

（二）智能农机装备产业培育工程

提高农机装备设计与制造智能化，通过关键零部件数字化建模、农业装备产品数字化和智能化设计、虚拟样机设计和性能试验进行农机装备创新研究，加强农机整机及关键零部件制造工艺规划、制造过程控制、高性能材料、智能制造技术及专用系统装备研究；开展农业装备中复杂的机、电、液一体化设计和精准优化；引进数字化制造技术和装备，打造数字化工厂，建设自动柔性生产线和智能化检验检测系统及智能化物流系统。

开发自动导航农业机械、自走式农田土壤、病虫草害和作物苗情定位信息采集装备，开发具有定位和控制功能的施肥、施药、浇水、播种和栽植作业机械，粮食与经济作物智能高效收获装备，设施农业智能化精细生产装备，农产品产后智能化干燥与精细选别设备，畜禽与水产品智能化产地处理装备，农机自主导航技术、农机集群远程运维服务关键技术等，以提高农机装备的智能化水平。

集成工况检测、作业质量监测、总线控制、定位导航，以及远程运维管控等传感器技术、信息化和智能化技术，形成带有各种信息获取传感器、满足不同作业场景需求的拖拉机、谷物联合收割机、自走式植保机械、青饲料收获机等农业装备智能系统，实现高端农机装备产业化、关键核心零部件国产化、农机装备质量全面提升，提升产业整体水平。

（三）农业软件产业集群培育工程

全面构建农业软件产业生态，着力培育软件与硬件融合、软件与服务融合、软件与数据融合的创新型、领军型、骨干型企业，打造一批服务于农业产业管理、产业应用与运营的农业软件产业集群。

1. 加强农业软件产业生态建设　以国产农业专用软件、使能软件、数据库开发为核心，加快发展适合于农业软件开发的基础软件，形成更为完整的农业软件技术体系和生态系统。推动产学研用合作，建设一批覆盖研发设计、知识封装、经营管理等关键环节的农业云和农业大数据平台，形成软件驱动农业智慧化发展的生态体系。强化软件企业与产业链上下游企业协同发展，促进与金融、教育、市场等资源要素的全方位对接，促进智能制造集群式发展。

2. 培育一批创新型农业软件企业　支持行业领军企业牵头组织实施农业专用软件、使能软件等产品研发和成果转化，不断提高新型实用产品和服务的市场占有率和品牌影响力。适应云计算和大数据等新技术环境，支持农业软件企业向云计算转型，开发面向云计算开发测试的智慧农业服务托管平台，向农业经营主体提供农业生产托管、科技咨询、培训服务等社会化服务。优化改善创新创业环境，孵化培育一批农业软件骨干企业。建立领军企业培育库，对于入库企业，除享受国家及所在地市相关税收优惠和核心团队奖励政策外，在项目扶持、人才引进、产品推广等方面给予倾斜支持，推动企业做大规模、做强主业，引领带动区域农业软件企业集群发展。

第六节 政策措施建议

一、加强顶层设计

（一）制定产业发展规划

建议由农业农村部牵头、组织相关专家，制定智慧农业产业发展规划，包括：成立专门的智慧农业产业发展协调机制，负责智慧农业产业发展的宏观决策、政策制定、统筹协调和发展规划。从国家层面设立专门为智慧农业产业服务的机构或部门，明确智慧农业产业各阶段发展内容，各个参与主体（政府、科研单位、农业公司和用户）在发展过程中承担的角色，合理分工协作，对智慧农业产业相关技术创新和标准制定给予必要的资金支持。各级地方政府视情况设立相应的政府职能部门，推进智慧农业产业的发展。

（二）搭建产业政产学研推平台

高校、科研院所及农业公司等相关研究单位，联合成立智慧农业产业发展学会，负责高校、科研院所、农业公司及用户之间智慧农业产业的交流沟通，以市场需求及未来发展为导向，着眼于未来5年、10年乃至30年我国智慧农业产业的发展，着力培育和支持高稳定性、高可靠性、高使用寿命、低成本关键技术的发展。学会应成为政府决策的参谋，积极配合政府相关部门做好政策执行、标准制定、关键技术研发、产业示范推广等工作，为政府决策提供参考意见，负责政府与用户之间的沟通协作。积极与用户交流，了解农户需求，促进科技成果的转化。高校、科研院所、农业公司各单位之间加强沟通，避免低水平重复投入，形成优势互补。

由学会组织搭建载体平台，成立智慧农业产业农户议事平台，如微信群、微信公众号、微博等平台。通过平台充分了解用户需求、吸收合理建议。依据平台，收集各类智慧农业产业用户体验，开展用户满意度调查，全面接受用户的监督，并将结果反馈至智慧农业产业发展学会，最终传送至对应的生产公司，以优化智慧农业产业发展路线。在平台上还可接受用户的咨询，了解用户的需求，帮助用户制订合理的智慧农业解决方案，推荐合适的产品，也可发布最新智慧农业产业技术产品以及智慧农业应用的成功案例。

加强统筹协调，将政府、科研机构、农业企业和农户纳入智慧农业产业体系中，形成政、产、学、研、推紧密合作的沟通平台，将智慧农业产业技术开发、引进和转化环节有效结合，提高技术的转化率和普及率，最大限度减少重复投资，提高资金效率，促进智慧农业产业的良性发展。

二、政策支持体系

（一）完善智慧农业产业发展的政策体系，建立健全智慧农业产业相关法律法规

充分发挥政府的引导职能，建立支撑智慧农业产业可持续发展的科技与产业政策体系；中央财政引导鼓励多方投入，稳定支持开展基础前沿技术、关键共性、重大战略装备等协同创新研究，鼓励和支持重大产业技术创新和成果转化；优化形成以创新为导向的中央预算内投资、农机购置补贴等支持政策体系，鼓励企业技术改造和产业创新集群发展；优化税收及金融政策，鼓励企业自主研发活动，引导社会资本参与战略前瞻性重大技术创新和产业化；引导骨干企业通过兼并、收购和重组，形成产业链条；研究提出技术管理清单以及信息安全审查制度，不断完善进出口和国内外企业并购等政策，构建自主可控的科技与智慧农业产业

安全政策体系。

在借鉴发达国家智慧农业产业发展有益经验的基础上，结合我国国情制定配套的政策措施，不断推进智慧农业产业发展的制度建设，尽快制定《关于加快推动我国智慧农业产业发展的指导意见》和《我国智慧农业产业发展规划》以及智能农机装备、农业传感器及农业软件发展的专项规划及实施方案；制定产业化推进扶持政策，扶持引导具有自主创新能力的龙头企业对智慧农业产业关键技术的研发，对应用前景广阔的地区给予更优惠的政策支持，加快发展；制定奖励政策，对智慧农业产业技术创新以及产业示范推广方面做出贡献的人才或单位给予奖励，促进智慧农业产业链条良性发展。

由政府制定切实可行的政策，明确智慧农业产业的发展方向和发展目标，建立与现行政策相配套的规章制度和实施细则；根据我国农业生产的需要，尽快出台扶持智慧农业产业发展的法律法规，对智慧农业关键核心技术进行知识产权保护，逐步完善我国智慧农业产业发展的法律体系。

（二）建立智慧农业产业示范和推广应用体系

通过智慧农场等农业产业化示范工程建设，加强智慧农业产业相关技术的示范和推广，形成智慧农业产业示范和推广应用体系。通过集成应用智慧农业产业高稳定性、高可靠性、高使用寿命的关键技术，以及自主研发的适用于农业复杂现场环境的稳定可靠的智能农机装备、环境信息感知传感器和智能管理软件，实现在各种复杂农业生产环境中的精准作业和精准监测，实现对农业生产环境的精准调控，促进作物精准化管理，减少农药化肥污染，降低农业生产投入，提高作物产量和品质。

（三）加大科技支撑体系

加强智慧农业产业的基础研究，为智慧农业的发展提供坚实的理论和技术基础。鼓励高校科研院所聚焦人工智能、大数据、云计算算法等关键技术和颠覆性技术，集中持续开展相关研究，尽快取得重大突破。加强关键核心技术攻关，通过农业传感器、智能农机和软件重大研发任务和基地平台建设，促进产学研协同创新。

（四）加大财政支持力度

持续加大智慧农业产业发展的财政投入力度，充分发挥财政资金在智慧农业科技合作中的引导作用；鼓励地方各省市加大专项资金投入，积极开展国际科技合作与交流，提升地方性智慧农业产业技术创新水平和成效；鼓励和引导高校、科研机构、企业和社会团体等加大对国际智慧农业科技合作的投入，建立多元化投入渠道，形成中央投入、地方配套和社会资金集成使用的多渠道国际智慧农业产业科技合作投入体系；提高智慧农业产业科技援助在国家对外援助经费中的比例，充分发挥科技援外在国家外交中的重要作用，提高我国科技对周边和发展中国家的辐射影响力；鼓励和支持企业、大学和科研机构通过各种渠道争取外国资金对智慧农业产业联合研发的投入力度。

三、人才队伍建设

（一）大力培养智慧农业人才

高等院校要加强智慧农业相关学科的建设，通过多学科交叉，支持和培养智慧农业行业的领军人才。鼓励试点高校自主设立智慧农业交叉学科培养计划和培养方案，注重硕士、博士研究生在智慧农业、农业软件等学科领域的创新能力培养。建立在工程实践中培养硕士、博士生的培养机制，加强与农业科研院所、智慧农业龙头企业、农业科技园的联合培养，鼓励培养机构向博士生开放实验平台和数据。加强掌握基础理论和方法、应用技术、产品开发与应用等的纵向复合型人才，以及掌握农业、计算机、生物、数学、物理、管理等的横向复合型创新人才培养。通过农机人员培训，培养使用智能型农机装备的实用型人才。

加强与农业领域国际一流研究机构、高校的学术交流，通过组织学术讨论会、报告会等方式，邀请农业、计算机、人工智能领域顶级专家传授学科经验，并输送国内优秀人才赴国外高校进行交流与培养。

（二）建立健全的人才评价机制

建立健全适应智慧农业、农业传感器和软件发展特点的人事制度、薪酬制度和人才评价机制，打破人才流动的体制界限，完善技术入股、股权期权等激励方式，推动形成现代农业科技成果知识产权收益分配机制，重点向关键岗位、业务骨干和有突出贡献的人员倾斜。完善科研项目相关经费管理制度，公开公正安排绩效支出，充分体现科研人员的创新价值。

四、加强国际合作

（一）制定智慧农业产业发展国际合作战略

加强与各领域科技规划及其他专项规划的统筹协调与配合，结合我国科技发展的总体规划以及经济和社会发展的实际需求，研究制定国家智慧农业产业科技发展的国际合作战略。立足国家"一带一路"战略部署开拓国际市场，加强国际智慧农业、优势农业软件产品与服务的输出输入。结合中非、中阿、中拉、中欧等农业国际合作平台，加强与"一带一路"沿线国家在智慧农业与农业软件领域的国际合作。

（二）创新国际合作机制

通过强化国际科技合作部门间的协调和交流机制，实现国家、部门与地方国际科技合作需求的有效沟通与对接，落实相关政策与管理措施；进一步推动国际智慧农业产业科技合作项目实施中相关鼓励和支持政策的贯彻落实，如研究高新智慧农业产业企业认定及税收优惠、创业投资企业税收减免及鼓励技术引进等；完善智慧农业产业领域的外资企业在华设立研发中心、开展合作研发以及技术成果优先在华转化与扩散的相关管理政策；积极探索并研究风险投资等金融资本参与和跟进国际科技合作项目的渠道和方式，促进智慧农业产业国际科技合作成果的转化；进一步完善吸引和鼓励海外智慧农业产业领域的高层次科技创新人才来华工作的相关政策环境；建立和完善国际科技合作项目与成果的评估和宣传机制，提高国家国际智慧农业产业科技合作专项的影响力。

根据不同国家的优势领域、对华政策和科技管理制度，定期发布国际农业科技合作战略分析报告；加强对全球性智慧农业产业科技问题的战略性研究，成立专门研究小组长期跟踪、深入挖掘，并建立资料、文献和研究数据库，为我国重大智慧农业产业科技决策提供支撑。

第七节　本章小结

本章在文献分析、专家咨询和实际调研的基础上，系统地分析了我国智慧农业产业发展和人才建设的战略地位，梳理了我国智慧农业产业的内涵、技术清单和关键技术、人才发展现状及面临的形势。在此基础上，提出了我国智慧农业产业"实现以智能农机为主体的农业全程智能化生产"的发展战略总目标，以及面向 2025 年、2035 年、2050 年的阶段目标。为实现上述目标，研究提出了智慧农业三大产业的发展重点，包括在智能农机装备产业方面，要加强关键技术研究和重大智能装备创制；在传感器与测控终端产业方面，要加大农业装备智能化传感和测控系统研究、提升农业物联网智慧化和加强农业无人机遥感监测产业体系建设；在农业软件产业方面，要加快农业"云-网-端-脑"建设、提升农业软件融合创新能力、加强农业软件产业体系建设。最后，研究提出推进和保障目标如期实现的科技创新、产业示范和战略培育三大工程；加强顶层设计、建立政策支撑体系、加大人才队伍建设力度和加强国际合作四大政策建议。

参考文献

陈家义，徐世举，2018. 电子信息产业作为支柱产业的发展对策研究 [J]. 数字通信世界（12）：135.

冯加根，高辉，戴其根，等，2006. 农业应用软件及其开发创新问题 [J]. 中国农学通报（8）：536 - 539.

刘萍萍，2014. 基于无线传感器网络的绿地微灌远程监控系统的设计 [D]. 哈尔滨：哈尔滨理工大学.

王艳红，2020. 赵春江：智慧农业要关注全产业链发展 [J]. 农业机械（7）：63 - 64.

向蓉美，2007. 对信息产业界定的思考 [J]. 统计与决策（12）：1，177.

徐睿，2014. 论推进农产品流通信息化的对策 [J]. 北京农业（11）：32 - 35.

游晓东，魏勇生，2013. 福建省农村信息化建设探析——基于"世纪之村"平台的基础上 [J]. 台湾农业探索（3）：60 - 63.

张孝倩，肖新，陈红，等，2019. 基于信息化视角下智慧农业园区发展对策与研究 [J]. 赤峰学院学报：自然科学版，35（10）：123 - 126.

张媛媛，刘杨，2012. 国内外信息产业行业分类体系综述 [J]. 现代电信科技，42（Z1）：53 - 59.

赵春江，2019. 智慧农业发展现状及战略目标研究 [J]. 智慧农业，1（1）：1 - 7.

赵鹿鸣，吴柏清，2015. 我国农业信息化研究进展及发展趋势 [J]. 时代农机，42（1）：81 - 83.

执笔人（排名不分先后）：

罗锡文　臧英　周志艳　区颖刚　廖娟　胡炼　何勇　刘飞　刘羽飞　吴娜　孔丹丹　和贤桃　李瑾　马晨　郭美荣　宋太春　李泽欣　张怀波　范贝贝　辛颖